춘추좌전

•

상권

춘추좌전

·

상권

좌구명 지음

장세후 옮김

을유문화사

옮긴이 장세후(張世厚)

1963년 경북 상주에서 태어나 1986년 영남대학교 중어중문학과를 졸업하고, 1988년과 1996년 같은 대학에서 각각 석 · 박사 학위를 받았다. 영남대학교 겸임교수와 경북대학교 연구초빙교수를 거쳐 현재 경북대학교 퇴계연구소(退溪硏究所) 전임연구원으로 재직하고 있다.
주요 역서로는『한학 연구(漢學 硏究)의 길잡이—고적도독(古籍導讀)』〔취완리(屈萬里) 지음 · 이회문화사, 1998〕,『초당시(初唐詩, *The Poetry of the Early Tang*)』〔스티븐 오웬(Stephen Owen) 지음, 대구 중문출판사, 2000〕,『퇴계시(退溪詩) 풀이 1~6』(공역, 영남대학교 출판부, 2006~2011),『고문진보(古文眞寶) · 전집(前集)』(황견 엮음, 공역, 을유문화사, 2001),『주희 시 역주(朱熹 詩 譯註) · 권지일(卷之一)』(이회문화사, 2004),『주희 시 역주(朱熹 詩 譯註) · 권지이(卷之二)』(이회문화사, 2006),『당송팔대가문초-소순(唐宋八大家文抄-蘇洵)』(공역, 전통문화연구회, 2012) 외 다수가 있다.

춘추좌전 상권

발행일
초판 제1쇄 2012년 8월 20일
초판 제2쇄 2021년 12월 30일

지은이 좌구명
옮긴이 장세후
펴낸이 정무영
펴낸곳 (주)을유문화사

창립 1945년 12월 1일
주소 서울시 마포구 서교동 469-48
전화 02-733-8153
팩스 02-732-9154
홈페이지 www.eulyoo.co.kr
ISBN 978-89-324-5262-3 03150

이 책은 동양고전연구회의 지원으로 발간되었습니다.

* 옮긴이와 협의하여 인지는 붙이지 않습니다.
* 값은 뒤표지에 표시되어 있습니다.

추천 서문

대구를 중심으로 활동하고 있는 사단법인 동양고전연구회는, 조호철 박사(동양정신과의원 원장, 주역 전문가)가 중심이 되어, 장윤기 변호사(전 영남대 재단 이사장, 법원행정처장), 박병탁 교수(전 영남대 정신의학과 교수), 윤용섭 박사(국학진흥원 부원장) 등등 대구·경북을 대표할 만한 지식인들과 뜻을 함께하는 동호인들이 모여 만든 문화단체로, 시민을 대상으로 하는 한문고전에 대한 강좌도 상설하고 있으며, 『동양고전 읽기』란 잡지도 정기적으로 내고, 몇 가지 한문으로 된 책을 번역해 내기도 하였으며, 다음 카페(동양고전연구소, http://cafe.daum.net/dong--yang)를 통하여 동양고전에 대한 회원들의 정보와 의견을 수시로 교환하는 일도 병행하고 있다.

필자는 이 모임에 초창기부터 참여하여, 연구책임자(동양고전연구소장)라는 직함을 하나 얻게 되었는데, 지금까지도 이 모임의 상설 강좌를 조 박사와 함께 주관하기도 하고, 번역 작업을 주도하고 있기도 하다. 이 작업 가운데 하나로 기획한 것이 바로 이 을유문화사에서 내는 고전 번역 총서들이다. 이미 『논어』, 『맹자』, 『대학·중용』, 『노자』, 『주역』, 『장자』(내 · 외편 · 잡편)를 완간하였고, 지금 『시경』 등은 편집 중이며, 『예기』와 『묵자』 같은 책은 집필 중에 있다.

이러한 책의 특징은 한문을 잘 모르는 한글세대 독자들이 읽어도 알기 쉽도록, 한문 원문에 한자 발음을 표기하여 놓았으며, 토를 달았고〔현토(懸吐)〕, 주석을 쉬운 말로 많이 달았으며 또한 본문의 문장과 한글 번역 문장을 짧게 끊어 서로 대조하여 보기에 편하게 만든 대역본이란 점이 가장 큰 특징이다. 이렇게 책을 만들고 보니, 책의 쪽수가 한없이 늘어나게 되어 출판사에서도 자주 애로를 이야기하게 되었으나, 그래도 지금까지 나온 책들은 모두 성공작이라는 게 정평이니, 우리 연구회의 목표의 일부가 제대로 이루어져 가고 있는 듯하여 매우 즐겁게 생각하고 있다.

이 『춘추좌전(春秋左傳)』(『좌전』)은 이 번역 작업의 일환으로, 우리 고전연구회에서 초창기부터 필자와 함께 강의도 담당하고, 지금은 회지 편집과, 카페 운영의 책임을 지고 있는 장세후 박사가 번역 주석한 책이 되어, 누구보다도 우리가 기획한 이러한 고전 신역의 취지와 방침을 잘 이해하고 있기 때문에, 지금까지 나온 위의 여러 책들과 함께, 이 책은 또다시 우리 한국의 한문고전 번역사에서 새로운 지표를 마련할 만한 역작이 될 것이라고 필자는 확신하고 있다.

장세후 박사는 필자와 함께 대한민국 학술원 우수도서로 연거푸 선정된 바 있는 『고문진보(古文眞寶) · 전집(前集)』(전2권)과 『퇴계시 풀이』(현재 6권까지 출간) 같은 분량이 매우 두툼한 책을 상세하게 번역 주석하여 내었고, 본인이 따로 주자시를 번역하여 책을 몇 권 내기도 하였으며, 영어로 된 『초당시(初唐詩, *The Poetry of the Early T'ang*)』라는 볼 만한 책도 우리말로 잘 번역하여 낸 바 있다. 필자가 생각하건대 지금 한국에서 한문으로 된 책을 장세후 박사와 같이 일관성 있게, 성실하게 번역 · 주석하여 우리 학계와 문화계에 큰 공로를 세우고 있는 중견 학자는 아마 얼마 되지 않을 것으로 생각한다.

이 『춘추좌전』 번역은 그 방대한 분량 때문에, 원래 장 박사 외에 또 한 사람을 공역자로 지정하여 의뢰하였던 것이나, 그 사람이 이 작업을 하는 도중에 건강이 나빠져 중도에서 포기하는 바람에, 장 박사 한 사람이 2백 자 원고지로 환산하였을 때 1만 8천 매에 육박하는 거대한 작업을 이루어 낸 것이다. 한 가지 아쉬운 것은, 이 역주의 분량이 너무 많기 때문에 원문의 한자 발음을 글자마다 다 달지 않았다는 것은 필자가 주장하는 원래의 편집 방침과는 좀 다른 것이나, 상세한 각주 항목을 보면 원문 글자의 발음도 대개는 밝혀지리라 생각한다.

원래 방대한 분량과 예상치 못한 작업 시간의 연장으로 인하여, 이 책을 교열하는 데도 많은 사람이 동원되었다. 전반부의 교열을 거의 도맡아 봐주다시피 한 영남대 중문학과 강사 박한규 군과, 후반부의 교열을 나누어 맡아 서로 돌려 가며 읽어 준 동양고전연구회의 회원들인 조인숙, 남계순, 정호선 선생 등 여러분에게도 이 자리를 빌려 고맙다는 뜻을 전하고자 한다.

2012년 8월

이장우

(영남대학교 중국언어문화학부 명예교수)

머리말

중국 문학을 전공하려면 피해 갈 수 없는 것들이 있다. 이른바 경서(經書)와 제자(諸子, 諸子書)다. 중국에서는 이를 모두 합하여 문사철(文史哲)이라 하고, 우리나라에서는 인문학이라고 한다. 경서는 내용이 다양하다. 이는 유가(儒家)의 텍스트가 되는 책으로 사고분류법(四庫分類法)에 의해 재분류를 한다면 사(史)·자(子)·집부(集部)로 나눌 수가 있다. 그중에서도 『춘추(春秋)』에 주석을 단 이른바 '춘추3전(春秋三傳)'은 재분류한다면 사부(史部)로 들어가는 책이다.

『춘추』는 공자가 제자들에게 노나라의 역사를 가르치기 위한 교재였다. 노나라 사관들이 남긴 역사를 재정리한 책이라고 이해를 하면 가장 쉬운 설명이라 하겠다. 이 수백 년간의 역사를 얼마나 간략하게 정리를 하였던지 후세의 사람들이 보기에는 추가 설명이 없으면 도저히 이해하기 힘든 부분들이 많이 있었다. 그래서 『춘추』의 이해를 도모하기 위하여 주석을 단 사람들이 나오게 된 것이다. 그들이 좌구명(左丘明)과 곡량적(穀梁赤), 공양고(公羊高)라는 '춘추3전'의 주석가들이다. 『전(傳)』은 평성(平聲, chuán)과 거성(去聲, zhuàn)으로 읽힌다. 거성은 높은 소리로 성인(聖人)의 글에 단 주석이라는 뜻이 된다. 이 가운데 좌구명이 지었다고 알려진 『춘추좌전(春秋左傳)』(『좌전』)은 다른 두 주석서와 그 성격이 판이하게 다르다. 다른 두 권이 글자 한 자 한 자에 대한 공자의 의도를 밝히는 데 주력한 반면, 『좌전』은 거의 당시의 역사적 사실들을 가져다 설명하였다. 말하자면 좌구명의 책은 『춘추좌전』(『춘추』에 대한 좌구명의 주석)이 아니라 『좌씨춘추(左氏春秋)』(좌구명이 지은 역사)가 되는 것이다. 보다 상세한 내용은 〈『춘추좌전』을 읽기 전에〉에서 다루었으므로 여기서는 이 정도로 설명을 끝내기로 하겠다.

그야말로 본격적으로 중국 문학을 전공하기 위해서 박사과정에 들어갔을 때 『좌전』을 읽은 적이 있었다. 원서로 읽었으면 가장 좋았겠지만 위에는 원문이 있고 아래에는 번역문이 있는 대역본을 읽었다. 그때 받은 느낌이 새 세대를 위한 좀 새롭고 친절한 번역과 주석이 나오면 좋지 않겠는가, 하는 것이었다. 2006년 여름으로 기억된다. 대역본을 읽으면서 아쉬움을 느꼈던 때로부터 15, 6년의 세월이 흐른 뒤였다. 대구의 동양고전연구회와 을유문화사에서 새로운 중국의 고전을 번역할 기획을 하고 회합을 가졌다. 『춘추좌전』도 그 기획의 목록에 들어 있었고, 뜻밖에 공역이긴 하지만 내게 이 책의 번역 의뢰가 들어왔다. 두렵기도 했으나 오랜 바람을 실현할 수 있는 좋은 기회라는 생각에 역량은 생각지도 않고 덜컥 수락을 하였다. 약 3년에 걸쳐 내가 맡은 분량이 끝났을 때 새로운 문제가 생겼다. 공역하기로 했던 다른 한 분이 신병상의 이유로 번역을 못하게 됐다는 것이었다. 이에 동양고전연구회와 을유문화사 측에서는 내게 뒷부분까지 마저 번역을 해줄 수 없겠느냐는 제의를 해왔다. 적잖은 부담이 되었지만 앞서 해 놓은 분량이 아까웠다. 또 이런저런 이유로 책의 출간이 늦어질까 나름 걱정이 되었다. 심사숙고 끝에 다시 수락을 하여 결국 2011년 초에 초역을 끝내게 되었다.

이 책은 분량이 워낙 방대하다. 혼자서는 교정을 보거나 다시 읽어 보며 검토하기에 어려운 점이 많은 건 당연하다. 먼저 후배인 박한규 선생이 상권 분량에 해당하는 부분을 꼼꼼히 읽어 주었다. 그 이하는 동양고전연구회에서 같이 공부하는 학반인 남계순, 조인숙, 정호선 선생 등이 돌려 가며 읽었다. 고맙게도 오탈자도 잡아 주고 의견도 개진해 주었다. 이 자리를 빌려서 심심한 감사의 뜻을 전하는 바이다.

그 외에도 흔쾌히 추천 서문을 써 주시며 격려를 아끼지 않으셨던 동양고전연구회의 소장님이신 이장우 선생님께도 감사를 드린다. 또한 이 책을 훌륭한 책으로 만들기 위하여 방대한 분량의 교열을 도맡아 해주신 윤현식 선생께도 감사드린다. 마지막으로 이 책의 가치를 인정하고 확고한 신념으로 출판에 대한 유무형의 노력을 아끼지 않은 을유문화사에 감사를 드린다.

2012년 초하에 대구 매호동에서

장세후

차례

2. 환공(기원전 711년~기원전 694년)

3. 장공(기원전 693년~기원전 662년)

4. 민공(기원전 661년~기원전 660년)

5. 희공(기원전 659년~기원전 627년)

| 일러두기 |

1. 이 책은 『춘추좌전』의 본문만을 비교적 쉽고 간단하게 읽고자 하는 독자와 『춘추좌전』을 깊이 있게 읽고 혼자서 고서를 읽는 능력을 배양하고자 하는 독자에 맞게 구성하였다.
2. 두예의 『춘추좌씨전집해(春秋左氏傳集解)』와 공영달의 『춘추좌전정의(春秋左傳正義)』, 양백준의 『춘추좌전주(春秋左傳注)』 등 관련 주석을 참고하여 가능한 한 상세하게 주석을 달았다.
3. 기존의 〈을유세계사상고전〉 시리즈와 같이 음을 달고 토를 달려고 하였으나 분량이 지나치게 많아져서 생략하였다. 다만 중요한 한자 등은 주석에서 모두 밝혀 놓았다.
4. 번역은 일반인들의 수준을 고려하여 쉽게 이해할 수 있는 정도로 하되 직역을 원칙으로 하였으며, 필요한 경우 의미 전달의 효율성을 고려하여 다소 의역한 부분도 있다.
5. 주석에 인용된 번역에는 원문을 달지 않았으나 『좌전』과 밀접한 관련이 있는 경우에는 해당 부분에 한해서라도 원문을 달았다.
6. 개념을 풀어쓰고 원개념을 밝힐 때는 〔 〕를 사용하였다. 예) 세수〔沃盥〕
7. 주석에 인용된 책의 제목은 원문에 충실하게 따랐다. 다만 자주 인용되는 책 가운데 처음 나오는 책은 원서의 명칭을 사용하였고 두 번째 이하는 원서의 인용 서목에서 사용한 약칭을 썼다. 예) 『독사방여기요(讀史方輿紀要)』〔이하 『방여기요(方輿紀要)』〕
8. 이 책에서 자주 쓰이는 약칭은 다음과 같다. (* 약칭이 같은 경우는 앞에 저자 표시)

1) 춘추류(春秋類)

* 두주(杜注) : 진(晉)나라 두예(杜預 : 222~284)의 『춘추좌씨전집해(春秋左氏傳集解)』
* 공소(孔疏) : 당(唐)나라 공영달(孔穎達 : 574~648)의 『정의(正義)』
* 『간서간오(簡書刊誤)』 : 청(淸)나라 모기령(毛奇齡 : 1623~1716)의 『춘추모씨전(春秋毛氏傳)』, 『춘추간서간오(春秋簡書刊誤)』
* 『수필(隨筆)』 : 청나라 만사대(萬斯大 : 1633~1683)의 『학춘추수필(學春秋隨筆)』
* 『휘찬(彙纂)』〔1699년 칙찬(勅撰)〕 : 『흠정춘추전설휘찬(欽定春秋傳說彙纂)』
* 『이문전(異文箋)』 : 조탄(趙坦 : 1765~1828)의 『춘추이문전(春秋異文箋)』

2) 춘추좌전류(春秋左傳類)

* 『보정(補正)』 : 청나라 고염무(顧炎武 : 1613~1682)의 『좌전두해보정(左傳杜解補正)』
* 『대사표(大事表)』 : 청나라 고동고(顧棟高 : 1679~1759)의 『춘추대사표(春秋大事表)』
* 『소소(小疏)』 : 청나라 심동(沈彤 : 1688~1752)의 『춘추좌전소소(春秋左傳小疏)』
* 『보주(補注)』 : 청나라 혜동(惠棟 : 1697~1758)의 『춘추좌전보주(春秋左傳補注)』
* 『고증(考證)』 : 청나라 제소남(齊召南 : 1703~1768)의 『춘추좌씨전주소고증(春秋左氏傳注疏考證)』
* 『고정(考正)』 : 청나라 진수화(陳樹華 : 1730~1815)의 『춘추경전집해고정(春秋經傳集解考正)』

* 『보주(補注)』 : 청나라 요내(姚鼐 : 1731~1815)의 『좌전보주(左傳補注)』
* 『고이(考異)』 혹은 『의증(議證)』 : 청나라 무억(武億 : 1745~1799)의 『좌전독고이(左傳讀考異)』〔『경독고이(經讀考異)』 내에 수록〕, 『좌전의증(左傳義證)』〔『군경의증(羣經義證)』 내에 수록〕
* 『고(詁)』 : 청나라 홍양길(洪亮吉 : 1746~1809)의 『춘추좌전고(春秋左傳詁)』
* 『보석(補釋)』 : 청나라 양이승(梁履繩 : 1748~1793)의 『좌통보석(左通補釋)』
* 『석례(釋例)』 : 청나라 손성연(孫星淵 : 1753~1818)이 집교(輯校)한 두예(杜預)의 『춘추석례(春秋釋例)』
* 『교문(校文)』 : 청나라 엄가균(嚴可均 : 1762~1843)의 『당석경교문(唐石經校文)』
* 『보소(補疏)』 : 청나라 초순(焦循 : 1763~1820)의 『좌전보소(左傳補疏)』
* 『두주습유(杜注拾遺)』 : 청나라 완지생〔阮芝生 : 고종(高宗) 건륭(乾隆) 때 사람〕의 『좌전두주습유(左傳杜注拾遺)』
* 『술문(述聞)』 : 청나라 왕인지(王引之 : 1766~1834)의 『좌전술문(左傳述聞)』〔『경의술문(經義述聞)』 내에 수록〕
* 『보주(補注)』 : 청나라 마종련(馬宗璉 : ?~1802)의 『춘추좌전보주(春秋左傳補注)』
* 『보주(補注)』 : 청나라 심흠한(沈欽韓 : 1775~1832)의 『춘추좌전보주(春秋左傳補注)』
* 『변증(辨證)』 : 청나라 장총함(張聰咸 : 1783~1814)의 『좌전두주변증(左傳杜注辨證)』
* 『구주소증(舊注疏證)』 : 청나라 유문기(劉文淇 : 1789~1854)의 『춘추좌씨전구주소증(春秋左氏傳舊注疏證)』
* 『평의(平議)』 : 청나라 유월(兪樾 : 1821~1906)의 『춘추좌전평의(春秋左傳平議)』
* 『독(讀)』 : 장병린(章炳麟 : 1869~1936)의 『춘추좌전독(春秋左傳讀)』
* 『회전(會箋)』 : 다케조에 고코(竹添光鴻 : 1842~1917)의 『좌전회전(左傳會箋)』

3) 경사(經史) 기타류
* 『석문(釋文)』 : 당나라 육덕명(陸德明 : 550?~630)의 『경전석문(經傳釋文)』
* 『집해(集解)』 : 남조(南朝) 송나라 배인(裴駰)의 『사기』 주석서 『사기집해(史記集解)』
* 『색은(索隱)』 : 당나라 사마정(司馬貞)의 『사기』 주석서 『사기색은(史記索隱)』
* 『정의(正義)』 : 당나라 장수절(張守節)의 『사기』 주석서 『사기정의(史記正義)』
* 『지의(志疑)』 : 청나라 양옥승〔梁玉繩 : 1744~1819, 고종(高宗) 건륭(乾隆) 때 사람〕의 『사기지의(史記志疑)』
* 『패소(稗疏)』 : 청나라 왕부지(王夫之 : 1619~1692)의 『춘추패소(春秋稗疏)』
* 『방여기요(方輿紀要)』 : 청나라 고조우(顧祖禹 : 1624~1680)의 『독사방여기요(讀史方輿紀要)』
* 『고략(考略)』 혹은 『지명고략(地名考略)』 : 청나라 고사기(高士奇 : 1645~1704)의 『춘추지명고략(春秋地名考略)』
* 『고실(考實)』 : 청나라 강영(江永 : 1681~1762)의 『춘추지리고실(春秋地理考實)』
* 『지명보주(地名補注)』 : 청나라 심흠한(沈欽韓 : 1775~1832)의 『춘추지명보주(春秋地名補注)』

『춘추좌전』을 읽기 전에

1. 『춘추(春秋)』란 무엇인가?

'춘추(春秋)'는 원래 '사기(史記)'와 마찬가지로 당시 각국 역사책의 통칭이었다. 따라서 『국어 · 진어(國語 · 晉語) 7』에서는 "양설힐(羊舌肹)이 춘추에 익숙하였다"라 한 것이라든가, 『국어 · 초어(國語 · 楚語) 상(上)』에서 "춘추를 가르쳤다"라 한 것 또한 모두 일반적인 역사책을 가리켜 한 말로 쓰인 것이다. 『묵자 · 명귀(墨子 · 明鬼)』편에는 일찍이 각국의 괴이한 일을 기록한 적이 있는데, 첫째는 "주나라의 춘추에 나타난 것"이고, 둘째는 "연나라의 춘추에 나타난 것"이며, 세 번째는 "송나라의 춘추에 나타난 것"이고, 네 번째는 "제나라의 춘추에 나타난 것"이라는 말이 있는데 또한 모두 역사책을 가리킨 것이다. 『수서 · 이덕림전(隋書 · 李德林傳)』에는 「답위수서(答魏收書)」가 실려 있는데, 또한 말하기를 "『묵자』에서는 또한 '나는 백 나라의 춘추를 보았다'라 하였다"〔지금 판본에는 이 글이 없으며, 청나라 손이양(孫詒讓, 1848~1908)의 『묵자한고(墨子閒詁)』에서는

'일문(佚文)' 중에 넣었다〕라 하였다.

'춘추'라는 명칭은 그 유래가 상당히 오래된 것 같다. 당나라 유지기(劉知幾)의 『사통 · 육가(史通 · 六家)』편에서는 "춘추가(春秋家)라는 것은 그 선(先)이 삼대(三代)에서 나왔다. 『급총소어(汲冢瑣語)』에 의하면 태정(太丁) 때의 일을 기록하여 『하은춘추(夏殷春秋)』라고 하였다"라 하여 "『춘추』의 시작은 『상서(尙書)』〔『서경(書經)』〕와 동시임을 알겠다"라 하였다. 그러나 유지기의 이 추론은 믿고 따르기가 어렵다. 『급총소어』라는 책은 지금 이미 볼 수가 없어 확실히 고증하기 어렵기 때문이다.

그러나 나라마다 역사책을 부르는 데 나름대로 고유한 명칭이 있었으니, 『좌전 · 소공(昭公) 2년』의 『전(傳)』에서는 "진후가 한선자로 하여금 내빙케 하고, …… 태사씨에게서 기록하는 것을 살피고 『역(易)』과 『상(象)』, 그리고 『노춘추(魯春秋)』를 보았다(晉侯使韓宣子來聘, …… 觀書於大史氏, 見易, 象與魯春秋)"라 하였고, 『맹자 · 이루(離婁) 하(下)』에서도 "진(晉)나라의 승(乘)과 초나라의 도올(檮杌), 노나라의 춘추(春秋)는 마찬가지이다"라 하였다.

이에 의하면 '춘추'는 이미 각국 역사책의 통칭일 뿐만 아니라 또한 노나라 역사책의 고유한 명칭이라고도 볼 수 있다. 따라서 각국의 역사책에 따라 어떤 것은 각기 고유한 명칭이 있었으니 진나라의 역사책은 '승'이라 하였고 초나라의 것은 '도올'이라 하였는데, 이들과 노나라의 '춘추'는 그 성질이 서로 같은 것이라는 말이다.

그러면 역사책을 무엇 때문에 '춘추'라고 하였을까? 옛사람들은 사계(四季) 중 춘(春)·추(秋) 두 계절을 중시하여 늘 춘추 두 자를 연용하곤 하였다. 이를테면 『주례·천관·궁정(周禮·天官·宮正)』에서는 "봄·가을로 목탁을 가지고 화기를 엄금하는 것을 준수하였다(春秋以木鐸修火禁)"라 하였고, 『시경·노송·비궁(詩經·魯頌·閟宮)』에서는 "봄·가을로 게으르지 않게(春秋匪解)"라 하였으며 〔『좌전·문공(文公) 2년』에 이 말이 인용되어 있다〕, 『예기·중용(禮記·中庸)』에는 "봄과 가을에 조상의 사당을 수리한다(春秋修其祖廟)"라는 말이 있으며, 그 외에도 『좌전』과 『국어』 등에도 이런 예가 많이 보인다.

이 말들은 어떤 것들은 『춘추』의 경문(經文)이 이루어지기 전에 이미 생겨났지만 대다수는 『춘추』의 경문이 이루어진 후에 사용되었고, 더욱이 한선자(韓宣子)가 본 노나라 『춘추』의 뒤에 사용되었지만 그것이 춘추와 춘추시대 이전의 현상을 반영하고 있다는 사실에는 의심의 여지가 없다. 진(晉)나라 두예(杜預 : 222~284)의 『춘추좌씨전집해(春秋左氏傳集解)』 서문에서 "사관의 기록은 반드시 해의 표시를 함으로써 표기를 시작하였으며, 1년에는 사시(四時)가 있었으니 엇갈리게 들어 기록한 책의 이름으로 삼았다"라 한 것은 전혀 이상한 것이 아니다. 의미는 역사책의 이름을 '춘추'라 한 것은 곧 '춘하추동(春夏秋冬)' 넉 자 가운데서 '춘추' 두 자를 절취한 것이라는 말이다. 또한 사계절을 연접한 것을 표기하는 것보다는 엇갈리게 배치하여야 세월의 흐름을 자연스럽게 효과적으로 표현할 수 있었을 것이며, 봄〔春〕은 한 해의 첫 계절이므로 반드시 넣어야 한다고 생각하였을 것이다.

2. 『춘추』와 공자

『공양전(公羊傳)』(『춘추공양전』)과 『곡량전(穀梁傳)』(『춘추곡량전』)의 경문에 의하면 노나라 양공(襄公) 21년(B.C. 552) "11월 경자일에 공자가 태어났다"고 하였으며, 또한 『공양전』과 『곡량전』의 경문에 의하면 노나라 애공(哀公) 14년에 "서쪽에서 기린이 잡혔다"는 기록이 있다. 반면에 『좌전』에서는 애공 16년(B.C. 479) 공자가 죽은 것까지 기록하고 있다. 『좌전』에서는 뿐만 아니라 애공이 27년 월나라로 도망간 일이며 조양자(趙襄子)와 한(韓), 위(魏) 2가(家)가 함께 지백(智伯)을 멸망시킨 일까지 서술하고 있는데, 이는 이미 춘추시대가 지나간 몇 년 후의 일이다. 위의 세 『춘추』를 보면 둘은 공자의 탄생을, 하나는 공자의 죽음을 기록하고 있으며, 『좌전』은 또한 애공이 공자의 죽음을 애도하는 말까지 수록하였고 더 나아가 자공(子貢)의 논평까지 덧붙였다. 이런 현상들로 볼 때 『춘추』와 공자는 관계가 없다고 말할 수가 없다.

먼저 공자가 과연 진짜 『춘추』의 편수자인가 하는 점을 짚고 넘어가야 한다. 『좌전』에는 『춘추』는 공자가 지은 것이라 강조한 곳이 여러 군데 보인다. 또한 성공(成公) 14년의 『전(傳)』에서는 "그러므로 군자가 말하였다. '『춘추』의 기록은 적으면서도 드러나고 기록하였으되 깊으며 완전하면서도 장을 이루고 다하였으되 더럽지 아니하며 악을 징계하고 선을 권하니 성인이 아니고서야 누가 그렇게 지을 수 있겠는가?'(君子曰, 春秋之稱 微而顯, 志而晦, 婉而成章, 盡而不汚, 懲

惡而勸善, 非聖人, 誰能脩之?)"라 하였는데, 이 군자의 입을 빌린 성인이 곧 공자로, 『공양전』의 '군자'와 같다.

또한 『맹자 · 등문공(滕文公) 하(下)』에서는 "세상이 쇠하고 도가 미약해져서 부정한 학설과 포학한 행동이 일어나 군주를 죽이는 신하가 있으며 아비를 죽이는 자식이 있었다. 공자가 두려워하여 『춘추』를 지으니 『춘추』는 천자의 일이었다. 그러므로 공자께서 말씀하시기를 '나를 알아주는 것은 오직 『춘추』일 것이며, 나를 죄주는 것도 오로지 『춘추』일 것이다!'라 하였다(世衰道微, 邪說暴行有作, 臣弑其君者有之, 子弑其父者有之. 孔子懼, 作春秋. 春秋, 天子之事也, 是故孔子曰, 知我者其惟春秋乎! 罪我者其惟春秋乎!)"라 하였다.

『좌전』과 『공양전』에서는 다만 공자가 『춘추』를 편수〔脩〕하였다고만 하였는데, 맹자는 마침내 공자가 『춘추』를 "지었다〔作〕"고 하였으니 이는 설이 더욱 멀어진 것이다.

공자는 스스로 말하기를 "전술하되 창작하지 않는다(述而不作)"〔『논어 · 술이(述而)』〕고 하였는데 맹자는 "『춘추』를 지었다"고 하였으니 이는 분명히 모순되는 것이다.

어쨌든 공자가 『춘추』를 편수하였거나 지었다면 그 시기는 언제쯤일까? 『사기 · 공자세가(孔子世家)』에서는 그 사실을 애공 14년 서쪽에서 기린이 잡힌 후에 열거하였으며, 또 말하기를 "'안 되지 안 돼. 군자는 죽은 후에 이름이 알려지지 않을 것을 걱정한다. 나의 도가 행하여지지 않았으니 그럼 나는 무엇으로 후세에 이름을 남기겠는가?' 이에 공자는 역사의 기록에 근거하여 『춘추』를 지었다"라 하였다.

이 말이 믿을 만하다면 공자가 『춘추』를 지은 것은 기린이 잡힌 것이 동기가 되었을 것이다. 그러나 공자는 이로부터 2년 뒤에 병으로 죽는다. 고대의 간책(簡冊)의 번중함과 필사 및 도삭(刀削)을 감안한다면 242년에 달하는 역사책을 70이 넘은 늙은이가 단 2년 만에 완성한다는 것은 거의 불가능할 것이다. 마찬가지로 『사기 · 12제후 연표서(十二諸侯年表序)』에서는 "이에 공자는 왕도를 밝히려고 70여 제후들에게 강구하였으나 아무도 그를 맞아들이지 않았다. 그래서 공자는 서쪽 주왕실의 서적을 살펴보고, 역사 기록과 예전의 견문들을 논술하였는데, 노나라의 사적을 위시하여 『춘추』를 편차(編次)하였다"라 하였다. 이 말은 공자가 『춘추』를 지었다는 『사기 · 공자세가』의 말과는 서로 배치된다. 『사기』에 의하면 공자는 30세 이전에 주나라에 간 적이 있으며, 그 이후로는 다시는 주나라에 가지 않았다. 『사기』의 설(說)대로 주왕실의 서적을 살펴보고 역사를 서술했다면 30세 이전인 노나라 소공 때까지의 역사만 있어야 하는데, 『춘추』는 애공 때까지의 역사를 서술하였으니 이는 또 어떻게 설명할 것인가? 또한 공자와 문하의 제자들에 대한 언행이 기록되어 있는 『논어』에는 『역』을 읽고 『시경』의 「아(雅)」와 「송(頌)」을 정리하였다는 말은 보이지만 『춘추』에 대한 언급은 찾아볼 수 없다. 만약 정말로 공자가 『춘추』를 짓거나 편수하였다면 공자의 제자들이 이에 대하여 단 한마디의 언급도 없을 수 없을 것이다.

『춘추』는 노나라 옛 역사이다. 『춘추』는 총 12공(公), 240여 년의 일을 기록하였으며, 집필한 자는 필시 연인원 수십 명에 달할 것이다.

이 수십 명의 집필자는 각기 스스로 일가를 이루었을 것이니 그 서술하는 방법이 어찌 모두 같았을 수 있겠는가?

그렇다면 『춘추』와 공자는 도대체 무슨 관계가 있을까? 아마 공자는 일찍이 『노춘추』를 교본으로 삼아 제자들에게 이를 가르쳤을 것이다. 『논어 · 술이(述而)』편에는 "공자는 네 가지를 가지고 가르쳤으며 문(文)과 행(行), 충(忠), 신(信)이다"라 하였는데, 이 네 가지 중에 문(文)에는 당연히 노나라의 역사 문헌이 포함되었을 것이니, 곧 당시의 기준으로 보면 근대사와 현대사일 것이다. 공자는 반드시 『노춘추』에 궐문(闕文 : 문장 가운데 빠진 글자나 빠진 글귀. 또는 글자나 글귀가 빠진 문장)이 있는 것을 보았을 것이므로 "나는 오히려 사관들이 글을 빼놓고 기록하지 않은 것을 미처 보았다(吾猶及史之闕文也)"〔『논어 · 위령공(衛靈公)』〕라 하였으니 『춘추』에는 반드시 궐문이 있었을 것이다. 이를테면 희공 14년 『경(經)』의 "겨울에 채후 힐(肸)이 죽었다(冬, 蔡侯肸卒)"는 기록에는 월과 일이 보이지 않는데 이런 것이 곧 궐문이다. 이렇게 공자는 노나라의 사관들이 남긴 『노춘추』를 교본으로 삼아 학생들을 가르치면서 그것을 정리하였을 따름이다.

결론적으로 『춘추』와 공자는 상관이 있기는 하나 다만 공자가 『노춘추』를 제자들에게 전수한 것일 따름이다. 『사기 · 공자세가』에서 이른바 "자하의 무리들도 한마디도 보탤 수가 없었다" 한 것이다. 제자 특히 자하가 『춘추』를 전수하였을 가능성이 몇 가지 있다. 첫째, 자하는 공자의 후기 제자로 공자보다 44세 어리며 만년에 위문후(魏文侯)의 스승이 되었으며 서하(西河)에서 교수하였다. 둘째, 『춘추』의 『전

(傳)』은 자하에게서 많이 나왔다. 셋째, 『한비자 · 외저설 · 우상(韓非子 · 外儲說 · 右上)』에서 "근심을 제거하는 방법에 대하여 공자의 제자인 자하는 『춘추』를 들어 적절하게 설파하였다"라 하였다. "공자가 나고", "공자가 죽은" 기록에 관하여서는 당연히 후인들이 『춘추』를 전하면서 덧붙여진 것이며 『노춘추』의 구문(舊文)이 아닐 것이다. 첨가한 사람이 『춘추』와 공자와의 관계를 나타내지 않았을 따름이다.

3. 『춘추』와 춘추3전(春秋三傳)

후한(後漢) 시대 반고(班固)의 『한서 · 예문지(漢書 · 藝文志)』에서는 "『춘추고경(春秋古經)』 12편. 『경』 11권"이라 하였는데, 반고(班固)는 "『경』 11권"의 아래에 "『공양』, 『곡량』 2가(家)"라고 주석을 달았다. 그렇다면 『춘추고경』은 바로 『좌씨전(左氏傳)』의 『경』을 말할 것이며, 원래 고대(古代) 문자로 쓰여 있었기 때문에 "고경(古經)"이라 하였을 것이다. 노나라의 한 공(公)이 한 편(篇)이었으므로 12공 12편이 된 것이다. 『경』이 11권인 것은 아마 민공(閔公)이 겨우 2년밖에 되지 않아 장공(莊公)과 합쳤기 때문일 것이다.

『공양전』과 『곡량전』은 모두 한대(漢代)에 쓰여졌으며 당대의 통용문자를 썼기 때문에 금문(今文)이라 한다. 『좌전』은 일부는 노벽〔魯壁 : 진시황의 분서갱유(焚書坑儒)를 피해 공자의 9대손 공부(孔鮒)가 『상서』, 『춘추』, 『예기』, 『논어』, 『효경』 등 유교 경전을 보전하기 위해 벽 속에 감추어 두었던 곳인데, 그 공로를 기념하기 위해 건축한 노나라 벽으로 공자의 고향 곡부(曲阜)에 있다]에서 나왔고, 일부는 민간에 전하여져서 학관(學館)에 설치되지 못하였다. 한나라 애제(哀帝) 때에는 유흠(劉歆 : ?~23)이 학관에 설치할 것을 극력 주장을 하였으나 금문가들에 의해 거부되었는데, 그 이유 중 하나는 "『좌전』은 『춘추』를 전하지 않았기 때문에" 『좌전』 자체로 고찰을 해야 한다는 것이었다. 이는 후한의 환담(桓譚 : ?~56)이 『신론(新論)』에서 지적한 "『경』이 있는데도 『전(傳)』이 없다" 한 것에서 잘 나타난다. 환담의 논조는 『경』이 『좌전』에서 떨어질 수가 없다는 것인데, 사실 『좌전』 또한 『춘추경』에서 아주 떠나지는 않았다. 그러나 『좌전』의 해석은 현저히 『공양전』이나 『곡량전』과는 같지 않았다.

『좌전』에서 직접적으로 『경문』을 해석하여 말한 것은 비교적 드물지만 기본적으로는 필수불가결한 것이었다. 『좌전』은 또한 이따금 서로 상관이 있는 『경문』 몇 조목을 하나의 『전(傳)』으로 합쳐 놓기도 하여 4조목의 『경문』을 하나의 『전』으로 합쳐 놓은 것도 있다. 뿐만 아니라 『좌전』에는 『경』이 없는 『전』은 더욱 많다. 『좌전』에는 『경』과 모순된 것이 많은데, 이는 일반적으로 『좌전』이 『경』을 바로잡은 것이다.

결론적으로 말하자면 『공양전』과 『곡량전』은 빈말이 아니라 허탄(虛誕)한 괴언(怪言)이 많아 구체적으로 가치가 있는 사료는 거의 없다. 다만 우연히 한두 가지가 『경』의 체례에 부합하여 한나라 사람들에게 중시되어 답습되었고 심지어 부회하기에 이르렀다. 이런 곳은 또한 분명히 밝히고 설명되어야 한다. 그러나 『좌전』은 구체적인 사실(史

實)을 들어 경문을 설명하고 보정하였으며 나아가 바로잡기까지 하였다. 문장이 간결하고 군세며 유창하여 동한〔東漢, 후한(後漢)〕 이래 더욱 중시되어 위진(魏晉) 이후에는 결국 『공양전』과 『곡량전』을 압도하게 되었다.

4. 『좌전』의 작자

『사기 · 12제후 연표서』에서는 "노나라의 군자 좌구명(左丘明)은 제자들이 각각 오류를 범하며, 제각기 주관에 집착하여 그 진의를 잃는 것을 염려하였다. 그래서 그는 공자의 기록에 연유하여 그 구절을 상세하게 논술하여 『좌씨춘추(左氏春秋)』를 지었다"라 하였다. 『춘추경전좌씨집해』 서문의 공영달(孔穎達 : 574~648)의 소(疏)에서는 심(沈)씨의 말을 인용하여 "『엄씨춘추(嚴氏春秋)』에서는 〔서한본 『공자가어(孔子家語)』의 한 편(篇)인〕「관주(觀周)」편을 인용하여 '공자가 『춘추』를 편수하려 할 때 좌구명과 함께 수레를 타고 주나라로 가서 주나라의 역사를 보고 돌아와 『춘추』의 『경』을 지었으며, 좌구명은 거기에 『전(傳)』을 지으니 서로 표리가 되었다'라 하였다"라 하였다. 한나라 엄팽조(嚴彭祖)는 사마천보다 앞선 인물일 것인데, 양자의 설에는 이동(異同)이 있다. 같은 것은 공자가 『춘추』를 편수하였고 좌구명이 『전(傳)』을 지었다는 것이다. 다른 것은 공자가 『춘추』를 지은 것이 먼저이고 좌구명이 공자의 제자들이 각자 자기의 견해를 가지고 공자의 원의를 상실할까 두려워 『전』을 지었다고 하였으므로 『전』이 지어진 것이 나중이라고 한 것이다. 엄팽조는 오히려 공자와 좌구명이 함께 수레를 타고 주나라 태사에게 가서 그곳의 책을 보고 한 사람은 『경』을 짓고 한 사람은 『전』을 지어 이 둘이 동시에 지어졌다고 하였다. 좌구명에 대해서는 『논어 · 공야장(公冶長)』에서 "공자께서 말씀하셨다. '말을 잘하고 얼굴빛을 좋게 하고 공손을 지나치게 함을 옛날 좌구명이 부끄러워하였는데 나 또한 이를 부끄러워한다. 원망을 감추고 그 사람과 사귐을 좌구명이 부끄러워하였는데 나 또한 이를 부끄러워한다'"라 하였으니, 좌구명은 공자의 제자가 아님을 알 수 있으며 이로 인하여 사마천도 그를 "노나라의 군자"라고 하였으며, 당연히 『사기열전 · 중니제자열전(史記列傳 · 仲尼弟子列傳)』에도 그의 이름이 보이지 않는다. 그렇다면 그는 최소한 공자와 동시대의 인물일 것이며 나이 또한 공자보다 적지는 않을 것이다. 그러나 당나라 육순(陸淳 : ? ~ 806)의 『춘추집전찬례 · 조씨손익례(春秋集傳纂例 · 趙氏損益例)』에서는 동시대인이 아니며 공자 약간 이전 시대의 사람이라고 하여 그가 『좌씨전』을 지은 것을 부정하였다.

후인들은 좌구명의 성(姓)에 대해 의심을 품었다. 사마천은 이미 좌구명(左丘明)이라고 하고는 또 「보임안서(報任安書)」에서 "좌구는 실명하였다(左丘失明)"라 하고 또 그의 저작을 『좌씨전』이라 하였으니 도대체 성이 좌(左)이고 이름이 구명(丘明)이라는 말인가? 아니면 그대로 좌구(左丘)가 복성(複姓)이고 이름이 명(明)이란 말인가? 청나라 주이존(朱彝尊 : 1629 ~ 1709)은 좌구가 복성이라는 주장을 폈고, 반고(班固)는 『한서·예문지』에서 성이 좌이고 이름이 구명이라고 하였으며, 당나라의 공영달도 반고의 설을 따랐다. 심지어 청나라 유정섭(兪正燮 : 1775~1840) 같은 사람은 『계사유고·좌구명자손성씨론(癸巳類稿·左丘明子孫姓氏論)』에서 말하기를 "『광운(廣韻)』 18 우(尤)부 구(丘)자의 주에서는 『풍속통』을 인용하여 '노 좌구명의 후손'이라고 하였다. 구명(丘明)의 자손이 구(丘)성임은 오랜 옛날부터 의심이 없다. 구명은 『춘추』를 전하였는데 『좌씨전』이라 한 것은 좌사의 관직으로 말한 것이기 때문이다"라 하였다. 유정섭에 의하면 좌는 관직 이름이고, 구가 성이며 이름은 명이라는 것이다. 그러나 좌사(左史)를 다만 좌(左)라고 생략한 예는 예로부터 보이지 않는다. 그러나 좌구명의 성씨가 어떻든 좌구명이 공자와 동시대 사람이거나 이전 시대 사람이거나 간에 『논어』에 나오는 좌구명은 『좌전』의 작자가 될 수 없다.

『좌전』의 마지막 기록은 노나라 애공 27년에 이르며, 맨 끝에 한 단락을 더 추가하여 지백이 멸망당한 것을 설명하고 또한 조무휼(趙無恤)을 시호인 양자(襄子)로 일컫고 있다. 지백이 멸망당한 것은 B.C. 453년으로 공자가 죽은 해와는 이미 26년이란 시차가 있으며 조양자(趙襄子)의 죽음과는 53년이나 되는 시차가 있다. 좌구명이 공자와 동시대인이라면 공자가 죽은 후 53년이 되도록 여전히 저서 활동을 하지는 못하였을 것이므로 이에 대해서는 역대로 여러 가지 견해가 있어 왔다.

남송 여대규(呂大圭 : 1227~1275)는 "좌씨는 대대로 사관을 지내왔고 성인과 동시대의 인물은 구명이다. 그 후 『좌전』에 『전(傳)』을 지은 자는 구명의 자손이거나 문하의 제자일 것이다"라 하였는데, 이에 대해서는 언급한 사람이 하나도 없으므로 이는 단지 억측일 뿐이다. 청나라 요내(姚鼐 : 1731~1815)는 "좌씨의 책은 한 사람의 손에서 완성된 것이 아니다. 좌구명이 『전(傳)』을 지어 증신(曾申)에게 전수하였으며, 증신은 오기(吳起)에게 전하고, 오기는 그의 아들 기(期)에게 전하였으며, 기는 초나라 사람 탁초(鐸椒)에게 전하였고, 탁초는 조나라 사람 우경(虞卿)에게 전하였으며, 우경은 순경(荀卿)에게 전하였다. 아마 후인들이 자주 덧붙였을 것이다. 구명이 『경』을 말한 옛날의 글과 후인이 덧붙인 것은 지금 어느 것이 더 많은지 알 수가 없다"고 하였다. 이는 『좌전』이 후대의 전습(傳習) 과정을 거치면서 내용이 계속 증가되었다는 것을 설명하는 것이지만 또한 어느 부분이 추가된 부분인지에 대해서는 제대로 지적해 내지 못하였다. 이는 『좌전』에는 작자가 언급하여야 하는데도 후인이 추가하지 않은 것이 있다는 것으로 보아 설득력이 떨어진다. 아마 『좌전』은 B.C. 403년 이후에 이루어졌기 때문에 『좌전』의 작자는 자연스레 조양자의 죽음을 목도하였을 것이다.

『좌전』의 작자는 분명 좌구명이 아니다. 『논어』에 나오는 좌구명도 아니고 다른 좌구명도 아니다. 이에 대해서는 『한서 · 고금인표(古今人表)』 및 기타 어떤 사료에서도 제2의 좌구명에 대해서는 언급이 없기 때문에 알 수 있다. 오기가 실로 『좌전』을 전수한 적은 있지만 『좌씨전』이란 명칭은 절대로 오기가 좌씨 일파의 사람이기 때문이 아니다. 『좌전』은 매우 많은 원시 자료를 채취하였는데, 이를테면 성공 13년 『전(傳)』의 「진후가 여상을 보내어 진나라와 절교한 편지(晉侯使呂相絶秦書)」 같은 것은 사리에는 전혀 맞지 않는 억지 문자이기는 하나 예술성은 매우 높다. 진(秦)나라는 나중에 이를 모방하여 「초나라를 저주하는 글(詛楚文)」을 쓰기에 이른다. 「초나라를 저주하는 글(詛楚文)」로부터 「진후가 여상을 보내어 진나라와 절교한 편지(晉侯使呂相絶秦書)」는 반드시 원시 기록이거나 원시 문헌임을 알 수 있다. 『좌전』의 작자는 이런 사료를 적절히 배치하여 시종 혜공(惠公)이 은공(隱公)을 낳고 환공(桓公)에서 지백의 멸망까지를 수미일관하게 풍격을 일치시키고 있다. 작자는 아마 공자의 영향을 받았을 가능성이 있지만 유가의 별파일 것이다. 『한비자 · 현학(顯學)』편에서는 "그러므로 공묵(孔墨)의 후로 유가는 여덟 갈래로, 묵가는 세 갈래로 나누어졌다"라 하였다. 공자는 "괴(怪) · 력(力) · 난(亂) · 신(神)"에 대하여 말하지 않았는데, 『좌전』의 작자는 적어도 "괴 · 력 · 난 · 신"을 배척하지 않았으므로 유가의 별파일 것이라는 것을 알 수 있다.

『좌전』이 사료를 개편(改編)한 것은 『자치통감』이 사료를 개편한 과정과 비슷할 것으로 보인다. 『자치통감』은 송나라 때 1362년이라는 유구한 역사를 유서(劉恕 : 1031~1078)와 유반(劉攽 : 1023~1089), 범조우(范祖禹 : 1041~1098) 같은 당시의 저명한 사학자의 도움을 받아 저술되었지만 사마광(司馬光 : 1019~1086)의 손을 거쳐 체제를 통일시켜 마치 한 사람이 지은 것처럼 보인다. 『좌전』의 작자도 취재를 많이 하기는 하였으나 255년에 불과하며, 『춘추경』을 제외하면 18만여 자에 불과하다. 당시의 작업 여건이 어려웠고 또한 『자치통감』과 같이 황제의 지지와 관가의 협조 같은 면에서는 훨씬 못하였으니 애당초 한 사람의 손으로 책을 완성시켰을 수는 없었을 것이다.

5. 『좌전』이 이루어진 시기

『좌전』은 한 사람이 아니라 여러 사람의 손을 거쳐 이루어진 책임은 앞에서 이미 밝혔다. 당나라 육순의 『춘추집전찬례』(권1)에서 그 스승 담조(啖助)의 설을 가지고 말했다.

> 내가 『좌씨전』을 보니 주(周) · 진(晉) · 제(齊) · 송(宋) · 초(楚) · 정(鄭) 등의 나라에 대한 일이 가장 상세하다. 진나라는 출병을 할 때마다 여러 장수들을 갖추어 도왔으며, 송나라는 매번 흥폐(興廢)에 따라 육경(六卿)을 빠짐없이 모두 갖추었다. 그러므로 역사를 기록한 문장이 나라마다 각기 달랐음을 알 수 있다. 좌씨는 이 여러 나라의 역사를 얻어서 문인들에게 전수하였는데, 올바른 뜻〔義〕은 입으로 전하여졌지만 책으로 갖추어지지는 않았다. 후대의 학자들이 이에 그것을 부연하여 유통시키고 모아서 합쳐 연월순으로 편차하여 전기(傳記)로 만들었다. 또 당시의 문헌과 전적을 널리 채집하여 ……

당나라 조광(趙匡) 또한 그 책이 공문(孔門) 제자의 후대에서 나왔다고 하였다(『춘추집전찬례』 권1의 인용에 보인다). 송대(宋代)에는 이 책에 대하여 논한 사람이 매우 많은데, 왕안석(王安石)은 『좌씨해(左氏解)』에서 좌씨가 육국(六國) 때의 사람임을 증명하였고, 섭몽득(葉夢得 : 1077~1148)은 『춘추고(春秋考)』에서 전국시대 주나라와 진(秦)나라 사이의 사람이 지었다고 하였다. 정초(鄭樵 : 1104~1162)의 『육경오론(六經奧論)』에서는 육국 때 초나라 사람이 지었다고 하였으며, 진진손(陳振孫 : 1183~?)의 『직재서록해제(直齋書錄解題)』에서도 또한 이 책의 작자는 공자 때의 좌구명이 아니라고 하였다. 무릇 이들은 모두 이 책에 기록된 역사적 사실이 이미 전국시대에까지 미치니 좌구명의 시대와는 미칠 수가 없기 때문에 좌구명이 지은 것이 아니라고 의심하였다.

이 책에 기록된 역사적 사실이 좌구명의 시대와 서로 미칠 수 없다는 것을 논한 것 가운데 송대인의 것으로는 섭몽득의 설이 가장 상세하다. 그의 『춘추고』 권3에서는 말했다.

지금의 『춘추』가 끝난 것은 애공(哀公) 14년인데, 이때 공자는 죽었다(실제 공자는 애공 16년에 죽었다). 『전(傳)』이 끝난 것은 애공 27년으로 공자가 죽은 지 13년 뒤이다(실은 11년이다). 그 말에 한(韓)·위(魏)·지백(智伯)·조양자(趙襄子)의 일을 언급하고 있으며 노도공(魯悼公)과 초혜왕(楚惠王)을 일컫고 있다. …… 연대를 고증해 보건대 초혜왕의 죽음은 공자와는 47년이란 거리가 있고, 노도공의 죽음은 공자와 48년, 조양자의 죽음은 공자와는 53년이란 차이가 있다. 그 말을 살펴보면 애공의 손자가 월나라에서 일생을 마친 일이 『경』의 끝이며, 나중의 일까지 두루 언급한 것으로는 조양자가 가장 먼데 양자에게서 멈추지 않았다. 좌씨의 뒤로 양자가 또 어느 때 사람인지를 모르겠다. 공자와 동시에 있으면서도 제자가 아니니 이렇다면 그가 얼마나 오래 살았단 말인가! …… 지금 그 책을 보니 진효공(秦孝公) 이후의 일이 섞이어 들어간 것이 매우 많으니 내가 보기에는 아마 전국시대 주나라와 진나라 사이의 사람임에 의심이 없다.

이 책을 공자 때의 좌구명이 짓지 않았다고 한 것은 청나라 사람들도 많이 언급하였으며, 근대인들이 논한 것은 더욱 많다. 그것이 이루어진 시대에 대해서는 근대인 위취현(衛聚賢, 1899~1989)이 지은 「좌전 연구(左傳之硏究)」라는 글이 가장 상세하다. 거기서는 대략 이렇게 말했다.

『좌전』에는 조양자의 시호가 있는데, 양자는 주나라 위열왕(威烈王) 원년에 죽었으니 저자는 이해 이후의 사람이다. 복사(卜辭)에서는 "계씨가 망하니 노나라는 창성하지 않았다"라 하였는데 사실은 그렇지 않으니 이 저자는 노나라 계씨가 망한 것을 볼 수 없었다. 제나라의 전(田)씨에 대해서 "5세에 창성해져서 8세의 후에는 경사에 견줄 만한 사람이 없었다"라 하였는데 그 10세가 후(侯)가 된 것은 말하지 않았으니 이는 주안왕(周安王) 16년에 전화(田和)가 후가 된 것은 볼 수 없었다. 또한 "성왕(成王)

이 겹욕(郟鄏)에 정(鼎)을 안치하였는데 점을 친 세대는 30세이고 점을 친 해는 700년이다"라 하였는데 30세는 안왕이고 700년은 안왕 3년이다. 그러나 안왕의 후에도 아직 4세 153년이 있다. 안왕 때까지만 해도 주나라는 아직 망하지 않았는데 저자가 어찌 이러쿵저러쿵할 수 있단 말인가? 또한 위자(魏子)에 대해서는 "그 장자는 진나라의 뒤를 이었다"라 하였는데, 위나라가 후작이 된 것을 보았다면 "그 장자는 위나라의 뒤를 이었다"라고 말해야 된다. 이 저자는 주나라 위열왕 23년 위사(魏斯)가 후가 되기 이전의 사람이면서 위열왕 원년 이후의 사람이다.

위취현은 또한 따라서 위양왕(魏襄王)의 무덤에서 출토된 「사춘(師春)」편은 이 책의 일부분이라고 하였다. 그런데 위양왕은 주나라 신정왕(愼靚王) 2년에 죽었는데, 이로써 신정왕 2년 이전에 이 책이 이미 전포되었음을 알겠다. 더욱 나아가 다섯 가지 증거를 열거하며 이 책은 자하(子夏)가 지은 것이라고 단정하였다.

위취현은 이 책에서 이미 조양자의 시호를 말했다는 것으로 그것이 주나라 위열왕 원년 이후에 이루어졌다고 증명하였으며, 주나라의 점친 해에 관한 설로 저자가 동주(東周)의 멸망을 보지 못했음을 증명하였다. 논거로 세운 것이 모두 자못 정확하고 타당하다. 다만 "그 장자는 진나라의 뒤를 이었다"라 한 일로 이 책이 지어진 것이 주나라 위열왕 23년 이전이어야 한다 하였고, 또 이 책을 지은 이는 노나라 계씨의 죽음을 볼 수 없었을 것이라고 한 것은 논거가 부회를 벗어날 수 없다. "8세의 후에는 경사에 견줄 만한 사람이 없었다"라고 논한 설 또한 정확하지 않다. 대체로 여기에서 이른바 8세라는 것은 마땅히 전완(田完)의 아들 전치(田穉)에게서 시작되어야 한다. 전치에게서 전장자〔田莊子, 전백(田白)〕까지는 무릇 8세가 되며 8세의 후는 곧 전화(田和)이다. 이 점쟁이의 예언은 실은 전화가 제(齊)를 찬탈한 것을 가리키며, 또한 이 책이 이루어진 것은 주안왕(周安王) 36년 이후의 일이어야 한다. 이른바 복세 30이나 복년 700이라 한 것은 정수를 들어서 말한 것으로 그것이 마치 안왕 3년에서 멎었다고 할 수는 없다. 이로써 말해 보면 이 책의 완성은 이르다 해도 안왕을 넘을 수 없고 늦다고 해도 신정왕 2년(위양왕이 죽은 해) 이전이어야 한다.

위취현이 이 책은 자하가 지었다고 한 것은 증거가 충분치 못하며, 또한 자하의 죽음도 결코 안왕의 시대에 미치지 못한다. 그 설이 믿을 만하지 못함을 단정할 수 있다. 또한 요내(姚鼐) 이래 이 책이 오기(吳起)에게서 지어졌다고 말하는 사람이 자못 많으며, 근대의 석학 전목(錢穆 : 1895~1990)이 논한 것이 더욱 상세하다. 그런데 오기는 위열왕 21년에 죽었으니 전화가 제나라를 찬탈하였음을 알 도리가 없다. 그러나 고서의 기록에 의하면 오기와 『좌씨춘추』의 전수는 확실히 관계가 있다. 오기가 이 책을 짓고 후인이 또 윤색을 했단 말인가? 이는 아직도 고찰하여 정정을 해야 한다.

6. 『좌전』과 『국어』

이른바 『좌전』은 그 원서가 본래 경전을 해석하여 지어진 것도 아니고 또한 본래 『춘추』의 『전(傳)』도 아니라는 것은 앞에서 이미 말한 바 있다. 이에 근대인 강유위〔康有爲 : 1858～1927, 『신학위경고(新學僞經考)』〕·요평〔寥平 : 1852～1932, 『고학고(古學考)』〕·최적〔崔適 : 1852～1924, 『사기탐원(史記探源)』〕·전현동〔錢玄同 : 1887～1939, 「춘추여공자(春秋與孔子)」〕 등은 마침내 모두 『좌전』이 『국어』에서 갈라져 나왔다고 하였는데, 그 전신이 실은 『좌씨춘추』라는 것을 소홀히 보았다. 제가(諸家)가 지니고 있는 이유는 대체로 비슷하다. 여기에 강유위의 설을 다음과 같이 일부만 옮겨 본다.

『한서·사마천전(司馬遷傳)』에 실려 있는 사마천의 「보임안서(報任安書)」에서는 "좌구는 실명하여 『국어』를 지었고, 손자는 빈형(臏刑)을 받고 병법서를 정리하였다"라 하였고, 아래에서는 "좌구명이 봉사가 되고 손자가 다리가 잘리어 끝내 쓰일 수 없게 된 것처럼 물러나 책이나 짓고 논문이나 쓰면서 분만을 펴고 쓸데없는 글이나 드리워 스스로를 드러내고자 하였다"라 하였으며, 「12제후 연표」에서는 "연표에 『춘추』와 『국어』를 보이도록 드러내었다"라 하였다. 이 세 가지를 종합하여 살피건대 구명이 두 책을 모두 지은 것 같은데 태사공은 『춘추』를 버리고 그 외전(外傳)을 일컬었으니 어찌된 도리인가? 혹자는 『국어』를 지은 사람은 좌구이고, 『춘추전』을 지은 사람은 좌구명이라 하여 두 사람으로 나누어서 의심하였다.

「보임안서」에서는 분명히 "좌구가 실명한 것과 같이"라 하였으니 좌구명이 명백하다. 두 사람이라는 설은 대체로 의심할 가치가 없다. 『좌전』이 『국어』에서 갈라져 나왔음을 또한 어찌 의심하겠는가!

또 말했다.

『국어』는 하나뿐인데 『지(志)』에서는 2종이라고 하였으니 첫 번째 이상한 점이다. 그 하나는 21편인데 지금 전해지는 판본이며, 하나는 유향이 분리한 『신국어(新國語)』 54편이다. 동일한 『국어』인데 어째서 편수가 서로 몇 배나 차이가 나는가? 이것이 두 번째 이상한 점이다. 유향의 책은 모두 후한(後漢)에 전하여졌는데 54편본 『신국어』는 후한 사람들이 언급을 하지 않았으니 세 번째 이상한 점이다. 대개 54편이라는 것은 좌구명의 원본이다. 유흠이 거의 절반이 되는 30편을 분리하여 『춘추전』을 지었으며, 이에 그 남은 잔여분을 남겨 두고 잡서에서 주워 모아 덧붙여 지금의 『국어』를 만들었다. 그렇기 때문에 겨우 21편을 얻었을 뿐이다.

강유위가 논한 것은 특히나 수긍이 가지 않는다. 대체로 그 앞의 설을 가지고 살펴보면 『사기 · 12제후 연표』에서는 이미 좌구명이 『좌씨춘추』를 지었다고 분명히 말했다. 이 한 가지 증거로 이미 강유위가 의심한 것을 풀 수 있다. 그 뒤의 설을 가지고 살펴보건대 강유위가 논한 대로라면 54편본 『국어』가 먼저 있어서 『국어』와 『좌전』을 두 책으로 분리하고 난 후에야 비로소 21편의 『국어』가 있게 된 것이다. 그러나 『한서 · 예문지』의 기록에 의하면 실상 21편본 『국어』가 먼저 있었고, 54편본 『국어』는 유향으로부터 편집이 되었다. 강유위의 의논은 그와는 정반대이므로 그 설은 모두 따를 수 없다.

대만의 학자 장이인(張以仁)은 일찍이 「『국어』와 『좌전』의 관계를 논함(論國語與左傳的關係)」이라는 글〔『중앙연구원 역사어언연구소집간(中央研究院 歷史語言研究所集刊)』 제33본을 보라〕을 짓고는 『국어』에 기록하고 있는 240여 건 가운데 약 3분의 1은 『좌전』에 없으며, 그 나머지 3분의 2는 『좌전』과 서로 중복되니 기록하고 있는 사실 가운데 『좌전』과 차이가 있는 것이 대부분을 차지하고 있다. 『사기』에 기록되어 있는 역사적 사실은 때로는 『좌전』에 근거하였으며, 때로는 『국어』에 근거하고 있다. 그리고 두 책의 저작 태도가 서로 다른 점에서도〔『국어』는 권선(勸善), 『좌전』은 역사의 기술에 치중〕 『국어』와 『좌전』은 원래 한 가지 책이 아니라는 판단을 내릴 수 있다. 그 뒤에 다시 「문법과 어휘의 차이로 『국어』와 『좌전』 두 책이 한 사람이 짓지 않았음을 증명함(從文法語彙差異證國語左傳二書非一人所作)」이란 글을 지어 『국어』와 『좌전』이 하나의 책이 아니라는 데 보다 진일보한 증명을 하였다. 이는 원서에서 살펴본 것으로 『국어』와 『좌전』이 하나의 책이 아니었음을 증명하여 알 수 있다.

진(晉) 태강(太康) 2년 급군(汲郡)에 있는 위왕(魏王)의 무덤에서 많은 죽서(竹書)가 출토되었다. 그 가운데 「사춘(師春)」이란 글이 있는데, 『진서 · 속석전(晋書 · 束晳傳)』에서는 "『좌전』의 점을 적었다"고 하였다. 두예(杜預)의 「춘추좌전후서(春秋左傳後序)」에서는 그것에 대해 "위아래의 차제(次第)와 그 문의가 모두 『좌전』과 같다"고 하였다. 『사통 · 신좌(史通 · 申左)』편의 자주(自注)에서는 「사춘」에 기록된 복사(卜辭)에 대해서 말하고 있는데, 또한 "『좌씨』를 가지고 비교해 보니 한 자도 차이가 나지 않는다"라 하였다. 『좌전』과 『국어』에는 모두 점을 친 복사가 기록되어 있다. 「사춘」에 『좌전』의 복사만 기록하고 있고 『국어』에 대해서는 언급을 하지 않았으니 「사춘」을 지었을 때 『좌전』과 『국어』는 또한 확실히 두 가지 책이었다.

서한〔西漢, 전한(前漢)〕 말엽 이전에 『좌씨춘추』와 『국어』 두 책이 모두 행해졌다. 유향이 이 두 책을 합하여 54편본 『국어』를 만들었다. 유향은 『좌씨춘추』를 윤색해서 『좌전』을 완성했다. 동한 이후에는 『좌전』이 이미 유행했고 21편본 『국어』도 그대로 남아 있었으니, 이에 유향이 새로 편집한 『국어』는 마침내 없어져서 전하여지지 않게 되었을 따름이다.

춘추좌전

•

상권

1. 은공

隱公

(기원전 722년~기원전 712년)

은공의 이름은 식고(息姑)이며 「노세가(魯世家)」에는 "식(息)"으로 되어 있지만, 『시경 · 노송(詩經 · 魯頌)』의 주석〔소(疏)〕과 문공 16년 『좌전(左傳)』의 주석〔소(疏)〕 및 당나라 육덕명(陸德明)의 『경전석문(經典釋文)』〔이하 『석문(釋文)』〕, 『곡량전(穀梁傳)』 첫 편의 『소증(疏證)』에서 함께 인용한 「노세가」에는 모두 "식고(息姑)"로 되어 있으니 당나라 때 『사기 · 노세가(史記 · 魯世家)』에는 "식고(息姑)"로 되어 있음이 매우 분명하다. 또한 『사기 · 12제후 연표(十二諸侯年表)』〔이하 『연표(年表)』〕에도 "식고"로 되어 있으며, 「연표」 및 「노세가」의 『색은(索隱)』〔당나라 사마정(司馬貞)의 『사기』 주석서 『사기색은(史記索隱)』, 이하 『색은』〕에서는 모두 『세본(世本)』을 인용하여 은공의 이름이 식고(息姑)라 하였으니, 금본 「노세가」에 "고(姑)"자가 없는 것은 아마 당나라 이후의 『사기』에서 본래 "고(姑)"자가 빠졌을 것이다. 은공은 백금(伯禽)의 7세손이자 혜공(惠公) 불황(弗皇)의 아들이며 성자(聲子) 소생으로 주평왕(周平王) 49년에 즉위하였다.

經

惠公元妃孟子.[1]	혜공의 원비는 맹자였다.
孟子卒,	맹자가 죽자
繼室以聲子,[2]	성자를 계실로 삼았는데
生隱公.[3]	은공을 낳았다.
宋武公生仲子.[4]	송무공은 중자를 낳았다.

---

1 혜공(惠公) : 『사기 · 노세가』에서는 이름을 불황〔弗湟, 『색은(索隱)』에는 불황(弗皇), 『연표(年表)』에는 불생(弗生)으로 되어 있다〕이라고 하였으며, 은공 및 환공의 부친이다. 노나라의 열세 번째 왕으로 재위 46년에 죽었다.
원비(元妃) : 첫 번째 시집간 정부인이라는 뜻. 원배(元配)라고도 한다.
맹자(孟子) : "맹(孟)"은 배항(排行)으로 맏이임을 나타내며, "자(子)"는 친정의 성씨를 나타낸다. 송나라의 성이 "자(子)"씨 성이었으므로, 맹자는 곧 송나라의 여인임을 알 수 있다. 이외에 여자의 호칭법으로는 다음의 몇 가지가 있다. 첫째, 출신국의 나라 이름을 성씨 위에 덧붙이기도 하는데, 제강(齊姜) · 진규(陳嬀) 등의 예가 있다. 둘째, 남편의 나라 이름을 성씨 위에 붙이기도 하는데, 한길(韓姞) · 진희(秦姬) 등의 예를 들 수 있다. 셋째, 남편의 시호를 성씨 위에 덧붙이기도 하는데, 이를테면 장강(莊姜) · 선강(宣姜) 등이 있다. 넷째, 남편 집안의 성씨를 친정집 성씨 앞에 붙이는 경우도 있는데, 난기(欒祁) 같은 경우이다. 마지막으로, 별도로 시호를 지어 성씨 앞에 붙이는 경우도 있는데, 바로 다음에 나오는 성자(聲子)니 여규(厲嬀) · 대규(戴嬀) 따위를 들 수 있다. 노나라는 문강(文姜) 이후로 부인은 거의 남편의 시호를 따르지 않고 별도로 시호를 지어 부인을 높였다. 이외에도 개가한 후에 호칭이 바뀌는 경우도 있었는데, 이를테면 진목공(秦穆公)은 딸을 진회공(晉懷公)에게 시집보내 회영(懷嬴)이라고 부르다가 나중에 다시 진문공(晉文公)에게 개가하였으므로 진영(辰嬴)이라고 고쳐 부르게 되었다. 주나라 천자의 딸은 그냥 왕희(王姬)라고 불렀다.

2 계실(繼室) : 『좌전』에는 이 말이 네 번 보이는데 모두 동사로 쓰였다. 성자가 맹자가 시집올 때 데려온 잉첩(媵妾)이었기 때문에 부인(夫人)으로 불리지 못하고 계실이라 불리게 된 것이다.

3 은공(隱公) : 이름은 식고(息姑)이다.

4 송무공(宋武公) : 송은 나라 이름으로 자(子)씨 성이며, 성탕(成湯)의 후예이다. 주무왕(周武王)이 주(紂)를 멸하였을 때 그의 아들인 무경(武庚)을 송나라에 봉했다. 무경은 은상(殷商)의 회복을 꾀하여 관숙(管叔) · 채숙(蔡叔)과 결탁하여 거병을 하였으나 주공단

仲子生而有文在其手,[5]	중자는 나면서 손바닥에 글자가 있었는데
曰爲魯夫人,	"노나라의 부인이 되리라"라 하였으므로
故仲子歸于我.[6]	중자는 우리 노나라로 시집왔다.
生桓公而惠公薨,[7]	환공을 낳았으며 혜공이 돌아가셨다.
是以隱公立而奉之.	그러므로 은공이 옹립되어 환공을 받들었다.

(周公旦)에게 패하여, 다시 주의 부친인 제을(帝乙)의 장자 미자계(微子啓)를 송공(宋公)으로 봉하였다. 은(殷)이라 하기도 하고, 상(商)이라고도 하는데 모두 옛 명칭을 따른 것이다. 상구(商丘)에 도읍을 정하였는데, 지금의 하남(河南) 상구(商邱)시이다. 목공(穆公) 7년까지 전하여 내려왔을 때가 곧 노은공 원년이다. 소공(昭公) 득(得) 원년은 노애공(魯哀公) 27년으로 『좌전』이 끝나는 해이다. 소공으로부터 6세(世) 170년이 전하여져 제(齊)·위(魏)·초(楚) 세 나라에 의해 멸망되었다. 『사기·송세가(宋世家)』에 의하면 미자로부터 무공까지는 모두 21임금이며, 무공은 이름이 사공(司空)으로 미중(微仲)의 9세손이다.

5 문(文) : 곧 문자〔字〕를 말한다. 이때까지만 해도 아직 "글자 자(字)"자가 없었기 때문에 이렇게 썼다.
수(手) : 수장(手掌), 곧 손바닥을 말한다. 실제로는 손금의 모양을 말한 것이다.

6 귀(歸) : 여자가 시집가는 것을 말한다.

7 혜공훙(惠公薨) : 진(晉)나라의 두예(杜預)는 『춘추좌씨전집해(春秋左氏傳集解)』〔이하 『집해(集解)』〕에서 "혜공은 환공이 태어나던 해에 죽지 않았다(惠公不以桓生之年薨)"라 하였다. 당나라의 공영달(孔穎達)은 두예의 이 설을 첫째, "혜공이 죽었을 때 송나라와 전쟁이 있었는데 태자가 어렸다", 둘째, 이해 10월에 혜공을 개장(改葬)하였는데 은공은 가지 않았고 환공이 상주였다는 점을 들어, 셋째, 우보(羽父)가 은공을 죽이고 환공과 도모했다는 점 등을 들어 이를 입증하였다. 훙은 제후가 죽은 것을 표현하는 말이다. 천자가 죽으면 붕(崩), 대부가 죽으면 졸(卒), 일반인이 죽으면 사(死)라는 표현을 썼다.

은공 원년

經

元年春.[8]	원년 봄
王正月.[9]	주력으로 정월.
三月,	3월에
公及邾儀父盟于蔑.[10]	은공 및 주나라의 의보가 멸에서 회맹하였다.

---

8 원년(元年) : 기미(己未)년으로 B.C. 722년이다. 주평왕(周平王) 49년이다.

9 왕정월(王正月) : 춘추시대에는 날짜를 기록할 때 사시(四時)를 나타내는 말을 썼다. 그러나 춘추의 사시는 실제의 시령(時令)과는 맞지 않았다. 전하는 바에 의하면 삼정(三正)이 있었으니, 곧 하(夏)나라는 북두칠성의 자루가 인(寅)의 방위를 가리키는 건인(建寅; 곧 지금의 음력 정월)의 달을 정월로 삼았고, 은(殷)나라는 건축(建丑; 지금의 음력 12월)의 달을 정월로, 주(周)나라는 건자(建子; 지금의 음력 11월)의 달을 정월로 삼았다. 그러면서 모두 정월을 봄으로 삼았으니 실제 은나라와 주나라의 봄은 모두 겨울이었다. 노나라는 주나라와 가장 가까운 나라로 오직 주나라의 역법만 썼으며, 『춘추』에 기록된 은공(隱公)에서 애공(哀公)까지 12임금 242년을 모두 오로지 주나라의 역만 썼다. 심지어 애공 12년의 경문에 보면 "春用田賦"라는 말이 나오는데, 이는 실제 "春王正月用田賦"를 줄여서 쓴 것이다.

10 공(公) : 곧 노은공(魯隱公)이다. 『춘추』의 경문(經文)에서 공(公)으로만 칭한 것은 모두 노나라 임금이다.

주의보(邾儀父) : 주는 나라 이름으로 조(曹)씨 성이다. 처음에는 지금의 곡부현(曲阜縣) 동쪽 조금 남쪽에 도읍을 둔 노나라의 속국이었는데, 나중에 지금의 추현(鄒縣) 동남쪽에 도읍을 하였으며 춘추시대에 들어와 8세(世) 만에 초나라에 멸망당했다. 의보는 주나라 임금의 자로 이름은 극(克)이다.

맹(盟) : 옛날 맹약의 의식은 먼저 땅을 파서 구덩이를 만들고 소와 양 혹은 말을 희생 삼아 구덩이에서 죽이고 희생물의 왼쪽 귀를 잘라 쟁반에 담아 피를 취하여 그릇에 담는다. 맹약의 내용을 읽어 신에게 알리고, 그런 뒤에 회맹에 참가한 사람들이 일일이 돌아가며 조금씩 그 피를 마시는데 고인들이 이른바 삽혈(歃血)이라고 한다. 삽혈의 절차가 끝나면 맹약의 원본은 희생의 위에 놓고 함께 묻으며, 부본(副本)들은 맹약에 참가한 사람들이 각기 지니고 돌아가 보관해 둔다.

夏五月,	여름 5월에
鄭伯克段于鄢.[11]	정백이 언에서 단을 이겼다.
秋七月,	가을 7월에
天王使宰咺來歸惠公, 仲子之賵.[12]	주평왕의 사자 재훤이 와서 혜공과 중자의 상사(喪事)에 쓸 재물을 주었다.

멸(蔑) : 노나라 땅. 정공(定公) 12년의 고멸(姑蔑)이 바로 이곳으로, 지금의 산동성(山東省) 사수현(泗水縣) 동쪽 45리 지점에 있다. 여기서 고멸을 그냥 멸로 기록한 것은 청나라 혜동(惠棟)의 『춘추좌전보주(春秋左傳補注)』〔이하 『보주(補注)』〕에 의하면 은공의 이름이 고식(姑息)이었으므로 휘를 피한 것이라 하였다. 멸은 『공양전』과 『곡량전』에는 "眛"로 되어 있는데, 고음이 같아 가차하여 쓴 것이다.

11 정(鄭) : 나라 이름으로 희(姬)씨 성이며, 주선왕(周宣王)의 어머니의 동생 환공(桓公) 우(友)의 후예이다. 복사에 이미 전(奠 : 곧 鄭)이라는 글자가 자주 보이며, 지금의 정주시(鄭州市) 남쪽 신정현(新鄭縣) 북쪽에 있었다. 환공(桓公) 초에 정나라를 봉했는데 지금의 섬서성 화현(華縣) 동북쪽이었다. 『국어 · 정어(鄭語)』에 의하면 처자를 괵(虢)나라와 회(鄶)나라 사이에 맡겼다고 한다. 무공(武公)은 이로 인하여 그 두 나라를 취하여 거기에 도읍을 삼았는데, 곧 지금의 신정현이다. 춘추시대에 들어와서 또 6세(世) 91년간 존속하다가 한(韓)나라에게 멸망당했다.

정백(鄭伯) : 곧 정장공(鄭莊公)이다.

단(段) : 정장공의 동복 아우이다. 고본 『죽서기년(竹書紀年)』에는 공자골(公子丕)로 되어 있다.

언(鄢) : 본래는 운(妘)씨 성의 나라였는데 정무공에 의해 멸망당했다. 지금의 하남성 언릉현(鄢陵縣) 북쪽에서 조금 서쪽에 있다.

12 천왕(天王) : 주평왕(周平王)을 말한다. 『춘추』의 경문에서 주나라 왕을 일컫는 말로 천자(天子), 왕(王), 그리고 천왕(天王)이라는 말이 보인다.

재훤(宰咺) : 재는 관직명으로 『주례(周禮)』에 태재(太宰)는 경(卿)으로 한 사람이며, 소재(小宰)는 중대부(中大夫)로 두 명이며, 재부(宰夫)는 하대부(下大夫)로 네 명을 두었다. 이곳의 재는 어떤 재인지 모른다. 당나라 공영달은 재부라고 하였다.

귀(歸) : 궤(饋)자와 같은 의미로 쓰였다. 보내 주다.

혜공중자(惠公仲子) : 혜공은 노나라 혜공이고 중자는 혜공의 부인이다. 당시 혜공은 이미 죽었고 중자는 아직 죽지 않았다. 『곡량전』에서는 혜공중자를 한 사람으로 보아 곧 혜공의 어머니, 효공(孝公)의 첩이라 하였는데 틀렸다.

봉(賵) : 상례 때 도와주는 물품으로 거마와 속백〔束帛 : 비단 다섯 필(疋)을 각각 양 끝에서 마주 말아서 한 묶음으로 한 것〕 등을 말한다. 『설원 · 수문(說苑 · 修文)』편에 의

九月,	9월에
及宋人盟于宿.[13]	송나라 사람과 숙에서 회맹하였다.
冬十有二月,	겨울 12월에
祭伯來.[14]	채백이 왔다.
公子益師卒.[15]	공자인 익사가 죽었다.

傳

元年春王周正月,[16]	원년 봄 주력으로 정월

하면 천자는 말 여섯 필(匹)이 끄는 승거(乘車)를 쓰며, 제후는 네 필이 끄는 승여(乘輿)를 타고, 대부는 세 필이 끄는 참여(參輿)를 쓰며, 원사(元士)는 두 필, 하사(下士)는 한 필을 쓰며 여(輿)는 쓰지 않는다. 천자는 속백 다섯 필을 쓰는데 검은색이 세 필이고 분홍색이 두 필인데 각각 50자〔尺〕이다. 제후는 검은색과 분홍색이 두 필씩이며 각각 30자이다. 대부는 검은색이 한 필, 분홍색이 두 필인데 각각 30자이다. 원사는 검은색과 분홍색이 한 필씩으로 각각 두 길〔丈〕이다. 하사는 채(綵)와 만(縵)이 각 한 필이고, 일반 백성들은 포(布)와 백(帛)이 각 한 필이다.

13 급송인맹(及宋人盟) : 노나라와 송나라와 회맹한 것을 말한다. "及"자 위에 "魯"자가 생략된 것이다. 춘추 초기만 해도 외국의 회맹에 참여한 대부의 이름은 기록하지 않았으며, 장공(莊公) 22년의 경문에 회맹에 참여한 외국의 경 이름이 처음 보인다. 문공(文公) 8년의 경문에 이르면 처음으로 내외의 대부 이름을 모두 기록한 것이 보인다.
숙(宿) : 나라 이름으로 풍(風)씨 성의 나라였다. 남작(男爵)의 나라였다. 지금의 산동성 동평현(東平縣) 약간 동남쪽 20리 지점에 있다. 나중에 제나라의 읍이 된다.

14 채백(祭伯) : 채백은 왕조의 경사(卿士)로 채는 그 식읍(食邑)이며, 지금의 하남성 정주시 채성공사(祭城公社)이다. 백은 배항(排行)인 것 같다. 두예는 작위(爵位)라고 하였다.

15 익사(益師) : 노효공(魯孝公)의 아들로 자는 중보(仲父)이며 나중에 중씨(衆氏)와 중중(衆仲)씨의 선조가 된다.
졸(卒) : 대부가 죽는 것을 졸이라 한다.

16 『춘추』의 기술하는 법에 따르면 노나라의 12임금은 원년에 "元年春王正月公卽位"라고 기록해야 한다. 은공과 장공(莊公)·민공(閔公)·희공(僖公) 원년의 경우에만 "元年春王正月"이라고 되어 있어서 "公卽位"라는 말은 기록하지 않았다. 이렇게 기록한 것은

不書卽位,	즉위하였다라고 기록하지 않은 것은
攝也.[17]	섭정을 하였기 때문이다.

三月,	3월에
公及邾儀父盟于蔑—邾子克也.	공이 주의보와 함께 멸에서 회맹하였는데, 주나라의 임금으로 이름은 극이었다.
未王命,	주 천자의 명이 없었기 때문에
故不書爵.	작위를 쓰지 않았다.
曰"儀父",	"의보"라 한 것은
貴之也.[18]	그를 존중하였기 때문이다.
公攝位而欲求好於邾,	공은 섭정을 하면서 주나라와 우호 관계를 맺고 싶었기 때문에

모두 나름대로의 이유가 있으며, 『전(傳)』에서도 각기 이에 따른 해석을 하고 있다. 정공(定公) 원년에는 아예 "王正月"이란 말조차 기록하지 않았는데, 이는 정공이 이해 6월에 즉위하였기 때문이다.

17 섭(攝) : 빌려서 대신하다의 뜻이다. 『사기 · 노세가』에서도 "혜공이 죽었을 때 윤이 어렸으므로 노나라 사람들이 모두 식에게 섭정을 하게 하였으므로 즉위하였다고 말하지 않았다(及惠公卒, 爲允少故, 魯人共令息攝政, 不言卽位)"라 하였다.

18 주자(邾子)의 "子"는 작위이다. 그런데 여기서는 "주자"라 일컫지 않은 것은 좌구명이 이때까지만 해도 아직 주나라 왕의 명을 얻지 못했다고 생각하였기 때문이다. 두예는 속국의 임금은 왕명을 받지 않으면 으레 이름을 쓴다고 하였다. 그러나 주자 극은 스스로 대국과 교통할 수 있었고 계속 우호를 유지하며 백성들을 편안히 다스렸으므로 자(字)를 써서 존중한 것이다. 그러나 경문의 예를 보면 소국이나 문화가 낙후된 나라, 변방에 있는 이른바 만(蠻) · 이(夷) · 융(戎) · 적(狄)의 임금은 모두 자(子)로 칭하였다.

故爲蔑之盟.	멸의 회맹을 행하였다.
夏四月,	여름 4월에
費伯帥師城郎.[19]	비백이 군대를 인솔해 와서 낭에 성을 쌓았다.
不書, 非公命也.[20]	기록하지 않은 것은 공의 명이 아니었기 때문이다.
初, 鄭武公娶于申,[21]	처음에 정나라의 무공은 신나라에서 아내를 맞아들였는데
曰武姜.[22]	무강이라 하였다.
生莊公及共叔段.[23]	장공과 공숙단을 낳았는데,

---

19 비백(費伯) : 노나라 대부로 비정(費亭)은 지금의 산동성 어대현(魚臺縣) 옛 소재지 서남쪽에 있을 것이다.
낭(郎) : 지명으로 지금의 어대현 옛 소재지 동북쪽 10리 지점에 있을 것이다.

20 경문에는 기록되지 않았는데 전에서는 이 일을 기록한 것은 낭에 성을 쌓으려는 의도가 비백 본인에게서 나온 것이지 은공의 명을 받든 것이 아니라는 말이다.

21 초(初) : 전에 있었던 일을 추서(追敍)하는데 쓰는 부사.
정무공(鄭武公) : 춘추시대 정나라의 군주로, 이름은 굴돌(堀突)이며 무는 시호이다. 『경(經)』에는 백(伯)으로 되어 있는데 『전(傳)』에는 공(公)으로 되어 있는 것은 공은 제후의 통칭으로 공(公)·후(侯)·백(伯)·자(子)·남(男)의 작위와는 구분이 없기 때문이다. 정나라는 원래 주선왕(周宣王)의 아우인 우(友)를 봉한 나라로 지금의 섬서성 화현(華縣)의 동쪽에 있었으며, 춘추시대 정나라는 무공에 의해 건국되었으며 도읍은 신정(新鄭)이다.
신(申) : 나라 이름으로 백이(伯夷)의 후예이며 강(姜)씨 성을 가진 나라이다. 지금의 하남성 남양시(南陽市)에 있었는데, 애공 17년 초문왕(楚文王)에 의해 멸망당하였으나 『좌전·소공(昭公) 13년』의 기록에 의하면 초평왕(楚平王)이 나라를 복위시켜 주었다.

22 무강(武姜) : 무공의 처. 무(武)는 무공의 시호이고, 강(姜)은 성이다.

23 공숙단(共叔段) : 정무공의 아들로 이름은 단(段)이다. 공은 시호라는 설〔가규(賈逵), 복건(服虔)〕과 나라 이름으로 단이 나중에 달아나 공국에 이르렀으므로 공숙이라 하였다는 설〔두예(杜預)〕이 있다. 공국은 나중에 위(衛)나라에 합병되며 지금의 하남성 휘현

莊公寤生,[24]	장공은 난산으로 태어나
驚姜氏,	강씨를 놀라게 하였으므로,
故名曰寤生,	이름을 오생이라 하고
遂惡之.	마침내 그를 미워하게 되었다.
愛共叔段,	공숙단을 사랑하여
欲立之.	태자로 세우고 싶어
亟請於武公,[25]	여러 차례 무공에게 청하였지만
公弗許.[26]	무공은 이를 허락하지 않았다.
及莊公卽位,	장공이 즉위를 할 즈음
爲之請制.[27]	무강은 공숙단을 위하여 제 땅을 청하였다.
公曰,	장공이 말했다.
"制, 巖邑也,[28]	"제 땅은 험한 고을으로,

(輝縣)에 있었다. 숙은 항렬을 표시하며, 옛날에는 백중숙계(伯仲叔季)로 항렬을 표시하였다. 『사기 · 12제후 연표(十二諸侯年表)』에 의하면 정무공 10년에 무강을 맞아들였고, 14년에 장공 오생을, 17년에 태숙단을 낳았다고 하였으므로 장공은 태숙단보다 세 살이 많았음을 알 수 있다.

24 오생(寤生) : 오(寤)는 "거스를 오(牾)"자의 가차자로 역(逆)의 뜻이며, 난산의 일종. 태아의 위치가 바뀌어 태아가 나올 때 다리부터 나오는 것이다.

25 기(亟) : 빠르다는 뜻으로 쓰이면 "극"으로 읽고, 자주〔屢〕라는 뜻으로 쓰이면 "기"로 읽는데 여기서는 후자의 뜻으로 쓰였다.

26 불(弗) : "不……之"와 같은 뜻으로, 목적어를 포함하고 있는 형태의 부정부사임.

27 제(制) : 정나라의 읍(邑) 이름으로 호뢰관(虎牢關)이라고도 한다. 원래는 동괵(東虢)의 땅이었으며, 지금의 하남성 형양현(滎陽縣) 사수공사(汜水公社)이다.

28 암읍(巖邑) : 암(巖)은 험요(險要)하다는 뜻. 암읍은 곧 험읍(險邑).

虢叔死焉.[29] 괵숙이 그곳에서 죽었습니다.

佗邑唯命."[30] 다른 고을이라면 명대로 따르겠습니다."

請京, 使居之,[31] 이에 경 땅을 청하자 그곳에서 살게 해주었다.

謂之京城大叔.[32] 그래서 그를 경성의 태숙이라 불렀다.

祭仲曰,[33] 채중이 말했다.

"都, 城過百雉,[34] "한 도성의 성이 백 치를 넘으면

國之害也. 나라의 해가 됩니다.

先王之制, 선왕의 제도에는

---

29 괵숙(虢叔) : 동괵의 군주. 괵은 나라 이름으로 동괵 · 서괵 · 북괵이 있었으며, 제(制) 땅은 괵의 속지(屬地)이다. 동괵은 지금의 하남성 형양현(滎陽縣) 동북쪽에 있으며, 주 평왕(周平王) 4년(B. C. 767) 정무공에 의해 멸망하였다. 『국어 · 정어(鄭語)』에 "괵숙이 지세의 험함을 믿었다(虢叔恃勢)"라는 말이 나온다.

30 유명(唯命) : 반드시 명대로 따르겠다.

31 경(京) : 정나라의 읍 이름. 옛 성이 지금의 하남성 형양현 동남쪽 20여 리 지점에 있다.

32 경성태숙(京城大叔) : 『사기 · 정세가(鄭世家)』에 "장공 원년 아우 단을 경 땅에 봉하고 태숙이라 불렀다(莊公元年, 封弟段于京, 號太叔)"라는 말이 나온다. 태자는 원래 항렬이 앞쪽에 있을 때 쓰는 말인데, 숙단(叔段)을 태숙이라 부른 것은 그가 장공의 첫째 동생이었기 때문이다.

33 채중(祭仲) : 정나라의 대부(大夫). 곧 「은공 3년」조에 나오는 채족(祭足)을 말함. 채는 식읍(食邑)의 이름이며 지금의 하남성 중모현(中牟縣)의 채정(祭亭). 중(仲)은 자.

34 도(都) : 도읍(都邑)이라는 뜻인데, 옛날에는 성읍(城邑)을 모두 도라 불렀다.
치(雉) : 도량형의 단위로 높이가 1장(丈)이고 길이가 3장임. 길이가 1장이고 높이가 1장인 것을 도(堵)라 하며, 곧 3도를 말함. 『전국책 · 조책(戰國策 · 趙策) 1』에 "또한 옛날에는 성이 아무리 크다 해도 3백 장을 넘지 않았다(且姑衾城雖大, 無過三百丈)"라는 말이 나온다.

大都, 不過參國之一,[35]	큰 도읍이라 할지라도 국도의 3분의 1을 넘지 못하고,
中, 五之一,	중간 도성은 5분의 1,
小, 九之一.	작은 도성은 9분의 1을 넘지 못하게 되어 있습니다.
今京不度, 非制也,[36]	지금 경 땅은 법도에 맞지 않고 선왕의 제도에 맞지 않습니다.
君將不堪."	임금님께서는 앞으로 감당해 내지 못할 것입니다."
公曰, "姜氏欲之,[37]	공이 말하였다. "강씨가 하고자 하는데
焉辟害?"[38]	어디서 그 해를 피하겠습니까?"
對曰, "姜氏何厭之有?[39]	대답하여 말했다. "강씨의 욕심에 어찌 만족이 있겠습니까?
不如早爲之所,	일찌감치 그에 대한 조치를 취하시어

35 삼국지일(參國之一) : 국은 국도(國都). 국도의 3분의 1. 정나라는 주나라에 의해 백에 봉하여진 나라이기 때문에 국도의 성은 3백 치가 되며, 그 3분의 1은 백 치임.

36 부도(不度) : 법도, 제도에 맞지 아니함.
비제(非制) : 위 부도(不度)와 의미가 중복됨. 강조의 의미.

37 강씨(姜氏) : 춘추시대에는 그 어머니를 부를 때 성씨를 부르는 게 습관적인 칭위법(稱謂法)이었다. 이를테면 조돈(趙盾)은 그 어머니를 군희씨(君姬氏)라 불렀고, 신생(申生)은 그 계모인 여희(驪姬)를 희씨라 부른 예가 『좌전』에 보인다.

38 언피해(焉辟害) : 해를 피할 곳이 어디이겠는가? "辟"은 "避"의 옛 통용자임.

39 하염지유(何厭之有) : 염(厭)은 만족하다의 뜻. 지(之)자는 목적어〔何厭〕가 동사의 앞쪽에 쓰였음을 나타내는 결구 조사로 아무런 뜻이 없음.

無使滋蔓![40]	더 뻗어 나게 하지 않음만 못합니다.
蔓, 難圖也.	뻗어 나가면 도모하기가 어렵사옵니다.
蔓草猶不可除,	뻗어 나간 풀도 오히려 제거하기가 어렵사온데
況君之寵弟乎?"	하물며 임금님의 사랑하는 아우임에야 어떠하겠습니까?"
公曰, "多行不義,	공이 말하였다. "의롭지 못한 일을 많이 하면
必自斃,[41]	반드시 스스로 엎어지게 되어 있으니
子姑待之."	그대는 조금만 두고 보시오."
旣而大叔命西鄙, 北鄙貳於己.[42]	그 일이 있고 얼마 뒤에 태숙은 서비와 북비에 자기에게도 세금을 내게 하였다.
公子呂曰,[43]	공자 여가 말하였다.
"國不堪貳,	"국도에서는 이중의 과세를 견딜 수가 없사옵니다.

40 자만(滋蔓) : 번식하고 뻗어 나가다.
41 폐(斃) : 부(踣)와 같은 뜻. 넘어지다, 실패하다.
42 기이(旣而) : 불구(不久)와 같은 뜻. 오래지 않아.
비(鄙) : 변방, 변두리, 편벽된 곳.
이(貳) : 양쪽에 다 속하다. 장공과 태숙의 관할을 동시에 받음을 가리킴.
43 공자려(公子呂) : 정나라의 대부로, 자는 자봉(子封). 바로 아래에 나오는 자봉을 말함.

君將若之何?

임금님께서는 앞으로 그 일을 어떻게 처리하시려는지요?

欲與大叔,[44]

태숙에게 왕위를 주실 양이면

臣請事之,

저는 그를 섬기길 청하오나

若弗與,

왕위를 주지 않으시려면

則請除之,

부디 그를 제거하시어

無生民心."[45]

백성들에게 딴 마음이 생기지 않게끔 하십시오."

公曰, "無庸,[46]

공이 말했다. "그럴 필요 없습니다.

將自及."

곧 화가 저절로 미치게 될 것이오."

大叔又收貳以爲己邑,[47]

태숙은 또한 두 고을을 거두어 자기의 고을로 만들고

至於廩延.[48]

늠연까지 세력이 미쳤다.

子封曰, "可矣.

자봉이 말하였다. "되었습니다.

厚將得衆."[49]

세력이 두터워지면 백성도 얻게 될 것입니다."

---

44 여(與) : 양위(讓位)하다의 뜻.

45 무생민심(無生民心) : 백성들이 두 마음을 갖게 하지 말라는 뜻.

46 무용(無庸) : "庸"은 "用"자와 같은 뜻으로 쓰였음. ~할 필요가 없다.

47 이(貳) : 서비와 북비의 두 땅을 말함. 앞에서 이미 두 사람의 관할을 받고 있던 땅임.

48 늠연(廩延) : 정나라의 변방에 있는 읍 이름. 지금의 하남성 연진현(延津縣) 북쪽에 있음.

49 후(厚) : 세력을 확장시키다. 세력을 늘리다.

公曰, "不義, 不暱.[50]	공이 말하였다. "의롭지 못하면 친하게 하지 못합니다.
厚將崩."	세력이 두터워진다 해도 곧 무너질 것이오."
大叔完, 聚,[51]	태숙이 성곽을 보수하고 군량을 모으며,
繕甲, 兵,[52]	갑옷과 병기를 잘 손질하고
具卒, 乘,[53]	보병과 전차병을 갖추고는
將襲鄭,[54]	곧 정나라를 불의에 치려고 하였으며,
夫人將啓之.[55]	모부인도 성문을 열어주기로 하였다.
公聞其期,	장공은 그 기일에 대하여 듣고는

50 불의불닐(不義不暱) : 닐(暱)은 이어 붙이다의 뜻. 이 구절의 뜻은 병렬의 뜻으로 쓰인 것이 아니라 "不義則不暱"의 뜻으로 쓰였음. 곧 의롭지 못한 일을 하면 민중을 결속시키지 못한다는 뜻임.

51 완취(完聚) : 성곽을 수리하고 양식을 모아서 쌓아두다. 완은 견뢰(堅牢), 곧 단단하게 하다, 견고하게 하다의 뜻임. 취는 양식을 모은다는 뜻인데, 『좌전 · 양공(襄公) 30년』에 "벼와 조를 모으다(聚禾粟)"라는 말이 있다.

52 선(繕) : 수리하고 때우다〔修補〕.

53 구졸승(具卒乘) : 보졸(步卒)과 병거(兵車)를 준비하다. 구는 충분하다〔足〕의 뜻도 있음. 보병을 졸이라 하고 거병(車兵)을 승이라고도 한다. 군사가 충분하다는 뜻임.

54 습(襲) : 기습하다. 원래는 군사를 움직일 때 종이나 북을 치지 않는 것을 말함. 『좌전 · 장공(莊公) 29년』에 "무릇 군사는 종과 북을 치는 것을 벌이라 하고, 치지 않는 것을 침이라 하며 가볍게 치는 것을 습이라 한다(凡師, 有鐘鼓曰伐, 無曰侵, 輕曰襲)"라는 말이 보인다.

55 계(啓) : 성문을 열다. 내응(內應)함을 말함.

曰, "可矣."	말하기를 "됐다"라 하였다.
命子封帥車二百乘以伐京.[56]	자봉에게 전차 2백 승을 가지고 경성을 치도록 명하였다.
京叛大叔段.	경성에서 태숙단을 배반하여
段入於鄢.[57]	태숙단은 언 땅으로 들어갔다.
公伐諸鄢.	장공은 언 땅에서 그를 쳤으며,
五月辛丑,[58]	5월 신축일에
大叔出奔共.[59]	태숙은 공 땅으로 달아났다.
書曰,[60]	『경서』에서는
"鄭伯克段于鄢."	"정백이 단을 언 땅에서 이겼다"라 하였다.
段不弟,	공숙단은 아우답지 못했으므로

---

56 솔거이백승(帥車二百乘) : 승은 병거 1량(輛)을 말함. 진나라 두예의 『사마법(司馬法)』에 의하면 병거 1승에 갑사(甲士)가 30인이었고, 보졸(步卒)은 72인이라 하였다. 그러나 이것은 전국시대의 병법 제도이고, 춘추시대에는 갑사 10인에 보졸 또한 10인이었다. 『좌전 · 민공 2년』에 병거 3백 승에 갑병 3천 인이라는 말이 보이고, 또 「희공 28년」에 백승에 도병(徒兵) 천 인이라는 말이 나오는 것으로 알 수 있다.

57 언(鄢) : 정나라의 읍 이름. 구설에 의하면 지금의 하남성 언릉현(鄢陵縣)에 있었다고 한다.

58 오월신축(五月辛丑) : 곧 5월 23일임.

59 태숙출분공(大叔出奔共) : 「은공 11년」에 정백이 "과인에게는 아우가 있는데 화목하게 지낼 수가 없어서 사방으로 돌아다니며 기식하게 하고 있습니다(寡人有弟, 不能和協, 而使餬其口于四方)"라 한 것으로 보아 그때까지도 공숙단은 죽지 않고 살아 있었다는 것을 알 수 있다. 『공양전』과 『곡량전』에서는 모두 정백이 단을 죽였다고 하였다.

60 서(書) : 쓰다, 기록하다. 여기서는 『춘추』 경문의 기록을 가리킴.

故不言弟. 아우라고 말하지 않았다.

如二君, 마치 두 나라의 임금 같았으므로

故曰克. 이겼다고 하였다.

稱鄭伯, 정백이라고 말한 것은

譏失教也.[61] 교화를 그르침을 기롱한 것이다.

謂之鄭志.[62] 이것은 모두 정장공의 의지이다.

不言出奔, 태숙이 달아난 것에 대해서는 말하지 않았는데,

難之也.[63] 그에 대해서는 기술하기가 어려웠기 때문이다.

遂寘姜氏于城潁,[64] 그리고는 마침내 강씨를 성영에다 유폐시키고는

而誓之曰, 맹세하여 말했다.

---

61 기실교(譏失敎) : 이는 형에게는 아우를 가르쳐야 할 책임이 있는데도 장공이 아우에게 교회(敎誨)를 하지 않아 결국 그가 악행을 저지르도록 기른 꼴이 되었으므로 형이라고 하지 않고 작위를 썼다는 것을 말한다.

62 정지(鄭志) : 정장공의 의지. 이는 정장공이 공숙단의 죄를 키운 것은 그 뜻이 그를 죽이고자 하는데 있었으므로 그 본심을 캐내어 말한 것이라는 뜻이다.

63 난(難) : 쉽지 않다, 불편하다. 『좌전』에서는 『춘추경(春秋經)』에서 어떤 사람이 "달아났다(出奔)"라 적었다면 이 사람에게 죄가 있는 것으로 생각하였는데, 공숙단이 죄가 있기는 하나 장공도 사실 죄가 있으므로 공숙단이 "달아났다"라고 말한다면 전적으로 죄를 공숙단에게만 돌리는 것이 되므로 "달아났다"고 말하지 않았으며, 이에 붓을 대기가 어려웠다고 생각한 것이다.

64 치(寘) : 치(置)와 같은 뜻. 안치(安置)하다.
성영(城潁) : 정나라의 읍 이름. 지금의 하남성 임영현(臨潁縣) 서북쪽에 있다.

"不及黃泉,[65]	"황천에 이르지 않으면
無相見也!"[66]	만나 보지 않으리라!"
旣而悔之.	얼마 후에 그것을 뉘우쳤다.
潁考叔爲潁谷封人,[67]	영고숙은 영곡의 봉인이었는데,
聞之, 有獻於公.	그에 대해 듣고는 장공에게 공물을 바치러 갔다.
公賜之食,	장공이 그에게 먹을 것을 내렸으나
食舍肉,	먹을 때 고기는 버려두니
公問之.	장공이 그에게 물었다.
對曰, "小人有母,	이에 대답하기를 "소인에게는 어머니가 있사온데
皆嘗小人之食矣,	소인이 먹는 것은 모두 맛을 보았사옵니다.
未嘗君之羹,[68]	임금님의 고기볶음은 아직 맛보지 못하였사오니

65 불급황천(不及黃泉) : 무덤에 이르지 않다. 곧 죽지 않다의 뜻. 황천은 무덤의 대칭(代稱)으로 쓰였음. 옛날 사람들은 하늘은 검고 땅은 누렇다고 생각하였는데, 샘〔泉〕은 땅 아래에 있으므로 황천이라고 한 것이다.

66 이 두 구절은 죽지 않으면 만나 보지 않겠다는 뜻.

67 영고숙(潁考叔) : 정나라의 대부.
영곡(潁谷) : 정나라의 읍 이름. 지금의 하남성 등봉현(登封縣) 서남쪽에 있었다.
봉인(封人) : 국경 지역을 관할하는 지방장관. 봉은 강계(疆界), 곧 지경(地境)을 말함.

68 갱(羹) : 육즙을 함유하고 있는 고기. 고기를 익히면 반드시 육즙이 나오므로 이렇게 말함. 요즈음의 불고기 같은 형태의 요리로, 국〔湯〕과는 다름.

請以遺之."	청컨대 좀 갖다드렸으면 합니다."
公曰, "爾有母遺,[69]	장공이 말하였다. "그대에게는 음식을 갖다 드릴 어머니가 있구나.
繄我獨無!"[70]	아, 나만 어머니가 안 계시도다!"
潁考叔曰,	영고숙이 말했다.
"敢問何謂也?"	"감히 여쭙겠사온데 무엇을 이름이신지요?"
公語之故,	이에 공이 그에게 까닭을 말해 주고
且告之悔.	또한 뉘우치고 있다고 하였다.
對曰, "君何患焉?	이에 대답하였다. "임금님께서는 무엇을 근심하십니까?
若闕地及泉,[71]	땅을 파 내려가 샘 있는 곳에 이르러
隧而相見,[72]	굴을 파고 만나 보시면
其誰曰不然?"	그 누가 그렇지 않다고 하겠습니까?"
公從之.	이에 장공이 그 말대로 따랐다.
公入而賦,[73]	장공이 들어가면서 읊었다.

69 유(遺) : 주다〔與, 呈, 贈〕, 버리다〔棄〕, 남기다 등의 뜻이 있는데, 여기서는 첫 번째 의미로 쓰였음.

70 예(繄) : 발어사로 쓰여 아무런 의미도 없음.

71 궐(闕) : 파다. 굴(掘)자와 같은 뜻으로 쓰였음.

72 수(隧) : 땅 밑을 뚫어서 낸 길, 곧 지하 갱도를 말하나 여기서는 동사로 쓰였음. 지하 갱도를 파서 내다.

73 부(賦) : 시를 짓다. 읊조리다.

"大隧之中,	"큰 땅굴 속에
其樂也融融."	그 즐거움 넘치는도다."
姜出而賦,	무강이 나오면서 읊었다.
"大隧之外,	"큰 땅굴 바깥에
其樂也洩洩."[74]	그 즐거움 철철 넘치도다."
遂爲母子如初.	그리하여 마침내 모자는 처음과 같이 되었다.
君子曰,[75]	군자가 말했다.
"潁考叔, 純孝也,[76]	"영고숙은 큰 효자로다.
愛其母,	그 어미를 사랑하여
施及莊公.[77]	그 사랑이 장공에게까지 미쳤으니.
詩曰,[78]	『시』에서 말하기를
'孝子不匱,	'효자의 효심 다하여 끝남이 없으니,
永錫爾類.'[79]	길이길이 그대들에게 복 내리리' 라 하였으니,

74 설설(洩洩) : 화락한 모양, 즐거워하는 모양. "泄泄"로 되어 있는 판본도 있는데, 같은 뜻이다.

75 군자(君子) : 『국어』, 『전국책』 등 선진(先秦) 제자서(諸子書)에도 "君子曰……"이라는 말이 종종 나오는데, 이는 작자 자신의 의견일 수도 있고, 아니면 작자가 타인의 말을 취하여 인용한 것일 수도 있다.

76 순(純) : 크다는 뜻.

77 이(施) : 뻗다, 미치다의 뜻으로 쓰일 때는 "이"로 읽음.

78 시(詩) : 『시경』을 말함. 옛날에는 〈삼경(三經)〉을 그냥 『시』, 『서(書)』, 『역(易)』이라고만 하였다.

其是之謂乎!"[80] 아마 이 사람을 이름이 아니겠는가!"

秋七月, 가을 7월에

天王使宰咺來歸惠公, 仲子之賵. 주평왕의 사자 재훤이 와서 혜공과 중자의 상사(喪事)에 쓸 재물을 주었다.

緩,[81] 늦었는 데다

且子氏未薨,[82] 또한 자씨가 아직 죽지 않았기 때문에

故名.[83] 이름을 기록하였다.

天子七月而葬,[84] 천자는 죽은 후 7개월이 지나면 장례를 지내는데

---

79 효자~이류(孝子~爾類) : 『시경 · 대아 · 기취(大雅 · 旣醉)』편에 나오는 구절.
궤(匱) : 다하다. 갈(竭), 진(盡)과 같은 뜻.
석(錫) : "내릴 사(賜)"자와 같은 뜻.
이 구절의 뜻은 효자가 효도를 행함에 다 없어질 때가 없어 이 효도를 오래도록 길이길이 너와 같은 무리들에게 줄 수 있다는 뜻.

80 『연표』에는 이 다음 해에 "공은 뉘우쳤으며 어머니가 생각났으나 보지 못하여 땅을 파고 만나보았다(公悔, 思母, 不見, 穿地相見)"는 기록이 있다.

81 완(緩) : 혜공이 죽고 이미 해를 넘겼다는 것을 말한다. 혜공이 몇 월에 죽었는가는 모르지만 옛날에는 임금이 죽고 나면 새로운 임금은 그 해를 넘겨야 원년이라고 하였는데 이 해도 이미 7월이 되었으므로 상례에 쓰일 기물을 보내옴이 너무 늦었음을 말한 것이다.

82 자씨(子氏) : 곧 중자(仲子)를 말함. 중자가 이때 아직 생존해 있어서 죽지도 않았는데 상례에 쓸 기물을 보내왔으니 더욱 불합리하다는 것을 말한다.

83 고명(故名) : 『춘추』의 체례의 의하면 천자의 경대부는 이름을 기록하지 않아야 하나 여기에서 "재훤(宰咺 : 이름은 훤)"이라 기록한 것은 이런 이유 때문이다.

84 칠월이장(七月而葬) : 죽은 달부터 장례를 치른 달까지 7개월이 지난 것을 말함. 그러나 실제로는 7개월이 아닌데, 이를테면 문공 8년 8월에 천자인 주양왕이 죽었는데 9년 2월

同軌畢至.[85]	수레의 궤폭이 같은 제후들은 모두 장례에 온다.
諸侯五月,[86]	제후는 5개월이 지나면 지내는데
同盟至.[87]	동맹을 한 제후들이 장례에 온다.
大夫三月,	대부는 3개월이 지나면 지내는데
同位至.[88]	관위가 같은 사람들이 장례에 온다.
士踰月,[89]	사는 달이 지나면 지내는데
外姻至.[90]	인척들이 장례에 온다.
贈死不及尸,	상사에 쓸 물품을 장례에 미치지 못하고

에 장례를 지냈으니 6개월 만이다. 아래의 5월과 3월도 마찬가지이다. 『예기(禮記)』의 「예기(禮器)」 및 「잡기(雜記) 하」에는 모두 "제후는 죽은 지 5개월 만에 장사 지낸다(諸侯五月而葬)"라 하였는데 『춘추』의 기록을 보면 3개월 만에 장사 지낸 것이 많으며, 늦게는 6개월이 되어서야 비로소 장사를 지낸 경우도 있다.

85 동궤(同軌) : 제후를 가리킴. 궤는 수레바퀴의 폭인데 궤가 같으면 수레바퀴의 자국도 같으므로 후인들은 수레의 자국도 궤라고 하였다. 주나라 때 수레의 폭은 6자 6치였으며 두 수레바퀴는 거상(車廂)과 각각 7치가 떨어져 있었으므로 수레바퀴는 8자였다.
필지(畢至) : 이르지 않는 사람이 없다는 것을 말한다.

86 오월(五月) : 뒤에 "而葬" 두 자가 빠졌다. 이하 마찬가지임.

87 동맹지(同盟至) : 동맹을 한 제후가 장례식에 사신을 보내어 참여하게 하는 것을 말한다.

88 동위(同位) : 같은 대부를 말함.

89 유월(踰月) : 2개월이 지난 것을 말한다. 『설원 · 수문(說苑 · 修文)』에서는 "대부는 죽은 지 3일 만에 초빈을 하고 세 달 만에 장사를 지내며, 사와 서인은 2일 만에 초빈을 하고 2개월 만에 장사를 지낸다"라 하였다. 「왕제(王制)」와 「잡기(雜記)」에서는 사(士)가 세 달 만에 장사를 지낸다 하여 이것과는 다르다. 이에 대해 정현은 대부는 죽은 달을 빼고 3월이며, 사는 죽은 달을 쳐서 3개월인데, 『좌전』은 죽은 달을 빼고 말하였으므로 "유월"이라고 하였고, 「왕제」는 죽은 달을 아울러 말하였으므로 3개월이라 하였으며 『좌전』의 "유월"과 「왕제」의 "삼월"은 사실상 같다.

90 외인(外姻) : 혼인으로 인척을 맺은 사람을 말함.

弔生不及哀,[91]	살아 있는 사람을 위문함에 슬퍼할 때 미치지 못하였으며
豫凶事,[92]	흉사를 미리 행하였으니
非禮也.	예의가 아니다.

八月,	8월에
紀人伐夷.[93]	기나라 사람들이 이를 쳤다.
夷不告,	이에서 알려오지를 않았기 때문에
故不書.	기록하지 않았다.

---

91 증사~불급애(贈死~不及哀) : 『순자 · 대략(荀子 · 大略)』편에 "죽은 사람에게 장례 용품을 보내 줌에 시신을 입관 때에 맞추지 못하는 것과 유족들을 위로함에 슬퍼할 때를 맞추지 못하는 것은 예의가 아니다(送死不及柩尸, 弔生不及悲哀, 非禮也)"라는 말이 있는데 바로 『춘추』의 이 말에서 가져다 쓴 것이다. "尸"는 본래 장례를 치르지 않은 것을 통칭하는 말이었으므로 『순자』에서는 "柩"자를 첨가하여 뜻을 명확히 했다. 애(哀)는 사람이 죽어서 초빈을 했을 때부터 장사를 지내고 상주가 신주를 모시고 돌아와 정침(正寢)에서 곡을 하는 반곡(反哭) 때까지의 기간을 가리켜 말함.

92 흉사(凶事) : 이 구절은 "子氏未薨"을 풀이한 것이다. 중자가 아직 죽지도 않았는데 상례를 도와주는 거마(車馬)를 보내 주었으니 흉사 때 쓸 물품을 미리 보내 준 것이다. 은공 2년 12월 을묘일에 부인인 자씨가 죽었으니 이때는 이미 병이 위중해졌을 것이므로 주나라 왕실에서 이 말을 듣고 혜공의 상례에 쓸 물품을 보내는 편에 함께 보낸 것이다.

93 기(紀) : 나라 이름으로 강(姜)씨 성이다. 고성은 지금의 산동성 수광현(壽光縣) 남쪽일 것이다. 옛 기물의 명문에는 기(己)로 기록되어 있다. 근년에 수광과 내양(萊陽), 연대(煙臺) 등지에서 모두 기나라의 청동기가 출토되어 그 관할 지역이 상당히 넓었음을 알 수 있다.
이(夷) : 나라 이름으로 운(妘)씨 성이다. 이의 종적(蹤跡)은 중국 각지에 널리 분포되어 있는데, 이곳에서 말한 이의 고성은 곧 산동성 즉묵현(卽墨縣) 서쪽 61리 장무고성(壯武故城)이다.

有蜚.[94]	비가 나타났다.
不爲災,	재해를 일으키지 않아서
亦不書.[95]	또한 기록하지 않았다.

惠公之季年,[96]	혜공 말년에
敗宋師于黃.[97]	황에서 송나라를 물리쳤다.
公立而求成焉.[98]	공이 즉위하자 그들에게 화친을 청하였다.
九月,	9월에
及宋人盟于宿,	송나라 사람들과 숙에서 회맹을 하였는데
始通也.[99]	처음으로 교통을 한 것이다.

---

94 비(蜚) : 『이아익(爾雅翼)』에서는 "비라는 것은 자〔蟅 : 황충(蝗蟲)〕와 비슷한데 가볍고 작으며, 날 수 있고 풀에서 나며, 이른 새벽 벼 위에 모여 벼꽃을 먹는다. 농가에서는 모두 일찍 일어나 주워 모아 다른 곳에 버린다. 해가 뜨면 모두 흩어져서 잡을 수가 없다. 벼꽃을 먹을 뿐 아니라 냄새 또한 고약하여 벼를 말려 죽일 수 있어서 농사를 망치게 한다. 『춘추』에서 기록한 것은 이것 때문일 따름이다. 요즘 사람들은 비반충(蜚盤蟲)이라고도 하고, 향낭자(香娘子 : 바퀴벌레)라고도 한다"라 하였다.

95 이상의 2장(章)은 모두 『경(經)』이 없는데 『전(傳)』이 있는 것으로, 『전』에서는 또한 노나라의 역사에서 "기록을 하지 않은" 까닭을 풀이하였다. 이하는 모두 마찬가지이다.

96 계년(季年) : 만년(晩年), 말년(末年)과 같은 뜻이다.

97 황(黃) : 송(宋)나라의 읍으로, 고성은 지금의 하남성 민권현(民權縣) 동쪽 15리 지점일 것이다.

98 성(成) : 원한을 풀고 우호를 맺는 것이다. 지금의 구화(媾和)와 같은 말이다.

99 시통(始通) : 은공이 즉위한 후로 처음 우호 관계를 맺은 것을 말한다.

冬十月庚申,[100]	겨울 10월 경신일에
改葬惠公.	혜공을 이장하였다.
公弗臨,[101]	공이 그곳에 가서 곡을 하지 않았으므로
故不書.	기록하지 않았다.
惠公之薨也,	혜공이 죽었을 때
有宋師,[102]	송나라가 군사를 일으켰고
大子少,[103]	태자가 어려
葬故有闕,[104]	장례의 예법을 갖추지 못하였는데
是以改葬.	이 때문에 이장을 한 것이다.

衛侯來會葬,[105]	위후가 장례에 참석하였으나

100 경신(庚申) : 14일이다.

101 임(臨) : 상례에 가서 곡하는 것이다. 상주는 곡을 해야 하는데, 은공은 섭정을 하여 감히 상주로 자처하지 못하였으므로 가서 곡을 하지 않은 것이다.

102 송사(宋師) : 복건(服虔)은 위에서 이른바 황에서 송나라 군사들을 물리친 것이라 하였으며, 공영달은 송나라 사람들이 황의 패배를 설욕하려고 공격해 온 것이라 하였는데, 복건의 설이 사실에 가깝다.

103 태자(太子) : 환공(桓公)이다. 이로써 혜공이 죽기 전에 환공이 이미 태자였음을 알 수 있다.

104 궐(闕) : 결실(缺失)된 것, 완비되지 않은 것을 이른다.

105 위(衛) : 나라 이름으로 희(姬)씨 성이다. 문왕의 아들인 강숙봉(康叔封)의 후예이다. 강숙봉정(康叔丰鼎)에게까지 전하였다. "丰"은 곧 "封"자이다. 이때 위나라의 도읍은 조가(朝歌)였는데, 곧 지금의 하남성 기현(淇縣)의 소재지이다. 대공(戴公)이 조〔曹 : 지금의 하남 옛 하남성 활현(滑縣) 소재지〕에 거처를 정하였으며, 문공(文公)은 초구〔楚丘 : 지금의 활현(滑縣) 동쪽 60여 리〕로 옮겼고, 성공(成公)은 제구〔帝丘 : 지금의

不見公,[106]	공을 뵙지 않았기 때문에
亦不書.	또한 기록하지 않았다.

鄭共叔之亂,[107]	정나라는 공숙단의 난리 때
公孫滑出奔衛.[108]	공손활이 위나라로 도망을 갔었다.
衛人爲之伐鄭,	위나라 사람들은 그 일 때문에 정나라를 쳤으며
取廩延.	늠연을 빼앗았다.
鄭人以王師, 虢師伐衛南鄙.[109]	정나라 사람들은 주나라 천자의 군사와 괵나라 군사를 이끌고 위나라 남쪽 변경을 쳤다.

하남성 복양현(濮陽縣)]로 옮겼다. 춘추 후 13세 258년을 전하다가 진(秦) 2세에 의해 멸망당하였다.

106 불견공(不見公) : 소공(昭公) 13년의 기록에 의하면 제후들의 대부가 진(晉)나라로 가서 평공(平公)의 장례에 참가하고 새 임금을 보고 싶어 하지만 숙상(叔向)이 거절한다. 은공이 위후를 보지 않은 이유도 이런 연유에서 비롯되었는지의 여부는 알 수 없다.

107 공숙(共叔) : 곧 공숙단(共叔段)이다.

108 공손활(公孫滑) : 공숙단의 아들이다.

109 정인~남비(鄭人~南鄙) : 정나라 사람들이 주나라 왕실과 괵나라의 군사를 쓸 수 있었던 것은 이때 정장공이 주나라 천자의 경사(卿士)였으며, 서괵공(西虢公) 또한 정장공과 함께 주나라 왕실에서 벼슬을 하고 있었기 때문이다. 희공(僖公) 26년의 전에 의하면 "무릇 군사를 좌지우지할 수 있는 것을 가지고 '이'라 한다(凡師, 能左右之曰以)"라 하였다. 여기서는 정나라가 주나라 왕실의 군사와 괵나라의 군사를 지휘할 수 있었다는 것을 이른다.

괵(虢) : 서괵국(西虢國)으로 고성은 지금의 하남성 섬현(陝縣)의 경계에 있었다. 괵국은 동괵과 서괵이 있었는데, 이때 동괵은 이미 망하였으므로 서괵을 그냥 괵이라 부른 것이다.

請師于邾,	주나라에 군사를 요청하자
邾子使私于公子豫.[110]	주자는 공자 예에게 사적으로 부탁을 하였다.
豫請往,	공자 예가 갈 것을 청하였으나
公弗許,	공이 이를 허락하지 않아
遂行,	마침내 직접 가서
及邾人, 鄭人盟于翼.[111]	주나라 및 정나라 사람들과 익에서 회맹하였다.
不書,	기록하지 않은 것은
非公命也.[112]	공의 명이 아니었기 때문이다.

新作南門,	새로 남문을 지었는데
不書,	기록하지 않은 것은
亦非公命也.	또한 공의 명이 아니었기 때문이다.

十二月,	12월에

---

110 주자(邾子) : 곧 주자극(邾子克)이다.
사우공자예(私于公子豫) : 공자예에게 사적인 자격으로 말하다. 공자예는 노나라의 대부이다.

111 익(翼) : 주나라의 땅으로, 지금의 산동성 비현(費縣) 서남쪽 90리 지점에 있다.

112 비공명(非公命) : 은공이 이미 공자예의 청을 윤허하지 않았으니 공자예의 익에서의 회맹은 필시 공의 명이 아니었으므로 경문에서 기록하지 않은 것이다.

祭伯來, 채백이 왔는데

非王命也. 왕의 명에 의한 것이 아니었다.

衆父卒, 중보가 죽음에

公不與小斂,[113] 공이 소렴에 들어가 보지 않았으므로

故不書日.[114] 날짜를 기록하지 않았다.

은공 2년

經

二年春,[1] 2년 봄

---

113 여(與) : 거성으로 참가하다의 의미이다.
소렴(小斂) : 의금(衣衾)을 죽은 사람의 시체에 입히는 것을 소렴이라 하고, 죽은 사람의 시체를 관에 넣는 것을 대렴(大斂)이라 한다.

114 불서일(不書日) : 『경』에서 다만 "公子益師卒"이라고만 기록하고 언제 죽었는지는 기록하지 않았으므로 말한 것이다. 대부가 죽었는데 날짜를 기록하지 않은 것은 은공의 경문에 세 차례, 선공(宣公) 4년에 단 한 번 보일 뿐 나머지는 모두 날짜를 기록하였다. 이로써 보건대 대부가 죽으면 임금이 소렴을 직접 가서 보는 것이 당시의 예법임을 알 수 있고, 춘추의 노나라 임금들은 모두 이 예법을 행하였음도 알 수 있다. 은공이 이 예를 행하지 않은 것은 스스로를 섭정이라 하여 임금으로 자처하지 못함에 대한 겸양적인 행동과 관련이 있는 것 같다. 한편 문공(文公) 14년의 『경』에는 소렴에 입회하지 않았는데도 날짜를 기록한 경우도 있다.

1 이년(二年) : B.C. 721년으로 주평왕 50년임. 지난해 12월 23일 무진일이 동지로 실은 월건(月建)이 축(丑)이었다. 윤달이 있었다.

公會戎于潛.[2]	공이 잠에서 융 사람과 만났다.
夏五月,	여름 5월에
莒人入向.[3]	거나라 사람이 상나라로 들어갔다.
無駭帥師入極.[4]	무해가 군사를 이끌고 극으로 들어갔다.
秋八月庚辰,[5]	가을 8월 경진일에

---

2 회융(會戎) : 춘추시대에는 융족과 중화〔華〕민족이 섞여서 살았다. 『청일통지(淸一統志)』에 의하면 산동성 조현 서북쪽에 융성(戎城)이 있다.
잠(潛) : 노나라 땅으로 지금의 제령시(濟寧市) 서남쪽에 있다.

3 거(莒) : 나라 이름으로 『국어 · 정어(鄭語)』에 "조씨 성의 나라는 추와 거(曹姓鄒莒)"라 하여 거나라가 조씨 성이라 하였는데, 이곳의 거나라는 다른 나라이다. 이곳의 거나라는 춘추 후 50년에 초나라에 의해 망하며 『사기 · 초세가(楚世家)』에 보인다. 문공 8년 및 「세본(世本)」에 의하면 기(己)씨 성이며 옛 도읍은 개근〔介根 : 지금의 산동성 교현(膠縣) 서남쪽〕에 있었고 나중에 거(莒)로 옮겼는데, 곧 지금의 산동성 거현(莒縣)이다. 당시에는 거나라를 만이(蠻夷)로 취급하였다.
상(向) : 나라 이름으로 강(姜)씨 성이다. 『태평환우기(太平寰宇記)』에 의하면 거현 남쪽 70리 지점에 상성(向城)이 있다고 하였는데, 곧 여기서 말한 상나라이다. 두예는 "초국(譙國) 용항현(龍亢縣) 동남쪽에 상성이 있다"고 하였는데, 지금의 안휘성(安徽城) 회원현(懷遠縣) 서남쪽 10리 지점으로 거(莒)와는 너무 멀므로 틀렸다. 두예가 말한 상은 양공 14년에 나오는 "오(吳)의 상"일 것이다. 선공(宣公) 4년에 거나라를 치고 상을 빼앗았다 하였으니 상은 선공 때 이미 거나라의 읍이 되어 있었으며, 이로 보아 은공 2년 상이 거나라에게 멸망당한 것이 분명하다.

4 무해(無駭) : 노나라의 경(卿)으로 공자 전(公子展)의 손자이며 전금〔展禽 : 곧 유하혜(柳下惠)〕의 부친이다.
극(極) : 노나라의 속국. 지금의 산동성 금향현(金鄕縣) 남쪽에서 약간 동쪽으로 35리 지점일 것이다. 극이 이후의 기록에는 더 이상 보이지 않는 것으로 보아 이후로 마침내 노나라의 소유가 되었음을 알 수 있다. 금문(金文)에는 극(極)씨는 없고 거(遽)씨는 있는 것으로 보아 오기창(吳其昌)은 『금문씨족보(金文氏族譜)』에서 거씨가 곧 극씨라고 생각하였다.

5 경진(庚辰) : 장력(長曆) 및 지금의 역법으로 추정해 보건대 8월에는 경진일이 있을 수 없으므로 『경』에 오자가 있을 것이다.

公及戎盟于唐.[6]	공이 융과 당에서 맹약했다.
九月,	9월에
紀裂繻來逆女.[7]	기나라의 열수가 와서 친영(親迎)을 하였다.
冬十月,	겨울 10월에
伯姬歸于紀.[8]	백희가 기나라로 시집갔다.
紀子帛, 莒子盟于密.[9]	기나라의 자백과 거자가 밀에서 맹약했다.
十有二月乙卯,[10]	12월 을묘일에

---

6 당(唐) : 춘추 때는 당이라는 지명을 가진 곳이 다섯 군데 있었는데 이는 노나라의 당이다. 지금의 산동성 어대현(魚臺縣) 옛 소재지 동북쪽 12리에 무당정(武唐亭)이 있는데 바로 이곳이다.

7 기열수(紀裂繻) : 두예는 "열수는 기나라의 대부이다"라 하였다. 기나라 임금이 노나라 혜공의 딸을 아내로 맞아들여 열수가 그 때문에 온 것이다. 문공 4년의 전에 "제나라에서 부인 강씨를 맞이하였는데 경이 가지 않은 것은 예의가 아니었다(逆婦姜於齊, 卿不行, 非禮也)"라 하였는데, 여기서는 예의가 아니라고 말하지 않은 것은, 열수가 실은 경으로 대부도 경에 포괄시켜 말할 수 있었던 것이다.

8 백희(伯姬) : 노 혜공(惠公)의 장녀로 은공 7년에 또한 숙희(叔姬)를 기나라로 시집보내었으니 이는 동생이다. 이번에 기나라로 시집간 것은 열수가 친영을 하러 왔으므로 그를 따라갔다.

9 기자백(紀子帛) : 두예는 곧 기나라의 열수라 하였으며 자백은 그의 자라고 하였다. 두예는 또한 전의 "노나라 때문이었다(魯故也)"라 한 말에 의거하여 그와 거자가 맹약한 것이 노나라와 거나라 사이의 불목(不睦)을 조정하기 위함이었으며, 그 때문에 그를 노나라 대부에 견주어 거나라 임금의 위에 놓았다고 하였다. 경문을 보면 기나라 임금은 모두 기후(紀侯)로 일컫고 있으며 기자라는 일컬음은 없다. 또한 열수(裂繻)라는 자가 이름인 자백(子帛)가 의미가 통하므로 두예의 설은 옳다.
밀(密) : 『청일통지』에 의하면 지금의 산동성 창읍현(昌邑縣) 동쪽에서 조금 남쪽 15리 지점에 밀향(密鄉)이 있는데 바로 이 밀일 것이다.

10 을묘(乙卯) : 을묘일은 15일이다.

夫人子氏薨.[11]	부인 자씨가 죽었다.
鄭人伐衛.[12]	정나라 사람들이 위나라를 쳤다.

傳

二年春,	2년 봄
公會戎于潛,	공이 잠에서 융을 만났는데
修惠公之好也.[13]	혜공의 화친을 닦기 위함이었다.
戎請盟,	융이 맹약을 청했으나
公辭.	공이 거절하였다.

---

11 부인자씨(夫人子氏) : 두예는 환공의 모친인 중자(仲子)라고 하였다. 은공 5년의 『경(經)』에 "9월에 중자의 사당을 낙성하였다(九月考仲子之宮)"라 하였으므로 이때는 이미 삼년상을 마치고 중자의 사당을 지어 낙성하였을 것이다. 『곡량전』에서는 자씨를 은공의 처라 하였고, 『공양전』에서는 은공의 모친이라 하였는데 모두 틀렸다.
홍(薨) : 제후의 죽음을 홍이라고 하며, 제후의 부인이나 모친의 죽음도 또한 홍이라 하였다. 『춘추』에서는 노나라 임금이나 부인이 죽었을 때 은공 3년의 "君氏卒"과 애공 12년의 "孟子卒"과 같은 특수한 정황을 빼고는 모두 "薨"자를 썼으며, 기타 제후의 죽음을 기록할 때는 "졸(卒)"자를 썼다.

12 정인벌위(鄭人伐衛) : 춘추 초기에는 다른 나라 대부가 쳐들어오면 "아무개 나라 사람(某國人)"이라고만 하였고 이름과 성씨는 기록하지 않았다. 희공 15년에 서(徐)나라를 구원할 때 비로소 공손오(公孫敖) 및 제후의 대부를 기록하였지만 여전히 이름과 성씨를 두루 열거하지는 않았다. 다른 나라 대부가 군사를 이끈 것에 대해 이름을 기록한 것은 문공 3년의 진나라 양처보(陽處父)가 처음이며, 다른 나라 대부가 함께 군사를 끌고 온 것에 대해 이름을 적은 것은 선공 6년 진나라 조돈(趙盾) 위(衛)나라의 손면(孫免)이 처음이다. 안(鞌)의 전투에 이르러서야 본국 및 다른 나라 대부의 이름을 두루 다 기록하였다.
벌(伐) : 『춘추』의 예에 의하면 행군을 할 때 종고(鐘鼓)를 동원하는 것을 벌이라고 한다.

13 융과 혜공은 본래 사이가 좋았으며, 이날 또 서로 만난 것은 옛 우호를 증진하기 위한 것이었으므로 "修好"라 한 것이다.

莒子娶于向,	거자가 상나라에서 부인을 맞아들였으나
向姜不安莒而歸.	상강이 거나라에서 안정을 취할 수 없어 돌아갔다.
夏,	여름에
莒人入向,[14]	거나라 사람이 상나라로 들어가서
以姜氏還.	강씨를 데리고 돌아왔다.
司空無駭入極,[15]	사공인 무해가 극으로 들어갔는데
費庈父勝之.[16]	비의 금보가 그를 이겼다.

戎請盟.	융이 맹약을 청하였다.
秋,	가을에
盟于唐,	당에서 맹약을 맺고

14 입상(入向) : 입(入)이라는 것은 군사를 이끌고 나라의 도읍 깊이 들어가는 것을 말한다. 들어가서 나라를 차지하였을 수도 있고 그렇지 않을 수도 있는데, 여기서는 분명치 않다. 그러나 희공(僖公) 26년에 공이 거나라 자비공(玆丕公)과 영장자(寧莊子)를 상에서 만나 맹약을 맺었고, 선공(宣公) 4년 노나라가 거나라를 쳐서 상을 빼앗았으며, 양공(襄公) 20년에는 중손속(仲孫速)이 상에서 거나라 사람과 맹약을 맺었다는 기록이 있는데, 상은 모두 거나라 땅이므로 거나라를 멸하고 그 땅을 빼앗았다고도 볼 수 있겠다.

15 사공(司空) : 노나라에는 사공의 관직이 있었는데, 경(卿)이었다.

16 비금보(費庈父) : 곧 원년 조에 나왔던 비백(費伯)이다.
비와 극은 모두 지금의 금향현 남쪽에서 약간 동쪽으로 치우친 곳에 있다. 무해가 극으로 들어오자 비의 금보는 낭(郎)성에 의거하여 극을 멸하였다. 승극(勝極)은 곧 극을 멸망시킨 것이다. 문왕(文王) 15년의 『전(傳)』에 "무릇 나라를 이긴 것을 멸하였다고 한다(凡勝國曰滅之)"라 한 것으로 보아 나라를 멸망시킨 것도 "勝"이라 할 수 있었다.

復修戎好也.	다시 융과 우호를 닦았다.

九月,	9월에
紀裂繻來逆女,	기나라의 열수가 와서 친영을 하였는데
卿爲君逆也.	경이 임금을 위해 맞이한 것이다.

冬,	겨울에
紀子帛, 莒子盟于密,	기자백과 거자가 밀에서 맹약을 맺었는데
魯故也.	노나라 때문이었다.

鄭人伐衛,	정나라 사람들이 위나라를 쳤는데
討公孫滑之亂也.[17]	공손활의 난리를 토벌하기 위함이었다.

17 공손활(公孫滑) : 태숙단(大叔段)의 아들로 태숙단이 실패하자 위나라로 달아났는데, 위나라 사람들이 그것 때문에 정나라를 쳐서 늠연(廩延)을 취하였다.

은공 3년

經

三年春,[1]	3년 봄
王二月己巳,[2]	주력으로 2월 기사일에
日有食之.[3]	일식이 일어났다.
三月庚戌,[4]	3월 경술일에
天王崩.[5]	주나라 천자가 돌아가셨다.
夏四月辛卯,[6]	여름 4월신묘일에

1 삼년(三年) : B.C. 720년으로, 주평왕 51년이다.

2 이해도 월건(月建)이 축(丑)이니 하력으로 정월이 된다.

3 일유식지(日有食之) : 기사일은 초1일로 일식은 반드시 초1일에 발생하는데, 『경』에서 "삭(朔)"자를 기록하지 않은 것에 대해서는 후인(後人)들이 사관의 실수였다고 생각한다. 건축의 2월이므로 건자(建子)로는 3월이 될 것이다. 지금의 역법으로 계산을 해보면 B.C. 720년 2월 22일의 개기일식이다. 후한(後漢) 허신(許愼)의 『설문해자(說文解字)』〔이하 『설문(說文)』〕에서는 "'유'는 의당 있지 않은 것이다(有, 不宜有也)"라 하였다. 이는 일식이 있지 않아야 하는데 있었으므로 "有"자를 첨가하였다는 것인데, 아마 전인(前人)들의 억측일 것이다. 일식을 "일유식지"라 한 것은 다만 당시의 습관적인 표현일 뿐이다. 이런 습관은 서주(西周)에 기원을 두는데, 이를테면 『시경 · 소아 · 시월지교(小雅 · 十月之交)』에도 "일유식지"라는 구절이 있다.

4 경술(庚戌) : 12일이다.

5 천왕붕(天王崩) : 천왕은 주나라 평왕이다. 춘추시대에 주나라 천자는 12왕〔왕자맹(王子猛)과 경왕(敬王)은 치지 않음〕이 있었으며, 『춘추』에서 죽음과 장례까지 모두 기록한 왕은 5명으로 환(桓) · 양(襄) · 광(匡) · 간(簡) · 경왕(景王)이 있다. 죽음은 기록하였으나 장례에 대해서는 기록하지 않은 왕은 4명으로 평(平) · 혜(惠) · 정(定) · 영왕(靈王)이다. 죽음 및 장례에 대하여 모두 기록하지 않은 왕은 3명인데 장(莊) · 희(僖) · 경왕(頃王)이 그들이다.

6 신묘(辛卯) : 24일이다.

君氏卒.[7]	군씨가 죽었다.
秋,	가을에
武氏子來求賻.[8]	무씨의 아들이 와서 부의를 요구하였다.
八月庚辰.[9]	8월 경진일에
宋公和卒.[10]	송공 화가 죽었다.
冬十有二月,	겨울 12월에

---

7 군씨(君氏) : 『공양전』과 『곡량전』에는 윤씨(尹氏)로 되어 있다. 윤씨가 천자의 대부임을 이르는 것이다. 그러나 "尹"자는 "君"자가 닳아 희미해진 글자로, 『공양전』과 『곡량전』에서는 글자가 닳아서 잘못 안 것이다. "尹"자와 "君"자는 형태가 비슷하여 잘못 표기된 경우가 많았다. 『춘추』에서는 주(周) 천자(天子)와 노나라 임금을 제외하고 열국의 제후 및 경대부들이 죽으면 그 이름을 적는 것이 상례였는데 이 윤씨가 과연 주나라의 대부였는데 마침내 이름을 기록하지 않은 것은 이해할 수가 없으므로 이로써 『공양전』과 『곡량전』이 잘못되었음을 알 수 있다.

8 무씨자(武氏子) : 무씨의 아들. 무씨는 곧 주나라의 대부인데 무씨가 오지 못하여 그 아들로 하여금 오게 한 것이다. 그 아들은 대부의 적자(嫡子)인데 관작(官爵)이 없으므로 "무씨자"라고 부른 것이다.

부(賻) : 상례 때의 부조 물품. 주평왕이 죽어서 주나라 왕실에서 사람을 보내 부의를 요구한 것이다. 두예는 노나라에서 주평왕의 상례 때 부의를 보내지 않아 왕실에서 와서 요구하게 하였으므로 『경』에서 그대로 써서 노나라의 불경함을 드러내었다고 하였다. 정현은 노나라에서 이미 조문을 하고 함수(含襚 : 사자의 입에 넣는 구슬과 입을 옷을 보내는 일)를 행한 후 장례 용품을 보내 주었는데, 이것이 춘추시대의 정례(正禮)인데 주나라에서 또 사자를 보내어 두터운 부의를 요구하는 것은 예가 아니므로 이렇게 말하였다고 하였다.

9 경진(庚辰) : 15일이다.

10 송공화(宋公和) : 송목공(宋穆公)을 말함.

졸(卒) : 협의의 의미로는 대부가 죽는 것을 졸이라 하고, 광의의 의미로는 사람이 죽는 것을 모두 졸이라고 할 수 있다. 원래 제후가 죽었을 때는 "훙(薨)"을 썼으므로 여기서도 "薨"자를 쓰는 것이 정상이다. 그러나 『춘추』에서는 노나라의 임금이 죽었을 때는 모두 "薨"자를 썼으며, 타국의 임금이 죽었을 때는 모두 "卒"자를 써서 본국과 타국 임금의 죽음에 대한 구별을 하였다.

齊侯, 鄭伯盟于石門.[11]	제후와 정백이 석문에서 맹약했다.
癸未,[12]	계미일에
葬宋穆公.[13]	송나라 목공의 장례를 지냈다.

傳

三年春,	3년 봄
王三月,	주력으로 3월
壬戌,[14]	임술일에
平王崩.	평왕이 돌아가셨다.
赴以庚戌,[15]	경술일로 부고를 냈으므로
故書之.[16]	그렇게 기록하였다.

---

11 제(齊) : 나라 이름으로 강(姜)씨 성이다. 태공(太公)의 후예로 영구(營丘)에 나라를 세웠는데 지금의 산동성 임치현(臨淄縣 : 지금은 臨淄鎭으로 되었음) 약간 북쪽 8리 지점에 있다. 임치의 제나라 성은 대성(大城)과 소성(小城)의 두 부분을 포괄하여 총면적이 30여 평방킬로미터이다. 희공(僖公) 9년에 춘추에 접어들었다. 춘추 후에는 전씨(田氏)가 나라를 빼앗았는데 전제(田齊)라 한다.

석문(石門) : 제나라 땅으로 『청일통지』에 의하면 지금의 산동성 장청현(長淸縣) 서남쪽 약 70리 지점에 있다.

12 계미(癸未) : 20일이다.

13 목(穆) : 『공양전』에는 으레 "목(繆)"자로 되어 있다. 시호의 "穆"자는 『사기』 "繆"자로 되어 있는 경우가 많다. "穆"자와 "繆"자는 서로 통하여 쓴다.

14 임술(壬戌) : 24일이다.

15 부(赴) : 지금은 "부(訃)"라 하며, 상(喪)을 알리는 것을 말한다.

16 평왕~서지(平王~書之) : 주평왕은 실제로 3월 임술일에 죽었는데 부고에서는 경술일(12일)이라고 하였으므로 『춘추경』에서도 부고를 따라 경술일로 기록하였다는 말이다. 부고가 어째서 죽은 날로부터 12일이나 차이가 났는가에 대하여 두예는 제후들이 빨리 오게 하려고 죽은 날과 먼 날을 가지고 부고를 내었다고 하였는데, 억측인 것 같다. 양공

夏,	여름에
君氏卒——聲子也.	군씨가 죽었다. 군씨는 곧 성자이다.
不赴于諸侯,	제후들에게 부고를 하지 않았기 때문에
不反哭于寢,	안장을 한 후 종묘로 돌아와 곡을 하지 않았으며
不祔于姑,	신주를 시어머니와 합사하지 않았으므로
故不曰"薨".	"훙"이라고 하지 않았다.
不稱夫人,	"부인"이라고 부를 수 없었으므로
故不言葬,[17]	장례라고 말하지도 않았으며
不書姓.	성도 기록하지 않았다.
爲公故,	공(의 모친이기) 때문에

28년의 『경』문에 보면 주나라 천자가 계사일에 죽었지만 갑인일자로 부고를 보내와서 갑인일로 적었다는 기록이 있는 것을 보면 두예의 설이 잘못되었음을 알 수 있다.

17 군씨~언장(君氏~言葬) : 성자가 은공의 모친이기는 하지만 혜공의 정부인은 아니며, 은공이 당시 노나라 임금이기는 했지만 스스로 환공을 대신하여 섭정을 했다고 일컬었고, 또 환공에게 양위할 뜻이 있었으므로 지난해 12월 환공의 모친인 중자(仲子)가 죽자 부인의 예로써 장례를 치러 주었으며 『춘추』에서도 "부인인 자씨가 돌아가셨다(夫人子氏薨)"라 하였다. 형편상 이로부터 4, 5개월밖에 지나지 않은 시점에서 다시 부인의 예로써 성자를 장사 지낼 수 없었다. 부인을 장사 지내는 예법은 첫째 동맹 제후에게 부고를 하고, 둘째 안장을 한 후에 조상의 사당으로 돌아와 곡을 하며, 셋째 졸곡을 한 후에 죽은 사람의 신주를 시조모의 신주와 합사를 하게 된다. 이 세 가지 예가 모두 갖추어져야 "부인 모씨가 돌아가셨다(夫人某氏薨)"라 기록할 수 있다. 성자가 죽었을 때는 이 세 가지 예를 하나도 갖추지 않았으니 성자를 부인으로 간주하지 않은 것이므로 "卒"자를 쓰고 "薨"자를 쓰지 않은 것이다.

曰"君氏".[18]	"군씨"라고 하였다.
鄭武公, 莊公爲平王卿士.[19]	정나라 무공과 장공이 평왕의 경사가 되었다.
王貳于虢.[20]	평왕이 괵나라에 두 마음을 품고 있어서
鄭伯怨王.	정백이 왕을 원망하였다.
王曰,	왕이 말하기를
"無之."	"그런 일이 없소이다"라 하였다.
故周, 鄭交質.	그리하여 주나라와 정나라는 서로 인질을 교환하였다.
王子狐爲質於鄭,[21]	왕자 호가 정나라의 인질이 되고

---

18 불서성~군씨(不書姓~君氏) : 성자의 성은 자(子)이니 관례대로 한다면 "자씨졸(子氏卒)"이라고 해야 한다. 은공이 당시 곧 노나라의 임금이었고, 성자는 은공의 생모였으므로 성자를 이렇게 대우하는 것은 은공의 마음을 아프게 하였을 것이다. 양공 26년의 『전』에 의하면 당시에는 습관적으로 "군부인씨(君夫人氏)"라 하였는데, 이는 대놓고 "부인"이라 말하기가 불편하였으므로 "부인"이라는 두 글자를 생략하여 "군씨"로 고쳐 부른 것이다. 나라의 임금을 "군(君)"이라 하며, 군부인은 소군(小君)이라 한다. "군씨"라는 것은 "소군씨"라는 말과 같다.

19 경사(卿士) : 『경』에는 경사라는 말이 많이 보이는데, 광의의 의미는 경대부를 두루 일컫는 말이고, 협의의 의미로는 대부를 포함하지 않는다. 『좌전』에는 모두 여덟 차례 경사라는 말이 보이는데 모두 협의의 의미로 쓰였다. 두예는 "왕경의 집정자(王卿之執政者)"라 하였다.

20 괵(虢) : 서괵공(西虢公)을 말하며 역시 주(周) 왕조에서 벼슬을 지내고 있었다. 이 구절은 주왕이 정백에게 정사를 전적으로 맡겨두지 않고 우연히 괵공에게 정권을 넘기려 한다는 말이다.

21 왕자호(王子狐) : 주 평왕의 아들.

鄭公子忽爲質於周.[22]	정나라의 공자 홀이 주나라의 인질이 되었다.
王崩,[23]	왕이 돌아가시자
周人將畀虢公政.[24]	주나라 사람들이 괵공에게 정사를 맡기려 하였다.
四月,[25]	4월에
鄭祭足帥師取溫之麥.[26]	정나라의 채족이 군사를 이끌고 온의 보리를 베어 갔다.
秋,[27]	가을에는
又取成周之禾.[28]	또 성주의 벼를 베어 갔다.
周, 鄭交惡.	주나라와 정나라는 이에 사이가 나빠졌다.

---

22 공자홀(公子忽) : 정장공의 태자.

23 왕붕(王崩) : 평왕은 이해 3월에 죽었다.

24 비(畀) : 주다. 두예는 "주나라 사람들이 마침내 평왕이 본래 의도한 바를 이루었다(周人遂成平王本意)"라고 하였다.

25 사월(四月) : 하력(夏曆)으로 4월을 말한다. 두예는 주력으로 4월이라 하였는데, 이는 하력으로 2월에 해당하여 보리가 익지 않았을 때이므로 잘못되었다.

26 채족(祭足) : 정나라 대부로, 곧 은공 원년에 나오는 채중(祭仲)이다.
온(溫) : 주나라 왕기(王畿) 내에 있는 소국이다. 지금의 하남성 온현(溫縣) 남쪽 30리 지점에 있다.

27 추(秋) : 역시 하력의 가을이다.

28 성주(成周) : 은(殷)나라 유민을 옮겨 살게 한 곳으로, 지금의 하남성 낙양시 동쪽 약 40리와 언사(偃師)현 서쪽 약 30리 지점에 있다.
화(禾) : 백곡의 통칭으로도 쓰이고 벼라는 뜻으로도 쓰이는데, 여기서는 후자의 의미로 쓰였다.

君子曰, "信不由中,[29]	군자는 말한다. "믿음이 마음속에서 말미암지 않는다면
質無益也.	인질로도 도움이 되지 않는다.
明恕而行,	밝고 너그러움으로 행하고
要之以禮,[30]	예의로써 긴밀하게 한다면
雖無有質,	인질이 없다 한들
誰能間之?[31]	누가 그들을 떼어 놓겠는가?
苟有明信,	정말 밝은 믿음이 있다면
澗, 溪, 沼, 沚之毛,[32]	시내와 못가에 나는 풀과
蘋, 蘩, 薀藻之菜,[33]	마름, 흰쑥, 쌓인 말 같은 채소,
筐, 筥, 錡, 釜之器,[34]	모나고 둥근 대광주리와 발 달린 것과 안 달린 솥 같은 기물,

29 중(中) : 충(衷)과 같은 의미로 쓰였다. 이 구절은 말이 충심에서 나오지 않는다면 성실하지 못하다는 뜻이다.

30 요(要) : "約"과 같은 의미로 쓰였으며, 곧 『논어』의 "約之以禮"에서의 "約"과 같은 용례로 쓰였다.

31 간(間) : 떼어 놓다, 이간(離間)하다의 뜻.

32 간계(澗谿) : 모두 산골짜기의 시냇물이다. 계(谿)는 지금은 "溪"로 쓴다.
소지(沼沚) : 모두 못〔池塘〕이라는 뜻이다.
모(毛) : 땅에서 나는 것을 모두 모라 한다. 수풀.

33 빈(蘋) : 못의 얕은 물에 있는 작은 초본식물. 마름.
번(蘩) : 흰쑥. 국화과의 다년생 초본식물.
온조(薀藻) : 온은 모여서 쌓인 것을 말함. 조는 물속에서 자라는 은화식물(隱花植物), 곧 민꽃식물. 온조는 말이 한데 모여 겹겹이 쌓인 것을 말함. 빈과 번, 온조는 세 가지 식물로 다음 구절의 황, 오, 행료의 셋과 대를 이룬다.
위 구절은 나는 곳이 좁은 것을 말하였고, 이 구절은 산물이 적다는 것을 말하였다.

34 광거(筐筥) : 모두 죽기(竹器)인데, 모난 것을 광이라 하고, 둥근 것을 거라고 한다.

潢, 汙, 行潦之水,[35]	큰 웅덩이와 작은 웅덩이의 물, 움푹 팬 길바닥의 물이라도
可薦於鬼神,	귀신에게 바칠 수 있고
可羞於王公,[36]	왕공에게 바칠 수 있을 것인데,
而況君子結二國之信,	하물며 군자가 두 나라의 믿음을 맺어
行之以禮,	예로써 행하였으니
又焉用質?	또한 어찌 인질이 필요하겠는가?
風有采蘩, 采蘋,[37]	「국풍」에 「채번」과 「채빈」이 있고
雅有行葦, 泂酌,[38]	「대아」에 「행위」와 「형작」이 있는데
昭忠信也."[39]	이는 충성과 믿음을 밝힌 것이다."

기부(錡釜) : 모두 삶고 익히는 솥인데 다리가 있는 것을 기라 하고, 다리가 없는 것을 부라고 한다.

35 황오(潢汙) : 모두 고인 물을 말하는데, 큰 것을 황, 작은 것은 오라고 한다.
행료(行潦) : 행은 길이고, 료는 빗물이다. "行潦"의 "行"은 뒤에 나오는 "행위(行葦)"의 행과 같은 용법으로 쓰였다. 행료는 큰 빗물이 길에 고인 것을 말한다.

36 천 · 수(薦 · 羞) : 모두 "드리다", "바치다"의 뜻. 헌(獻)자와 뜻이 통한다. 공물(供物)로 바치는 것을 말함. "薦"자와 "羞"자는 함께 연용하여 쓰일 수도 있다. 이를테면 『주례 · 포인(周禮 · 庖人)』편에 "그가 바친 것을 주다(與其薦羞之物)"라는 말이 있다.

37 채번, 채빈(采蘩, 采蘋) : 모두 『시경 · 소남(召南)』편에 들어 있다.

38 행위, 형작(行葦, 泂酌) : 모두 『시경 · 대아(大雅)』편에 들어 있다.

39 소(昭) : 밝히다. 명나라의 하량(何良)은 『사우재총(四友齋叢)』 권2에서 "『좌전』에서 『시경』을 인용한 것은 뜻이 합치되는 것에 한정되며 반드시 본뜻에 전적으로 의거하지는 않았다(左傳用詩, 苟於義有合, 不必盡依本旨)"라 하였다.

武氏子來求賻,	무씨의 아들이 와서 부의를 요구하였는데
王未葬也.	평왕의 장사를 지내지 않았기 때문이다.

宋穆公疾,[40]	송나라 목공이 병이 나서
召大司馬孔父而屬殤公焉,[41]	대사마인 공보를 불러 상공을 부탁하여
曰,	말하였다.
"先君舍與夷而立寡人,[42]	"선군께서는 여이를 버려두고 과인을 세우셨으니
寡人弗敢忘.	과인은 그것을 감히 잊을 수 없다.
若以大夫之靈,	만약 대부의 복으로

---

40 송목공질(宋穆公疾) : 『사기 · 송세가』에서는 "무공(武公)이 죽자 아들인 선공(宣公) 역(力)이 즉위하였다. 선공에게는 태자 여이(與夷)가 있었다. 19년에 선공이 병이 들어 그의 아우인 화(和)에게 양위를 하면서 '아비가 죽으면 자식이 잇고, 형이 죽으면 아우가 잇는 것이 천하에서 통하는 도리이다. 나는 화를 세우려고 한다'라 하니 화 또한 세 번을 사양하다가 받았다. 선공이 죽으니 아우인 화가 즉위하였는데, 이가 바로 목공이다"라 하였다. 『연표』에 의하면 목공은 주평왕 41년(B.C. 728)에 즉위하였다.

41 대사마(大司馬) : 송나라의 관직 이름.
공보(孔父) : 이름은 가(嘉)이다. 환공 2년의 『전』에는 또한 공부가(孔父嘉)라고 되어 있으며, 정고보(正考父)의 아들이며 공자의 선조이다.
상공(殤公) : 곧 선공의 아들인 여이(與夷)이다.
촉(屬) : 지금의 촉(囑)자와 같다. 옛날에는 모두 "屬"이라고 썼으며, "囑"은 나중에 생겨난 글자이다.

42 사(舍) : 사(捨)자와 같다. 옛날에는 "捨"를 "舍"로 많이 썼으며, "廢", "棄"의 뜻이다.

得保首領以沒;[43]	머리를 보전하여 죽을 수 있고,
先君若問與夷,[44]	선군께서 여이에 대하여 물으신다면
其將何辭以對?[45]	무슨 말을 가지고 대답을 할까?
請子奉之,[46]	청컨대 그대는 그를 받들어
以主社稷.[47]	사직을 주재하게 하라.
寡人雖死,	과인이 죽는다 해도
亦無悔焉."	또한 후회가 없으리라."
對曰,	대답하여 말했다.
"羣臣願奉馮也."[48]	"뭇 신하들이 빙을 받들기를 원합니다."
公曰,	공이 말했다.
"不可.	"아니 되오.

---

43 득보수령이몰(得保首領以沒) : 당시의 상투적인 표현으로 선종(善終)을 할 수 있음을 말한다. 영(領)은 목이다. 목을 보전한다는 것은 살육을 당하지 않음을 이른다. 몰(沒)은 죽는다는 뜻이다. 같은 표현이 양공 13년『전』의 초공왕이 죽으려 할 때 나온다.

44 선군(先君) : 선공을 말함.

45 기(其) : 여기서는 어기(語氣 : 뉘앙스)를 나타내는 부사어로 쓰였음.

46 자(子) : 2인칭 존칭어임.

47 사직(社稷) : 국가를 말함. 나라에는 반드시 영토가 있는데 토지의 신을 사(社)라 하고, 백성들은 반드시 양식이 있어야 하는데 곡식의 신을 직(稷)이라 한다. 그러므로『예기 · 왕제(禮記 · 王制)』에서는 천자는 태뢰(大牢)를 가지고 사직에 제사 지내고, 제후는 소뢰(少牢)를 가지고 사직에 제사를 지낸다고 하였다. 또한「곡례(曲禮) 하」편에는 "임금은 사직에 죽는다(國君死社稷)"라는 말이 나오는데 나라를 위해 죽겠다는 말과 같으며, 「단궁(檀弓) 하」편에는 "방패와 창을 들고 사직을 지킬 수 있다(能執干戈以衛社稷)"라는 말이 나오는데 이는 곧 나라를 보위(保衛)하겠다는 표현이다.

48 빙(馮) : "憑"이라고도 하며, 목공의 아들, 곧 장공(莊公)이다.

先君以寡人爲賢,	선군께서는 과인이 현명하다고 생각하여
使主社稷.	사직을 맡게 하셨소.
若棄德不讓,	은덕을 저버리고 양위하지 않는다면
是廢先君之擧也,	이는 선군의 뜻을 버리는 것이니
豈曰能賢?[49]	어찌 현명하다 하겠는가?
光昭先君之令德,[50]	선군의 훌륭한 덕을 밝게 빛내는데
可不務乎?[51]	어찌 힘쓰지 않겠는가?
吾子其無廢先君之功!"[52]	그대는 선군의 공을 폐하는 일이 없도록 하오!"
使公子馮出居于鄭.[53]	공자 빙을 정나라로 나가 살게 하였다.

---

49 능현(能賢) : 당시의 상투어로 지금의 현능(賢能)과 같은 말이다.
여기까지 목공이 한 말의 뜻은 국가를 양위하는 것은 덕인데, 선공은 나라를 자신에게 양위했으니 자신도 나라를 남에게 양위를 하는 것이 선군의 덕을 밝히는 길이라는 것이다. 자신이 양위를 하지 않으면 이는 이런 덕을 버리는 것이다.

50 광소(光昭) : 발양(發揚)하다의 뜻과 같다.
령(令) : "선(善)"자의 뜻으로 쓰였다.

51 무(務) : 『설문』에서는 "무는 달리는 것이다(武, 趣也)"라 하였고, 청나라의 단옥재(段玉裁)는 "'취'라는 것은 빨리 달리는 것이다. 무라는 것은 어떤 일을 빨리 하도록 재촉하는 것을 말한다(趣者, 急走也. 務者, 言其促疾於事也)"라 하였다.

52 오자(吾子) : 인칭대명사로 공경함을 표현하기도 하고 친밀함을 표현하기도 한다. 위에서는 "子"라고 하고, 여기서는 "吾子"라고 일컬은 것은 유촉이 중하고 깊음을 나타낸 것이다.
기(其) : 명령을 나타내는 부사어로 쓰였음.

53 이 구절에 대하여 두예는 "상공을 피한 것이다(避殤公也)"라 하였다.

八月庚辰,	8월 경진일에
宋穆公卒,	송나라 목공이 죽고
殤公卽位.	상공이 즉위하였다.
君子曰,	군자가 말하였다.
"宋宣公可謂知人矣.	"송나라 선공은 사람을 알아본다고 하겠다.
立穆公,	목공을 세우고
其子饗之,[54]	그 아들이 물려받은 것은
命以義夫![55]	명이 의로워서였도다!
商頌曰,[56]	「상송」에서 말하기를
'殷受命咸宜,	'은나라가 받은 명 모두 합당하여
百祿是荷',[57]	온갖 복록 다 누렸다네' 라 하였는데,
其是之謂乎!"	아마 이것을 이르는 것일 것이다!"
冬,	겨울에

54 향(饗) : "享" 자와 같은 뜻으로 쓰였고, 받는다는 뜻이다.

55 명(命) : 선공이 아들을 세우지 않고 아우에게 양위한다는 명을 말한다. 이 구는 그 명이 도의(道義)에서 나왔음을 말한다.

56 상송(商頌) : 「현조(玄鳥)」편을 말함. 송나라가 상〔商, 곧 은(殷)〕나라의 후예이기 때문에 「상송」을 인용하여 칭찬한 것이다.

57 백록시하(百祿是荷) : "하백록(荷百祿)"의 도치형. "백록"은 "다복(多福)"의 뜻이며, "荷"는 『시경』에 "何"로 되어 있는데, 같은 뜻이다.

齊, 鄭盟于石門,	제나라와 정나라가 석문에서 맹약을 맺었는데,
尋盧之盟也.[58]	노의 맹약을 굳게 한 것이다.
庚戌,[59]	경술일에
鄭伯之車僨于濟.[60]	정백의 수레가 제에서 넘어졌다.

衛莊公娶于齊東宮得臣之妹,[61]	위장공은 제나라의 동궁 득신의 누이에게 장가들었는데,
曰莊姜,	장강이라고 하였으며
美而無子,	아름다웠으나 아들이 없어서
衛人所爲賦碩人也.[62]	위나라 사람들이 장강을 위하여 「석인」을 읊어 주었다.

58 심노지맹(尋盧之盟): 심맹(尋盟)은 당시의 상투어로 옛 우호를 계속하여 이어 닦는다는 뜻이다. 노는 지명으로 지금의 산동성 장청현(長淸縣) 서남쪽 25리 지점에 있다. 노의 맹약은 춘추시대 이전에 있었다.

59 경술(庚戌): 12월에는 경술일이 없는데 착오가 있는 것 같다.

60 분우제(僨于濟): 중국 고대 사독(四瀆)의 하나였는데, 지금은 수로가 이미 사라지고 없다. 두예는 정백의 수레가 큰 바람을 만나 전복되었다고 하였는데, 억측인 것 같다.

61 위장공(衛莊公): 이름은 양(揚)이며, 주평왕 14년(B.C.757)에 즉위하였는데 춘추시대 35년 전이다. 「위세가(衛世家)」에 의하면 장공 5년에 제나라 여인을 부인으로 맞아들였는데 제희공(齊僖公)의 누이이며 제장공(齊莊公)의 적실에게서 난 딸이다.
동궁득신(東宮得臣): 동궁은 태자의 거처. 따라서 태자를 동궁이라고 한다. 득신은 제장공의 태자인데 즉위하지 못하고 죽어 제장공이 죽자 제희공이 왕위를 물려받았다. 희공의 누이라고 하지 않고 동궁인 득신의 누이라고 한 것은 득신이 적장자임을 분명히 함으로써 누이 또한 적실의 딸임을 말하고자 한 것이다.

62 부(賦): 창작을 한다는 뜻과 옛사람들이 지어 놓은 시를 암송한다는 두 가지 뜻이 있다. 여기서는 전자의 뜻으로 쓰였다.

又娶于陳,[63]	다시 진나라에 장가들었는데,
曰厲嬀,	여규라 하였으며
生孝伯,	효백을 낳았으나
早死.	일찍 죽었다.
其娣戴嬀,[64]	그 여동생인 대규가
生桓公,	환공을 낳으니
莊姜以爲己子.[65]	장강이 자기의 아들로 삼았다.
公子州吁,	공자인 주우는
嬖人之子也.[66]	애첩의 아들이었다.
有寵而好兵,	총애를 받아 전쟁을 좋아하였다.

---

63 진(陳) : 나라 이름으로 규(嬀) 성이며, 우순(虞舜)의 후예이므로 우(虞)라고도 한다. 지금의 하남성 개봉(開封)시 동쪽과 안휘성 박현(亳縣) 북쪽이 모두 그 영토였다. 도읍은 완구(宛丘)인데, 곧 지금의 하남성 회양현(淮陽縣) 소재지이다. 환공(桓公) 23년에 춘추시대에 접어들었고 애공(哀公) 35년 곧 노나라 소공(昭公) 8년 초나라에 의해 멸망당했다. 노나라 소공 13년에 혜공(惠公)이 나라를 다시 일으켰다. 『사기』에 「진세가」가 있다. 여규와 대규는 환공의 자매 항렬일 것이다.

64 대규(戴嬀) : "戴"는 위의 "厲"와 함께 시호이다. 『시경 · 패풍 · 연연(邶風 · 燕燕)』에 "누이는 믿음직하였다(仲氏任只)"라는 구절이 있는데, 모씨는 "중은 대규의 자이다(仲, 戴嬀字也)"라 하였다.

65 환공~기자(桓公~己子) : 환공의 이름은 완(完)이다. 「위세가」에 "진나라 여인의 동생 또한 환공의 총애를 받아 아들 완을 낳았다. 완의 어머니가 죽자 장공은 부인인 제나라 여인에게 그를 아들로 삼으라고 명하여 태자로 세웠다"라 하였다. 본『전(傳)』의 공영달의 주석〔소(疏)〕에서는 "석작(石碏)이 말하기를 '장차 주우(州吁)를 세우시려거든 그렇게 정하십시오'라 하여 주우로 정할 것을 청하였으니, 태자의 지위가 정하여지지 않았음이 분명하다. 「위세가」에서 완을 태자로 세웠다고 한 것은 틀렸다"라 하였다.

66 폐(嬖) : 총행(寵幸)을 받는 여인.

公弗禁.	공이 그것을 금하지 않았다.
莊姜惡之.	장강이 미워하였다.
石碏諫曰,[67]	석작이 간하여 말하기를
"臣聞愛子,	"신이 듣건대 자식을 사랑하면
教之以義方,[68]	의로운 도를 가르쳐서
弗納於邪.	사악한 데 들지 않게 한다고 하였습니다.
驕, 奢, 淫, 泆,[69]	교만과 사치 · 방탕과 무절제는
所自邪也.[70]	사악함이 나오는 바입니다.
四者之來,	이 네 가지를 초래하는 것은
寵祿過也.[71]	총애와 녹봉이 지나치기 때문입니다.
將立州吁,	주우를 세우시려거든
乃定之矣;	곧 그렇게 정하십시오.
若猶未也,	만약 그렇게 할 수 없다면

---

67 석작(石碏) : 위나라의 대부.

68 의방(義方) : 방은 도(道)의 뜻. 의방은 곧 의도(義道)와 같은 뜻임.

69 교사음일(驕奢淫泆) : "泆"은 "逸"과 같은 뜻이며, 또 "佚"이라고도 한다. 공영달은 "교는 자기를 믿고 사물을 업신여기는 것이며, 사는 자랑하며 윗사람을 범하는 것이고, 음은 좋아함과 욕심이 지나친 것이며, 일은 방자하여 끝이 없는 것이다(驕謂恃己陵物, 奢謂夸矜僭上, 淫謂嗜欲過度, 泆謂放恣無藝)"라 하였다.

70 소자사야(所自邪也) : "邪所自也", 곧 사악함이 나오는 곳이라는 뜻이다. 이 네 가지에 말미암게 되면 필시 사악함에 이르게 된다는 말이다.

71 이 구절의 뜻은 총애가 지나치면 그 사람은 반드시 교만 · 사치 · 방탕 · 무절제하게 되고, 교만 · 사치 · 방탕 · 무절제하게 되면 사악하지 않은 일이 없게 된다는 것이다.

階之爲禍.[72]	화의 사다리가 될 것입니다.
夫寵而不驕,	대체로 총애를 받으면서도 교만하지 않고
驕而能降,[73]	교만하면서도 지위를 낮출 수 있으며
降而不憾,[74]	지위를 낮추면서도 원한이 없으며
憾而能眕者,[75]	원한이 있으면서도 참을 수 있는 사람은
鮮矣.[76]	드뭅니다.
且夫賤妨貴,[77]	또한 천한 자가 귀한 자를 해치고
少陵長,[78]	어린 사람이 어른을 업신여기며

72 계(階) : 사다리. 여기서는 동사로 쓰여 화란(禍亂)을 만드는 사다리로 남는다는 말이다.

73 총이~능강(寵而~能降) : 주우의 현재 상태를 가리켜 말한 것이다. 암암리에 장공(莊公)이 죽은 뒤에 태자 완(完)이 왕위를 계승하면 주우의 위세가 반드시 지금만은 못하게 될 것이라는 것을 가리켜 말하였다. "能降"은 지위가 내려가도 편안히 여김을 말한다.

74 감(憾) : "感"이라고도 하며, 거성(去聲)으로 한(恨)스러워하다의 뜻이다.

75 진(眕) : 『설문』에서는 "눈에 원한의 빛이 서려 있으나 참고 그만두는 것이다(目有所恨而止也)"라 하였다.

76 이 몇 구절의 뜻은 총애하게 되면 반드시 교만해지고, 교만해지면 반드시 쫓겨나게 되며, 쫓겨나게 되면 반드시 원한을 갖게 되고, 원한을 갖게 되면 반드시 스스로 억지하기 힘들게 되어 이 때문에 심란해진다는 것이다. 이렇게 하지 않는 사람은 매우 적다는 뜻이다.

77 방(妨) : "해할 해(害)"자와 같은 뜻이다. 이 구절은 그 지위를 가지고 말한 것으로, 완은 부인의 이질이니 신분이 귀하고, 주우는 총첩의 아들로 천함을 말한다.

78 소릉장(少陵長) : "少"는 거성으로 쓰였다. 능(陵)은 "侵"의 뜻이다. 영역을 침범하다, 침해하다. 이 구절은 연령을 가지고 말한 것으로 왕은 나이가 많고 주우는 어린 것을 말한다.

遠間親,[79]	소원한 사람이 친한 사람을 떼어 놓고
新間舊,[80]	새로운 사람이 옛사람을 이간질하며
小加大,[81]	낮은 사람이 높은 사람을 타 넘고
淫破義,[82]	간사한 자가 의로운 사람을 파멸시키는 것이
所謂六逆也;	이른바 여섯 가지 거스르는 것입니다.
君義,	임금은 의롭고
臣行,[83]	신하는 의로운 명령을 받아 행하고
父慈,	아버지는 자애로우며
子孝,	자식은 효성스럽고
兄愛,	형은 우애가 있고
弟敬,	아우는 공경스러운 것이
所謂六順也.	이른바 여섯 가지 순리입니다.
去順效逆,[84]	순리를 버리고 거스르는 것을 본받는 것이

---

79 간(間) : 거성으로, 대신하다의 뜻. 이 구절은 친소(親疎)를 가지고 말한 것으로, 완은 가깝고 주우는 멀다.

80 이 구절은 역사적인 관계를 가지고 말한 것이다.

81 정세(情勢)를 가지고 말한 것이다. "加"자 또한 침해하다, 업신여기다의 뜻이다.

82 의로운지 의롭지 않은지를 가지고 말한 것이다.

83 신행(臣行) : 신하가 임금의 의로움을 행하다.

所以速禍也.[85]	화를 부채질하는 까닭입니다.
君人者,	백성의 임금 된 사람은
將禍是務去,[86]	곧 화를 없애는 데 힘써야 하거늘
而速之,	도리어 부채질을 한다면
無乃不可乎?"	옳지 않은 것이 아니겠습니까?"라 하였다.
弗聽.	그러나 그 말을 듣지 않았다.
其子厚與州吁游,	그 아들 석후가 주우와 교유하자
禁之,	못하게 말렸으나
不可.	듣지를 않았다.
桓公立,[87]	환공이 즉위하자
乃老.[88]	늙었다고 고하였다.

84 거(去) : 급물동사(及物動詞)로 쓰였으며, 상성으로 읽는다.
효(效) : 본받아 행하다.

85 속(速) : 동사로, 사동용법(使動用法)으로 쓰였다.

86 화시무거(禍是務去) : "務去禍"의 도치법. "是"는 도치를 나타내는 구조조사로 쓰였음.

87 환공립(桓公立) : 『연표』에 의하면 환공은 평왕(平王) 37년에 즉위하였다.

88 노(老) : 늙었다는 핑계로 치사(致仕)하다. 이는 위나라 환공이 즉위하기 이전 및 갓 즉위하였을 때 석작이 늙었다는 핑계로 치사한 것을 추서(追敍)한 것이다. 은공 3년은 위 환공 즉위 15년이 된다. 본문은 "四年春衛州吁弑桓公而立" 이하 『전』의 문장과 한편으로 이어졌는데, 후인들이 『경』의 연도와 『전』의 연도가 서로 부합하는데 갈라놓아 마침내 나누어졌으며, 다음 연도의 『전』의 문장과 합하여 읽어야 한다.

은공 4년

經

四年春王二月,[1]	4년 봄 주력으로 2월에
莒人伐杞,[2]	거나라 사람들이 기나라를 쳐서
取牟婁.[3]	모루를 빼앗았다.
戊申,[4]	무신일에

---

1 사년(四年) : B.C. 719년 임술년으로, 주환왕(周桓王) 원년이다. 동지가 지난해 12월 16일 기묘일에 있었으며 이해는 건축(建丑)이다. 2월은 건인(建寅)의 달이다.

2 기(杞) : 나라 이름으로 사(姒)씨 성이다. 기는 본래 옛 나라로 탕(湯)이 봉했으며, 양옥승(梁玉繩)의 『사기지의(史記志疑)』〔이하 『지의(志疑)』〕 권2에서 언급한 적이 있는데, 복사(卜辭)에 기후(杞侯)가 있는 것으로 증명할 수 있으며 믿을 만하다. 주나라 무왕(武王)이 은나라 주(紂)를 이기고 우(禹)의 후예를 찾아 동루공(東樓公)을 얻어 기에 봉하였는데 이는 두 번째 봉한 것이기 때문에 하(夏)라고도 한다. 이는 송나라를 은(殷)이라고도 하고 상(商)이라고 하는 것과 같다. 도읍은 처음에는 하남의 기현(杞縣)이었으나 춘추 이전에 이미 동쪽으로 옮겼다. 그 후에 다시 순우(淳于)로 옮겼는데 곧 지금의 산동 안구현(安丘縣) 동북쪽 30리에 있는 기성(杞城)이다. 기무공(杞武公) 29년에 춘추에 접어들었다. 춘추 후 36년, 곧 기간공(杞簡公) 원년 초혜왕(楚惠王)에 의해 멸망당하였다. 『사기』에 「기세가(杞世家)」가 있으며, 기백정(杞伯鼎)과 기백두(杞伯豆)가 전한다. 최근에는 또 서주 여왕(厲王) 때의 기물인 기백(杞伯) 매비(每比)가 주조한 주조정(邾曹鼎)이 발견되기도 하였다.

3 모루(牟婁) : 『청일통지』에 의하면 모와 루는 두 개의 읍인데, 모성(牟城)은 지금의 산동 수광현(壽光縣) 동북쪽 20리 지점에 있고, 누향성(婁鄉城)은 제성현 서남쪽 40리 지점에 있다. 두예는 모루를 한 고을로 보았는데, 곧 제성현(諸城縣) 서쪽의 누향(婁鄉)이다. 소공(昭公) 5년의 『경』 및 『전』에 "거나라의 모이가 모루 및 방자를 가지고 도망쳐 왔다(莒牟夷以牟婁及防玆來奔)"라 하였으니 모루는 실제 한 곳으로 두예의 설이 믿을 만하다. 선공(宣公) 15년 조의 『경』의 "무루(無婁)"가 『공양전』에는 "牟婁"로 되어 있지만 다른 곳이다. 바깥의 제후가 고을을 취하는 것은 전 『춘추』를 통하여 이해와 6년에 단 두 번만 보일 뿐이다. 이후 서로 빼앗고 빼앗기고 하는 영토 분쟁이 너무 빈번하여 그다지 새로울 것이 없었으므로 모두 생략한 것인지도 모르겠다.

4 무신(戊申) : 2월에는 무신일이 없으며, 무신일은 3월 16일이 되어야 한다. 이 조(條)는

衛州吁弑其君完.[5] 위나라 주우가 임금인 완을 죽였다.

夏, 여름에

公及宋公遇于淸.[6] 공과 송공이 청에서 만났다.

宋公, 陳侯, 蔡人, 衛人伐鄭.[7] 송공과 진후, 채나라 사람, 위나라 사람이 정나라를 쳤다.

위의 문장을 잇지 못하므로 두예의 주석에서도 "날짜는 있는데 달이 없다(有日而無月)"라 하였다.

5 주우(州吁) : 주우는 공자(公子)인데 "공자 주우"라 하지 않은 것에 대해 당(唐)나라 장수절(張守節)의 『사기』 주석서인 『사기정의(史記正義)』〔이하 『정의(正義)』〕에서는 청(淸)나라 손성연(孫星衍 : 1753~1818)이 집교(輯校)한 두예의 『춘추석례(春秋釋例)』〔이하 『석례(釋例)』〕에 근거를 두고 "『경』을 미루어 살펴보니 장공(莊公) 위로는 임금을 시해한 사람들은 모두 성을 쓰지 않았으며, 민공(閔公) 아래로는 모두 성을 썼다"고 하였다. "州吁"는 『곡량전』에는 "축우(祝吁)"로 되어 있는데, "州"와 "祝"은 고음에서 성뉴(聲紐 : 쌍성자의 자음)와 원음(元音 : 모음)이 같으나 평측만 다른 통가자(通假字)였다.
시(弑) : 아랫사람이 윗사람을 죽인 것을 말한다.
완(完) : 위나라 환공(桓公)의 이름. 이 부분이 『춘추』에서 처음으로 임금을 시해한 기록이다.

6 공급송공(公及宋公) : 노나라 은공(隱公)과 송나라 상공(殤公).
우(遇) : 『곡량전』 8년의 『전(傳)』에서는 "날짜를 기약하지 않고 우연히 모이는 것을 우라 한다(不期遇會曰遇)"라 하였고, 『예기 · 곡례(曲禮) 하』에서는 "제후가 서로 만날 기일이 되지 않았는데도 만나는 것을 우라 한다(諸侯未及期相見曰遇)"라 하였다. 두예는 "우라는 것은 갑작스럽게 기약을 한 것으로 두 나라에서 각기 예를 간략하게 한 것으로, 도로에서 서로 만난 것과 같은 것이 우이다(遇者, 草次之期, 二國各簡其禮, 若道路相逢遇也)"라 하였다.
청(淸) : 지명으로 두예의 주석에 의하면 위나라의 읍이며, 지금의 산동성 동아현(東阿縣) 남쪽 약 30리 지점에 있다.

7 『흠정춘추전설휘찬(欽定春秋傳說彙纂)』〔이하 『휘찬(彙纂)』〕에서는 "이것이 제후들이 모여서 정벌을 한 시초이며, 또한 동쪽 제후가 당파가 갈린 시초이기도 하다"라 하였다. 『전』에서 "임금께서 맹주가 되면……저희 나라는 군사를 일으켜 진(晉)나라 채(蔡)나라와 함께 따르겠습니다. ……"라 하였기 때문에 송나라가 맹주가 되었음을 알 수 있고 따라서 제일 앞에 놓았다. 또한 송나라와 진(陳)나라는 임금이 직접 군대를 거느렸기 때문에 진후를 그 다음에 놓았다. 채나라와 위나라는 대부가 군사를 거느렸기 때문에 "~人"이라고 하였다. 『시경 · 패풍 · 격고(邶風 · 擊鼓)』의 서문에서 "위나라 주우는 군사를 난

秋,	가을에
翬帥師會宋公, 陳侯, 蔡人, 衛人伐鄭.[8]	휘가 군사를 거느리고 송공과 진후, 채나라 사람, 위나라 사람과 만나 정나라를 쳤다.
九月,	9월에
衛人殺州吁于濮.[9]	위나라 사람이 복에서 주우를 죽였다.
冬十有二月,	겨울 12월에
衛人立晉.[10]	위나라 사람들이 진을 세웠다.

폭하게 부리고 공손문중으로 하여금 장수가 되게 하여 진나라와 송나라를 평정했다(衛州吁用兵暴亂, 使公孫文仲將, 而平陳與宋)"라 한 것으로 보아 주우는 장수로 군사를 인솔해 본 적이 없음을 알 수 있다.

채(蔡) : 나라 이름으로 무왕의 아우인 채숙도(蔡叔度)의 후예이다. 이때 상채(上蔡)에 도읍을 두고 있었으며, 지금의 하남성 상채현(上蔡縣) 서남쪽 근처에 옛 채국(蔡國城)의 성이 있다. 평후(平侯)는 도읍을 신채(新蔡)로 옮겼는데, 지금의 하남 신채현이다. 소후(昭侯)가 다시 주래(州來)로 옮겼는데 하채(下蔡)라고 하며 지금의 안휘 봉대현(鳳臺縣)이다. 1955년 5월에 안휘성 수현(壽縣)에서 채후의 묘를 발굴한 적이 있으며 또한 채후종(鐘)과 채후반(盤) 및 오왕광감(吳王光鑑) 등의 유물도 출토되었다. 이곳이 봉대현과 아주 가까웠기 때문에 채후를 이곳에 장사 지낸 것이다. 『사기』에 「채세가」가 있으며, 선공(宣公) 28년에 춘추로 접어들었다. 춘추 후 21년 채후 제(齊) 4년에 초나라에 의해 멸망당하였다. 그러나 전국 때 지금의 호북성 파동현(巴東縣)과 건시현(建始縣) 일대에 다시 건국을 하여 초선왕(楚宣王) 8년까지 존속하다가 망하였다.

8 휘(翬) : 노나라 대부 공자 휘(公子翬)이며, 자는 우보(羽父)이다. 공자라고 일컫지 않은 것은 사서(史書)에 그냥 이름만 쓴 예가 있기 때문이다. 앞 은공 2년에 무해(無駭)가 좋은 예이다. 『휘찬(彙纂)』에서는 "이것은 대부가 모여 정벌한 첫 번째 경우이다"라 하였다.

9 복(濮) : 진(陳)나라 지명으로, 지금의 안휘(安徽) 박현(亳縣)에 있을 것이다.

10 진(晉) : 선공(宣公)의 이름이다.

傳

四年春,	4년 봄에
衛州吁弑桓公而立.[11]	위나라의 주우가 환공을 시해하고 즉위하였다.
公與宋公爲會,	공이 송공과 회맹을 하였는데
將尋宿之盟.[12]	숙의 맹약을 굳게 하려는 것이었다.
未及期,	기일이 되지도 않아
衛人來告亂.	위나라 사람들이 난이 일어났음을 알려왔다.
夏,	여름에
公及宋公遇于淸.	공 및 송공이 청에서 만났다.
宋殤公之卽位也,	송나라 상공이 즉위하였을 때
公子馮出奔鄭.	공자 풍은 정나라로 달아났다.

11 이 구절은 원래 위 해의 말미에 연결된 부분이었는데, 후인에 의하여 분리되었다. 『사기 · 위세가(衛世家)』에서는 "13년에 정백의 아우인 단이 그 형을 공격하였으나 이기지 못하고 도망하니 주우가 그와 벗이 되기를 청하였다. 16년에 주우가 위나라의 도망자들을 모아 환공을 습격하여 죽이고 주우는 스스로 즉위하여 위나라 임금이 되었다(十三年, 鄭伯弟段攻其兄, 不勝, 亡, 而州吁求與之友. 十六年, 州吁收聚衛亡人以襲殺桓公, 州吁自立爲衛君)"라 하였다.

12 숙지맹(宿之盟) : 은공 원년에 있었다.

鄭人欲納之.	정나라 사람들이 그를 받아들이려고 하였다.
及衛州吁立,	위나라의 주우가 즉위하게 되자
將修先君之怨于鄭,[13]	선군의 정나라에 대한 원한을 갚아서
而求寵於諸侯,	제후들에게 환심을 살 것을 구하여
以和其民.	백성들의 마음을 풀고자 하였다.
使告於宋曰,	그리하여 송나라에 알리게 하기를
"君若伐鄭,	"임금님께서 정나라를 쳐서
以除君害,[14]	임금님의 해악을 제거하시려면
君爲主,	임금님께서 우두머리가 되고
敝邑以賦與陳, 蔡從,[15]	저희는 군사를 동원하여 진나라와 채나라와 함께 따를 것이니
則衛國之願也."	이것이 위나라의 바람입니다"라 하였다.
宋人許之.	송나라에서 이를 허락하였다.
於是,	이때가 되어서야

13 수선군지원(修先君之怨) : 정나라와 위나라는 대대로 전쟁을 벌였는데, 여기서 말한 선군은 장공과 환공 위의 각 임금들을 포함한다. 수(修)는 다스린다〔治〕는 뜻이다. 치원(治怨)은 원수를 갚는다는 것과 같은 뜻이다.

14 군해(君害) : 송나라의 공자 풍(馮)을 가리키며, 송나라 상공과 왕위를 다투려고 하였다.

15 부(賦) : 병부(兵賦) : 전쟁의 인력과 물력(物力)을 모두 가리켜서 하는 말.
종(從) : 옛날에는 거성으로 읽었다.

陳, 蔡方睦於衛, 진나라와 채나라가 위나라와 바야흐로 화목하였다.

故宋公, 陳侯, 蔡人, 衛人伐鄭, 송공과 진후, 채나라 사람, 위나라 사람이 정나라를 쳤다.

圍其東門, 동문을 포위하였다가

五日而還.[16] 5일 만에 돌아왔다.

公問於衆仲曰,[17] 공이 중중에게 묻기를

"衛州吁其成乎?"[18] "위나라의 주우가 성공하겠는가?" 라 하였다.

對曰, 대답하여 말하기를

"臣聞以德和民, "신이 듣기에 덕으로 백성들을 화합시킨다고는 하였어도

不聞以亂.[19] 난리로 한다는 말은 듣지를 못했습니다.

以亂, 난리로 하는 것은

猶治絲而棼之也.[20] 실을 풀려다가 얽히게 하는 것과 같습니다.

---

16 『사기』의 「위세가」와 「정세가」는 모두 『좌전』의 기록을 채택하고 있다. 『시경 · 격고(擊鼓)』는 아마 이 전쟁 때문에 지어진 것으로 보인다.

17 중중(衆仲) : 노나라의 대부. 후한(後漢) 때 왕부(王符)의 『잠부론 · 지씨성(潛夫論 · 志氏姓)』편에 "노나라의 공족에 중씨가 있다(魯之公族有衆氏)"라는 말이 있다.

18 기(其) : 여기서는 장차〔將〕라는 뜻으로 쓰였다.

19 란(亂) : 군사를 일으켜 정(鄭)나라를 치는 일.

20 분(棼) : 분란(紛亂)의 뜻.

夫州吁,[21]	저 주우는
阻兵而安忍.[22]	무력을 믿고 잔인한 짓을 태연히 행합니다.
阻兵,	무력을 믿으면
無衆;	따르는 대중이 없어지게 되고,
安忍,	잔인한 짓을 태연히 행하면
無親.[23]	친한 이가 없게 됩니다.
衆叛, 親離,	대중이 등을 돌리고 친한 이가 떠나면
難以濟矣.[24]	구제하기가 어렵게 됩니다.
夫兵,	무력이라는 것은
猶火也;	불과 같은 것이어서
弗戢,[25]	꺼서 그치게 하지 않으면
將自焚也.	절로 타오르게 됩니다.
夫州吁弑其君,	저 주우는 그 임금을 해치고
而虐用其民,	백성들을 포학하게 다루었으며

21 부(夫) : 발어사.
22 조(阻) : 믿고 의지하다. 시(恃)와 같은 뜻.
안인(安忍) : "安於殘忍"과 같은 뜻. 잔인한 일을 편안히 행하다.
23 안인~무친(安忍~無親) : 평소에 잔인한 일을 행하면 가까이 와서 붙는 사람이 없다.
24 제(濟) : 이루다. 성공하다.
25 집(戢) : 무기를 감추다, 거두다, 그치다.

於是乎不務令德,[26]	이러한데도 훌륭한 덕을 닦는 데 힘쓰지 않고
而欲以亂成,	변란으로 일을 이루려하고 있으니
必不免矣."[27]	필시 화를 면하지 못할 것입니다"라 하였다.

秋,	가을에
諸侯復伐鄭.	제후들이 다시 정나라를 쳤다.
宋公使來乞師,[28]	송공이 와서 군사를 청하게 하였으나
公辭之.	공은 그것을 거절하였다.
羽父請以師會之,[29]	우보가 군사로 회맹할 것을 청하였으나
公弗許.	공이 그것을 허락하지 않았다.
固請而行.	굳이 청하여 거느리고 갔다.
故書曰"翬帥師",	그러므로 "휘가 군사를 거느렸다"고 기록한 것은

---

26 령(令) : 선(善)과 같은 뜻. 훌륭하다.

27 면(免) : 옛사람들은 화(禍)와 형(刑)을 면하는 것을 모두 면이라고 하였다.

28 걸사(乞師) : 『춘추』의 경문을 고찰해 보면 다른 나라에서 노나라에 와서 군사를 요청한 것은 진(晉)나라를 제외하고는 모두 기록을 하지 않았으므로 이 군사 요청도 『춘추』에는 보이지 않는다.

29 우보(羽父) : 공자 휘(公子翬)의 자.

疾之也.[30]	그 행동을 미워한 것이다.
諸侯之師敗鄭徒兵,[31]	제후의 군사가 정나라의 보병을 물리치고
取其禾而還.	그 벼를 베어 가지고 돌아왔다.

州吁未能和其民,[32]	주우가 그 백성들의 마음을 얻을 수 없게 되자
厚問定君於石子.[33]	석후가 석자에게 왕위를 안정시키는 것에 대해 물었다.
石子曰,	석자가 말하였다.
"王覲爲可."[34]	"천자를 뵐 수 있기만 하면 될 것이다."

---

30 질(疾) : 공의 명령을 듣지 않은 것을 미워한 것이다.

31 패정도병(敗鄭徒兵) : 고대에는 모두 전차전을 하였는데 여기서는 다만 정나라의 보병만 물리쳤다고 한 것으로 보아 정나라가 패하기는 하였지만 큰 타격은 입지 않았음을 알 수 있다. 옛날에는 무기를 병(兵)이라 하였는데, 전쟁을 하자면 반드시 병기를 잡게 해야 했으므로 병기를 잡은 사람 또한 병(兵)이라 하였다. 도병은 보병이다. 곧 전차 아래서 싸우는 병사이다. 그냥 도(徒)라 부르기도 하였다.

32 화기민(和其民) : 위 중문(衆文)이 노은공에게 한 물음에 "신이 듣기에 덕으로 백성들을 화합시킨다(臣聞以德)"라는 말이 있는데, 이 화민(和民)은 바로 그 문장과 이어진 것이다.

33 후(厚) : 석후(石厚)로, 주우의 도당인 석작(石碏)의 아들.
정군(定君) : 왕위를 안정시키다. 주우가 백성들과의 관계를 부드럽게 하지도 못하고 왕위를 안정시킬 수도 없게 되자 석후가 그의 아버지에게 계책을 물어본 것이다.
석자(石子) : 곧 석작. 이 구절은 주우가 백성들과의 관계를 부드럽게 하지도 못하고 왕위를 안정시킬 수도 없게 되자 석후가 그의 아버지에게 계책을 물어본 것이다.

34 왕근(王覲) : 근(覲)은 제후가 천자를 뵙는 것을 말한다. 왕근(王覲)은 근왕(覲王)과 같은 말이다. 『공자가어(孔子家語)』의 「교문(郊問)」편의 뜻이 "問郊"인 것과 『초사(楚

曰, "何以得覲?"	이에 "어떻게 하면 뵐 수 있겠는지요?"라 하자,
曰, "陳桓公方有寵於王.[35]	"진나라 환공이 바야흐로 천자의 총애를 받고 있다.
陳, 衛方睦,	진나라와 위나라는 바야흐로 화목하니
若朝陳使請,[36]	진나라에 찾아뵙고 청하게 한다면
必可得也."	반드시 될 것이다"라 하였다.
厚從州吁如陳.[37]	석후가 주우에게서 진나라로 갔다.
石碏使告于陳曰,	석작이 진나라에게 이렇게 말하게 하였다.
"衛國褊小,[38]	"위나라는 워낙 작고
老夫耄矣,[39]	이 늙은이는 나이가 많아

辭)』의 「천문(天問)」편의 뜻이 실제 "問天"의 뜻인 것과 같은 용법이다. 석자가 말한 의도는 주나라 천자를 뵐 수 있기만 한다면 왕위에 대한 천자의 합법적인 동의를 얻어 낼 수 있다는 말이다.

35 진환공(陳桓公) : 이때는 진환공이 아직 죽지 않았을 때이므로 시호를 들어서는 안 되는데, 혹 『좌전』의 작자가 어쩌다가 소홀히 한 것 같다. 이런 예는 『좌전』에는 이곳 단 한 곳만 보이는데 비해 『사기』에는 이런 예가 많이 보인다.

36 조(朝) : 제후가 천자를 뵙는 것을 조(朝)라 한다. 제후끼리 서로 만나는 것도 역시 조라고 한다.

37 여(如) : 동사로 "가다"의 뜻이다.

38 편소(褊小) : 편(褊)은 작다는 뜻이다. 편소는 당시의 상용사로, 『맹자 · 양혜왕(孟子 · 梁惠王) 상(上)』에 제나라 선왕(宣王)이 "제나라가 비록 좁지만……(齊國雖褊小)"이라고 하는 말이 나온다.

39 노부모(老夫耄) : 『예기 · 곡례(曲禮)』에 의하면 대부(大夫)의 나이 70 이상이 되면 자칭

無能爲也.	아무것도 할 수가 없습니다.
此二人者,	이 두 사람은
實弒寡君,[40]	실로 우리 임금님을 해쳤으니
敢卽圖之."[41]	과감하게 이번 기회를 도모하여 이루십시오."
陳人執之,	진나라 사람들이 그를 잡아
而請涖于衛.[42]	위나라에 와 줄 것을 청했다.
九月,	9월에
衛人使右宰醜涖殺州吁于濮.[43]	위나라 사람들이 우재인 추로 하여금 주우를 복에 와서 죽이게 하고
石碏使其宰獳羊肩涖殺石厚于陳.[44]	석작은 가재인 누양견으로 하여금 진나라에 가서 석후를 죽이게 하였다.

노부(老夫)라 하였다. 정현(鄭玄)은 "모(耄)는 정신이 흐릿하고 잘 잊는다는 뜻이다"(耄, 惛忘也)라 하였다.

40 시(弑) : 다른 판본에는 모두 "죽일 살(殺)"자로 되어 있다. 『석경(石經)』과 송본〔宋本 : 송판(宋板, 宋版). 중국 송대(宋代)에 간행된 서적〕에 의거하여 "弑(죽일 시)"자로 고쳤다.

41 감(敢) : 과감하게 청하다
즉(卽) : 이루다. 이번에 얻은 기회를 꼭 이루다.

42 리(涖) : 임(臨)과 같은 뜻. 다다르다. 이 구절은 진나라 사람들이 주우와 석후를 붙잡아 위나라 사람에게 와서 그들을 벌주어 죽이도록 청하였음을 말한 것이다.

43 우재추(右宰醜) : 위나라의 관명. 이 관명을 가지고 성씨로 삼은 경우도 있어서 양공(襄公) 14년에 우재곡(右宰穀)이라는 사람이 있다. 추(醜)는 사람 이름.
복(濮) : 지명. 위『경』의 주석에 상세히 보임. 이 부분은『사기 · 위세가』의 기록과는 조금 다르다.

君子曰,	군자가 말하였다.
“石碏,	“석작은
純臣也.[45]	큰 신하이다.
惡州吁而厚與焉.[46]	주우를 미워하여 석후까지 거기에 끼워 넣었다.
‘大義滅親’,[47]	‘대의를 위해 육친까지 죽인다’라 하였는데,
其是之謂乎!”	이것을 이른 것 아니겠는가!”
衛人逆公子晉于邢.[48]	위나라 사람들은 공자 진을 형에서 맞아들였다

44 재(宰) : 옛날 경대부의 집에는 가신이 있었는데, 그 가신의 우두머리를 재라고 하였다.

45 순신(純臣) : 위 은공 원년의 영고숙(穎考叔)을 보고 “순효(純孝)”라고 한 것과 구법이 같다. 여기서의 “신(臣)”은 특별한 의미가 있는데, 『국어 · 진어(晉語)』에서 이른 바 “임금을 섬기는 데 두 임금을 섬기지 않는 것이야말로 신하라 하겠다(事君不貳是謂臣)”의 신하라는 뜻이다.

46 여(與) : 예(預)와 같은 뜻으로 쓰였다. 함께 죽게 한 것을 말한다.

47 대의멸친(大義滅親) : 고어(古語)인 것 같다.

48 역(逆) : 맞아들이다. 영(迎)과 같은 뜻. 『사기 · 위세가』에서는 “환공의 아우인 진을 형에서 맞아들여 임금으로 세웠다(迎桓公弟晉於邢而立之)”라 하여 공자 진을 위나라 환공의 아우라고 하였는데, 이에 대해서는 다른 근거가 있어야 할 것이다. 이때 혹 마친 난리를 피하여 형에 있었을 것이다.

형(邢) : 나라 이름으로 희(姬) 성이다. 남송(南宋) 때 정초(鄭樵)가 편찬한 역사서 『통지 · 씨족략(通志 · 氏族略) 2』에서는 “주공의 넷째 아들은 형에 봉하여졌다(周公之第四者受封於邢)”라 하였다. 형후이(邢侯彝)가 대대로 전해지는데 이는 주나라 천자가 형후를 책봉할 때 만든 것으로 명문의 말미에 “주공이를 만든다(作周公彝)”라 한 것으로 보아 족히 그가 주공의 후손임을 알 수 있다. 금문(金文)에는 “정후(井侯)”니 “정백(井伯)”이니 하는 말이 자주 보이는데 정(井)이 바로 형(邢)이다. 『태평환우기(太平寰宇

冬十二月宣公卽位.[49] 겨울 12월에 선공이 즉위하였다.

書曰"衛人立晉", "위나라 사람들이 진을 옹립했다"라고 기록한 것은

衆也.[50] 대중의 뜻이다.

은공 5년

經

五年春,[1] 5년 봄에

公矢魚于棠.[2] 공이 당에서 어구(漁具)를 진열하게 하였다.

記)』 권59의 형주(邢州) 용강현(龍岡絃)조에서는 『북사(北史)』의 말을 인용하여 제(齊, 곧 북제)나라 무평(武平) 초에 고총(古塚)을 발굴하였는데, 거기에는 형후의 부인인 강씨(姜氏)의 묘지명이 있는 것으로 보아 형이 지금의 형태(邢台)에 있었음을 알 수 있다.

49 선공(宣公) : 곧 공자 진이다. 고대의 예법에 의하면 새 임금의 즉위는 반드시 그 이듬해에 이루어지게 되는데, 여기서 그 이듬해까지 가지 않은 것에 대해 공영달은 "적을 토벌하고 즉위하여 스스로 앞의 임금을 이었으므로 해를 넘기지 않은 것이다"라 하였다.

50 중야(衆也) : 공자 진이 즉위한 것은 다수인의 뜻에 근거한다는 것을 말한다.

1 오년(五年) : 계해(癸亥 : B.C. 718)년으로, 주나라 환왕 2년이다. 지난해 12월 26일 갑신일이 동지로 건축(建丑)이며, 윤달이 있었다.

2 시어(矢魚) : "矢"는 『곡량전』에는 "觀"으로 되어 있고, 『공양전』에는 "矢"로 되어 있는 곳도 있고 "觀"으로 되어 있는 곳도 있다. 늘어놓는다〔陳〕는 뜻이다. 공영달은 "진어(陳魚)라는 것은 수렵의 일종으로 물고기를 잡는 사람들에게 물고기를 잡는 장비를 펼쳐놓게 하고서는 물고기를 잡는 것을 구경하며 즐거워하는 것이다"라 하였다. 주희와 섭몽득(葉夢得), 왕응린(王應麟), 모기령(毛奇齡), 조익(趙翼) 등은 모두 『전』의 "則公不射"라는 구절과 다른 책의 "물고기를 쏘다(射魚)"라는 예를 들어 "矢魚"를 물고기를 쏘는 것으로 보았다. 그러나 『전』에서 분명히 "陳魚而觀之"라 하였으므로 "矢"는 "진열하다"는 뜻으

夏四月,	여름 4월에
葬衛桓公.	위환공을 장사 지냈다.
秋,	가을에
衛師入郕.[3]	위나라 군사가 성에 들어갔다.
九月,	9월에
考仲子之宮,[4]	중자의 사당이 낙성되어

로 봄이 타당하다. 또한 청말(淸末) 주조모(周祖謨)의 『문학집·심모고독고(問學集·審母古讀考)』에서도 "시는 옛날에 진자와 소리가 서로 가까웠다(矢, 古與陳聲相近)"라 하였고, 『전』에서 "則公不射"라 한 것은 다만 바로 위의 구절인 "鳥獸之肉"과 연관되어 말한 것으로 "矢魚"와는 아무런 관련도 없다. 『공양전』과 『곡량전』에는 "觀魚"로 되어 있다. 장수공(臧壽恭: 1788~1846)의 『좌전고의(左傳古義)』에서는 "진어(陳魚)와 관어(觀魚)는 본래 서로 잇달아 일어나는 일이므로 『경』에서는 다르지만 『전』에서는 같다"라 하였다. 『사기·노세가』에는 "觀漁于棠"으로 되어 있어서 "魚"가 "漁"로 되어 있는데, "魚"는 동사이다. 『시경·소아·채록(小雅·采綠)』 같은 데서 "어떤 것을 낚는가? 방어와 연어라네. 방어와 연어, 구경이나 갈까!(其釣維何, 維魴及鱮. 維魴及鱮, 薄言觀者)"라 읊은 것을 보면 옛날에 물고기 잡는 것을 구경하는 일이 있었음을 알 수 있다.
당(棠): 지명으로 지금의 산동성 어대현(魚臺縣)의 새 소재지 서남쪽에 관어대(觀魚臺)의 유지(遺址)가 있다.

3 성(郕): 『공양전』에는 성(盛)으로 되어 있다. 나라 이름으로 『사기·관채세가(管蔡世家)』에 의하면 처음 이 나라에 봉해진 사람은 성숙무(成叔武: 成은 처음에는 邑부가 없었는데 郕은 나중에 생겨난 글자임)로 문왕(文王)의 아들이자 무왕(武王)과 주공(周公)의 아우이다. 공영달은 "후세에는 보이지 않으며 세가(世家)도 없고 임금의 시호도 모른다"고 하였다. 왕응린(王應麟) 등 후세의 제가는 동한(東漢)의 성양현(郕陽縣)이 옛 성백국(郕伯國)이라 하였는데, 고성은 지금의 산동 복현(濮縣: 지금은 없어짐) 소재지 동남쪽에 있다. 혹자는 견성(鄄城)과 운성(鄆城)의 사이에 있다고도 한다.

4 고(考): 옛날 종묘의 궁실이나 중요 기물이 갓 완성되면 반드시 제례를 거행하였는데 이를 "고"라 하였다. 또는 낙(落)이라고도 하고, 성(成), 흔(釁)이라고도 하였다. 흔은 새로 이루어진 건물이나 기물에 희생제물의 피를 발라 신성화했던 의식에서 나온 예절이다. 『예기·잡기(雜記) 하』에 "종묘가 낙성되었을 때는 흔을 행하지만 …… 노침이 낙성되었을 때는 고는 행하지만 흔은 행하지 않는다(廟成則釁之……路寢成則考之而不釁)"라 하였다. 중자의 궁은 종묘이지 산사람의 거처가 아니므로 여기서 말한 "고"는 실제 "흔"임

初獻六羽.[5]	초헌 때 육일(六佾)의 우무(羽舞)를 썼다.
邾人, 鄭人伐宋.[6]	주나라 사람과 정나라 사람이 송나라를 쳤다.

을 알 수 있다.

중자지궁(仲子之宮) : 『춘추』의 경문에서는 주공의 묘(廟)를 태묘(大廟)라 하고 군공(羣公)의 묘는 묘라 칭하지 않고 궁(宮)이라 하였다. 그러므로 중자의 궁은 곧 중자의 묘이다. 그러나 『좌전』에서는 꼭 이렇지 않아 주공의 태묘도 궁이라 하기도 하였으며, 군공의 궁 또한 묘라 칭하기도 하였다. 중자는 혜공의 부인이며 환공의 어머니다. 은공은 본래 환공 대신 집정을 하였으며 원래는 환공을 임금으로 받들어야 했으므로 환공의 어머니를 특별히 높이어 별도로 종묘를 하나 더 세운 것이다.

5 초헌육우(初獻六羽) : 이 일과 "고궁(考宮)"은 상호 연관이 있기는 하지만 실제는 별개의 두 일이다. "고궁"은 종묘가 완성되어 낙성을 기념하는 제사를 지내는 것으로, 제사의 대상은 문(門) · 호(戶) · 정(井) · 조(竈) · 중류(中霤)의 신이다. "고궁"의 예는 악무(樂舞)를 사용하지 않기 때문에 "초헌육우"는 위의 구절과는 별 상관이 없음을 알 수 있다. "초헌육우"라고 하는 것은 중자의 신주(神主)가 종묘에 들어갈 때 육우의 악무를 바치는 것이다. 육우는 곧 육일(六佾)이다. 고대의 악무는 여덟 명을 일렬로 하는 것을 일일(一佾)이라 하였다. 춤을 출 때 문무는 적(翟)을 잡는데 『시경 · 패풍 · 간혜(邶風 · 簡兮)』에서 이른바 "오른손에는 적을 잡네(右手秉翟)"라는 것이 바로 이러한 풍습을 잘 보여주는 예이다. 적은 꿩의 깃으로, 장대 끝에 꽂아 세워 그것을 잡고 춤을 추므로 "우(羽)"라고도 한다. 고대의 예제에 천자는 팔일(八佾)을, 제후는 육일(六佾), 대부는 사일(四佾), 사는 이일(二佾)무를 추었다. 노공(魯公)은 제후이기는 하지만 『예기』의 「제통(祭統)」과 「명당위(明堂位)」에 의하면 성왕(成王)과 강왕(康王)이 노공에게 대대로 주공(周公)의 제사를 지내라고 명하여 특별히 천자의 예악을 썼으므로 계속하여 팔일무의 예법을 사용하였다. 지금은 중자에게만 제사를 지낼 때이므로 육일무로 바꾸어 썼으므로 "초헌육우"라고 한 것이다. 다른 곳에서도 또한 팔일무를 쓴 것을 알 수 있는데, 소공(昭公) 25년의 『공양전』에는 자가구(子家駒)가 "제후가 천자를 참칭(僭稱)하고 대부가 제후를 참칭한 지가 오래되었다. 양관(兩觀)을 설치하고, 대로(大路)를 타며 붉은 장대 옥도끼로 「대하(大夏)」를 추고 팔일로 「대무(大武)」를 추는데 이는 모두 천자가 쓰는 예법이다"라 말하는 것이 있다. 『논어 · 팔일(八佾)』편에서도 "계씨가 뜰에서 팔일무를 추었다(季氏八佾舞於庭)"라 하였는데, 노나라가 팔일무의 예법을 폐하지 않았는데도 계씨가 비로소 팔일무의 예법을 사용한 것이다. 청말(淸末) 유월(兪樾 : 1821~1906)의 『호루필담(湖樓筆談)』에서는 초헌육우를 비로소 기러기〔안(雁)〕, 메추라기〔순(鶉)〕, 세가락메추라기〔안(鷃)〕, 꿩〔치(雉)〕, 비둘기〔구(鳩)〕, 집비둘기〔합(鴿)〕의 육금(六禽)을 바치는 것이라 하였는데 잘못된 설로 따를 수가 없다.

螟.[7]	명충이 있었다.
冬十有二月辛巳,[8]	겨울 12월 신사일에
公子彄卒.[9]	공자 구가 죽었다.
宋人伐鄭,	송나라 사람이 정나라를 치고
圍長葛.[10]	장갈을 에워쌌다.

傳

五年春,	5년 봄에
公將如棠觀魚者.[11]	공이 당으로 가서 물고기 잡는 것을 구경하려고 하였다.
臧僖伯諫曰,[12]	장희백이 간하여 말하기를

---

6 주인정인(邾人鄭人) : 주나라는 작으며 또한 주의보(邾儀父)는 이때 아직 왕명에 의해 봉하여지지 않았으므로 여전히 속국이었다. 정나라는 크고 또한 정장공(鄭莊公)이 바로 주왕조의 경사(卿士)였는데도 주나라를 정나라의 위에 놓은 것은 주나라가 이번 정벌의 우두머리였기 때문이며, 『전』에서 이른바 "저희 나라가 선도가 되겠습니다(敝邑爲道)"라 한 것이 바로 이것이다.

7 명(螟) : 명충나방의 유충. 벼의 잎과 가지의 사이 또는 줄기에 살면서 벼의 줄기 속을 파먹는다. 명충의 피해가 재해를 이루었으므로 기록한 것이다.

8 신사(辛巳) : 29일.

9 공자구(公子彄) : 곧 『전』의 장희백(臧僖伯)임.

10 장갈(長葛) : 정나라의 고을 이름으로 지금의 하남성 장갈현 소재지 동북쪽 20여 리 지점에 있을 것이다.

11 관어자(觀魚者) : 어자(魚者)는 고기를 잡는 사람이라는 뜻이다. 『맹자 · 양혜왕(梁惠王) 하』의 "꼴을 베고 나무를 하는 사람(芻蕘者)", "꿩을 잡고 토끼를 잡는 사람(雉兎者)"와 같은 용법이다.

12 장희백(臧僖伯) : 곧 공자 구(彄)로 자는 자장(子臧)임. 본래 노효공(魯孝公)의 아들이며 장은 그 후대의 성씨임. 공영달은 "제후의 아들은 공자(公子)라 하고, 공자의 아들은

"凡物不足以講大事,[13]	"무릇 사물이 나라의 대사를 익히기에 부족하거나
其材不足以備器用,[14]	재료가 기물의 쓰임을 갖추기에 부족하면
則君不擧焉.[15]	임금은 거동을 하지 않는 것입니다.
君,	임금이란
將納民於軌, 物者也.	백성들을 이끌어 궤와 물에 들어오게 하는 사람입니다.
故講事以度軌量謂之軌,[16]	그러므로 일을 익히어 행동이 법도에 맞는지 헤아리는 것을 궤라고 하고
取材以章物采謂之物.[17]	재료를 취하여 갖은 색을 밝히는 것을 물이라고 합니다.
不軌不物,[18]	궤에 맞지 않고 물에 맞지 않는 것을

공손(公孫)이라 한다. 공손의 아들은 제후 조부를 가질 수 없어 왕부(王父)의 자를 성씨로 삼는다. 희백의 손자가 비로소 장(臧)을 성씨로 얻었으며 지금 희백의 위에 장(臧)자를 더한 것은 아마 희백이 장씨의 선조이며 그 뒤로 대를 이어 좇아 말한 것이다"라 하였다. 희(僖)는 그 시호이다.

13 강(講) : 강습(講習).
대사(大事) : 제사를 올리거나 군사를 일으키는 일.

14 기용(器用) : 일반적인 기용이 아닌 대사(大事)의 기용을 가리켜 말한 것임.

15 거(擧) : 거동, 행동.

16 탁궤량(度軌量) : 여기서 탁은 동사로 쓰였음. 법도를 바르게 헤아리다. 이 구절은 궤(軌)자를 해석한 것임.

17 장물채(章物采) : 장은 밝히다의 뜻. 물은 원래 얼룩소라는 뜻인데 인신되어 여러 가지 색깔이 섞여 있는 것을 "물"이라 하게 되었다. 이곳의 "물채"의 물자 역시 이런 뜻으로 쓰였다. 물채는 같은 뜻의 연면사(連綿詞)로 도치되어 채물로 쓸 수도 있는데, 문공 6년에 나오는 "分之采物"의 "采物"이 바로 이런 예이다.

謂之亂政.	어지러운 정치라 합니다.
亂政亟行,[19]	어지러운 정치를 자주 행하면
所以敗也.[20]	망치는 원인이 됩니다.
故春蒐, 夏苗, 秋獮, 冬狩,[21]	그러므로 봄 사냥인 수와 여름 사냥인 묘, 가을 사냥인 선과 겨울 사냥인 수는
皆於農隙以講事也.[22]	모두 농한기를 틈타 군사 연습을 익히게 하는 것입니다.
三年而治兵,[23]	3년마다 군사를 다스리고

18 불궤불물(不軌不物) : 일을 하는 데 예제법도에 맞지 않는 것을 "불궤"라 하고, 제사나 전쟁 등에 쓸 기용의 물채에 상관없이 임금이 함부로 써서 낭비하는 것을 "불물"이라고 한다.

19 기(亟) : "극"으로 읽으면 "빨리"라는 뜻이 있지만, 여기서는 거성(去聲)으로 읽혀 "자주"라는 뜻으로 쓰였다.

20 소이패(所以敗) : 어지러운 정치가 자주 행해지면 패망의 원인이 된다. 소이(所以)는 옛날에는 원인을 나타내는 말로 쓰였으며, 요즘의 결과를 나타내는 말과는 다르다.

21 춘수, 하묘, 추선, 동수(春蒐, 夏苗, 秋獮, 冬狩) : 이곳의 춘하추동은 모두 하력(夏曆)임. 『좌전』에서 계절만 나타내고 월을 들지 않을 때는 모두 하력을 썼다. 수, 묘, 선, 수는 모두 사냥의 이름으로 군사훈련을 아울러 익혔으며 계절에 따라 달랐다. 『이아 · 석천(爾雅 · 釋天)』과 『주례 · 대사마(大司馬)』는 『좌전』과 같으며, 『공양전』에서는 춘묘(春苗), 추수(秋蒐), 동수(冬狩)라 하였다(여름에는 사냥을 하지 않는데 여름에는 농한기가 없어 연중 사냥을 세 번만 행한다는 뜻이다. 『예기 · 왕제(王制)』에서 "천자와 제후는 일이 없으면 1년에 세 번 사냥을 한다"라 한 것이 이것이다). 『곡량전』에서는 춘전(春田), 하묘(夏苗), 추수(秋蒐), 동수(冬狩)라 하여 또 다르다.

22 농극(農隙) : 농사를 짓는 사이의 빈틈, 곧 농한기. 『국어 · 주어(周語)』에서는 "수는 농한기에, 선은 추수를 마치고, 수는 농사일을 완전히 끝낸 다음에 한다(蒐於農隙, 獮於旣烝, 狩於畢時)"라 하였다.
강사(講事) : 무사(武事), 곧 군사 일을 강습하는 것. 이른바 백성들에게 전쟁을 가르치는 것이다.

23 평년에는 사철에 군사훈련을 조금씩 익히고 3년 만에 한 번씩 크게 연습을 하는 것을 말

入而振旅.[24]	들어서면 군사를 정돈합니다.
歸而飮至,[25]	돌아와서는 수행자들을 위로하고
以數軍實.[26]	군사 활동의 포획물들을 점검합니다.
昭文章,[27]	문채를 밝히고
明貴賤,	귀천을 분명히 하며
辨等列,[28]	등급을 구별하고
順少長,[29]	나이의 많고 적음을 순서지우는 것은

한다.

24 입(入) : 국도에 들어서는 것을 말한다. 군사 연습은 교외에서 하고 국도에 들어와 군사가 행진하는 것을 말한다.
진려(振旅) : 진(振)을 두예는 가지런하게 하는 것[整]이라 하였다. 려는 무리라는 뜻. 여기서는 군사를 말함. 진려는 곧 군대를 정돈한다는 듯임. 군사 연습을 하고 대열을 정비하여 들어오는 것도 진려라 하고, 전쟁에서 승리하여 개선하는 것도 진려라 한다.

25 귀이음지(歸而飮至) : 나라의 임금은 바깥에 나갈 때 반드시 종묘에다 고하였으며, 돌아올 때도 또한 반드시 종묘에 알렸다. 돌아와서 종묘에 알릴 때 종자(從者), 곧 수행자들을 위로하는 것을 음지라고 한다. 그 가운데 공이 있는 사람은 책(策)에다가 기록을 하는데, 이것을 책훈(策勳) 또는 서로(書勞)라고 한다.

26 군실(軍實) : 수는 계산한다는 뜻. 이곳의 "實"은 정실(庭實), 내실(內實), 관실(官實)의 실(實)자와 같은 뜻이다. 『좌전』에는 모두 네 차례 "군실"이란 말이 보이는데, 사졸(士卒)이란 뜻으로 쓰인 경우도 있고(선공 12년과 양공 24년), 포로를 가리키는 경우도 있다(희공 33년). 이곳에서는 기타 포획물을 두루 가리키는 말로 쓰였다.

27 소문장(昭文章) : 소는 밝히다. 문장은 문채(文彩)와 같은 뜻. 여기서는 거복(車服)과 깃발 등을 가리켜 말한 것임.

28 변등렬(辨等列) : 변은 구별하다의 뜻. 등렬은 등급이라는 뜻이다.

29 순소장(順少長) : 『이아 · 석천(釋天)』에서는 "나가서 군사를 다스리는 것은 위무를 숭상함이고, 들어와서는 군사를 정돈하는 것은 높고 낮음을 되돌리기 위함이다(出爲治兵, 尙威武也. 入而振旅, 反尊卑也)"라 하였다. 이에 대해 손염(孫炎)은 "나가서는 어리고 천한 사람이 앞장을 서게 되는데 이는 용력을 귀하게 여기기 때문이며, 들어와서는 높고 늙은 사람이 앞장을 서게 되는데 이는 떳떳한 법도를 되돌림이다(出則幼賤在前, 貴勇力也. 入則尊老在前, 復常法也)"라고 주석을 달았다.

習威儀也. 위의를 익히기 위함입니다.

鳥獸之肉不登於俎,[30] 날짐승과 길짐승의 고기는 도마에 올리지 않으며

皮革, 齒牙, 骨角, 毛羽不登於器,[31] 가죽과 치아, 뿔과 깃털은 기물을 만들 때 쓰지 않으니

則公不射,[32] 임금님께서 쏘지 않으시는 것이

古之制也. 옛날의 법도입니다.

若夫山林, 川澤之實,[33] 대체로 산과 숲, 내와 못에서 나는 산물과

器用之資,[34] 기용의 바탕과 같은 것은

皁隸之事,[35] 천한 잡역부의 일이며

---

30 조(俎) : 제기로 고기를 괼 때 쓴다.

31 피혁(皮革) : 피(皮)는 털이 있는 가죽이고, 혁(革)은 털을 제거한 가죽이다. 피는 수레 깔개나 전통을 만들고, 혁으로는 갑주를 만든다.
아(牙) : 활의 끝 부분인 활고자〔弭〕를 만드는 데 쓰인다.
골각(骨角) : 골은 활의 양쪽 끝을 장식하는 데 쓰이며, 각은 쇠뇌〔弩〕를 만드는 데 쓰인다.
모우(毛羽) : 모는 이우(犛牛)의 꼬리로 깃대 꼭대기에 단다. 지휘자의 깃발. 우는 새 깃으로 기를 만드는 데 쓰인다.
부등어기(不登於器) : 군대와 나라에 쓰일 중요한 기물을 만드는 데 쓸모가 없음을 말한다.

32 공불사(公不射) : 조수(鳥獸)는 사냥 때 쏘는 것이지만 제사나 군수에 쓰일 수레나 갑옷 등, 즉 국가의 대사에 쓰이지 않으면 쏘지 말라는 것이다. 이 말은 임금의 일거수일투족은 반드시 국가의 대사와 관련이 있어야 하는데, 물고기 잡는 것을 보는 것은 곧 오락일 따름이라는 것이다.

33 산림천택지실(山林川澤之實) : 재목이나 땔나무, 연밥이나 어류 따위뿐만 아니라 모든 제사에 오르지 않으며 산천에서 나는 것을 포괄한다.

34 기용(器用) : 여기서 말한 기용은 일반적인 기용이다.

官司之守,	관원들이 할 일이지
非君所及也."[36]	임금님께서 언급하실 일이 아닙니다."
公曰,	공이 말하기를
"吾將略地焉."[37]	"내 그 땅을 순방하려는 것이오"라 하였다.
遂往,	마침내 가서
陳魚而觀之,[38]	어구를 늘어놓고 구경을 하였는데
僖伯稱疾不從.	희백은 병이라 하고 따라가지 않았다.
書曰"公矢魚于棠",	"공이 당에서 물고기를 구경하였다"라 기록한 것은
非禮也,	예의에 맞지 않았으며
且言遠地也.[39]	또한 먼 땅임을 말한 것이다.

---

35 조예(皁隸) : 고대의 천역(賤役)이다.

36 비군소급(非君所及) : 『곡량전』에서는 "예법상 높은 사람은 작은 일을 친히 하지 않고 낮은 사람은 큰 공을 주관하지 않는다. 물고기 잡는 일은 낮은 사람들이 하는 일이다. 공이 그것을 구경하는 것은 올바른 것이 아니다(禮, 尊不親小事, 卑不尸大功. 魚, 非者之事也. 公觀之, 非正也)"라 하였다.

37 약지(略地) : 변경을 순행하고 시찰하는 것을 약(略)이라고 한다. 당(棠)은 노나라와 송나라의 경계가 되는 곳이기 때문에 은공이 변경을 시찰하는 것을 명분으로 내세운 것이다.

38 진(陳) : 진설(陳設)하다, 늘어놓다.

39 원지(遠地) : 당은 곡부(曲阜)와 비교적 멀리 떨어져 있다.

曲沃莊伯以鄭人, 荊人伐翼,[40]	곡옥의 장백이 정나라 사람과 형나라 사람을 데리고 익나라를 쳤는데
王使尹氏, 武氏助之.[41]	천자가 윤씨와 무씨로 하여금 그들을 돕게 하였다.
翼侯奔隨.[42]	익후가 수나라로 달아났다.

40 곡옥~벌익(曲沃~伐翼) : 진(晉)나라의 일은 여기서 처음으로 보이는데 『춘추경』에서는 기록하지 않은 것은 진나라 5세 때 내란이 있었으나 때맞춰 와서 알리지 않은 까닭일 것이다. 진나라는 무왕(武王)의 아들 당숙우(唐叔虞)의 후예이다. 성왕(成王)이 당(唐)을 멸하고 숙우를 봉했다. 익(翼)은 지금의 산서성 익성현(翼城縣) 서남쪽에 있다. 당숙의 아들 섭보(燮父)가 당을 진나라로 개명하였는데 곧 지금의 태원시(太原市)이다. 4세가 지나 성후(成侯)에 이르러 남쪽인 곡옥으로 옮겼는데 지금의 산서성 문희현(聞喜縣) 동쪽이다. 또 5세가 지나 목후(穆侯)에 이르러 다시 강(絳)으로 옮겼는데, 강이 곧 익이다. 노나라 성공 6년에 진나라 경공(景公)이 신전(新田)으로 천도하였는데, 이후로 신전을 강으로 불렀으며, 신전은 곧 지금의 산서 후마시(侯馬市)이며 구도는 고강(故絳)이라 하였다. 춘추 후 출공(出公) 이하 5세 60년 만에 한 · 조 · 위 세 나라가 진나라 영토를 분할하고 정공(靖公)은 서민이 되었으며 진나라는 망했다. 곡옥의 장백 및 익에 대한 시말은 환공 2년의 『전』에 상세히 나와 있다. 곡옥은 지금의 산서성 문희현 동쪽 20리 지점에 있다. 곡옥은 익과 100여 리 떨어져 있다.

41 왕(王) : 주환왕(周桓王)이다.
윤씨무씨(尹氏武氏) : 모두 주나라의 세족(世族) 대부(大夫)이다. 모두 각기 윤과 무를 식읍(食邑)으로 삼았기 때문에 이렇게 부를 것이다.

42 익후분수(翼侯奔隨) : 북위(北魏) 역도원(酈道元)의 지리책(地理冊) 『수경주(水經注)』에서 인용한 정씨(鄭氏)의 『시보(詩譜)』에서는 "목후(穆侯)가 강(絳)으로 옮기고 효후(孝侯)가 소후(昭侯)를 이어 즉위하여 강을 익으로 고쳤다. 무공(武公)의 아들 헌공(獻公)이 그 지역을 넓혀 또 그곳을 강으로 불렀는데 장공(莊公) 26년의 '사위(士蔿)가 강에 성을 쌓아 궁을 깊게 했다'라 한 것이 이것이다"라 하였다. 이에 따르면 익과 강은 명칭만 다르고 한곳이다. 그러므로 당나라 사마정(司馬貞)의 『사기색은(史記索隱)』에서는 "익은 본래 진나라의 도읍이었는데 휴후 이래로는 익후라 불렀다"라 하였으니 익후가 곧 진후이며, 이 익후는 진나라 악후(鄂侯)이다. 수(隨)는 진나라 땅으로 나중에 사위(士蔿)의 식읍이 되었으며, 지금의 산서성 개휴현(介休縣) 동쪽 조금 남쪽 약 25리에 옛 수성(隨城)이 있다.

夏, 여름에

葬衛桓公.[43] 위나라 환공을 장사 지냈다.

衛亂, 위나라에 난리가 나서

是以緩.[44] 이 때문에 늦어졌다.

四月, 4월에

鄭人侵衛牧,[45] 정나라 사람들이 위나라의 교외를 침범하여

以報東門之役.[46] 동문의 전쟁에 대한 앙갚음을 했다.

衛人以燕師伐鄭,[47] 위나라 사람이 연나라 군사를 이끌고 정나라를 쳤는데

鄭祭足, 原繁, 洩駕以三軍軍其前, 정나라의 채족과 원번, 설가가 삼군을 거느리고 앞쪽에 주둔하였으며

---

43 장위환공(葬衛桓公) : 위나라 환공은 노나라 은공 4년 3월에 살해되었는데 이때는 이미 1년여가 지난 후였으며 그제야 비로소 안장을 할 수 있었다.

44 완(緩) : 제후는 죽은 후 5개월이 되면 장사를 지내는데 위나라에는 주우의 난이 일어났으므로 장사가 늦어진 것이었다.

45 목(牧) : 『이아』에서는 "교외를 목이라 한다"(郊外謂之牧). 라 하였다. 두예는 목을 지명으로 보았는데 틀렸다.

46 동문지역(東門之域) : 은공 4년의 『전』에 보인다.

47 연(燕) : 북연과 남연이 있는데 『사기』의 「연소세가(燕召世家)」는 북연을 기술한 것이고, 이곳의 연은 남연을 말한다. 공영달은 "남연국은 길(姞)씨 성이며 황제(黃帝)의 후예이다. 소국은 세가가 없으며 그 임금의 시호도 모른다"라 하였다. 남연국 도읍의 고지(故址)는 『청가경중수일통지(淸嘉慶重修一統志)』에 의하면 지금의 하남성 연진현(延津縣) 동북쪽 약 45리 지점에 있으며 성상(城上)이라 불린다.

使曼伯與子元潛軍軍其後.[48]	만백과 자원으로 하여금 뒤쪽에다 몰래 군사를 주둔하게 하였다.
燕人畏鄭三軍,	연나라 사람들은 정나라의 삼군만 두려워하고
而不虞制人.[49]	제나라 사람들에 대해서는 아무런 대비도 하지 않았다.
六月,	6월에
鄭二公子以制人敗燕師于北制.[50]	정나라의 두 공자가 북제에서 연나라 군사를 물리쳤다.
君子曰,	군자가 말하였다.
"不備不虞, 不可以師."[51]	"대비하지 않고 헤아리지 않으면 군사를 쓸 수 없다."

曲沃叛王.[52]	곡옥이 천자를 배반하였다.

48 만백(曼伯) : 곧 장공 10년 조의 『전』에 나오는 자의(子儀)인 것 같다.
자원(子元) : 곧 정나라 여공(厲公)의 자.
군(軍) : 뒤에 쓰인 군은 동사로 쓰였으며, 주둔하다, 진을 벌리다의 뜻이다.

49 불우제인(不虞制人) : 우는 헤아리다, 대비하다의 뜻. 제인은 곧 만백과 자원이 몰래 연나라 군사의 뒤쪽에 길을 에워싸고 나온 사람들.

50 이공자(二公子) : 만백과 자원을 말함.
북제(北制) : 호뢰(虎牢)이다.

51 불비~이사(不備~以師) : 의외의 일에 대한 방비가 없으면 군사를 이끌고 전쟁을 할 수 없다는 것을 말한다.

52 곡옥반왕(曲沃叛王) : 얼마 전 주나라 환왕은 윤씨와 무씨로 하여금 곡옥의 장백이 익을 치는 것을 돕게 하였다. 이때 곡옥의 장백이 다시 왕에게 반기를 들었다.

秋,	가을에
王命虢公伐曲沃,	천자가 괵나라 군주 공에게 곡옥을 치게 하여
以立哀侯於翼.[53]	애후를 익에 세웠다.

衛之亂也,	위나라의 난리 때
郕人侵衛,	성 땅의 사람들이 위나라에 침입하였으므로
故衛師入郕.	위나라 군사가 성으로 들어갔다.

九月,	9월에
考仲子之宮,	중자의 사당이 낙성되어
將萬焉.[54]	만무를 추려고 하였다.

---

53 왕명~어익(王命~於翼) : 『사기』의 「12제후 연표」에서는 "환왕 2년에 괵공(虢公)으로 하여금 진나라의 곡옥을 치게 하였다"라 하였고, 「진세가(晉世家)」에서는 "주나라 평왕〔平王 : 환왕(桓王)이 되어야 함〕이 괵공으로 하여금 군사를 거느리고 곡옥의 장백을 치도록 하니 장백은 곡옥으로 달아나 지켰다. 진나라 사람들이 함께 악후(鄂侯)의 아들인 광(光)을 세우니 곧 애후(哀侯)이다"라 하였다. 이때 악후는 이미 수(隨)나라로 달아났기 때문에 그의 아들인 광을 옹립한 것이다. 이듬해 악후는 다시 맞아들여져 옹립되었다.

54 만(萬) : 춤 이름으로 문무(文舞)와 무무(武舞)를 포괄한다. 문무는 피리와 꿩 깃을 잡고 추기 때문에 약무(籥舞), 우무(羽舞)라고도 불린다. 『시경 · 패풍 · 간혜(邶風 · 簡兮)』에 이른바 "임금님 뜰에서 만무 추는데, 왼손으로는 피리 잡고, 오른손으로는 꿩 깃 잡았다네(公庭萬舞, 左手執籥, 右手秉翟)"라는 구절이 이를 읊은 것이다. 무무는 방패와 도끼를 잡고 추기 때문에 간무(干舞)라고도 한다. 만무는 종묘의 제사에도 쓰이는데, 『시경』의 「상송 · 나(商頌 · 那)」에서는 성탕(成湯)을 제사 지내는 데 쓰였고, 「노송 · 비

公問羽數於衆仲.[55]	공이 깃털을 잡을 사람에 대하여 중중에게 물어보았다.
對曰,	대답하여 말하기를
"天子用八,	"천자는 팔일(八佾)을 쓰고
諸侯用六,	제후는 육일을 쓰며
大夫用四,	대부는 사일을 쓰고
士二.[56]	선비는 이일을 씁니다.
夫舞,	춤이라고 하는 것은
所以節八音以行八風,[57]	여덟 음절로 팔풍을 행하기 때문에

궁(魯頌 · 閟宮)」에서는 주공(周公)을 제사 지내는 데 쓰였다. 여기서는 중자를 제사 지내는 데 쓰였는데, 사당을 낙성하고 쓴 것 같다.

55 우수(羽數) : 꿩 깃을 잡은 사람의 수.

56 천자~사이(天子~士二) : 양공 11년의 『전』에 "정나라 사람이 진나라에 여악 2 · 8명을 보내 주었다(鄭人賂晉以女樂二八)"라는 말이 나오는데 이 "二八"은 곧 이일(二佾)이다. 천자는 팔일을 쓰며, 제후는 육일, 대부는 사일, 사는 이일을 쓴다. 8 · 6 · 4 · 2는 모두 일(佾)의 수를 말하며 일은 줄, 열(列)이다. 매 일(佾)은 8명으로 이른바 "8음절로 8풍을 행한다(所以節八音而行八風也)"는 것이다. 『백호통 · 예악편(白虎通 · 禮樂篇)』에서는 "팔일이라는 것은 무엇을 이르는가? 일은 열이다. 8명을 행열로 삼는다(八佾者何謂也? 佾, 列也. 以八人爲行列)"라 하였다. 『초사 · 대초(大招)』편에 "2 · 8열이 이어서 춤을 춘다(二八接舞)"는 구절이 나오는데, 후한(後漢)의 왕일(王逸)은 "이팔은 두 열이다(二八, 二列也)"라 하였고, 『국어 · 진어(晉語) 7』에도 "이팔 여악(二八女樂)"이라는 말이 나오는데 오(吳)나라의 위소(韋昭) 또한 "8명이 일이 되는데 8음을 갖춘 것이다(八人爲佾, 備八音也)"라 하였다. 두예는 "8 · 8은 64명, 6 · 6은 36명, 4 · 4는 16명, 2 · 2는 4명이다(八八六十四人, 六六三十六人, 四四十六人, 二二四人)"라 하였는데 틀렸다.

57 팔음(八音) : 금(金) · 석(石) · 사(絲) · 죽(竹) · 포(匏) · 토(土) · 혁(革) · 목(木)의 여덟 가지 각기 다른 재료로 만든 악기의 소리이다. 『주례 · 대사직(大師職)』의 주에서는 "금은 종박(鐘鎛)이고 석은 경(磬)이며, 토는 훈(塤), 혁은 북과 손북〔鞉〕, 사는 금(琴)과 슬(瑟), 목은 축(柷)과 어(敔), 포는 생(笙), 죽은 피리와 퉁소〔簫〕이다"라 하였다.

故自八以下."[58]	팔일 이하를 쓰는 것입니다."
公從之.	공이 그 말을 좇았다.
於是初獻六羽,	이에 처음에는 여섯 사람의 깃털을 든 무인(舞人)을 바치고
始用六佾也.	비로소 육일무를 썼다.

宋人取邾田.	송나라 사람이 주나라의 땅을 빼앗았다.
邾人告於鄭曰,	주나라 사람이 정나라에 알리어 말하기를
"請君釋憾於宋,[59]	"청컨대 임금님께서 송나라의 원한을 풀고자 하신다면
敝邑爲道."[60]	저희 나라가 선도가 되겠습니다"라 하였다.

팔풍(八風) : 8방의 바람이다. 진(秦)나라 여불위(呂不韋)의 『여씨춘추 · 유시각(呂氏春秋 · 有始覺)』편에서는 "무엇을 팔풍이라 하는가? 동북풍은 염풍(炎風)이고, 동풍은 도풍(滔風), 동남풍은 훈풍(薰風)이며 남풍은 거풍(巨風), 서남풍은 처풍(凄風)이고 서풍은 유풍(飂風), 서북풍은 여풍(厲風)이며 북풍은 한풍(寒風)이다"라 하였다. 이 팔풍의 명칭은 『회남자 · 지형훈(淮南子 · 地形訓)』과 『사기 · 율서(律書)』에도 나오는데 대동소이하다.

이 구절의 뜻은 춤은 음악을 따르는 것이고 음악은 8음의 악기로 음절을 맞추며 팔방의 바람을 뿌리는 것이라는 것이다.

58 자팔이하(自八以下) : 이 구절은 천자만이 팔일무를 쓸 수 있고 제후 이하는 등급에 맞추어 낮추어 써야 한다는 것을 말한다.

59 석감(釋憾) : 치고 보복하는 방법으로 원한을 씻는 것을 말한다. 해한(解恨)과 같은 말이다.

鄭人以王師會之,[61]	정나라 사람이 천자의 군사를 가지고 회맹을 하여
伐宋,	송나라를 치고
入其郛,[62]	그 외성으로 들어갔는데
以報東門之役.[63]	동문의 싸움을 앙갚음하기 위해서였다.
宋人使來告命.[64]	송나라 사신이 와서 명을 알렸다.
公聞其入郛也,	공이 그들이 외성으로 들어왔다는 말을 듣고는
將救之,	그들을 구하고자
問於使者曰,	사자에게 물어보게 했다.
"師何及?"	"군사들이 어디에까지 이르렀는가?"
對曰,	대답하여 말하기를
"未及國."[65]	"아직 외성의 안까지는 이르지 않았습니다"라 하여

60 도(道) : 도(導)와 같으며 향도(嚮導)라는 뜻이다.

61 정인~회지(鄭人~會之) : 정나라 장공은 왕의 경사(卿士)이므로 왕의 군사를 가지고 모을 수가 있다.

62 부(郛) : 곽(郭), 곧 외성(外城)을 말한다.

63 동문지역(東門之役) : 은공 4년에 있었다.

64 고명(告命) : 임금의 명령으로 위급함을 알리고 구원을 청하다.

65 국(國) : 부내(郛內)를 말한다. 『주례 · 향대부(鄉大夫)』의 주석에서 정현(鄭玄)은 "국중은 성곽의 안이다(國中, 城郭中也)"라 하였다. 사자가 답한 말이 이와 같이 다른 것에 대하여 두예는 노나라 은공이 아는데 화를 내어 일부러 물은 것이며, 명말청초(明末淸初)의 고염무(顧炎武)는 꺼리어 사실대로 말하지 않은 것이라 하였다.

公怒,	공이 노하여
乃止.[66]	이에 그만두었다.
辭使者曰,	사자에게 사절하며 말하기를
“君命寡人同恤社稷之難,[67]	“임금께서 과인에게 함께 사직의 어려움을 걱정하자고 명하시어
今問諸使者,	지금 사자에게 물어보았더니
曰‘師未及國’,	‘군사가 아직 외성의 안까지는 이르지 않았습니다’라 하니
非寡人之所敢知也.”	과인이 감히 알 것이 아니오”라 하였다.

冬十二月辛巳,	겨울 12월 신사일에
臧僖伯卒.	장희백이 죽었다.
公曰,	공이 말하기를
“叔父有憾於寡人,[68]	“숙부는 과인에게 불만이 있었는데
寡人弗敢忘.”	과인은 그것을 감히 잊지 못하오”라 하고

---

66 지(止) : 그만두고 구원하러 가지 않았다.
67 휼(恤) : 근심하다.
난(難) : 거성(去聲)으로 쓰였음.
68 숙부(叔父) : 장희백은 효공(孝公)의 아들이자 혜공(惠公)의 아우로 은공에게는 친숙부가 된다.
유감(有憾) : 물고기 잡는 것을 보러 감을 간하고 따라가지 않은 것을 말함.

葬之加一等.[69] 한 등급을 높이어 장례를 치러 주었다.

宋人伐鄭, 송나라 사람들이 정나라를 쳐서

圍長葛, 장갈을 에워쌌는데

以報入郛之役也. 외성을 침입한 일을 앙갚음하려는 것이었다.

은공 6년

經

六年春,[1] 6년 봄

鄭人來渝平.[2] 정나라 사람이 와서 다시 화평을 맺었다.

---

69 가일등(加一等) : 두예는 "명복의 등급을 높인 것이다(加命服之等)"이라 하였다. 명복은 작위에 따라서 내리는 의복의 등급이다.

1 육년춘(六年春) : 갑자년으로 B.C. 717년이며, 주환왕 3년이다. 지난해 12월 초7일 기축일이 동지로 건축(建丑)이다.

2 투평(渝平) : 『공양전』과 『곡량전』에는 "輸平"으로 되어 있다. "輸"와 "渝"는 모두 "俞"의 소리를 따르며 본래 통용될 수 있다. 『사기 · 연표』에는 "은공 6년 정나라 사람이 와서 다시 화평을 맺었다(隱公六年, 鄭人來渝平)"라 하였는데 곧 『좌전』의 기사를 인용한 것이다. 위(魏)나라 장읍(張揖)이 편찬한 자전(字典) 『광아 · 석고(廣雅 · 釋詁)』에서는 "투는 '다시'라는 뜻이다(渝, 更也)"라 하였다. "渝平"은 "渝盟"과 같지 않다. 투맹은 환공 원년과 희공 28년의 『전』에 보인다. 투맹은 맹약을 허물어 버리는 것이고, 투평은 옛 원

夏五月辛酉,[3] 여름 5월 신유일에

公會齊侯盟于艾.[4] 공이 애에서 제후와 회맹하였다.

秋七月.[5] 가을 7월.

冬, 겨울에

宋人取長葛. 송나라 사람이 장갈을 빼앗았다.

傳

六年春, 6년 봄에

鄭人來渝平,[6] 정나라 사람이 와서 다시 화평을 맺었는데

한을 버리고 새로운 우호를 닦는 것이다. 노나라와 정나라는 원래부터 구원(舊怨)이 있었는데 이때 구원을 새로운 우호로 바꾼 것이다.

3 신유(辛酉) : 12일이다.

4 애(艾) : 제나라와 노나라 사이에 있는 땅인 것 같다. 지금의 산동성 신태현(新泰縣) 서북쪽 약 50리 지점에 있을 것이다.

5 추칠월(秋七月) : 원(元)나라 이렴(李廉)의 『춘추제전회통(春秋諸傳會通)』〔이하 『회통(會通)』〕에서는 "아무 일이 없으면 '봄. 주력으로 정월(春王正月)'이라고 기록한 것이 스물네 차례이며, 은공 원년부터 시작된다. '여름 4월'이라 기록한 것은 열한 차례로 환공 9년부터 시작된다. '가을 7월'이라 기록한 것은 열일곱 차례이며 은공 6년부터 시작된다. '겨울 10월'이라 기록한 것은 열한 차례로 환공 원년부터 시작된다"라 하였다. 구설이 따르면 한 계절이 아무 일이 없이 지나가더라도 또한 반드시 철과 그 첫 달을 기록한다고 하였다. 그러나 또한 이렇지 않은 것도 있는데 이를테면 환왕 4년 및 7년에는 "秋七月"을 기록하지 않았으며, 성공 10년에는 "冬十月"을 기록하지 않았고, 환공 17년에는 다만 "五月"이라고만 적고 "夏"를 기록하지 않았으며, 소공 10년에는 "十月"만 적었을 뿐 "冬"은 기록하지 않았다. 이렇게 제대로 다 갖추어서 기록하지 않은 것에 대해 두예는 역사의 궐문(闕文)이라고 생각하였다.

6 투평(渝平) : 『공양전』에서는 "수평은 타성과 같다(輸平猶墮成也)"라 하였고, 『곡량전』에서도 "수라는 것은 허물어진다는 것이다. '來輸'라는 것은 화평을 이루지 못하는 것이다(輸者, 墮也. 來輸者, 不果成也)"라 하였다. 『좌전』에서는 투평을 갱성이라 하여 두

更成也. 이런 것을 "갱성"이라고 한다.

翼九宗五正頃父之子嘉父逆晉侯于隨,[7] 익의 구종 오정인 경보의 아들 가보가 수에서 진후를 맞았는데

納諸鄂,[8] 악에다 들였으므로

晉人謂之鄂侯.[9] 진나라 사람들은 그를 악후라 하였다.

뜻이 상반된다. 역사적인 사실을 가지고 고찰해보면 『좌전』이 옳다. 은공은 공자로 있을 때 정나라 사람과 호양(狐壤)에서 전투를 벌이다가 정나라 사람에게 사로잡혀 윤씨(尹氏)에게 뇌물을 주고 달아나 돌아왔으므로 정나라와는 원수가 되었다. 은공 4년에 송(宋)나라와 진(陳)·채(蔡)·위(衛)의 여러 나라는 정나라를 쳤는데 노나라에서는 공자 휘(翬)가 군사를 이끌고 이들과 만나 정나라를 쳤다. 송나라와 정나라는 대대로 원수지간이었는데 노나라와 송나라가 누차 동맹을 맺었으니 노나라와 정나라 또한 원수지간으로 화평이 이루어지니 마니 할 것이 못된다. 화평이 이루어지지도 않았는데 어찌 화평을 허물어 버린다는 말인가? 이는 아마 정나라 장공이 이 전해에 노나라 임금이 송나라 사신의 구원 요청을 거절하는 것을 보고 사신을 보내어 이전의 좋지 않았던 관계를 파기하고 새로 우호를 맺은 것일 것이다.

7 익~우수(翼~于隨) : 이 구절은 다만 가보가 수에서 진후를 맞이한 사실만 말한 것이다. 여기서 "翼九宗五正頃父之子"라는 것은 모두 가보의 출신을 설명한 것이다. 익은 지명으로 경보와 가보가 사는 곳일 것이다. 구종오정은 관직 이름으로 경보의 관직일 것이다. 정공(定公) 5년 조의 『전』에 "당숙에게는 회성의 구종과 오정의 직관을 나누어 주었다(分唐叔以懷姓九宗, 職官五正)"라는 말이 있는 것으로 보아 이 관직이 은상(殷商) 이래 전해 내려온 관직임을 알 수 있다. 경보는 당시에 명망이 두드러진 사람이었으므로 그 아들 가보를 서술할 때 이름과 관위를 앞에 쓴 것으로 이런 예는 환공 2년에 "정후의 손자 난빈(靖侯孫子欒賓)"이라 한 것을 들 수 있다. 단 한 사람을 서술하는데 출신지와 세족, 관직, 부친의 이름까지 상세히 밝힘으로써 진나라의 막강한 씨족임을 밝힌 것이다. 진후(晉侯)는 익후(翼侯)로 수(隨)로 달아난 사람이다.

8 악(鄂) : 『일통지』에 의하면 악후의 고루(古壘)는 지금의 산서성 향녕현(鄉寧縣) 남쪽 1리 지점에 있다.

9 악후(鄂侯) : 「진세가」와 「연표」에 의하면 악후는 환왕이 애후를 세우기 전에 이미 죽었으며, 이때는 그 아들 애후와 병립하여서는 안 되는데 『사기』에는 아마 다른 근거가 있는 것 같다. 『좌전』의 서술에 의하면 애후는 이미 익에서 섰으므로 악후는 다시 익에 들어갈 수

夏,	여름에
盟于艾,	애에서 맹약을 맺었는데
始平于齊也.[10]	제나라와는 처음으로 화평한 것이다.

五月庚申,[11]	5월 경신일에
鄭伯侵陳,	정나라 군백이 진나라에 쳐들어가
大獲.[12]	큰 수확을 얻었다.
往歲,	지난해에
鄭伯請成于陳,	정백이 진나라에게 화친을 청하였었는데
陳侯不許.[13]	진후가 허락하지 않았다.
五父諫曰,[14]	오보가 간하여 말하였다.

가 없다.

10 시평우제(始平于齊) : 두예는 "춘추 이전에 노나라와 제나라는 화평하지 못하였는데 지금 곧 구악(舊惡)을 버리고 우호를 맺었으므로 제나라와 비로소 화평을 맺었다고 하였다"라 하였다.

11 경신(庚申) : 11일이다.

12 대획(大獲) : 포로가 매우 많음을 이른다.

13 왕세~불허(往歲~不許) : 청초(淸初) 하작(何焯)의 『의문독서기(義門讀書記)』에서는 "주나라와 정나라는 사이가 나빴는데 진나라 환공(桓公)이 바야흐로 주나라 천자의 총애를 받고 있었으므로 정나라의 화평을 허락하지 않은 것이다"라 하였다. 이해는 정나라 장공 27년이자 진나라 환공 28년인데 『전』에서 이른바 왕세(往歲)라는 것이 어떤 해를 가리키는 것인지 확실하지 않다. 하작의 설(說)대로라면 주나라와 정나라가 사이가 나빠진 이후로 근년의 일이어야 한다.

14 오보(五父) : 환공 5년의 『전』에 보이는 문공(文公)의 아들 타(佗)이다. 상세한 것은 환공 5년의 『전』을 보라.

"親仁, 善鄰,	"어진 사람과 친하게 지내고 이웃과 잘 지냄은
國之寶也.	나라의 보배이옵니다.
君其許鄭!"[15]	임금님께서는 정나라에게 허락을 하시옵소서."
陳侯曰,	진후가 말하였다.
"宋, 衛實難,[16]	"송나라와 위나라는 대적하기 어렵지만
鄭何能爲?"	정나라야 무엇을 할 수 있겠는가?"
遂不許.	그러고는 결국 허락하지 않았다.
君子曰,	군자가 말하였다.
"'善不可失,	"'선한 것은 놓칠 수가 없고
惡不可長,'[17]	악한 것은 키울 수가 없다'라 하였는데
其陳桓公之謂乎!	진나라 환공을 두고 하는 말일 것이다!
長惡不悛,[18]	악한 것을 키우고도 고치지 않으면

15 기(其) : 기청(祈請)과 명령을 나타내는 부사.
16 실(實) : 도치를 나타내는 결구조사 시(是)자와 같은 뜻으로 쓰였다.
17 장(長) : 상성(上聲)이며 동사로 쓰였다.
18 전(悛) : 뉘우치어 고치다.

從自及也.[19]	절로 미치게 되는 것이다.
雖欲救之,	아무리 구원을 하고 싶은들
其將能乎![20]	어떻게 할 수 있겠는가!
商書曰,	「상서」에서 말하기를
'惡之易也,[21]	'악한 것이 뻗어 나가는 것은
如火之燎于原,	들판에 불이 번지는 것과 같아서
不可鄕邇,	가까이 갈 수조차 없거늘
其猶可撲滅?'[22]	어찌 잡을 수가 있겠느냐?' 라 하였다.
周任有言曰,[23]	주임이 말한 적이 있기를
'爲國家者,	'국가를 다스리는 것은
見惡,	악한 것을 보면

19 종자급(從自及) : "종"은 여기서 잇따라의 뜻으로 쓰였다. 시간이 빠름을 나타내었다. 청나라의 왕인지(王引之)는 "徒"로 보아 좇을 수 없다는 뜻으로 쓰였다고 하였다. 자급(自及)은 재앙에 스스로 이른다는 것을 이른다.

20 기(其) : "어찌 기(豈)"자와 같은 뜻으로 쓰였다.

21 악지이(惡之易) : 청나라의 왕념손(王念孫)은 "이는 뻗는 것이다. 악이 만연됨을 이른다(易者, 延也. 謂惡之蔓延也)"라 하였다.

22 악지~박멸(惡之~撲滅) : 『상서 · 상서 · 반경(尙書 · 商書 · 盤庚) 상』에 이 문장이 있는데 "惡之易也"라는 구절은 보이지 않는다. 이 구절은 『좌전』의 작자가 첨가한 것으로 보인다.

23 주임(周任) : 후한(後漢) 때 마융(馬融)의 『논어주(論語注)』에서 "주임은 고대의 훌륭한 사관이다"라 하였다. 청나라 강수(江水)의 『군경보의(羣經補義)』에서는 "『상서 · 상서 · 반경』의 지임(遲任)이 아닌가 한다"라 하였다.

如農夫之務去草焉,	농부가 열심히 잡초를 제거하듯이 해서
芟夷薀崇之,[24]	뽑아 없애서 수북이 쌓아 놓고
絶其本根,	그 뿌리까지 근절하여
勿使能殖,	절대로 불어날 수 없게 한다면
則善者信矣.'"[25]	선한 것이 뻗어 나갈 것이다'"라 하였다.

秋,	가을에
宋人取長葛.[26]	송나라 사람들이 장갈을 빼앗아 갔다.

---

24 삼이(芟夷) : 삼(芟)은 『설문』에는 "발(癹)"로 인용하여 썼다. 발(癹)은 발로 풀을 평평하게 밟는 것이다. 삼(芟)은 풀을 베는 것이다. 옛날에는 삼이(芟夷)를 많이 연용하였으며, "芟薙"라도도 하였다. 두예는 "삼은 벤다는 뜻이고, 이는 죽인다는 뜻이다(芟, 刈也. 夷, 殺也)"라 하였다. 『주례·치씨(薙氏)』편에 "夷之"라는 말이 나오는데 정현은 "낫을 가지고 땅에 가까이 대어 베는 것이다"라 하였다. 삼이는 뜻이 같은 연면어(聯緜語)이다. 김을 매는 것을 말한다.
온숭(薀崇) : 완각본(阮刻本)에는 "蘊"으로 되어 있는데 청나라 완원(阮元)의 『교감기(校勘記)』와 가나자와 문고본(金澤文庫本)에 따라 바로잡았다. 온숭은 모아서 쌓아 올리는 것이다. 잡초를 베어서 깔아 농토를 기름지게 하는 것을 말한다. 싹과 뿌리에 잡초 더미를 쌓아 거름을 주는 것을 말한다.

25 선(善) : 쌍관어(雙關語)로 쓰였다. 잘된 곡식을 가리키기도 하고, 선인(善人), 선정(善政), 선사(善事)를 가리키기도 한다.
신(信) : "펼 신(申)"자와 같은 뜻이다.

26 추~장갈(秋~長葛) : 『경』에서는 겨울〔冬〕이라 하였는데 『전』에서는 가을〔秋〕이라 한 것은 『경』은 주력(周曆)을 쓰고 『전』은 작자가 각국의 사책(史策)을 취하여 써서 그런 것 같다. 송나라에서는 은력(殷曆)을 썼을 가능성이 있는데, 청나라 조익(趙翼)의 『해여총고(陔餘叢考)』 권2에서는 "이는 송나라가 은나라의 역법을 쓴 것이다(是宋用殷正也)"라 하였다. 그러나 이해에는 주나라도 건축(建丑)이었으니 『전』에서는 인정(寅正)

冬,	겨울에
京師來告饑,	경사에서 기아에 허덕인다고 와서 알렸는데
公爲之請糴於宋, 衛, 齊, 鄭,[27]	공이 그로 인해 송나라와 위나라, 제나라, 정나라에서 쌀을 살 것을 청하였는데
禮也.	예의에 합당한 일이었다.

鄭伯如周,	정백이 주나라에 갔는데
始朝桓王也.[28]	처음으로 환왕을 조현한 것이다.
王不禮焉.[29]	환왕은 예우를 해주지 않았다.
周桓公言於王曰,[30]	주환공이 왕에게 말하기를

을 썼을 것이다. 전(前)해의 『경』과 『전』에서 모두 "송나라 사람이 정나라를 치고 장갈을 에워쌌다(宋人伐鄭, 圍長葛)"라 하였는데, 송나라의 유창(劉敞)은 "생각건대 전에는 에워쌌다가 지금은 빼앗은 것에 대해 제가는 모두 한 가지 일이라 하였는데, 두씨(두예)는 두 가지 일로 보았으니 틀렸다"라 하였다.

27 적(糴) : 곡식을 사는 것이다.

28 시조환왕(始朝桓王) : 두예는 "환왕이 즉위하였을 때 주나라와 정나라는 사이가 나빠서 이때가 되어서야 비로소 조현(朝見)하였으므로 비로소 시자를 썼다"라 하였다. 하작의 『의문독서기』에서는 "정나라는 이미 진(陳)나라와 원수가 진 데다가 주나라 왕이 자기 나라를 치려는 것을 두려워하였으므로 주나라에 조회하였다"라 하였다.

29 왕불례(王不禮) : 『사기 · 정세가』에서는 "27년 비로소 주나라 환왕을 조현하였다. 환왕은 벼를 빼앗아 간 것에 노하여 그들을 예로써 대우하지 않았다"라 하였다.

30 주환공(周桓公) : 환공(桓公) 18년 조에 나오는 주공 흑견(黑肩)이다. 『시주남소남보(詩周南召南譜)』에 의하면 주공은 노나라에 봉해졌고 소공은 연나라에 봉하여졌는데, 원자(元子)는 군위를 세습하고 차자는 대대로 왕기(王畿) 내의 채지(采地 : 봉토, 영지)를 지키면서 왕조에서 관직을 지냈는데 곧 춘추시대의 주공(周公)과 소공(召公)이 이들이

"我周之東遷,	"우리 주나라가 동쪽으로 천도할 때
晉, 鄭焉依.[31]	진나라와 정나라에 의지하였습니다.
善鄭以勸來者,	정나라에게 잘 해줘서 나중에 올 제후들에게 권하여도
猶懼不蔇,[32]	오히려 오지 않을 것이온데
況不禮焉?[33]	하물며 그들에게 예우를 하지 않음이겠습니까?
鄭不來矣."	정나라는 오지 않을 것입니다"라 하였다.

은공 7년

經

七年春王三月,[1]	7년 봄 주력으로 3월에

다. 주공의 최초의 채지는 지금의 섬서성 봉상현(鳳翔縣) 경계일 것으로 두예가 이른바 "부풍(扶風) 옹현(雍縣) 동북쪽에 주성(周城)이 있다"라 한 것이 바로 이곳이다. 주나라가 동천한 이후에 평왕(平王)은 서도(西都)를 진에게 하사하여 주공과 소공은 마땅히 따로 동도에서 채지를 받았는데도 주·소의 본명은 그대로 두었다. 주공의 동도의 채지가 지금 어디 있는지는 알려진 바가 없다.

31 진정언의(晉鄭焉依) : "焉"은 여기서 "是"자와 같은 뜻의 결구조사로, 목적어와 동사가 도치되었음을 나타내는 데 쓰였다. 두예는 "주나라 유왕(幽王)이 견융(犬戎)에게 피살되고 평왕(平王)이 동쪽으로 도읍을 옮길 때 진나라 문후(文侯)와 정나라 무공(武公)이 왕실을 보좌하였으므로 진나라와 정나라에게 의지하였다라고 하였다"라 하였다.

32 기(蔇) : "曁"자와 같은 뜻으로, 미치다, 이르다의 뜻임.

33 언(焉) : "之"자와 같은 뜻으로 쓰였으며, 대명사이다.

叔姬歸于紀.[2]	숙희가 기나라로 시집갔다.
滕侯卒.[3]	등후가 죽었다.
夏,	여름에
城中丘.[4]	중구에 성을 쌓았다.
齊侯使其弟年來聘.[5]	제후가 그 동생 년으로 하여금 예방케 하였다.

---

1 7년은 을축년으로 B.C. 716년이며, 주환왕 4년이다. 지난해 12월 18일 갑오일이 동지였으며, 건축의 달로 윤달이 있었다.

2 숙희귀우기(叔姬歸于紀) : 고대 중국의 제후들은 아내를 얻거나 딸을 시집보낼 때 질녀와 동생을 잉첩(媵妾)으로 함께 보냈다. 은공 2년에 백희(伯姬)가 기나라로 시집을 갔으며 이때 백희는 아직 죽지 않았는데 숙희가 또 기나라로 시집을 가니 후한(後漢)의 하휴(何休 : 『공양전』)와 서진(西晉)의 두예(『공양전』), 동진(東晉)의 범녕(范寧 : 『곡량전』)은 모두 숙희는 바로 백희의 동생으로 잉첩으로 간 것이라 하였다. 백희가 시집갈 때 동행하지 않은 까닭은 당시에는 나이가 어렸기 때문이며 이 때문에 6년이 지난 다음에야 보낸 것이다. 잉첩은 신분이 비천한데도 『경』에 기록을 한 것은 숙희를 기후가 중시했거나 숙희가 현덕(賢德)했기 때문일 것이다.

3 등후(滕侯) : 등은 나라 이름으로, 주문왕의 아들 착숙수(錯叔繡)를 무왕이 봉하여 등에 살게 하였다. 지금의 산동성 등현(滕縣) 서남쪽 14리 지점에 옛 등성(滕城)이 있는데 바로 등나라이다. 숙수에서 등선공(滕宣公)까지는 17대로 『춘추』에 보이며 등은공(滕隱公)은 노애공 11년에 죽었으며, 등은공 이후로도 여섯 임금이 더 있어서 맹가(孟軻)는 등문공을 뵐 수 있었다. 『전국책 · 송책(宋策)』에서는 송나라 강왕(康王)이 등나라를 멸했다고 하였다. 공영달이 인용한 『세족보(世族譜)』에서는 제나라가 등나라를 멸했다고 하였다. 금정위(金正煒)의 『전국책보석(戰國策補釋)』에서는 송나라가 등나라를 멸한 설을 지지했다. 1980년 등현 장리(莊里) 서촌(西村)에서는 일단의 청동 악기가 발견되기도 하였다.

4 중구(中丘) : 옛 성은 지금의 산동성 임기현(臨沂縣) 동북쪽일 것이다.

5 기제년(其弟年) : 『춘추』에서 이른바 아우는 모두 동복아우이다. 장공(莊公) 8년 『전』에 "희공의 동복아우는 이중년(僖公之母弟曰夷仲年)"이라 하였고, 이곳의 『전』에서도 이중년이라 하였으니 곧 이 사람이다.
빙(聘) : 천자가 제후에게, 제후가 천자에게 경대부로 하여금 방문을 하게 하는 것을 모두 빙이라 한다. 『설문』에서는 "방(訪)"이라 하였고, 『곡량전』의 에서는 "문(問)"이라 하였다. 예방의 뜻과 같음. 원대(元代) 왕극관(汪克寬)의 『춘추호전부록찬소(春秋胡傳附錄

秋,	가을에
公伐邾.	공이 주나라를 쳤다.
冬,	겨울에
天王使凡伯來聘.[6]	천자께서 범백을 보내 예방케 하였다.
戎伐凡伯于楚丘以歸.[7]	융이 초구에서 범백을 치고 돌아갔다.

纂疏)』에서는 "제후의 내빙(來聘)을 기록한 것은 31회로, 제(齊)나라가 5회, 진(晉)나라가 11회, 송(宋)나라와 위(衛)나라가 각 4회, 진(陳)나라와 정(鄭)나라, 진(秦)나라, 오(吳)나라가 각 1회, 초(楚)나라가 3회이다"라 하였다.

6 범백(凡伯) : "凡"은 본래 나라 이름으로 주공의 후예이다. 희공(僖公) 14년의 『전』에 "범(凡) · 장(蔣) · 형(邢) · 모(茅) · 조(胙) · 채(祭)는 주공의 후손이다"라는 말이 나온다. 범백은 대대로 주나라 왕실의 경사로 범에 식읍을 두었다. 『시경 · 대아 · 판(大雅 · 板)』의 서문에 "판은 범백이 여왕(厲王)을 풍자한 것이다"라 하였는데 이는 여왕 때의 범백이며, 『시경 · 대아 · 첨앙(大雅 · 瞻卬)』과 소민(召旻)의 서문에서 공히 말한 "범백이 유왕(幽王)이 나라를 크게 어지럽힘을 풍자한 것이다"라 하였는데 이는 유왕 때의 범백이다. 이곳의 범백은 이 두 사람의 후대일 것이다. 청(淸)나라 고조우(顧祖禹)의 『독사방여기요(讀史方輿紀要)』〔이하 『방여기요(方輿紀要)』〕와 청나라 고동고(顧棟高)의 『춘추대사표(春秋大事表)』〔이하 『대사표(大事表)』〕에 의하면 범성은 지금의 하남성 휘현(輝縣) 서남쪽 20리 지점에 있다.

7 융벌~이귀(戎伐~以歸) : 정공(定公) 4년의 『전』에서 "임금이 거동하면 사(2천5백의 군대)가 따르고, 경이 움직이면 여(5백의 군대)가 따른다(君行, 師從, 卿行, 旅從)" 하였으니 범백이 사신으로 나감은 필시 소수의 사람이 아닐 것이며, 융이 길을 차단하고 치려고 하였으니 또한 반드시 상당한 병력이 필요하였을 것이므로 "伐"이란 말을 썼다. 초구는 융주 기씨의 읍일 것이며 경계는 조나라와 송나라 사이이다. 『일통지(一統志)』에 따르면 초구성은 지금의 산동성 성무현 서남쪽 조현의 동남쪽 35리 지점에 있다. 두예는 위나라 땅이라 하였는데 틀렸다. "以歸"는 융이 범백을 협박하여 함께 돌아간 것으로, 실은 끌고 간 것이다. 『춘추』 및 『3전』(『좌전』, 『공양전』, 『곡량전』)에 범백이 더 이상 보이지 않는 것도 아마 이 때문일 것이다. 『회남자 · 태족훈(泰族訓)』에서 "주나라가 쇠하자 융이 초구에서 범백을 치고 돌아갔다"라 한 것은 바로 이것을 인용한 것이다.

傳

七年春,	7년 봄에
滕侯卒.	등후가 죽었다.
不書名,	이름을 기록하지 않은 것은
未同盟也.	동맹을 맺지 않았기 때문이다.
凡諸侯同盟,	무릇 제후는 동맹을 하어야
於是稱名,	이에 이름을 일컫게 되므로
故薨則赴以名,[8]	죽으면 부고에 이름을 기록하여 보내는데
告終, 稱嗣也,[9]	이는 죽음을 알리고 후사를 알림으로써
以繼好息民,[10]	우호를 이어 백성을 안심시키니
謂之禮經.[11]	이를 일러 예의 법도라고 한다.

---

8 부이명(赴以名) : 맹약을 맺으면 이름을 신에게 알리므로, 죽었을 때도 이름을 써서 동맹 제후에게 부고를 알리는 것이다. 성공(成公) 13년 등공(滕公)이 노공 및 제후들과 만나 함께 진(秦)나라를 치는데 동맹국인지 아닌지 알 수가 없으므로 16년에 등자(滕子)가 죽었을 때 또한 이름을 나타내지 않았다.

9 고종(告終) : 망자(亡者)의 죽음을 알리는 것.
칭사(稱嗣) : 원래는 칭(稱)자가 누락되었으나 『석경(石經)』과 송본(宋本) 등의 판본에 의거하여 보충하였다. 칭사는 왕위를 잇는 사람이 누구인가를 알리는 것이다.

10 계호식민(繼好息民) : 동맹국 간의 옛 우호를 잇고 각국의 승인을 얻어 백성을 편안히 쉬게 하는 것이다.

11 예경(禮經) : 예의 큰 법도〔大法〕라는 말과 같다. 은공 11년과 양공 21년 『전』에 "예의 경(禮之經)"이라는 말이 나오며, 『예기 · 악기(樂記)』에도 "禮之經"이라는 말이 나오는데, 곧 이곳의 "禮經"이라는 말과 같다. 두예는 주공이 제정한 예경(禮經)이라고 하였는

夏,	여름에
城中丘.[12]	중구에 성을 쌓은 것을
書,	기록한 것은
不時也.[13]	때에 맞지 않았기 때문이다.

齊侯使夷仲年來聘,[14]	제후가 이중년으로 하여금 예방케 하였는데
結艾之盟也.[15]	애에서의 동맹을 잇기 위함이었다.

秋,	가을에
宋及鄭平.	송나라와 정나라가 화평을 맺었다.
七月庚申,[16]	7월 경신일에
盟于宿.[17]	숙에서 맹약을 했다.

데 틀렸다.

12 중구(中丘) : 『경』의 주석을 보라.

13 불시(不時) : 나라의 방비를 하는 데 급하지도 않을 뿐더러 오히려 농사를 짓는 데 방해가 됨을 말한 것이다.

14 이중년(夷仲年) : 『경』에서는 년(年)이라고 하였고 『전』에서는 이중년이라고 하였는데, 년이 그 이름이며 『경』에는 이름만 쓸 따름이다. 중(仲)은 배항(排行)일 것이며 이(夷)는 시호인 것 같은데, 『전』에서는 전칭(全稱)을 썼다.

15 애지맹(艾之盟) : 은공 6년에 있었다.
결(結) : 『광아(廣雅)』에서는 "잇는 것이다(續也)"라 하였고, 『전국책 · 진책(秦策)』의 주석에서는 "굳게 하는 것이다(固也)"라 하였다. 애에서의 동맹을 이어서 굳게 하였으므로 이렇게 말하였다.

16 경신(庚申) : 17일이다.

公伐邾,	은공이 주나라를 친 것은
爲宋討也.[18]	송나라를 위하여 친 것이다.

初,	처음에
戎朝于周,	융이 주나라를 조현할 때
發幣于公卿,	공경들에게 예물을 보냈으나
凡伯弗賓.[19]	범백은 귀빈으로 대우하지 않았다.
冬,	겨울에
王使凡伯來聘.	왕이 범백으로 하여금 와서 예방케 하였다.

---

17 숙(宿) : 지금의 산동성 동평현(東平縣) 동남쪽 약 20리에 있다.

18 위송토(爲宋討) : 은공 5년에 주나라와 정나라는 함께 송나라를 쳤는데, 공은 일찍이 송나라 사신의 구원 요청을 거절한 적이 있다. 6년 초에 또 정나라와 묵은 감정을 버리고 강화를 맺어 정나라에 의지하여 구원하고자 하였다. 지금 정나라는 또 송나라와 맹약을 맺었으므로 송나라를 두려워하여 주나라를 쳤는데, 송나라는 일찍이 정나라에는 보복을 하였으나 주나라에는 보복을 하지 못했다. 그러므로 송나라를 위하여 토벌을 하였다고 하였다.

19 초~불빈(初~弗賓) : 초(初)는 어느 해인지는 모르나 이 이전이어야 한다.
발폐(發幣) : 치폐(致幣)와 같다. 예물을 바치다. 『의례 · 빙례(儀禮 · 聘禮)』에 의하면 귀빈은 임금을 조현한 후에 또 공경을 방문하게 되는데, 공경은 그들을 조상달의 사당에서 접대를 하고 또다시 사적으로 보게 되며, 두 번 모두 예물을 드리는데 이것이 이른바 치폐라는 것이다. 『설문』에서는 "폐는 비단이다(幣, 帛也)"라 하였다. 『의례 · 사상견례(士相見禮)』에 "무릇 폐백을 잡는 사람(凡執幣者)"이라는 말이 나오는데, 주석에서는 "옥, 말, 가죽, 규옥, 벽옥, 비단을 모두 폐라 일컫는다(玉, 馬, 皮, 圭, 璧, 帛, 皆稱幣)"라 하였다. 여기서 폐(幣)는 인신된 뜻이다. 융이 주나라 천자를 조현할 때 주나라 왕실의 공경들에게도 예물을 보내었다. 공경들은 예물을 받은 후에 응당 연회를 열어 초대하고 아울러 예물로 받은 재물을 돌려주어야 한다. 범백은 주나라 왕실에서 대대로 경을 지냈는데 융이 예물을 보냈지만 끝내 보답을 하지 않았는데, 이는 귀빈을 대하는 예의가 아니었다. 따라서 "弗賓"이라 하였다. "弗賓"은 귀빈으로 대우하지 않는다는 것이다.

還,　돌아가는데

戎伐之于楚丘以歸.[20]　융이 그를 초구에서 쳐서 데리고 돌아갔다.

陳及鄭平.[21]　진나라와 정나라가 화평을 맺었다.

十二月,　12월에

陳五父如鄭涖盟.[22]　진나라의 오보가 정나라로 가서 맹약에 임했다.

壬申,[23]　임신일에

及鄭伯盟,　정백과 맹약을 맺었는데

歃如忘.[24]　피를 마시고는 잊어 먹었다.

洩伯曰,[25]　설백이 말하기를

---

20 융벌~이귀(戎伐~以歸) : 주나라 천자가 범백으로 하여금 노나라를 예방케 하였는데, 범백이 주나라로 돌아가는 길에는 초구를 거쳐야 한다. 초구는 융의 근거지이므로 융이 길을 막아 그를 공격하여 사로잡아 돌아간 것이다.

21 진급정평(陳及鄭平) : 6년에 정나라가 진나라를 침략하여 크게 이겼는데 지금 강화를 맺은 것이다.

22 오보(五父) : 6년 조의 『전』에 보인다.
리(涖) : "임할 림(臨)"자와 같은 뜻임. 참가하다.

23 임신(壬申) : 2일.

24 삽여망(歃如忘) : 삽(歃)은 입으로 피를 조금 마시는 것이다. 맹약을 할 때는 반드시 제물로 바친 소를 칼로 저미는데, 왼쪽 귀를 잘라 피를 받아서 맹약을 하는 사람들이 일일이 그 피를 조금씩 마시는 것을 "삽혈(歃血)"이라 한다. 여(如)자는 "말 이을 이(而)"자와 같은 뜻으로 쓰였으며 이 두 자는 고대에는 많이 통용하였다. 이 말은 삽혈에 임하고서도 뜻은 맹약에 있지 않았거나, 맹약을 하고서도 그 말을 잊어버렸다는 뜻일 것이다.

25 설백(洩伯) : 정나라의 대부 설가(洩駕)이다.

"五父必不免,[26]	"오보는 반드시 화를 면치 못할 것이니
不賴盟矣."[27]	맹약을 잘 끝내지 못했기 때문이다" 라 하였다.
鄭良佐如陳涖盟,[28]	정나라의 양좌가 진나라로 가서 맹약에 임했는데
辛巳,[29]	신사일에
及陳侯盟,	진후와 맹약을 맺고
亦知陳之將亂也.[30]	또한 진나라에 난이 일어날 것임을 알았다.

鄭公子忽在王所,[31]	정나라 공자 홀이 주나라 천자가 있는 곳에 있었기 때문에
故陳侯請妻之,[32]	진후가 딸을 시집보낼 것을 청하였는데
鄭伯許之,	정백이 이를 허락하여

26 불면(不免) : 재앙, 화(禍)를 벗어나지 못함을 이른다.
27 뢰(賴) : "善", "利" 자와 같은 뜻으로 쓰였다.
28 양좌(良佐) : 정나라의 대부.
29 신사(辛巳) : 11일이다.
30 진란(陳亂) : 환공(桓公) 5년과 6년에 있었다.
31 정공자홀(鄭公子忽) : 정나라의 공자 홀은 은공 3년에 주나라의 인질이 되었다.
32 처(妻) : 거성이며 동사로 쓰였다. 4년의 『전』에 "진나라 환공이 바야흐로 천자의 총애를 받고 있다(陳桓公方有寵於王)"라는 말이 보인다.

乃成昏.[33]	혼사가 이루어졌다.

은공 8년

經

八年春,[1]	8년 봄
宋公, 衛侯遇于垂.[2]	송공과 위후가 수에서 만났다.
三月,	3월에
鄭伯使宛來歸祊.[3]	정백이 완을 보내어 팽을 돌려주게 하였다.

---

33 성혼(成昏) : 옛날 중국에서는 아내를 맞을 때 반드시 황혼 무렵에 맞았으므로 혼례(昏禮)라고 하였다. 『의례 · 사혼례(士婚禮)』에 따르면 고대의 결혼은 6례에 의해 행하였는데, 납채(納采), 문명(問名), 납길(納吉), 납징(納徵), 청기(請期), 친영(親迎)이다. 『춘추』와 『3전』에 보이는 것은 납폐(納幣)뿐인데, 이는 육례의 납징에 해당한다. 납폐가 이루어진 후에 혼인이 결정된다. 여기서 성혼이라 한 것은 곧 신랑의 집에서 신부의 집에 납폐를 하였다는 것을 말한다. 성(成)자는 고대에 "정할 정(定)"자의 뜻으로 쓰였다. 정나라의 홀이 아내를 맞아들인 것은 이듬해 4월의 일이다.

1 은공 8년은 병인년으로 B.C. 715년이며, 주나라 환왕(桓王) 5년이다. 이해도 건축(建丑)으로 동지는 지난해 12월 30일 경자일에 있었다.

2 우(遇) : 위 은공 4년 『경』의 주석을 보라.
수(垂) : 위나라 땅으로 곧 지금의 산동성 조현(曹縣) 북쪽에 있는 구양점(句陽店)이다. 혹자는 지금의 견성현(鄄城縣) 동남쪽 15리 지점에 있다고도 한다.

3 완(宛) : 정나라의 대부.
팽(祊) : 『공양전』과 『곡량전』 및 『한서 · 오행지(漢書 · 五行志)』에는 모두 병(邴)으로 되어 있다. 이 두 자는 고대의 통가자(通假字 : 음이나 뜻을 빌려 쓰는 문자)였다. 방은 정나라가 태산에 제사를 지내던 고을로 지금의 산동성 비현(費縣) 동쪽 약 37리 지점에 있을 것이다.

庚寅,[4]	경인일에
我入祊.[5]	우리나라에서 팽으로 들어갔다.
夏六月己亥,[6]	여름 6월 기해일에
蔡侯考父卒.[7]	채후 고보가 죽었다.
辛亥,[8]	신해일에
宿男卒.[9]	숙남이 죽었다.
秋七月庚午,[10]	가을 7월 경오일에
宋公, 齊侯, 衛侯盟于瓦屋.[11]	송공과 제후, 위후가 와옥에서 맹약했다.
八月,	8월에

4 경인(庚寅) : 21일이다.

5 입팽(入祊) : 노나라가 팽에 들어가기는 하였지만 여전히 확고하지 못했으며 환공 원년에 마침내 팽의 전지를 바꾸어 팽이 비로소 노나라로 완전히 귀속되게 되었다.

6 기해(己亥) : 2일이다.

7 채후고보(蔡侯考父) : 『사기 · 관채세가(管蔡世家)』에서는 "대후(戴侯)는 10년 만에 죽고 아들인 선후(宣侯) 조보(措父)가 즉위하였다. 선후 28년에 노나라 은공이 막 즉위하였다. 35년에 선후는 죽었다"라 하였으니 연대가 『춘추』와 부합한다. 다만 "考父"가 "措父"로 되어 있을 뿐이다. 세전(世傳)하는 기물에 정고보정(正考父鼎)이 있는데, 청나라의 완원(阮元)은 이를 채후 고보의 기물로 인정하였는데 믿을 만하다. 정(正)자를 붙인 것은 고보가 당시 주나라의 경사(卿士)였기 때문이다.

8 신해(辛亥) : 14일이다.

9 숙남졸(宿男卒) : 여기에 대해서는 『전』이 없다.

10 경오(庚午) : 3일이다.

11 송공, 제후, 위후(宋公, 齊侯, 衛侯) : 이때까지만 해도 송나라의 서열이 제나라의 위에 있었으며, 제나라는 환공(桓公) 이후로 서열이 항상 송나라의 위에 있게 되었다.
와옥(瓦屋) : 두예는 주나라 땅이라 하였으며, 『전』의 내용을 보면 지금의 온현(溫縣) 서북쪽에 있음을 알 수 있다.

葬蔡宣公.[12]	채나라 선공을 장사 지냈다.
九月辛卯,[13]	9월 신묘일에
公及莒人盟于浮來.[14]	공과 거나라 사람이 부래에서 맹약했다.
螟.[15]	명충이 있었다.
冬十有二月,	겨울 12월에
無駭卒.[16]	무해가 죽었다.

傳

八年春,	8년 봄에
齊侯將平宋, 衛,[17]	제후가 송나라, 위나라와 화평을 맺으려 했으며

---

12 장채선공(葬蔡宣公) : 『전』이 없다. 제후는 죽은 지 5개월 만에 장례를 치르는데 이때는 3개월 만에 장례를 치렀다. 『경』의 의거하면 3개월 만에 장례를 치르는 것이 일상적인 일이었다.

13 신묘(辛卯) : 25일이다.

14 부래(浮來) : 『공양전』과 『곡량전』에는 "포래(包來)"로 되어 있는데, "包"와 "浮"는 고음(古音)이 가까운 통가자이다. 부래는 지금의 산동성 거현(莒縣) 서쪽에 부래산(浮來山)이 있는데 산 중턱에 거자릉(莒子陵)이 있으니 부래는 거나라의 읍이다. 두예는 기(紀)나라의 읍이라 하였다. 요즘 사람은 또 부래가 기원(沂源)과 기수(沂水) 동안(東岸)의 두 현 사이에 있다고 하였다.

15 명(螟) : 재난이 되었으므로 기록한 것이다.

16 무해졸(無駭卒) : 두예는 "은공이 소렴(小斂)에 참석하지 않았으므로 날짜를 쓰지 않았다. 죽은 뒤에 족(族)을 하사하므로 성씨를 쓰지 않았다"라 하였다.

17 제후~송위(齊侯~宋衛) : 아래에 "齊人卒平宋, 衛于鄭"이라는 말이 있는 것으로 보아 송나라와 위나라는 정나라에서 함께 화평을 맺은 것임을 알 수 있다. "于鄭" 두 자가 생략되었다. 『국어 · 정어(鄭語)』에서는 "제나라 장공(莊公)과 희공(僖公)이 이때 소백(小

有會期.[18]	만날 기일을 잡았다.
宋公以幣請於衛,	송공은 예물을 가지고 위나라에게 청하기를
請先相見.[19]	먼저 만나자고 하였다.
衛侯許之,	위후가 허락하여
故遇于犬丘.[20]	견구에서 만났다.

鄭伯請釋泰山之祀而祀周公,	정백이 태산의 제사는 그만두고 주공을 제사 지낼 것을 청하여
以泰山之祊易許田.[21]	태산의 팽을 허의 땅과 바꾸었다.

伯)이었다"라 하였는데, 위소(韋昭)는 주석에서 "소백은 소규모 제후들의 회맹을 주관하는 것이다"라 하였으니 제나라 희공이 소백을 맡은 것인지도 모르겠다.

18 회기(會期) : 곧 다음 4월의 온(溫)에서 만나 와옥(瓦屋)에서 회맹한 것을 말한다.

19 이폐~상견(以幣~相見) : 장공(莊公) 32년 송공이 제후(齊侯)에게 먼저 볼 것을 청하는데 양구(梁丘)의 만남으로 송나라는 예물을 준비하지 못하였다. 이로 보아 어떨 때는 예물을 준비하고 어떨 때는 예물을 쓰기도 하였다. 이때는 송나라 상공(殤公)이 위나라 선공(宣公)에게 예물을 보내어 두 사람이 만날 것을 청하였다.

20 견구(犬丘) : 곧 『경』의 수(垂)로 한 곳인데 지명이 둘이기 때문에 이렇게 썼다.

21 정백~허전(鄭伯~許田) : 정나라 환공(桓公)은 주나라 선왕(宣王)의 동복아우로 팽(祊)을 하사하여 천자가 태산에 제사를 지낼 때 도와서 탕목(湯沐)의 고읍에 제사를 지내도록 하였다. 주나라 성왕(成王)이 왕성(王城 : 지금의 낙양)을 세워 천도할 뜻을 가졌으므로 주공에게 허(許)의 전지를 내려 노나라 임금이 주나라 천자를 조현할 때 조숙(朝宿)할 곳으로 삼게 하였다. 『시경 · 노송 · 비궁(魯頌 · 閟宮)』에서 읊은 "상과 허에 거처하였다(居常與許)"는 것이 바로 이것이다. 정나라 장공은 주나라 천자가 태산에 제사 지내는 것을 이미 오래전에 그만두어 탕목의 고읍에서 제사 지내는 일이 소용없고 또한 팽이 멀리 떨어져 있고 허는 가까운 것을 보고 팽을 허와 바꾸게 한 것 같다. 허에는 주공의 별묘(別廟)가 있는데 노나라가 주공의 제사를 그만두려 한다 하여 거절하였으므로 태산의 제사를 그만두고 주공의 제사를 드린다고 말한 것이다. 허전(許田)은 송나라의 악사

三月,	3월에
鄭伯使宛來歸祊,	정백이 완을 보내 팽을 돌려주게 하였는데
不祀泰山也.[22]	태산에 제사를 지내지 않았기 때문이다.

夏,	여름에
虢公忌父始作卿士于周.[23]	괵공 기보가 비로소 주나라의 경사가 되었다.

四月甲辰,[24]	4월 갑진일에

(樂史)가 편찬한 지지(地誌) 『태평환우기(太平寰宇記)』에 의하면 지금의 하남성 허창시(許昌市) 남쪽에 있는 노성(魯城)이다.

22 삼월~태산(三月~泰山) : 정나라가 먼저 팽을 돌려주었지만 노나라는 이때까지도 허를 정나라에게 주지 않았다. 환왕 원년에 이르러 정나라는 비로소 벽옥을 가지고 허를 빌려주었다. 『사기 · 연표』에서는 "은공 8년 허를 바꾸자 군자들이 놀렸다"라 하였는데, 『곡량전』의 말을 인용하여 쓴 것이다.

23 괵공~우주(虢公~于周) : 은공 3년의 『전』에 "정나라 무공과 장공이 평왕의 경사가 되었다. 평왕이 괵나라(임금에게도 경사가 되게 하려는)에 두 마음을 품고 있었다. 왕이 돌아가시자 주나라 사람들이 괵공에게 정사를 맡기려 하였다(鄭武公, 莊公爲平王卿士. 王貳于虢. 王崩, 周人將畀虢公政)"라고 하였다. 괵공에게도 주나라 왕실의 경사가 되게 하려는 마음을 주나라는 오래전부터 품었는데 이때가 되어서야 실현이 되었으므로 "비로소(始)"라는 표현을 쓴 것이다. 고동고(顧棟高)는 『춘추대사표』에서 정계생(程啓生)의 말을 인용하여 "정백(鄭伯)이 좌(左)경사가 되었으니 괵공은 우경사이다. 정백이 정권을 빼앗은 후 주공 흑견(周公黑肩)이 (정백을) 대신하였으므로 환공 5년의 정나라를 치는 전쟁에서 괵공은 우군의 장수가 되었고 주공은 좌군의 장수가 되었다"라 하였다.

24 갑진(甲辰) : 6일이다.

鄭公子忽如陳逆婦嬀.[25]	정나라 공자 홀이 진나라로 가서 부인 규씨를 맞았다.
辛亥,[26]	신해일에
以嬀氏歸.	규씨를 데리고 돌아왔다.
甲寅,[27]	갑인일에
入于鄭.	정나라로 들어갔다.
陳鍼子送女.[28]	진침자는 딸을 전송하였다.
先配而後祖.[29]	먼저 잠자리를 함께한 후에 사당에 제사를 지내어 알렸다.
鍼子曰,	침자가 말하였다.
"是不爲夫婦,[30]	"이들은 부부가 아니다.

25 정공자~부규(鄭公子~婦嬀) : 이 문장은 은공 7년의 『전』 "乃成婚"과 하나로 연결되어 있었는데 후인들이 『좌전』을 개편할 때 나누어졌다. "逆"은 "迎"의 뜻이다. 옛날에 아내를 취할 때는 천자를 제외하고는 반드시 친영(親迎)을 해야 했다. 친영이라는 것은 사위될 사람이 먼저 신부의 집으로 가서 신부를 맞이하는 것을 말한다. 공자 홀이 진나라로 가서 신부를 맞이하는 것이 바로 이 예를 행한 것이다. 규는 진나라의 성씨인데 이것으로 신부의 이름을 삼았다.

26 신해(辛亥) : 13일이다.

27 갑인(甲寅) : 16일이다.

28 진침자(陳鍼子) : 진나라의 대부. 공자 홀이 신부를 친영하기는 하였지만 진나라에도 또한 반드시 딸을 전송할 사람이 있어야 했다.

29 선배이후조(先配而後祖) : 신혼부부를 가리켜서 한 말로 주어가 생략되었는데 옛사람들은 이런 상황에 대해 말을 하지 않아도 알 수 있었다. 배(配)는 한 침대에서 함께 잠을 잔 것을 가리키고, 조(祖)는 본국으로 돌아와 조상의 사당에 제사를 지내어 알리는 것을 말한다. 예법대로라면 공자 홀은 부인을 데리고 귀국을 했다면 조상의 사당에 먼저 제사를 지내고 아내를 맞아 돌아온 일을 알린 후에 동거를 해야 했지만 공자 홀은 동거를 먼저 시작한 후에 조상께 제사를 올린 것이다.

誣其祖矣,[31]	그 조상을 속였으니
非禮也,	예의에 맞지 않거늘
何以能育?"[32]	어떻게 자식을 잘 기르겠는가?"

齊人卒平宋, 衛于鄭.[33]	제나라 사람이 마침내 송 및 위나라와 정나라에서 화평을 맺었다.
秋, 會于溫,[34]	가을에는 온에서 만나
盟于瓦屋,[35]	와옥에서 맹약을 맺었는데
以釋東門之役,[36]	동문의 전투의 원수를 풀기 위한 것으로

---

30 불위부부(不爲夫婦) : 이는 공자 홀이 부부로써 마땅히 먼저 행해야 할 예를 무시하고 "先配後祖"하였으므로 부부로 보기 힘들다는 것을 가리켜 말한 것이다.

31 무기조(誣其祖) : 공자 홀과 진규를 부부로 인정한다면 이는 조상을 속이는 것이라는 뜻이다.

32 하이능육(何以能育) : 육(育)은 『설문』에서 "자식을 길러 훌륭하게 만드는 것이다(養子使作善也)"라 하였다. 이들이 낳은 자손이 정나라에서 어떻게 훌륭하게 될 수 있겠느냐는 뜻이다. 결과적으로 정나라 공자 홀은 정나라에서 여생을 마치지 못하였으니 자손이 있었다 하더라도 정나라에서 살아남기 힘들었을 것이다.

33 제인(齊人) : 『경』에서 제후(齊侯)가 함께 맹약을 맺었다 한 것으로 보아 제나라 희공(僖公)을 가리킬 것이다.
평송위우정(平宋衛于鄭) : 송나라와 위나라가 정나라와 화평을 맺게 하는 것을 말한다.

34 온(溫) : 지금의 하남성 온현 서남쪽 30리 지점에 있다. 온에서 회맹한 것에 대해 『경』에서는 기록하지 않았는데 아마 "盟于瓦屋"의 기록에 포괄시켜 말한 것 같다.

35 와옥(瓦屋) : 『경』의 주석을 보라.

36 석동문지역(釋東門之役) : 동문의 전투는 은공 4년에 있었다. 석(釋)은 옛날의 묵은 감정을 떨쳐 버리고 다시는 유념치 않는 것을 말한다. 송나라와 위나라가 일찍이 정나라의 동문을 포위한 일에 대해 여전히 유념하여 정나라의 보복을 두려워했다면 화평이 이루어지기가 어려웠을 것이다. 제나라 희공은 일찍부터 정나라 장공과 친하여 모의를 하고 충분히 정나라를 대신하여 지난날의 묵은 감정을 모두 버린다는 표현을 하였으므로 이 회

禮也.	예의에 합당하였다.

八月丙戌,[37]	8월 병술일에
鄭伯以齊人朝王,[38]	정백이 제나라 사람을 데리고 주나라 천자를 조현하였는데
禮也.[39]	예의에 합당하였다.

公及莒人盟于浮來,[40]	은공 및 거나라 사람이 부래에서 맹약을 맺었는데
以成紀好也.[41]	기의 우호조약을 이루기 위함이었다.

맹에서 송나라와 위나라가 정나라에서 화평을 맺었지만 정나라 장공은 맹약에 참석하지 않아도 되었다.

37 팔월병술(八月丙戌) : 『경』에 의하면 7월에 경오(庚午)일이 있고, 9월에는 또 신묘(辛卯)일이 있으니 8월에는 병술일이 있을 수 없다.

38 이(以) : 개사(介詞)로 '데리고'라는 뜻이며, 인도하다의 뜻을 나타내기도 한다.
제인(齊人) : 이 또한 제나라 희공을 가리킬 것이다. 『경』과 『전』에는 실로 한 나라의 임금을 "모인(某人)"이라 일컫는 경우가 적지 않다.

39 예야(禮也) : 정나라 장공은 주나라 왕실의 경사로 다른 나라의 제후를 데리고 주나라 천자를 뵈었으므로 이렇게 말하였다.

40 부래(浮來) : 『경』의 주석을 보라.

41 이성기호(以成紀好) : 호(好)는 거성(去聲)으로 쓰였다. 은공 2년의 『전』에서는 "기자백과 거자가 밀에서 맹약을 맺었는데 노나라 때문이었다(紀子帛, 莒子盟于密, 魯故也)"라 하였다. 기나라와 거나라의 두 나라는 이미 노나라를 위하여 회맹을 하였으니 노나라가 거나라와 회맹을 하면 또한 기나라와도 우호를 나타내하는 것이므로 이렇게 말하였다.

冬,	겨울에
齊侯使來告成三國.[42]	제후가 세 나라가 화평을 이룬 것을 와서 알렸다.
公使衆仲對曰,	은공은 중중에게 이렇게 대답하게 하였다.
"君釋三國之圖,[43]	"임금께서 세 나라가 보복하려는 획책을 푸시어
以鳩其民,[44]	그 백성들을 편안하게 하셨으니
君之惠也.	임금님의 은혜이십니다.
寡君聞命矣,	과인은 명을 듣사오니
敢不承受君之明德."	감히 임금님의 밝은 덕을 이어받지 않겠습니까."

無駭卒,	무해가 죽어
羽父請諡與族.[45]	우보가 시호와 씨족을 청하였다.

42 제후~삼국(齊侯~三國) : 송나라와 위나라가 정나라와 강화를 맺은 일을 와서 알린 것을 말한다. 이 일은 사실 제후(齊侯)가 가운데서 알선한 공이 크므로 제후가 사신을 보내어 와 알린 것이다.

43 석삼국지도(釋三國之圖) : 도(圖)는 "꾀하다(謀)"의 뜻이다. 이 구절은 세 나라가 서로 침략하여 보복하려는 모의를 버리게 하였다는 말이다.

44 구(鳩) : 정공(定公) 4년의 『전』에 "若鳩楚境, 敢不聽命"(해석은 해당 연도에 가서 볼 것)이라는 말이 나오는데 두예는 "편안하게 하는 것이다(安集也)"라 하였다. 집(集)자의 뜻 역시 안(安)의 뜻과 같다. 이곳의 "鳩"자 역시 이 뜻으로 쓰였다.

45 시(諡) : 죽은 후 그 사람이 행한 일에 따라 내리는 이름. 이 예법은 종주공왕(宗周共王)

公問族於衆仲.	은공은 중중에게 씨족을 내리는 제도에 대하여 물어보았다.
衆仲對曰,	중중이 대답하여 말하였다.
"天子建德,[46]	"천자는 덕 있는 이를 세우고
因生以賜姓,[47]	난 곳에 따라 성을 내리고

과 의왕(懿王) 이후로 시작된 듯하다.
족(族) : 성씨(姓氏)의 "氏"와 같은 뜻이다. 청나라의 모기령(毛奇齡)은 『경문(經問)』에서 "씨와 족은 원래 분별이 없었다. 양중(襄仲)은 '仲'을 씨로 삼고 '동문'(東門)을 족으로 삼았는데, 『춘추』에서는 양중의 아들을 동문씨(東門氏)라 불렀으니 족 또한 씨를 일컬은 것이다. 진(晉)나라의 숙상(叔向)이 말하기를 '힐(肸)씨네 종족은 열한 개 종족인데 양설씨(羊舌氏)만 남아 있을 따름이다'라 하였으니, 숙상은 '숙(叔)'을 족으로 삼고 '양설(羊舌)'을 씨로 삼았는데 지금 '양설'을 함께 족이라 하였으니 씨 또한 족으로 일컬은 것이다. 무해는 공손(公孫)의 아들로 생전에 씨를 하사받은 적이 없으므로 그가 죽자 우보가 그를 위하여 씨를 청한 것이다"라 하였다. 고염무(顧炎武)는 『일지록(日知錄)』에서 "춘추 은공과 환공 때만 해도 경대부에게 씨를 하사하는 일은 여전히 드물었기 때문에 무해가 죽자 우보가 그를 위해 족을 청한 것이다. 장공과 민공 이하로는 씨를 하사하지 않은 사람이 없었다"라 하였다.

46 천자건덕(天子建德) : 두예의 주석에 의하면 건덕(建德)이라는 것은 덕이 있는 사람을 세워서 제후로 삼는 것을 말한다.

47 인생이사성(因生以賜姓) : 여기에 대해서는 전인의 이설이 많았다. 왕충(王充)의 『논형 · 힐술(論衡 · 詰術)』편에 의하면 예컨대 하우(夏禹)의 선조는 그 어머니가 의이(薏苡)를 먹은 후에 낳았으므로 하의 성을 이(苡 : 『사기』에는 姒로 되어 있다)라 하였으며, 상(商)나라의 선조 설(契)은 어머니가 간적(簡狄)인데 제비 알〔燕子〕을 삼킨 후 설을 낳았으므로 상나라의 성은 자(子)이고, 주나라의 선조 기(棄)는 어머니가 강원(姜原)인데 거인의 발자국을 밟고 잉태하여 기를 낳았으므로 주나라의 성은 희(姬 : 자국이라는 뜻)라고 하였다. 이는 선조들이 잉태하게 된 까닭을 가지고 성을 삼은 것이다. 두예와 공영달의 주석 및 남송(南宋) 때 정초(鄭樵)의 『통지씨족략서(通志氏族略序)』에 의하면 예컨대 순(舜)은 규예(嬀汭)에게서 났는데 후손인 호공만(胡公滿)이 덕이 있어서 주나라에서는 규(嬀)라는 성씨를 내려 주었으며, 강(姜) 성은 강수(姜水)에 살았기 때문이다. 이는 선조들이 산 곳에 따라 성을 얻은 것이다. 또 이런 설도 있다. 우창(于鬯, 1862~1919)은 『향초교서(香草校書)』에서 "生"자를 "性"으로 읽었는데, 성은 곧 덕(德)이다. 따라서 "因生以賜姓"이라는 것은 그 덕행에 따라 성을 내린 것이라는 것이다. 상고시대

胙之土而命之氏.[48]	땅을 나누어 봉해 주고 씨를 내려 줍니다.
諸侯以字爲謚,	제후는 자를 가지고 시호를 삼으며
因以爲族.[49]	후인들은 이것을 가지고 씨족을 삼습니다.

의 성씨의 기원에 대해 구체적인 추단(推斷)을 내리기는 이미 어렵게 되었으며 이상의 각종 해석도 모두 억측에 지나지 않는다. 곧 중중이 말한 천자가 성씨를 내리는 설 또한 당시의 전설과 전례에 의거하여 한 말일 뿐 반드시 태고의 정황과 합치되지는 않을 것이다.

48 조(胙) : 『국어 · 제어(齊語)』 위소(韋昭)의 주석에서 "하사한다는 뜻이다(賜也)"라 하였고, 운서(韻書 : 발음 자전)인 『운회(韻會)』에서는 "사직을 세우는 것을 조라 한다(建置社稷曰胙)"라 하였다. 두예에 의하면 이는 천자가 제후를 봉하는 것으로 그 행한 바에 따라 성을 내리는 것일 뿐 아니라 토지를 봉하고 씨를 내리는 것이다. 이를테면 주나라는 순(舜)의 후손을 진(陳)에다 봉하고 성을 내려 규(嬀)라 하였고 씨를 명하여 진(陳)이라 하였다.

49 제후이자위시(諸侯~以爲族) : 제후는 대부에게 그의 자를 가지고 시호로 삼아 주어 그의 후손들이 그것을 그대로 족성(族姓)으로 삼음을 말한다. 자를 씨족으로 삼는 것은 공족들에게 많이 쓰였다. 당시의 제도에 제후의 아들은 공자라 하였으며, 공자의 아들은 공손이라 하였고, 공손의 아들은 더 이상 공손이라 할 수 없었으며 그 조부의 자를 씨로 삼았다. 이를테면 정나라 공자 거질(去疾)은 목공(穆公)의 아들로 자가 자량(子良)이며 그 아들은 공손첩(公孫輒)이고 그 손자는 양소(良霄)이니 곧 양(良)을 씨로 삼은 것이며, 양소의 아들은 양지(良知)임을 보면 이를 알 수 있다. 또한 부친의 자를 족성으로 삼은 경우도 있는데, 위나라의 자숙(子叔)이라든가 공맹(公孟), 송나라의 석씨(石氏) 같은 것이 이런 경우이다. 시법(謚法)의 시작은 이미 주나라 공왕(共王)과 의왕(懿王) 이후에 있었으나 처음에는 천자와 제후만 썼을 뿐 경대부는 여전히 이 전례를 쓰지 않았다. 동주(東周) 이후에 이르러 경대부도 비로소 점차 쓰기 시작하였다. 청나라 최술(崔述)이 일찍이 『춘추전』을 고찰해 보았더니 진(晉)나라는 문공(文公) 이전에는 난공숙(欒共叔)만 시호가 있었으며, 호언(狐偃)과 선진(先軫) 등은 패권을 잡는 데 공을 세웠음에도 불구하고 시호가 보이지 않는다. 양공(襄公) 대에 이르러서야 조최(趙衰)와 난지(欒枝)에게 비로소 시호가 있었으며 선차거(先且居)와 서신(胥臣) 등은 여전히 자(字)로 불리었다. 성공(成公)과 경공(景公) 이후에야 경들도 비로소 시호를 쓰는 것이 일상화되었는데, 선곡(先縠)과 삼극(三郤)은 죄를 지어 사형을 받아 시호가 없다. 평공(平公)과 경공(頃公)까지 내려오면 난영(欒盈)과 같이 난을 일으켜 죽거나 순인(荀寅)이나 사길석(士

官有世功,	관직을 맡아 대대로 공로가 있으면
則有官族.[50]	관직명으로 씨족을 삼습니다.
邑亦如之."[51]	고을에 봉해지는 것도 또한 이와 같습니다."
公命以字爲展氏.[52]	은공은 자를 가지고 씨족을 삼도록 명했다.

吉射)처럼 지위를 잃고 달아난 경우라고 하더라도 시호가 없는 경우가 없었다. 노나라 대부 중에는 시호가 있는 사람이 타국에 비해 특히 많지만 환공(桓公)과 장공(莊公) 이전에는 경(卿)은 여전히 거의 시호가 없었다. 소공(昭公)과 정공(定公) 사이에는 영가아(榮駕鵞)나 남궁열(南宮說), 자복공보(子服公父) 같은 하대부들도 시호가 없는 사람이 없었다. 정나라의 대부들은 처음에는 모두 시호가 없었으나 춘추 말기에 이르러서는 자사(子思)나 자잉(子賸) 같은 사람도 모두 시호가 있었다. 송나라의 대부만은 처음부터 끝까지 시호가 없다. 이것으로 보아 춘추 초년에는 대부들이 모두 이름을 시호로 내려 준 경우가 없었기 때문에 중중은 자를 시호로 삼는다고 말한 것이다. 고인들은 이런 뜻을 모르고 위의 여섯 자로 된 구절을 "諸侯以字"의 넉 자로 끊어 읽거나 "以字爲謚"의 "爲"자를 "與"로 보거나 하는 경우가 많았다.

50 관유~관족(官有~官族) : 선대에 공로를 세운 관직이 있으면 그것을 가지고 족성을 삼음을 말한다. 이를테면 사마씨(司馬氏), 사공씨(司空氏), 사공씨(司徒氏)와 송나라의 사성씨(司城氏), 진나라의 사씨(士氏) 및 중항씨(中行氏) 등과 같은 따위이다.

51 읍역여지(邑亦如之) : 선대의 식읍지를 가지고 족성을 삼는 것으로, 이를테면 진한씨(晉韓氏), 조씨(趙氏), 위씨(魏氏) 등이 있다.

52 공명~전씨(公命~展氏) : 두예는 "공손의 아들은 왕부(王父 : 즉 조부)의 자를 가지고 성씨를 삼는데 무해는 공자 전(展)의 손자이므로 전씨가 된 것이다"라 하였다. 두예가 이른바 왕부의 자를 성씨로 삼는 것은 대체로 『공양전』의 설에 근거한 것이다. 명나라의 부손(傅遜)은 "展"은 무해 본인의 자라고 하였는데 문의(文義)로 보건대 비교적 믿을 만하다. 두예 이후 공영달, 정초(鄭樵) 등 여러 주석가들은 모두 두예의 잘못된 설을 따르고 있다.

은공 9년

經

九年春,[1]	9년 봄에
天王使南季來聘.[2]	천자께서 남계로 하여금 와서 예방케 하였다.
三月癸酉,[3]	3월 계유일에
大雨,	큰 비가 내리고
震電.[4]	우레가 치고 번개가 쳤다.
庚辰,[5]	경진일에
大雨雪.[6]	눈이 크게 내렸다.
挾卒.[7]	협이 죽었다.

---

1 구년(九年): 정묘년 B.C. 714년으로 주환왕(周桓王) 6년이다. 지난해 12월 11일 을사일이 동지로 건축(建丑)이다.

2 천왕(天王): 본래 천자(天子)로 되어 있었는데 『석경(石經)』 등에 의거하여 고쳤다. 『공양전』과 『곡량전』에는 "天王"으로 되어 있다.
남계(南季): 두예는 "남계는 주나라 천자의 대부이며, 남은 성씨이고 계는 자이다"라 하였다. 혜동(惠棟)과 공광삼(孔廣森)은 모두 남계를 문왕(文王)의 아들 남계재(南季載)의 후손이라 하였다.

3 계유(癸酉): 10일이다.

4 대우진전(大雨震電): 『연표』에서는 "은공 9년 3월 큰 비가 내리고 우레와 번개가 쳤다(隱公九年三月, 大雨, 震電)"라 하였다.

5 경진(庚辰): 17일이다.

6 우설(雨雪): 우(雨)는 동사로 쓰였다. 내리다의 뜻이다.

7 협(挾): 『공양전』과 『곡량전』에는 "俠"으로 되어 있다. "挾"과 "俠"은 통용될 수 있다. 협은 노나라 대부의 이름이다. 씨족을 쓰지 않은 것에 대하여 두예는 씨족을 하사받지

夏,	여름에
城郎.[8]	낭에 성을 쌓았다.
秋七月.[9]	가을 7월.
冬,	겨울에
公會齊侯于防.[10]	은공이 제후와 방에서 만났다.

傳

九年春王三月癸酉,	9년 봄 주력으로 3월 계유일에
大雨霖以震,[11]	크게 장맛비가 내리고 우레가 쳤는데

못했기 때문이라 하였다. 원나라 제리겸(齊履謙)의 『춘추제국통기(春秋諸國統紀)』에서는 "노나라의 경(卿)으로 『경』에 후사(後嗣)가 보이지 않는 사람은 세 사람이 있다. 그러나 익사(益師)의 후손은 『전』에 중중(衆仲)이 보이고, 무해(無駭)의 후손은 『전』에 전금(展禽)·전가(展嘉)·전하(展瑕)·전숙(展叔)·전왕보(展王父)가 보이는데, 오직 협의 후손만 보이지 않는다"라 하였다. 『곡량전』에서는 "협은 소협이다(俠者, 所俠也)"라 하였고, 공영달은 한나라 윤경시(尹更始)의 설을 인용하여 "소라는 것은 협의 성씨이다(所者, 俠之氏)"라 하였는데, 『춘추』에 소씨가 보이지 않으므로 꼭 믿을 만하지는 않다.

8 성랑(城郎) : 원년 봄에 비백(費伯)이 이미 낭에 성을 쌓았는데, 이해에 또 낭에 성을 쌓았다고 하였으니 노나라에는 아마 낭이 두 군데 있는 것 같다. 비백이 성을 쌓은 곳은 옛 어대현(魚臺縣) 소재지 동북쪽 80리 지점에 있는 낭으로 노(曲阜)와는 약 2백 리가 떨어져 있어 멀다. 이해에 쌓은 성은 노(曲阜) 근교에 있는 고을인 것 같다.

9 추칠월(秋七月) : 이해 가을에는 아무 일도 없었기 때문에 첫 달만 기록하였다.

10 방(防) : 『공양전』에는 "병(邴)"으로 되어 있다. 이 두 자는 고대의 통가자이다. 노나라에는 두 군데의 방이 있었는데 서방(西防)은 이때까지만 해도 아직 노나라의 소유가 아니었으므로 이 방은 곧 동방(東防)임을 알 수 있다. 산동성 비현(費縣) 동북쪽 40여 리 지점에 있으며 대대로 장씨(臧氏)의 식읍이었다. 석온(石韞)의 『독좌치언(讀左巵言)』에서는 "防"이 "팽(祊)"의 잘못일지도 모른다고 하였다. 팽은 정나라 땅으로 노나라에 막 귀속되었으며 이때 정나라가 송나라를 친다고 알려 와서 노나라와 제나라가 만나 팽에서 이 문제를 모의하였다.

11 임이진(霖以震) : "以"는 여기서 접속사로 쓰였으며 "더불 여(與)"자와 같은 뜻으로 쓰

書始也.[12]	비가 내리기 시작한 날을 기록한 것이다.
庚辰,	경진일에
大雨雪,	크게 눈이 내렸는데
亦如之.[13]	또한 마찬가지이다.
書,	기록한 것은
時失也.[14]	시기적으로 맞지 않기 때문이다.
凡雨,	무릇 비라는 것은
自三日以往爲霖,[15]	3일 이상을 내리게 되면 장마이고
平地尺爲大雪.[16]	평지에 한 자 이상이 쌓여야 대설이 된다.

였다. "~과"의 뜻이다. 『상서 · 금등(尙書 · 金縢)』의 "하늘에서 크게 우레와 번개가 치고 바람이 불었다(天大雷電以風)"의 "以"와 같은 용법으로 쓰였다.

12 서시(書始) : 계유일이 장맛비가 내리기 시작한 날이라는 말이다. 장맛비는 오랫동안 내리는 비로 당연히 하루만 내리고 그치지 않음을 말한다.

13 역여지(亦如之) : 큰 눈이 하루에 그치지 않았으며 경진일에 내리기 시작한 것으로 위 문장에서 말한 "書始"와 같다는 말이다.

14 시실(時失) : 『경』에서 이를 기록한 것은 당시 주력 3월을 하력 정월로 잘못 알아 우레와 번개가 쳐서는 안 되며, 우레와 번개가 쳤으니 큰 눈이 내려서는 안 된다는 것이다. 그런데도 우레와 번개가 친 뒤에 8일 만에 다시 큰 눈이 내렸으니 모두 절후상으로 정상이 아니므로 시기적으로 맞지 않다고 한 것이다. 『한서 · 오행지』에서는 "유향(劉向)은 주나라의 3월은 지금의 정월이므로 비가 내리거나 눈에 비가 섞여 내려야 하지 우레와 번개가 칠 수는 없다고 하였다. (우레와 번개가) 이미 쳤으니 눈은 더 이상 내리지 않아야 한다. 이는 모두 시기를 잃은 것이므로 이상하다고 한 것이다"라 하였다.

15 범우~위림(凡雨~爲霖) : 『전』의 "霖"자를 해석한 것으로, 두예는 『경』을 해석한 것으로 생각하였는데 틀렸다.

16 평지~대설(平地~大雪) : 이는 『경』과 『전』의 "大雨雪"을 해석한 것으로 평지에 쌓인 눈이 한 자 이상의 깊이가 되면 비로소 큰 눈이라고 부른다는 말이다.

夏,	여름에
城郎.	낭에 성을 쌓았다.
書,	기록한 것은
不時也.[17]	때에 맞지 않았기 때문이다.

宋公不王,[18]	송공이 주나라 천자를 조현하지 않았는데
鄭伯爲王左卿士,	정백이 왕의 좌경사로 있었기 때문에
以王命討之.	주나라 천자의 명으로 토벌하고
伐宋.	송나라를 쳤다.
宋以入郛之役怨公,[19]	송나라는 자기네 변경을 쳐들어온 전쟁 때문에 은공을 원망하였으므로

17 불시(不時) : 이해는 건축(建丑)으로 주력의 여름은 하력의 봄에 해당하므로 바야흐로 농번기인데다 성을 쌓는 일이 아주 급한 일도 아니어서 크게 토목공사를 일으키는 것이 마땅치 않으므로 때에 맞지 않았다고 한 것이다.

18 송공불왕(宋公不王) : 송공은 송나라 상공(殤公)이다. 제후가 천자를 조현하는 것을 왕(王)이라고 한다. "宋公不王"은 "宋公不朝"라는 말과 같다. 두예는 "왕에게 공부를 바치지 않았다(不供王職)"라 하였는데 틀렸다. 그러나 사실 춘추시대에 왕을 조현하는 일은 매우 드물었다. 노나라를 예로 들어 말하면 12왕 240여 년간 『춘추』의 기록에 의하면 희공(僖公)만이 진문공(晉文公)이 패권을 잡은 일로 두 차례 주나라 천자를 조현했고, 성공(成公)이 진(秦)나라를 치는 일로 한 차례 경사(京師)에 갔으며, 은공과 환공의 29년간은 왕의 사신이 끊이지 않고 왕래했으나 두 임금은 일찍이 한 번도 왕을 조현한 적이 없었다. 정백(鄭伯)이 송나라가 주나라 천자를 조현하지 않는다고 송나라를 치는 것은 제환공이 초(楚)나라를 치면서 공물인 포모(包茅)를 바치지 않는다고 꾸짖은 것과 마찬가지로 모두 핑계에 지나지 않는다.

19 입부지역(入郛之役) : 은공 5년에 있었다. 은공은 일찍이 7년에 송나라를 위하여 주(邾)

不告命.	와서 보고를 하지 않았다.
公怒,	은공은 노하여
絶宋使.[20]	송나라 사자의 왕래를 끊었다.

秋,	가을에
鄭人以王命來告伐宋.[21]	정나라 사람이 천자의 명을 가지고 송나라를 친 일을 보고하였다.

冬,	겨울에
公會齊侯于防,[22]	은공이 제후와 방에서 모여
謀伐宋也.	송나라 칠 일을 모의하였다.

北戎侵鄭.[23]	북융이 정나라를 침공하였다.

나라를 쳐서 송나라를 기쁘게 해주려고 했는데 송나라는 그래도 석연치 않게 여겨 이때 침략을 당했는데도 노나라에 와서 알리지 않은 것이다.

20 절송사(絶宋使) : 이후로 은공과 송나라 상공은 더 이상 사자가 왕래하지 않았는데, 이를 두고 한 말이다.

21 정인~벌송(鄭人~伐宋) : 이전에 정나라가 송나라를 쳤지만 뜻을 얻지 못하였기 때문에 정나라가 다시 송나라를 칠 모의를 하여 주나라 천자의 명으로 와서 알린 것이다.

22 공회~우방(公會~于防) : 정백이 회맹에 참여하지 않은 것은 정나라가 북융(北戎)과 전쟁을 치렀기 때문일 것이다. 이 때문에 은공 10년에 다시 중구(中丘)의 회맹이 있게 된다.

23 북융(北戎) : 곧 장공 28년의 대융(大戎)과 소융〔小戎 : 지금의 산서성 교성현(交城縣)〕이거나 성공 원년의 모융(茅戎 : 지금의 산서성 平陸縣)일 것이다. 이들 여러 융족들은

鄭伯禦之,	정백이 그들을 막으면서
患戎師,	융의 군사를 두려워하며
曰,	말하기를
"彼徒我車,[24]	"저들은 보병이고 우리는 전차병이니
懼其侵軼我也."[25]	저들이 갑자기 뒤에서 우리를 습격할까 두렵다"라 하였다.
公子突曰,[26]	공자 돌이 말하기를
"使勇而無剛者,[27]	"용감하나 굳센 의지가 없는 병사를 시켜
嘗寇而速去之.[28]	적을 시험해 보고 속히 떠나게 하십시오.
君爲三覆以待之.[29]	임금님께서는 세 군데 복병을 두고 기다리십시오.

정나라와 멀지 않아 언제든지 정나라를 칠 수 있었다. 산융(山戎 : 지금의 하북성 盧龍縣 일대)이라면 정나라와 멀어서 이렇게 하지 못할 것이다.

24 피도아차(彼徒我車) : 도는 보병(步兵)이고 차는 전차병이다

25 침질(侵軼) : 『회남자 · 남명훈(覽冥訓)』 고유(高誘)의 주석에서 "뒤에서 앞으로 넘어오는 것을 질이라고 한다(自後過前曰軼)"라 하였다. "侵軼"은 한 단어로 갑자기 뒤쪽에서 뛰어 넘어와 우리를 침범한다는 뜻이다.

26 공자돌(公子突) : 곧 나중의 정나라 여공(厲公)이다.

27 용이무강(勇而無剛) : 용감하면 앞으로 나갈 수 있고, 굳센 의지가 없으면 후퇴하는 것을 수치스럽게 생각하지 않는다는 뜻으로, 이는 적을 유인하기에 적당한 병사라는 뜻이다.

28 상(嘗) : 시험하다〔試〕는 뜻이다. 시험 삼아 정탐하다.

29 삼복(三覆) : "覆"은 여기서 매복한 병사, 곧 복병을 가리킨다. 삼복은 복병을 세 곳으로 나누는 것을 말한다.

戎輕而不整,	융은 가볍고 정연하지 않으며
貪而無親,	탐욕스럽고 친하지가 않으므로
勝不相讓,	싸움에서 이겨도 서로 양보하지 않을 것이며
敗不相救.[30]	져도 서로를 구원하지 않을 것입니다.
先者見獲,	앞에 있는 자가 노획하는 것을 보면
必務進;	반드시 힘껏 나아갈 것이고,
進而遇覆,	나아가다 복병을 만나면
必速奔.[31]	반드시 재빨리 달아날 것입니다.
後者不救,	뒤에 있는 자들은 구원을 하지 않을 것이니
則無繼矣.[32]	뒤를 잇는 병사가 없을 것입니다.
乃可以逞."[33]	근심을 풀 수 있을 것입니다"라 하였다.

30 경이~상구(輕而~相救) : 경솔하고 질서가 없으며 탐욕스러워 단결이 되지 않기 때문에 싸움에서 이기면 이익을 다투느라 서로 양보하지 않고, 싸움에서 지면 사는 것만 탐내어 서로 구해 주지 않는다는 말이다.

31 선자~속분(先者~速奔) : 선행자가 노획할 수 있는 것이 있을 보면 반드시 오로지 전진만 할 것이며, 앞으로 나아가다가 복병이 갑자기 나타남을 만나면 즉시 빨리 달아날 것이라는 말이다.

32 후자~계의(後者~繼矣) : 뒤에 있는 사람이 앞서 가던 자들이 복병을 만난 것을 보면 달아나느라 어지럽게 흩어져 서로 구조를 하지 않으니 그 병사들은 후원군이 없다는 것을 말한다.

從之.	이에 그 말대로 하였다.
戎人之前遇覆者奔,	융 병사들로 앞에서 복병을 만난 자들은 달아났는데
祝聃逐之,[34]	축담이 좇아
衷戎師,[35]	융의 병사를 중간에서 끊고
前後擊之,	앞뒤에서 공격을 하여
盡殪.[36]	모두 섬멸하였다.
戎師大奔.[37]	융의 병사들은 크게 달아났다.
十一月甲寅,[38]	11월 갑인일에
鄭人大敗戎師.[39]	정나라 사람들이 융의 군사를 크게 물리쳤다.

33 령(逞) : 두예는 "푼다는 뜻이다(解也)"라 하였다. 푼다는 것은 우환을 풀 수 있다는 것을 이른다. 쾌의(快意)로 풀이하여도 뜻이 통한다.

34 축담(祝聃) : 정나라 대부로 복병을 통솔한 사람인 것 같다.

35 충융사(衷戎師) : "衷"자는 여기서 "가운데 중(中)"자의 가차자로 "중간에서 끊다(中斷)"는 뜻이다. 이는 세 군데서 복병이 갑자기 일어나 융의 병사들을 여러 무리로 갈라 놓은 것을 말한다.

36 진에(盡殪) : 에(殪)는 죽이다라는 뜻. 진에는 섬멸하다는 뜻과 같다.

37 융사대분(戎師大奔) : 앞서 가던 융의 군사가 매복을 만나 모두 죽자 뒤의 군사들은 서로 구원하지도 않고 달아나 궤멸된 것을 말한다.

38 십일월갑인(十一月甲寅) : 11월에는 갑인일이 없다.

39 정인~융사(鄭人~戎師) : 매복을 만난 융인들을 섬멸하고 크게 달아나는 자들까지 패퇴시켰으므로 "大敗戎師"라는 말로 마무리하여 말한 것이다.

은공 10년

經

十年春王二月,[1]	10년 봄 주력으로 2월에
公會齊侯, 鄭伯于中丘.[2]	은공이 제후, 정백과 중구에서 모였다.
夏,	여름에
翬帥師會齊人, 鄭人伐宋.[3]	휘가 군사를 이끌고 제나라 사람, 정나라 사람과 만나 송나라를 쳤다.
六月壬戌,[4]	6월 임술일에
公敗宋師于菅.[5]	은공이 송나라 군사를 관에서 물리쳤다.
辛未取郜.[6]	신미일에 고를 취하였고,

---

1 십년(十年) : 병진년 B.C. 713년으로 주환왕 7년이다. 동지는 지난해 12월 21일 경술일이었으므로 건축(建丑)이다. 이해에는 윤달이 있다.

2 중구(中丘) : 노나라 땅으로 은공 7년 『경』의 주석에 보인다.

3 『전』의 내용으로 보건대 제인(齊人)과 정인(鄭人)은 제희공(齊僖公)과 정장공(鄭莊公)을 가리킨다. 노나라 희공 이전에는 어떤 나라의 임금을 "~人"이라고 주로 일컬었으며, 희공 이후에는 진(秦)과 초(楚)나라 임금만 간혹 진인(秦人), 초인(楚人)이라고 부르다가, 선공(宣公) 5년 이후에는 진나라와 초나라의 임금까지도 "~人"이라 부르지 않았다. 이는 시대에 따라 칭위가 다른 것일 뿐 이른바 대의(大義)와 미언(微言)과는 아무런 상관이 없다.

4 임술(壬戌) : 7일이다.

5 관(菅) : 송나라의 지명으로, 지금의 산동성 단현(單縣) 북쪽에 있었을 것이다.

6 신미(辛未) : 16일이다.
고(郜) : 지금의 산동성 성무현(成武縣) 동남쪽 18리 지점에 있다.

辛巳取防.[7]	신사일에는 방을 취하였다.
秋,	가을에
宋人, 衛人入鄭.	송나라 사람과 위나라 사람이 정나라로 들어갔다.
宋人, 蔡人, 衛人伐戴.[8]	송나라 사람과 채나라 사람, 위나라 사람이 재나라를 쳤다.
鄭伯伐取之.	정백이 그들을 쳐서 가졌다.
冬十月壬午,[9]	겨울 10월 임오일에
齊人, 鄭人入郕.[10]	제나라 사람과 정나라 사람이 성나라로 들어갔다.

傳

十年春王正月,	10년 봄 주력으로 정월에
公會齊侯, 鄭伯于中丘.	공이 중구에서 제후와 정백을 만났다.

---

7 신사(辛巳) : 26일이다.
방(防) : 『방여기요(方輿紀要)』에 의하면 지금의 산동성 금향현(金鄕縣) 서남쪽 60리 지점에 있다. 이때부터 노나라에는 두 개의 방이란 고을에 있게 되었는데, 이곳의 방은 서방(西防)이고, 제나라에 가까운 것은 동방이다.

8 재(戴) : "戴"는 음이 "재"이며, 『공양전』과 『곡량전』에는 "載"로 되어 있고 『석문(釋文)』과 『정의(正義)』에도 "載"로 되어 있다. 지금의 하남성 민권현(民權縣) 동쪽에서 조금 북쪽 45리 지점은 송나라의 도읍에서 60여 리 떨어진 곳인데 곧 옛 재(載)나라가 있던 곳이다.

9 임오(壬午) : 29일이다.

10 성(郕) : 나라 이름으로 은공 5년의 『경』과 『전』에 보인다.

癸丑,[11]	계축일에
盟于鄧,	등에서 맹약을 맺고
爲師期.[12]	출병할 기일을 정했다.

夏五月,	여름 5월에
羽父先會齊侯, 鄭伯伐宋.[13]	우보가 먼저 제후 및 정백을 만나서 송나라를 쳤다.

六月戊申,[14]	6월 무신일에

11 계축(癸丑) : 『경』을 가지고 고증해 보면 축정(丑正) 2월(寅月) 계축일, 곧 2월 25일이다.

12 맹우~사기(盟于~師期) : 등(鄧)은 노나라 땅이다. 9년 방(防)의 회맹에 정백이 참여하지 못하였으므로 다시 이번 회맹을 가진 것이다. 『경』에서 "회합(會)"만 기록하고 "맹약(盟)"은 기록하지 않은 것에 대하여 두예는 은공이 귀국하여 조상의 사당에 고할 때 회합(會)에 대해서만 고하고, 맹약(盟)에 대해서는 고하지 않은 것 때문이라 생각하였다. 그러나 이는 억측이다. 『춘추』의 『경』 전체에서 회합과 맹약이 다른 곳에서 이루어졌는데도 모두 기록한 것은 양공 25년 여름 이의(夷儀)에서 회합을 갖고 가을에 중구(重丘)에서 맹약을 한 것 한 차례뿐이다. 이때는 큰 회합인 데다, 회합은 여름에 있었고 맹약은 가을에 있어서 시간적 거리가 2~3개월은 되었고, 그 사이에 또 정나라 군사가 진(陳)나라로 쳐들어간 일도 있고 해서 이를 나누어서 기록하지 않을 수 없었던 것이다. 나머지의 경우는 맹약이 회합을 포함하기도 하고〔이를테면 은공 8년에는 온(溫)에서 회합하고 와옥(瓦屋)에서 맹약을 했는데 『경』에서는 다만 맹약만 기록하였다〕, 어떤 때는 회합이 맹약을 포함하기도 하여〔이를테면 이번처럼 『경』에서는 다만 중구(中丘)에서의 회합만 기록한 것과 같다〕 깊은 뜻이 없다.

13 선회(先會) : 은공보다 먼저 군사를 이끌고 가서 만난 것을 말한다. 두예는 등에서 맹약한 본래 기일이 아님을 밝힌 것이라 하였는데 옳지 않다.

14 무신(戊申) : 6월에는 무신일이 없다. 무오일이라면 3일이다.

公會齊侯, 鄭伯于老桃.[15]	공이 제후와 정백을 노도에서 만났다.
壬戌,[16]	임술일에
公敗宋師于菅.	공이 송나라 군사를 관에서 물리쳤다.
庚午,[17]	경오일에
鄭師入郜.[18]	정나라 군사가 고에 들어갔다.
辛未,	신미일에
歸于我.	우리에게 돌아왔다.
庚辰,[19]	경진일에
鄭師入防.[20]	정나라 군사가 방에 들어갔다.
辛巳,	신사일에
歸于我.	우리에게 돌아왔다.

15 노도(老桃) : 두예는 송나라 땅이라 하였다. 혹자는 지금의 산동성 제령시(濟寧市) 동북쪽에 있는 도취향(桃聚鄕)이 곧 노도이며 노나라와 제나라의 경계에 있다고 하였는데, 옳지 않은 것 같다. 이곳은 회맹하기로 한 곳이 아닌데 아마 우보가 이미 군사를 이끌고 은공보다 먼저 가고, 은공은 나중에 이른 것이다.

16 임술(壬戌) : 7일이다.

17 경오(庚午) : 15일이다.

18 고(郜) : 본래 나라 이름이다. 주문왕의 아들이 봉해진 곳으로 춘추 이전에 송나라에게 멸망당하였다. 고나라에서 주조한 정(鼎)이 송나라에 의해 취하여졌으므로 노나라는 고나라의 정을 얻을 수 있었다.

19 경진(庚辰) : 25일이다.

20 방(防) : 여기서는 서방(西防)을 가리킨다.

君子謂鄭莊公"于是乎可謂正矣, 군자가 정나라 장공에 대하여 말하기를 "이번에는 정도에 맞다고 할 수 있겠다.

以王命討不庭,[21] 주천왕의 명으로 조현하지 않은 나라를 토벌하면서

不貪其土, 그 땅을 탐내지 않고

以勞王爵,[22] 천자의 높은 작위를 위로하였으니

正之體也."[23] 정치의 본체라 하겠다"라 하였다.

蔡人, 衛人, 郕人不會王命.[24] 채나라 사람, 위나라 사람, 성나라 사람들이 왕명에도 회합하지 않았다.

---

21 부정(不庭) : 정(庭)은 여기서 동사로 쓰였으며 조정에 조회하러 가는 것을 말한다. 곧 조현을 이르는 것이다. 『시경 · 대아 · 상무(大雅 · 常武)』편에 "서나라 바야흐로 와서 조현하네(徐方來庭)"라는 구절이 있다. 부정은 조현을 하지 않는 것이다. 9년의 『전』에 "송공이 주나라 천자를 조현하지 않았다(宋公不王)"라 하였으므로 여기서는 조현하지 않은 것을 토벌함을 이른다. 이 "不庭"은 명사로 곧 "부정한 나라(不庭之國)"로 곧 『시경 · 대아 · 한혁(大雅 · 韓奕)』편에 나오는 "내조(來朝)하지 않는 나라(不庭方)"를 말한다. 『관자 · 명법해(管子 · 明法解)』에 "공법을 폐하고 중신(重臣)들의 말만 듣는데, 이렇게 하면 뭇 신하들은 모두 그 당파에만 힘쓸 것이고 중신들은 그 임금을 잊게 되어 중신의 문으로는 달려가도 내조는 하지 않습니다(趨重臣之門而不庭). 그래서 『명법(明法)』에서 말하기를 '열 사람이 사인(私人)의 문에 이르지만 한 사람도 조종에 이르지는 않는다'라 하였다"라 하여 조정에 이르지 않는다는 것으로 "不庭"을 해석하였음을 알 수 있다. "庭"은 또 "寧"으로도 쓰며, 근친(覲親)하다, 문안드리다의 뜻이다. 『주역 · 비괘(周易 · 比卦)』에 "不寧方來"라는 말이 나오며 "앞서 내조하지 않던 나라가 이제야 바야흐로 내조하러 온다"는 뜻이다. 따라서 "不庭"과 "不寧"의 훈이 곧 부조(不朝)임을 알 수 있다. 성공(成公) 12년에 "而討不庭"이라는 말이 나오는데 두예는 "배반하여 천자의 조정에 와 있지 않은 사람을 치는 것"이라 하였는데 바로 이곳의 해석과 부합한다.

22 로(勞) : 거성(去聲)으로 위로하다, 호궤(犒饋)하다의 뜻이다.

23 정(正) : 곧 "정사 정(政)"자이다.

秋七月庚寅,[25]	가을 7월 경인일에
鄭師入郊,	정나라 군사가 교외로 들어와
猶在郊.[26]	여전히 교외에 있었다.
宋人, 衛人入鄭,[27]	송나라 사람과 위나라 사람들이 정나라로 들어갔는데
蔡人從之伐戴.	채나라 사람들이 그를 따라 재나라를 쳤다.
八月壬戌,[28]	8월 임술일에
鄭伯圍戴.	정백이 재나라를 쳤다.
癸亥,[29]	계해일에
克之,	그들과 싸워 이기고
取三師焉.[30]	세 나라의 군사를 취하였다.

---

24 채인~왕명(蔡人~王命) : 지난해 정백이 왕명으로 송나라를 치면서 관련이 있는 각 나라에 두루 이 사실을 알렸는데 채나라와 위나라, 성나라의 세 나라만 군사를 이끌고 송나라를 치지 않았다.

25 경인(庚寅) : 5일이다.

26 유재교(猶在郊) : 정나라 군사가 고(郜)와 방(防)에서 돌아와 본국의 먼 교외에 들어와 머물면서 아직 들어가지 않고 있는 것이다.

27 송인~입정(宋人~入鄭) : 송나라와 위나라가 빈틈을 타서 들어간 것이다.

28 임술(壬戌) : 8일이다.

29 계해(癸亥) : 9일이다.

30 취삼사언(取三師焉) : 가나자와 문고본(金澤文庫本)에는 "취"자 아래에 "그 기(其)"자가 있다. 세 나라가 이미 재(戴)나라에 들어가 정백이 포위를 해서 이겼으므로 세 나라의 군사를 취할 수 있었던 것이다.

宋, 衛旣入鄭,	송나라와 위나라가 이미 정나라로 들어갔는데
而以伐戴召蔡人,	재나라를 치는 것으로 채나라 사람들을 불렀다.
蔡人怒,	채나라 사람들이 노하여
故不和而敗.[31]	그로 인하여 화합을 하지 못하여 졌다.

九月戊寅,[32]	9월 무인일에
鄭伯入宋.[33]	정백이 송나라로 들어갔다.

冬,	겨울에
齊人, 鄭人入郕,	제나라 사람과 정나라 사람이 성으로 들어갔는데
討違王命也.[34]	주천자의 명을 어겼음을 성토하기 위함이었다.

---

31 송, 위~이패(宋, 衛~而敗) : 이 문장은 정나라 군사가 재(戴)나라를 포위한 지 이틀 만에 이기게 된 까닭을 보충 설명하고 있다.

32 구월무인(九月戊寅) : 이 해 9월에는 무인일이 없었다.

33 정백입송(鄭伯入宋) : 두예는 "정나라에 쳐들어온 것을 앙갚음한 것이다(報入鄭也)"라 하였다.

34 위왕명(違王命) : 성나라가 송나라를 치는 데 군사를 가지고 참여하지 않은 까닭이다.

은공 11년

經

十有一年春,[1] 11년 봄

滕侯, 薛侯來朝.[2] 등후와 설후가 내조하였다.

夏,[3] 여름에

公會鄭伯于時來.[4] 은공이 시래에서 정백과 회합하였다.

---

1 십유일년춘(十有一年春) : 기사년 B.C. 712년으로, 주환왕 8년이다. 동지가 지난해 12월 초2일 일묘일에 있었으며 건축(建丑)이다. "有"는 "又"의 뜻으로 읽는다. 갑골문과 금문에는 거의 "又"자로 되어 있다. 『춘추』의 『경』에는 정수와 영수(零數) 사이에 모두 "有"자를 첨가하였지만 『전』은 그렇지 않다.

2 등(滕) : 은공 7년 『경』의 주석에 보인다.

설(薛) : 임(任)씨 성의 나라이다. 두예는 전하는 기록이 없으며, 임금의 세계(世系)에 대하여 알 수 없다고 하였다. 정공(定公) 원년의 전에서는 해중(奚仲)이 설에 살았다고 하였다. 『국어 · 진어(晉語) 4』에서는 황제(黃帝)의 아들은 12성(姓)인데 임(任)씨도 그중 하나이니 설나라 또한 황제의 후손이다. 설나라는 본래 설성에 거주했는데 지금의 산동성 등현(滕縣) 남쪽 40리 지점이며, 나중에는 비(邳)로 옮겼는데 하비(下邳)라고도 하며 지금의 강소성 비현(邳縣) 동북쪽이다. 얼마 안 있어 또 상비(上邳)로 옮겼는데 곧 중훼성(仲虺城)으로 설성(薛城) 서쪽에 있다. 춘추 이후에는 다시 하비로 옮겼다. 청초(淸初) 염약거(閻若璩)의 『사서석지(四書釋地)』에서는 제나라 민왕(湣王) 3년에 전문〔田文 : 곧 맹상군(孟嘗君)〕을 설에 봉하였는데, 이해는 곧 설이 망하던 해이다.

조(朝) : 여러 가지 뜻이 있는데, 첫째 신하가 임금을 찾아뵙는 것을 말한다. 『맹자 · 공손추(公孫丑) 하』에 "맹자가 곧 임금을 뵈오려 하였다(孟子將朝王)"할 때의 경우가 이런 뜻이다. 이는 일상적인 조(朝)이다. 둘째, 제후가 천자를 찾아뵙는 것을 말한다. 『의례』에는 「근례(覲禮)」편이 있는데 이때의 의절(儀節)을 싣고 있다. 셋째, 제후끼리 서로 찾아보는 것도 조라고 한다. 전한(前漢) 시대 대덕(戴德)의 『대대예기 · 조사(大戴禮記 · 朝事)』에 "제후끼리 서로 찾아보는 예(諸侯相朝之禮)"라는 말이 나오는데 바로 이런 경우이다. 설나라는 노나라에 겨우 한번 내조했다. 이후로 소국은 대국, 특히 패왕(霸王)에게 내조하지 않으면 안 되었다.

3 하(夏) : 『공양전』과 『곡량전』에는 이 아래에 "5월(五月)"이란 두 글자가 더 있다.

4 시래(時來) : 『공양전』에는 "기려(祁黎)"로 되어 있다. 시래는 지금의 하남성 정주시(鄭

秋七月壬午,[5] 가을 7월 임오일에

公及齊侯, 鄭伯入許.[6] 은공 및 제후와 정백이 허나라로 들어갔다.

冬十有一月壬辰,[7] 겨울 11월 임진일에

公薨.[8] 은공께서 돌아가셨다.

傳

十一年春, 11년 봄에

滕侯, 薛侯來朝, 등후와 설후가 조회를 하러 왔는데

州市) 북쪽 30리 지점에 있을 것이다.

5 임오(壬午) : 3일이다.

6 허(許) : 강(姜)씨 성의 나라이다. 주무왕이 문숙(文叔)을 허에다 봉했으며 고성은 지금의 하남성 허창시(許昌市) 동쪽 36리 지점에 있다. 노나라 성공 15년에 허나라 영공(靈公)이 섭(葉)으로 천도하였는데 곧 지금의 하남성 섭현 남쪽에서 조금 서쪽 30리 지점이다. 소공 9년에 허나라 도공(悼公)이 이(夷)로 옮겼는데 실은 성보(城父)로 지금의 안휘성 박현(亳縣) 동남쪽 70리 지점의 성보집(城父集)이다. 허나라의 임금은 허촌(許村)에 장사 지내졌는데, 성보집과 그리 멀지 않다. 18년 만에 석(析)으로 옮겼는데 실은 백우(白羽)로 곧 지금의 하남성 서협현(西峽縣)이다. 정공 4년에 허남사(許男斯)가 용성(容城)으로 옮겼는데, 용성의 고성은 지금의 노산현(魯山縣) 남쪽에서 조금 동쪽 약 30리 지점에 있다. 전해지는 기물에 "허자종(許子鐘)"과 "허자장보(許子妝簠)"가 있는데, 여기에는 "許"자가 모두 "鄦"자로 되어 있으며, 『설문』에도 마찬가지이다. 문숙부터 장공(莊公)까지는 11대째로 『춘추』에 처음 보인다. 전국 초기에 위(魏)나라에 의해 멸망당했다.

7 임진(壬辰) : 11일이다.

8 공홍(公薨) : 피살된 노나라 임금은 셋인데, 은공과 환공, 민공이다. 그러나 환공은 제나라 사람에게 피살되었고, 은공과 민공은 국내에서 피살되었다. 환공의 죽음은 "환공은 제나라에서 죽었다(公薨于齊)"라고 기록하고 또한 장례까지도 기록하였지만, 은공과 민공은 "공이 돌아가셨다(公薨)"라고만 기록하고 어느 곳에서 죽었는지 말하지도 않았고 또한 장례에 대해서도 기록하지 않았다.

爭長.[9]	선후를 다투었다.
薛侯曰,	설후가 말하기를
"我先封."[10]	"우리나라가 먼저 봉해졌다"라 하였다.
滕侯曰,	등후가 말했다.
"我,	"우리는
周之卜正也;[11]	주나라의 복정이고,
薛,	설나라는
庶姓也,[12]	서자의 성이니
我不可以後之."	우리가 뒤로 처질 수는 없소."
公使羽父請于薛侯曰,	은공이 우보로 하여금 설후에게 청하여 말하게 하였다.
"君與滕侯辱在寡人,[13]	"임금님과 등후께서 욕되이 과인에게 문후코자 왔는데
周諺有之曰,	주나라 속담에 이런 말이 있소.

9 쟁장(爭長) : 장은 상성(上聲)이다. 쟁장은 행례의 선후를 다투는 것이다.
10 아선봉(我先封) : 설나라의 선조는 해중(奚仲)으로 설에 거처하였으며, 하(夏) 왕조의 거정(車正)이 되었으니, 설은 하나라 때 봉해졌다.
11 복정(卜正) : 관명으로 점복을 보는 관직의 우두머리이다. 『주례 · 춘관(春官)』의 태복(太卜)이 바로 이 관직이다.
12 서성(庶姓) : 주나라와 동성(同姓)이 아니라는 것이다.
13 욕(辱) : 부사로 쓰여 공경을 나타냄.
재(在) : 존문(存問), 존후(存候). 안부를 물음.

‘山有木,	‘산에 나무가 있으면
工則度之;[14]	공장(工匠)이 가다듬고,
賓有禮,	손님에게 예의가 있으면
主則擇之.’[15]	주인이 그를 택한다.’
周之宗盟,[16]	주나라의 제후가 회맹할 때는
異姓爲後.[17]	이성의 순서가 나중이 됩니다.
寡人若朝于薛,	과인이 설나라로 가서 조현한다면

---

14 탁(度) : 『이아 · 석기(釋器)』 곽박(郭璞)의 주석에서는 “탁(剫)”이라 하였다. 나무를 가공하는 것을 “剫”이라 한다. 또한 길이를 측량하는 것으로 해석할 수도 있다.

15 탁 · 택(度 · 擇) : 운자(韻字)이다. 두 자의 고원음(古元音)은 같다.

16 종맹(宗盟) : 병렬 구조임. 『주례 · 대종백(大宗伯)』에 “빈객의 예로 방백(邦伯)에 가까워지는데 봄에 뵙는 것을 조(朝)라 하고, 여름에 뵙는 것을 종(宗), 가을에 뵙는 것을 근(覲), 겨울에 뵙는 것을 우(遇)라 하며, 철마다 뵙는 것을 회(會)라 하고, 방위에 따라 계절별로 나누어 뵙는 것을 동(同)이라 한다”라 하였다. 종(宗) 역시 회동(會同)의 한 명칭임을 알 수 있다. 『상서 · 우공(禹貢)』편에 “장강과 한수가 바다에서 모인다(江漢朝宗于海)”라 하였는데, 조 · 종(朝 · 宗)은 같은 뜻의 말이 병렬되어 하나의 단어가 된 것이다. 종맹은 곧 회맹(會盟)의 뜻이다.

17 이성(異姓) : 도홍경(陶鴻慶 : 1859~1918)의 『좌전별소(左傳別疏)』에서는 이렇게 말했다. “『주례 · 춘관 · 사의직(春官 · 司儀職)』에서는 ‘서성에게는 손을 내려서 읍을 하고, 이성에게는 손을 평행되게 읍을 하고, 동성에게는 손을 약간 들어 읍을 한다(土揖庶姓, 時揖異姓, 天揖同姓)’라 하였는데, 정현(鄭玄)은 ‘서성은 친하지 않은 것이며, 이성은 혼인으로 맺어진 것이다’라 하였다. 가공언(賈公彦)의 주석에서는 ‘〈토읍서성〉 이하 먼 사이를 먼저하고 친한 사이는 나중에 한다’라 하였다. 애공 24년의 『전』에서 주공(周公) 및 무공(武公)이 설나라에서 아내를 맞는데 설나라는 노나라와 혼인한 관계이기 때문에 등후(滕侯)는 ‘서성’이라 하였고 은공은 ‘이성’이라 말하였다. 서(庶)는 비칭이고 이(異)에는 대등한 신분이라는 뜻이 있다. 등후는 배척하는 데 뜻을 두고 있고 은공은 평등하다는 데 뜻을 두고 있다. 한마디를 다르게 써도 어기가 완연하다. 좌씨(左氏)가 말을 닦는 데 정밀함이 이러하다.”

不敢與諸任齒.[18]	감히 임씨의 제후들과는 동등하기를 바라지 않을 것입니다.
君若辱貺寡人,	임금님께서 욕되이 과인에게 은혜를 내려 주시고자 한다면
則願以滕君爲請."[19]	원컨대 등나라 임금이 먼저 조현하기를 청합니다."
薛侯許之,	설후가 허락하자
乃長滕侯.[20]	이에 등후가 먼저 예를 올리게 하였다.

夏,	여름에
公會鄭伯于郲,[21]	공이 내에서 정백을 만났는데
謀伐許也.	허나라를 칠 것을 모의하기 위함이었다.
鄭伯將伐許.	정백이 허나라를 치려고 하였다.
五月甲辰,[22]	5월 갑진일에

---

18 제임(諸任) : 임씨 성을 가진 여러 나라. 『정의(正義)』에서는 『세본성씨편(世本姓氏篇)』을 인용하여 임씨 성을 가진 나라로 사(謝)·장(章)·설(薛)·서(舒)·여(呂)·축(祝)·종(終)·천(泉)·필(畢)·과(過)나라가 있다고 하였다.
치(齒) : 열(列)과 같은 뜻. "不敢與齒"는 감히 동열에 둘 수 없다는 말이다.

19 설후가 등후를 따르기를 바란다는 말이다.

20 장(長) : 역시 상성이며 사동용법으로 쓰였다. 등후를 설후보다 앞장서게 한다는 말이다.

21 내(郲) : 『경』에는 "시래(時來)"로 되어 있다. 『경』의 주석을 보라.

22 갑진(甲辰) : 24일이다.

授兵於大宮.[23]	태묘(太廟)에서 병기를 나누어 주었다.
公孫閼與潁考叔爭車,[24]	공손알과 영고숙이 수레를 다투었는데
潁考叔挾輈以走,[25]	영고숙이 수레의 끌채를 끼고 달아나자
子都拔棘以逐之.[26]	자도는 창을 뽑아 들고 그를 쫓았지만
及大逵,[27]	큰길까지 미쳤으나

---

23 병(兵) : 병기(兵器).
태궁(大宮) : "大"는 "太"와 같다. 태궁은 정나라의 조묘(祖廟)이다. 문공 2년의 『전』에 "정나라의 조상은 여왕이다(鄭祖厲王)"라 하였으니 정나라의 태궁은 주나라 여왕의 사당이다. 옛날에는 병기를 나라에 수장해 두었다가 전쟁이 일어나면 나누어 주었으며, 전쟁이 끝나면 다시 거두어들였다.

24 공손알(公孫閼) : 정나라 대부이다.

25 주(輈) : 수레의 끌채. 멍에를 연결하는 데 쓰이는 지렛대로 후단은 수레의 바퀴 축과 연결되어 있으며 물건을 싣는 것은 수레를 끄는 동물의 양쪽으로 두 개가 있는데 원(轅)이라 하며, 병거용은 두 짐승의 중간에 하나의 굽은 끌채가 나 있는데 것을 주(輈)라고 한다. 태묘에서 병거 및 무기를 나누어 줄 때 수레에는 아직 멍에를 메우지 않았기 때문에 영고숙이 이 수레를 빼앗아 끌채를 끼고 달아난 것이다.
주(走) : 옛날에는 달아난다는 뜻으로 쓰였다. 천천히 걷는 것을 보(步)라 하며, 빨리 걷는 것을 추(趨)라 하고, 추(趨)를 빨리 하는 것을 주(走)라고 한다.

26 극(棘) : 곧 극(戟)이다. 극은 과(戈 : 베는 창)와 모(矛 : 찌르는 창)의 두 가지 병기가 합쳐진 형태로, 자루의 앞에는 곧은 칼을 달아 적을 찌르고 곁에는 횡으로 난 날을 달아 적을 찍도록 한 것으로, 베고 찌르는 두 가지 작용을 겸한 무기이다. 요즘 출토되는 극은 거의가 전국시대의 동극(銅戟)이다.

27 대규(大逵) : 규(逵)는 넓어서 아홉 대의 거마(車馬)를 동시에 수용할 수 있는 큰 길. 이런 도로는 사통팔달(四通八達)할 수 있으므로 『이아』에서는 "아홉 군데로 이를 수 있는 것을 규라고 한다(九達謂之逵)"라 하였다. 『좌전』에는 이외에도 규시(逵市), 규로(逵路) 등의 말이 나오는데 모두 같다. 정나라에 대규가 있었고, 노나라에는 규천(逵泉)이

弗及, 그를 따라잡지 못해

子都怒. 자도는 노하였다.

秋七月, 가을 7월에

公會齊侯, 鄭伯伐許. 공이 제후와 정백을 만나 허나라를 쳤다.

庚辰,[28] 경진일에

傅于許.[29] 허나라에 접근하여

潁考叔取鄭伯之旗蝥弧以先登,[30] 영고숙이 정백의 기인 무호를 잡고 먼저 올라가자

子都自下射之, 자도가 아래에서 쏘아

顚.[31] 떨어뜨렸다.

瑕叔盈又以蝥弧登,[32] 하숙영이 또 무호를 가지고 올라

있는데 역시 같은 뜻이다. 한 나라의 도읍에는 반드시 가장 넓은 사방으로 통하는 대로가 있었는데 모두 다 규(逵)라고 부를 수 있었다.

28 경진(庚辰) : 초1일이다.

29 부우허(傅于許) : 부(傅)는 박(薄)과 같은 의미로 붙다, 다가서다의 뜻이다. "傅于許"는 대군이 허나라의 성에 접근하여 공격한다는 뜻이다. 선공 12년과 양공 6년과 9년, 25년의 『전』에도 같은 글자가 나오는데 모두 같은 뜻이다.

30 무호(蝥弧) : 정백의 깃발 이름. 제후(齊侯)의 깃발 이름을 영고피(靈姑銔)라고 하는 것과 마찬가지 경우이다.

31 전(顚) : 성 위에서 아래로 떨어지는 것을 말한다. 뒤에 나오는 『전』을 보면 떨어져 죽었음을 알 수 있다.

32 하숙영(瑕叔盈) : 정나라의 대부.

周麾而呼曰,[33]	두루 휘두르며 소리쳐 말하기를
"君登矣!"	"임금께서 오르셨다!"라 하자
鄭師畢登.	정나라 군사들이 모두 올랐다.
壬午,	임오일에
遂入許.[34]	마침내 허나라로 들어갔다.
許莊公奔衛.[35]	허나라 장공은 위나라로 달아났다.
齊侯以許讓公.[36]	제후는 허나라를 은공에게 맡기려 했다.
公曰,	공이 말하였다.
"君謂許不共,[37]	"임금께서 허나라가 법도를 지키지 않아
故從君討之.	임금님을 좇아 허나라를 친 것입니다.
許旣伏其罪矣,	허나라가 이미 죗값을 치르고

33 주휘(周麾) : 주(周)는 "널리"의 뜻. 휘(麾)는 깃발을 휘둘러 움직여 대군을 부르는 것이다.

34 입허(入許) : 정장공이 허나라에 들어간 것 같다.

35 허장공분위(許莊公奔衛) : 허장공이 위나라로 달아난 것에 대해 『경』에서는 기록하지 않았는데, 이는 또한 정공(定公) 4년 오나라 사람이 영(郢)으로 들어갔으나 『경』에서는 초소왕(楚昭王)이 달아난 것을 기록하지 않은 것과 같다.

36 제후이허양공(齊侯以許讓公) : 노나라는 원래 허나라의 전지(田地)를 갖고 있었다. 은공 8년의 정백이 태산의 팽(祊)을 허나라의 전지(田地)와 바꾸었다는 기록이 있는데 그곳의 주석을 보라. 이것이 아마 제후(齊侯)가 허나라를 노나라에 양보하려 한 까닭인 것 같다.

37 불공(不共) : 공(共)은 법(法)과 같은 뜻이다. 불공은 불법(不法)과 같다.

雖君有命, 비록 임금께서 명령을 하시나

寡人弗敢與聞."[38] 과인은 감히 듣지 않겠습니다."

乃與鄭人. 이에 정나라 사람에게 주었다.

鄭伯使許大夫百里奉許叔以居許東偏,[39] 정백은 허나라 대부인 백리로 하여금 허숙을 받들고 허나라 동쪽 변두리에서 살게 하고는

曰, 말하기를

"天禍許國, "하늘이 허나라에 화를 내리고

鬼神實不逞于許君,[40] 귀신도 실로 허나라 임금을 마음에 들지 않아 해서

而假手于我寡人,[41] 나 과인에게서 손을 빌렸는데

寡人唯是一二父兄不能共億,[42] 과인은 한두 부형마저 편히 살 수 있게 하지 못하고 있는 몸이니,

---

38 복기죄~불감여문(伏其罪~弗敢與聞) : 은공이 허나라를 보존하여 사적으로 갖지 않으려는 뜻인 것 같다.

39 허숙(許叔) : 두예 및 『세족보(世族譜)』에 의하면 허숙은 허장공(許莊公)의 아우로 이름은 정(鄭)이고 시호는 환공(桓公)이다. 청나라 요언거(姚彦渠)의 『춘추회요(春秋會要)』에서는 허목공(許穆公)이라고 하였는데, 이름은 신신(新臣)이다.
허동편(許東偏) : 허나라 성의 동쪽을 말한다.

40 불령(不逞) : 불쾌(不快), 불만(不滿)과 같은 뜻이다.

41 가수(假手) : 차수(借手)라는 말과 같으며, 나의 손을 빌려서 토벌했다는 뜻이다. 가수는 당시의 상투어였다. 이를테면 『국어 · 진어(晉語) 1』에 "꼭 무왕의 손을 빌릴 필요가 없다(無必假手于武王)"는 말이 있고, 『후한서 · 단경전(後漢書 · 段熲傳)』에도 "하느님이 진노하시면 손을 빌려 벌을 내린다(上天震怒, 假手行誅)"라는 말이 있다. 허나라를 토벌한 전쟁에는 정나라의 힘이 컸으므로 "정백이 ……"한 것이다.

42 공억(共億) : 공(共)은 거성(去聲)이다. 공억은 상안(相安)과 같은 말이다.

其敢以許自爲功乎?[43] 어찌 감히 허나라를 가지고 스스로 공을 세웠다 하겠는가?

寡人有弟, 과인에게는 아우가 있는데

不能和協, 서로 화목하게 지낼 수 없어

而使餬其口于四方,[44] 사방을 떠돌며 입에 풀칠만 하게 하거늘

其況能久有許乎? 하물며 허나라를 오래 가질 수 있겠는가?

吾子其奉許叔以撫柔此民也,[45] 그대가 허숙을 받들어 이 백성들을 부드럽게 어루만진다면

吾將使獲也佐吾子.[46] 내 장차 획으로 하여금 그대를 돕게 할 것이오.

若寡人得沒于地,[47] 과인이 죽어 땅에 묻힌 뒤에

天其以禮悔禍于許,[48] 하늘이 예의로 허나라에 화를 내린 것을 후회하게 한다면

---

43 기(其) : "어찌 기(豈)"자와 같은 뜻으로 쓰였음.

44 유제~사방(有弟~四方) : 공숙단(共叔段)을 가리켜 말한 것이다. 은공 원년의 『전』에 상세히 보인다.
호구(餬口) : 호(餬)는 도배할 때 쓰는 묽은 죽을 말함. 호구는 묽은 죽을 입에 대주는 것을 말함. "호구어사방"은 사방을 떠돌아다니며 기식(寄食)한다는 뜻임.

45 오자(吾子) : 친근감과 존경감을 나타내는 칭위(稱謂) 대명사.
기(其) : 명령 부사(副詞).
무유(撫柔) : 유(柔)는 화(和), 안(安)과 같은 뜻. 무유는 무안(撫安)과 같은 뜻.

46 획야(獲也) : 획은 곧 다음의 공손획(公孫獲)으로 정나라 대부이다. 획 다음의 야(也)자는 정중함을 나타내는 어기조사이다.

47 득몰우지(得沒于地) : 천수를 다 누리고 죽는 것을 말한다.

無寧茲許公復奉其社稷,[49]	차라리 이에 허공으로 하여금 다시 사직을 받들게 하고
唯我鄭國之有請謁焉,[50]	우리 정나라가 부탁이 있을 때에는
如舊昏媾,[51]	오랜 혼인 사돈처럼
其能降以相從也.[52]	낮추어서 서로 좇지 않겠는가?
無滋他族實偪處此,[53]	그리고 다른 나라 족속으로 하여금 이곳을 압박하여 들어와 살게 하여
以與我鄭國爭此土也.	우리 정나라와 이 땅을 놓고 다투는 일이 없게 하게나.
吾子孫其覆亡之不暇,[54]	나의 자손들은 자기 나라의 망하는 것을 구할 겨를도 없을 것인데

---

48 천기~우허(天其~于許) : 하늘이 허나라에 내렸던 화를 철회함을 말한다.

49 무령(無寧) : 녕(寧)과 마찬가지이다. 무(無)는 발어사로 아무런 뜻이 없으며 부정사로 보면 안 된다.
자(茲) : 하여금. 이 구절의 뜻은 허공으로 하여금 국정을 다시 잡게 하길 바란다는 것이다.

50 알(謁) : 청(請)하다는 뜻이다. 이 구절은 일부가 생략되어 있는데 전 구절은 "우리 정나라가 부탁이 있을 때에는 이를 들어주어(唯我鄭國之有請謁而是請)"가 되어야 한다.

51 여구혼구(如舊昏媾) : 서로 친하기가 오래전에 통혼한 나라 같다는 말이다.

52 기(其) : 어기부사로 불긍정(不肯定)을 나타냄.
항(降) : 항심(降心)을 말함.

53 자(滋) : 자(茲)와 같으며, "하여금"이라는 뜻이다.

54 복망지불가(覆亡之不暇) : 복(覆)은 『시경 · 대아 · 생민(大雅 · 生民)』편의 "새가 날개로 덮어 주고 깔아 주네(鳥覆翼之)"의 "覆"과 같다. 새가 날개를 펼쳐 아기 새를 덮어 주는 것인데 나중에 뜻이 인신되어 구호(救護)한다는 뜻이 되었다. 복망(覆亡)은 위망(危亡)을 당기어 구원한다는 뜻이다. 이 구절의 뜻은 위망을 구할 겨를도 없다는 뜻이다. 전체의 뜻은 위 구절을 이어받아 다른 족속들을 핍박하여 여기서 살게 한다면 정나라와 다투어 정나라는 패망하는 나라를 구호하느라 바쁠 것이라는 것.

而況能禋祀許乎?[55]	하물며 허나라의 제사를 지낼 수가 있겠는가?
寡人之使吾子處此,	과인이 그대를 이곳에 살게 하는 것은
不唯許國之爲,	다만 허나라를 위한 것일 뿐만 아니라
亦聊以固吾圉也."[56]	또한 애오라지 우리 국경을 견고하게 하려 함이기도 하다"라 하였다.
乃使公孫獲處許西偏,	이에 공손획으로 하여금 허나라 서쪽 변두리에 살게 하고는
曰,	말하기를
"凡而器用財賄,[57]	"무릇 너의 각종 기물이며 재물을
無寘於許.[58]	허나라에 두지 마라.
我死,	내가 죽거든
乃亟去之![59]	빨리 그것을 없애 버려라!

55 인사(禋祀) : 인(禋)은 청결하고 정성을 다하여 제사를 지내는 것을 말함. 이 구절의 뜻은 정나라가 자구책(自救策)에 바쁘면 또한 허나라의 토지도 유지하기가 힘들 것이라는 말이다.

56 어(圉) : 변경(邊境)을 말함.

57 이(而) : 인칭대명사로 "너 이(爾)"자와 같은 뜻이다.
기용재회(器用財賄) : 재회(財賄)는 재화(財貨)와 같은 말이다. "器用財賄"는 당시의 상투어로 『좌전』에 자주 보인다.

58 무(無) : 금지를 나타내는 부사. ~하지 마라의 뜻.

59 극(亟) : "자주"라는 뜻으로 쓰일 때는 "기"로 읽으며, "극"으로 읽으면 "빨리"라는 뜻이 된다.

吾先君新邑於此,[60]	우리 선군께서 이곳에 새로 도읍을 정했을 때
王室而既卑矣,	왕실은 이미 권위가 떨어지기 시작했고
周之子孫日失其序.[61]	주나라의 자손들은 날로 그 유업을 잃어 갔다.
夫許,	대체로 허나라는
大岳之胤也.[62]	태악의 후손이다.
天而既厭周德矣,[63]	하늘이 이미 주나라의 덕을 싫어하고 있는데

---

60 신읍어차(新邑於此) : 신정(新鄭) 일대를 가리킴. 정나라는 처음에 서주(西周)에 의해 봉해졌으며, 국토는 지금의 섬서성 화현(華縣) 동북쪽 20리 지점이다. 동천(東遷)한 후에 정환공(鄭桓公)이 괵(虢)나라와 회(檜)나라를 쳐서 그 토지를 병탄하여 이곳에다 나라를 세웠다.

61 서(序) : 서업(緖業), 곧 유업(遺業)과 같은 뜻. 대대로 이어받은 공업(功業). 『시경 · 주송 · 열문(周頌 · 烈文)』의 "유서(遺緖) 이어받아 크게 할지어다(繼序其皇之)"와 『시경 · 주송 · 민여소자(周頌 · 閔予小子)』의 "유서 이어받음 어김없으시네(繼序思不忘)"의 "序"자와 같은 뜻임. 정나라 또한 주나라의 자손인데, 여기서는 희(姬)씨 성의 역량이 이미 점차 쇠락해 간다는 것을 이름.

62 태악(大岳) : "大"는 "太"와 같다. 태악은 곧 사악(四岳)이다. 『국어 · 주어(周語) 하』에서 "공공씨(共工氏)의 후손인 사악이 그를 보좌하였는데 …… 신나라와 여나라는 비록 쇠락했지만 제나라와 허나라는 아직도 있다(共之從孫四岳佐之……申 · 呂雖衰, 齊 · 許猶在)"라 하였고, 또 『국어 · 주어 중』에서는 "제나라와 허나라, 신나라와 여나라는 태강에게서 나왔다(齊 · 許 · 申 · 呂由太姜)"라 한 것으로 알 수 있다. 옛날에는 허나라는 요임금 때의 사악 백이(伯夷)의 후손이라 하였는데 믿을 수 없다.
윤(胤) : 후손(後孫), 후대(後代).

63 염(厭) : 싫증이 나서 버림.

吾其能與許爭乎."[64]	우리가 어찌 허나라와 다툴 수가 있겠느냐?"
君子謂鄭莊公,	군자가 정나라의 장공에 대해 말하기를
"於是乎有禮.	"이번 일에 예의를 갖추었다.
禮,	예라고 하는 것은
經國家,[65]	나라를 다스리고
定社稷,[66]	사직을 안정시키며
序民人,[67]	백성이 질서를 잡게 하고
利後嗣者也.	후사를 이롭게 하는 것이다.
許,	허나라는
無刑而伐之,[68]	법도를 어기어 쳤으며
服而舍之,[69]	죄를 인정하자 용서를 하였고
度德而處之,[70]	덕을 잘 헤아려 처리를 하였으며
量力而行之.	능력을 잘 헤아려 행동을 하였다.

64 기(其) : "어찌 기(豈)"의 뜻으로 쓰였음.
65 경(經) : 경영하고 다스리다.
66 정(定) : 안정시키다.
67 서민인(序民人) : 백성들로 하여금 일정한 질서나 차서, 등급을 갖게 하다.
68 무형(無刑) : 불법(不法)이라는 말과 같다. 법도를 위반하다.
69 사(舍) : "捨"와 같음.
70 탁(度) : 헤아리다.
처지(處之) : 이 일을 처리하다.

相時而動,[71]	때를 살피어 움직여서
無累後人,[72]	후손들에게 누를 끼치지 않았으니
可謂知禮矣."	예를 안다고 할 수 있겠다"라 하였다.

鄭伯使卒出豭,[73]	정백은 매 졸들에게 수퇘지를 내게 하고
行出犬, 鷄,[74]	매 항에게는 개나 닭을 내게 하여
以詛射潁考叔者.[75]	영고숙을 쏜 자를 저주하게 하였다.

---

71 상시(相時) : "相"은 거성(去聲)이다. 상시는 곧 위의 "내가 죽거든 빨리 그것을 없애버려라!(我死, 乃亟去之)"라 한 것을 가리켜 말한 것이다.

72 무루후인(無累後人) : 무(無)는 부정부사 "아니 불(不)"자와 같은 용법으로 쓰였다. 루(累)는 거성으로 근심하다, 걱정하다의 뜻이다. 후인들에게 근심과 두려움을 남기지 않는다는 뜻이다.

73 졸(卒) : 1백 인(人)을 졸이라고 한다.
가(豭) : 수퇘지. 제사를 지낼 때 주나라에서는 암컷을 쓰지 않았다.

74 항(行) : 25인을 항이라고 한다.
출견계(出犬鷄) : 어떤 사람에게는 개를 내도록 하고 어떤 사람에게는 닭을 내게 하다.
가견계(豭犬鷄) : 『시경 · 소아 · 하인사(小雅 · 何人斯)』에 "이 세 가지 내어놓고, 그대 저주하리(出此三物, 以詛爾斯)"라는 구절이 있는데, 모씨(毛氏)의 주석에서는 "세 가지는 돼지와 개, 닭이다. 임금은 돼지를, 신하는 개를, 백성은 닭을 낸다(三物, 豕犬雞也. 君以豕, 臣以犬, 民以雞)"라 하였다. 옛날에 사람들이 신에게 제사를 지내 저주할 때 돼지와 개, 닭을 썼음을 알 수 있다.

75 저석영고숙자(詛射潁考叔者) : 저(詛)는 신에게 제사를 지내 어떤 사람에게 화를 입도록 비는 것이다. 소공(昭公) 20년의 『전』에 "백성들이 괴로워하여 남녀가 모두 저주하고 있습니다. (임금님께) 득이 있기를 바라도 (백성들이) 저주하면 또한 화가 있게 마련입니다(民人苦病, 夫婦皆詛. 祝有益也, 詛亦有損)"라는 기록이 있다. 영고숙을 쏜 사람은 분명히 공손알인데도 정장공은 일부러 모르는 체하며 군사들에게 저주하게 하였다. 공손알은 곧 『시경 · 정풍 · 산유부소(鄭風 · 山有扶蘇)』의 구절 "자도는 보지 않고, 미치광이

君子謂鄭莊公"失政刑矣.	군자가 정나라 장공에 대하여 말하기를 "정치와 형법의 원칙을 잃었도다.
政以治民,	정치는 백성을 다스리는 것이고
刑以正邪.	형법은 사악함을 바로잡는 것이다.
旣無德政,	덕 있는 정치가 없다면
又無威刑,	또한 위엄 있는 형법이 없을 것이며
是以及邪.[76]	이런 까닭으로 사악함에 미치게 된다.
邪而詛之,	사악하면서도 저주를 하니
將何益矣!"	장차 무슨 좋은 점이 있겠는가?" 라 하였다.

王取鄔, 劉, 蔿, 邘之田于鄭,[77]	주나라 왕이 정나라에게서 오와 유, 위, 우의 땅을 취하고
而與鄭人蘇忿生之田,	정나라 사람 소분생의 땅

못난이 본다네(不見子都, 乃見狂且)"의 자도가 아닌가 한다. 자도는 용모가 아름다워 장공의 총애를 얻었으므로 장공이 형벌을 내리고 싶어 하지 않아 평민들을 노하게 하는 계책을 써서 이 방책을 쓴 것 같다.

76 급사(及邪) : 대신들끼리 화목하지 못하여 전쟁을 할 때 적진에 먼저 오른 사람을 쏘는 것을 말함.

77 오류위우(鄔劉蔿邘) : 유읍(劉邑)은 지금의 하남성 언사현(偃師縣) 남쪽에 있으며 오는 유의 서남쪽에 있다. 위읍은 하남성 맹진현(孟津縣) 동북쪽에 있다. 우읍은 지금의 하남성 심양현(沁陽縣) 서북쪽에 우대진(邘臺鎭)이 있는데 옛 우성(邘城)이다.

溫, 原, 絺, 樊, 隰郕, 欑茅, 向, 盟, 州, 陘, 隤, 懷.[78] 온과 원, 치, 번, 습성, 찬모, 상, 맹, 주, 형, 퇴, 회를 주었다.

君子是以知桓王之失鄭也.[79] 군자는 이 때문에 환왕이 정나라를 잃을 것임을 알았다.

---

78 소분생~퇴회(蘇忿生~隤懷) : 성공 11년 『전』에 "옛날에 주나라가 상나라를 이기자 제후들로 하여금 봉토를 위무하게 함에 소분생은 온 땅으로 사구가 되게 하였다(昔周克商, 使諸侯撫封, 蘇忿生以溫爲司寇)" 하였으니 소분생은 곧 주무왕 때 사구로 온에 봉해진 사람이다. 온은 곧 은공 3년에 "온의 보리를 베어갔다(取溫之麥)"고 한 온으로 옛 성은 지금의 하남성 온현(溫縣) 조금 남쪽 30리 지점에 있다. 『장공』 19년의 『전』에 의거하여 볼 것 같으면 온은 장공 19년까지도 여전히 소씨의 봉읍지였다.

원(原) : 지금의 하남성 제원현(濟源縣) 북쪽에서 조금 서쪽에 원향(原鄕)이 있는데 바로 이곳이다.

치(絺) : 지금의 하남성 심양현(沁陽縣) 서쪽에서 조금 남쪽에 옛 치성(絺城)이 있다.

번(樊) : 양번(陽樊)이라고도 하며, 지금의 제원현(濟源縣) 동남쪽 약 20리 지점에 고양성(古陽城)이 있는데 바로 이곳이다.

습성(隰郕) : 청나라 왕인지(王引之)의 『경의술문(經義述聞)』의 고증에 의하면 본래는 "隰成", 곧 "濕城"인데 후인들이 성(郕)으로 잘못 고쳤다고 하였다. 지금의 하남성 무보현(武步縣) 서남쪽에 있을 것이다.

찬모(欑茅) : 지금의 하남성 수무현(修武縣)에 대륙촌(大陸村)이 있는데 바로 이곳이다.

상(向) : 지금의 하남성 제원현(濟源縣) 남쪽에서 조금 서쪽으로 20여 리 지점에 옛 상성이 있다.

맹(盟) : 지금의 하남성 맹현(孟縣) 남쪽에서 조금 서쪽으로 수 리 지점에 있다.

주(州) : 지금의 하남성 심양현(沁陽縣) 동쪽에서 조금 남쪽으로 50리 지점에 있다.

형(陘) : 지금의 하남성 심양현(沁陽縣) 서북쪽 30리 지점에 있다.

퇴(隤) : 지금의 하남성 획가현(獲嘉縣) 북쪽 약 25리 지점에 있다.

회(懷) : 지금의 하남성 무척현(武陟縣) 서남쪽 습성(隰郕)의 북쪽에 있다.

두예는 모두 11읍으로 보았는데, 청나라 심흠한(沈欽韓)의 『춘추지명보주(春秋地名補注)』〔이하 『지명보주(地名補注)』〕에서는 『정의(正義)』에서 인용한 『괄지지(括地志)』〔당대(唐代)의 학자 복왕태(濮王泰) 등이 편찬한 지지(地志)〕에 의거하여 찬(欑)과 모(茅)는 두 읍이며, 두예가 잘못하여 한 읍으로 합쳤으니 13읍이라 하였다. 여기서는 두예를 따른다.

79 시이(是以) : "以是"의 도치형. 이 때문에. "是"는 대명사로 아래의 문장에서 말하는 것을 가리킴.

恕而行之,	용서하고 행하는 것은
德之則也,	덕의 준칙이며
禮之經也.	예의 상규(常規)이다.
己弗能有,	자기는 그것을 가질 수 없으며
而以與人.	그것을 남에게 주었다.
人之不至,	남들이 이르지 않음이
不亦宜乎?[80]	또한 마땅하지 않겠는가?

鄭, 息有違言.[81]	정나라와 식나라가 말을 어겼다.
息侯伐鄭,	식후가 정나라를 쳤는데
鄭伯與戰于竟,[82]	정백이 변경에서 그들과 싸워
息師大敗而還.	식나라 군사는 대패하여 물러났다.
君子是以知息之將亡也,[83]	군자는 이 때문에 식나라가 곧 망할 것임을 알고

80 서이~의호(恕而~宜乎) : 두예는 "소씨가 주나라 천자를 배반하였으므로 12고을은 주천자가 가질 수 없었으며 환공 5년 주나라 천자를 따라 정나라를 친 장본(張本)이다"라 하였다. 『논어 · 위령공(論語 · 衛靈公)』편에서는 "자신이 하고 싶지 않은 것을 남에게 베풀지 말라(己所不欲, 勿施於人)." 이 "서(恕)"라고 하였으니 주환왕이 자기가 가질 수 없는 것을 정장공에게 준 것은 서(恕)의 도리를 잃은 것이라는 말이다.

81 식(息) : "鄎"으로 되어 있는 판본도 있다. 희(姬) 성의 나라인데 언제 누구에게 처음으로 봉하여졌는지는 알 수 없다. 장공 14년 전에 초나라에게 멸망당하였다. 식나라의 옛 성은 지금의 하남성 식현(息縣)에 있을 것이다. 『청일통지』에서는 『식현지(息縣志)』를 인용하여 고식리(古息里)가 현 소재지 서남쪽 15리 지점에 있는데, 곧 식후(息侯)의 나라라고 하였다.

82 경(竟) : 경(境)과 같으며, 변경(邊境), 강경(疆境)이다.

"不度德,[84]	"덕행을 헤아리지 않고
不量力,[85]	역량을 재지도 않으며
不親親,[86]	친척을 가까이 하지 않고
不徵辭,[87]	말을 살피지도 않으며
不察有罪.[88]	죄가 있음을 살피지도 않았다.
犯五不韙,[89]	다섯 가지 옳지 않은 일을 저지르고도
而以伐人,	남을 쳤으니
其喪師也,	그들이 군사를 잃음이
不亦宜乎?"	또한 마땅하지 않겠는가?"라 하였다.

冬十月,	겨울 10월에

---

83 식지망(息之亡) : 장공 14년 『전』에 초문왕(楚文王)이 식나라가 망한 것 때문에 채(蔡)나라를 치는 것을 서술하고 있으니 식나라의 멸망은 장공 14년 이전 수년에 있어야 할 것인데, 이때와의 시간적 거리는 2, 30년을 넘기지 않을 것이다.

84 덕(德) : 심흠한(沈欽韓)은 덕(德)을 일을 타당하게 처리하는 것이라 하였다. 정장공은 위엄과 복을 스스로 잘 써서 남을 부렸으니 식나라의 덕이 정나라보다 못한 것이다.

85 불량력(不量力) : 정나라는 크고 식나라는 작은 것을 말한다.

86 불친친(不親親) : 정나라와 식나라는 함께 희씨 성의 나라이니 마땅히 친해야 함을 말한다.

87 부징사(不徵辭) : 징(徵)은 살피다〔심(審)〕, 밝히다〔명(明)〕, 묻다〔문(問)〕의 뜻이다. 언어로 불화가 생겨났으면 또한 마땅히 시비를 변별해야 한다는 말이다.

88 불찰유죄(不察有罪) : 이미 말을 살펴 시비를 가리지 않았으니 곡직(曲直)이 가려지지 않았다는 말이다.

89 위(韙) : 옳다는 뜻이다. 시(是)자와 뜻이 통한다.

鄭伯以虢師伐宋.	정백이 괵나라 군사를 가지고 송나라를 쳤다.
壬戌,[90]	임술일에
大敗宋師,	송나라 군사를 크게 물리쳤는데
以報其入鄭也.[91]	송나라가 정나라에 들어간 것을 보복하기 위해서였다.
宋不告命,[92]	송나라가 이 일을 보고하지 않았기 때문에
故不書.	기록하지 않았다.
凡諸侯有命,	무릇 제후에게 큰 일이 있을 때는
告則書,	보고를 하면 기록을 하고
不然則否.	그렇지 않으면 기록하지 않는다.
師出臧否,[93]	군사를 낼 때 동기가 좋은지 나쁜지도

90 임술(壬戌) : 14일이다.

91 입정(入鄭) : 은공 10년의 『전』에 보인다.

92 명(命) : 국가의 대사(大事)와 정령(政令).

93 장비(臧否) : 선악(善惡)과 득실(得失). 옛날 사람들은 이 두 자를 군려(軍旅)에 많이 썼다. 이를테면 『주역 · 사괘(師卦)』 밑에서 첫째 음효〔初六〕의 효사에서는 "군사는 일정한 규율을 가지고 동원해야 하니, 나쁜 규율을 가지고 동원하면 좋은 일도 나쁘게 된다(師出以律, 否臧凶)"라 하였고, 선공 12년의 『전』에서는 "일을 행하는데 순순히 이루어지는 것이 장이고 거스르는 것이 비이다(執事順成爲臧, 逆爲否)"라 해석하였다. 또 『국어 · 진어(晉語)』에서는 "군사는 극자의 군사인데 그 일이 잘 될 것이다(夫師, 郤之師也, 其事臧)"라 하였으며, 위소(韋昭)는 "장은 훌륭한 것이다(臧, 善也)"라 하였다.

亦如之.

또한 그렇게 한다.

雖及滅國,

나라가 멸망에 이르러도

滅不告敗,

멸망당한 나라가 패하였음을 보고하지 않고

勝不告克,

이긴 나라가 승리를 보고하지 않아도

不書于策.[94]

간책에 기록하지 않는다.

羽父請殺桓公,

우보가 환공을 죽일 것을 청하였는데

將以求大宰.[95]

장차 태재의 직위를 구하고자 함이었다.

---

94 불서우책(不書于策) : 승패의 양방(兩方)에서 한쪽만 보고하면 기록을 하고 쌍방의 보고를 기다린 후에 기록하지는 않는다는 것을 말한다. 책(策)은 책(冊)을 가차하여 썼다. 옛날에는 글을 쓸 때 죽목(竹木)을 많이 썼다. 나무에 쓴 것은 방(方)·독(牘)·판(版)이라 하였고, 대나무에 쓴 것은 간(簡)이니 책(冊)이라 하였다. 대쪽 한쪽을 간이라 하였고, 간을 이어 엮은 것을 책(策)이라 하였다. 책(冊)자의 갑골문 및 금문, 소전(小篆)의 형태가 모두 길고 짧은 죽간을 이어서 엮은 형태인 데서 이를 알 수 있다. 단간(單簡) 역시 책(策)이라 할 수 있었다.

95 태재(大宰) : "大"는 "太"와 같으며 "大宰"는 "太宰"라고도 한다. 여러 경전(經傳)의 기록에 보이는 태재는 제후의 나라를 가지고 말하는 두 가지 뜻이 있다. 하나는 일반 관직이고, 하나는 총재(冢宰), 집정(執政), 경상(卿相)의 뜻이다. 『좌전』으로 고찰해 보면 송나라의 태재는 지위가 실재 경상의 아래에 있는데, 이런 사실은 화보독(華父督)이 태재로 상공(殤公)을 죽이고 장공(莊公)의 재상을 된 것으로 입증할 수 있다. 그러나 『한비자·설림(韓非子·說林) 하』에서는 "송나라의 태재는 고귀하며 제 마음대로 단행했다(宋大宰貴而主斷)"라 하였는데, 『한비자·내저설(內儲說) 상』의 "숙손은 노나라의 재상으로 고귀하며 제 마음대로 단행했다(叔孫相魯, 貴而主斷)"라는 말로 고찰해 보건대 태재는 또한 경상을 가리켜 말하는 것이니 이는 두 번째 뜻이다. 그러나 진(晉)나라 조무(趙武)는 정나라의 집정 자피(子皮)를 총재(冢宰)라 일컬었는데 이는 첫 번째 뜻으로 쓰인 것이다. 노나라에는 본래 태재의 관직이 없었는데 여기서 장차 태재의 직위를 구하고자 한다는 것은 환공을 죽이고 집정을 하는 경이 되고 싶다는 말이다. 그래서 『사

公曰,	공이 말하였다.
"爲其少故也,[96]	"아우가 어리기 때문이지
吾將授之矣.[97]	곧 그에게 줄 것이다.
使營菟裘,[98]	토구에 집을 짓게 하고
吾將老焉."[99]	거기서 늙고자 한다."
羽父懼,	우보는 두려워하여
反譖公于桓公而請弑之.[100]	도리어 환공에게 공을 참소하는 말을 하고 그를 해치자고 하였다.
公之爲公子也,	은공이 공자일 때

기 · 12제후 연표(十二諸侯年表)』에서 이때의 일을 "대부 휘가 환공을 죽이기를 청하여 재상이 되기를 구하였다(大夫翬請殺桓公, 求爲相)"라 하였고, 「노세가」에서도 "공자 휘가 은공에게 아첨하여 말하기를 '백성들이 임금을 옹호하였기에 임금님께서는 마침내 왕위에 오르셨습니다. 청컨대 임금님을 위하여 자윤을 죽이고자 하니 임금님께서는 저를 재상으로 삼아주십시오'(公子揮諂謂隱公曰, "百姓便君, 君其遂立. 吾請爲君殺子允, 君以我爲相)"라 하였으니 이는 모두 태재의 해석으로 올바른 뜻을 얻은 것이다.

96 위기소고(爲其少故) : 사서의 기록에는 생략이 되어 있다. 『사기 · 노세가』에서 비교적 완전하게 서술하였다.

97 수지(授之) : 왕위를 준다는 것을 말한다.

98 영(營) : 영조(營造)의 뜻으로 쓰였다. 지금의 건축(建築)이라는 말이다.
토구(菟裘) : 『사기 · 진본기(秦本紀)』에서 "진나라의 선조는 영씨 성이었다. 그 후손이 각 지역에 나누어 봉하여져 봉해진 나라의 이름을 성씨로 삼았는데 …… 토구씨가 있다(秦之先爲嬴姓. 其後分封, 以國爲姓, 有……菟裘氏)"라 하였고 『잠부론 · 지씨성(潛夫論 · 志氏姓)』에서도 "종리(鍾離) · 운엄(運掩) · 토구씨는 모두 영(嬴)씨 성이다"라 하였으니 토구는 옛날에는 영씨 성의 나라였으나 나중에 노나라에 토지가 겸병된 것이다. 청나라 양리승(梁履繩)의 『좌통보석(左通補釋)』에서는 장운오(張雲璈)의 말을 인용하여 "산동성 태안현(泰安縣) 동남쪽 90리 양보(梁父) 인근에 토구성이 있다"라 하였다.

99 노(老) : 종로(終老), 곧 늙어 죽는 것을 말한다.

100 참(譖) : 거성(去聲)으로, 말로 사람을 헐뜯는 것이다.

與鄭人戰于狐壤,[101]	정나라 사람들과 호양에서 싸우다가
止焉.[102]	사로잡혔었다.
鄭人囚諸尹氏.[103]	정나라 사람들이 은공을 윤씨 집에 가두었는데
賂尹氏,	윤씨에게 뇌물을 주고
而禱於其主鍾巫.[104]	그 수호신인 종무에게 빌게 하였다.
遂與尹氏歸,	그리하여 마침내 윤씨와 함께 돌아왔으며
而立其主.[105]	종무를 신으로 모셨다.
十一月,	11월에
公祭鍾巫,[106]	은공이 종무에게 제사를 지내려고
齊于社圃,[107]	사포에서 재계하고
館于寫氏.[108]	위씨네 집에서 묵었다.

101 호양(狐壤) : 정나라의 지명으로 하남성 허창시(許昌市) 북쪽에 있을 것이다.

102 지(止) : 포로로 잡힌 것이다. 두예는 "안으로 획(獲)자를 꺼려서 지(止)라고 한 것이다"라 하였다.

103 윤씨(尹氏) : 정나라의 대부이다.

104 종무(鍾巫) : 신의 이름이다. 윤씨의 집에서 세워서 제주(祭主)로 삼았다.

105 입기주(立其主) : 종무의 신을 노나라에 세우다.

106 공제종무(公祭鍾巫) : 공(公)자 다음에 장(將)자가 빠졌다. 고인들은 이따금 "將"자를 생략했다.

107 제우사포(齊于社圃) : 제(齊)는 재(齋)와 같다. 옛사람들은 제사를 지내기 전에 재계를 하였다. 재계는 몸과 마음을 깨끗이 하는 것이다. 사포(社圃)는 정원의 이름이다.

108 관(館) : 주숙(主宿)과 같은 뜻. 머무르다, 묵다.
위씨(寫氏) : 노나라의 대부.

壬辰,	임진일에
羽父使賊弑公于寪氏,	우보는 자객을 시켜 위씨네 집에서 은공을 해치고
立桓公,	환공을 세웠으며
而討寪氏,[109]	위씨에게 죄를 덮어씌워
有死者.[110]	죽은 사람이 많았다.
不書葬,	장례라고 기록하지 않은 것은
不成喪也.[111]	상례가 이루어지지 않았기 때문이다.

109 위씨(寪氏) : 위가(寪家)라는 말과 같다.

110 토위씨유사자(討寪氏有死者) : 청나라 진례(陳澧)의 『동숙독서기(東塾讀書記)』에서는 "위씨에게 죄를 덮어 씌워 죽은 사람이 많았다고 이른 것은 원한이 있음을 말한 것이다." 위씨의 이름을 기록하지 않은 것에 대하여 고염무(顧炎武)는 "이름과 관위가 있는 사람이 아님을 말한 것이다"라 하였다.

111 불성상(不成喪) : 진례(陳澧)는 여기에 대해서 또 말하기를 "환공이 임금의 예를 갖추어 은공을 장례 지내지 않았음을 말한 것이다"라 하였다.

2. 환공

桓公

(기원전 711년~기원전 694년)

『세본(世本)』에서는 이름이 궤(軌)라 하였고, 『사기 · 노세가』에서는 이름이 윤(允)이라고 하였다. 『설문』에 "윤(粇)"자가 있는데 본(本)을 따르고 좌(屮)를 따르며 소리는 윤(允)이다. 궤(軌)자는 아마 "윤(粇)"자가 와전된 것 같으며, 세상 사람들은 "윤(粇)"자를 잘 알지 못한다.

환공 원년

經

元年春王正月,[1]	원년 봄 주력으로 정월에
公卽位.[2]	공이 즉위하였다.
三月,	3월에
公會鄭伯于垂,[3]	공은 수에서 정백을 만났는데
鄭伯以璧假許田.[4]	정백은 벽옥으로 허나라 땅을 빌렸다.
夏四月丁未,[5]	여름 4월 정미일에

---

1 원년(元年) : 경오년 B.C. 711년으로 주환왕(周桓王) 9년이다. 지난해 12월 14일 신유일이 동지이며, 이해도 건축(建丑)이다.

2 즉위(卽位) : "位"는 『고문경(古文經)』〔한나라 경제(景帝) 때 공자의 옛 집터에서 발견한 경전을 바탕으로 춘추시대의 고문인 전서체(篆書體)로 쓰여진 고본경전(古本經典)〕에는 "立"으로 되어 있다. 금문(金文)에는 "位"자가 없으며 위(位)자는 모두 "立"자로 되어 있다. 후한(後漢) 때 반고(班固)의 『한서 · 유흠전(漢書 · 劉歆傳)』에는 『좌씨전』에는 고자(古字)가 많다고 하였지만 지금 판본에는 고자가 거의 없는데, 청나라 전대흔(錢大昕)의 『잠연당문집 · 답문(潛然堂文集 · 答問) 4』에서는 대체로 위 · 진(魏 · 晉) 이후의 경사(經師)들이 고친 것일 것이라 하였다.

3 수(垂) : 은공 8년 『경』의 주석에 보임.

4 정백~허전(鄭伯~許田) : 이 일도 은공 8년 『경』과 『전』에 보인다. 『사기 · 노세가(魯世家)』에서는 "환공 원년 정백이 벽옥을 가지고 천자의 허나라 땅과 바꾸었다"라 하였으며, 『사기』의 주석서인 남조 송나라 배인(裴駰)의 『사기집해(史記集解)』〔이하 『집해(集解)』〕에서는 "정나라는 팽을 가지고는 허나라 땅에 상당하기에 부족하다고 생각하여 다시 벽옥을 더하였다"라 하였다. 정백은 팽 땅에다 벽옥을 더하여 노나라와 허나라 땅을 바꾸었는데 이는 실상 교환임에도 『경』과 『전』에에서는 빌렸다고 말한 것은 당시의 사령(辭令)을 습용(襲用)한 것이다. 『곡량전』에서는 "빌린 것이 아닌데 빌렸다고 하는 것은 땅을 바꾼 것을 꺼린 것이다(非假而曰假, 諱易地也)"라 하였다.

公及鄭伯盟于越.[6]	공과 정백이 월에서 맹약했다.
秋,	가을에
大水.	큰 홍수가 났다.
冬十月.	겨울 10월.

傳

元年春,	원년 봄에
公卽位,	공이 즉위하여
修好于鄭.	정나라와 우호를 닦았다.
鄭人請復祀周公,	정나라 사람이 다시 주공을 제사 지낼 것을 청하여
卒易祊田.[7]	마침내 팽 땅과 바꾸었다.
公許之.	환공이 허락하였다.
三月,	3월에

5 정미(丁未) : 2일이다.

6 맹우월(盟于越) : 당나라 공영달(孔穎達)의 『정의(正義)』에서는 "모임의 예는 수에서 이루어졌고 허나라 땅을 바꾼 뒤에 맹약을 맺은 것이다"라 하였다. 월은 지금의 산동성 조현(曹縣) 부근에 있을 것이다.

7 정인~팽전(鄭人~祊田) : 은공 8년의 『전』에는 다만 "정백이 완을 보내어 팽을 돌려주게 하였다. 우리나라에서 팽으로 들어갔다(鄭伯使宛來歸祊. 我入祊)"라고만 말하고 허나라 땅을 정나라에 드린다는 말은 하지 않았기 때문에 정나라가 다시 주공을 제사 지내는 것으로 이 교역을 끝내자고 청하였다. 노나라에서 처음 팽을 받고서도 허나라를 바치지 않은 것은 팽은 적고 허나라는 커서 보상하기에 충분치 않았으므로 정나라가 벽옥을 더한 것일 것이다.

鄭伯以璧假許田,	정백이 벽옥을 가지고 허나라 땅과 바꾸었는데
爲周公, 祊故也.[8]	이는 주공과 팽 때문이었다.
夏四月丁未,	여름 4월 정미일에
公及鄭伯盟于越,	공과 정나라 백이 월에서 맹약했는데
結祊成也.[9]	팽에서의 우호를 맺기 위함이었다.
盟曰,	맹약하여 말하기를
"渝盟, 無享國!"[10]	"맹약을 저버리면 나라를 누리지 못하리라!"라 하였다.
秋,	가을에
大水.	큰 홍수가 났다.
凡平原出水爲大水.	무릇 평원이 물에 잠긴 것을 홍수라고 한다.
冬, 鄭伯拜盟.[11]	겨울에 정백이 맹약에 절하였다.

8 위주공, 팽고(爲周公, 祊故) : 정나라에서 주공을 제사 지내는 것을 청하고 또한 팽을 우리나라에 돌려주었기 때문이라는 말이다.

9 결성(結成) : 양공 25년 및 26년의 『전』에 보인다.

10 투(渝) : 변하다.

11 정백배맹(鄭伯拜盟) : 제후가 노나라에 오고 노나라의 사관이 답장을 보냈으나 『경』에는

宋華父督見孔父之妻于路, 송나라의 화보 독이 길에서 공보의 아내를 보고

目逆而送之, 눈으로 맞고 보내 주면서

曰, 말하기를

"美而艶."[12] "아름답고 곱다"라 하였다.

환공 2년

經

二年春,[1] 2년 봄

王正月戊申,[2] 주력으로 정월 무신일에

이런 말이 없다. 청나라의 모기령(毛奇齡)은 『경문(經問)』에서 "환공 재위기에 노나라 사관의 궐문(闕文)이 유독 많은데 옛 역사에 궐문이 많아서 부자(夫子 : 즉 공자)가 그대로 따른 것인지 모르겠고, 부자는 본래 기록을 완전히 하였는데 그 후로 좇아서 빠뜨린 것인지 또한 모르겠으니, 모두 고찰을 하지 못하겠다"라 하였다.

12 송화보독~미이염(宋華父督~美而艶) : 이 20자는 다음 해의 『전』 "二年春, 宋督攻孔氏, 殺孔父而取其妻"과 이어서 읽어야 한다. 공영달은 『세본(世本)』을 인용하여 "화보 독은 송나라 대공(戴公)의 손자이며 호보열(好父說)의 아들이다"라 하였다. 이름은 독(督)이고 자는 화보(華父)이다. 화(華)는 거성(去聲)이다. 옛사람들의 이름과 자를 이어서 쓰면 앞의 것이 자이고 뒤의 것이 이름이다. 공보(孔父)는 은공 3년의 『전』에 보인다. 역(逆)은 영(迎)자의 뜻으로 쓰였다. 사람이 맞은편에서 오자 먼저 눈으로 맞이하고, 지나가자 눈으로 전송하는 것이다. 미(美)는 얼굴이 비교적 아름답다는 것을 말하고, 염(艶)은 광채가 사람을 움직인다는 말이다.

1 이년(二年) : 신미년 B.C. 710년으로, 주환왕(周桓王) 10년이다. 지난해 12월 25일 병인일이 동지였으며, 이해는 건축(建丑)으로 윤달이 있었다.

2 무신(戊申) : 정월에는 무신일이 없다.

宋督弑其君與夷及其大夫孔父.　송나라 독이 그 임금 여이 및 대부인 공보를 죽였다.

滕子來朝.[3]　등자가 내조했다.

三月,　3월에

公會齊侯, 陳侯, 鄭伯于稷以成宋亂.[4]　공이 제후와 진후, 정백을 직에서 만났는데 송나라의 난리를 평정하기 위함이었다.

夏四月,　여름 4월에

取郜大鼎于宋.[5]　송나라에서 고나라의 대정을 가져왔다.

戊申,[6]　무신일에

納于大廟.[7]　태묘에 들였다.

秋七月,　가을 7월에

---

3 등자(滕子) : 곧 은공 11년의 등후(滕侯)이다. 공(公) · 후(侯) · 백(伯) · 자(子) · 남(男)은 고대 각국 임금의 통칭으로, "등후"라고도 하고 "등자"라고도 한다. 이는 또한 희공(僖公) 27년의 『경』에서는 "기자(杞子)가 내조하였다"라 하고는 문공(文公) 12년의 『경』에서는 "기백(杞伯)이 내조했다"고 말한 것과 같다. 어떨 때는 "杞子"라 기록하고 어떨 때는 "杞伯"이라고 기록하였지만 사실은 마찬가지다.

4 직(稷) : 송(宋)나라 땅으로 지금의 하남성 상구(商丘) 지구 상구현 경내에 있을 것이다. 성(成) : 성취(成就)라는 뜻이다.

5 고정(郜鼎) : 고(郜)는 나라 이름으로 희(姬) 성이며, 희공 24년의 『전』에 의하면 처음 봉해진 사람은 문왕(文王)의 아들이다. 국경은 지금의 산동성 무현(武縣) 동남쪽에 있으며, 정(鼎)은 고나라에서 주조되었기 때문에 고정이라고 하였다. 은공 10년의 『경』에 의하면 고나라는 일찍이 송나라에게 멸망당하였으므로 정 또한 송나라에 귀속되었었다.

6 무신(戊申) : 4월 9일이다.

7 태묘(大廟) : "大"는 "太"와 같다. 태묘는 주공(周公)을 모신 사당이다.

杞侯來朝.[8]	기후가 내조했다.
蔡侯, 鄭伯會于鄧.[9]	채후와 정백이 등나라에서 만났다.

九月,	9월에
入杞.[10]	기나라로 들어갔다.
公及戎盟于唐.[11]	공과 융이 당에서 맹약했다.
冬,	겨울에
公至自唐.[12]	공이 당나라에서 왔다.

傳

二年春,	2년 봄에

---

8 기(杞) : 은공 4년 『경』의 주석에 보인다. 『곡량전』과 『공양전』에는 "紀"로 되어 있다. 기(杞)와 기(紀)는 두 나라로 『전』의 글은 각각 다르다. "杞"와 "紀"는 자형이 비슷하여 틀리기 쉽다. 『경』에서 "九月入杞"라 한 것으로 보아 『좌전』이 옳다.

9 등(鄧) : 채(蔡)나라의 지명. 곧 소공(昭公) 13년 『전』의 "채나라의 조오가 채공을 모시고 자간과 자석을 불러 등에서 맹약했다(蔡朝吳奉蔡公, 召子干子皙盟于鄧)"라고 한 등과 같다. 채나라의 북쪽 정나라의 남쪽에 있는데, 『청일통지(淸一統志)』에 의하면 지금의 하남성 언성현(郾城縣) 동남쪽 35리, 즉 누하시(漯河市) 동남쪽 10여 리 지점에 등성이 있는데, 곧 이곳일 것이다.

10 입기(入杞) : 통솔 장수를 언급하지 않은 것은 군사를 통솔한 사람이 경(卿)이 아니기 때문이다. 입(入)은 그 나라에 들어가되 그 땅을 가지지 않는 것이다.

11 당(唐) : 은공 2년 『경』의 주석에 보임.

12 공지자당(公至自唐) : 공영달은 『석례(釋例)』를 인용하여 『경』에 "무릇 맹약을 한 것이 105회이고, 임금이 간 것이 176회이다. '이르렀다'라고 기록한 것이 82회이다. '이르렀다'라고 기록하지 않은 것이 94회인데 이는 모두 종묘에 고하지 않은 것이다"라 하였다. 그런즉 "이르렀다(至)"라고 기록한 것은 모두 돌아와서 종묘에 알린 것이다.

宋督攻孔氏,	송나라의 독이 공씨를 공격하여
殺孔父而取其妻.[13]	공보를 죽이고 그의 아내를 빼앗았다.
公怒,	상공이 노하자
督懼,	독이 두려워하여
遂弑殤公.[14]	마침내 상공을 죽여 버렸다.
君子以督爲有無君之心,	군자는 독이 임금은 안중에도 없는 마음씨를 가져
而後動於惡,	나중에 악행을 저질렀다고 생각하여
故先書弑其君.[15]	그 임금을 죽인 것을 먼저 기록하였다.
會于稷,	직에서 만난 것은
以成宋亂,	송나라의 난리를 평정하기 위함이었는데

---

13 공보(孔父) : 공보는 이때까지만 해도 아직 공(孔)을 성씨로 삼지 않았다. “孔氏”라고 한 것은 추서(追書)한 것이다.

14 시상공(弑殤公) : 『공양전』과 『곡량전』에서는 이 사건에 대하여 송독이 상공(殤公)을 죽이고자 하여 먼저 공보를 죽인 것이라고 하여 『좌전』과는 조금 차이가 있다. 『사기 · 송세가』에서는 전적으로 『좌전』을 따랐다.

15 군자~시기군(君子~弑其君) : 『경』을 풀이한 말이다. 독이 공보를 죽인 일이 앞에 있었고 임금을 죽인 일이 나중에 있었는데도 『경』에서는 “그 임금 여의 및 대부인 공보를 죽였다(弑其君與夷及其大夫孔父)”라고 기록한 것은 공보는 고명(顧命 : 임금이 임종시에 후사를 부탁하는 유언. 이 일에 대해서는 은공 3년의 『전』에 보인다) 대신인데도 독이 죽여 버렸으니 이는 일찍부터 임금 따위는 안중에도 없었다는 것이다.

爲賂故,	뇌물을 받아
立華氏也.[16]	화씨를 세워 주었다.
宋殤公立,	송나라 상공이 즉위하여
十年十一戰,[17]	10년 만에 열한 번의 전쟁을 하자
民不堪命.[18]	백성들이 명을 견딜 수가 없었다.
孔父嘉爲司馬,	공보가가 사마가 되었고
督爲大宰,	화보독이 태자가 되었다.

16 회우직~입화씨(會于稷~立華氏) : 공영달의 주석에 따르면 당나라 사람들이 본 진(晉)·송(宋)의 고본(古本)에는 왕왕 "故"자가 없었다. 당시 군신들의 의로운 말에 따르면 화씨(華氏)를 임금을 죽인 적(賊)으로 생각하였다. 그러나 공자 풍(公子馮)은 정나라로 나가서 살고 있었으며 정장공(鄭莊公)은 그를 들이고 싶어 했다. 송나라 상공 및 공보가 여러 차례 정나라와 교전을 한 것도 실은 공자 풍 때문이었다. 지금 화독이 상공 및 공보를 죽이고 공자 풍을 맞아들여 세운 것은 실로 정장공이 바라던 바였다. 직의 회맹에서 실로 이 일을 이루고 또한 화씨의 정권을 세워 주고자 하였기 때문에 화씨가 각국에 뇌물을 돌린 것이다. 송독은 이때까지만 해도 또한 화(華)를 성씨로 삼지 않았는데 "華氏"라 한 것은 또한 추서(追書)한 말이다.

17 십년십일전(十年十一戰) : 공영달은 후한(後漢) 복건(服虔)의 말을 인용하여 "여이(與夷)는 은공 4년에 즉위하였으며, 첫 번째 전쟁에서는 정나라를 쳐서 동문을 포위하였고, 두 번째 전쟁에서는 벼를 베어 갔는데 모두 은공 4년에 있었다. 세 번째 전쟁에서는 주(邾)나라의 땅을 빼앗았으며, 네 번째의 전쟁에서는 주나라, 정나라와 싸워 그 국경에 들어갔으며, 다섯 번째 전쟁에서는 정나라를 쳐서 장갈(長葛)을 포위하였는데, 은공 5년에 있었다. 여섯 번째 전쟁은 정백(鄭伯)이 주나라 천자의 명으로 송나라를 친 것으로, 은공 9년에 있었다. 일곱 번째 전쟁은 공이 송나라 군사를 관(菅)에서 물리쳤으며, 여덟 번째 전쟁은 송나라와 위(衛)나라가 정나라에 들어간 것이고, 아홉 번째 전쟁은 송나라와 채나라, 위나라 사람이 재(戴)나라를 친 것이며, 열 번째 전쟁은 무인일에 정백이 송나라로 들어간 것으로 모두 은공 10년의 일이다. 열한 번째 전쟁은 정백이 괵나라 군사를 거느리고 송나라 군사를 대패시킨 것으로 은공 11년의 일이다"라 하였다. 11번의 전쟁 중 주나라의 땅을 취한 것만 정나라와 무관하며 나머지는 모두 송나라와 정나라 사이의 교전이었다.

18 불감명(不堪命) : 차마 받아들일 수 없다는 말이다.

故因民之不堪命,	그래서 백성들이 임금의 명을 견디지 못하는 것을 가지고
先宣言曰,	먼저 선언하여 말하기를
"司馬則然."[19]	"사마가 그랬다"라 하였다.
已殺孔父而弑殤公,	조금 후에 공보가를 죽이고 상공도 시해하였으며,
召莊公于鄭而立之,	정나라에서 장공을 불러 즉위하게 하였는데
以親鄭.	정나라와 가까이하고자 함이었다.
以郜大鼎賂公,	그러고는 고나라의 정을 우리 공에게 뇌물로 바쳤으며
齊, 陳, 鄭皆有賂,	제나라와 진나라, 정나라에게도 모두 뇌물을 바쳤으므로
故遂相宋公.[20]	마침내 송공의 재상이 되었다.
夏四月,	여름 4월에
取郜大鼎于宋.	고나라의 정을 송나라에서 가져왔다.

19 사마즉연(司馬則然) : 곧 내가 그러지 않았다는 말이다. 아울러 사마가 군을 다스리는 우두머리이므로 독의 이 말은 사람들을 꾀기가 쉬웠다. 독은 이 말로 자기는 이 일에 책임을 지지 않는다는 것을 밝힌 것이다.

20 화독(華督)이 비록 장공(莊公) 12년 송만(宋萬)에게 살해되었지만 화씨가 대대로 송나라의 정권을 잡은 지가 2백여 년이 된다.

戊申,	무신일에
納于大廟,	태묘에 바쳤는데
非禮也.	예의에 합당한 일이 아니었다.
臧哀伯諫曰,[21]	장애백이 간하여 말하기를
"君人者,	"백성의 임금은
將昭德塞違,[22]	덕을 밝히고 사악함을 막아서
以臨照百官,	백관들에게 임하여 비추어 주더라도
猶懼或失之,	어쩌다 잘못될까 두렵습니다.
故昭令德以示子孫,	그래서 아름다운 덕을 밝혀 자손에게 보여주는 것입니다.
是以清廟茅屋,[23]	그러므로 청묘는 띠로 지붕을 이고
大路越席,[24]	큰 수레는 부들자리를 깔며

---

21 애백(哀伯) : 노나라 대부로 이름은 달(達)이며, 희백(僖伯)의 아들이다.

22 소덕새위(昭德塞違) : "德"과 "違"는 서로 반대되는 개념이다. 위(違)는 사악하다는 뜻이다. 덕의(德義)에 맞지 않고 예에 어긋나는 일을 가리킨다. "회(回)"라고도 한다.

23 청묘모옥(清廟茅屋) : 청묘(清廟)는 곧 태묘(太廟)이다. 명당(明堂) 또는 태실(太室)이라고도 한다. 지붕을 띠로 덮은 것을 모옥이라고 하며, 기와로 덮은 것은 와옥(瓦屋)이라고 한다. 『주례 · 장인(匠人)』편에서는 위옥(葦屋)이라 하였다. 청묘를 띠풀로 이는 것은 절검(節儉)을 보여주기 위함이다.

24 대로(大路) : "路"는 "輅"라고도 하며 수레의 일종으로 여기서는 하늘에 제사를 지내는 데 쓰인다. 은나라는 목로(木路)를 썼으며, 주나라는 옥로(玉路)를 썼다. 목로는 가장 소박한 수레로 나무로 만들며 가죽을 씌우지 않고 옻칠만 한다. 옥로는 가장 화려한 수레로 가죽도 씌우고 튀어나온 부위마다 옥으로 장식을 한다.
월석(越席) : 부들을 엮어서 만든 자리이다.
"大路月席"은 "清廟茅屋"과 대가 되며, 대로 안에 부들로 만든 자리를 깐다는 말이다.

大羹不致,[25]	대갱은 양념을 하지 않고
粢食不鑿,[26]	주식은 찧지 않는 것이
昭其儉也.[27]	그 검소함을 밝히는 것입니다.
袞, 冕, 黻, 珽,[28]	곤과 면, 불, 정,
帶, 裳, 幅, 舃,[29]	대, 상, 폭, 석,

---

25 대갱(大羹) : 육즙(肉汁)을 대갱이라고 한다.
불치(不致) : 산(酸) · 고(苦) · 신(辛) · 함(鹹) · 감(甘)의 다섯 가지 맛으로 양념을 맞추지 않고 삶기만 하는 것을 말한다. 제사를 지낼 때는 대갱을 쓴다.

26 자사(粢食) : 주식(主食)이라는 말과 같다. 『주례 · 소종백(小宗伯)』에는 육자(六粢), 곧 여섯 가지 주식이 있는데 서(黍) · 직(稷) · 도(稻) · 량(粱) · 맥(麥) · 고(菰)이다. 제사에는 서와 직만 쓰는 것이 상례이다.
착(鑿) : 찧는 것이다. 곧 도정을 하는 것을 말한다. 『설문』에서는 "현미 한 휘〔곡(斛)〕를 찧어서 9되가 되는 것을 착(鑿)이라고 한다"라 하였다. 『한비자 · 오두(韓非子 · 五蠹)』편에 "요임금이 천하를 다스릴 때는 현미를 먹었다"라 하였다. 『사기 · 이사전(李斯傳)』에도 이 말이 있다. 이는 모두 주식은 정미(精米)를 쓰지 않고 현미를 썼다는 말이다.

27 소기검(昭其儉) : 위의 네 가지는 모두 절검(節儉)을 보여주는 것이다.

28 곤(袞) : 고대 중국의 천자 및 상공(上公)들이 입던 예복으로 제사 때 입으며 옷 위에 꿈틀거리는 용이 그려져 있다.
면(冕) : 고대의 예모(禮帽)로 대부(大夫) 이상의 계층이 사용했다.
불(黻) : "韍" 또는 "芾"이라고도 쓴다. 가죽으로 만들며 배와 무릎의 사이를 가리는 데 쓴다. 옛날 수렵시대에는 짐승의 고기를 먹고 짐승의 가죽을 입었으며, 먼저 앞을 가릴 줄 알았고 나중에 뒤를 가릴 줄 알았다. 후대에는 포백(布帛)으로 바꾸었는데 앞을 가리는 것만 남았다. "韍"은 "필(韠)"이라고도 한다. 『예기 · 옥조(玉藻)』에 의하면 필(韠)은 아래쪽의 너비는 두 자이며 위쪽의 너비는 한 자이고, 길이는 석 자이며 목의 너비는 다섯 치, 어깨의 가죽 띠는 두 치이다.
정(珽) : 천자가 쓰는 홀(笏)로 길이는 석 자이며, 일명 대규(大圭)라고도 한다. 옛날에는 천자에서 사(士)까지 조회를 할 때는 모두 홀을 들었다. 천자의 홀은 옥으로 만들고, 제후의 것은 상아로 만들며, 대부와 사의 것은 대나무로 만드는데 다만 대부의 홀은 상어의 가죽으로 장식을 한다. 홀의 용도는 한 · 위 시대의 수판(手版)과 같아서 일이 있으면 그 위에다 적어서 잊어 먹는 것에 대비하는 것이다.

29 대(帶) : 대대(大帶)이다. 두예는 혁대(革帶)라고 하였는데 틀렸다. 대대는 너비가 네

衡, 紞, 紘, 綖,[30] 형, 담, 굉, 연은

昭其度也.[31] 법도를 밝히는 것입니다.

치이며 명주로 만들며 허리를 묶는 데 쓰며, 나머지는 늘여서 신(紳)으로 삼는다. 대대는 천자는 소대〔素帶 : 소(素)는 생백(生帛, 갓 짜낸 비단)〕를 쓰는데 짙은 홍색으로 싸며 전 띠의 양측에는 비단으로 장식한다.

상(裳) : 옛사람들은 위에는 의(衣)를 입었고 아래에는 상(裳)을 입었다. 상은 군(裙)이라고도 한다.

폭(幅) : 옛날 사람들은 베로 발등을 쌌는데 위로는 무릎까지 정강이를 꼭 싸맸다. 맬 때는 기울어지도록 하여 올라가기 때문에 사폭(邪幅)이라고도 한다. 한나라 사람들은 행등(行縢)이라 하였는데, 지금의 각반과 비슷하다.

석(舄) : 옛사람들은 신발을 리(履)라 하였는데, 신 바닥이 한 겹인 것을 구(屨)라 하였고 두 겹인 것을 석(舄)이라고 하였다. 홑바닥인 것은 가죽을 쓰며 두 겹인 것은 나무를 덧댄다. 옛날에 천자나 제후들은 길사(吉事)가 있으면 모두 석(舄)을 신었다. 석은 적(赤)색과 백(白)색, 흑(黑)색의 여러 가지가 있어서 착용하는 복장이 다르면 석의 색깔도 달랐다. 사(士)는 모두 구(屨)를 신었으며, 경대부들은 면(冕)을 입은 사람은 적색의 석을, 나머지 복장을 착용할 때는 모두 구를 신었다.

30 형(衡) : 형계(衡笄), 곧 잠(簪)이다. 비녀에는 두 가지가 있는데 하나는 머리를 묶는 것이고, 하나는 관(冠)을 고정시키는 것이다. 형계는 곧 관을 고정시키는 비녀이다. 관을 고정시키는 비녀는 길이가 한 자 두 치로 천자는 옥으로 만든 것을, 제후는 옥 비슷한 돌로 만든 것을 썼다.

담(紞) : 귀막이 옥〔전(瑱)〕을 매다는 끈으로 가는 실로 만들며, 관의 양쪽으로 늘어뜨려 양쪽 귀를 막는데 아래에 귀막이 옥을 매단다. 옥과 비슷한 아름다운 돌로 만들며 담과 진은 모두 충이(充耳)라 할 수 있다.

굉(紘) : 관(冠)과 면(冕)을 매는 것으로 한 끈을 먼저 왼 귀 쪽의 비녀에 연결시키고, 한쪽 끝을 턱 밑에 둘러서 구부려 위로 향하게 하여 오른쪽 곁의 비녀 위에서 묶고 남는 부분을 늘어뜨려 장식으로 삼는데 역시 면변(冕弁)을 고정시키는 장치이다.

연(綖) : 널을 바탕으로 하여 검은 베로 싼다. 면은 크게 두 가지가 있는데 머리 위에 얹는 것을 권(卷)이라 하며 또한 무(武)라고도 한다. 권(卷)의 위에 덮는 것을 연(延)이라고 하는데 또한 연(綖)이라고도 한다. 연(綖)은 무(武)에 속하는 것이다.

이 네 가지는 모두 면(冕)의 장식이다.

31 소기도(昭其度) : 곤면(袞冕) 이하 열두 가지는 모두 제복(祭服)을 가지고 말하였다. 이 열두 가지는 존비(尊卑)와 상하(上下)에 따라 각기 그에 따른 제도가 있다. 여기서의 도(度)는 쌍관어(雙關語) 같은데 하나는 제도, 법도이고, 하나는 덕도(德度), 태도(態度)를 가리키는 것 같다. 애백(哀伯)의 의도는 제도를 밝히는 것은 곧 덕도를 밝히는 것이라는 것이다.

藻, 率, 鞞, 鞛,[32]	조, 솔, 비, 봉,
鞶, 厲, 游, 纓,[33]	반, 여, 유, 영은
昭其數也.[34]	고하가 다름을 밝히는 것입니다.
火, 龍, 黼, 黻,[35]	화, 용, 보, 불은
昭其文也.[36]	문식을 밝히는 것입니다.
五色比象,[37]	오색으로 모양을 비기는 것은

---

32 조(藻) : 소(繅)라고도 하며 옥을 까는 기물로 소자(繅藉)라고도 한다. 목판으로 만들고 바깥을 가죽으로 싸서 분백(粉白)으로 그 위에 수조(水藻)의 무늬를 그린다.
솔(率) : 가차하여 솔(帥)이라 하며 "세(帨)"라고도 한다. 차는 수건이다.
비(鞞) : 칼집이다.
봉(鞛) : 차고 다니는 칼의 손잡이 부분 장식.
두예는 조(藻)와 솔(率)을 하나의 물건으로 보았는데, 옥을 까는 가죽이라 하였다.

33 반(鞶) : 후한 시대 복건(服虔), 가규(賈逵), 허신(許愼) 및 서진(西晉)의 두예(杜預)는 모두 대대(大帶)라고 하였는데, 청나라의 단옥재(段玉裁)는 정현(鄭玄)의 설을 따라 혁대(革帶)라고 하였다. 위에 이미 대대가 나왔으므로 여기서는 혁대가 맞을 것이다.
여(厲) : 반대(鞶帶)의 아래에 늘어뜨리어 장식하는 것.
유(游) : 류(旒)라고도 한다. 옛날 깃발 위에 달아서 나부끼게 하는 띠. 천자에서 대부(大夫)·사(士)에 이르기까지 유의 수는 각기 다르다.
영(纓) : 마앙(馬鞅). 말의 목 위에 있는 가죽 끈으로 수레를 지우는 것이다.

34 소기수(昭其數) : 소자(繅藉) 등 여덟 가지는 각기 지위의 고저에 따라 다르다. 유(游)를 가지고 말하면, 천자는 12유(斿 : 旒)이며, 상공(上公)은 9유, 후(侯)와 백(伯)은 7유, 자(子)와 남(男)은 5유이며, 경대부와 사(士)의 유는 각각 그 명수(命數)와 같게 하니, 이것이 곧 이른바 "昭其數"라는 것이다.

35 화룡보불(火龍黼黻) : 이 네 가지는 모두 의상에 있는 무늬이다. 화형(火形)은 반환(半環), 곧 곡옥(曲玉)의 형태를 말한다. 용은 용의 형상을 그린 것이다. 보는 흑백의 두 색으로 수놓은 한 쌍의 도끼머리 형태의 무늬이다. 불은 흑색과 청색의 두 가지 색으로 자수를 놓은 꽃무늬인데 형태는 활이 서로 등지고 있는 모양으로 "아(亞)"자와 같다. 옛사람들은 "몸 기(己)"자 두 개를 등지게 했다고 하였는데 확실치 않다.

36 소기문(昭其文) : 이 네 가지는 모두 문채(文彩)를 밝힌 것이므로 이렇게 말하였다.

37 오색비상(五色比象) : 오색은 청(靑)·황(黃)·적(赤)·백(白)·흑(黑)으로 고대에는 이 다섯 색을 정색(正色)으로 삼았다. 비상(比象)이라는 것은 이 다섯 가지 색깔로 산

昭其物也.[38]	기물의 색을 밝히는 것입니다.
鍚, 鸞, 和, 鈴,[39]	양, 난, 화, 영은
昭其聲也.[40]	그 소리를 밝히는 것입니다.
三辰旂旗,[41]	삼진의 깃발은
昭其明也.[42]	그 광채를 밝히는 것입니다.
夫德,[43]	덕이라는 것은
儉而有度,[44]	검소하면서도 법도가 있어야 하고,

(山)과 꽃〔화(華)〕, 용(龍), 벌레〔충(蟲)〕의 상을 그리는 것을 말한다. 이것은 곧 복장(服章)을 가리켜 말한 것이다. 두예는 "천지사방을 비겨서 본뜬 것이다(比象天地四方)"라 하였는데 틀렸다.

38 물(物) : 물은 곧 물색(物色)이라고 할 때의 물이다.

39 양(鍚) : 말의 이마와 눈 위쪽에 다는 장식물로 구리로 만들며 말이 달릴 때 소리를 낸다.
난(鸞) : 수레의 장식물로 말의 굴레나 수레의 횡목 위쪽에 단다. 마형(馬衡 : 1881~1955)의 『중국금석학개요(中國金石學槪要)』에서는 "난의 모양은 종탁(鐘鐸)과 같으며 위에는 손잡이가 있고 배에는 혀가 있어서 한나라 이후의 소와 말에 다는 방울과 같다"고 하였다.
화(和) : 수레 앞쪽의 횡목에 다는 작은 방울.
영(鈴) : 여기서는 깃발의 위에 다는 작은 방울을 가리킨다.

40 소기성(昭其聲) : 위의 네 가지는 모두 방울에 속하는 것으로, 수레가 움직일 때 소리를 내는 것이다.

41 삼진(三辰) : 곧 일(日)·월(月)·성(星)을 말함.
기기(旂旗) : 기에는 모두 아홉 가지 종류가 있는데 기기(旂旗)는 이 아홉 가지를 총칭하는 말이다. 천자의 깃발은 태상(太常)이라 하는데, 해와 달이 그려져 있으며 혹자는 성신(星辰)도 그려져 있다고 한다.

42 소기명(昭其明) : 깃발은 표식이 되는 것이고 또한 기 위에 일(日)·월(月)·성신(星辰)을 그려 놓았으므로 이렇게 말하였다.

43 덕(德) : 위의 소덕(昭德), 아래의 멸덕(滅德)이라고 할 때의 덕과 같은 뜻으로 쓰였다. 이상에서 말한 것은 모두 예물(禮物)인데, 예물은 예의(禮意)를 나타내는 것이며 예의는 상고시대의 윤상(倫常)을 벗어나지 않으므로 덕을 가지고 말한 것이다.

44 검이유도(儉而有度) : 검(儉)은 위의 "大羹不致, 粢食不鑿"을 가지고 말한 것이며, 유

登降有數,[45]	올리고 내리는 데는 일정한 정도가 있으니
文, 物以紀之,[46]	문과 물로 기록하고
聲, 明以發之,[47]	소리와 밝음으로 발양하여
以臨照百官.	백관에게 다가가 밝힙니다.
百官於是乎戒懼,	백관들은 이에 경계하고 두려워하여
而不敢易紀律.[48]	감히 기율을 어기지 못합니다.
今滅德立違,[49]	지금은 덕을 없애고 어긋난 것을 세워
而寘其賂器於大廟,[50]	태묘에는 사람들이 뇌물로 바친 기물이 놓여 있어
以明示百官.	백관의 앞에 밝게 드러내 보입니다.
百官象之,	백관들이 그것을 본보기 삼아 따라 하면

도(有度)는 "袞, 冕, 黻, 珽" 등 12기물을 가지고 말한 것이다.

45 등강유수(登降有數) : 등강은 증감(增減)과 같은 말이다. 유수(有數)는 위의 소기수(昭其數)와 연관시켜 말한 것이다.

46 문물(文物) : 문은 화(火), 룡(龍), 보(黼), 불(黻)을 말하며, 물은 오색비상(五色比象)을 가리켜 말한 것임.

47 성명(聲明) : 성은 "양(鍚), 란(鸞), 화(和), 령(鈴)"을 가지고 말한 것이며, 명은 삼신기기(三辰旂旗)를 가지고 말한 것임.

48 역(易) : 위(違), 반(反)과 같은 뜻으로 쓰였음.

49 멸덕입위(滅德立違) : 위의 "昭德塞違"와 상대(相對)된다.

50 치(寘) : 치(置)와 같은 뜻. 두다.

其又何誅焉?	그것을 또한 어찌 책벌하겠습니까?
國家之敗,	나라가 패망하는 것은
由官邪也.	관리들이 사악함에서 말미암습니다.
官之失德,	관리들이 덕을 잃음은
寵賂章也.	총애와 뇌물을 받음이 드러나는 데서 말미암습니다.
郜鼎在廟,	고나라의 정이 태묘에 있으니
章孰甚焉?	드러남이 무엇이 더 심하겠습니까?
武王克商,	무왕이 상나라를 이기고
遷九鼎于雒邑,[51]	구정을 낙읍으로 옮겼는데,
義士猶或非之,[52]	뜻있는 선비들이 오히려 그것을 비난하였는데

51 구정(九鼎) : 하(夏)나라 때 구주(九州)에 쇠를 바치게 하여 주조하여 만들었다. 『전국책 · 동주책(東周策)』에서는 "옛날 주나라가 은나라를 치고 구정을 얻었는데 무릇 하나의 정을 9만 명이 끌었으니 아홉 개로 81만 명이나 되었다"라 하였는데, 과장이 너무 심하기는 하지만 구정이 혹 아홉 개의 대정(大鼎)이었던 것 같은데 여기에는 실로 그럴싸한 설이 있다. 선공(宣公) 3년 조의 전(傳)에서 왕손만(王孫滿)은 "성왕(成王)은 정을 겹욕(郟鄏)에 안치하였다"라 하였다. 『상서(尙書)』에 의하면 무왕(武王) 또한 낙읍(雒邑)을 경영한 일이 없다. 성왕이 낙읍을 경영한 것은 그 땅에 먼저 터를 잡은 것이니 정을 옮긴 것은 또한 무왕 때의 일이 아닐 것이다.
낙읍(雒邑) : 곧 성주(成周)로 하남성 낙양(洛陽) 서남쪽에 있다.

52 의사(義士) : 『한서 · 왕길공우전(王吉貢禹傳)』에서는 "옛날에 무왕이 은나라의 주(紂)를 정벌하고 구정을 낙읍으로 옮겼는데 백이(伯夷)와 숙제(叔齊)는 이러한 일을 경박하게 여겨 수양산에서 굶주리면서도 주나라의 녹을 먹지 않았다" 하였으니 의사를 백이와 숙제로 생각하였는데 이는 아마 옛 『좌전』의 뜻일 것이다. 그러나 송나라 섭적(葉適)은 『습학기언서목(習學記言序目)』 권10에서 "잡설에 백이와 숙제가 주나라의 곡식을 먹지 않은 일이 있다"고 하였는데, 반드시 그런 것은 아닐 것이다.

而況將昭違亂之賂器於大廟[53]	하물며 도리를 어기고 반란을 일으킨 자들이 뇌물로 바친 기물을 태묘에서 밝히려 하시니
其若之何?”	이를 어찌하시려 합니까?”라 하였다.
公不聽.	공은 듣지 않았다.
周內史聞之曰,[54]	주나라의 내사가 이 말을 듣고 말하였다.
“臧孫達其有後於魯乎![55]	“장손달은 노나라에서 후대가 작위를 누릴 것이다!
君違,[56]	임금이 예법을 어겼는데
不忘諫之以德.”	잊지 않고 덕으로 간언하였다.”

---

53 이 문장에는 동사가 없다. “將”자나 “器”자 아래에 “寘”자가 있어야 한다.

54 내사(內史) : 주나라 왕실의 관직명이다. 장공(莊公) 32년 및 희공(僖公) 16년의 『전』에 내사 과(過)가 보이고, 희공 16년 및 28년의 『전』에 내사 숙흥(叔興)이, 문공(文公) 원년 및 14년의 전에 내사 숙복(叔復)이 보이는데 여러 기록을 통괄하여 볼 때 내사는 주나라 왕실을 대표하여 제후들에게 가서 경조(慶弔)의 예를 행하였을 뿐만 아니라 또한 주나라 왕실을 대표하여 책명(策命)의 예를 행하였다. 당시 사람들이 볼 때 내사는 신도(神道)와 천도(天道)에 달통하여 길흉을 말할 수 있었으므로 신(莘)에 신(神)이 내려왔을 때 주혜왕(周惠王)이 그것에 대해 물었으며, 송(宋)나라에 운석이 떨어져서 역(鷁)새 대여섯 마리가 뒤로 날자 송나라 양공(襄公)이 그에 대하여 물었다. 또한 문공 14년에 북두성으로 살별이 지자 송나라와 제(齊)나라, 진(晉)나라 임금이 모두 난리로 죽을 것이라는 것을 예언하기도 하였다.

55 노나라 대부(大夫)의 말에 의하면 장씨(臧氏)가 대대로 녹을 누린 것이 가장 오래되었는데, 애공(哀公) 24년까지만 해도 노나라 임금이 제나라를 쳤는데 장씨(臧氏)에게 도움을 구하니 장석(臧石)이 군사를 거느리고 합류하여 늠구(廩丘)를 취하였다는 기록이 있다.

56 위(違) : 당시의 예제(禮制)를 어긴 것을 말함. 『논어』에 나오는 위(違)자와 같은 뜻임.

秋七月,	가을 7월에
杞侯來朝,	기후가 조알하러 왔는데
不敬.	공경스럽지를 못했다.
杞侯歸,	기후가 돌아가자
乃謀伐之.	기나라를 칠 계책을 논하였다.

蔡侯, 鄭伯會于鄧,	채후와 정백이 등나라에서 만났는데,
始懼楚也.[57]	초나라가 두려워지기 시작해서였다.

九月,	9월에
入杞.	기나라로 들어갔는데
討不敬也.[58]	공경스럽지 못함을 성토하기 위해서였다.

57 이해는 초나라 무왕(武王) 31년으로 중원의 여러 나라들이 초나라를 근심한 것은 이해부터 시작되었다. 초나라는 형(荊)이라고도 하며, 처음에는 단양(丹陽)에 도읍을 정하였는데 지금의 호북성 지강현(枝江縣)일 것이다. 무왕에 이르러 영(郢)으로 천도하였는데, 지금의 강릉현 북쪽 10리 지점에 있는 기남성(紀南城)이다. 정공(定公) 6년 초 소왕(昭王)이 오나라를 두려워하여 약(鄀)으로 천도하였다가 얼마 안 되어 영으로 환도하였다. 무왕 19년에 춘추시대에 접어들었으며, 초왕 부추(負芻) 5년 진(秦)나라에게 멸망당하였다.

58 희공(僖公) 27년의 『전』에서는 "봄에 기(杞)나라 환공(桓公)이 조알하였는데 오랑캐의 예법을 썼으므로 자(子)라고 하였다. 희공이 기나라를 낮추어 보았는데 기나라가 공손치 못했기 때문이다"라 하였고, 또 말하기를 "가을에 기나라로 들어간 것은 무례함을 꾸짖기 위함이었다"라 하였는데, 이곳의 『전』과 내용은 같은데 문장이 조금 다르다.

公及戎盟于唐,	공과 융이 당나라에서 맹약을 맺었는데
修舊好也.[59]	옛 우호를 증진시키고자 함이었다.

冬,	겨울에
公至自唐,	공이 당나라에서 와
告于廟也.[60]	종묘에 아뢰었다.
凡公行,	무릇 임금이 나갈 때는
告于宗廟;	종묘에 제사를 지내어 알려야 하며,
反行,[61]	돌아온 후에는
飮至, 舍爵, 策勳焉,[62]	신하들을 불러 술을 마시며 술잔을 차리고 공훈을 기록하는 것이

59 수구호(修舊好) : 은공(隱公) 2년에 융족과 맹약을 맺은 적이 있는데 지금 또 맹약을 한 것은 옛날의 우호를 증진시키는 것이다.

60 처음에는 그냥 "이르렀다(至)"고만 하였으므로 그 까닭을 설명한 것이다. 16년 조에도 "정나라를 치고 왔다(至自伐鄭)"라고 하였으므로 부연하여 "술잔치를 벌이는 예를 행하였기 때문이다"라 하였다.

61 『좌전』 및 『예기 · 증자문(曾子問)』에 의하면 제후가 천자를 조알하고 제후를 찾아볼 때나, 제후끼리 회맹을 할 때, 혹은 군사를 내어 정벌을 할 때는 나가기 전에 마땅히 친히 예묘(禰廟)에 제사를 지내거나 아니면 조상의 사당에 함께 제사를 지내며 또한 축사(祝史)를 보내어 나머지 종묘에 제사를 지내 고하게 한다. 돌아와서는 또한 마땅히 친히 조상의 사당에 제사를 지내어 알리고 아울러 축사를 보내어 나머지 종묘에 제사를 지내어 고하게 한다.

62 음지(飮至) : 조상의 사당에 제사를 지내어 고한 후에 신하들을 모아 술을 마시는 것을 말한다.

禮也.	합당한 예의이다.
特相會,[63]	단독으로 한 나라의 임금과 서로 만났을 때는
往來稱地,	가거나 오거나 간에 그 지점만 적는데
讓事也.[64]	이는 회맹의 일을 서로 양보하기 때문이다.
自參以上,	세 나라 이상일 때는
則王稱地,	노나라의 왕이 갔을 때는 그 장소를 기록하고
來稱會,	다른 나라 임금이 왔을 때는 회맹하였다고 기록하는데
成事也.[65]	회맹의 일이 이루어졌기 때문이다.

사작(舍爵) : 사는 거성(去聲)으로 "둘 치(置)"자와 같은 뜻이다. 작은 옛날의 술잔으로 형태가 참새와 닮았으므로 작(爵)이라고 한다. "爵"은 "雀"의 고자(古字)이다. 술잔을 설치하는 것을 말하며 곧 술을 마신다는 뜻과 같다.

책훈(策勳) : 책(策)은 동사로 쓰였다. 간책(簡冊)에다 적는 것을 말한다. 책훈은 서로(書勞)라고도 한다. 양공(襄公) 13년의『전(傳)』에 "공이 진나라에서 돌아오자 맹헌자가 종묘에서 노고를 기록하였는데(孟獻子書勞於廟) 예의에 합당한 일이었다"라는 기록이 있다.

63 특상회(特相會) : 특(特)은 "홀로 독(獨)"자와 같은 뜻이다. 특상회라는 것은 노나라의 임금이 다른 한 나라의 임금과 만나는 것이다.

64 양사(讓事) : 서로 회맹을 하면 반드시 주관하는 사람이 있게 마련인데 단독으로 두 사람이 만나니 주관을 하려 하지 않고 두 사람이 서로 양보하므로 양사(讓事)라고 하였다. 이런 경우 노나라의 왕이 가거나 타국의 왕이 오거나를 막론하고 모두 만나는 장소를 일컫게 된다.

65 삼(參)은 "석 삼(三)"과 같은 뜻이다. 만난 임금이 세 나라 이상이면 반드시 한 나라가

初,	처음에
晉穆侯之夫人姜氏以條之役生大子,	진목후의 부인 강씨는 조의 전쟁이 있을 때 태자를 낳았는데
命之曰仇.[66]	이름을 구라고 하였다.
其弟以千畝之戰生,[67]	그의 아우는 천무의 전쟁 때 났으므로

주관하여 맡게 된다. 성(成)은 맡다〔當, 任〕의 뜻이 있다. 위의 양사(讓事)의 양(讓)과 상대되는 뜻이다. 무릇 세 나라 이상이 회맹을 하면 노나라의 왕이 갔을 때는 만난 장소를 들어 말하고 다른 나라에서 왔을 때는 회맹을 하였다고만 말한다.

66 『사기 · 진세가(晉世家)』(이하 「진세가」)에서는 "헌후(獻侯)는 11년 만에 죽고 아들인 목후(穆侯) 비생(費生)이 즉위하였다. 목후 4년에 제(齊)나라 여자를 부인으로 삼았다. 7년에 조(條)를 치고 태자 구를 낳았다"라 하였다. 『연표』에 의거하면 목후가 조를 친 것은 주선왕(周宣王) 23년의 일로 노나라는 효공(孝公) 2년에 해당한다. 조는 조융(條戎)으로 『죽서기년(竹書紀年)』에서는 "주나라의 군사와 진 목후가 조융과 분융(奔戎)을 쳤는데, 주나라의 군사가 패하여 달아났다"라 하였다. 주나라의 군사가 패하여 달아났으니 진나라의 군사 또한 반드시 패하여 달아났을 것이므로 목후가 기뻐하지 않아 그의 아들의 이름을 구(仇)라고 한 것이다. 산서성 폐(廢) 안읍현(安邑縣) 소재지는 지금의 안읍진(鎭)으로 북쪽 30리 지점에 명조강(鳴條岡)이 있는데 곧 옛 조융의 땅이다. 이(以)는 어(於)자와 같은 뜻으로 쓰였다. "이조지역(以條之役)"은 "어조지역(於條之役)"과 같은 말이다. 명(命)은 명(名)자와 예(例), 음(音)이 같고 뜻도 똑같다. "명지왈구(命之曰仇)"는 곧 "명지왈구(名之曰仇)"와 같다.

67 천무(千畝) : 천무라는 지명은 두 개이며, 천무의 전역(戰役) 또한 두 번이 있었다. 하나는 주나라의 땅으로 전역은 주선왕 39년에 있었다. 『국어 · 주어(國語 · 周語) 상』에서 이른바 "선왕은 즉위하고서도 천무에서 적전(籍田)의 예를 행하지 않았다. …… 39년 천무에서 전쟁을 하였는데 주나라의 군사는 강씨(姜氏)의 융(戎)족에게 연패를 하였다"라 한 것이 이것이다. 하나는 진(晉)나라의 땅인데 지금의 산서성 안택현(安澤縣) 북쪽 90리 지점에 있었을 것이다. 두예는 천무가 지금의 개휴현(介休縣)에 있었을 것이라고 하였으나 확실치 않은 것 같다. 전역은 주선왕 26년에 있었는데 「진세가」에서 이른바 "10년에 천무를 쳤는데 공을 세워 아들을 낳자 성사(成事)라고 하였다" 한 것이다. 이 싸움은 주선왕의 싸움보다 13년 앞서 있었으며 진나라는 이겼지만 주나라는 연전연패하였으므로 구별하지 않을 수 없다.

命之曰成師.	이름을 성사라 하였다.
師服曰,[68]	사복이 말하였다.
“異哉,	“이상하도다,
君之名子也!	임금께서 아드님의 이름을 지으심이!
夫名以制義,[69]	대체로 이름이라는 것은 도의를 나타내는 것으로
義以出禮,[70]	도의는 예에서 나오고
禮以體政,[71]	예는 정치를 체현하는 것이며
政以正民,[72]	정치는 백성을 바르게 하는 것이다.
是以政成而民聽.	그러므로 정치가 제대로 이루어지면 백성들이 복종을 하고
易則生亂.[73]	바꾸면 난리가 발생하는 것이다.
嘉耦曰妃,[74]	훌륭한 짝을 비라 하고

68 사복(師服) : 진(晉)나라의 대부이다.

69 명이제의(名以制義) : 이름에는 반드시 올바른 뜻〔義〕이 있으며 또한 이름은 반드시 이 뜻에 부합되어야 한다는 말이다. 『논어 · 자로(子路)』에서 공자가 말한 “그러므로 공자는 하나의 명칭을 붙일 때는 반드시 그 이유를 말할 수 있어야 한다(故君子名之必可言也)”라는 것을 말한다.

70 예는 의에서 나오므로 의는 예의 근원이다.

71 체는 체용(體用)의 뜻이다. 예가 정치, 정법(政法)의 골간(骨幹)임을 말한다.

72 예체 · 정정(禮體 · 政正) : 예와 체, 정과 정은 모두 음을 가지고 훈을 풀이한 것이다. 정공(定公) 10년의 『전』에서 “예(禮)라는 것은 사생존망의 체(體)이다”라 한 것과 『논어 · 안연(顔淵)』편에서 “정치라는 것은 바르게 하는 것이다(政者, 正也)”라 한 것이 모두 같은 예이다.

73 역(易) : 위반(違反)의 뜻이다.

怨耦曰仇,	훌륭하지 못한 짝을 구라고 하는 것이
古之命也.[75]	고대의 명명법이다.
今君命大子曰仇,[76]	지금 임금께서 태자를 구라 하고
弟曰成師,	그 아우를 성사라 하니
始兆亂矣.[77]	난이 일어날 조짐이 시작된 것이다.
兄其替乎![78]	형이 쇠락할 것이다!"
惠之二十四年,[79]	혜공 24년

---

74 좋은 혼인의 연분을 맺은 사람을 비라고 한다. 비(妃)는 배(配), 곧 짝이라는 뜻이다.

75 명(命)은 곧 명(名)과 같은 뜻이다.

76 명태자(命大子) : 태자의 이름을 짓다.

77 조란(兆亂) : 화란(禍亂)이 일어날 조짐.

78 체(替)는 쇠미(衰微)한다는 뜻이다. 「진세가」에서는 "진나라 사람 사복이 말하였다. '이상하도다, 임금께서 아들의 이름을 짓는 것이! 태자를 구(仇)라 하였는데 구라는 것은 원수〔수(讎)〕이다. 작은 아들은 성사(成師)라 하였는데, 성사란 큰 이름으로 무엇을 이룬다는 뜻이다. 이름은 자신을 명명하는 것이며, 실질적 내용을 스스로 정하는 것이다. 지금 적자와 서자의 이름이 거꾸로 되었으니 이후에 진나라에 혼란이 없을 수 있겠는가?'"라 하였다. 사마천이 인용한 사복의 말은 『좌전』과는 이동(異同)이 있다. 사마천이 말한 "적자와 서자의 이름이 거꾸로 되었다"는 것은 그 자신의 견해로 "易則生亂"의 "易"자로 해석되지는 않는다. 『전』에서는 "易"을 위반하다의 뜻으로 보아야 한다고 하였다. 문후(文侯) 구(仇)는 왕실을 평정하고 거창(秬鬯)과 규찬(圭瓚)의 영광을 받았는데 『상서 · 문후지명(文侯之命)』이 바로 이를 말한 내용이다. 문후가 죽고 나서 진나라는 혼란에 빠지기 시작하는데 그로부터 68년 후에 곡옥(曲沃)의 무공(武公)이 진나라 땅을 모두 병탄하였는데, 주희왕(周僖王)은 괵공(虢公)으로 하여금 곡옥백(曲沃伯)에게 일군(一軍)으로 진후(晉侯)가 되게 하였다.

79 혜지이십사년(惠之二十四年) : 『석경(石經)』에는 『경』과 『전』에 모두 "二十"이 "廿"으로, "三十"은 "卅"으로 되어 있다. 이하 모두 마찬가지임. 혜(惠)는 노혜공(魯惠公)이다. 혜공 24년은 주평왕(周平王) 26년으로 춘추 전 23년이다. 『전』에서 지난 일을 추서(追敍)한 것은 노나라의 경우는 혜공 24년과 30년, 45년, 희공(僖公) 원년, 성공(成公) 16년과 도공(悼公) 4년이 있다. 다른 나라의 경우는 진문공(晉文公) 말년과 제양공(齊

晉始亂,	진나라는 내란이 시작되어
故封桓叔于曲沃.[80]	환숙을 곡옥에 봉하였다.
靖侯之孫欒賓傅之.[81]	그리고 정후의 손자인 난빈이 그를 보좌하였다.
師服曰,	사복이 말하였다.
"吾聞國家之立也,	"내가 듣자 하니 국가가 건립될 때는
本大而末小,	근본이 크고 말엽이 작아야
是以能固.[82]	굳건해질 수 있다.
故天子建國,[83]	그러므로 천자가 나라를 세우면

襄公) 2년, 정나라의 일을 기록한 것은 희공(僖公) 4년과 간공(簡公) 원년이 있다. 열국에서 어떤 일을 기록하여 알릴 때는 본국의 연대를 쓸 때가 있는데 이때는 "과군이 즉위한 지 몇 년에(寡君卽位…年)"나 자국의 임금 모년 모월, "우리 임금 모년 모월(我某年某月)"의 식으로 기록하며, 알리는 나라의 연대를 쓰기도 하고 임금의 즉위 연대를 쓰지 않고 해당 연도의 큰 사건을 들어 기록할 때도 있었다. 당시 각국 제후들의 연도 기록은 들쭉날쭉하여 일치하지가 않았으며 주나라가 명색으로는 천하에서 공히 받드는 천자였음에도 불구하고 "주나라 모왕 모년(周某王某年)"이라고 기록한 예는 찾아볼 수가 없다.

80 곡옥(曲沃) : 은공(隱公) 5년 『전』에 보인다.

81 「진세가」에서는 "(35년에) 문후(文侯) 구(仇)가 죽고 아들인 소후(昭侯) 백(伯)이 즉위하였다. 소후 원년 문후의 아우인 성사(成師)를 곡옥에 봉하였다. 곡옥의 성읍은 익(翼)보다 컸다. 익은 진나라의 도성이다. 성사는 곡옥에 봉해지자 환숙(桓叔)으로 불렸다. 정후의 서얼 손자인 난빈(欒賓)이 환숙을 보좌하였다. 환숙은 이때 나이가 58세였는데 덕을 베풀기를 좋아하였으므로 진나라 사람들은 모두 그를 따랐다"라 하였다. 『전』에서 이른바 "시중을 들다(傅)"라 한 것은 곧 "돕는다(相)"는 것이다. 『색은(索隱)』에서는 또한 『세본(世本)』이라는 책을 인용하여 "난숙은 빈보(賓父)이다"라 하였으니 곧 빈보는 난숙의 자(字)이다. 정후는 공영달의 주석[소(疏)]에 의하면 정후는 희후(僖侯)를 낳았고, 희후는 헌후(獻侯)를 낳았으며, 헌후는 목후(穆侯)를 낳았고, 목후는 또 환숙을 낳았으니 정후는 곧 환숙의 고조가 된다. 난후는 정후의 서얼 손자이니 환숙의 종조부가 된다.

82 『사기』의 「진세가」와 「연표」에서는 모두 사복의 말을 군자의 말이라고 하였다.

諸侯立家,[84]	제후는 경대부를 세우고
卿置側室,[85]	경은 측실을 두며
大夫有貳宗,[86]	대부는 이종을 가지고

---

83 천자건국(天子建國) : 천자가 제후들을 나누어 봉하는 것을 말함.

84 제후립가(諸侯立家) : 제후가 경대부(卿大夫)에게 채읍(采邑)을 나누어 주는 것을 말함. 경대부를 가(家)라고 한다.

85 측실(側室) : 측실의 뜻은 매우 많다. 『좌전』에는 측실이란 말이 모두 세 번 쓰였다. 두예는 "측실은 여러 아들인데 이 관직에 세울 수가 있었다"라 하여 측실을 관직 이름으로 생각하였다. 문공(文公) 20년의 『전』에서는 "조(趙)에게는 측실이 있었는데 천(穿)이라 하였다"라 하였으며, 두예는 "측실은 곁자식(支子)이다"라 하였는데, 이것이 또 다른 뜻이다. 그러나 또한 일찍이 관직 이름으로 풀이할 수 없었던 적이 없었다. 당시 조돈(趙盾)은 진나라의 정경(正卿)이었으며 조천(趙穿)은 조숙(趙夙)의 서얼 손자였으니 조돈에게는 숙부의 형제가 되는 셈이니 측실로 세워지는 것이 반드시 친자제일 필요는 없고 종친의 서얼 가운데 하나를 가려 뽑아 세우면 되었던 것이다. 이것이 좌구명의 측실의 뜻이다. 『한비자 · 팔간(八姦)』편에는 "측실 공자들은 임금이 군주가 친애하는 사람들인데 신하들이 음악과 미남 미녀들을 가지고 공자와 측실들을 섬긴다"는 말이 있으니 측실을 또한 제후의 여러 아들을 가리켜 말한 것이다. 또 『한비자 · 망징(亡徵)』편에서는 "임금은 똑똑하지 못한데 측실은 현명하고, 태자가 약한데 서자가 맞서며 관리들은 약한데 백성이 오만해지게 되면 나라가 소란스럽게 된다. 나라가 소란스러우면 망하게 된다"라 하였으니 이는 측실을 또한 임금의 서제(庶弟)를 가리켜 말한 것 같다. 『예기 · 단궁(檀弓) 하』에서는 "빈소를 모시고 있는 사람이 촌수가 먼 형제의 상을 들으면 측실에서 곡한다. 측실이 없으면 문안 오른쪽에서 곡한다"라 한 것 및 『예기 · 내칙(內則)』에서 "아내가 아이를 낳으려 할 때는 해산달의 초하루가 되면 측실에 거처하게 한다. 남편이 재계하는 중이면 측실의 문으로 들어가지 않는다"라 했을 때의 측실은 또한 방(房)을 가리켜 말한 것으로 지금의 곁채라는 뜻과 같다. 『한서 · 남월전(南粵傳)』에 수록되어 있는 「문제가 조타에게 내린 편지(文帝賜趙佗書)」에는 "짐은 고황제(高皇帝)의 측실의 아들이오"라는 말이 있는데 당나라의 안사고(顔師古)는 "정실 소생이 아님을 말한다"라 하였다. 『회남자 · 수무훈(修務訓)』에는 "측실들이 다투어 북을 쳤다"라는 말이 있고, 당나라 이연수(李延壽)의 『남사 · 양종실(南史 · 梁宗室) 하』에는 "안성강왕(安成康王) 수(秀)와 수의 이모의 아들 시흥왕(始興王) 담(澹)이 일찍 고아가 된 것을 불쌍히 여겨 문제(文帝)가 측실인 진씨(陳氏)에게 명하여 아울러 두 아들의 어머니가 되게 했다" 등의 말이 있는데 이는 모두 희첩(姬妾)의 통칭으로 쓰인다. 『좌전』에는 이런 뜻으로 쓰인 경우는 없다.

86 이종(貳宗) : 관직 이름으로 또한 대부의 종실 자제들로 임명한다.

士有隷子弟,[87]	사는 자제들을 복예(僕隷)로 삼으며
庶人, 工商,	서인과 공상인들은
各有分親,	각기 친소(親疎)가 있어서
皆有等衰.[88]	모두 차등이 있게 된다.
是以民服事其上,	이런 까닭으로 백성들은 기꺼이 윗사람을 섬기고
而下無覬覦.[89]	아랫사람들은 분에 넘치는 바람을 가지지 않는 것이다.
今晉,	지금 진나라는
甸侯也;[90]	전복(甸服)에 속한 제후국이다.
而建國,	그런데도 나라를 세웠으니
本旣弱矣,	근본이 이미 약하다.
其能久乎?"[91]	그 어찌 오래갈 수 있겠는가?"

---

87 사유예자제(士有隷子弟) : "사(士)"가 스스로 그 자제를 예역(隷役)으로 삼다. "士"는 곧 종자(宗子), 곧 가장이다.

88 등최(等衰) : 최(衰)는 등차(等差)와 같은 뜻으로 곧 은공 5년의 "등렬(等列)"과 같은 뜻일 것이다. 등급(等級). 이는 서민(庶民)에서 공상인(工商人)까지는 더 이상 존비(尊卑)를 나누지는 않지만 친소(親疎)를 따지면 약간의 등급상의 분별은 있다는 것을 말한다.

89 기유(覬覦) : 분수에 맞지 않는 바람을 말함.

90 전후(甸侯) : 전(甸)은 전복(甸服)이다. 『국어 · 주어(周語) 상』에 "선왕의 법에 방내(邦內)를 전복이라고 한다"이라는 말이 있는데, 위소(韋昭)는 "방내는 천자의 왕기 안 천리의 땅을 말한다. 『예기』의 「왕제(王制)」에서 말하기를 '천리의 안을 전이라고 한다'라 하였으며, 주양왕(周襄王)이 진문공에게 이르기를 '옛날 우리 선왕이 천하를 가졌을 때 천리를 전복으로 삼는다'라고 한 것이 이것이다"라고 하였다.

惠之三十年,	혜공 30년
晉潘父弑昭侯而納桓叔,	진나라의 반보가 소후를 죽이고 환숙을 들였는데
不克.	성공하지 못했다.
晉人立孝侯.[92]	진나라 사람들은 효후를 세웠다.
惠之四十五年,	혜공 45년
曲沃莊伯伐翼,	곡옥의 장백이 익을 치고
弑孝侯.	효후를 죽였다.
翼人立其弟鄂侯.[93]	익의 사람들은 그의 아우 악후를 세웠다.

---

91 기(其) : "어찌 기(豈)" 자와 같다.

92 「진세가」에서는 "소후(昭侯) 7년 진나라의 대신 반보(潘父)가 임금인 소후를 죽이고 곡옥(曲沃)의 환숙(桓叔)을 맞아들였다. 환숙은 진나라로 들어가고자 하였는데 진나라 사람들이 군사를 일으켜 환숙을 공격했다. 환숙은 패하여 곡옥으로 돌아갔다. 진나라 사람들은 함께 소후의 아들 평(平)을 임금으로 세웠는데 바로 효후이다. 반보를 죽였다"라 하였다. 「연표」에서도 "노혜공 30년, 진소후 7년 반보가 소후를 죽이고 성사(成師)를 들였는데 성공을 하지 못했다. 소후의 아들이 서니 곧 효후이다"라 하였다.

93 익(翼)은 당시 진나라의 도성으로 곧 고강(故絳)인데 옛 성은 지금의 산서성 익성현(翼城縣) 동남쪽에 있다. 「진세가」에서는 "효후(孝侯) 8년 곡옥의 환숙이 죽자 아들인 선(鱓)이 그 자리를 대신하였는데 곧 곡옥 장백(莊伯)이다. 효후 15년 곡옥 장백이 임금인 진효후를 익에서 죽였다. 진나라 사람들이 곡옥 장백을 공격하니 장백은 다시 곡옥으로 들어갔다. 진나라 사람들은 다시 진효후의 아들 극(郄)을 임금으로 세우니 이 사람이 악후(鄂侯)이다"라 하였고, 「연표」에서는 "효후 9년 곡옥의 환숙 성사가 죽고 아들이 대신하여 서니 곧 장백이다. 효후 16년 곡옥의 장백이 효후를 죽이자 진나라 사람들은 효후의 아들 극(郄)을 악후로 세웠다"라 하였다. 「연표」의 서술은 「세가」와 1년의 차이가 나는데 「세가」는 소후를 죽이고 효후가 즉위한 것을 소후 7년으로 보고 「연표」에서는 효후 원년으로 보았기 때문일 것이다. 노나라의 연기(年紀)로 보면 차이가 없어 모두 『좌전』과 부합하며, 「연표」와 「세가」를 놓고 상세하게 대조를 하면 명백히 알 수 있다. 『사기』의 「진세가」와 「연표」 및 『한서』의 「고금인표(古今人表)」에서만 모두 악후가 효후의 아

鄂侯生哀侯.[94] 악후는 애후를 낳았다.

哀侯侵陘庭之田.[95] 애후는 형정의 전지로 쳐들어갔다.

陘庭南鄙啓曲沃伐翼.[96] 형정 남쪽 변방 사람들은 곡옥의 무공을 끌어들여 익을 쳤다.

환공 3년

經

三年春正月,[1] 3년 봄 정월에

公會齊侯于嬴.[2] 공이 제후를 영에서 만났다.

夏, 여름에

들이라고 하였으며, 『좌전』에서는 효후의 아우라고 하였는데 『좌전』이 믿을 만하다고 생각한다.

94 곡옥의 장백은 또한 일찍이 익을 친 적이 있는데 악후는 수(隨)로 달아나고 주환왕(周桓王)은 애후(哀侯)를 익에 세웠었다. 은공 5년의 『전』에 보인다.

95 형정(陘庭) : 지금의 익성현(翼城縣) 동남쪽 75리 지점에 있는데, 옛날에 형정성(熒庭城)이 있었다.

96 두예의 주석에서는 다음 해에 곡옥이 익을 치는 것에 대한 암시라고 하였다. 계(啓)는 인도(引導)한다는 뜻이다.

1 삼년(三年) : 임신년 B.C. 709년으로 주환왕(周桓王) 11년이다. 지난해 윤12월 초6일 신미일이 동지이며, 이해도 건축(建丑)이다.

『춘추』에는 계절과 달이 있는데도 왕(王)자를 기록하지 않은 것이 모두 열다섯 차례가 있고, 계절은 있는데 달이 없을 때 왕(王)자를 기록하지 않은 경우가 1백여 차례 있다.

2 영(嬴) : 영의 옛 성은 지금의 산동성 내무현(萊蕪縣) 서북쪽에 있는데, 『일통지』에 의하면 속명이 성자현(城子縣)이라고 한다.

齊侯衛侯胥命于蒲.[3]	제후와 위후가 포에서 회담을 하였다.
六月,	6월에
公會杞侯于郕.[4]	공이 성에서 기후를 만났다.
秋七月壬辰朔,	가을 7월 임진일에
日有食之,	일식이 있었는데
旣.[5]	개기일식이었다.

---

3 서명(胥命) : 제후끼리 만나서 언약은 하되 맹세를 나타내는 삽혈(歃血)은 하지 않는 것을 말한다. 장공(莊公) 2년의 『전』에도 "봄에 미에서 회담하였다. 여름에 함께 주나라의 왕성을 쳤다(春, 胥命于弭, 夏, 同伐王城)"라는 기록이 보이는데, 언약을 한 후에 함께 정벌을 할 수 있다는 말이다. 『순자 · 대략(荀子 · 大略)』편에서는 "행실이 부족한 사람은 말에 과장이 있고, 믿음이 부족한 사람은 말을 성실하게 한다. 그러므로 『춘추』에서 서맹(胥命)을 찬미하고 『시경』에서 자주 맹약을 맺는 것을 비난한 것은 그 마음이 마찬가지이다"라 하였다. 『순자』의 뜻에 따르면 또한 서명(胥命)을 믿을 만한 언약으로 생각하여 맹세를 하지 않았음을 알 수 있다. 『공양전』에서도 말하였다. "서명(胥命)이란 무엇인가? 상명(相命)이다. 상명은 무엇을 말하는가? 올바름〔正〕에 가까운 것이다. 여기서 올바름에 가깝다는 것은 어떠한 것인가? 옛날에는 맹세를 하지 않고 언약만 맺고 물러났다." 포(蒲) : 위(衛)나라 땅으로 지금의 하남성 장원현(長垣縣) 소재지 조금 동쪽에 있다.

4 공회기후우성(公會杞侯于郕) : 『공양전』에는 "公會紀侯于盛"으로 되어 있다. "杞"와 "紀"는 착오하기 쉽고, "郕"은 "盛"과 통하여 쓸 수 있다. 두예의 주석이 없는 것으로 보아 이 "郕"이 곧 은공 5년에 나온 "郕"임을 알 수 있다. 『곡량전』의 범녕(范甯)의 주석〔곧 『곡량주소(穀梁注疏)』를 말함. 진(晉)나라의 범녕(范甯)이 주(注)를 달고 당나라 양사훈(楊士勛)이 소(疏)를 달았음〕에서는 "성(郕)은 노나라의 땅이다"라 하여 두예의 견해와 다르다. 노나라의 성(郕)은 『좌전』에는 "成"으로 되어 있으며, 옛 성은 지금의 산동성 영양현(寧陽縣) 동북쪽에 있을 것이다.

5 일유식지기(日有食之旣) : 『전』이 없다. "旣"는 "다할 진(盡)"자와 같은 뜻이다. 태양을 완전히 가리는 개기일식이란 뜻이다. 『한서 · 오행지(五行志)』에서는 "경방(京房)의 『역전(易傳)』에서는 환공 3년에 일식이 있었다고 하였는데 중앙을 꿰뚫어 아래 위를 완전히 가렸고 빛이 노랬다"라 하였는데 또한 개기일식의 형상이다. 마땅히 B.C. 709년 7월 17일의 일식일 것이다. 주문흠(朱文鑫 : 1883~1939)과 하유기(何幼琦 : 1911~ 2003)는 일식이 8월에 있었다고 하였다.

公子翬如齊逆女.[6]	공자 휘가 제나라로 가서 제나라의 여자를 맞아들였다.
九月,	9월에
齊侯送姜氏于讙.[7]	제후가 강씨를 환으로 보냈다.
公會齊侯于讙.[8]	공이 제후를 환에서 만났다.
夫人姜氏至自齊.	부인 강씨가 제나라에서 돌아왔다.
冬,	겨울에
齊侯使其弟年來聘.[9]	제후가 그의 아우 연을 조빙케 하였다.
有年.[10]	풍년이 들었다.

傳

三年春,	3년 봄
曲沃武公伐翼,	곡옥의 무공이 익을 쳤는데

---

6 역녀(逆女) : 구례(舊禮)에 천자를 제외하고 아내를 얻을 때는 모두 반드시 친영(親迎)을 해야 했다. 다만 『춘추』에는 제후가 부인을 맞이하였다는 글이 없는 것으로 보아 제후가 친영을 할 때는 국경을 넘지 않았거나 국경을 넘게 되면 경(卿)으로 하여금 대신 맞이하게 하였던 것 같다.

7 환(讙) : 노나라의 지명으로, 지금의 산동성 영양현(寧陽縣) 북쪽에서 조금 서쪽 30여 리 지점에 있었을 것이다.

8 『전』이 없다. 환공이 친영을 한 것 같다.

9 연(年) : 은공 7년의 『경』과 『전』에 보인다.

10 유년(有年) : 오곡(五穀)이 모두 잘 익은 것을 유년이라고 한다. 『춘추』의 경문에서는 여기서만 "有年"이라고 기록하였고, 선공(宣公) 16년에는 "대유년(大有年)"이라고 기록하였으며 『좌전』에는 모두 말이 없다.

次于陘庭.[11] 형정에 주둔하였다.

韓萬御戎,[12] 한만이 어자(御者)가 되고

梁弘爲右.[13] 양홍이 거우(車右)가 되었다.

逐翼侯于汾隰,[14] 분습에서 익후를 좇았는데

---

11 차(次) : 장공(莊公) 3년의 『전』에서 말하기를 "무릇 군대가 하루를 묵는 것을 사(舍)라 하고 이틀을 묵는 것을 신(信)이라 하며, 신을 넘게 되면 차(次)라고 한다"라 하였으니 사흘 이상을 주둔한 것이다.

12 한만(韓萬) : 한은 본래 나라 이름으로 『죽서기년』에 의하면 춘추 전에 진문후(晉文侯)가 재위 21년에 멸하였다. 희공(僖公) 24년의 『전』에서는 "우(邘), 진(晉), 응(應), 한(韓)은 무(武)의 목(穆 : 제2대 사당)이다"라 하였다. 한은 바로 이곳의 한나라이다. 『한서 · 위표전담한왕신전(魏豹田儋韓王信傳)』 및 찬(贊)과 주(注)에서는 모두 옛 한국(韓國)과 한궐(韓厥)이 조상이 같다고 하였는데, 깊이 고찰을 하지 못한 것 같다. 한만은 환숙(桓叔)의 아들로 한나라가 봉해졌을 때 대부가 되었으니 전국시대 한국(韓國)의 시조이다. 『국어 · 진어(晉語) 8』의 기록에 한선자(韓宣子)가 숙상(叔向)을 임명할 때 "환숙 이하 그대를 내림을 가상히 여깁니다"라 한 말로 입증할 수 있다. 한은 지금의 산서성 하진현(河津縣) 조금 동쪽에 있었을 것이다.

어융(御戎) : 곧 융거(戎車), 즉 전차를 모는 것인데, 『주례 · 하관(夏官)』에서는 융복(戎僕)이라고 하였다.

13 양홍(梁弘) : 희공(僖公) 33년의 『전』을 보면 역시 진(晉)나라에 양홍이 있는데, 두 사람 간의 시차는 83년이 되니 한 사람이 아니다.

위우(爲右) : 거우(車右)로 『주례 · 하관』에서는 융우(戎右)라 하였으며, 융거에서 무기와 갑주를 담당하는 사람이다. 전쟁을 할 때 수레의 오른쪽에서 창과 방패를 잡고 비상시에 대비하고, 아울러 무기를 주고 갑주를 입혀 주는 일 및 기타 수레에서의 여러 가지 일을 담당한다. 성공(成公) 2년의 『전』 및 『공양전』에서는 제경공(齊頃公)이 봉축보(逢丑父) 대신 거우가 되어 공이 내려가 물을 떠오게 하고, 성공 5년의 『곡량전』에서는 진백존(晉伯尊)이 연자(輦者)를 만났는데 피하지 않고 거우로 하여금 내려가게 하여 채찍질하였다는 것으로 이를 증명할 수 있다. 고대의 병거(兵車)는 주장(主將)이 가운데 있었고, 어자는 왼쪽에 거우는 오른쪽에 있었다.

14 익후(翼侯) : 곧 진애후(晉哀侯)이다.

분습(汾隰) : 분수(汾水)의 낮고 습한 지역이라는 말과 같으며 또한 지명으로 생각할 수도 있다. 『후한서 · 서강전(西羌傳)』에 "2년 뒤〔주선왕(周宣王) 38년〕 진나라 사람들이 분습(汾隰)에서 북융(北戎)을 물리쳤다"라는 말이 있는데, 당나라 장회태자(章懷太子) 이현(李賢)의 주석에서는 분습을 "두 강의 이름(二水名)"이라 하였다. 분수는 산서성 영

驂絓而止,[15] 참마가 나무에 걸리어 서서

夜獲之, 밤중에 그를 사로잡았고

及欒共叔.[16] 난공숙도 잡았다.

會于贏, 영에서 만나

무현(寧武縣) 서남쪽에 있는 관잠산(管涔山)에서 발원하여 서남쪽으로 흘러 정락현(靜樂縣) 서쪽을 거쳐 다시 동남쪽으로 흘러 태원시(太原市)를 경유하고, 물줄기가 꺾이어 서남쪽으로 흘러 개휴(介休)·영석(靈石)·곽(霍)·홍동(洪洞)·임분(臨汾) 등 여러 현의 서쪽을 거쳐 신강현(新絳縣) 동남쪽에 이르러 줄기가 꺾이어 하진현(河津縣)에 이르러 서남쪽으로 황하로 유입된다. 이곳에서 말한 익후를 쫓아간 땅은 지금의 양분(襄汾)과 곡옥(曲沃) 사이일 것으로, 「진세가」에서는 "분수의 가(汾旁)에서 진나라를 쳤다"라 하였는데 분수의 가는 곧 분습을 말한다.

15 참괘(驂絓) : 성공(成公) 2년의 『전』에 안(鞍)에서의 전투를 서술하면서 "참마가 나무에 걸려 멈추었다(驂絓於木而止)"라 한 것으로 보아 여기서도 참마가 나무에 걸리어 도망갈 수 없게 된 것임을 알 수 있다. 옛날 네 마리의 말에게 멍에를 지울 때 중간에 있는 두 말을 복(服)이라고 하였다. 『시경·정풍·대숙우전(鄭風·大叔于田)』에서 이른바 "두 복마 앞에서 끌고(兩服上襄)", "두 복마 머리 가지런하고(兩服齊首)"라 한 것이 바로 이것이다. 좌우 양쪽 곁에 있는 말을 각각 참(驂)이라 하는데 「대숙우전」에서 이른바 "두 참마 나란히 가네(兩驂雁行)", "두 참마 손과 같이 움직이네(兩驂如手)"라 한 것이 바로 이것이다. 참마는 또한 비(騑)라고도 하며, 참마는 곁에 있어서 도로가 좁으면 나무에 걸리기가 쉬웠다. 『곡량전』 소공(昭公) 8년의 『전』에 "수레를 몰다 걸리면 들어갈 수가 없다(御轚者不得入)"라는 말이 나오는데 범녕(范寧)은 "수레가 걸리면(轚挂) 문으로 들어갈 수가 없다"라 하였다. 곧 『좌전』의 "絓"와 『곡량전』의 "轚"이 같은 뜻으로 쓰였음을 알 수 있다. "絓"의 성부는 규(圭)이고 "轚"의 성부는 격(毄)인데 고음(古音)에서는 통가자(通假字)였다.

16 공숙(共叔) : 환숙(桓叔)의 스승 난빈(欒賓)의 아들로, 이름은 성(成)이며 애후(哀侯)의 대부였다. 『국어·진어(晉語) 1』에 "무공(武公)이 익을 치고 애후를 죽였다. 난공자(欒共子)를 잡아서 '애후를 위해 죽지 않겠다면 내 그대를 천자께 보여 상경(上卿)으로 삼게 할 터이니 진나라의 정치를 맡아주시오'라 하였다"는 말이 있다. 「진세가」에서는 "애후 9년에 분수의 곁에서 진나라를 치고 애후를 사로잡았다"라 하였으니 애후는 난공숙과 함께 죽었다.

成昏于齊也.	제나라 여자와 혼사를 정하였다.
夏,	여름에
齊侯, 衛侯胥命于蒲,	제후와 위후가 포에서 회담을 하였는데
不盟也.[17]	맹세는 하지 않았다.
公會杞侯于郕,	공이 성에서 기후를 만났는데
杞求成也.[18]	기나라가 화의를 구하였기 때문이다.
秋,	가을에
公子翬如齊逆女.	공자 휘가 제나라로 가서 제나라 여인을 맞아들였다.
修先君之好,	선군의 우호를 닦았기 때문에
故曰“公子”.[19]	“공자”라고 한 것이다.

---

17 불맹(不盟) : “胥命”이라고 기록한 까닭을 해석한 것이다.

18 기구성(杞求成) : 두예의 주석, “(환공) 2년에 기나라로 쳐들어갔기 때문에 지금 (기나라에서) 와서 강화를 요구한 것이다.”

19 공자(公子) : 『춘추』의 경문에서 공자라고 말한 뜻을 해석한 것이다. 이보다 전인 은공의 4년과 10년의 『경』에서는 다만 “휘(翬)”라고만 기록하였다.

齊侯送姜氏于讙,[20]	제후가 강씨를 환으로 보냈는데
非禮也.[21]	예의에 합당하지 않았다.
凡公女,	무릇 공족(公族)의 자녀가
嫁于敵國,	대등한 나라에 시집을 갔을 경우
姊妹,	임금의 자매이면
則上卿送之,	상경이 호송을 하여
以禮於先君;	선군에 예우를 표하며,
公子,[22]	임금의 딸이라면
則下卿送之.	하경이 호송한다.
於大國,	대국이라면
雖公子,	임금의 딸이라 하더라도
亦上卿送之.	상경이 호송을 한다.
於天子,	천자에게 시집을 가면

20 우환(于讙) : 이 두 자는 본래 없었으나 청나라 완원(阮元)의 『교감기(校勘記)』에서 인용 『석문(釋文)』과 북위(北魏) 역도원(酈道元)의 『수경주 · 문수(水經注 · 文水)』편(篇)에 의하면 이 두 자가 있어야 한다. 양수경(楊守敬 : 1839~1915)이 소장한 육조(六朝)시대 사람의 필사본 『좌씨전』과 일본의 가나자와 문고본(金澤文庫本)에도 모두 이 두 자가 있다.

21 『사기 · 연표(年表)』에서는 "환공 3년 휘(翬)가 여인을 맞아들였는데 제후(齊侯)는 여인을 보내어 군자들이 이를 나무랐다"라 하였는데 곧 이 『전』의 뜻을 쓴 것이다.

22 공자(公子) : 남녀의 통칭(通稱)인데 여기서는 여공자를 말한다. 『전국책 · 중산책(中山策)』에 "공은 어찌하여 공자 경(公子傾)을 청하여 정실부인으로 삼으시지 않습니까?"라는 말이 나오는데, 공자 경은 위문후(魏文侯)의 딸이었으니 전국시대에는 제후의 딸을 공자로 칭하였음을 알 수 있다.

則諸卿皆行,	여러 경이 모두 호송을 하며
公不自送.	임금이 친히 호송을 하지 않는다.
於小國,	작은 나라라면
則上大夫送之.[23]	상대부가 호송을 한다.

冬,	겨울에
齊仲年來聘,	제나라의 중년이 와서 조빙하였는데
致夫人也.[24]	부인을 위문하기 위함이었다.

芮伯萬之母芮姜惡芮伯之多寵人也,	예백 만의 어머니 예강이 예백이 총애하는 사람이 너무 많은 것을 미워하였으므로
故逐之,	그들을 쫓아 버리고

23 이상은 "비례(非禮)"의 뜻을 풀이한 것이다. 『의례 · 사혼례(士婚禮)』에 "시아버지는 호송해 온 사람을 일헌(一獻)의 예로 접대하고 비단 묶음으로 보답한다"라는 말이 있는데, 정현(鄭玄)은 "호송하는 사람은 여자 집의 유사(有司)이다"라 하였으니 대부(大夫)와 사(士)가 딸을 시집보낼 때에도 주인이 직접 호송하지 않으며, 당나라 가공언(賈公彦)의 주석〔소(疏)〕에서 이른바 "높은 사람이 낮은 사람을 호송하지 않는 법"이다. 제후가 딸을 시집보낼 때는 더욱이 친히 호송을 하지 않으므로 직접 호송한 것을 "예의에 합당하지 않다(非禮)"라고 한 것이다.

24 옛날에 딸을 출가시키면 또한 대부로 하여금 따라가서 빙문(聘問)을 하게 하는데 이른바 "겸손과 공경을 나타내고 깊은 뜻을 드러내기(尊謙敬, 序殷勤)" 위함이었다. 노나라에서 나가는 것을 "치녀(致女)"라 하였는데 성공(成公) 9년의 『경』과 『전』에서 "계손행보(季孫行父)가 송(宋)나라로 가서 딸을 출가시켰다"라 한 것이 이것이다. 다른 나라에서 오는 것을 통틀어 빙(聘)이라 하므로 『전』에서 치부인(致夫人)을 풀이한 것이다.

出居于魏.[25] 위나라에 나가서 살게 하였다.

환공 4년

經

四年春正月,[1] 4년 봄 정월에

25 예(芮) : 나라 이름이다. 예나라는 둘이 있는데 하나는 은상(殷商) 때의 나라로 우(虞)나라와 이웃이며『시경 · 대아 · 면(大雅 · 緜)』에서 이른바 "우나라와 예나라가 잘못을 따지러 왔다가 화해하였다(虞芮質厥成)" 한 나라가 바로 이 나라이다. 또 하나는 주(周)나라의 왕기(王畿) 내에 있는 나라로 희성(姬姓)이며 일찍이 주왕조의 경사(卿士)가 된 적이 있다.『상서(尙書)』의 서(序)에서는 "소백(巢伯)이 와서 조빙하니 예백(芮伯)이「여소명(旅巢命)」을 지었다"라 하였는데 이는 무왕(武王) 때의 예백이다.『상서 · 주서 · 고명(周書 · 顧命)』편의 예백은 성왕(成王) 때의 사람이며,『시경 · 대아 · 상유(大雅 · 桑柔)』의 서(序)에서는 "「상유」는 예백이 여왕(厲王)을 풍자한 것이다"라 하였으니 이는 곧 여왕 때의 사람이다. 여기의 예백은 당연히 그 후의 사람일 것이다.『사기 · 진본기(秦本紀)』에 의하면 진목공(秦穆公) 20년에 멸망시켰다고 하였다. 그러나 송나라 나필(羅泌)의『노사 · 국명기무(路史 · 國名紀戊)』에서 나평(羅苹)은 진나라가 목공(繆公, 곧 穆公) 2년에 멸망시켰다고 하였는데 어느 설이 옳은지 확실하지 않다. 지금의 섬서성 옛 조읍현(朝邑縣 : 지금의 朝邑鎭) 남쪽에 예성(芮城)이 있는데 대려현(大荔縣) 소재지에서 동남쪽으로 50리 떨어져 있는데, 이곳이 곧 옛 예나라일 것이다. 옛 이기(彝器)에 예공보(內公簠) · 예공정(內公鼎) · 내자중ㅁ정(內子仲ㅁ鼎) 등이 있는데, "內"는 곧 "芮"이다.
위(魏) : 역시 고대 국가 이름으로, 민공(閔公) 원년 진헌공(晉獻公)에 의해 멸망당하였다.『방여기요(方輿紀要)』에 의하면 산동성 예성현(芮城縣) 동북쪽 7리 지점에 하북성(河北城)이 있으며 일명 위성(魏城)이라고도 하는데 곧 옛 위나라의 성이다. 예성현 서쪽 30리 지점에 있는 정촌(鄭村)에 예백성(芮伯城)이 있는데 바로 예백 만이 쫓겨나 산 곳일 것이다.『수경 · 하수주(水經 · 河水注)』와『노사 · 국명기무(路史 · 國名紀戊)』에서는 모두 급총(汲冢)에서 발굴된『죽서기년』을 인용하여 "진무공(晉武公) 7년 예백 만의 어머니 예강이 만을 쫓아내어 만은 위나라로 달아났다"라 하였다.

1 사년(四年) : 계유년 B.C. 708년으로 주환왕(周桓王) 12년이다. 지난해 12월 17일 병자

公狩于郎.[2]	공이 낭에서 사냥을 하였다.
夏,	여름에
天王使宰渠伯糾來聘.[3]	주나라 천자가 재인 거백규를 보내어 방문하게 하였다.

傳

四年春正月,	4년 봄 정월에
公狩于郎.	공이 낭에서 사냥을 하였다.
書,	기록한 것은
時,	시의적절하여
禮也.[4]	예에 합당하였기 때문이다.

일이 동지이며, 이해도 건축(建丑)이다.

2 낭(郎) : 은공 원년에 보인다.

3 재(宰) : 관직 이름.
거백규(渠伯糾) : 소공(昭公) 26년의 『전』에 의거하면 거(渠)는 주나라 왕실의 지명이니 거백규는 읍(邑)을 성씨로 삼은 것 같다. 백(伯)은 항차(行次)인 것 같고 규(糾)는 이름이다. 곧 백규(伯糾)는 항차의 가장 높은 항렬인데 『논어』의 백달(伯達)이나 백괄(伯适)의 경우와 같다. 환공은 재위 18년 중 원년 겨울 10월, 9년 여름 4월, 12년 봄 정월, 13년 가을 7월과 겨울 10월, 18년 가을 7월에는 모두 사건이 없어서 계절과 첫 달만 기록하였으며, 이해 및 7년의 『경』에는 가을과 겨울에는 사건이 없는데도 모두 "秋七月", "冬十月"의 여섯 자를 빠뜨렸다.

4 『주례 · 대사마(大司馬)』에서는 "중동(中冬)에 군대를 대대적으로 검열하게 하여 겨울 사냥〔狩田〕을 한다"라 하였다. 주력(周曆)의 봄 정월은 하력(夏曆)의 중동(仲冬) 11월이다. 그러나 이해는 사실 건축(建丑)이므로 봄 정월은 하력의 계동(季冬) 12월이니 또한 농한기로 수렵을 할 수 있을 때이다. 그래서 "시의 적절(時)"이라 하였다.

夏,	여름에
周宰渠伯糾來聘.	주나라의 재인 거백규가 와서 빙문하였다.
父在,	부친이 있기 때문에
故名.[5]	이름을 기록한 것이다.

秋,	가을에
秦師侵芮,	진나라 군사들이 예나라를 쳐들어갔다가
敗焉,	그들에게 패하였는데
小之也.[6]	그들을 얕잡아 보았기 때문이다.

5 재(宰)는 규(糾)가 맡은 관직이고 그 부친이 별도로 관직을 가지고 있었는데, 부자(父子)가 동시에 왕실에서 벼슬을 한 것으로, 진(晉)나라의 난서(欒書)가 정사를 맡고 그 아들 염(黶) 또한 이름으로 통하여 성공(成公) 16년에 "난염이 군사를 청하러 왔다(欒黶來乞師)"라 기록한 경우와 같다. 이것과 다음 해의 잉숙(仍叔)의 아들이 조정에서 서열이 없는 것과는 같지 않다.

6 『좌전』에는 진(秦)나라의 기사가 여기서 처음 보인다. 『경』에서는 희공(僖公) 15년 한원(韓原)의 싸움에서 처음 보인다. 진나라는 희(姬)씨 성의 나라로 주효왕(周孝王)이 백익(伯益)의 후예인 비자(非子)를 제후국의 속국으로 봉하여 진(秦)을 식읍으로 주었는데 지금의 감숙성 천수시(天水市) 옛 진성(秦城)이 바로 이곳이다. 청나라 고동고(顧東高)의 『춘추대사표(春秋大事表)』〔이하 『대사표(大事表)』〕에서는 지금의 청수현(淸水縣)이라고 하였다. 양공(襄公)이 서융(西戎)을 토벌하여 공을 세워 평왕(平王)이 기(岐)와 풍(豐)의 땅을 하사하여 제후의 반열에 들었는데 견(汧)으로 옮겨서 거하였으니 곧 지금의 섬서성 농현(隴縣) 남쪽 3리에 있는 견성(汧城)이다. 문공(文公)이 나중에 견(汧)과 위(渭) 사이에 터를 잡았는데 곧 지금의 미현(郿縣) 동북쪽 15리 지점에 있는 옛 미성(郿城)이다. 영공(寧公) 2년 곧 노은공(魯隱公) 9년 평양(平陽)으로 옮겼는데 옛 성은 지금의 미현 서쪽 46리 지점에 있다. 덕공(德公) 원년, 곧 노장공(魯莊公) 17년 옹(雍)으로 거처를 옮겼는

冬,	겨울에
王師, 秦師圍魏,	주나라 군사와 진나라 군사들이 위나라를 포위하여
執芮伯以歸.[7]	예백을 잡아서 돌아왔다.

환공 5년

經

五年春正月,[1]	5년 봄 정월
甲戌, 己丑,	갑술, 기축일에
陳侯鮑卒.[2]	진후 포가 죽었다.

데 지금의 봉상현(鳳翔縣) 소재지이다. 1973년 봉상현 남쪽 4리 지점에서 그 궁전의 유지 및 유물이 발견되었다. 헌공(獻公) 12년 역양(櫟陽)으로 옮겼는데 옛 성은 지금의 섬서성 임동현(臨潼縣) 북쪽 50리 지점에 있다. 효공(孝公)이 함양(咸陽)으로 도읍을 옮겼는데 옛 성은 지금의 섬서성 함양시 동쪽에 있다. 왕국유(王國維 : 1877~1927)의 『관당집림 · 진도읍고(觀堂集林 · 秦都邑考)』는 그 설에 옳은 것도 있고 틀린 것도 있어 다 믿을 수 없다. 『대사표(大事表)』에서는 "문공(文公) 44년에 춘추로 들었다. 춘추 후 260년에 시황(始皇)이 천하를 통일했다"라 하였다. 『사기』에 「진본기(秦本紀)」가 있다.

7 『수경 · 하수주』와 『노사 · 국명기무(路史 · 國名紀戊)』의 주석에서는 『죽서기년』을 인용하여 "〔진(晉) 무공(武公) 8년〕 주나라 군사와 괵(虢)나라 군사가 위나라를 포위하여 예백 만을 잡아서 동쪽으로 끌고 갔다. 9년에 융(戎) 사람들이 들 밖에서 예백 만을 맞았다"라 하였다. 『노사 · 국명기무(路史 · 國名紀戊)』의 주석에서는 또 "환왕 12년 가을 진나라가 예나라를 쳐들어갔다. 겨울에 주나라의 군사와 진나라 군사가 위나라를 포위하여 예백 만을 잡아서 동쪽으로 끌고 갔다"라 하였다.

1 오년(五年) : 갑술년 B.C. 707년으로 주환왕(周桓王) 13년이다. 지난해 12월 28일 임오일이 동지이며, 이해도 건축(建丑)이다. 윤달이 있는데 이해의 끝에 있다.

夏,	여름에
齊侯, 鄭伯如紀.	제후와 정백이 기나라로 갔다.
天王使仍叔之子來聘.[3]	주나라 천자가 잉숙의 아들에게 와서 빙문케 했다.
葬陳桓公.[4]	진환공을 장사 지냈다.
城祝丘.[5]	축구에 축성을 하였다.
秋,	가을에
蔡人, 衛人, 陳人從王伐鄭.[6]	채나라 사람과 위나라 사람, 진나라 사람들이 주나라를 따라 정나라를 쳤다.

---

2 갑술일은 지난해 12월 21일이고, 기축일은 이해 정월 6일 이다. 부고를 보낸 날짜는 다르지만 모두 정월로 글을 시작하였기 때문에 다만 정월만 기록하였다.

3 잉숙(仍叔) : 『곡량전』에는 "임숙(任叔)"으로 되어 있다. 잉숙은 대대로 주나라의 대부였다. 『시경 · 대아 · 운한(大雅 · 雲漢)』의 서문에서는 "「운한」은 잉숙이 선왕(宣王)을 찬미한 것이다"라 하였는데, 이는 주선왕 때의 잉숙이다. 이해부터 주선왕이 죽은 해까지는 76년의 시차가 나고, 선왕 초년과는 120년의 시간적 거리가 있다. 주나라에는 윤씨(尹氏)와 무씨(武氏), 잉숙, 영숙(榮叔), 가보(家父)가 있었는데, 씨(氏)니 숙(叔)이니, 보(父)니 하는 것은 모두 세대를 일컬은 것이다. 이를테면 진(晉)나라에서는 조맹(趙孟)을 일컬어 대대로 그렇게 칭하였다. 이 잉숙의 아들은 이름을 기록하지 않았는데 또한 은공(隱公) 3년의 『경』에서 "무씨(武氏)의 아들"이라 기록한 것과 같다. 그 사람은 본래 조정에서 작위가 없는데 아버지가 늙어서 집안의 아들로 그 일을 대신하게 한 것이다. 고힐강(顧頡剛 : 1893~1980)은 잉(仍)을 나라, 즉 임국(任國)이라고 하였으며 「유잉국고(有仍國考)」가 『고사변(古史辨)』(1926~1941년 고힐강 등이 중국 고대사의 과학적 연구를 표방, 편찬한 저술) 7책 하편에 보이는데 설이 설득력이 있다.

4 『전』이 없다.

5 『전』이 없다. 축구(祝丘)의 옛 성은 지금의 산동성 임기현(臨沂縣) 동쪽 약 35리 지점에 있을 것이다.

6 『시경 · 왕풍 · 토원(王風 · 兎爰)』의 서문에서 "환왕(桓王)이 신의를 잃어 제후들이 배반하고 원한을 사 재난이 연이었으며 주나라의 군사는 전쟁에서 패하였다"라 하였다. 이른바 주나라의 군사가 전쟁에서 패하였다는 것은 아마 이 전쟁을 가리키는 것 같다. 『춘추』

大雩.[7] 기우제를 지냈다.

螽.[8] 황충이 발생했다.

冬, 겨울에

州公如曹.[9] 주공이 조나라로 갔다.

傳

五年春正月, 5년 봄 정월

대의 천자의 친정(親征)은 이 한 차례 뿐이었다.

7 우(雩) : 비가 오기를 바라는 제사, 즉 기우제.

8 종(螽) : 『전』이 없다. 『공양전』에서는 으레 "蝶"으로 되어 있다. 후한(後漢) 허신(許愼)의 자서(字書) 『설문해자(說文解字)』에서는 "蝶"은 "螽"의 혹체(或體)라고 하였다. 옛날에는 황(蝗)과 종(螽)을 구분하지 않았으나 지금은 종사〔螽斯, 철종(蜇螽)〕와 초종(草螽)은 종사과에 속하고, 부종〔蟲螽, 책맹(蚱蜢)〕, 계종(蟹螽), 토종〔土螽, 토책(土蝶)〕은 비황(飛蝗)과에 속한다. 『춘추』에 기록되어 있는 종(螽)은 모두 비황이다. 재난이 심하였기 때문에 기록하였다. 당나라 구양순(歐陽詢)의 『예문유취(禮文類聚)』에서는 『춘추좌조기(春秋佐助期)』를 인용하여 "종(螽)이라는 곤충은 붉은 머리에 몸에는 갑각(甲殼)이 있으며 날개가 있어 날아다니며 음기 가운데 양기를 띠고 있다. 종(螽)이라는 말은 많다〔衆〕는 뜻인데 대단히 많기 때문이다"라 하였다. 또한 전한(前漢) 유향(劉向)의 『홍범오행전(洪範五行傳)』을 인용하여 "개충(介蟲)으로 갑각이 있으며 날 수 있다. 양(陽)의 무리로 양기가 낳는다. 『춘추』에는 종(螽)으로 되어 있는데 지금은 황(蝗)이라고 한다"라 하였다. 모두 종은 곧 비황이라고 여겼으며, 『시경』의 종사(螽斯), 초충(草蟲)과는 다르다.

9 주공(州公) : 주(州)는 나라 이름으로 강(姜)씨의 나라이며 순우(淳于)에 도읍을 두었고, 지금의 산동성 안구현(安丘縣) 동북쪽의 순우성(淳于城)이다. 서주 강왕(康王) 때 주공궤(周公簋)란 명문(銘文)에 주인(州人)이란 말이 보이는데, 이곳의 주인이 바로 이 주(州)나라를 말하는 것인지는 분명치 않다. 맞다면 주나라는 서주의 왕기(王畿) 내에 봉하여진 나라가 된다.

조(曹) : 나라 이름으로 희(姬)씨 성이다. 무왕(武王)이 아우인 숙진탁(叔振鐸)을 조에다 봉하였는데, 도구(陶丘)에 도읍을 정하였으며 옛 성은 지금의 산동성 정도현(定陶縣) 서남쪽 7리 지점에 있을 것이다. 노애공(魯哀公) 8년 송(宋)나라에게 멸망당하였다. 『사기』에 「조세가(趙世家)」가 있다.

甲戌, 己丑,	갑술일과 기축일에
陳侯鮑卒.	진후 포가 죽었다.
再赴也.[10]	두 차례에 걸쳐 부고를 보냈기 때문이다.
於是陳亂,	이때 진나라에서는 내란이 일어났는데
文公子佗殺大子免而代之.[11]	문공의 아들 타가 태자인 문을 죽이고 대신 왕이 되었다.
公疾病而亂作,[12]	환공의 병이 위독해져 난이 일어나
國人分散,	백성들이 흩어졌으므로
故再赴.[13]	두 번 부고를 보낸 것이다.

夏,	여름에

---

10 어째서 갑술, 기축의 이틀이 있게 되었는가 그 이유를 해석하였다. 갑술일과 기축일은 16일의 차이가 있다. 『공양전』에서는 "갑술일에 죽고 기축일에 시신을 얻어서 군자들이 그것을 의심하였으므로 이 2일에 죽었다고 한 것이다"라 하였다. 『곡량전』에서는 "『춘추』의 뜻은 믿음으로 믿음을 전하고 의심스런 것으로 의심을 전한다. 진후(陳侯)는 갑술일에 나가서 기축일에 (그 시신을) 얻어 죽은 날을 모르기 때문에 2일을 들어 포괄한 것이다"라 하였다. 이 두 『전』의 뜻을 미루어 보면 아마 진환공(陳桓公)은 정신병을 앓고 있어서 갑술일에 나갔다가 16일이 지난 뒤에 시신을 찾아 목숨이 끊어진 알을 알지 못하였으므로 2일을 들어 포괄한 것이다. 『좌전』에서는 두 번 부고를 보냈다고 하였는데 비교적 믿을 만했으므로 『사기』에서는 그대로 따랐다.

11 문(免) : 음은 문(問)이다.

12 질병(疾病) : 병세가 위급한 것이다.

13 이상은 두 번 부고를 낸 까닭을 설명하였다. 어시(於是)는 "이때에"라는 뜻이다. 타(佗)는 『전』에서는 문공(文公)의 아들이라고 하였으니 환공(桓公)의 아우이다.

齊侯, 鄭伯朝于紀,	제후와 정백이 기나라에 조견하였는데
欲以襲之.	기나라를 기습하려고 하였다.
紀人知之.[14]	기나라 사람들이 그것을 알아챘다.

王奪鄭伯政,[15]	주나라 왕이 정백의 참정권을 빼앗으니
鄭伯不朝.	정백이 입조하지 않았다.
秋,	가을에
王以諸侯伐鄭,	주나라 왕이 제후들을 동원하여 정나라를 쳤는데
鄭伯御之.	정백이 이에 맞섰다.
王爲中軍;	주나라 왕이 중군이 되었고

14 제나라와 정나라는 대국(大國)으로, 제희공(齊僖公)과 정장공은 당시 세력이 간한 임금이었다. 기나라는 소국일 따름인데 이들이 연이어 와서 조견을 하므로 따로 마음을 품고 있음을 알 수 있다.

15 공영달의 주석〔소(疏)〕에서는 "은공 3년의 『전』에서 일컫기를 '평왕이 괵나라에 두 마음을 품고 있었다(王貳于虢)'라 하였으니 정치를 괵나라에 나누어 주고 더 이상 정나라에만 맡기려 하지 않은 것을 이른다. 평왕이 죽자 누나라 사람들이 참정권을 괵공에게 주고자 하였으니 주나라와 정나라는 사이가 나빠져 함께할 수가 없었다. 8년의 『전』에서는 '괵공 기보가 비로소 주나라의 경사가 되었다(虢公忌父始作卿士于周)'고 하였으니 이때 처음으로 참정권을 주어 정백과 함께 주나라 왕의 정치를 나누어 맡았다. 9년의 『전』에서는 '정백이 왕의 좌경사가 되었다(鄭伯爲王左卿士)'라 하였으니 괵공은 우경사로 정백과 함께 주나라 왕을 보좌하였다. 이는 주나라 왕이 정백의 참정권을 빼앗아 모조리 괵나라에 줌으로써 정백이 주나라 왕의 정치를 알지 못하게 한 것이다"라 하였다.

虢公林父將右軍,[16]	괵공 임보가 우군 장군을 맡았으며
蔡人, 衛人屬焉;	채나라 사람과 위나라 사람들이 그곳에 예속되었다.
周公黑肩將左軍,[17]	주공 흑견은 좌군 장군을 맡았으며
陳人屬焉.	진나라 사람들이 그곳에 예속되었다.
鄭子元請爲左拒,[18]	정 자원이 청하기를 좌방진을 만들어
以當蔡人, 衛人;	채나라와 위나라 사람들을 막고,
爲右拒,	우방진을 만들어
以當陳人,	진나라 사람들을 막자고 하면서
曰,	말하였다.
"陳亂,[19]	"진나라는 내란 중이니
民莫有鬪心.	백성들에게 싸우고자 하는 마음이 없습니다.
若先犯之,	선제공격을 하면
必奔.	반드시 달아날 것입니다.

16 괵공림보(虢公林父) : 주나라의 경사(卿士).

17 주공흑견(周公黑肩) : 주환공(周桓公)이다. 이때 정백을 대신하여 경사가 되었다.

18 자원(子元) : 공자 돌(突)의 자이다.
거(拒) : 방형(方形)의 진세(陣勢)이다. 육조(六朝)의 수사본(手寫本)에는 "구(矩)"로 되어 있으며, 이하 모두 같다.

19 진란(陳亂) : 이때 진환공이 죽어 진나라에서는 살육이 벌어지고 있었다.

王卒顧之,[20]	주나라의 군사들은 그들을 보살피다가
必亂.	반드시 혼란에 빠질 것입니다.
蔡, 衛不枝,[21]	채나라와 위나라도 버티지를 못하고
固將先奔.	실로 앞다투어 달아날 것입니다.
旣而萃於王卒,[22]	이어서 주나라의 군사에게 병력을 집중시키면
可以集事."[23]	승리를 거둘 수 있습니다."
從之.	정장공은 그의 말을 따랐다.
曼伯爲右拒,[24]	만백이 우방진의 장수가 되고
祭仲足爲左拒,	채중족은 좌방진의 장수가 되었으며
原繁, 高渠彌以中軍奉公,[25]	원번과 고거미가 중군을 거느리고 장공을 받쳐

---

20 고(顧) : 돌보다, 보살피다. 이는 주나라의 군사들이 진나라의 궤멸된 군사를 보살피는 동시에 정나라와 전쟁도 벌여야 하므로 진용(陣容)이 반드시 흐트러지고 말 것이라는 말이다.

21 지(枝) : 지(支)라고도 할 수 있다. 『전국책 · 서주책(西周策)』에 "위나라는 버틸 수 없었다(魏不能支)"라는 말이 나오는데, 고유(高誘)는 "지는 거(拒)와 같다"고 하였다. 곧 지지(支持), 지탱(支撑)과 같은 말이다.

22 췌(萃) : 모으다(聚)의 뜻.

23 집(集) : 이루다(成)의 뜻.
채나라와 위나라, 진나라 군이 모두 도망가서 흩어지면 병력을 주나라의 군대에 집중시킬 수 있으므로 작전을 성사시킬 수 있다는 말이다.

24 만백(曼伯) : 공자 홀(忽)의 자.

25 자원(子元)과 만백(曼伯), 채중족(祭仲足), 원번(原繁)은 모두 은공 5년의 『전』에 보인다. 『사기 · 진본기(秦本紀)』에 "정나라의 고거미(高渠眯)가 임금인 소공(昭公)을 죽였

爲魚麗之陳.[26]	어리진을 폈다.
先偏後伍,[27]	앞이 편대가 되고 뒤는 오가 되어
伍承彌縫.[28]	오가 (편대의) 빈틈을 막았다.
戰于繻葛.[29]	수갈의 싸움에서
命二拒曰,	두 방진에 명하기를
"旝動而鼓!"[30]	"큰 기를 흔들면 북을 울려라!" 라 하였다.

다"는 말이 있다. 고거미(高渠彌)가 고거미(高渠眯)로 되어 있는데, 미(彌)자와 미(眯)자는 통용되었다.

26 어리지진(魚麗之陳) : 진(陳)은 곧 진(陣)자와 같은 뜻이다. 『후한서 · 갑훈전(蓋勳傳)』에 "갑훈이 남은 무리 백여 명을 모아 어리진을 썼다"라는 말이 나오는 것으로 보아 이 진법(陣法)은 후한 때까지도 여전히 쓰였던 것 같다.

27 두예는 "『사마법(司馬法)』에 전차전에서는 25승(乘)이 편대(偏隊)가 되며, 수레는 앞에 배치하고 오(伍)는 그 다음에 배치하여 편대와 편대 사이에 틈이 생기면 그 빈틈을 메운다. 다섯 명이 한 오(伍)가 된다. 이는 아마 어리진법인 것 같다"라 하였다. 강영(江永)은 『주례 · 하관 · 사우(夏官 · 司右)』의 말을 인용하여 "무릇 군대가 회동할 때는 전차의 병졸〔卒伍〕들을 합하여 승(乘)에 비긴다"라 하였다. 주석에서는 "전차에도 병졸〔卒伍〕이 있다"라 하였다. 또한 『사마법』을 인용하여 "25승(乘)이 편대이고 125승이 오(伍)이다"라 하였다. 여기서는 아마 25승을 앞에 배치하고 125승을 그 뒤에 이어 틈을 메우게 한 것 같아 마치 물고기가 서로 나란히 붙어〔魚麗〕 나아가는 듯한 것 같다. 두예가 말한 다섯 명이 오(伍)가 된다는 것은 틀린 것 같다. 『사마법』이 춘추시대의 전법(戰法)이 아니어서 두예의 주석은 따르기가 어렵고, 강영의 설은 125승으로 25승의 틈을 메운다 하였으니 이치상 꼭 들어맞지는 않는다. 후대에는 이설이 매우 많아 하나로 절충할 수가 없다. 문헌상으로나 고고학적으로나 고찰하기가 어려워 잠시 제쳐 두는 것이 옳을 것 같다.

28 오의 작용은 편의 빈틈을 이어 새는 것을 메우는 데 있다.

29 수갈(繻葛) : 곧 은공 5년에 나왔던 장갈(長葛)이다.

30 괴(旝) : 대장이 쓰는 군기(軍旗)로 잡고서 호령(號令)을 내는 것이다. 통으로 된 붉은 비단을 썼으며 그림이나 장식은 없다. 가규(賈逵)는 발석(發石, 또는 飛石)이라고 하였는데 틀렸다.

蔡, 衛, 陳皆奔,	채나라와 위나라 진나라 병사들이 모두 달아나자
王卒亂,	주나라의 군사는 어지러워졌으며
鄭師合以攻之,	정나라 군사들이 합동으로 공격하자
王卒大敗.	주나라 군사들은 크게 패하였다.
祝聃射王中肩,	축담이 왕에게 활을 쏘아 어깨를 맞혔는데도
王亦能軍.[31]	왕은 또한 군대를 잘 지휘했다.
祝聃請從之.[32]	축담이 왕을 쫓을 것을 청하자
公曰,	공이 말하였다.
"君子不欲多上人,[33]	"군자는 남을 많이 뛰어넘으려고 하지 않는데
況敢陵天子乎?	하물며 감히 천자를 능멸하겠는가?
苟自救也,	실로 스스로 구원하여
社稷無隕,	사직이 떨어지지 않으면
多矣."[34]	그것으로 충분하다."

31 왕이 어깨에 부상을 당하기는 하였지만 여전히 전군을 잘 지휘할 수 있었다는 말이다. 청나라 왕인지(王引之)는 『좌전술문(左傳述聞)』(『경의술문(經義述聞)』 안에 수록돼 있으며, 이하 『술문(述聞)』)에서 "亦"이 "不"자의 잘못이라고 하였는데 근거가 없다.

32 종(從) : 뒤쫓아 간다는 뜻이다.

33 상(上) : 능가(凌駕)하다의 뜻이다.

34 다의(多矣) : 당시의 상투적인 말이다. 성공(成公) 16년의 『전』에도 "내가 여러 신하들을 모아 임금님을 모실 수 있기만 하다면 그것으로 충분합니다(我若羣臣輯睦以事君, 多

夜,	밤이 되어
鄭伯使祭足勞王,[35]	정백이 채족을 시켜 주나라 왕을 위문케 하고
且問左右.	아울러 좌우의 안부도 묻게 하였다.

仍叔之子來聘,	잉숙의 아들이 와서 조빙하였는데
弱也.[36]	어리기 때문에 그렇게 말했다.

秋,[37]	가을에
大雩.	기우제를 지냈다.
書,	기록한 것은

矣)"라는 말이 있다. 이 구절은 국가가 위망(危亡)에서 벗어나기만 하면 충분하다는 말이다.

35 로(勞) : 거성(去聲)으로 쓰였으며, 위문하다의 뜻.

36 원래는 "來聘" 두 자가 빠졌는데 청나라 유문기(劉文淇)의 『춘추좌씨전구주소증(春秋左氏傳舊注疏證)』〔이하 『구주소증(舊注疏證)』〕에서 두예 주의 설에 의거하여 고쳤으며, 옳다. 『경』에서 "仍叔之子"라고 기록한 것에 대하여 풀이하였는데, 그 사람이 나이가 어림을 이른 것이다. 『경』에서는 잉숙을 시켜 와서 조빙케 한 것이 늦여름〔季夏〕에 있었는데 『전』에서는 가을 말(末)이라고 풀이한 것은 어쩌면 잉숙이 와서 조빙한 것이 환왕(桓王)이 노나라가 군사를 동원하여 주나라를 따라 정(鄭)나라를 치는 데 따라나서기를 바란 것일 수도 있다. 결과적으로 노나라에서는 출병을 하지 않았으므로 『전』에서는 수갈의 전투 후에 해석하여 뜻을 드러낸 것인 듯하다.

37 위에서 "가을에 주나라 왕이 제후들을 동원하여 정나라를 쳤다(秋, 王以諸侯伐鄭)"라고 하고 여기서 또 "가을(秋)"이라고 하여 "秋"자를 두 번 쓴 것은 이해의 『전』밖에는 보이지 않는다.

不時也.[38]	때에 맞추어 지낸 것이 아니기 때문이다.
凡祀,	무릇 제사라고 하는 것은
啓蟄而郊,[39]	경칩이 되면 교제를 지내고

---

38 기우제는 두 가지가 있다. 하나는 창룡성(蒼龍星)이 보이면 지내는데 하력으로 4월에 해당하며 백곡에 비가 오기를 미리 제사 지내며 이것이 연례적인 기우제이다. 연례적인 기우제는 기록을 하지 않는다. 하나는 가뭄이 심할 때 지내는 기우제로 이는 주기적으로 때에 맞추어 지내는 기우제가 아니다. 『춘추』에 기우제가 기록된 것은 스물한 차례이며 『좌전』에는 해당 해에 "書, 不時也"라고 하였다. 양공(襄公) 5년과 8년, 28년, 소공(昭公) 3년과 6년, 16년, 24년에는 모두 "가물었기 때문이다(旱也)"라 하였다. 소공(昭公) 25년에는 두 차례 기우제를 지내고 "가뭄이 심하였다(旱甚)"라 하였으며, 나머지 해에는 『전』이 없다. 처음에는 "不時"라고 하다가 나중에는 모두 "旱"이라고 한 것은 호문(互文)으로 뜻을 드러낸 것인데 이는 기우제를 지내는 이유가 모두 가물었고 모두가 불시였기 때문이다.

39 계칩(啓蟄) : 지금의 경칩(驚蟄)과 같다. 남송(南宋)의 왕응린(王應麟)은 "계(啓)를 경(驚)으로 고친 것은 경제(景帝)의 휘를 피한 것이다"라 하였다. 『회남자 · 천문훈(天文訓)』에서 경칩을 우수(雨水)의 뒤로 고쳤는데 하력으로 2월에 드는 절기이다. 옛날에는 경칩이 우수의 앞에 있었는데, 하력으로 정월에 드는 절기였다.
교(郊) : 예로부터 이설이 분분하였다. 여기서는 『춘추』와 『좌전』을 가지고 『좌전』을 풀이하겠다. 교(郊)는 하력 정월의 백곡이 잘 되기를 기원하는 의식으로 양공(襄公) 7년의 『전』에서 "후직(后稷)에게 교사를 지내어 농사가 잘 되기를 기구한다"라 한 것으로 입증할 수 있다. 『춘추』에서 교(郊)에 대해 기록한 것은 아홉 차례로, 선공(宣公) 9년과 성공(成公) 7년, 정공(定公) 15년, 애공(哀公) 원년의 소점으로 고친 것은 모두 주력으로 정월, 곧 하력으로 11월에 있었는데, 대체로 정월에 소점을 치면 4, 5월에 쓰니 『예기 · 교특생(郊特生)』에서 이른바 "상제에게 희생으로 올릴 소는 반드시 3개월간 척(滌 : 희생을 사육하는 우리 가운데서 특별히 깨끗하게 청소하여 놓은 곳)에 있어야 한다" 한 것이다. 희공(僖公) 31년, 성공(成公) 10년과 양공(襄公) 11년의 교제의 날을 점칠 때는 주력으로 4월, 곧 하력으로 2월이었다. 정공 15년의 교제는 하력으로 3월에 있었고, 애공 원년의 교제는 하력으로 2월에 있었으며 심한 경우 성공 17년에는 9월 신축일에 교제를 지냈는데, 이를 총괄하면 교제의 날을 점칠 때나 교제는 모두 이미 경칩 절기를 지난 후로, 실로 양공 7년 맹헌자(孟獻子)가 이른바 "그러므로 계칩(啓蟄)이 되면 교제를 지내고 교제를 지낸 후에 경작을 시작하는데 지금은 이미 경작을 시작한 후에 교제를 지낼 날을 잡는다"라 한 것이다. 이것이 다음에서 말한 "제때 지내는 제사를 지나치면 기록을 한다"는 것이다.

龍見而雩,[40]	창룡성이 나타나면 기우제를 지내며
始殺而嘗,[41]	가을이 되어 비로소 초목이 시들면 상제를 지내고
閉蟄而烝.[42]	칩충이 겨울잠에 들어가면 증제를 지낸다.

---

40 용(龍) : 창룡(蒼龍)으로 동방의 각(角) · 항(亢) · 저(氐) · 방(房) · 심(心) · 미(尾) · 기(箕)의 7수(宿)를 총칭한다. 기 가운데는 실녀좌(室女座) · 천칭좌(天秤座) · 천갈좌(天蝎座) · 인마좌(人馬座)의 별이 있다. 이들은 동시에 나타난다. 창룡이 나타나는 것이 7수가 모두 출현한다는 것은 아니며 각(角)과 항(亢)의 두 별자리(각수에는 실녀좌의 두 별이 있고, 항수에는 실녀좌의 네 별이 있다)가 황혼이 질 때 동방에 나타나니 이것이 이른바 "창룡이 나타난다"는 것으로 이때는 하력으로 4월 맹하(孟夏) 건사(建巳)의 달이다. 청나라 금악(金鶚 : 1771~1819)의 『구고록예설(求古錄禮說)』에서는 반드시 창룡 7수가 모두 나타나야 비로소 "창룡이 나타났다(龍見)"라 할 수 있기 때문에 기우제는 오월(午月)에 있다고 하였는데 틀린 것 같다. 우(雩)는 비가 오기를 기구(祈求)하는 제사, 곧 기우제이다.

41 시살(始殺) : 가을의 기운이 이른 것으로, 비로소 초목이 말라 시들기 시작한다. 이때는 맹추(孟秋) 건신(建申)의 달에 해당하며, 지금의 하력 7월이다. 두예의 주석에서는 건유(建酉)의 달이라 하였는데 틀렸으며, 왕인지가 『술문(述聞)』에서 이미 반박을 하였다.
상(嘗) : 제사 이름으로 『예기 · 월령(月令)』의 맹추(孟秋)에서 이른바 "이 달에는 농부는 햇곡식을 바친다. 천자가 햇곡식을 맛보고 먼저 침묘에 바친다(是月也, 農乃登穀. 天子嘗新, 先薦寢廟)"라 한 것이다. 상제(嘗祭)는 7월 중에 행하는 것은 기록하지 않는다. 『춘추』에서 상제를 기록한 것은 환공 14년의 "가을 8월 임신일에 어름(御廩)에 불이 났다. 기해일에 상제를 지냈다"라 한 것이 유일하다. 이해는 건축(建丑)이지만 당시 건자(建子)의 주력 가을 8월, 곧 하력의 6월(실제로는 하력의 7월)로 오인하였는데, 이때는 7월에 미치지 못하여 상제를 지냈으므로 예외임을 기록한 것이다.

42 폐칩(閉蟄) : 곤충이 겨울잠을 자는 것을 말하며 이때는 건해(建亥)의 달에 해당하므로 하력으로 맹동 10월이 된다.
증(烝) : 겨울 제사 이름으로 두예의 주석에서 이른바 "만물이 모두 성숙하여 올릴 만한 것이 많으므로 종묘에 증제(烝祭)를 올린다"라 한 것이다. 증제는 마땅히 겨울 10월에 행해야 하는데 소공(昭公) 원년의 『전』에서는 "12월에 진(晉)나라에서 이미 증제를 올렸다"라 하였는데, 주력 12월은 하력으로 10월이니 진나라도 맹동에 증제를 올렸음을 알 수 있다. 『춘추』에서 증제에 대해 기록한 것은 환공 8년 정월 기묘일에 증제를 올리고 여름 5월 정축일에 또 증제를 올린 것인데, 이 두 증제에 대해서는 모두 『전』이 없으며 『춘추』에서 기록한 것은 예가 아니라고 생각하였다. 맹동에 지내는 증제는 일상적인 제사이

過則書.[43] 이때를 지나치면 기록을 한다.

冬, 겨울에

淳于公如曹.[44] 순우공이 조나라로 갔다.

度其國危, 나라가 위험에 처한 것을 헤아려

遂不復.[45] 마침내 돌아가지 않았다.

환공 6년

經

六年春正月,[1] 6년 봄 정월

寔來.[2] 주공(州公)이 우리나라로 왔다.

므로 기록하지 않은 것이다.

43 과(過) : 상제(常祭), 곧 연례적으로 날을 잡아 놓고 지내는 제사가 아님을 말한다.

44 순우공(淳于公) : 곧 주공(州公)임. 나라 이름은 주(州)이고 순우에다 도읍을 정하였는데, 순우는 지금의 산동성 안구현(安丘縣) 동북쪽 30리 지점에 있다. 도읍의 이름으로 국명을 대신 한 것은 이 예가 있다. 전국시대 때 위(魏) 혜성왕(惠成王)이 대량(大梁)으로 도읍을 옮겼는데 『고본죽서기년(古本竹書紀年)』에서는 양(梁) 혜성왕이라고 칭하였고, 『맹자』에서도 양혜왕(梁惠王)이라고 칭하였다. 한(韓)나라는 정(鄭)으로 옮기고 나라 이름도 정이라고 하였는데 이는 이의 예를 따른 것이다.

45 나라에 위난(危難)이 있는데 아무리 생각을 해봐도 자구책이 없으므로 조견하러 나간 후에 귀국하지 않은 것이다.

1 육년(六年) : 을해년 B.C. 706년으로 주환왕(周桓王) 14년이다. 지난해 윤12월 9일 정해일이 동지이며, 이해도 건축(建丑)이다.

夏四月,	여름 4월에
公會紀侯于成.[3]	공이 성에서 기후와 만났다.
秋八月壬午,[4]	가을 8월 임오일에
大閱.[5]	군마를 검열했다.
蔡人殺陳佗.[6]	채나라 사람들이 진타를 죽였다.

---

2 식래(寔來) : 고본은 『경』은 『경』대로 『전』은 『전』대로였다. 이 구절은 본래 바로 위 해의 『경』과 이어져 전문(全文)은 "冬, 州公如曹. 六年春正月, 寔來"이다. 『경』이 나누어진 해(『경』이 나누어진 해가 언제부터 시작되었는지는 모르지만 『공양전』과 『곡량전』의 두 『전』을 보면 『경』은 일찍부터 이미 나누어진 것 같다) 이후부터 하나의 사건이 두 해로 나누어진 "六年春正月寔來"의 경우에는 주어가 생략되었다. "寔來"의 식(寔)은 실(實)이라고도 하는데, 곧 허실(虛實), 확실(確實)이라고 할 때의 실(實)이다. 『의례 · 근례(覲禮)』의 "백부께서 실로 오셨다(伯父實來)"와 성공 2년 『전』의 "그리고 공백이 실로 왔다(而鞏伯實來)", 18년의 『전』 "지백이 실로 왔다(知伯實來)", 소공 3년 『전』의 "지금 자피가 실로 왔다(今子皮實來)"라 한 것이 모두 이와 같은 유이다. 또한 소공 34년 『전』의 "우리 선대부 인단이 실로 갔다(我先大夫印段實往)" 또한 이와 같은 유이다. 『전』은 "그 나라로 돌아가지 않았다(不復其國)"라는 말로 "寔"을 풀이한 것인데, 그 기록한 방법을 풀이한 것이지 훈고를 풀이한 것은 아니다. 송나라 가현옹(家鉉翁)의 『춘추상설(春秋詳說)』에서는 "'寔來' 두 자는 당시의 상투적인 어투로 반드시 지나치게 의미를 추구할 필요는 없을 것 같다"라 하였다.

3 성(成) : 『곡량전』에는 "郕"으로 되어 있는데, "成"과 "郕"은 서로 통하여 쓴다. 옛 성읍(成邑)은 지금의 산동성 영양현(寧陽縣) 북쪽에 있었다. 나중에는 맹씨(孟氏)의 채읍(采邑)이 되었다. 정공(定公) 12년 중유(仲由)가 계씨(季氏)의 재(宰)가 되어 성(成)을 떨어뜨리려 하니 공렴보(公斂父)가 맹손(孟孫)에게 이르기를 성(成)이 떨어지면 제(齊)나라 사람이 반드시 북문으로 몰려올 것이다 운운한 것과, 애공 15년 성(成)이 반란을 일으켜 제나라에 들어갔는데 얼마 후 제나라에서 성을 돌려 보낸 것과 같은 성은 노나라 북쪽 경계의 제나라에 가까운 읍이다.

4 임오(壬午) : 8일이다.

5 대열(大閱) : 병거 및 수레를 끄는 말을 검열하는 것이다.

6 본년에는 이 일에 대한 『전』의 글이 없고 장공(莊公) 22년의 『전』에서 "진(陳) 여공(厲公)은 채(蔡)나라 여인 소생이므로 채나라 사람이 오보(五父)를 죽이고 그를 세웠다"라 하였으니 이해에 『전』이 없더라도 실제로는 『전』이 없었던 것은 아니다. 오보(五父)는 곧 타(佗)로 한 사람이다. 『사기 · 진세가(陳世家)』에서는 오보와 타가 두 사람이라고 하여

九月丁卯,[7]	9월 정묘일에
子同生.[8]	자동이 났다.
冬,	겨울에
紀侯來朝.	기후가 와서 조견하였다.

傳

六年春,	6년 봄에
自曹來朝.	조나라에서 와서 조문을 하였다.
書曰"寔來",	"실로 왔다"라고 기록한 것은
不復其國也.[9]	그 나라로 돌아가지 않았기 때문이다.

楚武王侵隨,[10]	초 무왕이 수나라로 쳐들어가

여공(厲公) 외에 또한 부당하게 이공(利公) 한 사람을 끼워 넣었는데, 틀렸다.

7 정묘(丁卯) : 24일이다.

8 자동(子同) : 곧 장공(莊公)이다. 노나라 12공(公) 가운데 자동(子同)만이 적장자(嫡長子)여서 태자에 대한 예를 갖추어 거행하였으므로 기록한 것이다. "자동(子同)"이라고 한 것은 노나라는 공에 대해서 적서(嫡庶)를 막론하고 저자(儲子 : 태자)인 경우에는 또한 자(子)로 일컬었는데, 장공 32년의 『경』에서 "자반(子般)이 죽었다"라 한 것과 양공 31년의 『경』에서 "자야(子野)가 죽었다"라고 기록한 것으로 입증할 수 있다. 『상서 · 고명(顧命)』편에서는 "을축일에 왕이 돌아가시자 자쇠(子釗)를 남문 밖에서 맞았다"라 하였으니 왕세자(王世子)라고 해도 또한 자로 칭하였다.

9 이는 바로 지난해의 『전』의 문장과 하나로 이어졌다. 상세한 것은 『경』의 주를 보라.

10 수(隨) : 나라 이름으로 희(姬)씨 성이다. 그러나 『성찬사지(姓纂四支)』의 "수(隨)" 아래에서는 후한(後漢) 응소(應劭)의 『풍속통의(風俗通義)』와 송(宋)나라 나필(羅泌)의

使薳章求成焉,[11]	위장에게 화의을 구하게 하고는
軍於瑕以待之.[12]	하에 주둔하여 결과를 기다렸다.
隨人使少師董成.[13]	수나라 사람들은 소사를 보내어 화의를 주관하게 하였다.
鬪伯比言于楚子曰,[14]	투백비가 초자에게 말하였다.
"吾不得志於漢東也,[15]	"우리가 한수 동쪽에서 뜻을 얻지 못한 것은
我則使然.	우리가 그렇게 만든 것입니다.

『노사 · 후기(路史 · 後記)』를 인용하여 수나라는 신농(神農)의 후손으로 강(姜)씨 성이라 하였고, 『노사 · 후기』에서는 또 수나라는 요(堯)임금의 후손이라고 하였다. 전설이 같지 않거나 아니면 서로 다른 수나라일 것이다. 처음 수나라에 봉해진 사람이 누구인지는 알지 못하겠고, 옛 성은 지금의 호북성 수현(隨縣)의 남쪽에 있었다. 춘추시대가 끝날 때까지도 여전히 존속하였다. 애공 10년의 『전』에서는 오랑캐의 하나라 하였다.

11 위장(薳章) : "薳"의 음은 위이며 "蔿"라고도 할 수 있다. 후한(後漢) 때 왕부(王符)의 『잠부론 · 지씨성(潛夫論 · 志氏姓)』에서는 "분모(盆冒)가 위장(蔿章)을 낳았는데 왕자 무구(王子無鉤)이다"라 하였다. 남송(南宋) 정초(鄭樵)의 『통지 · 씨족략(通志 · 氏族略)』에서는 "위장(蔿章)은 위(蔿)에 식읍을 두었으므로 성씨로 삼았다"라 하였다.

12 하(瑕) : 수(隨)나라의 지명. 성공 16년 『전』의 "초나라 군사가 하로 돌아갔다"라 한 것도 이곳이다.

13 소사(少師) : 관직 이름인 것 같으며, 그 사람의 성명은 알 수 없다.
동성(董成) : 주관(主管), 주재(主宰)하다의 뜻. 동성은 강화 회담을 주관함을 말함.

14 투백비(鬪伯比) : 투(鬪)씨는 미(芈)성으로 약오(若敖)의 후손이다. 약오는 네 아들을 낳았는데 렴(廉)과 민(緡), 기(祁), 그리고 백비(伯比)이다. 백비는 영윤자문(令尹子文)의 아버지이다.

15 득지(得志) : 뜻을 이루지 못하다. 여기서는 국토를 확장시키는 것을 가리킨다.
한동(漢東) : 한은 곧 지금의 한수(漢水)이다. 한수 동쪽에는 희(姬)씨 성의 소국이 많았는데 이를테면 희공(僖公) 28년의 『전』에서 "한수 북쪽의 여러 희씨(漢陽諸姬)"라 한 것이라든가 정공(定公) 4년의 『전』에서 "주의 자손은 한천에 있다(周之子孫在漢川)"라 한 것이 모두 이것이다.

我張吾三軍,[16]	우리가 우리의 3군을 펼쳐놓고
而被吾甲兵,[17]	우리의 갑옷과 무기로 무장시켜서
以武臨之,	무력으로 저들을 대했기 때문에
彼則懼而協以謀我,[18]	저들은 두려워서 협력하여 우리에게 맞설 것을 모색하였으므로
故難閒也.[19]	이간시키기가 어려웠던 것입니다.
漢東之國,	한수 동쪽의 나라로는
隨爲大.	수나라가 가장 큽니다.
隨張,[20]	수나라가 잘난 체하면
必棄小國.[21]	반드시 작은 나라들을 깔보게 될 것입니다.

16 장삼군(張三軍) : 『상서 · 강왕지고(康王之誥)』 "육군을 크게 벌리다(張皇六師)"와 뜻이 같다. 장황은 크게 넓히다라는 뜻이다.

17 피오갑병(被吾甲兵) : 『전국책 · 초책(楚策) 1』에 "우리 3군은 견고한 갑옷을 입고 날카로운 무기를 들고 있다(吾被堅執銳)"라는 말이 있는데, 같은 뜻이다.

18 이(以) : 완각본(阮刻本)에는 "來"로 되어 있는데 『교감기(校勘記)』와 가나자와 문고본(金澤文庫本)에 의거하여 고침.

19 간(閒) : 거성(去聲)으로 이간(離間)을 말한다. 다음 문장 "小國離, 楚之利也"를 보면 이간과 뜻이 같음을 알 수 있다.

20 장(張) : 거성(去聲). 자고자대(自高自大), 곧 스스로 잘난 체하다, 자만하다.

21 기(棄) : 경시(輕視)하다의 뜻이 있음. 『순자 · 수신(修身)』편의 "태만하고 경박하며 깔본다(怠慢僄棄)"와, 같은 책 「불구(不苟)」편의 "통하면 교만하고 치우치게 되며, 궁하면 깔보고 용렬하게 된다(通則驕而偏, 窮則棄而儑)", 그리고 『맹자 · 이루(離婁) 상』의 "스스로를 가볍게 여기는 사람은 더불어 무슨 일을 도모할 수가 없다(自棄者不可與有爲也)" 등의 여러 "棄"자가 모두 이 뜻으로 쓰였다. 허풍을 떨고 공명심만 좋아하는 사람은 반드시 소국들이 와서 붙기를 바라므로 "버리다"라는 뜻으로는 볼 수 없다.

小國離,[22]	작은 나라들이 떠나는 것은
楚之利也.	초나라의 이득이 됩니다.
少師侈,	소사는 허영에 들뜬 사람이니
請羸師以張之."[23]	약한 군사들을 내세워 저들을 기고만장하게 하십시오."
熊率且比曰,[24]	웅율차비가 말하였다.
"季梁在,[25]	"계량이 있으니
何益?"	무슨 도움이 되겠소?"
鬪伯比曰,	투백비가 말했다.
"以爲後圖,	"훗날을 위한 도모입니다.
少師得其君."[26]	소사는 그 임금의 신임을 얻게 될 것입니다."

---

22 소국리(小國離) : 작은 나라들이 수나라를 떠나다.

23 이사(羸師) : 리(羸)는 약하다는 뜻이다. 이사라는 것은 정예병은 숨겨두고 보이지 않게 하고 지치고 약한 군사들로 대신하여 약하게 보이는 것으로 곧 아래의 "毁軍"을 말한다. 장지(張之) : 이곳의 장(張) 역시 거성으로 읽을 수 있으며, 소사로 하여금 스스로 교만하게 만드는 것을 말함.

24 웅율차비(熊率且比) : 초나라의 대부.

25 계량(季梁) : 수나라의 현자.

26 소사득기군(少師得其君) : 장래를 나타내는 부사가 생략되었으며, 소사가 장차 그 임금의 신임을 얻게 되리라는 것을 말한다. 고인들은 이런 구법을 많이 썼는데『상서 · 반경(盤庚) 상』에서 "반경이 은으로 천도하려 했다(盤庚遷于殷)"라 한 것이 같은 예이다. 이는 지금 약한 군사를 보여주는 것은 오늘 당장 드러날 효과를 구하는 것이 아니라 훗날 소사가 그 임금의 신임을 얻을 때를 대비한 계책이라는 말이다. 8년의『전』에 "수나라 소사가 총애를 받았다(隨少師有寵)"라 하였다.

王毁軍而納少師.[27]	임금은 군대의 진영을 허물고 소사를 맞아들였다.
少師歸,	소사가 돌아가서
請追楚師.	초나라 군사를 쫓을 것을 청하였다.
隨侯將許之.	수후가 곧 허락을 하려는데
季梁止之,	계량이 그것을 말리면서
曰,	말하였다.
"天方授楚,	"하늘이 바야흐로 초나라를 도와주니
楚之羸,	초나라 군사가 약한 것은
其誘我也.[28]	우리를 꾀려는 것입니다.
君何急焉?	임금님께서는 어찌 그리 급하게 구십니까?
臣聞小之能敵大也,	신이 듣자온대 작은 나라가 큰 나라를 대적할 수 있는 것은
小道大淫.	작은 나라는 도가 있고 큰 나라는 황음할 때라 하였습니다.
所謂道,	제가 이른바 도는
忠於民而信於神也.[29]	백성에게 충성스럽고 신에게 신임을 얻는 것입니다.

27 납(納) : 군중(軍中)으로 맞아들인 것이다.
28 기(其) : 장(將)의 뜻으로 쓰였다. 장차, 곧.

上思利民,	임금이 백성이 이롭게 될 것을 생각하는 것은
忠也;	충입니다.
祝史正辭,[30]	축사가 말을 바르게 하는 것은
信也.	믿음입니다.
今民餒而君逞欲,[31]	지금 백성들은 굶주리고 임금은 사욕을 채우려 하며
祝史矯擧以祭,[32]	축사는 그릇된 말로 제사를 지내니
臣不知其可也."	신은 그 옳음을 모르겠습니다."
公曰,	공이 말하였다.
"吾牲牷肥腯,[33]	"내가 바치는 희생은 순수하고 살졌으며

29 신(信) : 성(誠)자와 같은 뜻이다.

30 축사(祝史) : 제사와 기도를 주관하는 관직. 애공 25년의 『전』에 축사 휘(揮)가 있다. 정사(正辭) : 임금의 아름다움을 헛되이 일컫지 않는 것이다.

31 영욕(逞欲) : 욕망을 만족시켜 자신의 뜻을 즐겁게 하는 것을 있는 힘껏 추구하는 것을 말함. 이 구절의 뜻은 백성들은 굶주리는데 군주는 사욕을 채워 즐기는 데만 뜻을 두니 이는 백성에게 절로 불충한 것이라는 말이다.

32 교거(矯擧) : 공덕(功德)을 사칭함을 말하는데 이는, 신에게 진실되지 못하다는 것이다.

33 생전(牲牷) : 『설문』에서는 생(牲)은 "소가 완전한 것", 전(牷)은 "소가 순색인 것"이라고 하였다. 옛날에 제사를 지낼 때 비중이 있는 제사 때는 반드시 지체(肢體)가 완전하고 털의 색이 순일(純一)한 소만 썼으므로 생전은 제사 때 쓰는 희생과 뜻이 같은 말로 인신되었다. 동의쌍음사(同義雙音詞 : 같은 뜻의 글자가 겹쳐져서 형성된 단어)로 희생(犧牲)이라는 말과 같다. 『예기 · 표기(表記)』에서도 "생전과 예악이 모두 풍성하다(牲牷禮樂盛)"라 하였다.

粢盛豐備,[34] 제사 때 바치는 곡물은 풍부하게 갖추어졌는데

何則不信?" 무엇 때문에 믿지 못한다는 것인가?"

對曰, 대답하여 말했다.

"夫民, "대체로 백성은

神之主也,[35] 귀신의 주인입니다.

是以聖王先成民而後致力於神. 그러므로 먼저 백성을 편안하게 해주고 난 후에 신에게 온 힘을 다 바칩니다.

故奉牲以告曰 '博碩肥腯', 그러므로 희생을 바치며 말하기를 '크고 살졌습니다' 라 하는데

謂民力之普存也,[36] 백성의 힘이 널리 있음을 이르는 것이며

謂其畜之碩大蕃滋也,[37] 가축은 크고 잘 번식하고 불고 있음을 말합니다.

謂其不疾瘯蠡也,[38] 가축이 쇠약해지는 병을 앓지 않았음을 말하고

비돌(肥腯) : 돌(腯)은 "둔"이라고도 읽으며 살졌다는 뜻이다. 비돌 역시 동의쌍음사이다.

34 자성(粢盛) : 자(粢)는 "楶", "齋"라고도 하며 제사 때 쓰는 서직 등의 곡물을 말한다. 성(盛)은 제기에 담겨 있는 제물을 말한다. 역시 동의쌍음사이다. 제사 때 쓰이는 곡물이라는 뜻의 통칭으로 차용된다.

35 두예는 "귀신의 마음은 백성에 의해서 행하여짐을 말한다"고 하였다.

36 박(博)자를 해석한 것이다.

37 축(畜) : 희생으로 쓰는 가축이다. 이 구절은 석(碩)자를 해석한 것이다.

謂其備腯咸有也;[39] 살진 것을 갖추어 모든 것이 있음을 말한 것입니다.

奉盛以告曰 '絜粢豐盛',[40] 곡식을 담아 바치며 말하기를 '깨끗한 곡식이 풍성합니다' 라 하는데

謂其三時不害而民和年豐也;[41] 세 철 재해 없이 백성은 화목하고 농사는 풍년이 들었음을 말하며,

奉酒醴以告曰 '嘉栗旨酒',[42] 술을 바치면서 말하기를 '훌륭하고 맑으며 술이 맛있습니다' 라 하는데,

謂其上下皆有嘉德而無違心也. 상하가 모두 덕이 아름다우며 어기는 마음이 없음을 말하는 것입니다.

所謂馨香,[43] 이른바 향기가 멀리 퍼진다는 것은

---

38 족려(瘯蠡) : 족(瘯)은 말랐다〔瘦〕는 뜻으로 쓰였다. 려(蠡)는 약하다〔羸〕는 뜻으로 쓰였다. 족려병을 앓지 않는다는 것은 마르고 쇠약해지는 병을 앓지 않았다는 것과 같으며 비(肥)자를 풀이한 것이다.

39 돌(腯)자의 뜻을 해석한 것이다.

40 결자풍성(絜粢豐盛) : "絜"은 "潔"자와 같은 뜻이다. 이 구절의 뜻은 곡식은 깨끗하고 제기는 풍성함을 말하였다.

41 삼시(三時) : 봄, 여름, 가을의 농번기를 말한다. "三時不害"는 『맹자 · 양혜왕(梁惠王)』에서 말한 "농사철을 어기지 않았다(不違農時)"는 것과 같다.

42 가율지주(嘉栗旨酒) : 가(嘉)는 훌륭하다는 뜻이고, 율(栗), 열(洌)자의 뜻으로 쓰였는데, 맑다, 깨끗하다는 뜻이다. 지(旨)는 맛이 있다는 뜻이다. 가율지주(嘉栗旨酒)는 훌륭하고도 맑은 데다 맛이 좋은 술을 말한다.

43 형향(馨香) : 제품(祭品)의 아름다운 향기가 멀리까지 풍김을 말한다. 희공(僖公) 5년의 『전』에서 "서직이 향기로운 것이 아니라 밝은 덕만이 오직 향기롭다(黍稷非馨, 明德惟馨)"라 하였고, 또한 "진나라가 우나라를 취하고 밝은 덕으로 향기로운 제물을 드린다면(若晉取虞, 而明德以薦馨香)"이라 하였으니, 이로써 보건대 형향(馨香)은 제품(祭品)

無讒慝也.[44]	참람하고 사특함이 없음입니다.
故務其三時,[45]	그러므로 세 철의 농사에 힘쓰고
修其五教,[46]	다섯 가지 교화를 닦으며
親其九族,[47]	구족을 가까이 지내고
以致其禋祀,[48]	깨끗한 제사를 바치는 것입니다.
於是乎民和而神降之福,	이에 백성들은 화목하고 귀신은 복을 내려 주니
故動則有成.[49]	움직였다 하면 공을 이루는 것입니다.

을 가리켜 말하였고 옛 사람들도 또한 제품의 향기는 제사를 지내는 사람의 덕행이 있다고 생각하였음을 알 수 있다.

44 참특(讒慝) : 옛사람들은 이 두 자를 늘 연이어 썼는데, 『좌전』에 모두 여덟 차례가 보인다.

45 무기삼시(務其三時) : 무(務)는 온 힘을 다하여 종사하는 것을 말함. 무기삼시는 온 힘을 다하여 농사를 짓는 것을 말함.

46 오교(五教) : 문공(文公) 18년의 『전』에 "사방에 다섯 가지 교화, 아버지는 의롭고(父義), 어머니는 자애로우며(母慈), 형은 우애가 있고(兄友), 동생은 공손하며(弟共), 아들은 효성스러운(子孝) 것을 퍼뜨리게 하였다"라 하였다.

47 구족(九族) : 여기에 대해서는 이설이 분분하다. 『상서 · 요전(堯典)』에서 "큰 덕을 밝히시어 9족을 화목하게 하셨다(克明峻德, 以親九族)"라 한 것을 보면 고조(高祖)에서 현손(玄孫)까지임을 알 수 있다. 그런 바로 위에서 오교(五教)를 언급하였고, 이 오교에 모자(母慈)의 항목이 들어가는 것으로 보아 모족(母族)을 배제할 수가 없다. 두예의 주석에서는 외조부, 외조모, 종모(從母 : 모친의 자매)의 아들 및 처부(妻父), 처모(妻母), 고모의 아들, 자매의 아들, 딸의 아들과 자기의 동족인데, 모두 외친으로 복(服)은 있으나 이족(異族)인 사람들을 말한다고 하였다.

48 인사(禋祀) : 인(禋)은 결사(潔祀)이다. 인사는 동의쌍음사이다.

49 성(成) : 공(功)과 같은 뜻. 옛날에는 성(成)과 공(功)이 같은 뜻으로 쓰였다.

今民各有心,[50]	지금 백성들은 각기 다른 마음을 가지고 있으며
而鬼神乏主;[51]	귀신은 주재를 하지 않습니다.
君雖獨豐,[52]	임금께서 비록 홀로 풍성하게 제사를 지내시지만
其何福之有?[53]	어떤 복이 있겠습니까?
君姑修政,	임금님께서는 잠시 정사를 닦으시고
而親兄弟之國,[54]	형제의 나라들을 가까이하시면
庶免於難."[55]	난을 면하실 수 있을 것입니다."
隨侯懼而修政,	수후가 두려워하여 정사를 닦으니
楚不敢伐.	초나라가 감히 치지 못하였다.

夏,	여름에

50 백성이 화목하지 못한 것을 이른다.

51 위에서 "民, 神之主也"라 했는데 백성이 화목하지 못하니 귀신이 주재함이 없다는 말이다.

52 풍(豐) : 위에 나온 생전비돌(牲牷肥腯)과 자성풍비(粢盛豐備)를 포괄한다.

53 기하복지유(其何福之有) : "其有何福"의 도치문. 지(之)자는 술어와 목적어가 도치되었을 때 쓰는 관계사이고, 기는 어기를 나타내는 부사어로 뜻이 없음.

54 형제지국(兄弟之國) : 한양(漢陽)의 여러 희(姬)씨 성 나라들을 가리킴. 이는 이 나라들에게 단결하게 해서 초나라와 맞서게 하자는 것으로 위에서 투백비가 말한 "협력하여 우리에게 맞설 것을 모색하였기 때문에 이간질시키기가 어려웠다(協以謀我故難閒)"라 한 것과 서로 대비가 되는 말이다.

55 서(庶) : 서기(庶幾)와 같은 말로 희망을 나타내는 부사.

會于成,	성에서 만났는데
紀諮謀齊難也.[56]	기후가 제나라가 멸하려 함을 자문한 것이다.
北戎伐齊,[57]	북융이 제나라를 치니
齊使乞師于鄭.	제나라는 정나라에게 군사를 청하게 하였다.
鄭大子忽帥師救齊.	이에 정나라 태자 홀이 군사를 이끌고 제나라를 구해 주었다.
六月,	6월에
大敗戎師,	융의 군대를 크게 무찌르고
獲其二帥大良, 小良,[58]	두 장군 대량과 소량을 사로잡고

56 자모(諮謀) : 동의쌍음사이다. 『시경 · 소아 · 황황자화(小雅 · 皇皇者華)』의 "두루 묻고 꾀하네(周爰咨謀)"의 "咨謀"와 같다. 제나라가 기나라를 멸하려 하였는데, 은공 2년의 "백희가 기나라로 시집갔다(伯姬歸於紀)"라 한 『경』의 기록에 의하면 기나라는 노나라의 생질이 되며 또한 노나라가 새로 제나라와 혼사를 이루었기 때문에 기후가 와서 함께 상의한 것이다.

57 북융(北戎) : 『사기 · 흉노전(匈奴傳)』에 의하면 북융은 곧 장공(莊公) 30년의 산융(山戎)이다.

58 대량, 소량(大良, 小良) : 혹자는 사람 이름이라고 하는데 『논어 · 미자(微子)』에 소련(少連) 같은 예와 같고, 혹자는 관직 이름이라고도 하는데 『사기 · 상군열전(商君列傳)』의 대량조(大良造)와 같다고 하였다. 청말(淸末) 민국 초기(民國初期)의 장병린(章炳麟 : 1869~1936)은 곧 대군(大君), 소군(少君)이며 모두 추장을 일컫는 말로 좌현왕(左賢王), 우현왕(右賢王)과 같다고 하였다. 그러나 문의(文義)로 보면 이미 이수(二帥)라 하였으므로 인명임이 확실하다.

甲首三百,[59] 갑옷 입은 병사 3백 명의 목을 잘라

以獻於齊. 제나라에 바쳤다.

於是諸侯之大夫戍齊, 齊人饋之餼,[60] 이때 제후들의 대부가 제나라를 지키고 제나라에서는 그들에게 음식을 보내 주면서

使魯爲其班.[61] 노나라로 하여금 그 순서를 정하게 하였다.

後鄭. 정나라를 뒤로 돌렸다.

鄭忽以其有功也, 정나라의 홀은 자기에게 공이 있다고 생각하였으므로

怒, 노하여

故有郎之師.[62] 낭의 싸움이 있게 되었다.

公之未昏於齊也, 환공이 제나라에 아직 장가들지 않았을 때

---

59 갑수(甲首) : 갑옷을 입은 사람의 머리. 애공 11년의 『전』에 나오는 "군사들이 갑수(甲首) 80을 얻었다"라 한 것과 또 "갑수(甲首) 3천"이라 한 것도 모두 이와 같은 뜻이다.

60 희(餼) : 본래 기(氣)라고 하였으며, 기(旣)라고도 하였다. 『예기 · 중용(中庸)』에서 말한 "창고에서 녹을 내림을 일에 맞추어 한다(旣廩稱事)"는 것이 이것이다. 무릇 사람들에게 음식물을 내릴 때 익은 것을 내리는 것을 옹(饔)이라 하며 날 것을 내리는 것을 희(餼)라고 한다. 희에는 소 · 양 · 돼지 · 서(黍) · 량(粱) · 직(稷) · 화(禾) 등이 있다. 동사로도 쓰일 수 있으며 사람들에게 날 음식을 보내 주는 것이다.

61 반(班) : 차서(次序)이다. 노나라에게 그 선후의 순서를 정하게 한 것이다. 노나라에게 순서를 정하게 하였으니 노나라도 대부를 보내어 제나라를 지키게 하였음을 알 수 있는데, 『경』에는 기록하지 않았다.

62 낭지사(郎之師) : 10년에 있다.

齊侯欲以文姜妻鄭大子忽.	제후가 문강을 정나라 태자 홀의 아내로 삼고자 하였다.
大子忽辭.	태자 홀이 이를 거절하자
人問其故.	사람들이 그 까닭을 물어보았다.
大子曰,	태자가 말하기를
"人各有耦,[63]	"사람은 각기 짝이 있게 마련인데
齊大,	제나라는 대국이어서
非吾耦也.	나의 짝이 아니다.
詩云,	『시』에서 말하기를
'自求多福.'[64]	'스스로 많은 복 추구하네' 라 하였으니
在我而已,	복은 내게 있을 따름이다.
大國何爲?"	대국이 무슨 소용이란 말인가?" 라 하였다.
君子曰,	군자가 말하였다.
"善自爲謀."[65]	"스스로 도모를 잘 하였다."

63 우(耦) : 우(偶)와 같으며 배(配), 필(匹), 곧 짝이라는 뜻이다.

64 시(詩) : 『시』는 『시경』의 「대아 · 문왕(大雅 · 文王)」에 나오는 구절임.

65 선자위모(善自爲謀) : 이 말은 정나라의 홀이 문강을 거절한 것을 찬미하는 말인 것 같다. 문강은 음란하여 결국 노환공이 피살되게 하였다. 장병린(章炳麟)은 선(善)을 선(嫸)으로 보아야 한다고 하였다. 선(嫸)은 남의 말을 어기기를 좋아한다는 뜻이며, 욕보이다〔靳〕는 뜻도 있다. 이는 곧 문강과의 혼사를 거절하여 결국 나라를 잃게 되었음을 기롱한 말인데, 확실치 않다.

及其敗戎師也,	그가 융의 군사를 무찔렀을 때
齊侯又請妻之.[66]	제후가 다시 그를 사위로 삼고자 하였으나
固辭.[67]	굳이 거절하였다.
人問其故.	사람들이 그 까닭을 물어보니
大子曰,	태자가 말하였다.
"無事於齊,	"제나라에 일이 없을 때도
吾猶不敢.	나는 감히 그렇게 하지 않았다.
今以君命奔齊之急,	이제 임금의 명으로 제나라가 화급함을 구하려 달려왔는데
而受室以歸,	아내를 얻어 돌아간다면
是以師昏也.	이는 전쟁을 빙자한 혼인이다.
民其謂我何?"[68]	백성들이 나를 무엇이라 하겠는가?"
遂辭諸鄭伯.[69]	결국은 정백의 명의로 그것을 거절하였다.

---

66 이때 문강은 이미 노나라로 시집간 지 4년이 되었으므로 아마 다른 여인을 아내로 들였을 것이다. 은공 8년의 『전』에서 "정나라 공자 홀이 진(陳)나라로 가서 부인 규(嬀)를 맞았다"라 하였으니 홀은 일찌감치 정부인을 맞이하였다.

67 고사(固辭) : 위고문 『상서 · 대우모(大禹謨)』에 "우가 절을 하고 머리를 조아리며 굳이 거절하였다(禹拜稽首固辭)"라는 말이 나오는데, 공영달은 "거듭 거절하는 것을 고라고 한다(再辭曰固)"라 하였다.

68 백성을 수고롭혀 출병을 하였는데 자기가 결혼을 하여 돌아가면 백성들이 자기가 백성들을 수고롭힌 까닭이 제나라에서 아내를 얻기 위함이었다고 말할 것이라는 뜻이다.

69 정백에게 알리고 거절하다. 이는 11년에 정나라 홀이 위(衛)나라로 달아나는 것에 대한

秋,	가을에
大閱,	군마를 검열하여
簡車馬也.	수레와 말을 점검하였다.

九月丁卯,	9월 정묘일에
子同生.	자동이 태어났다.
以大子生之禮擧之,	태자가 태어난 예를 거행하여
接以大牢,[70]	태뢰로 접견하였고
卜士負之,[71]	사인을 점 쳐서 업게 하였으며

암시이다. 정나라 태자 홀이 제나라와의 혼사를 거절한 것은 두 차례이다.

70 접이태뢰(接以大牢) : 옛날에 제사를 지낼 때 소, 양, 돼지의 세 희생을 모두 쓰는 것을 태뢰라고 한다. "大"는 "太"와 같다. 하나의 희생만 쓰는 것을 특(特)이라 하고, 양과 돼지를 쓰는 것을 소뢰(少牢)라고 한다. 접(接)이라는 것은 아버지가 자식을 접견하는 것을 말한다. 『예기 · 내칙(內則)』에 "국군의 세자가 출생하면 임금에게 알리고 태뢰를 갖추어 접견하는데 재(宰)가 음식의 준비를 관장한다"라 하였다. 그러나 이는 아들이 영아(嬰兒)이므로 산모에게 베푸는 것이니, 정현(鄭玄)은 "산모에게 음식을 먹여 허약해진 기운을 보강하게 하려는 것이다"라 하였다. 접(接)자를 산모를 접대한다는 것으로 풀이하였는데 『경』에서 말한 뜻은 아닌 것 같다. 「내칙」에서는 또 "아들을 접견하는데 날을 가려 뽑는다(接子擇日)"라 하였으며, 정현은 "비록 3일 이내이지만 높고 낮은 사람들이 모두 그 가운데 길일을 가려 뽑는다"라 하였으니 아들을 접견하는 날은 주로 갓난 지 사흘 안에 이루어졌다. 「내칙」에서는 또 "아들을 접견하는 데 서인은 돈(豚)의 특(特)을, 사는 시(豕)의 특을, 대부는 소뢰, 국군세자는 태뢰로 하였으며, 총자(冢子)가 아니면 모두 한 등급씩 낮춘다"라고 하였다.

71 복사부지(卜士負之) : 사인(士人) 중에 길한 자를 점쳐서 이 아이를 업게 하다. 『한서 · 가의전(賈誼傳)』에서 이른바 "옛날의 왕은 태자가 태어나면 예를 거행하고 사인에게 업게 한다"라 한 것이다. 「내칙」에서도 "사흘이 되면 길한 사인을 점쳐서 아들을 업게 한다. 뽑힌 길한 사인은 숙재(宿齋)하고 조복(朝服) 차림으로 침문 밖에서 아이를 받아 업는다. 그러면 활 쏘는 사람이 뽕나무 활과 쑥대 화살로 하늘과 땅 사방의 여섯 곳에 대고

士妻食之,[72] 그 사인의 처로 하여금 먹이고

公與文姜, 宗婦命之.[73] 공과 문강, 종실의 부인들이 이름을 지어 주었다.

公問名於申繻.[74] 공이 신수에게 이름을 물어보았더니

對曰, 대답하였다.

"名有五, "이름에는 다섯이 있사온데

有信, 신이 있고

쏜다. 보모가 아이를 받아 업으면 재(宰)는 아이를 업은 사인에게 술을 내리고 속백(束帛)을 하사한다"라 하였다.

72 사처식지(士妻食之) : 「내칙」에서는 또한 "사인의 아내와 대부의 첩 가운데 길한 자를 점쳐서 아들에게 젖을 먹인다"라 하였다. 아마 산모에게 직접 아들을 젖 먹이게 하지 않고 사인의 처나 대부의 첩 가운데 젖이 있는 자를 뽑아 태자에게 젖을 먹이게 했던 것 같다.

73 종부명지(宗婦命之) : 종부(宗婦)는 같은 종친의 부녀자인 것 같다. 명(命)은 명(名)과 같다. 명지(命之)는 태자에게 이름을 붙여 주는 것이다. 「내칙」에서는 "세자가 나면 임금은 목욕하고 조복 차림을 하며 부인도 또한 그렇게 한다. 두 사람 모두 동쪽 계단 위에서 서향을 한다. 세부(世婦)가 아이를 안고 서쪽 계단에서 올라온다. 임금이 명명하면 내려간다"라 하였다. 정현은 주석에서 "아들이 서쪽 계단에서 올라오면 임금은 노침(路寢)에서 세자를 본다"라 하였다. 『의례 · 상복(喪服)』의 주석〔전(傳)〕에서는 "아들이 태어나서 세 달이 되면 아버지가 이름을 지어 준다"라 하였다. 「내칙」에서도 "아들이 난 지 세 번째 되는 달의 말에 날을 잡아 아버지가 아들의 오른손을 잡고 기쁜 목소리로 이름을 지어 준다"라 하였으니 아들의 이름을 지어 주는 예식은 아들이 나고 세 달이 지난 후에 있다. 『예기 · 증자문(曾子問)』에서는 임금이 죽고 세자가 태어나면 사흘째에 아들이 서쪽 계단에서 올라와 빈소 앞에서 북면을 하고 축은 빈소의 동남쪽 모서리에 서서 축이 세 번 소리를 내고 말하기를 "아무개의 아들 아무개가 집사의 인도로 감히 뵙습니다"라고 한다. 아들 아무개라고 하였으니 사흘째 되는 날에 이미 이름이 있다는 것인데 이는 아미 변칙적인 예로 죽은 임금의 영이 장례를 지내기 전에 아들을 보게 하려고 사흘 만에 이름을 지은 것일 것이다. 임금이 이미 장례를 치른 후에 세자가 태어났다면 그대로 세 달 후에 아버지의 묘당에서 이름을 짓게 된다.

74 신수(申繻)는 노나라의 대부이다. 이 질문은 반드시 아들의 이름을 명명하는 의식이 행해지기 전에 있어야 한다.

有義,	의가 있으며
有象,	상이 있고
有假,	가가 있으며
有類.	유가 있습니다.
以名生爲信,[75]	날 때의 특징으로 이름을 짓는 것을 신이라 하고,
以德命爲義,[76]	덕을 가지고 이름을 짓는 것을 의라고 하며,
以類命爲象,[77]	비슷하게 닮은 것을 가지고 이름을 짓는 것을 상이라 하고,
取於物爲假,[78]	사물에서 취한 것을 가라 하며

75 명생(名生) : 『논형 · 힐술(論衡 · 詰術)』편과 두예의 주석에 따르면 당숙우(唐叔虞)가 처음 났을 때 손바닥에 "虞"자 비슷한 형상이 있어서 우(虞)라고 이름을 지었다하며, 노나라의 계우(季友)는 갓 태어났을 때 손바닥에 또한 "友"자 비슷한 형상이 있어서 우(友)라고 이름을 지었다는 것과 같은 예라고 하였다. 청나라 심흠한(沈欽韓)의 『춘추좌전보주(春秋左傳補注)』〔이하 『보주(補注)』〕에서는 명생(名生)이 포괄하는 것이 매우 많으며 당숙우와 공자 우 같은 일은 우연의 경우라고 하였다. 은(殷)나라 왕실은 바탕이 곧아 생일로 이름을 지으며, 혹 그 목소리를 듣고 법률로 그 이름을 정하는데 이것이 이른바 날 때의 특징으로 이름을 짓는 것을 신(信)이라 한다는 것이다.

76 덕명(德命) : 『논형 · 힐술』편에서는 "덕으로 이름을 짓는 것을 의라고 한다는 것은 문왕(文王)을 창(昌)이라 하고 무왕(武王)을 발(發)이라 한다는 것과 같은 것이다"라 하였다. 상서로운 글자를 가지고 이름을 짓는 것이 이 유에 속한다.

77 유명(類命) : 『논형 · 힐술』편에서는 "비슷한 것으로 이름을 짓는 것을 상이라고 하는데 공자를 구(丘)로 이름 지은 것과 같다"라 하였다. 두예는 "공자의 머리가 이구산과 닮은 것 같은 것이다(若孔子首像尼丘)"라 하였다. 『사기 · 공자세가』에서는 "이구산에서 기도를 하여 공자를 얻었다. 났는데 머리 위의 정수리가 움푹 파였으므로 이름을 구(丘)라 하였다 한다"라 하였다.

78 만물의 이름을 가차(假借)하여 자식의 이름을 짓는 것인데 송소공(宋昭公)의 이름이 저

取於父爲類.[79]	아버지와 유사한 것을 취하는 것을 유라고 합니다.
不以國,[80]	나라 이름을 쓰지 않고
不以官,[81]	관직 이름을 쓰지 않으며
不以山川,[82]	산천의 이름을 쓰지 않고
不以隱疾,[83]	질병 이름을 쓰지 않으며
不以畜牲,[84]	가축의 이름을 쓰지 않고

구(杵臼 : 절구)인 것과 공자가 아들을 이(鯉 : 잉어)로 지은 것과 같은 것이다. 『논형 · 힐술』편에서는 "사물에서 이름을 취하는 것을 가라고 하는데 송공(宋公)의 이름이 저구(杵臼)인 것과 같다"라 하였다.

79 『논형 · 힐술』편에서는 "아버지에게서 이름을 취하는 것을 유라고 하는데 아버지와 유사한 것이 있음을 말한다"라 하였다. 장공(莊公)의 생일이 환공(桓公)과 같은 날이므로 이름을 동(同)이라고 하였다.

80 불이국(不以國) : 본국의 이름으로 아들의 이름을 짓지 않는 것이다. 타국의 이름으로 아들의 이름을 지은 것은 춘추시대에는 자주 보여 드물지 않은 편인데, 위선공(衛宣公)의 이름은 진(晉)이며, 성공(成公)의 이름은 정(鄭), 노정공(魯定公)의 이름은 송(宋), 진혜공(晉惠公)의 이름은 오(吳), 진도공(晉悼公)의 이름은 주(周)라고 한 것이 모두 이런 것이다. 이런 여러 나라는 당시에 모두 있었으며 진도공의 이름은 더욱이 왕실과 같았는데도 당시에는 괴상하게 여기지 않았다.

81 불이관(不以官) : 본국의 관직 이름으로 아들의 이름을 짓지 않는 것이다. 이를테면 사도(司徒)니 사공(司空) 따위가 있다.

82 불이산천(不以山川) : 본국의 산천 이름으로 아들의 이름을 짓지 않는 것. 노헌공(魯獻公)의 이름이 구(具)이고 무공(武公)의 이름이 오(敖)인 것과 같은 것.

83 불이은질(不以隱疾) : 『장자 · 외물(莊子 · 外物)』편의 『석문(釋文)』에서는 이이(李頤)의 말을 인용하여 "은(隱)은 병환(病患)이다"라 하였다. 이 은(隱)자는 곧 이 뜻이다. 은질(隱疾)은 곧 동의사를 연용한 것으로 질병(疾病)이라는 말과 같다. 옛날의 주해에서는 은질을 옷 속의 병이라고 생각하였고, 청나라 주수창(周壽昌)의 『사익당일찰(思益堂日札)』 권1에서는 은질이 진(秦)나라 공손좌(公孫痤 : 옴, 등창이라는 뜻), 한(漢)나라 역개(酈疥)와 온개(溫疥) 같은 것이라고 하였는데 확실치 않다. 질병은 사람이 벗어날 수 없는 것으로 입으로 말하기가 어려워 꺼리므로 이름으로 삼지 않는 것이다.

84 축생(畜牲) : 말〔馬〕, 소〔牛〕, 양(羊), 돼지〔豕〕, 개〔狗〕, 닭〔鷄〕이다. 그를 때는 축(畜)

不以器幣.[85]	기물과 폐물의 이름을 쓰지 않습니다.
周人以諱事神,[86]	주나라 사람들은 휘를 가지고 신을 섬기니
名,	이름은
終將諱之.[87]	죽은 후에 꺼려야 합니다.

이라 하고, 제사에 쓸 때는 생(牲)이라고 한다. 축생 또한 동의사를 연용한 것으로 바로 위의 은질(隱疾)과 상대된다.

85 기폐(器幣) : 기(器)는 예기(禮器)를 가리키며 조(俎) · 두(豆) · 뢰(罍) · 이(彝) · 종(鐘) · 경(磬) 따위와 같은 것이다. 아래의 "以器幣則廢禮"이라 한 것으로 알 수 있다. 옛날에는 예물을 사람에게 주는 것을 "폐(幣)"라 하였다. 『주례 · 소행인(小行人)』에는 육폐(六幣)가 있는데 규(圭) · 장(璋) · 벽(璧) · 종(琮) · 호(琥) · 황(璜) · 마(馬) · 피(皮) · 백(帛) · 금(錦) · 수(繡) · 보(黼) 등이다.

『예기 · 곡례(曲禮) 상』에서는 "아들의 이름이라는 것은 나라 이름으로 짓지 않고, 일월(日月)로 짓지 않으며〔채장공(蔡莊公)의 이름이 갑오(甲午)인 것과 노희공(魯僖公)의 이름이 신(申)인 것과 같은 따위〕 질병〔隱疾〕의 이름으로 짓지 않고 산천(山川)으로 짓지 않는다"라 하였다. 「내칙(內則)」에서는 "무릇 아들의 이름을 짓는 데는 일월(日月)로 짓지 않고, 나라 이름으로 짓지 않으며, 질병의 이름을 쓰지 않는다"라 하여, "不以日月"은 있으나 "不以畜牲"과 "不以器幣"의 두 항목은 없다.

86 주인이휘사신(周人以諱事神) : 은상(殷商) 때는 피휘의 예속이 없었음을 밝힌 것이다. 휘를 가지고 신을 섬긴다는 것은 살아 있을 때는 꺼리지 않다가 죽은 다음에 꺼린다는 것으로 『예기 · 단궁(檀弓) 하』에서 이른바 "졸곡(卒哭)을 마치고 휘한다"라는 것이다. 그래서 위양공(衛襄公)은 이름이 악(惡)이었고 신하 가운데 석악(石惡)이 있어서 군신 간에 이름이 같았으나 꺼리지 않았다. 주나라 사람들이 피휘를 하기는 하였지만 한(漢)나라 이후 기휘(忌諱)가 날로 심하여져 혐명(嫌名 : 임금이나 아버지의 이름과 비슷한 사물의 이름)과 이명(二名 : 두 자로 된 이름)을 모두 피하고 살아 있을 때도 피한 것과는 판이하게 달랐다.

87 이는 휘로 귀신을 섬긴다는 뜻을 풀이하였으며 구두(句讀)는 청나라 장총함(張聰咸)의 『좌전두주변증(左傳杜注辨證)』〔이하 『변증(辨證)』〕을 따랐다. 사람이 죽은 것을 종(從)이라 하고 죽으면 피휘하고 살아 있으면 피휘하지 않는다. 피휘를 하는 세대 수는 천자와 제후는 부(父), 조(祖), 증조(曾祖), 고조(高祖)의 이름을 피휘하고, 고조 이상은 가까운 친족 관계가 끝이 나서 묘당(廟堂)을 옮겨야 하니 피휘하지 않는다. 『예기 · 단궁

故以國則廢名,[88]	그러므로 나라 이름을 쓰면 이름을 없애어 쓰지 않고
以官則廢職,	관명을 쓰면 관직을 폐기하며
以山川則廢主,[89]	산천의 이름을 쓰면 산천의 주신을 폐기하고
以畜牲則廢祀,[90]	축생의 이름을 쓰면 제사를 폐기하며
以器幣則廢禮.[91]	기물과 폐백을 쓰면 예를 폐기합니다.
晉以僖侯廢司徒,[92]	진나라는 희후 때문에 사도를 없앴고

(檀弓) 하」에서 말한 "졸곡이 끝나면 재부(宰夫)가 목탁을 잡고 궁중에 알리기를 '옛 휘는 버리고 새로 죽은 사람을 휘한다'라고 한다" 한 것이 바로 이 뜻이다. 「곡례(曲禮) 상」에서는 "부모가 조부모를 섬길 때라면 조부모의 이름을 피휘하지만 부모가 조부모를 섬기는 것을 보지 못하였다면 조부모의 이름을 피휘하지 않는다"라고 하였다. 정현(鄭玄)은 "이는 서인(庶人)과 적사(適士) 이상을 이른다"라 하였으므로 경대부 이하는 모두 한 대(代)만 피휘하였음을 알 수 있다. 아버지가 살아 계신데 조부를 피휘하는 것은 조부의 이름이 곧 부친이 피휘하는 것이기 때문에 또한 조부의 이름을 피휘하는 것이다.

88 나라 이름으로 이름을 지으면 나라 이름을 없앨 수는 없으므로 그 사람의 이름을 없앨 따름이다.

89 이관~폐주(以官~廢主) : 관직 이름으로 사람의 이름을 지으면 그 관직 이름을 고치고, 산천의 이름으로 사람의 이름을 지으면 그 산천의 이름을 고친다. 이는 관직을 없애고 주신(主神)을 없앰이 불가함을 극언한 것이다.

90 소 · 양 · 돼지 등으로 사람의 이름을 지으면 그것들을 더 이상 희생으로 쓰지 못하게 되는데, 이는 제사를 없애는 것이다.

91 기폐(器幣)는 모두 예의를 행하는 사물인데 그것을 가지고 사람의 이름을 지으면 피휘를 하느라 그 기물을 허용하지 못하게 되니 이는 예의를 없애는 것이다.

92 진희후(晉僖侯)는 이름이 사도(司徒)여서 사도라는 관직 이름을 없애고 중군(中軍)으로 고쳤다.

宋以武公廢司空,[93]	송나라는 무공 때문에 사공을 없앴으며
先君獻, 武廢二山,[94]	선군이신 헌공과 무공은 두 산의 이름을 없앴는데
是以大物不可以命."[95]	이는 큰 사물은 이름으로 쓸 수 없기 때문입니다."
公曰,	공이 말했다.
"是其生也,[96]	"이 아이가 난 것이

---

93 송무공(宋武公)의 이름이 사공(司空)이어서 송나라는 사공이란 관직 이름을 없애고 사성(司城)으로 고쳤다.

94 두 산은 구산(具山)과 오산(敖山)이다. 구산은 지금의 산동성 몽음현(蒙陰縣) 동북쪽 15리 지점에 있고, 오산은 지금의 몽음현 서북쪽 35리 지점에 있다. 노헌공은 이름이 구이고, 무공은 이름이 오려서 피휘를 하느라 구와 오의 두 산 이름을 없애고 그 고을 이름으로 산의 이름을 고쳐 지었다. 『국어 · 진어(晉語) 9』에 "범헌자(范獻子)가 노나라를 조빙(朝聘)하고 구산과 오산을 물었더니 노나라 사람들이 그 마을 이름으로 대답하였다. 헌자가 말하였다. '구와 오라고 하지 않습니까?' 이에 대답하기를 '선군이신 헌공과 무공의 휘입니다'라 하였다"라 하였다는 말이 있다. 범헌자가 노나라를 조빙한 것은 소공(昭公) 대(代)의 일로 헌공, 무공과는 시대적으로 이미 멀어져서 일찌감치 친족 관계가 끝이 나고 묘당도 옮겼는데 여전히 구와 오를 피휘하는 것은 산천의 이름을 이미 고친 후여서 예 이름을 다시 쓰기가 불편하여 노나라 사람들이 여전히 그 고을의 이름으로 대답을 한 것이다. 노나라에는 공손오(公孫敖 : 희공 14년의 『경』에 보임)가 있으니 산 이름으로 휘를 짓지 않은 것이 아니다.

95 대물(大物) : 위에서 말한 나라, 관직, 산, 천, 은질(隱疾), 축생, 기폐를 포괄한다. 한(漢)나라 가의(賈誼)의 『가자 · 태교편(賈子 · 胎敎篇)』에서는 "그런 다음에 왕태자의 이름을 정하는데 위로는 하늘에서 취하지 않고 아래로는 땅에서 취하지 않으며 중간에서는 명산(名山)과 통곡(通谷)에서 취하지 않아 향속(鄕俗)을 어기지 않는데 이 때문에 군자의 이름은 알기는 어렵고 피휘하기는 쉽다"라 하였으니 말하는 것은 다르지만 그 뜻은 똑같다.
명(命) : 명(名)과 같다.

96 시(是) : 이 사람, 자동(子同)을 가리킨다.

與吾同物.[97]	나와 같은 날이다.
命之曰同."	이름을 동이라 하리라."

冬,	겨울에
紀侯來朝,	기후가 와서 조견하였는데
請王命以求成于齊.	주나라 왕의 명으로 제나라와 강화할 것을 구하는 청을 하였다.
公告不能.[98]	공은 할 수 없다고 알렸다.

환공 7년

經

七年春二月己亥,[1]	7년 봄 2월 기해일에

---

97 소공(昭公) 7년의 『전』에 의하면 세(歲) · 시(時) · 일(日) · 월(月) · 성(星) · 신(辰)을 육물(六物)이라 한다. 『사기 · 노세가』에서는 "부인이 아들을 낳았는데 환공(桓公)과 같은 날이므로 이름을 동(同)이라 하였다"라 하였다. 물(物)자를 일(日)자로 바꾸면 뜻이 더욱 명확해진다.

98 여름 4월에 기후(紀侯)가 노나라에 와서 제나라 때문에 어려움에 처한 일을 협의하였는데 겨울에 또 조견하여 노나라에게 왕명으로 제나라와 강화를 맺어 줄 것을 청하였다. 환공이 그럴 수 없다고 알리자 기나라는 이에 나라를 주나라에 바쳐서 스스로 굳게 지키고자 모색하였지만 끝내 제나라에게 멸망당하는 것을 면하지 못하였다.

1 칠년(七年) : 병자년 B.C. 705년으로 주환왕(周桓王) 15년이다. 지난해 12월 20일 임진일이 동지이며, 이해도 건축(建丑)이다. 윤달이 있었다. 기해일은 28일이다.

焚咸丘.[2]	함구를 태웠다.
夏,	여름에
穀伯綏來朝.[3]	곡백 수가 와서 조견하였다.
鄧侯吾離來朝.[4]	등후 오난이 와서 조견하였다.

傳

七年春,	7년 봄에
穀伯, 鄧侯來朝.[5]	곡백과 등후가 내조하였다.

---

2 분함구(焚咸丘) : 『전』이 없다. 함구는 노나라 땅으로 지금의 산동성 거야현(巨野縣) 동남쪽에 있다. 분이라는 것은 불로 땅을 태워 들짐승을 바깥으로 도망가게 몰아낸 수 그물을 쳐서 잡는 것이다. 『예기 · 왕제(王制)』편에서는 "곤충이 겨울잠을 자지 않으면 화전을 일구지 않는다"라 하였다. 이때는 실은 주력으로 3월, 하력으로는 2월이었으며 아니면 날이 여전히 추웠으므로 화소법(火燒法)으로 사냥을 할 수 있었다. 『공양전』과 『곡량전』에서는 함구를 주나라 땅이라고 하였으며, "분함구"를 마을을 태운 것이라 하여 화공법으로 보았는데, 옳지 않은 것 같다.

3 곡(穀) : 나라 이름으로 은상(殷商) 때부터 이미 있었던 것 같다. 공영달은 무슨 성인지 모른다 하였고, 『통지 · 씨족략(通志 · 氏族略)』에서는 영(嬴)씨 성이라고 하였다. 옛 성은 지금의 호북성 곡성현(穀城縣) 서북쪽에 있다.

4 등(鄧) : 만(曼)씨 성의 나라이며, 장공(莊公) 16년 초문왕(楚文王)이 멸망시켰다. 옛 성은 지금의 하남성 등현(鄧縣)에 있었으며, 혹은 양번시(襄樊市) 북쪽 등성(鄧城)에 있었다고도 한다.
두예는 "함께 묶어서 조견하였다고 하지 않은 것은 각자 조견의 예를 행하였기 때문이다"라 하였다. 이는 은공 11년의 『경』에서 "등후와 설후가 내조하였다(滕侯, 薛侯來朝)"라 한 것과는 다르다. 등나라와 설나라는 동시에 내조하였으므로 선후를 다투었고, 여기서는 따로 조견을 하였으므로 나누어서 기록하였다. 이해에는 가을과 겨울의 두 계절과 월을 기록하지 않았다.

5 『경』에는 "여름"이라 하였고 『전』에서는 "봄"이라 하였는데, 이에 대해 두예는 "봄에 와서 여름에 조견의 예를 행하였다"라 하였다. 청나라 조익(趙翼)의 『해여총고(陔餘叢考)』에서는 이 두 나라는 주력을 사용하지 않았다고 하였다. 『경』과 『전』에서 계절을 기록할 때 혹 어그러진 것이 있는 것은 『경』은 주력을 쓰고 『전』에서는 하력을 썼을 수도 있는데

名,

賤之也.[6]

그들을 천시하였기 때문이다.

이름을 적은 것은

夏,

여름에

盟, 向求成于鄭,

맹과 상이 정나라에 강화를 청하였다가

旣而背之.[7]

얼마 후 배신하였다.

秋,

가을에

鄭人, 齊人, 衛人伐盟, 向.

정나라 사람, 제나라 사람, 위나라 사람이 맹과 상을 쳤다.

이 또한 의당 그럴 수 있다. 이해는 건축(建丑)으로 하력 3월은 축정(丑正)으로 4월이 되기 때문에 『경』에서 "여름"이라고 썼을 수도 있다.

6 『경』에서는 곡백과 등후의 이름을 들었는데 이는 그 까닭을 해석한 것이다. 『공양전』과 『곡량전』에서는 두 나라 모두 땅을 잃은 임금이기 때문에 그 이름을 기록하였다고 하였는데 믿을 수 없을 것 같다. 등나라가 멸망당한 것은 장공 16년의 일인데 노나라의 사관이 미리 알고 그 이름을 적어놓았을 리 없으며, 곡나라가 멸망당한 것은 『경』과 『전』에 모두 기록이 없으므로 또한 누가 멸망시켰는지를 알 수가 없다. 노나라 사관이 역사를 수찬하면서 이 방법을 썼다면 주공(州公)이 조(曹)나라로 가서 내조하고 그 나라로 돌아가지 않았고, 기후(紀侯)가 내조하고 끝내 제나라에게 멸망당하였는데도 모두 이름을 기록하지 않았는데, 어찌하여 유독 곡백과 등후에게는 그렇게 하지 않는가? 이로써 『공양전』과 『곡량전』이 억측임을 알 수 있다.

7 은공 11년의 『전』에 의하면 주환왕(周桓王)이 일찍이 맹(盟)과 상(向) 등의 12고을을 정(鄭)나라 땅과 바꾸었는데 군자는 환왕이 자신은 가질 수가 없어서 정나라에게 주었는데, 이는 정나라가 명의상으로는 맹과 상의 여러 고을을 받았지만 실제로는 반드시 가질 수 없었을 것이며, 정나라와 맹, 상의 임금은 반드시 전쟁을 벌였을 것이다. 이것이 맹과 상이 정과 강화를 청한 이유이다.

王遷盟，向之民于郟.[8] 주나라 임금이 맹과 상나라의 백성을 겹으로 옮겼다.

冬， 겨울에

曲沃伯誘晉小子侯殺之.[9] 곡옥백이 진 소자후를 꾀어 죽였다.

환공 8년

經

八年春正月己卯,[1] 8년 봄 정월 기묘일

烝.[2] 증제(烝祭)를 지냈다.

---

8 맹과 상이 정나라를 배반하였다면 필시 주나라와 친하였을 것이다. 정나라가 네 나라의 군대로 맹과 상을 쳤는데 환왕이 대항하여 구원할 수가 없었으므로 다만 그 백성들만 옮기고 그 영토는 정나라에게 준 것일 따름이다.
겹(郟) : 겹산〔郟山 : 곧 북망산(北邙山)〕 때문에 이런 이름을 얻었으며, 곧 겹욕(郟鄏)이며, 왕성(王城)이라고도 하는데 지금의 하남성 낙양시(洛陽市)이다.

9 『사기 · 12제후 연표』에서는 이 일을 환공 6년에 넣고 "곡옥의 무공(武公)이 소자(小子)를 죽였다. 주나라가 곡옥을 벌하고 진(晉) 애후(哀侯)의 아우 민(湣)을 진후로 세웠다"라 하였다. 「진세가」에서는 "곡옥은 더욱 강성해져서 진나라도 그곳을 어찌할 수 없었다. 진 소자 4년에 곡옥의 무공이 진 소자를 꾀어내어 죽였다"라 하였다. 소자후(小子侯) 4년이라면 또한 환공 7년이다.

1 팔년(八年) : 정축년 B.C. 704년으로 주환왕(周桓王) 16년이다. 지난해 윤12월 초1일 정유일이 동지이며, 이해도 건축(建丑)이다.
기묘(己卯) : 14일이다.

2 증(烝) : 환공 5년의 『전』에서는 "칩충이 겨울잠에 들어가면 증제를 지낸다. 이때를 지나치면 기록을 한다(閉蟄而烝. 過則書)"라 하였다. 칩충이 겨울잠에 드는 것은 하력으로

天王使家父來聘.	주나라 왕이 가보를 보내어 조빙케 하였다.
夏五月丁丑,[3]	여름 5월 정축일에
烝.[4]	증제를 지냈다.
秋,	가을에
伐邾.[5]	주나라를 쳤다.
冬十月,	겨울 10월에
雨雪.[6]	눈이 내렸다.
祭公來,	채공이 와서
遂逆王后于紀.[7]	마침내 기나라에서 왕후를 맞았다.

10월이다. 이해 봄 정월은 하력으로 12월이니 이른바 "때를 지나쳐서 기록을 한 것(過則書)"이다. 『곡량전』에서는 "증제는 겨울의 일이다. 봄이 시작되었으니 때를 놓친 것을 기록하였다"라 하였다. 두예는 "여름 5월에 다시 증제를 올려 (신을) 욕보였기 때문이다"라 하였다. 공영달은 위씨(衛氏)의 설을 인용하여 첫째 때를 지나친 것을 책망하였으며, 둘째 욕보인 것을 책망하였다고 하였다.

3 정축(丁丑) : 13일이다.

4 『전』이 없다.

5 『전』이 없다. "邾"는 『공양전』에는 으레 "주루(邾婁)"라 하였다.

6 『전』이 없다. 이해 건축(建丑)의 10월은 하력으로 9월로 눈이 내려서는 안 되는데 눈이 내렸으므로 기록한 것이다.

7 은공 원년에 채백(祭伯)이 보이는데 이 사람인 것 같다. 여기서 채공이라 일컬은 것은 혹 이때 천자의 삼공(三公)이 되어서였던 것 같다. 이는 주환왕이 왕후를 맞는 것인데, 이때 환왕은 즉위한 지 이미 16년이나 되었다. 어찌 천자가 즉위한 후 16년이나 지나 왕후를 맞는 일이 있겠는가? 이로써 초혼이 아님을 알 수 있다. 후한(後漢) 반고(班固)의 『백호통의(白虎通義)』와 『왕도기(王度記)』에서는 모두 "천자와 제후는 재취를 맞지 않는다"라 하였으며, 『삼례(三禮)』를 고찰해 보아도 이런 글은 절대 없다. 『좌전』을 가지고 증명해 보아도 이런 일은 없으니 믿음직하지 못하다. 옛날에 통혼을 할 때는 남녀 간에 쌍방의 지위가 반드시 맞아야 했다. 주나라 왕실의 지위가 많이 낮아졌다 하여도 명의상으로는 여

傳

八年春,	8년 봄에
滅翼.[8]	익을 멸했다.
隨少師有寵.	수나라의 소사가 총애를 받았다.
楚鬪伯比曰,	초나라의 투백비가 말하기를
"可矣.	"되었습니다.
讎有釁,[9]	원수에게 틈이 생겼으니
不可失也."[10]	놓쳐서는 안 됩니다"라 하였다.

전히 천자였으므로 제후와의 통혼은 지위가 같지 않았으므로 천자가 혼인을 주관하지 못하여 동성의 제후에게 부탁하여 대신 주관하게 하였다. 그러므로 왕희(王姬)는 시집을 갈 때 먼저 노나라에 보낸 후에 노나라에서 시집을 보내는데 장공(莊公) 원년의 "단백(單伯)이 왕희를 보내어 바깥에 왕희가 묵을 집을 지었다"라 한 것이 그것이다. 주왕이 후취를 맞은 것도 또한 이렇게 하였다. 왕실에서 노나라로 공경(公卿)을 파견해 온 뒤에 왕후를 맞아 곧장 경사(京師)로 돌아갔는데 이것이 채공이 왕후를 영접하려고 노나라로 올 수밖에 없었던 까닭이다. 천자가 후취를 맞을 때는 친영(親迎)을 하지 않으며 경을 보내 맞는데 이것이 옛『좌전』의 설이다. 양공 15년의『전』에서는 "관사(官師)가 단정공(單靖公)을 따라 제나라에서 왕후를 맞았다. 경이 가지 않은 것은 예의에 맞지 않는 일이었다"라 하였다. 경이 가지 않았다는 것은 단정공을 도중에 남겨두어 가지 않았다는 가리킨다. 경이 가지 않는 것이 예의에 맞지 않다 하였으니 경이 가는 것이 예에 합당하다는 것을 알 수 있다.『예기 · 애공문(哀公問)』에서 "면복(冕服)으로 친히 맞는다(冕而親迎)"한 것은 친영이지 경대부 이하의 인물이 여자의 집에서 친영을 하는 것 같은 것은 아닐 것이며, 왕망(王莽)이 두릉(杜陵)의 사씨(史氏)의 딸을 황후로 맞을 때와 같은 경우만 전전(前殿)의 두 섬돌 사이에서 친영을 하였다.

8 이 구절은 본래 7년의『전』과 이어져 있던 것으로 "겨울에 곡옥백이 진 소자후를 꾀어 죽였다. 8년 봄에 익을 멸했다(冬, 曲沃伯誘晉小子侯殺之. 八年春, 滅翼)"라고 읽는 것이 합당하다.

9 흔(釁) : 두예는 "틈새〔하극(瑕隙)〕"라고 하였다. 지금의 구멍이라는 말과 같다.

夏,	여름에
楚子合諸侯于沈鹿.[11]	초자가 침록에서 제후들을 모았다.
黃, 隨不會.[12]	황나라와 수나라가 회합에 오지 않았다.
使薳章讓黃.[13]	원장을 보내어 황나라를 견책했다.
楚子伐隨.	초자는 수나라를 쳤다.
軍于漢, 淮之間.[14]	한후와 회수 사이에 주둔하였다.
季梁請下之,	계량이 항복할 것을 청하고는
"弗許而後戰,	"그것을 허락하지 않고 싸우게 되면
所以怒我而怠寇也."[15]	우리 군을 노하게 하고 적들을 태만하게 할 것입니다"라 하였다.
少師謂隨侯曰,	소사가 수후에게 말하였다.

10 수(讎)는 수(隨)나라를 가리킨다. 유흔(有釁)은 소사가 임금의 총애를 얻는 것을 가리키는데, 이는 절호의 기회이므로 절대 놓쳐서는 안 된다는 것이다.

11 침록(沈鹿) : 침(沈)은 지금은 "沉"이라고 한다. 침록은 초나라 땅으로 지금의 호북성 종상현(鍾祥縣) 동쪽 60리 지점에 있다.

12 황(黃) : 나라 이름으로 영(嬴)씨 성의 나라이다. 송나라의 운서(韻書) 『광운(廣韻)』의 "황(黃)"자의 주석에서는 "육종(陸終)의 후예로 황(黃)에 봉하여졌다"라 하였다. 희공 12년에 초나라가 멸망시켰다. 일찍이 하남(河南) 황천현(潢川縣) 서북쪽 12리 되는 곳에서 황나라 도읍의 유지(遺址)가 발굴된 적이 있다. 또한 이곳에서 5건의 황나라의 용기(容器)와 병기(兵器)가 발견되기도 하였다.

13 양(讓) : 꾸짖다, 책망하다, 나무라다.

14 수나라가 바로 한수(漢水)의 동쪽 회하(淮河)의 남쪽에 있기 때문에 초나라 군사들이 두 강 사이에 주둔한 것이다.

15 이는 계량이 한 말. 계량은 수나라의 현자. 위 환공 6년의 『전』에 보인다.

“必速戰.	“반드시 속전을 해야 합니다.
不然,	그렇지 않으면
將失楚師.”	초나라 군사를 이길 기회를 놓치게 될 것입니다.”
隨侯禦之.	수후가 초나라 군사를 막으면서
望楚師.	초나라 군사들을 바라보았다.
季梁曰,	계량이 말하였다.
楚人上左,[16]	“초나라 사람들은 왼쪽을 존귀하게 여기니
君必左,[17]	임금님께서는 반드시 왼쪽을 맡아
無與王遇.[18]	왕과 마주치는 일이 없도록 하십시오.

---

16 초인상좌(楚人上左) : 춘추시대의 여러 나라들은 거의가 오른쪽을 존귀하게 여기고 왼쪽을 낮은 것으로 여겼다. 환공 5년의 『전』에서 주나라 왕이 정나라를 치는 것을 서술할 때 괵공(虢公) 임보(林父)가 우장군이 되고 주공(周公) 흑견(黑肩)이 좌장군이 되었다 하였고, 정만백(鄭曼伯)이 우방진의 장수가 되고 채중족(祭仲足)은 좌방진의 장수가 되었다고 하여 모두 오른쪽을 먼저 쓰고 왼쪽은 나중에 썼다. 문공 7년의 『전』에서 송(宋)나라의 육관(六官)을 서술할 때도 또한 우사(右師)가 앞에 오고 좌사(左師)가 뒤에 왔으며, 희공 28년의 『전』에서 진(晉)나라는 3행(行)의 보병 군대를 편성하였는데 역시 우행(右行)을 앞에 두고 좌행(左行)을 뒤에 두었다. 초나라 군대에 대하여 서술할 때만 왼쪽을 앞에 두고 오른쪽을 나중에 두었으니 이를테면 희공 28년의 『전』에서 “자서(子西)가 좌장이 되고 자상(子上)이 우장이 되었다”라 하였는데 이는 초나라 사람들이 왼쪽을 존귀하게 생각한 것이다.

17 군필좌(君必左) : 군(君)은 수후를 말한다. 수후의 좌사(左師)는 초군의 우사(右師)를 맞아 싸우게 된다. 두예의 주에서는 초왕을 가리킨다고 하였는데, 이는 틀렸다.

18 무여왕우(無與王遇) : 『전국책 · 제책(齊策) 1』에 “반자(盼子)가 그 사졸들을 다시 정비하여 왕과 만났다”라는 말이 나오는데, 고유(高誘)는 “우는 대적한다는 뜻이다(遇, 敵

且攻其右.[19] 그리고 오른쪽을 공격하십시오.

右無良焉,[20] 오른쪽에는 훌륭한 장수가 없을 것이니

必敗. 반드시 패할 것입니다.

偏敗,[21] 한쪽이 패하면

衆乃攜矣."[22] 무리들이 이에 흩어질 것입니다."

少師曰, 소사가 말하였다.

"不當王, "왕과 마주치지 않으면

非敵也." 대등한 적수가 아닙니다."

弗從.[23] 계량의 말을 따르지 않았다.

戰于速杞.[24] 속기에서 싸웠다.

隨師敗績. 수나라 군사는 연패하였다.

隨侯逸.[25] 수후는 달아났다.

鬪丹獲其戎車,[26] 투단이 수후의 융거를 노획하고

也)"라 하였다. 적(敵)은 당하다, 맞서다의 뜻이므로 뒤에서 소사(少師)가 "(초나라) 왕과 맞서지 않으면(不當王)"이라고 하였다.

19 차(且) : "말 이을 이(而)"자의 뜻으로 쓰였다.

20 양(良) : 양장(良將), 곧 훌륭한 장수를 가리킨다.

21 편(偏) : 편사(偏師). 주력부대가 아니라는 말과 같다.

22 휴(攜) : 리(離), 즉 흩어지다의 뜻이다.

23 불종(弗從) : 계량의 계책을 따르지 않다.

24 속기(速杞) : 수나라의 땅으로 지금의 호북성 응산현(應山縣) 소재지 서쪽에 있을 것이다.

25 일(逸) : 달아나다. 도망가다.

與其戎右少師.[27]	아울러 거우인 소사를 잡았다.
秋,	가을에
隨及楚平,[28]	수나라가 초나라와 화평조약을 맺으려는데
楚子將不許.[29]	초자가 허락하지 않으려 했다.
鬪伯比曰,	이에 투백비가 말하였다.
"天去其疾矣,[30]	"하늘이 이미 그 병을 없앴사오니
隨未可克也."	수나라는 이길 수가 없을 것입니다."
乃盟而還.[31]	이에 맹약을 맺고 돌아갔다.

冬,	겨울에
王命虢仲立晉哀侯之弟緡于晉.[32]	주나라 천자가 괵중에게 명하여 진 애후의 아우 민을 진나라 임금으로 즉위하게 하였다.

---

26 투단(鬪丹) : 초나라의 대부.
융거(戎車) : 임금이 타는 전차.

27 융우소사(戎右少師) : 융우는 거우(車右)이다. 소사가 총애를 받았기 때문에 수후가 그를 거우로 삼은 것이다.

28 수급초평(隨及楚平) : 수나라가 초나라와 강화조약을 맺으려 하다.

29 초자장불허(楚子將不許) : 수나라를 멸망시키려 함을 말한다.

30 천거기질(天去其疾) : 소사가 초나라에게 붙잡혔으니 다시는 수나라의 정치를 맡지 못할 것임을 말한다.

31 「초세가(楚世家)」에서는 "37년 수나라와 맹약을 맺고 떠났는데 이때 비로소 복(濮)의 땅을 개척하여 가졌다"라 하였다.

32 괵중(虢仲) : 주나라 왕의 경사(卿士)인 괵공 임보(林父)이다. 「진세가」에서는 "주 환왕

祭公來,	채공이 오자
遂逆王后于紀,	마침내 기에서 왕후를 맞았는데
禮也.[33]	예의에 합당하였다.

환공 9년

經

九年春,[1]	9년 봄
紀季姜歸于京師.[2]	기나라의 계강이 경사로 시집갔다.

(桓王)이 곡중에게 곡옥(曲沃)의 무공(武公)을 치게 하였다. 무공이 곡옥으로 들어갔다. 이에 진 애후의 아우인 민을 진후(晉侯)로 세웠다"라 하였다.

33 예야(禮也) : 채공이 노나라로 와서 명을 받은 후에 가서 왕후를 맞았는데, 이는 천자가 제후에게서 아내를 맞음에 동성(同姓)의 제후로 하여금 주례를 맡아 달라고 한 것이 예의에 부합한다는 말이다. 주 환왕이 왕후를 맞을 때는 노나라가 주관하였으며, 주 혜왕(惠王)이 왕후를 맞을 때는 괵(虢)·진(晉)·정(鄭) 세 나라가 주관하였으므로 장공 18년의 『전』에서는 "괵공과 진후, 정백이 원장공(原莊公)으로 하여금 진(陳)나라에서 왕후를 맞게 하니 진규(陳嬀)가 경사(京師)로 시집갔다"라 하였다.

1 구년(九年) : 무인년 B.C. 703년으로 주환왕(周桓王) 17년이다. 지난해 12월 12일 임인일이 동지이며, 이해도 건축(建丑)이다.

2 기계강(紀季姜) : 곧 지난해 채공이 맞이해 온 환왕의 왕후. 기(紀)는 나라 이름이고 계(季)는 자매간의 배항(排行)이며, 강(姜)은 성씨이다. 옛날에는 동성끼리는 혼인을 하지 않았으므로 여자는 반드시 아래에 그 성을 밝혀야 했다. 맞이할 때는 왕후(王后)라 하고 시집을 왔을 때는 친정 나라의 성씨를 일컫는 것은 아마 당시의 필법이 이러하였기 때문일 것이다. 계강이라는 칭호는 또한 희공 23년의 숙외(叔隗)·계외(季隗)라는 칭호와 같다.

경사(京師) : 낙읍(洛邑)을 가리키며, 이때 주나라는 낙읍에 도읍을 두었다. 경(京)은 본래 주나라의 조상 공류(公劉)가 거처하던 곳의 지명으로 『시경·대아·공류(大雅·公

夏四月.	여름 4월이다.
秋七月.	가을 7월이다.
冬,	겨울에
曹伯使其世子射姑來朝.[3]	조백이 세자 역고를 보내어 조견하게 하였다.

傳

九年春,	9년 봄에
紀季姜歸于京師.	기나라의 계강이 경사로 시집갔다.
凡諸侯之女行,[4]	무릇 제후의 딸이 시집갈 때는
唯王后書.[5]	왕후로 갈 때만 기록하였다.

劉)』에서 이른바 "공류께서는, 경 땅에 기거하셨네(篤公劉, 于京斯矣)"라 한 것이 바로 이곳이다. 그 후 호경(鎬京)과 낙읍 또한 경으로 불리었다. 이는 강(絳)이 본래 진(晉)나라의 도읍이었으나 그 후에 신전(新田)으로 도읍을 옮긴 후 신전 또한 강으로 부른 것과 같다. 이는 후한(後漢) 초 왕충(王充)의 『논형 · 정설(正說)』편에서 이른바 "본래 일어나 창성한 곳은 근본을 중히 여겨 그 비롯됨을 잊지 않는 것이다"라 한 것이다. 경(京)이 다시 경사(京師)로 불리게 된 것은 주나라 사람들이 지명의 아래쪽에 왕왕 사(師)자를 첨가하여 부르면서부터였는데 또한 『상서』의 「소고(召誥)」에서는 낙(洛)이라고 부르다가 「낙고(洛誥)」에서는 낙사(洛師)라고 부른 것과 같다.

3 조백(曹伯) : 조환공(曹桓公)으로 즉위한 지가 이미 50여 년이 되었으니 실로 늙었다. 이듬해 봄에 죽는데 두예의 주석에서는 "조백이 병이 들어 그 아들에게 내조(來朝)하게 하였다"라 하였다.
세자(世子) : 곧 태자(大子 : 太子)이다. 세(世)와 태(太)는 고음(古音)이 같았다. 『경』에는 주로 "세자(世子)"로 되어 있고, 『전』에는 주로 "태자(大子)"로 되어 있다.

4 여행(女行) : 행은 출가(出嫁), 시집가는 것을 말한다. 『시경 · 패풍 · 천수(邶風 · 泉水)』에 "여자는 시집을 가면, 부모형제와도 멀어진다네(女子有行, 遠父母兄弟)"라는 구절이 있고, 「위풍 · 죽간(衛風 · 竹竿)」에도 같은 구절이 있는데, 모두 같은 뜻으로 쓰였다.

巴子使韓服告于楚,[6]	파자가 한복을 보내어 초나라에 보고하게 하고
請與鄧爲好.[7]	등나라와 우호조약을 맺기를 청하였다.
楚子使道朔將巴客以聘於鄧,[8]	초자가 도삭에게 파나라의 사신을 데리고 등나라를 빙문하게 하였으나
鄧南鄙鄾人攻而奪之幣,[9]	등나라 남쪽 변경의 우나라 사람들이 공격하여 그들의 폐백을 빼앗고

---

5 유왕후서(唯王后書) : 장공(莊公) 18년의 『전』에 "원장공(原莊公)이 진(陳)에서 왕후를 맞았다"라는 기록이 실려 있고, 선공(宣公) 6년의 『전』에 "소환공(召桓公)이 제(齊)에서 왕후를 맞이하였다"는 기록이 실려 있는데, 진녀(陳女), 제녀(齊女)가 경사로 시집갔다라고 기록되어 있지 않다. 이로써 제후의 딸이 시집을 가면 왕후라고 하더라도 기록을 하지 않을 때도 있으나 기록한 사람은 모두 반드시 왕후임을 알 수 있다.

6 파자(巴子) : 파(巴)는 나라 이름이다. 소공 13년의 『전』에 의하면 "초공왕(楚共王)이 파희(巴姬)와 함께 벽옥을 묻었다"는 글이 있으니 희(姬)씨 성이다. 구설에 의하면 사천성 중경시(重慶市)에 강주(江州)의 옛 성이 있는데 곧 옛 파나라라 하였다. 그러나 『전』의 글을 가지고 고찰해 보건대 파나라는 등나라와 반드시 가까웠을 것이다. 장공 18년의 『전』에서도 "파나라 사람들이 초나라를 배반하고 나처(那處)를 쳤다"라 하였고, 문공(文公) 16년의 『전』에서도 "진(秦)나라 사람, 파나라 사람이 초나라 군사를 따라 마침내 용(庸)을 멸하였다"라 하였으니 파나라는 마땅히 초나라 서북쪽에 있었을 것이다. 춘추시대에 파나라는 호북성 양번시(襄樊市) 부근에 있었을 것이며 기문(夔門)으로 옮긴 것은 전국시대 때의 일이다.

7 호(好) : 거성(去聲)으로 우호를 맺다라는 뜻이다.

8 도삭(道朔) : 초나라의 대부이다.
장(將) : 거성(去聲)으로, 인솔하다는 뜻이다.

9 우(鄾) : 고동고(顧棟高)의 『대사표(大事表)』에서는 나라 이름이라고 하였다. 『방여기요(方輿紀要)』에 의하면 우성(鄾城)은 지금의 호북성 양양(襄陽) 옛 성의 동북쪽 12리 지점에 있다고 하였다. 애공 18년의 『전』에 "파나라 사람들이 초나라를 치고 우나라를 포위했다"라 한 우나라가 바로 이 우나라이다. 당시 등나라는 일찌감치 초나라에 의해 멸망당하였으므로 우나라도 초나라에 편입되었다.
탈지폐(奪之幣) : 지(之)는 "그 기(其)"자와 같은 용법으로 쓰였다. "奪之幣"는 곧 "奪其幣"와 같다. 폐(幣)는 빙문할 때 가져가는 예물(禮物)이다.

殺道朔及巴行人.[10]	도삭 및 파나라의 행인을 죽였다.
楚子使薳章讓於鄧.[11]	초자가 원장을 보내 등나라를 책망했다.
鄧人弗受.[12]	등나라 사람들이 그것을 받아들이지 않았다.
夏,	여름에
楚使鬪廉帥師及巴師圍鄾.[13]	초나라가 투렴에게 군사를 거느리고 파국의 군사와 함께 우를 포위하게 하였다.
鄧養甥, 聃甥帥師救鄾.[14]	등나라의 양생과 담생이 군사를 이끌고 우를 구원하였다.
三逐巴師,	파국의 군대를 세 번 쫓았으나
不克.[15]	이기지 못하였다.

10 파행인(巴行人) : 위에서 말한 "파객"과 이곳의 "파행인"은 모두 한복(韓服)으로 문장에 변화를 준 것이다. 행인(行人)은 고대의 관직 이름으로 『주례 · 추관(秋官)』에 대행인(大行人)이 있으며, 대빈(大賓)의 예와 대객(大客)의 의식을 관장한다. 소행인(小行人)은 사방에 사신으로 가서 구의(九儀)의 빈객을 돕는 일을 관장한다. 제후의 행인은 이것을 통괄하여 관장했던 것 같다.

11 양어등(讓於鄧) : 양등(讓鄧)과 같은 말이다. 어(於)자는 쓰지 않아야 하는데 고인들은 이런 어법을 많이 썼다.

12 불수(弗受) : 청나라 완지생(阮芝生)의 『좌전두주습유(左傳杜注拾遺)』〔이하 『두주습유(杜注拾遺)』〕에서는 "불수라는 것은 받아들이지 않는 것이다. 스스로 이치에 닿지 않음을 알기 때문에 원장(薳章)을 등나라 땅에 들이지 않은 것이다"라 하였다. 불수라는 것은 책망을 받아들이지 않은 것으로 거부의 뜻을 강하게 나타내는 것이지 사자를 받아들이지 않은 것은 아니다.

13 투렴(鬪廉) : 초나라의 대부이다.

14 양생, 담생(養甥, 聃甥) : 모두 등나라의 대부이다.

鬭廉衡陳其師於巴師之中,[16]	투렴이 파국의 군사 가운데서 가로로 진을 치고
以戰,	싸웠는데
而北.[17]	졌다.
鄧人逐之,	등나라 사람들이 그들을 쫓으니
背巴師;[18]	파국의 군사를 등지게 되었다.
而夾攻之.	그래서 협공을 하니
鄧師大敗.	등나라 군사가 크게 패하였다.
鄾人宵潰.[19]	우의 사람들은 밤이 되어 궤멸되었다.

秋,	가을에
虢仲, 芮伯, 梁伯, 荀侯, 賈伯伐曲沃.[20]	괵중과 예백 · 양백 · 진후 · 가백이 곡옥을 쳤다.

15 파나라 군사와 세 차례 맞붙었으나 꺾을 수가 없었다는 말이다.

16 형(衡) : "가로 횡(橫)"자와 같은 뜻이다.

17 배(北) : 군대가 져서 달아나는 것이다. 청나라 단옥재(段玉裁)의 『설문해자주(說文解字注)』에서는 "등을 보이고 달아나는 것이다. 위소(韋昭)의 『국어주(國語注)』에서는 '北'는 옛 '背'자라고 하였다." 투렴은 초나라 군사를 거느리고 파나라 군사들의 중간에서 가로진을 치고 등나라와 싸웠는데 거짓으로 진 척하고 달아났다.

18 등나라 사람들은 초나라의 속임수를 모르고 초나라가 진짜로 패하여 달아났다고 생각하여 그들을 쫓았는데 파나라의 군사가 그들의 뒤에 있게 된 것이다.

19 우인소궤(鄾人宵潰) : 『노사 · 국명기무(路史 · 國名紀戊)』의 주석에서는 『죽서기년』의 말을 인용하여 "(주나라) 환왕 17년〔곡옥 무공(曲沃 武公) 13년에 해당〕 초나라가 파나라와 함께 등나라를 쳤다"라 하였는데 연대가 『전』과 일치한다.

冬,	겨울에
曹大子來朝.	조나라 태자가 내조하였다.
賓之以上卿,[21]	상경의 예우를 갖추어 접대를 하였는데
禮也.	예의에 합당하였다.
享曹大子.	조태자에게 연회를 베푸는데
初獻,[22]	첫 번째 잔을 올리고
樂奏而歎.	음악을 연주하니 한숨을 쉬었다.
施父曰,[23]	시보가 말하였다.

---

20 예(芮) : 이미 환왕 3년과 4년의 『전』에 보인다.
양(梁) : 나라 이름. 희공(僖公) 17년의 『전』에서는 "혜공(惠公)이 양(梁)에 있을 때 양백(梁伯)이 그를 장가들여 주었다. (그의 부인인) 양영은 애기를 가졌는데 출산할 기일을 넘기고 말았다"라 하였으니 양나라는 영(嬴)씨 성의 나라임을 알 수 있다. 지금의 섬서성 한성현(韓城縣) 남쪽 22리 지점에 소량성(少梁城)이 있는데 곧 옛 양나라일 것이다. 희공 19년, 곧 진목공(秦穆公) 19년에 진나라가 멸망시켰다. 『사기 · 진본기(秦本紀)』에서는 목공 20년 양과 예(芮)를 멸망시켰다고 하였다. 청나라 뇌학기(雷學淇)의 『죽서기년의증(竹書紀年義證)』〔이하 『기년의증(紀年義證)〕에서는 그 설을 조정하여 "망한 것은 19년 겨울인데 나라를 취한 것은 20년이다"라 하여 고심한 흔적이 있다. 문공(文公) 20년 영토가 진(晉)나라에 들어갔다.
순(荀) : 희(姬)씨 성의 나라로 지금의 산동성 신강현(新絳縣) 동북쪽 25리 지점에 임분(臨汾)의 고성(故城)이 있는데 곧 옛 순나라이다. 『한서 · 지리지』 주(註)에서는 『급군고문(汲郡古文)』을 인용하여 "진(晉) 무공(武公)이 순나라를 멸하고 대부인 원씨암(原氏黯)에게 하사하였는데 이 사람이 순숙(荀叔)이다."
가(賈) : 희(姬)씨 성의 나라이다. 당나라 임보(林寶)의 『원화성찬(元和姓纂)』 35 마운(馬韻)에서는 주강왕(周康王)이 당숙우(唐叔虞)의 소자(少子) 공명(公明)을 여기에 봉했다고 하였다. 지금의 산서성 양분현(襄汾縣) 동쪽에 있을 것이다. 가나라 역시 진나라에게 멸망당하였으며 호역고(狐射高)에게 읍을 하사하였다.

21 본국에서 상경에 해당하는 예를 갖추어 접대한 것을 말한다.

22 초헌(初獻) : 술을 처음으로 바친 것을 말한다.

"曹大子其有憂乎![24]

非歎所也."[25]

"조나라 태자에게 근심이 있겠구나!

여기는 한숨을 쉴 곳이 아닌데."

환공 10년

經

十年春王正月,[1]

庚申,[2]

曹伯終生卒.

夏五月,

葬曹桓公.[3]

秋,

10년 봄 주력으로 정월

경신일에

조백 종생이 죽었다.

여름 5월에

조환공을 장사 지냈다.

가을에

---

23 시보(施父) : 두예는 노나라의 대부라고 하였다.

24 기(其) : 머지않아 다가올 시간, 곧 장래의 시간을 나타내는 부사. 다음 해에 그의 부친이 죽는 것을 예언하는 것이다.

25 소공(昭公) 28년의 『전』에 "속담에 말하기를 '먹을 때는 근심을 하지 않는다'라 하였다"는 말이 있다. 조태자가 밥상을 앞에 두고 한숨을 쉬었으므로 한숨을 지을 곳이 아니라고 한 것이다.

1 십년(十年) : 기묘년 B.C. 702년으로 주환왕(周桓王) 18년이다. 지난해 12월 23일 무신일이 동지이며, 이해도 건축(建丑)이다. 윤달이 있었다.

2 경신(庚申) : 6일이다.

3 『전』이 없다.

公會衛侯于桃丘,	공이 도구에서 위후와 회합하기로 했는데
弗遇.[4]	그를 만나지 못했다.
冬十有二月丙午,	겨울 12월 병오일에
齊侯, 衛侯, 鄭伯來戰于郎.[5]	제후와 위후, 정백이 낭에서 싸움을 걸어왔다.

傳

十年春,	10년 봄에
曹桓公卒.[6]	조환공이 죽었다.

---

4 『전』이 없다.
도구(桃丘) : 지금의 산동성 동아현(東阿縣) 안평진(安平鎭) 동쪽 80리 지점에 있다. 노공이 본래 위후와 도구에서 회담을 하기로 약속을 하였는데, 위나라에서 제나라의 청을 받아들여 군대를 동원하여 제나라와 정나라가 노나라를 치는 것을 도왔으며 위후가 이에 약속을 저버리고 오지 않아 만나지를 못하였다. 만나지 못하였는데도 『경』에서 "공이 위후와 회합하였다"라 말한 것은 공이 본래대로 회담이 있어서 예의를 갖추어 갔기 때문이다. 성공(成公) 16년 노공(魯公)이 사수(沙隨)의 회담에 참가하였는데 진후(晉侯)가 노공을 만나지 못하였는데도 『경』에서는 또한 "공이 진후와 제후(齊侯), 위후(衛侯), 송 화원(華元), 주(邾)나라 사람과 사수에서 만났는데 공을 보지 못했다"라 하였는데 이 예와 같은 경우이다. 다만 이번에는 "아닐 불(弗)"자를 썼을 따름이다. 『춘추』의 경문에서는 이곳에서만 "弗"자를 썼다.

5 낭(郎) : 노나라에는 두 군데의 낭이 있다. 한 군데는 은공 원년에 나온 "비백(費伯)이 군사를 이끌고 낭에 성을 쌓았다"라 한 낭으로, 곡부(曲阜)에서 약 2백 리 떨어져 있다. 또 한 군데는 노나라 근교의 낭으로 은공 9년 "여름에 낭에 성을 쌓았다"라 한 것인데, 곧 이곳의 낭이다. 『공양전』에서는 "낭이란 어디인가? 우리나라와 가까운 읍이다"라 하였으니 세 나라의 군사가 이미 곡부의 근교에까지 이르렀다.

6 『사기 · 조세가(曹世家)』에서는 "55년 환공이 죽어 아들인 장공(莊公) 석고(夕姑)가 즉위하였다"라 하였다. "석고(夕姑)"는 『경』에는 "射姑"로 되어 있다. 장공(莊公) 23년의 『경』을 보라.

虢仲譖其大夫詹父於王.[7]	괵중이 대부인 첨보를 주나라 왕에게 참소하였다.
詹父有辭,[8]	첨보의 말이 이치에 맞아
以王師伐虢.	왕의 군사를 가지고 괵나라를 쳤다.
夏,	여름에
虢公出奔虞.[9]	괵나라 공이 우나라로 달아났다.

秋,	가을에
秦人納芮伯萬於芮.[10]	진나라 사람들이 예에서 예백 만을 잡아 바쳤다.

初,	처음에
虞叔有玉,[11]	우숙은 옥을 가지고 있었는데
虞公求旃,[12]	우공이 그것을 달라고 하였지만

---

7 괵중(虢仲) : 괵중은 주나라 왕의 경사인데, 속관에 대부가 있다.
첨보(詹父) : 첨보는 또한 장공 9년의 『전』에 보인다.

8 유사(有辭) : 유리(有理), 곧 이치가 있다는 말과 같다.

9 우(虞) : 희(姬)씨 성의 나라이다. 희공 5년 진나라에게 멸망당하였다. 옛 성은 지금의 산서성 평륙현(平陸縣) 동북쪽에 있다. 금문(金文)에는 우(虞)로 되어 있고 또한 오(吳)로도 되어 있다.

10 예백만(芮伯萬) : 4년에 진(秦)나라에 사로잡혔다. 4년의 『전』에 상세하게 나와 있다.

11 우숙(虞叔) : 두예의 주석에서 "우숙은 우공(虞公)의 아우이다"라 하였다.

12 전(旃) : "之焉" 두 자의 합음(合音)이다.

弗獻.	바치지 않았다.
旣而悔之曰	얼마 되지 않아 그것을 후회하여 말하기를
"周諺有之,	"주나라 속담에 말하기를
'匹夫無罪,	'필부는 죄가 없으나
懷璧其罪.'	옥을 품으면 죄가 된다' 라 하였으니
吾焉用此,	내가 이것을 어디에다 쓰겠는가?
其以賈害也?"[13]	해악을 사려는 것인가?"라 하였다.
乃獻之.[14]	이에 그것을 갖다 바쳤다.
又求其寶劍.	또 그의 보검을 원하였다.
叔曰,	우숙이 말하기를
"是無厭也.[15]	"만족을 할 줄 모른다.
無厭,	만족할 줄 모르니
將及我."[16]	장차 나에게 미칠 것이다."

13 기(其) : 장차 일어날 가능성이 있음을 나타내는 부사이다.
야(也) : "耶"의 뜻으로 읽는다. 내가 하필이면 이 구슬로 장차 화를 사겠는가? 라는 말이다.
고(賈) : 사다.

14 본래는 "之"자가 없는데 『석경(石經)』, 송본(宋本), 일본의 아시카가본(足利本), 가나자와 문고본(金澤文庫本)에 근거하여 보충하였다.

15 염(厭) : 평성(平聲)으로 족하다의 뜻이다.

16 장급아(將及我) : 화난(禍難)이 곧 내 몸에 미칠 것이라는 말이다. 고인(古人)들의 언어는 간략해서 난이 미치는 것을 급(及)이라고 하였는데 형(刑)을 면하는 것을 면(免)이라 하는 것과 같았다. 18년의 『전』에서는 "주공이 그의 말을 따르지 않았으므로 미쳤다(周

遂伐虞公.	마침내 우공을 쳤다.
故虞公出奔共池.[17]	그리하여 우공은 공지로 달아났다.

冬,	겨울에
齊, 衛, 鄭來戰于郎,	제나라와 위나라 · 정나라가 낭에서 싸움을 걸어왔는데
我有辭也.	우리말이 이치가 있었다.
初,	처음에
北戎病齊,[18]	북융이 제나라를 곤경에 처하게 하여
諸侯救之,	제후들이 구원하였는데
鄭公子忽有功焉.	정나라 공자 홀이 공을 세웠다.
齊人餼諸侯,[19]	제나라 사람이 제후들에게 음식물을 보내 주었는데

公不從, 故及)"라 하였는데 두예는 "화가 미쳤다(及於難也)"라 하였다. 이로써 또한 이 급(及)자의 뜻을 증명할 수 있다.

17 공지(共池) : "共"은 가나자와 문고본(金澤文庫本)에는 "洪"으로 되어 있다. 『석문(釋文)』에서는 "'共'은 음이 '홍(洪)'인데, '공(恭)'이라는 음도 있다"라 하였다. 공지는 지금의 산서성 평륙현(平陸縣) 경계에 있을 것이다.

18 북융병제(北戎病齊) : 6년의 『전』에서는 "북융이 제나라를 쳤다(北戎伐齊)"라 하였는데, 여기서는 "伐"자를 "病"자로 고쳐 썼으며, 제나라가 북융을 막아 낼 수가 없어서 군사를 청하려는 뜻을 암시하였다. "病"은 사동(使動) 용법으로 쓰였다. 병제(病齊)는 제나라를 괴롭히다, 곤경에 처하게 하다의 뜻이다.

19 여러 나라의 원군에게 소와 양, 꼴과 쌀을 보내 준 것이다.

使魯次之.[20]	노나라로 하여금 순서를 정하게 하였다.
魯以周班後鄭.[21]	노나라가 주나라의 관작 서열대로 하니 정나라가 뒤로 밀렸다.
鄭人怒,	정나라 사람이 노하여
請師於齊.	제나라에 군사를 청하였다.
齊人以衛師助之,	제나라 사람이 위나라 군사를 가지고 도왔으므로
故不稱侵伐.	"쳐들어가서 쳤다"라고 하지 않았다.
先書齊, 衛,	제나라와 위나라를 먼저 기록한 것은
王爵也.[22]	주나라 왕의 봉작(封爵) 순서 때문이다.

---

20 차(次) : 음식물을 보내 주는 선후의 차례를 안배하는 것이다.

21 주반후정(周班後鄭) : 주나라 왕실에서 내려 준 봉작의 순서에 의하면 정나라는 응당 뒤에 있어야 한다.

22 왕작(王爵) : 곧 위에 나온 주반(周班)이다. 제나라 사람이 음식물을 보내왔는데 노나라는 주나라에서 내린 봉작의 순서에 의하여 정나라의 순서를 뒤로 정하였다. 세 나라가 와서 싸웠는데 정나라가 비록 전공은 으뜸이지만 그래도 주나라의 봉작대로 하면 정나라가 가장 나중이니, 노나라가 정벌을 당하기는 하지만 이치상으로는 곧으므로 "우리말이 이치가 있었다(我有辭)"라는 뜻이 보이게 된 것이다. 상세한 것은 6년의 『경』과 『전』을 보라.

환공 11년

經

十有一年春正月,[1]	11년 봄 정월
齊人, 衛人, 鄭人盟于惡曹.[2]	제나라 사람과 위나라 사람, 정나라 사람이 악조에서 맹약을 하였다.
夏五月癸未,[3]	여름 5월 계미일에
鄭伯寤生卒.	정백 오생이 죽었다.
秋七月,	가을 7월에
葬鄭莊公.[4]	정장공을 장사 지냈다.
九月,	9월에
宋人執鄭祭仲.[5]	송나라 사람이 채중을 붙잡았다.
突歸于鄭.	돌이 정나라로 돌아갔다.

1 십유일년(十有一年) : 경진년 B.C. 701년으로 주환왕(周桓王) 19년이다. 지난해 윤12월 4일 계축일이 동지이며, 이해도 건축(建丑)이다.

2 악조(惡曹) : 두예의 주석에서는 "어느 곳인지 모른다(地闕)"라 하였다. 심흠한(沈欽韓)은 오소(烏巢)의 이문(異文)이 아닌가 하였다. 곧 지금의 하남성 연진현(延津縣) 동남쪽이다.

3 계미(癸未) : 7일이다.

4 『전』이 없다. 은공 원년의 『전』에서는 제후는 죽은 지 다섯 달이 지나면 장례를 치른다 하였는데 장공은 세 달 만에 장례식을 치렀다. 제후들은 죽은 지 세 달이 지나 장례를 치르는 경우가 매우 많았다.

5 채중(祭仲) : 곧 채족(祭足)이다. 채중족(祭仲足)이라고도 한다. 채(祭)는 성씨이고, 중(仲)은 배항을 나타내며, 족(足)이 이름이다. 두예는 중(仲)이 이름이고 족(足)은 자(字)라고 하였는데 틀렸다. 옛 사람들의 칭위법(稱謂法)은 이름을 자 위에 놓지 않는다. 이름과 자를 이어서 말할 때는 자가 앞에 이름은 뒤쪽에 온다.

鄭忽出奔衛.[6]	정나라의 홀이 위나라로 달아났다.
柔會宋公, 陳侯, 蔡叔盟于折.[7]	유가 절에서 송공과 진후, 채숙을 만났다.
公會宋公于夫鍾.[8]	공이 부종에서 송공을 만났다.
冬十有二月,	겨울 12월에
公會宋公于闞.[9]	공이 감에서 송공을 만났다.

傳

十一年春,	11년 봄에

---

6 『공양전』과 『곡량전』은 ("夏五月~鄭忽出奔衛"까지) 세 구절을 세 조목으로 열거하였는데 『좌전』의 역사 서술에 의하면 한 조목이 되어야 한다.

7 『전』이 없다.
유(柔) : 노나라의 대부이다. 이는 내경(內卿)이 제후와 회맹(會盟)한 첫 번째 사례이다.
채숙(蔡叔) : 두예는 채나라의 대부로 이름이 숙이라고 하였다. 청나라 장응창(張應昌)의 『춘추속사변례편(春秋屬辭辨例編)』에서는 "환공 11년의 채숙(蔡叔), 환공 17년의 채계(蔡季)의 숙(叔)과 계(季)는 아우를 일컫는 것인데, 채숙 · 허숙(許叔) · 채계 · 기계(紀季)가 이와 같은 예이다"라 하였다. 곧 채숙은 채환공(蔡桓公)의 동복아우이다. 전인들은 이 설을 많이 주장했다.
절(折) : 지금의 어느 곳인지 모른다.

8 『전』이 없다.
종(鍾) : 『공양전』에는 "동(童)"자로 되어 있다. "童"과 "鍾" 두 글자는 통가자(通假字)였다. 심흠한(沈欽韓)의 『좌전지명보주(左傳地名補注)』에 의하면 지금의 산동성 문상현(汶上縣) 소재지 동북쪽에 부종리(夫鍾里)가 있는데 곧 옛 부종이 있던 곳일 것이라 하였다. 문공 11년의 『전』에 의하면 부종은 성(郕)의 읍이다.

9 『전』이 없다.
감(闞) : 노나라 땅이다. 청나라 강영(江永)의 『춘추지리고실(春秋地理考實)』〔이하 『고실(考實)』〕에 의하면 산동성 문상현(汶上縣) 서쪽에 감정(闞亭)이 있는데 지금의 남왕호(南旺湖) 안에 있다.

齊, 衛, 鄭, 宋盟于惡曹.[10]	제나라와 위나라 · 정나라 · 송나라가 악조에서 맹약을 맺었다.
楚屈瑕將盟貳, 軫.[11]	초나라의 굴하가 이 · 진 두 나라와 맹약을 맺으려 하였다.
鄖人軍於蒲騷,	운나라 사람이 포소에 군진을 치고
將與隨, 絞, 州, 蓼伐楚師.[12]	수 · 교 · 주 · 요나라와 함께 초나라 군사를 치려고 하였다.
莫敖患之.[13]	막오가 그것에 대해 걱정을 했다.

---

10 『경』에는 송(宋)나라가 없다. 두예는 "『경』에서 빠뜨린 것"이라고 생각하였고, 청나라 모기령(毛奇齡)의 『춘추전(春秋傳)』에서는 "宋"자를 연문(衍文)으로 보았다.

11 이, 진(貳, 軫) : 두 나라의 이름이다. 『휘찬』에서는 이는 지금의 호북성 응산현(應山縣)에 있고, 진은 지금의 응성현(應城縣) 서쪽에 있다고 하였다. 두 나라는 나중에 모두 초나라에게 멸망당한다.

12 운(鄖) : 나라 이름. 두예는 "강하(江夏) 운두현(雲杜縣) 동남쪽에 있다"고 하였으니 지금의 호북성 경산현(京山縣) 서북쪽에 있겠지만 『괄지지(括地志)』 및 당나라 이길보(李吉寶)의 지리서(地理書) 『원화군현지(元和郡縣志)』〔이하 『원화지(元和志)』〕에 의하면 지금의 안륙현(安陸縣)에 있을 것이라 하였으니 지금의 안륙현 일대가 모두 옛 운나라였던 것 같다. 명(明)나라 정대중(程大中)의 『재산당집(在山堂集)』에 「운자국고(鄖子國考)」가 있다.

포소(蒲騷) : 운나라의 지명으로 지금의 호북성 응성현(應城縣) 서북쪽 35리 지점에 있다.

교(絞) : 나라 이름으로, 지금의 호북성 운양(鄖陽) 지구 운현(鄖縣) 서북쪽에 있다.

주(州) : 나라 이름으로, 지금의 호북성 감리현(監利縣) 동쪽의 주릉성(州陵城)이다.

요(蓼) : 옛 요(飂)나라였으며, 지금의 하남성 당하현(唐河縣) 남쪽에서 조금 서쪽 80리 지점에 있다.

13 막오(莫敖) : 초나라의 관직 이름으로 곧 사마(司馬)이다. 『회남자 · 수무훈(修務訓)』에 "막효 대심(莫囂大心)"이라는 말이 있는데 이곳의 막효가 곧 막오이다. 12년의 『전』에서는 "막오 굴하(莫敖屈瑕)"라 하여 관명과 성명을 이어서 말하였다. 당시 막오는 대체로 대사마(大司馬)에 해당하였지만 나중에 초나라에서는 또한 대사마, 우사마, 좌사마의 관직을 설치하여 막오의 지위는 좌사마의 아래로 낮아졌다. 양공(襄公) 15년의 『전』

鬪廉曰,	투렴이 말하였다.
"鄖人軍其郊,	"운나라 사람들은 그 나라의 교외에 군진을 쳤으니
必不誡.[14]	필시 경계를 하지 않을 것입니다.
且日虞四邑之至也.[15]	또한 날마다 네 나라 군대가 이르기만 바라고 있습니다.
君次於郊郢,[16]	그대는 교영에 주둔하고
以禦四邑,	네 나라의 군대를 막으십시오.
我以銳師宵加於鄖.	나는 정예부대로 한밤중에 운나라를 치겠습니다.
鄖有虞心而恃其城,[17]	운나라는 바라는 마음을 가지고 있고 성을 믿고서
莫有鬪志.	싸우려는 마음이 없을 것입니다.

을 보라.

14 계(誡) : 경계(警戒)하다.

15 우(虞) : 바라다.
사읍(四邑) : 곧 수(隨) · 교(絞) · 주(州) · 요(蓼)의 네 나라를 말한다. 읍(邑) 또한 나라라는 뜻이다. 산씨반(散氏盤)의 산읍(散邑)은 곧 산국(散國)이다.
지(至) : 초나라에 이르는 것을 말한다.
이 구절은 네 나라의 군대가 먼저 출발하여 운나라 사람들이 그들과 함께 공격을 하고자 하였기 때문에 바로 다음에서 "그대는 교영에 주둔하고 네 나라의 군대를 막으십시오"라 한 것이다.

16 군(君) : 굴하를 가리킴. 정현(鄭玄)의 『의례 · 상복(喪服)』 주(注)에서 이른바 "천자와 제후 및 경대부로 땅을 가진 사람은 모두 군(君)이라 한다"라 하였으니 임금〔國君〕을 가리키는 것 외에 일반 존칭어이기도 하였다.

若敗鄖師,	운나라 군사를 물리치면
四邑必離."	네 나라도 반드시 흩어질 것입니다."
莫敖曰,	막오가 말하였다.
"盍請濟師於王?"[18]	"어찌 왕에게 병력의 증강을 청하지 않습니까?"
對曰,	대답하여 말했다.
"師克在和,	"군사가 이기는 것은 화합에 있지
不在衆.	무리의 수에 있지 않습니다.
商, 周之不敵,[19]	상나라가 주나라를 이기지 못한 것은
君之所聞也.	그대가 들은 바대로요.
成軍以出,	군진을 잘 이루어 나가면
又何濟焉?"	또한 어찌 거기에 증강을 하리오?"
莫敖曰,	막오가 말하였다.

교영(郊郢): 곧 지금의 호북성 종상현(鍾祥縣) 영주(郢州)의 옛 성일 것이다.

17 우심(虞心): 네 나라의 원병(援兵)을 바라는 마음.
기성(其城): 포소성이다. 포소는 운나라의 작은 고을로 또한 성보(城堡)가 있었다.

18 합(盍): "어찌 ~하지 않다(何不)"의 합음자(合音字)이다.
제(濟): 더하다, 보태다, 증강하다.

19 상, 주(商, 周): 상(商)은 은(殷)나라의 주왕(紂王)을, 주(周)는 주나라 무왕(武王)을 가리킨다. 『맹자 · 진심(盡心) 하』에 의하면 무왕이 은나라를 칠 때 혁거(革車) 3백 량과 호분지사(虎賁之士) 3천 명이었다고 한다. 또한 소공(昭公) 24년의 『전』에서는 「대서(大誓)」를 인용하여 주(紂)는 억조(億兆)의 이인(夷人)을 가졌다고 하였다. 곧 전하기로는 주왕의 군사는 많고 무왕의 병사는 적은데도 무왕이 끝내 주왕을 멸하였다는 것이다.

"卜之?"	"점은 쳐봤소?"
對曰,	대답하여 말했다.
"卜以決疑.	"점은 의혹이 있으면 해결하는 것입니다.
不疑,	의혹이 없는데
何卜?"	무슨 점을 칩니까?"
遂敗鄖師於蒲騷,	드디어 포소에서 운나라 군사를 패퇴시키고
卒盟而還.[20]	마침내 맹약을 하고 돌아왔다.

鄭昭公之敗北戎也,[21]	정소공이 북융을 물리쳤을 때
齊人將妻之.[22]	제나라 사람이 딸을 시집보내려고 하였다.
昭公辭.	소공이 거절하자
祭仲曰,	채중이 말하였다.

20 마침내 이(貳)·진(軫)과 맹약을 맺었다. 여기에서 수나라와 여러 나라가 초나라를 치려고 한 것이 초나라와 두 나라의 회맹을 깨뜨리기 위한 것임을 알 수 있다. 이해에 초나라가 운(鄖)나라를 격퇴시켰는데 성공 7년의 『전』에 초나라에 운공(鄖公) 종의(鍾儀)가 있는 것으로 보아 당시 운나라는 이미 벌써 초나라에게 멸망당하여 하나의 현으로 바뀐 후였다. 애공 17년의 『전』에서는 관정보(觀丁父)가 주(州)·요(蓼)를 이겼다 하였는데 곧 이 전역(戰役)인지 아닌지 확실치 않다.

21 6년에 있었다.

22 처(妻) : 동사로 쓰였으며, 거성(去聲)으로 딸을 시집보내는 것이다.

"必取之.	"반드시 취하실 것입니다.
君多內寵,[23]	임금님에게는 총애하는 여자가 많은데
子無大援,	그대는 큰 후원자가 없으니
將不立.[24]	즉위하지 못할 것입니다.
三公子皆君也."[25]	세 공자가 모두 임금이 될 수 있습니다."
弗從.[26]	그 말을 따라지 않았다.
夏,	여름에
鄭莊公卒.	정나라 장공이 죽었다.
初,	처음에

---

23 군(君) : 정장공(鄭莊公)을 가리킨다.
내총(內寵) : 희공 17년의 『전』에서는 "제후는 여자를 좋아하여 총애하는 사람이 많았는데(多內寵), 첩으로 부인과 같은 사람이 6명이었다"라 하였으니 내총(內寵)은 곧 처첩을 가리켜 한 말이며, 이곳의 내총 또한 같은 뜻일 것이다.

24 장불립(將不立) : 가나자와 문고본(金澤文庫本)에는 "不"자 밑에 "얻을 득(得)"자가 한 자 더 있다.

25 삼공자(三公子) : 자돌(子突) · 자미(子亹) · 자의(子儀)를 가리키며 그 어머니들이 모두 총애를 받았다. 『사기 · 정세가(鄭世家)』에서는 "이른바 세 공자라는 것은 태자 홀(大子忽)과 그 아우 돌(突), 가 다음 동생인 자미(子亹)이다"라 하였는데, 『색은(索隱)』에서는 "여기서는 태자 홀을 쳤으나 두예(杜預)는 태자는 치지 않고 자돌과 자미, 자의를 셋으로 쳤는데 옳은 것 같다"라 하였다.

26 불종(弗從) : 『시경 · 정풍 · 유여동거(鄭風 · 有女同車)』의 서(序)에서는 "「유여동거」는 홀(忽)을 풍자한 것이다. 정나라 사람들이 홀이 제나라에 미혹되지 않은 것을 풍자하였다. 태자 홀은 일찍이 제나라에 공을 세웠는데 제후가 딸을 시집보내려고 하였다. 제나라 임금의 딸은 현명했으나 취하지 않아 끝내 대국의 도움이 없어 쫓겨나기에 이르렀으니 나라의 사람들이 이를 풍자한 것이다"라 하였다.

祭封人仲足有寵於莊公,[27]	채나라의 봉인 중족이 장공의 총애를 받아
莊公使爲卿.	장공이 경이 되게 하였다.
爲公娶鄧曼,[28]	공에게 등만을 시집오게 해주었는데
生昭公.	소공을 낳았다.
故祭仲立之.[29]	그리하여 채중이 그를 세웠다.
宋雍氏女於鄭莊公,[30]	송 옹씨가 장공에게 딸을 시집보냈는데
曰雍姞,[31]	옹길이라 하였으며
生厲公.	여공을 낳았다.
雍氏宗,[32]	옹씨는 숭앙을 받아
有寵於宋莊公,	송장공의 총애를 받았으므로
故誘祭仲而執之,	채중을 꾀어내어 붙잡아 두고는
曰,	말했다.

27 채(祭) : 정나라 땅으로 지금의 하남성 정주시(鄭州市) 동북쪽에 있을 것이다.

28 등만(鄧曼) : 13년 및 장공 4년의 『전』에 초무왕(楚武王)의 부인 등만이 있는데 다 같이 등나라의 여인이다.

29 입지(立之) : 장공(莊公)이 죽어 그를 임금으로 세운 것이다. 『사기 · 연표(年表)』에서는 "정소공 원년 홀의 어머니 정나라의 여인을 채중이 맞았다"라 하였다.

30 옹씨(雍氏) : 송나라의 대부.
여(女) : 동사로 거성(去聲)이며, 시집보낸다는 뜻이다.

31 옹길(雍姞) : 길(姞)은 옹씨의 성이다.

32 종(宗) : 남들에게 존앙(尊仰)을 받다.

"不立突,	"돌을 즉위시키지 않으면
將死."	죽을 것이다."
亦執厲公而求賂焉.	또한 여공도 붙잡아 뇌물을 요구하였다.
祭仲與宋人盟,	채중이 송나라 사람과 맹약을 맺고
以厲公歸而立之.	여공과 함께 돌아와 그를 즉위시켰다.
秋九月丁亥,[33]	가을 9월 정해일에
昭公奔衛.	소공이 위나라로 달아났다.
己亥,[34]	기해일에
厲公立.[35]	여공이 즉위하였다.

환공 12년

經

十有二年春正月.[1]	12년 봄 정월.

---

33 정해(丁亥) : 13일이다.
34 기해(己亥) : 25일이다.
35 여공립(厲公立) : 「정세가」에서는 『좌전』을 취하여 비교적 상세하다.
1 십유이년(十有二年) : 신사년 B.C. 700년으로 주환왕(周桓王) 20년이다. 지난해 12월 15일 무오일이 동지이며, 이해도 건축(建丑)이다. 윤달이 있었다.

夏六月壬寅,[2]	여름 6월 임인일에
公會杞侯, 莒子盟于曲池.[3]	공이 곡지에서 기후 및 거자와 회맹하였다.
秋七月丁亥,[4]	가을 7월 정해일에
公會宋公, 燕人盟于穀丘.[5]	공이 곡구에서 송공 및 연나라 사람과 회맹하였다.
八月壬辰,[6]	8월 임진일에
陳侯躍卒.[7]	진후 약이 죽었다.
公會宋公于虛.[8]	공이 허에서 송공을 만났다.

---

2 임인(壬寅) : 초2일이다.

3 기(杞) : 『공양전』과 『곡량전』에는 모두 "紀"로 되어 있고, 당나라 육순(陸淳)의 『춘추담조집전찬례(春秋啖趙集傳纂例)』 권1에서 인용한 『죽서기년』에도 "紀"로 되어 있다. 그러나 『좌전』의 뜻에 의거하면 "杞"라고 하는 것이 옳다.
곡지(曲池) : 『공양전』에는 "구사(毆蛇)"로 되어 있고 『죽서기년』에는 "區蛇"로 되어 있다. "區"와 "毆"는 곡(曲)과 평입대전(平入對轉)이고, 사(蛇)는 지(池)와 고음(古音)이 같다. 곡지는 지금의 산동성 영양현(寧陽縣) 동북쪽에 있다.

4 정해(丁亥) : 17일이다.

5 연(燕) : 남연(南燕)이다. 나머지는 은공 5년의 『전』의 주석에 상세하다. 연인(燕人)은 연나라 임금인 것 같다.
곡구(穀丘) : 송(宋)나라의 읍이다. 『방여기요(方輿紀要)』에 의하면 지금의 하남성 상구현(商丘縣) 동남쪽 40리 지점에 있다. 일설에 의하면 산동성 하택현(菏澤縣) 동북쪽 30리 지점에 있다고도 하는데 그곳은 땅이 조(曹)나라에 가까워 아닌 것 같다.

6 임진(壬辰) : 8월에는 임진일이 없다.

7 『전』이 없다.
약(躍) : 여공(厲公)이다. 「진세가(陳世家)」에서는 오보(五父)와 타(佗)를 두 사람으로 잘못 알아 타(佗)를 여공, 이공(利公)이라고 하였는데, 전인이 이에 대해 상세하게 변증하였다.

8 허(虛) : 『공양전』에는 "담(郯)"으로 되어 있다. 송나라 땅으로 지금의 하남성 연진현(延津縣) 동쪽에 있다.

冬十有一月,	겨울 11월에
公會宋公于龜.[9]	공이 귀에서 송공을 만났다.
丙戌,[10]	병술일에
公會鄭伯,	공이 정백을 만나
盟于武父.[11]	무보에서 맹약을 맺었다.
丙戌,	병술일에
衛侯晉卒.[12]	위후 진이 죽었다.
十有二月,	12월에
及鄭師伐宋.	정나라 군사와 함께 송나라를 쳤다.
丁未,[13]	정미일에
戰于宋.	송에서 싸웠다.

傳

十二年夏,	12년 여름에
盟于曲池,	곡지에서 맹약을 맺었는데

9 귀(龜) : 송나라 땅이다. 지금의 하남성 휴현(睢縣)의 경내에 있었던 것 같다.
10 병술(丙戌) : 18일이다.
11 무보(武父) : 정나라 땅으로 지금의 산동성 동명현(東明縣) 서남쪽에 있다.
12 『전』이 없다. 외제후(外諸侯)의 죽음에 『춘추』를 통틀어 날짜를 기록한 것은 이곳밖에 없다. 진(晉)은 곧 선공(宣公)이다.
13 정미(丁未) : 10일이다.

平杞, 莒也.[14]	곡나라와 거나라가 평화조약을 맺게 하기 위함이었다.
公欲平宋, 鄭.[15]	공이 송나라와 정나라를 화해시키고자 하였다.
秋,	가을에
公及宋公盟于句瀆之丘.[16]	공 및 송공이 구독지구에서 맹약을 맺었다.
宋成未可知也,[17]	송나라가 진실한지 알 수 없었으므로
故又會于虛;	또 허에서 맹약을 맺었다.
冬,	겨울에
又會于龜.	또 귀에서 맹약을 맺었다.
宋公辭平,	송공이 평화조약을 거절하였으므로
故與鄭伯盟于武父,	정백과 부모에서 맹약을 맺었다.
遂帥師而伐宋,	마침내 군사를 거느리고 송나라를 쳐서

---

14 평기거(平杞莒) : 은공 4년 거나라 사람들이 기나라를 쳤는데 이때부터 두 나라는 마침내 화목하지 못하게 되었다. 노나라는 이 두 나라와 이웃하고 있었으므로 이들 나라를 화목하게 한 것이다.

15 욕평송정(欲平宋鄭) : 송나라가 정나라에게 많은 뇌물을 요구하였으므로 정나라가 이를 견딜 수가 없어 불화가 생겼다.

16 구독지구(句瀆之丘) : 곧 곡구(穀丘)이다.

17 성(成) : 성(誠)과 같음.

戰焉,	그곳에서 전투를 하였는데
宋無信也.	송나라가 신의가 없었기 때문이다.
君子曰,	군자가 말하였다.
“苟信不繼,	“실로 신용이 이어지지 않는다면
盟無益也.	맹약도 도움이 되지 않는다.
詩云,	『시』에서 말하기를
‘君子屢盟,	‘군자가 맹약 자주 바꾸니
亂是用長.’[18]	어지러움만 늘어난다네’라 하였는데,
無信也.”	믿지 못하기 때문이다.”

楚伐絞,[19]	초나라가 교나라를 쳤는데
軍其南門.	그 남쪽 성문 쪽에 군진을 쳤다.
莫敖屈瑕曰,	막오인 굴하가 말하였다.
“絞小而輕,	“교나라는 작고 경솔하며
輕則寡謀.	경솔하면 계책이 적은 법입니다.

18 시(詩) : 『시경 · 소아 · 교언(小雅 · 巧言)』에 나오는 구절이다.
시용(是用) : 시이(是以)와 같은 뜻이다.

19 초벌교(楚伐絞) : 11년의 『전』에서 “운나라 사람이 포소에 군진을 치고 수 · 교(絞) · 주 · 요나라와 함께 초나라 군사를 치려고 하였다”라 하였으니 초나라가 교나라를 치게 된 것은 아마 여기에서 연유할 것이다.

請無扞采樵者以誘之."[20]	청컨대 호위병 없이 나무꾼을 데려다가 그들을 유인하십시오."
從之.	그대로 하여
絞人獲三十人.[21]	교나라 사람들이 30명을 사로잡았다.
明日,	이튿날
絞人爭出,	교나라 사람들이 다투어 나와
驅楚役徒於山中.[22]	산속에서 초나라의 일꾼들을 쫓았다.
楚人坐其北門,[23]	초나라 사람들이 북문에서 앉아 기다리며
而覆諸山下.	산 밑에 복병을 두어
大敗之.	그들을 크게 물리치고

20 무한채초(無扞采樵) : 행군을 하려면 반드시 나무를 하는 사역병이 필요하며, 나무를 할 때는 이들을 지키는 사람이 필요하게 된다. 곧 나무하는 사람만 보내고 호위하는 사람들을 두지 않아 이로써 적군을 유인한다는 것이다.

21 획삼십인(獲三十人) : 초나라의 나무꾼 30명을 잡은 것이다.

22 역도(役徒) : 곧 초나라 군사의 나무를 하는 사람이다.

23 좌(坐) : 소공(昭公) 27년의 『전』에서 말한 "왕이 갑사들로 하여금 길과 문에까지 앉(아 호위하)게 하였다(王使甲坐於道及其門)"라 한 것과 같은 뜻이다. 좌는 곧 앉다, 서다 할 때의 좌(坐)로 기다린다는 뜻이다. 청나라 혜동(惠棟)의 『춘추좌전보주(春秋左傳補注)』〔이하 『보주(補注)』〕에서는 옛날이 좌진(坐陣)이 있다고 하였고, 공광삼(孔廣森)은 『경학치언(經學卮言)』에서 역시 그렇게 주장하였으며, 청나라 홍양길(洪亮吉 : 1746~1809)은 『춘추좌전고(春秋左傳詁)』〔이하 『고(詁)』〕에서 좌는 지(止)자의 뜻으로 풀어야 한다고 하는가 하면 두예는 지킨다는 뜻과 같다고 하였는데 이는 모두 너무 깊이 천착한 것이다.

복저산하(覆諸山下) : 산 아래에 복병을 둔 것을 말한다. 초나라는 교나라의 남문에 주둔하고 있으니 교나라 사람들이 초나라의 나무꾼을 쫓다가 복병을 만나면 반드시 북문 쪽으로 달아날 것이므로 초나라 군사들이 먼저 북문에 앉아서 그들을 기다리는 것이다.

爲城下之盟而還.[24]	성 아래서의 맹약을 맺은 뒤 돌아왔다.
伐絞之役,	교나라를 친 전투에서
楚師分涉於彭.[25]	초나라는 팽에서 군사를 나누어 건넜는데
羅人欲伐之.[26]	나나라 사람들이 그들을 치고자 하였다.
使伯嘉諜之.[27]	백가에게 정탐하게 하였다.
三巡數之.[28]	세 번을 헤아렸다.

---

24 성하지맹(城下之盟) : 선공(宣公) 15년의 『전』에서는 송나라 화원(華元)의 말을 서술하면서 "우리 나라에서는 자식을 바꾸어 먹고 해골을 쪼개어 때고 있습니다. 그렇긴 해도 성 아래에서의 맹약은 나라가 망하는 한이 있다 하더라도 따를 수 없다고 합니다"라 하였다. 이로써 성 아래에서의 맹약이 얼마나 큰 치욕인가 하는 것을 알 수 있다.

25 팽(彭) : 나중에 축수(筑水)로 부르다가 지금은 남하(南河)로 부른다. 호북성 방현(房縣)의 서남쪽에서 발원한다.

26 나(羅) : 웅(熊)씨 성의 나라. 지금의 호북성 의성현(宜城縣) 서쪽 20리 지점에 있는 나천성(羅川城)이 곧 나나라가 처음 봉해진 옛 성이다. 그 후 초나라가 나나라를 호북성의 옛 지강현〔枝江縣 : 현 소재지는 지금 이미 마가점진(馬家店鎭)으로 옮겼다〕으로 옮겼는데, 『후한서』에서 이른바 "지강후국(枝江侯國)은 본래 나국(羅國)이다"라 한 것이 이를 말한다. 지금의 호남성 평강현(平江縣) 남쪽 30리 지점에 나성(羅城)이 있는데 또한 나나라가 지강에서 옮겨 온 곳이다. 상음현(湘陰縣) 동쪽 60리에 있는 나성은 곧 그 경계가 되는 곳이다.

27 백가(伯嘉) : 나나라의 대부.
첩(諜) : 정찰(偵察)하다.

28 삼순(三巡) : 순(巡)은 동작의 횟수를 세는 단위사이다.
수(數) : 상성(上聲)이다. 백가가 초나라 군사의 수를 헤아린 것을 말한다. 이 단락은 본래 다음 해의 『전』 "十三年春楚屈瑕伐羅"과 연결되어 있는데 후인들에 의해 나누어져

환공 13년

經

十有三年春二月,[1]	13년 봄 2월
公會紀侯, 鄭伯.	공이 기후, 정백과 만났다.
己巳,[2]	기사일에
及齊侯, 宋公, 衛侯, 燕人戰.[3]	제후, 송공, 위후, 연나라 사람과 싸웠다.

여기에 있게 되었다. 후인들이 또한 이 문장을 잘못 위의 문장과 연결시켰는데 위 문장은 초나라가 교나라를 친 것이고 이 문장은 초나라가 나나라를 친 것이어서 각자 독립시켜야 하는 것인 줄 몰랐는데, 지금은 별도의 문장으로 나누어 놓는다.

1 십유삼년(十有三年) : 임오년 B.C. 699년으로 주환왕(周桓王) 21년이다. 지난해 12월 26일 계해일이 동지이며, 또한 윤12월이 있었으니 이해도 건축(建丑)이다.

2 기사(己巳) : 3일이다.

3 위후(衛侯) : 위혜공(衛惠公) 삭(朔)이다. 이해에 위선공(衛宣公)을 아직 장사 지내지 못했지만 지난해에 죽어 새 임금이 해를 넘겨 즉위하였으니 관례적으로 작위를 부를 수 있었다. 『춘추』의 예는 옛 임금이 죽고 새 임금이 즉위하면 해당 년에는 자(子)라 부르고 해를 넘기면 작위로 부른다. 해당 년에는 자(子)로 부른다는 것은 이를테면 희공 9년 정월 송환공(宋桓公)이 죽자 여름에 송양공(宋襄公)이 규구(葵丘)의 회합에 참여하였는데 송자(宋子)라 불렀으며, 희공 25년 여름 위문공(衛文公)이 죽고 겨울에 위성공(衛成公)이 노나라와의 회합에 참여하였는데 위자(衛子)라 기록하였고, 희공 28년 진목공(陳穆公)이 죽고 겨울에 진공공(陳共公)이 온(溫)의 회합에 참여하였을 때 진자(陳子)라 기록하였으며, 정공 4년 2월 진혜공(陳惠公)이 죽은 후 진회공(陳會公)이 소릉(召陵)의 회합에 참여하였을 때도 또한 진자(陳子)로 기록하였다. 해를 넘겨 작위로 일컬은 예로는 선공 11년 진성공(陳成公)이 진릉(辰陵)의 회맹에 참여하였을 때 진영공(陳靈公)의 장사도 지내지 않았을 뿐만 아니라 임금을 죽인 자도 아직 토벌을 못했지만 영공이 지난해에 죽고 새 임금이 연호를 고쳤기 때문에 『경』에서는 그대로 진후(陳侯)라 기록하였고, 성공 3년의 『경』에 "공이 진후(晉侯) · 송공(宋公) · 위후(衛侯) · 조백(曹伯을) 만나 정(鄭)나라를 쳤다"라 하였는데, 송공은 송공공(宋共公)이며, 위후는 위정공(衛定公)으로 이때 송문공(宋文公)과 위목공(衛穆公)이 모두 그때까지 장례를 치르지 못했지만 새 임금이 이미 해를 넘겨 즉위를 하였으므로 그대로 작위를 가지고 불렀다.

齊師, 宋師, 衛師, 燕師敗績.[4]	제나라와 송나라, 위나라, 연나라 군사가 대패했다.
三月,	3월에
葬衛宣公.[5]	위선공을 장사 지냈다.
夏,	여름에
大水.[6]	홍수가 났다.
秋七月.	가을 7월.
冬十月.	겨울 10월.

傳

十三年春,	13년 봄에
楚屈瑕伐羅,[7]	초나라의 굴하가 나나라를 쳤는데
鬪伯比送之.	투백비가 그를 전송해 주었다

연인(燕人) : 남연(南燕)의 임금을 가리켜 말하였다. 작위를 들어 말하지 않고 인(人)자를 붙여 말한 것은 남연이 작고 구석진 나라이기 때문인데 또한 주인(邾人)·모인(牟人)·갈인(葛人)·강인(江人)·황인(黃人) 등이 실은 모두 그 나라의 임금을 가리켜서 말한 것과 같다. 남연에 대해서는 은공 5년을 보라.

4 패적(敗積) : 장공 11년의 『전』에서는 "크게 허물어진 것을 패적이라 한다(大崩曰敗積)"라 하였다. 『춘추』에는 모두 열여섯 차례 "패적(敗積)"이란 말이 쓰였는데 그중 열네 차례는 모두 "어느 나라의 군사가 대패했다(某師敗積)"라 하였고 장공 28년의 "연나라 사람이 대패하였다(燕人敗積)"라고 한 것과 성공 16년만 "초자와 정나라 군사가 대패했다(楚子鄭敗積)"라 하였을 뿐이다.

5 『전』이 없다.

6 『전』이 없다.

7 나(羅) : 이미 전 해에 보인다.

還,	돌아오는 길에
謂其御曰,	그의 마부에게 이르기를
"莫敖必敗.	"막오는 반드시 패할 것이다.
擧趾高,	걸음걸이가 높아
必不固矣."	마음이 견고하지 못하기 때문이다."
遂見楚子曰,	마침내 초자를 뵙고 말하기를
"必濟師!"[8]	"반드시 군사를 증강해야 합니다!"
楚子辭焉.[9]	초자는 이를 거절했다.
入告夫人鄧曼.	그러고는 내전으로 들어가 이 일을 부인인 등만에게 알렸다.
鄧曼曰,	등만이 말했다.
"大夫其非衆之謂,[10]	"대부는 병력이 많은 것을 말한 것이 아닐 것입니다.
其謂君撫小民以信,	아마 임금님께서 백성들을 신의로 어루만지고
訓諸司以德,	벼슬아치들을 덕으로 가르치시며

8 이에 대한 투백비의 말이 반드시 상세할 것이나 여기에서는 다만 그 대요만 총괄한 것일 따름이다.

9 사언(辭焉) : 그 소청을 거절하다.

10 대부(大夫) : 투백비를 가리킴.
기비중지위(其非衆之謂) : "其非謂衆"의 도치형. 군사의 많고 적음에 있지 않다는 말이다.

而威莫敖以刑也.	막오에게 형벌로 위엄을 보이라는 것일 것입니다.
莫敖狃於蒲騷之役,[11]	막오는 포소의 전쟁으로 버릇이 없어져
將自用也,[12]	제멋대로 할 것이니
必小羅.[13]	반드시 나나라를 얕잡아 볼 것입니다.
君若不鎮撫,	임금님께서 진무하지 않으시면
其不設備乎![14]	장차 아무런 방비를 하지 않을 것입니다!
夫固謂君訓衆而好鎮撫之,[15]	저의 말은 본래 임금께서 백성들을 훈계하여 잘 어루만지시고
召諸司而勸之以令德,[16]	여러 관리들을 불러서 아름다운 덕으로 권면하고

11 뉴(狃) : 습(習)과 같은 뜻이다.
포소지역(蒲騷之役) : 11년에 있었다. 특히 포소의 전역(戰役)을 들어 말한 것은 막오가 본래 병력의 증강을 요구하였다가 투렴(鬪廉)의 말로 그만두어 끝내 적은 군사로 많은 군사를 이긴 적이 있기 때문이다.

12 자용(自用) : 스스로 그렇게 생각하다. 독단적으로 멋대로 행동하다의 뜻.

13 소(小) : 경시하다, 깔보다.

14 기(其) : 장(將)과 같은 뜻. 곧, 장차.

15 부(夫) : 인칭대명사로 투백비를 가리킨다.
호진무지(好鎮撫之) : "善鎮撫之"와 같다. 잘 어루만져 주다.

16 영덕(令德) : 선덕(善德), 훌륭한 덕이라는 뜻.

見莫敖而告諸天之不假易也.[17] 막오를 만나면 하늘은 제멋대로 하도록 봐주지를 않는다는 것을 알리라는 것입니다.

不然, 그렇지 않으면

夫豈不知楚師之盡行也?" 저 사람이 어찌 초나라의 군사가 모두 간 것을 모르겠습니까?"

楚子使賴人追之,[18] 초자가 뇌나라 사람을 시켜 쫓게 하였으나

不及. 미치지를 못하였다.

莫敖使徇于師曰,[19] 막오가 군사들에게 명령을 내려 말했다.

"諫者有刑!"[20] "간언하는 사람은 형벌을 내리겠다!"

及鄖,[21] 언에 이르러

---

17 저(諸) : 지어(之於)의 준말. 지(之)는 막오를 가리킴.
가역(假易) : 방임하다, 제멋대로 하다. 천불가역(天不假易)은 하늘의 도는 제멋대로 하게 내버려두지 않는다는 것을 말한다.

18 뇌(賴) : 나라 이름. 지금의 호북성 수현(隨縣) 동북쪽에 여산점(厲山店)이 있는데 그곳일 것이다. 두예는 뇌인은 초나라에서 벼슬살이 하는 뇌나라 사람이라고 하였다.

19 순(徇) : 명령을 내리는 것이다.

20 간자유형(諫者有刑) : 등만이 이른바 자용(自用)을 말한다.

21 언(鄖) : 강 이름으로 호북성 보강현(保康縣) 서남쪽에서 발원하며 지금은 만하(蠻河)로 불린다. 남장(南漳)과 의성(宜城) 두 현을 경유하여 한수(漢水)로 유입된다. 초나라 군사가 언을 건넌 곳은 지금의 의성현 남쪽 30리 지점일 것이다. 홍양길(洪亮吉)은 『고(詁)』에서 두예본에는 "以濟" 밑에 "기수(淇水)"의 두 자가 빠졌다 하였고, 또 언을 지명이라 하였는데 모두 믿을 수 없다.

亂次以濟,	순서가 뒤죽박죽이 되어 건너
遂無次.[22]	마침내 차례가 없어지게 되었다.
且不設備.	게다가 방비도 전혀 없었다.
及羅,	나나라에 이르자
羅與盧戎兩軍之,[23]	나나라는 노융과 양쪽에서 협공을 하여
大敗之.	초나라를 크게 물리쳤다.
莫敖縊于荒谷.[24]	막오는 황곡에서 목매달아 죽었다.
羣帥囚于冶父以聽刑.[25]	여러 장수들은 야보에 갇혀서 처벌만을 기다렸다.
楚子曰,	초자가 말하였다.
"孤之罪也."	"나의 죄로다."
皆免之.[26]	그러고는 모두 사면해 주었다.

22 무차(無次) : 차례로 열을 짓지 않았다는 말이다.

23 노융(盧戎) : 노(盧)는 여(廬)라고 하기도 하며 남만(南蠻)의 나라이다. 『국어 · 주어(周語) 중』에서 "노는 형규(荊嬀)에서 나왔다"라 한 것으로 보아 규(嬀)씨 성임을 알 수 있다. 고동고(顧棟高)의 『대사표(大事表)』에 의하면 지금의 호북성 남장현(南漳縣) 동북쪽 50리 지점에 중려진(中廬鎭)이 있는데 바로 그곳이라 하였으며, 나중에 초나라에게 멸망당하여 여읍(廬邑)이 되었다.
양군지(兩軍之) : 양쪽에서 압박하여 공격하는 것을 말한다.

24 황곡(荒谷) : 지금의 호북성 강릉현(江陵縣) 서쪽에 있다.

25 야보(冶父) : 지금의 강릉현 남쪽에 있다.
청형(聽刑) : 초나라 왕의 처벌을 기다리다.

26 전한(前漢)의 유학자 유향(劉向)의 『열녀전(列女傳)』 권3 「인지전 · 초무등만(仁智傳 · 楚武鄧曼)」에 이 일에 대한 전모가 다 실려 있는데, 그 글은 이 『전』과 같다. 말미에 다

宋多責賂於鄭.[27] 송나라가 정나라에 여러 번이나 뇌물을 요구하였다.

鄭不堪命, 정나라에서 명을 감당하지 못하였으므로

故以紀, 魯及齊與宋, 衛, 燕戰.[28] 기, 노 및 제나라와 함께 송, 위, 연나라와 싸웠다.

不書所戰, 싸운 장소를 기록하지 않은 것은

後也.[29] 늦었기 때문이다.

鄭人來請脩好.[30] 정나라 사람이 와서 우호조약을 맺을 것을 청하였다.

만 "군자가 말하였다. '등만은 지혜로운 사람이다. 『시경』에서 〈옛 것을 듣지 않아, 나라의 운명 기울었네(曾是莫聽, 大命以傾)〉라 한 것은 이것을 두고 한 말이다'라 하였다"는 몇 마디가 더 있을 뿐이다.

27 정여공(鄭厲公)은 송(宋)나라에 의해서 즉위하였기 때문에 송나라가 뇌물을 요구한 것이다. 11년의 『전』을 보라.

28 희공(僖公) 26년의 『전』에서는 "무릇 군사를 좌지우지할 수 있는 것을 '이(以)'라고 한다"라 하였다. 전쟁을 주도하는 나라가 타국의 병력을 하나로 통일하여 지휘할 수 있음을 말한다.

29 후야(後也) : 『경』에서는 어느 곳에서 싸웠는지를 기록하지 않았는데 환공이 약속한 기일이 지나서 비로소 도착하였으며 도착하고 보니 전쟁을 하기로 정한 기사일을 넘겼기 때문이다. 노나라 군사는 반드시 이 전쟁에 참가해야 했으므로 『경』에서 "제후, 송공, 위후, 연나라 사람과 싸웠다"라 하였고 『전』에서도 "기, 노 및 제나라와 함께 송, 위, 연나라와 싸웠다"라 하였다. 『공양전』에서는 노나라에서 싸웠다 하였고, 『곡량전』에서는 기나라에서 싸웠다라 하였는데, 『곡량전』의 말이 사실에 근사한 것 같다. 그렇지 않다면 첫머리에 기(紀)나라를 기록하였겠는가?

30 이 말은 『전』 "14년 봄 조에서 만났다"라는 말과 이어져야 하는데 후인에 의하여 나누어져 이곳에 놓이게 되었다.

환공 14년

經

十有四年春正月,[1]	14년 봄 정월
公會鄭伯于曹.[2]	공이 정백을 조나라에서 만났다.
無冰.[3]	얼음이 얼지 않았다.
夏五,[4]	여름 5월에
鄭伯使其弟語來盟.	정백이 아우인 어를 보내어 맹약을 맺게 하였다.
秋八月壬申,	가을 8월 임신일에
御廩災.[5]	왕실의 창고에서 화재가 발생했다.

---

1 십유사년(十有四年) : 계미년 B.C. 698년으로 주환왕(周桓王) 22년이다. 지난해 12월 초8일 기사일이 동지이며, 이해도 건축(建丑)이다.

2 『전』에서 "조나라 사람이 음식을 보내왔다"라 한 것으로 미루어 보건대 조나라도 이 모임이 참가한 것이 아닌가 한다.

3 무빙(無冰) : 『전』이 없다. 『춘추』에 "얼음이 얼지 않았다"고 기록한 것은 모두 세 차례이며, 이곳과 양공 28년에는 월을 기록하지 않았고 성공 원년에는 "2월(二月)"이라고 기록하였다. 소공 4년 『전』의 "해가 북륙(北陸)에 있을 때 얼음을 저장하였다"라는 말로 증빙해 보건대 이해 및 양공 28년은 모드 2월일 것이다. 대체로 "얼음을 저장하는 것"은 옛 2월에 거행하는 예인데, 이때가 되어 기후가 따뜻해져서 저장할 얼음이 없었기 때문에 사관이 기록한 것이다.

4 하오(夏五) : "五"자 아래 궐문(闕文)이 있을 것이다.

5 어름(御廩) : 두 가지 뜻이 있다. 여기서는 두예가 말한 임금이 직접 경작하여 제물로 바친 기장을 저장해 두는 창고로, 「월령(月令)」에서는 신창(神倉)이라 하였다. 전한(前漢) 말 유향(劉向)이 편찬한 설화집 『설원 · 반질편(說苑 · 反質篇)』에서 위문후(魏文侯)가 말한 "어름이라는 것은 괴인의 보물을 넣어두는 곳이다(夫御廩者, 寡人寶之所藏也)"라 한 것을 보면 제후의 진귀한 보물을 넣어 두는 창고 또한 어름이라 할 수 있었다.

재(災) : 선공 16년의 『전』에서는 "무릇 화재는 사람이 방화한 것은 화라 하고 하늘이 낸 불은 재라고 한다(凡火, 人火曰火, 天火曰災)"라 하였다. 이른바 천화(天火)라는 것은 벼락을 맞은 것일 수도 있고 자연적으로 발생한 화재일 수도 있으며 당시 원인을 알 수 없는 화재일 수도 있어서 하나로 귀착될 수가 없었으므로 하늘(天)로 돌린 것일 따름이다.

乙亥,[6] 을해일에

嘗.[7] 상제를 지냈다.

冬十有二月丁巳,[8] 겨울 12월 정사일에

齊侯祿父卒.[9] 제후 녹보가 죽었다.

宋人以齊人, 蔡人, 衛人, 陳人伐鄭.[10] 송나라 사람이 제나라, 채나라, 위나라, 진나라 사람을 데리고 정나라를 쳤다.

傳

十四年春, 14년 봄

會于曹. 조나라에서 만났다.

曹人致餼, 조나라 사람이 음식물을 보내왔는데

---

6 을해(乙亥) : 18일이다.

7 상(嘗) : 5년 『전』의 "가을이 되어 비로소 초목이 시들면 상제를 지낸다(始殺而嘗)"의 주(注)를 보라.

8 정사(丁巳) : 2일이다.

9 『전』이 없다.

10 이(以) : 『경』에는 "以"자가 단 세 차례 보인다. 이곳 및 희공 26년의 "공이 초나라 군사로 제나라를 쳤다(公以楚師伐齊)"라 한 것 및 정공 4년의 "채후가 오자 및 초나라 사람을 가지고 백거에서 싸웠다(蔡侯以吳子及楚人戰于柏擧)"라 한 것이다. 『공양전』에서는 "衛人蔡人"이라 하여 위인이 채인의 위에 놓여 있는데, 청나라 조탄(趙坦 : 1765~1828)의 『춘추이문전(春秋異文箋)』〔이하 『이문전(異文箋)』〕에서는 『공양전』이 잘못 전사(傳寫)한 것이라고 하였다.

禮也.[11]	예의에 합당하였다.
夏,	여름에
鄭子人來尋盟,[12]	정나라 자인이 와서 맹약을 다지고
且修曹之會.	아울러 조나라에서의 회합도 닦았다.
秋八月壬申,	가을 8월 임신일에
御廩災.	천자의 창고에서 화재가 발생하였다.
乙亥,	을해일에
嘗.	상제를 지냈는데
書,	기록한 것은
不害也.[13]	해롭게 여기지 않았기 때문이다.

---

11 이 문장은 원래 전해의 『전』 "鄭人來請脩好"와 하나로 연결된 것이므로 "會于曹"는 만난 사람이 생략되었다.
희(餼) : 6년의 『전』을 보라. 애공 12년의 『전』에서는 자복경백(子服景伯)의 말을 서술하며 "대체로 제후들의 만남은 일이 이미 끝이 나면 후백(侯伯)이 예의를 차리고 회합지의 영주가 음식물을 보내어 작별 인사를 한다"라 하였다. 이 모임은 조나라가 회합지의 영주이고 또한 회합이 끝나 음식물을 바쳤으므로 『전』에서 "예의에 합당하였다"고 기록한 것이다.

12 자인(子人) : 정백의 아우 어(語)의 자. 그 후손들이 이것으로 성씨를 삼았는데, 희공 7년의 『전』에 자인구(子人九)가 보인다.
심맹(尋盟) : 12년에 있은 무보(武父)의 맹약을 다진 것이다.

13 불해(不害) : 어름의 화재를 두렵게 생각하지 않는 것을 말함. 옛사람들은 항상 천도와 인사(人事)가 서로 연관되어 있다는 미신을 가졌으므로 화재는 하늘이 경고하는 것으로 임금은 반드시 두려워하고 반성을 하여야 한다고 생각하였다. 임신일에 어름에 화재가

冬,	겨울에
宋人以諸侯伐鄭,	송나라 사람이 제후들을 거느리고 정나라를 쳤는데
報宋之戰也.[14]	송나라와의 전쟁을 보복하기 위함이었다.
焚渠門,[15]	거문을 태우고
入,[16]	들어가서
及大逵.[17]	큰 거리까지 미쳤다.
伐東郊,	동쪽 교외를 치고
取牛首.[18]	수우를 차지했다.
以大宮之椽歸爲盧門之椽.[19]	태궁의 서까래를 가지고 돌아와 노문의 서까래로 삼았다.

낫는데도 불구하고 3일 후에 상제(嘗祭)를 거행한 것은 천재(天災)를 두려워하지 않은 것이기 때문에 기록한 것이다. 두예는 화재가 났을 때 빨리 꺼서 저장해 놓은 곡식이 해를 입지 않은 것을 말한다고 하였는데, 그렇지는 않은 것 같다. 저장한 곡물에 아무런 피해도 없는데 하필 기록을 하겠는가?

14 송지전(宋之戰) : 12년에 있었다.

15 거문(渠門) : 정나라의 성문이다.

16 입(入) : 그 성으로 들어간 것을 말한다.

17 대규(大逵) : 정나라 성안의 사통팔달한 넓은 거리. 상세한 것은 은공 11년의 "及大逵"의 주를 보라.

18 우수(牛首) : 정나라의 교외. 지금의 하남성 폐(廢) 진류현(陳留縣) 소재지〔지금의 진류진(陳留鎭)〕 서남쪽 11리 지점의 수우향(鄕)에 수우성이 있으며, 또한 바로 지금의 통허현(通許縣) 약간 동북쪽에 있다.

19 태궁(大宮) : 곧 태궁(太宮)으로 정나라의 조상들을 모신 사당이다.
연(椽) : 마룻대에서 보 또는 도리에 걸친 통나무. 전체를 최(榱)라 하며 둥근 것을 연(椽), 모난 것을 각(桷)이라고 한다.

환공 15년

經

十有五年春二月,[1]	15년 봄 2월에
天王使家父來求車.[2]	주나라 왕이 가보를 보내와 수레를 구하였다.
三月乙未,[3]	3월 을미일에
天王崩.[4]	주나라 왕이 죽었다.
夏四月己巳,[5]	여름 4월 기사일에
葬齊僖公.[6]	제나라 희공을 장사 지냈다.
五月,	5월에
鄭伯突出奔蔡.	정백 돌이 채나라로 달아났다.

노문(盧門) : 송나라 교외에 있는 성문. 진(秦)나라 여불위(呂不韋)의 『여씨춘추 · 행론(呂氏春秋 · 行論)』편에 초장왕(楚莊王)이 송나라를 포위하였을 때 "이에 40리를 물러나 노문에 묵었다"라는 말이 보인다. 또 소공 24년의 『전』에 "화씨(華氏)가 노문에 거처하며 남리(南里)를 가지고 반란을 일으켰다"라는 말도 나오는데 또한 곧 이 노문이다.

1 십유오년(十有五年) : 갑신년 B.C. 697년으로 주환왕(周桓王) 23년이다. 지난해 12월 19일 갑술일이 동지이며, 이해도 건축(建丑)이다.

2 가보(家父) : 환공 8년의 『경』에 보인다.

3 을미(乙未) : 11일이다.

4 『전』이 없다. 천왕(天王)은 환왕(桓王)이다. 평왕(平王)이 즉위 51년에 죽었는데 태자 설보(洩父)가 일찍 죽어서 그의 아들 임(林)이 즉위하였는데 곧 환왕이다. 환왕은 즉위 23년에 죽었으며 아들 장왕(莊王) 타(佗)가 이어서 즉위하였다.

5 기사(己巳) : 15일이다.

6 『전』이 없다.

鄭世子忽復歸于鄭.[7]	정나라 세자 홀이 정나라로 복귀했다.
許叔入于許.[8]	허숙이 허나라로 들어갔다.
公會齊侯于艾.[9]	공이 애에서 제후를 만났다.
邾人, 牟人, 葛人來朝.[10]	주나라 사람, 모나라 사람, 갈나라 사람이 내조했다.
秋九月,	가을 9월에

---

7 정세자홀(鄭世子忽) : 곧 정소공(鄭昭公)이다. 정장공(鄭莊公)이 죽자 세자 홀은 그해에 도망갔다가 4년 후에 되돌아왔기 때문에 군(君)이라 불리지 못하고 세자라 불렸다. 세자라는 호칭은 아버지가 살아 있지 않아도 된다. 그러므로 소공 11년 『경』의 채(蔡)나라 세자 유(有)와 애공 2년 『경』의 위나라 세자 괴외(蒯聵)는 모두 아버지가 죽은 후에 세자로 불린 경우이다.

복귀(復歸) : 성공 18년의 『전』에서는 "지위를 회복한 것을 복귀라고 한다"라 하였다. 희공 28년의 『경』에서는 "위(衛)나라 원훤(元咺)이 진(晉)나라에서 위나라로 복귀했다"라 하였으니 대부가 그 지위를 회복하는 것도 복귀라 할 수 있었다.

8 허숙입우허(許叔入于許) : 세 나라가 허나라로 쳐들어가자 허장공(許莊公)은 위나라로 달아났는데 정장공이 허나라 대부 백리(百里)에게 허숙을 모시고 허나라 동쪽에 가서 거처하게 하였다. 은공 11년의 『전』에 보인다. 이해에 허숙이 동쪽에서 허나라 도읍으로 들어갔다. 허숙은 허목공(許穆公) 신신(新臣)으로 희공 4년에 죽었다.

9 애(艾) : 『공양전』에는 "호(鄗)"로 되어 있고, 『곡량전』에는 "호(蒿)"로 되어 있다. 애(艾)와 호(蒿)는 뜻(쑥)이 같고, 호(鄗)와 호(蒿)는 음이 같다. 애(艾)는 은공 6년의 『경』에 보인다.

10 『전』이 없다. 세 나라에서 모두 그 임금〔君〕이 내조하였는데 나라가 작으므로 "인(人)"이라고 하였다.

모(牟) : 지금의 산동성 내무현 동쪽 20리 지점에 모성이 있는데 곧 옛 모나라일 것이다.

갈(葛) : 영(嬴)씨 성의 나라. 희공 17년의 『전』에 제환공에게는 부인과 같은 대우를 받는 6명 중에 갈영(葛嬴)이 있는 것으로 알 수 있다. 두예에 의하면 옛 성은 지금의 하남성 영릉현 북쪽 25리 지점에 있는데 청나라 왕부지(王夫之)의 『춘추패소(春秋稗疏)』〔이하 『패소(稗疏)』〕와 심흠한(沈欽韓)의 『지명보주(地名補注)』에서는 모두 의심하였다. 왕부지는 지금의 산동성 조장시(棗莊市) 역성진(嶧城鎮)에 있다고 하였고, 심흠한은 태산(泰山) 곁의 작은 나라라고 하였다.

鄭伯突入于櫟.[11]	정백 돌이 역으로 들어갔다.
冬十有一月,	겨울 11월에
公會宋公, 衛侯, 陳侯于袲,	공이 이에서 송공, 위후, 진후를 만나
伐鄭.[12]	정나라를 쳤다.

傳

十五年春,	15년 봄
天王使家父來求車,	주 천자가 가보를 보내어 수레를 구하였는데
非禮也.	예의에 합당하지 않는 일이었다.
諸侯不貢車, 服,[13]	제후는 수레와 옷을 공물로 바치지 않으며

---

11 역(櫟) : 정나라의 큰 도시로 곧 지금의 하남성 우현(禹縣)이며, 정나라의 도읍 서남쪽 90리 지점에 있다.

12 『공양전』에는 "송공(宋公)" 위에 "제후(齊侯)" 두 자가 더 있다. 후한(後漢) 허신의 『설문해자』에서 "이(袲)"자 아래서 또한 『춘추전(春秋傳)』을 인용하여 "공이 이에서 제후를 만났다(公會齊侯於袲)"라 하였으니 지금의 판본에서는 "제후" 두 자가 빠졌을지도 모르겠다. "이(袲)"는 『공양전』에는 "치(侈)"로 되어 있다. "袲"와 "侈"는 옛날에는 동음이었다. 『청일통지』에 의하면 이는 지금의 안휘성 숙현(宿縣)의 서쪽에 있다. 청나라 진립(陳立)의 『공양의소(公羊義疏)』에서는 정나라는 송나라와 진나라의 서쪽에 있고, 숙현은 송나라와 진나라의 동남쪽에 있는데, 어째서 이곳에서 만나서 정을 치러 갔는지 모르겠다고 하였다. 이는 회합의 예식을 먼저 거행하고 난 뒤에 정나라를 치러갔기 때문일 것이다. 선공 원년 『경』의 주를 참조하라.

13 제후불공거복(諸侯不貢車服) : 수레와 융복(戎服)은 상급자가 하급자에게 내리는 것이므로 제후는 천자에게 진공(進貢)하지 않는다. 『주례 · 천관 · 태재(天官 · 太宰)』의 구공(九貢) 가운데 복공(服貢)이 있고, 「대행인(大行人)」에 조회를 하고 바치는 공물에 또

天子不私求財.	천자는 사사로이 재물을 구하지 않는다.

祭仲專,[14]	채중이 전횡을 하니
鄭伯患之,	정백이 그것을 걱정하여
使其壻雍糾殺之.[15]	사위인 옹에게 그를 죽이게 하였다.
將享諸郊.[16]	교외에서 그를 대접하고자 하니
雍姬知之,	옹규의 아내인 옹희가 그것을 알아채고
謂其母曰,	그 어머니에게 말하였다.
"父與夫孰親?"	"아버지와 남편은 누가 더 가깝습니까?"
其母曰,	어머니가 말하였다.
"人盡夫也,	"남자는 모두다 남편이 될 수 있지만

한 제복(祭服)이 이기는 하지만 공물로 바친 것들은 모두 의복을 만드는 재료이지 다 만들어진 의복은 아니다.

14 전(專) : 개인이 정권을 제멋대로 주무르는 것. 곧 전권(專權), 전횡(專橫)을 말한다. 임금의 명을 기다리지 않고 행하는 것.

15 서(壻) : 사위.
옹규(雍糾) : 정나라의 대부.

16 장향저교(將享諸郊) : 저(諸)는 "之於"의 합체자. 옹규가 교외의 잔치에 채중을 청하여 죽이려는 것을 말한다.

父一而已,	아버지는 하나일 따름이니
胡可比也?”[17]	어찌 비교를 할 수 있겠느냐?”
遂告祭仲曰,	드디어 채중에게 일러 말하기를
“雍氏舍其室而將享子於郊,[18]	“옹씨가 집을 버려두고 교외에서 아버지를 대접하려고 하니
吾惑之,	내 그것이 의혹스러워
以告.”	알려드리는 것입니다”라 하였다.
祭仲殺雍糾,	채중이 옹규를 죽여서
尸諸周氏之汪.[19]	주씨지왕에 시체를 버렸다.
公載以出曰,[20]	공이 시체를 싣고 나가며 말하기를
“謀及婦人,[21]	“부인과 도모를 하였으니
宜其死也.”	죽는 것이 마땅하다.”
夏,	여름에
厲公出奔蔡.[22]	여공은 채나라로 달아났다.

17 이상에서 말한 뜻은 여자는 시집가기 전엔 모든 남자들을 다 남편으로 삼을 수 있지만 부친은 하늘이 정하여 준 혈연관계로 단 한 사람밖에 없으니 남편과는 비교를 할 수가 없다는 말이다.

18 사(舍) : “捨”자와 같다. 집에서 접대를 하지 않고 교외에서 접대하려는 것을 말한다.

19 시저주씨지왕(尸諸周氏之汪) : 옹규의 시체를 주씨지왕에 늘어놓은 것을 말한다. 왕(汪)은 연못을 말한다. 희공 33년의 『전』에 초나라가 정나라를 치는 것을 서술하면서 길질지문(桔柣之門)으로 쳐들어갔는데 공자 하(公子瑕)가 주씨지왕에서 수레가 전복되었다고 하였으니 주씨지왕과 길질지문은 서로 가까이 있었음을 알 수 있다.

20 공재이출(公載以出) : 옹규의 시체를 싣고 달아나는 것을 말함.

21 모급부인(謀及婦人) : “與婦人謀”와 같은 말. 부인과 일을 도모하다.

六月乙亥,[23] 6월 을해일에

昭公入.[24] 소공이 들어왔다.

許叔入于許. 허숙이 허나라로 들어왔다.

公會齊侯于艾, 공이 애에서 제후를 만났는데

謀定許也. 허나라의 안정책을 도모하기 위해서였다.

秋, 가을에

鄭伯因櫟人殺檀伯,[25] 정백이 역읍 사람의 도움으로 단백을 죽이고

---

22 여공출분채(厲公出奔蔡) : 『사기 · 정세가』에서는 "여름에 여공이 변경의 읍인 역(櫟)으로 나가 거처하였다"라 되어 있고, 「연표」에도 같이 되어 있다. 대체로 거처를 정한 것을 가지고 말한 것이다.

23 을해(乙亥) : 22일이다.

24 소공입(昭公入) : 『사기 · 정세가』에서는 "채중이 소공 홀을 맞았다. 6월 을해일에 다시 정나라로 들어가 즉위하였다"라 하였다.

25 정백인력인살단백(鄭伯因櫟人殺檀伯) : 소공(昭公) 11년 『전』에서는 "다섯 큰 자리의 사람은 변두리에 있지 않는다(五大不在邊)"라 하였고, 또한 "정경(鄭京)과 역(櫟)이 실로 만백(曼伯)을 죽였다"라 한 것으로 역이 정나라의 큰 읍임을 알 수 있다. 단백은 정나라의 역을 지키는 대부이다. 『사기』에는 "單伯"으로 되어 있다. "單"과 "檀"은 옛날에 많이 통용하였다. 혹자는 역읍의 사람이 단백을 죽이고 기의(起義)했다고도 하는데 그렇지는 않은 것 같다. 『경』과 『전』에서 "인(人)"이라 칭한 것은 모두 임금이나 대부를 가리켜서 말하였기 때문이다.

而遂居櫟.[26] 마침내 역에 거주하기 시작하였다.

冬, 겨울에

會于袲, 이에서 만나

謀伐鄭, 정나라를 치고

將納厲公也. 여공을 들여보낼 계책을 세웠다.

弗克而還.[27] 그들과 싸웠으니 이기지 못하여 돌아갔다.

환공 16년

經

十有六年春正月,[1] 16년 봄 정월

公會宋公, 蔡侯, 衛侯于曹. 공이 조나라에서 송공과 채후, 위후를 만났다.

---

26 거력(居櫟) : 소공(昭公) 11년 『전』에서는 "정장공(鄭莊公)이 역에 성을 쌓고 자원(子元)을 그곳에 두어 소공(昭公)이 즉위하지 못하게 하였다"라 하였다. 자원은 곧 여공이니 역은 본래 여공의 구읍(舊邑)이었다.

27 『사기 · 정세가』에서는 "제후들이 여공(厲公)이 달아났다는 소리를 듣고 정나라를 쳤는데 이기지 못하고 떠났다. 송나라는 여공에게 아주 많은 원병을 주어 역을 지키게 하였다. 정나라는 이런 이유로 역을 치지 못하였다"라 하였다.

1 십유육년(十有六年) : 을유년 B.C. 696년으로 주장왕(周莊王) 원년이다. 건축(建丑)이며, 동지는 지난해 12월 29일 기묘일이었다. 윤달이 있었는데, 윤12월이었다.

夏四月,	여름 4월에
公會宋公, 衛侯, 陳侯, 蔡侯伐鄭.[2]	공이 송공 및 위후, 진후, 채후를 만나 정나라를 쳤다.
秋七月,	가을 7월에
公至自伐鄭.	공이 정나라를 치고 돌아왔다.
冬,	겨울에
城向.[3]	상에 성을 쌓았다.
十有一月,	11월에
衛侯朔出奔齊.[4]	위후 삭이 제나라로 달아났다.

傳

十六年春正月,	16년 봄 정월
會于曹,	조나라에서 만났는데
謀伐鄭也.[5]	정나라를 칠 계책을 세우기 위해서였다.

---

2 정월에 조나라에서 만난 것은 회맹(會盟)이었다. 이때 모인 것은 『전』에 의하면 정나라를 정벌하기 위한 계책이었으니 군사를 가지고 모인 것이다.

3 상(向) : 이미 은공 2년의 『경』에 보인다. 곧 이때는 상이 이미 거(莒)나라에서 노나라로 귀속되었다.

4 위후삭(衛侯朔) : 곧 위혜공(衛惠公)으로 환공 13년에 즉위하였다.

5 『사기 · 12제후 연표』에서는 "공이 조나라에서 만나 정나라 칠 일을 모의하였다"라 하였다. 조나라는 군사를 내지 않았으니 만나지 않은 것 같다.

夏,	여름에
伐鄭.	정나라를 쳤다.
秋七月,	가을 7월에
公至自伐鄭,	공이 정나라 정벌에서 돌아와서
以飮至之禮也.[6]	음지의 예를 행하였다.
冬,	겨울에
城向.	상에 성을 쌓았다.
書,	기록한 것은
時也.[7]	시의적절하였기 때문이다.
初,	처음에

6 음지지례(飮至之禮) : 2년 "겨울에 공이 당나라에서 돌아왔다(冬, 公至自唐)"의 『경』과 『전』을 보라.

7 『춘추경』에서 겨울에 성을 쌓은 것을 『전』에서는 모두 "시의적절하였다(時)"라고 하였다. 이렇게 기록을 한 것이 모두 일곱 차례이다. 장공 12년의 제(諸)와 방(防)에서의 축성, 문공 12년의 제(諸)와 운(鄆)에서의 축성은 모두 12월에 이루어졌다. 선공 8년 평양성(平陽城) 축조는 10월에 있었고, 성공 9년의 성내에서 축성은 11월에 있었으며, 양공 13년의 방성(防城) 축조와 소공 9년의 낭유성(郎囿城) 축조 및 이곳의 『경』에는 겨울이라고만 하여 월을 추정하기 어렵다. 다만 양공 13년 전에서 "겨울에 방(防)에 성을 쌓았는데 기록한 것은 일이 때에 맞았기 때문이다. 이때 일찍 성을 쌓으려 했으나 장무중(臧武仲)이 농사가 끝이 날 때까지 기다려 달라고 했는데 예에 합당한 일이었다"라 하였으니 이른바 시의적절하다는 것은 농사가 끝이 났음을 말하는 것을 알 수 있다.

衛宣公烝於夷姜,[8]	위선공이 이강과 간통하여
生急子,	급자를 낳았는데
屬諸右公子.[9]	급자를 우공자에게 맡겼다.
爲之娶於齊,	급자를 위하여 제나라에서 아내를 맞게 해주었는데
而美,	아름다워서
公取之.[10]	공이 취하였다.

---

8 위선공(衛宣公) : 선공은 장공(莊公)의 아들이면서 환공(桓公)의 동생이다.
증(烝) : 임금이 간음하는 것을 말한다.
이강(夷姜) : 이(夷)는 나라 이름일 것이다. 은공 원년 기(紀)나라에서 이(夷)를 친 적이 있는데 역시 강(姜)씨 성의 나라로 곧 이 나라인 것 같다. 이강은 혹 장공의 첩으로 선공의 서모일 것이다. 선공이 이강과 간통을 한 것은 반드시 장공이나 환공이 살아 있을 때였을 것이므로 『전』에서 "처음에(初)"라는 글자를 써서 구별을 하였을 것이다. 선공이 즉위를 한 후에 이강을 부인으로 세웠다. 그래서 『사기 · 위세가(衛世家)』에서는 "처음에 선공이 부인인 이강을 사랑하였다. 이강이 아들 급(伋)을 낳자 태자로 삼았다"라 하였다. "급(急)"은 『사기 · 위세가』, 『시경 · 패풍 · 신대(邶風 · 新臺)』 및 『시경 · 패풍 · 이자승주(邶風 · 二子乘舟)』의 서(序), 전한(前漢) 유향(劉向)의 『신서 · 절사(新序 · 節士)』편(篇), 『한서 · 고금인표(古今人表)』에는 모두 "伋"으로 되어 있는데, "急"과 "伋" 동음의 통가자(通假字)이다.

9 촉저우공자(屬諸右公子) : "촉(屬)"은 곧 맡기다 부탁하다는 뜻의 "囑"자와 같은 뜻임. 『사기 · 위강숙세가(衛康叔世家)』에서는 "태자로 삼고 우공자로 하여금 스승이 되어 그를 가르치게 하였다"라 하였으니 이른바 "맡겼다(屬)"라고 한 것은 그를 가르치게 한 것이다. 이는 은공 3년의 『전』 "송나라 목공(穆公)이 병이 나서 대사마인 공보(孔父)를 불러 상공을 부탁하였다" 한 것 및 희공 7년의 『전』 "공과 관중(管仲)이 송 양공(襄公)에게 효공(孝公)을 부탁하여 태자로 삼았다"라 한 것과 뜻이 마찬가지이다. 그 부탁한 방법은 다른데 『사기』에서 다 말하였다. 우공자는 이름이 직(職)인데 아래를 보라. 우공자가 무엇인지는 확실치 않다. 두예는 "좌우 잉첩(媵妾)의 아들이어서 그대로 호로 삼았다"라 하였고, 공영달은 "이 좌우 공자는 선공의 형제일 것이다"라 하였는데 모두 무슨 근거로 그렇게 말하였는지 모르겠다.

10 『시경 · 패풍 · 신대(邶風 · 新臺)』의 서(序)에서는 "「신대」는 위선공을 풍자한 것이다. 급(伋)의 아내를 받아들여 황하의 가에 새 누대를 짓고 그 여인을 맞으니 백성들이 미워

生壽及朔.	수 및 삭을 낳았는데
屬壽於左公子.	수는 좌공자에게 맡겼다.
夷姜縊.	이강은 목을 매 죽었다.
宣姜與公子朔構急子.[11]	의강과 공자 삭이 급자를 참소했다.
公使諸齊.	공은 급자를 제나라에 사신으로 보냈다.
使盜待諸莘,[12]	도적에게 신에서 그를 기다리게 한 후
將殺之.	그를 죽여 버리려고 하였다.
壽子告之,	수자가 그 사실을 알리고
使行.[13]	도망가게 하였다.

하여 이 시를 지었다"라 하였다. 「위세가」에도 이 일이 실려 있다.

11 선강(宣姜) : 곧 제나라 여인이다.
구(構) : 참언을 하여 이간질시키는 것을 말한다. 『시경 · 소아 · 청승(小雅 · 靑蠅)』에서 "참언하는 나쁜 사람들, 우리 서로 미워하게 하네(讒人罔極, 構我二人)"라는 말이 있다. 「위세가」에서는 "태자 급을 참소하여 미워하였다(讒惡太子伋)"라 하였는데, 구(構)자의 해석으로 보면 정확하다.

12 신(莘) : 위나라 땅으로 위나라와 제나라의 경계를 이룬다. 땅이 좁아서 『시경 · 패풍 · 이자승주(邶風 · 二子乘舟)』의 모씨(毛氏)의 주석〔『모전(毛傳)』〕에서는 "공이 급을 제나라로 가게하고는 도적들에게 좁은 길에서 먼저 기다리다가 죽이게 하였다"라 하였다. 지금의 산동성 신현(莘縣) 북쪽 8리 지점일 것이다. 「위세가」에서는 "선공은 태자의 아내를 빼앗은 일이 있은 뒤로부터 속으로 태자를 미워하여 태자를 폐출하려 하였다. 그러던 차에 그가 나쁘다는 소문을 듣자 크게 노하여 태자 급을 제나라의 사자로 보내면서 도적들로 하여금 그를 국경에서 죽이게끔 하였다. 태자에게 백모(白旄)를 주고는 국경의 도적들에게 백모를 가진 자를 보면 죽여 버리라고 하였다"라 하였다.

13 행(行) : 도주(逃走)라는 말과 같다.

不可,	안 된다고 하고는
曰,	말하기를
"棄父之命,	"아버지의 명을 저버리고
惡用子矣?	어찌 아들 된 도리를 하겠는가?
有無父之國則可也."	아버지가 없는 나라가 있다면 될 것이다"라 하였다.
及行,	떠날 즈음에
飮以酒.	술을 마셨다.
壽子載其旌以先,	수자가 그 깃발을 싣고 먼저 출발하니
盜殺之.	도적들이 죽여 버렸다.
急子至,	급자가 그곳에 이르러
曰,	말하기를
"我之求也,	"나를 요구하였는데
此何罪?	이 애가 무슨 죄가 있느냐?
請殺我乎!"	나를 죽여다오!"라 하니
又殺之.[14]	또 그를 죽여 버렸다.

14 『시경 · 패풍 · 이자승주(邶風 · 二子乘舟)』의 서(序)에서는 "「이자승주」는 급(伋)과 수(壽)를 생각하며 지은 것이다. 위선공(衛宣公)의 두 아들이 서로 다투어 죽으니 백성들이 그들을 슬퍼하며 그리워하여 이 시를 지었다"라 하였다. 『모시(毛詩)』의 설대로라면 급과 수가 제나라로 갈 때 수로를 통하여 갔을 것이다. 『열녀전(列女傳)』 권7 및 『신

二公子故怨惠公.[15] 두 공자는 이 때문에 혜공을 원망하였다.

十一月, 11월에

左公子洩, 右公子職立公子黔牟.[16] 좌공자 설과 우공자 직이 공자 검모를 왕위에 세웠다.

惠公奔齊.[17] 이에 혜공은 제나라로 달아났다.

환공 17년

經

十有七年春正月丙辰,[1] 17년 봄 정월 병진일에

公會齊侯, 紀侯盟于黃.[2] 공이 황에서 채후와 기후를 만났다.

서 · 절사(新序 · 節士)』편(篇)에도 이 일이 모두 수록되어 있는데 『좌전』과는 각각 다르다. 위선공은 은공 4년에 즉위하여 환공 12년에 죽어 재위 기간이 19년이다. 수가 재위 후 2, 3년 만에 났다면 나이가 17, 8세가 된다.

15 이공자(二公子) : 우공자와 좌공자이다. 「위세가」에서는 “좌, 우 공자가 삭(朔)이 왕위에 오르는 것을 불평하였다. …… ”라 하였다.

16 공자검모(公子黔牟) : 『공양전』 장공 3년 하휴(何休) 위 주석에서는 “위삭(衛朔)이 배반하고 달아나니 천자는 위 공자 류(留)를 새로 세웠다”라 하였고, 서언(徐彦)의 주석〔소(疏)〕에서는 “『세본(世本)』 및 『사기』에 모두 그 일이 있다”라 하였으니 공자 검모는 또한 유(留)로도 불리며 주장왕(周莊王)의 지지를 받고 있음도 알 수 있다.

17 혜공(惠公) : 곧 공자 삭(朔)이며, 제나라는 그의 외삼촌의 나라이다.

1 십유칠년(十有七年) : 병술년 B.C. 695년으로 주장왕(周莊王) 2년이다. 건축(建丑)이며, 동지는 지난해 윤12월 10일 갑신이었다. 병진일은 13일이다.

2 황(黃) : 선공 8년 『전』의 “공자 수(遂)가 제나라로 가다가 황(黃)에 이르러서는 돌아갔

二月丙午,[3]	2월 병오일에
公會邾儀父,	공이 주나라 의보를 만나
盟于趡.[4]	추에서 맹약을 맺었다.
夏五月丙午,[5]	여름 5월 병오일에
及齊師戰于奚.[6]	제나라 군사와 해에서 싸웠다.
六月丁丑,[7]	6월 정축일에
蔡侯封人卒.	채후 봉인이 죽었다.
秋八月,	가을 8월에

다"라 한 황이다. 노나라에서 제나라로 가는 길에 지나가야 하는 곳이다. 『수경주』에 의하면 당시 창국현(昌國縣)에 황산(黃山)과 황부(黃阜)가 있는데 곧 『춘추』에 나오는 황의 옛 땅인 듯하며, 지금의 산동성 폐 치천현성〔淄川縣城 : 지금의 치천진(淄川鎮)〕 동북쪽에 있을 것이다. 만약 지금의 황현(黃縣)으로 본다면 제, 노, 기(紀)의 세 나라와 모두 너무 멀게 되므로 아닐 것이다.

3 병오(丙午) : 2월에는 병오일이 없다. 일(日)이나 (月)에 반드시 착오가 있을 것이다.

4 회(會) : 『공양전』과 『곡량전』에는 모두 "及"으로 되어 있어서 "公及邾儀父盟于趡"로 보았다. 좌씨의 『경』의 예를 보면 회(會)와 맹(盟)은 각기 별개의 일로 만나서 맹약을 하지 않은 경우도 있고 만나서 맹약을 한 경우도 있기 때문에 "公會邾儀父, 盟于趡"로 구두를 떼었다.

추(趡) : 상성(上聲)으로 읽는다. 노나라의 지명으로 지금의 산동성 사수현(泗水縣)과 추현(鄒縣) 사이에 있을 것이다.

5 하오월(夏五月) : 공영달의 『좌씨』 서문의 소(疏)에서는 "환공 17년 5월에는 하(夏)자가 없고, 소공 10년의 12월에는 동(冬)자가 없다" 하였으니 공영달이 근거로 한 판본에는 "여름 하(夏)"자가 없었다. 『당석경(唐石經)』과 송본(宋本)에도 "夏"자가 없다. 『곡량전』에만 "夏"자가 있다. 『경』의 예대로라면 "夏"자가 있어야 한다.

병오(丙午) : 5일이다.

6 해(奚) : 『곡량전』에는 "랑(郎)"으로 되어 있는데, 아마 "해(郋)"자의 오자일 것이다. "奚"와 "郋"는 동음으로 『곡량전』에는 "郋"를 "奚"로 가차하여 쓰고 있다. 해(奚)는 지금의 상동성 등현 남쪽 60리 지점의 해송산(奚松山) 아래에 있을 것이다.

7 정축(丁丑) : 6일이다.

蔡季自陳歸于蔡[8].	채계가 진나라에서 채나라로 돌아왔다.
癸巳,[9]	기사일에
葬蔡桓侯.[10]	채환후를 장사 지냈다.
及宋人, 衛人伐邾.	송나라 사람, 위나라 사람과 함께 주나라를 쳤다.
冬十月朔,	겨울 10월 초하룻날에
日有食之.[11]	일식이 있었다.

傳

十七年春,	17년 봄
盟于黃,	황에서 맹약을 하였는데
平齊, 紀,[12]	제나라와 기나라를 화해시키고

---

8 채계자진귀우채(蔡季自陳歸于蔡) : 성공 18년의 『전』에서는 "제후가 들여보내 주는 것을 귀(歸)라고 한다"라 하였다. 채계가 즉위한 것은 채나라에서 부르기도 하였지만 또한 진나라에서 들여보내 주었기 때문이기도 하다.

9 계사(癸巳) : 23일이다.

10 장채환후(葬蔡桓侯) : 『전』이 없다. 제후가 죽으면 작위를 쓰는 것이 관례이고 장례를 치르면 일률적으로 공(公)이라 칭한다. 그런데 지금 여기서 채환공이라 하지 않고 채환후라 한 것은 『사기』에 의하면 채나라의 역대 군주들은 모두 후(侯)라 칭하였는데 여기서도 아마 옛 호칭을 그대로 따른 것 같다. 그러나 선공 17년의 『경』에서는 또한 "채문공을 장사 지냈다(葬蔡文公)"라 하였다.

11 일유식지(日有食之) : 『전』에 상세히 나와 있다.

12 평제기(平齊紀) : 제나라는 기나라를 치려고 하였는데, 13년 기나라가 노나라, 정나라를 따라 제나라 군사를 물리쳤기 때문이며 이 때문에 노나라가 중재자가 되어 두 나라 사이

且謀衛故也.[13]	또한 위나라를 도모하기 위함이었다.
及邾儀父盟于趡,	주나라 의보와 함께 최에서 맹약했는데
尋蔑之盟也.[14]	멸에서의 맹약을 다지기 위함이었다.
夏,	여름에
及齊師戰于奚,	제나라 군사와 해에서 싸웠는데
疆事也.[15]	국경 분쟁이었다.
於是齊人侵魯疆,[16]	이때 제나라 사람들이 노나라의 변경으로 쳐들어와
疆吏來告.	변경의 관리가 와서 아뢰었다.
公曰,	공이 말하였다.
"疆埸之事,[17]	"강역의 일은
愼守其一,[18]	한쪽 국경을 신중히 지켜

에 우호조약을 맺게 하려는 것이다.

13 모위(謀衛) : 위나라가 혜공(惠公)을 쫓아내어 혜공이 제나라로 달아났는데 제나라에서는 위나라로 들여보내려 한 것이다.

14 멸지맹(蔑之盟) : 은공 원년에 있었다.

15 강사(疆事) : 변강(邊疆)에서의 국부적인 전쟁이다.

16 어시(於是) : "於此時", 곧 "이때에"라는 말.

17 강역(疆埸) : 변경(邊境)을 말한다. 강역은 같은 뜻의 연면사(連綿詞)이다.

18 기일(其一) : 변강(邊疆)은 두 나라나 여러 나라의 땅이 서로 맞닿아 있는 곳이며 그 가

而備其不虞.[19]	불의의 일에 대비하여야 한다.
姑盡所備焉.	잠시 대비를 다할지어다.
事至而戰,[20]	사태가 발생하면 전쟁을 할 것인데
又何謁焉?"[21]	또 어찌 그것을 아뢰느냐?" 라 하였다.

蔡桓侯卒.	채환후가 죽었다.
蔡人召蔡季于陳.	채나라 사람이 진나라에서 채계를 불렀다.

秋,	가을에
蔡季自陳歸于蔡,	채계가 진나라에서 채나라로 돌아오니
蔡人嘉之也.[22]	채나라 사람이 아름답게 여겼다.

운데 한쪽이라는 말은 본국의 경계를 말한다.

19 비(備) : 미리 대비하다. 경계하여 대비하다.
불우(不虞) : 의외(意外)라는 말과 같다. 타국의 예기치 못한 갑작스런 침습(侵襲)을 가리킨다. 은공 5년의 『전』에 "대비하지 않고 헤아리지 않으면 군사를 쓸 수 없다(不備不虞, 不可以師)"라는 말이 있다.

20 사(事) : 융사(戎事), 곧 타국의 무력을 가리켜 말한다.

21 알(謁) : 청하다, 아뢰다. 보고를 하고 지시를 바라는 것을 말함. 환공이 말한 의도는 이웃 나라가 침범을 해오더라도 스스로 맞서서 해결할 수 있으면 사전에 보고하고 지시를 기다릴 필요가 없다는 것이다.

22 「채세가(蔡世家)」에서는 "환후가 죽자 아우인 애후(哀侯) 헌무(獻舞)가 즉위하였다"라

伐邾,	주나라를 쳤는데
宋志也.[23]	송나라의 뜻이었다.

冬十月朔,	겨울 10월 초하루에
日有食之.	일식이 있었다.
不書日,	날짜를 기록하지 않은 것은
官失之也.[24]	사관이 직무를 잊었기 때문이다.
天子有日官,	천자에게는 일관이 있고
諸侯有日御.	제후에게는 일어가 있다.
日官居卿以厎日,[25]	일관은 경의 직위에 처하며 천상을 헤아리는 것이

하였으니 채계는 애후 헌무이다.

23 송지(宋志) : 노나라가 최(趡)의 맹약을 저버리고 주나라를 공격한 것은 송나라의 바람을 따랐기 때문이다. 송나라가 주나라를 친 것은 은공 5년 주나라와 정나라가 송나라를 친 전쟁을 보복하기 위한 것 같다.

24 날짜를 추정해 보면 경오일로 B.C. 695년 10월 10일의 환식(環食)에 해당한다. 주문흠(朱文鑫)과 하유기(何幼琦)는 모두 주나라 11월에 있었다고 생각하였으며 하유기는 또 경오일 초하룻날이라고 하였다.

25 지(厎) : 본래 "저(底)"로 되어 있었으나 『교감기(校勘記)』에 따라 바로잡았다.
거경(居卿) : 거(居)는 처(處)와 같은 뜻이다. 천자의 일관(日官)은 곧 태사(太史)로 천상(天象)을 살피는 것을 관장하였는데 조정에서의 위치가 높아 육경(六卿)에는 들지 못하지만 경(卿)의 바로 뒤였다. 전한(前漢) 가의(賈誼)의 『신서 · 보부(新書 · 保傅)』에서는 사일(史佚)이 소사(少師)가 되었다 하였고, 전한(前漢) 시대 대덕(戴德)의 『대대예기 · 보부(大戴禮記 · 保傅)』편에서도 사일이 승계하였다 하였는데, 혹 이것이 사관이 경의 지위에 있었다는 뜻이 아닌가 한다.
지(厎) : 치(致)자와 같은 뜻이다. 옛날에는 토규(土圭)로 해의 그림자를 재어 그림자가 이르렀느냐 이르지 않았느냐를 헤아려 일월의 진행과 한서(寒暑)의 기후를 알았는데 이

禮也.	예의다.
日御不失日,	일어는 일자를 잊지 않고
以授百官于朝.[26]	조정의 백관들에게 알려 주어야 한다.

初,	처음에
鄭伯將以高渠彌爲卿,[27]	정백이 고거미를 경으로 삼으려 하였는데
昭公惡之,	소공이 미워하여
固諫,	굳이 간하였는데도
不聽.	듣지 않았다.
昭公立,	소공이 즉위하자
懼其殺己也,	자기를 죽일까 두려워하여
辛卯,[28]	신묘일에
弑昭公,	소공을 죽이고
而立公子亹.[29]	공자 미를 세웠다.

것을 치(致)라고 하였다. 『주례 · 춘관 · 전서(周禮 · 春官 · 典瑞)』에 "토규를 가지고 사시의 일월을 잰다(土圭以致四時日月)"라는 말이 있다.

26 천자의 일관은 책력을 정하여 제후들에게 반포하고, 제후의 일어는 그것을 받아 백관들에게 주는 것이다.

27 고거미(高渠彌) : 환왕 5년 정나라가 주나라와 싸울 때 고거미는 중군(中軍)으로 정장공을 모신 적이 있었다.

28 신묘(辛卯) 10월 22일이다.

君子謂"昭公知所惡矣."[30]	군자는 "소공은 미워하는 것을 잘 알았다"라 하였다.
公子達曰,[31]	공자 달이 말하였다.
"高伯其爲戮乎![32]	"고백은 죽임을 당할 것이다.
復惡已甚矣."[33]	미워함의 보복이 너무 심하였다."

---

29 공자 미(公子亹) : 『한비자 · 난(難) 4』편에서도 이 글의 전문을 인용하고 있는데 "亹"가 "단(亶)"으로 되어 있다. 자형이 비슷하여 잘못 쓴 것 같다. 「정세가」에서는 "소공 2년 소공이 태자였을 때 부친인 장공이 고거미를 경으로 삼으려 했는데 태자 홀(忽)이 그를 미워하였지만 장공은 그의 말을 듣지 않고 끝내 고거미를 경으로 삼았다. 소공이 즉위하자 고거미는 자기를 죽일까 두려워하였는데, 겨울 10월 신묘일에 고거미가 소공과 함께 사냥을 나갔다가 들에서 소공을 쏘아 죽였다. 채중(祭仲)과 고거미는 감히 여공을 들이지 못하고 이에 다시 소공의 아우인 자미를 임금으로 세우니 이 사람이 자미이다. 시호가 없다"라 하였다.

30 『한비자 · 난(難) 4』에서는 "군자가 '미워하는 것을 잘 알았다'라 든 것은 심한 말이 아니다. 그것을 이렇게 잘 알고도 그를 죽이지 못하고 자기가 죽음에 이르렀으므로 '미워하는 것을 잘 알았다'라 하였으니 그 실행을 못함을 잘 보여준다"라 하였다.

31 공자 달(公子達) : 두예는 노나라의 대부라 하였는데 『전』에서는 더 이상 보이지 않으니 무슨 근거로 그렇게 말했는지 모르겠다. 『한비자 · 난(難) 4』에는 "공자 어(公子圉)"로 되어 있다.

32 고백(高伯) : 백(伯)은 고거미의 자(字)일 것이다. 이른바 50세 이상의 남자를 백중(伯仲)으로 부르는 것이다. 『예기 · 단궁(檀弓) 상』에 나온다.
기(其) : 장차.
위(爲) : 피동임을 나타냄.

33 복오(復惡) : 복은 보복(報復)이라는 뜻. 원한을 갚는다는 뜻이다.
이(已) : "너무"라는 뜻의 부사어로 쓰였음.

환공 18년

經

十有八年春王正月,[1]	18년 봄 주력으로 정월에
公會齊侯于濼.[2]	공이 낙에서 제후를 만났다.
公與夫人姜氏遂如齊.[3]	공은 부인 강씨와 함께 마침내 제나라로 갔다.
夏四月丙子,[4]	여름 4월 병자일에
公薨于齊.[5]	공이 제나라에서 돌아가셨다.
丁酉,[6]	정유일에
公之喪至自齊.[7]	공의 영구가 제나라에서 왔다.
秋七月.	가을 7월.
冬十有二月己丑,[8]	겨울 12월 기축일에

---

1 십유팔년(十有八年) : 정해년 B.C. 694년으로 주장왕(周莊王) 3년이다. 건축(建丑)이며, 동지는 지난해 12월 22일 경인일이었다.

2 낙(濼) : 지금의 산동성 제남시(濟南市) 서북쪽의 낙구(濼口)이다.

3 『관자·대광(管子·大匡)』편에서는 이 일을 "마침내 문강(文姜)과 함께 낙에서 제후(齊侯)를 만났다"라 하였으니 낙의 회합에 문강도 함께 갔는데 다만 회맹의 예식에만 참여하지 않은 것이다. 『공양전』에는 공(公)자 아래에 여(與)자가 없고, 『당석경』과 『곡량전』에도 역시 여(與)자가 없다.

4 병자(丙子) : 10일이다.

5 훙(薨) : 환공은 사실 피살당하였는데도 『경』에서 "薨"이라 기록한 것은 꺼려서이다.

6 정유(丁酉) : 5월 초하룻날이다.

7 『전』이 없다. 기록한 것은 종묘에 아뢰었기 때문이다. 상(喪)은 시체인데 이미 널〔柩〕에 담겨 왔다.

葬我君桓公.[9] 우리 환공을 장사 지냈다.

傳

十八年春, 18년 봄

公將有行, 공이 출행을 하려 하였는데

遂與姜氏如齊.[10] 마침내 강씨와 함께 제나라로 가려 했다.

申繻曰,[11] 신수가 말하였다.

"女有家, "여자에게는 남편이 있고

男有室,[12] 남자에게는 아내가 있어서

無相瀆也.[13] 서로 모독하지 않는 것을

---

8 기축(己丑) : 27일.

9 『전』이 없다. 두예는 9개월 만에 장례를 치렀으니 늦었다고 하였다. 청나라 완지생(阮芝生)의 『두주습유(杜注拾遺)』에서는 "환공이 이웃나라에서 피살되었는데 왕복하느라 때를 넘기고 사자(嗣者)는 어리며 나라에 일은 많으니 어찌 5개월 만에 장사를 지내는 예에 구애될 수 있었었는가? 아마 부득이한 일이 있었을 것이다"라 하였다.

10 아직 출발하기 전의 계획이다.

11 신수(申繻) : 수(繻)는 "유"라고도 읽으며, 노나라의 대부이다. 『관자 · 대광(管子 · 大匡)』편에는 "신유(申俞)"로 되어 있다. "繻"와 "俞"는 모두 후(侯)부에 속한 글자이다.

12 여유가남유실(女有家男有室) : 『맹자 · 등문공(滕文公) 하』에 "남자는 태어나면 아내가 있어 주기를 원하고, 여자는 태어나면 남편이 있어 주기를 원한다(丈夫生而願爲之有室, 女子生而願爲之有家)"라는 말이 있다. 『예기 · 곡례(曲禮) 상』에 "서른 살을 장이라고 하는데 결혼을 해서 아내가 있다(三十日壯有室)"라는 말이 있는데 정현(鄭玄)은 "유실(有室)이라는 것은 아내〔妻〕가 있다는 말이다. 아내를 실이라 한다"라 하였다.

13 독(瀆) : 업신여기다, 쉽게 보다. 남자는 아내가 있고, 여자는 남편이 있는데 마땅히 서로간의 경계를 엄격히 하여 가벼이 여기어 함부로 업신여기는 일이 없이 하여야 한다는 뜻이다.

謂之有禮.	예가 있다고 합니다.
易此,[14]	이를 어기면
必敗."[15]	반드시 그르치게 됩니다."
公會齊侯于濼,	공이 낙에서 제후를 만났는데
遂及文姜如齊.	결국 문강과 함께 제나라로 가게 되었다.
齊侯通焉.[16]	제후가 간통을 하니
公謫之.[17]	공이 문강을 꾸짖었다.
以告.[18]	이 사실을 알렸다.
夏四月丙子,	여름 4월 병자일에

14 역(易) : 위반(違反)하다.

15 문강과 제양공과의 관계가 애매한 것이 이때부터 시작된 것이 아니다.

16 통(通) : 지금의 간통(奸通)이라는 뜻이다. 소공 20년의 『전』의 "공자 조(公子朝)가 양공(襄公)의 부인 선강(宣姜)과 사통하였다"라는 말과 『시경 · 용풍 · 장유자(鄘風 · 牆有茨)』의 서(序)에서 말한 "공자 완(公子頑)이 임금의 어머니와 사통했다"라 한 것은 아랫사람이 윗사람과 음통(淫通)한 경우이다. 양공 25년 『전』의 "제당공(齊棠公)의 처는 동곽언(東郭偃)의 누이인데 장공(莊公)이 사통을 하였다" 한 것과 30년 『전』의 "채경후(蔡景侯)는 태자 반(般)을 위하여 초나라에서 여자를 데려왔는데 그와 사통하였다" 한 경우는 윗사람이 아랫사람과 음통한 것이다. 제양공과 문강은 오빠와 누이 사이의 간통이므로 복건(服虔)은 "모든 음란한 것을 통이라 한다"라 하였다. 「제세가」에서는 "4년에 노환공이 부인과 함께 제나라로 갔다. 제양공은 옛날부터 노부인과 사통을 해왔다. 노부인은 양공의 누이동생이었다. 이공(釐公) 때 노환공의 부인으로 시집갔다. 환공이 왔을 때 양공은 다시 사통을 하였다"라 하였다. 이는 제양공과 문강이 본래부터 이미 사통을 하고 있었다는 것을 말한다. 『시경 · 제풍 · 폐구(齊風 · 弊笱)』의 서문과 「제풍 · 남산(齊風 · 南山)」의 서문에도 이 일이 기록되어 있다.

17 적(謫) : 꾸짖다, 노하다, 책망하다.

18 이고(以告) : 문강이 이 사실을 제양공에게 일러바친 것이다.

享公.	공을 접대하였다.
使公子彭生乘公,[19]	공자 팽생에게 공을 수레에 태우게 하였는데
公薨于車.[20]	공이 수레에서 죽었다.
魯人告于齊曰,	노나라 사람이 제나라에 알리어 말하였다.
"寡君畏君之威,	"우리 임금께서 임금님의 위엄을 두려워하시어
不敢寧居,	감히 편안히 거처하지 못하고
來修舊好.	오시어 옛 우호를 증진하였습니다.
禮成而不反,	예는 끝났으나 돌아오지 않으시고
無所歸咎,	허물을 돌릴 곳도 없어
惡於諸侯.	제후들에게 나쁜 소문이 퍼지고 있습니다.
請以彭生除之."	청컨대 팽생을 죽이시어 이런 소문을 없애도록 하십시오."

---

19 승(乘) : 거성(去聲)이다. 수레에 오르는 것을 돕는 것이다.

20 공홍우거(公薨于車) : 『공양전』 장공 원년에서는 "부인이 제후에게 참소(譖訴)하기를 '공이 말하기를 동(同)은 내 아들이 아니라 제후(齊侯)의 아들이다'라 했다 하니 제후가 노하여 제환공과 함께 술을 마셨다. 그가 나갈 때 공자 팽생에게 그를 전송케 하여 수레에 오를 때 뼈대를 으스러뜨려 죽였다"라 하였다. 「제세가」에서는 "역사 팽생으로 하여금 노환공을 안아 수레에 태우게 하였는데 노환공의 뼈를 꺾어 죽였다. 환공을 수레에서 내리니 죽어 있었다"라 하였다.

齊人殺彭生.[21] 제나라 사람이 이에 팽생을 죽였다.

秋, 가을에

齊侯師于首止,[22] 제후가 수지로 군대를 끌고 가니

子亹會之, 자미가 만나 보았는데

高渠彌相.[23] 고거미가 보좌했다.

七月戊戌,[24] 7월 무술일에

齊人殺子亹,[25] 제나라 사람이 자미를 죽이고

---

21 『관자 · 대광(管子 · 大匡)』편에도 나오는데 내용은 똑같으며 다만 끝에 다음과 같이 말하는 부분이 다르다. "수만(豎曼)이 말했다. '현명한 사람은 충성에 죽음으로써 의심을 떨쳐 버리고 백성들이 거기에 의탁한다. 지혜로운 사람은 이치를 궁구하고 오래 생각하여 몸이 화를 면한다. 지금 팽생은 임금에게 두 마음을 품고 말을 다 하지 않고 아첨하는 행동으로 우리 임금을 놀리어 우리 임금이 친척의 예명(禮命)을 그르치고 또 우리 임금이 화를 입게 하여 두 나라가 원한을 맺게 하였다. 팽생이 화를 면할 수 있겠는가? 화가 되는 이치는 팽생에게 있다. 대체로 임금이 노하여 화를 이루면 악행을 가까이하고 용인함을 듣는 것을 두려워하지 않으며 어리석은 일을 저지르고도 부끄럽게 여기지 않는다. 어찌 팽생에 미쳐 그 일을 그만두게 할 수 있겠는가? 노나라에서 죽인다면 반드시 팽생을 기뻐할 것이다.' 2월에 노나라 사람이 제나라에 알리어 말하기를 '우리 임금께서는 임금님의 위엄을 두려워하시어 감히 편히 거처하지 못하고 와서 옛 우호를 다지셨습니다. 예를 이루었는데도 돌아오지 못하고 죽음을 돌릴 곳도 없습니다. 청컨대 팽생을 없애 주십시오'라 하니 제나라 사람이 팽생을 죽여 노나라에 사죄하였다." 수만이 이른 것은 장사 마왕퇴(馬王堆) 3호분에서 출토한 백서(帛書) 『춘추사어(春秋事語)』의 의령(醫寧)이 한 말과 대체로 일치한다.

22 수지(首止) : 위(衛)나라 땅으로 정(鄭)나라와 가깝다. 지금의 하남성 휴현(睢縣) 동남쪽에 있을 것이다.

23 상(相) : 거성(去聲)이다. 또한 살피는 것을 상이라고도 하는데 여기서 그렇게 쓰였다.

24 무술(戊戌) : 3일이다.

25 제인살자미(齊人殺子亹) : 「정세가」에서는 "자미는 제양공이 공자였을 때 일찍이 만나 싸운 적이 있어서 서로 원수 관계였다. 제후를 만날 때 채중은 자미에게 가지 말 것을 청

而轘高渠彌.[26]	고거미는 거열형에 처하였다.
祭仲逆鄭子于陳而立之.[27]	채중이 진나라에서 정자를 맞아 세웠다.
是行也,	이번 행차에
祭仲知之,	채중은 낌새를 알아채고
故稱疾不往.[28]	병들었다 하고 가지 않았다.
人曰,	어떤 사람이 말하기를
"祭仲以知免."[29]	"채중은 죽음을 면할 줄 알았다"라 하니
仲曰,	채중이 말하기를

했다. 자미가 말하였다. '제나라는 강한 데다가 여공에 역(櫟)'에 있으니 가지 않으면 제후들을 이끌고 우리를 친 후 여공을 들여보낼 것이오. 내가 가는 것만 못하고, 간다고 어찌 꼭 욕을 보겠소? 또한 어찌 그대가 시키는 대로만 하겠소!' 마침내 갔다. 자미는 도착을 해서 제후에게 사과를 하자 않았다. 이에 제후가 노하여 마침내 갑사를 매복시켜 놓았다가 자미를 죽였다"라 하였다. 그러나 『춘추담조집전찬례(春秋啖趙集傳纂例) 1』에서는 유황(劉貺)의 『서(書)』에서 인용한 『죽서기년(竹書紀年)』 및 『석(釋)』을 인용하여 "정나라가 그 임금 아무개를 죽였다"라 하였는데 『석(釋)』에서는 "이는 자미이다"라 하였으니 자미는 정나라에 의해 살해된 것이다.

26 환(轘) : 거열형(車裂刑). 수레에 사지를 묶어 찢어 죽이는 형벌. 『사기 · 귀책열전(龜策列傳)』에서 이른바 "머리를 수레에 달고 말 네 마리가 끌고 가는(懸頭車軫, 四馬曳行)" 것이다. 「정세가」에서는 고거미는 도망쳐 정나라로 돌아와 또 채중과 자의(子儀)를 세울 것을 도모하였다 하여 『전』과는 다른데, 이는 사마천이 혹 이설을 채택한 것 같다.

27 두예는 "정자(鄭子)는 소공(昭公)의 아우 자의이다"라 하였다. 자의는 「정세가」에서는 공자 영(公子嬰)이라 하였다.

28 「정세가」에서 이 일에 대하여 상세히 말하였다.

29 채중이 자미가 피살되고 자신 또한 연루될 것 같음을 미리 알고 병을 핑계로 가지 않았다는 것을 말한다.

"信也."[30] "실로 그렇다"라 하였다.

周公欲弑莊王而立王子克.[31] 주공이 장왕을 죽이고 왕자 극을 세우려고 하였다.

辛伯告王,[32] 신백이 왕에게 알려

遂與王殺周公黑肩. 마침내 왕과 함께 주공흑견을 죽였다.

王子克奔燕.[33] 왕자 극은 연나라로 달아났다.

初, 처음에

子儀有寵於桓王, 자의가 환왕의 총애를 받았는데

桓王屬諸周公. 환왕이 그를 주공에게 맡겼다.

辛伯諫曰,[34] 신백이 간하여 말하였다.

"並后, 匹嫡, 兩政, 耦國,[35] "지위가 왕후와 같고 서자가 적자에 필적하며 둘이 동등한 정권을 갖고 성이 국도와 짝하는 것은

---

30 신(信) : 성(誠)과 같은 의미로 쓰였다. 실로.

31 장왕(莊王) : 환왕(桓王)의 태자이다.
왕자극(王子克) : 장왕(莊王)의 아우 자의(子儀)이다.
괵공(虢公)이 이미 10년에 우(虞)나라로 도망을 가서 주공 흑견이 혼자 정권을 주무르고 있었다.

32 신백(辛伯) : 주나라의 대부이다.

33 장왕 4년은 노장공 원년이다. 『좌전』에서 이해 말에 열거한 것은 대체로 『전』에서 하력을 썼을 것이다. 이곳의 연 또한 남연(南燕)이다.

34 신백간(辛伯諫) : 신백이 주공(周公)에게 간하는 말이다.

35 병후(並后) : 첩이 왕후와 같은 것.

亂之本也."　　난리의 근원입니다."

周公弗從,　　주공이 그 말을 따르지 않아

故及.[36]　　결국 화가 미친 것이었다.

필적(匹嫡) : 서자가 적자와 동등한 것.

양정(兩政) : 정(政)은 정경(正卿)으로 조정의 신하로 재상의 권력을 쥔 사람이 둘임을 말한다.

우국(耦國) : 큰 성시(成市)가 족히 국도와 겨룰 만한 것으로 이른바 "한 도성의 성이 백치를 넘으면 나라의 해가 된다(都, 城過百雉, 國之害也)"는 것이다. 민공 2년의 『전』에 호돌(狐突)이 한 말에 "예전에 신백(辛伯)이 주환공(周桓公)에게 간하기를 '내총이 왕후와 같고 외총의 권세가 정경과 같으며, 서자가 적자와 대등하고 큰 성시가 도성과 짝하는 것은 환란의 근원입니다'라 하였다"라 하였다. 『한비자 · 설의(說疑)』편에서는 "그러므로 말하기를 적자에 비길 만한 서자가 있고 처에 비길 만한 첩이 있으며, 조정에 재상에 비길 만한 신하가 있고 신하 중에 임금에 비길 만한 총애가 있는 것, 이 네 가지는 나라를 위태롭게 하는 것입니다. 그러므로 말하기를 내총이 왕후와 같고 외총의 권세가 정경과 같으며 곁자식이 적자와 대등하고 대신이 임금에 비길 만한 것은 환란이 일어나게 되는 길입니다. 그러므로 『주기(周記)』에서 말하기를 '첩을 높이고 처를 낮추지 말 것이요, 적자를 서자 취급하고 곁가지를 높이지 말 것이며, 총애하는 신하를 높이어 정경에 필적하게 하지 말 것이요, 대신을 높여서 임금에 비길 만하게 하지 말라'고 하였습니다"라 하였다. 『관자 · 군신(君臣)』편에서는 "안으로 처에 비길 만한 첩이 있는 것은 궁궐의 환란이요, 서자 가운데 적자에 비길 만한 자식이 있는 것은 집안의 환란이며, 조정에 재상에 비길 만한 신하가 있는 것은 나라의 환란이요, 관리를 임명함에 능력이 없는 것은 백성들의 환란이다"라 하였다. 말뜻이 두 이와 같다. 다만 『한비자』와 『관자』에서는 "대도우국(大都耦國)"에 대해서는 언급을 하지 않았는데 이는 이들이 모두 전국시대 이후의 책이기 때문일 것이다.

36 고급(故及) : 민공(閔公) 2년의 『전』에 "주공(周公)이 그 말을 따르지 않아 재난을 당하였다(周公弗從, 故及于難)"라는 말이 있는데, 옛사람들은 화난(禍難)을 당하는 것을 급(及)이라 하였으며 화난을 당하지 않는 것을 불급(不及)이라 하였다. 희공 11년 『전』의 "故不及" 또한 난을 당하지 않았다는 것을 말한다.

3. 장공

莊公

(기원전 693년~기원전 662년)

장공의 이름은 동(同)으로 환공 6년에 태어났으며, 어머니는 문강(文姜)이다.

장공 원년

經

元年春王正月.[1]	원년 봄 주력으로 정월.
三月,	3월에
夫人孫于齊.[2]	부인이 제나라로 도망갔다.
夏,	여름에
單伯送王姬.[3]	선백이 왕희를 호송해 왔다.
秋,	가을에

---

1 원년(元年) : 무자년 B.C. 693년으로 주장왕(周莊王) 4년이다. 이해는 건자(建子)로 정월 초3일 일미일이 동지였으며, 윤달이 있었다.

2 손(孫) : 손(遜)과 같음. 당시인들은 임금이나 부인이 도망가는 것을 언급할 때는 분(奔)이라 하지 않고 손(遜)이라 하였다. 분(奔)은 그 일에 대하여 직접적으로 말하는 것이고 손(遜)은 완곡한 표현이다.

3 『전』이 없다.
선백(單伯) : 선(單)은 천자의 왕기(王畿) 내에 있는 지명이다. 곽말약(郭沫若)은 성주(成周)의 기내(畿內)에 있는 채읍(采邑)이라 하였다. 선백(單伯)은 천자의 경(卿)으로 대대로 세 임금을 섬겼으며, 문공 때는 모두 선백(單伯)으로 불리며 성공(成公) 이하로는 종종 선자(單子)로 불린다. 주나라 사람이며 노나라의 대부가 아니다.
송(送) : 『공양전』에는 "역(逆)"으로 되어 있는데, 오자인 것 같다.
왕희(王姬) : 주나라 왕의 딸을 통칭하는 말이다. 천자가 제후에게 딸을 시집보낼 때는 반드시 동성(同姓)의 제후로 하여금 주관하게 하는데, 주나라에서 직접 혼사를 주관하지 못하는 이유는 천자와 제후는 존비(尊卑)가 같지 않기 때문이다. 주나라 왕이 딸을 제나라로 시집보내려고 하는데 노나라 임금이 혼사를 주관하므로 천자의 경인 선백으로 하여금 노나라로 딸을 호송하여 보내게 하여 시집보낼 준비를 하는 것이다. 이 왕희는 주평왕(周平王)의 손녀일 것으로 제양공(齊襄公)이나 제환공(齊桓公)에게 시집가는 것으로 보인다〔장공(莊公) 11년 겨울 왕희(王姬)가 제(齊)나라로 시집간 것을 가리킨다〕. 그래서 『시경 · 소남 · 하피농의(召南 · 何彼襛矣)』에서는 "평왕의 손녀요, 제후의 아들이라네(平王之孫, 齊侯之子)"라 읊었다.

築王姬之館于外.[4]	왕희의 집을 궁 밖에 지었다.
冬十月乙亥,[5]	겨울 10월 을해일에
陳侯林卒.[6]	진후 임이 죽었다.
王使榮叔來錫桓公命.[7]	왕이 영숙을 보내어 돌아가신 환공에게 추명(追命)을 내렸다.
王姬歸於齊.[8]	왕희가 제나라로 시집갔다.
齊師遷紀郱, 鄑, 郚.[9]	제나라 군사가 기나라 병, 자, 오의 백성을 옮겼다.

---

4 관(館) : 사(舍), 곧 집이다.

5 을해(乙亥) : 17일이다.

6 『전』이 없다.
진후림(陳侯林) : 진장공(陳莊公)으로 이듬해 2월에 장사를 지낸다.

7 『전』이 없다.
영숙(榮叔) : 주나라의 대부이다. 여왕(厲王) 때 경사(卿士) 영이공(榮夷公)이 있었다는 기록이 『국어 · 주어(周語) 상』에 보인다. 그의 후손일 것이다.
석(錫) : 내리다. 춘추시대에 주나라 천자는 제후들에게 임명장을 내렸는데 즉위 때 내린 경우는 노문공(魯文公)과 진혜공(晉惠公)이 있고, 즉위 후 8년이 되어서야 내린 경우는 노성공(魯成公)이 있다. 제영공(齊靈公)은 천자가 제나라에 딸을 시집보내려 할 때가 되어서야 내려주었고, 노환공과 위양공(衛襄公)의 경우는 장사를 지내고 난 뒤에야 내려 주었다. 양공 14년의 전에는 제영공에게 명을 내린다는 말이 실려 있고, 소공 7년의 전에는 위양공에게 추명(追命)을 내린다는 말이 실려 있다. 이번에 환공에게 내린 명 또한 추명으로 위양공에게 추명을 내린 것과 근사할 것이다.

8 『전』이 없다.

9 『전』이 없다.
병, 자, 오(郱, 鄑, 郚) : 기나라의 읍 이름이다. 제나라가 기나라를 멸하려 했기 때문에 그곳의 백성들을 옮기고 땅을 빼앗았다. 병(郱)의 옛 성은 지금의 산동성 안구현(安丘縣) 서쪽에 있을 것이다. 자(鄑)의 옛 성은 지금의 산동성 창읍현(昌邑縣) 서북쪽 20리 지점에 있을 것이다. 오(郚)의 옛 성은 지금의 산동성 안구현 서남쪽 60리 지점에 있을 것이다. 『사기 · 진시황본기(秦始皇本紀)』의 『정의(正義)』에서는 『죽서(竹書)』의 말을 인용하여 "제양공이 기나라의 병, 자, 오를 멸하였다"라 하였다.

傳

元年春,	원년 봄에
不稱卽位,	즉위하였다 하지 않은 것은
文姜出故也.[10]	문강이 국외에 나가 있었기 때문이었다.
三月,	3월에
夫人孫于齊.[11]	부인이 제나라로 도망갔다.
不稱姜氏,	강씨라고 하지 않은 것은

10 「노세가」에서는 "장공의 모부인이 그대로 제나라에 머무르고 노나라로 돌아오려 하지 않았다"라 하였으니 환공의 영구가 제나라에서 왔을 때도 문강은 영구를 따라 돌아오지 않은 것이다. 장공이 즉위할 때까지도 문강은 돌아오지 않았다. 그러나 다음 문장에서 "3월에 부인이 제나라로 도망갔다"라 하였으니 문강은 장공이 즉위한 후에 노나라로 한 차례 돌아왔었다는 것을 알 수 있고, 그래서 『시경 · 제풍 · 남산(齊風 · 南山)』 서(序)의 정현(鄭玄)의 주석에서 "부인은 제나라에 오래 머물고 있다가 장공이 즉위한 후에야 돌아왔다"라 하였다. 문강이 노나라로 돌아왔는데도 기록을 하지 않은 것에 대해 전인들은 종묘에 아뢰지 않은 때문이라 하였다. 청나라 석온옥(石韞玉)의 『독좌치언(讀左卮言)』에서는 "부인의 예는 임금보다 낮다"라 하였다. 문공 9년 3월에도 "부인 강씨가 제나라에서 이르렀다(夫人姜氏至自齊)"라 기록하고 있다. 부인에게 "이르렀다(至)"는 기록을 한 것은 이 한 곳뿐이지만 부인에게도 "이르렀다(至)"라고 기록을 할 수 있었으니 그 예는 이와 같았다. 그러므로 석온옥의 말은 믿을 수가 없다.

11 부인손우제(夫人孫于齊) : 『공양전』에서는 "부인이 분명히 제나라에 있는데 제나라로 도망갔다라 말한 것은 어째서인가? 어머니를 생각했기 때문이다"라 하였는데 이는 억설(臆說)이다. 공영달은 『정의(正義)』에서 이 말에 반박하여 "역사의 기록은 사실에 의거하여 기록하여 그 사건을 헛되이 기록한 것이 없다. 부인이 결국 돌아오지 않았다면 도망간 지가 이미 오래 되었을 것인데 어째서 이해 3월이나 되어서 제나라로 도망갔다고 하였는가?"라 하였는데, 공영달의 반박이 옳다.

絶不爲親,[12] 관계를 단절하여 어버이로 여기지 않았기 때문인데

禮也. 예의에 합당하였다.

秋, 가을에

築王姬之館于外.[13] 왕희가 묵을 집을 궁 밖에 지었다.

爲外,[14] 노나라 밖의 여자이므로

禮也. 예의에 합당하였다.

---

12 절불위친(絶不爲親) : 문강에게는 남편을 죽인 죄가 있기 때문에 장공이 아버지가 피살된 것을 애통해하여 모자간의 친속 관계를 끊은 것이다. 전한(前漢) 유향(劉向)의 『설원(說苑)』에서 이른바 "문강의 모진 행위를 끊었지만 그 어머니를 사랑하지 않은 것은 아니었다"라 한 것인데, 이런 행동이 이른바 "예에 합당하였다"는 것이다.

13 우외(于外) : 공영달은 정현(鄭玄)의 「잠고황(箴膏肓)」을 인용하여 "궁묘(宮廟), 조정(朝廷)은 각기 정처(定處)가 있어서 천자의 딸이 묵을 곳이 없었으므로 궁궐 바깥에 지어야 했다"라 하였으니 이 "外"는 궁 밖임을 알 수 있다. 그러나 소공(昭公) 원년의 『전』에서는 "초나라의 공자 위(圍)가 정나라를 방문하여 공손단(公孫段)의 딸을 아내로 맞기로 했으며 오거(伍擧)가 부사(副使)가 되었다. 숙소로 들어가려는데 정나라 사람들이 싫어하여 행인(行人)인 자우(子羽)더러 그에게 말하게 하여 밖에 숙소를 잡았다"라는 말이 있는데, "성 밖에 머물렀다"고 주석을 달았으므로 "바깥 외(外)"자를 단독으로 사용하면 성 밖을 이르는 것이다. 그러므로 공영달은 또한 이를 성 밖이라고 하였다.

14 외(外) : 이 "외(外)"는 위에 나온 "우외(于外)"의 "外"와는 다르다. 위에서는 "絶不爲親, 禮也"라 하였고 여기서는 "爲外, 禮也"라 하였으니 두 문장은 서로 상응한다. 위의 "親"은 어머니인 문강을 가리키고, 이곳의 "外"는 천자의 딸인 왕희(王姬)를 가리킨다. 왕희는 노나라의 여인이 아니기 때문에 "外"라 한 것이다. 의미는 노나라 외부의 여인이므로 성 바깥에 집을 지은 것은 합당하다는 것이다.

장공 2년

經

二年春王二月,[1]	2년 봄 주력으로 2월에
葬陳莊公.[2]	진나라 장공을 장사 지냈다.
夏,	여름에
公子慶父帥師伐於餘丘.[3]	공자 경보가 군사를 이끌고 오여구를 쳤다.

1 이년(二年) : 기축년 B.C. 692년으로 주장왕(周莊王) 5년이다. 지난해 윤12월 14일 경자일이 동지이며 이해는 또 건축(建丑)이다.

2 『전』이 없다.

3 『전』이 없다. 『공양전』에는 "오여구(於餘丘)"의 "오(於)"자가 없다.

공자경보(公子慶父) : 『공양전』의 장공 27년 및 32년에 의하면 장공의 동복아우이며, 「노세가」에서도 "장공에게는 세 아우가 있는데 첫째가 경보, 둘째가 숙아(叔牙), 셋째가 계우(季友)이다"라 하였다. 두예만 이해에 장공의 나이가 15세였으니 경보가 그의 아우라면 나이가 더욱 어려 더욱이 진도공(晉悼公), 왕손만(王孫滿)이 어려서부터 총명했다는 문장도 없을 것이고, 군대도 통솔하지 못했을 것이라 하여 장공의 서형으로 보았다. 청나라 진립(陳立)의 『공양의소(公羊義疏)』에서 "경보는 나이가 어려서 병사를 지휘하게 되었는데 실제 병력을 통솔할 능력이 꼭 필요한 것은 아니었으며 그냥 이름만 빌려서 통솔한 것으로 당시에는 반드시 군사를 지휘하는 사람이 따로 있었다"라 하였는데 이치가 그럴듯하다.

오여구(於餘丘) : 『공양전』과 『곡량전』에서는 주(邾)나라의 읍이라 하였다. 두예의 『춘추좌씨전집해(春秋左氏傳集解)』에서는 나라 이름이라고 하였다. 공영달은 『춘추』의 예에는 타국의 읍을 공격하면서 나라 이름을 붙이지 않은 경우가 없는데 여기에는 앞에 붙은 이름이 없으므로 나라임을 알 수 있다. 노나라와 가까운 소국일 것이다. 모기령(毛奇齡)의 『춘추전(春秋傳)』에서는 성공(成公) 3년의 "진(晉)나라의 극극(郤克)과 위(衛)나라의 손량부(孫良夫)가 장구여(廧咎餘)를 쳤다" 한 것과 비길 수 있다고 하였는데 장구여 역시 이적(夷狄)의 소국이다. 오여구가 어디인지는 확실히 알 수 없다. 원(元)나라 유고(俞皐)의 『춘추집전석의대성(春秋集傳釋義大成)』에서는 장구현(章丘縣 : 지금의 산동성)에 있다고 하였고, 청나라 고사기(高士奇)의 『춘추지명고략(春秋地名考略)』〔이하 『고략(考略)』 혹은 『지명고략(地名考略)』〕에서는 지금의 임기현(臨沂縣) 경계에 있다고 하였는

秋七月,	가을 7월에
齊王姬卒.[4]	제나라의 왕희가 죽었다.
冬十有二月,	겨울 12월에
夫人姜氏會齊侯于禚.[5]	부인 강씨가 작에서 제후를 만났다.
乙酉,[6]	을유일에
宋公馮卒.[7]	송공 풍이 죽었다.

傳

二年冬,	2년 겨울
夫人姜氏會齊侯于禚.	부인 강씨가 작에서 제후를 만났다.
書,	기록한 것은
姦也.[8]	간음하였기 때문이다.

데, 고사기의 설이 사실에 가깝다.

4 『전』이 없다. 『예기 · 단궁(禮記 · 檀弓) 하』에서는 "제나라에서 왕희의 상을 노나라에 부고하니 노나라 장공이 그를 위하여 대공복을 입었다. 혹자는 말하기를 '노나라의 주례로 시집을 갔기 때문에 자매의 복을 입은 것이다'라 하였고 혹자는 말하기를 '외조모이기 때문에 그 상복을 입은 것이다'라 하였다." 정현은 "왕희는 주나라 여인으로 제양공의 부인이다. 춘추시대 주나라 여인으로 노나라의 주례로 시집을 가서 죽었기 때문에 자매로 여겨 상복을 입은 것이다. 천자는 상복을 입지 않는다. 천자에게 시집을 간 이후라야 복을 입는다. 장공은 제양공의 누이동생인 문강의 아들이므로 외삼촌의 아내이니 외조모가 아니다. 외조모는 또 소공복을 입는다"라 하였다.

5 작(禚) : 『공양전』에는 "고(郜)"로 되어 있다. 장공 4년 및 정공(定公) 9년의 『전』에 의하면 제 · 노 · 위 3국의 분계가 되는 땅일 것이며, 지금의 산동성 장청현(長淸縣) 경내에 있을 것이다.

6 을유(乙酉) : 4일이다.

7 『전』이 없다.

장공 3년

經

三年春王正月,[1]	3년 봄 주력으로 정월에
溺會齊師伐衛.[2]	익이 제나라 군사와 만나 위나라를 쳤다.
夏四月,[3]	여름 4월에
葬宋莊公.	송나라 장공을 장사 지냈다.
五月,	5월에
葬桓王.	환왕의 장사를 치렀다.
秋,	가을에
紀季以酅入于齊.[4]	기계가 휴 땅을 가지고 제나라로 들어갔다.

---

8 문강은 지난해 3월 제나라로 가서 금년 겨울에 제후를 만났으니 1년 반의 시간이 흘러 노나라로 돌아왔었던 것 같다. 문강이 노나라로 돌아왔는데도 기록을 하지 않은 것은 지난해의 『경』에 상세하다. "간음하였기 때문이다(書姦也)"라고 기록한 것에 대해 두예는 생각이 부인에게서 나왔기 때문이라 하였다. 7년의 『전』에 "문강이 방(防)에서 제후를 만났는데 제나라의 뜻이었다"라 하였고, 제나라의 뜻(齊志)에 대해 두예는 뜻이 제후에게서 나온 것이라고 생각하였다.

1 삼년(三年) : 경인년 B.C. 691년으로 주장왕(周莊王) 6년이다. 지난해 윤12월 24일 을사일이 동지이며, 건축(建丑)이고 윤달이 있다.

2 익(溺) : 노나라 대부이다. 『전』에 상세히 나와 있다.

3 『전』이 없다.

4 기계(紀季) : 기후(紀侯)의 아우이다. 역사적인 관례로 볼 때 제후의 아우는 중(仲)·숙(叔)·계(季)로 칭하는데 이를테면 공중(共仲)·허숙(許叔)·채계(蔡季) 같은 것이 있다. 『사기·진시황본기(秦始皇本紀)』 찬(贊)에서 "기계는 휴 땅을 바쳤는데도, 『춘추』에

冬,	겨울에
公次于滑.[5]	공이 활에 머물렀다.

傳

三年春,	3년 봄에
溺會齊師伐衛,	익이 제나라 군사와 만나 위나라를 쳤는데
疾之也.[6]	싫어하였기 때문이다.

夏五月,	여름 5월에

서 이름을 밝히지 않았다(紀季以攜, 春秋不名)"라 하였으니 "계(季)"가 이름이 아님을 알 수 있다.

휴(攜) : 기나라의 읍 이름. 지금의 산동성 치박시(淄博市) 동쪽에 있을 것이며 수광현(壽光縣)과 가깝다.

5 활(滑) : 『공양전』과 『곡량전』에는 모두 "낭(郎)"으로 되어 있다. 활은 정나라의 지명이다. 지금의 하남성 휴현(睢縣) 서북쪽에 있을 것이다. 동시에 따로 활나라도 있는데 지금의 하남성 언사현(偃師縣) 구지진(緱氏鎭)일 것이다. 동서간의 거리가 매우 먼데 노장공은 이곳을 거치지 않았으며, 모기령의 『춘추전』에서는 하나로 혼동하였는데 틀렸다.

6 질지야(疾之也) : 은공 4년의 『전』에 "그러므로 '휘가 군사를 거느렸다'고 기록한 것은 그 행동을 미워한 것이다(故書日帥師, 疾之也)"라는 말이 있다. 이는 공자 휘가 제멋대로 명령을 내려 군사를 거느리고 간 것을 미워하는 것이다. 여기서도 마찬가지 의미로 쓰였다. 그래서 『한서 · 오행지(五行志)』에서는 전한(前漢) 말의 유흠(劉歆)의 설을 인용하여 "노나라의 공자 익이 정사를 제멋대로 하여 제나라와 만남으로써 왕의 명을 범했다"라 하였다. 유흠은 『좌씨(左氏)』를 연구했는데 이것이 『좌씨』에 대한 고의(古義)일 것이다. 『곡량전』에서는 "익(溺)은 누구인가? 공자 익이다. 공자라 이르지 않은 것은 어째서인가? 원수를 만나 같은 성씨의 나라를 쳤으므로 폄하해서 그렇게 부른 것이다"라 하였다. 이것이 『곡량전』의 뜻으로 『좌씨』의 뜻과는 다르니 분별하여 살펴야 한다.

葬桓王,	환왕을 장사 지냈는데
緩也.[7]	시기가 늦추어졌기 때문이다.
秋,	가을에
紀季以酅入于齊,	기계가 휴 땅을 들고 제나라로 들어가니
紀於是乎始判.[8]	기나라는 이때 비로소 갈라졌다.
冬,	겨울에
公次于滑,	공이 활지에 머물면서

---

7 두예는 "환공(桓公) 15년 3월에 붕어하였는데 7년이나 되어서 장사를 지냈으므로 늦추어졌다고 한 것이다"라 하였다. 장병린(章炳麟 : 1869~1936)은 『춘추좌전독(春秋左傳讀)』〔이하 『독(讀)』〕에서 "7년이나 늦추어서 장례를 지낸다는 것은 정리상 있을 수 없는 것이다. 『공양전』에서는 '이장한 것이다'라 하였다. '緩'은 원래 '爰'자를 빌려 쓴 것일 것이다. 희공 15년의 '爰田'에 대해 복건(服虔)은 '원은 바꾼다는 뜻이다'라 하였다. 『소이아 · 광고(小爾雅 · 廣詁)』도 같은 뜻이라 하였다. 『서경 · 반경(般庚)』 '이미 이리 집을 옮겼다(旣爰宅于茲)'라 한 것과 뜻이 같다. '바닷새 원거'(海鳥爰鶋)는 바람을 피하여 다른 곳으로 갈 수 있는데 이 또한 거처를 바꾼다는 뜻이다. 그러면 '爰'이라는 것은 곧 흙을 바꾸고 거처를 옮긴다는 뜻이니 바로 개장(改葬)을 이른 것이다"라 하였다. 잘 말하긴 하였지만 『좌씨』가 말한 뜻은 아닌 것 같다.

8 판(判)은 "나눌 분(分)"자와 같은 뜻이다. 기나라는 둘로 나누어져서 기후(紀侯)는 기나라에 있고, 기계(紀季)는 휴(酅) 땅을 가지고 제나라로 들어가 속국이 되었다. 장공 12년의 『경』에서는 "기숙희(紀叔嬉)가 휴로 돌아갔다"라 하였으니 기계가 제나라로 들어간 것이 기나라의 제사를 받드는 것과 같음을 알 수 있다. 『국어 · 제어(齊語)』에서는 제환공 초년의 봉강(封疆)을 바르게 한 것을 "땅이 남으로는 대음(岱陰)에 이르고, 서로는 제수(濟水)까지 이르며, 북으로는 하(河)까지, 동으로는 기휴(紀酅)까지 이르렀다"라 하였는데, 사실이다.

將會鄭伯,	정백을 만나고자 하였는데
謀紀故也.	기나라의 일을 상의하기 위해서였다.
鄭伯辭以難.[9]	정백은 나라가 어려움에 처하여 사절했다.
凡師一宿爲舍,	무릇 군대가 하루를 묵는 것을 사라 하고
再宿爲信,	이틀을 묵는 것을 신이라 하며
過信爲次.[10]	신을 넘게 되면 차라고 한다.

---

9 정백사이난(鄭伯辭以難) : 제나라가 기나라를 멸하려 한 것은 기나라가 제나라의 도읍인 임치(臨淄)의 동남쪽에 처해 있고 서로간의 거리가 백여 리밖에 안 되어 제나라가 영토를 확장하려면 합병을 하지 않으면 안 되었기 때문일 것이다. 기나라가 사직을 보존할 수 없었던 것은 당시의 정세가 그러했기 때문이다. 기후는 여러 차례나 노나라에게 구조를 청하였는데 노나라 역시 여러 방면으로 기나라를 위해 도모를 하여 10여 년간 『경』과 『전』에 누차 기록이 보인다. 지금은 기나라가 너무나 위급한 상황이어서 노나라가 정백에게 도움을 청한 것이다. 정백은 곧 자의(子儀)이다. 정백이 어려운 일로 사절하였다는 것은 아마 이때 여공(厲公)이 역(櫟)에 자리를 잡고 호시탐탐 정나라로 들어갈 기회만 엿보고 있어서 자의가 도와줄 겨를이 없고 제나라라는 대국과 대적할 수가 없었기 때문일 것이다. 난(難)은 거성(去聲)으로 나라에 화난(禍難)이 있는 것이다.

10 "범사(凡師)" 아래에 가나자와 문고본(金澤文庫本)에는 "날 출(出)"자가 있다. 하룻밤 자는 것을 사(舍)라 하는 것은 옛날에 군대는 행군을 할 때 하루에 30리를 갔으며 30리가 1사(舍)이므로 하룻밤 묵는 것을 또한 사(舍)라고 하였다. 『시경 · 주송 · 유객(周頌 · 有客)』에 "어떤 손님 하루 묵고, 어떤 손님 이틀 묵네(有客宿宿, 有客信信)"라는 구절이 있는데, 모씨(毛氏)는 "하루 묵는 것을 숙(宿)이라 하고, 이틀 묵는 것을 신(信)이라 한다"라 주석을 달았으니 사(舍)는 또한 숙(宿)이라고도 하였다. 제후가 나갈 때는 반드시 군사를 거느렸으므로 『전』은 "군사를 내었다(師出)"는 말로 『경』의 차(次)자를 풀이한다. 사실 군사를 낼 필요가 없는데도 성을 나가서 3일을 묵는 것을 넘으면 차(次)라고 할 수 있었는데, 소공 28년 『경』에서 "공이 진(晉)나라로 가는데 건후에서 묵었다(次于乾侯)"라 한 것으로 증명할 수 있다.

장공 4년

經

四年春王二月,[1]	4년 봄 주력으로 2월에
夫人姜氏享齊侯于祝丘.[2]	부인 강씨가 축구에서 제후에게 연회를 열어 주었다.
三月,	3월에
紀伯姬卒.[3]	기백 희가 죽었다.

---

1 사년(四年) : 신묘년 B.C. 690년으로 주장왕(周莊王) 7년이다. 지난해 윤12월 초6일 신해일이 동지이며, 이해도 건축(建丑)이었다.

2 『전』이 없다.
향(享) : 『공양전』과 『곡량전』에는 "향(饗)"으로 되어 있다. 이 두 글자는 음이 같고 고대에는 통용하였다. 『춘추경』에 이 향(享)자가 쓰인 것은 이번 한번뿐이다. 제후들끼리 서로 연회를 베푼 적이 많고 노공(魯公)도 여러 나라의 인물들에게 또한 연회를 베풀었지만 『경』에는 기록하지 않았다. 곧 정백(鄭伯)이 주나라 왕에게 향연을 베풀고 주나라 왕이 진후(晉侯)에게 향연을 베풀었지만 『경』에는 모두 기록하지 않았는데도 부인이 제양공에게 연회를 베푼 것을 기록한 것을 볼 수 있으니 그 사실을 있는 그대로 기록함으로써 예의가 아님을 보여주려고 그런 것이다.
축구(祝丘) : 노나라 땅으로 진(晋)의 사마표(司馬彪)는 『속한서 · 군국지(續漢書 · 郡國志)』에서 당시 낭야(瑯琊)의 즉구(卽丘)가 그곳에 해당한다고 하였다. 그러나 즉구의 옛 성은 지금의 산동성 임기현(臨沂縣) 동남쪽에 있어서 제나라의 경계와는 자못 멂으로 믿을 수 없을 것 같다.

3 『전』이 없다.
기백희(紀伯姬) : 은공 2년 기열수(紀裂繻)가 친영을 하여 간 사람이다. 노나라 임금의 딸로 제후의 부인이 된 사람은 『경』과 『전』의 기록에 의하면 아홉 명을 헤아린다. 기백희와 송공희(宋共姬), 기숙희(紀叔姬)는 죽음과 장사까지 기록하였으며, 증계희(鄫季嬉), 자숙희(子叔姬), 기숙희(紀叔姬)는 죽은 것만 기록하였는데, 자숙희와 기숙희는 기환후에게 버림을 받은 사람이고, 담백희(郯伯姬), 제자숙희(齊子叔姬), 기백희는 죽음을 기록하지 않았으며 담백희와 기작숙희 역시 쫓겨나 돌아온 사람이다.

夏,	여름에
齊侯, 陳侯, 鄭伯遇于垂.[4]	제후와 진후, 정백이 수에서 만났다.
紀侯大去其國.[5]	기후가 그 나라를 영 떠났다.
六月乙丑,[6]	6월 을축일에
齊侯葬紀伯姬.[7]	제후가 기백 희의 장례를 치러 주었다.
秋七月.	가을 7월.
冬,	겨울에
公及齊人狩于禚.[8]	공이 제나라 사람과 작에서 사냥을 하였다.

傳

四年春正三月,	4년 봄 주력으로 3월에

---

4 『전』이 없다.
우(遇) : 은공 4년의 『경』을 보라.
수(垂) : 은공 8년의 『경』을 보라.

5 대거(大去) : 가서는 돌아오지 않는 것이다. 부인이 친정으로 영원히 돌아가는 것을 대귀(大歸)라 하는 것과 같다. 『시경 · 패풍 · 연연(邶風 · 燕燕)』의 주석〔소(疏)〕에서는 "대귀라고 하는 것은 돌아오지 않는다는 말이다."

6 을축(乙丑) : 23일이다.

7 『전』이 없다. 3년에 기계(紀季)가 휴(酅) 땅을 가지고 제나라로 들어가고, 이해에 기후(紀侯) 또한 그 나라를 영원히 떠났으므로 제후가 그를 위해 백희를 장사 지내 준 것이다.

8 『전』이 없다. 작(禚)은 『공양전』과 『곡량전』에는 "고(郜)"로 되어 있다. 『공양전』과 『곡량전』에서는 모두 제나라 사람을 제후(齊侯)라고 하였고, 두예는 제나라의 미천한 사람이라 하였는데 두예의 주석은 근거가 없는 것 같다. 노공은 제나라의 미천한 관리와 함께 사냥을 하러 가지 않았다.

楚武王荊尸,[9]	초무왕이 형시진으로
授師孑焉,[10]	갈래창을 병사들에게 주어
以伐隨.	수나라를 쳤다.
將齊,[11]	재계를 하려 함에
入告夫人鄧曼曰,	부인인 등만에게 들어가 알렸다.
"余心蕩."[12]	"내 가슴이 뛰어 불안하오."
鄧曼歎曰,	등만이 탄식하여 말하였다.
"王祿盡矣.	"왕의 복이 다했나 봅니다.
盈而蕩,[13]	가득 차면 흔들리게 되는 것이
天之道也.	하늘의 도리입니다.

---

9 형시(荊尸) : 호북성 운몽현(雲夢縣) 수호지(睡虎地)의 진(秦)나라 무덤에서 출토된 죽간(竹簡)에 진나라와 초나라의 월명(月名) 대조표가 있는데 진나라의 정월을 초나라에서는 "형이(荊夷)"라 한다 하였으며, 우호량(于豪亮)의 「진간일서의 계절과 달의 기록에 대한 여러 가지 문제(秦簡日書記時記月諸問題)」에서는 "형이"는 곧 "형시(荊尸)"라 하였다. 곧 "楚武王荊尸授師孑焉"을 하나의 구절로 보아 초무왕이 정월에 군대에게 갈래창을 주었다는 것으로 보았다. 그러나 이 "형시"는 동사로 보아야 할 것 같은데 군사 일을 가리키는 것 같다. 두예는 진법(陣法)으로 보았다.

10 혈(孑) : 극(戟)이다. 극은 베는 창인 과(戈)와 찌르는 창인 모(矛)가 합체된 무기로 자루의 앞에는 칼날을 달아서 찌르고 곁에는 가로날이 있어 찍을 수가 있어서 찍기와 찌르기의 두 가지 작용을 겸할 수 있었다. 극을 군대에 지급하였다 하였으니 초나라 군대가 이때 극을 처음으로 사용한 것이다.

11 제(齊) : 재(齋)와 같은 뜻으로 쓰였다. 병기는 태묘(太廟)에서 지급하게 되므로 먼저 반드시 재계하여야 한다.

12 탕(蕩) : 동요되는 것이다. 가슴이 뛰고 울렁거려서 불안한 것을 말한다.

13 영이탕(盈而蕩) : 사물은 가득 차게(盈) 되면 반드시 움직이게(動) 되므로 영(盈)자와 탕(蕩)자는 나란히 쓰여 뜻을 이루는 경우가 많다. 『장자 · 천운(莊子 · 天運)』편에 상(商)나라 태재(太宰) 탕(蕩)이 이름을 영(盈)이라 하였다.

先君其知之矣,	선군께서 아마 그것을 아신 것 같아서
故臨武事,	전쟁에 임해서
將發大命,[14]	큰 명을 내려
而蕩王心焉.	왕의 마음을 불안하게 한 것입니다.
若師徒無虧,	만약에 군사는 이지러짐이 없고
王薨於行,	왕께서 행군 중에 죽으신다면
國之福也."	나라의 복입니다."
王遂行,	왕이 마침내 출정을 하여
卒於樠木之下.[15]	만목 아래서 죽었다.
令尹鬪祁, 莫敖屈重除道, 梁溠,[16]	영윤 투기와 막오 굴중이 길을 치우고 차수에 다리를 놓아

14 대명(大命): 정벌의 명령이다. 명(命)과 영(令)은 옛날에는 통하여 썼다.

15 만(樠): 만 외에도 "문", "랑"이라는 음도 있다. 나무 이름으로 송심목(松心木)이라 한다. 『전』에는 죽은 곳에 대해서는 말하지 않았는데 혹자는 지금의 호북성 종상현(鍾祥縣) 동쪽 1리 지점에 있는 만목산(樠木山)이라고 하는데, 무릉(武陵: 무왕의 무덤이라는 뜻)이라고도 불리며 초무왕이 이곳에서 죽었다 하여 얻은 이름으로 고동고(顧東高)의 『대사표(大事表)』 및 『청일통지(淸一統志)』에 보인다. 혹자는 지금의 호북성 응성현(應城縣) 남쪽에 만지(樠池)가 있는데 초무왕이 만목에서 죽은 곳이 이곳이라 하며 『명일통지(明一統志)』에 보인다. 둘 다 믿을 수가 없을 것 같다. 『사기 · 연표』도 전과 같다. 「초세가(楚世家)」에서는 "51년 주나라가 수후를 불러 초나라가 칭왕(稱王) 하는 것을 질책하였다. 초나라는 노하여 수나라가 자기네를 배신하였다 하여 수나라를 쳤다. 무왕이 행군 중에 죽자 군사를 거두었다"라 하였다. 전과는 다르며 "군사를 거두었다"는 말은 뒤의 서술과도 또 다르다. 『열녀전(列女傳)』 권3의 「인지전 · 초무등만(仁智傳 · 楚武鄧曼)」의 기록은 전과 동일하다.

16 영윤(令尹): 초나라의 관직 이름으로 후세의 재상에 해당한다. 「초세가」의 진진(陳軫)

營軍臨隨,[17]	군영을 차리고 수나라 도성에 다다르니
隨人懼,	수나라 사람들이 두려워하여
行成.	화평을 청하였다.
莫敖以王命入盟隨侯,	막오가 초왕의 명의로 들어가 수후와 맹약을 맺고
且請爲會於漢汭,[18]	아울러 한수의 물굽이에서 회합할 것을 청하고

이 소양(昭陽)에게 대답한 말인 "지금 임금께서 이미 영윤을 만들었는데 이는 나라에서 가장 높은 벼슬이다"라 한 것으로 증명할 수 있다. 고동고(顧棟高)는 환왕 6년 무왕이 수나라로 쳐들어갔을 때는 투백비(鬪伯比)가 나라 일을 맡아 보았으나 관명을 밝히지 않았다고 하였다. 11년에는 막오(莫敖)가 높은 관직이었으나 영윤은 없었다. 장왕 4년이 되어서야 막오와 영윤이 병칭된다.

제도(除道) : 제(除)는 개통(開通)이라는 뜻이다. 제도는 곧 개로(開路), 길을 연다는 뜻이다.

양(梁) : 다리. 여기서는 동사로 쓰였으며 교량을 놓는다는 뜻.

사(溠) : 물 이름. 부공하(扶恭河)라고도 하고 보공하(洑恭河)라고도 하며 수현(隨縣) 서북쪽의 계명산(雞鳴山)에서 발원하여 남으로 흘러 연수(涓水)로 들어간다. 양사라는 말은 사수에 다리를 놓는 것을 말한다.

17 영군(營軍) : "營" 역시 동사로 쓰였다. 영군은 영루(營壘)를 수축하는 것을 말한다. 초 무왕이 죽자 군대는 빨리 후퇴를 하고자 하여 비밀에 부치고 발상을 하지 않은 채 길을 열고 다리를 만들고 영채를 세우는 등 거짓으로 지구전을 펼칠 것 같은 계책을 보여주어 적이 싸우지 않고 항복하기를 촉가한 것인데, 임기응변이었다. 혹은 영(營)을 환(環)의 뜻으로 읽기도 하여 사방을 포위하는 것이라고 한다고도 하였다.

임수(臨隨) : 군사가 수나라의 도성 아래까지 다다른 것을 말한다.

18 한예(漢汭) : 한(漢)은 곧 지금의 한수(漢水)이다. 한예에 대해 두예는 한수 서쪽이라 하였는데, 이때만 해도 초나라는 아직 한수를 차지하지 못하였으며 초나라는 한수의 서쪽에 있었다. 수나라는 한수의 동쪽에 있었다. 공영달은 "막오가 이미 수후와 맹약을 맺고 아울러 또한 수후에게 초나라와 한수의 물굽이에서 회맹의 예를 갖자고 한 뒤에 초나라로 돌아갔다"라 하였다.

而還.	돌아왔다.
濟漢而後發喪.[19]	한수를 건넌 후에 발상을 하였다.
紀侯不能下齊,[20]	기후는 제나라에 굽힐 수가 없었으므로
以與紀季.[21]	나라를 기계에게 주었다.
夏,	여름에
紀侯大去其國,	기후가 그 나라를 영 떠나
違齊難也.[22]	제나라와의 어려움에서 피하였다.

19 공영달은 또 말하기를 "회맹이 끝나고 수후가 한수를 건너 돌아간 후에 왕의 상여를 발상했다"라 하였다.

20 하제(下齊) : 굴복하고 제나라에 복속되는 것을 말함.

21 이여기계(以與紀季) : 기나라는 기계가 휴 땅을 가지고 제나라에 들어간 후 이미 둘로 나누어졌는데 이때 기후가 또 그 반을 준 것이다.

22 위(違) : 피하다. 『연표』에서는 "제양공 8년에 기나라를 쳤는데 그 도읍을 떠났다"라 하였다. 그러니 기후가 나라를 떠난 것은 제나라가 기나라를 쳤기 때문이다. 『예기 · 곡례(曲禮) 하』에 "임금이 그 나라를 떠났다"라는 말이 있는데, 공영달의 『정의(正義)』에서 후한(後漢) 허신(許愼)의 『오경이의(五經異議)』를 인용하여 "『좌전』에서 말하기를 옛날에 태왕(大王)이 유(幽)에 거처하였는데 적(狄) 사람들이 공격을 하니 양산(梁山)을 넘어 기산(岐山)에 도읍을 정하였으니 나라를 떠난 뜻이 있음을 알겠다"라 하였다. 『공양전』에서는 제양공의 9세조는 애공(哀公)인데 기후(紀侯)에게 참소를 당하여 주나라에서 삶겨 죽었기 때문에 제양공이 복수를 하고 멸하였다고 하였다. 북송(北宋) 소철(蘇轍)의 『춘추집해(春秋集解)』에서 이미 믿을 수 없다고 의심을 하였다.

장공 5년

經

五年春王正月.[1]	5년 주력으로 정월.
夏,	여름에
夫人姜氏如齊師.[2]	제나라 군사에게 갔다.
秋,	가을에
郳犂來來朝.[3]	예나라 여래가 내조했다.
冬,	겨울에

---

1 오년(五年) : 임진년 B.C. 689년으로 주장왕(周莊王) 8년이다. 지난해 윤12월 17일 병진일이 동지이며, 이해도 건축(建丑)이었다.

2 『전』이 없다. 공영달은 제후(齊侯)가 기나라 땅을 다스리어 기나라에 군사가 있는 것일 것이라 의심하였다. 청나라 우창(于鬯)은 『향초교서(香草校書)』에서 이를 반박하여 위나라를 치는 제나라 군사라고 하였다. 겨울에 위나라를 쳤고 제나라가 군사를 일으킨 것은 여름이므로 부인이 여름에 제나라 군사에게 갈 수 있었다. 누구 설이 맞는지 확실치 않다.

3 예여래(郳犂來) : 예(郳)는 『공양전』에서는 "倪"로 되어 있고, 려(犂)는 『곡량전』에서는 "려(黎)"로 되어 있다. 려(犂)와 려(黎)는 공히 통가(通假)할 수 있는 자이다. 후한(後漢) 때 왕부(王符)의 『잠부론 · 지씨성(潛夫論 · 志氏姓)』과 공영달의 소(疏)에서 인용한 『세본(世本)』 및 두예의 『세족보(世族譜)』에서는 예(郳)는 부용국(附庸國)이며 선세(先世)는 주(邾)나라에서 나왔다고 하였다. 주군(邾君)은 이름이 안(顔)이며 자는 이보(夷父)라 하는데 작은 아들인 비〔肥 : 『세족보』에는 "友"로 되어 있으며 지금 주우보격(邾友父鬲)이 있는데 곧 이 사람이다〕를 예에 봉하였다. 여래는 비의 증손자이다. 나중에 제환공을 따라 주 왕실을 높였는데 주 왕실에서는 소주자(小邾子)라 불렀다. 목공(穆公)의 손자 혜공(惠公) 이하 춘추시대 이후 6세 만에 초나라에게 멸망당하였다. 예와 소주는 한곳인데 이름만 다르다. 예는 고동고(顧東高)의 『대사표(大事表)』에 따르면 지금의 산동성 등현(滕縣) 동쪽 6리 지점에 있을 것이다. 그러나 송나라 악사(樂史)의 『태평환우기 · 기주(太平寰宇記 · 沂州)』의 승현(承縣) 조에서는 지금의 산동성 역성진(嶧城鎭) 서북쪽 1리 지점에 있다고 하였다. 두 지점의 거리가 백여 리나 되어 누가 맞는지 모르겠다.

公會齊人, 宋人, 陳人, 蔡人伐衛.[4]	공이 제나라, 송나라, 진나라, 채나라 사람과 만나 위나라를 쳤다.

傳

五年秋,	5년 봄에
郳犁來來朝.[5]	예나라의 여래가 내조했다.
名,	이름을 기록한 것은
未王命也.[6]	주나라 왕의 명으로 온 것이 아니었기 때문이다.

冬,	겨울에
伐衛,	위나라를 치고
納惠公也.[7]	혜공을 들여보냈다.

---

4 제인송인(齊人宋人) : 『곡량전』에서는 곧 제후와 송공이라고 했다.

5 여래(犁來) : 『경』의 주에 상세히 나와 있다.

6 미왕명(未王命) : 부용국으로 이때까지만 해도 주나라 왕실의 명을 받지 않았기 때문에 이름을 일컬은 것이다.

7 납혜공(納惠公) : 위혜공 삭(朔)은 환공 16년에 제나라로 달아났기 때문에 제후가 제후들의 군사를 모아 그를 들여보낼 방안을 궁리한 것이다.

장공 6년

經

六年春王正月.[1]	6년 봄 주력으로 정월에
王人子突救衛.[2]	주나라 사람 자돌이 위나라를 구하였다.
夏六月,	여름 6월에
衛侯朔入于衛.	위후 삭이 위나라로 들어갔다.
秋,	가을에
公至自伐衛.[3]	공이 위나라 정벌에서 돌아왔다.
螟.[4]	명충이 발생했다.
冬,	겨울에
齊人來歸衛俘.[5]	제나라 사람이 와서 위나라 포로들을 돌려보냈다.

---

1 육년(六年) : 계사년 B.C. 688년으로 주장왕(周莊王) 9년이다. 지난해 12월 28일 신유일이 동지이며, 이해도 건축(建丑)이었다.
정월(正月) : 『공양전』과 『곡량전』에는 모두 "3월(三月)"로 되어 있다.

2 왕인(王人) : 주나라 왕실의 관리라는 말이다.
자돌(子突) : 이름인지 자인지 확실치 않다. 『정의(正義)』에서는 "춘추대에는 두 자로 자(子)자가 위에 있는 것은 모두 자(字)이다"라 하였는데, 꼭 모두 다 그런 것은 아니다. 『좌전』에는 왕자조(王子朝), 송자조(宋子朝), 송자애(宋子哀) 같은 사람이 보이는데 모두 이름이다.
『춘추』에서 구(救)자를 기록한 것은 이곳이 처음이다.

3 『전』이 없다. 종묘에 고하였기 때문에 기록한 것이다.

4 『전』이 없다.

傳

六年春,	6년 봄
王人救衛.[6]	주나라 사람이 위나라를 구했다.
夏,	여름에
衛侯入,[7]	위후가 들어가
放公子黔牟于周,[8]	공자 검모를 주나라로 쫓아내고
放甯跪于秦,[9]	영궤를 진나라로 쫓아내었으며
殺左公子洩, 右公子職,	좌공자 설과 우공자 직을 죽이고
乃卽位.[10]	즉위하였다.

---

5 부(俘) : 『공양전』과 『곡량전』에는 모두 "보배 보(寶)"자로 되어 있다. 『좌전』에도 역시 "齊人來歸衛寶"로 되어 있다. 두예의 주석에서는 "사로잡을 부(俘)"자의 오자로 의심했다. 청나라의 단옥재(段玉裁)는 『좌씨고경주(左氏古經注)』에서 "옛날에는 전쟁을 해서 노획한 것은 사람이든 기계든 모두 부(俘)라 하였는데, 여기서 돌려준 것이 보기(寶器)였기 때문에 『좌전』에서는 『경』의 부(俘)자를 보(寶)자로 풀이하였다"라 하였다. 청나라 장총함(張聰咸)의 『변증(辨證)』에서도 "보물을 노획한 것도 부(俘)라 할 수 있는데 『일주서 · 세부해(逸周書 · 世俘解)』에서는 '무왕이 상나라의 옛 옥을 노획한(俘) 것이 억 백만이었다'라 하였으니 이로써 분명히 증명이 된다"라 하였다. 부(俘)자와 보(寶)자는 고음(古音)이 가까워 통가할 수 있었다.

6 지난 해의 『전』 "冬, 伐衛, 納惠公也"와 이어서 읽어야 할 것이다.

7 위후입(衛侯入) : 지난해의 『경』과 『전』의 제 · 노 · 송 · 진 · 채의 여러 나라 군사가 위나라를 치고 혜공을 들여보낸 것을 이어서 말하였다.

8 방(放) : 방축(放逐), 추방(追放)을 말한다. 먼 곳으로 유배시키는 것을 말한다. 검모가 즉위한 것에 대해서는 환공 16년의 『전』을 보라.

9 영궤(甯跪) : 위나라의 대부로 『세족보(世族譜)』에 의하면 영속(甯速)의 아들이다. 애공 4년에도 같은 사람이 나오는데 『세족보』에서는 잡인(雜人)으로 분류해 놓았으며 연대 또한 미치지를 않는다.

10 「위세가」에서는 "위군 검모가 즉위한 지 8년에 제양공은 제후들을 거느리고 주나라 왕의 명을 받들어 함께 위나라를 치고 혜공을 들여보낸 후 좌 · 우 공자를 죽이니 위군 검모는

君子以二公子之立黔牟“爲不度矣.[11]	군자는 두 공자가 검모를 세운 것에 대해 “잘 헤아리지 못했다.
夫能固位者,	대체로 지위를 공고히 할 수 있는 사람은
必度於本末,	반드시 본말을 잘 헤아리고
而後立衷焉.[12]	그런 후에야 그 적절한 때에 세운다.

주나라로 달아났다. 혜공이 다시 즉위하였다. 혜공이 즉위한 지 3년 만에 도망을 가서 8년 만에 다시 들어왔으니 전의 재위 기간을 통틀어 모두 13년이었다"라 하였다. 『좌전』에 의하면 제나라가 제후의 군사를 거느리고 위나라를 쳐서 위혜공을 들여보냈으며 주장왕은 자돌에게 명하여 구원하라 하였으니 제후의 군사 행위는 주나라 왕의 명과 배치되는데도 『사기』에서는 "왕의 명을 받들어"라고 하였으니 확실치가 않다. 『연표』에서는 이 일을 7년과 8년에 붙여 놓았다. 7년에서는 "제나라가 혜공을 세우니 검모는 주나라로 달아났다"라 하였고 8년에서는 "위공 삭(朔)이 다시 들어갔다"라 하였다. 『연표』의 계산에 의하면 「세가」의 "전의 재위 기간을 통틀어 모두 13년"이라 한 수치와 부합한다. 다만 「위세가」에서 말한 검모가 즉위한 지 8년이라 한 것은 『좌전』과 부합한다. 대체로 사마천이 근거한 사료가 모순된 곳이 있어서 『연표』와 「세가」에 어긋나게 된 것 같다.

11 이공자지립검모(二公子之立黔牟) : 환공 16년의 『전』에 보인다.
불탁(不度) : 곧 아래의 "본말을 잘 헤아리다(不度於本末)"라는 것을 말한다.

12 충(衷) : 『여씨춘추 · 적음(呂氏春秋 · 適音)』편에 "충(衷)이라는 것은 알맞다는 것이다. 알맞은 것으로 알맞은 것을 들으면 조화롭게 된다"라 하였으니 충(衷)에는 적절하다는 뜻이 있다. 이 말의 뜻은 임금을 세워서 그 자리가 공고하게 할 수 있으려면 반드시 그 사람을 세우기에 앞서 그 본말을 헤아리고 난 후에 적당한 방법과 적당한 기회를 택해서 행하라는 것이다.
탁어본말(度於本末) : 공영달은 "그 본을 헤아린다는 것은 그 사람의 재덕(才德)이 어질고 선하며 근본이 튼튼한 것을 말하며, 그 말을 헤아린다는 것은 오래도록 나라를 보존하여 자손을 잘 기르는 것을 말하며 이로써 그 사람이 능히 스스로 공고할 수 있을 만한지를 안다"라 하였다. 유현(劉炫)은 "본은 세운 사람이 어머니의 총애가 있고 선군의 사랑이 있으며 강한 신하의 도움이 있어서 백성들의 신복(信服)이 있는지를 생각하는 것이고, 말은 세운 사람이 도량과 지모, 다스리는 기술이 있어서 백성의 사랑을 받느냐를 생각하는 것이다"라 하였다. 청나라 심흠한(沈欽韓)은 "본은 그 사람이 의리상 세워야 하는가 하는 것이고, 말은 그 사람이 선 후에 나라를 편안하고 견고하게 꾸려나갈 수 있느냐는 것이다"라 하였다.

不知其本,[13]	그 뿌리를 알지 못하면
不謀;[14]	꾀하지를 않고
知本之不枝,[15]	뿌리는 있지만 가지가 나지 않음을 알면
弗强.[16]	그를 억지로 세우지 않는다.
詩云,	『시』에서 말하기를
'本枝百世.' "[17]	'백세토록 뿌리와 가지 뻗으리라'라 하였다"고 했다.

冬,	겨울에
齊人來歸衛寶,[18]	제나라 사람이 와서 위나라의 보기를 돌려보냈는데

---

13 부지기본(不知其本) : 그 근본이 세울 만하지 못하다는 말이다.

14 불모(不謀) : 그를 위해 도모하지 않는 것이다.

15 본지부지(本之不枝) : 본은 근본, 지는 지엽을 말함. 본지부지는 뿌리는 있으나 가지와 잎은 나지 않는다는 말로, 곧 그 사람이 세울 만하나 고립되어 도움이 없으면 국가를 안정시키고 후세를 굳건하게 할 수 없다는 말이다. 청나라 완지생(阮芝生)은 『두주습유(杜注拾遺)』에서 지(枝)는 지(支)와 같다고 보고 이 구절을 그 근본을 지지할 수 없다는 뜻으로 보았는데 그러면 위의 "不知其本"과 의미가 중복된다.

16 불강(弗强) : 그를 위해 힘쓰지 않다.

17 시(詩) : 「시경 · 대아 · 문왕(大雅 · 文王)」에 나오는 구절이다. 원문은 "문왕의 자손들, 백세토록 뿌리와 가지 뻗으리라(文王之子, 本之百世)"이다. 모씨(毛氏)는 본(本)은 본종(本宗), 지(支)는 지자(支子)라 하였다. 모씨의 해석과 시의 원뜻은 서로 부합한다. 『좌전』에서는 단장취의(斷章取義) 하였을 따름이다. 고인들이 이렇게 『시경』을 인용한 예는 많은데 양공 28년에서 이른바 "『시』를 읊음에 필요한 구절만 자르는 것은 내가 거기서 구하는 것만 취하는 것(賦詩斷章, 余取所求焉)"이다.

18 정공(定公) 4년의 『전』에 "강숙(康叔)에게 대로(大路), 소백(少帛), 천패(綪茷), 전정

文姜請之也.[19]	문강이 청했기 때문이었다.
楚文王伐申.[20]	초문왕이 신나라를 쳤다.
過鄧.	지나는 길에 등나라에 잠시 들렀다.
鄧祁侯曰,	등나라 기후가 말하였다.
"吾甥也."[21]	"나의 생질들입니다."
止而享之.	그러고는 머물게 하여 대접을 하였다.
騅甥, 聃甥, 養甥請殺楚子.[22]	추생과 담생, 양생이 초자를 죽일 것을 청하였다.

(旃旌), 대려(大呂)를 나누어 주었다"라 하였고, 「위세가」에서는 "성왕(成王)이 장성하자 정무를 직접 처리하였고 강숙을 주(周)나라의 사구(司寇)로 천거하고 위나라의 보기와 제기를 내려 덕행을 표창하였다"라 하였으니 여기서 이른바 보물이라는 것이 강숙이 받은 보기는 아닐까? 제양공이 제후의 군사를 거느리고 혜공을 들였는데 혜공이 혹 그 나라의 보기를 보답으로 내렸을 것이다.

19 장공은 친히 제나라와 함께 위나라를 정벌하고 일을 끝낸 후 돌아왔다. 문강이 제후와 간음을 하였으므로 그가 얻은 진귀한 보물을 구하여 노나라로 돌아가게 하였다. 그러나 『공양전』에서는 "그가 양보하니 내가 어쩌겠는가? 제후가 말하였다. '이는 과인의 힘이 아니라 노후의 힘이다'"라 하여 『좌전』과 다르다.

20 신(申) : 신나라의 옛 성은 지금의 하남성 남양시(南陽市)에 있다. 나머지는 은공 원년의 『전』에 상세히 나와 있다. 신나라를 친 전역(戰役)에는 파(巴) 사람이 초나라를 따랐으며, 장왕 18년의 『전』에 보인다. 애공 17년의 『전』에 의하면 신나라를 친 전역에서 팽중상(彭仲爽)을 사로잡은 적이 있는데 곧 이 전역에서였는가는 확실치 않다.

21 생(甥) : 초문왕은 아마 무왕(武王)의 부인인 등만(鄧曼)의 아들일 것인데, 등만과 등기후는 오누이이거나 언니의 동생, 자매의 아들이므로 생질이라 하였다.
기(祁) : 등후의 시호. 위나라에 석기자(石祁子)가 있는데 역시 시호이다.

22 『연표』에 "등생(鄧甥)이 말하기를 초나라는 취할 만합니다" 운운하였으니 사마천은 삼생(三甥)의 생(甥)은 곧 친척을 일컬은 것으로 생각하였으며, 두예는 "모두 등군(鄧君)

鄧侯弗許.	등후는 그것을 허락하지 않았다.
三甥曰,	세 생질이 말했다.
“亡鄧國者,	“등나라를 망칠 사람은
必此人也.	반드시 이 사람일 것입니다.
若不早圖,	만약 빨리 없애고자 도모하지 않으신다면
後君噬齊.[23]	나중에는 후회를 하셔도 소용이 없습니다.
其及圖之乎![24]	그때에 미쳐서 도모하실 것입니까?
圖之,	도모하시려면
此爲時矣.”	지금이 그때입니다.”
鄧侯曰,	등후가 말했다.
“人將不食吾餘.”[25]	“그러면 사람들이 앞으로 내가 남긴 것을 먹지 않을 것이다.”

의 생질로 외숙에게서 벼슬을 하였다”라 하였으니 근거가 여기에 있는 것 같다.

23 서제(噬齊) : 제(齊)는 “臍”의 가차자로 배꼽이다. “서제”는 당시의 속어로 사람은 자기의 배꼽을 물 수가 없으므로 후회막급의 비유로 쓰인다.

24 기(其) : 명령을 하여 그렇게 되기를 바람을 나타내는 부사.
급(及) : “급시(及時)”의 준말. 때에 미쳐서.

25 불식오여(不食吾餘) : 이 구절은 내가 만약 이때 초왕을 죽인다면 사람들이 나를 뱉어 버릴 것이라는 말을 생략하여 말한 것이다. 불식여(不食餘)는 당시의 속어로 천시하여 뱉어 버린다는 뜻이다. 남조(南朝) 송(宋)나라 유의경(劉義慶)의 『세설신어 · 현원(賢媛)』편에 변태후(卞太后)가 위문제〔魏文帝 : 곧 조비(曹丕)〕를 욕하는 말에 “개나 쥐라도 네가 남긴 것은 먹지 않을 것이니(狗鼠不食汝餘) 죽는 것이 당연하다!”라는 말이

對曰,	대답하여 말하기를
"若不從三臣,	"이 세 신하의 말을 따르지 않는다면
抑社稷實不血食,[26]	사직조차 실로 희생제물을 바치지 못할 텐데
而君焉取餘?"	임금님께서 어찌 남긴 것을 취하시겠습니까?"라 하였다.
弗從.	그래도 그 말을 듣지 않았다.
還年,	돌아간 해에
楚子伐鄧.	초자는 등나라를 쳤다.
十六年,[27]	16년에
楚復伐鄧,	초나라는 다시 등나라를 쳐서
滅之.[28]	멸망시켰다.

있다.

26 억(抑) : 의미가 없는 문장의 첫머리에 오는 말.

27 십륙년(十六年) : 노장공 16년을 말함.

28 「초세가」과 『연표』는 모두 『좌전』에서 취재하여 말을 바꾸었으며, 연도 또한 『좌전』과 부합한다.

장공 7년

經

七年春,[1]	7년 봄
夫人姜氏會齊侯于防.[2]	부인 강씨가 방에서 제후를 만났다.
夏四月辛卯,[3]	여름 4월 신묘일에
夜,[4]	밤인데도
恒星不見.[5]	늘 보이던 별들이 보이지 않았다.
夜中,	한밤중에
星隕如雨.[6]	별이 비처럼 떨어졌다.

1 칠년(七年) : 갑오년 B.C. 687년으로 주장왕(周莊王) 10년이다. 정월 9일 병인일이 동지로 건자(建子)이다. 윤달이 있다.

2 방(防) : 은공 9년의 『경』을 보라.

3 신묘(辛卯) : 5일이다.

4 야(夜) : 『곡량전』에는 "석(昔)"으로 되어 있는데, 석(昔)은 곧 석(夕)이다. 『전』에서는 또 "해가 들어가고 별이 나올 때를 석(昔)이라 한다"라 하였으니 야(夜)와 석(夕)은 같지 않다.

5 항성(恒星) : 항상 보이는 별이다. 『곡량전』의 양사훈(楊士勛)의 주석에서는 "주나라의 4월은 하나라의 2월로 항상 보이는 성수(星宿)는 남방의 7수이다"라 하였다.

6 운(隕) : 『곡량전』에는 운(賈)으로 되어 있는데 두 글자는 통가자이다. 『공양전』과 『곡량전』에서는 모두 별이 비처럼 떨어졌다고 하였다. 『좌전』에서는 "비와 함께(與雨偕)"라 하여 "如"를 "말 이을 이(而)"자의 뜻으로 보았다. 프랑스의 물리학자 · 천문학자 · 천체 수학자 장 바티스트 비오(Jean-Baptiste Biot : 1774~1862)는 『중국유성(中國流星)』에서 B.C. 687년 3월 16일에 발생한 유성우(流星雨)로 추정하였으며, 아울러 세계 최고(最古)의 천금좌(天琴座) 유성우에 관한 기사라고 단정하였다. 천금좌 유성우는 천금좌에서 가까운 유성우를 말한다. 중국 고대의 유성에 관한 기록은 약 180회 정도 있는데 그 가운데서 천금좌 유성우에 관한 기록은 약 아홉 차례 정도이다.

秋大水.[7]	가을에 홍수가 났다.
無麥, 苗.[8]	보리는 수확할 것이 없었고 벼는 물에 잠겼다.
冬,	겨울에
夫人姜氏會齊侯于穀.[9]	부인 강씨가 곡에서 제후를 만났다.

傳

七年春,	7년 봄에
文姜會齊侯于防,	문강이 방에서 제후를 만났는데
齊志也.[10]	제나라의 뜻이었다.

夏,	여름에
恒星不見,	늘 보이던 별들이 보이지 않았는데
夜明也.[11]	밤이 밝았기 때문이다.

---

7 『전』이 없다.

8 『전』에 상세히 나와 있다.

9 『전』이 없다.
곡(穀) : 제나라 땅이다. 지금의 산동성 동아현(東阿縣) 옛 소재지인 동아진(東阿鎭)에 있다.

10 문강은 수차례 제양공과 만났다. 제나라 땅에서 만난 것은 문강의 생각이었다. 그러므로 『전』에서 "간음한 것을 기록하였다" 하였고, 노나라 변경에서 만난 것은 제후의 뜻이므로 전에서 운운하였다.

11 야명(夜明) : 유성우 때문에 밤이 밝은 것이다. 밤이 밝으면 별자리가 보이지 않는데 그래서 "항상 보이던 별이 보이지 않았다"라 하였다.

星隕如雨, 별이 떨어지고 비가 왔는데

與雨偕也.[12] 비와 함께 내렸다.

秋, 가을에

無麥, 苗, 보리는 수확을 못했고 모는 잠겼는데

不害嘉穀也.[13] 그래도 곡식에는 해를 끼치지 않았으므로 말한 것이다.

장공 8년

經

八年春王正月,[1] 8년 봄 주력으로 정월에

---

12 『논형 · 설일(說日)』편에서는 『전』을 서술하여 "星賈如雨, 與雨偕也"라 하였고, 두예 또한 "해(偕)"를 "함께(俱)"로 풀었고, "如"를 "而"로 읽었다. 한나라 영시(永始) 2년 "2월 계미일 밤에 별이 비처럼 떨어졌다(星隕如雨)"라 하여 『경』의 뜻과 같이 맞추었음을 알 수 있다. 송(宋)나라 왕벽지(王闢之)의 『민수연담록(澠水燕談錄)』 권9에는 송나라 건륭(建隆)과 경우(景佑) 연간에 있은 두 차례의 유성우를 기록하고 있는데 『공양전』의 기록이 맞다고 하였고 『좌전』의 기록은 틀렸다고 하였다.

13 주력의 가을은 하력의 여름이다. 이때 보리는 이미 익었는데 큰 비로 인해 수확을 하지 못했으므로 무맥(無麥)이라고 하였다. 서직(黍稷)은 아직 패지 않아(벼는 처음 난 것을 苗라 하고 이삭이 팬 것을 禾라 한다) 무묘(無苗)라고 하였다. 모는 물에 잠긴 후에도 다시 심을 수 있으므로 불해가곡(不害嘉穀)이라 하였다. 서직(黍稷)을 가곡(嘉穀)이라 하는데 제사를 지낼 때 바치기 때문이다.

1 팔년(八年) : 을미년 B.C. 686년으로 주장왕(周莊王) 11년이다. 지난해 윤12월 20일 임신일이 동지로 건축(建子)이다.

師次于郎,	낭에서 군사가 머무르며
以俟陳人, 蔡人.[2]	진나라 사람과 채나라 사람을 기다렸다.
甲午,[3]	갑오일에
治兵.[4]	종묘에서 무기를 내주었다.
夏,	여름에
師及齊師圍郕.[5]	군사가 제나라 군사와 함께 성울 포위했다.

2 『전』이 없다.
차(次) : 군사가 3일 이상 묵는 것.
낭(郎) : 은공 원년의 『전』에 보인다.
사진인채인(俟陳人蔡人) : 두예는 함께 성나라를 치기로 기약하였는데 진나라와 채나라가 이르지 않았기 때문에 낭에다 군사를 주둔시키고 기다린 것이라 하였다. 가규(賈逵)는 『곡량전』의 설을 써서 진나라와 채나라가 노나라를 치려고 하였기 때문에 기다린 것이라 하였다. 공영달은 이를 반박하여 "사(俟)라는 것은 서로 필요해서 함께 간다는 뜻이지 적을 방어하고 막는다는 것을 말하지 않는다. 치러 오는 것을 두려워한다면 지킨다고 말을 해야 하지 기다린다고는 말하지 않으므로 함께 성을 치러 가는 것임을 알 수 있다. 하휴(何休)와 복건(服虔) 역시 함께 성을 치러 가고자 하는 것이라 하였다"라 하였다. 두예의 주와 공영달의 말이 사실에 가깝다. 성을 치고자 하였으나 진나라와 채나라가 끝내 오지 않아 돌아가서 대거 병사를 다스렸다.

3 갑오(甲午) : 정월 13일이다.

4 치병(治兵) : 『공양전』에는 "사병(祠兵)"으로 되어 있다. 후한(後漢) 허신(許愼)의 『오경이의(五經異義)』에서는 『공양전』의 설을 인용하여 "사병이라는 것은 모(矛)와 극(戟), 검(劍), 순(楯), 궁시(弓矢)의 다섯 가지 무기를 바쳐 제사를 지내고 치우(蚩尤)의 무기를 만든 사람을 제사 지내는 것이다"라 하였다. 정현은 이를 반박하여 말하기를 "사병(祠兵)은 『공양전』의 오자로 치(治)를 사(祠)로 생각하여 이와 같은 설을 지어냈다"라 하였다. 나머지는 『전』에 상세히 나와 있다.

5 위성(圍郕) : 『춘추』에는 나라를 포위한 기록이 스물다섯 번 보이는데 여기에서 처음 보이며, 애공 7년의 "송나라 사람이 조(曹)나라를 포위했다"는 것으로 끝이 난다. "郕"은 『공양전』에는 "成"으로 되어 있다. 성은 은공 5년의 『경』에 보인다.

郕降于齊師.	성이 제나라 군사에게 항복하였다.
秋,	가을에
師還.	군사가 돌아왔다.
冬十有一月癸未,[6]	겨울 11월 계미일에
齊無知弑其君諸兒.[7]	제나라 무지가 임금인 제아를 죽였다.

傳

八年春,	8년 봄에
治兵于廟,[8]	종묘에서 무기를 나누어 주었다.

---

6 계미(癸未) : 7일이다.

7 용경(容庚 : 1894~1983)의 『송재길금도속여(頌齋吉金圖續餘)』에 제아치(者〔諸〕兒觶)가 실려 있는데 그 명문(銘文)에서 "제아가 언뜻 준이를 보물로 삼았다"라 하였으니 곧 제양공이 만든 것이 아닌가 한다.

8 치병(治兵) : 『좌전』에는 이 말이 모두 열한 차례 나온다. 그 가운데는 3년마다 행해지는 대규모 군사 훈련이 있는데 은공 5년 『전』의 "3년마다 군사를 다스리고 들어서면 군사를 정돈한다(三年而治兵, 入而振旅)" 한 것이 이것이다. 또한 전쟁을 앞두고 하는 군사 훈련도 있는데 희공 27년 『전』의 "초자가 송나라를 포위하려 하여 자문으로 하여금 규에서 군사를 훈련하게 했다(楚子將圍宋, 使子文治兵於睽)" 한 것과 "자옥이 다시 위에서 군사 훈련을 했다(子玉復治兵於蔿)"라 한 것이 이것이다. 또한 외교사령에도 쓰일 수 있는데 인신되어 군대를 푸는 뜻으로 쓰인다. 희공 23년의 "진나라와 초나라가 군사를 거느리고 중원에서 만나다(晉楚治兵遇於中原)" 한 것이 이것이다. 또한 군대를 다스린다는 뜻으로도 쓰이는데 성공 16년 『전』의 "지금 두 나라에서는 군대를 다스리고 있습니다"라 한 것이 이것이다. 여기서는 곧 전쟁을 하기에 앞서 치병(治兵)을 하는 것으로 성나라를 치려 하기 때문이다. 그러나 이 치병은 앞에 예를 든 경우와는 다르다. 앞의 경우는 모두 교외에서 치병을 하였는데 여기서는 태묘(太廟)에서 행하고 있다. 그러므로 『오경이의(五經異義)』에서는 『좌씨(左氏)』의 설을 인용하여 갑오년의 치병은 종묘에서 무기를 주는 것이라고 하였다. 곧 이 치병은 다만 무기를 주는 것을 가리켜 말한 것이다. 태묘에서 무기를

禮也. 예의에 합당하였다.

夏, 여름에

師及齊師圍郕. 우리 군사들이 제나라 군사들과 성을 포위했다.

郕降于齊師. 성이 제나라에 항복했다.

仲慶父請伐齊師.[9] 중경보가 제나라 군사를 칠 것을 청했다.

公曰, 공이 말하였다.

"不可. "아니 되오.

我實不德, 내가 실로 부덕해서인데

齊師何罪? 제나라 군사들이 무슨 죄가 있겠소.

罪我之由.[10] 죄는 내게 있소.

夏書曰, 「하서」에서 말하기를

'皐陶邁種德, '고요가 힘껏 덕을 펴서

주었다는 것은 은공 11년의 "정백이 허나라를 치려고 하였다. 5월 갑진일에 태묘(太廟)에서 병기를 나누어 주었다(鄭伯將伐許. 五月甲辰, 授兵於大宮)"라 한 예로 알 수 있다.

9 중경보(仲慶父) : 「노세가」에 의하면 장공의 아우이다. 두예는 장공의 서형이라 하였는데 믿을 수 없을 것이다.

청벌제사(請伐齊師) : 노나라와 함께 성나라를 쳤는데 제나라가 홀로 성나라의 항복을 받아 냈기 때문이다.

10 죄아지유(罪我之由) : 곧 "罪由我"의 도치. 지(之)는 아무 의미가 없는 관계사.

德,	덕이 미치니
乃降.'	이에 항복을 해왔다' 라 하였소.
姑務修德,[11]	잠시 덕 닦는 것에 힘을 쓰면서
以待時乎!"	때를 기다려야 할 것이오!"
秋,	가을에
師還.	군사가 돌아왔다.
君子是以善魯莊公.	군자는 이로 인해 노장공을 훌륭하다고 여겼다.

齊侯使連稱, 管至父戍葵丘,[12]	제후가 연칭과 관지보에게 규구를 지키게 하였는데
瓜時而往,[13]	참외 철에 갔다.

11 이는 『일서경(逸書經)』의 말이다. 『일서경』이라는 것은 한나라에서 『상서』 박사를 세워 전한 28편 외의 『서경』이라는 이름으로 전하는 것이다. 당시까지만 해도 혹 아직 없어지지 않았을 것이나 그 후에 없어졌을 것이다. 『위고문상서(僞古文尙書)』에는 이 구절이 「대우모(大禹謨)」에 들어 있다.
매(邁) : 려(勵)의 뜻으로 가차되었다. 힘쓰다라는 뜻이다. 『서경』에서의 이 뜻은 그 원의는 이미 고찰할 수가 없는데 장공이 이 말을 인용한 것은 고요는 덕행을 심는 데 힘을 써서 덕행이 갖추어지자 타인들이 항복해 왔다는 것일 것이다.

12 연칭관지(連稱管至) : 모두 제나라의 대부이다.
수(戍) : 위수(衛戍), 지키다.
규구(葵丘) : 거구〔渠丘 : 소공(昭公) 11년에 보임〕라고도 하며, 지금의 산동성 치박시(淄博市) 서쪽에 서안(西安)의 옛 성 및 거구리(蘧丘里)가 있는데 곧 그곳이다. 『수경주(水經注)』에서는 경상번(京相璠)의 설을 인용하여 제나라의 도읍과 가까이 있기 때문에 지킬 필요가 없다고 하면서 희공 9년의 규구에서 만났다라 한 규구가 그곳이라 했는데 틀렸으며 북위(北魏)의 역도원(酈道元)도 이미 반박했다.

曰,	말하기를
"及瓜而代."[14]	"참외가 익을 때 바꾸어 주겠다."
期戍,[15]	수자리를 선 지 한 해가 되었는데도
公問不至.[16]	공에게서 기별이 오지 않았다.
請代,	교대를 요청하였는데
弗許.	허락하지 않았다.
故謀作亂.	그리하여 반란을 일으킬 것을 도모했다.
僖公之母弟曰夷仲年,[17]	희공의 어머니의 동생은 이중년이라 하는데
生公孫無知,[18]	공손무지를 낳았으며
有寵於僖公,	희공의 총애를 받았는데
衣服禮秩如適.[19]	의복 및 대우 등급이 적자와 같았다.

13 과시(瓜時) : 『시경 · 빈풍 · 칠월(豳風 · 七月)』에 "7월에 오이를 먹네(七月食瓜)"라 하였으니 오이가 익는 철은 하력 7월이며 주력으로는 9월이 된다.

14 급과이대(及瓜而代) : 내년 오이를 먹을 때 사람을 보내어 교체해 주겠다는 것을 말한다. 전국시대 위료(尉繚)의 병서(兵書) 『위료자(尉繚子)』에서는 "수(戍)자리 서는 병사들은 1년이 지나면 마침내 도망을 가서 대신할 사람을 기다리지 않아 법으로 도망병을 다스렸다"라 한 것으로 보아 옛날에는 수자리 사는 병사들을 1년이 지나 바꾸었다.

15 기(期) : 기(朞)와 같은 뜻으로 1주년이라는 말이다. 이때 수자리를 선 지 이미 1년이 넘었다.

16 문(問) : 음신(音訊).

17 이중년(夷仲年) : 이는 자(字)나 시호이며, 중은 배항(排行)이고, 년이 이름이다.

18 공손무지(公孫無知) : 무지는 장공(莊公)의 손자이므로 공손이라고 하였다.

19 예질(禮秩) : 질(秩)은 "지(豒)"의 가차자이다. 후한(後漢) 허신(許愼)의 『설문해자(說

襄公絀之.[20]	양공이 쫓아내었다.
二人因之以作亂.[21]	두 사람은 이 때문에 난리를 일으켰다.
連稱有從妹在公宮,[22]	연칭에게는 양공의 후궁으로 있는 종매가 하나 있었는데
無寵,	총애를 받지 못하였으며
使間公.[23]	공의 동정을 살피게 하였다.
曰,	말하기를
"捷,	"성공하면
吾以汝爲夫人."[24]	너를 부인으로 삼겠다"라 하였다.

文解字)』에서는 "지(豑)는 관작의 차제(次第)이다"라 하였다. 예질은 곧 지금의 대우하는 등급과 같은 말이다.
적(適) : 음과 뜻이 모두 적(嫡)과 같다. 『관자 · 군신(管子 · 君臣)』편에 "우아하고 아름다운 사람을 뽑아 의복을 내려 주고 깃발을 세워 주는데 이는 그 위엄이 중하기 때문이다"라 하였다. 『관자주(管子注)』를 저술한 당나라의 윤지장(尹知章)은 "세우는 적자는 반드시 우아하고 아름다운 사람을 가려서 또 아름다운 옷으로 덮어 주고 깃발을 세워서 다르게 하는데 무릇 이 모든 것은 적자의 위엄을 중시하는 것이다"라 하였다. 곧 옛날에는 적자의 의복과 깃발 등이 서자와는 같지 않았다"라 주석을 달았다. 곧 옛날의 적자의 복장과 기치는 다른 여러 아들, 서자와는 같지 않았다.

20 출(絀) : 출(黜)자의 가차. 『설문해자』에서는 "출(黜)은 깎아내리는 것이다"라 하였다.

21 연칭과 관지보가 무지를 빙자하여 난리를 일으킨 것을 말함. 『사기』의 「연표」와 「제세가」, 『관자 · 대광(大匡)』편, 『여씨춘추 · 귀졸(貴卒)』편은 모두 『좌전』의 이 기사에 의거하여 서술하였다.

22 종매(從妹) : 종은 거성(去聲)으로 당매(堂妹), 숙매(叔妹) 곧 4촌 누이를 말한다.
재공궁(在公宮) : 궁에서 첩이 되다.

23 사간공(使間公) : 공손무지가 연칭 때문에 양공의 동정을 살피게 하다. 간(間)은 거성이며 『맹자 · 이루(離婁) 하』에 나오는 "왕이 사람을 시켜 부자를 살피게 했다(王使人瞯夫子)"라 할 때의 간(瞯)자로 정황을 정찰하게 한다는 뜻이다.

冬十二月,	겨울 12월에
齊侯游于姑棼,[25]	제후가 고분으로 놀러갔는데
遂田于貝丘.[26]	패구에서 사냥을 하게 되었다.
見大豕.	큰 돼지를 보게 되었는데
從者曰,	종자가 말하기를
“公子彭生也.”	“공자 팽생이다”라 하니
公怒,	공이 노하여
曰,	말하기를
“彭生敢見!”	“팽생이 감히 나타나다니!”라 하며
射之.	쏘았다.
豕人立而啼.[27]	돼지가 사람처럼 서서 울부짖었다.
公懼,	공이 두려워하여
隊于車.[28]	수레에서 떨어져
傷足,	발을 다치고
喪屨.[29]	신을 잃었다.

---

24 이는 공손무지의 말로 「제세가」에서는 연칭이 한 말로 고쳐 놓았는데 틀렸다.

25 고분(姑棼) : 곧 박고(薄姑)로 지금의 산동성 박흥현(博興縣) 동북쪽 15리 지점에 있다.

26 패구(貝丘) : 지금의 박흥현에 패중취(貝中聚)가 있는데 곧 그곳일 것이다. 「제세가」에는 패구(沛丘)로 되어 있는데 『관자 · 대광(大匡)』편과 『논형 · 정귀(訂鬼)』편에는 패구(貝丘)로 되어 있다.

27 시인립(豕人立) : 뒷발로 서서 앞발은 들고 사람처럼 서 있는 것.

28 추(隊) : 추(墜)자와 같음.

反,	돌아오면서
誅屨於徒人費.[30]	시인 비에게 신발을 찾게 하였으나
弗得,	찾지 못하여
鞭之,	채찍으로 때리니
見血.	피가 났다.
走出,	달아나다가
遇賊于門.	문에서 적도들을 만났는데
劫而束之.	협박을 하며 결박하였다.
費曰,	비가 말하기를
"我奚御哉?"[31]	"내가 어찌 저항을 하겠는가?"라 하였다.
袒而示之背.[32]	웃통을 벗고 그들에게 등을 보여주었다.

29 구(屨) : 바닥이 홑겹인 신발. 여름에는 칡덩굴로 만들며 겨울에는 가죽을 씌워 만듦.

30 주구(誅屨) : 꾸짖다. 신발을 찾아오라고 꾸짖다.
도인(徒人) : "徒"는 "모실 시(侍)"자의 오자일 것이다. 시인(侍人)은 곧 시인(寺人)이다. 『한서 · 고금인표(古今人表)』에는 "시인비(寺人費)"로 되어 있는데 이로써 증명할 수 있다. 모든 책을 다 고찰해 봐도 도인(徒人)이라는 관직은 없다. 「제세가」에는 "신발 담당자 불(主屨者茀)"로 되어 있는데, "茀"과 "費"는 통가자이다.

31 어(御) : "어(禦)"자와 같은 뜻으로 쓰였음. 막다, 저어(抵禦)하다. "내가 마침 채찍을 맞았으니 무슨 이유로 그것을 저어하겠는가?"라는 뜻.

32 단이시지배(袒而示之背) : 옛날에는 주로 등에다 채찍질을 했다. 『장자 · 즉양(則陽)』에 "전기(田忌)가 도망간다면 등을 때리고 척추를 분질러 놓겠습니다"라 한 것이나 『한서 · 가의전(賈誼傳)』에서 "신의 계책을 행하시어 청컨대 선우의 목에 걸고 명령을 내리면 중항열(中行說)을 굴복시키고 그 등에 태형을 가하게 될 것입니다", 『설문해자』에 "손 수(手)"부에서 "달(撻)은 향음주의 예를 행할 때 불경한 자를 벌주는 것으로 등에다 채찍

信之.	그랬더니 그를 믿었다.
費請先入.	비가 먼저 들어가기를 청하였다.
伏公而出,[33]	공을 숨겨 주고 나오다가
鬪,	역도들과 싸웠는데
死于門中.	문 안에서 죽었다.
石之紛如死于階下.[34]	석지분여는 섬돌 아래서 죽었다.
遂入,	마침내 들어가서
殺孟陽于牀.[35]	침상에서 맹양을 죽였다.
曰,	역도들이 말하기를
"非君也,	"임금이 아니야,
不類."	전혀 닮지를 않았어"라 하였다.
見公之足于戶下,	문 아래서 공의 발을 보고

질을 하는 것이다"라 한 것으로 알 수 있다.

33 복(伏) : 장닉(藏匿), 곧 숨겨 준다는 뜻이다.

34 석지분여(石之紛如) : 역시 시인(侍人)으로 「제세가」에서 이른바 공의 행신〔幸臣 : 총신(寵臣)〕인데, 역시 싸우다가 죽었다. 지(之)자는 음절을 도와주는 글자로 장공의 『전』에 보이는 경지불비(耿之不比)라든가 민공의 『전』에 보이는 주지교(舟之僑), 희공 『전』의 개지추(介之推)와 일지고(佚之孤), 촉지무(燭之武), 궁지기(宮之奇), 문공 『전』의 문지무외(文之無畏), 양공 『전』의 상지등(上之登), 하지어구(夏之御寇), 촉용지월(燭庸之越), 애공 『전』의 문지착(文之錯), 맹지측(孟之側)이 모두 그런 유이다. 양공 『전』의 윤공타(尹公佗)와 유공차(庾公差)와 같은 인물을 『맹자』에서는 윤공지타(尹公之他)와 유공지사(庾公之斯)라 하여 "之"자를 덧붙인 것으로 증명할 수 있다.

35 맹양우상(孟陽于牀) : 맹양 역시 시인으로 양공으로 위장하여 침상에 누워 있었던 것이다.

遂弑之,	마침내 죽이고
而立無知.[36]	무지를 세웠다.
初,	처음에
襄公立,	양공이 즉위했을 때
無常.[37]	원칙이 없었다.
鮑叔牙曰,[38]	이에 포숙아가 말하였다.
"君使民慢,[39]	"임금님께서 백성들을 방만하게 하면
亂將作矣."	난리가 일어나게 될 것이옵니다."
奉公子小白出奔莒.[40]	그러고는 공자인 소백을 받들고 거나라로 달아났다.

36 「연표」와 「제세가」에서는 모두 『좌전』을 썼다.

37 무상(無常) : 언행에 준칙(準則)이 없어서 남들이 어떻게 하려는 것인지를 모르게 하는 것. 「제세가」에서는 "처음에 양공은 노환공을 술에 취하게 하여 죽이고 그 부인과 사통하였으며 부당한 일로 죽이는 일이 잦았고 여색에 빠졌으며 여러 번이나 대신들을 속였다"라 하였는데 이는 사마천이 해석한 무상의 뜻이다. 두예는 정령(政令)이 무상한 것이라 하였는데 확실치 않은 것 같다.

38 포숙아(鮑叔牙) : 『국어 · 제어(齊語)』의 위소(韋昭) 주에서는 "포숙은 제나라의 대부로 사(似)씨 성의 후예이며 포경숙(鮑敬叔)의 아들 숙아(叔牙)이다"라 하였다. 그러나 장병린(章炳麟)은 『잠부론 · 지씨성(潛夫論 · 志氏姓)』의 "제나라에는 포숙(鮑叔)이 대대로 경대부를 지냈다"라 한 말에 의거하여 "제나라의 포씨는 포숙에게서 비롯되었으니 씨(氏)를 얻게 된 것은 대체로 아(牙)에게서 비롯되며 포경숙은 아마 보가(譜家)들이 나중에 그렇게 부른 것일 따름이다"라 하였다.

39 만(慢) : 해이하고 방종하다의 뜻. 완지생(阮芝生)은 "이 구절은 위의 '무상(無常)'이라는 말에서 뜻을 찾아야 한다. 원칙이 없어 무상한 사람은 아침저녁으로 백 번도 더 변하고 민정(民情)은 당혹스럽게 되어 따를 곳을 모르게 되니 반드시 멋대로 업신여기게 된다. 이렇게 되면 어떻게 해도 죄를 짓게 되니 가만히 앉아서 들음만 같지 못하게 되는데 이는 필연적인 정리이다"라 하였다.

40 소백출분거(小白出奔莒) : 『순자 · 유좌(荀子 · 宥坐)』편에서는 "공자는 '옛날에 진나라

亂作,　난리가 일어나자

管夷吾, 召忽奉公子糾來奔.[41] 관이오와 소홀은 공자 규를 받들고 달아났다.

初,　처음에

公孫無知虐于雍廩.[42] 공손무지가 옹름을 학대했다.

의 공자 중이(重耳)는 조나라에서 천하를 제패하려는 마음이 생겼고, 월왕 구천(句踐)은 회계에서 제패하려는 마음이 생겨났으며, 제나라 환공 소백(小白)은 거(莒)에서 제패하려는 마음이 생겨났다. 그러므로 숨어 보지 않은 사람은 생각이 원대하지 못하고 도망가 보지 않은 사람은 뜻이 넓지를 못하다'라 하였다." 이는 중이의 갈비뼈를 훔쳐본 것과 구천이 오나라를 섬긴 것을 말하는 것이다. 이로 보건대 소백 역시 거나라에서 예우를 받지 못했음을 알 수 있다. 10년의 『전』을 고찰해 보면 담(譚)나라가 예의롭지 못하다 하여 제환공이 멸망시키고, 『관자 · 소문(小問)』편에 의하면 거나라는 멸망을 당하지는 않지만 역시 무례하다 하여 정벌을 당하는데 『좌전』에는 수록되어 있지 않다.

41 관이오(管夷吾) : 『세본(世本)』에 의하면 장중산(莊仲山)이 경중이오(敬仲夷吾)를 낳는다. 「제어(齊語)」의 주석에서도 "관이오는 제나라의 경으로 희(姬)씨 성의 후손인 관엄중〔管嚴仲 : 엄중은 곧 장중(莊仲)으로 한나라 사람들이 명제(明帝)의 휘를 피하여 고쳤다〕의 아들 경중(敬仲)이다"라 하였다. 「연표」 및 「노세가」에서도 "자규(子糾)가 도망쳐와 관중과 함께 무지(毋知)의 난을 피하였다"라 하였다. 「제세가」에서는 "처음에 양공이 노환공을 술에 취하게 하여 죽이고 그 부인과 사통하였으며 부당한 일로 죽이는 일이 잦았고 여색에 빠졌으며 여러 번이나 대신들을 속이니 여러 아우들이 화가 미칠까봐 두려워하여 다음 동생인 규는 노나라—그의 어머니는 노나라 여인이다—로 도망을 가서 관중과 소홀이 그의 스승이 되었다. 그 다음 동생인 소백은 거나라로 도망을 갔는데 포숙이 그의 스승이 되었다"라 하였다. 포숙이 소백의 스승이 된 일은 『관자 · 대광(大匡)』편에도 실려 있는데 반드시 믿을 만하지는 않다. 자규는 환공의 형으로 「제세가」에서 서술한 차서를 보면 자명해진다. 『순자 · 중니(仲尼)』편과 『장자 · 도척(盜蹠)』편 및 『한비자』, 『설원(說苑)』, 『월절서(越絕書)』〔춘추전국시대 월(越)나라의 흥망을 기록한 책으로 후한(後漢) 때 원강(袁康)이 편찬〕에서는 모두 자규가 형이고 소백이 동생이라 하였으니 확실히 틀리지 않았다. 『한서 · 회남여왕전(淮南厲王傳)』에 수록되어 있는 박소(薄昭)의 「여왕에게 보내는 편지(與厲王書)」에만 "제환공이 그 아우를 죽이고 나라로 돌아갔다"라 하였는데, 이는 이는 아마 당시 한문제(漢文帝)가 회남왕의 형이기 때문에 꺼리어 피하여 고친 것일 것이다.

장공 9년

經

九年春,[1] — 9년 봄에

齊人殺無知.[2] — 제나라 사람이 무지를 죽였다.

公及齊大夫盟于蔇.[3] — 공이 제나라 대부와 기에서 회맹했다.

---

42 이 구절은 다음 해인 9년의 "옹름이 무지를 죽였다(雍廩殺無知)"와 하나의 『전』이 된다. 무릇 지금의 일을 기록하면서 그 처음의 일을 거슬러 올라가 기록하는 것을 "처음에(初)"라 하는데 "처음에"라 기록하고 지금의 일이 없이 하나의 『전』이 되는 경우는 없으며 이는 연도별로 『전』을 나눈 사람이 망령되이 나눈 것일 따름이다. 두예는 "무지를 죽이게 된 배경"이라고 하여 두예가 근거한 판본도 이미 잘못 나누어졌고 두예 자신도 하나의 『전』이 되는지를 몰랐음을 알 수 있다. 소공 11년의 『전』에서는 "제나라의 거구(渠丘)가 실로 무지를 죽였다"라 하였으므로 옹름이 거구의 대부였음을 알 수 있다. 거구는 곧 규구(葵丘)이다. 소공 11년의 소(疏)에서는 또 정중(鄭衆)이 규구를 무지의 읍으로 삼았다고 하였다. 거구가 무지의 읍일 뿐만 아니라 또한 옹름을 그 대부로 삼았다는 것은 진(晉)나라가 환숙(桓叔)을 곡옥(曲沃)에 봉하고 난빈(欒賓)을 스승으로 삼았으며, 정나라가 허숙(許叔)으로 하여금 허에 거주하게 하고 공손획(公孫獲)으로 하여금 그를 보좌하게 하였고, 초나라가 태자 건(建)으로 하여금 성보(城父)에 살게 하고 분양(奮揚)에게 그를 보좌하게 한 것 등이 모두 하나의 읍에 두 사람이 있게 한 것이니, 무지와 옹름이 한 읍에 거처하게 된 것 또한 이와 마찬가지이다. 「제세가」에서는 "제나라 임금 무지가 옹림(雍林)에서 놀았다" 운운하여 "雍廩"을 "雍林"이라 하고 또한 지명으로 생각하였는데 『좌전』과는 다르다. 그러나 『사기 · 진본기(秦本紀)』에서는 또한 "제나라의 옹름이 무지와 관지보(管至父) 등을 죽였다"라 하였으니 사마천 또한 일찍이 옹름을 인명으로 생각하지 않은 적이 없는 것 같다. 무지는 또한 중손(仲孫)이라고도 하는데 소공 4년의 『전』에 보인다.

1 구년(九年) : 병신년 B.C. 685년으로 주장왕(周莊王) 12년이다. 정월 초하루 정축일이 동지이니 건자(建子)이며, 윤달이 있다.

2 이는 은공 4년의 "위나라 사람이 주우를 죽였다(衛人殺州吁)"라 한 것과 같은 예이다. "임금(君)"이라 기록하지 않아 임금으로 여기지 않았다.

3 기(蔇) : 『공양전』과 『곡량전』에는 "暨"로 되어 있는데, 두 자는 통가자이다. 『춘추』에서 노나라 임금이 대부와 회맹을 하면서 대부의 이름을 말하지 않은 경우는 단

夏,	여름에
公伐齊,	공이 제나라를 치고
納子糾.[4]	자규를 들여보냈다.
齊小白入于齊.	제나라 소백이 제나라로 들어갔다.
秋七月丁酉,[5]	가을 7월 정유일에
葬齊襄公.[6]	제양공을 장사 지냈다.
八月庚申,[7]	8월 경신일에
及齊師戰于乾時,[8]	제나라 군사와 간시에서 싸웠는데

두 차례로 이번과 문공 7년 조돈(趙盾)과의 회맹이다. 이번에는 제나라에 임금이 없어서이고 문공 7년의 경우는 진영공(晉靈公)이 아직 어렸기 때문이다.

4 납자규(納子糾) : 『공양전』과 『곡량전』에는 "納糾"로만 되어 있어 "子"자가 없다. 청나라 장림(臧琳)의 『경의잡기(經義雜記)』와 청나라 조탄(趙坦)의 『이문전(異文箋)』에서는 한나라에서 육조(六朝) 및 수·당대까지는 모두 "納糾"로 되어 있는데 지금의 『좌씨(左氏)』에는 "納子糾"로 되어 있는 것은 당나라에서 판본을 정할 때 잘못된 것이다. 그러나 청나라 만사대(萬斯大)의 『학춘추수필(學春秋隨筆)』〔이하 『수필(隨筆)』〕에서는 『공양전』과 『곡량전』에서 "納糾"라 하여 "子"자가 없는 것은 궐문(闕文)이며 『좌씨경』을 근거로 들 수 있다고 하였다. 아래의 『경』에서 "齊人取子糾殺之"(『공양전』과 『곡량전』에 모두 "子"자가 있다)라 한 것을 고찰해 보면 이곳의 『경』과 『좌씨』처럼 원래 "子"자가 없는 것에 대해 두예는 응당 주석을 달았어야 하는데 지금 두예의 주석이 없으니 두예가 근거한 판본에는 반드시 "子"자가 있었을 것이라 하였다. 또한 전 해의 『전』에서는 "공자 규(公子糾)"라 하고 이해의 포숙의 말에서는 자규는 친족이라 하였으니 규(糾)라고 하든 자규(子糾)라 하든 사실은 마찬가지이다. 초나라 공자 원(元)을 또한 자원(子元)이라 한 것이나 정나라 세자 화(華)는 자화(子華)라 한 것, 제나라 공손명(公孫明)을 자명(子明)이라고 한 것처럼 자(子)라 하든 하지 않든 상관은 없는 것이다.

5 정유(丁酉) : 24일이다.

6 『전』이 없다. 9개월 만에 장사를 지냈는데 내란 때문이다.

7 경신(庚申) : 18일이다.

8 간시(乾時) : 시(時)는 물 이름이다. 지금은 오하(烏河)라고 하며, 이수(耏水), 여수(如水)라고도 하며, 물의 빛깔이 검다고 흑수(黑水 : 烏河도 마찬가지)라고도 한다. 임치(臨

我師敗績,	우리나라 군사가 대패했다.
九月,	9월에
齊人取子糾殺之.	제나라 사람이 자규를 잡아서 죽였다.
冬,	겨울에
浚洙.[9]	수수를 쳤다.

傳

九年春,	9년 봄
雍廩殺無知.[10]	옹름이 무지를 죽였다.

淄) 서남쪽 왜괴수포(矮槐樹鋪)에서 발원하며, 옛날에는 환대(桓臺)와 박흥(博興)을 경유하여 소청하(小淸河)에서 합류한 후 바다로 흘러 들어갔다. 지금은 소청하와는 합류하지 않고 홰수(澅水), 계수(系水)와 합류한 후 북으로 흐르다가 서쪽으로 환대현(桓臺縣)으로 꺾여 흐르다가 북쪽에서 마대호(麻大湖)로 흘러 들어가는데, 물줄기가 가물면 종종 말라붙기 때문에 지명이 간시(乾時 : 시수가 마른 곳)가 되었다. 노나라가 싸움에서 패한 곳은 지금의 임치현 서남쪽과 옛 환대현〔지금은 환대현 소재지는 이미 옛 현 동북쪽의 색진(索鎭)으로 옮겼다〕 성 사이에 있을 것이다.

9 『전』이 없다.
수(洙) : 지금은 사수(泗水)의 지류로 한 갈래는 산동성 비현(費縣) 북쪽에서 발원하고, 한 줄기는 곡부현(曲阜縣) 북쪽에서 발원하여 남쪽으로 흘러 기수(沂水)에서 합류하여 사수에 이르며 『수경주』에서 말한 옛 경로와는 맞지 않는다. 옛 경로가 어떠했는지는 알 수 없으며, 『청일통지』에서 말한 것 또한 짐작하여 말한 것이다. 여기서 하천을 친 곳은 곡부 북쪽에 있을 것이며 제나라와의 난에 대비한 것이다.

10 「제세가」에서는 "환공 원년 봄 제나라 임금 무지가 옹림(雍林)에서 놀았다. 옹림의 사람들은 일찍이 무지에게 원한을 품었었다. 그가 놀러 갈 때에 옹림 사람들이 그를 습격하여 죽였다. 제나라 대부에게 말하기를 '무지는 양공(襄公)을 죽이고 스스로 왕이 되었으므로 신이 삼가 죽였으니 대부께서 다시 왕이 되기에 가장 적합한 공자를 세우시면 명을 따르겠습니다'라 하였다"라 하여 『전』과는 다르다. 『관자 · 대광(大匡)』편에도 이 일이

公及齊大夫盟于蔇,	공이 제나라 대부와 기에서 회맹했는데
齊無君也.[11]	제나라에 임금이 없었기 때문이다.
夏,	여름에
公伐齊,	공이 제나라를 치고
納子糾.	공자 규를 들여보냈는데
桓公自莒先入.[12]	환공이 거에서 먼저 들어갔다.
秋,	가을에
師及齊師戰于乾時,	우리 군사가 제나라 군사와 간시에서 싸웠는데
我師敗績.	우리 군사가 대패했다.
公喪戎路,[13]	공이 병거를 잃어버리고

수록되어 있는데 『경』, 『전』과 같다.

11 소공 13년의 『전』에는 숙상(叔向)이 제환공을 논하여 말하기를 "거(莒)나라와 위(衛)나라가 있어 외부의 의뢰자가 되고 국(國)씨와 고(高)씨가 있어 내부의 의뢰자가 되었습니다"라 하였으니 제나라 대부들 가운데는 소백의 당파도 있었고 자규의 당파도 있었다. 장공이 회맹을 한 대부는 자규의 당파에 속한 제나라 대부이다.

12 「제세가」에 상세히 나와 있다.

13 융로(戎路) : 병거를 말한다. 상융로(喪戎路)라는 것은 타고 다니던 수레를 버리고 도망간 것을 말한다. 선공 12년 조전(趙旃)이 수레를 버리고 숲속으로 달아난 것과 비슷한 유이다.

傳乘而歸.[14]	다른 수레를 타고 돌아왔다.
秦子, 梁子以公旗辟于下道,[15]	진자와 양자가 공의 깃발을 가지고 길 아래쪽에 피해 있었는데
是以皆止.[16]	이로 인해 모두 붙잡혔다.

鮑叔帥師來言曰,	포숙이 군사를 거느리고 와서 말하기를
"子糾,	"자규는
親也,	친척이니
請君討之.[17]	청컨대 임금께서 없애십시오.
管, 召,	관중과 소홀은
讎也,[18]	원수이니

14 전승(傳乘) : 홍양길(洪亮吉)은 『고(詁)』에서 전(傳)을 역전(驛傳)의 전(傳)으로 읽었는데 전승을 명사로 생각하였으므로 틀린 것 같다. 전승의 승(乘)은 동사여야 한다. 『진서 · 여복지(晉書 · 輿服志)』에서는 "추봉거(追鋒車)는 작고 평평한 수레 덮개를 없애고 통하는 포장을 씌웠으며 초거(軺車)와 같고 멍에가 두 개다. 추봉이란 이름은 그 신속함에서 이름을 따왔으며 군진에서 쓰이는데 이것이 전승(傳乘)이다. 초거(軺車)는 옛날의 군용 수레이다. 말 한 마리가 끄는 것을 초거라 하고 두 마리가 끄는 것을 초전(軺傳)이라 한다"라 하였다. 전승은 아마 곧 이 추봉(追鋒)인 듯하다. 혹은 다른 수레로 갈아탔다고 보아도 뜻이 통한다.

15 진자량자(秦子梁子) : 노공(魯公)의 어자(御者) 및 거우(車右)이다.
피(辟) : "피할 피(避)"자와 같다. 이 구절의 뜻은 제나라 군사를 유인하여 노나라 임금이 도망가게 하였다는 것이다.

16 지(止) : 획(獲)자의 뜻으로 쓰였다. 제나라 군사에게 포로로 잡혔다는 말이다.

17 토(討) : 주(誅), 곧 죽인다는 뜻이다.

18 수(讎) : 관중이 일찍이 환공을 쏜 적이 있기 때문이 원수라고 말하였다. 『여씨춘추 · 찬

請受而甘心焉." 청컨대 주시면 마음이 달갑겠습니다"라 하여

乃殺子糾于生竇.[19] 이에 생두에서 자규를 죽였다.

召忽死之. 소홀은 따라 죽었다.

管仲請囚, 관중은 자기를 가둘 것을 청하여

鮑叔受之, 포숙이 그를 넘겨받았는데

及堂阜而稅之.[20] 당부에 이르러 풀어 주었다.

歸而以告曰, 돌아가서 아뢰기를

"管夷吾治於高傒,[21] "관이오는 고혜보다 더 잘 다스리니

능(贊能)』편에서는 "이에 사인(使人)이 노나라에 고하기를 '관이오는 과인의 원수이이오. 원컨대 그를 얻어 직접 죽이고 싶소'"라 하였는데 친히 죽이는 것이 곧 "마음에 달가운 것(甘心)"이다.

19 생두(生竇) : 지금의 산동성 하택현(菏澤縣) 북쪽 20여 리 지점에 있다. 제환공이 자규를 죽인 것은 제나라에 갓 들어갔을 때였는데 『한비자 · 설림(說林) 하』에서는 "공자규가 난리를 일으키려 함에 환공이 사자를 보내어 보게 했다. 사자가 보고하여 말하기를 '웃으면서도 즐거워하지 않고 보면서도 보는 것 같지 않으니 반드시 난을 일으킬 것입니다'라 하니 이에 노나라 사람에게 죽이게 하였다"라 하였는데, 이는 전국시대에 유전된 것으로 꼭 역사적 사실과 맞지는 않을 것이다.

20 당부(堂阜) : 문공 15년의 『전』의 "노나라는 너희의 친속이니 관을 잘 꾸며 당부에 놓아두면 노나라에서 반드시 가져갈 것이다"라 한 말에 의하면 제나라와 노나라의 경계에 있는 제나라 땅임을 알 수 있다. 일단 제나라의 경계에 도착하자 즉시 관중의 포박을 풀어 준 것이다. 당부는 지금의 산동성 몽음현(蒙陰縣) 서북쪽에 있을 것이다.

21 이는 정치를 하는 재능이 고혜(高傒)보다 낫다는 것을 말한다. 『당서 · 재상세계표(唐書 · 宰相世系表)』에 의하면 고씨는 강(姜)씨로부터 나왔는데 제나라 태공(太公)의 6세손인 문공적이 공자 고를 낳았고 고혜는 그 손자인데 왕부(王父)의 자를 성씨로 삼았다. 고혜는 곧 고경중으로 희공 12년의 『전』에서 "천자의 두 수신(守臣) 국(國)씨와 고씨가 있다" 한 것으로 보아 고씨가 대대로 제나라의 상경이 된 지가 오래되었다.

使相可也."	재상을 시키심이 옳을 것입니다"라 하였다.
公從之.[22]	공이 그 말을 좇았다.

장공 10년

經

十年春王正月,[1]	10년 봄 주력으로 정월에
公敗齊師于長勺.[2]	공이 장작에서 제나라 군사를 물리쳤다.
二月,	2월에
公侵宋.[3]	공이 송나라로 쳐들어갔다.

---

22 『국어 · 제어(齊語)』와 『관자』의 「대광」과 「소광(小匡)」편, 『사기』의 「제세가」와 「노세가」에 모두 기록이 있다. 제자중강박(齊子中姜鎛)이 전하고 있는데 청나라 반조음(潘祖蔭)의 「반고루이기관지(攀古樓彝器款識)」를 보면 양수달(楊樹達)의 고석(考釋)에 근거하여 포숙의 손자가 만든 것이라 하였다. 이 명문(銘文)을 보면 족히 『사기 · 관안열전(管晏列傳)』에서 "포숙은 자손대대로 제나라에서 녹을 받았으며 봉읍이 있는 사람이 10여 세나 된다"라 한 것 및 『여씨춘추 · 찬능(贊能)』에서 "환공은 먼저 포숙에게 상을 주었다" 한 말과 서로 인증을 할 수 있다.

1 십년(十年) : 정유년 B.C. 684년으로 주장왕(周莊王) 13년이다. 동지는 지난해 윤 12월 12일 임오일이니 건축(建丑)다.

2 정공(定公) 4년의 『전』에 의하면 성왕(成王)이 노공에게 은나라 백성 6족속을 나누어 주는데 그 가운데 장작씨도 있으니 장작은 원래 은나라 백성이 살던 땅이었다. 청대(淸代)의 『산동통지(山東通志)』에 의하면 장작은 지금의 곡부현 북쪽 경계에 있다.

3 『전』이 없다. 『춘추』에서 침(侵)자가 처음 보이는 곳이다. 29년 전에서 말하기를 "무릇

三月,	3월에
宋人遷宿.[4]	송나라 사람이 숙으로 옮겼다.
夏六月,	여름 6월에
齊師, 宋師次于郎.[5]	제나라 군사와 송나라 군사가 낭에서 머물렀다.
公敗宋師于乘丘.[6]	공이 승구에서 송나라 군사를 물리쳤다.
秋九月,	가을 9월에
荊敗蔡師于莘,[7]	형이 신에서 채나라 군사를 물리치고

군사를 일으킴에 종과 북을 치며 공격을 하면 벌(伐)이라 하고 없으면 침(侵)이라 한다"라 하였다.

4 『전』이 없다. 그 백성들을 이주시키고 그 땅을 차지한 것으로, 장공 원년 『경』의 "제나라 군사가 기나라 병, 자, 오의 백성을 옮겼다(齊師遷紀郱, 鄑, 郚)"와 같은 예이다. 이 숙(宿)은 은공 원년 『경』에 나오는 숙이 아닌 것 같은데, 송나라는 제나라와 노나라의 경내에 이를 수 없기 때문이다. "사(駟)가 먼저 숙으로 갔다" 하였으니 숙은 나중에 또 제나라로 들어간 것 같다. 이 숙은 곧 척(戚)인 것 같은데 본래 송나라 땅으로 처음에는 주나라에 속했으나 나중에 송이 차지하였다. 당나라 이길보(李吉甫)의 『원화군현지(元和郡縣志)』 권14 「사주숙천(駟州宿遷)」조 아래서는 "춘추시대에 송나라 사람이 숙의 땅을 옮겼다"라 하였으니 지금의 강소성 숙천현이 숙의 백성들이 옮겨 간 땅이다.

5 낭(郎) : 곡부와 가까운 읍이다. 은공 9년과 환공 10년의 『경』에 상세히 나와 있다.

6 승구(乘丘) : 승(乘)은 거성(去聲)이다. 승구는 지금의 산동성 연주현(兗州縣) 경계에 있다. 응소(應劭)와 『청일통지』에서는 지금의 거야현(巨野縣) 서남쪽 옛 승씨현(乘氏縣)에 해당한다고 하였는데 틀렸다.

7 형(荊) : 곧 초(楚)나라이다. 『시경 · 소아 · 채기(小雅 · 采芑)』에 "어리석은 형 땅의 오랑캐(蠢爾蠻荊)"라 되어 있고, 소공 26년의 『전』에서 "지금 나는 지위가 흔들리어 먼 곳으로 옮겨 형만(荊蠻)에 숨어 있소"라 하였으니 형이 곧 초나라의 본래 명칭이었음을 알 수 있다. 소공 12년 『전』에서 초나라의 우윤(右尹) 자혁(子革)의 말을 서술하면서 "옛날 우리 선왕이신 웅역(熊繹)이 형산(荊山)으로 피신하였습니다"라 하였는데, 이것이 형(荊)이라고 일컫게 된 까닭이며 지명을 가지고 국호로 삼았다. 1977년 4월 주원(周原)의 유지

以蔡侯獻舞歸.[8]	채후 헌무를 잡아서 돌아왔다.
冬十月,	겨울 10월에
齊師滅譚.[9]	제나라 군사가 담을 멸했다.
譚子奔莒.	담자가 거나라로 달아났다.

傳

十年春,	10년 봄에
齊師伐我.[10]	제나라 군사가 우리 노나라를 침에
公將戰.	장공이 나아가 싸우려 하였다.
曹劌請見.[11]	조귀가 뵙기를 청하니

〔섬서성 기산(岐山)과 부풍(扶風) 두 현의 사이〕에서 주나라 초기의 갑골(甲骨)이 발견되었는데 그 안에 "초자가 와서 아뢰었다(楚子來告)"는 말이 있는 것으로 보아 주나라 초기에 이미 초(楚)라는 명칭이 있었다. 노나라 장공 대에는 『경』에서 모두 형(荊)이라고 부르다가 희공 원년에 이르러서야 비로소 초(楚)라고 부른다. 『시경 · 상송 · 은무(商頌 · 殷武)』에서는 "형초(荊楚)"라 병칭하고 있다.

신(莘) : 채(蔡)나라 땅으로 지금의 하남성 여남현(汝南縣) 경계에 있을 것이다.

8 헌무(獻舞) : 곧 환공 17년의 "진(陳)나라에서 채(蔡)로 돌아온" 채계(蔡季)로 채애후(蔡哀侯)이다.

9 멸담(滅譚) : 문공 15년의 『전』에서 "무릇 승국(勝國 : 사직은 끊어지고 그 땅만 있는 것)을 멸하였다고 한다"라 하였고, 또 양공 13년의 『전』에서는 "큰 군사를 쓴 것을 멸이라 한다"라 하였는데, 여기서는 후자의 뜻으로 쓰였다. 이는 『춘추』에서 처음으로 "멸국(滅國)"이라 쓴 것이다.

담(譚) : 나라 이름으로 『시경 · 용풍 · 석인(鄘風 · 碩人)』의 "담공은 형부시라네(譚公維私)"라 한 바로 그 담나라이다. 산동성 제남시(濟南市) 동남쪽에 예전에 담성(譚城)이 있었는데 중일전쟁 이전에 일찍이 그 유지를 발굴한 적이 있으며 『성자애(城子崖)』라는 책이 발견되었다.

10 제사벌아(齊師伐我) : 『사기 · 연표(年表)』에서는 "제나라가 우리나라를 쳤는데 규(糾) 때문이었다"라 하였다.

其鄕人曰,	그 마을 사람들이 말했다.
"肉食者謀之,[12]	"고기를 먹는 사람들이 도모할 것인데
又何間焉?"[13]	또 어찌하여 간여하려 하오?"
劌曰,	그러자 조귀가 말하기를
"肉食者鄙,[14]	"고기를 먹는 자들은 비루해서
未能遠謀."	원대한 도모를 할 수 없소"라 하였다.
乃入見,	이에 들어가 뵙고는
問何以戰.	어떻게 싸울 것인가 물어보았다.
公曰,	공이 말하였다.
"衣食所安,	"입고 먹는 편안함을
弗敢專也,	감히 전유할 수 없으니

11 조귀(曹劌) : 『사기 · 자객열전(刺客列傳)』에 "조말(曹沫)이란 사람은 노나라 사람이다"라 하였다. 말(沫)과 귀(劌)는 고음이 가까웠다. 조말의 일에 관해서는 예로부터 전설이 같지 않았으며 13년 전의 "가에서 회맹했다(盟于柯)"의 전에 상세하다.

12 육식(肉食) : 당시의 습관적인 말씨로 대부 이상의 사람은 매일 반드시 고기를 먹었다. 『맹자 · 양혜왕(梁惠王)』에서 서민들에 대해 논하며 "나이 70 된 사람이 고기를 먹을 수 있다"라 하였으니 일반 백성들은 70이 되지 않으면 고기를 먹기가 어려웠다. 양공 28년의 전에는 자치(子稚)와 자미(子尾)의 식사가 실려 있는데 "공적인 식사가 매일 닭 두 마리(公膳日雙雞)"라 하였고, 소공 4년의 『전』에는 얼음을 나누어 주는 법이 실려 있는데 "고기를 먹는 녹을 받는 사람들은 얼음을 모두 줍니다. 그래서 대부와 대부의 부인은 상으로 몸을 씻을 때도 얼음을 씁니다"라 하였으니 대부는 으레 고기를 먹었다. 애공 13년의 『전』에서도 "고기를 먹는 사람에게는 어두운 빛이 없다"라 하였다.

13 간(間) : 거성(去聲)으로, 그 사이에 끼어든다(參與其間)는 뜻이다.

14 비(鄙) : 고루해서 꽉 막혔다는 뜻.

必以分人."	반드시 사람들에게 나누어 주겠소."
對曰,	대답하여 말하기를
"小惠未徧,[15]	"작은 은혜가 두루 미치지 않으면
民弗從也."	백성들은 따르려 하지 않을 것입니다"라 하였다.
公曰,	공이 말하였다.
"犧牲, 玉帛,	"제사에 쓰는 희생과 옥백은
弗敢加也.[16]	감히 더하지 않을 것이오.
必以信."[17]	반드시 성의를 가지고 하겠소."
對曰,	대답하여 말하기를
"小信未孚,[18]	"작은 성실로는 다 덮지를 못할 것이니
神弗福也."	신이 복을 내리지 않을 것입니다"라 하였다.

---

15 소혜미편(小惠未徧) : 의식 따위를 사람들에게 나누어 주는 것은 두루 미칠 수가 없다는 것이다.

16 불감가(弗敢加) : 희생과 옥백은 모두 제사 때 쓰는 물건으로 반드시 예에 준하여 해서 규정을 넘지 않게 하겠다는 것이다.

17 신(信) : 『설문해자』에서는 "성(誠)"이라 하였다. 제사를 지낼 때 반드시 정성을 다하겠다는 말이다. 환공 6년의 『전』에 "축사가 말을 바르게 하는 것은 믿음입니다(祝史正辭, 信也)"라는 말이 있다. 제사를 주관하는 축사가 임금의 업적을 허위로 보고하지 않겠다는 말이다.

18 부(孚) : 복(覆)자의 뜻으로 가차되어 쓰였다. 『맹자 · 이루(離婁) 상』에 "너의 인이 천하를 덮을 것이다(而仁覆天下矣)"라는 말이 나오는데, 복(覆)은 덮는다는 뜻, 곧 두루 미친다는 뜻이다. 바로 위에 나온 편(徧)자와 모양은 다른 같은 뜻의 글자로 축사가 귀신에게 고하는 말은 반드시 성실해야 믿을 만하다는 말이다.

公曰,	공이 말하였다.
"小大之獄,	"작고 큰 옥사를
雖不能察,	다 살필 수는 없으나
必以情."[19]	반드시 실정대로 하겠소."
對曰,	대답하여 말하기를
"忠之屬也,	"충심에서 우러나온 것이니
可以一戰.[20]	한번 싸워 볼 만합니다.
戰,	싸우면
則請從."[21]	따르기를 청합니다"라 하였다.

---

19 정(情) : 『국어 · 노어(魯語) 상』에서는 "반드시 실정을 가지고 판단을 하여야 한다(必以情斷之)"라 하였다. 『맹자 · 이루(離婁) 하』의 "명성이 실제보다 지나치다(聲聞過情)"라 하였으며 여기의 정은 실제의 정황을 말하는데 여기서도 바로 이런 뜻으로 쓰였다. 혹자는 충성(忠誠)이라고도 하였는데 『순자 · 예론(禮論)』의 주(注)에 보이는데 뜻이 비교적 뛰어나다.

20 가이일전(可以一戰) : 이것을 믿고 한번 싸워 볼 만하다는 것이다.

21 『국어 · 노어(魯語) 상』에서는 다음과 같이 말하였다. "장작(長勺)의 전역에서 조귀가 장공에게 어떻게 싸울 것인가 물어보았다. 공이 말하기를 '백성들에게 내가 입고 먹는 것을 아끼지 않고 귀신에게 희생과 백옥을 바치는 것을 아끼지 않을 것이오'라 하였다. 대답하여 말하기를 '대체로 은혜가 커야 백성들이 뜻을 귀의하고 귀신이 복을 내립니다. 백성들에게 덕을 펴고 정사를 고르게 하며 군자들은 다스리는 데 힘을 쓰고 소인들은 있는 힘을 다 바칠 것입니다. 움직이는 데 때를 어기지 않고 재화를 지나치게 쓰지 않으면 백성들의 재화가 다하지 않을 것이며 제사를 공손히 바치지 않는 적이 없으면 백성들은 듣지 않는 일이 없을 것이고 복을 바라면 풍성하지 않은 일이 없을 것입니다. 이제 작은 은혜를 베풀고 제사는 홀로 공경스럽게 지내며, 작은 은혜는 두루 미치지를 않고 홀로 공손하니 넉넉해지질 않습니다. 두루 미치지 않으면 백성들이 귀의하지 않을 것이며, 넉넉하지 않으면 신이 복을 내리지 않을 것입니다. 장차 어떻게 싸우시려는지요? 대체로 백성들은 재화가 다하지 않기를 구하고 귀신은 흠향이 풍족하기를 바라므로 크지 않을 수 없습니다'라 하였다. 공이 말하기를 '옥사를 들음에 다 살필 수는 없더라도 반드시 실

公與之乘.[22]	공이 그와 함께 수레를 타고
戰于長勺.	장작에서 싸웠다.
公將鼓之.[23]	공이 북을 치려고 하였다.
劌曰,	조귀가 말하기를
"未可."	"아직 안 됩니다"라 하였다.
齊人三鼓.	제나라 사람들이 세 번 북을 쳤다.
劌曰,	이에 조귀가 말하기를
"可矣!"	"이제 됐습니다!"라 하였다.
齊師敗績.	제나라 군사는 연패를 하였다.
公將馳之.[24]	공이 그들을 쫓아가려고 하였다.
劌曰,	조귀가 말하기를
"未可."	"아직 안 됩니다"라 하였다.
下,[25]	수레에서 내려
視其轍,[26]	수레바퀴 자국을 살피더니

정대로 판단하여 결정을 내리겠소'라 하였다. 대답하기를 '그렇다면 해볼 만합니다. 실로 충심으로 백성을 도모하면 지혜가 거기에 미치지 못하더라도 반드시 목적을 이룰 수 있게 될 것입니다'라 하였다."

22 공여지승(公與之乘) : 노공이 조귀와 같은 병거에 탄 것이다.

23 지(之) : 아무 의미가 없다.

24 치(馳) : 수레를 달려 제나라 군사를 뒤쫓는 것을 말한다.

25 하(下) : 수레에서 내리는 것이다.

26 철(轍) : 거철(車轍), 곧 수레바퀴 자국이다.

登軾而望之,	수레에 올라 바라보고는
曰,	말하기를
"可矣!"	"됐습니다"라 하였다.
遂逐齊師.	이에 마침내 제나라 군사를 쫓았다.
旣克,	싸움에 이긴 후에
公問其故.	공이 그 까닭을 물으니
對曰,	대답하여 말했다.
"夫戰,	"전쟁이라고 하는 것은
勇氣也.	용기를 북돋우는 것입니다.
一鼓作氣,	한번 북을 치면 기운이 일어나고
再而衰,	두 번 치면 쇠하고
三而竭.	세 번 치면 다해 버립니다.
彼竭我盈,	저들은 기운이 다하였고 우리는 가득 찼으므로
故克之.	이기게 된 것입니다.
夫大國,	대체로 대국은
難測也,	헤아리기가 어렵습니다.
懼有伏焉.[27]	복병이 있을까 두려워하여

27 매복한 군사가 있으면 패하여 달아나는 것은 거짓이며 아군을 유인하려는 것이라는 말이다.

吾視其轍亂,	제가 그 수레 자국이 어지러운 것을 보고
望其旗靡,[28]	깃발들이 쓰러진 것을 바라보고
故逐之."	쫓게 하였습니다."

夏六月,	여름 6월에
齊師, 宋師次于郎.	제나라 군대와 송나라 군대가 낭에서 주둔하였다.
公子偃曰,[29]	공자 언이 말하였다.
"宋師不整,	"송나라 군대는 가지런하지 못하니
可敗也.	물리칠 수 있습니다.
宋敗,	송나라가 패하면
齊必還.	제나라는 반드시 돌아올 것입니다.
請擊之."	청컨대 그들을 치십시오."
公弗許.	공이 이를 허락하지 않았다.
自雩門竊出,[30]	우문으로 몰래 나가

28 미(靡) : 쓰러지다. 이 구절의 뜻은 수레바퀴 자국이 어지러우니 행렬이 가지런하지 못한 것이고, 깃발이 쓰러졌으니 군사들이 갈팡질팡하는 것이므로 정말 패퇴하였음을 알았다는 말이다.

29 공자 언(公子偃) : 노나라의 대부이다.

30 우문(雩門) : 노나라 남쪽성의 서문이다. 남쪽성에는 문이 세 개가 있는데 정남문은 직문(稷門)이라 하는데 32년의 『전』에 보인다. 동문은 녹문(鹿門)이라 하는데 『공양전』 민

蒙皐比而先犯之.[31]	호피를 쓰고 먼저 공격하였다.
公從之.[32]	공이 그 뒤를 따랐다.
大敗宋師于乘丘.[33]	승구에서 송나라 군사를 크게 물리쳤다.
齊師乃還.[34]	제나라 군사는 이에 돌아갔다.

蔡哀侯娶于陳,	채 애후가 진나라에서 아내를 맞았고
息侯亦娶焉.	식후도 거기서 아내를 맞았다.
息嬀將歸,[35]	식규가 시집을 가려는데
過蔡.[36]	채나라를 거치게 되었다.

공 2년의 『전』에 보인다. 혹은 우문이 곧 직문이라고도 하는데 틀렸다. 절출(竊出) : 사사로이 출격하다. 공자 언이 몰래 출격한 것이다.

31 고비(皐比) : 호피(虎皮)이다. 말에다 호피를 씌운 것으로 희공 28년의 "서신(胥臣)이 말에다 호피를 씌웠다"라 한 것과 같다. 청말(淸末)의 유월(俞樾)은 사람에게 호피를 씌운 것이라 하였는데 옳지 않은 것 같다.

32 장공이 군사를 이끌고 그 뒤를 따라간 것이다.

33 『사기 · 송세가(宋世家)』에서는 "10년 여름에 송나라가 노나라를 쳤는데 승구에서 싸웠으며 노나라가 송나라의 남궁만(南宮萬)을 사로잡았다"라 하였다.

34 『예기 · 단궁 상』에서는 "노장공이 송나라와 승구에서 싸웠는데 현비보(縣賁父)가 어자가 되고 복국(卜國)이 거우가 되었다. 말이 놀라 대패하였다. 공이 수레에서 떨어지고 부거(副車)가 고삐를 잡았다. 공이 말하기를 '복국은 용기가 없도다'라 하였다. 현비보가 말하기를 '다른 날은 참패한 적이 없는데 오늘 대패하였으니 용기가 없기 때문이다'라 하고는 마침내 싸우다 죽었다"라 하였으니 장공이 일시적으로는 패하였지만 마침내 큰 승리를 거두었으며, 이 『전』과 상호 비교해 보면 좋을 것이다.

35 채후가 먼저 아내를 맞고 식후는 이때 비로소 아내를 맞은 것 같다. 출가(出嫁)하는 것을 귀(歸)라고 한다.

36 과(過) : 경과하다. 옛날에는 평성(平聲)으로 읽었다. 진나라의 도읍 완구(宛丘)는 지금의 하남성 회양현(淮陽縣)이며, 채나라의 도읍은 지금의 하남성 상채현(上蔡縣) 서남쪽

蔡侯曰,	채후가 말하기를
"吾姨也."[37]	"나의 처제이다"라 하고는
止而見之,	멈추어서 만나보았으나
弗賓.[38]	예의를 갖추지를 않았다.
息侯聞之,	식후가 그 소리를 듣더니
怒,	노하여
使謂楚文王曰,	사신을 보내어 초문왕에게 말하였다.
"伐我,	"우리나라를 치시면
吾求救於蔡而伐之."	내 채나라에 구원을 청할 테니 그때 채나라를 치시오."
楚子從之.	초자는 그대로 따랐다.
秋九月,	가을 9월에
楚敗蔡師于莘,	초나라가 채나라 군사를 신에서 물리치고
以蔡侯獻舞歸.[39]	채후 헌무를 잡아서 돌아갔다.

에 있으므로 식규가 진나라를 거쳐 식나라에 가려면 반드시 채나라를 거쳐야 했다.

37 이(姨): 처의 자매를 말한다. 『여씨춘추 · 장공(長攻)』에서는 "채후가 말하였다. '식부인은 내 처제이다'"라 하였고, 고유(高誘)의 주석에서는 "처의 여동생이 이(姨)이다"라 하였다. 『시경 · 용풍 · 석인(鄘風 · 碩人)』에서는 장강(莊姜)을 "형후의 여동생(邢侯之姨)"이라 하였으니 그 뜻이 『좌전』과 같다.

38 불빈(弗賓): 두예는 "예의를 갖추어 공경하지 않은 것이다"라 하였다. 14년의 『전』에 의하면 식규는 매우 아름다웠다고 하니 여기서 예의를 갖추지 않았다는 것은 경박한 행동을 한 것일 것이다.

齊侯之出也,	제후가 도망갔을 때
過譚,	담나라를 거쳤는데
譚不禮焉.	담나라에서 예우를 하지 않았다.
及其入也,	그가 제나라로 들어갔을 때
諸侯皆賀,	제후들이 모두 경하하였으나
譚又不至.	담나라는 또 오지 않았다.
冬,	겨울에
齊師滅譚,	제나라가 담나라를 멸망시켰는데
譚無禮也.	담나라가 무례하였기 때문이다.
譚子奔莒,	담자는 거나라로 달아났는데
同盟故也.[40]	동맹을 맺었기 때문이다.

---

39 이채후헌무귀(以蔡侯獻舞歸) : 「채세가」에서는 초문왕이 채애후를 포로로 잡아갔다고 하였다. 애후는 9년 동안 억류되어 있다가 초나라에서 죽었다. 그러나 「초세가」에서는 채애후를 포로로 잡아갔다가 얼마 안 있어 풀어 주었다고 하였다. 이는 대체로 사마천이 근거한 자료가 같지 않아서 말한 것이 다른 것일 것이다.

40 「제세가」에서는 "환공 2년 담나라를 쳐서 멸망시켰으며 담자는 거나라로 달아났다. 처음에 환공이 도망 다닐 때 담(郯)나라를 거쳤는데 담나라가 무례했기 때문에 친 것이다"라 하였다. 담(郯)과 담(譚)나라는 별개의 두 나라이다. 담(郯)나라의 옛 성은 지금의 산동성 담성현(郯城縣) 서남쪽에 있는데 제남(濟南)의 담성(譚城)과는 매우 멀리 떨어져 있다. 또한 양공 7년의 『경』과 『전』에서는 "담자(郯子)가 내조(來朝)했다"라 하였으니 제환공이 멸한 나라는 반드시 담나라는 아니다. 『사기』에서 "郯"이라 한 것은 대개 음이 같아서 착오를 일으킨 것일 것이다. 또한 『관자 · 소광(小匡)』편에서는 "담(譚)나라와 내(萊)나라를 치고도 가지지를 않았으니 제후들은 어질다고 하였다"라 하였는데, 이는 또한 근거가 있는 말이다. 담나라는 임치(臨淄)에서 공(鞏)에 이르는 중간에 처해 있으니 동서로 통하는 도로로 반드시 거쳐야 하며 제나라도 제어를 하여 그 사직을 남겨 두지 않을 수 없었다. 제나라 초기 화폐에 "담방(譚邦)의 법화(法化 : 곧 貨)"라는 것이 있었는

장공 11년

經

十有一年春王正月.[1]	11년 봄 주력으로 정월.
夏五月,	여름 5월
戊寅,[2]	무인일에
公敗宋師于鄑.[3]	공이 진에서 송나라 군사를 물리쳤다.
秋,	가을에
宋大水.[4]	송나라에 홍수가 났다.
冬,	겨울에
王姬歸于齊.[5]	왕희가 제나라로 시집갔다.

데 "담방(譚邦)"이라 일컬었으며, 다른 제나라의 지방 화폐는 모읍(某邑)이라 부른 것과 는 달라서 『관자』의 이 설을 입증할 수 있을 것 같다.

1 십유일년(十有一年) : 무술년 B.C. 683년으로 주장왕(周莊王) 14년이다. 동지가 지난해 12월 23일 정해일에 있었으며 건축(建丑)년이다. 윤달이 있다.
전이 없다.

2 무인(戊寅) : 17일이다.

3 자(鄑) : 또 진이라고도 읽는다. 노나라 땅으로 송나라와 노나라 사이에 있으며, 원년 기읍(紀邑)의 진과는 다른 땅이다.

4 송대수(宋大水) : 두예는 "공이 사절을 보내 위문하였기 때문에 기록하였다"라 하였다.

5 『전』에서는 "제후가 와서 공희(共姬)를 맞았다"라 하였으니 노나라가 주나라 왕을 대신하여 혼주가 되었음을 알 수 있다. 『공양전』과 『곡량전』에서는 "우리나라를 거쳐 지나갔다"라 하였는데 틀렸다.

傳

十一年夏,	11년 여름
宋爲乘丘之役故,	송나라가 승구의 전역 때문에
侵我.	우리나라로 쳐들어왔다.
公禦之.	공이 방어를 하였다.
宋師未陳而薄之,[6]	송나라 군사가 진열을 갖추기 전에 압박을 하여
敗諸鄑.	자에서 물리쳤다.
凡師,	무릇 전쟁을 함에
敵未陳曰敗某師,[7]	적이 채 진열을 갖추지 않았으면 “패모사(모국의 군사를 패퇴시켰다)”라 하고
皆陳曰戰,[8]	진열을 다 갖추었으면 “전(싸웠다)”이라 하며

---

6 박(薄) : 박(迫)자와 뜻이 같다. 병사를 몰아 압박하는 것이다.

7 패모사(敗某師) : 반드시 다 그런 것은 아니다. 장작(長勺)의 전투는 제나라 사람들이 북을 세 번 쳤으니 이미 진열을 갖추었는데도 『경』에서는 “敗齊師”라 하였다. 노나라가 외국의 군사를 패퇴시킨 것은 여덟 번 있는데 모두 “敗某師”라 기록하였다. 이로써 “敗某師”란 것은 내부에서 외적을 이긴 것을 나타내는 말임을 알 수 있다. 바깥의 제후들의 승패에도 어쩌다 또한 이 말을 썼는데 이를테면 희공 33년 “여름 4월 신사일에 진(晉)나라 사람이 강융(姜戎)과 함께 진나라 군사를 효에서 패퇴시켰다(敗秦師于殽)”한 것이 이것이다.

8 전(戰) : 이것 역시 반드시 다 그런 것은 아니다. 『춘추경』에는 바깥 제후의 싸움을 기록할 때 “전(戰)”자를 많이 썼다. 이를테면 문공 7년 “여름 4월 무자일에 진(晉)나라 사람이 진(秦)나라 사람과 영호에서 싸웠다(戰于令狐)”라 하였는데 영호의 전투는 『전』에서 진(晉)나라 사람이 “선멸(先蔑)을 배신하고 영공(靈公)을 세워 진(秦)나라 군사를 막았는

大崩曰敗績.[9]	크게 무너지면 "패적(대패했다)"이라 한다.
得儁曰克,[10]	적군의 장수를 잡으면 "극(이겼다)"이라 하고
覆而敗之曰取某師,[11]	매복을 시켰다 패퇴시키면 "취모사(모국의 군사를 빼앗았다)"라 하며

데 몰래 밤에 군사를 일으켰다"라 하였으니 진나라가 이긴 것은 야간에 기습을 한 것으로 진나라 군사들이 진열을 갖추지 않았을 것이라는 것을 알 수 있다. 그런데도 『경』에서는 또한 "전(戰)"이라고 기록하였다.

9 패적(敗績) : 이것 역시 반드시 다 그런 것은 아니다. 성공 16년 언릉(鄢陵)의 전투에서 크게 붕괴되지 않고 또한 다시 싸우려 하는데도 『경』에서는 "초자와 정나라 군사가 대패했다(楚子鄭師敗績)"라 기록하였으며, 희공 33년 효(殽)의 전투에서 진(晉)나라가 진(秦)나라 군사의 세 장수를 모두 사로잡았고 『곡량전』에서도 "말 한 마리 수레 한 대 돌아오지 못했다"라 하였는데도 『경』에서는 "대패하였다(敗績)"고 기록하지 않았다. 『예기 · 단궁 상』에서는 "말이 놀라 수레에서 떨어졌다(馬驚, 敗績)"라 하였는데 정현의 주석에서는 "말이 놀라 달아나 대열이 흐트러졌다"라 하였다. 양공 31년의 『전』에서는 "사냥에 비유컨대 활쏘기와 수레몰기가 익숙하면 짐승을 잡을 수 있을 것이오. 수레에 올라 활을 쏘고 말을 몰아 본 적이 없다면 수레에서 떨어지고 전복될 것(敗績厭覆)만 두려워할 것이니 어찌 사냥을 생각할 겨를이 있겠소?"라 한 것으로 입증할 수 있다. 초(楚)나라 굴원(屈原)의 「이소(離騷)」에서도 "내 수레 뒤집어질까 두렵네(恐皇輿之敗績)"라 하였다. 『국어 · 진어(晉語)』에서는 "나라에서 대패를 한 적이 없다(國無敗績)"라 하였는데 이는 가차한 말이다.

10 득준(得儁) : 준(儁)은 준(俊)과 같다. 군사와 맞붙어 싸워 그 군대의 준걸을 잡은 것을 말한다.
극(克) : 『춘추』에서 "극(克)"이라고 기록한 경우는 은공 원년의 "정백이 언에서 단을 이겼다(鄭伯克段于鄢)" 단 한 차례밖에 없다. 『전』에서는 "마치 두 나라의 임금 같았으므로 이겼다고 하였다(如二君, 故曰克)"라 하였지, "적의 장수를 잡은 것(得儁)"에 비기지 않았다. 효(殽)의 전투에서 진(晉)나라는 진(秦)나라의 장수 셋을 사로잡았으며, 승구(乘丘)의 전투에서 노(魯)나라는 송나라의 남궁만(南宮萬)을 사로잡았는데도 모두 "극(克)"이라고 기록하지 않았다.

11 복(覆) : 숨긴다는 뜻이다. 복병을 설치하여 적을 패퇴시키는 것이다.
취모사(取某師) : 『춘추』에 "取某師"라고 기록된 것은 단 두 차례로 모두 애공 때의 일이다. 9년의 "송나라 황원이 군사를 거느리고 옹구에서 정나라군사를 빼앗았다(宋皇瑗

京師敗曰王師敗績于某.[12]	주나라의 군대를 패퇴시키면 "왕사패적우모(주나라왕의 군사가 대패했다)"라 한다.
秋,	가을에
宋大水.	송나라에 홍수가 났다.
公使弔焉,[13]	공이 사절을 보내 위로하여
曰,	말하기를
"天作淫雨,[14]	"하늘이 장맛비를 내려

帥師取鄭師于雍丘)"라 한 것과 13년 "정나라 한달이 군사를 거느리고 암에서 송나라 군사를 빼앗았다(鄭罕達帥師取宋師于嵒)"라 한 것이 이것이다. 양공 12년의 『전』에서는 또한 "무릇 '取'라고 기록한 것은 쉽다는 말이다"라 하였으니 또 다른 예이다. 또한 군사를 매복시켜 놓고 적을 패퇴시킨 경우는 많은데 성공 3년 구여(丘輿)의 전투에서 정나라가 "동비로 하여금 만에 군사를 매복시키게 하였다(使東鄙覆諸鄤)"라 한 것과 16년 작릉(汋陵)의 전투에서 "정나라 사람이 매복하였다(鄭人覆之)"라 한 것이 그것인데 『경』에서는 모두 "취(取)"라고 기록하지 않았다.

12 왕사패적(王師敗績) : 『경』에 "王師敗績"이라고 기록된 것은 성공 9년 "주나라의 군사가 무융에게 참패하였다(王師敗績于貿戎)"라고 한 것은 단 한 차례뿐이다. 『국어 · 주어(周語)』에서도 "주나라의 군사가 강씨지융에게 참패하였다(王師敗績于姜氏之戎)"라고 하였다.

13 『주례 · 대종백(大宗伯)』에 "위로의 예로 재화를 슬퍼한다(以弔禮哀烖禍)"라는 말이 있는데 정현의 주석에서는 "재화(烖禍)는 수재와 화재를 당한 것을 말한다"라 하였는데 곧 이 말을 썼다. 사실 재화는 수재와 화재뿐만 아니고 모든 흉재(凶災)는 다 위문을 할 수 있었으니 문공 15년의 『전』에서 이른바 "훌륭한 일을 경하하고 재화를 조문한다(賀善弔災)"라 한 것과 소공 11년의 "복은 경하하고 흉사는 조문한다(賀其福而弔其凶)", 문공 8년 『전』에서 또 이른바 "조상(弔喪)"이라는 것이 이것이다.

14 작(作) : 일으키다는 뜻이다. 『맹자 · 양혜왕(梁惠王) 상』에 "하늘에서 구름이 뭉게뭉게 일어나다(天油然作雲)"라는 말이 있다.

음우(淫雨) : 임우(霖雨), 곧 장맛비이다. 은공 9년의 『전』에서는 "무릇 비는 3일 이상

害於粢盛,[15] 백곡에 해를 끼치니

若之何不弔?"[16] 그 어찌 위로를 않으리오?"라 하였다.

對曰, 이에 대답하여 말하기를

"孤實不敬,[17] "고가 실로 불경하여

天降之災, 하늘이 재앙을 내리는 데다가

又以爲君憂, 또한 임금께 심려를 끼쳐드리니

拜命之辱."[18] 임금님의 명을 욕되게 함에 절하나이다"라 하였다.

내리는 것을 장마(霖)라 한다"라 하였다.

15 자성(粢盛) : 원래는 서직을 담아서 제사에 바치는 것을 말하지만 여기서는 그냥 백곡(百穀)을 가리키는 말로 쓰였다.

16 약지하부조(若之何不弔) : 약지하(若之何)는 여하(如何), 곧 어찌라는 말과 같다. 양공 14년의 『전』에서 후성숙(厚成叔)이 위후(衛侯)를 위로하는 말에서 "임금께서 사직을 위무하지 않으시고 타국의 국경을 건너가 있으니 그 어찌 위로를 하지 않겠습니까(若之何不弔)?"라 하여 말의 배치가 이곳과 흡사하다. 「연표」에서는 "환공 11년 장문중이 송나라에 수재가 난 것을 위문하였다"라 하였다. 또 말하기를 "송민공(宋湣公) 9년에 송나라에 홍수가 났는데 공이 죄를 자신에게 돌렸다. 노나라에서 장문중을 사절로 보내어 위문하게 하였다"라 하였다. 「송세가(宋世家)」에서도 "민공 9년 송나라에 물난리가 나니 노나라에서 장문중을 사절로 보내어 수재를 위문하게 하였다."라 했다. 사마천은 사절을 장문중으로 단언하고 있다. 그러나 『세본(世本)』에 의하면 장문중은 애백달(哀伯達)의 손자로 장공 28년에야 비로소 『경』에 보이며 문공 10년에 죽는다. 문공 10년은 장공 28년과 50년의 시차가 있으며 더 위로 거슬러 올라가 이해까지는 무릇 68년이 되니 장문중이 90세에 죽었다면 이때는 22세에 불과할 것이다. 『사기』의 설은 혹 다음 문장의 장문중의 말에 따라 잘못 기록한 것이 아닐까?

17 고(孤) : 『예기·곡례(曲禮) 하』에서는 "제후가 천자를 알현할 때는 '신 모후모(某侯某)'라 하며, 백성들과 말할 때는 스스로 '과인'이라 칭하며, 상복을 입었을 때는 '적자고(適子孤)'라고 한다"라 하였다. 여기서 송공이 스스로를 일컬어 고(孤)라고 한 것은 흉사 때의 예법을 쓴 것이므로 다음 문장에서 "열국에 흉사가 있으면 '고'라고 칭하는 것은 예의에 합당한 것이다"라 하였다.

臧文仲曰,[19]	장문중이 말하였다.
"宋其興乎!	"송나라는 아마 흥할 것이다!
禹, 湯罪己,[20]	우임금과 탕임금은 죄를 자기에게 돌리어
其興也悖焉;[21]	그 흥함이 불쑥 솟았고,
桀, 紂罪人,	걸과 주는 남에게로 죄를 돌리니
其亡也忽焉.[22]	그 망함이 순식간이었다.

---

18 배명지욕(拜命之辱) : 당시의 습관적인 말로 성공 16년의 『전』에서는 "군명지욕(君命之辱)"이라 하였고, 『예기 · 빙의(聘義)』에서는 "拜君命之辱"이라 하였다. "삼가 관심을 받으니 실로 감당을 못하겠나이다" 정도의 뜻이다. 「송세가」에서는 "민공이 지신에게 죄를 돌리며 말하기를 '과인이 귀신을 잘 섬기지 못하여 정치가 닦여지지 않고 그래서 홍수가 났소'"라 하였는데 사마천의 "귀신을 잘 섬기지 못했다"라 한 것과 "정치가 닦여지지 않아서"라 한 것은 아마 옛 『좌씨(左氏)』의 뜻일 것이다.

19 장문중(臧文仲) : 곧 장손신(臧孫辰)이다. 『예기 · 예기(禮記 · 禮器)』 소(疏)와 『좌전』 장공 28년의 소(疏)에서 인용한 『세본(世本)』에서는 "효공(孝公)은 희백구(僖伯彄)를 낳았고, 구는 애백달(哀伯達)을 낳았으며 달은 백씨병(伯氏瓶)을 낳았고, 병은 문중신(文仲辰)을 낳았다"라 하였다. 문중의 아버지 백씨병은 시호가 없는데 일찍 세상을 떠난 것 같다.

20 우탕죄기(禹湯罪己) : 우임금이 죄를 자신에게 돌린 일은 『상서』로는 증명할 수 없다. 그러나 『설원(說苑)』과 『후한서 · 진번전(陳蕃傳)』에는 죄인을 보고 눈물을 흘리는 일이 실려 있는데 모두 『좌전』의 이 말 때문에 조작한 것이나 아닌지 모르겠다. 『논어 · 요왈(堯曰)』편에는 탕이 비를 비는 말이 수록되어 있는데 "짐의 몸에 죄가 있음은 만방 때문이 아니며, 만방에 죄가 있는 것은 죄가 짐의 몸에 있습니다"라 하였다. 청나라 성유(成孺)는 『경학변지(經學騈支)』에서 이 말은 곧 『고문상서(古文尚書)』의 일문(逸文)일 것이라 하였는데, 이 탕이 죄를 자신에게 돌린 것은 사실이다.

21 발(悖) : 발(勃)과 같음. 흥기하는 모양. 『맹자 · 양혜왕 상』에 "벼싹이 쑥쑥 일어나게 된다(苗浡然興之矣)"라 하였는데 발연(浡然)은 곧 이곳의 "悖焉"과 같은 뜻이다.

22 홀(忽) : 속(速), 질(疾), 곧 빠르다는 뜻이다. 『여씨춘추 · 논인(論人)』편에 "옛날 상고시대의 망한 임금이 죄가 남에게 있다고 생각하여 날로 사람을 살육하기를 그치지 않았는데 망할 때까지 깨닫지 못했다. 3대의 흥한 왕들은 죄가 자신에게 있다고 생각하여 날마다 공을 세웠는데도 쇠할 줄 몰랐으며 왕이 되기에 이르렀다"라 하였는데, 아마 이 뜻

且列國有凶,[23]	또한 열국에 흉사가 있으면
稱孤,	'고' 라고 칭하는 것은
禮也.	예의에 합당한 것이다.
言懼而名禮,[24]	말은 두려워하고 명칭은 예에 맞으니
其庶乎!"[25]	거의 흥하게 될 것이다."
旣而聞之曰公子御說之辭也.[26]	조금 있다가 그 말을 공자 어열이 했다는 것을 듣고
臧孫達曰,[27]	장손달이 말하기를
"是宜爲君,	"이 사람은 임금이 되어 마땅하니
有恤民之心."[28]	백성을 근심하는 마음이 있기 때문이다"라 하였다.

을 쓴 것 같다. 그래서 고유(高誘)는 "망한 임금은 걸(桀)과 주(紂) 같은 임금이고, 3대는 우(禹), 탕(湯), 문왕(文王)이다"라 하였다.

23 흉(凶) : 흉황(凶荒)을 말함. 홍수로 수확할 것이 없어진 것이다.

24 언구(言懼) : 불경하여 하늘이 재앙을 내린다는 말을 가리킨다.
명례(名禮) : 스스로를 고(孤)라 칭한 것을 가리킴.

25 전한(前漢) 한영(韓嬰)의 『한시외전(韓詩外傳)』 권3에서는 공자가 한 말이라 하였다. 이 말은 유향(劉向)의 『설원 · 군도(說苑 · 君道)』편에도 수록되어 있는데, 그 대략은 비슷하나 군자(君子)가 한 말이라 하였다. 이는 대체로 전해들은 말이 달라서일 것이다.

26 어열(御說) : 『사기』와 『한서 · 고금인표(古今人表)』에는 어(禦)로 되어 있다. 두 자는 서로 통하여 쓴다. 어열은 송장공의 아들이며 민공의 아우로 환공이다. 「송세가」에서는 "이 말은 곧 공자 자어(公子子魚)가 민공(湣公)을 훈계한 말이다"라 하였다. 자어는 목이(目夷)인데 희공 8년에야 처음 보이므로 이해와는 30여 년의 시차가 난다. 『사기』의 설은 온당치 못한 것 같으며 다른 근거가 있는지 모르겠다.

27 장손달(臧孫達) : 곧 장애백(臧哀伯)으로 이미 환공 2년의 『전』에 보인다. 환공 2년부터 이해까지는 27년인데 장애백이 혹 죽지 않았을 수도 있다. 위에서는 문중의 말을 이야기하고 여기서는 조부의 말을 인용하였는데, 한 사람은 송나라가 장차 흥기할 것이라 하였고 한 사람은 어열이 마땅히 임금이 될 것이라고 하여 서로 말한 것이 다르다.

冬,	겨울에
齊侯來逆共姬.[29]	제후가 와서 공희를 맞았다.

乘丘之役,[30]	승구의 전역에서
公以金僕姑射南宮長萬,[31]	공이 금복고로 남궁장만을 쏘아
公右歂孫生搏之.[32]	공의 우거인 천생이 그를 사로잡았다.
宋人請之.[33]	송공이 그를 돌려주기를 청하였다.

---

28 공영달은 "어열이 이듬해 왕이 된 후에 바야흐로 이 말을 비로소 들었다는 말이다. 들었을 때 이미 왕이 되었으니 이 사람은 임금이 되어 마땅한 것이라 한 것이다"라 하였다.

29 제후(齊侯) : 제환공이다.
공희(共姬) : 왕희(王姬)이다. 제환공이 와서 친영한 것이다. 청초(淸初) 고사기(高士奇)의 『좌전기사본말(左傳紀事本末)』에서는 "노나라에서 왕희의 혼사를 주관한 것이 오래되었으므로 환공이 왕희를 맞음 또한 노나라에서 맞이하였는데 노나라가 왕실의 가까운 친척이기 때문이다"라 하였다.

30 승구지역(乘丘之役) : 10년에 있었다.

31 복고(僕姑) : 화살 이름. 기의 이름을 영고피(靈姑銔)라 하는 것〔소공(昭公) 10년의 『전』〕과 같아 그 뜻을 억지로 강구할 필요가 없다. 원나라 이세진(伊世珍) 이래 장총함(張聰咸), 장병린(章炳麟) 등이 각각 해석을 한 것이 있으나 모두 견강부회한 이야기로 믿을 수가 없다.
남궁장만(南宮長萬) : 곧 송만(宋萬)임. 남궁은 씨(氏)이고 만이 이름이며, 장은 자이다.

32 천손(歂孫) : 『예기 · 단궁 상』에 의하면 장공의 융거의 거우는 복국(卜國)인데 말이 놀라 수레가 전복되는 바람에 부거(副車)가 고삐를 잡았다 하였으니 곧 부거의 거우인 것 같다. 임금이 타는 병거를 융거라 하고 부거는 좌거라 하는데, 병거를 통틀어 융거라고 부를 수 있었다.
생박(生搏) : 박(搏)은 포(捕)와 같은 의미로 쳐서 잡는다는 뜻이다. 생박은 곧 지금의 생포라는 말과 같다. 「송세가」에서는 "송남궁만을 생포했다(生虜宋南宮萬)"라 하였다.

33 송인청지(宋人請之) : 남궁만을 돌려줄 것을 요구한 것이다. 「송세가」에서는 "송나라 사람이 남궁만을 돌려주기를 청하여 남궁만이 송나라로 돌아왔다(宋人請萬, 萬歸宋)"라

宋公靳之,[34] 송공이 그를 놀리며

曰, 말하기를

"始吾敬子; "처음에는 그대를 존경했는데

今子, 지금 그대는

魯囚也, 노나라의 포로이니

吾弗敬子矣." 내 그대를 존경하지 않소"라 하니

病之.[35] 송공에게 원한을 품었다.

장공 12년

經

十有二年春王三月,[1] 12년 봄 주력으로 3월

하였다.

34 근(靳) : 놀리어 부끄럽게 하는 것이다.

35 다음해 『전』의 "宋萬弑閔公于蒙澤"과 본래 한 문장이다. 후인이 잘못 끊어 나누어졌다. 『사기 · 송세가』에서는 "11년 가을 민공이 남궁만과 사냥을 하였는데 길을 다투다가 다투게 되자 민공이 노하여 그를 놀렸다. '처음에는 그대를 존경하였지만 지금 너는 노나라의 포로이다.' 남궁만은 힘이 세었는데 이 말에 원한을 품고 몽택에서 바둑판으로 민공을 죽였다"라 하였다. 다만 『사기』에서 기를 다투었다 한 부분은 『공양전』을 참고한 것 같다. 위(魏)나라 서간(徐幹)의 『중론 · 법상(中論 · 法象)』편에서는 "송민(宋敏)이 바둑판으로 머리를 바수었다"라 하였는데 역시 『공양전』을 쓴 것이다. 두예는 "송만이 그 임금을 죽인 배경이 되었다"라 하였으니 이렇게 『전』이 나누어지게 된 것은 두예에 의해서 그렇게 된 것이 아니다.

1 십유이년(十有二年) : 기해년 B.C. 682년으로 주장왕(周莊王) 15년이다. 동지가 지난해

紀叔姬歸于酅.[2] 기숙희가 휴에서 돌아왔다.

夏四月. 여름 4월.

秋八月甲午,[3] 가을 8월 갑오일에

宋萬弑其君捷及其大夫仇牧.[4] 송만이 임금 첩과 대부 구목을 죽였다.

冬十月, 겨울 10월에

宋萬出奔陳.[5] 송만이 진나라로 달아났다.

傳

十二年秋, 12년 가을에

宋萬弑閔公于蒙澤.[6] 송만이 몽택에서 민공을 죽였다.

12월 초5일 계사일에 있었으며 건축(建丑)년이다.

2 전이 없다. 기계(紀季)는 휴(酅) 땅을 가지고 제나라로 들어갔는데 장공 3년에 보인다. 『공양전』에서는 "그 나라는 망했으니 숙(叔)에게 돌아왔을 따름이다"라 하였고, 『곡량전』에서는 "나라라야 돌아온다고 한다. 이는 읍인데 돌아왔다 한 것은 어째서인가? 우리나라 여인이기 때문이다. 나라를 잃고 그 있을 곳을 얻음을 기뻐하였으므로 돌아왔다고 한 것일 따름이다"라 하였다.

3 갑오(甲午) : 10일이다.

4 첩(捷) : 『공양전』에는 접(接)으로 되어 있다. 두 글자는 서로 통하여 썼다. 『전』에 의하면 화독(華督)도 피살되었는데 『경』에서는 기록하지 않았다. 모기령(毛奇齡)은 송나라 사람이 가지 않았기 때문에 기록하지 않았다고 하였다. 고동고(顧棟高)는 『독춘추우필(讀春秋偶筆)』에서 공자가 산삭(刪削)한 것이라고 생각하였는데, 꼭 그런 것은 아니다.

5 분(奔) : 희공 28년 『경』에서 위(衛)나라 원훤(元咺)이 진(晉)나라로 도망가기 전까지는 노나라 바깥의 대부가 타국으로 달아난 것을 기록한 예는 이곳뿐이다. 나머지도 달아난 사람이 없는 것은 아니니 사관이 필법이 때에 따라 다른 것 같다.

6 송만(宋萬) : 곧 장만(長萬)이다. 전해의 『전』에 상세히 나와 있다. 『공양전』에서는 "만(萬)이 일찍이 노장공과 싸운 적이 있는데 장송에게 사로잡혔다. 장공은 돌아가 여러 궁

遇仇牧于門, 문에서 구목과 마주쳤는데

批而殺之.[7] 쳐서 죽였다.

遇大宰督于東宮之西,[8] 동궁에 서쪽에서 태재 독을 마주쳤는데

又殺之.[9] 또 죽였다.

立子游.[10] 자유를 세웠다.

羣公子奔蕭,[11] 여러 공자가 소나라로 달아났으며

중에 살 곳을 정해 주고 수개월이 흐른 뒤에 돌려보냈다. 돌아가서는 송나라에서 대부가 되었다. 민공과 바둑을 두는데 부인들이 모두 곁에 있었다. 만이 '노나라 임금의 정숙함과 노나라 임금의 아름다움이 실로 대단하였소! 천하 제후 중에 임금다운 사람이 있다면 노나라 임금뿐일 것입니다'라 하였다. 민공은 이 부인들을 자랑하였는데 그 말에 질투가 났다. 그래서 돌아보며 말하기를 '이 사람은 포로이다. 네가 포로가 되었기 때문이냐? 노나라 임금이 아름다우면 어찌 왔느냐?'라 하니 만이 노하여 민공을 쳐 죽이고 목을 잘랐다"라 하였다. 『한시외전』과 『설원(說苑)』에도 모두 이 일이 수록되어 있는데 주로 『공양전』을 많이 따르고 있어서 『좌전』과는 다르다.

몽택(蒙澤) : 지금의 하남성 상구현(商丘縣) 북쪽이다.

7 『공양전』에서는 "구목이 임금이 시해되었다는 말을 듣고 달려가 문에서 마주치자 칼을 들고 꾸짖었다. 만이 구목을 팔로 후려치고는 그의 머리를 부수었다. 이가 문에 부딪쳤다"라 하였다. 『사기 · 연표』에서는 "만이 임금을 죽였을 때 구목은 의로운 행동을 했다"라 하였고 「송세가」에서는 "대부 구목이 그 말을 듣고 무기를 들고 문으로 갔다. 만이 구목을 치니 구목은 문에 이가 부딪쳐 죽었다"라 하였다. 문은 궁문을 말하는데 이로 보아 몽택에 이궁이 있었던 것 같다.

비(批) : 손을 뒤집어 치는 것이다. 『옥편』에는 "搋"로 되어 있는데 단옥재는 "지금의 『좌전』에는 비(批)로 되어 있는데 속자이다"라 하였다.

8 동궁(東宮) : 제후의 소침(小寢)이다.

9 『사기 · 송세가』에서는 "내친 김에 태재 화독(華督)까지 죽였다"라 하였다.

10 입자유(立子游) : 『사기 · 송세가』에서는 "이에 다시 공자유를 임금으로 세웠다"라 하였다.

11 소(蕭) : 나라 이름으로 부용국(附庸國)이며 자(子)씨 성의 나라이다. 지금의 안휘성 소현(蕭縣) 소재지 서북쪽 15리 지점에 있을 것이다.

公子卿說奔毫.[12]	공자 경열은 박으로 달아났다.
南宮牛, 猛獲帥師圍毫.[13]	남궁우와 맹획이 군사를 거느리고 박을 에워쌌다.
冬十月,	겨울 10월에
蕭叔大心及戴, 武, 宣, 穆, 莊之族以曹師伐之.[14]	소숙대심이 대, 무, 선, 목, 장의 겨레들과 함께 조나라 군사를 가지고 그를 쳤다.
殺南宮牛于師,[15]	싸우다가 남궁우를 죽였으며
殺子游于宋,[16]	도성인 송에서 자유를 죽이고
立桓公.[17]	환공을 세웠다.

---

12 박(毫) : 곧 희공 21년과 애공 14년에 나오는 박(薄)으로, 지금의 하남성 상구시(商丘市) 북쪽 45리 지점에 있다.

13 남궁우(南宮牛) : 『사기 · 송세가』에서는 남궁우를 만(萬)의 아우라 하였고, 두예는 만의 아들이라 하였는데 무슨 근거로 그렇게 말하는지 모르겠다.
맹획(猛獲) : 남궁만의 도당이다.

14 소숙대심(蕭叔大心) : 소(蕭)는 원래 송나라의 읍(邑)이고 숙(叔)은 배항(排行)이며 대심이 이름이다. 숙대심이 이번에 남궁만을 토벌하는 데 공을 세웠기 때문에 송나라에서 소(蕭)에 봉하고 부용으로 삼은 것이며, 소는 곧 지금의 안휘 소현(蕭縣)이다. 23년의 『경』에서 "소숙이 공에게 내조했다"라 한 그 소이다.
송대공(宋戴公), 무공(武公), 선공(宣公)은 모두 춘추시대 전시대의 인물들이다. 무공은 대공(戴公)의 아들이고 선공은 무공의 아들이며, 목공은 선공의 아우이고 장공은 목공의 아들이다. 목공과 장공 사이에 또 상공(殤公)이 있는데 그 일족은 참여를 하지 않았으니 상공 때문에 시해된 일족이 어찌 또 멸족될 수 있겠는가? 또는 상공은 후예가 없는 것인가? 대공의 일족으로는 화씨(華氏), 낙씨(樂氏), 노씨(老氏), 황씨(皇氏)가 있고, 장공의 일족으로는 중씨(仲氏)가 있다. 나머지는 알려진 바가 없다.

15 우사(于師) : 곧 박(毫)에서의 싸움을 말한다.

16 송(宋) : 국도(國都)이다.

17 「송세가」에서는 "겨울에 소(蕭) 및 송나라의 여러 공자들이 함께 남궁우를 쳐 죽이고, 송나라의 새 임금 유(游)를 죽인 후 민공의 아우인 어열(御說)을 세웠는데 이 사람이 환

猛獲奔衛.	맹획은 위나라로 달아났다.
南宮萬奔陳,	남궁만은 진나라로 달아났는데
以乘車輦其母,[18]	수레에 그 어미를 태우고
一日而至.	하루 만에 도착했다.
宋人請猛獲于衛.	송나라 사람들이 위나라에 맹획을 내놓으라고 요구했지만
衛人欲勿與.	위나라 사람들은 주려고 하지 않았다.
石祁子曰,[19]	석기자가 말했다.
"不可.	"안 됩니다.
天下之惡一也,	천하의 악인은 마찬가지이니
惡於宋而保於我,	송나라에서 악행을 저질렀는데 우리나라에서 지켜 주니

공(桓公)이다."

18 승거(乘車) : 수레. 천자나 제후가 타는 수레를 승여(乘輿)라고 한다. 『맹자 · 양혜왕 하』에서 말한 "지금 승여에 이미 멍에가 메워져 있습니다(今乘輿已駕矣)"라 한 것이 그것이다.
련(輦) : 사람이 수레의 멍에를 멘 것이다. 남궁만이 직접 수레를 끌었다는 말이다. 두예의 주석에 의하면 송나라는 진나라와 260리 떨어졌다 하는데 "하루 만에 닿았다" 하였으니 이는 곧 남궁만이 힘이 세다는 것을 말한다.

19 석기자(石祁子) : 석태중(石駘仲)의 아들로 『예기 · 단궁 하』에 보인다. 석태중은 또 석작(石碏)의 일족으로 『예기 · 단궁 하』의 정현(鄭玄) 주(注)에 보인다. 춘추 초기에는 각국의 대부들을 모두 백(伯) · 중(仲) · 숙(叔) · 계(季)로 칭하였는데 위나라의 대부 석기자에 대해 염약거(閻若璩)는 "대부이면서 자(子)로 일컬은 경우는 이보다 앞서는 예가 없다"라 하였다.

保之何補?[20] 그를 지켜 주는 것이 무슨 보탬이 됩니까?

得一夫而失一國, 한 사내를 얻고 한 나라를 잃으며

與惡而棄好,[21] 악한 자와 어울리고 우호를 버리는 것은

非謀也." 좋은 계책이 아닙니다."

衛人歸之. 그리하여 위나라 사람들이 그를 돌려보냈다.

亦請南宮萬于陳, 또한 진나라에 남궁만을 요구하면서

以賂.[22] 뇌물을 보냈다.

陳人使婦人飮之酒, 진나라 사람이 부인을 보내 술을 마시게 하여

而以犀革裹之. 무소 가죽으로 그를 쌌다.

比及宋,[23] 송나라에 이를 즈음에

手足皆見.[24] 손발이 다 드러나니

宋人皆醢之.[25] 송나라 사람이 죽여서 절였다.

---

20 악인은 천하에서 공히 미워하기 때문에 우리나라가 보호하려는 뜻이 아무 도움이 안 된다는 뜻.

21 여(與) : 당파를 지어 어울리다. 감싸다, 편들다의 뜻.
호(好) : 송나라는 위나라와 본래 동맹국이었으므로 이렇게 말하였다.

22 여기서 문장을 한번 끊어야 한다.

23 비급(比及) : 비(比)는 거성(去聲)이며, 비급은 연문(連文)이다. ~할 때라는 뜻.

24 수족현(手足見) : 힘이 세어 무소 가죽을 찢을 수 있음을 말한다.

장공 13년

經

十有三年春,[1]	13년 봄에
齊侯, 宋人, 陳人, 蔡人, 邾人會于北杏.[2]	제후와 송나라, 진나라 채나라, 주나라 사람이 북행에서 만났다.
夏六月,	여름 6월에
齊人滅遂.[3]	제나라 사람이 수나라를 멸했다.
秋七月.	가을 7월.

25 해(醢) : 육장(肉醬), 곧 젓갈이다. 여기서는 동사로 쓰여 삶아서 젓을 담았다는 말이다. 『사기 · 노중련전(魯仲蓮傳)』에서 “내 장차 진왕(秦王)으로 하여금 양왕(梁王)을 삶아 젓을 담게(烹醢) 할 것이오”라 한 것에서 “팽해(烹醢)”가 연문으로 쓰인 것을 보면 알 수 있다.

1 십유삼년(十有三年) : 경자년 B.C. 681년으로 주희왕(周僖王) 원년이다. 동지가 지난해 12월 16일 무술일에 있었으며 건축(建丑)년이다.

2 제후(齊侯)가 『곡량전』에는 “제인(齊人)”으로 되어 있다. 주(邾)는 『공양전』에는 으레 “주루(邾婁)”로 되어 있다. 송인(宋人) · 진인(陳人) · 채인(蔡人) · 주인(邾人)은 모두 “人”이라 칭하였으나 사실 모두 각국의 임금일 것이다. 14년의 『경』에서 “제나라 사람, 진나라 사람, 조나라 사람이 송나라를 쳤다(齊人 · 陳人 · 曹人伐宋)”라 하였는데 『전』에서 “제후가 송나라를 쳤다(諸侯伐宋)”라 하였으니 『경』에서 “인”이라 칭한 사람이 반드시 미자(微者)는 아님을 알 수 있다. 제후가 천하의 회맹을 주관한 것은 여기서 비롯된다. 『경』에서 “주나라 사람(邾人)”이라 칭한 것도 여기에서 비롯되었다.
북행(北杏) : 제나라 사람으로 지금의 산동성 동아현(東阿縣) 경계에 있을 것이다.

3 제인멸수(齊人滅遂) : 소공 3년 및 8년의 『전』에 의하면 수는 우순(虞舜)의 후예이며 『세본』에서도 “수나라는 규(嬀)씨 성이다”라 하였다. 지금의 산동성 영양현(寧陽縣) 서북쪽에 있을 것이며 비성현(肥城縣)과 경계가 맞닿아 있다. 「제세가」에서는 “[환공(桓公)] 5년 노나라를 쳤는데 노나라가 패하려 하자 노장공이 수읍(遂邑)을 바칠 것을 청하여 강화를 맺었다”라 하였다.

冬,	겨울에
公會齊侯盟于柯.[4]	공이 가에서 제후와 회맹했다.

傳

十三年春,	13년 봄에
會于北杏,	북행에서 회맹하였는데
以平宋亂.[5]	송나라의 난을 평정하기 위함이었다.
遂人不至.	수의 사람이 이르지 않았다.
夏,	여름에
齊人滅遂而戍之.[6]	제나라 사람이 수를 멸하고 그곳을 지켰다.

冬,	겨울에
盟于柯,	가에서 회맹했는데
始及齊平也.[7]	처음으로 제나라와 강화를 맺었다.

---

4 가(柯) : 제나라의 읍이다. 지금의 산동성 양곡현(陽穀縣) 동북쪽 15리 지점에 아성진(阿城鎭)이 있는데 곧 옛 성의 소재지일 것이다.

5 송란(宋亂) : 12년의 『경』과 『전』을 보라.

6 완원(阮元) 판각본과 『경』에서는 "하(夏)"부터 나누었는데 전에서는 두 일이 이어져 있다고 생각하여 하나로 합쳤다.

7 시급제평(始及齊平) : 노나라는 장공 10년 장작(長勺)에서 제나라 군사를 물리쳤으며, 제나라와 송나라의 연합군이 또한 승구(乘丘)에서 송나라 군사를 물리쳤는데 이때 바야흐로 제나라와 강화의 말이 있었다. 가(柯)에서의 회맹 및 조귀(曹劌)의 일은 『공양전』과 『사

宋人背北杏之會.[8]

송나라 사람들이 북행의 회맹을 저버렸다.

기 · 12제후 연표』 및 「제세가」에서도 모두 서술하고 있는데 『좌전』과는 내용이 다르다. 「제세가」에서는 말하였다. "[환공(桓公)] 5년 노나라를 쳤는데 노나라 장수의 군대가 패했다. 노장공이 수읍(遂邑)의 땅을 바치며 화평할 것을 청하자 환공이 허락하고 노나라와 가에서 회담을 하고 맹약을 하였다. 노나라가 맹약을 하려는데 조말(曹沫)이 단상에서 비수로 환공을 위협하며 말했다. '노나라에게서 빼앗은 땅을 돌려주시오' 환공이 허락하였다. 이에 마침내 조말이 세 번을 싸워 잃은 땅을 노나라에게 주었다." 『좌전』을 보면 이해에 제나라가 노나라를 친 일도 없을뿐더러 장작의 전투에서는 노나라가 이기고 제나라가 졌으며, 더욱이 조귀가 세 번이나 패한 일도 없다. 그러나 『사기』의 서술은 전국시대 때 잘못 유전(謬傳)되었다. 『전국책』에서는 누차 조말이 환공을 위협한 것을 언급하였으며, 「제책(齊策) 6」에는 노중련(魯仲連)의 「연나라 장군에게 보내는 편지(遺燕將書)」이 수록되어 있는 데다 또 이 일을 들어 연나라 장수에게 권하고 있기까지 하다. 『순자 · 왕제(王制)』편에서는 또 말하기를 "환공이 노장공에게 위협을 당했다"라 하였는데 다시 『관자 · 대광(大匡)』편과 『여씨춘추 · 귀신(貴信)』편의 서술과 서로 부합한다. 엉터리를 찾을 수 없는 것이 없다. 즉 수(遂)는 제나라에게 멸망당하였으니 『사기』에서 말한 "수읍의 땅을 바치며 화평했다"는 것은 잘못이다. 또한 『춘추』에는 관내후(關內侯)라는 말이 없으니 『여씨춘추』에서 말한 "노나라가 관내후에 비견될 것을 청하였다"는 말도 잘못이다. 문양(汶陽)의 땅은 성공(成公) 10년 안(鞌)의 전투에 이르러 제나라가 비로소 노나라에 돌려줬는데 『여씨춘추』와 『좌전』뿐만 아니라 『사기』의 「연표」와 「세가(世家)」에도 수록되어 있으니 『공양전』에서 말한 "문양의 땅을 청하였다"는 것도 잘못이다. 송나라 섭적(葉適)의 『습학기언서목(習學記言書目)』 권10에서는 "이때 동쪽으로 옮긴 지 백 년도 되지 않았으니 인재가 비록 비루하긴 하나 곧 자객이 되지는 않았을 것이다"라 하였다. 청나라 노문초(盧文弨)는 『종산찰기(鍾山札記)』에서 조말이 환공을 위협한 일은 전국시대 사람이 지어낸 데서 나왔지만 이목이 보아 오던 것을 상세(上世)에 베푸니 합치되지 못함을 모르는 것이라 하였으니 이 말이 실로 진실되다. 사마천은 『좌전』에서 조귀가 전쟁을 논한 것은 취하지 않고 제환공을 위협한 것을 취하여 「연표」 및 「제세가」와 「노세가」에 싣고 다시 「자객열전」까지 지어내었으니 아마 지나치게 기이한 것을 좋아해서였을 것이다. 한무량사(漢武梁祠)의 화상에는 그래서 조말이 환공을 위협하는 그림이 있게 되었다.

8 북행에서의 회합은 봄에 있었고 필시 맹약을 하였을 것인데 『경』과 『전』에서는 기록하지 않았다. 북행의 회합을 저버렸다는 것은 곧 북행에서의 맹약을 저버린 것이다. 이 구절은 본래 『전』의 "14년 봄에 제후가 송나라를 쳤다(十四年春諸侯伐宋)"와 하나의 『전』으로 이어져 있던 것을 후인들이 잘라 여기에 놓았다.

장공 14년

經

十有四年春,[1] 14년 봄

齊人, 陳人, 曹人伐宋.[2] 제나라 사람, 진나라 사람, 조나라 사람이 송나라를 쳤다.

夏, 여름에

單伯會伐宋.[3] 선백이 회합하여 송나라를 쳤다.

秋七月, 가을 7월에

荊入蔡.[4] 초나라가 채나라로 들어갔다.

冬, 겨울에

單伯會齊侯, 宋公, 衛侯, 鄭伯于鄄.[5] 선백이 제후와 송공, 위후, 정백과 견에서 회합하였다.

---

1 십유사년(十有四年) : 신축년 B.C. 680년으로 주희왕(周僖王) 2년이다. 동지가 지난해 12월 26일 계묘일에 있었으며 건축(建丑)년이다. 윤달이 있다.

2 공영달은 "『경』에서는 사람(人)이라 기록하고 『전』에서는 제후라 말한 것은 선유(先儒)들이 여러 이런 무리를 모두 제후의 몸이라고 생각했기 때문이다. 『석례(釋例)』에서는 '제후에게 일이 있으면 『전』에서 밝혀 놓은 글이 있는데, 『경』에서 사람(人)이라 일컬은 것이 모두 11조목인데 좌구명(左丘明)은 그 뜻을 풀이해 놓지 않았다"라 하였다.

3 선백회벌송(單伯會伐宋) : 두예의 주석에서는 "이미 송나라를 쳤는데 선백이 이에 이르렀으므로 만나서 송나라를 쳤다고 하였다. 선백은 주나라의 대부이다"라 하였다. 당연히 장왕 원년 왕희(王姬)를 보낸 선백과 동일 인물일 것이다.

4 입(入) : 문공 15년의 『전』에서는 "큰 성을 빼앗은 것을 그리 들어간다라 한다(獲大城焉曰入之)"라 하였고, 양공 13년의 『전』에서는 "그 땅을 차지하지 않는 것을 입이라 한다(弗地曰入)"라 하였는데 여기서는 두 가지 의미를 겸하고 있는 것 같다.

5 견(鄄) : 지금의 견성현(鄄城縣)에서는 "견"으로 읽으며 "진"이라는 음도 있다. 위(衛)나

傳

十四年春,	14년 봄에
諸侯伐宋.	제후들이 송나라를 치니
齊請師于周.[6]	제나라는 주나라에 군사를 청하였다.
夏,	여름에
單伯會之.	선백이 그들을 만났다.
取成于宋而還.[7]	송나라에서 성을 취하고는 돌아왔다.

鄭厲公自櫟侵鄭,[8]	정나라 여공이 역에서 정나라를 침략하여
及大陵,[9]	대릉에 이르러

라 땅으로 나중에 제표(齊豹)의 읍이 되며 소공 20년의 『전』에 보인다. 옛 성은 지금의 산동성 견성현 북쪽에 있다. 또한 곧 하남 복성현(옛 복현 소재지) 동쪽이기도 하지만 황하가 놓여 있다. 선백은 천자의 경이고, 노나라가 회합에 가지 않았으므로 『경』에서 선백을 주체로 보았고, 선백이 아무가 아무개와 만나다라고 기록을 하였다. 만약에 노공이 회합에 참여했다면 노나라를 주체로 보았을 것이다. 이를테면 희공 8년의 『경』에서는 "공이 주나라 사람, 제후, 송공, 휘후, 허남, 조백, 진세자관을 조에서 만나 회맹을 했다"라 하였고, 9년 『경』에서는 "공이 규구(葵丘)에서 주공 제후, 송자, 위후, 정백, 허남, 조백을 만났다"라 하였다.

6 제청사우주(齊請師于周) : 두예는 "제나라가 천자를 높이고자 하였으므로 군사를 청하여 왕명을 빌려 큰 도리를 보였다"라 하였다.

7 「송세가」에서는 "환공 2년 제후가 송나라를 쳤는데 도성의 근교까지 이르렀다가 떠났다"라 하였다.

8 정나라 여공은 도망가 역(櫟)에서 머물면서 마쳤다. 환공 15년의 『경』과 『전』에 상세하게 나와 있다. 역은 곧 지금의 하남성 우현(禹縣)인데 정나라 도읍의 서남쪽 90리 지점에 있다.

9 대릉(大陵) : 밀현(密縣)에서 신정〔新鄭 : 정(鄭)나라의 도성〕에 이르는 사이에 있을 것

獲傅瑕.	부하를 사로잡았다.
傅瑕曰,	부하가 말하였다.
"苟舍我,[10]	"나를 놓아주기만 하면
吾請納君."	제가 청컨대 임금님을 바치겠습니다."
與之盟而赦之.	그와 맹약을 맺고 풀어 주었다.
六月甲子,[11]	6월 갑자일에
傅瑕殺鄭子及其二子,[12]	부하가 정자 및 그의 두 아들을 죽여
而納厲公.	여공에게 바쳤다.
初,	처음에
內蛇與外蛇鬪於鄭南門中,[13]	성안의 뱀과 성 밖의 뱀이 정나라 남문에서 싸웠는데
內蛇死.	성안의 뱀이 죽었다.
六年而厲公入.[14]	6년 만에 여공이 들어왔다.

이다. 예전에는 지금의 임영현(臨潁縣) 동북쪽 35리에 있는 거릉정(巨陵亭)에 해당한다고 보았지만 도로가 거치는 곳이 아니므로 확실치 않은 것 같다.

10 사(舍) : 사(捨)와 같다.

11 갑자(甲子) : 20일이다.

12 정자(鄭子) : 곧 자의(子儀)인데 시호가 없었으므로 정자라고 부른 것이다. 희공 28년 위성공(衛成公)이 달아나자 그의 아우가 지키며 천토(踐土)에서 맹약을 맺었는데 『경』에서는 위자(衛子)라고 하여 여기와 이동(異同)이 있다. 「연표」와 「정세가」에서는 모두 『좌전』을 채택하였는데 문사가 다르다.

13 정남문(鄭南門) : 『수경주』에 의하면 정나라의 남문은 시문(時門)이라 한다.

公聞之,	공이 그 소리를 듣고는
問於申繻曰,	신수에게 물어 말하였다.
"猶有妖乎?"	"아직도 요기가 있는가?"
對曰,	이에 대답하기를
"人之所忌,	"남들이 꺼리는 것은
其氣燄以取之.[15]	그 기운이 불타올라 그것을 취하게 됩니다.
妖由人興也.	요망함은 사람에게서 일어나는 것입니다.
人無釁焉,	사람들이 빈틈을 보이지 않았으면
妖不自作.	요기는 알아서 일어나지 않았을 것입니다.
人棄常,	사람들이 평상심을 버리면
則妖興,	요기가 일어나게 되고
故有妖."[16]	따라서 요기가 있게 됩니다"라 하였다.

14 16년 『전』에서 말하기를 "정백이 역(櫟)에서 들어와 늦게 초나라에 알렸다"라 하였으니 정백이 입국하여 이미 제후들에게 널리 알린 것인데 『경』에서는 기록하지 않았다.

15 염(燄) : 『당석경(唐石經)』 및 가나자와 문고본(金澤文庫本)에는 모두 "炎"으로 되어 있으며, 『한서 · 오행지』와 「예문지(藝文志)」 및 왕부(王符)의 『잠부론(潛夫論)』의 인용 또한 모두 "炎"으로 되어 있다. 『교감기(校勘記)』에서 또한 "炎"이 옳다고 하였다. 후한(後漢) 응소(應劭)의 『풍속통 · 과예(風俗通 · 過譽)』편에서는 "사람이 꺼리는 것을 불꽃이 절로 취한다(人之所忌, 炎自取之)"라 하였으니 "其氣" 두 자에서 한번 쉬어야지 "氣燄"을 하나의 낱말로 보아서는 안 될 것이다.

厲公入,	여공이 들어가서는
遂殺傅瑕.	마침내 부하를 죽여 버렸다.
使謂原繁曰,	원번에게 이렇게 말하게 하였다.
"傅瑕貳,[17]	부하는 두 마음을 품었는데
周有常刑,	주나라에는 이에 규정된 형이 있어
旣伏其罪矣.	그 죄에 대한 처분을 받았소.
納我而無二心者,	나를 들이어 두 마음을 품지 않은 사람들에게
吾皆許之上大夫之事,	내 모두 상대부의 직무를 허락하니
吾願與伯父圖之.[18]	내 백부와 그 일을 도모하길 바라오.

16 신수는 실제적으로 요괴의 객관적인 존재에 회의를 가지고 있으며 요괴는 사람이 꺼리는 것으로 생각하여 그 기운이 불타오르는 것으로 말미암아 이길 수가 없으면 요사함이 있다고 하였다. 요사함은 사람에게서 일어나는 것이 아니라 사람이 항상성을 잃고 빈틈을 보이면 요괴가 일어나는 것이다.

17 "나를 들이어 두 마음을 품지 않은 사람들에게……(納我而無二心者云云)" 한 것으로 미루어 보건대 부하가 두 마음을 품은 것은 아마 자기를 정나라에 들여 넣고 난 뒤에 두 마음을 품은 것을 말하는 것 같다. 그러나 「정세가」에서는 "여공이 보가(甫假)에게 말하기를 '그대는 임금을 섬기는데 두 마음을 가지고 있다' ……" 하였으니 이 이(貳)자의 뜻은 부가가 이미 자의를 섬기다가 또 그를 죽이고 자신을 들여보냈다는 것을 말하기도 할 것이다. 두 가지 설이 다 뜻이 통한다.

18 백부(伯父) : 원번을 말한다. 『시경 · 소아 · 벌목(小雅 · 伐木)』편에 대한 『모전(毛傳)』에서는 "천자가 동성의 제후를 부르거나 제후가 동성의 대부를 부를 때 모두 부(父)라 하고 성이 다르면 구(舅)라고 한다"라 하였다. 『의례 · 근례(覲禮)』에서는 "천자가 제후를 부를 때 동성의 대국이면 백부(伯父)라 하고 성이 다르면 백구(伯舅)라 하며, 동성의 작은 나라면 숙부(叔父)라 하고 성이 다른 작은 나라면 숙구(叔舅)라 한다"라 하였으니 천자는 제후에게 나라의 대소에 따라 백숙(伯叔)의 구분이 있었고, 제후는 대부에게 그럴 필요는 없었던 것 같고 나이의 많고 적음에 따라 백숙으로 구분하였던 것 같다. 「정세가」에서는 "귀국을 하여서는 그 백부 원(原)에게 양보했다"라 하여 원번이 실제 여공의 백

且寡人出,	또한 과인이 출국했을 때
伯父無裏言.[19]	백부는 국내의 사정을 말해 주지 않았소.
入,[20]	귀국하면
又不念寡人,	또 과인을 생각하지 않아
寡人憾焉."	과인은 그것이 유감이었소."
對曰,	대답하여 말했다.
"先君桓公命我先人典司宗祏.[21]	"선군이신 환공께서는 선인에게 종석을 맡아 보라 명하셨습니다.
社稷有主,	사직에 주인이 있는데
而外其心,	마음을 밖에 둔다면
其何貳如之?[22]	그만큼 두 마음을 품는 게 어디 있겠습니까?

부로 본 것 같은데, 이 백부는 두루 일컬은 것이 아니다. 장병린(章炳麟)도 이렇게 보았다.

19 이언(裏言) : 국내의 정황을 국외에 있는 여공에게 알려 주는 것을 말한다. 양공 26년의 『전』에서 위헌공이 대숙문자를 책망하게 하여 말하기를 "과인이 외국에서 오래도록 고생을 하는 동안 두세 대신들은 모두 과인에게 조석으로 위나라의 사장을 알게 하여 주었소. 그대만 유독 과인을 염두에 두지 않았으니 과인은 원망스럽소"라 하니 대답하여 말하기를 "신은 국내외를 통하는 말로 임금님을 섬길 수가 없었으니 신의 죄입니다"라 하는 말이 있다. 곧 국내외를 통하지 않는 말이 곧 무이언(無裏言)이다. 유월(俞樾)은 이언(裏言), 즉 송사를 다스리는 말이라 하였는데 믿을 수 없다.

20 입(入) : 채(蔡)나라에서 역(櫟)으로 들어간 것을 말한다.

21 전사종석(典司宗祏) : 석(祏)은 종묘에 임금을 모시는 석실(石室)이다. 전사종석이라는 것은 종인(宗人)의 관직이다.

22 이것이 두 마음을 가지는 것 중에서 가장 큰 것이라는 말이다.

苟主社稷,	만약에 사직을 주관한다면
國內之民,	나라의 백성들 가운데
其誰不爲臣?	그 누가 신하가 되지 않겠습니까?
臣無二心,	신하로써 두 마음을 갖지 않는 것은
天之制也.	하늘이 정한 법입니다.
子儀在位,	자의는 재위 기간이
十四年矣;	14년입니다.
而謀召君者,	그러니 임금님을 불러들이려 한 사람들이
庸非貳乎?[23]	어찌 두 마음을 품지 않았겠습니까?
莊公之子猶有八人,[24]	장공의 아들은 그래도 여덟 명이나 되니
若皆以官爵行賂勸貳而可以濟事,	만약 모두 관작을 뇌물로 삼아 두 마음을 품도록 권한다면 일을 이룰 수 있을 것이니,

23 용(庸) : 어찌. 반문의 어기를 나타내는 부사이다.

24 유유팔인(猶有八人) : 이미 죽은 자홀(子忽), 자미(子亹), 자의(子儀) 및 여공 본인을 빼고도 아직 8명이 더 있다는 것을 말한다. 환공 14년의 『경』에 "정백이 그 동생 어(語)로 하여금 와서 맹약하도록 하였다"라 하였는데 어는 여공의 동생으로 그중의 하나이다. 『시경 · 용풍 · 청인(鄘風 · 淸人)』의 서(序)에 공자 소(公子素)가 보이는데 청나라 진전(陳鱣)의 『시인고(詩人考)』에서는 역시 장공의 아들이라고 생각하였다. 과연 그렇다면 또 하나의 동생인 것이다.

君其若之何?	임금님께서는 그것을 어떻게 하실 것입니까?
臣聞命矣."	신은 명을 들었습니다."
乃縊而死.[25]	그러고는 목을 매달아 죽었다.

蔡哀侯爲莘故,[26]	채나라 애후는 신의 전쟁(에서 패한 것) 때문에
繩息嬀以語楚子.[27]	식규를 칭찬하여 초자에게 이야기하였다.
楚子如息,	초자는 식나라로 가서
以食入享,	갖고 간 음식으로 잔치를 베풀고
遂滅息.[28]	마침내 식나라를 멸망시켰다.

---

25 「정세가」에서는 먼저 원번(原繁)을 죽이고 나중에 부하(傅瑕)를 죽였다 하여 『좌전』과는 다르다.

26 초나라가 신에서 채나라를 물리치고 채애후를 잡아서 돌아간 것은 10년의 전에 보인다.

27 승(繩) : "기릴 예(譽)"자의 뜻으로 쓰였다. 『여씨춘추 · 고악(古樂)』편에서는 "주공단이 이에 시를 지어 문왕의 덕을 기렸다(周公旦乃作詩以繩文王之德)"라 하였다. 『광아(廣雅)』에서는 "승(譝)"이라 하였고 "기린다는 뜻이다"라 하였다. 거성(去聲)이다.

28 이는 마땅히 수년 전의 일로 이해에 식규는 이미 두 아들을 낳았다. 『여씨춘추 · 장공(長攻)』편에서는 "초나라 왕이 식나라와 채나라를 빼고자 하여 먼저 채후에게 거짓으로 잘해주고 함께 모의하여 말하기를 '내가 식나라를 얻고자 하는데 어떻겠소?'라 하였다. 채후가 말하기를 '식부인은 저의 처제입니다. 제가 식후와 그의 처에게 향연을 베풀기를 청하여 왕과 함께 있으면 그때를 틈타 기습하십시오'라 하였다. 초나라 왕이 '좋소'라 하고 이에 채후와 함께 연회에 참석하려고 식나라로 들어갔다. 그리하여 함께 있을 때 마침내 식나라를 탈취하였다. 얼마간 채나라에 머물러 있다가 또 채나라도 빼앗았다"라 하여 서술이 『좌전』과 다 들어맞지는 않는데 이를 다 믿기는 어렵다. 그러나 초자가 식나

以息嬀歸,	식규를 데리고 돌아왔는데
生堵敖及成王焉.[29]	도오와 성왕을 낳았는데,
未言.[30]	말이 없었다.
楚子問之.	초자가 그 까닭을 묻자
對曰,	대답하여 말하기를
"吾一婦人,	"저는 일개 부인으로
而事二夫,	두 지아비를 섬겼으니,
縱弗能死?	그것으로 죽을 수는 없다 한들
其又奚言?"	또한 어찌 말을 하겠습니까?"
楚子以蔡侯滅息,	초자는 채후 때문에 식나라를 멸했으므로

라로 가서 먹고 연회에 간 것은 서로 근사한 면이 있다. 또한 선공 4년의 『전』에서는 "우리 선군이신 문왕이 식나라를 이기고 화살 세 개를 얻었다"라 하였다.

29 도오(堵敖)는 「초세가」에는 "두오(杜敖 : 어떤 판본에는 "壯敖", 또 어떤 판본에는 "莊娛"로 되어 있는데 글자가 잘못된 것 같다)"로 되어 있다. "杜"와 "堵"는 음이 서로 가깝다. 『초사 · 천문(楚辭 · 天問)』편에는 "내 고하길 도오로는 길지 못했네(吾告堵敖以不長)"라 하였으니 도오는 성왕(成王)보다 먼저 죽은 것 같다. 『열녀전 · 정순전(貞順傳)』에서 식부인은 자살하였고 식군(息君) 또한 자살하였다 하였으니 이와는 다르다. 그러나 유향(劉向)의 송어(頌語)에서는 "초나라가 식군을 사로잡고, 그 정부인을 들였다네. 부인 지조가 굳어, 오랠수록 쇠하지 않았다네"라 하여 『전』과 또 다르다.

30 미언(未言) : 『예기 · 상복사제(喪服四制)』에서는 "예에 참최(斬衰)의 상에는 예하고 응하기만 할 뿐 대답은 하지 않는다. 제최(齊衰)의 상에는 대답은 하되 말은 하지 않는다"라 하였다. 정현은 이에 대해 "언(言)이라는 것은 먼저 입을 여는 것이다"라 하였다. 우창(于鬯)은 언(言)은 웃는다는 뜻으로 풀어야 한다했는데 틀렸다. 유정섭(俞正燮)은 미언(未言)을 마음속으로 상례를 지키는 것이라 하였는데 더욱 억설(臆說)이다.

遂伐蔡.	결국 채나라를 쳤다.
秋七月,	가을 7월에
楚入蔡.	초나라 군대가 채나라로 들어갔다.
君子曰,	군자가 말하였다.
“商書所謂‘惡之易也,	“「상서」에서 이른바 ‘악행을 저지르기가 쉬운 것이
如火之燎于原,	들에 불이 타올라
不可鄉邇,	가까이 갈 수도 없는데도
其猶可撲滅’者,[31]	오히려 끌 수 있는 것과 같다’라 한 것이
其如蔡哀侯乎!”	아마 채나라 애후와 같을 것인저!”

冬,	겨울에
會于鄄,	견에서 회맹하였는데
宋服故也.	송나라가 복종을 하였기 때문이다.

31 이 「상서」에서 운운한 것은 이미 은공 6년에 해석이 보인다.

장공 15년

經

十有五年春,[1]	15년 봄
齊侯, 宋公, 陳侯, 衛侯, 鄭伯會于鄄.	제후와 송공, 진후, 위후, 정백이 견에서 회합했다.
夏,	여름에
夫人姜氏如齊.[2]	부인 강씨가 제나라에 갔다.
秋,	가을에
宋人, 齊人, 邾人伐郳.[3]	송나라 사람과 제나라 사람, 주나라 사람이 예나라를 쳤다.
鄭人侵宋.	정나라 사람이 송나라로 쳐들어갔다.
冬十月.	겨울 10월.

---

1 십유오년(十有五年) : 임인년 B.C. 679년으로 주희왕(周僖王) 3년이다. 동지는 지난해 12월 7일 무신이었으며 건축(建丑)년이다.

2 『전』이 없다. 부인 강씨는 문강(文姜)이다. 문강은 제희공(齊僖公)의 딸로 양공, 환공에게는 모두 자매가 된다. 부모가 살아 있으면 친정의 부모를 찾아볼 수 있었는데 『시경·주남·갈담(周南·葛覃)』에서 이른바 "부모님 뵈러 가네(歸寧父母)"라 한 것이 이것이다. 부모가 돌아가시면 경(卿)으로 하여금 대신 부모의 집에 가서 안부를 묻게 하는데 양공 12년 『전』의 "진영(秦嬴)이 초나라로 시집갔는데 초나라 사마 자경(子庚)이 진나라를 찾아 위인을 위해 안부를 물으니 예에 합당한 일이었다"라 한 것이 이것이다. 경이 부인을 위해 귀녕의 예를 행하였다는 것을 보면 곧 부인이 직접 행하는 것이 당시의 예법에 합당하지 않음을 알 수 있다.

3 "주(邾)"는 『공양전』에는 모두 "주루(邾婁)"로 되어 있다. "예(郳)"는 『공양전』에는 "아(兒)"로 되어 있다. 혹자는 또 다른 예(郳)라고도 하는데 고찰할 수가 없다.

傳

十五年春,	15년 봄에
復會焉,	다시 회맹을 하였는데
齊始霸也.[4]	제나라가 비로소 패권을 잡았기 때문이다.
秋,	가을에
諸侯爲宋伐郳.	제후들이 송나라를 위해 예나라를 쳤다.
鄭人間之而侵宋.[5]	정나라 사람이 그 틈을 타서 송나라로 쳐들어갔다.

장공 16년

經

十有六年春王正月.[1]	16년 봄 주력으로 정월.

---

4 「연표」와 「제세가」에서는 모두 『좌전』의 말을 썼다.

5 간(間) : 거성(去聲)이다. 그 빈틈을 탄다는 뜻이다. 각 판본에서는 모두 두 개의 『전』이라고 하였는데 지금은 문의(文義)에 의해 하나의 『전』으로 합쳐 둔다.

1 십유육년(十有六年) : 계묘년 B.C. 678년으로 주희왕(周僖王) 4년이다. 지난해 12월 19일 갑인일이 동지로 건축(建丑)년이다.

夏,	여름에
宋人, 齊人, 衛人伐鄭.[2]	송나라 사람, 제나라 사람, 위나라 사람이 정나라를 쳤다.
秋,	가을에
荊伐鄭.	초나라가 정나라를 쳤다.
冬十有二月,	겨울 12월에
會齊侯, 宋公, 陳侯, 衛侯, 鄭伯, 許男, 滑伯, 滕子同盟于幽.[3]	제후와 송공, 진후, 위후, 정백, 허남, 활백, 등자가 유에서 만나 함께 맹약을 맺었다.

2 정벌을 할 때 제후의 서열은 주병(主兵)이 앞에 온다. 정나라를 치는 데 송나라가 주병이 되었으므로 서열을 제나라의 위에 둔 것이다. 『전』에 의하면 각국의 제후들이 모두 친히 군사를 이끌고 왔음을 알 수 있다.

3 금본 『공양전』에는 "회(會)" 자 위에 "공(公)" 자가 있다. 그러나 전한(前漢) 시대 동중서(董仲舒)의 『춘추번로 · 멸국(春秋繁露 · 滅國) 하』편에서는 "유(幽)의 회합에 장공은 거지 않았다"라고 하였다. 동중서(董仲舒)는 공양학자(公羊學者)이니 그가 근거로 한 판본에는 "公" 자가 없었음을 알 수 있으며 금본 『공양전』에는 "公" 자가 잘못 덧붙여졌을 것이다. 금본 『공양전』과 『곡량전』에는 "허남(許男)" 아래에 또 "조백(曹伯)" 두 자가 더 있다. 그러나 『춘추번로 · 멸국 하』편에서는 "유(幽)의 회합에 제환공이 여러 차례 제후들을 모았는데 조(曹)나라는 작아서 온 적이 없다"라 하였으니 동중서가 근거한 판본에는 원래 이 "曹伯"의 두 자가 없었다. 동중서는 비록 유의 회합에 장공이 가지 않았다고 생각하였지만 『좌전』의 뜻은 그렇지 않은 것 같다. "會" 자의 위에는 주어를 생략하였는데 이로써 노나라도 회합에 갔음을 알 수 있다. 두예의 주석에서는 "그 사람을 기록하지 않은 것은 신분이 미천한 사람이기 때문이다"라 하였는데 반드시 그런 것은 아니다. 희공 29년의 『경』에서는 "여름 6월 주나라 사람〔王人〕, 진(晉)나라 사람, 송(宋)나라 사람, 제(齊)나라 사람, 진(陳)나라 사람, 채(蔡)나라 사람, 진(秦)나라 사람이 회합하고 적천(翟泉)에서 맹약하였다"라 하였는데, 『전』에서는 "공이 왕자 호(虎), 진(晉)나라 호언(狐偃), 송나라 공손고(公孫固), 제나라 국귀보(國歸父), 진(陳)나라 원도도(轅濤塗), 진(秦)나라 소자은(小子慭)과 만나 적천에서 맹약하였다"라 하였다. 이 적천의 맹약은 『경』에서는 다만 회합하였다고만 기록하였지만 『전』에서는 회합에 참여한 사람을 노공(魯公)이라고 하

邾子克卒. 주나라의 자극이 죽었다.

傳

十六年夏, 16년 여름

諸侯伐鄭, 제후들이 정나라를 쳤는데

宋故也.[4] 송나라를 침공했기 때문이었다.

鄭伯自櫟入,[5] 정백이 역에서 들어갔는데

緩告于楚.[6] 초나라에 알리는 것이 늦어졌다.

秋, 가을에

였다. 이 회합에서 제환공이 비로소 패권을 잡았으며 제후들이 모두 친히 갔으며, 제나라와 노나라는 서로 인접해 있는데 노나라만 대부를 회합에 보냈을 리는 없을 것이며, 이로써 이 회합에 또한 장공도 반드시 직접 갔을 것이어서 『경』의 기록은 적천의 맹약과 같다. 활(滑) : 희(姬)씨 성으로 비(費)에서 나라를 세웠으므로 일명 비활(費活)이라고도 한다. 성공 13년과 양공 18년의 『전』에 보이며, 옛 성은 지금의 하남성 언사현(偃師縣) 구지진(緱氏鎭)에 있을 것이다. 희공 33년 진(秦)나라에 멸망당하였으며 얼마 후 진(晉)나라에 편입되었다가 다시 주나라에 복속되었다. 은공 원년부터 장공 14년까지 43년간 위나라는 진(陳)나라와 모두 네 번 만나는데 위나라가 진나라보다 위에 놓였으며, 장공 15년부터 희공 17년까지 35년간은 여덟 차례 만나는데 진나라가 위나라의 위에 놓여서 춘추시대가 끝날 때까지 진나라가 모두 위나라의 위에 놓였다. 두예는 진나라가 위나라의 위쪽에 고쳐서 놓이게 된 것은 제환공이 비로소 채권을 잡고 초나라도 막 강성해졌는데 진후가 이 양(兩) 대국의 사이에 끼여서 삼각(三恪)의 객이 되었으므로 제환공이 등급을 올려준 결과 나중에는 결국 드러나게 되었고 이렇게 춘추시대가 끝날 때까지 이어졌다.

4 『석문(釋文)』에서는 "'위송고야(爲宋故也)'라고도 되어 있다"라 하였다. 가나자와 문고본(金澤文庫本)에 바로 "宋"자 위에 "爲"자가 있다.

5 14년에 있었다.

6 정여공이 나라에 들어간 지 이미 2년이 되었으니 초나라에 알린 것이 비교적 늦었고 초나라는 이를 불경스럽다 여겼는데 이것이 곧 아래에 나오는 "불례(不禮)"이다.

楚伐鄭,	초나라가 정나라를 쳐서
及櫟,	역에까지 이르렀는데
爲不禮故也.	예의가 없다고 여겼기 때문이었다.

鄭伯治與於雍糾之亂者,[7]	정백이 옹규의 난에 참가한 사람을 다스렸는데
九月,	9월에
殺公子閼,	공자 알을 죽이고
刖强鉏.[8]	강서에게는 월형을 내렸다.
公父定叔出奔衛.[9]	공보정숙은 위나라로 달아났다.
三年而復之,	3년 만에 복귀시키고는
曰,	말하기를

7 환공 15년에 있었다. 여(與)는 거성이다.

8 공자알과 강서 두 사람은 곧 모두 채중(齊仲)의 도당이다. 은공 11년에 공손알이 보이는데 시간차가 35년이 나니 다시 공손알이 있을 수 없는데 『석문』에서는 이 때문에 의심을 하고 공자(公子)는 공손(公孫)이 되어야 한다고 하였는데 아마 한 사람일 것이다. 월(刖)은 다리를 자르는 형벌이다.

9 공보정숙(公父定叔) : 공숙단(公叔段)의 손자이다. 단의 아들은 공손활(公孫滑)로 은공 원년의 『전』에 보이니 이는 곧 공손활의 아들일 것이며, 정(定)은 시호이다. 고동고(顧棟高)의 『대사표 · 열국시법고(大事表 · 列國謚法考)』에서는 "춘추시대에 군신을 통틀어 모두 시호가 있는 나라는 노(魯), 위(衛), 진(晉), 제(齊)의 네 나라밖에 없었다. 그러나 모두 경(卿)은 시호가 있었고 대부는 시호가 없었으며, 공족(公族)과 세경(世卿)은 시호가 있었고 서민은 시호가 없었다. 정나라의 자피(子皮)와 자산(子産), 자태숙(子太叔)은 모두 춘추시대에 혁혁하게 알려진 인물들이지만 후세에게는 시호가 있다는 말을 들어 보지 못했다. 242년간 장공 대에 공보정숙(公父定叔) 단 한 사람, 희공 대에 황무자(皇武子) 단 한 사람, 양공 대에 풍간자(馮簡子) 딱 한 사람일 뿐이었다"라 하였다.

"不可使共叔無後於鄭."	"정나라에서 공숙의 후손이 없게 만들 수는 없다"라 하였다.
使以十月入,	10월에 들어오게 하고는
曰,	말하기를
"良月也,[10]	"좋은 달이다.
就盈數焉."[11]	곧 꽉 찬 수로다"라 하였다.
君子謂强鉏不能衛其足.[12]	군자는 강서는 제 다리를 지킬 수 없었다고 하였다.

冬,	겨울에
同盟于幽,	유에서 함께 맹약을 하였는데
鄭成也.	정나라와 강화한 것이다.

王使虢公命曲沃伯以一軍爲晉侯.[13]	왕이 괵공으로 하여금 곡옥백에게 일군으로 진후가 되게 했다.

---

10 옛날에는 홀수 달은 꺼렸고, 짝수 달은 길하게 여겼다.

11 10은 꽉 찬 수이다. 공보정숙은 금년으로 달아났다가 3년 만에 복권시켰으니 탐색을 해 본 후에 말한 것이다.

12 이것과 초나라가 정나라를 친 일은 전혀 상관이 없으니 또한 다른 『경』이 없는 『전』이다. 각 판본은 "鄭伯自櫟入"과 하나의 『전』으로 합쳐 놓았는데 지금 여기서는 나누어 별도의 문으로 만들었다.

13 곡옥백(曲沃伯) : 곡옥무공(曲沃武公)으로 7년의 『전』에서는 "곡옥백이 진 소자후를 꾀어 죽였다(曲沃伯誘晉小子侯殺之)"라 하였고, 8년의 『전』에서는 "익을 멸했다(滅翼)"

初,

처음에

晉武公伐夷,

진나라 무공이 이를 칠 때

執夷詭諸.[14]

이궤후를 잡았다.

蔿國請而免之.[15]

위국이 청하여 살려 주었다.

既而弗報,[16]

얼마가 지났는데도 거기에 대한 보답을 하지 않으므로

라 하였으며 또한 "주나라 천자가 괵중에게 명하여 진 애후의 아우 민을 진나라 임금으로 즉위하게 하였다(王命虢仲立晉哀侯之弟緡于晉)"라 하였다. 이때에 이르러 곡옥백은 진나라를 병탄하여 희왕이 진후로 명한다. 『주례 · 하관 · 서관(夏官 · 敍官)』에서는 "무릇 군대를 편성할 때는 1만 2천5백 명이 군이 된다. 주나라는 6군을 두고, 대국은 3군, 그 다음은 2군, 소국은 1군을 둔다"라 하였다. 매군에는 병거 5백 승이 있었다. 『수경주 · 하수(水經注 · 河水)』에서 인용한 『죽서기년(竹書紀年)』에서는 "진무공(晉武公) 원년까지도 여전히 1군이었다"라 했으나 진무공은 본래 1군이었다. 진나라는 이때는 1군이었다가 민공 2년에 2군으로 늘어났고 나중에 또 3군으로 늘어났다가 또한 6군으로까지 늘어났다. 『사기 · 연표』에서는 "곡옥무공이 진후민을 멸하고 보물을 주나라에 바치니 주나라가 무공을 진군(晉軍)으로 명하고 그 땅을 아울러 주었다. 진무공 칭(稱)이 진을 병탄하고 38년이 지나도록 연호를 고치지 않아 그 원년을 따른다"라 하였다. 「진세가」에서는 "진후〔緡〕 28년 곡옥무공이 진후 민을 쳐서 멸하고는 그 보물을 모두 주이왕(周釐王)에게 바쳤다. 이왕이 곡옥무공을 진군으로 명하여 제후의 열에 들게 하였는데 이에 진나라의 땅을 모두 병탄하여 차지하였다. 곡옥무공은 이미 즉위한 지 37년이 되어 진무공이라고 바꾸어 부르고 있다. 진무공은 처음에 진국(晉國)에 도읍을 두었으며 전에 곡옥에서 즉위하여 통산 38년이다. 무공 칭(稱)이란 사람은 선대가 진목후(晉穆侯)의 증손이며 곡옥 환숙(桓叔)이다. 환숙이 비로소 곡옥에 봉하여졌다. 무공은 장백(莊伯)의 아들이다. 환숙이 처음 곡옥에 봉해진 이래 무공이 진나라를 멸한 때까지는 67년인데 마침내 진나라를 대신하여 제후가 되었다"라 하였다. 환공 2년의 『전』에서 사복(師服)의 말을 서술하여 "형은 쇠락할 것이다!(兄其替乎)"라 하였는데 여기서 효험이 드러났다.

14 이(夷) : 채읍지의 이름이다. 문공 6년 진(晉)나라가 이(夷)에서 사냥을 하였는데 바로 이곳이다. 은공 원년의 『전』에서 "기(紀)나라 사람이 이(夷)를 쳤다"라 한 이는 나라 이름으로 이곳의 이와는 다르다. 이궤제는 주나라의 대부로 채읍지를 씨로 삼았다. 양수달(楊樹達)의 『적미거금문설(積微居金文說)』 권7에서는 이는 강(姜)씨 성의 나라라고 하였다.

15 위국(蔿國) : 주나라 대부로 왕자 퇴(王子頹)의 스승. 19년의 『전』에 보인다.

故子國作亂,[17]	자국이 난을 일으키며
謂晉人曰,	진나라 사람에게 말하였다.
"與我伐夷而取其地."	"우리와 함께 이를 치고 그 땅을 차지하자."
遂以晉師伐夷,	마침내 진나라 군사를 가지고 이를 쳐서
殺夷詭諸.	이궤제를 죽였다.
周公忌父出奔虢.[18]	주공기보가 괵으로 달아났다.
惠王立而復之.[19]	혜왕이 서서 그를 복귀시켰다.

장공 17년

經

十有七年春,[1]	17년 봄

---

16 궤제가 위국에게 사례를 하지 않은 것을 말한다.

17 자국(子國) : 곧 위국이다.

18 주공기보(周公忌父) : 주나라 왕실의 경사(卿士).

19 혜왕이 주공기보의 지위를 회복시켜준 것은 뒤에 있으며 여기서는 뒷날을 살펴서 말한 것이다. 노환공 15년 『경』에 환왕의 죽음을 기록하고 장왕 3년 『경』에 환왕의 장사를 기록하였는데 이 이후 주나라에는 장왕이 있고 또 희공이 있으며 그의 죽음과 장례가 『경』과 『전』에 모두 보이지 않는다. 『사기』에 의하면 혜왕은 이듬해 즉위하니 주공기보의 복위는 내년이 된다. 이것과 곡옥백을 진후로 명한 것은 두 가지 일인데 구본에는 하나의 『전』으로 합쳤는데 여기서는 구분하여 서술한다.

齊人執鄭詹.[2]	제나라 사람이 정첨을 잡았다.
夏,	여름에
齊人殲于遂.[3]	제나라 사람이 수나라에서 죽였다.
秋,	가을에
鄭詹自齊逃來.[4]	정첨이 제나라에서 도망 왔다.
冬,	겨울에
多麋.[5]	고라니가 많았다.

傳

十七年春,	17년 봄
齊人執鄭詹,	제나라 사람이 정첨을 잡았는데
鄭不朝也.[6]	제나라가 조현하지 않았기 때문이다.

---

1 십유칠년(十有七年) : 갑진년 B.C. 677년으로 주희왕(周僖王) 5년이다. 지난해 12월 29일 갑인일이 동지로 건축(建丑)년이다. 윤달이 있다.

2 "첨(詹)"은 『공양전』에는 첨(瞻)으로 되어 있는데, 음이 같고 글자도 통한다. 희공 7년의 『전』에서는 "정나라에는 숙첨(叔詹)과 도숙(堵叔), 사숙(師叔) 세 사람이 있는데 정치를 잘했다"라 하였다. 두예는 정첨이 곧 숙첨이라고 하였으며, 그래서 주에서 "첨은 정나라의 집정대신인데 제나라에 가서 붙잡혔다"라 하였다. 또한「정세가」에 의하면 숙첨은 정문공(鄭文公)의 아우로 곧 여공의 아들이다.

3 섬(殲) : 죽여서 없애는 것이다.

4 『전』이 없다.

5 『전』이 없다. 주나라의 겨울은 하나라의 가을이다. 고라니는 농작물을 해치는데 재해가 되어 기록하였다.

6 부조(不朝) : 두예는 제나라를 조현하지 않은 것이라 하였고, 우창(于鬯)은『향초교서(香草校書)』에서 주나라를 조현하지 않은 것이라 하였다. 희공 5년의 『전』에 의거하면 "정백이 제나라를 조현하지 않은 것을 두려워하였다라 하였으니 두예가 옳다.

夏, 여름에

遂因氏, 頜氏, 工婁氏, 須遂氏饗齊戍,[7] 수의 인씨, 합씨, 공루씨, 수수씨가 제나라 수비병에게 술을 바치고

醉而殺之, 취하자 죽이니

齊人殲焉.[8] 제나라 사람들이 모두 죽었다.

장공 18년

經

十有八年春王三月,[1] 18년 봄 주력으로 3월에

日有食之.[2] 일식이 있었다.

---

7 제수(齊戍) : 제나라가 수를 멸하고 지킨 것은 13년에 보인다. 인씨(因氏) 등 4가(家)는 수의 권세 있는 집이다. 향(饗)은 술과 음식을 가지고 대접을 하는 것이다.

8 제인섬언(齊人殲焉) : 희공 22년의 "문의 관원들이 모두 죽었다(門官殲焉)"과 같은 구법이다. 모두 다 살해되었다는 뜻이다.

1 십유팔년(十有八年) : 을사년 B.C. 676년으로 주혜왕(周惠王) 원년이다. 지난해 윤12월 11일 갑자일이 동지로 건축(建丑)년이다.

2 『전』이 없다. 월과 일을 기록하지 않은 것에 대해서 두예는 환공 17년과 희공 17년 『전』의 예대로 "사관이 놓쳤다(官失之)"라 하였다. 이는 B.C. 676년 4월 15일에 있은 일식에 해당된다. 『원사 · 역지(元史 · 曆志)』에서는 "주력으로 5월에 일식이 있었는데 『경』에서는 '오(五)'를 '삼(三)'으로 잘못 기록하였다"라 하였는데, 건축(建丑)을 건자(建子)로 오인하였고 달의 대소에도 착오가 있어서인 것 같은데 "오(五)"를 "삼(三)"으로 잘못 기록한 것이 아니다." 청나라 진후요(陳厚耀)의 『보춘추장력(補春秋長曆)』에서는 『원사(元史)』에 나오는 곽수경(郭守敬)의 설을 반박하여 "『경』에서 분명히 '봄 3월'이라고 명기하

夏,	여름에
公追戎于濟西.[3]	공이 제 서쪽에서 융을 쫓았다.
秋,	가을에
有蜮.[4]	역충이 발생했다.
冬十月.	겨울 10월.

傳

十八年春,	18년 봄

였으니 '여름 5월'이 아님을 알 수 있다"라 하였는데 매우 일리가 있다. 주문흠(朱文鑫 : 1883~1939)과 하유기(何幼琦 : 1911~2003) 역시 주력으로 5월이라 하였으며 하유기는 또한 임자삭(壬子朔)이라 하였고, 왕도(王韜 : 1828~1897)는 4월 임자삭이라고 하였다. 실은 해가 완전히 가린 때는 오후 4시 22분으로 모든 일식이 낮 중에 진행되어 중국에서 볼 수가 있었다.

3 『주례 · 소사도(小司徒)』 정현의 주석에서는 "추(追)는 적을 쫓아내는 것이다"라 하였는데 이것이 추(追)자의 본의일 것이다. 희공 31년『전』에서는 "제(濟)의 서쪽 땅을 빼앗고 조(曹)나라 땅을 나누었다"라 하였으므로『정의(正義)』에서는 "제서(濟西)"를 제수의 서쪽으로 보았으며, 복건(服虔)은 "제서(濟西)"를 조나라 땅으로 보았다. 이곳의 융(戎)은 기씨(己氏)의 융이다. 은공 2년 공은 잠(潛)에서 융(戎)을 만났고, 7년에 "융이 범백을 쳤다" 한 것이 모두 이 융이다. 지금의 조현 서남쪽이 곧 그 옛 성이 있던 곳이다.

4 역(蜮) : "혹"이라는 음도 있다.『여씨춘추 · 임지(任地)』편에 "또한 명역이 없다(又無螟蜮)"라는 말이 나오는데 고유(高誘)는 "역은 등(螣)이라고도 한다. 속을 파먹는 것을 명이라 하고, 잎을 파먹는 것을 등(螣)이라 한다. 연주(兗州)에서는 역을 등이라고 하는데 음이 서로 비슷하기 때문이다"라 하였다. 곧 역(蜮)은『시경 · 소아 · 대전(小雅 · 大田)』의 "명과 등을 없앴다(去其螟螣)"라 한 등일 것이다.『후한서 · 명제기(明帝紀)』에서는『시경』을 인용하면서 아예 "去其螟蜮"이라 하였으니 등과 역이 같은 것임을 더욱 잘 증명할 수 있다.『설문해자』에서는 "특(蟘)은 싹과 잎을 먹는 벌레이다.『시경』에서는 '명과 특을 없앴다(去其螟蟘)'라 하였다"라 하였으니 역은 또 특(蟘)이라고도 한다. 단호(短狐)라는 훈의 역은 별개의 것이다.『한서 · 오행지(五行志)』에서는 유향(劉向)의 설 및 복건(服虔), 두예의 설을 인용하여 모두 모래를 머금고 사람을 쏘는 단호, 즉 물여우라 하였는데 틀렸다.

虢公, 晉侯朝王.[5] 괵공과 진후가 천자를 조현했다.

王饗醴,[6] 천자는 그들에게 단술을 내리고

命之宥.[7] 그들에게 술을 따르라고 명했다.

5 괵공(虢公) : 희공 5년의 『전』에 나오는 괵공추(虢公醜)일 것이다.
진후(晉侯) : 진무공의 아들 헌공(獻公) 궤제(詭諸)이다.

6 향례(饗醴) : 향(饗)은 『주례 · 추관 · 대행인(秋官 · 大行人)』 정현의 주석에서는 "향은 성대한 예를 베풀어 손님을 대접하는 것이다(饗, 設盛禮以飮賓也)"라 하였다. 심흠한(沈欽韓)은 "饗"은 곧 "享"이라 하였으며, 이기(彝器)의 명(銘)에는 "鄕"으로 되어 있는데 곧 "饗"자의 초기 형태이다. 예(醴)는 단술로, 맥아로 빚는데 하룻밤만 지나면 익으며 물과 찌끼가 나누어지지 않는다. 맛이 매우 엷으며 빛깔은 탁하고 맛은 달다. 향례라는 것은 향(饗)의 의식에 단술을 쓰고 술을 쓰지 않았다는 것이다.

7 유(宥) : 네 가지 설이 있다. 두예, 심흠한 등은 유폐(宥幣) 또는 수폐(酬幣)에 해당한다고 하였다. 대체로 옛날에 주인이 빈객들에게 향연을 베풀어 음식을 먹을 때는 또 빈객에게 예품을 준다고 하였는데, 두예가 이른바 "먹고 마실 때는 폐물을 내리라고 명한다. 유는 돕는다는 뜻이다. 기쁘게 존경하는 뜻을 돕는다는 것이다"라 한 것이 이것이다. 심흠한은 『주례』와 『의례』를 인용하여 증빙하였는데 실은 『좌전』에서도 입증할 수 있다. 소공 원년의 『전』에서 "후자(后子)가 진후(晉侯)에게 향연을 베풀었는데 돌아가 연회에 쓰고 선사할 물건을 가져가기를 여덟 번이나 반복하였다"라 한 것이 이것이다. 그러나 그것을 가지고는 이 문장을 해석할 수가 없어서 왕인지(王引之)는 그것을 반박하여 말하기를 "또한 두예의 설대로 기쁘게 존경하는 뜻으로 폐물을 내린다면 『전』에서는 '命宥之'라고 해야지 '命之宥'라고 해서는 안 된다"라고 하였다. 왕인지는 이어서 유(宥)는 유(侑)와 통한다면서 "유(侑)는 수작(酬酢)과 같은 뜻이니 '命之宥'라는 것은 괵공과 진후에게 명하여 왕과 수작하라는 것이 아니겠는가? 혹은 술을 바치고 혹은 받고 하면서 보답을 베푼다는 뜻이 있기 때문에 유(侑)라고 말한 것이다. '命之宥'라는 것은 친하게 하는 것이다. 희공 25년의 『전』에 '진후가 천자를 조현하니 왕이 단술로 접대하였으며 술을 따르라고 명했다(命之宥)'하였고 『국어 · 진어(晉語)』에서는 '왕이 단술로 접대하고 공에게 술을 따르라고 명했다(命公胙宥)'라 하였다. 조(胙)는 작(酢)자의 가차자이니 아마 손님이 주인에게 술을 따르는 예로써 왕과 가까워지기를 권한 것일 것이므로 작유(酢侑)라고 한 것이 아닐까?"라 하였는데 왕인지의 『경의술문(經義述聞)』에 상세히 갖추어져 있다. 왕인지의 설은 비교적 믿을 만하다. 대체로 이 향연은 천자가 제후를 너그러이 대하는 것이니 반드시 천자가 명한 후에 괵공과 진후가 비로소 감히 주인에게 존경의 의미를 담은 술을 올리고 또 명령으로 주인에게 존경의 술을 다시 따르는 것이다. 『주례 · 추관 · 대행인(秋官 · 大行人)』의 주석서인 청말(淸末) 손이양(孫詒讓 : 1848~1908)의 『주례정의(周禮正義)』에서도 이 설을 주장하였고 왕국유(王國維)의 『관당집림 · 석유(觀堂集林 · 釋宥)』편에서

皆賜玉五瑴,[8]	모두에게 옥 다섯 쌍과
馬三匹,[9]	말 네 필을 내렸는데
非禮也.	예의에 합당하지 않았다.
王命諸侯,	천자가 제후를 책명할 때
名位不同,	명칭과 지위가 다르면
禮亦異數,	예의 또한 급수가 달리해야 하며
不以禮假人.[10]	마음대로 예의를 어기어 사람들에게 베풀어서는 안 된다.

는 더욱 상세하게 논하였다. 이 밖에 오개생(吳闓生 : 1877~1948)의 『문사견미(文史甄微)』와 청나라 주빈(朱彬)의 『경전고증(經傳考證)』에서도 각기 의논을 펴고 있는데 모두 틀렸거나 잘못되었다.

8 곡(瑴) : 각(珏)이라고도 하며 쌍옥(雙玉)을 말한다.

9 마삼필(馬三匹) : 마사필(馬四匹)이 되어야 한다. 사는 옛날에 "亖"라 하였는데 한 획이 빠져서 잘못되었다. 송(宋)나라 이방(李昉)의 『태평어람(太平御覽)』 권83에서 인용한 『죽서기년(竹書紀年)』에서는 "34년에 주왕(周王) 계력(季歷)이 내조하였는데 무을(武乙)이 땅 30리와 옥 열 쌍, 말 여덟 필을 하사하였다"라 하였다. 그러니 구슬 다섯 쌍을 내렸으면 말은 당연히 네 필이 되어야 한다. 이것이 곧 수폐(酬幣)이다. 고대의 향례(享禮)는 먼저 주인이 손님에게 술잔을 바치고 손님이 주인에게 답례로 따라 주며, 주인이 또 스스로 따라 마신 후 손님에게 권하는데 이것을 수(酬)라고 한다. 수(酬)에는 예물이 있게 마련인데 이것을 일러 수폐(酬幣)라고 한다.

10 괵공과 진후는 명칭과 작위가 달라 하사하는 것이 달라야 하므로 좌구명은 이것을 예의로 사람을 속인다고 하였으며 예의가 아니라고 생각하였다. 소공 6년의 『전』에서는 초나라 공자 기질(公子棄疾)이 정백을 찾아뵙는 것을 서술하면서 "자기 왕을 뵙듯이 하여 승마 여덟 필을 드리고 사적으로 만나는 것이었고, 자피(子皮)를 만날 때는 상경을 만나듯이 하여 말 여섯 필을 주었고, 자산(子産)을 만날 때는 말 네 필, 자대숙(子大叔)을 만날 때는 말 두 필을 주었다"라 하였다. 그러므로 『한서 · 위현성전(韋玄成傳)』에 왕순(王舜)과 유흠(劉歆)이 논의하는 것이 수록되어 있는데 "『춘추좌씨전』에서 말하기를 '명칭과 지위가 다르면 예의 또한 급수가 달리해야 한다'라 하였으니 위에서 아래로 내려갈 때는 내려갈 때마다 둘씩 줄이는 것이 예의다"라 하였다.

虢公, 晉侯, 鄭伯使原莊公逆王后于陳.[11] 괵공과 진후, 정백이 원장공으로 하여금 진나라에서 왕후를 맞아 오게 하였다.

陳嬀歸于京師, 진규가 경사로 시집을 갔는데

實惠后.[12] 바로 혜후이다.

夏, 여름에

公追戎于濟西.[13] 공이 제수의 서쪽에서 융을 쫓았다.

不言其來, 쳐들어온 것을 말하지 않은 것은

諱之也.[14] 꺼렸기 때문이다.

---

11 원장공(原莊公) : 남송(南宋) 정초(鄭樵)의 『통지 · 씨족략(通志 · 氏族略)』에서는 "주나라에 원장공(原莊公)이 있는데 대대로 주나라의 경사가 되었으므로 읍을 씨로 삼았다"라 하였다. 고동고의 『대사표』에서는 지금의 하남성 제원현(濟源縣) 서북쪽에 있는 원향(原鄕)이 그 나라라고 하였는데 실은 채읍(采邑)이다.

12 『사기 · 연표』에 "혜왕 원년 진후를 맞았다"라 하였다. 혜후가 작은 아들을 총애한 일은 희공 24년의 『전』에 보인다.

13 제(濟) : 곧 제수(濟水)로, 고대 4대 하천의 하나이다. 이른바 강(江) · 하(河) · 회(淮) · 제(濟)가 바로 그것이다. 하남성 제원현(濟源縣) 왕옥산(王屋山)에서 발원한다. 춘추 때 제수는 조(曹) · 위(魏) · 제(齊) · 노(魯)의 경계를 거쳤다. 희공 31년의 『전』으로 증명하건대 제수의 서쪽은 조나라 땅이며, 조나라와 노나라의 분계가 되는 제수는 지금의 산동성 거야현(巨野縣)과 수장현(壽張縣), 동평현(東平縣)의 사이에 있다. 제수는 지금도 그 발원지를 보존하고 있다.

14 『경』에서는 다만 융을 쫓은 것만 기록하였지 융이 쳐들어온 것은 기록하지 않았으므로 『전』에서 풀이하기를 꺼렸기 때문이라고 하였다. 어째서 꺼렸는가에 대해서는 두예는 융이 쳐들어온 것을 노나라가 몰랐기 때문이라고 하였고, 심흠한은 융적(戎狄)은 중국의 근심이므로 쳐들어온 것을 꺼린 것이라 하였으며, 잘 막아 내었음을 기뻐하여 추후에 기록한 것이라 하였다.

秋,	가을에
有蜮,	역충이 발생했는데
爲災也.	재해를 이루었기 때문에 기록한 것이다.

初,	처음에
楚武王克權,[15]	초무왕이 권나라를 이기고
使鬪緡尹之,[16]	투민에게 현윤이 되게 하였는데
以叛,[17]	반란을 일으켜
圍而殺之.[18]	에워싸서 죽여 버렸다.
遷權於那處,[19]	권을 나처로 옮기고

---

15 권(權) : 나라 이름으로 『당서 · 재상세계표(唐書 · 宰相世系表)』에 의하면 자(子)씨 성으로 상나라 무정(武丁)의 후예이며 지금의 호북성 당양현(當陽縣) 동남쪽에 권성(權城)이 있다.

16 투민(鬪緡) : 초나라의 대부. 윤지(尹之)라는 것은 권나라가 초나라의 현이 되어 그로 하여금 현윤이 되게 한 것이다. 양공 26년의 『전』에서는 "천봉술(穿封戌)은 방성(方城) 바깥의 현윤이다"라 하였으니 초나라는 현재를 현윤(縣尹)이라 하였다. 현공(縣公)이라고도 하였는데 선공 11년의 『전』에 "제후와 현공은 모두 경에게는 경사이다"라 한 말이 있다. 『회남자 · 남명훈(覽冥訓)』의 고유(高誘) 주(注)에서는 "초나라가 왕으로 참칭을 하고부터 현대부는 모두 현공이라 불렀다"라 하였다. 노나라가 현인을 현재(縣宰)라 부르고, 진나라가 현대부라 부르는 것과 같다.

17 투민이 권 땅을 근거지로 하여 초나라를 반역하였는데, 주나라 초기에 관(菅)과 채(蔡)가 은나라를 감독하면서 은을 가지고 반란을 일으킨 정황과 비슷한 것 같다.

18 초무왕이 투민을 죽였다.

19 권나라의 원래 백성과 신하들을 나처로 옮긴 것은 주나라가 은나라의 "완고한 백성(頑民)"들을 옮긴 것과 같다. 나처는 초나라 땅으로 지금의 호북성 현문현(荊門縣) 동남쪽에 나구성(那口城)이 있는데 그곳일 것이다.

使閻敖尹之.[20]	염오에게 현윤이 되게 하였다.
及文王卽位,[21]	문왕이 즉위하였을 때
與巴人伐申,[22]	파 사람과 함께 신을 쳐서
而驚其師.[23]	그 군사들을 놀라게 하였다.
巴人叛楚而伐那處,	파나라 사람들이 초나라에 반기를 들고 나처를 쳐서
取之,	빼앗고는
遂門于楚.[24]	마침내 초나라 성문에 이르렀다.
閻敖游涌而逸.[25]	염오는 용을 지나 달아났다.
楚子殺之.	초자가 그를 죽였다.
其族爲亂.	그 일족이 난리를 일으켰다.
冬,	겨울에

---

20 윤지(尹之) : 나처의 지방 정치를 주관하는 것을 말함. 또한 권나라의 유민들을 관리하는 것. 이상은 초무왕(楚武王) 때의 일이다.

21 문왕(文王) : 무왕(武王)의 아들. 노장공 5년은 초문왕 원년이다.

22 장공 6년의 『전』에 보인다.

23 초나라 군사가 파나라 군사를 놀라게 하다. 도홍경(陶鴻慶)은 경(驚)은 경(警)과 같다고 하였다. 염오가 파나라 사람들을 죽여서 겁을 주려고 하였기 때문에 반란을 초래했다는 것이다.

24 파나라 사람들이 나처를 취한 후에 초나라 도성의 문까지 진격한 것이다. 당시 초문왕은 이미 영(郢)으로 천도를 하였으며, 영은 지금의 호북성 강릉현(江陵縣) 북쪽의 기남성(紀南城)에 있었는데 나처는 곧 그곳의 북쪽이다. 파국은 양양(襄陽) 부근에 있을 것이다.

25 용(涌) : 지금의 호북성 감리현(監利) 동남쪽의 속칭 건항호(乾港湖)라는 곳이다.

巴人因之以伐楚.[26] 파나라 사람이 그것 때문에 초나라를 쳤다.

장공 19년

經

十有九年春王正月.[1] 19년 봄 주력으로 정월.

夏四月. 여름 4월.

秋, 가을에

公子結媵陳人之婦于鄄, 공자 결이 진나라 사람의 부인의 잉첩을 견으로 호송하면서

遂及齊侯, 宋公盟.[2] 마침내 제후 및 송공과 맹약을 맺다.

---

26 이 문장은 원래 다음 해의 『전』과 하나인 것을 후세 사람에 의해 나뉘어졌다.

1 십유구년(十有九年) : 병오년 B.C. 675년으로 주혜왕(周惠王) 2년이다. 지난해 윤12월 21일 기사일이 동지로 건축(建丑)년이다.

2 『전』이 없다.
공자 결(公子結) : 노나라의 대부이다.
견(鄄) : 위나라 땅으로 14년 『경』에 상세하다.
잉(媵) : 옛날 제후들이 한 나라에서 부인을 맞으면 두 나라 서출의 딸을 딸려 보내는 것을 말함. 여기서는 위나라 여인이 진선공(陳宣公)의 부인으로 시집가고 노나라 여인을 잉첩으로 보내는데 공자 결이 호송하는 것을 말함. 본래는 위나라의 도성까지 호송을 해주어서 진후의 부인과 동행을 하도록 해주어야 하지만 공자 결이 견까지 호송을 했을 때 제후와 송공이 회합한다는 말을 듣고 마침내 임시로 계획을 변경하여 다른 사람에게 여인을 호송하게 하고 본인은 노나라의 대표로 회맹에 참석한 것이다.
진후의 부인을 진나라 사람의 부인(陳人之婦)라고 부른 것은 아직 진나라로 시집을 가지

夫人姜氏如莒.[3]	부인 강씨가 거나라로 갔다.
冬,	겨울에
齊人, 宋人, 陳人伐我西鄙.[4]	제나라 사람, 송나라 사람, 진나라 사람이 우리 서쪽 변경을 쳤다.

傳

十九年春,	19년 봄
楚子禦之,[5]	초자가 막았으나
大敗於津.[6]	진에서 크게 패하였다.

않아 부인이 되지 않았기 때문이다. 송나라 유창(劉敞)과 호안국(胡安國)은 진인(陳人)을 "진대부(陳大夫)"라 하여 진나라의 대부가 아내를 맞는 것이라 하였다. 송나라 정이(程頤)는 견의 큰 집안에서 진나라 사람에게 시집을 보내는 것으로 공자 결이 자신의 서녀를 잉첩으로 보내는 것인데, 제나라 및 송나라와 맹약에 참석하러 가는 길에 내친김에 데리고 간 것이라 하였는데 모두 지나치게 주관적인 견해이다.

3 『전』이 없다.
부인강씨(夫人姜氏) : 문강(文姜)이다. 두 해 동안에 어찌하여 두 번이나 거나라에 갔는지는 『경』과 『전』에서 언급을 하지 않아 이미 고찰할 수가 없게 되었다. 두예는 "간음하러 갔기 때문에 적은 것이다(書姦)"라 하였는데 반드시 그렇지는 않을 것이다. 문강은 환공 3년에 노나라로 시집을 가서 이때는 이미 35년이 되었으니 나이도 이미 50여 세가 되었을 것이다.

4 『전』이 없다.
『경』에 제나라가 노나라를 친 기록은 열네 차례인데 여기서 비롯된다. 비(鄙)는 변수(邊陲), 곧 국경 근처, 변경을 말함.

5 이 문장은 지난해 『전』과 본래 하나였다.
어지(禦之) : 파(巴) 사람들이 초나라 군사를 치는 것을 막다.

6 대패어진(大敗於津) : 두예는 "파 사람들에게 패한 것이다"라 하였다. 진(津)은 지금의 호북성 강릉현(江陵縣) 강진수(江津戍 : 봉성(奉城)이라고도 함)임. 혹자는 지금의 지강현(枝江縣) 진향(津鄕)이라고도 함.

還,	돌아오다가
鬻拳弗納,[7]	육권이 들여보내 주지 않아
遂伐黃.[8]	결국 황을 치게 되었다.
敗黃師于踖陵.[9]	작릉에서 황의 군사를 물리쳤다.
還,	돌아오다가
及湫,[10]	추에 이르러
有疾.	병에 걸렸다.
夏六月庚申,[11]	여름 6월 경신일에
卒.[12]	죽었다.
鬻拳葬諸夕室.[13]	육권이 석실에 장사를 지내주고

---

7 육권(鬻拳) : 초나라와 동성으로 당시 초나라 대혼(大閽)이었으며 성문을 맡았으므로 초 문왕이 성으로 들어오는 것을 거절할 수가 있었다.

8 황(黃) : 영(嬴)씨 성의 나라로 옛 성은 지금의 하남성 황천현(潢川縣) 서쪽에 있다. 희공 12년 초나라에게 멸망당했다.

9 작릉(踖陵) : "踖"은 "적"이라고도 읽는다. 작릉은 황나라의 지명으로 지금의 황천현(潢川縣) 서남쪽에 있을 것이다.

10 추(湫) : 『청일통지』에서는 호북성 종상현(鍾祥縣) 북쪽에 있다고 하였으며, 고동고(顧東高)의 『대사표(大事表)』에서는 호북성 의성현(宜城縣) 동남쪽에 있다고 하였는데 사실 한곳이다. 추는 초영왕(楚靈王) 때 오거(伍擧)의 채읍이 되었으며, 『국어』에 추거(湫擧)와 추명(湫鳴)이 있다. 지금의 "湫"는 "椒"라고 되어 있는 곳도 있다.

11 경신(庚申) : 15일이다.

12 졸(卒) : 초문왕의 재위 기간은 15년이다. 『사기』의 「초세가」와 「연표」에서는 13년이라고 하였는데 틀린 것 같다.

13 석실(夕室) : 두예는 지명이라고 하였다. 심흠한(沈欽韓)의 『보주(補注)』와 장병린(章炳麟)의 『독(讀)』에서는 모두 석실은 구대(柩臺)와 같다고 하였는데, 아마 초나라 임금의 묘소가 있는 곳을 일컫는 말일 것이다.

亦自殺也,	또한 자살하니
而葬於絰皇.[14]	질황에다 장사지냈다.
初,	처음에
鬻拳强諫楚子.[15]	육권이 초자에게 강하게 간언했다.
楚子弗從.	초자가 그의 말을 따르지 않자
臨之以兵,	무기를 들고 다가서서
懼而從之.	을러서 따르게 했다.
鬻拳曰,	육권이 말하였다.
"吾懼君以兵,	"나는 무기로 임금을 을렀으니
罪莫大焉."[16]	그 죄가 막대하다."
遂自刖也.	마침내 스스로 다리를 잘랐다.
楚人以爲大閽,[17]	초나라 사람이 대혼으로 삼아

14 질황(絰皇) : 선공 14년에서 "여러 차례 질황(窒皇)에 이르렀다"라 한 질황(窒皇)이다. 두 자는 통하여 쓴다. 아마 궁전 앞의 뜻을 말할 것이다. 초문왕의 능묘는 반드시 지하의 궁전에 있었을 것이고 육권의 시체는 궁전 앞의 뜰에 장사 지낸 것은 지하에서 임금을 지키겠다는 바람을 나타내기 위함이었다. 두예는 질황을 무덤 앞의 궁궐이라 하였는데 무덤 앞에는 궁궐이 있을 수 없었으니 곧 무덤 앞의 문에 또한 사람을 장사 지낼 수도 없었다는 것을 몰랐다.

15 강(强) : 상성(上聲)으로, 강요하다의 뜻이다.

16 가나자와 문고본(金澤文庫本)에는 이 아래에 "君不討, 敢不自討乎"의 여덟 자가 더 있는데, "임금님께서 저의 죄를 꾸짖지 않으시면 감히 스스로 꾸짖지 않겠습니까?"라는 뜻이다.

17 대혼(大閽) : 두예는 진(晉)나라의 성문교위(城門校尉)에 상당하는 직책으로 성문의 수비를 맡은 관직이라고 하였는데, 아마도 돌아올 때 군사를 들여보내지 않은 사실로 미루어 짐작한 것 같다. 심흠한은 『보주(補注)』에서 두예의 설을 반박하여 대혼은 궁문의 수

謂之大伯.[18] 태백이라 불렀다.

使其後掌之.[19] 그의 후손들로 맡게 하였다.

君子曰, 군자가 말하였다.

"鬻拳可謂愛君矣, "육권은 임금을 사랑한다 할 만하다.

諫以自納於刑, 간언을 하고 스스로 형벌을 받았으니

刑猶不忘納君於善."[20] 형으로 임금을 훌륭한 길로 들이는 것을 잊지 않았다."

初, 처음에

王姚嬖于莊王,[21] 왕요가 장왕의 사랑을 받아

生子頹. 자퇴(왕자 퇴)를 낳았다.

비를 맡은 관직이라고 하였다. 그렇다면 육권은 초나라 군사의 입성을 막기가 어려웠을 것이다. 초나라 군사기 이미 성에 들어왔는데 육권이 궁문을 지키면서 입궁을 거절한다는 것은 더욱 이치에 맞지 않으므로 그의 설을 따르지 않는다. 애공 16년의 『전』에 "석걸(石乞)이 문을 맡았다"라는 말이 나오는데, 바로 용력으로 병사들에게 죽음으로 맞서 문을 지킨 자이다. 윤(尹)은 맡는다는 뜻이다. 『한비자 · 내저설(內儲說) 하』에 "낭문(郎門)에 기대어 있는데 문을 지키는 자가 다리를 자르고 꿇어앉아 청하기를 ……"이라는 말이 있고, 『여씨춘추 · 음초(音初)』편에서는 "도끼로 그의 다리를 자르고 마침내 문을 지키는 사람이 되었다. ……"한 것으로 보면 고인들은 종종 다리를 자른 사람이 문을 지켰다. 『주례 · 추관 · 장륙(秋官 · 掌戮)』에서는 "묵형(墨刑)을 받은 사람은 문을 지키고 의형(劓刑)을 받은 사람은 관(關)을 지키며 월형(刖刑)을 받은 사람은 동산을 지킨다. ……" 하였으니 춘추의 역사적 사실이 아니다.

18 태백(大伯) : 공영달의 주석〔소(疏)〕에서는 "육권은 본래 대신이었는데 초나라 사람이 그가 현명하다고 하여 이 관직을 맡게 하였다"라 하였다.

19 그의 자손들로 하여금 늘 이 관직을 맡게 한 것이다.

20 초문왕의 군사를 들여보내기를 거절한 것을 말한다.

子頹有寵,	자퇴가 사랑을 받아
蔿國爲之師.[22]	위국을 스승으로 삼아 주었다.
及惠王卽位,[23]	혜왕이 즉위하였을 때
取蔿國之圃以爲囿.[24]	위국의 채마밭을 취하고 동산을 만들었다.
邊伯之宮近於王宮,[25]	변백의 집이 천자의 궁에 가까웠는데
王取之.	왕이 빼앗았다.
王奪子禽祝跪與詹父田,[26]	천자가 자금축궤와 첨보의 밭을 빼앗고

---

21 왕요(王姚) : 장왕(莊王)의 첩. 주나라 왕의 처첩은 모두 왕(王)자를 친정의 성씨와 이어서 말하였으며, 왕요의 요(姚)는 친정 나라의 성씨이다.

22 지(之) : "그를 ~으로 쓰다." 송나라 정공열(程公說)의 『춘추분기 · 직관서(春秋分紀 · 職官書) 1』에서는 『주례 · 지관 · 사씨(地官 · 師氏)』의 직관을 끌어서 증명하였는데 맞지 않는 것 같다. 대개 「사씨(師氏)」는 훌륭한 말로 임금에게 아뢰고 세 가지 덕으로 국자(國子)를 가르치는데, 여기서는 위국이 자퇴(子頹 : 왕자 퇴) 한 사람의 스승을 맡을 뿐이다.

23 혜왕(惠王) : 장왕의 손자이며 희왕의 아들이다. 『사기』에서는 이름이 랑(閬)이라 하였고, 『세본(世本)』과 『국어』 위소의 주석 및 서진(西晉) 황보밀(皇甫謐)의 『제왕세기(帝王世紀)』에서는 모두 이름이 무량(毋涼)이라고 하였는데, 아마도 랑(閬)은 곧 무량(毋涼)의 변음인 것 같다. 혜왕은 지난해에 즉위하였다.

24 포유(圃囿) : 별도로 말한 것으로 포와 유에는 구별이 있다. 포(圃)는 채소와 과일을 심어 놓고 울타리를 둘러놓은 곳이며, 유는 금수(禽獸)를 기르는 곳이다. 유는 규모가 크고 포는 작다. 그러나 희공 33년의 『전』에서는 "정나라에 원포(原圃)가 있는 것은 진(秦)나라에 구유(具囿)가 있는 것과 같은데 그대는 그곳의 사슴과 고라니를 잡아 ……"라 한 말이 있는 것으로 보아 유(囿) 또한 포(圃)로 부를 수 있음을 알 수 있다.

25 변백(邊伯) : 주나라의 대부.

26 자금축궤(子禽祝跪) : 두예는 두 사람으로 보았으나 틀렸다. 바로 아래에 "위국과 변백, 석속, 첨보, 자금축궤가 난리를 일으켜(蔿國 · 邊伯 · 石速 · 詹父 · 子禽祝跪作亂)"라 하였고 이어서 "다섯 대부가 자퇴(子頹 : 왕자 퇴)를 받들어 천자를 쳤다(五大夫奉子頹以伐王)" 하였는데 다섯 대부는 곧 위국 등 다섯 명으로 자금축궤가 두 사람이라면 곧

而收膳夫之秩,[27]	선부의 봉록을 거두었으므로
故蔿國, 邊伯, 石速, 詹父, 子禽祝跪作亂,	위국과 변백, 석속, 첨보, 자금축궤가 난리를 일으켜
因蘇氏.[28]	소씨에게 기댔다.
秋,	가을에
五大夫奉子頹以伐王,	다섯 대부가 자퇴를 받들어 천자를 쳤는데
不克,	이기지 못하여
出奔溫.[29]	온으로 달아났다.

여섯 대부가 되는 것이다. 두예는 자기의 설을 합리화시키기 위하여 "석속은 사(士)이므로 5대부의 수에 들지 않는다"라 하였는데 역시 근거가 없는 말이다. 『국어 · 주어 상』에서 "변백과 석속, 위국이 왕을 몰아내고 자퇴(子頹 : 왕자 퇴)를 세웠다"라 하였고 또 "왕자 퇴가 세 대부에게 마실 것을 내렸다"라 하였으니 석속 역시 대부이지 사가 아니다. 『전』에서 자금축궤와 첨보 사이에 "여(與)"자를 써넣어 독자들로 하여금 모두 두 자 이름으로 오인하게 하여 세 명으로 착각하게 한 것이다. 첨보는 이미 환공 10년의 『전』에 보인다.

27 선부(膳夫) : 관직 이름으로 『주례 · 천관(天官)』에 보이며, 왕이 먹는 음식을 관장하여 왕과 후(后), 세자를 위해 음식을 만들어 바친다. 질(秩)은 봉록이다. 선부는 곧 아래의 석속이다. 이곳에서는 선부라 하고, 아래에서는 석속이라 한 것은 변문(變文)일 것이다.

28 은공 11년 『경』에 환왕이 소분생(蘇忿生)의 12읍의 땅을 빼앗아 정나라에 주니 소씨는 이에 주 왕실에 불만을 가지게 되었다.

29 온(溫) : 소씨의 읍이다. 성공 11년 『전』에서는 "소분생은 온을 사구(司寇)로 삼았다"라 하였으니 온은 소씨의 첫 번째 봉읍지이므로 희공 10년의 『경』에서 "적이 온을 멸하자 온자는 위나라로 달아났다"라 하였는데 『전』에서는 "소자(蘇子)가 위나라로 달아났다"라 하였다. 읍을 가지고 이야기하면 온자(溫子)이고 씨를 가지고 말하면 소자(蘇子)이니 마찬가지이다. 『사기』의 「주본기(周本紀)」와 「연표」 및 「위세가」, 「연세가(燕世家)」에서는 모두 혜왕(惠王)이 온(溫)으로 달아났다고 하였지만 『좌전』의 문의(文義)를 가지고 말한다면 온으로 달아난 사람은 5대부인 것 같다.

蘇子奉子頹以奔衛.	소자가 자퇴를 모시고 위나라로 달아났다.
衛師, 燕師伐周.[30]	위나라와 연나라 군사가 주나라를 쳤다.
冬,	겨울에
立子頹.[31]	자퇴(子頹 : 왕자 퇴)를 세웠다.

장공 20년

經

二十年春王二月,[1]	20년 봄 주력으로 2월에

---

30 「위세가」에서는 "25년 혜공은 주나라가 검모(黔牟)의 망명을 받아들인 것을 원망하여 연나라와 함께 주나라를 쳤다"라 하였으니 위나라가 주나라를 친 것은 검모를 도운 데 대한 원한을 나타낸 것이다. 또 「연세가」에서는 "장공 16년 송나라와 위나라가 함께 주혜왕을 쳤다"라 하였는데, 이에 의하면 주혜왕을 친 사람은 연나라와 위나라를 제외하고 송나라도 있는 것 같다. 그러나 『좌전』에서는 송나라는 언급하지 않았다. 또한 「12제후연표」에서도 "혜왕 2년 연나라와 위나라가 천자를 쳤다"라 하여 역시 송나라는 언급하지 않았다. 「위세가」에서는 이 일에 대하여 다만 "연나라와 함께 주나라를 쳤다"라 하여 유독 「연세가」에만 송나라가 보이니 사마천이 소략하게 처리한 것 같다. 또한 사마천은 연나라를 북연(北燕)이라 생각하였고, 두예는 남연이라 하였는데, 북연은 길이 멂으로 남연일 것이다. 북연은 희(姬)씨 성이고 남연은 길(姞)씨이다. 『사기』에서는 남연을 세가에 열입(列入)시키지 않고 두 연을 하나로 섞어 놓았다.

31 『국어 · 주어 상』 및 『사기』「주본기」, 「연표」, 「연소공세가(燕召公世家)」, 「위세가」의 서술은 『좌전』과 같다.

1 이십년(二十年) : 정미년 B.C. 674년으로 주혜왕(周惠王) 3년이다. 동지가 정월 초3일 을해일이었으므로 건자(建子)년이다. 윤달이 있다.

夫人姜氏如莒.[2]	부인 강씨가 거나라로 갔다.
夏,	여름에
齊大災.[3]	제나라에 큰 화재가 발생하였다.
秋七月.	가을 7월.
冬,	겨울에
齊人伐戎.[4]	제나라 사람이 융을 쳤다.

傳

二十年春,	20년 봄
鄭伯和王室,[5]	정백이 화해를 주선하였으나
不克.[6]	해내지 못했다.

---

2 『전』이 없다.

3 『전』이 없다. 선왕 16년의 『전』에서는 "무릇 불이라는 것은 사람에 의한 불은 화(火)라 하고, 하늘에 의한 불은 재(災)라고 한다"라 하였다. 허신 역시 『설문해자』에서 이것이 재(災)자의 본래 의미라 하였다. 『춘추』에서 "災"라 한 것을 두루 고찰해 보면 모두 화재(火災)이다. 환공 14년의 "어름재(御廩災)"나 희공 20년의 "서궁재(西宮災)", 선공 16년의 "성주 선사의 재(成周宣榭災)", 성공 3년의 "신궁재(新宮災)", 정공 2년의 "치문과 양관의 재(雉門兩觀災)", 애공 3년의 "환궁과 희궁의 재(桓宮僖宮災)", 애공 4년의 "박사재(亳社災)"는 화재임이 물론이다. 양공 9년 및 30년의 "송재(宋災)", 소공 9년의 "진재(陳災)", 소공 18년의 "송 · 위 · 진 · 정재(宋衛陳鄭災)"도 『전』의 문장으로 살펴보건대 또한 모두 화재이다. 곧 소공 6년의 "정재(鄭災)" 또한 화재이다. 이해의 재나라의 대재(大災)는 또한 제나라의 대화(大火)와 같은 말이다. 양공 30년의 송재(宋災) 또한 대화(大火)이다. 그런대도 『경』에서 "大"자를 쓰지 않았는데 여기서는 "大"자를 쓴 것은 제나라가 "큰" 화재임을 알렸기 때문이다.

4 『전』이 없다. 『곡량전』에서는 "戎"이 "我"자로 되어 있는데 오자이다. 처음으로 『경』에서 융을 쳤다고 기록한 것이다.

5 화(和) : 혜왕과 자퇴(子頹 : 왕자 퇴) 사이에서 화해를 주선한 것이다.

執燕仲父.[7]	연중보를 잡아갔다.
夏,	여름에
鄭伯遂以王歸.	정백이 마침내 천자와 함께 돌아왔다.
王處于櫟.[8]	천자는 역에 거처하였다.
秋,	가을에
王及鄭伯入于鄔.[9]	주혜왕이 정백과 함께 오에 들어갔다.
遂入成周,[10]	마침내 성주에 들어가
取其寶器而還.	보기를 빼앗아서 돌아갔다.
冬,	겨울에
王子頹享五大夫,	왕자 퇴가 다섯 대부에게 음식을 대접하였는데
樂及徧舞.[11]	6대의 음악을 두루 연주하였다.

6 극(克) : 능(能)자와 같은 뜻. 화해를 조정하였으나 성과가 없었던 것이다.

7 연중보(燕仲父) : 복건과 두예는 모두 남연(南燕)의 임금이라고 하였다. 『사기』에서는 북연의 신하라고 하였다. 확실치 않은 것 같다.

8 역(櫟) : 환공 15년의 『전』에 보인다.

9 은공 11년의 『전』에 의하면 주나라 왕에게 정나라의 읍이다.

10 21년의 『전』에 의하면 왕자 퇴는 왕성에 있었고 성주는 왕성의 동쪽에 있다.

11 악급편무(樂及徧舞) : 두 가지 뜻이 있다. 첫 번째는 무(舞)는 6대(六代)의 음악이라는 것이다. 6대의 음악이라는 것은 황제(黃帝)의 「운문(雲門)」과 「대권(大卷)」, 요(堯)의 「대함(大咸)」, 순(舜)의 「대소(大韶)」, 우(禹)의 「대하(大夏)」, 탕(湯)의 「대호(大濩)」, 주무왕(周武王)의 「대무(大武)」이다. 둘째는 제후 및 대부의 편무(徧舞)라는 뜻이다. 악급편무는 고찰해 보건대 음악을 연주하여 모든 무악에 이르렀다는 말이다. 『주례 · 춘

鄭伯聞之,	정백이 듣고는
見虢叔曰,[12]	괵숙을 보고 말하였다.
“寡人聞之,	“과인이 듣기에
哀樂失時,	슬픔과 즐거움에 때를 놓치면
殃咎必至.	재앙이 반드시 이른다고 하였소.
今王子頹歌舞不倦,	지금 왕자 퇴의 노래와 춤은 권태를 느끼지 않으니
樂禍也.	남의 화를 즐기는 것이오.
夫司寇行戮,[13]	대체로 사구가 형을 집행할 때는
君爲之不擧,[14]	임금도 이로 인하여 음악을 듣지 않는데

관 · 대사악(春官 · 大司樂)』에서는 “악무(樂舞)를 가지고 국자(國子)들을 가르치는데 「운문」과 「대권」, 「대함」, 「대경(韶)」, 「대하」, 「대호」, 「대무」의 음악을 춤추었다”라 하였다. 손이양(孫詒讓)의 『정의(正義)』에서는 “육악은 음악의 연주가 있기는 해도 춤이 더욱 중후하다”라 하였다. 앞의 설이 더 타당하다.

12 가규(賈逵)와 『국어』 위소의 주에서는 모두 괵숙을 괵공임보(虢公林父)의 자(字)라고 하였다. 그러나 환공 10년 『전』에서 “괵중(虢仲)은 그의 대부 첨보(詹父)를 무고하였다”라 하였으니 임보는 자가 중(仲)이지 숙(叔)이라고 하지 않았다. 이곳의 괵숙은 희공 15년 전의 괵공추(虢公醜)인 것 같다.

13 부(夫) : 청나라 무억(武億)의 『경독고이(經讀考異)』에서는 이 부(夫)자를 위쪽에다 붙여 “樂禍也夫”로 읽었는데 아닌 것 같다.

14 『국어 · 초어(楚語) 하』에서는 “제사 때는 평상시의 음식보다 더합니다. 천자는 태뢰(大牢 : 소, 양, 돼지의 세 가지 희생을 함께 쓰는 것)를 드는데 제사 때는 회(會 : 삼태뢰에다 사방의 공물을 더한 것)로써 하며, 제후는 특우(特牛)를 드는데 제사는 태뢰로 지내고, 경은 소뢰(양과 돼지를 함께 씀)를 드는데 제사는 특우로 지내며, 대부는 희생(돼지 하나만 씀)을 드는데 제사는 소뢰로 지내고, 사(士)는 구운 물고기를 먹는데 제사는 특생(特牲)으로 지내며, 서민들은 채소를 먹지만 제사는 물고기로 지낸다” 하였으니, 천자에서 대부까지는 매일 드는 음식을 거(擧)라 하였고 서민은 식(食)이라 하였음을 알 수

而況敢樂禍乎?	하물며 감히 화를 즐긴단 말이오?
奸王之位,[15]	왕의 지위를 범하는 것보다
禍孰大焉?	더 큰 화가 있겠소?
臨禍忘憂,	화를 눈앞에 두고도 근심을 잊으니
憂必及之.	근심이 필시 이를 것입니다.
盍納王乎!"[16]	어찌 왕을 들이지 않습니까?"
虢公曰,	괵공이 말했다.
"寡人之願也."[17]	"과인이 바라던 것이오."

있다. 고대의 왕과 후는 하루에 세 번 식사를 하였는데 조찬을 가장 중시하였으며, 『주례 · 천관 · 선부(天官 · 膳夫)』에서 이른바 "왕일일거(王日一擧)"라고 한 것이 이것을 말하는 것이다. 중식과 만찬은 조찬에서 남은 것을 먹을 따름이었다. 재계(齋戒) 때는 매 식사마다 희생으로 올리는 짐승들을 잡았는데 「선부(膳夫)」에서 이른바 "왕재일삼거(王齋日三擧)"라고 한 것이 이것을 말하는 것이다. 거는 성찬(盛饌)으로 돕는 음식을 즐기는 것이다. 거라는 것은 식사를 겸하여 즐기는 것을 말한다. 양공 26년의 『전』에서 이르기를 "옛날에 백성을 다스리는 사람은 형을 집행하려 할 때는 거(擧)를 행하지 않는데 거를 행하지 않는다는 것은 음악을 거두는 것이다"라 하였으니, 불거(不擧)라는 것은 식사를 덜고 음악을 거두는 두 가지 일을 포괄한다. 『한비자 · 오두(五蠹)』편에서는 "사구(司寇)가 형을 집행할 때는 임금은 음악을 듣지 않는다(不擧樂)"라 하였으니 이는 음악을 거두는 것만 가지고 말한 것이다.

15 간(奸) : 간(干)과 같으며 범한다는 뜻이다.

16 합(盍) : "하불(何不)"의 합음(合音)이다.

17 『사기 · 주본기(周本紀)』에서는 "음악이 편무에 미치자 정나라와 괵나라의 임금이 노했다"라 하였으며, 『국어 · 주어(周語) 상』의 기록은 『전』과 같다. 이 『전』의 문장은 아래의 『전』의 문장과 하나로 이어져 있어서 긴밀하게 이어져 있음을 알겠는데 후인이 『경』과 『전』을 연도에 맞추어서 배열하다 보니 지금은 다음 해의 『경』이 되어 떨어지게 되었다. 이로써 원본 『좌전』에서 『경』의 문을 수록하지 않고 단독으로 행하였음을 알 수 있다.

장공 21년

經

二十有一年春,[1]	21년 봄
王正月.	주력으로 정월.
夏五月辛酉,[2]	여름 5월 신유일에
鄭伯突卒.[3]	정백 돌이 죽었다.
秋七月戊戌,[4]	가을 7월 무술일에
夫人姜氏薨.[5]	부인 강씨가 죽었다.
冬十有二月,	겨울 12월에
葬鄭厲公.[6]	정여공을 장사 지냈다.

---

1 이십유일년(二十有一年) : 무신년 B.C. 673년으로 주혜왕(周惠王) 4년이다. 동지가 지난해 윤12월 14일 경진일이었으므로 건축(建丑)년이다.

2 신유(辛酉) : 27일이다.

3 「정세가」에는 여공(厲公)의 죽음이 가을에 있었다고 기록되어 있어 『춘추』와 다르다.

4 무술(戊戌) : 오일이다.

5 『전』이 없다. 노나라 부인으로 『경』에 보이는 사람은 문강(文姜)·애강(哀姜)·성강(聲姜)·목강(穆江)·제강(齊姜)은 죽음과 장례가 기록되어 있으며, 자씨(子氏)의 경우는 은공이 살아 있어서 장례가 기록되지 않았고, 출강(出姜)은 제나라로 돌아가서 죽음도 기록되어 있지 않으며, 맹자(孟子)는 동성이라 꺼려서 생략하였다. 첩으로 『경』에 보이는 사람은 성풍(成風)과 경영(敬嬴)·정사(定姒)인데 모두 죽음과 장례가 기록되어 있으며, 부인(夫人)이니 소군(小君)이라 칭한 것은 정적(正嫡)과 다름이 없다. 정공 15년의 사씨(姒氏)의 죽음만은 애공이 즉위하지 않았기 때문에 소군의 예를 이루지 않았다.

6 『전』이 없다. 두예는 "8개월 만에 장사를 지내 늦추어졌기 때문이다"라 하였다.

傳

二十一年春,	21년 봄
胥命于弭.[7]	미에서 만나 서로 언약을 하였다.
夏,	여름에
同伐王城.[8]	함께 왕성을 쳤다.
鄭伯將王自圉門入.[9]	정백이 왕을 모시고 어문으로 들어갔고
虢叔自北門入.	괵숙은 북문으로 들어갔다.
殺王子頹及五大夫.[10]	왕자 퇴 및 다섯 대부를 죽였다.
鄭伯享王於闕西辟,[11]	정백은 관문의 서쪽에서 왕에게 연회를 베풀고

---

7 이 구절은 바로 전해의 『전(傳)』에 이어진 말로 주어가 생략되어 있으며, 정백(鄭伯)과 괵공(虢公)이 맹약을 맺은 것을 말한다. 서명(胥命)이라는 것은 제후들이 서로 보고 언약만 하고 맹세의 피를 입술에 바르지 않은 것을 말한다. 미(弭)는 정나라 땅으로 지금의 하남성 밀현(密縣) 경계에 있다.

8 왕성(王城) : 지금의 하남성 낙양(洛陽) 옛 성의 서부, 즉 왕성의 옛터이다. 평왕(平王)이 동천(東遷)한 때로부터 경왕(敬王)에 이르기까지 11세가 모두 여기서 살았다. 경왕이 성주(成周)로 천도하자 왕성은 폐하였다가 난왕(赧王)에 이르러 다시 그곳에서 살았다.

9 장(將) : 『시경 · 주송 · 아장(周頌 · 我將)』에 "내 받들어 제사 지내네(我將我享)"라는 구절이 있는데, 정현은 "장(將)은 '받들 봉(奉)'자와 같은 뜻으로 쓰였다"라 하였다.
어문(圉門) : 왕성의 남문이다. 소공 22년 및 25년의 『전』에 의하면 주나라에는 동어(東圉)와 어택(圉澤)이 있는데 어문은 이것 때문에 얻은 이름인 것 같다.

10 『국어 · 주어(周語) 상』에서는 "자퇴(子頹 : 왕자 퇴) 및 세 대부를 죽이니 왕이 이에 들어왔다"라 하였다. 「연표」 및 「주본기」, 「정세가」는 『전』의 문장과 다르지 않다.

11 궐(闕) : 관(關)이라고도 하며, 상위(象魏)라고도 하는데, 천자와 제후의 궁문은 모두 대를 쌓아 대 위에다 집을 지으며 이것을 일러 대문(臺門)이라 한다. 대문의 양쪽 곁에는 문옥(門屋) 위로 높이 솟은 집을 짓는데 이를 쌍궐(雙闕)이라 하고, 또 양관(兩觀)이라고도 한다. 궐이나 관은 요즈음의 성루와 같다.

樂備.[12] 음악을 갖추어 연주하였다.

王與之武公之略, 왕은 그에게 무공이 다스리던 땅을 주었는데

自虎牢以東.[13] 호뢰 동쪽이었다.

原伯曰,[14] 원백이 말하였다.

“鄭伯效尤,[15] “정백은 허물을 본받으니

벽(辟) : 벽(僻)과 같은 뜻이며 치우쳤다는 뜻이다.

궐서벽(闕西辟) : 쌍관 중에서 서궐이다. 청나라의 장총함(張聰咸)은 양관 안의 서쪽 길이라고 했는데 확실치 않다. 요내(姚鼐)는 이 궐은 종묘의 문의 궐이지 궁문의 궐이 아니라고 하였는데 근거가 없어 믿을 수가 없다. 『예기 · 교특생(郊特牲)』에서는 “천자를 빈객으로 대우하는 예가 없는 것은 천자는 감히 주인이 될 사람이 없기 때문이다. 천자가 신하에게 갔을 때 신하가 오르내리는 계단으로 하는 것은 감히 자신의 집을 가질 수 없기 때문이다”라 하였다. 정현의 주석에서는 “천자에게 향연을 베풀었음을 밝힌 것은 예가 아니다”라 하였고, 『정의(正義)』에서는 “춘추시대에는 제후가 천자에게 향연을 베풀었으므로 장공(莊公) 21년 정백이 궐(闕)의 서쪽에서 천자에게 향연을 베풀었는데 음악을 갖추었으니 어지러운 세상의 올바른 법도가 아니다”라 하였으니 「교특생」에서 운운한 것은 근거로 삼을 수가 없다. 다음 글에서 원백(原伯)이 정백을 놀린 것은 천자에게 향연을 베풀었다는 데 있는 것이 아니라 음악을 갖추었다는 데 있으며 당시 천자에게 향연을 베푸는 것은 예의에 합당하지 않은 것이 아니었다.

12 악비(樂備) : 두예는 “6대(代)의 음악을 갖춘 것이다”라 하였다.

13 천자는 호뢰 동쪽의 정무공의 옛 땅을 정여공에게 주었다. 이곳의 무공은 정나라 무공으로 주평왕(周平王)의 스승이었으며, 평왕이 준 땅이 호뢰 동쪽이었는데 나중에 또 그 땅을 잃어 지금 혜왕이 다시 내려 준 것이다. 『설문해자』에서는 “경은 토지를 경영하여 다스리는(經略) 것이다”라 하였다. 소공 7년의 『전』에서 “천자가 다스리고 제후가 봉토를 다스리니 봉토의 안이 어디인들 왕의 땅이 아니겠습니까?”라 하였다. 봉토 안이라는 말은 경계 안이라는 말이다. 희공 15년의 『전』에 “동으로는 괵나라가 다스리는 땅을 다했다(東盡虢略)”라는 말이 나오는데 곧 동으로는 괵나라의 경계를 끝으로 삼는다는 말이다. 호뢰는 북제(北制)로 은공 5년의 『전』에 보인다.

14 원백(原伯) : 원나라 장공(莊公)이다.

15 우(尤) : 『설문해자』에는 “우(訧)”로 되어 있으며 허물, 죄, 과실이라는 뜻이다. 정공 6년과 양공 21년 『전』의 “허물이 있는데도 본받다(尤而效之)”라 한 것이나 정공 6년 『전』에서 말한 “잘못을 저지른 사람인데도 본받다(尤人而效之)”라 한 것이 모두 이 뜻이다.

其亦將有咎!”[16]	그에게도 화가 있겠구나!”
五月,	5월에
鄭厲公卒.	정나라 여공이 죽었다.
王巡虢守,[17]	주나라 왕이 괵나라가 지키는 땅을 순시하자
虢公爲王宮于玤,[18]	괵공이 주나라 왕을 위해 방에다 궁을 지어 주니
王與之酒泉.[19]	주나라 왕이 그에게 주천을 주었다.
鄭伯之享王也,	정백이 주나라 왕에게 향연을 베풀었을 때
王以后之鞶鑑予之.[20]	주나라 왕이 왕후의 반감을 그에게 주었다.

원백이 허물을 본받다라 한 것은 음악을 갖춘 것을 가리켜 말한 것이다. 정백은 왕자 퇴의 음악이 여러 가지 무악(舞樂)에 두루 미친 것을 비난하면서도 자기는 또한 천자에게 향연을 베풀면서 6대(六代)의 음악을 갖춘 것을 말한다.

16 기(其) : 긍정임을 나타내지 않는 어기부사.
구(咎) : 재앙을 말함.

17 순수(巡守) : 수(守)는 수(狩)라고도 한다. 『맹자 · 양혜왕 하』에 “천자가 제후에게 가는 것을 순수(巡狩)라고 한다. 순수라는 것은 지키는 땅을 순시하는 것이다”라는 말이 있다. 여기서는 주나라 왕이 괵공이 지키고 있는 땅을 순시하는 것을 말한다.

18 방(玤) : 괵나라 땅으로 지금의 하남성 민지현(澠池縣) 경계에 있다.

19 주천(酒泉) : 주나라의 읍으로 소재지는 확실치 않다. 고동고(顧棟高)는 지금의 섬서성 대려현(大荔縣)의 주천장(酒泉莊)이 그곳이라고 하였는데 확실치 않으며, 청나라 강영(江永)이 『고실(考實)』에서 이에 대해 반박하였는데 옳다.

20 반감(鞶鑑) : 반(鞶)은 큰 띠로 신대(紳帶)라고도 하며, 감(鑑)은 거울(鏡)이다. 반감은 하나의 물건으로 거울로 장식한 큰 띠이다. 『관자 · 경중기(輕重己)』편의 “대옥감(帶玉監)”, “대석감(帶錫監)”이 바로 이것으로, 감(監)은 곧 감(鑑)이다. 지금은 실물은 발견되지 않았다. 이이(李貽), 심흠한(沈欽韓) 등은 여러 가지 설을 펴고 있는데, 모두 근거

虢公請器, 괵공이 기물을 청하자

王予之爵.[21] 왕이 그에게 작을 주었다.

鄭伯由是始惡于王.[22] 정백이 이로 인하여 주나라 왕을 미워하기 사직하였다.

冬, 겨울에

王歸自虢. 왕은 괵나라에서 돌아왔다.

장공 22년

經

二十有二年春王正月,[1] 22년 봄 주력으로 정월

肆大眚.[2] 큰 죄를 지은 사람들을 사면하였다.

가 없는 말이다.

21 작(爵) : 술을 마시는 기물. 「정세가」에서는 작록(爵祿)으로 보았는데 『좌전』의 뜻과 맞지 않는 것 같다.

22 정백(鄭伯) : 곧 여공의 아들인 문공이다. 작은 예기(禮器)로 반감(鞶鑑)보다 귀하므로 정문공이 그의 아버지 여공을 가볍게 보았다고 생각하여 주나라 왕을 미워한 것이다.
우(于) : 개사로 사실 필요가 없는 말이다. 이는 희공 24년 정문공이 왕의 사자를 잡는 것의 복선이다.

1 이십유이년(二十有二年) : 기유년 B.C. 672년으로 주혜왕(周惠王) 5년이다. 동지가 지난해 12월 25일 을유일이었으므로 건축(建丑)년이다.

2 사대생(肆大眚) : 『전』이 없다.
생(眚)은 『공양전』에는 "생(省)"으로 되어 있으며, 동음의 가차자이다. 사대생은 두예는 "죄인을 사면한 것이다"라 하였다. 사(肆)에는 사(赦)의 뜻이 있다. 『서경·순전(書經·舜典)』에 "죄 지은 사람을 용서하였다(眚災肆赦)"는 말이 나오는데, 생재(眚災)와 사사

癸丑,[3]	계축일에
葬我小君文姜.[4]	임금의 부인 문강을 장사 지냈다.
陳人殺其公子御寇.[5]	진나라 사람이 공자 어구를 죽였다.
夏五月.[6]	여름 5월.
秋七月丙申,[7]	가을 7월 병신일에
及齊高傒盟于防.[8]	제나라의 고혜와 방에서 맹약했다.
冬,	겨울에
公如齊納幣.[9]	공이 제나라로 가서 납폐하였다.

(肆赦)는 모두 같은 뜻으로 구성된 연문(連文)이다. 양공 9년의 『전』에 "肆眚, 圍鄭"이라는 말이 나오는데 "죄를 사면하고 정나라를 포위했다"는 것을 말한다. 희공 33년의 『전』에 "또한 나는 하나의 과실로 큰 덕을 가리지 않는다(不以一眚掩大德)"라는 말이 있는데 두예는 "생(眚)은 과실〔過〕"이다라 하였다. 공영달은 가규의 설을 인용하여 문강에게 죄가 있기 때문에 노나라에서 나라의 죄 있는 사람을 크게 사면함으로써 문강의 죄를 이로써 없애고 문강을 장사 지내려는 것이라 하였는데 억설(臆說)일 것이다.

3 계축(癸丑) : 23일이다.

4 『전』이 없다.

5 공자 어구(公子御寇) : "御"는 『공양전』과 『곡량전』에는 "禦"로 되어 있는데 서로 통한다. 두예는 진나라가 태자를 죽였다는 오명을 듣기 싫어 공자로 알렸다고 하였다.

6 하오월(夏五月) : 『춘추』의 체례에 따르면 한 계절이 아무 일이 없으면 계절과 첫 달을 기록하니, 이의 경우에는 당연히 "여름 4월(夏四月)"이 되어야 한다. 지금 "여름 5월(夏五月)"로 기록한 것은 아래에 탈문(脫文)이 있거나 "五"가 "四"의 오자이거나 둘 중의 하나일 것인데 확실히 알 수가 없다. 『공양전』의 하휴(何休)의 주석에서는 "장공의 원수 나라의 여인을 부인으로 맞은 것을 놀린 것"이라 하였는데 터무니없는 설이다.

7 병신(丙申) : 9일이다.

8 『전』이 없다. 노나라가 제나라의 고혜와 맹약한 것이다. 고혜는 장공 9년의 『전』에 보인다. 방(防)은 동방(東防)으로 은공 9년의 『경』에 보인다.

9 『전』이 없다.
납폐(納幣) : 곧 『의례 · 사혼례(士昏禮)』의 납징(納徵)을 말하며 또한 곧 후대의 납빙례(納聘禮)이다. 폐(幣)는 백(帛)이다. 그러나 옛날에는 옥(玉), 말〔馬〕, 가죽〔皮〕, 홀

傳

二十二年春,	22년 봄
陳人殺其大子御寇.	진나라 사람이 태자인 어구를 죽였다.
陳公子完與歂孫奔齊.[10]	진나라의 공자인 완과 전손은 제나라로 달아났다.
歂孫自齊來奔.	전손은 제나라에서 도망쳐 왔다.
齊侯使敬仲爲卿.[11]	제후가 경중에게 경을 시키려 하였다.

〔圭〕, 벽옥〔璧〕, 비단〔帛〕을 모두 폐(幣)라 하였으며, 이 때문에 이 여섯 가지가 모두 예물(禮物)로 상용되었다. 「사혼례」의 육례(六禮)는 다음과 같다. 첫째는 납채(納采)인데 청혼을 하는 것이며, 둘째는 문명(問名)으로 청혼한 여인의 성을 물어 돌아와 길흉을 점치는 것이고, 셋째는 납길(納吉)인데 사당에서 점을 쳐서 길하면 여자의 집에 사자를 보내어 알리는 것이며, 넷째는 납징(納徵)으로 사자로 하여금 납폐를 보내게 하여 정혼하는 것이고, 다섯째는 청기(請期)인데 혼인 날짜를 알리는 것이며, 여섯째는 친영(親迎)으로 가서 부인을 맞아오는 것이다. 『춘추』에는 이 육례가 『곡량전』에만 이해에 납채와 문명, 납징, 고기(告期)가 기록되어 있고, 『좌전』에는 납폐(納幣)와 친영, 그리고 성공 8년의 "빙공희(聘共姬)"만 기록되어 있다. 납폐에는 직접 가지 않기 때문에 문공 2년에 "공자 수가 제나라로 가서 납폐를 하였다"라 한 데 대해 『전』에서 "예에 맞았다"라 하였으며, 성공 8년에 "송공이 공손 수를 보내와서 납폐를 하였다"라 한 데 대해 역시 『전』에서 "예에 맞았다"라 하였으니 장공이 친히 납폐를 하러 간 것이 당시의 예법에 맞지 않았음을 알 수 있다. 『공양전』과 『곡량전』에서는 모두 "친히 납폐를 하였는데 예법에 맞지 않았다"라 하였다.

10 「진세가」에서는 "21년 선공(宣公)은 애첩이 아들 관(款)을 낳자 그를 세우고자 하여 태자 어구를 죽였다. 어구는 평소에 여공(厲公)의 아들 완(完)을 사랑하였는데 완이 화가 자기에게 미칠까 두려워하여 이에 제나라로 달아났다"라 하였다. 「연표」에서는 "제선공 14년 진완(陳完)이 진(陳)나라로부터 도망쳐 왔는데 전상(田常)은 여기서 비롯되었다"라 하였다.

11 『사기 · 전경중완세가(田敬仲完世家)』에서는 "완이 죽자 시호를 경중으로 하였다"라 하였다.

辭曰,	사양하여 말하기를
"羈旅之臣幸若獲宥,[12]	"나그네살이 하는 신하가 용서를 받자와
及於寬政,	너그러운 정치를 입어
赦其不閑於敎訓,[13]	교훈에 익숙지 못함을 용서받고
而免於罪戾,	죄에서 벗어나고
弛於負擔,[14]	짐을 덜었사온데
君之惠也.	이는 모두 임금님의 은혜입니다.
所獲多矣,	이미 얻은 것이 많은데
敢辱高位以速官謗?[15]	감히 이런 고위 관직을 받아들여 관가의 비방을 초래한단 말입니까?
請以死告.	청컨대 목숨을 걸고 아뢰옵니다.
詩曰,	『시』에서 말하기를
'翹翹車乘,[16]	'높다란 수레,

12 기려(羈旅) : 기(羈)는 "羈"와 같으며 뜻이 같은 연면사(連綿詞)이다. 『주례 · 지관 · 유인(地官 · 遺人)』에 "시골에서 군량미와 마초를 비축하여 나그네를 기다리는 밀을 관장한다"는 말이 있다. 행려(行旅)와 같은 말이다.
행(幸) : 경의를 나타내는 부사로 실제적인 뜻은 없다.

13 한(閑) : 습(習)자의 의미가 있다. 교훈(敎訓)에 익숙하지 않아 죄를 지어 도망 왔다는 말이다.

14 이어부담(弛於負擔) : 등짐을 내려놓는다는 말. 실제는 바로 위의 "免於罪戾"와 같은 뜻이다. 외교의 사령(辭令)은 말이나 의미가 중복되는 것을 꺼리지 않는다.

15 어찌 감히 이런 고위 관직을 받아들임으로써 임금님을 욕되게 하고 관리들의 비방을 속히 초래한다는 말입니까? 라는 뜻.

招我以弓.[17]	활로 나를 부르네.
豈不欲往?	어찌 가고 싶지 않으리,
畏我友朋.' "[18]	내 친구 두렵다네' 라 하였습니다" 라 하였다.
使爲工正.[19]	공정이 되게 하였다.

飮桓公酒,[20]	환공에게 술을 대접하는데
樂.	즐거워하였다.
公曰,	공이 말하기를
"以火繼之."	"불을 밝혀 계속 마시자" 라 하였다.
辭曰,	사양하여 말하기를

---

16 교교(翹翹) : 높은 모양. 『광아(廣雅)』에서는 많은 것이라 하였는데, 역시 뜻이 통한다. 거승(車乘)은 제환공을 가리킨다.

17 초아이궁(招我以弓) : 소공 20년의 『전』에 의하면 "활로 선비를 부른다" 고 하였다.

18 시(詩) : 지금은 전하지 않는 일시(逸詩)이다. 원시의 본의는 이미 알 수 없게 되었다.

19 공정(工正) : 관직명으로 백공(百工)을 관장함. 선공(宣公) 4년 조에도 보임. 「전경중완세가」와 「진세가」의 서술은 『전』과 같음.

20 음환공주(飮桓公酒) : 음(飮)은 거성(去聲)이다. 『예기 · 교특생(郊特牲)』에서는 "대부이면서 임금에게 술을 대접하는 것은 예의가 아니다" 라 하였다. 두예는 이에 의거하여 진완(陳完)은 예의를 아는 사람으로 예의에 어긋나는 일에 이르지 않게 하였으며, 계속하여 제환공이 진완의 집에 가서 술을 마셨다고 하였는데, 이는 어법에 맞지 않다. 「교특생」은 전국시대 이후에 지어진 것이고 말한 것도 반드시 춘추시대의 예속에 부합한다고 할 수 없다. 『좌전』에는 대부가 왕을 접대한 일이 많이 기록되어 있는데 예의가 아니라고 놀리는 것은 찾아볼 수 없다. 그러므로 「교특생」이 말한 것은 믿을 수가 없다. 『안자춘추 · 내편 · 잡(晏子春秋 · 內篇 · 雜) 상』에서도 "안자가 경공(景公)에게 술을 대접하였다" 라는 말이 있다.

"臣卜其晝, "신이 낮에 술을 마시는 것은 점을 쳤지만

未卜其夜, 밤의 일에 대해서는 점을 쳐보지 않았습니다.

不敢."[21] 감히 그렇게는 못하겠습니다"라 하였다.

君子曰, 군자가 말하였다.

"酒以成禮, "술을 마시는 것은 예를 이루는 것인데

不繼以淫,[22] 계속 마셔 도를 넘지 않은 것은

義也; 의로운 일이다.

以君成禮, 임금을 모시고 예를 이룸으로써

弗納於淫, 방종에 빠지게 하지 않았으니

仁也."[23] 이는 인의 도리에 맞는 일이다."

初, 처음에

---

21 『안자춘추 · 잡(雜) 상』과 『설원 · 반질(說苑 · 反質)』편에서는 이 일을 제경공과 안자의 일이라고 하였고, 『관자 · 중광(管子 · 中匡)』편 및 『여씨춘추 · 달울(呂氏春秋 · 達鬱)』편에서는 환공과 관자의 일이라고 하였다. 이는 모두 『좌전』의 이 말에다 사람의 이름만 바꾸어 변용시킨 것일 것이다.
복(卜) : 복건(服虔)은 "신이 임금님을 대접하려 할 때 반드시 점을 치는데 경계하고 삼가라는 것을 보여주었습니다"라 하였다. 그러나 이 두 복(卜)자는 허구일 것이다.

22 음(淫) : 무릇 모든 일에 있어서 과도한 것을 음이라고 할 수 있다.

23 이는 진완(陳完)을 찬미한 말이다.

懿氏卜妻敬仲.[24]	의씨가 딸을 경중에게 시집보내려고 점을 쳐보았다.
其妻占之曰,	그의 아내가 점을 쳐보고는 말하기를
"吉.	"길합니다.
是謂'鳳皇于飛,[25]	이것은 이른바 '봉황 날아올라
和鳴鏘鏘.[26]	화목하게 우는 소리 쟁쟁하다.
有嬀之後,	규씨의 후손이
將育于姜.[27]	강씨에게서 자라리라.
五世其昌,	오세토록 창성하고

---

24 의씨(懿氏) : 진(陳)나라의 대부이다. 「진세가」 및 「전경중완세가」에서는 모두 의씨를 제나라 의중(懿仲)이라고 하였다. 그러나 『전』에서는 분명히 "처음에"라 하였고, 또 뒤에서 "여기서가 아니라 다른 나라에서(不在此, 其在異國)"라 하였으니 경중의 혼사는 진(陳)나라에서 이루어졌다. 사마천이 『좌전』을 잘못 이해한 것 같다. 의씨가 딸을 진완에게 시집보내고자 하여 그 길흉을 점쳐 본 것이다.

25 봉황(鳳皇) : 고대의 전설상의 신조(神鳥)로 수컷을 봉, 암컷을 황(皇, 또는 凰)이라고 한다.
우비(于飛) : 날다. 우(于)는 별 의미가 없는 접두어. 옛날에는 항상 동사 앞에 이 자를 붙였다. 혹은 가다(往)라는 뜻이라고도 한다.

26 화명(和鳴) : 암컷과 수컷이 다정하게 우는 것을 말한다.
장장(鏘鏘) : 화목하게 우는 소리를 나타내는 의태어이다. 이 두 구절은 부부간에는 반드시 화목해야 한다는 것을 말한다.

27 유규~우강(有嬀~于姜) : 진나라는 순(舜)의 후손으로 규(嬀)씨 성이며, 제나라는 강씨 성이다. 옛날에는 명사 앞에 때때로 유(有)자를 덧붙이기도 하였으므로 규(嬀)를 유규(有嬀)라고 하였다. 은공 8년의 『전』에서 "이들은 부부가 아니다. 그 조상을 속였으니 예의에 맞지 않거늘 어떻게 자식을 잘 기르겠는가?(是不爲夫婦, 誣其祖矣, 非禮也, 何以能育?)"라 하였는데 곧 이 육(育)자의 뜻이다.

並于正卿.[28]	정경과 나란하리로다.
八世之後,	8세 후로는
莫之與京.'"[29]	그보다 더 크게 되는 이 없으리라'"는 것입니다.
陳厲公,	진나라 여공은
蔡出也,[30]	채씨의 소생이었으므로

28 「전경중완세가」에 의하면 경중은 치맹이(穉孟夷)를 낳고 치맹이는 민맹장(湣孟莊)을 낳으며, 민맹장은 문자(文子) 수무(須無)를, 문자는 환자(桓子) 무우(無宇)를 낳는다. 곧 5세는 진 무우이다. 소공 2년 『전』에서는 진 무우는 경(卿)이 아니라 상대부(上大夫)이며, 상대부의 작위는 곧 경이다. 주공(邾公)의 탁종(鈺鐘)에서 "즐겁도다 우리 아름다운 손님, 우리 정경에 미쳤도다(樂我嘉賓, 及我正卿)"라 한 것으로 보아 정경(正卿)은 춘추시대 각국의 통용어임을 알 수 있다. 문공 7년과 선공 2년 『전』의 정경은 모두 진(晉)나라의 조선자(趙宣子)를 가리키며, 양공 4년 『전』의 정경은 노나라의 계문자(季文子), 양공 21년 『전』의 정경은 노나라의 계무자(季武子)를, 소공 원년 『전』의 정경은 진나라 조무(趙武)를 가리키는데 모두가 경으로 권력을 잡고 있는 사람이다. 『시경 · 소아 · 우무정(小雅 · 雨無正)』에는 정대부(正大夫)가 있는데, 정현은 "정은 우두머리(長)이다"라 하였다. 대부의 장을 정대부라 하고, 경의 대부를 정경이라 하는데 그 뜻은 같다. 「우무정」의 대부는 공경을 통틀어 일컫는 것이니 「우무정」의 정대부와 『좌전』의 정경은 사실상 같은 것이다.

29 「전경중완세가」에 의하면 진무자(陳無子)는 무자 개(武子開)와 이자 걸(釐子乞)을 낳았으며 걸은 성자 상(成子常)을 낳았는데, 성자상이 곧 진간공(晉簡公)을 죽인 진항(陳恒)이다. 진항은 경중에게 7세(世)가 되며 재위로 치면 8세가 된다.
경(京) : 크다는 뜻이다. 아래의 "사물 가운데 이 두 개보다 클 수는 없습니다(物莫能兩大)"의 대(大)자와 같은 뜻이다. 제나라는 진항(陳恒)에 이르러 찬탈의 형세가 이루어진다. "鳳皇于飛, 和鳴鏘鏘" 두 구는 복서(卜書)의 말인 것 같으며, 유규(有嬀) 이하 여러 구절은 점쟁이의 말이다. 그러나 운(韻)이 맞다. 장(鏘) · 강(姜) · 경(卿) · 경(京)은 모두 고대의 양당부(陽唐部)에 속한 글자이다. 이는 옛 점복(占卜)의 말로 고찰할 수 있는 책이 없다. 『좌전』은 귀신에게 점을 치는 말을 하기를 좋아하는데 공영달의 『정의(正義)』에서는 의심을 하고 있다.

30 출(出) : 『이아 · 석친(爾雅 · 釋親)』에서는 "자매가 출가하여 낳은 남자를 출(出)이라 한다"라 했고, 후한(後漢) 말 유희(劉熙)의 『석명(釋名)』에서는 "자매의 아들을 출(出)이라 하고, 이성(異姓)에게 출가하여 낳은 것이다"라 하였다. 그러니 출이라는 것은 외삼

故蔡人殺五父而立之.[31]	채나라 사람들이 오보를 죽이고 그를 세웠다.
生敬仲.[32]	경중을 낳았는데
其少也,	그가 어렸을 때
周史有以周易見陳侯者,[33]	주나라의 사로 『주역』을 가지고 진후를 뵈러온 자가 있었는데
陳侯使筮之,[34]	진후가 시초점을 치게 하였더니
遇觀䷓之否䷋,[35]	'관' 괘인 ䷓이 '비' 괘인 ䷋으로 변하게 되었다.
曰,	이에 대해서 말하기를

촌을 가지고 말하는 것이다. 그러므로 왕인지(王引之)는 『술문(述聞)』에서 양공 5년의 『공양전』을 풀이하여 "아마 구출(舅出)일 것이다"라 하여 구출을 상대되는 말이라 하였는데, 구생(舅甥)이라는 말과 같다. 출은 또한 출생(出生)의 출(出)로도 해석할 수 있다. 채나라 여인 소생이라는 말과 같으며 대개 그 엄마를 가리켜 말한 것이다. 『국어·진어(晉語) 4』에서는 "같이 난 아홉 명 가운데 중이(重耳)만이 살아 있었다"라 하였는데, 이는 또 아버지를 가리켜 한 말이다.

31 환공 6년의 『경』을 보라.

32 생경중(生敬仲) : 진여공(陳厲公)은 환공(桓公) 6년에 즉위하였으며 진완(陳完)을 낳았으니 진완의 연세를 추정할 수 있다.

33 사(史) : 관직 이름. 태사(大史)와 내사(內史) 등의 관직이 있다.
주역(周易) : 점서(占筮)의 책이다.

34 서(筮) : 복(卜)은 거북점이고, 서(筮)는 시초(蓍草)점이다.

35 관비(觀否) : 관(觀)은 거성(去聲)으로 괘 이름이다. 비(否) 역시 괘 이름이다. 관괘는 아래는 곤괘(坤卦), 위는 손괘(巽卦)로 이루어졌기 때문에 밑에서 네 번째 음효(陰爻) --가 양효(陽爻) 一로 바뀌면 비괘가 된다. 비괘는 아래는 곤괘, 위는 건괘(乾卦)로 되어 있다. 관괘에서 비괘로 변하는 것을 당시의 술어로는 "관지비(觀之否)"라고 하며 지금의 『주역』에서는 "관지육사(觀之六四)"라고 한다.

“是謂‘觀國之光,	“이것은 ‘다른 나라의 풍광을 살피고
利用賓于王.’[36]	왕의 손님이 되는 것이 이롭다’는 것입니다.
此其代陳有國乎?	이분이야말로 진나라를 대신하여 나라를 가지지 않겠습니까?
不在此,	다만 여기에서는 아니고
其在異國;	다른 나라에서일 것입니다.
非此其身,[37]	여기 이분이 아니고
在其子孫.[38]	그분의 자손에게서 일 것입니다.
光,	빛은
遠而自他有耀者也.[39]	멀며 다른 곳에서 비추는 것입니다.
坤,	곤은
土也;	토이고,

---

36 『좌전』과 『국어』에서 인용한 『주역』의 효사(爻辭)에는 본래 “초육(初六)”이니 “상구(上九)”, “구사(九四)”, “육삼(六三)” 등의 말이 없다. 본래 괘가 변한 효는 무슨 괘로 변하였으면 그 괘명을 써서 그 효를 가리킨다. 이와 같은 점은 본괘는 관괘였는데 밑에서 네 번째 효가 변하여 비괘로 변하였으니 이에 관지비(觀之否)는 곧 관괘의 육사(六四 : 밑에서 네 번째 음효)의 효사를 가리키게 된다.
이용빈우왕(利用賓于王) : 용(用)은 어(於)자와 같은 뜻으로 쓰였다. “利用賓于王”은 “군주의 상객이 되기에 이롭다”는 것을 말한다.

37 차기신(此其身) : 이 사람의 몸(此人之身)이라는 말과 같은 뜻이다.

38 이 점을 친 사람은 「관사륙(觀四六)」의 효사가 지은 구체적인 논단에 근거하고 있으며 아래 문장은 괘상(卦象)을 가지고 설명하고 있다.

39 먼저 “觀國之光”의 “光”자를 풀이하였다.

巽,	손은
風也;	풍이며,
乾,	건은
天也;[40]	천입니다.
風爲天;	풍은 천에서 시작되어
於土上,	토상에서 행하여지니
山也.[41]	산입니다.
有山之材,[42]	모든 산중의 재목은
而照之以天光,	하늘의 빛으로 비추며
於是乎居土上,	이에 토상에 거하게 되고
故曰,	그러므로 말하기를

40 『주역』의 8괘는 겹치면 64괘가 되므로 64괘의 매 괘는 모두 8괘 중의 두 괘로 구성되어 있다. 8괘는 각기 상징하는 사물이 있다. 관괘(觀卦)와 비괘(否卦)의 밑에 있는 괘는 모두 곤괘(坤卦)이며 곤괘는 땅을 상징하므로 "곤은 토이다"라 하였다. 관괘의 위에 있는 괘는 손괘(巽卦)이며 손는 풍(風)이므로 "손은 풍이다"라 하였다. 비괘의 위에 있는 괘는 건괘(乾卦)이며 건은 하늘이므로 "건은 천이다"라 하였다. 『주역』은 아래서 위로 올라가므로 먼저 곤괘를 말하고 다음에 손괘를 언급하며, 먼저 본괘(本卦 : 관괘)를 말하고 다음에 변괘(變卦 : 비괘)를 언급하는 것이다. 그러므로 건괘가 뒤에 있게 되었다.

41 두예는 손괘인 ☴가 건괘인 ☰로 변했으니 풍이 천으로 변했으므로 "風爲天"이라 한다 하였다. 다만 곤괘인 ☷는 변하지 않았으므로 땅을 대표한다. 그런데 비괘의 두 번째 효에서 네 번째 효는 옛날에 이른바 호체(互體)로 간괘(艮卦)가 되며 간괘는 산이므로 "산이다"라 한 것이다. 후인들은 호체의 설을 거의 믿지를 않는다. 그러나 이 절의 해석에 호체를 쓰지 않으면 원만하게 통하기가 어렵다.

42 『예기 · 중용』에서는 산을 일러 "초목이 생장하고 금수가 살며 보장(寶藏)이 거기서 난다"라 하였다. 산에는 각종 물산이 있으므로 "有山之材"라 하였다.

‘觀國之光,	‘왕조의 광채를 보라,
利用賓于王.’[43]	임금님의 손님이 되는 데 이로우리라’ 하였습니다.
庭實旅百,[44]	뜰의 예물 갖은 것 다 늘어놓고
奉之以玉帛,[45]	옥과 비단을 바치니
天地之美具焉,[46]	하늘과 땅의 아름다움이 모두 갖추어졌으므로
故曰‘利用賓于王.’[47]	임금님의 손님이 되는 데 이로우리라’ 하였습니다.
猶有觀焉,[48]	그래도 우러러보는 것이 있으므로

---

43 이용빈우왕(利用賓于王) : 유용희(劉用熙)는 이 다섯 자를 연문(衍文)이라고 하였는데 옳다. 그러나 공영달의 주석〔소(疏)〕에는 이미 이 다섯 자가 들어가 있다. 이는 “觀國之光”을 해석한 것이고 아래의 글은 “利用賓于王”을 해석하였다.

44 정실(庭實) : 제후가 천자를 조현하거나 서로 빙문(聘問)할 때는 반드시 예물을 뜰에 진열하는데 이것을 일러 정실(庭實)이라고 한다. 간괘(艮卦)에 문정(門庭)의 상이 있으므로 정실이라고 하였다.
여백(旅百) : 여(旅)는 늘어놓는 것이다. 백(百)은 정수를 들어 말한 것인데 그 많다는 것을 보여줄 따름이다.

45 봉지이옥백(奉之以玉帛) : 정실(庭實)은 주로 거마(車馬) 등의 물품으로 채워지는데 이 밖에도 비단이나 옥벽(玉璧)을 추가하기도 한다. 『여씨춘추 · 권훈(勸勳)』편에서 이른바 “순식(荀息)이 굴산(屈産)의 수레를 정실로 삼고 수극(垂棘)의 벽옥을 더하였다”라 한 것이 이런 것이다. 또 건괘는 금옥(金玉)이고 곤괘는 포백(布帛)이므로 이렇게 말하였다.

46 정실(庭實)과 옥백(玉帛)이 모두 갖추어졌으므로 이렇게 말하였다.

47 비괘는 건괘가 위에 있고 곤괘가 아래에 있는데, 건은 임금이고 곤은 신하이므로 신하가 임금을 조현하는 손님이 되는 상이 있다.

48 관괘를 가지고 관(觀)을 말하면 관이라는 것은 타인이 하는 것을 보는 것이지 자기에게 있는 것이 아니다.

故曰其在後乎!	후손이 잘 됨이 있으리라 하였습니다.
風行而著於土,[49]	바람이 불어 땅에 떨어지므로
故曰其在異國乎!	다른 나라에서 있을 것이다 하였습니다.
若在異國,	다른 나라에서 있다면
必姜姓也.	반드시 강씨 성일 것입니다.
姜,	강씨는
大嶽之後也.[50]	태악의 후손입니다.
山嶽則配天[51].	산은 높으니 하늘과 짝합니다.
物莫能兩大.	사물 가운데 이 두 개보다 클 수는 없습니다.
陳衰,	진나라가 쇠하면
此其昌乎!"	이들이 창성하게 될 것입니다"라 하였다.

---

49 관괘는 손괘(巽卦 : 風)가 곤괘(坤卦 : 土)의 위에 있는 것이므로 바람이 불다 땅에 떨어진다라 하였다. 풍행(風行)은 이곳에서 시작하여 다른 곳에서 떨어지는 것이다.

50 태악(大嶽) : 곧 사악(四嶽)이다. 『국어 · 주어(周語) 하』에서는 "그 후 백우(伯禹)가 전대의 법도에 맞지 않음을 생각하여 공(共)의 종손(從孫) 사악(四嶽)이 그를 보좌하여 후백(侯伯)으로 명하여 강(姜)의 성을 내려 주고 씨를 유려(有呂)라 하였는데 능히 우(禹)의 고굉(股肱)으로 사물을 기르고 백성들을 풍요롭게 해줄 수 있음을 말한다"라 하였다. 이 강(姜)씨의 성은 사악에게서 나왔다.

51 산악즉배천(山嶽則配天) : 『시경 · 대아 · 숭고(大雅 · 崧高)』에 "높다란 오악(吳嶽), 하늘까지 치솟아 있네(崧高維嶽, 駿極于天)"라는 말이 있는데, 하늘의 높고 큼은 산악만이 짝할 수 있음을 말한다.

及陳之初亡也,[52]	진나라가 처음으로 망하기 시작하였을 때
陳桓子始大於齊,[53]	진환자가 제나라에서 비로소 컸고
其後亡也,[54]	나중에 망하였을 때는
成子得政.[55]	성자가 정권을 잡았다.

장공 23년

經

二十有三年春,[1]	23년 봄
公至自齊.	공이 제나라에서 돌아왔다.
祭叔來聘.[2]	채숙이 와서 빙문했다.
夏,	여름에
公如齊觀社.	공이 제나라로 가서 토지신에게 제사 지내는 것을 구경했다.

52 소공 8년 초나라가 진나라를 멸망시킨다.
53 이 말은 "五世其昌, 並于正卿"이란 말의 징후를 나타내는 것이다.
54 애공 17년 초나라는 다시 진나라를 멸하였다.
55 이 말은 "八世之後, 莫之與京"이란 말의 징후를 나타내는 것이다.
1 이십유삼년(二十有三年) : 경술년 B.C. 671년으로 주혜왕(周惠王) 6년이다. 동지가 정월 초6일 경인일이므로 건자(建子)년이다.
2 『전』이 없다.

公至自齊.[3]	공이 제나라에서 돌아왔다.
荊人來聘.[4]	초나라 사람이 와서 빙문했다.
公及齊侯遇于穀.[5]	공이 제후와 곡에서 만났다.
蕭叔朝公.[6]	소숙이 공을 조현하였다.
秋丹桓宮楹.	가을에 환공을 모신 사당의 기둥을 붉게 칠했다.
冬十有一月,	겨울 11월에
曹伯射姑卒.[7]	조백 역고가 죽었다.
十有二月甲寅,[8]	12월 갑인일에
公會齊侯盟干扈.[9]	공이 제후를 호에서 만나 맹약했다.

---

3 『전』이 없다.

4 『전』이 없다. 형인은 초나라 사람이다. 초나라와 노나라의 교통은 이때 비롯되었다. 「초세가」에서는 "성왕(成王) 운(惲) 원년 즉위하자마자 덕을 펴고 은혜를 베풀었으며 제후들과 옛 우호를 맺었다"라 하였다.

5 『전』이 없다.
곡(穀) : 제나라 땅이다. 지금의 산동성 동아현(東阿縣) 옛 소재지이다. 장공 7년의 『경』을 참조하여 보라.

6 『전』이 없다.
소(蕭) : 송(宋)나라의 부속국이다. 장공 12년의 『전』에 상세하다.

7 『전』이 없다.
역고(射姑) : 「조세가」에는 "석고(夕姑)"로 되어 있다.

8 갑인(甲寅) : 5일이다.

9 『전』이 없다.
호(扈) : 두예는 정나라의 호〔지금의 하남성 원무(原武) 폐현 서북쪽의 호정(扈亭)이 그곳에 해당한다〕라고 하였다. 거리가 너무 먼 것 같다. 이 호는 당연히 제나라 땅으로 지금의 산동성 관성(觀城) 폐현의 경계에 있을 것이다.

傳

二十三年夏,	23년 여름
公如齊觀社,[10]	공이 제나라로 가서 토지신에게 제사 지내는 것을 구경하였는데
非禮也.	예의에 합당하지 않았다.
曹劌諫曰,	조귀가 간하여 말했다.
“不可.	“안 됩니다.
夫禮,	예라는 것은
所以整民也.	백성을 다스리는 것입니다.
故會以訓上下之則,	그러므로 회합이라는 것은 상하 간의 법칙을 훈시하는 것이며
制財用之節;[11]	재화의 쓰임을 절제하는 것입니다.
朝以正班爵之義,[12]	조현이라는 것은 작위의 예의를 바르게 하는 것이며

---

10 사(社) : 토신(土神)이다. 『시경 · 소아 · 보전(小雅 · 甫田)』에 “땅의 신과 사방에 제사 지내네(以社以方)”라는 말이 있다. 양공 24년의 『전』에 “초자(楚子)가 위계강(薳啓疆)을 제나라로 빙문하러 보내고 아울러 만날 시기를 청하였다. 마침 제나라는 토지신에게 제사를 지냈는데 군수품을 모아놓고 손님들에게 구경을 하게 했다”라 하였다. 제나라가 토지신을 제사 지내는 것은 또한 군수품을 가지고 지냈으며 이때는 특히 초나라의 사신을 위해서 지낸 것으로 반드시 토지신의 제사가 군대를 검열하는 것만은 아니었음을 알 수 있다. 『묵자 · 명귀(墨子 · 明鬼) 하』에서는 “연나라에는 조(祖)가 있는데 제나라의 사직(社稷), 송나라에 상림(桑林) 이 있고, 초나라에 운몽(雲夢)이 있는 것에 해당하며 이는 남녀가 함께 구경하는 것이다.”라 하였으니 제나라의 사(社)는 송나라의 상림과 같이 남녀를 모아 구경하는 것이었다.

11 회맹을 할 때는 재물을 절약해서 써야 한다는 것을 말한다.

12 의(義) : 의(儀)의 뜻으로 쓰였다. 이 구절의 뜻은 곧 『주례 · 사사(司士)』에서 이른바

帥長幼之序;[13]	장유의 차서를 따르게 됩니다.
征伐以討其不然.[14]	정벌이란 것은 그 공경스럽지 못함을 치는 것입니다.
諸侯有王,[15]	제후는 천자를 조빙하고
王有巡守,	천자는 순시를 함으로써
以大習之.[16]	그 큰 예절을 익히기 위함입니다.
非是,	이것이 아니라면
君不擧矣.[17]	임금은 거둥을 하지 않습니다.

"조정의 예의의 위차를 바르게 하고 귀천의 등급을 변별한다(正朝儀之位, 辨其貴賤之登)"는 것이다.

13 솔장유(帥長幼) : 솔(帥)은 "率"과 같은 뜻으로 따른다는 것이다. 제후의 차서는 작위의 귀천을 따르지 연령의 장유를 따르지 않는데 여기서 장유의 순서를 따른다고 한 것은 작위가 서로 같은 경우에는 연령을 따른다는 것이다.

14 연(然) : 난(戁)자의 의미로 쓰였다. 공경한다는 뜻이다. 이 구절의 뜻은 선공 12년『전』의 "불경함을 치다(伐不敬)"나 성공 2년『전』의 "불경함을 징계하다(懲不敬)"와 뜻이 같다.

15 제후유왕(諸侯有王) :『시경 · 조풍 · 하천(曹風 · 下泉)』에 "사방의 나라에서 천자 조빙하니, 순백 위로하시네(四國有王, 郇伯勞之)"라는 구절이 있는데 정현은 "유왕(有王)은 천자를 조빙(朝聘)하는 것이다"라 하였다.

16 대습(大習) :『관자 · 유관(幼官)』편에서는 "천리의 바깥 2천 리 안에서는 제후가 3년마다 조빙하여 명을 익히고, 2천 리 바깥 3천 리 내에서는 제후가 5년마다 조빙하여 명을 익힌다"라 하였다. 여기서 이른바 대습(大習)이란 것은 조회를 할 때의 교명(敎命)을 익히는 것이다.

17 위에서 말한 회(會), 조(朝), 정벌(征伐), 유왕(有王), 순수(巡狩)의 다섯 가지를 말한다. 거(擧)는 27년『전』의 "제후는 백성의 일이 아니면 거둥하지 않는다(諸侯非民事不擧)"의 거(擧)와 같은 뜻으로, 출행(出行)이라는 말이다.『주례 · 지관 · 사씨(地官 · 師氏)』에 "왕이 거둥하면 따른다(王擧則從)"라는 말이 있는데 정현은 "거(擧)는 행(行)과 같다"라 하였다. 실은 모든 거동을 다 거(擧)라 할 수 있으므로 각기 상하의 문의에 맞추어서 잘 해석해야 한다.『예기 · 곡례(曲禮)』에서 "주인이 묻지 않으면 손님이 먼저 움직이지 않는다(主人不問, 客不先擧)"라 했을 때는 거(擧)가 묻는다는 뜻으로 쓰였다.『순

君擧必書.[18]	임금의 거둥은 반드시 기록을 합니다.
書而不法,[19]	기록을 하고서 법도에 맞지 않으면
後嗣何觀?"[20]	후손들에게 무엇을 보여주시렵니까?"

晉桓, 莊之族偪,[21]	진환공과 장공의 일족이 압박하니
獻公患之.	헌공이 그것을 근심하였다.
士蔿曰,[22]	사위가 말하였다.
"去富子,[23]	"부자만 없애면

자 · 왕제(王制)』에서 "산천의 귀신은 다만 움직이지 않는 사람을 불경스럽게 생각한다(山川神祇有不擧者爲不敬)"라 했을 때는 거(擧)가 제사를 가리켜 말한 것이다.

18 사관이 반드시 책(策)에 기록함을 말한다.

19 불법(不法) : 법도에 맞지 않음을 말한다.

20 『국어 · 노어(魯語) 상』에도 이 일이 실려 있는데 끝에서 "공은 듣지를 않고 결국 제나라로 갔다"라 하였다. 「연표」 및 「노세가」에서는 조귀의 간언을 생략하였다.

21 진환장(晉桓莊) : 환(桓)은 환숙(桓叔)이고 장(莊)은 장백(莊伯)인데, 곡옥(曲沃) 무공의 아버지와 할아버지이다. 장백은 은공 5년의 『전』에 상세히 나와 있다.
핍(偪) : 강성해져서 공실을 압박하는 것이다.

22 사위(士蔿) : 진나라의 대부. 정초(鄭樵)의 『통지 · 씨족략(通志 · 氏族略)』에서는 "사씨(士氏)는 도당(陶唐)의 후예이며 우(虞) · 하(夏) · 상(商) · 주(周)를 거쳐 성왕(成王)에 이르러 두(杜)로 옮겨 백(伯)이 되었다"라 하였다. 선왕(宣王)이 두백(杜伯)을 죽이자 그의 아들 습숙(隰叔)이 진(晉)나라로 달아나 사사(士師)가 되었는데 그런 까닭으로 사씨(士氏)가 되었다. 그 자손들은 수(隨) 및 범(范)에 거처하였으므로 또한 수씨와 범씨가 되어 세 족속이 있게 되었다. 습숙은 사위를 낳았는데, 자가 자여(子輿)이므로 사여(士輿)라고도 불린다"라 하였다. 「진어(晉語) 8」에서는 "옛날에 습숙자(隰叔子)가 주나라의 난을 피해 진나라로 와서 자여(子輿)를 낳았는데 이(理)가 되었다"라 하였는데 이(理)와 사(士)는 모두 지금의 사법관이다.

23 부자(富子) : 환숙과 장백의 일족 가운데 지략이 많아 모략을 잘 꾸미는 사람. 이기(彝器)에 부자등(富子登)이 있는데 어느 나라의 기물인지는 모른다. 청나라 방준익(方濬

則羣公子可謀也已."	여러 공자들이 도모를 할 수 있을 것입니다."
公曰,	공이 말하였다.
"爾試其事."	"그대가 그 일을 해보라."
士蔿與羣公子謀,	사위는 여러 공자들과 도모하여
譖富子而去之.[24]	부자를 참소하여 없앴다.
秋,	가을에
丹桓宮之楹.[25]	환공을 모신 사당에 붉은 칠을 했다.

장공 24년

經

二十有四年春王三月,[1]	24년 봄 주력으로 3월에

益)은 『철유재이기고석(綴遺齋彝器考釋)』에서 소공 16년 『전』의 정나라의 부자(富子)를 인용하여 부는 씨족을 일컫는 것이라 하였는데 옳다.

24 이는 대체로 여러 공자들에게 먼저 부자를 참소한 후 다시 여러 공자들과 함께 도모하여 제거한 것을 것이다.

25 환궁(桓宮) : 환공을 모신 사당이다.
영(楹) : 기둥.
단(丹) : 붉은색으로 칠하다. 『곡량전』에 의하면 천자와 제후의 궁전 기둥은 약한 청흑색으로 칠하며, 대부는 청색, 사(士)는 황색으로 칠하여 적색을 쓰는 것은 예의에 맞지 않다고 하였다. 이 구절은 다음 해의 『전』 "서까래에 조각을 하였다(刻其桷)"라 한 것과 본래 하나의 문장이었는데 후인에 의해 분리되어졌다.

1 이십유사년(二十有四年) : 신해년 B.C. 670년으로 주혜왕(周惠王) 7년이다. 동지가 작

刻桓宮桷.	환을 모신 사당의 서까래에 조각을 하였다.
葬曹莊公.[2]	조나라 장공을 장사 지냈다.
夏,	여름에
公如齊逆女.[3]	공이 제나라로 가서 부인을 맞았다.
秋,	가을에
公至自齊.[4]	공이 제나라에서 돌아왔다.
八月丁丑,[5]	8월 정축일에
夫人姜氏入.	부인 강씨가 들어왔다.
戊寅,[6]	무인일에
大夫宗婦覿,[7]	대부의 종부들이 뵐 때

년 윤12월 16일 을미일이었으므로 건축(建丑)년이다.

2 『전』이 없다.

3 『전』이 없다.
『공양전』에서는 "친영을 한 것은 예의에 맞았다"라 하였고 『곡량전』에서는 "친영을 한 일이 있다"라 하였다. 그러나 『춘추』와 『좌전』을 고찰해 보면 제후가 국경까지 나가 친영을 하는 것이 꼭 당시의 예법은 아니었다. 문공 4년의 『전』에서 "제나라에서 부인 강씨를 맞았는데 경이 가지 않았으니 예의가 아니었다"라 하였으니 제후가 부인을 맞을 때는 반드시 경으로 하여금 국경까지 나가 마중을 하고 그런 다음에 예의를 차렸다. 그러므로 환공 3년 부인을 맞을 때도 공자 휘(公子翬)가 여인을 맞았으며, 선공 원년에 부인을 맞을 때는 공자 수(公子遂)가, 성공 14년 부인을 맞을 때는 숙손교여(叔孫僑如)가 제나라로 가서 여인을 맞았다. 은공 2년 노백희(魯伯姬)가 기(紀)나라로 시집갈 때 기나라에서는 경(卿)인 열수(裂繻)가 나와 맞았으므로 『전』에서는 "경이 임금을 위해 맞이하였다(卿爲君逆)"라 한 것이다.

4 『전』이 없다.

5 정축(丁丑) : 2일이다.

6 무인(戊寅) : 3일이다.

用幣.	예물을 썼다.
大水.[8]	홍수가 났다.
冬,	겨울에
戎侵曹.[9]	융이 조나라로 쳐들어갔다.
曹羈出奔陳.[10]	조기가 진나라로 달아났다.
赤歸于曹.[11]	적이 조나라로 돌아갔다.
郭公.[12]	곽공.

7 대부종부(大夫宗婦) : 동성 대부들의 부인이다. 『곡량전』에서는 대부와 종부를 두 가지로 보았는데 틀렸다. 첫째로 옛날에는 대부가 군부인을 뵙는 예가 없었고, 둘째 『전』에서는 종부라고만 하였지 대부라고는 하지 않았으므로 좌구명 또한 대부종부를 하나로 보았음을 알 수 있다.

8 『전』이 없다.

9 『전』이 없다.

10 『전』이 없다.
『공양전』에서는 "겨울에 융이 조나라로 쳐들어갔다. 조기가 진나라로 달아났다"를 하나의 절로 보았으며 또한 기를 조나라의 대부라 하였다. 가규(賈逵)는 기를 조나라 임금으로 보았다. 두예는 "기는 조나라 세자일 것이다"라 하였다. 환공 11년 『경』에 "정홀(鄭忽)이 위나라로 달아났다"라 하였는데 홀은 정나라 태자였으니 그 예에 맞추어 보건대 두예의 설은 사실에 가깝다.

11 『전』이 없다.
가규는 적(赤)을 융의 외손이라 하였으므로 융이 조나라로 쳐들어가 기를 쫓아내고 적을 세운 것이라 하였다. 두예는 적을 조희공(曹僖公)의 이름이라 하였다. 그러나 「조세가」 및 「연표」에서는 모두 이공〔釐公 : 희공(僖公)〕의 이름은 이(夷)라 하였다. 『경』이 옳다고 한다면 조희공의 이름은 적이다.

12 『전』이 없다.
『공양전』과 『곡량전』에서는 "곽공"을 위 절의 "적귀우조(赤歸于曹)"와 이어서 읽어 적(赤)이 곧 곽공이라고 하였는데 왜곡되어 통할 수가 없다. 따라서 두예는 이 설을 쓰지 않고 『경』에 궐문이나 잘못이 있다고 하였다. 홍양길(洪亮吉)은 『고(詁)』에서 곽(郭)은 곧 괵(虢)이라고 하였다. 그러나 주공궤(周公簋)에 "곽인(郭人)"이라는 말이 있고 옛 이기(彝器)에 "곽백ㅁ궤(郭伯ㅁ簋)"라는 말이 있으니 명문(銘文)으로 고찰해 보건대 곽나

傳

二十四年春,	24년 봄에
刻其桷,	서까래에 조각을 했는데
皆非禮也.[13]	모두 예의에 맞지 않는 일이었다.
御孫諫曰,[14]	어손이 간하여 말했다.
"臣聞之,	"신이 듣건대
'儉,	'검약은
德之共也;[15]	덕 중의 큰 것이고,
侈,	사치는

라는 동쪽에 있는 것 같다. 이기에서는 곽(郭)과 괵(虢)을 서로 섞어 쓰지 않았으니 이 곽은 확실히 괵이 아니다. 홍양길의 설은 틀렸다. 주공궤와 곽백ㅁ궤는 모두 서주(西周) 시대의 기물이니 곽나라는 서주 때 이미 있었다. 유향(劉向)의 『신서 · 잡사(新序 · 雜事) 4』에는 제환공이 곽씨지허(郭氏之墟)를 지나며 곽나라가 멸망한 까닭을 묻는 내용이 실려 있으니 곽나라는 제환공 때는 이미 망하였다.

13 이 구절은 본래 지난해의 "가을에 환공을 모신 사당에 붉은 칠을 했다(秋, 丹桓宮之楹)"와 바로 이어진 것인데 후인에 의해 분리되어 나뉘어 놓이게 되었다. 각기각(刻其桷)은 환공을 모신 사당의 서까래를 조각하는 것이다. 각(刻)은 조각을 하는 것이고, 각(桷)은 서까래 가운데 모난 것이다. 『곡량전』에 의하면 고례(古禮)에는 천자의 궁묘(宮廟)의 서까래는 깎고 갈고 곱게 갈며, 제후의 궁묘의 서까래는 깎고 갈기는 하나 곱게 갈지는 않는다. 대부의 서까래는 깎기만 하고 갈지를 않으며 사(士)의 서까래는 나무뿌리만 찍어낼 따름이다. 천자에서 대부, 사에 이르기까지 모두 서까래를 조각하지도 않고 기둥에 붉은 칠을 하지도 않는데 이렇게 기둥을 붉게 칠하고 서까래에 조각을 하는 것은 모두 법도에 맞지 않으므로 『전』에서 "모두 예의에 맞지 않는 일이었다"라고 하였다. 장공이 이렇게 한 까닭에 대해 역래의 주석가들은 모두 부인 애강(哀姜)을 제나라에서 맞아와 궁묘를 참배하려고 하였기 때문에 궁묘를 수리하고 장식하여 과시하려 한 때문이라 하였다.

14 어손(御孫) : 노나라의 대부이다. 『국어 · 노어(魯語) 상』에서는 "장사(匠師)인 경(慶)"이라 하였고, 위소(韋昭)는 "장사 경은 장인(匠人)을 관장하는 대부로 어손의 이름이다"라 하였다.

惡之大也.'	악 가운데서도 큰 것이다'라 하였습니다.
先君有共德,	선군께서는 큰 덕을 갖추고 계셨는데
而君納諸大惡,	임금님께서는 큰 악을 바치려 하니
無乃不可乎?"[16]	옳지 않은 일이 아니겠습니까?"

秋,	가을에
哀姜至,	애강이 이르렀는데
公使宗婦覿,[17]	공이 종부들에게 뵙게 하고
用幣,	예물을 썼는데
非禮也.	예의에 맞지 않았다.
御孫曰,[18]	어손이 말하였다.
"男贄,	"남자의 예물은
大者玉帛,	큰 것은 구슬과 비단을 쓰고
小者禽鳥,[19]	작은 것은 새를 써서

15 홍(共) : 홍(洪)으로 읽는다. 크다는 뜻이다. 옛날에는 공(恭)으로 읽었는데 뜻이 온당치 못하다.

16 『국어 · 노어 상』에도 이 일이 수록되어 있는데 간언하는 말이 비교적 길다.

17 종부(宗婦) : 동성의 대부의 부인들이다.
적(覿) : 보는 것이다. 장공이 종부들과 애강을 서로 만나게 해준 것이다.

18 어손(御孫) : 『국어 · 노어 상』에는 "종인(宗人) 하보전(夏父展)"으로 되어 있다. 『열녀전 · 얼폐전(孼嬖傳)』에는 "대부 하보불기(夏甫不忌)"로 되어 있다.

19 지(贄) : 원래는 지(摯)라 하였다. 옛 사람들은 서로 만날 때 반드시 손에 물건을 잡고

以章物也.[20] (신분의 등급에 따른) 사물을 드러냅니다.

女贄, 여자의 예물로는

不過榛, 栗, 棗, 脩,[21] 개암 · 밤 · 대추와 말린 고기에 불과한 것을 드리어

以告虔也.[22] 존경하는 뜻을 알리는 것입니다.

今男女同贄, 지금 남자와 여자가 예물이 같으니

是無別也.[23] 이는 구별이 없는 것입니다.

男女之別, 남자와 여자의 구별은

성의과 존경을 나타냈는데 이때 손에 잡는 것을 지(摯)라고 하였다. 공 · 후 · 백 · 자 · 남의 다섯 제후는 옥(玉)을 잡으며 태후의 태자 및 부용국의 임금 및 제후의 고경(孤卿)은 백(帛)을 잡는다. 경은 흑염소〔羔〕를 잡고, 대부는 기러기〔雁〕를, 사는 꿩〔雉〕을, 서인(庶人)은 오리〔鶩〕, 공(工) · 상(商)은 닭〔雞〕을 잡는다.

20 장물(章物) : 은공 5년의 『전』에 나오는 "재료를 취하여 갖은 색을 밝히는 것을 물이라고 합니다(取材以章物采謂之物)"라 할 때의 장물채(章物采)와는 다르다. 이는 각자가 들고 온 사물이 종류가 각기 다름으로부터 그 귀천의 차등을 드러내는 것이다. 양관(楊寬 : 1914~2005)의 『고사신탐(古史新探)』에 "서주와 춘추시대 사이에 귀족들이 거행하는 지견례(贄見禮)에서 지(贄)는 사실상 곧 일종의 신분증으로 휘장(徽章)의 작용을 띠고 있었다. 내빈의 신분을 표시하고 귀천을 식별하는 데 쓰였을 뿐만 아니라 아울러 귀족들 가운데서 등급을 나타내는 표지로 쓰이기도 하였다"라는 말이 있는데 바로 이 뜻을 설명한 것이다.

21 진(榛) : 개암. 『설문해자』에는 "親"으로 되어 있다. 곧 『시경 · 용풍 · 정지방중(鄘風 · 定之方中)』의 "개암나무와 밤나무 심네(樹之榛栗)"의 진(榛)인데, 열매가 밤과 비슷하나 조금 작다.
수(脩) : 두드려서 생강과 계피를 가미한 말린 고기.

22 고건(告虔) : 정성과 존경을 나타내는 것.

23 무별(無別) : 폐(幣)는 남자가 쓰는 것인데 지금 여자도 폐(幣)를 쓰니 곧 남녀가 지(贄)가 같은 것으로 구별이 없다는 것이다.

國之大節也;	나라의 큰 법도입니다.
而由夫人亂之,	그런데 부인이 그것을 어지럽히니
無乃不可乎?”[24]	옳지 않은 것이 아니겠습니까?”

晉士蔿又與羣公子謀,	진나라의 사위가 또 여러 공자들과 모의하여
使殺游氏之二子.[25]	유씨의 두 아들을 죽이게 하였다.
士蔿告晉侯曰,	사위가 진후에게 말하였다.
“可矣.	“됐습니다.
不過二年,	2년이 지나지 않아
君必無患.”	임금님께서는 반드시 근심이 없게 될 것입니다.”

장공 25년

經

二十有五年春,[1]	25년 봄

24 『국어 · 노어 상』과 『곡량전』에도 이 일이 수록되어 있는데 모두 폐(幣)를 쓴 것은 예의에 맞지 않는다고 하였다.

25 유씨지이자(游氏之二子) : 역시 환숙(桓叔)과 장백(莊伯)의 일족이다.

陳侯使女叔來聘.[2]	진후가 여숙에게 빙문을 오게 하였다.
夏五月癸丑,[3]	여름 5월 계축일에
衛侯朔卒.[4]	위후 삭이 죽었다.
六月辛未,	6월 신미
朔,	삭에
日有食之,	일식이 있었는데
鼓, 用牲于社.[5]	북을 치고 희생을 바쳐 토지신에게 제사 지냈다.
伯姬歸干紀.[6]	백희가 기나라로 시집갔다.
秋,	가을에
大水,	홍수가 나서

1 이십유오년(二十有五年) : 임자년 B.C. 669년으로 주혜왕(周惠王) 8년이다. 동지가 작년 12월 28일 신축일이었므로 건축(建丑)년이다.

2 여숙(女叔) : 진나라의 경(卿)이다. 여는 씨(氏)이며 숙(叔)은 자이다. 『전』에서 "이름을 쓰지 않았다(不名)" 한 것으로 알 수 있다. 『휘찬(彙纂)』에서는 "이것이 제후들이 서로 빙문한 시초이다"라 하였다.

3 계축(癸丑) : 20일.

4 『전』이 없다.
삭(朔) : 위혜공(衛惠公)이다.

5 토지신 사당에서 북을 치고 아울러 토지신 사당에서 희생을 바쳐 제사를 올린 것이다. 주문흠(朱文鑫)과 하유기(何幼琦)는 모두 7월 신미 삭이라고 하였다.

6 『전』이 없다.
백희(伯姬) : 노장공의 장녀. 『사기 · 기세가(紀世家)』의 『색은(索隱)』에 의하면 기성공(紀成公)의 부인일 것이라고 하였다.

鼓, 用牲于社, 于門.	북을 치고 희생을 바쳐 토지신과 문신에게 제사 지냈다.
冬,	겨울에
公子友如陳.[7]	공자 우가 진나라로 갔다.

傳

二十五年春,	25년 봄
陳女叔來聘,	진나라의 여숙이 빙문하러 왔는데
始結陳好也.	비로소 진나라와 우호를 맺은 것이다.
嘉之,	이를 훌륭하게 여겼기 때문에
故不名.[8]	이름을 기록하지 않았다.

夏六月辛未朔,	여름 6월 신미 초하루에

---

7 『전』이 없다.
공자 우(公子友) : 『공양전』에서는 장공의 아우라고 하였다. 아우를 『경』에서는 모제(母弟)라고도 하고, 그냥 제(弟)라고 하며 또 공자(公子)라고도 부르는 등 정해진 예가 없다. 공자 우가 진나라로 간 것은 여숙이 내빙한 데 대한 답방이다. 계우는 이때부터 진나라와 사적으로 사이가 좋아져 32년 지반(子般)이 피살되었을 때 진나라로 도망간다. 우(友)는 장공의 어린 동생이며 환공의 어린 아들이기 때문에 자를 계(季)라고 하였으며, 나중에 계(季)를 씨로 삼았는데 대대로 노나라의 정치를 주무르게 된다.

8 불명(不名) : 춘추시대를 통틀어 경으로 하여금 노나라를 빙문케 한 것은 모두 30 차례인데, 이름을 부르지 않은 것은 여숙(女淑)이 유일한 경우이다. 이해 이전에는 진나라에서 내빙을 한 적이 없었으므로 이번에 내빙(來聘)한 것을 가상하게 여긴 것이다. 『경』과 『전』에 보이는 진나라의 내빙 또한 이번 한 차례일 따름이다.

日有食之,[9]	일식이 발생하여
鼓, 用牲于社,	토지신에게 북을 치고 희생 제사를 올렸는데
非常也.[10]	상례(常禮)가 아니었다.
唯正月之朔,[11]	다만 정월 삭에는
慝未作,[12]	음기가 아직 일어나지 않았으니
日有食之,	일식이 발생하면
於是乎用幣于社,	이때는 토지신에게 옥백의 폐물로 제사를 지내고
伐鼓于朝.[13]	조정에서 제사를 지낸다.

秋,	가을에

---

9 지금의 역법으로 추산해 보면 B.C. 669년 5월 27일의 금환일식에 상당한다.

10 비상(非常) : 곧 비례(非禮)의 뜻이다. 문공 15년 『전』의 "6월 신축일 삭에 일식이 있었는데 토지신에게 북을 치고 희생 제사를 올렸는데 예의에 맞지 않았다(非禮也)"라 한 것으로 알 수 있다.

11 정월(正月) : 정양(正陽)의 달이다. 양기가 가득 차서 음기가 아직 뿌리를 내리지 않은 달. 곧 하력의 4월, 주력의 6월로 『시경 · 소아 · 정월(小雅 · 正月)』의 "정월에 서리가 빈번하네(正月繁霜)"라 한 것이 이것이다. 유월(俞樾)은 정월은 하력의 4월이 아니라고 하였는데 틀렸다.

12 특(慝) : 음기(陰氣). 옛날 사람들은 하력의 4월은 순양(純陽)으로 음기가 아직 일어나지 않았다고 생각하였다.

13 이 말은 소공 17년 『전』에서 계평자(季平子)가 한 말인데, 좌구명이 이곳에다 절취하여 해석으로 삼은 것은 이번 일식에서 노나라는 옥백의 폐물로만 토지신에게 제사를 지낼 수 있을 뿐 조정에서 북을 칠 수 없다는 것을 분명히 함으로써 북을 치고 희생 제사를 바친 것은 천자의 예를 참칭한 것이라는 것을 밝히기 위해서였다.

大水,	홍수가 났는데
鼓, 用牲于社, 于門,[14]	북을 치고 희생을 바쳐 토지신과 문신에게 제사를 지냈는데
亦非常也.	또한 상례가 아니었다.
凡天災,	무릇 천재에는
有幣,	옥백의 폐물은 써도
無牲.[15]	희생은 쓰지 않는다.
非日, 月之眚不鼓.[16]	일식과 월식의 재앙이 아니면 북을 치지 않는다.

晉士蔿使羣公子盡殺游氏之族,	진나라의 사위가 여러 공자들에게 유씨의 일족을 죽이게 하고
乃城聚而處之.[17]	이에 취에 성을 쌓고는 그곳에서 살게 하였다.

14 문(門) : 성문이다.

15 홍수는 천재(天災)로 옛 예법에는 옥백만 쓸 수 있을 뿐 희생은 쓸 수가 없었는데, 희생을 쓰면 예법에 맞지 않았다. 이는 대체로 제후의 예법이지 천자는 그렇지 않았을 것이다. 『논어 · 요왈(堯曰)』편과 『묵자 · 겸애(兼愛) 하』, 『여씨춘추 · 순민(順民)』편에는 모두 탕(湯)임금이 기우제를 지내는 말을 수록하고 있는데, "감히 검은 숫양을 가지고 하느님과 후토(后土)에게 아뢰노니" 운운하였고, 『시경 · 대아 · 운한(大雅 · 雲漢)』편에서 "모든 신에게 제사를 올리며, 이 희생 제물을 아끼지 않는다(靡神不舉, 靡愛斯牲)" 하였으니 가뭄 또한 천재였으며 탕임금과 주선왕(周宣王)이 모두 희생을 썼으므로 천자는 희생을 썼음을 알 수 있다.

16 생(眚)은 재앙이라는 뜻이다. 일식과 월식이라야 비로소 북을 치는 것이니 홍수에 북을 치는 것 또한 당시의 예법에 맞지 않는다는 말이다.

17 취(聚) : 진나라의 읍이다. 『방여기요(方輿紀要)』에 의하면 곧 지금의 산서성 강현(絳

冬, 겨울에

晉侯圍聚, 진후가 취를 에워싸고

盡殺羣公子.[18] 여러 공자들을 모두 죽였다.

장공 26년

經

二十有六年春,[1] 26년 봄

公伐戎.[2] 공이 융을 쳤다.

夏, 여름에

公至自伐戎.[3] 공이 융을 치고 돌아왔다.

縣) 동남쪽 10리 지점에 있는 거상성(車箱城)이다. 심흠한은 『지명보주(地名補注)』에서 읍 이름이 아니고 취락(聚落)의 통칭이라고 하였다. 취(聚)는 실로 취락의 통칭으로 볼 수도 있지만 이 『전』의 글로 보면 도읍의 고유명사로 보는 게 타당하다.

처지(處之) : 그들을 취(聚)에서 살게 하다.

18 희공 5년의 『전』에서 "환숙(桓叔)과 장백(莊伯)의 일족이 무슨 죄가 있습니까? 그런데도 그들을 죽이니 다만 핍박한 것 때문이 아닙니까?"라 한 것이 이것을 말한 것이다. 「진세가」에서는 "헌공(獻公) 8년 사위가 공에게 말하기를 '진나라에는 공자들이 많아서 이들을 죽이지 않으면 환란이 또 발생할 것입니다'라 하니 여러 공자들을 죽이게 하고 취(聚)에 성을 쌓아 도읍으로 정하고 강(絳)이라고 하였다"라 하였다. 강은 지금의 익성현(翼城縣)이며, 취는 지금의 강현(絳縣) 동남쪽에 있으니 또한 같은 곳이 아니다. 취에다 성을 쌓은 것은 이해이고 강에다 성을 쌓는 것은 이듬해이니 성을 쌓은 시기 또한 같지 않다. 그런데도 태사공은 이를 합하여 하나로 이야기했으니 『전』과는 맞지 않다.

1 이십유육년(二十有六年) : 계축년 B.C. 668년으로 주혜왕(周惠王) 9년이다. 동지가 정월 초9일 병오일이었므로 건자(建子)년이다. 윤달이 있다.

2 『전』이 없다. 『공양전』에는 "봄 춘(春)"자가 없다.

曹殺其大夫.[4]	조나라에서 그 대부를 죽였다.
秋,	가을에
公會宋人, 齊人伐徐.[5]	공이 송나라 사람, 제나라 사람을 만나 서를 쳤다.
冬十有二月癸亥,	겨울 12월 계해
朔,	삭에
日有食之.[6]	일식이 있었다.

傳

二十六年春,	26년 봄
晉士蔿爲大司空.[7]	진나라 사위가 대사공이 되었다.

夏,	여름에
士蔿城絳,	사위가 강에 성을 쌓아

3 『전』이 없다.

4 『전』이 없다. 희공 25년 『경』에 "송나라에서 그 대부를 죽였다(宋殺其大夫)"라는 말이 나오는데, 두예는 "『전』이 없다. 그 일에 대해서는 들은 적이 없다"라 하였는데, 이 일 역시 "그 일에 대해서는 들은 적이 없는" 유이다.

5 『전』이 없다. 서(徐)는 나라 이름으로 영(嬴)씨 성이다. 옛 서자국(徐子國)은 지금의 안휘성 사현 서북쪽 50리 지점에 있다. 여기에 서백이(徐伯彝)가 있다.

6 『전』이 없다. 지금의 역법으로 추산해 보면 11월 10일의 금환일식에 해당한다. 『시경 · 소아 · 시월지교(小雅 · 十月之交)』에 "삭일 신묘일에, 일식 있었네(朔日辛卯, 日有食之)"라 하였는데 이때와의 시간적 차이가 108년여, 39,512일이니 여섯 차례의 일식 주기와 맞아떨어진다.

7 사위가 새로 공을 세워 대부에서 경(卿)인 대사공으로 승진한 것이다.

以深其宮.[8]	담을 높였다.
秋,	가을에
虢人侵晉.	괵나라 사람들이 진나라를 침략했다.
冬,	겨울에
虢人又侵晉.[9]	괵나라 사람들이 또 진나라를 침략했다.

장공 27년

經

二十有七年春,[1]	27년 봄

8 사위가 대사공이 되어 토목공사를 주관한 것이다. 『의례·근례(覲禮)』에 "네 성문의 단은 12심(尋 : 8尺)이며 높이는 4척(深四尺)이다"라는 말이 나오는데, 정현(鄭玄)은 "심은 높이이다(深, 高也)"라 하였다. 문공 12년 『전』에 "심루(深壘)"라는 말이 나오는데 고루(高壘)라는 말과 같은 뜻이다. 강(絳)은 본래 진나라의 도성으로 지금의 익성현 동남쪽 15리 지점에 있으며 은공 5년의 『전』에 상세하다. 그런데 「연표」에서는 "진헌공(晉獻公) 9년 비로소 강도에 쌓기 시작했다"라 하였다. 강도에는 본래 성곽이 없었던 것 같은데 사마천은 『전』의 뜻을 잘못 이해한 것 같다. 『전』의 뜻은 사위가 궁을 높이고 강에 성을 쌓았다는 것이니 이른바 성(城)이라는 것은 더 높고 더 크게 하였다는 것일 따름이다. 성공 6년 신전(新田)으로 옮기고 난 후부터 고강(故絳)이라 하였다. 궁(宮)은 담이라는 뜻이다.

9 두예는 "『전』의 이듬해에 진나라가 괵나라를 칠 것이라는 암시이다"라 하였다. 「진세가」에서는 "헌공 9년 진나라 공자들이 이미 괵나라로 도망갔는데 괵나라는 그 때문에 진나라를 다시 쳤지만 이기지 못하였다"라 하였다.

1 이십유칠년(二十有七年) : 갑인년 B.C. 667년으로 주혜왕(周惠王) 10년이다. 동지가 지

公會杞伯姬于洮.[2] 공이 도에서 기백 희를 만났다.

夏六月, 여름 6월에

公會齊侯, 宋公, 陳侯, 鄭伯同盟于幽.[3] 공이 유에서 제후와 송공, 진후, 정백을 만나 맹약을 맺었다.

秋, 가을에

公子友如陳, 공자 우가 진나라로 가서

葬原仲.[4] 원중을 장사 지냈다.

冬, 겨울에

杞伯姬來.[5] 기백희가 왔다.

莒慶來逆叔姬.[6] 거경이 와서 숙희를 맞았다.

난해 윤12월 20일 신해일이었므로 건축(建丑)년이다.

2 도(洮) : "조"로도 읽는다. 노나라 땅이다. 『대사표(大事表)』와 『방여기요(方輿紀要)』에서는 모두 지금의 산동성 옛 복양현(濮陽縣) 서남쪽 50리 지점에 있다고 하였다. 강영(江永)의 『고실(考實)』에서는 곧 지금의 산동성 사수현(泗水縣) 동남쪽으로 옛 이름이 도허(桃墟)라는 곳이라 하였다.

3 16년에 유(幽)의 맹약이 있었는데 이해까지 11년이 되었다.

4 원중(原仲) : 진(陳)나라 대부. 가창제(柯昌濟)는 숙원보(叔遠父)의 후손이라고 하였다.

5 래(來) : 『전』에서는 "귀녕을 래라 한다(歸寧曰來)"라 하였다. 귀녕은 시집간 여자가 친정 부모를 뵈러 가는 것.

6 『전』이 없다.
경(慶) : 거(莒)나라 대부.
숙희(叔姬) : 장공(莊公)의 딸. 선공 5년의 『경』에서는 "제나라 고고(高固)가 숙희를 맞으러 왔다"라 하였다. 『전』에서는 "자신의 아내로 맞은 것이다. 그러므로 숙희를 맞았다고 기록하여 경이 직접 맞은 것을 나타낸 것이다"라 하였다. 이의 예에 비추어 보건대 거경(莒慶)도 친히 아내를 맞이하러 온 것이다.

杞伯來朝.[7] 기백이 내조했다.

公會齊侯于城濮.[8] 공이 성복에서 제후를 만났다.

傳

二十七年春, 27년 봄

公會杞伯姬于洮, 공이 도에서 기 백희를 만났는데

非事也.[9] 백성의 일이 아니었다.

天子非展義不巡守,[10] 천자는 덕의를 펴는 일이 아니면 순시를 하지 않고

諸侯非民事不擧,[11] 제후는 백성의 일이 아니면 거동을 하지 않으며

卿非君命不越竟.[12] 경은 임금의 명이 아니면 국경을 넘지 않는다.

---

7 『전』이 없다.
환공 2년의 『경』에서 "기후가 내조하였다" 하였고, 12년의 『경』에서 "공이 곡지(曲池)에서 기후(杞侯)와 거자(莒子)를 만나 맹약하였다"라 하여 모두 "기후"라고 하였다. 이때부터 춘추시대가 끝이 날 때까지는 또한 모두 "기백(杞伯)"이라 부르며, "기자(杞子)"라고도 한다.

8 『전』이 없다.
성복(城濮) : 위(衛)나라 땅이다. 지금의 산동성 옛 복현〔濮縣 : 1956년에 이미 범현(范縣)으로 통합되어 들어감〕 남쪽 70리 지점에 임복성(臨濮城)이 있는데 이곳이 곧 옛 성복(城濮) 땅일 것이다.

9 비사(非事) : 기백희를 만난 것은 여자와 만난 것으로 백성의 일과는 무관하다.

10 전의(展義) : 덕의를 선양(宣揚)하는 일.
순수(巡守) : 순수(巡狩)와 같다.

11 거(擧) : 출행(出行)하는 것을 말한다. 23년 『전』의 "임금이 거동하지 않는다(君不擧矣)" 조를 보라.

夏,	여름에
同盟于幽,	유에서 함께 맹약을 맺었는데
陳, 鄭服也.[13]	진나라와 정나라가 복종했기 때문이다.
秋,	가을에
公子友如陳葬原仲,	공자 우가 진나라로 가서 원중을 장사 지냈는데
非禮也.	예에 합당하지 않았다.
原仲,	원중은
季友之舊也.[14]	계우의 친구이다.
冬,	겨울에
杞伯姬來,	기백희가 왔는데

12 경(竟) : 경(境)자와 같은 뜻으로 쓰였다.

13 22년에 진나라 사람이 그 태자 어구(禦寇)를 죽이자 진완(陳完)은 제나라로 달아났으며 제환공이 그를 공정(工正)으로 삼았는데, 이때까지만 해도 진(陳)나라는 제나라에 복종하지 않았을 것이다. 문공 17년 『전』에 정자가(鄭子家)가 조선자(趙宣子)에게 부치는 편지가 실려 있는데 "문공 4년 2월 임술일에 제나라를 위하여 채(蔡)나라를 침공하고 또한 초나라와 화친을 얻었다"라 하였다. 정문공 4년은 노장공 25년에 해당하며 정나라는 초나라와 화친을 맺었기 때문에 제나라에 복종하지 않았다.

14 계우(季友) : 공자 우(公子友)이다. 원중은 계우와 사적인 친구일 뿐이니 계우가 장례에 간 것은 임금의 명이 아님을 알 수 있다. 위의 『전』에서 "경은 임금의 명이 아니면 국경을 넘지 않는다"라 했으므로 예의에 맞지 않는 것이다.

歸寧也.[15]	귀녕을 한 것이다.
凡諸侯之女,	무릇 제후의 딸은
歸寧曰來,[16]	귀녕하는 것을 내(來 : 온다)라고 하며
出曰來歸;[17]	쫓겨난 것을 내귀(來歸 : 돌아왔다) 라고 한다.
夫人歸寧曰如某,[18]	부인이 귀녕하는 것을 여모(如某 : 어디로 갔다)라 하고
出曰歸于某.[19]	쫓겨나는 것을 귀우모(歸于某 : 어디로 돌아갔다)라 한다.

晉侯將伐虢.	진후가 괵나라를 치려고 하였다.

15 『시경 · 주남 · 갈담(周南 · 葛覃)』에 "어찌 빨고 어찌 빨지 않겠는가? 부모님께 문안드리러 간다네(害瀚害否, 歸寧父母)"라 하였다. 녕(寧)은 편안하다는 뜻이다. 여자가 출가하여 친정으로 돌아가 부모를 문안하는 것을 귀녕이라고 한다.

16 내(來) : 곧 남편의 집으로 돌아간다는 뜻이다.

17 출(出) : 남편에게 버림을 받은 것이다.
내귀(來歸) : 와서 다시 돌아가지 않는 것. 선공 16년의 『경』에 "가을에 담백희(郯伯姬)가 돌아왔다"라 했는데 『전』에서 "쫓겨난 것이다(出也)"라 한 것이 이의 예이다.

18 여모(如某) : 문공 9년의 『경』에 "부인 강씨가 제나라로 갔다(夫人姜氏如齊)"라는 예가 있다.

19 귀우모(歸于某) : 문공 18년의 『경』에 "부인 강씨가 제나라로 돌아갔다(夫人姜氏歸于齊)"라는 말이 있는데, 『전』에서 "영 돌아간 것이다(大歸也)"라 하였다. 애강(哀姜)이 친정으로 돌아간 것은 남편에게 버림받은 것은 아니지만 남편이 죽고 아들이 피살되어 노나라에서 편안히 있을 수 없어서 남편의 집에서 용납되지 않았기 때문이다. 귀(歸)에는 돌아오지 않는다는 뜻이다.

士蔿曰,	사위가 말하였다.
"不可.	안 됩니다.
虢公驕,	괵공은 교만해서
若驟得勝於我,	자주 우리를 이긴다면
必棄其民.	반드시 백성들을 버릴 것입니다.
無衆而後伐之,	부지할 무리가 없어진 후에 친다면
欲禦我,	우리를 막으려 한들
誰與?[20]	누가 함께하겠습니까?
夫禮, 樂, 慈, 愛,	예와 악, 인자함과 사랑은
戰所畜也.	전쟁을 할 때 갖추어야 할 것입니다.
夫民,	대체로 백성들은
讓事, 樂和, 愛親, 哀喪,[21]	일을 양보하고 화락을 즐기며 어버이를 사랑하고 죽은 자를 애도하면
而後可用也.	그런 후에야 쓸 수 있습니다.
虢弗畜也,	괵나라는 그런 것들이 구비되지 않았으니

20 수여(誰與) : 가나자와 문고본(金澤文庫本)에는 수(誰)자 위에 "그 기(其)"자가 있다. 우리를 막고자 해도 따르는 사람이 없다는 말이다. 여(與)는 따른다는 뜻이다.

21 양사(讓事)는 예(禮)를 말하고, 낙화(樂和)는 낙(樂)을, 애친(愛親)은 자(慈), 애상(哀喪)은 애(愛)를 말한다.

亟戰,[22] 자주 싸우면

將饑."[23] 굶주리게 될 것입니다.

王使召伯廖賜齊侯命,[24] 천자가 소백료를 보내어 제후에게 명을 내리고

且請伐衛, 아울러 위나라를 치게 하였는데

以其立子頹也.[25] 자퇴(왕자 퇴)를 왕으로 세웠기 때문이다.

---

22 기(亟) : 거성(去聲)으로, 자주라는 뜻이다.

23 기(饑) : 배를 가리켜 한 말이 아니고 백성들과 병사들의 사기를 가리켜 말한 것이다. 『맹자 · 공손추(公孫丑) 상』에서 호연지기(浩然之氣)를 말하면서 또한 "의와 도에 배합되니 이것이 없으면 굶주리게 된다(餒也)", "행하고 마음에 부족하게 여기는 바가 있으면 굶주리게 된다(餒矣)"라 하였는데, 이곳의 기(饑)자는 그 뜻이 『맹자』의 "餒"자와 딱 부합한다. 「진세가」에도 이 일이 수록되어 있는데 문장이 생략되었다.

24 소백료(召伯廖) : 주나라 왕의 경사(卿士)로 소강공(召康公)의 후손이다. 지금의 산서성 원곡현(垣曲縣) 동쪽에 소정(邵亭)이 있는데 혹 소공이 동천한 후의 식읍인지도 모르겠다. 「주본기」에서는 "혜왕 10년 제환공에게 백(伯)의 지위를 내렸다"라 하였고, 「연표」에서는 "혜왕 10년 제후에게 명을 내렸다"라 하였으니 명을 내렸다(賜命)는 것은 곳 후백(侯伯)이 되게 하는 명을 내린 것이다. 장병린(章炳麟)의 『독(讀)』에서는 "「제어(齊語)」에 의하면 대로(大輅)와 용기(龍旗) 등을 상으로 준 것이 규구(葵丘)의 회합에서였으니 그때는 방백(方伯)으로 명을 받은 것이고 이때는 주목(州牧)으로 명을 받은 것이며 특히 이미 방백의 소임을 맡고 있었다"라 하였다. 장병린의 말은 억측에 가깝다. 구명(九命) 이하는 모두 사명(賜命)이라 하는데 원년에 환공에게 명을 추사(追賜)한 것이나 양공 24년 유정공(劉定公)으로 하여금 제후에게 명을 내리게 한 것으로 알 수 있다. 이번에 명을 내린 것이 희공 28년 진후(晉侯)를 후백으로 책명한 곳과 같은 것인지는 알 수 없다.

25 입자퇴(立子頹) : 19년의 일이다.

장공 28년

經

二十有八年春,[1]	28년 봄
王三月甲寅,[2]	주력으로 3월 갑인일에
齊人伐衛.	제나라 사람이 위나라를 쳤다.
衛人及齊人戰,[3]	위나라 사람이 제나라 사람과 싸움을 하였는데
衛人敗績.[4]	위나라 사람이 대패했다.

---

1 이십유팔년(二十有八年) : 을묘년 B.C. 666년으로 주혜왕(周惠王) 11년이다. 동지가 정월 병진 삭이었으니 건자(建子)년이다. 윤달이 있다.

2 삼월에는 갑인일이 없다.

3 『춘추』에서 "모국이 모국과 싸웠다(某及某戰)"는 기록은 노나라가 다른 나라와 싸우면 노나라를 주로 하는데 이를테면 환공 17년의 "제나라 군사와 해에서 싸웠다(及齊師戰于奚)", 성공 2년의 "진나라 극극, 위나라 손량부, 조나라 공자 수와 만나 공에서 제후와 싸웠다(晉郤克 · 衛孫良夫 · 曹公子首及齊侯戰于鞌)" 같은 것이 있다. 진(晉)나라와 진(秦)나라, 초나라가 싸웠다면 진(晉)나라를 앞에 두고 진(秦)나라나 초나라를 뒤에 두었는데 한〔韓 : 희공(僖公) 15년〕과 팽아〔彭衙 : 문공(文公) 2년〕, 영호〔令狐 : 문공(文公) 7년〕, 하곡〔河曲 : 문공(文公) 12년〕, 성복〔城濮 : 희공(僖公) 28년〕, 필〔邲 : 선공(宣公) 12년〕, 언릉〔鄢陵 : 성공(成公) 16년〕 등의 여러 전역(戰役)이 모두 이와 같은 예이다. 송나라와 초나라〔희공(僖公) 22년 홍(泓)의 전역〕, 채나라와 초나라〔정공(定公) 4년 백거(柏擧)의 전역〕, 제나라와 오나라〔애공(哀公) 11년 애릉(艾陵)〕와의 싸움에서는 중원의 국가들을 앞에 두고 초나라나 오나라는 뒤에 두었는데, 이것이 이른바 여러 하(夏)나라를 앞에 두고 이적의 나라는 뒤에 둔다는 것이다. 송나라와 제나라 정나라가 싸우면 송나라를 앞에 두고 제나라나 정나라를 뒤에 두었다. 위나라와 제나라가 싸우면 위나라를 앞에 두었다. 초나라와 오나라가 싸우면 초나라를 앞에 오나라는 뒤에 두었다.

4 『춘추』에서 대패〔敗績〕하였다고 기록하면서도 "인(人)"이라고 말한 것은 이번이 유일하다. 환공 13년 『경』을 참조하라.

夏四月丁未,[5]	여름 4월 정미일에
邾子瑣卒.[6]	주자 쇄가 죽었다.
秋,	가을에
荊伐鄭,	초나라가 정나라를 쳤다.
公會齊人, 宋人救鄭.[7]	공이 제나라 사람, 송나라 사람을 만나 정나라를 구원했다.
冬,	겨울에
築郿.[8]	미에 성을 쌓았다.
大無麥, 禾,[9]	보리와 벼가 하나도 없어서
臧孫辰告糴于齊.[10]	장손신이 제나라에 쌀을 살 것을 청하였다.

5 정미(丁未) : 23일이다.

6 『전』이 없다.

7 『공양전』에는 "송인(宋人)" 아래 "주루인(邾婁人)" 석 자가 더 있는데 연문(衍文)인 것 같다.

8 미(郿) : 『공양전』과 『곡량전』에는 "미(微)"로 되어 있는데, 통가자이다. 미는 지금의 산동성 수장(壽張) 폐현 소재지 남쪽에 있을 것이다.

9 맥화(麥禾) : 보리는 망종과 하지 사이에 익으며 벼는 서직류(黍稷類)로 이보다 뒤에 익는다. 이곳에서 보리와 벼를 나누어 말한 것은 장공 7년 "보리와 벼 이삭이 없었다(無麥·苗)"라 하여 보리와 벼 이삭을 나누어 말한 것과 같다. 서(黍)·직(稷)·도(稻)·고(菰)·량(粱)은 모두 화(禾)라 할 수 있었으며 마(麻)와 숙(菽), 맥(麥)은 화(禾)라고 부르지 않았다. 『여씨춘추·임지(任地)』편의 "금년에 보리가 잘 되면 내년에 벼도 잘 된다(今兹美禾, 來兹美麥)"라고 한 것도 벼와 보리를 상대적으로 말한 것이다.

10 장손신(臧孫辰) : 곧 장문중(臧文仲)이다. 장공 11년의 『전』을 보라.
고(告) : 청하다.
적(糴) : 곡식을 사다.

傳

二十八年春,	28년 봄에
齊侯伐衛,	제후가 위나라를 쳤는데
戰,	전투에서
敗衛師,	위나라 군사를 물리쳤다.
數之以王命,[11]	천자의 명으로 질책하고
取賂而還.	재물을 받고 돌아왔다.

晉獻公娶於賈,[12]	진나라 헌공이 가나라에서 아내를 맞았는데
無子.	아들이 없었다.
烝於齊姜,[13]	제강과 간음하여
生秦穆夫人及大子申生.[14]	진목공의 부인과 신생을 낳았다.

---

11 수(數) : 꾸짖다. 27년의 『전』을 보라.

12 가(賈) : 희(姬)씨 성의 나라이다. 환공 9년의 『전』에 상세히 나온다.

13 제강(齊姜) : 두예는 "제강은 무공(武公)의 첩이다"라 하였다. 그러나 「진세가」에서는 "태자 신생은 그 어머니가 제환공의 딸인데 제강이라 하였으며 일찍 죽었다"라 하여 무공의 첩으로 생각하지 않은 것 같다. 그러나 『전』에서는 "간음하였다(烝)" 하였는데 윗사람과 간음하는 것을 말하며 두예의 설은 여기에 근거를 둔 것 같다. 제환공은 노장공 9년에 즉위하였으며 진무공은 노장공 17년에 죽었으니 제환공의 딸을 미처 아내로 취하지 못하였을 것이므로 『사기』의 설은 믿을 수가 없다. 고동고(顧棟高)는 『대사표(大事表)』 권50에서 이를 의심하면서 제강은 헌공이 즉위하지 않았을 때 맞이한 적실이라 하였다. 장병린은 『독(讀)』 권8에서 또한 제강은 애후(哀侯)의 첩이 아니며 곧 소자후(小子侯)의 첩이라 하였는데 모두 억설로 근거가 없다. 아직까지 의문이 남아 있다.

14 여기에서 진목공의 부인을 먼저 언급한 것은 누이이고 신생이 동생이라고 생각했기 때문

又娶二女於戎,	또한 융에서 두 여인을 맞았는데
大戎狐姬生重耳,[15]	대융호희는 중이를 낳고
小戎子生夷吾.[16]	소융자는 이오를 낳았다.
晉伐驪戎,[17]	진나라가 여융을 치자
驪戎男女以驪姬,[18]	여융남은 여희를 바쳤으며
歸,	돌아와

인 것 같다. 『사기 · 진본기(秦本紀)』에서는 "목공(繆公, 穆公) 4년 진(晉)나라에서 부인을 맞았는데 진나라 태자 신생의 누이였다"라 하였다. 그러나 「진(晉)세가」에서는 "신생의 동복 누이동생은 진목공의 부인이다."라 하여 신생이 오빠라고 하였는데 틀렸다.

15 대융호희(大戎狐姬) : 소공 13년의 『전』에도 나오는데 호계희(狐季姬)라 하였다. 청나라 염약거(閻若璩)는 『사서석지(四書釋地)』에서 대융은 지금의 산서성 교성현(交城縣)에 있다고 하였다. 장주(張澍)는 『성씨변오(姓氏辨誤)』 권6에서 말하기를 호희(狐姬)라는 것은 이 희(姬)가 왕자호(王子狐)의 후손 출신이며 융(戎)에서 산 것을 밝힌 것이고 하였는데 비교적 뛰어난 설이다.

16 「진세가(晉世家)」에서는 "중이의 어머니는 적(翟)족 호씨(狐氏)의 딸이었고 이오의 어머니는 중이의 이모였다"라 하였으니 대융호희와 소융자는 자매간이며, 소융자는 아마 여동생으로 잉첩으로 딸려온 사람일 것이다. 두예는 호희와 소융자를 두 나라의 여인이라 하였는데 이는 대체로 「진어 3」에서 괵사(虢射)를 이오의 외삼촌이라 하였고 호언(狐偃)을 중이의 외삼촌이라고 한 것에 근거하였을 것이다. 「진어 4」에서는 "호씨(狐氏)는 당숙(唐叔)에게서 나왔다. 호희는 백항〔伯行 : 위소(韋昭)는 호돌(狐突)의 자라고 하였다〕의 딸인데 이 사람이 바로 중이를 낳았다"라 하였다. 「진세가」에서는 "헌공이 태자였을 때 중이는 이미 확실히 성인이었다"라 하였다. 그러나 「진어 4」에 의하면 "진나라 공자는 태어난 지 17년 만에 망명하였다"라 했으니 사마천의 설은 믿을 수가 없다.

17 여융(驪戎) : 옛 주석에서는 모두 지금의 섬서성 임동현(臨潼縣) 동쪽 여융성(驪戎城)에 있다고 하였는데 고힐강(顧頡剛)은 이를 의심하면서 지금의 산서성 석성(析城)과 왕옥(王屋) 두 산 사이에 있을 것이라고 하였다.

18 여이여희(女以驪姬) : 여(女)는 남에게 여자를 바치는 것이다. 「진어 1」에서는 "헌공이 여융을 치고 이겨서 여자(驪子)를 없애고 여희를 잡아서 돌아왔다"라 하여 『전』과는 내용이 다르다. 「진세가」와 「연표」에서는 모두 이 일을 헌공 5년에 열입(列入)시켰는데 이 해는 노장공 22년이다.

生奚齊,	해제를 낳았으며
其娣生卓子.[19]	그 여동생은 탁자를 낳았다.
驪姬嬖,	여희가 총애를 받아
欲立其子,	그 아들을 태자로 세우고자 하여
賂外嬖梁五與東關嬖五,[20]	남총(男寵)인 양오와 동관폐오에게 뇌물을 주고
使言於公曰,	공에게 말하게 하기를
"曲沃,	"곡옥은
君之宗也;[21]	임금님의 종읍이며
蒲與二屈,[22]	그리고 포와 이굴은

---

19 탁자(卓子) : 『사기』에는 도자(悼子)로 되어 있다.

20 외폐(外嬖) : 내폐(內嬖)와 대비되는 말이다. 여총(女寵)을 내폐라 한다. 희공 17년의 『전』에 "내폐로 부인과 같은 대우를 받는 사람이 여섯 명이었다"라 한 것이 이것이다. 이 예에 비추어 보면 외폐는 남총일 것이다. 외폐는 양오와 동관폐오 두 사람을 통틀어 말한 것이다. 외폐 동관폐오라는 것은 소공 9년 『전』의 "외폐폐숙(外嬖嬖叔)"이라는 것과 같다. 왕인지(王引之)와 전기찰(錢綺札), 위소(韋昭) 등은 모두 "동관오(東關五)"로 인용하였으며 "폐오(嬖五)"의 "嬖"자는 연문이라고 하였는데 믿을 수 없다.

21 종(宗) : 양공 27년의 『전』에 "최는 종읍이다(崔, 宗邑也)"라는 말이 있고, 애공 14년의 『전』에도 "박은 종읍이다(薄, 宗邑也)"라 하였으니 이곳의 "君之宗也"는 곧 "군의 종읍이다"라는 뜻이다. 곡옥(曲沃)은 환숙(桓叔)의 봉지이다. 환숙은 진헌공의 시조이며 진나라 종묘가 있는 곳이기 때문에 종읍이라 한 것이다. 그러므로 다음에서 "종읍을 주관하지 않다(宗邑無主)"라 하였다.

22 포(蒲) : 진나라의 읍으로 지금의 산서성 습현(隰縣) 서북쪽에 있으며 속칭 참거원(斬袪垣 : 소매를 끊은 담이라는 뜻)이라고 하는데 시인피(寺人披)가 진문공의 소매를 자른 곳이라고 전하여진다.

이굴(二屈) : 북굴(北屈)과 남굴(南屈)로, 이 두 굴은 나란히 이웃하여 있으므로 이오 한 사람이 진무한 것 같다. 북굴은 지금의 길현(吉縣) 동북쪽이고 남굴은 그 남쪽에 있을 것이다.

君之疆也;[23]	임금님의 강역이오니
不可以無主.	주관하지 않을 수가 없습니다.
宗邑無主,	종읍을 주관하지 않으면
則民不威;[24]	백성들이 두려워하지 않을 것이며,
疆埸無主,[25]	강역을 주관하지 않으면
則啓戎心;[26]	융족들의 야욕을 열 것이고,
戎之生心,	융족들이 마음을 먹으면
民慢其政,	백성들이 정령을 업신여길 것이니
國之患也.	나라의 근심거리입니다.
若使大子主曲沃,	태자에게 곡옥을 주관하게 하고
而重耳, 夷吾主蒲與屈,	중이와 이오에게 포와 굴을 주관하게 한다면
則可以威民而懼戎,	백성들을 두려워하게 하고 융족들을 겁내게 할 것이니
且旌君伐."[27]	또한 임금님의 공로를 드러내는 것입니다"라 하였다.

---

23 군지강(君之疆) : 「진세가」에 의하면 포는 진(秦)나라와 경계를 이루고 이굴은 적(狄)과 경계를 이루기 때문에 "군지강"이라고 말하였다. 강(疆)은 지경이라는 뜻이다.

24 불위(不威) : 불외(不畏), 두려워하지 않다는 뜻. 두려워함이 없으면 백성들이 정치를 업신여기게 된다.

25 강역(疆埸) : 변경(邊境), 강계(疆界). 옛날 사람들은 종종 이 두 글자를 연용하여 썼다.

26 계(啓) : 개(開), 열다.
융(戎) : 포(蒲)와 굴(屈)의 바깥 지역에 사는 이방인들을 가리켜 말한 것임.

使俱曰,[28]	이구동성으로 말하게 하기를
“狄之廣莫,[29]	“적의 광막한 땅은
於晉爲都.	진나라가 도읍을 세울 수 있습니다.
晉之啓土,[30]	진나라가 강토를 넓히는 것이
不亦宜乎!”	또한 마땅하지 않습니까?”라 하였다.
晉侯說之.	진후가 기뻐하였다.
夏,	여름에
使大子居曲沃,	태자에게는 곡옥에 머무르게 하고
重耳居蒲城,	중이는 포성에
夷吾居屈.[31]	이오는 굴에 머무르게 하였다.
羣公子皆鄙.[32]	공자들이 모두 변경에 있게 되었다.

---

27 정군벌(旌君伐) : 정(旌)은 드러내다, 벌(伐)은 공(功)의 뜻.

28 사구(使俱) : 사(使)는 여희가 그렇게 하도록 시킨 것. 이상의 말은 양오와 동관폐오가 각기 말한 것이며, “구왈(俱曰)” 이하는 이구동성으로 말한 것.

29 광막(廣莫) : 광대무변(廣大無邊)이라는 말과 같다. 『장자 · 소요유(逍遙遊)』에 “어째서 아무것도 없는 드넓은 들판(廣莫之野)에다 심지를 않습니까?”라는 말이 있다. 융적의 땅은 넓고 커서 끝이 없어 진나라에 귀속되면 모두 도읍으로 세운다는 뜻이다.

30 계토(啓土) : 강토(疆土)를 개척하다.

31 「진어 4」에는 희부기(僖負羈)의 말이 실려 있는데 진문공이 난지 17년 만에 망명하였다고 하였다. 이때가 희공 4년이니 중이와 이오는 이때 모두 나이가 어려서 힘이 약했을 것인데 이른바 주관〔主〕이니 살게〔居〕하였다느니 하는 것은 반드시 친히 백성들과 군사를 다스렸다는 말이 아니고 그냥 그곳에 머무르게 하고 별도로 스승을 두어 보좌하게 하였다는 것일 것이다. 고동고(顧棟高)는 이에 대해 의심을 하였는데 꼭 반드시 그런 것은 아닐 것이다.

32 군공자(羣公子) : 희공 24년 『전』에서는 헌공(獻公)의 아들이 아홉 명(「진세가」에서는 여덟 명)이라 하였으니 신생과 중이, 이오, 그리고 해제와 탁자 외에도 네 명이 더 있으

唯二姬之子在絳.[33] 여희와 동생의 아들만 강에 있게 되었다.

二五卒與驪姬譖羣公子而立奚齊,[34] 양오와 동관폐오의 두 오가 마침내 공자들을 참소하고 해제를 태자로 세우니

晉人謂之二五耦.[35] 진나라 사람들은 두 오의 짝패라고 하였다.

楚令尹子元欲蠱文夫人,[36] 초나라 영윤 자원이 문부인을 유혹하려고

爲館於其宮側, 궁전 옆에다 집을 짓고

而振萬焉.[37] 만무의 춤을 추었다.

니 공자들이란 이들을 두고 한 말이다.

개비(皆鄙) : 모두 변비(邊鄙), 편벽된 변경에 거처하였다는 말이다. 가나자와 문고본(金澤文庫本)에는 "개재비(皆在鄙)"로 되어 있는데 재(在)자는 식견이 없는 사람이 함부로 첨가한 글자일 것이다.

33 이희지자(二姬之子) : 여희와 여희의 여동생. 아들은 해제와 탁공을 이른다.

34 해제를 태자로 세운 것을 말함. 나중에 일어난 일을 말한 것이다.

35 이오우(二五耦) : 이름에 모두 오(五)자가 들어가는 양오와 동관폐오 두 사람이 나란히 간악한 짓을 한 것을 말한다. 옛날에는 두 사람이 짝이 되어 함께 무슨 일을 하는 것을 우(耦)라 하였다. 「진어 1」에도 이 일이 실려 있는데 『좌전』과 같다. 그러나 「진세가」에서는 두 오(五)의 말을 헌공이 한 것이라 하였다. 또한 「연표」와 「진세가」에서는 모두 이 일을 헌공 12년에 집어넣었는데 곧 양공 29년으로 『좌전』보다 1년이 늦다.

36 자원(子元) : 『국어 · 초어(楚語) 상』의 위소의 주석에서는 "초무왕(楚武王)의 아들이며 문왕(文王)의 동생으로 왕자선(王子善)이다"라 하였다. 30년에서는 공자 원(公子元)이라 하였다.

고(蠱) : 음탕한 일로 유혹하는 것이다.

문부인(文夫人) : 문왕(文王)의 부인 식규(息嬀)이다. 10년과 14년의 전에 보인다.

夫人聞之,	부인이 그 소리를 듣고
泣曰,	눈물을 흘리며 말하기를
"先君以是舞也,	"선군께서 이 춤을 춘 것은
習戎備也.	군사 연습을 대비하여 익힌 것이었습니다.
今令尹不尋諸仇讎,[38]	지금 영윤은 이것을 원수를 갚는 데는 쓰지 않고
而於未亡人之側,[39]	미망인의 곁에서 쓰니
不亦異乎!"	또한 이상하지 않습니까?"
御人以告子元.[40]	어인이 자원에게 알렸다.
子元曰,	자원이 말하였다.
"婦人不忘襲讎,	"부인까지도 원수 갚는 것을 잊지 않고 있는데
我反忘之!"	나만 오히려 그것을 잊어버렸구나!"

---

37 진만(振萬) : 『예기 · 악기(樂記)』에 "천자가 끼고 흔든다(天子夾振之)"는 말이 나오는데 주석에서는 "임금과 대장이 춤추는 사람을 끼고 목탁을 흔들어서 박자를 맞추는 것이다"라 하였으니 무인의 춤에서는 반드시 목탁을 흔들어서 박자를 맞추었다. 그러므로 무만(武萬)을 진만(振萬)이라 한 것이다. 만(萬)은 춤 이름이다. 은공 5년의 『전』에 상세히 나와 있다. 무인의 춤〔武舞〕이기 때문에 아래에 "군사연습을 대비하여 연습하는 것이다(習戎備也)"라 하였다.

38 심(尋) : 두예는 "쓸 용(用)"자와 같은 뜻이라고 하였다.

39 이 두 구절은 원수에게는 그것을 쓰지 않고 내 곁에서 쓰다라는 말이다. 심(尋)자의 뜻은 이 구절까지 걸린다. 미망인(未亡人)은 고대의 과부들이 스스로를 일컫는 말이었다.

40 어인(御人) : 부인의 시종인 것 같다.

秋,	가을에
子元以車六百乘伐鄭,	자원이 수레 6백 승을 동원하여 정나라를 치고
入于桔柣之門.[41]	길질의 문으로 들어갔다.
子元, 鬪御彊, 鬪梧, 耿之不比爲旆,[42]	자원과 투어강, 투오, 경지불비가 전군이 되고
鬪班, 王孫游, 王孫喜殿.[43]	투반, 왕손유, 왕손희는 후군이 되었다.
衆車入自純門,[44]	수레들이 순문으로 들어가
及逵市.[45]	대로의 시장까지 다다랐다.
縣門不發.[46]	현문(懸門)은 작동시키지 않았고

41 길질지문(桔柣之門) : 다음의 글에 의하면 순문(純門)으로 들어간 후에 또 걸리어 닫히지 않은 문이 있는데, 이로써 길질의 문은 먼 교외에 있는 문임을 알 수 있다. 초나라가 갑자기 군대를 일으켰기 때문에 정나라가 아무런 대비를 하지 못하여 싸우지 않고 문으로 들어간 것이다.

42 투어강(鬪御彊) : 『세본(世本)』에 의하면 약오(若敖)는 투강(鬪彊)을 낳고 투강은 투반(鬪班)을 낳았다. 이 투어강이 곧 『세본』에 나오는 투강이다.
패(旆) : 전군(前軍)이다. 희공 28년의 『전』에 상세히 나온다.

43 투반(鬪班) : 투강(鬪彊)의 아들이다. 선공 4년의 『전』에 나오는 투반(鬪般)과는 별개의 인물이다.

44 순문(純門) : 정나라 외곽(外郭)의 성문.

45 규시(逵市) : 정나라 도성 바깥의 대로와 시장.

46 현문(縣門) : "縣"은 "懸"자와 같음. 현문(懸門)은 지금의 갑문(閘門)과 같음. 이 갑문은 내성의 성문 위에 설치되어 있는 것으로 초군이 이미 길질의 문과 순문으로 들어왔다는 것에서 알 수 있다. 『묵자 · 비성문(備城門)』편에 "성을 지키는 방법으로는 성문에 대비하여 매다는 현문과 이를 올렸다 내렸다 하는 장치를 마련하여야 한다. 매다는 문은 길이가 두 길〔丈〕에 넓이는 여덟 자이며, 이와 같은 것을 두 장을 똑같이 만든다. 문짝의 위에는 화공에 대비하여 진흙을 두껍게 바르는데 두께가 두 치가 넘어서는 안 된다"

楚言而出.[47]	초나라 군사는 상의하여 말하고 물러났다.
子元曰,	자원이 말하였다.
"鄭有人焉."[48]	"정나라에는 인물이 있다."
諸侯救鄭.[49]	제후들이 정나라를 구원하였다.
楚師夜遁.	초나라 군사는 밤에 달아나 숨었다.
鄭人將奔桐丘,[50]	정나라 사람들은 동구까지 달아나려다가
諜告曰,	첩자가 알리어 말하기를
"楚幕有烏."[51]	"초나라의 군막에는 까마귀만 있더라"라 하자
乃止.	이에 그만두었다.

라 하였다. 양공 10년『전』의 공영달의 주석〔소(疏)〕에서는 "현문은 판을 짜서 만드는데 너비와 길이가 문과 같으며 기계 장치를 하여 성문 위에 매다는데 적이 쳐들어오면 기계를 작동시켜 내린다"라 하였다. 당나라 이전(李筌)의 병법서『태백음경(太白陰經)』에서는 "현문은 목판을 매달아서 겹문을 만드는 것이다"라 하였다. 현문불발(懸門不發)이라는 것은 정나라가 적군인 초나라 군사를 유인하기 위한 공성계(空城計)이다.

47 초나라 자원 등이 이미 성으로 들어가 현문을 내리지 않은 것을 보고 다시 초나라 말로 물러나라고 한 것이다. 초나라 말이라고 한 까닭은 초나라가 계책에 걸려들지 않았음을 밝힌 것이다. 두예는 정나라가 출병하여 초나라 말을 흉내 내었다고 하였는데 틀렸다.

48 이것이 곧 초나라가 말한 내용이다. 인(人)은 인재(人才)를 말한다.

49『경』에서는 "공이 제나라 사람, 송나라 사람을 만나 정나라를 구원했다(公會齊人, 宋人救鄭)"라 하였다.

50 동구(桐丘) : 지금의 하남성 부구현(扶溝縣) 서쪽 25리에 동구정(桐丘亭)이 있는데 곧 그곳이다.

51 초나라 군사들이 장막을 버리고 달아났음을 말한다. 군막에 사람이라고는 없고 까마귀만 그 위에 머물러 있다는 것이다.

冬,	겨울에
饑,[52]	기아가 들어서
臧孫辰告糴于齊,	장손신이 제나라에서 쌀을 사들이자고 하였는데
禮也.[53]	예의에 맞는 일이었다.

築郿,	미에 성을 쌓았다 한 것은
非都也.	도성이 아니었기 때문이다.
凡邑,	무릇 성읍은
有宗廟先君之主曰都,	종묘와 선군의 신주가 있으면 "도"라 하고
無曰邑.[54]	없으면 "읍"이라고 한다.

---

52 기(饑) : 곡식이 익지 않은 것을 기라고 한다. 곧 『경』의 "보리와 벼가 하나도 없었다(大無麥禾)"라는 것이다.

53 『일주서 · 적광(逸周書 · 糴匡)』편에서는 "크게 흉년이 들면 경이 들어가 쌀을 살 것을 아뢴다"라고 하였다. 『국어 · 노어 상』에 장문중이 한 말이 상세하게 실려 있는데 참고할 만하다.

54 청나라 금악(金鶚)은 다음과 같이 말했다. "선군의 묘당에는 두 가지가 있다. 공경대부(公卿大夫)의 채읍(采邑)에는 태조(太祖)의 묘당을 세울 수가 있는데 채읍을 폐하지 않는다면 묘당 역시 헐지 않는다. 사(士)는 태조가 없으므로 선군의 묘당이 없다. 왕과 가까운 자제의 채읍에는 왕묘(王廟)를 세울 수 있는 권리를 내려주는데 이것 역시 선군의 묘당이다. 노나라와 같은 제후국의 삼가(三家)는 환공의 묘당을 세웠는데 경(卿)만이 이러하였을 뿐 대부는 그렇게 하지 않았다. 그러므로 왕국 공경의 채읍을 대도(大都)라 하고 대부의 채읍은 소도(小都)라 하였으며 사(士)는 읍(邑)이라고 칭하였을 따름이다. 후국(侯國)의 경의 채읍은 도(都)라 할 수 있었으며 대부는 읍이라 할 수 있었다. 존비(尊卑)의 구별이 이와 같았다. 통괄적으로 말한다면 도(都) 역시 읍이라고 할 수 있었는데,

邑曰築, 　　읍에다 성을 쌓는 것을 "축"이라 하고

都曰城.[55] 　　도성에는 "성"이라 한다.

장공 29년

經

二十有九年春,[1] 　　29년 봄

新延廏.[2] 　　연구를 새로 지었다.

夏, 　　여름에

이를테면 계손씨(季孫氏)의 비(費), 맹손씨(孟孫氏)의 성(成), 숙손씨(叔孫氏)의 후(郈)는 모두 읍이라고 칭하였다. 읍은 또한 도라고도 칭할 수 있었는데 맹자는 '왕의 도읍을 다스리는 자를 신이 다섯을 알고 있사온데 그 가운데 자기의 죄를 알고 있는 사람은 공거심(孔距心) 뿐입니다(｣公孫丑下｣)'라 하였다. 공거심은 평륙재(平陸宰)였는데 평륙은 하읍(下邑)인데도 도(都)라고 하였다.『예기 · 월령(月令)』맹하(孟夏 : 4월)의 달에 '농사를 부지런히 지을 것을 명하니 도(都)에서 쉬지 말라'라 하였는데, 이 도는 곧 네 우물이 모여 읍을 이룬 읍인데도 또한 도(都)라고 하였다."

55『시경 · 소아 · 출거(小雅 · 出車)』편의 공영달의 주석〔소(疏)〕에서는 "춘추시대에는 대소의 구별을 한 예가 있기 때문에 성(城)과 축(築)으로 글을 다르게 썼다. 흩으면 성과 축은 통한다"라 하였다.『춘추』를 보면 노나라는 24개 읍에다 성을 쌓았는데 미(郿)에만 "축(築)"이라는 말을 썼다.

1 이십유구년(二十有九年) : 병진년 B.C. 665년으로 주혜왕(周惠王) 12년이다. 동지가 지난해 윤12월 12일 임신일이었으니 건축(建丑)년이다.

2 신연구(新延廏) : 구(廏)는 마구간이다. 연(延)은 마구간의 이름이다. 신(新)은『전』에 의하면 새로 지었다는 뜻이다. 두예는 "다시 지었다는 말"이라 하였다. 공영달은 두예의 뜻을 추측하여 "작(作)"자가 빠졌다고 하였는데, 반드시 그렇지는 않을 것이다.

鄭人侵許.	정나라 사람이 하나라로 쳐들어갔다.
秋,	가을에
有蜚.	비충이 발생하였다.
冬十有二月,	겨울 12월에
紀叔希卒.[3]	기숙희가 죽었다.
城諸及防.[4]	제 및 방에 성을 쌓았다.

傳

二十九年春,	29년 봄
新作延廐,	연구를 새로 지었는데
書,	기록한 것은
不時也.	때에 맞지 않았기 때문이다.
凡馬,	무릇 말은
日中而出,	춘분 때 풀어놓았다가
日中而入.[5]	추분에 몰아넣는다.

---

3 『전』이 없다.
숙희는 은공 7년에 기나라로 시집갔다.

4 제급방(諸及防) : 제와 방은 모두 노나라의 읍이다. 청대(淸代)의 『산동통지(山東通志)』에 의하면 제의 옛 성은 지금의 산동성 제성현(諸城縣) 서남쪽 30리 지점인 석옥산(石屋山) 동북쪽 유하(濰河)의 남쪽에 있다. 방은 곧 동방(東防)으로 은공 9년의 『경』에 상세하다.

5 일중(日中) : 춘분(春分)과 추분(秋分)이다. 밤낮의 길이가 똑같기 때문에 일중이라고 한다. "일중이출(日中而出)"이라는 것은 춘분에는 온갖 초목에 비로소 많아지므로 들판에

夏,	여름에
鄭人侵許.	정나라 사람이 허나라를 침략했다.
凡師,	무릇 군사 행위는
有鐘鼓曰伐,	종과 북을 치면 친다(伐)라 하고
無曰侵,	없으면 침략했다 하며
輕曰襲.[6]	날래게 치는 것을 습격이라 한다.
秋,	가을에

서 방목을 한다는 것이다. "일중이입(日中而入)"은 추분에는 농사가 마무리되기 시작하며 물이 차가워지고 초목이 시드니 모두 마구간으로 되돌려 보내는 것이다. 『주례 · 하관(夏官)』의 「어사(圉師)」와 「목사(牧師)」에 의하면 말이 사철 있는 곳이 같지 않음을 알 수 있는데 춘중(春仲 : 2월)에는 방목을 하며, 여름에는 아(庌 : 시원한 마구간)에 있고, 가을에는 마구간에 있게 된다. 「어사」에서는 또 "깔개를 치우고 마구간의 틈을 메울 때 비로소 방목을 한다"라 하였으니 반드시 방목이 시작된 후에 마구간의 틈을 메우는데 그 시기는 하력으로 2월이며 주력으로는 여름이 된다. 지금 은력으로 봄(丑, 寅, 卯 석 달)에 마구간을 새로 지으므로 때에 맞지 않다고 한 것이다. 『공양전』에서는 "신(新)"을 "낡은 것을 수리(修舊)"하는 것이라 하였는데 『좌전』의 뜻과 맞지 않다.

6 죄를 성토하기 위해 종과 북을 울리며 당당하게 가는 것을 벌(伐)이라 하며, 종과 북을 갖추지 않거나 쓰지 않는 것을 침(侵)이라 하고, 가볍고 날랜 군사로 대비가 없는 상대를 엄습하는 것을 습(襲)이라 한다. 「진어 5」에서는 "그런 까닭에 정벌〔伐〕할 때는 종과 북을 갖추며, 습격〔襲〕과 침략〔侵〕 때는 소리를 죽인다"라 하였는데 또한 바로 이 뜻이다. 그러나 때때로 침략과 정벌은 호환되어 말할 수도 있었는데 정공(定公) 3년의 『경』에 "3월에 공이 유자(劉子) · 진후(晉侯) · 송공(宋公) · 채후(蔡侯) · 위후(衛侯) · 진자(陳子) · 정백(鄭伯) · 허남(許男) · 조백(曹伯) · 거자(莒子) · 주자(邾子) · 돈자(頓子) · 호자(胡子) · 등자(滕子) · 설백(薛伯) · 기백(杞伯) · 소주자(小邾子) · 제(齊)나라 국하(國夏)를 소릉(召陵)에서 만나 초(楚)나라를 침략했다"라 하였는데 총 19개국을 헤아리는 군사가 어찌 종과 북을 갖추지 않을 수 있겠는가? 그런데 『경』에서 "침(侵)"자를 써서 기록을 하였으므로 『전』에서는 "3월에 유문공(劉文公)이 소릉(召陵)에서 제후들과 만났는데, 초나라를 정벌하기 위한 계책을 짜기 위해서였다(謀伐楚也)"라 하여 벌(伐)자를 썼다.

有蜚,	비충이 발생했는데
爲災也.	재해를 이루었기 때문에 기록한 것이다.
凡物,	무릇 사물은
不爲災,	재해가 되지 않으면
不書.[7]	기록하지 않는다.

冬十二月,	겨울 12월에
城諸及防,	제와 방에 성을 쌓았다.
書,	기록한 것은
時也.	때에 맞았기 때문이다.
凡土功,[8]	무릇 토목공사는
龍見而畢務,[9]	창룡성이 나타나 농사일이 끝나면
戒事也;[10]	일할 준비를 한다.

7 은공 원년의 『전』에 상세히 나와 있다.

8 토공(土功) : 토목 공정(工程)을 말한다.

9 용현(龍見) : 창룡(蒼龍)으로 동방의 7수(宿 : 角 · 亢 · 氐 · 房 · 心 · 尾 · 箕)를 총칭하는 말이다. 현(見)은 "현(現)"자와 같은 뜻이다. 이하 마찬가지이다. 용현이라는 것은 하력으로 9월, 주력으로 11월을 이르는데, 창룡성의 각수와 항수가 새벽에 동방에 출현한다.

필무(畢務) : 여름걷이와 가을걷이가 모두 이미 끝이 났다는 뜻.

10 계사(戒事) : 사(事)는 토목공사를 가리켜 말한 것으로 토목공사가 반드시 준비되어야 함을 말함. 『국어 · 주어 중』에서는 "그러므로 「하령(夏令)」에서는 '9월에 길을 닦고, 10월에 다리를 놓는다. 이때 일깨워는 말이 너의 마당 일 거두고 너의 삼태기 준비하라는

火見而致用,[11] 화성이 나타나면 용구를 다 갖추고

水昏正而栽,[12] 수성이 황혼녘에 남방에 보이면 판자를 대며

日至而畢.[13] 동지에는 공사를 마친다.

樊皮叛王.[14] 번피가 주나라 왕에게 반기를 들었다.

것이다'라 하였다"라 했는데, 이것이 곧 "계사(戒事)"이니 이른바 일을 준비하는 것이다.

11 화(火) : 양공 9년의 『전』에서 "심은 대화다(心爲大火)"라 하였으니 화는 곧 심수(心宿)이다. 하력 10월 초에 각수와 항수의 다음으로 새벽에 동방에 출현한다.
치용(致用) : 널판, 가래, 삼태기 등 공사에 필요한 모든 용구를 공사장에 갖다 놓는 것이다. 『국어 · 주어 중』에서 이른바 "대화성이 처음 보이면 사리(司里)에 모인다."라 한 것이다.

12 수(水) : 곧 소공 19년 『전』의 대수(大水), 곧 정성(定星)이다. 또한 곧 영실(營室)이라고도 하는데 지금의 비마좌(飛馬座)의 α와 β성인데 10월 황혼에 바로 남방에 나타난다.
재(栽) : 담을 쌓으려고 널판을 세우는 것. 『시경 · 대아 · 면(大雅 · 緜)』에 "담틀 엮어 흙을 붓는다(縮板以載)"는 말이 있는데, 청나라 마서진(馬瑞辰)은 『모시전전통석(毛詩傳箋通釋)』에서 재(載)는 곧 "水昏正而栽"의 재(栽)자와 같은 뜻이라고 하였다. 축판(縮板)은 널판을 세워서 끈으로 묶는 것이고, 재(載)는 흙을 쌓아 두드려서 다지는 것이다. 『국어 · 주어 중』의 "영실(營室)이 중간에 있을 때 토목공사가 막 시작된다"라 한 것과 『시경 · 용풍 · 정지방중(定之方中)』의 "정성이 남녘 하늘 한가운데 있을 때, 초구에 궁실을 짓네(定之方中, 作于楚宮)"라 한 것이 이 뜻과 가깝다.

13 일지(日至) : 동지이다. 동지 이후에는 더 이상 시공을 하지 않는다.

14 번피(樊皮) : 주나라 대부이다. 주선왕(周宣王)에게는 중산보(仲山父)라는 경사(卿士)가 있었는데 번(樊)에 봉하여졌으므로 『국어 · 주어 상』에서는 번중산보(樊仲山父), 번목중(樊穆仲)이라고 하였으며, 「진어 4」에서는 번중(樊仲)이라고 불렀는데 번피는 그 후손일 것이다. 번은 또한 소분생(蘇忿生)의 전지(田地)가 되기도 하였는데 환왕(桓王)이 정나라에게 주었으며, 이 일은 은공 11년의 『전』에 보인다. 번피가 번을 가지고 있었는데 주나라 왕이 정나라의 번의 전지를 주어 번읍의 일부가 되었다. 이 구절은 본래 다음 해의 『전』 "王命虢公討樊皮"와 하나의 『전』이었는데 후인에 의하여 분리되어 이렇게 두 개의 『전』으로 나누어지게 되었다.

장공 30년

經

三十年春王正月.[1]	30년 봄 주력으로 정월.
夏,	여름에
次于成.[2]	성에 머물렀다.
秋七月,	가을 7월에
齊人降鄣.[3]	제나라 사람이 장을 항복시켰다.
八月癸亥,[4]	8월 계해일에
葬紀叔姬.[5]	기숙희를 장사 지냈다.

---

1 삼십년(三十年) : 정사년 B.C. 664년으로 주혜왕(周惠王) 13년이다. 동지가 지난해 12월 23일 정묘일이었으니 건축(建丑)년이다.

2 『전』이 없다.
『공양전』과 『곡량전』에는 "군사가 성에 머물렀다(師次于成)"라고 되어 있다. 『곡량전』에서는 성에 머무르며 정(鄭)나라를 구원하고자 하였으나 할 수 없었다고 하였다. 성(成)은 환공 6년의 『경』에 보인다.

3 『전』이 없다.
장(鄣) : 기(紀)나라의 원읍(遠邑)으로 기나라는 망한 지가 이미 27년이 되었지만 기계(紀季)는 여전히 휴(酅)를 가지고 있었고 아울러 장읍도 가지고 있었다. 이때가 되어서야 제환공이 비로소 장(鄣)을 항복시키고 차지했다. 장은 곧 소공 19년 『전』의 기장(紀鄣)인데 기장이라는 것은 본래 기나라의 장읍으로 지금의 강소성 공유(贛榆)의 옛 성〔공유현은 지금 소재지를 동남쪽의 청구진(靑口鎭)으로 옮겼다〕 북쪽 75리 지점에 있을 것이다. 두예의 주석에 의하면 곧 지금의 산동성 동평현 동쪽 60리 지점의 장성집에 해당하는데, 그곳은 곧 『세본(世本)』의 임(任)씨 성의 나라로 기나라와의 거리가 매우 멀어 기나라가 가질 수 있는 땅이었는지를 모르겠다.

4 계해(癸亥) : 23일이다.

5 『전』이 없다.
노나라 여자로 다른 나라에 시집간 사람 중에 죽음과 장례가 모두 기록된 경우는 기백희

九月庚午朔,	9월 경오 삭에
日有食之,[6]	일식이 있었는데
鼓用牲于社.[7]	토지신에게 북을 치고 희생을 바쳤다.
冬,	겨울에
公及齊侯遇于魯濟.[8]	공이 노제에서 제후와 만났다.
齊人伐山戎.[9]	제나라 사람이 산융을 쳤다.

(紀伯姬)와 숙희(叔姬), 송백희(宋伯姬)가 있을 따름이다. 다른 사람들, 이를테면 증계희(鄫季姬)와 기숙희(杞叔姬)는 죽음만 기록되어 있고 장례는 기록되어 있지 않다.

6 일유식(日有食) : 주문흠(朱文鑫)과 하유기(何幼琦)는 모두 10월 경오 삭이라고 하였다. 그러나 다음 문장에서 "겨울(冬)"이라 하였으니 당시에는 실로 9월이라고 생각했을 것이다. 지금의 역법으로 추산을 해보면 8월 28일의 개기일식이다.

7 『전』이 없다. 25년의 『전』을 참조하라.

8 노제(魯濟) : 춘추 때 제수(濟水)는 조(曹)나라와 위(衛), 제, 노나라의 경계를 거쳤는데, 제나라의 경계에 있는 것을 제제(齊濟)라 하였고 노나라 경계에 있는 것을 노제(魯濟)라고 하였다. 대체로 지금의 산동성 거야현(巨野縣)과 폐(廢) 수장현(壽張縣), 동평현(東平縣) 사이를 거쳐서 조나라와 노나라의 경계를 뚫고 흐르는 것이 노제일 것이며, 지금의 동아현(東阿縣) 아래쪽을 거쳐 제나라와 위나라의 경계를 뚫는 것이 제제일 것이다.

9 『국어 · 제어(齊語)』에서는 "환공이 말하기를 '내가 북방을 정벌하려 하는데 누가 동도주(東道主)가 되겠는가?'라 하니 관중이 대답하여 말하기를 '연(燕)나라를 동도주로 삼으십시오'라 하였다. 마침내 북쪽으로 산융을 정벌하고 영지(令支)를 이기고 고죽(孤竹)을 궤멸시킨 후에 남쪽으로 돌아왔다"라 하였다. 「진어 2」에서도 "제후는 공을 드러내 보이는 것을 좋아해서 작은 은혜를 베풀고 무력행사를 잘했으며 덕을 닦는 것은 힘쓰지 않았다. 그리하여 북으로는 산융을 정벌하고 남으로는 초나라를 정벌하였으며, 서로는 이 회합〔규구(葵丘)에서의 회합〕을 만들었다"라 하였다. 영지의 옛 성은 지금의 하북성 천안현(遷安縣) 서쪽에 있으며, 고죽은 노룡(盧龍)과 난현(灤縣) 일대이니 산융이 있는 곳 또한 이곳에서 멀지 않다. 『좌전』에서 산융을 친 것은 「제어」에서 영지와 고죽을 친 것과 같은 해에 있었던 전역이었으므로 「제어」에서는 세 가지 일로 나누었고 「진어」에서는 여전히 산융을 정벌한 것을 포함시켰다. 「제세가」에서는 제환공의 말을 인용하여 "과인이 산융과 이지(離支), 고죽을 북벌하였소"라 하여 역시 한때의 일로 생각하였다. 제나라가 고죽을 정벌한 일은 『관자 · 소문(小問)』편과 『한비자 · 설림(說林) 상』에도 보인다.

傳

三十年春,	30년 봄에
王命虢公討樊皮.[10]	천자가 괵공에게 명하여 번피를 치도록 했다.
夏四月丙辰,[11]	여름 4월 병진일에
虢公入樊,	괵공이 번으로 들어가
執樊仲皮,[12]	번중피를 잡아서
歸于京師.	경사로 돌아갔다.

楚公子元歸自伐鄭,	초나라 공자 원이 정나라를 치고 돌아와
而處王宮.[13]	왕궁에 거처하였다.
鬪射師諫,[14]	투역사가 그 일에 대해 간하니
則執而梏之.[15]	그를 붙잡아 수갑을 채워 버렸다.

---

10 이 문장은 지난해의 "번피가 주나라 왕에게 반기를 들었다(樊皮叛王)"라는 말과 이어진다.

11 병진(丙辰) : 14일이다.

12 번중피(樊仲皮) : 곧 번피(樊皮)이다. 피(皮)는 이름이고, 중(仲)은 배항이다.

13 문무인(文夫人)과 간음을 하려는 것이다.

14 투역사(鬪射師) : 두예는 곧 투렴(鬪廉 : 환공 9년 및 11년에 보임)이라고 하였으며, 복건(服虔)은 투반(鬪班)이라고 하였다. 누구의 설이 맞는지는 알 수 없다.

15 곡(梏) : 쇠고랑, 수갑. 여기서는 동사로 쓰여 수갑을 채우다라는 뜻으로 쓰였다. 초나라가 정나라를 친 것은 28년이며, 이 일도 그해에 있었을 것이니 2년이 지났다.

秋,	가을에
申公鬪班殺子元.[16]	신공 투반이 자원을 죽였다.
鬪穀於菟爲令尹,[17]	투구오토가 영윤이 되자
自毁其家,[18]	가산을 헐어
以紓楚國之難.[19]	초나라의 난을 늦추었다.

冬,	겨울에
遇于魯濟,	제로에서 만났는데
謀山戎也.[20]	산융의 일을 모의하기 위해서였다.
以其病燕故也.[21]	연나라를 괴롭혔기 때문이다.

16 신공(申公) : 신은 초나라의 현이다. 나머지는 은공 원년 및 장공 6년의 『전』에 상세하다. 초자(楚子)가 왕을 자처했으므로 현윤(縣尹)을 공(公)이라 부른 것이다.

17 투구오토(鬪穀於菟) : 곧 영윤 자문(子文)이다.

18 훼(毁) : 청나라 계복(桂馥)의 『찰박(札樸)』 권2에서는 "『창힐편(蒼頡篇)』에서 '훼는 깨뜨린다는 뜻이다(毁破也)'라 하였다"라 하였다.

19 서(紓) : 완(緩)과 같은 뜻, 곧 늦춘다는 뜻이다. 초나라의 난을 늦추게 하다. 『좌전』에는 이 자가 모두 열네 차례 쓰였는데 모두 이 뜻으로 쓰였다.

20 가나자와 문고본(金澤文庫本)에는 모(謀)자 밑에 "벌(伐)"자가 있다.

21 연(燕) : 이 연은 북연(北燕)이다. 소공석(召公奭)의 후예로 목후(穆侯) 7년 춘추시대에 접어들었으며 춘추 후 246년, 연왕희(燕王喜) 33년에 진나라에 의하여 멸망당하였다. 계(薊)에 도읍을 두었으며 지금의 북경시(北京市) 서남쪽이다. 언(郾)이라고도 한다. 후(侯)라고도 하였고 공(公)이라고도 하였다. 전국시대에는 왕(王)이라 하였다. 그러나 국호는 언(郾)이라 불렀다. 『사기 · 제세가(齊世家)』에서는 "환공 23년 산융(山戎)이 연나라를 치자 연나라가 제나라에 위급함을 알려왔다. 제환공은 연나라를 구원하여 마침내 산융을 치고 고죽(孤竹)까지 이르렀다가 돌아왔다. 연장공(燕莊公)이 드디어 환공을 전송하여 제나라 경계까지 들어갔다. 환공이 말하기를 '천자가 아니면 제후끼리 서로 전송을 할 때 국경을 넘지 않으니 내 연나라에 예를 갖추지 않을 수 없다'라 하였다. 이에 도

장공 31년

經

三十有一年春,[1] 31년 봄에

築臺于郎.[2] 낭에 대를 쌓았다.

夏四月, 여름 4월에

薛伯卒.[3] 설백이 죽었다.

랑을 파서 경계로 삼고 연나라 임금이 이른 곳까지를 주었다. 그리고 장공에게 옛 소공(召公)의 정치를 다시 펼칠 것과 주나라에 공물을 바쳐 성왕(成王), 강왕(康王) 때와 같이 하도록 하였다. 제후들이 그 말을 듣고 모두 제나라를 따랐다"라 하였다. 『사기』 「연표」에서는 "환공 23년 산융을 쳤는데 연나라 때문이었다"라 하였다. 「연세가」와 「연표」에도 모두 이 일을 서술하였다. 또한 『사기』 「흉노열전(匈奴列傳)」에서는 "이때가 되어 진양공(秦襄公)은 융을 치고 기(岐)에까지 이르러 비로소 제후의 반열에 올랐다. 이후 65년 만에 산융이 연나라를 넘어 제나라를 쳤는데 제이공(齊釐公)이 제나라의 성 밖에서 싸웠다. 그 후 44년에 산융이 연나라를 쳤다. 연나라가 제나라에 위급함을 알리어 제환공이 산융을 북벌하니 산융이 달아났다"라 하였다. 제이공이 제나라 성 밖에서 싸운 일은 곧 환공 6년의 "북융이 제나라를 친" 것으로 북융(北戎)이라고도 하고 산융이라고도 하는데 사실은 마찬가지이다. 『문물(文物)』 1973년 3기 당란(唐蘭 : 1901~1979)의 글에 의하면 하북 노용(盧龍)에서 요령 객좌(喀左)까지가 곧 고죽국의 범위이다.

1 삼십일년(三十日年) : 무오년 B.C. 663년으로 주혜왕(周惠王) 14년이다. 동지가 정월 초4일 임신일이었으니 건자(建子)년이다. 윤달이 있다.

2 『전』이 없다.
낭(郎) : 곧 은공 9년의 "낭에 성을 쌓았다(城郎)"한 "낭"이다. 장공 10년의 『전』에 의하면 제나라와 송나라 군사가 낭에 머무르고 있을 때 노나라가 우문(雩門)에서 몰래 출격하여 대패시켰다. 우문은 노나라의 남쪽 성문이니 낭이 노나라 남쪽 들 밖의 읍임을 알 수 있다. 『공양전』 문공 16년의 『전』에서는 "천대(泉臺)라는 것은 무엇인가? 낭대(郎臺)이다. 낭대는 어찌하여 천대라 하는가? 완성되지 않았을 때는 낭대였고, 완성되고 난 다음에는 천대였다"라 하였으니 이 대는 곧 천대이다. 천대는 곧 규천(逵泉)의 대인데 『환우기(寰宇記)』 및 『청일통지』에 의하면 원천은 곡부현(曲阜縣) 동남쪽에 있었다.

3 『전』이 없다.

築臺于薛.[4]	설에다 대를 쌓았다.
六月,	6월에
齊侯來獻戎捷.[5]	제후가 와서 융의 포로를 바쳤다.
秋,	가을에
築臺于秦.[6]	진에 대를 쌓았다.
冬,	겨울에
不雨.[7]	비가 오지 않았다.

4 『전』이 없다.
설(薛) : 노나라의 읍이다. 지금은 그 소재지가 확실치 않다. 『휘찬(彙纂)』에서는 지금의 등현(滕縣) 남쪽 설성(薛城)이 그곳이라고 하였다. 설성은 당시 설(薛)나라로 노나라가 타국에다 대를 쌓을 리가 없으니 아닐 것이다. 심흠한은 『지명보주(地名補注)』에서 이 설은 곧 「제세가」의 설릉(薛陵)으로 지금의 양곡현(陽穀縣) 서남쪽에 해당한다고 하였는데 노나라가 더더욱 제나라에 대를 쌓을 이유가 없으니 역시 믿을 수가 없다.

5 헌융첩(獻戎捷) : 『주례 · 천관 · 옥부(天官 · 玉府)』의 정현의 주에서는 "옛날에 다른 사람에게 물건을 바칠 때는 높으면 헌(獻)이라 하고 대등하면 궤(饋)라고 한다. 『춘추』에서는 '제후가 와서 융의 포로를 바쳤다(齊侯來獻戎捷)'라 하였으니 노나라를 높인 것이다"라 하였다. 전쟁에서 승리하여 노획한 것이 있을 때 그 노획물을 바치는 것을 헌첩(獻捷), 또는 헌공(獻功)이라고 한다. 『전』에 의하면 "제후들끼리는 서로 포로를 주지 않는다"라 하였으니 이는 포로를 바친 것이다. 양공 25년에는 정 자산(子産)이 진(晉)나라에 노획물을 바치는데, 정나라가 진(陳)나라에 쳐들어가자 사도(司徒)는 백성을 바치고 사공(司空)은 땅을 바쳤으니 포로가 아니라도 바칠 수 있었으며, 대체로 노획한 보기(寶器)를 바친 것이다. 그러니 유향(劉向)의 『설원 · 권모(權謀)』편에 의거하면 여기서 바친 것은 또한 산융의 보기(寶器)를 주공(周公)의 종묘에 바친 것이라 하였는데 『설원』은 전국시대, 진(秦), 한(漢) 사이의 전설을 싣고 있는 것이니 사실과 꼭 부합하지는 않는다.

6 『전』이 없다.
『청일통지』에 의거하면 지금의 산동성 범현〔范縣 : 지금 범현은 이미 현(縣) 소재지를 옛 현 북쪽의 영도원(英桃園)으로 옮겼다〕 남쪽 3리 지점에 옛날에 진정(秦亭)이 있었다.

7 『전』이 없다.
희공 3년의 『전』에서는 가뭄이라고 하지 않은 것은 "재해가 되지 않았기 때문이다(不曰旱, 不爲災也)"라 하였다.

三十一年夏六月,	31년 여름 6월
齊侯來獻戎捷,	제후가 와서 융족의 포로를 바쳤는데
非禮也.	예의에 맞지 않았다.
凡諸侯有四夷之功,	무릇 제후가 사방의 오랑캐를 쳐서 공을 세우면
則獻于王,	천자에게 바치고
王以警于夷;	천자는 이로써 오랑캐를 경계한다.
中國則否.[8]	중원의 국가에서는 그렇게 하지 않는다.
諸侯不相遺俘.[9]	제후들끼리는 포로를 보내 주지 않는다.

8 성공 2년의 『전』에 "晉侯使鞏朔獻齊捷于周. 王弗見, 使單襄公辭焉, 曰, 蠻夷戎狄, 不式王命, 淫湎毁常, 王命伐之, 則有獻捷. 王親受而勞之, 所以懲不敬, 勸有功也. 兄弟甥舅, 侵敗王略, 王命伐之, 告事而已, 不獻其功, 所以敬親暱 · 禁淫慝也"라는 말이 있는데 일맥상통하는 말이다. 해석은 성공 2년을 보라.

9 양공 8년의 『전』에서 "정백이 모임에서 포로를 바쳤다(鄭伯獻捷于會)"라 하였고 또 "채(蔡)나라를 쳐서 사마섭(司馬燮)을 잡았는데 형구(邢丘)에서 바쳤다" 한 것이 모두 포로를 보낸 일이다.

장공 32년

經

三十有二年春,[1]	32년 봄
城小穀.[2]	소곡에 성을 쌓았다.
夏,	여름에
宋公, 齊侯遇于梁丘.[3]	송공과 제후가 양구에서 만났다.
秋七月癸巳,[4]	가을 7월 계사일에
公子牙卒.	공자 아가 죽었다.
八月癸亥,[5]	8월 계해일에

1 삼십유이년(三十有二年) : 기미년 B.C. 662년으로 주혜왕(周惠王) 15년이다. 동지가 지난해 윤12월 15일 정축일이었으니 건축(建丑)년이다.

2 소곡(小穀) : 『공양전』 서언(徐彦)의 주석〔소(疏)〕에서는 "두 『전』에는 '소(小)'로 되어 있어 『좌씨(左氏)』와 다르다"라 하였다. 손조지(孫祖志)와 유문기(劉文淇), 장병린 등은 이 때문에 『좌전』에는 본래 "곡에 성을 쌓았다(穀城)"로 되어 있었다고 하였다. 그러나 『수경 · 제수(水經 · 濟水)』편에서 "제수 곁의 언덕에 윤묘루(尹卯壘)가 있는데 남으로 어산(魚山)과 40여 리 떨어져 있으며 곡성현(穀城縣)의 경계이므로 춘추시대 소곡성이다. 제환공이 노장공 23년(33년이 되어야 한다) 성을 쌓고 관중(管仲)의 읍으로 삼았다. 성안에는 이오정(夷吾井)이 있다" 운운한 것으로 보면 역도원(酈道元)이 의거한 『좌전』에 이미 "소(小)"자가 있었으니 손조지 등의 설을 틀렸을 것이다. 소곡은 곧 곡(穀)으로 제나라의 읍이며 지금의 동아현(東阿縣) 소재지이다. 고염무(顧炎武)는 『곡량전』의 범녕(范寧) 및 손복(孫復) 등의 주에 근거하여 소곡이 노나라의 읍이라고 하였는데 곡부의 서북쪽에 소곡성이 있으니 『전』의 뜻과는 맞지 않는다.

3 『춘추』에 "우(遇)"라고 기록한 것은 여기서 그친다. 양구(梁丘)는 송나라의 읍으로 지금의 산동성 성무현(成武縣) 동북쪽 30리 지점에 있는데 그곳에는 지금 양구산(梁丘山)이 있다. 『곡량전』에서는 "양구는 조(曹)나라와 주(邾)나라 사이에 있으며 제나라와 8백 리 떨어졌다"라 하였다.

4 계사(癸巳) : 4일이다.

公薨于路寢.[6] 공이 노침에서 죽었다.

冬十月己未,[7] 겨울 10월 기미일에

子般卒.[8] 자반이 죽었다.

公子慶父如齊.[9] 공자 경보가 제나라로 갔다.

狄伐邢.[10] 적이 형을 쳤다.

傳

三十二年春, 32년 봄에

城小穀, 소곡에 성을 쌓았는데

---

5 계해(癸亥) : 5일이다.

6 노침(路寢) : 침(寢)은 침실이다. 고대의 천자에게는 육침(六寢)이 있었는데 정침(正寢)이 하나이고 연침(燕寢)이 다섯이었다. 제후는 삼침이 있었는데 정침이 하나이고 연침이 둘이었다. 정침은 노침(路寢)이라고도 하고 대침(大寢)이라고도 하며, 연침은 소침(小寢)이라고도 한다. 평상시에는 연침에 거처하다가 재계를 하거나 병이 들면 노침에 거처한다. 병이 들면 노침에 거처하는 것은 『의례 · 기석례(旣夕禮)』에서 이른바 "남자는 부인의 손을 끊지 않는다"는 것이다. 『춘추』의 12공 가운데 노침에서 죽은 사람은 장공과 선공, 성공 세 공이다. 성공 18년의 『전』에서는 "공은 노침에서 죽었는데 순조로웠음을 말한 것이다"라 하였다. 『예기 · 상대기(喪大記)』에서도 "임금과 부인은 노침에서 죽는다"라 한 것으로 보아 당시의 예법은 제후 및 그 부인은 노침에서 죽는 것이 정법이었을 알 수 있다.

7 기미(己未) : 2일이다. 『공양전』과 『곡량전』에는 "을미(乙未)"로 되어 있다.

8 자반졸(子般卒) : 당나라 두우(杜佑)의 『통전 · 흉례(通典 · 凶禮)』편에서는 정현(鄭玄)의 『박오경이의(駁五經異議)』를 인용하여 "이때 아버지를 아직 장사 지내지 않았다. 자(子)라는 것은 아버지와 연계시켜 말한 칭호이다. 졸(卒)이라 하고 훙(薨)이라 하지 않은 것은 임금이 되지 못했기 때문이다"라 하였다.

9 『전』이 없다.

10 『전』이 없다.

형(邢) : 희(姬)씨 성의 나라로 주공(周公)의 아들이 봉해진 곳으로 지금의 하북성 형태시(邢台市) 서남쪽에 양(襄)나라의 옛 성이 있는데 바로 그곳이다.

爲管仲也.[11]	관중을 위한 것이었다.
齊侯爲楚伐鄭之故,[12]	제후는 초나라가 정나라를 쳤기 때문에
請會于諸侯.[13]	제후들에게 회합을 청하였다.
宋公請先見于齊侯.	송공이 제후에게 먼저 만날 것을 청하였다.
夏,	여름에
遇于梁丘.	양구에서 만났다.

秋七月,	가을 7월에
有神降于莘.[14]	신에 귀신이 내려왔다.
惠王問諸內史過曰,[15]	혜왕이 내사인 과에게 묻기를

11 위관중(爲管仲) : 소공 11년의 『전』에서는 신무자(申無字)의 말을 서술하여 "제환공은 곡에 성을 쌓아 관중을 그곳에 두었다"라 하였는데 『전』의 말은 여기에 근본한다. 고염무는 이를 의심하였으니 근거가 없으며, 이 일은 『안자춘추 · 외상(外上)』편에 보인다. 『관자 · 대광(大匡)』편에 의하면 오나라가 곡을 치자 제환공이 곡에 성을 쌓아 마침내 관중의 채읍으로 삼았다.

12 초벌정(楚伐鄭) : 28년에 있었다.

13 청회(請會) : 정나라를 위해 보복해 줄 것을 모의하기 위함이었다.

14 신(莘) : 괵(虢)나라 땅이다. 지금의 하남성 삼문협시(三門峽市) 서쪽에 협석진(峽石鎭)이 있고 협석진 서쪽 15리 지점에 신원(莘原)이 있다.

15 내사과(內史過) : 내사 과는 주나라 대부로 희공 11년의 『전』에도 보인다. 과(過)는 평성(平聲)이고, 나머지는 환공 2년의 전에 상세하다.

"是何故也?"	"이게 어찌된 까닭인가?"라 하니
對曰,	대답하기를
"國之將興,	"나라가 흥하려고 하면
明神降之,	밝은 신이 내려와
監其德也;[16]	그 덕을 살피며,
將亡,	망하려고 하면
神又降之,	신이 또 내려와
觀其惡也.	그 악행을 살핍니다.
故有得神以興,	그래서 어떤 것은 신을 얻어 흥하고
亦有以亡,[17]	또한 어떤 것은 그래서 망합니다.
虞, 夏, 商, 周皆有之."[18]	우나라와 하나라, 상나라, 주나라가 모두 그러하였습니다."

16 감(監) : 『설문해자』에서는 "감은 내려다보는 것이다"라 하였다. 청나라 단옥재(段玉裁)의 주석에서는 "「소아(小雅)」의 『모전(毛傳)』에서는 '감은 보는 것이다'라 하였고 허신은 '감(瞰)은 보는 것이다', '감(監)은 내려다보는 것이다'"라 하였다. 이 감은 곧 『설문해자』의 "감(瞰)"자이며 아래의 "觀其惡"의 "觀"과 문장을 바꾸어 뜻을 드러낸 것이다.

17 역유이망(亦有以亡) : 가나자와 문고본(金澤文庫本)에는 "亦有得神以亡"으로 되어 있다. 『후한서 · 양사전(楊賜傳)』에서는 "신이 『경』과 『전』에서 듣건대 어떤 것은 신을 얻어 번창하고 어떤 것은 신을 얻어 망한다(或得神以昌, 或得神以亡)고 합니다"라 하여 대강의 뜻만 통괄적으로 말하였을 뿐 원문에 의거하였다고는 할 수 없다.

18 우하상주(虞夏商周) : 『국어 · 주어 상』에서는 하 · 상 · 주 삼대의 신에 대해서는 살필 수가 있지만 우(虞)에 대해서는 언급하지 않았는데 이는 아마 우하(虞夏)가 동과(同科)이기 때문일 것이다. 우하를 달아서 말하는 것은 옛날 사람들의 상투어였으며 여기서는 하나라의 일을 가지고 우에다 붙여 말한 것이다. 그러나 오와 하도 결국 다른 조대이므로 여기서는 떼어 놓았다.

王曰,	왕이 말하였다.
"若之何?"	"그것을 어떻게 하면 좋겠소?"
對曰,	대답하여 말하기를
"以其物享焉.[19]	"그 상응하는 제물로 제사를 드립니다.
其至之日,	그것이 이르는 날에
亦其物也."[20]	또한 그 상응하는 제물이어야 합니다."
王從之.	왕이 그대로 따랐다.
內史過往,	내사 과가 제사를 드리러 갔다가
聞虢請命,[21]	괵나라가 신명을 청하는 소리를 들었는데
反曰,	돌아와서 말하였다.
"虢必亡矣.	"나라는 반드시 망할 것이다.

19 물(物) : 제품(祭品), 제복(祭服)을 가리킨다.

20 고대에는 신에게 제사를 지낼 때 일정한 제도가 있었지만 이번에 내려온 신과 어떤 제사인지에 대해서는 제사 의식에 아무것도 기록되어 있지 않아 내사 과(過)는 다만 그 이르는 날에 맞추어 거기에 상응하는 제품(祭品)과 제복(祭服)으로 제사를 올리라고 한다. 이른 날은 처음 이른 날을 가리켜 말하였다. 옛날에는 간지로 날짜를 기록하였는데 갑·을·병·정…… 등이 그것이다.『예기·월령』에 의하면 갑·을일에 이르면 제사에는 비장(脾臟)을 먼저 쓰고 푸른 옥에 파란 제복을 입는다. 병·정일에 이르면 제사에는 폐(肺)를 쓰고 옥과 제복은 모두 붉은 것을, 무·기일에 이르면 제사에는 심장을 쓰고 옥과 제복은 모두 노란 색을, 경·신일에 이르면 제사에는 간을 옥과 제복은 모두 흰 색을, 임·계일에 이르면 제사에는 신장을 쓰고 옥과 제복은 모두 검은색을 쓴다.

21 청명(請命) : 아래의 글에 의하면 토전(土田)을 구하였음을 알 수 있다.

虐而聽於神."[22]	포학하면서 신명을 듣고 있다."
神居莘六月.[23]	신이 신에 여섯 달을 머물렀다.
虢公使祝應, 宗區, 史嚚享焉.[24]	괵공이 축응, 종구, 사은에게 제사를 드리게 했다.
神賜之土田.[25]	신이 괵나라에 강토의 전지를 주겠다고 하였다.
史嚚曰,	사은이 말하였다.
"虢其亡乎!	"괵나라는 망할 것이다!
吾聞之,	내가 듣건대
國將興,	나라가 흥하려면
聽於民;	백성에게서 듣고,
將亡,	나라가 망하려면

22 학(虐) : 괵군이 포학함을 말함.
청어신(聽於神) : 백성들은 마음에 없다는 것을 말함.

23 신거신육월(神居莘六月) : 공영달의 주석〔소(疏)〕에서는 "위에서 7월에 신이 내렸다고 하였으니 곧 금년 7월에 내린 것이다. 신에 6개월을 머물렀다는 것은 괵공이 축사에게 제사를 지내게 한 것이 곧 금년 12월이라는 것이다. 내사 과(過)가 가서 이미 괵나라가 신명을 들었으니 과가 괵나라에 간 것 역시 12월이다. 『전』에서는 천자가 사신을 보낸 것을 말하였고 다음에 괵나라의 일을 논함으로써 내사의 말을 마무리 지었으므로 문장이 도치되었다"라 하였다.

24 축은 태축(太祝), 종은 종인(宗人), 사는 태사(太史)이다. 응(應)과 구(區), 은(嚚)은 사람의 이름이다. 사은(史嚚)은 「진어 2」에도 보인다.

25 신이 토전(土田)을 내릴 것을 약속하다. 『한서 · 오행지(五行志)』에서는 "곡영(谷永)이 말하였다. '옛날에 괵공이 무도하였는데 신이 내려와서 너에게 전토를 내려주겠다고 하였다'"라 하였다. 이는 곡영이 토전을 내려 주겠다는 것을 허락한 것으로 생각한 것이다.

聽於神.	신에게서 듣는다고 한다.
神,	신은
聰明正直而壹者也,[26]	총명하고 정직하며 한결 같은 것으로
依人而行.[27]	사람에 따라 행한다.
虢多凉德,[28]	괵나라는 덕이 많이 박한데
其何土之能得!"[29]	무슨 땅을 얻을 수 있단 말인가!"

初,	처음에
公築臺,	공이 대를 쌓았는데
臨黨氏,[30]	장씨의 집이 내려다보여
見孟任,	맹임을 보고
從之.	그를 좇았다.
閟.[31]	맹임은 문을 닫아 버렸다.

---

26 일(壹) : 곧 『국어』에서 이른바 "신은 하나로 멀리 옮겨가지 않는다"란 것인데, 위소(韋昭)는 "신은 한결 같은 마음으로 사람에게 의지하여 멀리 옮기어 가지 않음을 말하였다"라 하였다.

27 선하면 복을 내리고 악하면 화를 내리는 것을 말한다.

28 량(凉) : 박(薄)하다는 뜻이다.

29 『국어 · 주어 상』에도 이 일이 실려 있는데 내사 과의 말이 매우 상세하다. 『설원 · 변물(辨物)』편도 마찬가지이다.

30 장씨(黨氏) : 곧 장씨네 집을 말한다. 그 딸은 맹임(孟任)이라 하는데 임은 곧 그 성임을 알 수 있다. 양공 29년에 장숙(黨叔)이 있는데 혹 그 후손인가 한다. 『방여기요(方輿紀要)』에 의하면 장공대(張公臺)는 곡부현 동북쪽 8리 지점에 있다.

而以夫人言,[32]	부인으로 삼겠다는 말을 하자
許之,[33]	만날 것을 허락하면서
割臂盟公.[34]	팔을 베어 공에게 맹세하였다.
生子般焉.	그리하여 지반을 낳았다.
雩,[35]	우제를 지내어
講于梁氏,[36]	양씨 집에서 연습을 하였는데
女公子觀之.[37]	여공자가 그것을 구경하였다.
圉人犖自墻外與之戲.[38]	어인 낙이 담 밖에서 그녀를 희롱하였다.

31 비(閟) : 문을 닫다. 이것은 장공이 맹임을 쫓아가자 맹임이 문을 닫고 거부한 것을 말하는 것이다.

32 장공은 맹임에게 부인을 허락하였다. 장공 8년 『전』에 무지(無知)가 연칭(連稱)의 종매(從妹)에게 "성공하면 너를 부인으로 삼겠다(捷, 吾以汝爲夫人)"라는 말을 하는 것이 나오는데 이와 같은 뜻이다.

33 맹임이 장공과 사귀는 것을 허락한 것이다.

34 할비맹공(割臂盟公) : 맹임의 팔을 베어서 공에게 맹세를 보이다. 할비(割臂)는 팔을 베어서 피를 내어 입술에 바르는 것이며, 정공 4년 『전』의 "자기의 가슴을 베어 수(隨)나라 사람과 맹약했다"라는 말과 같은데 또한 가슴의 피를 입술에 바르고 맹세를 했다는 것이다. 할(割)은 흠집을 낸다는 것이지 자른다는 뜻이 아니다. 『회남자 · 제속훈(齊俗訓)』에 "월나라 사람이 팔을 그었다(越人契臂)"라는 말이 나오는데 고유(高誘)는 "팔을 베어서 피를 내는 것이다(割臂出血)"라고 하였다.

35 우(雩) : 기우제(祈雨祭)이다.

36 강(講) : 강습하다, 미리 익히다. 기우제를 거행하기 이전에 그 예를 예행 연습하는 것이다.

양씨(梁氏) : 노나라 대부. 그 집이 우문(雩門) 가까이에 있어서 여기서 연습을 했을 것이다.

37 여공자(女公子) : 『사기 · 노세가』에서는 양(梁)씨의 딸이라고 하였는데 두예는 장공(莊公)의 딸, 자반(子般)의 누이라고 하였다. 제후의 딸 역시 공자라고 일컬을 수 있었다. 『공양전』 장공 원년의 『전』에 보인다. "여공자"라는 호칭은 여기에 한 번밖에 보이지 않는다.

子般怒,	자반이 노하여
使鞭之.[39]	그를 채찍질하게 하였다.
公曰,	공이 말하였다.
"不如殺之,	"차라리 죽이는 것만 못하다.
是不可鞭.	채찍질을 할 수가 없다.
犖有力焉,	낙은 힘이 세어
能投蓋于稷門."[40]	직문의 문짝을 집어던질 수 있다."
公疾,	공이 병들어
問後於叔牙.	숙아에게 후사를 물어보았다.
對曰,	대답하여 말하기를

---

38 어인(圉人) : 직관 이름. 말을 기르고 꼴을 주어 치는 일을 맡는다. 소공 7년의 『전』에서도 "말에는 어(圉)가 있고 소에는 목(牧)이 있다"라 하였다. 송나라에도 어인이 있었고, 제나라에도 어인이 있었다.

낙(犖) : 어인의 이름. 『공양전』에는 "등호락(鄧扈樂)"으로 되어 있다. 선공 12년 『공양전』의 하휴(何休)의 주석에서는 "말을 기르는 사람을 호(扈)라고 한다"라 하였다. 호(扈)는 어(圉)와 뜻이 같다. 등은 그 성일 것이며, 낙(樂)과 낙(犖)은 소리가 같다. 『국어 · 초어 하』에서는 "노나라 어인 낙이 자반을 차(次)에서 죽였다"라 하여 또한 "어인 낙(圉人犖)"이라고 하였다.

39 "子般怒, 使鞭之"는 가나자와 문고본(金澤文庫本)에는 "子般使鞭之"로 되어 "怒"자가 없고 하나의 구절로 보았다.

40 합(蓋) : 합(盍)의 가차자로 문짝이라는 뜻이다. 여기서는 직문(稷門)의 문짝을 이르는 것일 것이다. 성문의 문짝은 반드시 무거울 터인데 들어서 던질 수 있다는 것은 힘이 아주 센 것이다.

직문(稷門) : 노성의 정남문(正南門)으로 희공이 더 높고 크게 쌓이 고문(高門)이라고 이름을 고쳤다. 정공 10년 제나라 사람이 여악과 아름답게 장식을 한 말을 노성의 고문 위에 진열하였는데 곧 이 문이다.

“慶父材.”[41]	“경보가 재능이 있습니다”라 하였다.
問於季友,	계반에게 물어보았더니
對曰,	대답하여 말하기를
“臣以死奉般.”	“신은 죽음으로 자반을 받들겠습니다”라 하였다.
公曰,	공이 말하였다.
“鄕者牙曰‘慶父材’.”	“아까 숙아는 ‘경보가 재능이 있다’고 하였다.”
成季使以君命命僖叔,[42]	성계가 임금의 명으로 희숙에게 명하여
待于鍼巫氏,	겸계씨에게서 기다리게 하고
使鍼季酖之.[43]	겸계에게 독주를 내리게 하였다.
曰,	말하기를
“飮此,	“이것을 마시면

---

41 경보(慶父) : 「노세가」에서는 “장공에게는 세 동생이 있는데 첫째가 경보(慶父)이고, 둘째는 숙아(叔牙), 그 다음은 계우(季友)이다”라고 하였다.

42 성계(成季) : 곧 계우(季友)이다.
희숙(僖叔) : 곧 숙아(叔牙)이다.

43 겸계(鍼季) : 곧 겸무(鍼武)로 노나라의 대부이며 겸(鍼)은 성이고 무(武)는 직관이거나 이름일 것이다. 씨(氏)는 가(家)이고, 계(季)는 자이다.
짐(酖) : 짐(鴆)과 같다. 새 이름으로 깃털에 독이 있어 옛날 사람들이 독주를 만들어 사람을 죽였다. 그래서 독주를 사람에게 먹이는 것을 짐이라 한다.

則有後於魯國;	노나라에서 후손이 잘 되리라.
不然,	그렇지 않으면
死且無後."	죽고 또 후손도 없으리라."
飮之,	그것을 마시고
歸,	돌아오다가
及逵泉而卒.[44]	규천에 이르러 죽었다.
立叔孫氏.[45]	숙손씨를 세웠다.

八月癸亥,[46]	8월 계해일에
公薨于路寢.	공께서 노침에서 돌아가셨다.
子般卽位,	자반이 즉위하여
次于黨氏.	당씨의 집에서 머물렀다.
冬十月己未,[47]	겨울 10월 기미일에
共仲使圉人犖賊子般于黨氏.[48]	공중이 마부 낙에게 장씨의 집에서 자반을 해치게 하였으며

44 규천(逵泉) : 『청일통지』에 의하면 곡부현 동남쪽 5리 지점에 있으며 물속의 돌이 엎드린 자라와 성난 악어 같다.

45 「노세가」에 이 일이 더욱 상세하게 수록되어 있어 참고할 만하다.

46 계해(癸亥) : 5일이다.

47 기미(己未) : 2일이다.

48 공중(共仲) : 곧 경보(慶父)이다. 『공양전』에 의하면 "그런 다음 등호락(鄧扈樂)을 죽여 옥사를 완결지었다"라 했으니 어인 낙이 끝내 경보를 속죄양으로 삼은 것이다. 구본(舊本)에는 겨울 12월 이하가 별도로 하나의 『전』이 되는데 지금 문맥상으로 긴밀하게 연결

成季奔陳. 성계는 진나라로 달아났다.

立閔公.[49] 민공을 세웠다.

되어 있어 하나로 잇는 것이 본래의 면모에 가깝다.

49 민공(閔公) : 민공 2년의 『전』에 의하면 애강(哀姜)의 동생인 숙강(叔姜)의 아들이다. 애강은 24년에 노나라에 이르렀으며 이듬해 숙강이 민공을 낳은 것 같으니 민공은 이때 나이가 일여덟에 불과할 것이다. 「노세가」에서는 "8월 계해일에 장공이 죽자 계우가 마침내 자반을 임금으로 세웠는데 장공의 명과 같다. 자반은 상을 받들며 장씨집에 머물렀다. 이전부터 경보는 애강과 사통해 왔는데 애강의 동생에게서 난 개(開)를 세우고자 하였다. 장공이 죽자 계우가 반(班)을 세웠다. 10월 기미일에 경보가 어인 낙을 시켜 장씨네에서 노공자반을 죽였다. 계우는 진(陳)나라로 달아났다. 경보는 마침내 장공의 아들 개를 세우는데 이 사람이 민공(湣公)이다."

4. 민공

閔公

(기원전 661년~기원전 660년)

두예는 『세본(世本)』을 좇아 이름을 계방(啓方)이라고 하였다. 장사(長沙) 마왕퇴(馬王堆) 3호의 한묘(漢墓)에서 출토된 백서(帛書: 비단에 쓴 글) 『춘추사어(春秋事語)』에도 "계방(啓方)"으로 되어 있다. 『사기 · 노세가』에서는 이름이 개(開)라고 하였다. 공영달은 "한나라 경제(景帝)의 휘 계(啓)를 피하여 개(開)로 하였는데, 계(啓)와 개(開)는 이 때문에 섞이어 어지럽게 되었다"라 하였다. 『한서 · 인표(人表)』에서는 "啓"라고만 하여 "方"자가 빠졌다. 숙강(叔姜)의 아들이다. 즉위하였을 때 많아야 여덟 살이었다. 민(閔)은 『사기』에는 "민(湣)"으로 되어 있고 『한서』에는 "민(愍)"으로 되어 있다.

민공 원년

經

元年春王正月.[1]	원년 봄 주력으로 정월.
齊人救邢.	제나라 사람이 형을 구원했다.
夏六月辛酉,[2]	여름 6월 신유일에
葬我君莊公.	우리 임금 장공을 장사 지냈다.
秋八月,	가을 8월에
公及齊侯盟于落姑.[3]	공이 제후와 낙고에서 맹약하였다.
季子來歸.	계자가 돌아왔다.
冬,	겨울에
齊仲孫來.	제나라 중손이 왔다.

傳

元年春,	원년 봄

---

1 원년(元年) : 경신년 B.C. 661년으로 주혜왕(周惠王) 16년이다. 지난해 12월 26일 계미일이 동지였으며, 건축(建丑)년이다.

2 신유(辛酉) : 7일이다.

3 낙고(落姑) : 『공양전』과 『곡량전』에는 "낙고(洛姑)"로 되어 있다. 낙고는 제나라 땅이다. 고동고(顧東高)는 지금의 산동성 평음현(平陰縣) 경계에 있다고 하였고, 심흠한(沈欽韓)은 곧 박고(薄姑)라 하면서 지금의 박흥현(博興縣) 동북쪽 15리 지점에 있다고 하였는데, 누구의 설이 옳은지는 알 수 없다.

不書卽位,	즉위하였다고 기록하지 않은 것은
亂故也.[4]	난리가 일어났기 때문이다.

狄人伐邢.[5]	적나라 사람들이 형나라를 쳤다.
管敬仲言於齊侯曰,[6]	관경중이 제후에게 말하였다.
"戎狄豺狼,	"융과 적은 승냥이와 이리 같아
不可厭也;[7]	물릴 줄을 몰라 합니다.
諸夏親暱,	중원의 제후들은 가깝고 친한 사이이니
不可棄也.[8]	버려둘 수가 없습니다.
宴安酖毒,	아무 일도 않고 안일함만 추구하는 것은 짐새의 독과 같사오니
不可懷也.[9]	그런 것을 속에 품어서는 안 됩니다.
詩云,	『시』에서 말하기를
'豈不懷歸?	'어찌 돌아가고 싶어 하지 않으리?

4 난고(亂故) : 지반은 피살되고, 성계는 진나라로 달아났는데, 두예는 "국란으로 성례를 거행할 수 없다"라 하였다.

5 장공 32년의 『경』에서는 "적이 형을 쳤다(狄伐邢)"라 하였는데, 적(狄)은 곧 북적(北狄)이다.

6 관경중(管敬仲) : 곧 관중이다. 경은 시호이다.

7 염(厭) : 만족하다.

8 중원의 제후들은 서로 가깝고 친한 나라는 마땅히 포기하지 않는다.

9 안일함은 독약과 같아 가슴에 품고 그리워할 수 없다.

畏此簡書.'[10]

이 명령이 두려워서라네' 라 하였다.

簡書,

간서라는 것은

同惡相恤之謂也.[11]

같이 악이라 여겨 서로 돕는 것을 이르는 것입니다.

請救邢以從簡書."

청컨대 형나라를 구원하시어 간서의 내용을 따르십시오."

齊人救邢.

이에 제나라 사람들이 형나라를 구하였다.

夏六月,

여름 6월에

葬莊公.

장공을 장사 지냈다.

亂故,

난리가 나서

是以緩.[12]

늦추어진 것이다.

---

10 『시(詩)』는 『시경 · 소아 · 출거(詩經 · 小雅 · 出車)』에 나오는 구절이다.
간서(簡書) : 대나무쪽에 쓴 글자로 여기서는 위급함을 알리는 문서를 가리킨다. 심흠한(沈欽韓)의 『보주(補注)』에서는 "나라에 위급한 난이 있으면 죽간을 이어 붙일 겨를이 없으므로 하나의 죽간을 잡고 가서 알리는데 지금의 우격(羽檄)과 같은 것이다."

11 위급함을 알리는 문서는 한 나라에 악한 일이 있을 때 다른 나라에서도 함께 악이라고 생각하는데 뜻이 있는 것이 악을 함께 여긴다는 것이다. 한 나라에 위급한 난리가 있을 때 다른 나라에서도 함께 근심하여 가서 도와주는 것이 상휼(相恤)이다. 휼(恤)은 근심하다, 구원한다는 뜻이다. 이는 간서의 의미와 작용에 대하여 해석하였다.

12 장공은 지난해 8월에 죽었는데 여기까지 11개월이 지나갔다. 고례의 의하면 제후는 죽은 지 5개월 만에 장사 지내었는데 『춘추』의 기록에 의하면 3개월 만에 장사 지낸 것이 많다.

秋八月,
가을 8월에

公及齊侯盟于落姑,
공과 제후가 낙고에서 맹약을 맺었는데

請復季友也.
계우를 복위시킬 것을 청하기 위함이었다.

齊侯許之,
제후가 이를 허락하여

使召諸陳,
진나라에서 부르게 하였는데

公次于郎以待之.[13]
공이 낭에 행차하여 기다렸다.

"季子來歸",
"계자가 돌아왔다"라 한 것은

嘉之也.[14]
가상하게 여긴 것이었다.

冬,
겨울에

齊仲孫湫來省難,
제나라의 중손추가 와서 난리를 살펴보았는데

---

13 낭(郎) : 낭은 노나라의 근교에 있으며 은공 9년 및 장공 31년의 『경』에 보인다.

14 『경』에서 "계자가 돌아왔다(季子來歸)"라고 기록한 것은 가상하게 여겨서이다라는 뜻이다. 환공 17년의 『경』에서는 "채계가 진나라에서 채나라로 돌아왔다(蔡季自陳歸于蔡)"라 하고 『전』에서는 "채나라 사람이 진나라에서 채계를 불렀다. 가을에 채계가 진나라에서 채나라로 돌아오니 채나라 사람이 아름답게 여겼다(蔡人召蔡季于陳. 秋, 蔡季自陳歸于蔡, 蔡人嘉之也)"라 하였는데 이것과 같은 예이다. 『춘추경』에서는 사람의 이름을 많이 기록하였는데 채계(蔡季)와 계우(季友)의 계는 모두 배항이나 자이므로 칭찬하는 의미가 있다. 계우를 계자라고 칭하는 것은 배항이나 자(字)를 뒤에 자(子)자로 쓴 것으로 옛사람들이 사람을 일컫는 습관이었다. 맹명(孟明)을 맹자〔孟子 : 희공(僖公) 12년 『전』〕라 하고, 계찰(季札)을 계자〔季子 : 양공(襄公) 31년 및 소공(昭公) 27년의 『전』〕라고 하는 것이나 마찬가지이다.

書曰"仲孫",	"중손"이라고 기록한 것은
亦嘉之也.[15]	또한 그를 가상하게 여긴 것이다.
仲孫歸曰,	중손이 돌아가서 말하였다.
"不去慶父,	"경보를 제거하지 않으면
魯難未已."[16]	노나라는 난리가 그치지 않을 것이다."
公曰,	공이 말하였다.
"若之何而去之?"	"그를 어떻게 하면 제거할 수 있겠는가?"
對曰,	대답하여 말하기를
"難不已,	"난리가 그치지 않으면
將自斃,[17]	저절로 넘어질 것이니
君其待之!"	임금님께서는 기다리십시오!"라 하였다.
公曰,	공이 말하였다.
"魯可取乎?"	"노나라를 가질 수 있겠는가?"
對曰,	대답하여 말하기를

15 추(湫)는 중손의 이름인데 이름을 쓰지 않은 것은 또한 가상하게 여긴 것이다. 성(省)은 살핀다는 뜻이다.

16 이때 경보(慶夫)는 이미 노나라로 돌아갔으므로 중손이 이 말을 한 것이다.

17 은공 원년의 "의롭지 못한 일을 많이 하면 반드시 스스로 엎어지게 되어 있다(多行不義, 必自斃)"는 것과 뜻이 가깝다.

"不可.	"아니 되옵니다.
猶秉周禮.[18]	아직도 주나라의 예법을 가지고 있습니다.
周禮,	주나라의 예법은
所以本也.	근본이 되는 것입니다.
臣聞之,	신이 듣건대
'國將亡,	'나라가 망하려면
本必先顚,	근본이 반드시 먼저 넘어지고
而後枝葉從之.'[19]	그 다음에 지엽이 따른다' 라 하였습니다.
魯不棄周禮,	노나라는 주나라의 예법을 버리지 않았으니
未可動也.	아직 움직일 수 없습니다.
君其務寧魯難而親之.	임금님께서는 노나라의 난을 평안케 하고 가까이하심을 힘쓰십시오.
親有禮,	예의 있는 나라를 가까이 하시고
因重固,[20]	굳건한 나라에 의지하며

18 병(秉) : 잡다, 쥐다, 지니다.

19 『시경 · 대아 · 탕(大雅 · 蕩)』에서는 "사람들 또한 말하기를 넘어지고 뽑히어 뿌리 드러남에, 가지와 뿌리 해 없다 하나 뿌리 실로 먼저 뽑힌 거라네(人亦有言, 顚沛之揭. 枝葉未有害, 本實先撥)"라는 구절이 있는데, 말을 하는 각도는 달라도 뜻은 서로 비슷한 면이 있다.

間携貳,[21]	두 정권이 있는 나라를 떼어 놓으시고
覆昏亂,[22]	혼란한 나라를 엎어 버리는 것이
覇王之器也."[23]	패왕을 이르는 그릇입니다"라 하였다.

晉侯作二軍,[24]	진후가 2군을 일으켜
公將上軍,	공은 상군을 이끌고
大子申生將下軍.	태자 신생은 하군을 이끌었다.
趙夙御戎,[25]	조숙이 융거를 몰았고

---

20 인중고(因重固) : 두 가지 뜻으로 서로 비슷한데 여기서는 하나의 단어로 쓰였다. 중후하고 견고한 나라라는 뜻이다. 인(因)은 의지하다, 가까이하다라는 뜻이다.

21 간휴이(間携貳) : 다른 나라의 내부에 마음이 떠나고 덕이 떠나는 일이 있으면 그들을 이간질시킨다는 뜻.

22 복혼란(覆昏亂) : 혼란한 나라는 그 틈을 타서 멸망시키는 것을 말한다.

23 성공 16년의 『전』에 "덕 · 형 · 상 · 의 · 예 · 신은 전쟁의 그릇이다(德刑詳義禮信戰之器也)"라는 말이 있는데 이곳의 기(器)와 용법이 서로 같다. 두예는 "기(器)는 용(用)과 같다"라 하였으며, 요즘 말로 방법, 책략과 같은 말이다.

24 진나라는 본래 1군을 두었다. 장공 16년의 『전』을 보라.

25 조숙(趙夙) : 『사기 · 진본기(秦本紀)』에서 "목왕〔繆王 : 주목왕(周穆王)〕이 조성(趙城)을 조보(造父)의 봉읍지로 하사하니 조보의 일족은 이때부터 조씨(趙氏)가 되었다"라 하였으니 조씨는 읍을 성씨로 삼았다. 조성의 옛 현은 지금 이미 홍동현(洪洞縣)으로 합병되어 들어갔다. 「진어 4」에서는 "조최(趙衰)는 선군의 융거를 몰던 어자 조숙의 동생이다"라 하였고, 『사기』에서는 조최를 조숙의 손자라고 하였다. 『세본(世本)』에서만은 "공명(公明)이 맹(孟) 및 조숙을 낳았고, 조숙은 성계최(成季衰)를 낳았다"라 하였다. 전한(前漢) 초연수(焦延壽)의 『역림(易林)』에서도 "백숙이 아뢰어 바치니 조최가 그 실마리를 이었다"라 하였다. 세대의 차서를 가지고 추정해 보건대 조숙과 조최는 부자간이라는 것이 더 이치에 맞다.

畢萬爲右,[26]	필만은 거우가 되어서
以滅耿, 滅霍, 滅魏.[27]	경나라와 곽나라, 위나라를 멸했다.
還,	돌아와서
爲大子城曲沃.[28]	태자를 위해 곡옥에 성을 쌓았다.
賜趙夙耿,	조숙에게는 경을 내리고
賜畢萬魏,	필만에게는 위를 내리어
以爲大夫.[29]	대부로 삼았다.

---

26 필만(畢萬) : 희공 24년의 『전』에 의하면 필나라의 시조는 주문왕(周文王)의 아들이다. 「위세가」에서는 "위나라의 선조는 필공고(畢公高)의 후손이다. 필공고는 주나라와 같은 성이다. 무왕(武王)이 주를 치자 고(高)는 필(畢)에 봉하여져 이에 필씨 성이 되었다. 그 후대에 봉작이 끊기어 서인이 되었으며 혹은 중국에, 혹은 이적(夷狄)에 있게 되었다. 그 아득한 후예가 필만인데 진헌공을 섬겼다"라 하였다. 『상서 · 고명(尙書 · 顧命)』의 『정의(正義)』에서 인용한 『세본(世本)』에 의하면 처음 임금으로 봉해진 사람은 문왕의 서자이다.

27 경(耿) : 희(姬)씨 성의 제후국이며 혹은 영(嬴)씨 성의 나라라고도 한다. 지금의 산서성 하진현(河津縣) 동남쪽에 경향성(耿鄕城)이 있는데 경나라의 옛 성일 것이다.
곽(霍) : 희(姬)씨 성의 나라로 문왕의 아들 숙처(叔處)가 봉해졌다. 옛 성은 지금의 곽현(霍縣) 서남쪽 16리 지점에 있다. 문공 5년의 『전』에서 선차거(先且居)를 곽백(霍伯)이라 하였으니 진나라가 일찍이 곽을 선차거의 채읍으로 삼았었다.
위(魏) : 환공 3년의 『전』을 보라.
『국어 · 진어 1』에서는 "[헌공(獻公)] 16년 공이 2군을 일으켰다. 공은 상군을 통솔하고 태자 신생은 하군을 통솔하여 곽나라를 쳤다. 태자가 마침내 가서는 곽나라를 이기고 돌아왔다"라 하였으니 곽나라를 멸한 것은 태자의 하군이다. 경나라와 위나라를 멸한 것은 헌공의 상군이었기 때문에 조숙(趙夙)에게 경나라를 내리고 필만(畢萬)에게는 위나라를 내려주어 위로한 것이다.

28 곡옥(曲沃) : 태자가 곡옥에 거처한 것에 대해서는 장공 28년 『전』을 보라.

29 「연표」에서는 "진헌공 16년 위나라와 경나라, 곽나라를 멸하였다. 처음으로 조숙을 경에 봉하고 필만을 위에 봉하였는데 여기서 비롯되었다." 「조세가」와 「위세가」에도 기술이 있는데 『좌전』과 부합한다. 「진본기」만이 경을 멸한 것이 무공(武公) 13년이라 하여 서로간의 격차가 24년이라 하였는데, 이에 대해 장문호(張文虎 : 1808~1885)는 『교사기

士蔿曰,	사위가 말하였다.
“大子不得立矣.[30]	“태자는 즉위할 수 없을 것이다.
分之都城,[31]	그에게 도성을 나누어 주고
而位以卿,[32]	경의 지위를 내리어
先爲之極,	먼저 가장 높은 곳에 올랐으니
又焉得立?[33]	또한 어찌 즉위할 수 있겠는가?
不如逃之,	차라리 도망을 가게 하여
無使罪至.	죄를 짓지 못하게 함이 나을 것이다.
爲吳大伯,[34]	오태백과 같이 되는 것이
不亦可乎?	또한 괜찮지 않겠는가?

찰기(校史記札記)』〔『교간사기집해색은정의찰기(校刊史記集解索隱正義札記)』를 말함〕에서 착간(錯簡)이라고 하였다. 청나라 양옥승(梁玉繩 : 1744~1819)은 『사기지의(史記志疑)』에서 송나라 섭대경(葉大慶)의 『고고질의(考古質疑)』를 인용하여 사마천이 잘못 전한 것이라고 하였다.

30 곧 폐출(廢黜)될 것이라는 뜻이다.

31 도성(都城) : 곡옥(曲沃)을 가리킴. 선군을 모신 종묘가 있는 읍을 도(都)라 한다.

32 경(卿) : 하군을 통솔한 것을 가리킨다.

33 저군(儲君)의 몸으로 신하로서 가장 높은 지위에 올랐으니 임금의 지위를 잇기 어려울 것이라는 것을 말한다.

34 오태백(吳大伯) : 『사기 · 오태백세가(吳太伯世家)』에서는 “오태백과 태백의 동생 중옹(仲雍)은 모두 주태왕(周太王)의 아들이며 왕 계력(季歷)의 형이다. 계력은 현명하였으며 성스러운 아들 희창(姬昌)이 있었는데, 태왕이 계력을 세우고 희창에게 잇게 해주려 하자 태백과 중옹 두 사람은 이에 형만(荊蠻)으로 달아나 문신을 새기고 머리를 잘라 쓸 수 없음을 보여줌으로써 계력을 피하였다. 계력이 결국 왕위에 오르니 그가 왕계(王季)이고 희창은 문왕(文王)이다. 태백은 형만으로 달아나 자호를 구오(句吳)라 하였다. 형만의 사람들이 그를 의롭다 하여 따라서 귀의한 사람이 천여 호였으며 오태백으로 세웠다”라 하였다.

猶有令名,	그래도 훌륭한 명성이 있음이
與其及也.[35]	그가 죄에 미치는 것보다는.
且諺曰,	또한 속담에서 말하기를
'心苟無瑕,	'마음에 실로 결점이 없으면
何恤乎無家?'[36]	어찌 집 없는 것을 걱정하겠는가?' 라 하였다.
天若祚大子,	하늘이 태자에게 복을 내린다면
其無晉乎?"[37]	진나라에 있지 않게 할 것이다."
卜偃曰,[38]	복언이 말하였다.
"畢萬之後必大.	"필만의 후예는 크게 될 것이다.

35 급(及) : 죄형(罪刑)에 이르는 것을 말함. 이 두 구절은 보충으로 인해 도치가 되었는데 정상대로라면 "與其及也, 不如逃之, 無使罪至. 爲吳大伯, 不亦可乎? 猶有令名"이 되어야 한다.

36 하 · 가(瑕 · 家) : 운자이다.
휼(恤) : 근심하다.

37 하늘이 태자를 보우하여 선종할 수 있게 한다면 반드시 그가 진나라에 있도록 하지 않을 것이라는 뜻인데, 또한 태자에게 도망갈 것을 권하는 뜻이 있다. 사위가 한 말은 「진어 1」에는 곽(霍)을 치기 전에 한 말로 되어 있고, 「진세가」에서는 『좌전』의 것을 온전히 따다 쓰고 있다.

38 복언(卜偃) : 진나라의 점을 관장하는 대부. 그 직책 때문에 복언이라 하였으며 성씨를 따를 때는 곽언(郭偃 : 「진어」)이라 한다. 『여씨춘추 · 당염(當染)』편에 "문공(文公)은 구범(咎犯)과 극언(郄偃)에게 물들게 되었다"라는 말이 있는데 "郄"은 "郭"과 형태가 가까워 잘못된 것으로 송나라 이방(李昉)의 『태평어람 · 치도(太平御覽 · 治道)』부(部)에는 "郭"으로 바로잡아 인용하였다. 『묵자 · 소염(墨子 · 所染)』편에는 "고언(高偃)"으로 되어 있는데, "高"는 "郭"의 음이 변한 것이다. 『한비자 · 남면(韓非子 · 南面)』편에서도 "관중에 제나라를 바꾸지 않고 곽언이 진나라를 갈지 않았으면 환공과 문공은 패자가 되지 못했을 것이다"라 하였다. 『묵자』와 『여씨춘추』에 의하면 복언은 진문공에게 있어서 실로 법을 바꾸고 패자로 일컬어지게 한 공신이다.

萬,	만은
盈數也;	꽉 찬 수이다.
魏,	위는
大名也.[39]	큰 이름이다.
以是始賞,	이곳을 첫 봉지로 상 주었으니
天啓之矣.	하늘이 계시한 것이다.
天子曰兆民,	천자의 백성을 조민이라 하고
諸侯曰萬民.[40]	제후의 백성을 만민이라 한다.
今名之大,	이제 크다는 이름을
以從盈數,	꽉 찬 수에 따르게 하였으니
其必有衆."	필시 대중을 가지게 될 것이다."
初, 畢萬筮仕於晉,	이전에 필만이 진나라에 벼슬을 하러 감에 점을 쳐보니
遇屯䷂之比䷇.[41]	둔괘에서 비괘로 가는 괘가 나왔다.

---

39 대명(大名) : 고새(古璽) 및 『설문해자』에 의하면 본래 "巍"(지금의 음은 위)로 되어 있는데 높고 크다는 뜻이다.

40 조민 · 만민(兆民 · 萬民) : 청나라 심동(沈彤)의 『춘추좌전소소(春秋左傳小疏)』〔이하 『소소(小疏)』〕에서는 "천자의 백성을 조민(兆民)이라 하는데 『상서 · 여형(呂刑)』에서 이른바 '조민이 그것을 믿고 따른다(兆民賴之)' 같은 예가 있다. 제후의 백성을 만민(萬民)이라 하는데 『시경 · 노송 · 비궁(魯頌 · 閟宮)』에서 희공을 찬미하여 '만민이 똑같이 따른다(萬民是若)' 한 것과 같은 예가 있다. 다만 「반경(般庚)」〔『서경 · 상서(書經 · 商書)』〕에서는 '그대들 만민이 삶을 잘 살아가지 않는다면(汝萬民乃不生生)'이라 하였으니 천자의 백성들 또한 만민이라 부를 수 있었다"라 하였다.

41 둔(屯)괘는 진(震)괘가 아래쪽에 있고 감(坎)괘가 위에 있는 형상이다. 비(比)괘는 곤

辛廖占之,[42]	신료가 그것을 점쳐 보고는
曰,	말하였다.
"吉.	"길합니다.
屯固, 比入,[43]	둔괘는 견고하고 비괘는 들어가는 것이니
吉孰大焉?	길하기가 어느 것이 더 크겠습니까?
其必蕃昌.	반드시 번창할 것입니다.
震爲土,[44]	진이 토가 되고
車從馬,[45]	수레가 말을 따르며
足居之,[46]	발이 안정되어 있고
兄長之,[47]	형이 길러 주며

(坤)괘가 아래쪽에 있고 감(坎)괘가 위쪽에 있는 형상이다. 둔괘의 첫째 효(爻)는 양효이니 곧 초구(初九 : 밑에서 첫 번째 양효)가 초육(初六 : 밑에서 첫 번째 음효)으로 변한 것이다.

42 신료(辛廖) : 두예는 진나라 대부라 하였고, 명(明)나라의 유현(劉炫)은 복건(服虔)의 설을 인용하여 주나라 대부라고 하였다. 유현은 "진나라에 점치는 사람이 있었다면 '진나라에서 점을 쳤다?'라고 말할 수 있었겠는가? 또한 신갑(申甲)과 신유(申有)는 모두 주나라 사람이니 무슨 까닭으로 신료 혼자 진나라의 대부이겠는가?"라 하였는데 유현의 설이 옳다.

43 둔괘는 험난하기 때문에 견고해지고, 비괘는 친밀하기 때문에 사람을 얻는다.

44 진위토(震爲土) : 진괘(震卦)가 곤괘(坤卦 : 土)로 변한 것을 말한다.

45 거종마(車從馬) : 진괘는 수레〔車〕이고 곤괘는 말〔馬〕이다. 무릇 괘라는 것은 변하여 다른 것이 되면 따른다〔從〕라고 하는데, 여기서는 진괘과 곤괘로 변하였기 때문에 수레가 말을 따른다고 한 것이다.

46 진괘는 발〔足〕이다.

47 장(長) : 상성이다. 진괘는 장남이다.

母覆之,[48]	어머니가 덮어 주고
衆歸之,[49]	대중이 귀속하니
六體不易,[50]	육체가 바뀌지 않고
合而能固,[51]	합하여져 견고해질 수 있고
安而能殺,[52]	안정되어 죽일 수 있으니
公侯之卦也.[53]	공후가 될 괘상입니다.
公侯之子孫,	공후의 자손은
必復其始."[54]	반드시 그 처음을 회복하게 됩니다."

48 모(母) : 곤괘는 어머니〔母〕이다.

49 중(衆) : 「진어 4」에서는 "감은 대중〔衆〕이다"라 하였다. 이상은 괘상(卦象)을 해석한 것이다.

50 육체불역(六體不易) : 청나라 상병화(尙秉和)의 『주역상씨학부록(周易尙氏學附錄)』에서는 "감괘(坎卦)의 수는 육(六)이다. 우괘(遇卦)와 지괘(之卦)에는 모두 감괘가 있다. 불역(不易)이라는 것은 감괘가 변화하지 않는다는 것이다"라 하였다.

51 합이능고(合而能固) : 비괘는 합하고 둔괘는 견고한 것으로, 뭇 백성들을 모아 능히 지킬 수 있는 것이다.

52 안이능살(安而能殺) : 곤괘는 땅이기 때문에 안정되었다고 말하였다. 진괘에는 위무(威武)의 상이 있기 때문에 죽인다고 말하였다. 안은 은혜(恩惠)이고 살은 무위(武威)이니 은혜가 있고 무위가 있으니 살릴 수도 죽일 수도 있는 것이다.

53 고형(高亨 : 1900~1986)의 『좌전과 국어의 주역설 통해(左傳國語的周易說通解)』에서는 "총괄하면 둔과 비 두 괘의 괘상은 거마가 있고 토지가 있으며 형의 도움과 어머니가 덮어 길러줌이 있고, 군중이 귀의하여 붙으며 또한 발로 가 땅을 딛고 있으니 이로 논정(論定)하건대 '공후의 괘'라는 것이다"라 하였다.

54 필만은 필공고의 후손이니 그 처음의 지위를 회복하여 장차 제후가 될 것이라는 것을 말한 것이다.

민공 2년

經

二年春王正月,[1]	2년 봄 주력으로 정월에
齊人遷陽.[2]	제나라 사람이 양나라 백성을 옮겼다.
夏五月乙酉,[3]	여름 5월 을유일에
吉禘于莊公.	장공에게 길체의 큰 제사를 지냈다.
秋八月辛丑,[4]	가을 8월 신축일에
公薨.	공이 죽었다.
九月,	9월에
夫人姜氏孫于邾.[5]	부인 강씨가 주나라로 도망갔다.

---

1 이년(二年) : 신유년 B.C. 660년으로 주혜왕(周惠王) 17년이다. 정월 초7일 무자일이 동지였으며, 건자(建子)년이다. 윤달이 있다.

2 『전』이 없다.
양(陽) : 나라 이름이다. 고동고(顧東高)의 『대사표(大事表)』에 의하면 희(姬)씨 성이라 하였으며, 홍양길(洪亮吉)의 『고(詁)』에 의하면 언(偃)씨 성이라 하였다. 『노사 · 국명기(路史 · 國名記) 4』에서는 또 어(御)씨 성이라 하였다. 추안(鄒安 : 1864~1940)의 『주금문존(周金文存)』(1916) 권2 59쪽에 정명(鼎銘)이 있는데 "숙희(叔姬)가 양백(陽伯)의 여정(旅鼎)을 만들어 영원히 사용하였다"라 하였다. 이 숙희가 양백의 딸이라면 양나라는 희씨 성이다. 양나라의 옛 성은 지금의 산동성 기수현(沂水縣) 서남쪽에 있다. 이는 대체로 제나라 사람이 양나라의 백성을 핍박하여 그 땅을 차지한 것일 것이다.

3 을유(乙酉) : 6일이다.

4 신축(辛丑) : 24일이다.

5 손(孫) : 손(遜)과 같다. 나머지는 장공 원년의 『경』에 상세하다.

公子慶父出奔莒.	공자경보가 거나라로 달아났다.
冬,	겨울에
齊高子來盟.[6]	제나라의 고자가 와서 맹약하였다.
十有二月,	12월에
狄入衛.[7]	적이 위나라로 들어갔다.
鄭棄其師.[8]	정나라가 군사를 버렸다.

傳

二年春,	2년 봄
虢公敗犬戎于渭汭.[9]	괵공이 위수의 물굽이에서 견융을 물리쳤다.

---

6 『전』이 없다.
두예는 "아마 고혜(高傒)일 것이다"라 하였다. 『국어 · 제어(齊語)』에서는 "환공은 천하의 제후들을 근심하였는데 노나라는 부인과 경보의 난이 있었고 두 임금이 살해되어 나라에 후사가 없었다. 환공이 그 말을 듣고 고자(高子)로 하여금 존속시키게 하였다"라 하였다. 『관자 · 소광(小匡)』편의 글도 같다. 『예기 · 곡례 하』에서는 "열국의 대부로 천자의 나라에 들어가는 사람을 모사(某士)라고 하며, 자칭 배신모(陪臣某)라 한다. 바깥에서는 자(子)라고 한다"라 하였다. 정현은 "자(子)는 덕이 있는 사람을 일컫는 것이다. 『노춘추(魯春秋)』에서는 '제나라 고자가 와서 맹약하였다'라 하였다"라 하였다.

7 적입위(狄入衛) : 두예의 「후인(後引)」에서는 『죽서기년(竹書紀年)』을 인용하여 "위의공(衛懿公)이 적적(赤狄)과 동택(泂澤 : 동은 洞이 되어야 함)에서 싸웠다"라 하였으니 적은 곧 적적이다.

8 정기기사(鄭棄其師) : 『당서 · 유황전(唐書 · 劉貺傳)』에서는 『죽서기년(竹書紀年)』을 인용하여 "정나라가 그 군사를 버렸다(鄭棄其師)"고 하였다.

9 견융(犬戎) : 곧 은(殷)나라와 주(周)나라 사이의 귀방(鬼方)과 곤이(昆夷)이다. 전국(戰國) 이래로 호(胡), 흉노(匈奴)라고도 불린다.

舟之僑曰,[10]	주지교가 말하였다.
"無德而祿,	"덕이 없는데 녹을 받는 것은
殃也.	재앙이다.
殃將至矣."	재앙이 곧 이를 것이다."
遂奔晉.[11]	마침내 진나라로 달아났다.

夏,	여름에
吉禘于莊公,	장공에게 길체의 큰 제사를 드렸는데
速也.[12]	너무 빨랐다.

위예(渭汭) : 위수(渭水)가 황하로 유입되는 곳으로 지금의 섬서성 화음현(華陰縣) 동북쪽일 것이다.

10 주지교(舟之僑) : 괵나라의 대부.

11 「진어 2」에도 주지교(舟之僑)가 그 가족을 이끌고 진(晉)나라로 간 일을 서술하고 있는데 여기와는 다르다. 『전국책 · 진책(戰國策 · 秦策)』에서는 말하였다. "진헌공이 곽(郭 : 곧 虢)나라를 치고자 했으나 주지교가 있는 것이 께름칙하였다. 이에 순식(荀息)이 말하였다. '「주서(周書)」에서 말하기를 미녀는 직간하는 신하를 그르친다고 하였습니다.' 이에 여악을 보내어 정사를 어지럽게 만들었다. 주지교가 간하였으나 듣지 않으니 마침내 떠나 버렸다" 『전』의 설과는 또 다르다. 대체로 전국시대의 종횡가(縱橫家)의 설은 사실(史實)이 되기에는 충분치 못하다.

12 체(禘) : 큰 제사이다. 교제(郊祭)며 종왕(終王), 시제(時祭)를 모두 체(禘)라 부를 수 있었다. 여기에서 이른바 길체(吉禘)라는 것은 대체로 옛날에 3년상 25개월을 마치고 종묘에 새로 죽은 사람의 신주를 바치는 것인데, 이 대제(大祭)에 따라 소목(昭穆)을 심의하여 담제(禫祭)를 지내면 길하다는 것이다. 장공은 32년 8월에 죽었으니 민공 2년 8월에 길체를 지내야 하는데 5월에 지냈으므로 『전』에서 "빠르다"라고 한 것이다. 『예기 · 왕제(王制)』의 주석〔소(疏)〕에서는 정현(鄭玄)의 「조상에게 답함(答趙商)」을 인용하여 말하기를 "민공은 마음속으로 난을 두려워하여 스스로를 존대하는 것을 힘썼으며 화를 싫어하였습니다. 무릇 22개월 만에 덜고 또 담제(禫祭)를 지내지 않았으니 예법에서 6개월이 모자랍니다"라 하여 설이 대략 다르다. 문공(文公) 2년에 희공(僖公)의 길체를 올

初,	처음에
公傅奪卜齮田,[13]	공의 스승이 복기의 밭을 빼앗았는데
公不禁.	공이 이를 금하지 않았다.
秋八月辛丑,[14]	가을 8월 신축일에
共仲使卜齮賊公于武闈.[15]	공중이 복기에게 공을 무위에서 해치도록 하였다.
成季以僖公適邾.[16]	성계는 희공을 데리고 주나라로 갔다.
共仲奔莒.	공중은 거나라로 달아났다.
乃入,	이에 들어오니
立之.[17]	그를 세웠다.

리는데 『경』에서는 말하기를 "태묘에서 큰일을 행하였다(大事于大廟)"라 하였으니 이 또한 태묘(太廟)에서 거행한 것이다.

13 복기(卜齮) : 노나라의 대부. 『예기 · 단궁(檀弓) 상』에서는 "노장공이 송나라와 승구(乘丘)에서 싸웠는데 현비보(縣賁父)가 어자가 되고 복국(卜國)이 거우가 되었다"라 하였으니 노나라에 복씨가 있는 것이다.

14 신축(辛丑) : 24일이다.

15 무위(武闈) : 궁중의 문을 위(闈)라고 한다. 무위에 대하여 청말(淸末)의 손이양(孫詒讓)은 노무공(魯武公)을 모신 종묘의 문이 아닐까 의심을 하였는데 확실치 않다. 청나라 금악(金鶚) 및 손인화(孫人和)는 모두 "武"는 "호(虎)"가 되어야 한다고 했다. 『주례 · 지관 · 사씨(地官 · 師氏)』와 『좌전 · 소공(昭公) 11년』의 『전』에 모두 호문(虎門)이 보이는데, 노침(路寢)의 문이다. 곧 무위라는 것은 노침의 곁문이다.

16 희공(僖公) : 『사기』에서는 민공의 동생이라고 하였으나 두예는 민공의 서형 성풍(成風)의 아들이라고 하였다.

17 공중(共仲)이 거나라로 달아난 후 성계(成季)가 다시 노나라로 들어가 희공으로 즉위하였다.

以賂求共仲于莒,	뇌물을 가지고 거나라에 공중을 청하였더니
莒人歸之.	거나라 사람이 돌려보냈다.
及密,[18]	밀에 이르자
使公子魚請.	공자 어에게 청하게 하였다.
不許,	허락하지 않자
哭而往.[19]	울면서 갔다.
共仲曰,	공중이 말하였다.
"奚斯之聲也."[20]	"해사의 목소리다."
乃縊.[21]	이에 목을 매었다.
閔公,	민공은
哀姜之娣叔姜之子也,	애강의 여동생 숙강의 아들이므로
故齊人立之.	제나라 사람이 세웠다.
共仲通於哀姜,	공중이 애강과 사통하여

18 밀(密) : 노나라 땅으로 두예에 의하면 지금의 비현(費縣) 북쪽일 것이다. 『수경주 · 기수(沂水)』에서는 거나라 땅이라 하였으며, 양수경(楊守敬)의 『수경주소(水經注疏)』에서도 그대로 따랐으나 사실은 믿을 수가 없다. 혹자는 곧 은공 2년의 밀(密)이라고도 하는데 그 밀 역시 지금의 창읍현(昌邑縣) 변경에 있어서 곡부와는 매우 머니 "해사가 울면서 갔다"고 한 정황을 가지고 보면 맞아 않아 근거로 삼을 만하지 않다.

19 경보(慶父)가 공자 어(公子魚)에게 죄를 용서해 줄 것을 청하게 하였으나 허락을 받지 못하여 공자 어가 울면서 돌아간 것이다.

20 해사(奚斯) : 공자 어의 자. 『시경 · 노송 · 비궁(魯頌 · 閟宮)』에 "새 종묘 으리으리하니, 해사가 지은 것이라네(新廟奕奕, 奚斯所作)"라는 말이 나오는데, 곧 이 해사이다.

21 공중의 장례는 죄 때문에 강등되는데, 문공 15년의 『전』을 보라.

哀姜欲立之.	애강이 그를 세우고자 하였다.
閔公之死也,	민공이 죽을 때
哀姜與知之,	애강이 간여하여 그 일을 알았으므로
故孫于邾.	주로 도망간 것이다.
齊人取而殺之于夷,[22]	제나라 사람이 찾아서 이에서 죽이니
以其尸歸,	그 시신을 가지고 돌아가서
僖公請而葬之.[23]	희공이 청하여 장사를 지내 주었다.

成季之將生也,	성계가 날 무렵
桓公使卜楚丘之父卜之,[24]	환공이 복초구의 아버지에게 점을 쳐보게 하였더니
曰,	말하였다.

22 이(夷) : 곧 은공 원년 전에서 "기나라 사람이 이를 쳤다"라 한 일일 것이다. 두예는 노나라 땅이라 하였는데 틀렸다. 유향(劉向)의 『열녀전·얼폐전(孼嬖傳)』에서는 "제환공이 희공(僖公)을 세웠는데 애강이 경보(慶父)와 사통하여 노나라를 위태롭게 한다는 말을 들었다. 이에 애강을 불러 독주를 마시게 하여 죽였다"라 하였다.

23 「노세가」에서는 모두 『좌전』의 일을 취하였다. 귀(歸)는 노나라로 돌아간다는 것이다. 애강은 죄인이므로 희공이 제나라 사람에게 청하여 장사 지냈다.

24 복초구지부(卜楚丘之父) : 그 이름을 모르기 때문에 그 아들을 들어 일컬었다. 복초구는 문공 18년 및 소공 5년의 전에 보인다. 소공 23년의 『전』에서는 "지난날 성계우(成季友)는 환공의 막내아들이었고 문강이 사랑하는 아들이었습니다. 그를 잉태했을 무렵에 점을 쳤습니다"라 하였다.

"男也,	"사내이니
其名曰友,	그 이름은 우이니
在公之右;[25]	공의 오른쪽에 있게 될 것입니다.
間于兩社,[26]	양사의 사이에서
爲公室輔.[27]	공실을 보좌하게 될 것입니다.
季氏亡,	계씨가 죽으면
則魯不昌."[28]	노나라는 번창하지 못합니다."

25 재우(在右) : 요로에서 국사를 맡아 다스릴 것이라는 말이다. 우(右)는 위의 우(友)와 함께 운자로 쓰였다.

26 양사(兩社) : 노나라에는 양사가 있었는데, 하나는 주사(周社)이고 하나는 박사(亳社)이다. 천자와 제후는 모두 삼조(三朝)를 가지고 있는데, 외조(外朝) · 치조(治朝) · 연조(燕朝)라 한다. 제후의 궁에는 문이 세 개 있는데 고문(庫門)은 곧 외문(外門)이며, 치문(雉門)은 중문(中門), 노문(露門)은 곧 침문(寢門)이다. 외조는 고문의 안에 있는데 송사를 처결하고 비상시 자문하는 곳이며 임금이 항상 보지 않는다. 치조는 치문의 안에 있으며 정조(正朝)라고도 하고 군신이 매일 보고 조회를 한다. 옛날 조회의 의식 절차는 신하가 임금보다 먼저 들어가고 임금이 노문으로 나와 멈추어 서면 뭇 신하들이 모두 읍을 한다. 조례의 의식이 끝나면 노침에서 물러나와 신하들이 각기 부서로 가서 공무를 처리한다. 천자의 조정에는 9실(室)이 있으며 제후의 조정에는 좌우에도 또한 집이 있다. 연조는 내조(內朝)라고도 하며 정사를 의논하는 따위를 임금이 명하면 신하는 진언하는데, 이 모든 것이 다 내조에서 이루어진다. 치문의 바깥 오른쪽에는 주사(周社)가 있고 왼쪽에는 박사(亳社)가 있다. 양사 사이에는 외조가 바로 그곳에 있는데 사실상 치조와 내조를 총괄하여 말하는 것이다. 치조는 군신이 날로 보는 조정일 뿐 아니라 여러 신하들이 공문서를 닦는 것도 그곳에서 이루어진다. 양사의 사이에 있다는 말은 곧 조정이 있는 곳일 뿐만 아니라 또한 집정대신이 정사를 다스리는 곳이기도 하다. 양사의 사이에 있다는 말은 곧 노나라의 대신이 될 것이라는 말이다.

27 사 · 보(社 · 輔) : 운자이다.

28 이 구절에 대해서는 고래로 두 가지 해석이 있다. 『사기 · 노세가』에서는 "계우(季友)가 도망가면 노나라가 번창하지 못한다"라고 하였으니 계씨는 실제로 계우 한 사람을 가리키며 망(亡)은 반드시 도망으로 해석되는데 복건(服虔)이 이른바 "계우가 달아나자 노나라에서 두 임금〔자반(子般)과 민공(閔公)〕을 해친 것을 말한다"라 한 것이다. 또 한 가

又筮之,[29]	또 시초점을 보게 하였더니
遇大有☲之乾☰,[30]	대유가 건으로 변하는 점괘를 얻어
曰,	말하였다.
"同復于父,	"함께 아버지의 옛 길을 가고
敬如君所."[31]	존경을 받아 임금이 있는 곳으로 가겠습니다."

지 해석은 계씨가 계우의 자손을 가리키는 것으로 두 구절은 계씨와 노나라의 종시(終始)를 말한 것이다. 비(費)는 계씨의 사읍(私邑)으로 『맹자』에 비혜공(費惠公)이란 말이 있고, 『여씨춘추 · 신세(愼勢)』편에서는 "등(鄧)나라와 비(費)나라(와 같이 작은 나라)는 수고로움이 많고, 추(鄒)나라와 노나라는 편안하다"라 하였고, 「초세가」에서는 "추(騶)나라와 비(費)나라, 담(郯)나라, 비(邳)나라는 작은 새와 같습니다"라 한 것으로 보아 비나라가 경양왕(頃襄王) 때까지도 존속했음을 알 수 있으며 노나라와 함께 초나라에 멸망당했을 것이다. 망(亡)과 창(昌)은 운자이다.

29 『주례 · 춘관 · 서인(春官 · 筮人)』에서는 "무릇 나라에 대사가 있으면 먼저 시초점을 치고 나중에 갑골점을 친다(先筮而後卜)"고 하였는데 『좌전』을 가지고 고찰해 보면 특히 그렇지 않다. 성계(成季)의 출생을 앞두고 갑골점을 먼저 치고 시초점을 나중에 쳤으며 그 후에 희공 4년에 진헌공(晉獻公)이 갑골점을 쳐서 여희(驪姬)를 부인으로 삼는 것이 실려 있으며, 희공 25년 진문공(晉文公)이 양왕(襄王)을 들여보낼 때와 애공 9년 조앙(趙鞅)이 정나라를 구원할 것인지를 점치는 것도 모두 갑골점을 먼저 치고 시초점을 나중에 쳤다. 애공 17년의 위후(衛侯)만이 시초점을 먼저 치고 갑골점을 나중에 쳤는데, 이는 아마 옛날에 갑골점은 귀갑을 쓰고 시초점은 시초를 써서 귀갑은 뛰어나고 시초점은 신통찮았으며, 동물이 식물보다 영험하다고 생각하였으므로 갑골점을 먼저 친 것일 것이다.

30 대유(大有) : 건괘(乾卦)가 아래에 있고 이괘(離卦)가 위에 있는 형상이다.
건(乾) : 아래 위가 모두 건괘인 형상이다.

31 이 점쟁이의 말은 괘나 효사를 말한 것이 아니다. 동복우자(同復于子)라는 것은 높아짐이 아버지와 같을 것임을 말하였다. 경여군소(敬如君所)라는 것은 백성들이 존경하여 임금이 있는 곳과 같이 존경을 한다는 것으로 기실 귀하기가 임금과 같아진다는 것을 말한 것이다. 고형(高亨)은 『좌전과 국어의 주역설 통해(左傳國語的周易說通解)』에서 "대유괘는 위가 이괘이고 아래는 건괘이며, 건괘는 위는 건괘이고 아래도 건괘이다. 건은 아버지이고 이는 아들인데, 대유의 위의 괘인 이괘가 건괘로 변하니 이는 아들이 아버지와 덕을 함께 하는 것을 상징하며 '아버지의 길을 고치지 않음'으로 '동복우부'(復은

及生,	낳았는데
有文在其手曰"友",	손에 "우(友)"자의 무늬가 있어서
遂以命之.[32]	마침내 그렇게 이름을 지었다.

冬十二月,	겨울 12월에
狄人伐衛.	적나라 사람들이 위나라를 쳤다.
衛懿公好鶴,	위나라 의공은 학을 좋아하여
鶴有乘軒者.[33]	학 가운데 수레를 타는 놈도 있었다.
將戰,	싸움을 하려 할 때
國人受甲者皆曰,[34]	무기를 받은 백성들이 모두 말하기를
"使鶴!	"학이나 시키라지!

옛길을 간다는 뜻이다)라고 말한 것이다. 건은 또한 임금이며 이는 또한 신하인데 대유괘의 위에 있는 이괘가 건괘로 변하니 또한 신하와 그 임금이 마음이 같은 것을 상징하며 항상 임금의 곁에 있으므로 또한 '경여군소'(如는 가다, 所는 처하다는 뜻이다)라 말한 것이다"라 하였다.

32 「노세가」에서는 좌전의 뜻을 그대로 썼다.

33 헌(軒)은 굽은 끌채에 덮개가 있는 수레로 대부 이상이 탄다. 청나라 왕중(汪中)은 『술학 · 석삼구중(術學 · 釋三九中)』에서 "경(卿)의 등급으로 총애하고 경의 녹봉으로 식읍을 내린 것을 말한다"라 하였는데 믿을 만하다. 한편 『담자춘추(覃子春秋)』에서는 "위의공은 학을 좋아하여 학을 무늬를 수놓은 옷으로 치장시켜 수레에 태운 것이다"라 하였으니, 학이 실제로 헌거를 탄 것으로 생각하였는데 믿을 수 없다.

34 국인(國人) : 서민(庶民)과는 다르다. 혹자는 국인을 당시 성시(成市)에 살던 사람, 즉 자유민(自由民)이라고도 하고, 혹자는 모든 성시 및 사방의 교외에 거주하는 사람을 모두 "국인"이라고 하였다는데 비교적 믿을 만하다.

수갑(受甲) : 은공 11년의 『전』 수병(授兵)을 보라.

鶴實有祿位,	학이 기실 녹봉과 관위를 가지고 있으니
余焉能戰?"[35]	우리가 어떻게 싸울 수 있겠는가?" 라 하였다.
公與石祁子玦,[36]	의공이 석기자에게는 결을 주고
與甯莊子矢,[37]	영장자에게는 화살을 주고
使守,	지키게 하고는
曰,	말하였다.
"以此贊國,[38]	"이것으로 나라를 도와
擇利而爲之."	이로운 것을 택하여 그대로 행하라."
與夫人繡衣,	부인에게는 수놓은 옷을 주면서
曰,	말하였다.

35 『여씨춘추 · 충렴(忠廉)』편에서는 "적(翟)나라 사람이 위나라를 공격하였다. 그 백성들이 말하기를 '임금이 작위와 봉록을 준 것은 학이다. 귀하고 부유한 사람은 궁인이다. 임금은 궁인과 학들에게 싸우게 하라! 우리가 어찌 싸울 수 있겠는가?'라 하였다. 마침내 궤멸되어 떠났다"라 하였다. 『한시외전(韓詩外傳)』 권7과 『신서 · 의용(新序 · 義勇)』편, 『논형 · 유증(論衡 · 儒增)』편에도 모두 이 일이 수록되어 있다. 『여씨춘추』와 『신서(新序)』 등의 책에는 홍연(弘演)의 일이 수록되어 있는데 『좌전』에는 없는 것이다. 『논형 · 유증』편에서는 위의공을 위애공(衛哀公)이라 하였는데 청나라 양옥승(梁玉繩)의 『별기(瞥記)』에서는 애공이라는 호칭도 있으며 적인(狄人)에게 죽었기 때문에 그렇게 부른다고 하였다.

36 석기자(石祁子) : 장공 12년의 『전』을 보라.

37 영장자(甯莊子) : 「진어 4」의 위소(韋昭) 주와 두예의 『세족보(世族譜)』에 의하면 영궤(甯跪)의 손자이며 영목중정(甯穆仲靜)의 아들로 이름은 속(速)이다.

38 찬(贊) : 돕는다는 뜻이다.

“聽於二子!”[39]	“두 사람의 말을 따르시오!”
渠孔御戎,	거공이 융거를 몰고
子伯爲右,	자백이 거우가 되었으며
黃夷前驅,	황이가 전군이 되고
孔嬰齊殿.[40]	공영제가 후군이 되었다.
及狄人戰于熒澤,[41]	적 사람들과 형택에서 싸웠는데
衛師敗績,	위나라 군사는 대패하였으며
遂滅衛.[42]	마침내 위나라를 멸망시켰다.
衛侯不去其旗,[43]	위후가 그 깃발을 버리지 않았는데
是以甚敗.[44]	이 때문에 심하게 패한 것이다.

39 이자(二子) : 석기자(石祁子)와 영장자(甯莊子)이다.

40 공영제(孔嬰齊) : 공달(孔達)의 아버지. 공달은 문공(文公) 원년의 『전』에 보인다.

41 형택(熒澤) : 이 형택은 황하의 북쪽에 있을 것이다. 심흠한(沈欽韓)은 『지명보주(地名補注)』에서 “여러 가지 책을 두루 고찰하여도 형(熒)이 황하 북쪽에 있다는 말은 없는데, 의공이 군사를 이끌고 적의 군사를 맞아 바람을 바라보며 피하여 황하의 남쪽에 이르렀으며 적인이 형택까지 추격하여 모두 엎어 버렸다”라 하였다. 그러나 『전』을 잘 파헤쳐 보면 심흠한의 설은 믿을 수가 없다. 청나라 호위(胡渭)의 『우공추지(禹貢錐指)』 권8에서는 “위나라와 적이 싸운 곳은 혹 황하 북쪽에 형택이란 곳이 하나 있을 것이며, 위헌자(魏獻子)의 전지(田地)가 별개의 대륙(大陸)으로 「우공(禹貢)」에 나오는 대륙이 아닌 것과 마찬가지로, 또한 알 수가 없다”라 하였는데 비교적 옳다.

42 멸(滅) : 곧 멸망(滅亡)의 멸(滅)자의 뜻이다. 아래의 『전』에서 “위나라는 망한 것을 잊었다”한 것으로 알 수 있다. 『경』에서 멸(滅 : 멸망시키다)이라고 기록하지 않고 입(入 : 들어가다)이라고 기록한 것은 망하였으나 다시 존속했기 때문이다.

43 거기기(去其旗) : 청나라 호위(胡渭) 및 혜동(惠棟)의 『보주(補注)』에서는 그 깃발을 숨기지 않은 것이라 하였는데, 기실 “거(去)”자는 글자 그대로 해석을 해도 통한다.

44 『여씨춘추 · 충렴(忠廉)』편에서는 “적인들이 이르러 형택에서 의공을 따라잡았는데 의공을 죽이고 그 고기를 모두 먹고 그 간만 버려두었다”라 하였다.

狄人囚史華龍滑與禮孔,	적 사람들이 태사인 화룡활과 예공을 가두고
以逐衛人.	위나라 사람을 쫓았다.
二人曰,[45]	두 사람이 말하였다.
“我,	“우리는
大史也,	태사로
實掌其祭.	위나라의 제사를 관장하고 있다.
不先,	먼저 가지 않으면
國不可得也.”[46]	나라를 얻을 수 없을 것이다.”
乃先之.	이에 먼저 가게 했다.
至,	이르러서는
則告守曰,	지키는 사람에게 말하기를
“不可待也.”[47]	“막을 수 없다”라 하고
夜與國人出.	밤에 도성의 사람들과 함께 나섰다.
狄入衛,	적이 위나라로 들어가
遂從之,[48]	마침내 그들을 따라가

---

45 이인(二人) : 화룡활(華龍滑)과 예공(禮孔)이다.

46 옛날 사람들은 제사와 제기를 보는 것을 매우 중시했다. 그래서 태사(太史)가 이 말로 적인(狄人)들을 속인 것이다.

47 대(待) : 「노어 하」 및 「초어 하」의 위소 주에서는 모두 “대는 어와 같은 뜻이다(待猶禦也)”라 하였다. 불가대(不可待)라는 뜻은 곧 막을 수가 없다는 뜻이다.

48 적의 군사들이 위나라 사람들을 추격한 것이다.

又敗諸河.[49] 또한 하수에서 그들을 물리쳤다.

初, 처음에

惠公之卽位也少,[50] 혜공이 즉위했을 때 나이가 어려서

齊人使昭伯烝於宣姜,[51] 제나라 사람이 소백으로 하여금 선강과 간통하게 하였는데

不可, 안 된다고 하니

强之. 강압적으로 밀어붙였다.

生齊子 · 戴公 · 文公 · 宋桓夫人 · 許穆夫人.[52] 제자와 대공, 문공, 송환부인과 허목부인을 낳았다.

---

49 위나라와 적의 싸움은 시종 황하의 북쪽에서 이루어졌다.

50 위선공(衛宣公)은 은공 4년 즉위하였으며 환공 2년에 죽었으니 즉위 기간이 20년이다. 즉위 후 처음에는 급자(急子)의 처를 받아들여 수(壽)와 삭(朔)을 낳았는데 삭이 곧 혜공이다. 혜공은 이미 형이 있었으니 즉위하였을 때는 15세도 되지 않았다.

51 제인(齊人)은 아마 제희공(齊僖公)일 것이며, 제희공은 춘추 전 8년에 즉위하였다. 선강(宣姜)은 희공의 딸일 것이다. 위혜공은 환공 13년 즉위하였으며 16년 11월에 제나라로 달아났다. 제희공은 환공 14년 12월에 죽었는데 그 연월은 추정하여 알 수 있다. 소백은 『사기』에 의하면 위선공의 아들이며 급자의 동생 공자 완(公子頑)이다. 복건(服虔)은 소백이 급자의 형이라고 하였는데 무슨 근거인지 모르겠다. 『시경 · 용풍 · 장유자(鄘風 · 牆有茨)』의 서에서는 "「장유자」는 위나라 사람이 윗사람을 풍자한 것이다. 공자 완이 군모(君母)와 간통하니 백성들이 그것을 미워하였으나 말을 할 수 없었다"라 하였다. 『시경 · 용풍 · 순지분분(鄘風 · 鶉之奔奔)』의 서에서는 "「순지분분」은 위선강을 풍자한 것이다. 위나라 사람들은 순강을 메추리나 까치보다도 못하다고 생각하였다"라 하였다.

52 제자(齊子) : 『좌전회전(左傳會箋)』〔다케조에 고코(竹添光鴻), 이하 『회전(會箋)』〕에서는 "제자는 제나라에 시집간 사람을 이른다. 희공 17년에 '제후는 여색을 좋아하여 총애하는 첩이 많았다. 장위희(長衛姬)는 무맹(武孟)을 낳았다'라는 말이 있다. 제자는 곧 장위희이다"라 하였다.

송환부인(宋桓夫人) : 곧 송양공(宋襄公)의 어머니이다. 혜공의 즉위부터 지금까지는 4년이다.

文公爲衛之多患也,[53]	문공은 위나라 때문에 근심이 많았는데
先適齊.	먼저 제나라로 갔다.
及敗,	패하였을 때
宋桓公逆諸河,[54]	송환공이 그들을 황하에서 맞아 주니
宵濟.[55]	밤에 건넜다.
衛之遺民男女七百有三十人,[56]	위나라의 유민은 남녀 730명이었으며
益之以共, 滕之民爲五千人.[57]	공과 등의 백성까지 보태어 5천 명이나 되었다.
立戴公以廬于曹.[58]	대공을 세우고 조읍에서 살게 하였다.

53 「위세가」에서는 "의공은 즉위하여 학을 좋아하였으며 음행을 즐기고 사치스러웠다"라 하였다.

54 위의공이 싸움에 져서 죽자 송환공이 황하에서 위나라의 패잔병들을 맞았다. 혹자는 문공을 맞은 것이라고도 하는데 문공은 이미 제나라에서 송나라에 이르러 황하를 건너지 않았으므로 잘못 안 것일 것이다.

55 소제(宵濟) : 밤에 건넌 것은 적의 군사들을 두려워했기 때문일 것이다.

56 아마 송환공이 맞은 패잔병일 것이다.

57 공(共)은 위나라의 읍으로 곧 지금의 하남성 휘현(徽縣)이다. 서주(西周) 공백화(共伯和)는 곧 위무공(衛武公)일 것이다. 등(滕) 역시 위나라의 읍인데 소재지는 확실치 않다.

58 여(廬) : 여(旅)자와 같으며, 기탁하여 머무르는 것이다.
조(曹) : 위나라의 읍이다. 곧 지금의 하남성 활현 서남쪽에 있는 백마의 옛 성일 것이다. 『시경』과 『좌전』 및 모씨(毛氏)와 정현, 복건, 두예 그리고 공영달의 『정의(正義)』에 의거하면 대공(戴公)은 실제 민공 2년 12월에 에 즉위하였음을 알 수 있는데, 즉위 후 얼마 안 있어 죽고 문공이 이어서 즉위하였다. 해를 넘기어 연호를 바꾸었는데 곧 노나라 희공 원년에 해당한다. 「위세가」에서는 말한다. "의공의 부친 혜공 삭(朔)이 태자 급(伋)

許穆夫人賦載馳.[59] 허목부인이 「재치」라는 시를 지었다.

齊侯使公子無虧帥車三百乘, 甲士三千人以戍曹.[60] 제후는 공자 무휴에게 병거 3백 승과 갑사 3천 명을 거느리고 조읍을 지키게 하였다.

歸公乘馬,[61] 공에게 한 수레분의 말과

祭服五稱, 제복 다섯 벌

을 참살(讒殺)하고 즉위한 이래 의공에 이르기까지 항상 엎어 버리려 하다가 마침내 혜공의 후대를 멸하고 다시 검모(黔牟)의 아우인 소백 완(頑)의 아들 신(申)을 임금으로 세우니 그가 바로 대공이다." 또 말하기를 "처음에 적인(狄人)들이 의공을 죽였을 때 위나라 사람들은 그를 가련하게 여겼다. 예전에 선공(宣公)이 죽인 태자 급의 후손을 옹립하고 싶었으나 급의 아들은 이미 죽었으며 급을 대신하여 죽은 수(壽) 또한 아들이 없었다. 태자 급의 동생이 둘 있었는데 하나는 검모이며, 검모는 일찍이 혜공(惠公)을 대신하여 임금이 되었는데 8년 만에 다시 떠났다. 두 번째는 소백이다. 소백과 검모는 이미 전에 죽었으므로 소백의 아들 신을 세우니 대공이다. 대공이 죽고 다시 그 동생 단(燬)을 세우니 그가 문공(文公)이다"라 하였다. 『전』과 『사기』에 의하면 대공이 소백의 아들임은 더 이상 의심의 여지가 없다. 그러나 『한서 · 고금인표』에서는 대공을 검모의 아들이라고 하였는데, 무슨 근거로 그러는지 모르겠다.

59 재치(載馳) : 『시경 · 용풍(鄘風)』에 보인다.

60 무휴(無虧) : 공자 무맹(公子武孟)이며, 그 어머니는 위희(衛姬)이다.

61 승마(乘馬) : 두예는 "말 네 마리가 승이다"라 하였다. 장병린은 『독(讀)』에서 "승마라는 것은 수레를 끄는 말을 통틀어 가리키며, 말 네 마리를 승이라고 한 것과는 다르다. 『관자 · 소광(小匡)』편에서 말하기를 '적인이 위나라를 치니 위나라 사람들은 조읍으로 도망갔으며 환공은 초구(楚丘)에 성을 쌓아 봉하였고 그 가축이 달아나 흩어졌으므로 환공(桓公)이 수레 끌 말 3백 필을 주었다'라 하였으니 네 필에 그치지 않는다. 소, 양, 돼지, 닭, 개가 모두 3백 마리였으므로 말 또한 3백 마리이다"라 하였는데, 장병린의 설이 옳다. 소공 6년의 『전』에서 말하기를 "수레 말 여덟 마리를 가지고 개인적으로 보았다"라 하였고, 20년 전에서는 "위후가 수레 말로 삼았다"라 하였고, 29년의 전에서는 제후가 와서 그 수레 말을 바쳤다"라 하였는데, 승마는 모두 수레를 끄는 말을 가리킨 것이어서 두예의 주석이 틀렸음을 알 수 있다. 문재는 문을 만드는 자재이다.

牛, 羊, 豕, 鷄, 狗皆三百與門材.	소, 양, 돼지, 닭, 개 도합 3백 마리와 문을 만들 재료를 보내 주었다.
歸夫人魚軒,[62]	부인에게 어물피로 장식한 수레와
重錦三十兩.[63]	상등품의 비단 30필을 보내 주었다.

鄭人惡高克,	정나라 사람이 고극을 미워하여
使帥師次于河上,[64]	군사를 이끌고 황하의 가에 머물도록 하여
久而弗召,	오래도록 그를 부르지 않았더니
師潰而歸,	군사들이 흐트러져 돌아갔으며
高克奔陳.	고극은 진나라로 달아났다.

---

62 어헌(魚軒) : 정공 9년의 "서헌(犀軒)"과 같다. 서헌은 물소의 가죽을 가지고 장식을 한 것이고, 어헌은 물고기 가죽으로 장식을 한 것이다. 『시경 · 소아 · 채미(小雅 · 采薇)』에 "상아 활고자에 물고기 가죽(象弭魚服)"이라는 말이 있는데 공영달의 주석〔소(疏)〕에서는 "어복은 어수(魚獸)의 가죽이다. 어수는 멧돼지 비슷한데 동해에 있으며 가죽은 등에 얼룩무늬가 있으며 배 아래쪽은 순 청색이다"라 하였다. 장병린은 『좌전독』에서 『사기 · 예서(禮書)』에 교현(鮫韅)이라는 것이 보이는데 상어의 가죽으로 말의 겨드랑이 끈 가죽을 만든 것이며, 어헌 역시 이 때문에 그런 이름을 얻었다고 하였다.

63 중금(重錦) : 금(錦)은 각양각색의 실로 짜서 만든 주단 재료. 중금은 금 가운데서도 아주 가는 것이다.
삼십량(三十兩) : 30필(匹)을 말함. 고대의 포백(布帛)이 매필이 네 장(丈)이었으며 2단으로 나누어 둘씩 합하여 마는데 이 때문에 양(兩)이라고 한다. 필은 우연히 그렇게 되었으며 또한 필이라고도 한다.

64 『시경 · 정풍 · 청인(鄭風 · 淸人)』의 소(疏)에서는 "이때 적이 위나라를 침략하였는데 위는 황하 북쪽에 있고 정나라는 황하 남쪽에 있었다. 적이 황하를 건너와 정나라를 침략할까 봐 걱정이 되어 고극에게 군사를 이끌고 황하 가에서 막게 하였다"라 하였다.

鄭人爲之賦淸人.[65]	정나라 사람이 이 때문에 「청인」을 지었다.
晉侯使大子申生伐東山皐落氏.[66]	진후가 태자 신생으로 하여금 동산의 고락씨를 치게 하였다.
里克諫曰,[67]	이극이 간하여 말하기를
"大子奉冢祀, 社稷之粢盛,[68]	"태자는 종묘와 사직의 제사를 받들고
以朝夕視君膳者也,[69]	아침저녁으로 임금님의 음식을 살피는 사람이기 때문에
故曰冢子.	총자라고 합니다.

65 청인(淸人) : 「청인」은 지금 『시경 · 정풍(鄭風)』에 실려 있다. 청(淸)은 정나라의 읍 이름이다. 고극 및 그가 이끈 병사들이 모두 청읍의 사람이었던 것 같아 시에서 운운하였던 것 같다. 청읍은 지금의 하남성 중모현 경계에 있을 것이다. 「청인」의 서에 의하면 "문공(文公)을 풍자한 것"이라 하였으니 정인이라 한 것은 정문공과 공자 소(公子素)이다.

66 동산고락씨(東山皐落氏) : 적적(赤狄)의 별종으로 지금의 산서성 원곡현(垣曲縣) 동남쪽에 고락진(皐落鎭)이 있는데 곧 옛 고락씨의 땅일 것이다. 산서성 석양현(昔陽縣) 동남쪽 70리 지점에도 고락진이 있는데 송나라 악사(樂史)의 『태평환우기(太平寰宇記)』에서는 이곳이 곧 동산 고락씨의 땅일 것이라 하였는데 확실치 않은 것 같다. 「진어 1」에서는 이는 여희(驪姬)의 계략이라 하고 여희의 말을 상세히 서술하였다.

67 이극(里克) : 진나라 대부 이계(里季)이다.

68 총사(冢祀) : 총(冢)은 크다는 뜻이다. 총사는 종묘의 제사를 가리킨다.

69 선(膳) : 선식(膳食)을 말한다. 『예기 · 문왕세자(文王世子)』에 "문왕이 세자였을 때 하루 세 번씩 부왕에게 문안을 드렸다. 음식을 올릴 때는 반드시 있다가 차고 따뜻함의 조절을 살폈고, 밥상이 물러 나오면 드신 것이 얼마인가를 묻고 요리사에게 명하였다"라는 말이 나오는데 이것이 아마 태자가 아침저녁으로 임금이 드실 요리를 살피는 의절(儀節)이었던 것 같다.

君行則守,	임금이 출행하면 나라를 지키고
有守則從.[70]	지킬 사람이 있으면 수행하는데
從曰撫軍,	수행을 무군이라 하고
守曰監國,	지키는 것을 감국이라 하는 것이
古之制也.	옛날의 제도입니다.
夫帥師,	군대를 거느리고
專行謀,[71]	전적으로 계책을 행하고
誓軍旅,[72]	군대에 훈계를 내리는 것은
君與國政之所圖也.[73]	임금님과 정경이 도모할 것이지
非大子之事也.	태자의 일이 아니옵니다.
師在制命而已,[74]	군사 일이란 명령을 제어하는 데 있습니다.

---

70 종(從) : 옛날에는 거성(去聲)으로 읽었다. 청나라 이이덕(李貽德)은 『가복주집술(賈服注輯述)』에서 「문왕세자」의 "군왕이 강역의 바깥으로 나갈 일이 있으면 서자(庶子)는 공족 중에 일이 없는 사람을 데리고 공실과 궁중을 지키게 한다. 정실은 태묘를 지키고 족부들에게는 귀궁(貴宮)과 귀실(貴室)을 지키며 여러 아들과 손자들은 하궁(下宮)과 하실(下室)을 지키게 된다"라는 말을 인용하여 수(守)자를 입증하였는데, 「문왕세자」에서 말한 것은 태자가 수행을 하지 않을 때의 일이다. 또 『좌전』을 파헤쳐 보면 임금이 출행하는 데 나라를 지키는 사람은 주로 집정 경대부로서 수행하지 않는 사람들이 했다. 이극의 말은 아마 옛 제도일 것이다.

71 전행모(專行謀) : 모략을 전단(專斷)하는 것.

72 서군려(誓軍旅) : 군대를 호령하는 것.

73 국정(國政) : 나라의 정경(正卿).

74 옛날에 군사를 낼 때는 주수(主帥)가 명을 내리니 이른바 "궁궐 바깥에서는 장군이 통제한다", "장수가 바깥에 있을 때는 임금의 명령을 받지 않는다"는 것이 이것이다.

稟命則不威,[75]	명을 여쭙게 되면 위엄이 서지 않고
專命則不孝,[76]	명을 전적으로 행하면 효성스럽지 않게 되므로
故君之嗣適不可以帥師.[77]	임금의 사승권이 있는 적자는 군사를 이끌 수가 없습니다.
君失其官,[78]	임금이 관원의 임명에 실수를 하시면
帥師不威,	군사를 이끄는 데 위엄이 없으니
將焉用之?	장차 그것을 어디에 쓰겠습니까?
且臣聞皐落氏將戰.	또한 신이 듣건대 고락씨가 싸우려고 한답니다.
君其舍之!"[79]	임금께서는 그것을 철회하여 주십시오!"라 하였다.
公曰,	공이 말하기를
"寡人有子,	"과인에게는 아들이 있는데
未知其誰立焉!"	누구를 세워야 할지 모르겠거든!"이라 하였다.

---

75 주수(主帥)가 일을 만나 교시를 청하면 위엄을 잃는다는 것이다.

76 병권을 오로지 하여 임금의 명을 받지 않으면 부자지간의 도를 잃게 된다.

77 사적(嗣適) : 적(適)은 적(嫡)과 같음. 사적은 적사(適嗣)라는 말과 같음.

78 임금이 관인(官人)을 쓰는 도리를 잊고 태자를 가지고 군사를 이끌게 한 것을 말함.

79 사지(舍之) : 태자가 가지 못하게 하는 것을 이르며, 동산(東山)을 치지 말라는 것이 아니다.

不對而退.[80]	이에 대답을 못하고 물러났다.
見大子.	태자를 뵈니
大子曰,	태자가 말하였다.
"吾其廢乎?"	"나는 폐출되겠지?"
對曰,	대답하여 말하기를
"告之以臨民,[81]	"백성을 다스리는 일로 고하였고
敎之以軍旅,[82]	군대의 일로 교시하셨으니
不共是懼,[83]	성실히 못함을 두려워하셔야지
何故廢乎?	무슨 까닭으로 폐출시키겠습니까?
且子懼不孝,	또한 아들이니 불효를 두려워하고
無懼弗得立.	즉위할 수 없음을 두려워 마십시오.
修己而不責人,	몸을 닦고 남을 책망하지 않으면
則免於難."[84]	난을 면하실 수 있을 것입니다"라 하였다.

80 「진어 1」에서 서술한 이극의 말은 『전』과 다르며, 「진세가」의 서술은 『좌전』의 것을 썼다.

81 태자로 하여금 곡옥에 머물면서 곡옥의 백성을 다스리게 하라는 말이다.

82 앞에서는 하군을 인솔하게 하고 또 이번에는 동산 고락씨의 정벌을 맡긴 것을 말함.

83 공(共) : 가나자와 문고본(金澤文庫本)에는 공(供)으로 되어 있다. 공(供)의 뜻으로 읽어서 불공(不供)이 되면 임무를 완수하지 못한다는 뜻이 되고, 공(恭)으로 읽어서 불공(不恭)이 되면 일을 앞두고 엄숙하고 성실치 못하다는 뜻이 된다. 『국어 · 주어』 위소의 주석에서는 "새벽부터 밤늦게까지 삼가 일을 하는 것을 공(恭)이라 한다"라 하였다.

84 「진어 1」의 서술은 『좌전』과 다르다. 「진세가」에서는 『좌전』의 기사를 썼지만 또한 "이극은 병으로 사퇴하여 태자를 따르지 않았다"라 하였다.

大子帥師,	태자가 군대를 이끌고 나갈 때
公衣之偏衣,[85]	헌공이 편의를 입혀 주고
佩之金玦.[86]	금결을 채워 주었다.
狐突御戎,[87]	호돌이 융거를 몰고
先友爲右.[88]	선우가 거우가 되었다.
梁餘子養御罕夷,[89]	양여자양은 한이의 수레를 몰고
先丹木爲右.	선단목이 거우가 되었다.
羊舌大夫爲尉.[90]	양서대부가 위가 되었다.

85 편의(偏衣) : 「진어 1」에서는 "편독지의(偏裻之衣)"라고 하였다. 독(裻)은 등의 솔기로 등 한가운데 척추가 있는 곳을 꿰매어 붙인 것이다. 한가운데를 갈라 좌우의 색을 달리 하였으므로 "편독지의"라 하며 줄여서 "편의"라고 한 것이다. 옷의 색은 한쪽은 공복(公服)과 같은 색이므로 다음에서 선우(先友)가 "衣身之偏"이라 하였으며, 좌우가 다른 색으로 대칭이 되지 않기 때문에 다음에서 한이(罕夷)가 "尨奇無常"이라 하였다.

86 금결(金玦) : 결(玦)은 고대의 몸에 차는 물건으로 가락지와 닮았으나 한쪽이 터졌으며 주로 옥으로 만든다. 금결은 청동으로 만든다.

87 호돌(狐突) : 자가 백행(伯行)이며 호언(狐偃)의 아버지이고, 중이(重耳)의 외조부이다.

88 선우(先友) : 선단목(先丹木)의 일족이다.
이상의 말은 태자가 진후(晉侯)의 상군을 대신 통솔한다는 말이다. 공영달의 소(疏)에서는 "『전』의 상하의 여러 말이 누구는 융거를 몰고, 누구는 거우가 되고 하였으니 국군(國君)이 스스로 장수가 되어 통솔하는 것이다" 운운하였는데 사실은 그렇지 않다.

89 양여자양(梁餘子養) : 양은 성이고 여자는 자, 양은 이름이다. 백리맹명시(百里孟明視)처럼 성과 자, 이름을 이어서 붙인 경우이다. 진나라에는 양오(梁五), 양유미(梁由靡), 양병(梁丙), 양익이(梁益耳)가 있는데 모두 양을 성으로 삼았다. 송나라의 운서(韻書)『광운(廣韻)』의 "양(梁)"자의 주석과 남송(南宋) 정초(鄭樵)의 『통지 · 씨족략서(氏族略序)』에서는 양여를 복성이라 하였는데 틀렸을 것이다.
한이(罕夷) : 하장군일 것이다. 태자가 본래 하군의 장군이었으나 지금은 헌공을 대신하여 상군의 장군이 되었으니 한이가 하장군이 되어 수행하는 것이다.

90 양설대부(羊舌大夫) : 『당서 · 재상세계표(唐書 · 宰相世系表)』에 의하면 이름은 돌이다. 양설직의 아버지이며 숙상의 조부이다.

先友曰,	선우가 말하였다.
“衣身之偏,[91]	“몸에 편의를 입힌 것은
握兵之要.[92]	병권의 요체를 쥔 것입니다.
在此行也,	이번 행군에
子其勉之!	힘쓰실진저!
偏躬無慝,[93]	몸 반의 옷 색이 같음은 악의가 없는 것이고
兵要遠災,[94]	병권의 장악은 재화를 멀리하는 것으로
親以無災,[95]	친하면서도 재화가 없으니
又何患焉?”[96]	또한 그 무엇을 근심하십니까?”

위(尉) : 군위(軍尉)이다. 양공 19년의 『전』에서는 “공이 진(晉)나라의 육경(六卿)에게 포포(蒲蒲)에서 향연을 베풀고 삼명(三命)의 복(服)을 내렸다. 군위(軍尉)와 사마, 사공, 여위(輿尉), 후엄(候奄)에게도 모두 일명(一命)의 복을 주었다”라 하였으니 군위는 군사(軍師)의 아래, 뭇 관직의 위에 있었다. 『회남자 · 병략(兵略)』편에서는 “관리를 임명하는데 삼가고 동정(動靜)을 때에 맞춰하며, 이졸(吏卒)을 구분하고 무기와 갑옷을 다스리며, 행(行)과 오(伍)를 바로잡고 십(什)과 백(伯)을 조직하며 북과 기를 명확하게 하는 것이 위의 관직이다”라 하였는데, 위가 관장하는 것이 이와 같다.

91 태자가 입고 있는 편의는 반은 헌공의 복색과 같기 때문에 공복의 편의는 태자이다.

92 금결(金玦)을 찬 것은 상군 장수로 하군이 또 수행한다.

93 헌공의 옷 반을 나누어 주었으니 악의가 없는 듯하다는 말.

94 원(遠)은 옛날에 거성으로 읽었다. 병권이 자신에게 있으니 해를 멀리할 수 있다는 말이다.

95 친(親)은 무특(無慝)을 풀이한 것이고, 무재(無災)는 원재(遠災)를 가리킨다.

96 선우는 이 일을 좋은 일이라고 생각하였다. 그러나 이미 심적으로 잘못되었음을 알았으면서도 일부러 이런 위로의 말을 하였을 수도 있다.

狐突歎曰,	호돌이 탄식을 하며 말하였다.
"時,[97]	"명령을 내리는 때는
事之微也;[98]	일의 기미이고
衣,	옷은
身之章也;[99]	몸의 등급을 나타내며
佩,	차는 장식은
衷之旗也.[100]	속마음을 나타내는 기치이다.
故敬其事,	그러므로 그 일을 공경스럽게 생각하면
則命以始;[101]	시작하는 철에 명령을 내리고
服其身,	몸에 옷을 입혀 줄 때는
則衣之純;[102]	옷의 색이 순색이며
用其衷,	충심으로 쓴다면
則佩之度.[103]	법도에 맞는 패식을 내린다.

97 시(時) : 거행하는 때를 가리킨다.

98 미(微) : 증(證)과 같은 뜻. 진헌공이 겨울에 군사를 일으켜 사람을 치는데, 겨울은 숙살(肅殺)의 철로 아래의 글에서 이른바 "冬殺"을 말한 것이다. 마음속에 살의가 있다는 뜻일 것이다.

99 옛날에 복색은 각 사람의 신분의 귀천을 나타내었다.

100 패(佩)는 덕을 나타내며, 충은 마음속이라는 말과 같다. 그러므로 패(佩)는 심중을 나타내는 기치라는 말이다.

101 시(始)는 춘하(春夏)를 말한다.

102 순색의 복장이다. 옛날의 전투복은 단색을 귀하게 여겼다. 그것을 균복(均服)이라 하였다.

今命以時卒,	이제 마치는 철에 명을 내렸으니
閟其事也;[104]	그 일이 닫히는 것이고
衣之尨服,[105]	색이 섞인 옷을 입혀 주었으니
遠其躬也;[106]	그 몸을 멀리하는 것이고
佩以金玦,	금결을 채워 주었으니
棄其衷也.[107]	충심을 버린 것이다.
服以遠之,	옷으로 멀리하고
時以閟之,	철로 닫아 버렸으며
尨,	색이 섞인 것은
涼;[108]	서늘함을,
冬,	겨울은
殺;[109]	숙살을,
金,	금은

103 그 사람의 마음을 쓰려고 하면 반드시 예도에 맞는 것을 차게 한다. 고인들은 패옥을 상도(常度)로 생각하였다.

104 12월은 사철의 마지막이다. 그러므로 "命以時卒"이라 한 것이다.
비(閟) : 문을 닫는 것이다. 인신되어 모든 닫는 것을 가리키게 되었다. 비기사(閟其事)라는 말은 그 일을 통달치 못하게 하는 것을 말한다.

105 방복(尨服) : 여러 가지 색이 섞인 복장으로, 편의를 가리킨다.

106 원기궁(遠其躬) : 선우(先友)의 친(親)자로 날카로운 대비를 이룬다.

107 금결을 차지 않았어야 하는데 금결을 찼으므로 이렇게 말하였다.

108 량(涼) : 『설문해자』에는 량(椋)으로 인용하여 놓았는데 역시 색이 섞였다는 뜻이 있다.
여기서는 량(涼)자로 방(尨)자의 뜻을 풀었다.

109 겨울은 초목을 죽이는데, 여기서는 죽이는 것으로 겨울의 뜻을 풀이하였다.

寒;	차가움을,
玦,	결은
離;[110]	떨어지는 것이니
胡可恃也?	어찌 믿을 수 있겠습니까?
雖欲勉之,	아무리 힘을 쓰려 한들
狄可盡乎?"[111]	적인들을 다 없앨 수 있겠습니까?"
梁餘子養曰,	양여자양이 말했다.
"帥師者,	"군사를 이끄는 사람은
受命於廟,[112]	태묘에서 명을 받으며
受脤於社,[113]	토지신의 사당에서 제육을 받고

110 옛날 사람들은 옥(玉)의 덕은 따뜻하고 금(金)의 덕은 차다고 하였으므로 차다는 것으로 금의 뜻을 풀었다. 옛날 사람들은 결(玦)은 결절(訣絕)과 이별을 표시한다고 생각하였는데 『순자 · 대략』편에서 이른바 "사람과 절교할 때는 결로 하고 절교한 사람을 다시 부를 때는 가락지로 한다(絕人以玦, 反絕以環)"나, 전한(前漢) 대덕(戴德)의 『대대예기 · 왕도기(大戴禮記 · 王度記)』에서 이른바 "신하에게 결을 내리면 떠난다"라 한 것이라든가 후한(後漢) 반고(班固)의 『백호통 · 간쟁편(白虎通 · 諫諍)』편에서 이른바 "신하가 교외에서 추방을 기다리는데 임금이 가락지〔環〕를 내리면 돌아오고 결을 내리면 떠난다"라는 것이 모두 이런 뜻이다.

111 "雖欲勉之"는 선우(先友)의 "子其勉之"라는 말을 겨냥하여 한 말이다. "狄可盡乎"는 헌공이 일찍이 태자에게 명하기를 "적을 섬멸하거든 돌아오라"라 한 것을 말한다.

112 「진어」 위소(韋昭)의 주석에서는 "출행하려 할 때는 태묘에 고하고 출정의 명을 받는다"라 하였다.

113 신(脤) : 『설문해자』에는 "祳"으로 되어 있고 "토지신의 제사를 지내는 고기는 신(蜃)이라는 제기에 담으므로 신(祳)이라고 한다"라 하였다. 성공 13년의 『전』에서는 "공이 제후들과 함께 천자를 조견하고 마침내 유강공(劉康公), 성숙공(成肅公)을 따라 진후(晉侯)를 만나 진(秦)나라를 쳤다. 성자(成子)가 토지신 사당에서 제육을 받는 데 불경하였다"라 하였는데, 이는 출병하기 전에 제육을 받는 의식을 말한다. 옛날에는 출병을

有常服矣.	법도에 맞는 복장을 받게 됩니다.
不獲而尨,[114]	그런 것은 얻지도 못하고 색이 섞인 옷을 받았으니
命可知也.[115]	명을 알 만합니다.
死而不孝,	죽어도 효도를 하지 못하면
不如逃之."	차라리 도망가는 게 낫습니다."
罕夷曰,	한이가 말하였다.
"尨奇無常,[116]	"색이 섞인 옷은 기이하고 법도에 맞지 않으며
金玦不復.[117]	금결은 돌아오지 못하는 것입니다.

할 때 토지신에게 제사를 올려야 명분이 타당하였다. 제사를 끝내면 토지신에게 바친 고기를 여러 사람에게 나누어 주는데 이를 수신(受脤)이라 하였다.

114 불획(不獲) : 떳떳한 복장을 받지 못한 것을 가리킨다. 엳은 적색 가죽옷이 전투복인데 성공 16년의 『전』에서 "붉은 가죽을 무두질하여 만든 융복을 입은 사람이 있었으니 군자였다(有韎韋之跗注, 君子也)"라는 말로 알 수 있다. 대체로 엳은 적색의 부드러운 가죽을 변(弁)이라 하는데, 이 때문에 복장이 되었다. 방(尨)은 편의(偏衣)를 가리킨다.

115 명(命)은 헌공의 명을 가리킨다. 헌공의 명이 선의(善意)를 품고 있지 않음을 가리킨다.

116 「진어 1」에서는 말하였다. "이런 까닭으로 신생에게 동산(東山)을 치게 하고는 편숙(偏裻)의 옷을 입혀 주고 금결을 채워 주었다. 복인(僕人) 찬(贊)이 그것을 듣고는 말하기를 '태자가 위태롭구나! 임금이 이상한 것을 내렸는데 이상한 것은 괴이한 것을 낳고 괴이한 것은 무상(無常)한 것을 낳고 무상한 것은 서지를 못한다'라 하였다." 『주례 · 혼인(閽人)』에서는 "기이한 복장과 괴상한 백성은 들이지를 않는다"라 하였는데 정현은 이에 대해 "기이한 복장이라는 것은 법도에 맞지 않는(非常) 옷이다. 『춘추전』에서 말하기를 '색이 섞인 기이한 복장은 법도에 맞지 않는다(無常)'라 하였다" 하였으니 비상(非常)으로 무상(無常)의 뜻을 푼 것이다.

117 금결불복(金玦不復) : 결은 결별을 표시하므로 돌아오지 못한다고 하였다.

雖復何爲?	비록을 돌아온들 어찌하겠습니까?
君有心矣."[118]	임금께서는 작심을 하셨습니다."
先丹木曰,	선단목이 말하였다.
"是服也,	"이 옷은
狂夫阻之.[119]	미치광이도 꺼릴 것입니다.
曰'盡敵而反',[120]	'적을 섬멸하거든 돌아오라' 하였는데
敵可盡乎?	적을 섬멸할 수 있겠습니까?
雖盡敵,	적을 섬멸한다 하더라도
猶有內讒,	안에서 참소를 할 것이니
不如違之."[121]	여기를 떠남만 못합니다."
狐突欲行.	호돌이 가려고 하였다.
羊舌大夫曰,	양설대부가 말하였다.
"不可.	"안 됩니다.
違命不孝,	명을 어기는 것은 불효이옵고

---

118 두예는 "태자를 해치려는 마음을 가진 것이다"라 하였다.

119 광부조지(狂夫阻之) : 「진어 1」에서는 "또한 이 옷은 미치광이도 꺼려하는 옷이다"라 하였다. 『이아 · 석고(爾雅 · 釋詁)』에서는 "조(阻)는 어려워하는 것이다"라 하였다. 광부조지(狂夫阻之)라는 것은 미치광이조차 또한 입기를 어려워한다는 것이다.

120 진적이반(盡敵而反) : 진헌공이 신생에게 명한 말이다.

121 위(違) : 떠나다는 뜻이다. 양여자양의 "차라리 도망가는 게 낫습니다(不如逃之)"라는 말과 상응한다.

棄事不忠.	일을 버리는 것은 불충입니다.
雖知其寒,[122]	그 차가움을 안다고 한들
惡不可取.[123]	악한 것은 취할 수 없습니다.
子其死之!"[124]	그대는 이 때문에 죽을 것입니다!"
大子將戰,	태자가 싸우려 하였다.
狐突諫曰,	호돌이 간하여 말하였다.
"不可.	안 됩니다.
昔辛伯諗周桓公云,[125]	옛날에 신백이 주환공에게 간하여 말하기를
'內寵並后,	'내총이 왕후와 대등하고
外寵二政,[126]	외총이 집정자와 같으며
嬖子配適,[127]	서자가 적자에 짝하며
大都耦國,[128]	큰 도읍이 국도와 같은 것은

122 한(漢) : 호돌(狐突)의 "금은 차다(金寒)"라 한 말의 한(寒)자와 상응한다. 한량(寒涼)이라는 말은 고악(苦惡)이라는 말과 같다.

123 악(惡) : 불효와 불충을 가리킨다.

124 또한 「진어 1」을 보라.

125 심(諗) : 깊이 간(諫)하는 것이다.

126 정(政) : 곧 국정(國政)으로, 정경(正卿)이다.

127 해제(奚齊), 탁자(卓子)가 신생(申生)과 필적함을 가리킨다.

128 신백(辛伯)의 말은 환공 18년의 『전』에 상세히 나와 있다. 호돌이 신백의 말을 진나라의 당시 일에 끌어 붙인 것은 여희가 총애를 독차지하고, 양오(梁五)와 동관폐오(東關嬖五)가 정경(正卿)과 함께 일을 처리하는 것을 가리킨다. 혹자는 대도(大都)는 곡옥(曲沃)을 가리킨다고도 하였다. 그러나 곡옥에 거처하는 사람은 신생 본인으로 진나라의 해가 되지 않는다. 옛사람이 전에 들은 것을 지금 끌어다 입증하는 경우는 모두 그

亂之本也.'	난리의 근본이다' 라 하였습니다.
周公弗從,	주공이 그 말을 듣지 않아
故及於難.[129]	화난을 만나게 되었습니다.
今亂本成矣,	이제 난리의 근본이 이루어졌는데
立可必乎?	태자로 세워지는 것을 기필할 수 있겠습니까?
孝而安民,	효도하여 백성을 편안하게 하는 것을
子其圖之![130]	도모해 보시기 바랍니다!
與其危身以速罪也."[131]	차라리 몸을 위태로이 하여 죄를 가속시키는 것보다 낫습니다."

대강만 취하지 빈드시 일마다 꼭 부합할 필요는 없다.

129 환공 18년의 『전』에 상세하다.

130 호돌이 여전히 그가 행동할 것을 권하고 있다. 두예는 "몸을 보존하는 것이 효도이고, 싸우지 않는 것은 백성을 편안하게 하는 것이다"라 하였다.

131 싸우면 몸이 위태롭게 되고 죄를 빨리 이르게 할 것이다. 이 구절은 도치구로 문장을 바로 잡으면 "몸을 위태롭게 하여 죄를 재촉함이 차라리 효도를 하여 백성을 편안하게 함만 못하니 그대는 잘 생각하여 도모하십시오!(與其危身以速罪也, 不如孝而安民, 子其圖之!)"라는 말이 된다. 이런 구법은 원년 사위(士蔿)의 말 "與其及也"와 같다. 「진어 1」에서는 "직상(稷桑)에 이르면 적인들이 나와 맞을 것이다. 신생은 싸우려고 하였다. 호돌이 간하여 말했다. '안 됩니다. 제가 듣기에 임금이 총신을 좋아하면 대부가 위태롭고 여색을 좋아하면 태자가 위태롭게 되고 사직이 위험하게 된다. 아버지에게서 은혜를 받고 죽음에서 멀어지면 백성들에게 은혜를 베풀고 사직에 이롭게 되나니 잘 생각해 보소서! 하물며 몸을 적에게 위태롭게 하여 안으로 참소를 받게 하다니오?' 신생이 말했다. '아니 된다. 임금께서 나를 기쁘게 하지 않거나 아니면 내 마음을 헤아려 보려는 것이다. 그런 까닭에 나에게 기이한 옷을 내리고 나에게 병권을 주고 또한 달콤한 말까지 하였소. 말은 크게 다나 그 가운데는 반드시 쓰고 참언이 그 속에 있소. 임금께서 일부러 마음을 내시었으니 나무좀으로 무고를 한다 한들 어찌 피하겠소? 싸움만 못하오. 싸우지 않고 돌아가면 내 죄는 더욱 두터워질 것이오. 내가 싸우다 죽으면 그래도

成風聞成季之繇,[132] 성풍이 성계의 점괘를 듣고

乃事之,[133] 결탁하여

而屬僖公焉, 희공을 부탁하였으므로

故成季立之. 성계는 희공을 세웠다.

僖之元年, 희공 원년에

齊桓公遷邢于夷儀.[134] 제환공이 형을 이의로 옮겼다.

二年, 2년에

封衛于楚丘.[135] 위를 초구에 봉하였다.

아름다운 명예는 있게 되오.' 과연 직상에서 적을 물리치고 돌아갔다. 참소하는 말이 더욱 많이 일어났다. 호돌은 문을 걸어 잠그고 나오지 않았다. 군자가 말하기를 '깊은 계책에 뛰어나도다'라 하였다."

132 성풍(成風) : 장공의 첩으로 희공의 어머니이다.
주(繇) : 점괘의 말이다. 앞의 『전』을 보라.

133 사(事) : 문공 18년의 『전』에서는 "문공의 이비(二妃)인 경영(敬嬴)은 선공(宣公)을 낳았으며, 경영은 총애를 받았는데도 사사로이 양중과 결탁하였다(私事襄仲)"라 할 때의 사(事)자와 같은 뜻이다. 결탁하여 원조하는 것을 말한다.

134 이의(夷儀) : 청나라 마종련(馬宗璉)의 『춘추좌전보주(春秋左傳補注)』〔이하 『보주(補注)』〕와 심흠한(沈欽韓)의 『지명보주(地名補注)』에 의하면 지금의 산동성 요성현(聊城縣) 서쪽 12리 지점에 있을 것이다. 혹은 하북성 형태시(邢台市) 서쪽에 있다고도 하는데 틀렸다.

135 초구(楚丘) : 위나라 땅으로 지금의 하남성 활현(滑縣) 동쪽에 있다. 청나라 제소남(齊召南)의 『춘추좌씨전주소고증(春秋左氏傳注疏考證)』〔이하 『고증(考證)』〕에서는 "『전』에는 나중에 쓴 것도 있고 미리 쓴 것도 있는데 이번의 경우는 미리 쓴 것이다"라 하였다. 『여씨춘추 · 간선(簡選)』편에서는 "제환공은 좋은 병거 3백 승과 훈련된 병사 만 명을 선봉으로 삼아 해내를 횡행하였는데 천하에서는 막아 낼 수가 없었다. 남으로는 석량(石梁)까지 이르렀고 서로는 풍곽(酆郭), 북으로는 영지(令支)에까지 이르렀다. 중산(中山)은 형(邢)을 멸하였고, 적(狄)은 위(衛)나라를 멸하였다. 환공은 이의(夷儀)에

邢遷如歸,	형 사람들은 옮기는 것을 돌아가는 것처럼 생각하였고
衛國忘亡.[136]	위나라는 망했다는 것을 잊었다.

衛文公大布之衣, 大帛之冠,[137]	위문공은 거친 베옷을 입고 거친 비단 모자를 썼으며
務材, 訓農,[138]	재목 심기에 힘쓰고 농사를 훈계하였으며
通商, 惠工,[139]	상인들을 유통시키고 공인들에게는 은혜를 베풀었으며
敬孝, 勸學,[140]	교화를 중시하고 학문을 권장하였으며

형을 다시 세웠고, 초구(楚丘)에 위나라를 다시 세웠다"라 하였다.

136 당나라 유지기(劉知幾)의 『사통 · 모의(史通 · 模擬)』편에서는 "상하가 편안하여 옛것을 잃음이 없음을 말하였다"라 하였다.

137 위문공(衛文公) : 대공(戴公)을 이었으며, 앞의 『전』에 보인다.
대백(大帛) : 『예기 · 잡기(雜記) 상』의 정현의 주에서는 "대백(大白)"이라고 하였다. 또한 말하기를 "대백관(大白冠)은 태고의 베로 만든 관이다"라 하였다. 대포의와 대백관은 검소함을 보이는 것이다.

138 무재훈농(務材訓農) : 공영달은 "'무재'는 목재를 심는 데 힘쓰는 것이며, '훈농'은 백성들에게 농업에 힘쓰라고 훈계하는 것이다"라 하였다.

139 통상혜공(通商惠工) : 공영달은 "'통상'은 상업 판매의 길을 통하게 하여 재화의 이익이 오가게 하는 것이며, '혜공'은 백공에게 은혜를 베풀어 그 기용(器用)을 이롭게 함을 상주는 것이다"라 하였다.

140 경효권학(敬孝勸學) : 공영달은 "'경효'는 백성들에게 오교〔五敎 : 곧 오륜(五倫)〕을 중시하게 하고, '권학'은 백성들에게 학문을 권하는 것이다"라 하였다.

授方，任能.[141]	관리에게는 합당한 직분을 주고 유능한 자를 임명하였다.
元年，	원년에
革車三十乘；	병거가 30승이었는데
季年，[142]	말년에는
乃三百乘.[143]	3백 승이 되었다.

141 수방임능(授方任能) : 이 두 가지는 관인(官人)을 가리켜 말한 것이다. 방은 곧 성공 18년 및 양공 9년의 『전』의 "관원은 자신의 직분을 넘지 않았다(官不易方)"라 한 것과 소공 29년 『전』의 "관원이 그 직분을 닦는다(官修其方)"라 할 때의 방(方)과 같다. 수방은 백관의 떳떳한 도리를 준다는 것을 말한다. 임능은 재능이 있는 사람을 임용하여 쓰는 것을 말한다. 그 떳떳한 직분을 주지 않으면 다스릴 수가 없게 되고, 재능 있는 사람을 임용하지 않으면 사람을 다스릴 수 없게 된다.

142 계년(季年) : 말년(末年)과 같은 말. 두예는 희공 25년이라고 하였다.

143 내삼백승(乃三百乘) : 마침내 3백 승에 이르게 되었다는 말이다. 30승은 제환공에게 궤멸되었을 때이고, 3백 승은 나라를 잘 다스려 얻은 것이다.

5. 희공

僖公

(기원전 659년~기원전 627년)

「노세가」에서는 "이름은 신(申)이고 장공의 작은 아들이다"라 하였으며 또 "계우(季友)가 듣고 진(陳)나라에서 민공(湣公)의 동생 신(申)과 함께 주(邾)나라로 갔다"라 하였으니 민공의 동생이다. 『한서 · 오행지(五行志)』에서는 희공을 민공의 서형이라고 하였는데 제가의 설은 모두 이를 따랐으며, 육덕명(陸德明)의 『석문(釋文)』과 하휴(何休)의 『공양전』의 주(注)와 소(疏)에서도 모두 이 설과 같은데 틀렸을 것이다. 어머니는 성풍(成風)이다. 『사기』와 『한서』에서는 희(僖)를 으레 "리(釐)"라고 기록하고 있으며, 『사기 · 연표』에서만 "희공홍(僖公薨)"이라고 하였는데 후인이 고친 것으로 의심이 간다.

희공 원년

經

元年春王正月.[1]	원년 봄 주력으로 정월.
齊師, 宋師, 曹師次于聶北,[2]	제나라 군사, 송나라 군사 조나라 군사가 섭북에 머무르면서
救邢.	형을 구원하였다.
夏六月,	여름 6월에
邢遷于夷儀.[3]	형이 이의로 옮겼다.

---

1 원년(元年) : 임술년 B.C. 659년으로 주혜왕(周惠王) 18년이다. 12월 18일 계사일이 동지였으며, 건축(建丑)년이다. 윤달이 있다.

2 조사(曹師) : 각 판본에는 "조백(曹伯)"으로 되어 있는데 여기서는 『당석경(唐石經)』과 장공 3년 및 양공 23년의 『정의(正義)』의 인용에 따라 개정하였다. 『전』의 문장에 의하면 세 나라 모두 그 임금이 친히 군사를 통솔하였으므로 조나라만 "조백(曹伯)"이라고 해서는 안 된다. 『곡량전』에서도 "조백이라고 말하지 않은 것은 어째서인가? 제후(齊侯)라고 말하지 않았으면 조백이라고 말해서는 안 되기 때문이다"라 하였다.

섭북(聶北) : 곧 지금의 산동성 박평(博平)의 폐 소재지인 박평진(博平鎭)에 있을 것이다. 『청일통지(淸一統志)』에서는 섭성(聶城)은 지금의 하북성 청풍현(淸豐縣) 동북쪽에 있다고 하였고, 『방여기요(方輿紀要)』에서는 청풍현 북쪽 10리 지점에 있다고 하였는데 도로가 굽어 있어서 믿을 수가 없다. 산동성 요성현(聊城縣)에도 또한 섭성이 있는데 더욱 가깝다. 청나라 주준성(朱駿聲)의 『설문통훈정성(說文通訓定聲)』에서는 섭(聶)은 곧 소공 23년 전에서 말한 "요(聊)와 섭(攝) 동쪽"이라 할 때의 섭(攝)이라 하였는데 이 말이 옳다.

3 이의(夷儀) : 민공 2년의 『전』에 보인다. 『공양전』에는 "진의(陳儀)"로 되어 있다. 유사배(劉師培 : 1884~1919)의 『춘추좌씨전답문(春秋左氏傳答問)』에서는 『춘추』의 예에 따르면 스스로 옮긴 것은 기록하지 않았으며〔이를테면 진(晉)나라가 신전(新田)으로 옮긴 것과 초(楚)나라가 약(鄀)으로 옮긴 것, 주(邾)나라가 역(繹)으로 옮긴 것은 『경』에서 모두 기록하지 않았다〕『경』에서 옮겼다고 한 것은 모두 외세의 핍박을 받은 것이다. 허(許)나라는 무릇 네 차례나 옮겼는데 세 차례가 초나라에 의해서였고, 채(蔡)나라는 오나라의 핍

齊師, 宋師, 曹師城邢. 제나라 군사, 송나라 군사, 조나라 군사가 형에 성을 쌓았다.

秋七月戊辰,[4] 가을 7월 무진일에

夫人姜氏薨于夷, 부인 강씨가 이에서 죽었는데

齊人以歸.[5] 제나라 사람이 가지고 돌아왔다.

楚人伐鄭.[6] 초나라 사람이 정나라를 쳤다.

八月, 8월에

公會齊侯, 宋公, 鄭伯, 曹伯, 邾人于檉.[7] 공이 제후와 송공, 정백, 조백, 주나라 사람과 정에서 만났다.

박으로 옮겼으며, 형(邢)·위(衛)는 적〔狄 : 적(狄)나라, 북적(北狄)〕의 핍박으로 옮겼다.

4 무진(戊辰)일은 26일이다.

5 이귀(以歸) : 시신을 가지고 돌아가는 것이다. 『당석경』에는 "以"자의 아래 "주검 시(尸)"자가 더 새겨져 있는데 후인이 추가하여 넣은 것으로 근거로 삼기에는 충분치 못하다. 귀(歸)는 노나라로 돌아오는 것이다. 청나라 모기령(毛奇齡)은 『춘추전(春秋傳)』에서 제나라로 돌아간 것이라고 하였는데 믿을 수 없다. 『사기·연표』에서는 "제환공 27년 여동생인 노장공의 부인을 죽였는데 간음하였기 때문이다"라 하였으며, 아래의 『전』에서도 그렇게 말하였다.

6 초(楚) : 장공 28년의 『경』에만 해도 초(楚)는 여전히 형(荊)으로 부르고 있는데 여기서부터는 초(楚)로 고쳐 부르고 있으니, 초나라가 국호를 초(楚)로 정한 것은 장공 28년 이후 희공 원년 이전일 것이다. 『초학기(初學記)』〔당(唐)나라 서견(徐堅) 등이 편찬한 일종의 백과사전인 유서(類書)〕권7에서는 『죽서기년(竹書紀年)』을 인용하여 "소왕(昭王) 36년 형초(荊楚)를 쳤다" 운운하였으니 서주 때는 형초를 병칭한 것 같다. 나머지는 장공 10년의 경에 상세하다.

7 정(檉) : 『공양전』에는 "정(朾)"으로 되어 있다. 두예는 송(宋)나라 땅이라 하였으며 『휘찬(彙纂)』에서는 진(陳)나라 땅이라고 하였다. 그 땅은 지금의 하남성 회양현(淮陽縣) 서북쪽에 있을 것이다.

九月,	9월에
公敗邾師于偃.[8]	공이 언에서 제나라 군사를 물리쳤다.
冬十月壬午,[9]	겨울 10월 임오일에
公子友帥師敗莒師于酈,[10]	공자 우가 군사를 거느리고 여에서 거나라 군사를 물리치고
獲莒挐.[11]	거여를 잡았다.
十有二月丁巳,[12]	12월 정사일에
夫人氏之喪至自齊.[13]	부인씨의 영구가 제나라에서 도착하였다.

---

8 언(偃) : 『공양전』에는 "영(纓)"으로 되어 있다. 주(邾)나라 땅으로 지금의 산동성 비현(費縣) 남쪽에 있을 것이다.

9 임오(壬午) : 12일이다.

10 여(酈) : 『공양전』에는 "리(犁)"로 되어 있고 『곡량전』에는 "려(麗)"로 되어 있다. 세 자는 통가자이다. 노나라 땅이다.

11 획(獲) : 대부가 잡히면 산 채로 잡거나 죽은 채로 잡거나 간에 모두 획(獲)이라 한다. 여(挐) : 감본(監本)과 모본(毛本)에는 모두 "여(拏)"로 되어 있다. 후한(後漢) 허신(許愼)의 『설문해자(說文解字)』에는 "挐"자도 있고 "拏"자도 있는데 음은 같고 뜻은 다르지만 고서에서는 많이 혼용하고 있다. 여기서는 『당석경』과 송본(宋本), 가나자와 문고본(金澤文庫本), 아시카가본(足利本), 악본(岳本)에 따라 "挐"로 하였다. 거여(莒挐)는 거나라 임금의 동생이다.

12 정사(丁巳) : 18일이다.

13 두예는 "氏"자의 위에 "강(姜)"자가 있어야 하며 "姜"이라 하지 않은 것은 궐문(闕文)이라 하였다. 그러나 "부인씨(夫人氏)"는 은공 3년의 "군씨(君氏)", 『시경 · 패풍 · 개풍(邶風 · 凱風)』의 "모씨(母氏)"와 같이 결코 궐문이 아니다. 두예는 또 말하기를 "희공이 청하여 장사를 지냈으므로 종묘에 알리고 영구가 이른 것을 기록한 것이다"라 하였다.

傳

元年春,	원년 봄
不稱卽位,	즉위하였다라고 기록하지 않은 것은
公出故也.[14]	공이 나갔었기 때문이다.
公出復入,	공이 다시 들어왔는데도
不書,	기록하지 않은 것은
諱之也.	꺼렸기 때문이었다.
諱國惡,	나라에서 싫어하는 것은 꺼리는 것이
禮也.[15]	예의에 맞다.

諸侯救邢.[16]	제후들이 형나라를 구원하였다.
邢人潰,	형나라 사람들이 무너져
出奔師.[17]	제후들의 군중으로 달아났다.

---

14 공영달은 "지난해 8월 민공이 죽고 희공이 주나라로 달아났으며, 9월에 경보가 거나라로 달아나자 공은 즉시 노나라로 돌아왔다. '공이 나갔기 때문에' 라고 말한 것은 공이 나가서 다시 돌아와 즉위식을 하지 않았으며 지난해에 공이 도망을 갔기 때문에 즉위를 할 때 공이 바깥에 있었음을 말하지 않은 것이다"라 하였다. 청나라 유문기(劉文淇)는 "공이 나갔다라는 것은 공이 진(陳)나라에서 즉위한 것을 이른다"라 하였다.

15 공영달은 "국내에서 난리가 일어나 공이 국외로 나가게 되는 지경에까지 이르렀으므로 공이 나갔다가 다시 들어왔다고 기록하지 않았으며 나라에 난리가 났음을 알리는 것을 꺼린 것이다. 나라의 난리는 나라의 나쁜 일이며, 나라의 나쁜 일을 꺼리는 것은 예에 합당한 것이다"라 하였다.

16 제후(諸侯) : 제환공과 송환공, 조소공(曹昭公)이 직접 군사를 이끌고 온 것이다. 공영달의 소(疏)에서 이른바 "선유(先儒)들은 이 전역에 제후들이 몸소 갔다고 생각하였다"라 한 것이다.

師遂逐狄人,	군사들이 마침내 적인들을 쫓아 버리고
具邢器用而遷之,	형나라의 기용 재물을 모두 챙겨 옮겨 주었는데
師無私焉.[18]	군사들은 거기에 아무도 사사로운 마음을 가지지 않았다.

夏,[19]	여름에
邢遷于夷儀,	형나라가 이의로 옮겼으며
諸侯城之,	제후들이 성을 쌓아 주었는데
救患也.[20]	환난을 구원하기 위함이었다.
凡侯伯,[21]	무릇 제후의 우두머리는
救患, 分災, 討罪,[22]	환난을 구원하고 천재가 있으면 나누고 죄가 있으면 치는 것이

17 제후의 군사에게로 도망간 것이다.

18 제후의 군사들이 형나라의 기용 재물에 사사로이 취하는 것이 없었다는 것이다.

19 하(夏) : 가나자와 문고본(金澤文庫本)에는 "여름 6월(夏六月)"로 되어 있다.

20 『국어 · 제어(國語 · 齊語)』에서는 "적인(狄人)들이 형나라를 공격하자 환공은 이의에 성을 쌓아 봉하여 주었다. 형나라의 남녀 백성들은 욕을 보지 않았으며 소와 말들도 그대로 갖출 수가 있었다"라 하였다. 『관자 · 대광(管子 · 大匡)』편에서는 "적인들이 형나라를 치자 형나라 임금이 빠져나가 제나라에 바치니 환공이 이의에 성을 쌓아 봉하여 주고 수레 백 승과 병졸 천 명을 주었다"라 하였다.

21 후백(侯伯) : 『국어 · 정어(鄭語)』 위소(韋昭)의 주에서는 "후백은 제후들의 우두머리이다(侯伯, 諸侯之伯)"라 하였다. 여기서는 제환공을 가리킨 것으로 『국어 · 진어(晉語) 4』에서 이른바 "관중이 제환공을 해쳤는데도 마침내 제후의 우두머리가 되었다"라 한 것이다.

禮也.	예의에 합당한 것이다.

秋,	가을에
楚人伐鄭,	초나라 사람이 정나라를 쳤는데
鄭卽齊故也.[23]	정나라가 제나라에게 갔기 때문이다.
盟于犖,[24]	낙에서 맹약을 맺었는데
謀救鄭也.[25]	정나라를 구원할 계책 때문이었다.

九月,	9월에
公敗邾師于偃,	공이 언에서 주나라 군사를 물리쳤는데
虛丘之戍將歸者也.[26]	허구를 지키다 돌아가려는 자들이었다.

---

22 분재(分災) : 분(分)은 분담(分擔)한다는 뜻. 제후에게 천재가 발생하면 곡식과 옷감 따위를 나누어 구휼하는 것을 말함. 성공 2년『전』의 "내 비방을 나누어 받기 위함이다(吾以分謗也)"의 "分"과 같은 뜻이다.

토죄(討罪) :『주례 · 대종백(周禮 · 大宗伯)』가공언(賈公彦)의 주에서는 "제후들이 까닭도 없이 서로 치는(伐) 것은 죄인이다. 패자가 제후들을 모아 함께 치는(討) 것이 죄인을 치는 것이다"라 하였다.

23 즉(卽) : 취(就), 나아가다의 뜻이다. 제나라와 친한 것이다.

24 낙(犖) : 곧 두예는 "낙은 곧 정(檉)이다. 지명이 둘이다"라 하였다.

25 모구정(謀救鄭) : 정나라를 구원하는 군사 행동이『경』과『전』에는 보이지 않는다. 혹 모의만 하고 실행에 옮기지 않았거나, 혹은 초나라 군사들이 스스로 물러났는지 모두 알 수가 없다.

26 허구(虛丘) : 후한(後漢)의 복건(服虔)은 노나라의 읍으로 생각하였고, 두예는 주나라

冬,	겨울에
莒人來求賂.[27]	거나라 사람이 와서 뇌물을 요구하였다.
公子友敗諸酈,	공자 우가 역에서 그들을 물리치고
獲莒子之弟挐.[28]	거자의 아우인 여를 잡아 왔다.
非卿也,	경이 아닌데도
嘉獲之也.[29]	그를 잡은 것을 가상히 여긴 것이다.
公賜季友汶陽之田及費.[30]	공은 계우에게 문양의 땅과 비를 내렸다.

땅이라 하였는데 확실히 알 수가 없다. 지금의 비현(費縣) 경내에 있을 것이다. 복건은 노나라에 난리가 나자 주나라가 병사들을 보내어 허구를 지키게 하였다고 하였다. 노나라와 주나라는 원한 관계가 없는데도 군사를 돌려보내려 함에 요로에서 격퇴시킨 것은 희공을 미워했기 때문이다. 두예는 주나라 사람이 애강(哀姜)을 송환시켰는데 제나라 사람이 죽이자 이 때문에 허구를 지키며 노나라를 치려 한 것이라고 하였다. 공이 의리로 제나라에 청하니 제나라가 강씨의 영구를 보내 주었으며 주나라 사람이 이를 두려워하여 돌아가려 하였기 때문에 공이 요로에서 지키고 있다가 격퇴시킨 것이다. 두 가지 설 모두 그럴듯하다.

27 민공 2년의 『전』에서 "뇌물을 가지고 거나라에 공중을 청하였더니 거나라 사람이 돌려보냈다(以賂求共仲于莒, 莒人歸之)"라 하였으니 거나라에서 경보(慶父)를 돌려보내고 이미 뇌물을 받았는데 또 뇌물을 요구한 것은 어쩌면 탐욕이 끝이 없어서일 수도 있으며 또한 환공 13년의 "송나라가 정나라에 여러 번이나 뇌물을 요구하였다(宋多責賂於鄭)"라 한 것과 같다. 청나라 우창(于鬯)은 『향초교서(香草校書)』에서 노나라가 뇌물을 준다고만 하고 일찍이 준 적이 없기 때문에 거나라가 요구를 한 것이라 하였는데, 또한 통한다.

28 『곡량전』에서는 이에 대해 서술을 하였는데 반드시 믿을 만한 것은 아니다.

29 이는 거여(莒挐)는 경(卿)이 아닌데도 『경』에서 "거여를 잡았다(獲莒挐)"라고 기록한 것은 계우(季友)가 그를 잡은 공을 칭찬한 것이라는 말이다.

30 문양지전(汶陽之田) : 물의 북쪽을 양(陽)이라 하니, 전(田)이 문수(汶水)의 북쪽에 있기 때문에 문양(汶陽)이라고 하였다. 북위(北魏) 역도원(酈道元)의 『수경주 · 문수(水經注 · 汶水)』에서는 "사수(蛇水)는 서남쪽으로 흘러 문양의 전(田)을 지나는데 제나라가

夫人氏之喪至自齊.[31] 부인씨의 영구가 제나라에서 왔다.

君子以齊人之殺哀姜也爲已甚矣,[32] 군자는 제나라 사람이 애강을 죽인 것이 너무 심하다고 생각하였는데

女子, 여자는

從人者也.[33] 남편을 따르는 사람이기 때문이다.

희공 2년

經

二年春王正月,[1] 2년 봄 주력으로 정월에

城楚丘.[2] 초구에 성을 쌓았다.

침입한 곳이다. 문수의 북쪽은 평평하게 탁 트였는데 희공이 계우에게 내린 곳으로 또 서남쪽으로 주성(鑄城)의 서쪽을 경과한다"라 하였다. 청나라 장운오(張雲璈)는 이에 의거하여 계우가 받은 문양전은 지금의 태안현(泰安縣) 서남쪽 누상촌(樓上村)의 동북쪽에 있다고 하였다.

비(費) : 옛 성은 지금의 산동성 비현(費縣) 서북쪽 20리 지점에 있다.

31 상(喪) : 시신이다. 이때는 이미 대렴(大斂)을 마쳤을 때이다.

32 이(已) : 너무.

33 옛날에 여자들에게는 삼종지도(三從之道)라는 것이 있었는데 시집을 가기 전에는 부친을 따르고, 시집을 간 후에는 남편을, 남편이 죽은 후에는 자식을 따른다는 것이다〔『의례·상복(儀禮·喪服)』의 『전(傳)』에 보임〕. 만약 그렇다면 애강은 이미 노나라로 시집을 갔으니 시집에 죄가 있으면 친정에서 벌해서는 안 된다는 것이다.

1 이년(二年) : 계해년 B.C. 658년으로 주혜왕(周惠王) 19년이다. 지난해 윤11월 29일 무술일이 동지였으니 이해의 정월은 인월(寅月)이다.

夏五月辛巳,[3] 여름 5월 신사일에

葬我小君哀姜. 우리 소군 애강을 장사 지냈다.

虞師, 晉師滅下陽.[4] 우나라와 진나라 군사가 하양을 멸했다.

秋九月, 가을 9월에

齊侯, 宋公, 江人, 黃人盟于貫.[5] 제후와 송공, 강나라 사람, 황나라 사람이 관에서 맹약했다.

---

2 원년에는 이의(夷儀)에 성을 쌓았다 하였고 『경』에서 "형(邢)에 성을 쌓았다"라 한 것은 형나라가 이미 이의로 옮겼기 때문이다. 이때만 해도 위나라는 여전히 조나라에 더부살이하고 있었으니 먼저 성을 쌓고 난 후에 옮겼기 때문에 위(衛)에 성을 쌓았다고 기록하지 않고 초구에 성을 쌓았다고 한 것이다. 초구는 이미 민공 2년에 보인다.

3 신사(辛巳)일은 14일이다.

4 진(晉)나라가 처음으로 『경』에 보였다.
하양(下陽) : 『공양전』과 『곡량전』에는 "夏陽"으로 되어 있다. "下"와 "夏"는 음이 같다. 두예는 괵(虢)나라의 읍이라고 하였다. 당나라 이길보(李吉甫)의 『원화군현지(元和郡縣志)』에 의하면 당시 섬주(陝州) 평륙현(平陸縣) 동쪽 20리 지점에 있었다. 지금의 평륙현 현 소재지는 또한 이미 서남쪽으로 옮겼으니 지금 현 소재지의 동북쪽 35리 지점일 것이다. 청나라 뇌학기(雷學淇)의 『죽서기년의증(竹書紀年義證)』에서는 "기실 괵나라의 종묘사직은 하양에 있지 상양(上陽)에 있지 않다. 『경』에서는 이해에 멸하였다고 기록하였으니 종묘는 이미 없어졌으며 후손들이 남아 있었다고 하더라도 나라라고 부를 수는 없었다"라 하였다. 그러나 이 설은 다만 『죽서기년(竹書紀年)』을 풀이할 수 있을 따름으로 『좌전』의 기록과는 현저히 합치되지 않는다. 『수경주 · 하수(河水)』와 『노사 · 국명기기주(路史 · 國名紀己注)』에서는 모두 『죽서기년』을 인용하여 "19년 헌공이 우나라 군사와 만나 괵나라를 치고 하양을 멸하였다. 괵공추(虢公醜)는 위(衛)나라로 달아났다. 공이 하공여생(瑕公呂甥)에게 괵나라의 도성에 읍을 세우라고 하였다"라 하였다. 두예(杜預)의 『춘추후서(春秋後序)』에서는 다만 "진헌공이 우나라 군사를 만나 괵을 치고 하양을 멸하였다"라고만 인용하였다. "괵공추가 위나라로 달아났다"(『전』에서는 경사(京師)로 달아났다고 하였다)고 한 것은 5년에 있었다고 생각하였으니 진헌공 22년이다.

5 강(江) : 나라 이름이다. 영(嬴)씨 성으로 옛 성은 지금의 하남성 식현(息縣)의 서남쪽에 있다. 청나라 고동고(顧棟高)의 『대사표(大事表)』에서는 정양현(正陽縣) 동남쪽에 있다고 하였다. 문공 4년 초나라에게 멸망당하였다.

冬十月,	겨울 10월에
不雨.[6]	비가 내리지 않았다.
楚人侵鄭.	초나라 사람이 정나라를 쳤다.

傳

二年春,	2년 봄에
諸侯城楚丘而封衛焉.[7]	제후들이 초구에 성을 쌓고 거기에 위나라를 봉했다.
不書所會,	회합을 기록하지 않은 것은
後也.[8]	나중에 도착했기 때문이다.

황(黃) : 환공 8년의 전을 보라.

강인(江人)과 황인(黃人)은 강나라와 황나라의 임금이다. 12년의 『전』에서는 "황나라 사람이 제후들이 제나라와 친한 것을 믿고 초나라에 공손하지 않았다"라 하였는데, 이른바 "황인"은 곧 황나라의 임금이다.

관(貫) : 송나라 땅으로 지금의 산동성 조현(曹縣) 남쪽 10리 지점에 있다.

6 『전』에는 3년에 있다.

7 공영달은 "봉한다는 것은 흙을 모으는 것을 말한다. 천자가 제후를 세울 때는 반드시 토지를 나누어 주고 강계(疆界)를 세우며 흙을 모아 봉하여 기록하기 때문에 나라를 세우는 것을 나라를 봉하였다고 하는 것이다. 위나라는 오래된 나라인데 지금 봉하였다고 하는 것은 그 임금이 죽고 나라는 멸망하여 다시 봉하여 세웠으므로 봉하였다고 하는 것이다"라 하였다. 또한 『사기 · 연표』 및 「위세가」에도 보인다.

8 이는 『경』을 풀이한 말이다. 원년에 형(邢)에 성을 쌓고 "제나라 군사, 송나라 군사, 조나라 군사가 형에 성을 쌓았다(齊師, 宋師, 曹師城邢)"라고 하였는데, 이번의 초구에 성을 쌓을 때도 제나라를 가장 앞에 기록하고 다른 나라도 참여하였다고 하였다. 그러나 『경』에서는 다만 "초구에 성을 쌓았다"라고만 하고 기타의 제후들은 기록을 하지 않았는데, 다른 나라의 제후들이 이미 공정을 마쳤는데 노나라만 나중에 이르러 그 기일에 맞추지 못한 것을 꺼렸기 때문에 "성(城)"이라고만 기록하였다. 문공 17년의 『전』에서도 "공이 나중에 이르렀으므로 회합한 것을 기록하지 않았다"라는 말이 있다. 『시경 · 용풍 · 정방

晉荀息請以屈產之乘與垂棘之璧假道於虞以伐虢.[9] 진나라의 순식이 굴에서 나는 말과 수극의 벽옥을 청하여 우나라에서 길을 빌려 괵나라를 쳤다.

公曰, 공이 말하였다.

지중(鄘風 · 定方之中)』에 의하면 초구에 성을 쌓은 것은 희공 원년 건해지월(建亥之月)이니 하력의 10월, 주력의 12월이며, 노나라는 둘째 해에 가서 도와주었는데, 여러 나라에서 주최하는 모임에 제때에 미치지는 못하였지만 아주 많이 늦은 것도 아니다.

9 진순식(晉荀息) : 『한서 · 지리지(地理志)』의 주석에서는 『죽서기년』을 인용하여 "무공(武公)이 순(荀)을 멸하고 이를 대부 원씨암(原氏黯)에게 내렸는데 이 사람이 순숙(荀叔)이다"라 하였다. 희공 9년의 『전』에 의하면 순식이 곧 순숙인데, 암은 혹 그 이름일 것이고 식은 자이며 숙은 배항으로 이른바 "오십이 되면 백씨(伯氏) 중씨(仲氏)로 부른다"(『예기 · 단궁 상』)는 것이다.

굴산지승(屈產之乘) : 굴은 곧 북굴(北屈)로 장공 28년의 『전』에 보인다. 산(產)은 동사이다. 굴산지승(屈產之乘)이란 북굴에서 생산되는 말이란 말과 같다. 후한(後漢) 말 하휴(何休)의 『공양전』 주와 후한 말 조기(趙岐)의 『맹자』 주에서는 모두 굴산(屈產)을 지명이라 보았으며, 송나라 악사(樂史)의 『태평환우기(太平寰宇記)』에서는 이 때문에 부회하여 지금의 산서성 석루현(石樓縣)에는 굴산천(屈產泉)이 있고 이 읍에는 준마가 있는데 이 물을 마신 훌륭한 말을 이르는 것이라 하였는데 믿기 어렵다.

수극(垂棘) : 지명이다. 성공 5년에도 보인다. 청나라 심흠한(沈欽韓)의 『지명보주(地名補注)』에서는 지금의 산서성 노성현(潞城縣) 북쪽에 있다고 하였다.

우(虞) : 지금의 산서성 평륙현(平陸縣) 동북쪽〔환공(桓公) 10년의 『전』을 보라〕에 있는데 이는 진나라의 남쪽〔진(晉)은 이때 강(絳)에 도읍을 두었고, 강(絳)은 익성현(翼城縣)의 동남쪽이다〕에 있었으며, 괵나라는 또 우나라 남쪽에 있었으니 진나라가 괵나라로 가려면 반드시 우나라에게서 길을 빌려야 한다. 지금의 평륙현 동북쪽에 우판(虞坂)이라는 곳이 있는데 곧 옛날의 전령판(顚軨坂)으로 중조산(中條山)의 요충지가 되는 지름길로 『태평환우기』에서는 우나라에게서 빌린 길이 곧 이 길이라고 하였다. 또한 『의례 · 빙례(儀禮 · 聘禮)』에도 나라를 지나가며 길을 빌리는 예가 있는데 참고할 만하다.

「진세가」에서는 "19년 헌공이 말하기를 '처음에 우리 선군이신 장백과 무공께서 진나라의 난신을 주살할 때 괵나라는 항상 진나라를 도와 우리를 공격하였으며, 또한 도망친 공자를 숨겨 주기까지 하여 실로 난이 일어나가도 하였다. 그들을 죽이지 않으면 나중에 자손들에게 우환을 남길 것이다' 라 하고는 이에 순식에게 굴에서 난 말을 가지고 우나라에게서 길을 빌리게 하였다"라 하였다. 『한비자 · 내저설(韓非子 · 內儲說) 하』「육미(六微)」에서 우나라에 보낸 것으로는 여악(女樂)이 많다고 하였다.

"是吾寶也."	"이것은 우리나라의 보물이다."
對曰,	대답하여 말하기를
"若得道於虞,	"우나라에서 길을 얻기만 하면
猶外府也."[10]	바깥 창고에 있는 것이나 마찬가지입니다"라 하였다.
公曰,	공이 말하였다.
"宮之奇存焉."[11]	"궁지기가 거기 있을 텐데."
對曰,	대답하여 말하기를
"宮之奇之爲人也,	"궁지기라는 사람은
懦而不能强諫.	나약하고 강하게 간하지를 못합니다.
且少長於君,[12]	게다가 어려서부터 임금과 함께 자라
君暱之;	임금이 그를 가까이하니
雖諫,	간하여도
將不聽."[13]	듣지 않을 것입니다"라 하였다.

10 『공양전』과 『곡량전』에 모두 이 글이 있다. 『곡량전』은 대개 『여씨춘추 · 권훈(呂氏春秋 · 權勳)』편과 『한비자 · 십과(十過)』편의 것을 습용하였을 것이다.

11 궁지기(宮之奇) : 우나라의 현신. 전한(前漢) 때 동중서(董仲舒)의 『춘추번로 · 멸국(春秋繁露 · 滅國) 상』편에 "우공(虞公)이 그 나라를 궁지기에게 맡기니 진헌공이 그것을 근심하였다"는 말이 있고, 『여씨춘추 · 권훈(權勳)』편에 "우나라에 궁지기가 있으니 진헌공이 그것 때문에 밤새도록 잠을 이루지 못했다. ……"라 한 것이 있는데, 대체로 이 말 때문에 과장한 말일 것이다.

12 소장어군(少長於君) : 송나라 임요수(林堯叟)의 『춘추좌전구해(春秋左傳句解)』에서 말한 "궁지기는 어려서부터 공궁(公宮)에서 자랐다"는 말과 같으며 또한 임금보다 조금 크다는 말로도 풀이를 할 수 있겠다. 임요수의 해석이 비교적 낫다.

乃使荀息假道於虞,	이에 순식으로 하여금 우나라에서 길을 빌리게 하여
曰,	말하기를
"冀爲不道,[14]	"기나라가 무도하여
入自顚軨,[15]	전령으로 들어와
伐鄍三門.[16]	명의 세 성문을 쳤습니다.
冀之旣病,[17]	기나라가 이미 타격을 받은 것은
則亦唯君故.[18]	또한 임금님 때문입니다.

---

13 『곡량전』에 비교적 상세하게 서술하였는데 참고해 볼 만하다.

14 기(冀) : 나라 이름. 송대(宋代) 나필(羅泌)의 『노사후기(路史後記)』 권11에서는 은상(殷商) 부열(傅說)의 후손이라 하였는데 근거가 확실치 않다. 지금의 산서성 하진현(河津縣) 동북쪽에 기정(冀亭)의 유지가 있는데 그 나라일 것이다. 오래지 않아 진나라에게 멸망당하여 극씨(郤氏)의 식읍이 되었다.
부도(不道) : 잔포(殘暴)와 같은 말.

15 전령(顚軨) : 곧 우판(虞坂)으로 위 "가도(假道)"에 상세히 나와 있다.

16 명(鄍) : 복건은 진나라의 읍이라고 하였고 두예는 우나라의 읍이라고 하였는데, 지리적으로 고찰해보나 사리로 따져 보아도 두예가 옳다. 지금의 평륙현(平陸縣) 동북쪽에 있다.
삼문(三門) : 구설은 모두 지금의 삼문협(三門峽)에 해당한다고 하였는데, 삼문협은 황하 가운데 있으니 기나라가 굳이 칠 수도 없었고 반드시 치려고도 하지 않았을 것이다. 이 삼문은 지명이 아닐 것이다. 벌명삼문(伐鄍三門)은 명읍의 세 성문을 친 것으로 포위하여 공격하였다는 말과 같다. 『방여기요(方輿紀要)』에서는 명성은 둘레가 4리라 하였으니 성문이 있었음을 알 수 있다. 명은 우나라 서남쪽 약 20여 리 지점에 있다. 이 구절의 말은 기나라가 강포(强暴)하여 아무런 까닭도 없이 우읍을 쳤음을 말하는 것이다.

17 기지기병(冀之旣病) : 진나라가 우나라를 도와 기나라를 쳐서 이미 기나라가 손상을 입게 한 것을 말함.

18 유군고(唯君故) : 유(唯)는 "인할 인(因)"자와 같은 뜻으로 쓰였다. 성공 2년 『전』의 "제나라와 진(陳)나라 또한 하늘이 돕는 나라이다(齊·晉亦唯天所授)"의 유(唯)자와 같은 용법이다. 이 구절은 우리가 기나라를 친 것은 스스로 한 것이 아니라 우나라를 위한 복수로 적을 친 것일 따름이라는 말이다. 진나라가 이로 인해 우나라에 은혜를 입었으므로

今虢爲不道,	이제 괵나라가 무도하여
保於逆旅,[19]	객사에 작은 성을 쌓고
以侵敝邑之南鄙.[20]	우리나라의 남쪽 변경을 쳐들어왔습니다.
敢請假道,	감히 길을 빌리어
以請罪于虢."[21]	괵나라에 죄를 묻기를 청합니다."
虞公許之,	우공이 허락하고
且請先伐虢.[22]	아울러 자기네가 먼저 괵나라를 칠 것을 청하였다.
宮之奇諫,	궁지기가 간하였으나
不聽,	듣지 않고
遂起師.[23]	마침내 군사를 일으켰다.

먼저 이 일을 제기하여 다시 은혜를 갚는다는 말이다.

19 보(保) : 보(堡)와 같음. 『예기 · 월령(月令)』편의 "사방 시골 사람들이 보루로 들어간다(四鄙入保)"의 "保"와 같은데, 정현은 "소성(小城)을 보(保)라고 한다"라 하였으니 곧 지금의 보루(堡壘)이다. 여기서는 동사로 쓰였으며, 객사에 돌로 된 누대를 쌓은 것을 말하는데 멀리 바라볼 수도 있고 굳게 지킬 수도 있다.
역려(逆旅) : 객사(客舍)이다. 괵나라에 진나라 남쪽 변경의 객사에 진을 키고 노략질하는 사람이 있다는 말이다.

20 장공 26년 『전』에 괵나라가 진나라에 침입했다는 말이 두 번 나오는데, 이때가 그중의 한번인지의 여부는 모르겠다.

21 청죄(請罪) : 문죄(問罪)와 같은 말.

22 우나라가 먼저 치겠다고 청하였으니, 이번 전투는 진나라가 주력군이나 우나라가 실제 이끈 것이다.

23 기사(起師) : 우나라가 군사를 일으킨 것이다.

夏,	여름에
晉里克, 荀息帥師會虞師,	진리극과 순식이 군사를 이끌고 우나라 군사를 만나
伐虢,	괵나라를 치고
滅下陽.[24]	하양을 멸하였다.
先書虞,	먼저 우나라를 기록한 것은
賄故也.[25]	뇌물을 받았기 때문이다.

秋,	가을에
盟于貫,	관에서 맹약을 하였는데

24 『수경주 · 하수(河水)』에서는 『죽서기년』을 인용하여 “19년 헌공이 우나라 군사를 만나 괵을 치고 하양을 멸하였다. 괵공추(虢公醜)는 위나라로 달아났다. 공이 하공여생(瑕公呂生)에게 명하여 괵나라의 도읍에 읍을 만들게 하였다”라 하여 『좌전』과는 다르다. 명말청초(明末淸初) 왕부지(王夫之)는 『패소(稗疏)』에서 “멸한다는 것은 반드시 그 나라이다. 괵나라는 셋이 있는데 형택(滎澤)의 괵정(虢亭)은 동괵(東虢)이며, 하양(下陽)은 평륙현(平陸縣) 대양(大陽)의 남쪽 하수 기슭 북쪽에 있는데 북괵(北虢)이고, 섬주(陝州)의 상양(上陽)은 남괵(南虢)이다. 동괵은 괵숙(虢叔)이 봉해진 곳이다. 남 · 북 두 괵은 모두 괵중(虢仲)의 땅이다. 북괵은 그 고도(古都)로 우나라와 매우 가까우며 나중에 어쩌면 황하를 건너 남천을 하였을 것이며, 종묘사직은 예로부터 하양에 있었다. 진나라가 나중에 다시 군사를 일으켜 괵나라를 쳐서 남괵을 빼앗았다”라 하였다. 그러나 『죽서기년』의 여러 책에 의하면 진(晉)나라가 괵나라를 멸할 때 단 한 차례 군사를 일으킨 것 같으며 『좌전』에서는 이후로도 괵나라가 융(戎)을 물리친 기록이 있으며, 희공 5년 진나라가 재차 군사를 일으킨 후에 전부 병탄하였다. 왕부지의 이 설은 앞에 인용한 뇌학기(雷學淇)의 설과 나란히 놓고 보면 비교적 원만하게 통할 수 있다. 거기서 이른바 북괵과 남괵은 곧 은공 원년 『전』의 서괵(西虢)이다. 「연표」 및 「진세가」에서는 모두 『좌전』의 것을 썼다.

25 이는 『경』의 “우나라 군사와 진나라 군사가 하양을 멸했다”는 것을 해석한 것이다.

服江, 黃也.[26]	강나라와 황나라를 복종시켰기 때문이다.
齊寺人貂始漏師于多魚.[27]	제나라 시인 초가 비로소 다어에서 군사의 일을 누설하였다.
虢公敗戎于桑田.[28]	괵공이 상전에서 융을 물리쳤다.
晉卜偃曰,	진나라 복언이 말하기를
"虢必亡矣.	"괵나라는 반드시 망할 것이다
亡下陽不懼,[29]	하양이 멸망당하였는데도 두려워하지 않고
而又有功,	오히려 또 군공을 세우니
是天奪之鑒,[30]	이는 하늘이 그의 거울을 빼앗아

26 두예는 "강과 황은 초나라의 동맹국이며, 비로소 와서 제나라에 복종하였으므로 제후와 회합한 것이다"라 하였다.

27 시인(寺人) : 환관으로 궁중에서 임금을 모시는 사람인데, 『주례 · 천관(天官)』에 시인(寺人)의 관직이 있다.
초(貂) : 수초(豎貂). 『국어』와 『관자』, 『여씨춘추』 및 『설원』 등 여러 책에는 모두 "수조(豎刁)"로 되어 있다.
누사(漏師) : 공영달은 "누사라는 것은 군사의 밀모(密謀)를 누설한 것이다. 비로소라고 한 것은 종내에는 또한 더 심하여질 것임을 말한 것이다"라 하였다.
다어(多魚) : 청초(清初) 고사기(高士奇)의 『지명고략(地名考略)』에서는 아마 지금의 하남성 우성현(虞城縣) 경계에 있을 것이라 하였다.

28 상전(桑田) : 곧 지금의 하남성 영보현(靈寶縣) 조상역(稠桑驛)이다. 이때 괵나라는 이미 황하 북쪽의 땅이 망하기는 하였어도 황하 남쪽에서는 융을 물리칠 수가 있었다.

29 하양은 종묘사직이 있는 곳으로 그곳이 멸망당하였는데도 두려워하지 않는 것이다.

而益其疾也.[31]	그 죄악을 더한 것이다.
必易晉而不撫其民矣.[32]	반드시 진나라를 쉽게 보고 그 백성들을 어루만지지 않을 것이다.
不可以五稔."[33]	다섯 해를 넘기지 못할 것이다."

冬,	겨울에
楚人伐鄭,	초나라 사람이 정나라를 쳤는데
鬪章囚鄭聃伯.[34]	투장이 정담백을 가두었다.

희공 3년

經

三年春王正月,[1]	3년 봄 주력으로 정월에

---

30 지(之) : "그 기(其)"자와 같은 뜻으로 쓰였다.
감(鑒) : 거울이다. 이 구절의 뜻은 스스로 그 추악함을 비추어 볼 수가 없게 되었다는 말이다.

31 질(疾) : 죄악(罪惡)이라는 뜻으로 가차되어 쓰였다. 또 성공 17년의 『전』에도 보인다.

32 이(易) : 거성이다. 경시한다는 뜻이다. 여기서는 동사인데, 의동용법(意動用法)으로 쓰였다.

33 임(稔) : 본의는 곡식이 익는 것이다. 곡식은 한 해에 한 번 익으므로 해라는 뜻으로 인신되어 쓰였다. 곧 5임(稔)은 5년이다.

34 투장(鬪章) : 초나라의 대부이다.

1 삼년(三年) : 갑자년 B.C. 657년으로 주혜왕(周惠王) 20년이다. 지난해 12월 11일 갑진일이 동지였으니 건축(建丑)이다.

不雨.	비가 내리지 않았다.
夏四月不雨.	여름 4월에 비가 내리지 않았다.
徐人取舒.[2]	서나라 사람이 서를 빼앗았다.
六月雨.	6월에 비가 내렸다.
秋,	가을에
齊侯, 宋公, 江人, 黃人會于陽穀.[3]	제후와 송공, 강나라 사람, 황나라 사람이 양곡에서 회합하였다.
冬,	겨울에
公子友如齊涖盟.[4]	공자 우가 제나라로 가서 맹약에 임하였다.

---

2 『전』이 없다.
서(徐) : 장공 26년 『경』을 보라.
서(舒) : 나라 이름으로 언(偃)성이다. 문공 12년의 『전』 및 공영달의 소(疏)에서 인용한 『세본(世本)』에 의하면 서용(舒庸)과 서료(舒蓼), 서구(舒鳩), 서룡(舒龍), 서포(舒鮑), 서공(舒龔)의 6명이 있었는데 모두 같은 종실의 다른 나라인 것 같으며 통칭하여 여러 서〔군서(羣舒)〕라고 하고 있었고, 대체로 종국(宗國)은 지금의 안휘성 서성현(舒城縣)에 있었으며, 서성현과 여강현(廬江縣)에서 소현(巢縣)에 이르는 일대에 흩어져 살고 있었다.
서(徐)나라는 수백 리를 넘어 서(舒)를 취하여 실로 그 땅을 가질 수 없었으므로 그 후에 서(舒)가 다시 보인다. 문공 12년의 『전』에서는 초나라 자공(子孔)이 서자평(舒子平)을 잡았다고 하였는데, 이후에 초나라에 의해 멸망당한 것 같다. 『시경 · 노송 · 비궁(魯頌 · 閟宮)』에서는 "형서를 징계하네(懲是荊舒)"라 하였는데, 정현의 주석에서는 "희공이 제환공과 함께 군사를 일으켜 남으로 형(荊) 및 여러 서(舒)나라를 쳤다"라 하였다. 전인들은 또한 17년 전에 의거하여 제환공의 부인 중에 서영(徐嬴)이 있어서 이번 서(徐)나라가 서(舒)를 취하는 데는 환공의 힘이 있었을 것이라 하였는데 반드시 그렇지는 않을 것이다.

3 양곡(陽穀) : 『청일통지(淸一統志)』에 의하면 옛 성은 지금의 산동성 양곡현(陽穀縣) 북쪽 30리 지점에 있다. 「제어」에서는 "북악(北嶽) 일대의 제후들이 감히 와서 복종을 하지 않으니 양곡에서 제후들을 크게 모아서 회합을 가졌다"라 하였다.

4 『곡량전』에는 "공자 계우(公子季友)"로 되어 있다. 희공 16년의 『경』에도 "공자 계우가

楚人伐鄭.	초나라 사람이 정나라를 쳤다.

傳

三年春不雨,	3년 봄에 비가 내리지 않았으며
夏六月雨.	여름 6월에 비가 내렸다.
自十月不雨至于五月.	10월부터 비가 내리지 않아 5월까지 계속되었다.
不曰旱,	가뭄이 들었다고 기록하지 않은 것은
不爲災也.[5]	재해가 되지는 않았기 때문이다.

죽었다"라 하였다. 두예는 "자로 일컬은 것은 귀하여 여겨서이다"라 하였으니 우(友)의 자는 계우(季友)이며, 또한 공자 수(公子遂)의 자는 중수(仲遂)이고 진(晉)나라 양설힐(羊舌肸)의 자가 숙힐(叔肸)인 것과 같다. 자가 이름과 같으며, 다만 배항을 나타내는 글자 한 자만 더하였을 뿐이다. 이맹(涖盟)은 은공 7년의 『전』을 보라. 『경』에서 "이맹"이라 기록한 것은 여기서 비롯된다. 전 『경』을 통틀어 네 차례 보인다.

5 『후한서 · 황경전(後漢書 · 黃瓊傳)』의 당나라 이현(李賢)의 주석에서 인용한 『춘추고이우(春秋考異郵)』에서는 "희공 때 흡족한 비가 적셔 주지 않은 것이 9개월간이나 이어졌다. 공이 크게 놀라 두려워하며 신하들을 이끌고 산천에서 기도를 하며 여섯 가지 허물을 대며 자신을 꾸짖었다. 후궁들을 물리쳤으며, 아첨하고 간사한 신하인 곽도(郭都) 등 13인을 추방하고 뇌물을 받은 조축(趙柷) 등 9명을 사형시키며 말하기를 '허물이 과인에게 있도다. 지금 바야흐로 하늘에는 가뭄이 들어 들판에는 살아 있는 농작물이 없어 과인은 죽어 마땅하니 어찌 백성들을 비방하겠는가? 청컨대 이 몸으로 공적이 없음을 채워 주오'라 하였다"라 하였는데, 기록이 전적으로 믿을 만하지는 않지만 참고로 인용하는 바이다. 또한 고동고의 『대사표(大事表)』 권42의 2에서는 "『춘추』에는 큰 가뭄이 두 번 기록되어 있는데, 모두 여름과 가을에 있다. 세 차례 비가 내리지 않았다는 기록이 있는데 모두 가을에 이어 말하였다. 주나라의 가을은 지금의 여름이므로 재해가 된다. 여기서는 6월에 비가 내렸다고 기록하였으니 맹하(孟夏)〔실은 중하(中夏)에 해당하며 지금의 음력으로 5월이다〕에 해당하여 재해가 되지는 않았을 것이다"라 하였다. 또한 참고할 만하다.

秋,	가을에
會于陽穀,	양곡에서 만났는데
謀伐楚也.[6]	초나라를 칠 것을 모의하기 위해서였다.
齊侯爲陽穀之會來尋盟.[7]	제후가 양곡의 회합으로 사람을 보내와서 맹약을 굳게 했다.
冬,	겨울에
公子友如齊涖盟.	공자 우가 제나라로 가서 회맹에 임했다.
楚人伐鄭,	초나라 사람이 정나라를 치자
鄭伯欲成.[8]	정백이 화친을 맺으려 하였다.
孔叔不可,[9]	공숙이 안 된다면서

6 『곡량전』에서는 "환공이 위모(威貌)와 현단복(玄端服)에 대대(大帶)에 홀을 꽂고 제후들을 만났는데 제후들은 모두 환공의 뜻을 알았다"라 하였고, 『공양전』에서는 "환공이 말하기를 '막는 골짜기도 없고 쌓아 놓은 곡식도 없으며 나무의 열매도 바꾸지 않고 첩을 처와 바꾸지도 않는구나' 라 하였다"라 했다. 『맹자 · 고자(告子) 하』에 의하면 이는 모두 규구(葵丘)의 회합에서 있었던 일이다. 『휘찬(彙纂)』에서는 "양곡의 회합을 초나라를 치는 것을 모의하는 것이라고 생각한 것은 『좌씨』이다. 『공양전』과 『곡량전』에는 모두 이런 뜻이 없다. 그러나 다음의 내용이 초나라를 치는 일과 서로 가까우니 『좌씨』의 설이 옳은 것 같다"라 하였다.

7 양곡의 회합 때 노나라는 참여를 하지 않았으므로 환공이 와서 맹약을 굳게 다진 것이다. 내심맹(來尋盟)이란 것은 사람을 보내와서 맹약을 굳게 다질 것을 청하는 것이다.

8 정문공(鄭文公)이 초나라와 화친을 맺으려 하였다.

曰,	말하기를
"齊方勤我,[10]	"제나라가 바야흐로 우리 때문에 애쓰는데
棄德,	덕을 버리는 것은
不祥."[11]	상서롭지 못하다"라 하였다.

齊侯與蔡姬乘舟于囿,[12]	제후가 채희와 동산에서 배를 탔는데
蕩公.[13]	공이 탄 배를 흔들었다.
公懼,	공이 두려워하여
變色;	안색이 변하였다.
禁之,	못하게 하였으나
不可.	안 된다고 하였다.
公怒,	공이 노하여
歸之,	돌려보냈으나

---

9 공숙(孔叔) : 희공 7년에도 보인다.

10 근아(勤我) : 근(勤)은 가나자와 문고본(金澤文庫本)에는 "懃"으로 되어 있다. 근은 로(勞)자의 뜻이다. 근아는 우리를 위해 애를 쓴다는 뜻이다.

11 초나라에 복종하지 말고 제나라에 복종할 것을 권하는 것이다.

12 채희(蔡姬) : 『사기』에 의하면 채목후(蔡穆侯)의 여동생이며 제환공의 부인이다. 17년의 『전』에서도 말하기를 "제후(齊侯)의 부인은 셋인데 왕희(王姬)와 서영(徐嬴), 채희(蔡姬)이다"라 하였다.
유(囿) : 원(苑), 곧 동산이다. 그 안에 못이 있기 때문에 배를 띄울 수 있다.

13 탕(蕩) : 흔드는 것이다.

未之絶也.[14] 관계를 끊지는 않았다.

蔡人嫁之.[15] 채나라 사람이 채희를 개가시켰다.

희공 4년

經

四年春王正月,[1] 4년 봄 주력으로 정월에

公會齊侯宋公, 陳侯, 衛侯, 鄭伯, 許男, 曹伯侵蔡. 공이 제후와 송공, 진후, 위후, 정백, 허남, 조백과 만나 채나라로 쳐들어갔다.

---

14 지절(之絕) : 모본(毛本)과 감본(監本)에는 잘못 바뀌어 "絕之"로 되어 있는데, 『석경(石經)』과 송본(宋本), 가나자와 문고본(金澤文庫本)에 의하여 고쳤다.

15 이 『전』은 본래 다음 해의 채나라를 침공한 일과 하나의 전으로 이어져 있었는데 후인에 의해 갈라져 여기에 있게 되었다. 『사기』의 「채세가(蔡世家)」와 「제세가」 및 「연표」의 서술은 모두 『전』과 같다. 『한비자 · 외저설좌상(外儲說左上)』에는 "노하여 쫓아내었다가 곧 다시 불렀다"라 하였다. 곧 다시 불렀다는 것은 곧 관계를 끊지 않았다는 것이다. 호남성(湖南省) 장사(長沙) 마왕퇴(馬王堆) 3호의 한묘(漢墓)에서 출토된 백서(帛書) 『춘추사어(春秋事語)』에서는 이 일을 싣고 사열(士說)의 말을 인용하여 말하기를 "이제 딸의 말을 듣고 그를 시집보냈다"라 하였으니 개가한 것은 채희 본인의 뜻에서 나온 것이다.

1 사년(四年) : 을축년 B.C. 656년으로 주혜왕(周惠王) 21년이다. 지난해 12월 21일 기유일이 동지였으니 건축(建丑)이다. 윤달이 있다. 이해 이전에는 건축(建丑)의 해가 많았다. 옛날 사람들은 토규(土圭)를 가지고 해의 그림자를 측량하여 동지를 정하였으므로 동지가 있는 달은 이미 정하여졌으며, 이에 그 다음 달은 새해의 정월이 되었으니 정하기가 비교적 쉬웠다. 그 후 역법이 더 정밀해져 건자(建子)의 해가 점점 많아지게 된다.

蔡潰.[2]	채는 완전히 무너졌다.
遂伐楚,	마침내 초나라를 쳤는데
次于陘.[3]	형에 머물렀다.
夏,	여름에
許男新臣卒.[4]	허남 신신이 죽었다.
楚屈完來盟于師,	초나라 굴완이 군영으로 와서 회맹하고
盟于召陵.[5]	소릉에서 맹약을 맺었다.
齊人執陳轅濤塗.[6]	제나라 사람이 진나라 원도도를 잡았다.

---

2 문공 13년의 『전』에서는 "백성들이 그 임금으로부터 도망가는 것을 궤라 한다(民逃其上曰潰)"라 하였다.

3 형(陘) : 초나라 땅이다. 두예에 의하면 지금의 하남성 언성현(偃城縣) 남쪽에 있을 것이다. 그러나 채나라는 지금의 하남성 상채현(上蔡縣)에 있으니 채나라에서 초나라를 치고 어떻게 도리어 북쪽으로 올 수 있겠으며, 더욱이 『전』의 "군사가 진격하여 형에 머물렀다"는 뜻과 합치되지 않으므로 두예의 말은 믿을 수 없겠다. 왕부지(王夫之)의 『패소(稗疏)』에서는 "소진(蘇秦)이 한나라를 유세하여 말하기를 '남쪽에는 형산(陘山)이 있습니다' 라 하였으니 형은 초나라 변새의 산으로 그 산은 응산(應山)의 북쪽에 있을 것이다. ……" 하였는데 이치상으로 그럴듯하다.

4 성공 13년 진나라를 치다가 조백(曹伯) 노(盧)가 군영에서 죽었으며, 양공 18년 제나라를 포위하였다가 조백(曹伯) 부추(負芻)가 군영에서 죽었다. 모두 "군영에서(于師)"라 하였는데, 이곳에서는 "于師"라 하지 않은 것은 이해의 『경』의 위에서 허남이 7개국의 제후들과 형에서 함께 머물렀다 하였으며, 다음의 『경』에서는 굴완이 군영으로 와서 맹약을 맺었다 하였으므로 위아래에서 이미 모두 군영이라는 말을 하였으니, 허남의 죽음은 필시 군영 중에서였을 것으로 말을 하지 않아도 알 수 있다.

5 소릉(召陵) : 예나 지금이나 모두 지금의 하남성 언성현(偃城縣) 동쪽 35리 지점에 있다고 하였다. 그러나 지역의 위치에 대해서는 또한 매우 합치되지 않는다. 그러나 그 땅을 확정짓기가 어려워 일단 구설을 따른다.

秋,	가을에
及江人, 黃人伐陳.[7]	강나라 사람, 황나라 사람과 함께 진나라를 쳤다.
八月,	8월에
公至自伐楚.[8]	공이 초나라를 치고 돌아왔다.
葬許穆公.[9]	허목공을 장사 지냈다.
冬十有二月,	겨울 12월에

---

6 원도도(轅濤塗) : 원(轅)은 『공양전』과 『곡량전』에는 모두 "원(袁)"으로 되어 있다. 두 글자는 서로 통하여 쓴다. 『곡량전』에서는 "제나라 사람이라는 것은 제후이다(齊人者, 齊侯也)"라 하였다. 송나라 홍괄(洪适)의 『예석(隸釋)』에는 「원량비(袁良碑)」가 실려 있는데 "주나라가 흥하자 우궐보(虞闕父)가 도정(陶正)을 맡았으며 만(滿)의 뒤를 이어 진후(陳侯)가 되었다. 현손인 도도(濤塗)에 이르러 원(袁)씨라는 성을 세웠는데 노희공 4년에 대부가 되었다"라 하였다. 두예의 『세족보(世族譜)』에서는 원도도는 곧 선중(宣仲)이라 하였다〔원선중(轅宣仲)은 5년의 『전』에 보임〕.

7 급(及)의 위에는 주어가 없는데, 두예는 『곡량전』의 뜻을 써서 "노나라가 제나라의 명을 받아 진(陳)나라의 죄를 물어 토벌하였는데, 당시 제나라는 가지 않고 노나라가 주관하게 하였다"라 하였다. 원나라 왕극관(王克寬)의 『춘추호씨전찬소(春秋胡氏傳纂疏)』에서는 고씨(高氏)의 설을 인용하여 "급(及)자를 쓴 것은 위의 제나라 사람이 원도도를 잡았다는 글을 이어받은 것으로 곧 제나라가 그들과 ……라는 뜻이지 노나라가 그들과 함께 ……라는 것은 아니다"라 하였다. 『사기 · 제세가』에서 "가을에 제나라가 진나라를 쳤다"라 한 것을 가지고 고찰해 보건대 제나라 군사가 실제로 간 것으로 고씨의 설이 믿을 만하다.

8 『전』이 없다. 공이 돌아와 종묘에 아뢰었다.

9 다케조에 고코〔竹添光鴻 : 1842~1917. 다케조에 신이치로(竹添進一郎)〕의 『회전(會箋)』에서는 허목공은 곧 은공 11년의 허숙(許叔)이라 하였는데, 재위 기간이 대략 42년이다. 이 설은 청나라 요언거(姚彦渠)의 『춘추회요(春秋會要)』와 같다. 그러나 두예의 『세족보』에 의하면 허숙은 환공(桓公)으로 이름이 정(鄭)이라 하였다. 두예의 설은 어디에 근거를 두고 있는지 알 수가 없어서 여기서는 요언거의 설을 따른다.

公孫茲帥師會齊人, 宋人, 衛人, 鄭人, 許人, 曹人侵陳[10]

공손자가 군사를 이끌고 제나라 사람과 송나라, 위나라, 정나라, 허나라, 조나라 사람과 만나 진나라로 쳐들어갔다.

傳

四年春,	4년 봄
齊侯以諸侯之師侵蔡.[11]	제후가 제후들의 군사를 가지고 채나라로 쳐들어갔다.
蔡潰,	채나라는 허물어졌고
遂伐楚.[12]	마침내 초나라를 쳤다.
楚子使與師言曰,	초자가 군영으로 사신을 보내어 말하였다.
"君處北海,	"임금님은 북해에 살고 있고
寡人處南海,[13]	과인은 남해에 살고 있으니

10 공손자(公孫茲) : 자(茲)는 『곡량전』에는 "慈"로 되어 있는데, 뜻이 통한다. 공손자는 숙아(叔牙)의 아들 숙손대백(叔孫戴伯)이다.

11 이 장은 이전 해의 『전』과 이어져야 한다.

12 『전국책 · 서주책(戰國策 · 西周策)』에서는 "환공이 채나라를 토벌한 것은 말이 초나라를 토벌한 것이지 실제로는 기습이었다"라 하였다. 그러나 『한비자 · 외저설 · 좌상(外儲說 · 左上)』에서는 "환공은 채나라에 노여움을 감춘 채 초나라를 공격하였으며", "군사를 일으켜 천자를 위하여 초나라를 토벌한다 하고 초나라가 복종하자 돌아오는 길에 채나라를 기습했다. ……"라 하였는데, 이는 아마 세객 및 작자가 자신의 유세를 입증하여 이루려 한 말이었으므로 당연히 『좌전』의 말이 신빙성이 있다.

唯是風馬牛不相及也,[14]	바람난 말이나 소라 할지라도 서로 미치지 못할 것인데
不虞君之涉吾地也,[15]	임금께서 우리 땅에 오시리라고는 생각도 못했소.
何故?"	어인 까닭이신지요?
管仲對曰,	관중이 대답하였다.
"昔召康公命我先君大公曰,[16]	"옛날에 소강공이 우리 선군이신 태공에게 명하여 말하기를
'五侯九伯,[17]	'오후와 구백을

---

13 옛날 사람들은 중국의 사방이 모두 바다였다고 생각하였기 때문에 『이아 · 석지(爾雅 · 釋地)』에서는 "구이(九夷) · 팔적(八狄) · 칠융(七戎) · 육만(六蠻)을 사해(四海)라고 한다"라 하였으며, 『예기 · 제의(祭義)』에도 동해 · 서해 · 남해 · 북해라는 일컬음이 있다. 『순자 · 왕제(荀子 · 王制)』편에서는 "북해에는 달리는 말 짖는 개가 있고, 남해에는 깃과 깃촉, 이빨, 가죽, 증청(曾靑), 단간(丹干)이 있다"라 하였는데, 주석에서 "거칠고 어두우며 아득히 떨어진 땅을 이른다"라 하였으니 여기서 말한 북해니 남해니 하는 것은 극북(極北), 극남(極南)과 같은 말이지 실제 북해와 남해는 아니다.

14 풍마우(風馬牛) : 소와 말이 암수를 유혹하여 서로 쫓는 것을 풍(風)이라 한다. 『상서 · 비서(尙書 · 費誓)』에 "말과 소가 바람이 났다(馬牛其風)"는 말이 있다. 바람난 소와 말도 서로 미치지 못한다는 말은 제나라와 초나라는 두 나라의 거리가 너무 멀어 소와 말의 암수를 서로 쫓게 하여 달아남이 아무리 빠르고 멀어도 서로 경계를 침입하는 데까지는 이르지 않을 것이라는 말이다.

15 우(虞) : 헤아리다.

16 소강공(召康公) : 소공석(召公奭)이다. 『사기 · 연세가(燕世家)』에 상세히 나온다.
태공(大公) : 곧 태공망이다. 제나라에 처음으로 봉하여졌으므로 높여서 태공이라고 부른다. 고공단보(古公亶父)를 태왕(大王)이라 하고, 전제(田齊)의 전화(田和) 또한 태공(大公)이라 부르는 것과 같다.

17 오후구백(五侯九伯) : 이설(異說)이 분분하나 비교적 신빙성이 있는 것은 세 가지가 있다. 가규(賈逵)와 복건(服虔), 두예는 오후(五侯)를 공 · 후 · 백 · 자 · 남의 다섯 제후라고 하였으며, 구백(九伯)은 구주(九州)의 방백(方伯), 즉 각주(各州)의 제후의 우두머리라 하였는데 이것이 첫 번째 설이다. 청나라 왕인지(王引之)의 『술문(述聞)』에서는 오

女實征之,	그대가 실로 정벌하여
以夾輔周室!'	주나라 왕실을 보좌하라!' 라 하였습니다.
賜我先君履,[18]	우리 선군께 밟을 땅을 내려 주시고
東至于海,[19]	동으로는 바다까지 이르고
西至于河,[20]	서로는 황하까지 이르며
南至于穆陵,[21]	남으로는 목릉

후구백을 오복(五服)에 나누어져 거처하는 후(侯)와 구주에 흩어져 있는 백(伯)이라고 하였는데, 이는 대체로 당시 『좌전』을 해석하던 사람들이 후를 제후로, 백을 방백으로 생각하지 않았다는 것이다. 이것이 또 하나의 설이다. 청나라 유월(兪樾)의 『춘추좌전평의(春秋左傳平議)』〔이하 『평의(平議)』〕에서의 후와 백의 뜻의 풀이는 왕인지와 같으나 오(五)와 구(九)는 허수로 오후는 가운데 수를 든 것이고 구백은 마지막 수를 든 것이라 하였다. 선공 12년 전의 "여러 현과 같다(夷於九縣)"라는 말과 소공 12년 전의 "다섯 큰 것이 가장자리에 있지 않고 다섯 가는 것이 뜰에 있지 않다(五大不在邊, 五細不在庭)"라 한 오(五)와 구(九)가 모두 이런 류이다. 이것이 또한 한 가지 설이다. 세 가지 설은 대략은 같지 않은 것 같지만 그 뜻은 모두 오후구백이 천하의 제후를 통괄하여 말하는 것이었다. 서주 성왕 때의 보유(保卣)의 명문에서 "을묘일에 왕이 보(保)와 반(般)의 동쪽 나라 오후(五侯)에게 명령했다"라 하였으니 오후라는 명칭은 일찍부터 있었다.

18 이(履) : 밟는 경계. 제나라의 강토를 가리키는 것이 아니라 정벌을 할 수 있는 범위를 가리킨다.

19 제환공의 강계(疆界)는 바다에까지 이르지 않았으며, 「제어」에서는 "동으로는 기휴(紀酅)까지 이르렀다"라 하였다.

20 하(河)는 곧 황하(黃河)이다. 「제어」에서는 제환공의 봉강(封疆)을 서술하면서 서쪽으로는 제(濟)에까지 미친다고 하였는데, 이것이 곧 "서로는 황하에까지 이른다"는 것이다. 곧 서쪽으로 정벌할 수 있는 경계를 말한 것이다.

21 목릉(穆陵) : 곧 지금의 호북성 마성현(麻城縣) 북쪽 1백 리 지점과 하남성 광산현(光山縣), 신현(新縣)의 접경지인 목릉관(穆陵關, 혹은 木陵關)인 것 같다. 혹자는 지금의 산동성 임구현(臨朐縣) 남쪽 1백 리 지점에 있는 대현산(大峴山)의 목릉관〔일명 파차현(破車峴)이라고도 함〕이 거기에 해당한다고도 하는데 전의 뜻과는 맞지 않는데 초나라의 경계까지 이르지 않기 때문이다.

北至于無棣.[22]	북으로는 무체에까지 이르렀습니다.
爾貢苞茅不入,[23]	그대들의 공물인 포모가 들어오지 않아
王祭不共,[24]	천자께서 제사를 올리지 못하고
無以縮酒,[25]	술을 거르지 못하여
寡人是徵.[26]	과인이 죄를 묻는 것이오.

---

22 무체(無棣) : 『수경주 · 기수(淇水)』에서는 경상번(京相璠)의 말을 인용하여 "구설에 의하면 무체는 요서(遼西) 고죽현(孤竹縣)에 있다"라 하였으니 지금의 하북성 노룡현(盧龍縣) 일대에 있을 것이다. 혹자는 역도원(酈道元)의 설에 의거하여 지금의 하북성 남피(南皮)와 염산(鹽山) 및 산동성 경운(慶雲)의 여러 현 일대가 옛 무체구(溝)에 해당한다고 하였는데 이는 이(履)를 제나라 강역의 경계로 잘못 이해했기 때문일 것이다. 이상 여러 구절의 뜻은 우리 선군이신 태공은 정벌을 할 수 있는 명을 받아 초나라 경계에 이를 권리를 가지고 있다는 말과 같다.

23 포모(苞茅) : 포(苞)는 각 판본에는 포(包)로 되어 있으며, 가나자와 문고본(金澤文庫本)에는 "苞"로 되어 있다. "苞"가 옳다. 포(苞)는 포과(包裹)의 포(包)이며, 모(茅)는 『상서 · 우공(禹貢)』에 나오는 청모(菁茅)로 띠〔茅〕 가운데 가시털이 있는 것이다 옛날 사람들은 이 띠를 뽑아서 묶었기 때문에 포모(包茅)라고 하였다.

24 공(共) : 가나자와 문고본(金澤文庫本)에는 공(供)으로 되어 있다.

25 축주(縮酒) : 첫 번째 뜻은 묶은 띠로 술을 걸러 찌끼를 제거하는 것이고, 두 번째 뜻은 신에게 제사를 바칠 때 띠를 묶어 세워 술을 위에서 부으면 찌끼는 띠 안에 남게 되고 술은 점점 밑으로 스며 흘러 신이 마시는 것과 같이 되는 것이다. 축(縮)은 『설문해자』에는 숙(莤)으로 되어 있다. 유〔酉 : 옛날의 주(酒)〕자와 초(艸)자로 이루어진 회의자(會意字)이다. 갑골문에 벌써 숙(莤)자의 초기형태의 문자가 보이는데, 이로써 축주(縮酒)의 예가 은상(殷商) 때 시작되었음을 알 수 있다〔왕국유(王國維)의 설〕 청모(菁茅)는 형주(荊州)에서 나는데 『관자 · 경중(輕重)』편에서 이른바 "강(江)과 회(淮) 사이에는 띠 하나에 조리가 셋 있는데 청모(菁茅)라고 한다" 한 것이 이것을 말한다. 초나라가 바쳐야 하는 공물의 하나인데 『한비자 · 외저설 · 좌상』에서는 "초나라가 청모를 천자에게 바치지 않은 지가 3년이 되었다"라 하였다. 청모는 또한 천자가 제사를 지낼 때 없어서는 안 되는 것으로 『주례 · 천관 · 전사(天官 · 甸師)』에서 이른바 "제사에 소모를 바친다(祭祀供蕭茅)"라는 것이다. 그러므로 제나라가 이를 빌미로 초나라를 추궁한 것이다.

26 과인시징(寡人是徵) : "寡人徵是"가 도치된 것이다. 징(徵)은 죄를 묻는 것이다. 『사기 · 제세가』에서는 "이로써 와서 책임을 물었다(是以來責)"로 고쳐 놓았다.

昭王南征而不復,[27]	소왕이 남쪽으로 순수하러 갔다가 돌아오지 않았는데
寡人是問."	과인은 이것도 묻겠소."
對曰,	대답하여 말하기를
"貢之不入,	"공물을 들이지 않은 것은
寡君之罪也,	우리 임금의 죄이니
敢不共給?	감히 대지 않겠습니까?
昭王之不復,	소왕이 돌아가지 않은 것은
君其問諸水濱!"[28]	임금께서 물가에 가서 물어보시기 바랍니다!"라 하였다.

---

27 『당석경』에는 "征"자의 아래쪽 곁에 "몰(沒)"자가 더 있으며, 『여씨춘추 · 계하기(季夏紀)』의 고유(高誘)의 주석에서도 『전』을 인용하였는데 또한 "沒而不復"이라 하였다. 그러나 「제세가」 및 『한서 · 가연지전(賈捐之傳)』에 의거하면 "沒"자가 없는 것이 옳다. 『사기 · 주본기(周本紀)』에서는 "소왕(昭王)이 남으로 순수를 하러 갔다가 돌아오지 못하고 장강(長江) 가에서 죽었다"라 하였다. 당(唐)나라 장수절(張守節)의 『정의(正義)』에서는 『제왕세기(帝王世紀)』를 인용하여 "소왕은 덕이 쇠하자 남정하여 한수(漢水)를 건너게 되었는데 뱃사람들이 미워하여 아교로 붙인 배에 왕을 태웠다. 왕이 배를 타고 중류에 이르렀을 때 아교가 녹아 배가 흩어져 왕 및 채공이 모두 물속에 가라앉아 죽었다. 그 오른쪽에 있던 신유미(辛游靡)는 팔이 길고 힘이 세었는데 헤엄을 쳐서 왕을 얻었으며 주나라 사람들은 그것을 꺼렸다"라 하였다. 『제왕세기』에서 말한 배가 흩어져 왕이 빠져 죽었다는 일은 『좌전』의 복건(服虔)의 주석에 그 근거가 있을 것이다. 신유미가 왕을 구한 일을 말한 것은 『여씨춘추 · 음초(音初)』편에 근거를 둔 것 같은데 윤식(潤飾)이 덧붙여졌다. 『초학기』 권7에서는 『죽서기년(竹書紀年)』을 인용하여 "소왕 16년 초형(楚荊)을 쳤는데 한수를 건너다가 큰 물소를 만났다"라 하였고, 또 말하기를 "19년 한수에서 6사(師)를 잃었다"라 하였다. 송나라 이방(李昉)의 『태평어람(太平御覽)』 권847에서는 『죽서기년』을 인용하여 "소왕 말년에 왕이 남쪽을 순행하고 돌아오지 않았다"라 하였는데, 소왕은 두 차례 남정을 하였으며 16년의 남정에서는 사로잡힌 사람이 매우 많았으며, 19년의 남정에서는 다시 형초를 치러 갔다가 돌아오지 못하였다.

28 공물이 들어가지 않은 것은 죄가 작으므로 인정하고 고쳤으며, 소왕이 돌아오지 않은 것

師進,	군대가 나아가
次于陘.[29]	형에 머물렀다.
夏,	여름에
楚子使屈完如師.[30]	초자가 굴완으로 하여금 군영에 가게 하였다.
師退,	군사가 물러나
次于召陵.	소릉에 머물렀다.
齊侯陳諸侯之師,	제후가 제후들의 군대를 벌여 놓고
與屈完乘而觀之.[31]	굴완과 함께 수레를 타고 둘러보았다.
齊侯曰,	제후가 말하였다.
"豈不穀是爲?[32]	"어찌 과인을 위함이겠소?

은 죄가 크므로 남의 탓으로 핑계를 대어 돌린 것이다. 두예는 "소왕 때는 한수가 초나라의 경계가 아니었으므로 죄를 받지 않았다"라 하였다. 『초사 · 천문(楚辭 · 天問)』에 "소후 놀이 이루어, 남쪽 땅에서 그쳤네(昭侯成游, 南土爰底)"라는 말이 나오는데 아마 이를 가리키는 것일 것이다.

29 『전국책』에서는 소진(蘇秦)이 초나라를 유세하여 "북에는 분(汾)과 형(陘)이 있다"고 하였고, 한(韓)나라에 유세하여 "남에는 형산(陘山)이 있다"라 하였으니 형은 초나라의 북쪽 변경, 한나라의 남쪽 변경이 된다.

30 굴완여사(屈完如師) : 굴완(屈完)은 초나라와 같은 씨족이다. 여사(如師)라는 것은 제나라의 군영으로 가는 것이다. 그러므로 다음 문장에는 제환공과 굴완이 함께 수레를 타고 있다. 「초세가」에서는 "초성왕(楚成王)이 장군 굴완에게 병사로 막게 했다"라 하였으며, 「제세가」에서는 "초나라 왕이 굴완에게 제나라를 막게 하였다"라 하였는데 『좌전』에서 말하지 않은 것은 반드시 그런 행동을 할 것으로 여겼기 때문에 말을 하지 않아도 되었기 때문일 것이다.

31 승(乘) : 거성(去聲)이다. 함께 수레를 탄 것이다.

先君之好是繼,[33]	선군의 우호를 잇기 위함이니
與不穀同好如何?"	불곡과 우호를 맺음이 어떠하오?"
對曰,	대답하여 말하기를
"君惠徼福於敝邑之社稷,[34]	"임금께서 은혜로이 우리 사직에 복을 구하고
辱收寡君,[35]	욕되이 우리 임금을 거두어 주는 것이

---

32 불곡(不穀) : 『좌전』에는 모두 스물한 차례 이 말이 나오는데 그 가운데 열여섯 차례는 초자(楚子)가 스스로를 칭한 것이다. 『예기 · 곡례 하』에서는 이 때문에 "동이(東夷) · 북적(北狄) · 서융(西戎) · 남만(南蠻)에 있는 것은 비록 크다고 할지라도 안에서는 스스로를 '불곡'이라 일컫는다"라 하였는데 사실은 그렇지 않다. 대체로 불곡은 천자의 자칭이기 때문에 양왕(襄王)이 숙대(叔帶)의 난을 피하여 스스로를 불곡이라 불렀으며, 『전』에서 이른바 "천자가 흉복(凶服)을 입으면 명칭을 낮추는 것이 예이다〔희공(僖公) 24년〕"라 한 것이다. 왕자조(王子朝)는 왕으로 즉위하였는데 도망을 가서도 또한 스스로 불곡이라 칭하였으니 또한 이런 까닭에서 연유한다〔소공(昭公) 26년〕. 초자는 왕을 참칭하여 "여일인(余一人)"이란 자칭을 감히 습용하지 않고 천자가 명칭을 낮춘 예를 좇아 불곡이라 하였으니, 「곡례」에서 만이(蠻夷)를 불곡이라 한다는 것은 사실 틀렸다. 여기서 제환공 또한 불곡이라 자칭한 것은 아마도 후백(侯伯)으로 왕실을 위하여 토벌하기 때문일 것이다. 그러나 또한 이곳의 딱 한 번만 그랬을 따름이며 나머지 중원의 제후들에서 이른바 이적(夷狄)의 임금까지도 불곡으로 자칭하는 경우가 없었다. 『노자』에서는 "후와 왕은 스스로를 일러 고와 과, 불곡이라 한다"라 하였는데 그 뜻은 "후는 스스로를 고와 과라 하고, 왕은 스스로를 불곡이라 한다"는 것과 같으니 불곡은 왕(王, 天子)에 쓰는 말이다. 이곳의 "豈不穀是爲"라는 것은 제후들이 군사를 일으킨 것은 나를 위해서가 아니라는 뜻을 말하는 것이다.

33 선군이 맺은 우호를 잇고 싶다는 말이다.

34 혜(惠) : 경의를 나타내는 부사로 뜻이 없다.
요복(徼福) : 요(徼)는 구한다는 뜻이다. 요복은 당시의 상투적인 말로 "모모의 복을 구하다(徼某某之福)"라고도 할 수 있는데, 성공 16년의 "주공의 복을 구하다(徼周公之福)"라는 경우가 있다. 또한 "난을 구하다(徼亂 : 성공 13년)", "화를 구하다(徼禍 : 소공 3년)", "죄를 구하다(徼罪 : 소공 16년)" 등등이라고도 할 수 있다.

35 욕(辱) : 경의를 나타내는 부사로 의미가 없다.
수(收) : 아래의 "수(綏)"자와 같은 뜻이다. 「진책(秦策)」에 "안으로 백성들을 편안히 거

寡君之願也.”	우리 임금의 바람입니다”라고 하였다.
齊侯曰,	제후가 말하였다.
“以此衆戰,	“이 무리를 가지고 전쟁을 한다면
誰能禦之?	누가 막을 수 있겠소?
以此攻城,	이것을 가지고 성을 공격한다면
何城不克?”	어떤 성인들 이기지 못하겠소?”
對曰,	대답하여 말하기를
“君若以德綏諸侯,	“임금께서 만약 은덕으로 제후들을 편안하게 한다면
誰敢不服?	누가 감히 복종하지 않겠습니까?
君若以力,	임금께서 만약 힘에 의지한다면
楚國方城以爲城,[36]	초나라는 방성을 성으로 삼고

두어(內收百姓) 그 마음을 돌아가며 어루만진다”는 말이 있다.

36 방성(方城) : 청나라 요내(姚鼐)의 『좌전보주(左傳補注)』〔이하 『보주(補注)』〕에서는 말하였다. “초나라가 가리키는 방성은 근거하는 땅이 매우 멀어 회수의 남쪽과 장강, 한수의 북쪽을 차지하고 있으며, 서로는 동백(桐柏)을 건너고 동으로는 광황(光黃)을 넘어야 해서 한 산에 그치지 않고 그 사이의 그 사이 남북으로 통하는 대로가 의양(義陽)의 삼관(三關) 밖에 없으므로 정공 4년의 전에서는 성구(城口)라 하였다. 『회남자』에서는 방성(方城)으로 이어져 있다고 하였다. 무릇 신(申) · 식(息) · 진(陳) · 채(蔡)나라는 동으로는 성보(城父)에 미치는데 『전』에서는 모두 그것을 일러 방성의 바깥이라 하였으니, 그렇다면 방성은 이어진 봉우리가 7, 8백 리는 된다”라 하였다. 방성에 대하여 언급한 것은 많으나 요내의 설이 가장 근거가 있다. 『수경주 · 무수(潕水)』에서는 남조(南朝)의 송나라〔유송(劉宋)〕 문인 성홍지(盛弘之)의 말을 인용하여 “섭(葉) 동쪽에 옛 성이 있는데 주현(犨縣)에서 시작하여 동으로 친수(瀙水)까지 이르며, 비양(比陽)의 경계를 거쳐

漢水以爲池,[37]	한수를 해자로 삼을 것인데
雖衆,[38]	아무리 무리가 많아도
無所用之."	아무 소용이 없을 것입니다"라 하였다.
屈完及諸侯盟.[39]	굴완이 제후들과 맹약을 맺었다.

陳轅濤塗謂鄭申侯曰,[40]	진나라의 원도도가 정나라 신후에게 일러 말하였다.
"師出於陳, 鄭之間,	"군사들이 진나라와 정나라 사이로 출병하면

남북으로 이어져 수백 리나 이어지는데, 방성이라고 하며 장성(長城)이라고도 한다"라 하였다. 주석에서는 "역현(酈縣)에는 옛 성 한쪽 면이 있는데 몇 리나 되는지는 상세하지 않으며 장성이라고 부르며 곧 이서의 서쪽 모퉁이로 그 사이의 거리가 6백 리가 된다. 북쪽에는 토대나 축대는 없지만 산이 연이어 접해 있고 한수가 남쪽으로 흘러간다. 그러므로 굴완이 제환공에게 말하기를 '초나라는 방성을 성으로 삼고 한수를 해자로 삼는다' 라고 하였다"라 하였다. 또 말하기를 "『군국지』에서는 말하기를 '섭현(葉縣)에 긴 산이 있는데 방성이라고 한다' 라 하였는데 이 성을 가리키는 것이다"라 하였다. 역도원의 주석의 여러 가지 설에 의거하여 지금의 지리를 가지고 헤아려 보면 지금의 동백(桐柏), 대별(大別) 등의 여러 산을 초나라에서는 방성으로 통칭한 것이다.

37 왕념손(王念孫)은 장림(臧琳)의 설에 의거하여 수(水)자는 연문이라 하였는데 확실치 않다.

38 수중(雖衆) : 『시경 · 상송 · 은무(商頌 · 殷武)』의 『정의(正義)』와 『주관 · 하관 · 대사마(周官 · 夏官 · 大司馬)』의 『정의』, 양(梁)나라 소명태자(昭明太子) 소통(蕭統)의 『문선 · 서정부(文選 · 西征賦)』의 이선(李善) 주, 『백첩(白貼)』 53과 58, 『태평어람 · 주군부(州郡部)』 14에는 모두 "수군지중(雖君之衆)"으로 되어 있다. 그러나 위에 언급한 것들은 모두 『전』의 뜻을 말한 것이지 『전』의 글이 원래 네 자였다는 말은 아니다.

39 「제세가」, 「초세가」, 「연표」에는 모두 이 일이 실려 있는데 「제세가」가 가장 상세하며, 『좌전』의 뜻을 완전히 갖다 썼다.

40 신후(申侯) : 정나라의 대부. 그의 말은 아래의 5년 및 7년의 『전』에 상세히 보인다.

國必甚病.[41]	두 나라는 반드시 매우 곤핍해질 것입니다.
若出於東方,	동쪽으로 출병을 하여
觀兵於東夷,[42]	동이에게 무력을 보여주고
循海而歸,[43]	바다를 따라 돌아온다면
其可也."	이는 괜찮을 것입니다."
申侯曰,	신후가 말하였다.
"善."	"좋소."
濤塗以告齊侯,[44]	도도가 이를 제후에게 알리니
許之.	허락하였다.
申侯見曰,[45]	신후가 뵙고는 말하였다.

41 병(病) : 곤(困)자와 같은 뜻으로 쓰였다. 『시경 · 강한(江漢)』의 『정의(正義)』에서는 "그 뜻은 제후(齊侯)가 거쳐 가는 곳에는 징발(徵發)이 많은데 진나라와 정나라는 그 군사가 지나는 통로에 버티고 있어 갈 때 지나가고 올 때도 지나가면 백성들이 매우 곤핍해질 것이라는 말이다"라 하였다.

42 관병(觀兵) : 『국어 · 주어(周語) 상』의 "선왕께서는 덕으로 밝히시어 무력을 보이지 않으셨습니다(先王耀德不觀兵)"와 『국어 · 오어(吳語)』의 "우리 임금님은 감히 무력을 보이시지도 친히 몸을 드러내시지도 않았습니다(寡君未敢觀兵身見)"의 "관병(觀兵)"과 같다. 무력을 드러내 보여 제후들을 으르는 것이다.
동이(東夷) : 두예는 담(郯)나라와 서(徐), 거(莒) 등의 여러 나라라 하였다.

43 순해이귀(循海而歸) : 심흠한은 회하(淮河)를 따라 내려가는 것이라고 생각하였는데, 지금의 하남성 황천현(潢川縣)과 안휘성 육안현(六安縣)에서 동으로는 안휘성 사현(泗縣), 강소성 동해현(東海縣)에 이르러 산동성 임기(臨沂) 지구까지 들어갔다가 돌아오는 것으로 매우 멀고 구불구불하다.

44 『공양전』에서는 "도도가 환공에게 말하기를 '임금님께서는 이미 남이(南夷)를 복종시켰으니 어찌하여 바닷가에서 군사를 돌리시어 동으로 가서 동이(東夷)를 복종시키고 또 돌아가시지 않습니까?' 라 하였다"라 하였다.

"師老矣,[46]	"군사들이 출정한 지가 오래되었습니다.
若出於東方而遇敵,	동쪽으로 출병하여 적을 만난다면
懼不可用也.	쓸모가 없게 될 것입니다.
若出於陳, 鄭之間,	진나라와 정나라 사이로 출병을 하여
共其資糧, 屝屨,[47]	군량과 신발 등을 공급받는다면
其可也."	될 것입니다."
齊侯說,	제후가 기뻐하며
與之虎牢.[48]	호뢰를 주었다.
執轅濤塗.[49]	원도도를 잡았다.

45 현(見) : 가서 알현(謁見)하는 것이다.

46 사로의(師老矣) : 희공 33년 『전』에 "군사는 오래되었고 물자는 낭비하였다(老師費財)"는 말이 나오는데, 두예의 『주』에서는 "군대가 출정한 지 오래된 것을 노라 한다(師久爲老費芳味切)"고 하였다.

47 자량(資糧) : 같은 뜻의 연면어(連綿語)이다. 자(資) 또한 식량이라는 뜻이다. 희공 33년의 『전』에 "건육과 식량, 가축이 고갈되었다(唯是脯資 · 餼牽竭矣)"는 말이 나오는데, 두예는 "자는 식량이다(資, 糧也)"라 하였다.

비구(屝屨) : 모두 옛날의 거친 신발. 당나라 손면(孫愐)은 『자서(字書)』를 인용하여 "풀로 짠 것을 비라 하고, 삼으로 짠 것을 구라 한다"라 하였다.

48 호뢰(虎牢) : 곧 지금의 하남성 공현(鞏縣) 동쪽의 호뢰관(虎牢關)이다. 이곳은 또한 바로 은공 원년 『전』의 제(制)로 정나라의 험읍(險邑)이며 정장공이 공숙단에게 주기를 꺼려 했던 곳이다. 여기서 제환공이 신후에게 호뢰를 준 것은 또한 정문공을 강박하기 위해서일 것이다.

49 집원도도(執轅濤塗) : 『공양전』에서는 "이때 바닷가로 군사를 돌려 동으로 오면서 늪에 크게 빠지니 돌아가서 도도를 잡았다"라 하였다. 「진세가」에서는 "진나라의 대부 원도도가 그들이 진나라를 지나가는 것을 미워하여 제나라를 속여 동쪽 길로 가게 하였다. 동쪽 길은 험해서 환공이 노하여 진나라의 원도도를 잡아갔다"라 하였는데 『공양전』을 쓴 것 같다. 그러나 「제세가」에서는 "진나라를 지나가는데 진나라의 원도도가 제나라를 속

秋,	가을에
伐陳,	진나라를 쳤는데
討不忠也.[50]	불충함을 성토하기 위함이었다.

許穆公卒于師,	허목공이 군중에서 죽었는데
葬之以侯,[51]	후의 예로 장례를 치렀으며
禮也.	예의에 합당하였다.
凡諸侯薨于朝, 會,[52]	무릇 제후들은 조현 중이나 회합 중에 죽으면
加一等;	한 등급을 높여 주고
死王事,	천자의 일로 죽으면
加二等.[53]	두 등급을 높여 준다.

여 동쪽으로 가게 하였는데 그 속셈을 알아차렸다"라 하였으니 또한 『좌전』을 썼다. 전한(前漢) 말 양웅(揚雄)의 『법언 · 선지(法言 · 先知)』편에서는 "제환공이 진나라를 지나가려 하였는데 진나라가 끝내 길을 내주지 않아 원도도를 잡아갔다"라 하여 『전』과는 다르다.

50 토불충(討不忠) : 도도가 제후(諸侯)들의 군사를 동쪽 길로 가도록 속인 것을 토벌하는 것이다.

51 장지이후(葬之以侯) : 허나라는 남작(男爵)인데 후의 예로 장사 지낸 것이다.

52 조 · 회(朝 · 會) : 조현(朝見)과 회합(會合)을 말함. 장공 23년 『전』에 "회합이라는 것은 상하간의 법칙을 훈시하는 것이며, 조현이라는 것은 작위의 예의를 바르게 하는 것이다(會以訓上下之則, 朝以正班爵之義)"라 한 말이 있는 것으로 알 수 있다.

53 왕사~이등(王事~二等) : 정벌을 가리킬 것이다. 허남(許南)이 주나라 왕을 위하여 초나라를 정벌하던 중에 죽었으니 또한 왕사(王事)이므로 2등급을 올려 준 것이다. 『맹자 · 만장(萬章) 하』에서는 "천자가 한 위(位)이며, 공(公)이 한 위이고, 후(侯)가 한 위, 백(伯)이 한 위, 자(子)와 남(男)이 같이 한 위이니 모두 다섯 등급이다"라 하였다. 자와

於是有以袞斂.[54] 이 경우에는 곤의로 염을 한다.

冬, 겨울에

叔孫戴伯帥師會諸侯之師侵陳.[55] 숙손대백이 군사를 이끌고 제후의 군사를 만나 진나라를 쳤다.

남이 후의 예를 얻었으니 2등급을 더한 것이다. 두예는 『주례·천관·전명(天官·典命)』의 "상공(上公)은 구명(九命)으로 백(伯)이며 후(侯)와 백(伯)은 칠명(七命), 자남(子男)은 오명(五命)이다"라는 말에 의거하여 "제후의 명에는 3등급이 있는데, 공이 상등이고, 후와 백은 중등, 자와 남은 하등이다"라 하였는데 허남은 "남인데 후로 하여 예를 한 등급 더하였다" 하였으니 『전』의 뜻과는 맞지 않다. 『주례』는 전국시대의 개인의 저작으로 『좌전』을 해석하는 데는 다 적용할 수 없다. 또한 희공 29년 『전』에서 말하기를 "예에 있어서 경은 공·후와는 회합하지 않고 백·자·남과 회합하는 것이 옳다"라 하여 후와 백은 확연히 나뉘어졌으니 『주례』에서 후와 백을 한 등급으로 말하는 것은 명확히 『전』의 뜻과는 맞지 않다. 그런즉 『전』에서 "후의 예로 장례를 치렀다"는 것을 금문으로 고찰해 보면 결코 5등급의 제후의 실체가 없고 『좌전』이 전국시대 유가의 별파(別派)에서 지어진 것을 보면 전적으로 믿을 수가 없다.

54 이곤렴(以袞斂) : 곤의(袞衣)로 염을 하다. 곤은 옛날 천자의 예복으로 상공이 입어도 다르지 않았다. 허남은 후(侯)의 예로 장사를 지내어 곤의를 쓸 수가 없었는데, 이는 공후로 등급이 더해진 사람이므로 곤의로 시신을 염한 것이니 예제에 맞다고 하겠다.

55 숙손대백(叔孫戴伯) : 『경』에서는 공손자(公孫玆)라 하고 『전』에서는 속손대백(叔孫戴伯)이라 하였는데, 대(戴)는 시호이고 숙손은 족씨(族氏)이다. 16년 『경』에도 "공손자(公孫玆)가 죽었다"라 하였으니 이때까지도 여전히 아직 숙손(叔孫)의 족씨가 되지 못하였으며, 문공 원년의 『경』에서 비로소 "숙손득신(叔孫得臣)이 경사로 갔다"라 하였으니 숙손이 족씨가 된 것은 득신(得臣)에게서 비롯되었다. 이 『전』에서 숙손이라 한 것은 나중에 기록한 것이다. 그러나 청나라 모기령(毛奇齡)의 『경문(經問)』에서는 "예(禮)에는 또한 부친의 자를 씨로 삼는 것이 있는데, 세상에서는 또한 알지 못한다. 대백(戴伯)이라는 사람은 숙아(叔牙)의 아들이다. 이에 마침내 숙손이라 부르니 부친의 씨(氏)이다. 애공 25년 위출공(衛出公)이 남씨(南氏)의 읍을 빼앗았다. 남씨의 읍이라는 것은 공손미모(公孫彌牟)의 읍이다. 남씨라 일컬은 것은 미모의 부친 공자 영(公子郢)의 자가 자남(子南)이기 때문이다. 그러니 자남은 부친의 자이다. 그러므로 정자전(鄭子展)의 씨 한(罕) 또한 한씨(罕氏)이니 자전(子展)이라는 사람은 자한의 아들이며 부친의 씨이다. 자석(子釋)은 사씨(駟氏)라 일컬으니 자석은 자사(子駟)의 아들로 부친의 씨이다. 자산(子產)은 국씨(國氏)라 일컬었으니 자국(子國)이 자산의 부친이며 부친의 씨이다"

陳成,	진나라가 화친을 하니
歸轅濤塗.[56]	원도도를 돌려보냈다.

初,	처음에
晉獻公欲以驪姬爲夫人,	진헌공이 여희를 부인으로 삼고자 하여
卜之,	점을 쳐보았는데
不吉;	길하지 않았다.
筮之,	시초점을 쳐보니
吉.[57]	길하였다.
公曰,	공이 말하기를
"從筮."	"시초점을 따르겠다"라 하였다.
卜人曰,[58]	점치는 사람이 말했다.

라 하였다. 대체로 당시에는 조부의 자를 씨로 삼았으며 또한 부의 자를 씨로 삼기도 하였다.

56 두예는 "진나라가 죄를 승복하였기 때문에 그 대부를 풀어 준 것이다"라 하였다.

57 먼저 갑골점을 치고 나중에 시초점을 친 것이다. 민공 2년의 『전』을 보라.

58 이 복인(卜人)은 누구를 말하는지 모르겠으며, 진나라에는 복언(卜偃)이 있으나 이 사람인지 아닌지는 모르겠다. 「진어 1」에서는 "헌공이 여융(驪戎)을 칠 것인가 갑골점을 쳤고 사소(史蘇)는 점을 쳤다"라 하였다. 희공 15년 『전』에서는 "진헌공이 백희(伯姬)를 진(秦)나라에 시집보내는 것에 대하여 시초점을 치고 사소(史蘇)가 점을 쳤다"라 하였다. 『예기·곡례』의 『정의(正義)』에서는 이 복인 또한 사소(史蘇)라 하였는데 그럴 가능성이 있다.

"筮短龜長,	"시초점은 효험이 적고 거북점은 효험이 많으니
不如從長.[59]	효험이 뛰어난 것을 따름만 못합니다.
且其繇曰,[60]	그리고 그 요사에서도 말하기를
'專之渝,[61]	'오로지 그만을 총애하면 변하여
攘公之羭.[62]	살진 양을 빼앗을 것이다.

---

59 시초점〔筮〕은 시초(蓍草)를 쓰고 갑골점〔卜〕은 거북을 쓴다. 희공 15년 『전』에서 진나라 한간(韓簡)이 말하기를 "거북은 상(象)이고, 서는 수(數)이다. 물(物)이 생겨난 후에 상(象)이 있고, 상(象)이 있은 후에 번식을 하며, 번식을 한 후에 수(數)가 있다"라 하였다. 곧 당시 사람은 먼저 상이 있고 다음에 수가 있으며 갑골점〔卜〕은 상을 쓰고 시초점〔筮〕은 수를 쓰므로, 거북이 시초보다 뛰어나다고 생각하였다. 두예는 여기에 근거를 두고 주석을 달았다. 이는 당시 사람의 말로 당시 사람의 말을 해석한 것이다. 그러나 『주례 · 춘관 · 점인(春官 · 占人)』의 『정의(正義)』에서는 후한(後漢)의 마융(馬融)의 주석을 인용하여 "서사(筮史)는 모자라고 귀사(龜史)는 뛰어나다"라 하였으며, 고본한〔高本漢 : 1889~1978. 스웨덴의 중국학자 · 언어학자 베른하르드 칼그렌(Bernhard Karlgren). 중국명 高本漢〕의 『좌전주석』에서는 또한 『주례 · 춘관(春官)』에 "대복(大卜)은 하대부(下大夫) 2인이고, 복사(卜師)는 상사(上士) 4인이며, 복인(卜人)은 중사(中士) 8인이다"라 하였으며 시초점에는 "서인(筮人)은 고작 중사(中士) 2인이다"라 한 것으로 증명하였다.

60 요(繇) : 괘의 징조를 나타내는 점사이다. 옛날 사람들은 갑골점을 중시하였고 시초점은 경시하였다. 이른바 장단(長短)이라는 것은 영험함을 가지고 말한 것이다.

61 투(渝) : 변한다는 뜻이다.

62 양(攘) : 훔치다, 빼앗다. 『논어 · 자로(子路)』의 "그 아버지가 양을 훔쳤다(其父攘羊)"와 『맹자 · 등문공(滕文公) 하』의 "날마다 그 이웃의 닭을 훔쳤다(日攘其隣之雞)"의 양(攘)자와 같은 뜻이다.

유(羭) : 숫양이다. 두예는 아름답다(美)는 뜻으로 보았고, 청나라의 초순(焦循)과 스웨덴의 고본한(高本漢)도 두예의 뜻을 따랐는데 의미가 또한 통할 수 있다.

이 구절은 전심으로 총애를 하면 변고가 생기고 공의 숫양을 빼앗아 간다는 말이다. 숫양은 가차한 말로 신생(申生)을 대신 가리킨다. 투(渝)와 유(羭)는 운자로, 옛날에는 함께 후(侯)부에 있었다.

一薰一蕕,[63]	향초와 악취 나는 풀을 함께 두면
十年尙猶有臭.'[64]	10년이 지나도 악취가 날 것이다'라 하였으니
必不可."	반드시 옳지 않습니다."
弗聽,	그의 말을 따르지 않고
立之.	그를 세웠다.
生奚齊,	해제를 낳았으며
其娣生卓子.[65]	그 동생은 탁자를 낳았다.
及將立奚齊,[66]	해제를 태자로 세우려 할 즈음에

---

63 훈(薰) : 향초(香草). 북송(北宋) 심괄(沈括)의 『몽계보필담(夢溪補筆談) 3』에서는 "옛날의 난초와 혜초이다. 당나라 사람들은 영령향(鈴鈴香)이라 하였고 또한 영자향(鈴子香)이라고도 하였는데, 꽃이 가지 사이에 거꾸로 매달린 것이 작은 방울과 같았기 때문에 이르는 것이다"라 하였다.
유(蕕) : 『설문해자』에서는 "물가의 풀이다"라 하였다. 명(明)나라 이시진(李時珍)의 『본초강목 · 습초류(本草綱目 · 濕草類) 하』의 주석에서는 "이 풀은 줄기가 자못 훈초와 비슷하나 악취가 난다"라 하였다.

64 십년(十年) : 오래다는 것을 말하였다.
상유(尙猶) : 상유(尙猷)라고도 하며 같은 뜻의 허사를 연용하여 쓴 것이다.
취(臭) : 두 가지 뜻이 있다. 모든 냄새는 향기든 악취든 막론하고 모두 취라고 할 수 있다. 『주역 · 계사(周易 · 繫辭) 상』에서 "그 냄새가 난초와 같다(其臭如蘭)" 같은 것이 이런 뜻이다. 또 하나는 악취만 전적으로 가리켜 말한 것이다. 위(魏)나라 왕숙(王肅)의 『공자가어(孔子家語)』에서 이른바 "어물을 파는 가게에서는 그 냄새를 맡지 않는다"라는 것이다. 여기서는 후자의 뜻으로 쓰였을 것이다.
유(蕕)와 취(臭)는 운자로 옛날에 모두 유(幽)부에 속하였다. 후(侯)와 유(幽)부는 합운을 할 수가 있었으니 투(渝) · 유(羭) · 유(蕕) · 취(臭)의 넉 자가 운을 이룬다.

65 장공 28년의 『전』에도 이 두 말이 있다. 『전』의 뜻에 의하면 탁자의 출생은 이해, 곧 진헌공 21년 이전이며, 「진세가」에서는 탁자(悼子로 되어 있음)의 출생이 진헌공 25년이라 하였는데 이해의 4년 뒤로 전과는 어그러져 달라졌으니 그 근거를 모르겠다. 『곡량전』에서는 또한 해제와 탁자를 모두 여희(驪姬)의 소생이라고 하였다.

旣與中大夫成謀,[67]	이미 중대부와 모의를 하였는데
姬謂大子曰,	여희가 태자에게 말하기를
"君夢齊姜,	"임금께서 제강이 나오는 꿈을 꾸었으니
必速祭之!"[68]	속히 제사를 지내야 할 것이다!"라 하였다.
大子祭于曲沃,[69]	태자가 곡옥에서 제사를 지내고
歸胙于公.[70]	제사 음식을 공에게 보냈다.

66 태자로 세운 것이다.

67 중대부(中大夫) : 『한비자 · 외저설 · 좌상(外儲說 · 左上)』에서는 "중대부(中大夫)는 진나라의 중한 반열이다"라 하였다. 또한 같은 편 「좌하(左下)」에서는 "옛날 진(晉)나라의 법에는 상대부는 2여(輿) 2승(乘)이며, 중대부는 2여 1승, 하대부는 승밖에 없는데 이는 등급을 밝히기 위함이다"라 하였다. 희공 15년 『전』에서는 "진후가 중대부에게 뇌물을 허용했다"라 하였다.
성과(成課) : 계책을 정한다는 것과 같은 말이다.

68 제강(齊姜)은 신생의 어머니이다. 「진어 1」에서는 "여희(驪姬)가 임금의 명으로 신생에게 명하기를 '오늘 저녁에 임금께서 제장(齊莊)의 꿈을 꾸었는데 반드시 속히 제사를 지내어 복을 빌라!' 고 하였다"라 하였다. 『여씨춘추 · 임수(任數)』편에서는 "공자(孔子)가 일어나 말하기를 오늘 꿈에서 선군을 뵈었으니 음식을 정결히 한 후에 올려라' 라 하였다" 라 했다. 『공자가어 · 재액(在阨)』편에는 "공자가 안회(顏回)를 불러 말하기를 '지난날 내가 꿈에서 선인을 뵈었는데 혹 나를 도와주려는 것이나 아닐까? 네가 불을 때서 밥을 하면 나는 그것을 올려야겠다' 라 하였다"는 말이 있다. 그러니 옛사람들은 꿈에서 고인을 보면 모두 음식을 올렸다. 『곡량전』에서는 말하기를 "여희(麗姬)가 또 말하기를 '내가 밤에 꿈을 꾸었는데 부인이 종종걸음으로 와서 말하기를 내가 배가 고파서 괴롭다. 세자의 궁이 이미 완성되었으면 어째서 제사를 지내지 않는 것이냐?' 라 하였다"고 하였다.

69 곡옥은 헌공의 조부의 묘당이 있는 곳이다. 제강은 죽은 후 시조모와 합사하였기 때문에 그 묘당이 곡옥에 있는 것이다. 또한 태자 역시 곡옥에 있었다. 장공 28년의 『전』을 보라.

70 귀조(歸胙) : 『주례 · 하관 · 제복(夏官 · 祭僕)』편의 정현의 주에서는 "신하는 제사를 지내면 반드시 제육(祭肉)을 임금에게 바쳤는데 이것이 이른바 귀조(歸胙)라는 것이다"라

公田,	공은 사냥 중이었는데
姬寘諸宮六日.	여희가 궁중에 6일이나 두었다.
公至,	공이 이르자
毒而獻之.[71]	독을 섞어 바쳤다.
公祭之地,	공이 그것을 땅에다가 부어 보았더니
地墳.[72]	땅이 솟았다.
與犬,	개에게 주었더니
犬斃.	개가 죽었다.
與小臣,[73]	환관에게 주었더니

하였다. 조(胙)는 제사를 지낸 술과 고기이다.

71 「진어 2」에서는 "공은 사냥을 나가고 여희가 음복음식을 받아서 술에는 짐(鴆)새의 독을 넣고 고기에는 오두(烏頭)의 독을 넣었다. 공이 이르자 신생을 불러 바치게 하였다"라 하였다. 『곡량전』에서는 "임금은 사냥을 나가고 없었는데 여희가 짐새의 독을 술에 태우고 포(脯)에는 독약을 넣었다"라 하였다. 「진세가」에서는 "헌공은 그때 사냥을 나갔는데 제사 음식을 궁중에 두었다. 여희가 사람을 시켜 제사 음식에 독을 넣게 하고는 이틀을 우니 헌공이 사냥에서 돌아왔으며, 재인(宰人)이 제사 음식을 헌공에게 바쳤다"라 하였다. 독을 넣어 바쳤다는 것은 『전』과 같다. 그러나 『여씨춘추 · 상덕(上德)』편에서는 "태자가 제사를 지낸 후 공에게 음식을 올렸는데 여희가 바꿔치기를 했다"라 하여 독 있는 것을 독이 없는 것과 바꾸었다 하여 『전』과는 조금 다르다.

72 지분(地墳) : 분(墳)은 땅이 무덤처럼 솟아오른 것이다. 『곡량전』에서는 "임금이 먹으려 하였다. 여희가 무릎을 꿇고 말하기를 '음식이 밖에서 왔으니 시험을 해보지 않을 수 없습니다' 라 하고는 땅에다 술을 부었더니 땅이 솟아올랐다"라 하였다. 「진세가」에서는 "헌공이 그것을 먹으려 하였다. 여희가 곁에서 말리며 '제사 음식은 멀리서 온 것이니 마땅히 시험을 해보셔야 합니다' 라고 하고 땅에 부었더니 땅이 솟았다"라 하였다.

73 소신(小臣) : 관직 이름으로 양공 14년 『전』의 "대신은 버려두고 소신과 모의한다(舍大臣而與小臣謀)"라 한 소신(小臣)과는 뜻이 다르다. 갑골문과 금문에 많이 보이며 성공 10년의 『전』에도 소신이 보이는데, 대체로 모두 왕의 좌우 가까이서 모시던 신하이다.

小臣亦斃.[74]	환관 역시 죽었다.
姬泣曰,	여희가 눈물을 흘리며 말하였다.
“賊由大子.”[75]	“태자가 해치려는 것이옵니다.”
大子奔新城.[76]	태자는 이에 신성으로 달아났다.
公殺其傅杜原款.[77]	공이 그의 사부인 두원관을 죽였다.

갑골문과 금문의 내용으로 보면 지위가 상당히 높다. 그러나 『좌전』을 가지고 보면 곁에서 모시는 엄인(閹人) 곧 환관에 불과할 따름이다.

74 「진어 2」에서는 “공이 제사 음식을 땅에 부었더니 땅이 솟았다. 신생이 두려워하여 나갔다. 여희가 개에게 고기를 주었더니 개가 죽었고, 환관에게 술을 주어 마시게 하였더니 환관도 죽었다”라 하였다. 『좌전』에서는 신생이 현장에 있었다는 말은 하지 않았는데, 다음 문장의 “태자가 신성(新城)으로 달아났다”라 한 말을 가지고 살펴보건대, 태자가 틀림없이 강(絳)에는 있었지만 과연 현장에 있었는지에 대해서는 알 수 없다.

75 『곡량전』에서는 “여희가 대청 아래서 울부짖으며 말하였다. ‘하늘이시여, 하늘이시여! 나라는 아들의 나라입니다. 아들이 임금이 됨이 어찌 이리 늦습니까?’ 임금이 탄식을 하며 말하기를 ‘나와 너 사이에 큰 잘못이 없거늘 어찌하여 내게 그렇게도 심하게 하느냐?’ 라 하고는 사람을 시켜 세자에게 말하기를 ‘너는 잘 도모해 보라!’ 라 하였다”고 했다. 「진세가」에는 여희의 말이 더욱 악랄하게 실려 있다.

76 신성(新城) : 곧 곡옥(曲沃)이다. 아마 태자를 위해 새로 성을 축조하였으므로 또 신성이라고도 부르는 것일 것이다. 정나라와 송나라, 진(秦)나라에도 신성이 있는데, 희공 6년의 『전』 및 문공 4년과 14년의 『전』에 보인다. 모두 그 성을 새로 축조하였기 때문에 얻은 이름일 것이다. 「진어 2」에서는 “공이 두원관을 죽이라고 명했다. 신생은 신성으로 달아났다”라 하였다.

77 「진어 2」에서는 “두원관이 죽으려 할 때 환관 어(圉)를 시켜 신생에게 말하게 하기를 ‘제가 재주가 없으며 지식이 적고 불민한 데다 잘 가르칠 수가 없었고 임금님의 마음을 깊이 알 수가 없어서 총애를 버리고 넓은 땅을 구하여 숨었나이다. 마음이 좁고 겨우 본분만 지키어 감히 가지를 못했습니다. 그런 까닭에 말을 듣고도 변명을 하지 못하여 큰 어려움에 빠뜨리고 참소에 이르게 하였습니다. 그러나 저도 죽음이 아깝지는 않고 다만 참소한 사람과 죄를 같이 덮어쓰는 것이 싫을 뿐입니다. 제가 듣기에 군자는 정을 버리지 않고 참언을 따져 돌리지 않는다고 하였습니다. 참소가 들어와 몸이 죽어도 되니 아름다운 이름은 남아 있습니다. 죽어도 정을 옮기지 않는 것은 강한 것이고, 정을 지켜 어버이를 기쁘게 해주는 것은 효도입니다. 몸을 죽여 뜻을 이루는 것은 인이며, 죽어도 임금을 잊지 않는 것은 경입니다. 그대 어리신 분은 힘쓰십시오! 죽어서 사랑을 남기고 죽어서 백

或謂大子,[78]	누가 태자에게 이르기를
"子辭,[79]	"태자께서 말씀을 올리시면
君必辯焉."[80]	임금께서 반드시 해명을 해주실 것입니다"라 하였다.
大子曰,	태자가 말하였다.
"君非姬氏,	"임금께서는 여희가 아니면
居不安,	거처가 불안하고
食不飽.	식사도 배불리 못하신다.
我辭,	내가 말씀을 올리면

성들이 생각함이 또한 옳지 않겠습니까!'라 하니 신생이 허락하였다"라 하였다. 「진세가」는 『전』과 합치된다.

78 혹(或) : 「진어 2」에는 "사람 인(人)"자로 되어 있다. 역시 어떤 사람인지 이름을 들어 가리키지는 않았다.

79 사(辭) : 『설문해자』에서는 "송(訟)이다"라 하였다. 시비곡절을 따지거나 변해(辨解)하다의 뜻이다. 선공 11년의 『전』에 "초나라 왕이 신숙시(申叔時)를 진나라를 현으로 삼은 것을 하례하지 않았다고 꾸짖었다. 대답하여 말하기를 '말씀드려도 좋겠습니까?(猶可辭乎)'라 하였다"라 한 사(辭)자 또한 이와 같은 용법이다. 「진세가」에는 "누군가 태자에게 말하기를 '이 독약을 만든 사람은 곧 여후이니 태자께서는 어찌하여 스스로 말씀하시어 밝히시지 않으십니까?'"로 되어 있는데, 이는 곧 『전』의 뜻을 풀이한 것이다.

80 『곡량전』에서는 "세자의 사부인 이극(里克)이 세자에게 말하기를 '들어가서 스스로 해명하십시오! 들어가서 스스로 해명을 하시면 살 수 있을 것이고, 들어가서 스스로 해명을 하지 않으시면 사실 수 없을 것입니다'라 하였다"라 하였으니, "혹자(或)"를 이극으로 보았으며 또한 이극을 세자의 사부로 본 것이다. 그러나 『국어 · 진어 2』의 기록을 보건대 여희가 태자를 죽일 계책을 꾸미자 우시(優施)를 시켜 이극에게 술을 마시게 하여 이극이 이에 중립을 지키게 되었다고 하였다. 그러므로 『곡량전』의 말은 믿기가 어렵다. 『예기 · 단궁 상』에서는 "진헌공이 세자 신생을 죽이려 하였다. 공자 중이가 신생에게 말하기를 '그대는 어찌하여 그대의 뜻을 공에게 말하지 않습니까?'라 하였다"고 했다. 그러니 여기서는 "혹자"를 중이로 본 것이다. 『설원 · 입절(立節)』편에서도 중이라 하였다.

姬必有罪.	여희가 죄를 얻게 된다.
君老矣,	임금께서 늙으셨으니
吾又不樂."[81]	내 또한 즐겁지 않게 하리!"
曰,	말하기를
"子其行乎?"	"태자께서는 떠나시렵니까?"라 하니
大子曰,	태자가 말하였다.
"君實不察其罪,	"임금께서 실로 그 죄를 살피시지 않으시니
被此名也以出,[82]	이 죄명을 덮어쓰고 도망을 가면
人誰納我?"[83]	누가 나를 받아들이겠는가?"

81 태자의 뜻은 대체로 내가 해명을 하면 여희는 반드시 죽을 것이고, 그렇게 되면 임금은 또한 이미 늙은 데다 여희까지 잃으면 반드시 즐거워하지 않을 것이라는 것이다. 옛날의 주석가들은 이에 대해 이해를 하지 못하여 청나라 주빈(朱彬)의 『경전고증(經傳考證)』에서는 "불락(不樂)"을 "후사(後嗣)가 되는 것을 즐거워하지 않는 것"이라고 보았다. 양수달(楊樹達) 또한 『독좌전(讀左傳)』에서 자신이 임금을 즐겁게 할 수 없다고 해석하였는데 모두 『좌전』의 뜻과는 맞지 않는 것이다. 『예기 · 단궁 상』에서는 "세자가 말하였다. '아니 되오, 임금께서는 여희를 편안히 여기시는데 이는 공의 마음을 상하게 하는 것이오'"라 하였다. 「진세가(晉世家)」에서는 말하였다. "태자가 말하였다. '우리 임금님은 늙으셔서 여희가 아니면 잠자리도 편치 않으시고 식사를 하셔도 달지 않으신데 말씀을 드리면 임금께서는 노하실 것이니 아니 되오'"라 하였다. 『곡량전』에서는 말하였다. "세자가 말하기를 '우리 임금님은 이미 늙으셨고 이미 혼미하시니 내가 이렇게 들어가서 해명을 하면 여희는 반드시 죽게 될 것이오. 여희가 죽으면 우리 임금께서는 편안치 않으실 것이고 임금님을 편안치 않게 하시느니 차라리 내가 스스로 죽는 것이 더 낫소'라 하였다."

82 차명(此名) : 아버지를 죽였다는 오명.

83 『예기 · 단궁 상』에서는 "말하기를 '그러면 어찌하여 가시지 않으십니까?'라 하니 '아니 되오. 그대는 날더러 임금을 죽이게끔 하는 것인데, 천하에 아버지가 없는 나라에 어찌 있겠소? 내가 어떻게 갈 수 있겠습니까?'라 하였다"라 하였다. 「진어 2」에서는 "어떤 사

十二月戊申,[84]	12월 무신일에
縊于新城.[85]	신성에서 목을 매었다.
姬遂譖二公子曰,	여희는 결국 두 공자까지 참소하여 말하기를
"皆知之."[86]	"그들도 모두 이 일을 알고 있었습니다"라 하였다.

람이 신생에게 말하기를 '그대의 죄가 아닌데 어찌하여 떠나지 않습니까?'라 하니 신생이 말하였다. '안 될 일이오. 내가 떠나면 죄는 벗겠지만 반드시 책임이 임금님께 돌아갈 것이니 이는 임금님을 원망하는 것이오. 부친의 죄악을 들춰 내어 제후의 웃음을 산다면 내가 누구의 고을로 들어가겠소? 안으로는 부모님께 곤란을 겪고 밖에서는 제후들의 곤란을 겪으면 이는 이중으로 곤란을 겪는 것입니다. 임금님을 버리고 죄에서 벗어나는 것은 죽음에서 도피하는 것입니다. 내가 듣기에 어진 사람은 임금을 원망하지 않고 지혜로운 사람은 이중의 곤경을 겪지 않으며 용기 있는 자는 죽음에서 도망가지 않는다고 하였습니다. 죄가 벗겨지지 않았는데 떠나면 죄가 무거워질 것입니다. 떠나서 죄가 무거워지면 지혜롭지 못한 것이 되고, 죽음에서 도망쳐 임금을 원망하면 어질지 못하게 되는 것이며 죄가 있는데도 죽지 않으면 용기가 없는 것이 되오. 떠나면 원망이 두터워지고 오명은 무거지지 않을 것이오. 죽음은 피할 수 없으니 여기에 엎드려 명을 기다리겠소'"라 하였다.

84 진나라는 하력을 쓰는데, 주력에 의하여 추산을 하면 이듬해 2월 27일이 된다.

85 액우신성(縊于新城) : 「진어 2」에서는 "신생은 이에 신성(新城)의 묘당에서 목을 매었다. 죽으려 할 때 맹족(猛足)을 호돌(狐突)에게 보내 말하길 '신생은 죄가 있어 백씨(伯氏)의 말을 듣지 아니하고 죽음에 이르게 되었습니다. 신생은 감히 죽음을 아까워하지는 않습니다. 비록 그러하나 임금께서는 늙으셨고 나라에는 어려움이 많으니 백씨께서 나서시지 않으면 우리 임금님이 어떻게 되겠습니까? 백씨께서 나서서 우리 임금님을 위해 도모해 주신다면 신생은 죽음을 받아들이겠습니다. 죽어도 여한이 있겠습니까?'라 하였다"라 했다. 『예기 · 단궁 상』도 대체로 이와 같다. 『좌전』과 『국어』에서는 모두 신생이 스스로 목을 매 죽었다고 하였는데 『여씨춘추 · 상덕(上德)』편과 전한(前漢) 유향(劉向)의 『설원(說苑)』에서는 똑같이 "마침내 칼로 죽었다"라 하였으며, 『논형 · 감허(論衡 · 感虛)』편에서도 "신생이 칼에 엎어졌다"라 하였고 『곡량전』에서는 "목을 베어 죽었다"고 하였다. 이는 모두 전해진 말이 달라서일 것이다.

86 지지(知之) : 성공 17년 『전』의 "국자(國子)는 그것을 알았다(國子知之)"의 "지"자와 같은 뜻이다. 그 일에 참여하여 들었을 것이라는 뜻이다.

重耳奔蒲,	중이는 포성으로 달아나고
夷吾奔屈.[87]	이오는 굴성으로 달아났다.

희공 5년

經

五年春,[1]	5년 봄
晉侯殺其世子申生.[2]	진후가 세자 신생을 죽였다.

---

87 포·굴(蒲·屈) : 장공 28년의 『전』에 보인다. 당나라 유지기(劉知幾)의 『사통·혹경(史通·惑經)』편에서는 『죽서기년』을 인용하여 "중이는 달아났다"라 말하였다. 「진세가」에서는 "이때 중이와 이오가 내조하니 어떤 사람이 혹 여희에게 아뢰어 말하기를 '두 공자가 여희를 원망하여 태자를 참살하려합니다'라 하니 여희가 두려워하여 두 공자를 참소하기를 '신생이 제사 음식에 독을 태운 것을 두 공자가 알고 있었습니다'라 하였다. 두 사람은 그 말을 듣고 두려워하여 중이는 포성으로 달아났고 이오는 굴성으로 달아나 그 성을 지키며 스스로 갖추어 지켰다"라 하였다.

1 오년(五年) : 병인년 B.C. 655년으로 주혜왕(周惠王) 22년이다. 이해 정월 초3일 갑인일이 동지였으니 건자(建子)이다.

2 두예는 "봄이라고 기록한 것은 알려 온 시기를 따른 것이다"라 하였다. 고동고(顧棟高)의 『대사표(大事表)』 권48에서는 "『경』에서 봄이라고만 기록하고 월을 기록하지 않았는데 아마 봄 2월일 것이다. 진나라는 하력을 사용하므로 진나라의 12월은 주나라의 봄 2월이다. 진나라에서 12월에 알렸으니 노나라 사관이 주력을 써서 봄이라고 바르게 고친 것일 따름이다. 두예가 진나라 사람이 부고한 날을 기록하였다는 것은 틀렸다"라 하였는데 고동고의 말이 매우 옳다. 『전』에서 "진후가 태자 신생을 죽인 까닭을 와서 알리게 했다"는 것은 경에서 그를 죽인 까닭을 풀이한 것인데, 알리면 기록하고 알리지 않으면 기록을 하지 않는 것이니 알린 날은 봄이었다. 두예가 『전』의 뜻을 잘못 이해하여 착오를 일으킨 것이다. 양공 30년 전에서 "'천왕(天王)이 그 아우인 영부(佞夫)를 죽였다.' 죄는 천자에게 있다"라 하였는데, 여기서도 마찬가지로 죄는 진후에게 있다.

杞伯姬來朝其子.[3] 기백희가 그 아들을 내조하게 했다.

夏, 여름에

公孫茲如牟.[4] 공손자가 모나라로 갔다.

公及齊侯, 宋公, 陳侯, 衛侯, 鄭伯, 許男, 曹伯會王世子于首止.[5]
공이 제후, 송공, 진후, 위후, 정백, 허남, 조백과 함께 수지에서 왕세자를 만났다.

---

3 『전』이 없다. 내조기자(來朝其子)는 그 아들을 조나라에 내조케 하는 것이다. 환공 9년의 『경』에서 "조백이 세자 역고를 보내어 조견하게 하였다(曹伯使其世子射姑來朝)"라 하였으니 제후들은 본디 아들을 시켜 내조하는 뜻이 있었으며, 이는 그냥 단지 그 구법만 바꾼 것일 뿐이다. 모기령(毛奇齡)의 『춘추전(春秋傳)』에서는 "예법에 제후의 세자가 서로 조현하는 뜻이 있다"라 하여 태자끼리 서로 조현하는 것이라 하고, 외국의 임금을 조현하는 것이라고는 하지 않았는데 무슨 근거로 그렇게 말했는지 모르겠다. 백희(伯姬)는 기성공(杞成公)의 부인으로 장공 25년에 출가하였으며, 기성공은 노희공 23년에 죽었다. 『세본(世本)』 및 『사기』를 가지고 고찰해 보면 성공이 죽자 그의 아우인 환공 고용(姑容)이 즉위하였으며 백희의 아들은 끝내 임금이 되지 못하였는데, 그 까닭은 혹 일찍 죽어서 그런 것이 아닐까? 백희의 시집은 이해부터 15년이란 시차가 있으니 그 아들은 이때 아무리 많아도 14세를 넘지는 못할 것이다. 두예는 "올 래(來)"자에서 구절을 끊어 "조기자(朝其子)"를 별도의 구절로 보아, 래(來)를 성풍(成風 : 희공의 어머니)에게 귀녕(歸寧) 온 것으로 보고 아울러 그 아들을 대동하여 그 아들을 조나라에 조현케 한 것으로 보았다. 그러나 백희는 필시 성풍의 소생이 아니며 백희의 부모는 모두 생존해 있지 않았으므로 고례에 의하면 귀녕이라 할 수 없었으므로 따를 수가 없다.

4 모(牟) : 노나라의 이웃 나라. 환공 15년의 『경』에 보인다. 『예기 · 곡례 하』에서는 "대부가 사적으로 강역을 나갈 때는 반드시 청한다"라 하였으므로 두예는 "경은 임금의 명이 아니면 국경을 넘지 않으므로 공의 명을 받들어 모나라를 빙문(聘問)하여 이로 인하여 스스로 아내를 맞이한 것이다"라 하였다.

5 왕세자(王世子) : 혜왕(惠王)의 태자 정(鄭)이다. 『춘추경』에서 "누구누구와 함께 누구를 만났다"라 기록한 것은 이곳 단 한 번뿐이다. 옛 설은 모두 왕세자를 높였기 때문에 회합을 기록하였다 하였는데 이치상 그럴듯하다.
수지(首止) : 『공양전』과 『곡량전』에는 수대(首戴)로 되어 있다. 대(戴)와 지(止)는 고음이 비슷하여 통가(通假)할 수 있었다. 수구는 위(衛)나라 땅으로 환공 18년의 『전』에 보인다.

秋八月,	가을 8월에
諸侯盟于首止.[6]	제후들이 수지에서 맹약했다.
鄭伯逃歸不盟.	정백은 도망가 귀국하여 맹약하지 않았다.
楚人滅弦,[7]	초나라 사람이 현나라를 멸했다.
弦子奔黃.	현자는 황나라로 달아났다.
九月戊申朔,	9월 무신 삭에
日有食之.[8]	일식이 있었다.
冬,	겨울에
晉人執虞公.	진나라 사람이 우공을 잡아갔다.

6 여름에 만나 가을에 맹약을 하였다. 회합한 달과 맹약한 달이 다른 경우는 희공 9년의 규구(葵丘)의 경우와 양공 27년 송나라에서의 경우가 있다. 달도 다르고 장소도 다른 경우는 양공 25년처럼 여름에 의이(儀夷)에서 회합하였다가 가을 8월에 중구(重丘)에서 맹약한 경우가 있다. 회합한 달과 맹약한 달이 다르면 반드시 장소를 기록하여 다른 장소인지 같은 장소인지를 밝혔으며, 그 사이에 다른 일이 있으면 제후라 일컬었는데, 이를테면 규구에서의 회합과 맹약의 경우에는 그 사이에 "백희가 죽었으므로" 9월 무진일에 또한 "제후가 규구에서 맹약을 하였다"라 기록하였으며, 그 사이에 아무런 일이 없으면 제후라고 중복되어 기록을 하지 않았는데, 이를테면 소공 13년 평구(平丘)에서 회합을 가졌는데, 또 기록하기를 "8월 갑술일에 평구에서 함께 맹약하였다"라 한 경우이다. 여기서는 그 사이에 다른 일이 없었으므로 여전히 제후라고 가록하여 왕세자가 와서 맹약에 참여하였다는 것을 표시하였다.

7 현(弦) : 송대(宋代) 나필(羅泌)의 『노사(路史)』에서는 희성(姬姓)의 나라라 하였다. 『흠정춘추전설휘찬(欽定春秋傳說彙纂)』에서는 "혹은 외(隗)씨 성일 것이다"라 하였다. 그 옛 나라는 지금의 하남성 황천현(潢泉縣) 서쪽, 식현(息縣)의 남쪽에 해당할 것이다. 혹자는 이르기를 하남 광산현(光山縣) 서북쪽의 선거진(仙居鎭), 한(漢)의 대현(軑縣)이라고 하였다.

8 『전』이 없다. 지금의 역법으로 추산하면 B.C. 655년 8월 19일의 개기일식에 해당한다.

傳

五年春王正月辛亥朔,[9] 5년 봄 주력으로 신해일 초하룻날이

日南至.[10] 동지였다.

公旣視朔,[11] 공이 한 달의 정사를 들은 후

---

9 삭일은 신해일이 아니다. 『수서 · 율력지(隋書 · 律曆志)』에서는 장주현(張胄玄)에 의거하여 임자일이라고 하였다. 신성신장(新城新藏), 왕도(王韜), 하유기(何幼琦)도 같다.

10 일남지(日南至) : 동지를 말한다. 고대의 이분(二分 : 春分과 秋分)과 이지(二至 : 夏至와 冬至)는 모두 춘 · 하 · 추 · 동의 네 철과는 상관없이 말하였는데, 장공 28년 『전』의 "동지에는 공사를 마친다(日至而畢)"와 소공 20년 『전』의 "봄 주력으로 2월 기축일 동지(春王二月己丑日南至)," 『주역 · 복괘 · 상사(復卦 · 象辭)』의 "선왕은 동짓날에 관문을 닫는다(先王以日至閉關)", 『예기 · 월령(月令)』의 "날이 길이 극도에 이르고(日長至)", "날이 짧음이 극도에 이르며(日短至)", 『예기 · 교특생(郊特牲)』의 "주나라에서 처음으로 교제를 시작한 날이 동지였다(周之始郊日以至)", 『예기 · 잡기(雜記) 하』의 "정월의 동지에는 상제에게 제사 올리는 것이 좋다(正月日至可以有事於上帝)", 7월의 하지에는 조상에게 제사 올리는 것이 좋다(七月日至可以有事於祖)", 『맹자 · 이루(離婁) 하』의 "천세의 동지(千歲之日至)"는 모두 지(至)라고만 말하였지 하지와 동지라고는 말하지 않았다. 소공 17년 『전』의 "날이 분은 지났지만 지에는 이르지 않았다(日過分而未至)", 21년 『전』의 "이분과 이지에 일식이 있었는데 재해가 되지는 않았다(二至二分日有食之不爲食)"는 분과 지를 함께 말하였지만 또한 사시(四時)와는 연계시키지 않았다. 주나라의 정월은 지금 하나라의 11월이다.

11 시삭(視朔) : 매년 가을과 겨울이 교차할 때 천자는 제후들에게 이듬해의 역법을 반포하였으며, 역법의 기록은 매월 초1일이 무슨 날인지 윤달이 있는지 없는지에 중점을 두었고 이를 일러 반삭(班朔)이라 하였는데, 『한서 · 율력지(律曆志)』의 "주나라의 도가 쇠미해지자 천자는 반삭(班朔)을 할 수 없게 되었다"라 한 것이 이것이다. 왕도(王韜 : 1828~1897)의 『춘추력잡고(春秋曆雜考)』에서는 "주나라가 도읍을 동쪽으로 옮기자 왕실이 쇠약해졌고 천자는 반드시 역법을 반포할 필요가 없었으며, 이에 열국이 독자적으로 천제를 관측하여 달력을 만들었다"라 하였다. 제후는 매월 삭일에 반드시 희생양을 가지고 태묘에 아뢰는데 이를 곡삭(告朔)이라 하였다. 『논어 · 팔일(八佾)』편에서 이른바 "자공이 곡삭의 희생양을 없애고자 하였다(子貢欲去告朔之餼羊)", 문공 6년 『전』의 "윤달에 곡삭을 하지 않았는데 예에 맞지 않았다"라 한 것이 이것이다. 곡삭을 한 후에는 여전히 태묘에서 한 달의 정사를 듣는데 이를 일러 시삭(視朔)이라 하며 청삭(聽朔)이라고도 한다. 문공 16년 『전』의 "공이 넉 달째 시삭을 하지 않았다(公四不視朔)", 『예기 · 옥조(玉藻)』의 "제후는 태묘에서 피변복 차림으로 청삭을 한다(諸侯皮弁聽朔於太廟)"라 한 것이 이것이다. 두예는 "시삭은 친히 곡삭을 하는 것이다"라 하여 곡삭과 시

遂登觀臺以望,[12]	마침내 관대에 올라 바라보고는
而書,[13]	기록하였으니
禮也.	예에 합당하였다.
凡分, 至, 啓, 閉,[14]	무릇 춘분과 추분, 동지와 하지, 입춘과 입하, 입추, 입동에
必書雲物,[15]	반드시 구름의 색을 기록하는 것은

삭을 하나로 혼동하였는데 틀린 것이다. 후인이 역법을 가지고 추산해 보니 이해의 동지는 갑인일에 있어야 할 것이니 3일의 차이가 난다.

12 관대(觀臺) : 관(觀)은 거성이다. 손이양(孫詒讓)의 『주례 · 태재(大宰)』의 『정의(正義)』에서는 곧 치문(雉門)의 양관(兩觀)의 대(臺)라고 하였다. 노나라의 제도를 가지고 말하면 상위(象魏)이며, 궐(闕), 관(觀)이다. 이 셋은 명칭은 다르나 한 가지의 사물이다. 천자와 제후의 궁문에는 모두 대를 쌓는데 대 위에 집을 세우는 것을 대문(臺門)이라 하고, 대문 양쪽 곁의 특히 높이 솟은 문옥(門屋)을 쌍궐(雙闕)이라고 하며 또한 양관(兩觀)이라고도 한다. 정공 2년의 "치문 및 양관에 재해가 발생하였다(雉門及兩觀災)", "치문 및 양관을 새로 지었다(新作雉門及兩觀)"라 한 것이 이를 말한 것이다. 관(觀)은 문대(門臺)에 의지하여 지으므로 또한 관대(觀臺)라고도 한다. 이로써 관(觀)이 누(樓)와 비슷한 것임을 알 수 있다. 그러나 고래로 『좌전』의 주석가들은 관대를 양관의 대로 생각지 않고 태묘 안에 있다고 생각하였다. 기운을 바라볼 수 있었으므로 관대라고 하고 영대(靈臺)라고도 하였다. 애공 25년 『전』의 "위후가 적포에 영대를 지었다(衛侯爲靈臺於藉圃)"라 한 영대가 이를 말한 것이다.

망(望) : 구름의 색을 바라보는 것이다.

13 서(書) : 역시 구름의 색을 기록하는 것이다. 모두 아래쪽을 더듬어 살피는 것이다.

14 분(分) : 춘분과 추분이다. 이날은 밤낮의 길이가 반으로 나누어지기 때문에 분이라고 한다.

지(至) : 하지와 동지이다. 이날은 낮의 길이가 가장 길거나 짧으며 그림자가 가장 길거나 짧게 되는데, 지(至)는 지극하다는 뜻이기 때문에 지(至)라고 한다.

계(啓) : 입춘과 입하. 봄에는 싹이 나고 이름에는 자라는데 옛사람들은 양기가 작용을 한다고 하며, 계(啓)는 연다(開)는 뜻이므로 계(啓)라고 한다.

폐(閉) : 입추와 입동. 가을에는 거두고 겨울에는 갈무리를 하니 옛사람들은 음기가 작용을 한다고 하므로 폐(閉)라고 한다.

15 운물(雲物) : 고래로 두 가지의 뜻이 있다. 『태평어람』 권8에서는 『좌전』의 옛 주를 인용하여 "운은 오운(五雲)이다. 물은 바람(風)과 기(氣), 해(日), 달(月), 별(星), 때(辰)이

爲備故也.[16] 재해의 까닭을 대비하기 위함이다.

晉侯使以殺大子申生之故來告. 진후가 사람을 보내와서 태자 신생을 죽인 이유를 알렸다.

初, 처음에

晉侯使士蔿爲二公子築蒲與屈,[17] 진후가 사위로 하여금 두 공자를 위하여 포와 굴에 성을 쌓게 하였는데

不愼, 신중히 하지 않고

寘薪焉.[18] 섶을 넣었다.

夷吾訴之. 이오가 그것을 알렸다.

公使讓之.[19] 공이 그 사실을 꾸짖게 하였다.

다"라 하여 운과 물을 둘로 나누었다. 그러나『주례 · 춘관 · 보장씨(春官 · 保章氏)』에서는 "오운의 일로 길흉과 수한(水旱), 풍흉(豊凶)을 내릴 요기(妖氣)의 상을 변별한다"라 하였는데, 후한(後漢)의 정중(鄭衆)과 정현(鄭玄)은 모두 운물은 곧 구름의 빛깔이라고 하였다. 오운의 색은 청(靑) · 백(白) · 적(赤) · 흑(黑) · 황(黃)의 오색이다. 두예 또한 "운물은 구름의 색과 재변(災變)이다"라 하여 그 뜻이 또한 정중과 정현 두 사람과 같았는데, 이는 운물을 하나로 본 것이다. 대체로 고례(古禮)에는 임금은 이분(二分)과 이지(二至), 사입일(四立日)에는 반드시 대에 올라 천상을 바라보고 그 길흉을 점쳐서 기록을 하였다.

16 아마 재해와 흉년, 기근 등이 있으면 일찌감치 대비를 하는 것일 것이다.

17 곡옥에 성을 쌓은 것은 민공 원년의 일이니 포와 굴에 축성한 것은 그보다 조금 뒤일 것이다. 다음의 3년 안에 군사를 쓰리라는 말로 추정해 보건대 희공 3년의 일인 듯하다. 굴성과 포성은 장공 28년의『전』을 보라.

18 신중히 하지 않고 그 안에 나무 섶을 넣은 것이다.「진세가」에는 "그 성을 이루지 못했다"라 하였는데 사마천이 자신의 생각대로 고친 것이다. 장병린(章炳麟)의『독(讀)』에서는 신(新)자에 성취(成就)하다라는 뜻이 있다고 하였는데 견강부회한 것이다.

士蔿稽首而對曰,[20]	사위가 머리를 조아리고 대답하여 말하기를
“臣聞之,	“신이 듣건대
‘無喪而慼,[21]	‘상사(喪事)가 없는데 슬퍼하면
憂必讎焉;[22]	근심이 반드시 거기에 맞장구를 치며,

---

19 양(讓) : 견책(譴責)하다.

20 계수(稽首) : 고대의 절하는 예법의 하나로 신하가 임금에게 행한다. 옛날 사람은 땅에 자리를 깔고 앉았는데 지금의 꿇어앉는 것이랑 비슷하였다. 그 절은 대체로 세 가지가 있다. 이미 꿇어앉은 후 두 손을 맞잡고 머리를 손까지 숙여 가슴과 평행이 되도록 하는 것을 배수(拜手)라 하며 줄여서 배(拜)라고 한다.『순자 · 대략(大略)』편에서 말한 “평형 되게 하는 것을 배라고 한다(平衡曰拜)” 한 것이 이것이다.『주례 · 춘관 · 대축(春官 · 大祝)』편에서는 또한 그것을 공수(空手)라 하였는데 그것은 손이 땅에 이르지 않고 머리는 허공에 있기 때문이다. 이것은 일상적인 배례(拜禮)로 존비에 관계없이 모두 통하며 계수(稽首)와 돈수(頓首)를 하더라도 또한 주로 먼저 배수를 한다. 이미 배수(拜手)를 행하고 두 손을 맞잡고 땅에 닿을 때까지 내리고 머리 또한 땅에 닿으며, 맞잡은 손이 땅에 닿고 손 또한 떨어지지 않고 전신은 머리는 낮고 허리는 높으며 엉덩이는 더 높은 상태가 되는 것을 계수라고 하는데『순자』에서 말한 “평행한 것보다 낮은 것을 계수라 한다(下衡曰稽首)”라 한 것이 이것이다. 이 배례는 길배(吉拜) 가운데서도 가장 존경을 나타내는 예법이다. 연례(燕禮)와 대사례(大射禮), 근례(覲禮)에 의하면 무릇 신하와 임금이 예를 행할 때는 모두 두 번의 계수의 절을 하는데『상서』에서도 여러 번 “배수를 하고 계수를 한다”라 하였다. 여기서 배수에 대하여서는 말하지 않았는데 생략한 것이다. 이미 배수를 하고 난 다음에 두 손을 모아 땅에 내리고 머리를 땅에 닿지 않게 하고 이마만 가볍게 갖다 대는 것을 돈수(頓首)라 하며, 또한 계상(稽顙)이라고 한다.『순자』에서 말한 “땅에 닿는 것을 계상이라고 한다”는 것이다. 계상은 거상(居喪)할 때의 흉례(凶禮)로 그 배례가 아주 중대하여 길례에는 어쩌다 한번 쓸 뿐이다. 목영(穆嬴)이 조선자(趙宣子)에게 돈수한 것(문공 7년의『전』)과 신포서(申包胥)가 진애공(秦哀公)에게 아홉 번 돈수한 것(정공 4년의『전』)은 모두 아주 중대한 청을 하기 위해 그런 것이었다.

21 척(慼) : 척(慽)자와 같은 뜻. 슬퍼하다.

22 수(讎) : 명말청초(明末淸初)의 고염무(顧炎武)의『좌전두해보정(左傳杜解補正)』〔이하『보정(補正)』〕에서는 “수는 응하는 것이다.『시경』의 ‘대꾸하지 않을 말이 없다(無言不讎)’의 수(讎)자와 뜻이 같다”라 하였다.

無戎而城,	전쟁이 없는데 성을 쌓으면
讎必保焉.'[23]	적이 반드시 그곳을 보루로 삼는다' 하였으니
寇讎之保,	원수의 보루를
又何愼焉?	또한 어찌 신중히 하겠습니까?
守官廢命,	관직을 지키며 명을 어기는 것은
不敬;[24]	불경스러운 것이며,
固讎之保,	원수의 보루를 굳게 하는 것은
不忠.[25]	불충한 것이옵니다.
失忠與敬,	충성을 잃는 것과 공경하는 것 중
何以事君?[26]	어느 것이 임금을 섬기는 것입니까?
詩云,	『시』에서 말하기를
'懷德惟寧,	'덕을 품고 있는 것이 평안한 것이니,

23 병란의 근심이 없는데 성을 쌓으면 오히려 내부의 적이 지키는 바탕이 되기에 충분하다는 뜻이다.

24 이치상으로는 성을 쌓으러 가지 않아야 하나 몸이 이 관위에 있으니 명을 받들어야 하며, 성을 쌓으러 가지 않으면 임금의 명령에 불경한 것이 된다.

25 부득이 성을 쌓으러 가는데 굳게 쌓으면 장차 원수가 될 사람을 위하여 견고한 성지(城池)를 쌓는 것이 되니 이는 나라에 불충한 것이라는 말이다.

26 이상은 자신이 신중하게 성을 쌓지 않은 이유를 밝힌 것으로 명을 버릴 수도 없고 견고하게 쌓을 수도 없었던 것이니, 섶을 넣은 것은 의도적으로 그랬다는 말이다.

宗子惟城.'[27]	공자들은 성을 쌓을지어다' 라 하였으니
君其修德而固宗子,	임금님께서는 덕을 쌓고 공자를 공고히 하면
何城如之?	어떤 성이 그와 같겠습니까?
三年將尋師焉,[28]	3년 내에 군사를 쓸 것이니
焉用愼?"	어찌 신중히 하겠습니까?"라 하였다.
退而賦曰,[29]	물러나서 시를 읊기를
"狐裘尨茸,[30]	"여우 갖옷에 털 무성하게 섞이어
一國三公,[31]	한 나라에 공자가 셋이니
吾誰適從?"[32]	내 장차 누구를 주인으로 섬길까?" 라 하였다.

---

27 『시』는 『시경·대아·판(大雅·板)』의 7장이다. 덕을 품는 것이 곧 안녕하다는 것으로 헌공이 여희를 총애함을 풍자한 것이다.
종자(宗子): 여러 종실의 공자를 말함. 중이와 이오를 가리킨다. 왕의 적자인 태자 신생을 가리킨다는 설도 있는데 아니다. 여러 공자가 곧 성지(城池)인데 하필이면 다른 성지를 쌓아야겠느냐는 말이다.

28 심(尋): 한나라 공부(孔鮒)의 『소이아·광고(小爾雅·廣詁)』에서는 "심은 쓴다는 뜻이다(用也)"라 하였다.

29 부(賦): 사위 자신이 읊은 시이다.

30 호구(狐裘): 대부의 옷이다.
방용(尨茸): 가죽의 털이 어지러운 것이다. 『사기·진세가』에는 몽용(蒙茸)으로 되어 있으며, 『시경·패풍·모구(邶風·旄丘)』에도 "여우 갖옷 털 어지럽네(狐裘蒙茸)"라 하였다. 방용(尨茸)과 몽용(蒙茸)은 마찬가지의 뜻이다.

31 삼공(三公): 혹자는 헌공과 중이, 이오를 가리킨다 하였고, 혹자는 신생과 중이, 이오를 가리킨다고 하였는데, 정확히 할 필요가 없다.

及難,[33]	난이 일어났을 때
公使寺人披伐蒲.[34]	헌공이 시인 피를 보내어 포성을 치게 하니
重耳曰,	중이가 말하였다.
"君父之命不校."[35]	"군부의 명이니 저항할 수 없다."
乃徇曰,[36]	이에 곧 두루 알리기를

---

32 적(適) : 주인으로 삼다〔『시경·위풍·백혜(衛風·伯兮)』의 모씨(毛氏)의 주석〕와 오로지〔『운회(韻會)』〕라는 뜻이 있다. 수적종(誰適從)은 이러쿵저러쿵 말이 많으니 누구를 주인으로 삼아 전적으로 그를 따르겠는가 하는 말이다. 당나라 요사렴(姚思廉)의 『양서·무제기(梁書·武帝紀)』에 고조가 장굉책(張宏策)에게 한 말이 수록되어 있는데 "정치가 여러분에서 나오니 계단이 어지러워졌다. 『시경』에서 이르기를 '한나라에 공이 셋이니 내 누구를 주인으로 삼아 따를까(一國三公, 吾誰適從)' ……"라 하였는데, 그 뜻이 딱 들어맞는다. 소공 13년의 『전』에서는 "공왕(共王)에게는 적장자가 없었으며, 총애하는 아들이 다섯 명이었는데 세울 만한 적당한 사람이 없었다"라 하였다. 『전국책·동주책(戰國策·東周策)』에서는 "주공왕의 태자가 죽자 다섯 서자가 있었는데 모두 총애하여 적당히 세울 사람이 없었다"라 하였다. 『시경·소아·사월(小雅·四月)』에서는 "난리를 만나 병들었으니, 어디로 돌아가야 하는가?(亂離瘼矣, 爰其適歸)"라 하였는데, 저 "適立", "適歸"는 이 "適從"과 뜻이 같다. 『시경·위풍·백혜(衛風·伯兮)』의 "어찌 기름 바르고 머리 감지 못하겠는가만, 누구를 위해 화장할꼬?(豈無膏沐, 誰適爲容)"라는 말이 있는데 이곳의 적(適)자 역시 이 용법으로 쓰였다. 「진세가」의 서술은 이와 조금 다르다.

33 신생의 죽음과 여희의 참소를 가리킴.

34 피(披) : 「진세가」에는 발제(勃鞮)로 되어 있다. 피는 발제의 합음(合音)으로 두 글자를 빨리 발음한 것이다. 「진어 2」에서는 "공이 엄인(閹人) 초(楚)에게 중이를 저격하게 하였다"라 하였는데, 위소(韋昭)의 주석에서는 "초(楚)는 백초(伯楚)로 시인 피(披)의 자이다"라 하였다. 24년 『전』에 "시인 피가 뵙기를 청하니 공이 그를 꾸짖게 하고는 '포성의 전역 때 임금이 하루를 묵으라고 하였는데 너는 그날로 이르렀다'라 말하였다"라 하였는데 바로 이 일을 가리킨다.

35 교(校) : 저항하다라는 말과 같다. 전한(前漢) 대덕(戴德)의 『대대예기·용병(大戴禮記·用兵)』편의 "벌과 전갈은 독을 가지고 살아가는데 해를 당하면 저항하여(見害而校) 그 몸을 지킨다"와 『전국책·진책(秦策)』의 "충분히 진나라에 맞설 수 있다(足校於秦矣)"라 한 교(校)가 모두 이와 같은 뜻이다.

"校者, "저항하는 사람은
吾讎也."[37] 나의 원수이다"라 하였다.
踰垣而走. 담을 넘어 달아났다.
披斬其袪.[38] 그의 소매만 잘랐다.
遂出奔翟.[39] 마침내 적으로 달아났다.

夏, 여름에
公孫玆如牟, 공손자가 모로 가서
娶焉.[40] 아내를 취하였다.

會於首止, 수지에서 회합하고
會王大子鄭, 주나라 태자 정을 만나
謀寧周也.[41] 주나라를 평안히 할 계책을 세웠다.

---

36 순(徇) : 행시(行示), 선령(宣令)과 같은 말로, 지금의 두루 알리다의 뜻이다.

37 23년 『전』에서는 "포성의 사람들이 싸우려고 하였다"라 하였다.

38 거(袪) : 소매 자락. 24년 『전』의 "그 소매가 아직 남아 있다(夫袪猶在)"는 것은 바로 자르고 남은 소매이다.

39 「진어 2」와 「진세가」에도 모두 이 일이 실려 있다.

40 두예는 "빙문을 간 김에 아내를 맞이했기 때문에 『전』에서 그 일을 사실대로 기록한 것이다"라 하였다.

41 『경』에는 "왕세자"로 기록되어 있는데 『전』에는 "왕태자(王大子)"로 기록된 것은 또한 신생이 『경』에는 "세자"로 기록되어 있는데 『전』에는 "태자(大子)"로 기록된 것과 같다. 세(世)와 태(大)는 옛 음이 매우 가까웠으므로 통용되었으며, 왕이나 제후를 막론하고 왕위를 잇는 자로 정해지면 모두 세자 혹은 태자라 하였는데, 같지 않음이 없었다. 후한

陳轅宣仲怨鄭申侯之反己於召陵,[42]	진나라 원선중이 정나라의 신후가 소릉에서 자기에게 반기를 든 것을 원망했으므로
故勸之城其賜邑,[43]	하사받은 읍에 성을 쌓으라고 권하면서
曰,	말하기를
"美城之,	"성을 아름답게 쌓아라.
大名也,[44]	이름을 크게 떨칠 것이니
子孫不忘.	자손들이 잊지 않을 것이다.
吾助子請."	내 그대가 청하면 돕겠다"라 하였다.
乃爲之請於諸侯而城之,	이에 그를 위하여 제후들에게 청하여 성을 쌓았는데

(後漢) 시대 반고(班固)의 『백호통의(白虎通義)』에서는 "천자의 아들은 태자이고, 제후의 아들은 세자"라 하였는데 이는 한나라 때의 제도로 『경』을 해석하는 데는 적용할 수가 없다. 24년 『전』에는 양왕(襄王)이 난리를 알리는 말이 있는데 "불곡이 덕이 없어 모씨의 총애하는 아들 대(帶)에게 죄를 지었다"라 하였으니 양왕 정(鄭) 또한 혜후(惠后) 소생이다. 혜후는 장공 18년 시집을 갔으니 혜왕 원년은 이해와 22년의 차이가 있다. 그러므로 왕태자 정(鄭)은 이때 22세 전후가 될 것이다. 혜후는 작은 아들 대(帶)를 총애하여 혜왕이 태자를 폐위시키려는 뜻이 있었으므로 제환공이 수지(首止)의 회합을 주선하여 왕태자 정을 높이 안정시키려고 하였다. 이 회합은 실로 혜왕의 뜻이 아니므로 혜왕이 정을 이간질하여 그로 하여금 맹약에서 도망치게 하였다.

42 원선중(轅宣仲) : 원도도(轅濤塗)로 4년에 보인다. 신후는 원래 도도와 맹약을 이루었는데 등을 돌리고 팔아먹었으므로 "반기(反己)"라고 한 것이다.

43 사읍(賜邑) : 호뢰(虎牢)이다.

44 대명(大名) : 명성이 커진다는 말과 같다. 대체로 패주(霸主)가 내린 것이니 이를 과시하려는 것이다.

美.	아름다웠다.
遂譖諸鄭伯,	마침내 정백에게 참소하여
曰,	말하기를
"美城其賜邑,	"하사받은 읍에 성을 아름답게 쌓으면
將以叛也."	장차 반란을 일으킬 것입니다"라 하였다.
申侯由是得罪.[45]	신후가 이로 인하여 죄를 얻게 되었다.

秋,	가을에
諸侯盟.	제후들이 맹약을 하였는데
王使周公召鄭伯,[46]	천자가 주공에게 정백을 부르게 하여
曰,	말했다.
"吾撫女以從楚,	"내가 너를 위무하여 초나라를 따르게 하고
輔之以晉,	진나라로 돕게 하면
可以少安."[47]	조금 편안해질 것이다."

45 정나라가 신후를 죽이는 것은 7년의 『전』에 보인다.
46 주공(周公) : 두예는 재공(宰孔)이라고 하였다.
47 수지(首止)의 맹약은 왕세자를 정하는 자리였기 때문에 혜왕의 뜻이 아니었다. 혜왕이

鄭伯喜於王命,	정백은 천자의 명에는 기뻐하였으나
而懼其不朝於齊也,[48]	제나라에 조현하지 않은 것은 두려워하여
故逃歸不盟.	도망쳐 돌아와 맹약하지 않았다.
孔叔止之曰,[49]	공숙이 그것을 말리며 말하기를
"國君不可以輕,[50]	"나라의 임금은 가벼운 행동을 해서는 안 됩니다.
輕則失親;[51]	가벼운 행동은 친한 나라를 잃게 하고,
失親,	친한 나라를 잃으면
患必至.	환난이 반드시 이르게 됩니다.
病而乞盟,	곪아터진 후에 맹약을 청하면
所喪多矣.	잃는 것이 많게 됩니다.
君必悔之."	임금께서는 뉘우치셔야 합니다"라 하였다.

이를 유감으로 생각하여 정백을 불러 제나라에 반기를 들게 하였다. 초나라와 진(晉)나라는 제나라의 맹약에 참여하지 않았으므로 이 두 나라에 의지하여 정나라를 안정시키려고 하였다.

48 장공 17년 제나라는 정나라가 조현하지 않았다 하여 정첨(鄭詹)을 붙잡아 갔는데, 지금으로부터 22년이 되었다. 정백은 여전히 제나라에 조현하지 않았으므로 두려워한 것이다.

49 공숙(孔叔) : 3년의 『전』에 보인다.

50 경(輕) : 경거망동(輕擧妄動)을 말한다.

51 친(親) : 두예는 "한편으로 구원하는 나라(黨援)"라고 하였다.

弗聽,	그 말을 듣지 않고
逃其師而歸.[52]	군대를 버려두고 돌아왔다.
楚鬪穀於菟滅弦,[53]	초나라의 투구오토가 현나라를 멸하니
弦子奔黃.	현자는 황나라로 달아났다.
於是江 · 黃 · 道 · 柏方睦於齊,[54]	이에 강, 황, 도, 백나라가 바야흐로 제나라와 화목하였는데,
皆弦姻也.[55]	모두 현나라와 인척간이었다.
弦子恃之而不事楚,	현자는 그것을 믿고 초나라를 섬기지 않고

52 정공 4년의 『전』에서 "임금이 움직이면 사(師)가 따르고, 경이 움직이면 여(旅)가 따른다"라 하였으니 정백이 맹약에 갔을 때는 사(師)가 따랐을 것이다. 정백이 그 사를 버리고 단신으로 도망을 갔기 때문에 "그 사에게서 도망갔다"고 하였다. 사를 떠나 몰래 도망한 것은 억류될 것을 두려워했기 때문이다.

53 투구오토(鬪穀於菟) : 투(鬪)는 씨(氏)이고, 구오토(穀於菟)는 이름으로 초나라 말이다. 그렇게 명명한 이유는 선공 4년의 『전』에 보인다.

54 백(柏) : 완각본(阮刻本)에는 "栢"으로 되어 있는데, 악본(岳本), 아시카가본(足利本) 및 송나라 모거정(毛居正)의 『육경정오(六經正誤)』본을 따라 고쳤다.
2년의 『경』에서는 "제후와 송공, 강나라 사람, 황나라 사람이 관에서 맹약했다(齊侯 · 宋公 · 江人 · 黃人盟于貫)"라 하였으며, 『전』에서는 "관에서 맹약을 하였는데 강나라와 황나라를 복종시켰기 때문이다(盟于貫, 服江 · 黃也)"라 하였다.
도(道) : 나라 이름으로 옛 성은 지금의 하남성 확산현(確山縣) 북쪽에 있을 것이며, 혹자는 식현(息縣)의 서남쪽에 있다고도 하였다.
백(柏) : 나라 이름. 옛 성은 지금의 하남성 무양현(舞陽縣) 동남쪽에 있을 것이다.

55 인(姻) : 『설문해자』에서는 "사위의 집이다(壻家)"라고 하였다. 정공 10년의 『전』에 "순인은 범길역의 인척이다(荀寅, 范吉射之姻也)"라는 말이 있는데, 두예는 "순인의 아들은 범길역의 딸을 아내로 맞았다"라 하였다.

又不設備,	또한 아무런 방비도 하지 않았기 때문에
故亡.	망하게 된 것이다.

晉侯復假道於虞以伐虢.[56]	진후가 다시 우나라에 길을 빌려서 괵나라를 쳤다.
宮之奇諫曰,	궁지기가 간언하여 말하였다.
"虢,	"괵나라는
虞之表也;	우나라의 바깥을 싸고 있는 거죽입니다.
虢亡,	괵나라가 망하면
虞必從之.	우나라도 반드시 그와 같은 운명을 따르게 될 것입니다.
晉不可啓,[57]	진나라에게 야심을 열어 줄 수가 없고
寇不可翫.[58]	군사를 일으켜 업신여기게 놓아둘 수 없습니다.

56 처음 길을 빌린 것은 2년의 일이다.

57 계(啓) : 열어 주다, 야기시키다. 진나라의 야심을 채워 주게 한다는 뜻이다.

58 구(寇) : 병사(兵事), 군사를 일으키다. 『주례 · 대종백(大宗伯)』에 "공휼의 예로 구를 애도한다(以恤禮哀寇)"는 말이 있는데, 정현의 주에서는 "밖에서 군사를 일으키는 것을 구라 하고, 안에서 일으키는 것을 란이라 한다(兵作於外爲寇, 作於內爲亂)"라 하였다. 우나라가 진나라의 군사를 끌어들여 괵나라를 치는 것을 구(寇)라 한 것이다.

一之謂甚,	한 번도 심하다 하겠거늘
其可再乎?[59]	어찌 두 번이나 그렇게 할 수가 있겠습니까?
諺所謂 '輔車相依,	속담에서 이른바 '덧바퀴와 수레는 서로를 의지하며,
脣亡齒寒' 者,[60]	입술이 없으면 이빨이 시리다' 라고 한 것이
其虞, 虢之謂也."	우나라와 괵나라를 이른 것일 것입니다."
公曰,	우공이 말했다.
"晉,	"진나라는
吾宗也,	우리의 종실인데
豈害我哉?"	어찌 우리를 해치겠는가?"
對曰,	대답하여 말했다.

59 기(其) : "어찌 기(豈)"자와 같은 용법으로 쓰였음.

60 보거(輔車) : 보(輔)는 수레의 양쪽 가에 덧대어놓은 짐판. 『시경 · 소아 · 사월(小雅 · 正月)』에서 "수레에 짐을 싣고 덧댄 짐판은 떼어 버리네(其車旣載, 乃棄爾輔)"와 "그대의 덧댄 짐판 떼어 버리지 말고 그대 바퀴살 늘리게(無棄爾輔, 員于爾輻)"라 한 것이 바로 이것이다. 큰 수레에 짐을 실을 때는 반드시 덧댄 짐판으로 지지를 해야 하기 때문에 짐판과 수레는 상호의존적이라는 말이다. 두예는 보를 "酺"로 보아 면협(面頰) 곧 빰으로 풀이하였는데 이는 틀렸다. 이미 『여씨춘추 · 권훈(權勳)』편에 궁지기의 이 말을 서술하면서 "우나라는 괵나라에 있어서 수레에 짐판이 있는 것과 같다. 수레는 짐판에 의지하고 짐판 또한 수레에 의지하는데 우나라와 괵나라의 형세가 이러하다. ……(虞之與虢也, 若車之有輔也, 車依輔, 輔亦依車, 虞虢之勢是也)"라는 말을 하였고, 『한비자 · 십과(十過)』편과 『회남자 · 인간훈(人間訓)』에서도 모두 이렇게 보았다.

“大伯, 虞仲,	“태백과 우중은
大王之昭也;[61]	모두 태왕의 아들입니다.
大伯不從,[62]	태백이 따르지 않아서
是以不嗣.	왕위를 잇지 못했습니다.
虢仲, 虢叔,	괵중과 괵숙은
王季之穆也,[63]	왕계의 아들입니다.
爲文王卿士,	문왕의 경사가 되어
勳在王室,	왕실에 공훈을 세웠기 때문에
藏於盟府.[64]	맹부에 기록이 있습니다.
將虢是滅,[65]	장차 괵나라가 망한다면

61 소(昭) : “穆”과 함께 고대의 묘차(廟次) 및 묘차(墓次)이며, 합칭하여 소목(昭穆)이라 한다. 사당이나 묘지에 신주를 모시는 시조 가운데 왼쪽의 것을 소라 하고 오른쪽의 것을 목이라 한다. 주나라는 후직을 시조로 삼으며, 제1대인 후직의 아들 부줄(不窋)은 소가 되고, 제2대인 후직의 손자 국(鞠)은 목이 된다. 이후로 홀수에 해당하는 후대는 소이고 짝수에 해당하는 후대는 목으로, 윗대가 소이면 바로 다음 대는 목이 되며 그 반대도 마찬가지이다. 주태왕이 목이기 때문에 그 아들은 소가 된다.

62 부종(不從) : 곁에서 따르지 않다. 주태왕은 태백과 우중, 계력(季歷)을 낳았으며, 계력은 나중에 주문왕이 되는 아들 창(昌)을 낳았다. 태왕이 계력을 세워 왕위를 창에게 전해주려고 하였기 때문에 태백은 형만(荊蠻)으로 도망가서 계력에게 왕위를 양보하였다. 「진세가(晉世家)」에 보임.

63 왕계(王季) : 곧 계력을 말한다. 후직의 13대 손으로 주문왕의 아버지이다.
목(穆) : 계력은 후직의 13대 손으로 소(昭)가 되기 때문에 괵중과 괵숙은 목이 된다.

64 맹부(盟府) : 맹서(盟誓)와 전책(典策)을 주관하는 관부. 주나라와 각 제후국에서 모두 두었다.

65 장괵시멸(將虢是滅) : 장멸괵(將滅虢)의 도치구.

何愛於虞?	어찌 우나라를 애석하게 여기겠습니까?
且虞能親於桓, 莊乎?[66]	또한 우나라가 환숙이나 장백보다 가까울 수가 있겠습니까?
其愛之也,[67]	진나라가 그들을 사랑하는 것이
桓, 莊之族何罪?[68]	환숙 및 장백의 자손에게 무슨 죄가 있겠습니까?
而以爲戮,[69]	그럼에도 죽임을 당하였는데,
不唯偪乎?[70]	다만 핍박한 것 때문이 아닙니까?
親以寵偪,[71]	친족이 총애를 업고 핍박하였는데도
猶尙害之,[72]	오히려 살해하였거늘
況以國乎?"	하물며 나라의 경우이겠습니까?"
公曰,	공이 말하였다.

66 환장(桓莊) : 환숙(桓叔)과 그의 아들인 장백(莊伯)을 말함. 진헌공(晉獻公)은 장백의 손자이며 환숙의 증손자이다.

67 지(之) : 환공과 장공의 족속. 이 구절은 아래의 문장을 이끄는데 전인들은 많이 이해를 하지 못했다.

68 환장지족(桓莊之族) : 환숙(桓叔)과 장백(莊伯) 두 사람의 자손.

69 륙(戮) : 죽이다. 환숙과 장백의 족속은 진헌공의 할아버지가 같은 형제들인데 헌공이 그 족속이 너무 성하여 공실을 핍박할까 두려워 노장공(魯莊公) 25년(기원전 669)에 여러 공자들을 모두 죽여 버렸다.

70 유(唯) : 겨우 ~때문에, 다만 ~때문에.
핍(偪) : "逼"자와 같음. 핍박하다, 위협하다, 협박하다.

71 이 구절의 뜻은 환숙과 장백의 자손들은 서로 친근하고 또한 총애를 받았기 때문에 능히 헌공에게 압력을 가할 수 있었다는 말이다.

72 유상(猶尙) : 4년 『전』의 "尙猶"와 같다. 모두 같은 뜻의 허사를 연용하여 쓴 것이다.

"吾享祀豐絜,[73]	"우리가 드리는 제사가 풍성하고 깨끗하니
神必據我."[74]	신께서 반드시 우리를 지켜 줄 것이다."
對曰,	대답하여 말했다.
"臣聞之,	"신이 듣기에
鬼神非人實親,[75]	귀신은 사람이 실로 친할 수 있는 것이 아니라
惟德是依.	오로지 덕에만 의지한다고 합니다.
故周書曰,	그래서 「주서」에서는
'皇天無親,	'하느님은 친함이 없고
惟德是輔.'[76]	오로지 덕만 돕는다'라 하였습니다.
又曰,	또 말하기를
'黍稷非馨,[77]	'서직이 향기로운 것이 아니라

73 결(絜) : "깨끗할 결(潔)"자와 같은 뜻으로 쓰였음.

74 거(據) : 의지하다. 아래의 "惟德是依"와 "神所馮依"는 모두 이 "據"자를 겨냥하여 말한 것이다. 두예는 편안하다는 뜻과 같다고 하였는데, 확실치 않다.

75 귀신비인실친(鬼神非人實親) : 귀신비친인(鬼神非親人)의 도치 결구.

76 주서(周書) : 『상서(尙書)』의 일부분. 『상서(尙書)』에는 「우서(虞書)」와 「하서(夏書)」, 「상서(商書)」, 「주서(周書)」의 네 부분이 있다. 이곳 및 이하 네 군데의 인용문은 모두 『일주서(逸周書)』인데 동진(東晉) 매색(梅賾)의 『위고문상서(僞古文尙書)』에서 각각 「채중지명(蔡仲之命)」과 「군진(君陳)」, 「여오(旅獒)」의 세 편에 채록해 넣었다.

77 서직(黍稷) : 고인들이 제사를 지낼 때 상용하던 곡물. 『시경 · 소아 · 초자(小雅 · 楚茨)』는 제사를 지내는 시인데 그곳에서도 "우리 메기장 풍성하고, 우리 차기장 번성하였다네(我黍與與, 我稷翼翼)"라 하였다.

明德惟馨.'[78]	밝은 덕이 오로지 향기롭다' 하였고,
又曰,	또 말하기를
'民不易物,[79]	'백성들이 제물을 바꾸는 것이 아니라
惟德緊物.'[80]	덕만이 제물이 될 수 있다'라 하였습니다.
如是,	이와 같으니
則非德,	덕이 아니면
民不和,	백성들은 화합하지 못하고
神不享矣.	귀신은 제사를 받지 않습니다.
神所馮依,[81]	귀신이 의지하는 것은
將在德矣.	장차 덕에 있습니다.

78 명덕(明德) : 밝은 덕. 『예기 · 대학(大學)』에 "대학의 도는 밝은 덕을 밝히는 데 있다(大學之道, 在明明德)"라는 말이 있다.
형(馨) : 향기가 멀리까지 풍기는 것이다.

79 민불역물(民不易物) : 소공 9년의 『전』에 "문공께서 패자이셨을 때 어찌 제물을 바꿀 수 있었겠습니까?(文之伯也, 豈能改物)"라는 말이 있고, 『국어 · 주어(周語) 중』에도 "대물은 고칠 수가 없는 것이다(大物未可改也)"라 하였는데, 이 개물(改物)은 역물(易物)과 뜻이 같다. 물은 제물을 가리킨다. 사람이 제물을 바꿀 수 있는 것이 아니라 도덕만을 제물로 삼을 수 있다는 말이다. 『위고문상서 · 여오(旅獒)』에서는 "人不易物, 惟德其物"로 고쳐 놓았다.

80 예(緊) : 『시경 · 진풍 · 겸가(秦風 · 蒹葭)』에 "바로 이 사람(所謂伊人)"이라는 구절이 있는데 정현은 "'伊'는 '緊'가 되어야 하는데, '이 시(是)' 자와 뜻이 같다"라 하였다. 청나라 말 왕인지(王引之)의 『경전석사(經傳釋詞)』에서도 "緊"자와 "伊"의 두 자는 같다고 하였다.

81 빙(馮) : "憑"자의 통용자.

若晉取虞,	진나라가 우나라를 취하고
而明德以薦馨香,	밝은 덕으로 향기로운 제물을 드린다면
神其吐之乎?"[82]	귀신이 어찌 토해 내겠습니까?"
弗聽,	우공이 그 말을 듣지 않고
許晉使.[83]	진나라 사자의 말을 들어주었다.
宮之奇以其族行,[84]	궁지기가 그의 가족을 데리고 떠나면서
曰,	말했다.
"虞不臘矣.[85]	"우나라는 납제를 올리지 못할 것이다!

---

82 기(其) : 어찌 기(豈)자와 용법이 같다.

83 사(使) : 거성(去聲)으로, 사자(使者)이다.

84 이(以) : 거느리다, 통솔하다. 「진어 2」에서는 "그 처자를 데리고 서산(西山)으로 갔다. 석 달 만에 우나라는 망하고 말았다"라 하였다.

85 랍(臘) : 제사 이름. 납제를 드리는 달과 일을 납월(臘月) 납일(臘日)이라고 한다. 『예기 · 월령(月令)』에 의하면 "맹동에 문려(門閭) 및 선조와 오사(五祀)의 신에게 납제를 지낸다"라 하였으니 납은 본래 건해(建亥)의 달에 있으며, 하력으로는 10월, 주력으로는 12월이다. 진나라 이후에 비로소 해월(亥月)을 납제로 바꿨으므로 지금 하력 12월을 납월로 하였다. 납제는 본래 춘추 때 이미 있었으며, 『안자춘추 · 내편 · 간(晏子春秋 · 內篇 · 諫) 하』에 "경공은 병사들로 하여금 벽돌을 만들도록 하였는데 납월(臘月)과 빙월(冰月)의 사이여서 추웠다"라는 말이 있다. 빙월은 금문에도 보이는데 오식분(吳式芬)은 곧 11월이라고 하였으니 『안자춘추』의 납월은 또한 10월이다. 『한비자 · 오두(五蠹)』편에서는 "산에 살면서 골짜기의 물을 긷는 자는 누랍(膢臘) 사이에 서로 물을 준다"라 하였다. 누(膢)는 2월이고 납 또한 10월에 있을 것이다. 우나라는 10월 삭에 망하였는데 『좌전』의 납월은 여전히 하력의 10월이다. 주희(朱熹)는 "진나라 때 비로소 납제가 있었으니 『좌전』에서 '우나라는 납제를 지내지 못할 것이다'라 한 것으로 보아 진나라 때의 문자이다"라 하였는데 이는 아마 상세히 고찰을 하지 못한 과오일 것이다. 불랍(不臘)은

在此行也,	이번의 행군으로
晉不更擧矣."[86]	진나라는 다시 군사를 일으키지 않을 것이다."
八月甲午,[87]	8월 갑오일에
晉侯圍上陽.[88]	진후가 상양을 에워쌌다.
問於卜偃曰,	복언에게 묻기를
"吾其濟乎?"	"우리가 해내겠는가?"라 하니
對曰,	대답하여 말하기를
"克之."	"해낼 것입니다"라 하였다.
公曰,	공이 말하였다.
"何時?"	"언제?"
對曰,	대답하여 말했다.
"童謠云,	"동요에 이르기를
'丙之晨,[89]	'병자일 새벽에

납제를 넘을 수 없다는 말이다.

86 진불갱거(晉不更擧) : 진나라가 더 이상 거병을 않다. 『전국책 · 진책(秦策) 1』에서는 "진헌공이 또한 우나라를 치고자 하였으나 궁지기가 있는 것을 꺼렸다. 순식(荀息)이 말하기를 「주서」에 잘생긴 남자 배우가 노신을 깨뜨린다' 라 하였습니다. 이에 남자 배우를 보내어 궁지기에게 나쁜 말 하는 것을 가르치게 하였는데, 궁지기가 간해도 듣지 않자 마침내 도망갔다"라 하였다.

87 팔월갑오(八月甲午) : 진(晉)나라는 하력을 썼는데 8월 갑오일은 노나라의 10월 17일이다.

88 상양(上陽) : 남괵(南虢)이다. 지금의 하남성 섬현(陝縣) 남쪽에 있다. 2년 『경』의 "하양을 멸하였다(滅下陽)" 조를 보라.

龍尾伏辰;[90]	용미성이 숨어 보이지 않네.
均服振振,[91]	군복 씩씩하게 차려입고
取虢之旂.[92]	괵나라 깃발 빼앗네.
鶉之賁賁,[93]	순화성 새 모양 띠고
天策焞焞,[94]	천책성 가물가물한다네.

---

89 병(丙) : 병자일이다. 가나자와 문고본(金澤文庫本)에는 "병자(丙子)"로 되어 있지만 「진어(晉語) 2」에는 또한 "子"자가 없다. 가나자와 문고본(金澤文庫本)의 "子"자는 곧 후인에 의하여 보태어진 것이다. 아마 동요는 8구인데 나머지 7구가 모두 네 자이므로 이 구절 또한 네 자가 되어야 하기 때문에 아래의 글에 의거하여 보태었을 것이다.

90 용미복신(龍尾伏辰) : 용미는 곧 미수(尾宿)로 창룡(蒼龍) 7수의 여섯 번째 별자리이다. 아홉 개의 별이 있는데 모두 천갈좌(天蝎座)에 속한다. 신(辰)은 해와 달이 만나는 것을 말한다. 용미복신이라는 것은 용미가 신(辰)에 숨어 있어 해가 미수에서 운행하여 그 빛이 해에 빼앗겨 숨어서 드러나지 않는다는 것이다.

91 균복(均服) : 균(均)은 균(袀)이라고도 되어 있는 판본도 있다. 균복(袀服)은 융복(戎服), 곧 군복으로 흑색이다. 『한서 · 오행지(五行志)』에서는 그대로 "균복(袀服)"으로 인용하였다. 서진(西晉) 때 좌사(左思)의 「오도부(吳都賦)」〔『삼도부(三都賦)』 : 「촉도부(蜀都賦)」, 「오도부(吳都賦)」, 「위도부(魏都賦)」〕에 "육군이 균복을 입었다(六軍袀服)"는 말이 나오는데 곧 『좌전』의 뜻을 쓴 것이다. 옛날의 군복은 군신, 상하 간에 구별이 없었으므로 『관자 · 대광(大匡)』편에서도 갑옷이 같다(同甲)고 하였다. 성공 2년의 안(鞌)의 싸움에서 봉추보(逢丑父)와 제경공(齊頃公)이 자리를 바꾸어 한궐(韓厥)로 하여금 제후로 오인하게 하는 것으로 보아서 알 수 있다.

진진(振振) : 성한 모양.

92 취기(取旂) : 기(旂)의 고음은 흔(痕)부에 속하였으며 신(晨) · 신(辰) · 진(振) · 분(賁) · 돈(焞) · 군(軍) · 분(奔)자와 함께 운을 이룬다. 『설문해자』에서는 "기(旂)는 많은 깃발이 달려서 대중들에게 명을 내리는 깃발이다"라 하였다. 취기(取旂)는 곧 승리를 거두었다는 것이다. 싸움에 이겨 깃발을 빼앗는 것은 영광이었다.

93 순(鶉) : 순화(鶉火)이다. 『이아 · 석천(爾雅 · 釋天)』에 의하면 유수(柳宿)에도 순화라는 이름의 별자리가 있으며, 『석씨성경(石氏星經)』에 의하면 심수(心宿)에도 순화라는 이름이 있다. 여기서는 유수(柳宿)를 가리킬 것이다. 유수(柳宿)는 주조(朱鳥) 7수의 셋째 별로 여덟 개의 별이 있으며 모두 장사좌(長蛇座)에 속한다.

분분(賁賁) : 유수(柳宿)의 형상이다. 『시경 · 용풍(鄘風)』에도 「순지분분(鶉之奔奔)」이 있는데 이것과는 뜻이 다르다.

火中成軍,[95]	순화성 남쪽에 있을 때 대오 이루니
虢公其奔.'[96]	괵공 달아나리로다' 라 하였으니
其九月, 十月之交乎![97]	아마 9월이나 10월이 갈릴 무렵일 것입니다!
丙子旦,	병자일 아침
日在尾,	해가 미성에 있고
月在策,[98]	달이 천책성에 있으며
鶉火中,	순화성이 남쪽에 뜰 것이니
必是時也."	필시 이때일 것입니다."
冬十二月丙子,	겨울 12월 병자일
朔,[99]	삭에
晉滅虢.	진나라가 괵나라를 멸했다.
虢公醜奔京師.[100]	괵공 추는 경사로 달아났다.

---

94 천책(天策) : 곧 부열(傅說)성이다.
돈돈(焞焞) : 빛이 없는 모양. 해에 가깝기 때문이다.

95 중(中) : 『예기 · 월령(月令)』의 "저녁에는 참성이 남쪽에 있고 아침에는 미성이 남쪽에 있다(昏參中, 旦尾中)"라 한 "중(中)"으로 모두 어떤 성수가 남방에 출현하는 것을 이른다. 화중(火中)은 곧 순화성이 남방에 출현하는 것이다.
성군(成軍) : 군대에 재갈을 물리고 대오를 정돈하는 것이다.

96 기(其) : 장차라는 뜻이다.

97 하력을 썼다. 『한서 · 오행지』에서 이른바 "하력으로 천상을 말한 것이다"인데, 실제 진나라 사람들은 하력을 썼다.

98 이날 밤은 해와 달이 미성(尾星)에서 합쳐지며 달의 운행이 비교적 빠르므로 아침에는 천책성의 별자리를 지나게 된다.

99 여기서는 주력을 썼는데 진나라는 하력을 썼으니 10월 초하룻날이다.

師還,	군사가 돌아오는 길에
館于虞,	우나라에 머무르면서
遂襲虞,	마침내 우나라를 기습하여
滅之.	멸망시켰다.
執虞公及其大夫井伯,[101]	우공 및 대부 정백을 잡아서
以媵秦穆姬,[102]	진목희의 잉신으로 삼아
而修虞祀,[103]	우나라의 제사를 지내게 하고
且歸其職貢於王.[104]	또한 우나라가 내야 할 직공 부세를 주나라 왕에게 바쳤다.
故書曰,	그러므로 기록하여 말하기를
"晉人執虞公",	"진나라 사람이 우공을 잡아갔다"라 하였는데

100 『죽서기년(竹書紀年)』에서는 "괵공은 위(衛)나라로 달아났다"라 하였다. 2년의 『전』에 상세하다.

101 「진세가」에서는 "우공 및 그 대부 정백과 백리해(百里奚)를 사로잡았다"라 하였다. 『맹자 · 만장(萬章) 상』에서 백리해는 우공이 간할 수 없는 사람임을 알고 떠나서 진(秦)나라로 갔다고 하였으니 백리해는 일찍 우나라를 떠났다. 정백과 백리해는 두 사람으로, 혹 한 사람이라고 생각한 사람도 있었는데 틀렸다.

102 잉(媵) : 시집갈 때 딸려 보내는 남녀를 잉이라고 한다.
진목희(秦穆姬) : 진목공(秦穆公)에게 시집간 진헌공의 딸이다.

103 우사(虞祀) : 천자가 우나라에 명하여 지내게 한 경내의 산천의 신이다. 우나라가 멸망당하기는 하였어도 진나라가 그 제사를 없애지 않은 것이다.

104 『한비자 · 십과(十過)』에서는 "순식(荀息)이 말을 끌고 벽옥을 잡고 헌공에게 바쳤다. 헌공은 기뻐하여 말하기를 '벽옥은 그대로인데 말의 이빨은 또한 더욱 자랐구나'라 하였다"라 했다. 『공양전』과 『곡량전』, 『사기』, 『신서(新序)』 등 서(書)에서는 모두 이 말이 있는데 『좌전』에서만 이를 없앴다.

罪虞,　　우나라에 죄가 있으며

且言易也.[105]　　또한 쉬웠음을 말하였다.

희공 6년

經

六年春王正月.[1]　　6년 봄 주력으로 정월.

夏,　　여름에

公會齊侯, 宋公, 陳侯, 衛侯, 曹伯伐鄭,　　공이 제후와 송공, 진후, 위후, 조백을 만나 정나라를 쳤는데

圍新城.[2]　　신성을 에워쌌다.

秋,　　가을에

---

105 『전국책 · 위책(魏策) 3』에서는 위나라에서 조나라 왕에게 이르는 말을 서술하여 "옛날에 진나라 사람이 우나라를 멸망시키려 할 때 먼저 괵나라를 쳤다. 괵나라를 친 것은 우나라를 망하게 하는 시초였다. 그러므로 순식이 말과 벽옥을 가지고 우나라에서 길을 빌렸다. 궁지기가 간하여도 듣지를 않고 마침내 진나라에게 길을 빌려 주었다. 진나라 사람이 괵을 치고 오히려 우나라를 취하였으므로 『춘추』에 그 사실을 기록하고 우공에게 그 허물을 돌린 것이다"라 하였다. 위나라의 이 말은 곧 『좌전』의 뜻을 쓴 것이다.

1 육년(六年) : 정묘년 B.C. 654년으로 주혜왕(周惠王) 23년이다. 정월 13일 기미일이 동지였으며, 건자(建子)이다.

2 신성(新城) : 『방여기요(方輿紀要)』에 의하면 지금의 하남성 밀현(密縣) 동남쪽 30리 지점에 있다. 양수경(楊守敬)의 『수경 · 유수주(水經 · 洧水注)』의 주석에서는 곧 지금의 밀현(密縣)이라고 하였다.

楚人圍許,[3]	초나라 사람이 허나라를 에워쌌는데
諸侯遂救許.	제후들이 마침내 허나라를 구원하였다.
冬,	겨울에
公至自伐鄭.[4]	공이 정나라 정벌에서 돌아왔다.

傳

六年春,	6년 봄에
晉侯使賈華伐屈.[5]	진후가 가화를 시켜 굴성을 치게 하였다.
夷吾不能守,	이오는 지킬 수가 없어서
盟而行.[6]	맹약을 하고 떠났다.
將奔狄,	적나라로 달아나려는데
郤芮曰,[7]	극예가 말했다.

---

3 『전』에서 초자(楚子)가 허(許)나라를 에워싸고 정나라를 구원하였다 하였으니, 이 초인(楚人)이 곧 초자이다. 『경』에서는 희공 21년 우(盂)의 회합에서 비로소 초자라고 쓰기 시작하였으며, 작위를 일컫는 것으로 사람을 일컫는 것이 아니다.

4 『전』이 없다.

5 「진세가」에서는 "22년 사람을 시켜 굴성을 치게 하였는데 굴성에서 지키니 함락을 시킬 수가 없었다. 23년 헌공이 마침내 가화 등을 보내어 굴성을 치니 굴성이 무너졌다"라 하였다. 사마천의 말에 의하면 이는 두 번째로 굴성을 친 것이다. 가화는 희공 18년의 『전』에 의하면 우행대부(右行大夫)이다.

6 굴성 사람들과 맹세를 하고 나중에 도와줄 것을 약속한 것이다.

7 극예(郤芮) : 희공 10년에서는 또한 기예(冀芮)라고 하였는데, 기예는 그 식읍이다. 그러므로 33년의 『전』에서는 "다시 기를 흥기시켰다"라 하였고, 성공 2년의 소(疏)에서는 『세

"後出同走,[8]	"나중에 나가면서 함께 달아나면
罪也,[9]	죄를 인정하는 것이니
不如之梁.[10]	양나라로 달아남만 못합니다.
梁近秦而幸焉."[11]	양나라는 진나라와 가깝고 신임을 받고 있습니다."
乃之梁.[12]	이에 양나라로 갔다.

夏,	여름에
諸侯伐鄭,	제후가 정나라를 쳤는데
以其逃首止之盟故也.[13]	수지의 맹약에서 달아났기 때문이었다.
圍新密,	신밀을 에워쌌는데
鄭所以不時城也.[14]	정나라가 때에 맞지 않게 성을 쌓았기 때문이다.

본(世本)』을 인용하여 "극표(郤豹)는 기예를 낳았고, 예는 결(缺)을 낳았으며, 결은 극(克)을 낳았다"라 하였으니 극은 또한 그 식읍이고 읍을 성씨로 삼은 것이다.

8 주(走) : 가나자와 문고본(金澤文庫本)에는 "분(奔)"으로 되어 있다.

9 죄(罪) : 여희가 두 공자가 "모두 알고 있었다"고 참소한 것을 사실로 증명한다는 것을 말한다.

10 양(梁) : 환공 9년 전의 양백(梁伯)을 보라. 희공 19년 진나라에게 멸망당하게 된다.

11 행(幸) : 양나라가 진나라의 총애를 받는 것.

12 「진어 2」와 「진세가」에도 모두 이 일이 수록되어 있는데, 『좌전』과 거의 같다.

13 5년의 『전』에 상세하다.

14 이 구절은 『경』의 "신성(新城)"을 풀이한 것이다. 신성은 곧 신밀로 『경』는 신성이라 하였으며 정나라가 새로 쌓은 것이다. 불시(不時)는 토목공사를 할 때가 아니라는 것으로,

秋,	가을에

楚子圍許以救鄭,[15] 초자가 허나라를 에워싸고 정나라를 구원하였는데

諸侯救許,[16] 제후들이 허나라를 구원하고

乃還.[17] 돌아갔다.

冬, 겨울에

蔡穆侯將許僖公以見楚子於武城.[18] 채목후가 허희공을 데리고 무성에서 초자를 뵈었다.

許男面縛,[19] 허남은 손을 뒤로 묶고

銜璧,[20] 입에는 구슬을 물었으며

정나라가 토목공사를 할 때가 아닐 때 성을 쌓았다는 것이며 자신이 맹약에서 도망쳐 온 후 제후들이 칠 것을 대비한 것을 말한다.

15 지난해 주나라 왕이 정백을 불러 "내가 너를 초나라를 가지고 위무하겠다" 하였기 때문에 초나라가 구원한 것이다.

16 가나자와 문고본(金澤文庫本)에는 "諸侯遂救許"로 되어 있다.

17 초나라 군사가 정나라를 포위한 것을 스스로 풀고 돌아간 것이다.

18 초나라 군사가 물러나 무성에 주둔하였는데 허나라가 채(蔡)나라 때문에 초나라에 항복을 하였다. 무성은 지금의 하남성 남양시(南陽市) 북쪽이다.

19 면박(面縛) : 은허(殷墟)에서 출토한 인형같이 한 것 같다. 여자의 인형은 양손을 앞으로 묶고, 남자의 인형은 뒤로 두 손을 교차시켜 묶은 것이다. 홍양길(洪亮吉)의 설을 따랐다. 아니면 곧 『사기 · 고조본기(高祖本記)』의 "진왕(秦王) 자영(子嬰)은 흰 수레에 흰 말을 타고 목에다 끈을 매어 묶었다(係頸以組)"라 한 "係頸以組"일 것이니 면은 곧 안면(顔面)이다.

20 함벽(銜璧) : 애공 11년 『전』의 "진자행이 그의 무리들에게 모두 옥을 머금게 했다(陳子行命其徒具含玉)"라 한 것과 같은 뜻이다. 옛날 사람들은 죽으면 구슬을 많이 물렸는데 이는 살지 못할 것임을 보여주는 것이다. 초왕이 구슬을 받으면 살려 줌을 보여주는 것

大夫衰絰,[21]	대부는 상복을 입고
士輿櫬.[22]	사는 널을 매었다.
楚子問諸逢伯.[23]	초자가 봉백에게 물었다.
對曰,	대답하여 말하기를
"昔武王克殷,	"지난날 무왕이 은나라를 이겼을 때
微子啓如是.[24]	미자계가 이렇게 하였습니다.

이다.

21 최질(衰絰) : 효복(孝服), 곧 상복이다. 먼저 상복을 입는 것은 그 임금이 곧 죽게 되리라는 것을 보여주는 것이다.

22 여(輿) : 들고 가는 것이다.

23 봉백(逢伯) : 초나라의 대부.

24 『사기 · 송세가(宋世家)』에서도 "미자개〔微子開 : 한(漢)나라 경제(景帝)의 이름이 계(啓)여서 사마천(司馬遷)이 피휘(避諱)하여 계(啓)를 개(開)로 고쳤다〕는 은나라 임금 을(乙)의 첫째 아들이자 주(紂)임금의 서형(庶兄)이다. 주무왕이 주를 쳐서 은나라를 이기자 미자는 곧 제기를 들고 군문(軍門)으로 가서 맨살을 드러내고 손을 뒤로하여 묶고 왼손으로는 양을 끌고 오른손으로는 띠를 잡고〔공영달(孔穎達)은 "미자는 손이 뒤로 묶였는데 또한 어찌 양을 끌고 띠를 잡을 수 있겠는가. 이는 모두 사마천이 망령되이 말한 것일 따름이다"라 하였다〕 무릎을 꿇고 앞으로 기어가 아뢰었다. 이에 무왕은 미자를 풀어 주며 예전처럼 복위시켜 주었다"라 하였다. 청나라 마숙(馬驌)은 『역사(繹史)』에서 『논어』의 "미자는 그곳을 떠났다(微子去之)"라는 문장에 의거하여 "은나라가 망하기 전에 미자는 떠났으며, 결박하였다는 설은 초나라 사람이 성왕을 기만하여 허남의 항복을 받아 낸 것일 따름이다"라 하였다. 그러나 미자가 주 임금을 떠난 것과 주나라가 항복한 것은 필시 동시대의 일이 아니다. 미자가 비록 떠났으나 여전히 그 나라를 가지고 항복을 하였을 수도 있으니 『좌전』의 설과 『논어』는 양립할 수 없다. 『순자 · 의병(議兵)』편에서는 "그런 까닭으로 예봉을 따르는 자는 살 것이고 예봉을 맞서는 자는 죽을 것이며 명에서 달아나는 자는 바치게 된다. 미자개는 송나라에 봉하여졌으며 조촉룡(曹觸龍)은 군진에서 참수되었다"라 하였고, 『순자 · 성상(成相)』편에서는 또한 말하기를 "무왕이 노하여 목야(牧野)로 출병하니 주는 마침내 고을을 바꾸었고 계(啓)는 항복하였다. 무왕이 훌륭하게 여겨 송나라에 봉하고 그 조상을 세웠다"라 하였다. 이로써 미자가 주나라에 항복한 사실은 분명하며 초나라 사람의 거짓말이 아니다.

武王親釋其縛,	무왕이 친히 결박을 풀어 주고
受其璧而祓之,[25]	그 벽옥을 받아 푸닥거리를 하고
焚其櫬,	널은 불태웠으며
禮而命之,	예에 맞게 명을 내리고
使復其所."[26]	원래 있던 곳으로 돌아가게 하였습니다"라 하였다.
楚子從之.[27]	초자가 그대로 따랐다.

희공 7년

經

七年春,[1]	7년 봄
齊人伐鄭.	제나라가 정나라를 쳤다.

---

25 불(祓) : 흉악함을 없애는 예. 공영달의 주석〔소(疏)〕에서는 "양왕 29년에서는 '공이 초나라의 상례에 임하여 복숭아 가지로 먼저 빈(殯)의 흉악함을 떨어냈다'라 하였으니 이번에도 또한 복숭아 가지로 흉악함을 떨어냈을 것이다"라 하였다.

26 복기소(復其所) : 미자(微子)의 나라를 회복시켜 준 것이다. 미(微)나라는 본래 주(紂)의 왕기(王畿) 안에 있었으며, 나중에 또한 무경(武庚)을 왕기 안에 봉하고 송(宋)에다 고쳐서 봉하였다.

27 「연표」에서는 "허군(許君)이 맨몸을 드러내고 사죄하였다"라 하였는데 『좌전』에서는 맨몸을 드러내었다는 말은 하지 않았다.

1 칠년(七年) : 무진년 B.C. 653년으로 주혜왕(周惠王) 24년이다. 정월 25일 을축일이 동지로, 건자(建子)이며 윤달이 있다.

夏, 여름에

小邾子來朝.[2] 소주자가 내조하였다.

鄭殺其大夫申侯. 정나라가 그 대부 신후를 죽였다.

秋七月, 가을 7월에

公會齊侯, 宋公, 陳世子款, 鄭世子華盟于寗母.[3] 공이 제후와 송공, 진나라 세자 관, 정나라 세자 화를 영모에서 만나 맹약하였다.

曹伯班卒.[4] 조백 반이 죽었다.

公子友如齊.[5] 공자우가 제나라로 갔다.

冬, 겨울에

葬曹昭公.[6] 조소공을 장사 지냈다.

傳

七年春, 7년 봄에

齊人伐鄭. 제나라 사람이 정나라를 쳤다.

孔叔言於鄭伯曰, 공숙언이 정백에게 말하였다.

---

2 『전』이 없다. 소주자는 곧 예리래(郳犁來)로 장공 5년의 『경』과 『전』에 상세히 보인다. 이때 이미 왕명을 받았으므로 내조하였을 때의 작위를 기록하였다.

3 영모(寗母) : 당연히 노나라에 딸린 땅으로 지금의 산동성 어대현(魚臺縣) 경계에 있다.

4 『전』이 없다. 반(班)은 『공양전』에는 반(般)으로 되어 있다. 두 자는 옛날에 본래 통가자였다.

5 『전』이 없다. 두예는 "맹약이 끝나고 빙문한 것이다"라 하였다.

6 『전』이 없다.

"諺有之曰,	"속담에 말이 있듯이
'心則不競,[7]	'마음이 강하지 않다면
何憚於病?'[8]	어찌하여 굴욕을 꺼리는가?' 라 하였습니다.
旣不能强,	강해질 수도 없고
又不能弱,	약해질 수도 없는 것이
所以斃也.	죽는 원인입니다.
國危矣,	나라가 위태로우니
請下齊以救國."[9]	청컨대 제나라에 항복하시어 나라를 구하십시오."
公曰,	공이 말하였다.
"吾知其所由來矣.	"내 저들이 온 까닭을 알고 있으니
姑少待我."	잠깐만 나를 기다리라."
對曰,	대답하여 말하기를

---

7 즉(則) : 가설(假設)을 나타내는 말. 약(若)과 같은 뜻. 후한(後漢) 응소(應劭)의 『풍속통 · 십반(風俗通 · 十反)』편에 "마음이 실로 강하지 않다(心苟不競)"는 말이 있다.
경(競) : 강하다는 뜻이다.

8 병(病) : 굴욕(屈辱)을 가리킨다.
이 두 구절은 심지(心志)가 강하지 않으면 어찌 굴욕을 두려워하는가라는 뜻이다. 『주서 · 악손전(周書 · 樂孫傳)』에 그의 상소문이 실려 있는데 "덕은 강하지 않으니 어찌 굴욕을 두려워하는가?"라는 말이 있다.

9 하제(下齊) : 제나라의 밑으로 들어가다, 제나라에 굴복하다와 같은 뜻.

"朝不及夕,[10]	"아침 것이 저녁까지 미치지 못하는데
何以待君?"	어찌 임금님을 기다리겠습니까?"라 하였다.

夏,	여름에
鄭殺申侯以說于齊,[11]	정나라가 신후를 죽여 제나라를 기쁘게 해주고
且用陳轅濤塗之譖也.[12]	또한 진나라 원도도의 참소를 쓴 것이다.
初,	처음에
申侯,	신후는
申出也,[13]	신씨 소생으로

---

10 조불급석(朝不及夕) : 상황이 위급하다는 말로 아침 이슬이 저녁까지 미치지 못한다는 말과 같다. 당나라 영호덕분(令狐德棻)의 『북주서 · 하발악전(北周書 · 賀拔樂傳)』에 "이주영(爾朱榮)이 들어와 조정을 바로잡으려고 하여 하손악에게 말하였다. '계책이 장차 어디서 나오는가?' 하손악이 대답하여 말하기를 '옛사람이 이르기를 아침의 계책은 저녁때까지 미치지 못하고, 말은 한번 꺼내면 멍에를 지우는 것을 기다리지 않는다' 라 하였습니다"라는 말이 있는데, 『전』의 말을 쓰기는 하였지만 새 해석을 붙였으니 『전』의 문장의 본뜻은 아니다.

11 열(說) : "기쁠 열(悅)"자와 같다. 환심을 사다, 비위를 맞추다의 뜻으로 쓰였다.

12 도도지참(濤塗之譖) : 5년에 보인다.

13 신(申) : 은공 원년의 『전』에 보인다. 『전』에서 무릇 "某出"이라고 하는 것은 모두 "모 여인의 소생이다"라는 것을 이른다. 장공 22년 『전』에 상세히 보인다. 신후는 어쩌면 본래 신씨가 아닐 것이며, 어쩌면 신씨인데 신나라로 시집을 간 것으로 신나라는 본디 강(姜)씨 성의 나라이므로 옛사람들의 동성 간에는 혼인을 하지 않는 예를 어기지 않았다.

有寵於楚文王.	초문왕의 총애를 받았다.
文王將死,[14]	문왕이 죽으려 할 때
與之璧,	그에게 벽옥을 주고
使行,	떠나게 하면서
曰,	말하였다.
"唯我知女.	"나만이 너를 안다.
女專利而不厭,[15]	너는 이익만 추구하고도 만족할 줄을 몰라
予取予求,[16]	나에게서 취하고 나에게 요구하였으니
不女疵瑕也.[17]	너를 허물하지 않았다.
後之人將求多於女,[18]	나중의 사람들이 너에게서 많은 것을 요구할 것인데
女必不免.[19]	너는 반드시 면하지 못하리라.

전인들은 이런 이치를 깨닫지 못하였으니 고염무(顧炎武)는 『보정(補正)』에서 "아마 초나라 여인으로 신씨 소생에게 시집간 여인일 것이다"라 하였다. 고염무의 설대로라면 당연히 "초출(楚出)"이라고 해야 하며 "신출(申出)"이라고 해서는 안 된다.

14 초문왕은 장공 19년에 죽었다.

15 전리(專利) : 재화(財貨)의 이익을 농단(壟斷)하는 것이다.
염(厭) : 족(足), 곧 만족하다의 뜻.

16 개사(介詞)가 생략되었다. 곧 "從予取從予求"라는 말과 같다.

17 자하(疵瑕) : 죄과(罪過)와 같은 말. 여기서는 동사로 쓰였다.

18 후지인(後之人) : 초나라의 왕위를 잇는 사람을 말한다.
구다어여(求多於女) : 너에게 많은 재화를 구하다. 다(多)는 곧 위에서 말한 "여취여구(予取予求)"의 재리(財利)를 말한다.

我死,	내가 죽으면
女必速行,	너는 반드시 속히 떠나되
無適小國,	작은 나라로는 가지 말 것이니
將不女容焉."	너를 포용하지 못할 것이다."
旣葬,	장사를 지내자
出奔鄭,[20]	정나라로 달아났는데
又有寵於厲公.	또한 여공의 총애를 받았다.
子文聞其死也,[21]	자문이 그의 죽음을 듣고
曰,	말하기를
"古人有言曰,	"옛사람들의 말에
'知臣莫若君.'[22]	'신하를 앎은 임금만 한 이가 없다' 라 하였는데

---

19 불면(不免) : 형륙(刑戮)의 죽음을 면치 못하다. 『전』의 "免"자는 거의가 이 뜻으로 쓰였다.

20 초문왕의 죽음은 바로 정여공이 역(櫟)에서 정나라로 들어간 지 4년째 되는 해로 신후가 정나라로 달아난 것은 반드시 그 이듬해일 것이니 곧 정나라 여공 27년일 것이다.

21 자문(子文) : 곧 초나라의 투구오토(鬪穀於菟)이다.

22 『관자 · 대광(大匡)』편에서는 "포숙(鮑叔)이 말했다. '선인이 말하기를 자식을 아는 것은 아비만 한 것이 없고 신하를 아는 것은 임금만 한 것이 없다'"라 하였다. 『사기 · 제세가(齊世家)』에서는 "환공이 관중에게 묻기를 '뭇 신하들 가운데 재상으로 삼을 만한 사람은 누구이겠는가?' 라 하자 관중이 말하기를 '신하를 아는 데는 임금만 한 이가 없습니다' 라 하였다"라 하였다. 「진어(晉語) 7」의 기해(祁奚)가 말하기를 "사람들이 말하기를 신하를 가려 뽑는 데는 임금만 한 이가 없고 자식을 가려 뽑는 데는 아비만 한 이가 없습니다라 하였습니다"라 하였다. 『전국책 · 조책(趙策)』에서는 조나라 무령왕(武靈王)이 주소(周紹)에게 말하기를 "자식을 가리는 데는 아비만 한 사람이 없고 신하를 논하는 데는 임금만 한 사람이 없다"라 하였는데, 모두 이것과 비슷한 말이다. 신후의 일은 또

弗可改也已."[23]	이 말은 고칠 수가 없을 것이로다"라 하였다.
秋,	가을에
盟于寗母,	영모에서 맹약을 하였는데
謀鄭故也.	정나라를 도모하기 위한 까닭이었다.
管仲言於齊侯曰,	관중이 제후에게 말하기를
"臣聞之,	"신이 듣건대
招攜以禮,[24]	떠난 나라는 예로 부르고
懷遠以德.	먼 나라는 덕으로 품는다고 하였습니다.
德, 禮不易,[25]	예와 덕이 어긋나지 않으면
無人不懷."[26]	마음속에 품지 않는 나라가 없을 것입니다"라 하였다.
齊侯修禮於諸侯,	제후가 제후들에게 예를 닦고
諸侯官受方物.[27]	제후의 관리들에게 방물을 받게 했다.

한『여씨춘추 · 장견(長見)』편에도 보이는데『전』과는 다르다.

23 신하를 안다는 말은 고칠 수가 없다는 것이다.

24 휴(攜) : 리(離)자와 같은 뜻. 여기서는 정나라를 가리킨다.

25 불역(不易) : 불위(不違), 곧 어기지 않는다는 말이다.

26 회(懷) : 생각하다, 귀의하다, 이르다.

27 방물(方物) :『상서 · 우공(禹貢)』에 각 토지에 공물을 맡겼다는 말이 있는데 그 토지에

鄭伯使大子華聽命於會,	정백이 태자 화에게 회합에서 명을 듣게 하였는데
言於齊侯曰,	제후에게 말했다.
"洩氏, 孔氏, 子人氏三族,[28]	설씨와 공씨, 자인씨의 세 족속은
實違君命.[29]	실로 임금의 명을 어겼습니다.
君若去之以爲成,[30]	임금께서 그들을 제거하시고 강화를 하신다면
我以鄭爲內臣,[31]	제가 장차 정나라를 봉읍지 내의 신하로 할 것이니
君亦無所不利焉."	임금께도 이롭지 않음이 없을 것입니다."
齊侯將許之.	제후가 허락하고자 하였다.

서 나는 것을 각기 공물로 바치는 것이며, 방물은 이것을 가리킨다. 11년과 12년『전』에서 "황나라 사람이 초나라에 공물을 바치지 않았다(黃人不歸楚貢)"와 "초나라에 직공을 바치지 않았다(不共楚職)"라 하였으니 당시의 제후들은 패주(霸主)에게 직공을 바쳤음을 알 수 있다. 진나라는 또한 우나라를 멸하고 천자에게 직공을 바쳤으니 제후들도 여전히 천자에게 직공을 바쳤다. "諸侯官受方物"이라는 것은 제후 가운데 제나라가 공물로 받은 토산물을 관리하고 또한 천자에게 바치는 것을 맡았다는 말이다.

28 설씨(洩氏) : 은공 5년의 설가(洩駕)와 희공 20년의 설도구(洩堵寇)이다.
공씨(孔氏) : 공숙(孔叔)이다.
자인씨(子人氏) : 정여공(鄭厲公)의 동생, 환공 14년에 나오며 이름은 어(語)이다.
삼족(三族) : 세 씨족. 성공 15년의『전』에 상세하다.

29 실위군명(實違君命) : 맹약에서 도망쳐 초나라를 따른 것을 가리킨다.

30 군약(君若) : 각 판본에는 "若君"으로 되어 있는데『당석경』과 송본, 가나자와 문고본(金澤文庫本)을 따라 바로잡는다. 제나라가 그 세 족속을 제거하여 주고자 한다면 정나라는 제나라와 강화를 맺을 것이라는 말이다.

31 정나라가 제나라를 섬기는 것을 봉읍지 내의 신하처럼 한다는 말이다.

管仲曰,	관중이 말하기를
"君以禮與信屬諸侯,[32]	"임금께서 예와 신으로 제후들을 회합하시어
而以姦終之,[33]	간사함으로 끝낸다면
無乃不可乎?	안 될 일이 아니겠습니까?
子父不奸之謂禮,[34]	자식이 아비를 범하지 않는 것을 예라 하고
守命共時之謂信,[35]	명을 지켜 때에 맞게 이바지하는 것을 신이라고 하는데
違此二者,	이 두 가지를 어기면
姦莫大焉."[36]	사악함이 이보다 큰 것이 없을 것입니다"라 하였다.

---

32 속(屬) : 회합하다. 아래의 "合諸侯"의 합(合)과 같은 뜻. 「진어 2」에 "세 번 제후를 모았다(三屬諸侯)"와 "과인이 제후를 모았다(寡人屬諸侯)"라는 말이 나오는데, 위소(韋昭)는 모두 "모으는 것이다(會也)"라 하였다.

33 간(姦) : 아래의 글에 의거하면 예(禮)와 신(信)을 위배하는 것이다. 간은 사벽(邪僻)이라는 뜻이다.

34 자부불간(子父不奸) : 가나자와 문고본(金澤文庫本)에는 "父子不干"으로 되어 있다. 여기서는 자화가 아버지의 명을 범하는 것이므로 "子父"라 하는 것이 맞다. 간(奸)은 범(犯)한다는 뜻이다.

35 수명(守命) : 선공 15년의 『전』에서는 "신하가 명을 받들 수 있는 것을 신이라고 한다(臣能承命爲信)"라고 하였는데, 수명(守命)과 승명(承命)은 같은 뜻이다.
공(共) : 공(恭)과 같은 뜻이다. 기회를 봐 가며 일을 하여 임금의 명을 완성하는 것이다. 또한 공(供)자의 뜻으로 볼 수도 있는데, 때에 맞추어 공품(貢品)을 공급한다는 뜻이 된다.

36 자화(子華)는 그렇지 않아서 아버지의 명을 위배하고 외부와 원조를 맺어서 사리를 도모하였다는 말이다.

公曰,	공이 말하였다.
“諸侯有討於鄭,	“제후들이 정나라를 토벌하였으나
未捷;	아직 이기지 못하였소.
今苟有釁,[37]	지금 실로 틈이 보이니
從之,	이를 틈탐이
不亦可乎?”	또한 좋지 않겠는가?”
對曰,	대답하여 말했다.
“君若綏之以德,	“임금님께서 덕으로 그들을 편안히 하시고
加之以訓,	훈계를 더하였는데
辭,	거절하였으므로
而帥諸侯以討鄭.[38]	제후를 거느리고 정나라를 치는 것입니다.
鄭將覆亡之不暇,[39]	정나라는 망하는 것을 구원할 겨를조차 없을 것이니
豈敢不懼?	어찌 감히 두려워하지 않겠습니까?

37 유흔(有釁) : 두예는 “자화가 아버지의 명을 범한 것이 틈이다”라 하였다.

38 옛날에는 “加之以訓辭”를 하나의 구로 보았다. 여기서는 청나라 무억(武億)의 『경독고이(經讀考異)』에 따라 사(辭)자를 하나의 구로 보았다. 덕을 베풀어 안정시키고 훈계까지 하였는데 정나라가 그것을 받아들이지 않으니 그런 후에 제후를 이끌고 그들을 토벌한다는 것이다.

39 복망(覆亡) : 복(覆)은 덮는다는 뜻이다. 복망은 당시의 상투어로 망하는 것을 구원한다는 뜻이다.

若摠其罪人以臨之,[40]	그 죄인을 거느리고 그들 앞에 나아간다면
鄭有辭矣,	정나라도 할 말이 있을 것이니
何懼?	무엇을 두려워하십니까?
且夫合諸侯,	또한 저 제후를 규합한 것은
以崇德也.	덕을 높이기 위함입니다.
會而列姦,[41]	회합에 간악한 사람을 군위에 앉히면
何以示後嗣?	무엇을 후사들에게 보여주시렵니까?
夫諸侯之會,	대체로 제후의 회합에
其德, 刑, 禮, 義,	덕행과 형벌, 예의, 도의를
無國不記.	기록하지 않는 나라가 없습니다.
記姦之位,[42]	간악한 사람을 임금에 앉히고 기록한다면

---

40 두예는 "총(摠)은 거느린다는 뜻이다. 자화는 아버지의 명을 범하였으므로 죄인이다"라 하였다. 임(臨)은 정공 2년 『전』의 "군사를 가지고 우리에게 다가서다(以師臨我)"를 생략한 말이다. 『전국책 · 서주책(戰國策 · 西周策)』에 "초나라가 두 주(周)나라의 사이에 길을 청하여 한(韓)나라와 위(魏)나라에 임(臨)하였다"는 말이 있는데, 후한(後漢)의 고유(高誘)는 임(臨)은 "칠 벌(伐)"자와 같은 뜻이라고 하였다.

41 회(會) : 위의 제후를 모은 것(合諸侯)이다.
열간(列姦) : 열(列)은 "자리 위(位)"자의 뜻이다. 주로 군위(君位)를 가리킨다. 15년 『전』의 "들어갔으나 군위를 정하지 못하였다(入而未定列)"는 말의 "定列"은 군위(君位)와 같은 말이다. 소공 4년 『전』에 "희성으로 군위에 있는 사람(姬在列者)"이라는 말이 있다. 그러므로 이 열(列)자는 원래 명사인데 여기서는 동사로 쓰였다. 간(姦)은 간인(姦人)으로 자화를 가리킨다. 자화의 말을 들어주면 이는 자화를 내신으로 받아들이는 것이고, 자화를 정나라 임금으로 받들어 간인을 군위에 앉히는 것이므로 열간(列姦)이라 하였다.

君盟替矣.[43]	임금님의 회맹은 폐기될 것입니다.
作而不記,[44]	일을 일으키고도 기록할 수 없다는 것은
非盛德也.	성한 덕이 아닙니다.
君其勿許!	임금께옵서는 허락지 마십시오!
鄭必受盟.	정나라는 반드시 맹약을 받아들일 것입니다.
夫子華旣爲大子,	대체로 자화는 태자이면서도
而求介於大國以弱其國,[45]	큰 나라에 기대어 나라를 약하게 하기를 구하니
亦必不免.	또한 반드시 면하지 못할 것입니다.
鄭有叔詹, 堵叔, 師叔三良爲政,[46]	정나라에는 숙첨과 도숙, 사숙의 세 현인이 정치를 하니

42 간인(姦人)을 군위에 앉히고 기록하다.

43 체(替) : 두예는 폐(廢)자와 같은 뜻이라고 하였다.

44 불기(不記) : "기록할 수 없다(不可記)"는 뜻이다.

45 개(介) : 문공 6년의 『전』에서는 "남의 총애에 기대는 것은 용기가 아니다(介人之寵, 非勇也)"라고 하였다. 이 두 개(介)자는 뜻이 같으며, 인(因), 자(藉)와 같은 뜻이다. 자화가 제나라의 힘에 기대어 본국을 약하게 할 것을 구한다는 뜻이다.

46 정유숙첨(鄭有叔詹) : 장공 17년에 정첨(鄭詹)이 있고, 희공 23년에 숙첨(叔詹)이 있는데 40년이란 시차가 있긴 하지만 어쩌면 한 사람일 것이다.
도숙(堵叔) : 희공 20년에 도구(堵寇)가 있는데 곧 24년의 도유미(堵俞彌)인데 도숙은 곧 이 사람이다.
사숙(師叔) : 초나라의 반왕(潘尫)은 자가 사숙인데 이 사숙 또한 이 사람의 자일 것이며, 아니면 곧 공숙(孔叔)일 것이다.

未可間也."[47]	틈이 벌어지지 않을 것입니다."
齊侯辭焉.[48]	제후가 그것을 거절하였다.
子華由是得罪於鄭.[49]	자화는 이에 정나라에서 죄를 짓게 되었다.

鄭伯請盟于齊.	정백이 제나라에 맹약을 청하였다.

閏月,[50]	윤달에
惠王崩.	혜왕이 붕어하였다.
襄王惡大叔帶之難,[51]	양왕은 태숙대의 난을 걱정하여
懼不立,	즉위하는 것을 두려워하였으며
不發喪,	발상을 하지 않고
而告難于齊.[52]	제나라에 어려움을 알렸다.

---

47 미가간(未可間) : 이 말은 위의 "今苟有釁"을 겨냥하여 한 말이다. 틈이 있으면 사이가 벌어지는데 사이가 벌어지지 않았으므로 틈이 없다는 말이다.

48 자화의 말을 받아들이지 않은 것이다.

49 16년에 정나라는 자화를 죽인다.

50 『경』과 『전』의 말미에 윤월이라고 한 것은 모두 윤12월이다. 문공 원년 『전』에서 "선왕이 때를 바르게 정할 때 남는 것은 마지막으로 돌렸다(先王之正時也, 歸餘於終)"라 하였으므로 윤달은 거의 한 해의 마지막에 두었다. 그러나 한 해의 중간에 윤달을 둘 수도 있으니 소공 20년 『전』의 "윤달 무진일에 선강을 죽였다"라 한 것은 윤8월이다.

51 악(惡) : 근심하다, 걱정하다, 두려워하다. 「주본기」에서는 "혜왕은 숙대(叔帶)를 낳았는데 혜왕의 총애를 받아 양왕(襄王)이 두려워하였다"라 하였다.

52 양왕은 곧 왕태자 정(鄭)으로 제환공이 수지(首止)에서 회합을 가졌을 때 태자로 세운 사람이므로 이에 제나라에 위난을 알린 것이다. 5년의 『경』과 『전』을 참조하라. 이 절은

희공 8년

經

八年春王正月,[1] 8년 봄 주력으로 정월에

公會王人, 齊侯, 宋公, 衛侯, 許男, 曹伯, 陳世子款盟于洮.[2] 공이 왕인, 제후, 송공, 위후, 허남, 조백, 진나라 세자 관을 조에서 만나 맹약했다.

鄭伯乞盟.[3] 정백이 맹약을 청하였다.

夏, 여름에

狄伐晉. 적이 진나라를 쳤다.

秋七月, 가을 7월에

禘于大廟, 태묘에서 대제를 지냈는데

본래 8년 봄 조(洮)의 맹약과 하나의 전이었는데 후인에 의하여 두 개의 전으로 나뉘어 들어갔다.

1 팔년(八年) : 기사년 B.C. 652년으로 주양왕(周襄王) 원년이다. 정월 6일 경오일이 동지로, 건자(建子)이다.

2 『공양전』에는 "世子款" 아래에 "정세자화(鄭世子華)"의 넉 자가 더 있다. 다음 문장에서 "정백이 맹약을 청하였다" 한 것으로 보아 정나라는 맹약에 참여하지 않은 것을 알 수 있다.

조(洮) : 지명. 북쪽은 노나라에, 남쪽은 조(曹)나라에 속하였으며 31년 『전』에서 "조나라 땅을 나누었는데 조수(洮水) 이남에서 동쪽으로 제수(濟水)에 이르기까지는 모두 조나라 땅이었다"라 한 것이 이를 말한다. 여기서는 조나라의 땅으로 『수경주』에 의거하면 지금의 산동성 견성현(鄄城縣) 서남쪽일 것이다.

3 『공양전』과 『곡량전』에서는 모두 두 조로 나누었으나 『전』의 뜻에 의거하여 한 조로 합쳤다.

用致夫人.[4] 부인의 신주를 모신 것이다.

冬十有二月丁未, 겨울 12월 정미일에

天王崩.[5] 천왕이 세상을 떴다.

傳

八年春, 8년 봄

盟于洮, 조에서 맹약을 하였는데

---

4 체(禘)는 대제(大祭)이다. 3년 상은 25개월 만에 마치는데 그런 다음에야 체(禘)의 제사를 올리는 것이 근본으로 민공 2년의 길체(吉禘)가 곧 이것이다. 이것은 3년의 상체(常禘)인데 기록한 것은 예로 애강(哀姜)의 신주를 모신 것이 아니기 때문이다. 『좌전』을 가지고 고찰해 보면 체제는 정해진 달이 없는데, 민공 2년의 길체는 5월에 있었고, 문공 2년의 희공의 신주를 지은 것은 2월에 있었다. 태묘의 대사는 8월에 있는데 선공 8년 태묘의 일은 6월에 있었고, 소공 15년의 무궁(武宮)에서의 일은 2월에 있었으며, 소공 25년 양공의 체제는 봄에 있었다. 정공 8년의 선공의 종사(從祀)는 겨울에 있었는데, 이로써 『예기 · 명당위(明堂位)』의 "늦여름 6월 체제의 예로 태묘에서 주공을 제사 지냈다"라 한 것과 『예기 · 잡기(雜記) 하』의 "7월에 체제를 올렸는데 헌자(獻子)가 지냈다"라 한 것은 틀렸는데, 아마 이때 헌자는 아직 태어나지도 않았기 때문이다. 『예기』의 『정의(正義)』에서는 정현(鄭玄)의 「답조상(答趙商)」을 인용하여 말하기를 "『예기』에서 이른 것이 하필이면 모두 『춘추』에 있는 예인가?"라 하였는데, 이로써 또한 『예기』가 『춘추』와는 같지 않는다는 것을 알 수 있다. 태묘는 노나라의 시조 주공(周公)을 모신 사당이다. 부인은 성씨가 없는데 『전』에 의하면 애강(哀姜)이라 하였다. 치(致)라는 것은 태묘에 신주를 바쳐 소목(昭穆)에 드는 것이다. 『공양전』에서는 "致夫人"을 해석하여 "첩(妾)을 처(妻)로 삼는 것이다"라 하였고 하휴의 주에서도 "희공은 본래 초나라 여인을 정실부인으로 맞았으며 제나라 여인이 잉첩이었다. 제나라에서 먼저 여자를 바쳐 희공에게 적실로 삼으라 협박하였는데 부모의 말을 따랐으므로 치(致)라고 하였다"라 하였다. 『곡량전』에서는 "致夫人"을 "첩을 세우는 말"이라고 하였고, 유향(劉向)은 "부인은 성풍(成風)이다. 태묘에 바쳐 부인으로 세우는 것이다"라 하였다. 노애공은 공자 형(公子荊)의 어머니를 부인으로 삼고자 하였는데, 종친인 흔하(釁何)가 예를 올리며 말하기를 "첩을 부인으로 삼는 것은 실로 그러한 예가 없습니다"라 하였으니 『좌전』의 설은 『공양전』이나 『곡량전』과는 다르다.

5 두예는 "실은 전년 윤월에 붕어하였으나 금년 12월 정미일에 알렸다"라 하였다.

謀王室也.[6]	주왕실의 일을 도모하기 위함이었다.
鄭伯乞盟,	정백이 맹약을 청하였는데
請服也.	복종하기를 청한 것이다.
襄王定位而後發喪.	양왕이 제위를 안정시킨 후에 발상을 하였다.
晉里克帥師,	진나라의 이극이 군사를 이끌었는데
梁由靡御,[7]	양유미가 어자가 되고
虢射爲右,[8]	괵석이 거우가 되어
以敗狄于采桑.[9]	적을 채상에서 물리쳤다.
梁由靡曰,	양유미가 말하였다.

6 이『전』은 본래 지난해 "윤달에 혜왕이 붕어하셨다" 운운한 것과 하나의『전』이다.

7 양유미(梁由靡): 성이 양(梁)이며, 민공 2년의 "양여자양이 한이의 수레를 몰았다(梁餘子養御罕夷)"의 주석을 참조하라.

8 괵석(虢射): 14년에서 두예는 괵석을 혜공(惠公)의 외삼촌이라고 하였다. 그러나 혜공은 소융자(小戎子)의 소생이며 괵석은 융인(戎人)이 아니니 두예의 설은 근거가 없다.

9 채상(采桑):『일통지(一統志)』에 의하면 지금의 산서성 향녕현(鄕寧縣) 서쪽에 있다. 아래의 "狄伐晉, 報采桑之役也. 復期月"이란 말로 보건대 두예는 이를 지난해의 일을 보충 서술한 것이라 하였으며, 이는 옳다. 그러므로『경』역시 "적이 진을 쳤다(狄伐晉)"라고만 기록하였고 이극이 적을 물리친 것은 기록하지 않았다.「진세가」에서는 "25년 진나라가 적(翟)나라를 쳤는데 적나라는 중이(重耳) 때문에 또한 설상(齧桑)에서 진나라와 싸웠는데 진나라 병사는 흩어져서 떠났다"라 하였고,「연표」에서도 말하기를 "25년 적을 쳤는데 중이 때문이었다"라 하여 모두 채상의 전역을 이해에 집어넣었는데, 사마천이『좌전』을 꼼꼼하게 읽지 않은 것 같다. 유월(兪樾)도 이 전역이 반드시 이해 2월과 3월 사이에 있었을 것이라 하였다.

"狄無耻,[10]	"적인들이 부끄러움이 없는 것으로 보아
從之,	좇으면
必大克."	반드시 크게 이길 것이다."
里克曰,	이극이 말하였다.
"懼之而已,[11]	"겁을 줬으면 그뿐이지
無速衆狄."	더 많은 적인들을 부를 필요는 없다."
虢射曰,	괵석이 말하였다.
"期年狄必至,[12]	"1년 안에 적인이 반드시 이를 것이오.
示之弱矣."[13]	그들에게 약한 모습을 보여주었으니."
夏,	여름에
狄伐晉,	적이 진나라를 쳐서
報采桑之役也.	채상의 전역을 보복하였다.
復期月.[14]	1년이라는 말이 그대로 나타났다.

10 무치(無恥) : 도주하는 것을 부끄럽게 여기지 않은 것이다.
11 구지(懼之) : "거지(拒之)"로 되어 있는 판본도 있다.
12 기년(期年) : "期"는 "기(朞)"자와 같다. 기년은 1년이다.
13 이는 모두 지난해의 일을 추서(追敍)한 것이다.
14 복기월(復期月) : 기월(期月)은 곧 위의 기년(期年)과 같은 뜻. 『논어 · 자로(子路)』의 "만일 나를 등용해 주는 사람이 있다면 1년만 해도 괜찮을 것이니(期月而已) 3년이면 이루어짐이 있을 것이다"의 기월(期月) 역시 1년이다. 복(復)은 『논어 · 학이(學而)』의

秋,	가을에
禘,	체제를 지내고
而致哀姜焉,[15]	애강의 신주를 태묘에 들였는데
非禮也.	예의에 맞지 않았다.

凡夫人,	무릇 부인은
不薨于寢,[16]	침궁에서 죽지 않고
不殯于廟,[17]	사당에서 입관하지 않으며
不赴于同,[18]	동맹국에 부고를 보내지 않으면

"약속이 의리에 가까우면 그 말을 실천할 수 있다(信近於義, 言可復也)"라 할 때의 "復"자이니 실천하여 허락하는 것을 복이라 하며, 그 말이 효험이 드러나는 것 또한 "復"이라고 할 수 있다. 이는 괵석이 1년 안에 반드시 이를 것이라는 말이 효력이 있었다는 것을 말한다.

15 노나라의 선조들을 합동으로 제사 지내고 태묘에 애강의 신주를 소목(昭穆)으로 열입(列入)시킨 것이다.

16 침(寢) : 부인에게는 정침(正寢)도 있고 소침(小寢)도 있는데, 이곳에서 말한 침은 부인의 정침으로 제후의 입장에서 보면 소침에 해당한다.

17 빈(殯) : 시신을 입관하여 장사 지낼 때까지 안치하는 것을 말한다. 주대의 예제(禮制)에는 사람이 죽으면 관에다 시신을 염하여 서쪽 계단에 구덩이를 파고 관을 안치하였다. 춘추시대의 빈묘(殯廟)의 예는 희공 32년『전』의 "겨울에 진문공이 죽었다. 경진일에 곡옥(曲沃)에 빈(殯)을 하려 하였다"는 것이 있다. 곡옥은 진(晉)나라의 종묘가 있는 곳이기 때문에 곡옥으로 간 것이다. 양공 4년『전』에서도 정사(定姒)를 종묘에 빈하지 않은 것은 예를 잃은 것이라고 하였다는 것으로 더욱 잘 알 수 있다. 후인들은『예기 · 단궁하』의 "은나라 왕조는 조상들의 묘당에서 빈했고, 주나라 왕조는 마침내 장사를 지냈다"라는 문장에 얽매여 주나라 사람들이 묘(廟)에서 빈하지 않은 것을 이 묘(廟)자는 빈궁(殯宮)으로 조묘(祖廟)가 아니라고 곡해를 하였으며, 혹은 묘를 조묘라고 곡해하였는데 모두 근거가 없는 말일 것이다.

18 동(同) : 동맹국이다. 무릇 임금과 부인이 죽으면 반드시 동맹국에게 부고를 보낸다.

不祔于姑,[19]	시어머니와 합사하지 않으니
則弗致也.[20]	태묘에 들이지 않는다.

冬,	겨울에
王人來告喪,	주나라의 사자가 와서 상을 알렸는데
難故也,	난리가 일어난 까닭에
是以緩.[21]	늦추어진 것이다.

宋公疾,	송공이 병이 나니
大子玆父固請曰,[22]	태자 자보가 굳이 청하여 말하기를
"目夷長且仁,[23]	"목이가 나이도 많고 어지니
君其立之!"	그를 임금으로 세워야 할 것입니다!" 라 하였다.

---

19 부우고(祔于姑) : 신주를 시어머니와 합사하는 것이다. 은공 3년의 『전』에 상세하다.

20 애강은 『경』에서 훙(薨)이라 기록하였고(희공 원년), 장사를 지냈다고 기록하였으니(2년) 반드시 이미 묘당에서 빈을 하였고, 동맹국에도 알리고 시어머니와 합사를 하였다. 다만 피살되어 죽어 정침에서 죽지 않았을 따름이다. 네 가지가 반드시 구비되고 난 후에야 신주를 종묘에 모실 수가 있었다.

21 혜왕은 사실 지난해에 죽었는데 여기서는 경에서 천왕이 금년 겨울에 붕어하였다고 기록한 이유를 풀이한 것이다.

22 자보(玆父) : 양공(襄公)이다.

23 목이(目夷) : 자보(玆父)의 서형이다. 『설원』에서는 목이를 후처의 아들이라 하였는데, 그러면 태자보다 나이가 많아질 수 없으므로 믿을 수가 없다.

公命子魚.[24]	공이 자어에게 명하였다.
子魚辭,	자어가 거절하면서
曰,	말하였다.
"能以國讓,	"나라를 양보할 수 있으니
仁孰大焉?	이보다 어짊이 클 수가 있겠습니까?
臣不及也,	신이 미치지 못할 뿐만 아니라
且又不順."[25]	또한 도리를 따르지 않는 것입니다."
遂走而退.[26]	마침내 달아나 물러났다.

희공 9년

經

九年春王三月丁丑,[1]	9년 봄 주력으로 3월 정축일에
宋公御說卒.[2]	송공 어열이 죽었다.

---

24 자어(子魚) : 목이(目夷)의 자.

25 불순(不順) : 적자를 버려두고 서자를 세우는 것을 말한다.

26 「송세가」에서는 "30년 환공이 병이 나자 태자 자보(子甫)가 서형인 목이에게 후사를 양보하였다. 환공이 태자의 뜻을 의롭게 여겼으나 마침내 듣지 않았다"라 하였다. 「연표」 또한 마찬가지이다. 자보(子甫)는 곧 자보(玆父)이다. 본래 다음 해의 "春, 宋桓公卒"과 하나의 『전』이다.

1 구년(九年) : 경오년 B.C. 651년으로 주양왕(周襄王) 2년이다. 정월 16일 을해일이 동지로, 건자(建子)이다. 윤달이 있다. 정축일은 19일이다.

夏,	여름에
公會宰周公, 齊侯, 宋子, 衛侯, 鄭伯, 許男, 曹伯于葵丘.[3]	공이 재주공과 제후, 송자, 위후, 정백, 허남, 조백을 규구에서 만났다.
秋七月乙酉,[4]	가을 7월 을유일에
伯姬卒.[5]	백희가 죽었다.

---

2 어(御) : 『공양전』과 『곡량전』에는 어(禦)로 되어 있는데, 통하여 쓴다.

3 재주공(宰周公) : 곧 『전』의 재공(宰孔)인데 식읍을 주(周)에 두었으며 주나라 왕실의 태재(太宰)이므로 재주공이라 하였다. 장공 16년의 『전』 및 희공 16년과 24년에 모두 주공기보(周公忌父)가 있는데 이 사람인지 아닌지 모르겠다.

규구(葵丘) : 이 지명은 모두 네 군데가 있다. 장공 8년 『전』의 "제후(齊侯)가 연칭(連稱)과 관지보(管至父)로 하여금 규구를 지키게 하였다"라 한 곳은 제나라 땅이다. 다음의 『전』에서 "제후(齊侯)는 덕을 쌓는 데는 힘쓰지 않고 먼 곳을 공략하는 데만 부지런하다"라 하였으니 이 규구는 제나라 땅이 아님을 알 수 있다. 『수경주 · 분수(汾水)』에서는 가규(賈逵)의 설을 인용하여 분음(汾陰)의 모난 못 가운데 모난 언덕이 있는데, 곧 규구이니 이곳은 진(晉)나라 땅이다. 그러나 재공(宰孔)이 길에서 진헌공(晉獻公)을 만나 그 "행실에 힘쓰지 않음"을 권면하였으니 이 규구는 진나라의 땅이 아님을 알 수 있다. 청나라 전조망(全祖望)이 『경사문답(經史問答)』에서 이 설을 주장하였는데, 고찰해 보면 정밀하지 못하다. 『수경주 · 사수(泗水)』에서는 또한 황구(黃溝)는 성 남쪽에서 동으로 규구의 아래를 거치는데, 『춘추』 희공 9년에 제 환공은 규구에서 제후들을 만났다" 하였고, 당나라 이길보(李吉寶)의 『원화군현지(元和郡縣志)』에서는 고성현(考城縣) 동남쪽에 있다 하였고, 『고성현지(考城縣志)』에서는 규구의 동남쪽에 맹대(盟臺)가 있는데 그 지명이 맹대향(盟臺鄉)이다. 곧 지금의 하남성 난고현(蘭考縣) 동쪽이다. 『수경주 · 탁장수(濁漳水)』에서는 또한 『춘추고지명(春秋古地名)』〔두예의 『춘추토지명(春秋土地名)』의 와전일 것이다〕을 인용하여 "규구는 지금의 업(鄴) 서쪽 삼대(三臺)이다"라 하였으니 곧 하북성 임장현(臨漳縣) 서쪽에 있을 것이다. 이상 두 곳은 모두 제나라 서쪽에 있어서 모두 『전』의 내용과 부합한다. 양수경(楊守敬)은 『수경주소(水經注疏)』에서 고성(考城)에 있다는 설을 주장하였는데 옳다. 임장의 삼대는 조조(曹操)의 동작대(銅爵臺) 유지(遺址)이다.

4 을유(乙酉) : 29일로 곧 그믐날이다.

5 『전』이 없다. 『회전(會箋)』에서는 "무릇 부녀의 일에 대해서는 좌씨(左氏)는 거의 전하지

九月戊辰,[6]	9월 무진일에
諸侯盟于葵丘.	제후가 규구에서 맹약했다.
甲子,[7]	갑자일에
晉侯佹諸卒.[8]	진후 궤가 죽었다.
冬,	겨울에
晉里克殺其君之子奚齊.[9]	진나라 이극이 임금의 아들 해제를 죽였다.

傳

九年春,	9년 봄에

않았는데, 이는 대의와는 무관하기 때문이었다"라 하였다. 『공양전』과 『곡량전』에서는 모두 백희가 이미 시집가는 것을 허락받았으나 채 가지 못하고 죽어서 성인의 상으로 치르게 되었다고 하였다.

6 무진(戊辰) : 13일이다.

7 갑자(甲子) : 『공양전』에는 갑술(甲戌)로 되어 있는데, 『공양전』이 틀렸을 것이다. 갑자의 앞에는 달을 쓰지 않았다. 『전』에 의하면 진나라의 9월이다. 진나라는 하력을 썼으니 주력의 11월 10일이다. 『경』에서 월을 쓰지 않은 것에 대하여 공영달은 "춘추 때만 해도 사관이 수칙을 빠뜨리고 지키지 않아 부고의 글에 예제를 어기는 일이 많았다. 이 갑자는 진후가 죽은 것인데 날짜는 적고 월은 적지 않았으니, 노나라의 역사를 더 이상 살피지 않아도 부고가 온 날의 기록은 다만 갑자라고만 하였을 따름이다"라 하였다.

8 궤제(佹諸) : 『공양전』과 『곡량전』, 『사기 · 진세가』에는 모두 "궤제(詭諸)"로 되어 있다. 찬도본(纂圖本), 감본(監本), 민본(閩本), 모본(毛本) 『춘추좌씨전』에도 모두 "詭諸"로 되어 있다. "佹"와 "詭"는 통하여 쓴다.

9 이극(里克) : 완각본(阮刻本)에는 "이해극(里奚克)"으로 되어 있어 "奚"자 한 자가 잘못 끼어 들어갔다.
살(殺) : 『공양전』에는 "시(弑)"로 되어 있다. 청나라 단옥재(段玉裁)는 "弑"자가 되어야 한다고 했지만 해제는 임금이 아니므로 꼭 "弑"자를 쓸 필요는 없다.

宋桓公卒.[10]	송환공이 죽었다.
未葬而襄公會諸侯,	장사를 지내지도 않았는데 양공이 제후들과 회합했으므로
故曰"子".	"자"라고 한 것이다.
凡在喪,	무릇 상을 지낼 때는
王曰"小童",[11]	왕은 "소동"이라 하고
公侯曰"子".[12]	공후는 "자"라고 한다.

10 『경』에서 "송자(宋子)"라고 기록한 이유를 풀이하였다.

11 소동(小童) : 『경』과 『전』에서 예를 찾을 수 없다. 『예기 · 곡례(曲禮) 하』에서는 "천자가 상을 마치지 않았을 때 여소자(予小子)라고 한다"라고 하였지만 경적(經籍)에서 그것을 고찰해 보면 "여소자(予小子)"는 천자의 통칭으로 상을 마치지 않았거나 마쳤거나 모두 사용하였다. 『시경 · 주송 · 민여소자(周頌 · 閔予小子)』에 "소자를 가여이 여기소서! 집안에 큰일 당하였다네(閔予小子, 遭家不造)"라는 구절이 있는데, 정현의 주석에서는 "성왕(成王)이 상을 면하고 종묘에서 비로소 조회를 하였을 때 이 시를 지었다"라고 하였다. 『논어 · 요왈(堯曰)』에서는 "나 소자 리(予小子履)"라고 하였는데 더욱이 상을 지낼 때도 아니다. 『상서 · 금등(金縢)』편에서는 "주공이 말하기를 점상은 임금에게 해가 없음을 나타내고 있다. 나 같은 작은 사람(予小子)이 세 임금에게서 새로 명을 받았다"라 하였으니, 주공이 섭정을 할 때 천자가 자칭하는 말로도 썼다.

12 공후왈자(公侯曰子) : 공후는 오등(五等)의 제후를 포괄하여 말한 것이다. 『춘추』의 예에 따르면 옛 임금이 죽고 새 임금이 즉위하면 장사를 지냈건 말았건 간에 그해에는 자(子)자를 쓰고 해가 넘어가면 작위를 썼는데, 이미 환공 13년의 『전』에서 상세히 말하였다. 북송(北宋)의 섭몽득(葉夢得) 또한 그 예를 잘 알고 있었으므로 『춘추전(春秋傳)』에서 "한 해에 두 임금이 있을 수 없으므로 해를 넘기지 않은 임금은 작위를 써서 나타낼 수가 없었는데, 국내외에서 모두 자(子)로 일컬었으니 자반(子般)과 자야(子野)가 죽자 송양공(宋襄公)은 '송자(宋子)'라는 호칭으로 규구(葵丘)의 회합에 참여하였고, 진회공(陳懷公)은 '진자(陳子)'라는 호칭으로 소릉(召陵)의 회합에 참여한 것이다. 해를 넘기지 않았으면 장사를 지냈더라도 국내에서 또한 자(子)라고 하고 이름을 쓰지 않았는데, 자적(子赤)을 마침내 '자졸(子卒)'이라 불렀으며, 나라 밖에서도 또한 자(子)를 썼는데 위성공(衛成公)이 위자(衛子)로 조(洮)의 회합에서 맹약한 경우이다. 나라에 오랫동안 임금이 없을 수가 없었으므로 해를 넘긴 임금은 장사를 지내면 작위를 불렀으니, 정여공(鄭厲公)이 정백(鄭伯)이란 호칭으로 무보(武父)의 회합에 참여한 것이 이것이다. 장사

夏,	여름에
會于葵丘,	규구에서 만나
尋盟,	맹약을 다지고
且修好,	우호를 닦았는데
禮也.	예의에 맞았다.
王使宰孔賜齊侯胙,[13]	천자는 재공을 시켜 제후에게 제육을 내리게 하고

를 지내지 않았더라도 작위를 쓸 수가 있었는데 위혜공(衛惠公)이 위후(衛侯)라는 호칭으로 제후와 만나 노나라와 싸웠으며, 송공공(宋共公)도 제후(諸侯)와 만나 정나라를 친 경우이다"라 하였다. 그러나 이 예는 회맹에서만 통한 것으로, 회맹이 아니더라도 그렇지 않은 경우가 있었다. 선공 10년에 제혜공(齊惠公)이 죽었는데 이미 장사를 지냈는데도 『경』에서는 여전히 "제후가 국좌(國佐)에게 내빙케 했다"라 하였고, 성공 4년 정양공(鄭襄公)이 죽어서 이미 장례를 지냈는데도 『경』에서는 여전히 "정백이 허(許)나라를 쳤다"라고 하여 모두 해를 넘기지 않았지만 자(子)라고 하지 않고 작위를 써서 부르고 있다. 정공 3년의 주은공(邾隱公)을 주자(邾子)라고 한 경우는 자(子)가 작위를 나타내는 말인 동시에 또한 상을 지내기 이전의 호칭이므로 애매하여 뭐라고 밝히기가 어렵다.

13 24년 『전』에서 "송나라는 선대의 후예이니 주나라에게는 손님이 됩니다. 천자가 제사를 지내고 제육〔膰肉〕을 내립니다"라는 말이 있으니, 이는 이왕(二王)의 후손에게 예를 갖추어 제육을 내리는 것이다. 지금 제후(齊侯)에게 또한 제육을 내렸으므로 두예는 "높여 이왕(二王)의 후손에 견주었다"라 하였다. 조(胙)는 곧 번(膰)이고, 종묘에 제사를 지낸 고기이다. 그러나 청나라 허종언(許宗彦)의 『감지수재집 · 문무세실고(鑑止水齋集 · 文武世室考)』에서는 "종묘의 제육은 동성(同姓)에게만 나누어 준다. 여기서 제후(齊侯)에게 내린 것은 종묘에서 선조에게 제사를 지내는데, 한 왕이 개인적인 자격으로 올린 제사라면 동성으로 이 대종(大宗)을 함께하는 사람에게만 제육을 나누어 줄 수 있다. 종실의 공덕을 세우는 데 도움을 주고 천하의 공적인 제사라면 성이 달라도 공덕을 입은 사람에게는 제육을 나누어 줄 수 있다. 『사기 · 주본기』의 현왕(顯王) 9년에 문왕과 무왕에게 제사를 올리고 진효공(秦孝公)에게 제육을 내렸으며, 35년에는 문왕과 무왕에게 제사를 올리고 진혜공(秦惠公)에게 제육을 내린 것 및 이 『전』의 기록은 모두 조종(祖宗)에게 제사를 지내는 것이므로 (다음에서) '문 · 무'라고만 말하였다"라 하였다. 사실 이번에 제환공에게 제육을 나누어 주고 그 후에 진효공과 혜공에게 제육을 나누어 준 것은 모두 그들이 강대해서 제후들에게 영을 내릴 수 있었기 때문이지 공덕을 입었기 때문이 아니

曰,	말하였다.
"天子有事于文, 武,[14]	"천자가 문왕과 무왕에게 제사를 지내어
使孔賜伯舅胙."[15]	저 공으로 하여금 백구에게 제육을 내리게 하였소."
齊侯將下, 拜.[16]	제후가 뜰 아래로 내려가 배례를 하려 했다.
孔曰,	재공이 말하였다.
"且有後命,	"또한 나중에 내린 명도 있었소.
天子使孔曰,	천자께서 저 공을 시켜 말하기를
'以伯舅耋老,[17]	'백구가 노령에다가

다. 게다가 진나라는 또한 주나라를 멸망시키기까지 하였는데 주나라에 무슨 공덕이 있겠는가?

14 유사(有事) : 제사가 있다는 말이다. 성공 13년『전』에 "나라의 큰일은 제사와 전쟁에 있다(國之大事, 在祀與戎)"라 하였다.
문무(文武) : 문왕과 무왕이다.

15 백구(伯舅) : 천자가 동성(同姓)의 제후를 부를 때 백부(伯父) 또는 숙부(叔父)라 하고, 이성(異姓) 제후를 부를 때는 백구라고 한다. 양공 14년의『전』에서도 "왕이 유정공(劉定公)을 시켜 제후에게 명을 내리고 하여 말하기를 '지난날 백구 태공(大公)이 우리 선왕을 도왔소.' ……"라 하여 주왕은 제나라를 여러 차례 백구라고 불렀다. 동성의 제후인 노나라와 위나라에 대해서는 숙부라고 하였으며, 진(晉)나라는 당숙(唐叔)에서 문공(文公), 경공(景公)까지는 모두 숙부라고 하였지만 소공 9년과 32년의『전』에서 평공(平公)과 정공(定公)에 대해서는 모두 백부라 칭하였고, 또한 혜공(惠公)에게도 백부라 칭하였다. 이로써 보건대『의례 · 근례(儀禮 · 覲禮)』에서 이른바 "동성의 대국은 백부라 하고, 동성의 소국은 숙부라 한다"라 한 것은 꼭 그런 것은 아니다.

16 하배(下拜) : 양 계단 사이로 내려와 북쪽을 향하여 두 번 절하고 계수 곧 머리를 조아리는 것이다. 하(下)는 계단 아래로 내려오는 것을 말하고, 배는 재배와 계수(稽首)를 포괄하는 행동으로 당시 군신 간의 예법을 말한다.

加勞,	공로가 많아
賜一級,	한 등급을 올려주니
無下拜!'"	내려와 절을 하지 말라' 라 하였습니다."
對曰,	대답하여 말했다.
"天威不違顏咫尺,[18]	"천자의 위엄이 얼굴에서 지척간도 되지 않사오니
小白,	소백
余敢貪天子之命,[19]	제가 감히 천자의 명을 탐하여
無下拜?—恐隕越于下,[20]	내려가 절을 하지 않겠습니까? 아래로 떨어져

---

17 질로(耋老) : 같은 뜻의 연면사로 노년을 말함. 꼭 70, 80에 쓰는 말이 아님. 제양공이 즉위하였을 때 제환공은 이미 성인이었는데, 이는 장공 8년의『전』을 보면 알 수 있다. 이해까지 다시 46년이 되었으니 제환공은 실제 늙었다.

18 위안(違顏) : 위(違)는 "떠날 리(離)"자와 같은 뜻이다. 거리를 말한다. 안(顏)은 얼굴이다.
지척(咫尺) : 8촌(寸)을 지(咫)라고 한다. 지척은 매우 가깝다는 말이다. 한나라의 사단(師丹)이 상소문을 올릴 때 이 말을 인용한 적이 있다.『한서 · 사단전(師丹傳)』에 보인다.

19 소백여(小白余) : 모두 주어이다.
탐(貪) :『국어 · 주어(周語) 상』에 "도를 행하고 신을 만나면 복을 만났다 하고, 음탕한 일을 하고 신을 만나면 화를 만난다고 한다(道而得神, 是謂逢福. 淫而得神, 是謂貪禍)"라는 말이 있다. 탐은 여기서 "받을 수(受)"자의 뜻으로 쓰였다.

20 운월(隕越) : 떨어진다는 뜻과 같다. 여기서는 내려가 절을 하지 않으면 떨어지게 될까 두렵다는 것이다.
우하(于下) : 제후의 주나라 천자에 대한 말이다.

以遺天子羞.	천자께 수치를 끼쳐드릴까 두렵사옵니다.
敢不下拜?"	감히 내려가서 절을 하지 않겠습니까?"
下,	내려가서
拜;	절을 하고
登,	올라와
受.[21]	받았다.

秋,	가을에
齊侯盟諸侯于葵丘,	제후가 규구에서 제후들과 맹약을 하고
曰,	말하였다.
"凡我同盟之人,	"무릇 우리 함께 맹약한 사람들은
旣盟之後,	맹약을 한 후에는
言歸于好."[22]	좋은 방향으로 돌아가도록 합시다."

---

21 하배등수(下拜登受) : 먼저 두 계단 사이로 내려가서 재배하고 머리를 조아린 후, 당(堂)으로 올라가 다시 재배하고 머리를 조아린 다음에 내린 제육을 받는다. 등(登)이라는 것은 『의례 · 근례(儀禮 · 覲禮)』의 "승당배(升堂拜)"인데, 이는 당시의 관습으로, 굳이 말을 하지 않아도 알 수 있었으므로 "등수(登受)"의 두 자로 개괄했다. 『국어 · 제어(齊語)』와 『관자 · 소광(小匡)』편 및 『사기 · 제세가』에서도 모두 이 일을 서술하고 있는데, 또한 이르기를 제후(齊侯)가 내려와 절한 것은 관중(管仲)의 계책에서 나왔다고 하였다.

22 언(言) : 별 의미가 없는 문장의 첫머리에 오는 조사이다.

宰孔先歸,	재공이 먼저 돌아가다가
遇晉侯,	진후를 만나
曰,	말하기를
"可無會也.	"회합을 하지 않아도 되겠소.
齊侯不務德而勤遠略,[23]	제후는 덕행은 힘쓰지 않고 먼 곳을 정벌하는 데만 부지런하므로
故北伐山戎,[24]	북으로는 산융을 치고
南伐楚,[25]	남으로는 초나라를 쳤으며

『맹자 · 고자(告子) 하』에서는 "규구의 회합에서 제후들이 희생을 묶어 놓은 다음 그 위에 책을 올려놓고 피를 입술에 바르지 않았다. 처음에 명하기를 '불효하는 자를 처벌하며, 세워 놓은 아들을 바꾸지 말 것이고, 첩을 아내로 삼지 말라' 하였다. 두 번째 명하기를 '어진 이를 높이고 인재를 길러서 덕이 있는 자를 표창하라' 하였다. 세 번째 명령하기를 '노인을 공경하고 어린아이를 사랑하며 손님과 나그네를 잊지 말라' 고 하였다. 네 번째로 명령하기를 '선비는 대대로 관직을 주지 말며 관청의 일을 겸직시키지 말며, 선비를 취함에 반드시 얻으며, 마음대로 대부를 죽이지 말라' 라 하였다. 다섯 번째 명하기를 '제방을 굽혀서 쌓지 말며 쌀을 수입해 가는 것을 막지 말며, 대부들을 봉해 주고서 고하지 않는 일이 없도록 하라' 라 하였다. 그리고 말하기를 '무릇 우리 동맹을 한 사람들은 이미 맹약을 하였으니 좋은 방향으로 돌아가도록 하자' 라 했다"라 하였다. 『곡량전』에서는 "규구의 맹약에서는 희생을 진열하여 놓고 죽이지 않았으며, 책을 읽고 희생의 위에 올려놓아 천자가 금지하는 명령을 한결같이 밝혔다. 그리고 말하기를 '샘을 막지 말고, 쌀의 수입을 막지 말며, 세운 자식을 바꾸지 말고, 첩을 처로 바꾸지 말며, 부인을 나라의 일에 참여케 하지 말라' 고 하였다"라 하였다. 『전』에 의하면 여름에 회합하고 가을에 맹약하였는데 재공은 회합에는 참여하였으나 맹약에는 참여치 않았는데 이는 그가 제후가 아니었기 때문이다. 그러나 「진세가」에서는 "여름에 제후들을 규구에 모았다. 가을에 다시 제후들을 규구에 모았다"라 하여 두 번 모두 회합이라고 하였는데 이는 사마천이 잘못 안 것일 것이다.

23 략(略) : 『시경 · 노송 · 보(魯頌 · 譜)』에 "동쪽을 치기를 꾀하네(謀東略)"라는 말이 있는데 소(疏)에서는 "정벌(征伐)을 략(略)이라고 한다"라 하였다. 근원략(勤遠略)이라는 것은 바로 다음의 북벌(北伐), 남벌(南伐)이다.

24 북벌산융(北伐山戎) : 장공 31년에 있었다.

西爲此會也.	서로는 이 회합을 행하였소.
東略之不知,	동쪽을 공략하는 것은 알지 못하겠으나
西則否矣.[26]	서쪽은 치지 않을 것이오.
其在亂乎![27]	문제는 아마 내란에 있을 것이오!
君務靖亂,[28]	임금께서는 내란을 다스림에 힘쓰시어
無勤於行."[29]	회합에 가는 데 힘쓰시지 마시오."
晉侯乃還.[30]	진후가 이에 돌아갔다.

---

25 남벌초(南伐楚) : 4년에 있었다.

26 동방의 제후를 칠 것인지는 모르겠으며, 서쪽으로 진나라를 칠 것 같지는 않다는 말이다.

27 재(在) : 『수경주』에서는 "있을 유(有)" 자로 인용하였다. 청나라 주빈(朱彬)의 『경전고증(經傳考證)』에서 제나라는 나중에 과연 다섯 공자가 다투어 일어서는 일이 있었다고 하였다. 그러나 이때는 관중이 아직 죽지 않았으며, 역아(易牙)와 수조(豎刁) 등이 아직 정치에 참여하지 않았을 때로 재공(宰孔)이 그 징조를 알았을 리 없다.

28 두예는 진(晉)나라에 장차 난리가 일어날 것이라고 하였다. 이때 신생(申生)은 이미 죽었으며, 해제(奚齊)가 이미 태자로 섰으나 백성들이 승복하지 않아 진나라는 내란의 조짐이 있었다. 재공이 이른 "아마 내란에 있을 것이다"나 "내란을 다스리다"라 한 말은 아마 이것을 가리킬 것이다.

29 청말(淸末) 유월(俞樾)의 『평의(平議)』에서는 "수지의 맹약에서 천자는 주공으로 하여금 정백을 불러 말하기를 '내가 너를 위무하여 초나라를 따르게 하고 진나라로 돕게 하면 조금 편안해질 것이다(吾撫女以從楚, 輔之以晉, 可以少安)' 라 하였다. 주공은 곧 재공이니 이는 곧 진나라에게 제나라에 반란을 권하는 뜻이다"라 하였다.

30 「제세가」에서는 "가을에 다시 제후들을 규구에 모았는데 더욱 교만한 기색이 있었다. 주나라에서는 재공을 회합에 보냈다. 제후들 가운데는 자못 반기를 드는 사람들이 있었다. 진후(晉侯)는 병이 들어 늦었는데 재공을 만났다. 재공이 말하기를 '제후는 교만하니 가지 마시오!' 라 하니 그대로 따랐다"라 하였다. 『공양전』에서는 "규구의 회합에서 환공은 위세를 떨치며 뻐기었는데 반기를 든 사람이 9명이었다. ……"라 하였다. 『전국책 · 진책(秦策) 3』 및 『사기 · 채택전(蔡澤傳)』에서도 말하기를 "규구의 회합에 이르니 교만하

九月,[31]	9월에
晉獻公卒.[32]	진헌공이 죽었다.
里克, 丕鄭欲納文公,	이극과 비정이 문공을 들이고자 하였으므로
故以三公子之徒作亂.[33]	세 공자의 무리를 가지고 난을 일으켰다.
初,	처음에
獻公使荀息傅奚齊.[34]	헌공은 순식으로 하여금 해제를 보좌하게 하였다.
公疾,	공이 병이 들자
召之,	그를 불러서
曰,	말하였다.
"以是藐諸孤辱在大夫,[35]	"이 약하고 어린 고아를 그대에게 맡기니

고 빼기는 기색이 있어서 반기를 든 사람이 아홉 명이었다"라 하였다. 「진어(晉語) 2」와 「진세가」는 모두 재공의 말을 수록하고 있는데, 제후들이 제나라에 반감을 드러낸 일은 서술하지 않았다.

31 구월(九月) : 하력(夏曆)의 9월이다. 다음의 10월, 11월도 또한 하력으로, 진나라는 하력을 사용하였다.

32 『한비자 · 난(難) 2』에서는 헌공은 17개국을 병합하였고 38개국을 복속시켰으며, 열두 차례 전쟁에서 이겼다고 하였다.

33 삼공자(三公子) : 신생(申生)과 중이(重耳), 이오(夷吾)를 가리킨다.

34 이는 헌공이 병들기 전의 일이다.

35 막(藐) : 어리고 약하다는 뜻이다.
제(諸) : 자(者)와 같은 뜻으로 읽으며 백화문의 "的"자에 해당한다. "~의"라는 뜻이다.
전체 구절의 뜻은 이 어리고 약한 고아를 너에게 맡긴다는 말이다.

其若之何?”	그대는 그를 어찌하려는가?”
稽首而對曰,	머리를 조아리며 대답하기를
“臣竭其股肱之力,	“신은 고굉의 힘을 다하고
加之以忠, 貞.	충 · 정을 더하여
其濟,	성공을 하면
君之靈也;	임금님의 영령 덕분이고,
不濟,	성공하지 못하면
則以死繼之.”	죽음으로 잇겠습니다”라 하였다.
公曰,	공이 말하였다.
“何謂忠, 貞?”	“무엇을 충 · 정이라 하는가?”
對曰,	대답하여 말하기를
“公家之利,	“나라의 이익은
知無不爲,	알면 하지 않음이 없음이
忠也;[36]	충입니다.
送往事居,	가신 분을 보내드리고 계시는 분을 섬김에
耦俱無猜,	이 두 가지 모두에 의심이 없음이

욕재(辱在) : 당시의 습관적인 어투로 은공 11년의 “욕되이 과인에게(辱在寡人)”라는 “辱在”와는 말은 같으나 뜻은 다르다.

36 「진어 2」에는 “공실에 이롭게 할 수 있다면 할 수 있는 힘이 있으면 하지 않는 것이 없는 것이 충입니다(可以利公室, 力有所能, 無不爲, 忠也)”로 되어 있다.

貞也."[37]	정입니다"라 하였다.
及里克將殺奚齊,	이극이 해제를 죽이려 할 때
先告荀息曰,	먼저 순식에게 알리기를
"三怨將作,[38]	"세 공자의 원한이 곧 일어나려 하고
秦, 晉輔之,[39]	진나라와 진나라가 도우려는데
子將何如?"	그대는 장차 어떻게 하려는가?"라 하였다.
荀息曰,	순식이 말하기를
"將死之."	"죽으려 하네"라 하였다.
里克曰,	이극이 말하기를
"無益也."[40]	"아무런 도움도 되지 않네"라 하였다.

---

37 왕(往)은 죽은 사람을 가리키고 거(居)는 새 임금을 가리킨다. 『송서(宋書)』「서선지전(徐羨之傳)」과 「사회전(謝晦傳)」에서는 모두 이 말을 원용하여 "送往事君"이라 하였는데 그 뜻을 쓴 것이고, 『양서 · 무제기(梁書 · 武帝紀)』에서도 이 말을 따다 썼는데 그대로 "事居"라 하였는데 꼭 오자는 아니다.

우(耦) : 죽은 사람과 산 사람을 가리킨다. 두 사람 다 나에게는 모두 의심이 없다는 것을 말한다. 「진어 2」에서는 "죽은 사람을 장사 지내고 산 사람을 길러서 죽은 사람이 다시 살아나도 후회하지 않고 산 사람에게 부끄럽지 않은 것이 정(貞)입니다"라 하였다. 「진세가」의 "죽은 이를 다시 살게 하고 산 이는 부끄럽게 하지 않는다"는 말은 「진어」의 말을 쓴 것이며, 아마 곧 『한비자 · 잡(雜) 3』편의 "죽은 임금이 다시 살아나고 신이 나중에 부끄럽지 않은 것이 정(貞)이다"라는 뜻이다.

38 삼원(三怨) : 세 공자의 무리를 가리킨다.

39 진(晉) : 세 공자의 일로 원한을 품은 무리 이외의 진나라 사람을 가리킨다. 우창(于鬯)은 제(齊)나라가 되어야 한다고 하였다. 그러나 「진세가」에서도 『좌전』과 같이 되어 있어서 사마천이 본 판본 역시 "진 · 진(秦 · 晉)"으로 되어 있으니 우창의 설은 믿지 못하겠다.

荀叔曰,[41]	순숙이 말하기를
“吾與先君言矣,	“내가 선군에게 한 말이 있는데
不可以貳.[42]	구차해질 수는 없네.
能欲復言而愛身乎?[43]	그 말을 지키려면 몸을 아낄 수 있겠는가?
雖無益也,	도움이 되지 않는다 한들
將焉辟之?[44]	어디로 피하겠는가?
且人之欲善,	또한 남들이 선을 행하고자 함이
誰不如我?	누군들 나만 못하겠소?
我欲無貳,	나는 두 마음을 품지 않으려 하면서
而能謂人已乎?”[45]	남에게는 그만두라고 할 수 있겠소?”
冬十月,	겨울 10월에
里克殺奚齊于次.[46]	이극이 여막에서 해제를 죽였다.

40 「진어 2」에는 “그대가 죽어서 유자(孺子)가 왕위에 즉위한다면 죽어도 또한 되지 않겠는가? 그러나 그대가 죽어도 유자가 폐하여진다면 어찌하여 죽으려는가?”로 되어 있다.

41 순숙(荀叔) : 곧 순식이다.

42 이(貳) : 구차(苟且)하다는 말과 같다. 투(偷)자의 의미가 있는데, 소공 13년 『전』에 투이(偷貳)라는 말이 보인다. 투이는 같은 뜻의 글자를 함께 쓴 것이다. 다케조에 고코(竹添光鴻)의 『회전(會箋)』에서는 변하다의 뜻으로 보았는데, 역시 뜻이 통한다. 왕인지(王引之)의 『술문(述聞)』에서는 특(貣 : 忒과 같음)자의 오자로 보았는데 확실치 않다.

43 복언(復言) : 승낙한 말을 실천하다의 뜻.

44 피(辟) : “피할 피(避)”자와 같은 뜻.

45 이(已) : “그칠 지(止)”자와 같다. 사람에게 그만두게 할 수 없다는 말로, 또한 이극이 중이(重耳) 등에게 충성을 다하는 것을 그만두게 할 수 없다는 뜻이다.

書曰“殺其君之子”,[47]	“그 임금의 아들을 죽였다”라 기록한 것은
未葬也.	아직 장사를 지내지 않았기 때문이다.
荀息將死之,	순식이 따라 죽으려 하자
人曰,	어떤 사람이 말하기를
“不如立卓子而輔之.”[48]	“탁자를 세우고 보좌함만 못하오”라 하였다.
荀息立公子卓以葬.	순식이 공자 탁을 세우고 장사를 지냈다.
十一月,	11월에
里克殺公子卓于朝.[49]	이극이 조정에서 공자 탁을 죽였다.
荀息死之.	순식이 따라 죽었다.
君子曰,	군자가 말하였다.

46 차(次) : 「진세가」에는 “상차(喪次)”로 되어 있다. 심흠한(沈欽韓)의 『보주(補注)』에서는 『의례 · 사상례(儀禮 · 士喪禮)』의 주(注)를 인용하여 “참최의려(斬衰倚廬)”라고 하였다. 의려라는 것은 상을 당한 사람이 거처하는 곳으로, 나무를 세워 만들며 풀을 끼워 가리는데 진흙을 바르지 않는다.

47 경서에서 “살기군지자(殺其君之子)”라고 기록한 이유를 풀이한 것이다. 헌공의 장례를 아직 치르지 않았다는 말이다.

48 탁자(卓子) : 돈황(敦煌) 당사본(唐寫本)의 잔권(殘卷)에는 “공자 탁(公子卓)”으로 되어 있다.

49 「진어 2」에는 “이에 해제와 탁자 그리고 여희(驪姬)를 죽였다”라고 되어 있다. 『열녀전 · 얼폐전(列女傳 · 孼嬖傳)』에는 “해제가 서자 이극이 죽였다. 탁자가 서자 또 죽였

"詩所謂'白圭之玷,[50]	"『시』에서 이른바 '흰 규옥의 흠은
尙可磨也;	갈 수가 있어도,
斯言之玷,	말의 흠은
不可爲也',[51]	어쩔 수가 없네' 라 하였는데
荀息有焉."[52]	순식이 그러하구나."

齊侯以諸侯之師伐晉,	제후가 제후의 군사들과 함께 진나라를 쳤는데
及高梁而還,[53]	고량까지 미쳤다가 돌아왔으니
討晉亂也.	진나라의 내란을 토벌하기 위함이었다.
令不及魯,	영이 노나라에 미치지 않았으므로
故不書.[54]	기록하지 않았다.

다. 이에 여희에게 형벌을 가하고 채찍질을 하여 죽였다"라 하였다. 이때 여희 역시 죽었다. 『사기』에서는 여희가 피살된 것은 기록하지 않았는데, 청나라 양옥승(梁玉繩)의 『지의(志疑)』에서는 이는 『좌전』에 근본한 것이라 하였다.

50 점(玷) : 하자(瑕疵), 곧 구슬의 흠이나 얼룩.

51 『시』는 『시경 · 대아 · 억(大雅 · 抑)』을 말함.

52 「진어 2」에서는 "군자가 말하기를 '식언(食言)을 하지 않았다' 라 하였다"라 하였다. 「진세가」는 전적으로 『좌전』에 의거하였다.

53 고량(高梁) : 진나라의 읍으로, 지금의 산서성 임분시(臨汾市) 동쪽에 있을 것이다.

54 「진세가」에서는 "제환공은 진나라에 내란이 일어났다는 말을 듣고 또한 제후들을 거느리고 진나라로 갔다. 진(秦)나라 병사와 이오(夷吾) 역시 진나라에 이르렀으며, 제나라는 습붕(隰朋)으로 하여금 진나라와 만나 함께 이오를 들여보내 진나라 임금이 되게 하였으니 곧 혜공(惠公)이다. 제환공은 진나라의 고량에까지 이르렀다가 돌아갔다"라 하였다.

晉郤芮使夷吾重賂秦以求入,	진나라의 극예가 이오로 하여금 진나라에 무거운 뇌물을 주고 들여보내 줄 것을 청하게 하고는
曰,	말하였다.
"人實有國,	"남이 실로 나라를 차지하고 있으니
我何愛焉?[55]	우리가 어찌 그것을 아끼겠습니까?
入而能民,	들어가서 백성을 얻는다면
土於何有?"[56]	땅이야 무슨 걱정이 있겠습니까?"
從之.[57]	그 말을 따랐다.
齊隰朋帥師會秦師納晉惠公.[58]	제나라의 습붕이 군사를 거느리고 진나라 군사와 만나 진혜공을 들여보냈다.

「제세가」의 말은 거의 비슷하다. 「연표」에서는 "제나라가 우리를 거느리고 진나라의 난리를 토벌하였다"라 하여 『전』과 또 다르다.

55 이때 나라가 자기의 소유가 아니니 무엇을 아끼어 뇌물을 쓰지 않느냐는 말이다.

56 능민(能民) : 백성을 얻는다는 말이다. 『상서 · 강고(康誥)』의 "그 집사람을 얻지 못하다(不能厥家人)"나 문공 16년 『전』의 "그 대부를 얻지 못하다(不能其大夫)", 소공 11년 『전』의 "그 백성을 얻지 못하다(不能其民)"의 능(能)자도 모두 이와 같은 뜻이다.
토어하유(土於何有) : "何有於土"의 도치구. 하유(何有)는 어렵지 않다는 말이다. 두예는 "백성을 얻을 수 있으면 땅이 없음은 걱정하지 않아도 된다"라고 하였는데 올바른 뜻을 얻지 못했다. 이는 대체로 먼저 들어가 진나라의 임금이 되기를 구하기만 하면 토지는 아까울 것이 없으며 백성을 얻는 것이 중요하다는 말이다. "중뢰(重賂)"에 대한 해명이다.

57 15년의 『전』에서는 "진백에게 황하 바깥의 다섯 성, 동으로는 괵나라까지, 남으로는 화산(華山)까지, 안으로는 해량성(解梁城)에 이르기까지를 뇌물로 주었다"라 하였다. 「진어 2」에서도 "또한 황하 바깥의 다섯 성을 들였다"라 하였으니 곧 위에서 말한 "무거운 뇌물(重賂)"인 것이다.

58 후한(後漢) 때 왕부(王符)의 『잠부론 · 지씨성(潛夫論 · 志氏姓)』에서는 "습씨는 강성이다(隰氏, 姜姓)"라 하였다. 「진어 2」 및 「진세가」에는 이오가 진나라로 들어가는 것에

秦伯謂郤芮曰,	진백이 극예에게 말했다.
“公子誰恃?”[59]	“공자는 누구를 믿는가?”
對曰,	대답하여 말하기를
“臣聞亡人無黨,	“신이 듣기에 망인은 도당이 없으니
有黨必有讎.	도당이 있으면 반드시 원수가 있다고 하였습니다.
夷吾弱不好弄,[60]	이오는 어려서부터 장난을 좋아하지 않았고
能鬪不過,[61]	싸움을 잘 하였으나 지나치지 않았으며
長亦不改,	뛰어난 점은 고치지 않았고
不識其他.”[62]	다른 것은 모르겠습니다”라 하였다.
公謂公孫枝曰,[63]	공이 공손지에게 이르기를

대해 상세한 서술을 하였는데 대개는 믿을 만하다. 여기서는 인용을 하지 않는다. 진목공이 사람을 시켜 중이와 이오를 위로하는 것 또한『예기 · 단궁 하』에 보이는데,「진어」에 근거를 두고 있는 것 같다.「연표」는 이 일을 다음 해에 집어넣었는데 아마 주력을 썼기 때문일 것이다.

59「진어 2」에는 “공자는 진(晉)나라에서 누구를 믿는가?”로 되어 있는데, 극예(郤芮)의 답을 살펴보면 진목공 역시 나라 안에서 믿는 사람이 누구인가고 묻는 것이다.

60 약(弱) : 약하고 어리다는 말이다. 유소(幼小)와 같은 뜻.

61 싸움을 잘하였으나 너무 심하지는 않았다는 것을 말한다.

62「진어 2」도 이와 대체로 같다. 이상은 이오의 성격이 안존하고 꼼꼼하며 나라에서 미워하는 사람이 없다는 것을 말한 것임.

63 공손지(公孫枝) : 진나라의 대부로 자는 자상(子桑)이다.『사기 · 이사열전(李斯列傳)』에서는 이사(李斯)가 올린 편지를 인용하여 “옛날에 목공(繆公, 곧 穆公)이 선비를 구하니 비표(丕豹)와 공손지(公孫支)가 진(晉)나라에서 왔습니다”라 하였으니 공손지 역

“夷吾其定乎?”	“이오면 안정을 시킬 수가 있겠는가?”라 하니
對曰,	대답하여 말하기를
“臣聞之,	“신이 듣건대
‘唯則定國’.[64]	‘법칙에 맞아야만 나라를 안정시킨다’ 하였고
詩曰 ‘不識不知,	『시』에서 말하기를 ‘깨닫지 못하고 알지 못하면
順帝之則’,[65]	천제의 법칙을 따른다’ 하였는데
文王之謂也.	문왕을 이르는 것입니다.
又曰 ‘不僭不賊,	또 말하기를 ‘불신하지 말고 해치지 않으면
鮮不爲則’,[66]	법칙이 되지 않음이 드물다’라 하였으니

시 진나라에서 진(秦)나라로 왔다. 『정의(正義)』에서는 『괄지지(括地志)』를 인용하여 “공손지는 기주(岐州) 사람이다”라 하였으니 공손지는 또한 진(秦)나라 사람이다.

64 유칙정국(唯則定國) : 행위가 준칙에 맞으면 비로소 나라를 안정시킬 수 있다는 말이다. 『여씨춘추 · 권훈(權勳)』편에서도 이 말을 인용하였는데, 일시(逸詩)라고 하였다.

65 『시경』「대아 · 황의(皇矣)」편에 나오는 구절이다. 후천적인 지식을 빌리지 않더라도 자연스럽게 천제의 준칙에 맞아떨어진다는 말이다. 정현의 주석에서는 “옛것을 깨닫지 못하고 지금 것을 알지 못한다”고 해석하였는데 시의 뜻과 부합하지 않는 것 같다.

66 『시경 · 대아 · 억(大雅 · 抑)』편에 나오는 구절이다. 참(僭)은 불신(不信)이라는 뜻이다. 적(賊)은 상해(傷害)하다, 해치다의 뜻. 믿음으로 사람을 대하고 남을 해치지 않으면 타인의 모범이 되지 않을 수가 거의 없다는 말이다.

無好無惡,[67]	좋아하는 것도 미워하는 것도 없으며
不忌不克之謂也.	꺼리지도 이기려 하지도 않음을 이름입니다.
今其言多忌克,	지금 그 말에 꺼리고 이기려 함이 많으니
難哉!"[68]	어렵겠습니다!"라 하였다.
公曰,	공이 말하였다.
"忌則多怨,	"꺼리면 원망이 많을 텐데
又焉能克?	또한 어찌 이길 수 있겠느냐?
是吾利也."[69]	이는 우리에게 이로운 점이다."

宋襄公卽位,	송양공이 즉위하였는데
以公子目夷爲仁,	공자 목이를 어질다고 생각하여
使爲左師以聽政,	좌사로 삼아 정사를 다스리게 하니

67 호 · 오(好 · 惡) : 두 자 모두 거성이다.

68 오개생(吳闓生 : 1877~1948)의 『문사견미(文史甄微)』에서는 "이때 중망(衆望)은 중이에게 있었으며 이오에 있지 않았으므로 무거운 뇌물을 써서 나라에 들어갈 것을 구하였다. 진백은 그에게 돕는 사람이 없는 것을 알고 특히 세워서 기용하였기 때문에 누구를 믿느냐고 물었던 것이다. 극예(郤芮) 또한 그가 중이에 못 미친다는 것을 분명히 알고 억지로 그런 말을 했으므로 말에 꺼리고 이기려는 것이 많다고 하였다"라 하였다.

69 이는 「진어 2」의 공자 집(公子縶)이 이른바 "만약에 진나라의 임금을 앉히어 천하에 이름을 떨치고자 한다면 어질지 못한 자를 앉혀 그 안에서 교활하게 하여 또한 진퇴를 할 수 있게 함만 못하다"라는 뜻이다.

於是宋治.[70] 이에 송나라는 잘 다스려졌다.

故魚氏世爲左師.[71] 그리하여 어씨가 대대로 좌사가 되었다.

희공 10년

經

十年春王正月,[1] 10년 봄 주력으로 정월에

公如齊.[2] 공이 제나라로 갔다.

狄滅温, 적이 온나라를 멸하였으며

温子奔衛.[3] 온자는 위나라로 달아났다.

晉里克弑其君卓及其大夫荀息.[4] 진나라의 이극이 그 임금 탁과 대부 순식을 죽였다.

---

70 『사기 · 송세가(宋世家)』에서는 "31년 봄 환공이 죽고 태자 자보(玆甫)가 섰는데 바로 양공이다. 그 서형 목이(目夷)를 재상으로 삼았다"라 하였다. 『사기 · 연표』에서는 "목이가 재상이 되었다"라는 말이 역시 이듬해에 있다. 송나라의 관위(官位)의 경중에 대해서는 문공 7년의 『전』에 상세하다. 송나라는 상력(商曆)을 썼는데 건축(建丑)의 달이 한 해의 처음이며, 9년에 노나라는 건자(建子)의 달이었고, 10년에는 노나라도 건축의 달이었으니 대체로 당시까지만 해도 역법이 엉성해서 각 나라는 자기들이 옳다고 하는 것을 가지고 행하였으므로 같지 않다.

71 목이의 자는 자어(子魚)이며 그 후에 어(魚)를 씨로 삼았다.

1 십년(十年) : 신미년 B.C. 650년으로 주양왕(周襄王) 3년이다. 지난해 윤12월 27일 경진일이 동지로, 건축(建丑)이다.

2 『전』이 없다.

3 온(溫) : 은공 3년과 11면 및 장공 19년의 『전』에 보인다.

夏,	여름에
齊侯, 許男伐北戎.[5]	제후와 허남이 북융을 쳤다.
晉殺其大夫里克.	진나라가 그 태부 이극을 죽였다.
秋七月.	가을 7월.
冬,	겨울에
大雨雪.[6]	큰 눈이 내렸다.

傳

十年春,	10년 봄에
狄滅溫,	적이 온나라를 멸했는데
蘇子無信也.[7]	소자가 신의가 없었기 때문이다.

---

4 탁(卓) : 『공양전』에는 "탁자(卓子)"로 되어 있다. 장공 28년의 『좌전』에서도 "그 여동생이 탁자를 낳았다"라 하였으니 어떨 때는 탁(卓)이라 하고 또 어떨 때는 탁자(卓子)라 하였는데, 이는 진도공(晉悼公)의 이름은 주(周)인데 성공 18년의 『전』에서는 주자(周子)로 칭한 것과 같다. 탁을 죽인 일이 『전』에는 작년의 일로 되어 있는데 『경』에서는 이해에 있는 것은 아마 『전』에서는 진나라의 역사에서 사용한 하력(夏曆)을 썼고 탁이 피살된 것이 하력으로 11월이기 때문일 것이다. 다만 이때는 각국의 역법이 정확치가 않아서 노나라의 태사(太史)도 이해를 어디를 근거로 삼아야 할지 몰랐다. 여기서는 시(弑)자를 쓴 것은 탁자의 아버지의 죽음이 해를 넘겨 임금이 되었기 때문이다. 그러나 임금이 된 지 겨우 며칠밖에 되지 않았다.

5 『전』이 없다. 북융은 산융(山戎)이다.

6 『전』이 없다. 『공양전』에는 "크게 우박이 내렸다(大雨雹)"라 하였다. 청나라 장수공(臧壽恭 : 1788~1846)의 『춘추좌씨고의(春秋左氏古義)』에서는 "『한서 · 오행지(五行志)』에서는 우설(雨雪)에 대하여 별도로 구별하여 『공양전』에서는 크게 우박이 내렸다 하여 『경』의 문장과 다르다"라고 하였다. 은공 9년의 『전』에서는 "평지에 한 자의 눈이 내리면 큰 눈이라 한다"고 하였다.

7 소자(蘇子) : 곧 『경』의 온자(溫子)이다. 장공 19년 『전』에서는 소자를 또한 소씨(蘇氏)

蘇子叛王卽狄,[8] 소자가 주나라 왕을 배반하고 적으로 갔는데

又不能於狄,[9] 또한 적과 화목할 수 없어서

狄人伐之, 적인이 그들을 쳤는데

王不救, 주나라 왕이 구원을 하지 않았으므로

故滅.[10] 망한 것이다.

蘇子奔衛. 소자는 위나라로 달아났다.

夏四月, 여름 4월에

周公忌父, 王子黨會齊隰朋立晉侯.[11] 주공기보와 왕자 당이 제나라 습붕을 만나 진후를 세웠다.

라고도 일컬었는데, 이로써 소는 씨(氏)이고 온(溫)은 나라 이름임을 알 수 있다.

8 장공 19년의『전』에 보인다.

9 불능어적(不能於狄) : 적나라와 관계가 원만치 못하다는 말이다.

10 적이 온나라를 멸망시키기는 하였어도 또한 그 나라를 소유할 수는 없었는데, 이는 초나라가 소(蕭)나라를 멸망시키고도 소유할 수가 없어 그 땅이 송(宋)나라에 들어간 것과 같은 경우이다. 온나라는 여전히 주나라 소유였으며, 25년에 진(晉)나라에게 내리고 호주(狐溱)를 온의 대부로 삼는다. 양공(襄公)은 양처보(陽處父)에게 주었고, 경공(景公)은 극지(郤至)에게 주었는데 성공 11년의『전』으로 알 수 있다. 소공 3년의『전』에서 조문자(趙文子)는 "온은 우리 현이다"라 하였다.

11 주공기보(周公忌父) : 곧 재공(宰孔)인 것 같다. 주나라 왕의 경사(卿士)이다.
왕자당(王子黨) : 주나라의 대부. 「진세가」에서는 "4월에 주양왕이 주공기보로 하여금 제나라와 진나라 대부를 만나 함께 진혜공에게 예의를 표하라고 하였다"라 하였다. 청나라 유문기(劉文淇)의『구주소증(舊注疏證)』에서는 "습붕이 진후를 들여보낸 것은 9년의 일인데 이는 다시 일어날 수 없는 일이니 이때는 혹 명을 내리러 간 것으로 '진후에게 예의를 표했다' 라는 말로 알 수 있다"라 하였다.

晉侯殺里克以說.[12]	진후가 이극을 죽이고 문책하는 말을 하였다.
將殺里克,	이극을 죽이려 할 때
公使謂之曰,	공이 그에게 말하게 하기를
"微子,	"그대가 없었더라면
則不及此.[13]	여기에 이르지 못했을 것이오.
雖然,	그렇긴 하지만
子殺二君與一大夫,[14]	그대는 두 임금과 한 대부를 죽였으니
爲子君者,	그대의 임금에게는
不亦難乎?"	또한 어려운 일이 아니겠소?"라 하였다.
對曰,	대답하여 말하기를
"不有廢也,	"그들이 폐하여지지 않았더라면

12 이설(以說) : 악행을 문책한다는 뜻이다. 「진세가」에서는 "혜공은 중이(重耳)가 밖에 있으므로 이극이 변심할까 두려워하여 이극에게 죽음을 내렸다"라 하였다.

13 미(微)는 "없을 무(無)"자와 같은 뜻이다. 주어가 없는 가정문에서만 쓰일 수 있는데, "만약에 ~이 없었더라면"이라는 뜻이 된다. 30년 『전』의 "부인의 힘이 없었더라면 여기까지 올 수 없었을 것이오(微夫人之力, 不及此)"와 28년 『전』의 "초자가 은혜를 베풀지 않았더라면 여기에 이르지 못했을 것이오(微楚之惠, 不及此)" 등은 모두 같은 용법이다.

14 살(殺) : 『당석경』과 완각본(阮刻本)에는 "시(弑)"로 되어 있고 가나자와 문고본(金澤文庫本)에는 "殺"로 되어 있다. 『교감기』에서는 "송본(宋本)과 찬도본(纂圖本)에는 '殺'로 되어 있는데 송본이 옳다. 그 일을 있는 그대로 거론하였으므로 두 임금과 그 대부를 죽였다(殺) 한 것이다." 「진어 3」과 「초세가」에서는 이 일을 서술하면서 "殺"이라고 하였으니 "弑"라고 한 것은 후인에 의하여 고쳐진 것이다.

君何以興?	임금께서 어찌 흥기하셨을 것입니까?
欲加之罪,	죄를 씌우고자 하신다면
其無辭乎?[15]	어찌 말이 없겠습니까?
臣聞命矣."	신은 명을 따르겠습니다"라 하였다.
伏劍而死.	그러고는 칼 위에 엎어져서 죽었다.
於是丕鄭聘於秦,[16]	이때 비정은 진나라를 빙문하여
且謝緩賂,[17]	뇌물이 늦어진 것을 사죄하고 있었으므로
故不及.[18]	미치지 못했다.

晉侯改葬共大子.[19]	진후가 공태자를 개장하였다.

15 기(其) : "어찌 기(豈)"자의 뜻이다.

16 두예는 "비정은 이극의 당파이다"라 하였다.

17 주기로 한 뇌물을 늦게 준 것에 대한 유감의 뜻을 표한 것을 말함. 사실은 주지 않았다. 「진어 3」에서는 "혜공이 즉위하자 진나라에 뇌물을 주기로 한 약속을 저버리고 비정을 진나라로 보내어 사죄하게 하였다"라 하였다.

18 불급(不及) : 이극이 죽을 때 함께 죽지 않았음을 말한다.

19 공태자(共大子) : 공은 공(恭)의 뜻이다. 『예기 · 단궁 상』에서 신생의 죽음을 서술하면서 끝에 "공세자(恭世子)로 하였다"라 하였으며 「진어 2」에서는 "시호를 공군(共君)으로 하였다"라 하였다. 「진어 3」에서는 "혜공이 즉위하자 공세자의 무덤을 파서 개장하였는데 냄새가 바깥에까지 났다. 백성들이 노래하기를 '정절을 지키고도 보답을 받지 못했거늘 누가 이 사람을 이 지경에 이르게 하고 이 냄새가 나도록 하였는가?'라 하였다." 하였는데, 위소(韋昭)는 이에 대해 "당시 신생의 장례가 예의를 갖추지 못하였으므로 개장한 것이다"라 하였다. 대체로 신생이 자살을 하고 해제와 탁자가 잇달아 죽임을 당하여 나라에 안정된 날이 없었으므로 우선 대충 매장을 하였는데 혜공에 이르러 왕위가 안정되자 비로소 개장을 한 것이다.

秋,	가을에
狐突適下國,[20]	호돌이 하국으로 가서
遇大子.[21]	태자를 만나게 되었는데
大子使登,	태자를 수레에 오르게 하고
僕,[22]	마차를 몰면서
而告之曰,	일러 말하기를
"夷吾無禮,[23]	"이오는 무례하여
余得請於帝矣,[24]	내가 천제께 청하여 허락을 얻어 냈다.
將以晉畀秦,	진나라를 진나라에게 줄 것이니
秦將祀余."	진나라가 내 제사를 지낼 것이다"라 하였다.
對曰,	대답하여 말하기를
"臣聞之,	"신이 듣건대

20 하국(下國) : 곡옥(曲沃)의 신성(新城)이다. 진소후(晉昭侯)는 일찍이 환숙(桓叔)을 곡옥에 봉하였으며 환숙은 3대에 걸쳐 다스렸다. 무공(武公)이 진나라를 병합하자 비로소 강(絳)에 옮겨 살았다. 곡옥은 구도이므로 선군의 종묘가 있는 곳이어서 하국이라 불렀으며, 배도(陪都)와 같은 말이다.

21 태자(大子) : 곧 신생(申生)이다.

22 태자의 수레에 올라 그를 위해 수레를 모는 것이다. 호돌은 본래 신생의 어자였다. 「진세가」에서는 "신생이 함께 탔다"라 하였는데, 그 뜻을 취한 것이다.

23 혜공이 가군(賈君)과 간통한 것을 가리키는 것 같다. 15년의 『전』에 상세하다.

24 득청(得請) : 내가 청한 것을 얻었다는 말이다.

'神不歆非類,[25]	'신은 동족이 올리는 제물이 아니면 흠향하지 않고
民不祀非族.'[26]	백성은 겨레가 아니면 제사를 지내지 않는다' 하였습니다.
君祀無乃殄乎?[27]	그대의 제사가 없어질 수 있겠습니까?
且民何罪?	또한 백성이 무슨 죄가 있습니까?
失刑, 乏祀,[28]	형벌에 정당성을 잃고 제사가 끊기는 것이오니
君其圖之!"	그대는 잘 도모하십시오!"라 하였다.
君曰,[29]	신생이 말하였다.
"諾.	"좋다.
吾將復請.	내 다시 청하여 볼 것이다.

25 흠(歆) : 『설문해자』에서는 "흠은 신이 기(氣)를 먹는 것이다"라 하였다. 『논형·사의(祀義)』편에서는 "흠은 내기(內氣)이다. 말은 기를 밖으로 내는 것이다"라 하였다. 신에게 드린 음식물은 귀신이 실제 먹을 수가 없고 신이 다만 그 기운을 냄새만 맡을 뿐이라고 생각했기 때문에 흠(歆)이라고 말한 것이다.

26 족(族)과 류(類)는 같은 뜻이다. 성공 4년의 『전』에 "나와 같은 족류(族類)가 아니면 그 마음이 반드시 다를 것이다"라는 말이 있다. 위의 구절은 신(神)을 가지고 말한 것으로 그 족속이 드리는 제사가 아니면 신이 받지를 않는다는 것이고, 이 구절은 사람을 가지고 말한 것으로 같은 류의 귀신이 아니면 사람들이 제사를 지내지 않는다는 말이다.

27 진(殄) : 「진세가」에서는 절(絕)자로 풀이하였다.

28 진(晉)나라를 진(秦)나라에 주는 것은 진(晉)나라가 진(秦)나라에게 망한다는 뜻이다. 진나라 백성들에게는 아무런 죄가 없는데 나라가 망하게 되면 이는 태자가 형벌을 잘못 청한 것이라는 뜻이다.

29 군(君) : 호돌이 태자를 부르는 말인데, 『좌전』의 작자도 그대로 따라서 썼다.

七日,	이레 후에
新城西偏將有巫者而見我焉."[30]	신성 서쪽에 무당이 있을 것이니 나의 모습으로 나타날 것이다."
許之,	이에 허락을 하니
遂不見.[31]	마침내 보이지 않게 되었다.
及期而往,	기약한 날에 맞추어 가보았더니
告之曰,[32]	그에게 말하기를
"帝許我罰有罪矣,[33]	"천제께서 내게 죄인을 벌함을 허락하였는데
敝於韓."[34]	한에서 패할 것이다"라 하였다.
丕鄭之如秦也,	비정이 진나라에 갔을 때

---

30 칠일(七日) : 「진세가」에는 십일(十日)로 되어 있다. 칠(七)과 십(十)은 고대의 자형이 아주 비슷하여 잘못 쓰기가 쉬웠다. 『논형 · 사위(死僞)』편에서도 칠일(七日)이라 하였다.
유무자이현아(有巫者而見我) : 무당의 몸에 의탁하여 드러낸다는 것을 말한다.

31 호돌이 이레 후에 신성(新城)의 서편으로 가겠다고 허락을 하자 신생의 형상이 사라져 없어진 것이다.

32 무자(巫者)가 아뢴 것이다.

33 유죄(有罪) : 죄를 지은 사람이라는 뜻으로, 이오(夷吾)를 가리킨다.

34 폐(敝) : 두예는 "패하다(敗)"라고 하였다. 가나자와 문고본(金澤文庫本)에는 "폐(弊)"로 되어 있다. 청나라 이이덕(李貽德)의 『가복주집술(賈服注輯述)』에서는 "『설문해자』에서는 폐(弊)는 갑자기 엎어지는 것으로 패(敗)자와 뜻이 가깝다라고 하였다."
한(韓) : 곧 한원(韓原)이다. 『괄지지(括地志)』에서는 섬서성 한성현(韓城縣) 서남쪽에 있다고 하였는데, 15년의 『전』의 글로 보건대 한(韓)은 황하의 동쪽에 있을 것이며 황하의 서쪽에는 있지 않을 것이다. 『방여기요(方輿紀要)』에서는 지금의 산서성 예성현(芮城縣)에 있다고 하였다.

言於秦伯曰,	진백에게 말하기를
"呂甥, 郤稱, 冀芮實爲不從,[35]	"여생과 극칭, 기예는 따르지 않을 것입니다.
若重問以召之,[36]	두터운 예물을 주어 그들을 부르면
臣出晉君,	신이 진나라 임금을 쫓아낼 것이니
君納重耳,	임금께서 중이를 들여보내시면
蔑不濟矣."[37]	성공하지 않을 리 없습니다"라 하였다.
冬,	겨울에

---

35 여생(呂甥) : 또한 하생(瑕甥)이라고도 하며, 하려이생(瑕呂飴甥)이라 병칭되기도 하고 음이생(陰飴甥)이라고도 일컬어지는데, 여〔呂 : 지금의 산서성 곽현(霍縣) 서쪽〕와 하〔瑕 : 지금의 임의현(臨猗縣) 부근〕, 음〔陰 : 지금의 곽현(霍縣) 동남쪽〕이 모두 그의 채읍(采邑)이기 때문이며 이(飴)는 이름이다. 생(甥)은 아마 진후(晉侯)의 외생(外甥)이기 때문에 이름과 함께 붙였을 것이다. 노나라의 부보종생(富父終甥), 송나라의 공자곡생(公子穀甥) 따위이며, 단독으로 일컫기도 하는데 이를테면 등삼생(鄧三甥) 같은 예가 있다. 15년 전의 두예의 주석에서는 성이 하려(瑕呂)이고 이름이 이생(飴甥)이라고 하였으며, 고염무(顧炎武)는 『보정(補正)』에서 여(呂)는 씨라고 하였는데 모두 논의해 봄 직하다. 여생은 「진세가」에는 "여생(呂省)"으로 되어 있는데 이문(異文)일 것이다.

기(冀) : 고동고(顧棟高)의 『대사표(大事表)』에서는 기는 본래 나라 이름으로 우(虞)나라와 합쳐졌다. 우나라가 망하여 진나라에 귀속되자 혜공이 극예(郤芮)에게 식읍(食邑)으로 주었으므로 기예(冀芮)라고 한 것이다. 희공 2년의 『전』을 대조하여 보라. 「주어상」에서 "진나라 사람이 자금(子金)과 자공(子公)을 죽였다" 라 한 것에 의하면 극예의 자가 자공임을 알 수 있다.

부종(不從) : 진나라에게 뇌물을 주지 않으려 한다는 것을 말한다. 「진본기」에서 이른바 "지금 진나라와의 약조를 저버리고 이극을 죽인 것은 모두 여생과 극예의 계책이었다"라 한 것이다.

36 문(問) : 준다는 뜻으로 쓰였다. 옛날에는 빙문(聘問)이 끝나면 예물을 주는데 또한 문(問)이라고 하였다. 중문(重問)은 예물을 두터이 하는 것이다.

37 멸(蔑) : "없을 무(無)"자와 같은 뜻으로 쓰였다.

秦伯使泠至報, 問,[38]	진백이 영지를 보내어 답빙하게 하고
且召三子.	아울러 세 사람을 불렀다.
郤芮曰,	극예가 말하였다.
"幣重而言甘,	"예물이 두텁고 말이 달콤하니
誘我也."	우리를 꾀려는 것입니다."
遂殺丕鄭, 祁擧及七輿大夫,	마침내 비정과 칠여대부를 죽였는데
左行共華, 右行賈華, 叔堅, 騅歂, 纍虎, 特宮, 山祁,[39]	좌행공화와 우행가화, 숙견, 추천, 루호, 특궁, 산기로
皆里, 丕之黨也.	모두 이극과 비정의 도당이었다.
丕豹奔秦,[40]	비표는 진나라로 달아났는데
言於秦伯曰,	진백에게 말하기를

38 영지(泠至) : 진나라의 대부. 『국어 · 진어(晉語)』 위소(韋昭)의 주석에서는 "보 · 문(報 · 問)이라는 것은 비정의 빙문에 답방하고 아울러 여생 따위를 보내 달라는 것이다"라 하였다.

39 칠여대부(七輿大夫) : 심흠한(沈欽韓)은 『보주(補注)』에서 하군(下軍)의 여수(輿帥) 7명으로 곧 좌행(左行) 공화 등 7인이라 하였다. 청나라 혜동(惠棟)은 『보주(補注)』에서 오여대부(五輿大夫)가 되어야 하며 관명(官名)으로 공화 등 7인과는 상관이 없다고 하였다. 28년 『전』의 "진후가 삼행을 일으켰다(晉侯作三行)"라 한 것을 보건대 또한 좌행(左行)과 우행(右行)이 있으니 좌행과 우행은 보군의 장수로 칠여대부에 함께 들 수는 없으므로 심흠한의 설은 토의를 거침직하다. 칠여대부는 양공 23년의 『전』에도 보인다. 혜동의 설은 믿을 수 없다. 「진어 3」에 의하면 비정이 진나라 사신 영지와 함께 가서 난에 미치게 되었다고 하였다. 「진어 3」에서는 공화의 죽음에 대하여서도 서술하고 있는데 참고해 볼 만하다. 「진어 2」에서는 오히려 가화가 일찍이 헌공(獻公)의 명을 받아 이오를 죽이려 했다고 하였다.

40 비표(丕豹) : 비정(丕鄭)의 아들.

"晉侯背大主而忌小怨,[41]	"진후가 대주를 배반하고 작은 원한을 꺼리니
民弗與也.	백성들이 그에게 붙지 않을 것입니다.
伐之,	그를 치기만 하면
必出."	반드시 쫓겨날 것입니다"라 하였다.
公曰,	공이 말하였다.
"失衆,	"백성을 잃었다면
焉能殺?[42]	어찌 죽일 수 있겠는가?
違禍,	화를 피하였으니
誰能出君?"[43]	누가 임금을 쫓아낼 수 있겠는가?"

41 대주(大主) : 진나라를 가리킴. 혜공이 진나라에 들어갈 때 진나라가 주선을 했기 때문이다.
소원(小怨) : 이극과 비정 등의 무리를 가리키는데 그 도당이 아님을 말한다.

42 이는 "백성이 그에게 붙지 않을 것이다"라 한 말에 대한 대답으로, 이오가 백성들을 잃었다면 어떻게 그 대신들을 죽일 수 있었겠느냐는 것이다. 「진본기」에는 "백성들이 실로 그를 탐탁지 않게 여겼다면 무슨 까닭으로 그 대신들을 죽일 수 있었겠는가? 대신을 죽일 수 있다는 것은 백성들이 그에게 동조를 하기 때문이다"라 하였다.

43 진나라에 있는 사람들이 모두 화를 피해 도망쳤으니 그 임금을 쫓아낼 수 있는 사람이 없다는 말이다. 「진어 3」에도 이 일을 서술하고 있으며, 「진본기」에서는 또한 "듣지 않고 몰래 비표를 등용하였다"라고 하였다.

희공 11년

經

十有一年春,[1]	11년 봄에
晉殺其大夫丕鄭父.[2]	진나라가 그 대부 비정보를 죽였다.
夏,	여름에
公及夫人姜氏會齊侯于陽穀.[3]	공이 부인 강씨와 함께 양곡에서 제후를 만났다.
秋八月,	가을 8월에
大雩.[4]	기우제를 지냈다.
冬,	겨울에

1 십유일년(十有一年) : 임신년 B.C. 649년으로 주양왕(周襄王) 4년이다. 정월 9일 병술일이 동지로, 건자(建子)이다. 윤달이 있다.

2 비정보(丕鄭父) : 『전』에는 무릇 네 번 비정(丕鄭)을 말하는 부분이 있는데 "보(父)"자는 없다. 『경』에서 "비정보(丕鄭父)"라 한 것은 또한 문공 7년의 『전』의 기정(箕鄭)을 9년의 『경』에서는 기정보(箕鄭父)라 하였으며〔8년과 9년의 『전』에서도 기정보(箕鄭父)라 하였음〕, 문공 12년 『전』의 서갑(胥甲)을 선공 원년의 『경』과 『전』에서는 서갑보(胥甲父)라고 한 것과 같은데 "父"자를 붙이거나 생략하거나 간에 사실상 마찬가지이다. 청나라 완원(阮元)의 『교감기(校勘記)』와 단옥재(段玉裁)의 『좌씨고경(左氏古經)』에서는 모두 『경』의 "父"자는 연문이라 하였는데 꼭 그렇지만은 않다. 『전』에서는 작년에 있던 것이 『경』에서는 올해 있는 것은 『전』은 진나라가 쓴 하력을 썼고 『경』에서는 주력을 썼기 때문이다.

3 『전』이 없다. 부인 강씨는 곧 성강(聲姜)일 것이다. 성강은 환공의 딸인 것 같으며 누이는 아니다. 제환공의 아버지 제희(齊僖)는 노환공 14년에 죽었으며 노희공이 즉위하였을 때 이미 38년이 흘렀으니, 그 딸은 노희공의 배필이 될 수 없다. 양곡은 희공 3년의 『경』을 보라.

4 『전』이 없다.

楚人伐黃. 초나라 사람이 황나라를 쳤다.

傳

十一年春, 11년 봄에

晉侯使以丕鄭之亂來告.[5] 진후가 사신을 보내 비정의 난을 알려왔다.

天王使召武公, 內史過賜晉侯命,[6] 주나라 왕이 소공무와 내사과로 하여금 진나라에 후의 작명(爵名)을 내리게 하였는데

受玉惰.[7] 옥을 받을 때 태만하니

---

5 두예는 "『경』에서는 올해 기록한 까닭을 해석한 것이다"라 하였다. 이 설은 논의를 해야 할 것 같으며, 『경』의 주석을 따라야 한다.

6 소무공(召武公) : 가나자와 문고본(金澤文庫本)에는 "召"가 "邵"로 되어 있는데, 통하여 쓴다. 『국어 · 주어(周語) 상』에 의하면 소무공은 이름이 과(過)라고도 하며, 위소(韋昭)의 주석에서는 "소공과(邵公過)는 소목공(邵穆公)의 후손 소무공(邵武公)이다"라고 하였다.

사명(賜命) : 이미 장공 원년의 『경』에 보인다. 두예는 "제후가 즉위하면 천자가 명규(命圭)를 내려 서신(瑞信)으로 삼는다"라 하였다. 그러나 『주례 · 고공기 · 옥인(考工記 · 玉人)』에 의하면 명규는 제후로 처음 책봉될 때 천자로부터 받는 것으로 대대로 간직하며 새 임금에게 다시 내리지는 않으므로 두예의 설은 확실히 틀렸다. 심흠한은 사명은 사작(賜爵)으로 새 임금이 즉위하면 반드시 천자에게 작명(爵命)을 받아야 하며 그제서야 바야흐로 수레와 옷을 쓸 수 있다 운운 하였으며 이것도 사명의 하나라고 하였다. 이번의 진 혜공에게 내린 사명도 혹 이것일 것이다. 그러나 다른 사명도 있다. 장공 원년 주천자는 새로 즉위한 장공에게는 작명을 내리지 않고 오히려 이미 죽은 환공에게 작명을 추사(追賜)하였는데 이는 왕위를 이은 임금에게 내린 것이 아니다.

7 수옥타(受玉惰) : 『국어 · 주어(周語) 상』에서는 "양왕이 태재(太宰) 문공(文公) 및 내사(內史) 흥(興)으로 보내어 진문공에게 책명(策命)을 내렸다. 진후는 검은색 예복과 예모를 착용하고 들어왔다. 태재는 왕명으로 면복(冕服)을 내렸다"라 하였으니 책명을 내릴 때 면복을 내렸으며 이 말로 옥을 내렸다. 심흠한의 『보주(補注)』에서는 "사실 옥을 드릴

過歸,	과가 돌아와서
告王曰,	왕에게 아뢰었다.
“晉侯其無後乎!	“진후는 후손이 없을 것입니다!
王賜之命,	왕이 책명을 내리는데
而惰於受瑞,[8]	옥을 받음을 태만히 하니
先自弃也已,[9]	먼저 자신을 버리는 것이니
其何繼之有?[10]	무슨 후사가 있겠습니까?
禮,	예는
國之幹也;	나라의 근간이고
敬,	경은
禮之輿也.[11]	나라의 수레입니다.
不敬,	경이 행하여지지 않으면
則禮不行;	예가 행하여지지 않으며,

때는 곧 면복을 드리며 면복을 드리기 전에 또한 옥을 보낸다. 그러나 가리키는 것은 각각 다르니 하나를 보고 둘을 드는 것으로 스스로 뜻을 이해할 수 있다”라 하였으니, 책명을 내릴 때는 반드시 옥을 내려 신표로 삼았다. 「주어(周語) 상」에서는 “옥을 잡고 내려가 절을 하되 머리를 조아리지는 않는다”는 말이 나오는데 아마 곧 옥을 받을 때 태만한 것일 것이다.

8 서(瑞) : 옥(玉)의 통칭이다.

9 기(弃) : 지금의 “기(棄)”자이다.

10 기하계지유(其何繼之有) : “其有何繼”의 도치형. 계(繼)는 후(後)와 같음. 후손, 후사(後嗣).

11 『한서 · 오행지』의 당나라 안사고의 주석에서는 “예가 없으면 나라가 서지 않으므로 줄기라 하였고, 경이 없으면 예가 행하여지지 않으므로 수레에 비유를 하였다”라 하였다.

禮不行,	예가 행하여지지 않으면
則上下昏,[12]	아래위가 혼란해지니
何以長世?"[13]	어찌 세대가 오래도록 이어지겠습니까?"

夏,	여름에
揚, 拒, 泉, 皐, 伊, 雒之戎同伐京師,[14]	양과 거, 천, 고, 이, 낙의 융이 함께 경사를 쳐서
入王城,	주나라의 왕성으로 들어가
焚東門,	동쪽 성문에 불을 지르니

---

12 혼(昏) : "어지러울 란(亂)"자와 같다.

13 「주어(周語) 상」에서는 또한 여(呂)와 극(郤) 두 사람에 대해서도 언급하였다. 「진세가」에서는 "혜공 2년에 주나라에세 소공과(召公過)를 보내어 진혜공에게 예를 행하게 하였는데 혜공의 예가 거만하여 소공이 기롱하였다"라 하였다. 사마천이 "기(譏)"라고 한 것은 개괄적으로 말한 것이다. 진혜공의 아들 회공(懷公)은 24년에 피살되는데 아들이 있다는 소리를 듣지 못했으며, 아들이 있었다 하더라도 진나라의 임금으로 즉위를 하지 못하였을 것이다.

14 양거천고(揚拒泉皐) : 융의 네 읍. 양은 곧 소공 22년의 "유자가 양으로 달아났다(劉子奔揚)"라 한 곳으로, 지금의 하남성 언사현(偃師縣)에서 멀지 않다. 두예는 "지금의 이궐(伊闕) 북쪽에 천정(泉亭)이 있다"라 하였는데, 천(泉)은 지금의 낙양시 서남쪽일 것이다. 그러나 『국어 · 정어(鄭語)』에서는 "성주(成周)에 맞선 것은 노(潞) · 락(洛) · 천(泉) · 서(徐) · 포(蒲)이다"라 하였으니 천은 낙양시 북쪽에 있는 것 같다. 『휘찬(彙纂)』에서는 동진(東晋) 때 사마표(司馬彪)의 『속한서 · 군국지(續漢書 · 郡國志)』에 근거하여 낙양 서남쪽에 전정(前井)이 있다고 하였다. 전정은 곧 천정이다. 일단 그 말을 따르기로 한다. 이(伊)와 낙(雒)의 융은 이수(伊水)와 낙수(洛水)〔지금의 이하(伊河)와 낙하(洛河)〕 사이에 거처하는 융족으로, 문공 8년 『전』의 "마침내 이락의 융이 만났다(遂會伊雒之戎)"와 성공 6년의 "진(晋)나라와 위(衛) · 정나라가 이락의 융과 함께 송나라를 쳤다" 한 융족이다. 또한 낙융(雒戎)이라고도 하는데 문공 8년의 "공자수(遂)가 낙융과 함께 폭(暴)에서 맹약을 하였다" 한 융족이다. 여러 융족은 모두 낙양시의 서남쪽에 있다.

王子帶召之也.[15]	왕자 대가 부른 것이다.
晉伐戎以救周.[16]	진나라가 융을 치고 주나라를 구하였다.
秋,	가을에
晉侯平戎于王.[17]	진후가 주나라에서 융과 강화하였다.
黃人不歸楚貢.[18]	황나라 사람이 초나라에 공물을 바치지 않았다.
冬,	겨울에
楚人伐黃.	초나라 사람이 황나라를 쳤다.

희공 12년

經

十有二年春王三月庚午,[1]	12년 봄 주력으로 3월 경오일에

---

15 『사기』「연표」와 「주본기」, 「제세가」에 수록된 내용이 대체로 비슷하다.

16 「연표」에서는 "진목공(秦穆公) 11년 주나라 왕을 구원하여 융을 치니 융이 떠났다"라 하였다.

17 평(平) : 화(和)자와 같은 뜻이다. 진후는 융과 주나라 왕실로 하여금 화친을 맺게 주선하였는데 성공을 하지 못하였으므로 이듬해에 또한 제나라가 융과 화평하게 한 일이 있었다.

18 환공 8년의 『전』에 의하면 황나라는 본디 초나라에게 공물을 바치던 나라였는데 또 희공 2년의 『전』과 3년, 5년의 『전』을 보면 제나라와 화목하게 지내어 제나라를 믿고 초나라에 공물을 바치지 않았다.

日有食之.[2]	일식이 있었다.
夏,	여름에
楚人滅黃.	초나라 사람이 황나라를 멸하였다.
秋七月.	가을 7월.
冬,	겨울
十有二月丁丑,[3]	12월 정축일에
陳侯杵臼卒.[4]	진후 저구가 죽었다.

傳

十二年春,	12년 봄에
諸侯城衛楚丘之郛,[5]	위나라 초구에 외성을 쌓았는데

---

1 십유이년(十有二年) : 계유년 B.C. 648년으로 주양왕(周襄王) 5년이다. 지난해 윤12월 20일 신묘일이 동지로, 건축(建丑)이다.

2 『전』이 없다. 왕도(王韜 : 1828~1897)의 『춘추일식변정(春秋日食辨正)』에서는 "이해는 여전히 상력(商曆)을 써서 건축(建丑)이며, 일식은 4월 경오 삭(B.C. 648년 4월 6일)이니 『경』에서는 4를 3으로 잘못 기록하였다"라 하였다. 제가(諸家)는 주로 5월 경오일날 일식이 있었다 하여 "오(五)"를 "삼(三)"으로 잘못 기록하였다. 주력의 건자(建子)로 추산을 해보면 이해는 실제 건축(建丑)이다. 왕도(王韜)의 『춘추삭윤일지고(春秋朔閏日至考)』에서는 또한 말하기를 "3월에는 일식이 없었다. 4월 경오 삭에 일식이 있었다. 사관이 삭(朔)을 기록하지 않은 것은 회(晦)로 생각하서였을 것이다. 어찌 지금 역법으로 4월 삭이 곧 춘추의 3월 회이겠는가?"라 하였다. 지금의 역법으로 추산을 해보면 이번 일식은 개기일식이었으며 일식이 절정에 이르렀을 때는 곧 정오 12시 15분 35초였었다.

3 정축(丁丑) : 11일이다.

4 『전』이 없다. 『공양전』에는 "처구(處臼)"로 되어 있다. 처(處)와 저(杵)는 음이 가깝다. 『사기 · 진세가』에서는 "장공(莊公)이 7년 만에 죽으니 어린 동생 저구가 즉위하였는데 곧 선공(宣公)이다. 45년 만에 선공이 죽었다"라 하였다. 선공이 개원한 후 이해까지가 45년이므로 사마천이 "45년 만에 선공이 죽었다"라고 하였다.

懼狄難也.	적이 난을 일으킬까 두려워해서였다.
黃人恃諸侯之睦于齊也,	황나라 사람이 제후들이 제나라와 화목한 것을 믿고
不共楚職,[6]	초나라에 공물을 바치지 않고
曰,	말하기를
“自郢及我九百里,[7]	“영에서 우리나라까지 9백 리나 되는데
焉能害我?”	어찌 우리를 해칠 수 있겠는가?” 라 하였다.
夏,	여름에
楚滅黃.[8]	초나라가 황나라를 멸하였다.

---

5 부(郛) : 곽(郭)과 같은 뜻으로 외성(外城)이다. 공영달은 “위나라는 2년 만에 초구로 천도하였으며 제후들이 위나라를 위해 성을 쌓아 주었는데 이해까지 외성을 쌓았다” 라 하였다.

6 직(職) : 공물이다. 『장자 · 어부(莊子 · 漁父)』편에 “공물이 아름답지 못하다(貢職不美)” 라는 말이 있으니, 공(貢)과 직(職)이 같은 뜻으로 쓰였음을 알 수 있다.

7 영(郢) : 초나라의 도읍. 지금의 호북성 강릉현(江陵縣)이다. 강릉서 황천(潢泉)까지는 지금의 거리상으로 약 7백 리이다. 옛날의 리(里)는 지금에 비해 조금 짧았으므로 지금의 7백 리는 옛날의 9백 리에 해당한다. 이는 또한 지금의 소주(蘇州)에서 산동성 추현(鄒縣)까지의 거리가 약 1천5백 리인데, 애공 7년 주자(邾子)가 이르기를 “오나라 2천 리는 석 달이 아니면 이를 수 없다(吳二千里不三月不至)”라 한 것과 같다.

8 『곡량전』에서는 “관(貫)에서의 맹약에서 관중이 말했다. ‘강(江)과 황(黃)은 제나라와 멀고 초나라와 가까우니 초나라가 이롭게 생각하는 나라로, 쳐서 구원할 수가 없으면 제후를 종실로 삼을 수 없습니다.’ 환공이 듣지를 않고 마침내 그 나라와 맹약을 맺었다. 관중이 죽자 초나라는 강을 쳐서 황을 멸하였는데 제나라가 구원할 수 없었으므로 군자가 그것을 걱정하였다”라 하였다. 관중의 죽음이 황나라가 멸망당하기 전인 것 같은데 사실은

王以戎難故,	주나라 왕은 융의 난리 때문에
討王子帶.	왕자 대를 토벌하였다.
秋,	가을에
王子帶奔齊.[9]	왕자 대가 제나라로 달아났다.

冬,	겨울에
齊侯使管夷吾平戎于王,[10]	제후가 주나라에 관이오를 보내어 융과 화평을 맺고

그렇지 않다. 『사기 · 제세가』에서는 관중이 제환공 41년에 죽었다고 기록하였으니 노나라 희공 15년인데, 『좌전』에서는 관중의 죽음을 기록하지는 않았지만 『전』에서는 이해에 관중이 주나라에서 융을 평정하였다 하였으니 관중은 황나라가 멸망당한 후에 죽었음이 분명하다. 숙단정(叔單鼎)의 명문에서는 "황나라만이 손자가 숙단을 이어서 정을 지었다(唯黃孫子系君叔單自作鼎). ……" 하였으며, 청나라 완원(阮元)의 「적고재종정이기관지(積古齋鐘鼎彝器款識)」 권4에서 "'황나라는 손자가 임금을 이었다(黃孫子系君)' 라 하였으니 황나라가 멸망당한 후에도 자손들이 계속 봉하여졌으므로 '황손자' 라 한 것이다. 계(系)는 계(繼)자와 같은 뜻으로 잇는다〔續〕는 뜻이다. 숙단(叔單)은 처음으로 이어서 봉해진 임금이므로 '계군(系君)' 이라 하였다. 이로써 춘추시대에는 소국이 멸망당하여 단절 된 이후에 다시 이어진 경우가 많음을 알 수 있다" 라 하였다.

9 「주본기」에서는 "3년에 숙대(叔帶)가 융(戎), 적(翟)과 함께 양왕(襄王)을 칠 음모를 꾸몄는데 양왕이 숙대를 죽이려고 하자 제나라로 달아났다" 라 하였다. 「연표」도 같다. 곧 사마천은 『좌전』의 2년간의 일을 1년으로 합쳐서 말하였다.

10 선공 16년 『전』에서는 "진후가 사회(士會)로 하여금 주나라 왕실과 화평을 맺게 하니 정왕(定王)이 그에게 향례(享禮)를 베풀었는데 원양공(原襄公)이 상례가 되었다. 효증(殽蒸)을 하였다. 무자(武子)가 가만히 그 이유를 물었다. 정왕이 그 말을 듣고 무자를 불러 말하였다. '계씨(季氏)여! 그대는 듣지 못했는가? 왕이 향례를 베풀 때는 체천(體薦)이 있고, 연례(宴禮)에는 절조(折俎)가 있다. 제후에게는 향례를, 경에게는 연례를 베푸는 것이 왕실의 예법이다' " 라 하였다(상세한 것은 선공 같은 해의 주석을 보라). 사회는 진나라의 상경(上卿)이다. 이는 상경의 예로 관중에게 향례를 베풀었는데, 마땅히 사회와 같은 것이어야 한다는 말이다.

使隰朋平戎于晉.	습붕을 진나라로 보내어 융과 화평을 맺게 하였다.
王以上卿之禮饗管仲.	주나라 왕이 상경의 예를 갖추어 관중에게 향연을 베풀었다.
管仲辭曰,	관중이 사양하여 말했다.
"臣,	"신은
賤有司也.	천한 유사이옵니다.
有天子之二守國, 高在,[11]	천자의 두 수신 국과 고가 있사온대
若節春秋來承王命,[12]	봄 가을철에 와서 천자의 명을 받든다면

11 『예기 · 왕제(王制)』에서는 "다음 등급의 나라는 삼경(三卿)이 있는데, 경 두 명은 천자가 임명하고, 경 한 명은 제후국의 왕이 임명한다"라 하였다. 제후(齊侯)의 작위는 천자의 다음가는 나라이므로 경 두 사람은 천자가 임명을 하며, 이들이 곧 국씨와 고씨로 상경(上卿)이다. 관중은 환공이 임명한 경으로 하경(下卿)이다. 두예는 "장공 12년에 고혜(高傒)가 비로소 『경』에 보이고, 희공 28년에 국귀보(國歸父)가 비로소 『전』에 보인다. 귀보의 아버지는 의중(懿仲)이고, 고혜의 아버지는 장자(莊子)이다. 지금 누구의 세대에 해당하는지는 모르겠다"라 하였다. 이것을 종합해 보면 고씨와 국씨의 두 사람은 천자가 임명하였고 대대로 제나라의 상경이었으며, 정권을 잡지는 못했지만 정공 9년에 이르기까지 폐무존(敝無存)이 여전히 "이번 전역에서 죽지 않고 오히려 고씨와 국씨에게서 아내를 얻었다"한 것으로 보아 백성들에게 이렇게 선망을 받았음을 알 수 있다.

12 『국어 · 주어(周語) 상』에서는 "제후는 봄과 가을에 천자에게서 명을 받아 그 백성을 다스린다"라 하였다. 『국어 · 초어(楚語) 상』에서는 "봄가을로 명을 받들어 빙문을 나가 제후국을 수레로 왔다 갔다 합니다"라 하였고, 『국어 · 오어(吳語)』에서는 "봄가을로 공물을 바치는데 왕부에 게으르지 않는다"라 하였고 "지난날 오백보가 봄가을의 때를 놓쳐 제후를 거느리고 나 한 사람을 조현해야 했다"라 하였다. 이는 모두 봄가을을 조빙의 예(禮)를 행한 것으로 본 것이다. 절(節)에 대해 가규(賈逵)는 "철이다(時也)"라 하였으며, 왕숙(王肅)은 "봄가을의 향례를 빙문하는 철이다"라고 하였다. 이 구절은 춘추의 두 조빙을 하는 계절에 와서 주나라 왕실의 명을 받는다는 것을 말한다.

何以禮焉?[13]	어떻게 예우를 하겠습니까?
陪臣敢辭."[14]	배신은 감히 사양하겠습니다."
王曰,	주나라 왕이 말하였다.
"舅氏![15]	"구씨!
余嘉乃勳![16]	내 그대의 공훈을 가상히 여기는 것이오!
應乃懿德,[17]	그대의 아름다운 덕을 받아
謂督不忘.[18]	돈독하여 잊지 않으려는 것이오.
往踐乃職,[19]	가서 그대의 직무를 이행하여

---

13 만약 내가 상경의 예를 받는다면 국(國)씨와 고(高)씨 같은 상경이 와서 천자를 조현할 때는 천자가 어떻게 예우를 하겠느냐는 것을 말한다. 대체로 상경의 예를 더할 사람은 오작 공후(公侯)뿐이라는 말이다.

14 배신(陪臣) : 배(陪)는 겹쳤다는 뜻이다. 배신은 신하의 신하를 말한다. 제후는 천자의 신하이고, 열국의 경대부는 제후의 신하이다. 그러므로 「곡례(曲禮) 하」에서는 "열국의 대부는 천자의 나라에 들어가면 스스로를 일컬어 배신 아무개라고 한다"라 하였는데, 이것이 곧 배신의 뜻이다. 대부는 제후의 신하이고 대부의 가신은 대부의 신하이므로 가신은 제후에 있어 또한 배신이다. 『논어 · 계씨(季氏)』에서 말한 "배신이 나라의 명을 잡았다(陪臣執國命)"라 한 것이 곧 이런 뜻이다.

15 구씨(舅氏) : 「제어」에서 관중이 한 말에 의하면 "지난날 우리 선왕이신 소왕(昭王)과 목왕(穆王)이 대대로 문왕과 무왕의 먼 업적을 본받아 이름을 이루었다"라 하였으니, 관중은 주나라와 동성인데 여기서 주나라 왕이 구씨라고 칭한 것은 아마 제나라가 이성의 제후로 그 신하가 비록 동성일지라도 또한 구씨라고밖에 부를 수 없었을 것이다.

16 내(乃) : 2인칭 대명사로 쓰였음. 일반적으로 관위를 받은 사람에게만 쓰임.

17 응(應) : 받다.

18 독(督) : 독(篤)자의 뜻으로 쓰였음. 두텁다는 뜻이며, 심하여 잊을 수 없다는 뜻을 말함.

19 왕천내직(往踐乃職) : 관중은 비록 하경(下卿)이지만 제나라의 정권을 잡고 있으니 직무는 높으나 지위는 낮다. 이곳의 "往踐乃職"은 또한 상경의 예를 받기를 권하는 것이다.

無逆朕命!" 짐의 명을 거스르지 마오!"

管仲受下卿之禮而還.[20] 관중은 하경의 예를 받고 돌아왔다.

君子曰, 군자가 말하였다.

"管氏之世祀也宜哉![21] "관씨를 대대로 제사 지내심은 마땅하도다!

讓不忘其上.[22] 사양하여 윗사람을 잊지 않았다.

詩曰, 시에서 말하기를

'愷悌君子,[23] '안락한 군자여,

神所勞矣.'"[24] 신이 돕는도다' 라고 하였다."

---

20 「주본기」에서는 "관중은 끝내 하경의 예를 받고 돌아왔다(管仲卒受下卿之禮而還)"라고 하였다. 왕념손(王念孫)은 이곳의 "受"자 위에도 (「주본기」처럼) "卒"자가 한 자 더 있어야 한다고 하였으며, 『당석경』에서 처음으로 "卒"자가 탈락하였고 그 뒤로는 각 판본들이 그 잘못된 것을 그대로 따라 썼다고 하였다.

21 관씨지세(管氏之世) : 『사기 · 관중열전(管仲列傳)』의 주석서인 당나라 사마정(司馬貞)의 『색은(索隱)』에서는 『세본(世本)』을 인용하여 "장중산(莊仲山)은 경중이오(敬仲夷吾)를 낳았고, 이오(夷吾)는 무자명(武子鳴)을 낳았으며, 명(鳴)은 환자계방(桓子啓方)을, 계방(啓方)은 성자유(成子孺)를, 유(孺)는 장자로(莊子盧)를, 노(盧)는 도자기이(悼子其夷)를, 기이(其夷)는 양자무(襄子武)를, 무(武)는 경자내섭(景子耐涉)을 내섭(耐涉)은 요(微)를 낳았으니 모두 10대이다"라 하였다. 『전』에 보이는 것은 성공 11년의 관우해(管于奚)가 있는데 『독본(讀本)』에서는 관중의 후손이라 하였으며, 애공 16년에는 또 관수(管修)가 있는데 『후한서 · 음흥전(後漢書 · 陰興傳)』에 의하면 관중의 7세손이라고 하였다.

22 기상(其上) : 위의 고(高)씨와 국(國)씨를 가리킨다.

23 『시』는 『시경 · 대아 · 한록(大雅 · 旱麓)』에 나오는 구절이다. 『모시(毛詩)』에는 "愷悌"가 "豈弟"로 되어 있다. 개제(愷悌)는 마음이 즐겁고 편안하다는 뜻이다.

24 노(勞) : 정현(鄭玄)은 "노(勞)는 노래(勞來)로 돕는다(佑助)는 뜻과 같다"라고 하였다.

희공 13년

經

十有三年春,[1] 13년 봄에

狄侵衛.[2] 적이 위나라를 침략했다.

夏四月, 여름 4월에

葬陳宣公.[3] 진나라 선공을 장사 지냈다.

公會齊侯, 宋公, 陳侯, 衛侯, 鄭伯, 許男, 曹伯于鹹.[4] 공이 함에서 제후와 송공, 진후, 위후, 정백, 허남, 조백을 만났다.

秋九月, 가을 9월에

大雩.[5] 기우제를 지냈다.

冬, 겨울에

公子友如齊.[6] 공자 우가 제나라로 갔다.

---

1 십유삼년(十有三年) : 갑술년 B.C. 647년으로 주양왕(周襄王) 6년이다. 정월 삭 병신일이 동지로, 건자(建子)이다. 윤달이 있다.

2 두예는 『전』은 지난해 봄에 있다고 하였다.

3 『전』이 없다. 제후는 죽은 지 5개월 만에 장사를 지낸다.

4 함(鹹) : 위나라 땅으로 지금의 하남성 복양현 동남쪽 60리 지점에 있다. 문공 11년의 "함에서 적을 물리쳤다(敗狄于鹹)" 한 곳의 노나라 땅과는 다른 곳일 것이다.

5 『전』이 없다.

6 『전』이 없다.

傳

十三年春,	13년 봄에
齊侯使仲孫湫聘于周,[7]	제후가 중손추로 하여금 주나라를 빙문하고
且言王子帶.[8]	또한 왕자 대에 대해서도 말하게 하였다.
事畢,[9]	일이 끝났는데
不與王言.[10]	주나라 왕에게 말하지 않았다.
歸,	돌아와서
復命曰,	복명하여 말하기를
"未可.	"아직 안되겠습니다.
王怒未怠,[11]	천자의 노여움이 아직 누그러뜨려지지 않았으니
其十年乎?	한 10년은 되어야 할까요?
不十年,	10년이 되지 않으면

---

7 중손추(仲孫湫) : 이미 민공 원년의 『경』과 『전』에 보인다.

8 왕자 대(王子帶) : 지난해에 왕자 대가 제나라로 달아났는데, 이때 제나라 환공이 중손추로 하여금 양왕에게 말하게 하여 양왕이 왕자 대를 소환하였으면 하였던 것이다.

9 빙문하는 일이 끝난 것이다.

10 왕자 대의 일을 말하지 않은 것이다.

11 태(怠) : 『설문해자』에서는 "늦는 것(慢)"이라 하였다. 『국어 · 주어(周語)』의 위소(韋昭)의 주석에서는 "늦추어지는 것(緩)"이라 하였다. 이 구절의 뜻은 천자의 노기가 아직도 성(盛)하다는 것을 말한다.

王弗召也."[12] 왕이 부르지를 않을 것입니다."

夏, 여름에

會于鹹, 함에서 회합하였는데

淮夷病杞故,[13] 회이가 기나라를 괴롭혔기 때문이었으며

且謀王室也. 또한 주나라 왕실을 도모하기 위해서였다.

秋, 가을에

爲戎難故, 융의 난 때문에

---

12 22년 『전』에서 "왕자 대가 제나라에서 경사로 돌아갔는데 왕이 부른 것이었다"라 하였으니 과연 10년 뒤에 부른 것이다. 「연표」 및 「제세가」에서는 중손이 말을 하지 않은 것은 양왕이 듣지 않아서였다고 하여 『전』과 다르다.

13 회이(淮夷) : 『춘추좌전』에는 모두 네 번 회이에 대해 언급하고 있는데, 어떨 때는 민족의 이름을 가리키며 소공 27년 전의 "계씨가 그 백성들의 인망을 얻으니 회이가 그의 편이 되었다(季氏甚得其民, 淮夷與之)"라 한 경우이다. 혹은 나라 이름인데 소공 4년 신(申)나라에서 만나 오(吳)나라의 회이를 쳤다는 것이 이것이다. 그러므로 그 족속이 살고 있는 땅은 또한 매우 분산되어 있으며 고동고(顧棟高)의 『대사표(大事表)』 권39에서는 회이는 지금의 강소성 회안현(淮安縣)과 연수현(漣水縣) 사이에 있을 것이라고 하였는데, 이렇게 좁고 치우치지는 않았을 것이다. 송나라 왕응린(王應麟)의 『시지리고(詩地理考)』 권4에서는 회이의 땅은 한군데가 아니어서 서주(徐州)에 있는 것은 회수 북쪽에 있고, 양주(揚州)에 있는 것은 회수 남쪽에 있는데 한 종족에 그치지 않는다고 하였다. 그 말이 매우 타당하다. 복사(卜辭)에는 "隹夷"가 있고 또 "霍夷", "北隹夷"가 보이는데 진몽가(陳夢家 : 1911~1966)는 「회이고(淮夷考)」에서 이들은 모두 곧 회이라 하였다.

諸侯戍周.	제후들이 주나라를 지켰다.
齊仲孫湫致之.[14]	제나라의 중손추가 수비 병력을 보냈다.

冬,	겨울에
晉薦饑,[15]	진나라에 거듭 기아가 발생했는데
使乞糴于秦.	진나라에서 식량을 사 오게 하였다.
秦伯謂子桑,[16]	진백이 자상에게 말하기를
"與諸乎?"[17]	"줄까?"라 하였다.
對曰,	대답하여 말하기를
"重施而報,[18]	"거듭 베푸시고 은혜를 갚는다면
君將何求?	임금님께서는 무엇을 구하시겠습니까?

---

14 치(致) : 수졸(戍卒)을 보내 준 것을 말한다. 『춘추』에는 양공 5년 진(陳)나라의 수비를 서는 것만 기록하였으며, 환공 6년의 제(齊)나라 수비와 이번의 수비 및 희공 16년의 주나라 수비를 서는 것은 모두 기록되어 있지 않다.

15 천기(薦饑) : 『이아·석언(爾雅·釋言)』에서 "천(薦)은 다시(再)라는 뜻이다"라 하였다. 『이아·석천(爾雅·釋天)』에서는 "곡식이 익지 않은 것을 기(饑)라 하고, 또 기아가 든 것을 천(薦)이라고 한다"라 하였다. 곧 천기라는 것은 해를 이어 수확을 하지 못한 것이다.

16 자상(子桑) : 진나라의 대부 공손지(公孫枝)이다.

17 제(諸) : 지시 대명사 "갈 지(之)"자의 뜻으로 쓰였다.

18 중시(重施) : 이미 이오를 진나라로 들여보내 왕위에 앉히고 또 곡식을 보내 주는 것이다.

重施而不報,	거듭 베풀었는데 은혜를 갚지 않는다면
其民必攜;[19]	그 백성들은 반드시 마음이 떠날 것입니다.
攜而討焉,	마음이 떠난 다음 그들을 토벌하시면
無衆,	민중이 없어
必敗."	반드시 패할 것입니다"라 하였다.
謂百里,	백리에게 말하기를
"與諸乎?"[20]	"줄까?"라 하였더니
對曰,	대답하여 말했다.
"天災流行,	"천재는 떠돌아다니어
國家代有.[21]	나라마다 번갈아 발생합니다.
救災, 恤鄰,	재난을 구원하고 이웃을 돕는 것이
道也.	도리이옵니다.

---

19 휴(攜) : "떠날 리(離)"자와 같은 뜻.

20 백리(百里) : 「진본기(秦本紀)」 및 「진세가(晉世家)」에도 이 일이 함께 수록되어 있는데, 모두 백리는 곧 백리혜(百里奚)라고 하였다. 백리는 씨(氏)로 『여씨춘추 · 불구(不苟)』편에서 백리해를 백리씨라 한 것으로 알 수 있다. 고서에서는 백리해를 백리라 많이 일컫고 있는데 『순자 · 성상(成相)』편과 『초사 · 석왕일(楚辭 · 昔往日)』, 주대(周代) 초(楚)나라 갈관자(鶡冠子)의 『갈관자 · 비지(鶡冠子 · 備知)』편과 「세현(世賢)」편, 전한(前漢) 시대 초연수(焦延壽)의 『역림 · 수지복(易林 · 隨之復)』 「승지곤(升之坤)」편에서 모두 그렇게 부르고 있다.

21 대유(代有) : 『설문해자』에서는 "경(更)"자와 같은 뜻이라고 하였다. 번갈아. 대유(代有)는 각국이 번갈아가며 발생한다는 뜻이다.

行道,	도리를 행하면
有福."	복이 있습니다."
丕鄭之子豹在秦,	비정의 아들 표가 진나라에 있었는데
請伐晉.	진나라를 칠 것을 청했다.
秦伯曰,	진백이 말하였다.
"其君是惡,[22]	"그 임금이 밉지
其民何罪?"	백성들이야 무슨 죄가 있는가?"
秦於是乎輸粟于晉,[23]	진나라가 이에 진나라로 곡식을 보냈는데
自雍及絳相繼,[24]	옹에서 강까지 행렬이 이어졌으며
命之曰汎舟之役.[25]	"범주지역"이라고 불렀다.

---

22 기군시오(其君是惡) : "惡其君"의 도치구이다.

23 청나라 고증학자 호위(胡渭)의 『우공추지(禹貢錐指)』 권19에서는 당시 곡식은 운반한 일을 두루 거론하면서 "그 길이 험하고 멀어 곡식을 가진 사람이 운반하기가 힘들었을 것이며, 이른바 곡식이라는 것은 곧 쌀일 것이다"라 하였다. 그러나 쌀은 오래 보존할 수 없고 여름이 지나면 벌레가 생기고 곰팡이가 슬었으므로 양식을 저장할 때는 모두 조로 한다는 것은 몰랐다.

24 옹(雍) : 진(秦)나라의 도읍. 「진본기」에서는 "덕공(德公) 원년 처음으로 옹성(雍城) 대정궁(大鄭宮)에 거처하였다"라 하였는데, 이는 노장공 17년에 해당한다. 지금의 섬서성 봉상현(鳳翔縣) 남쪽 7리 지점에 옛 옹성이 있는데, 진나라 덕공이 거처하던 대정궁의 성이다. 강(絳)은 진(晉)나라의 도읍으로, 지금의 산서성 익성현(翼城縣) 동남쪽이다. 옹에서 강까지는 대체로 위하(渭河)를 따라 동으로 가서 화음(華陰)에 이르렀다가 황하로 꺾어 다시 동쪽으로 가서 분하(汾河)로 들어가 회하로 꺾어 들어간다.

25 「진어 3」에도 이 일이 수록되어 있는데, "이런 까닭에 황하에 배를 띄우고(氾舟於河) 진나라로 양식을 보냈다"라고 하였다. 위소(韋昭)는 "범(氾)은 띄운다(浮)는 뜻이다"라 하

희공 14년

經

十有四年春,[1]	14년 봄
諸侯城緣陵.[2]	제후들이 연릉에 성을 쌓았다.
夏六月,	여름 6월에
季姬及鄫子遇于防.[3]	계희가 방에서 증자와 만났다.
使鄫子來朝.	증자에게 내조하도록 하였다.
秋八月辛卯,[4]	가을 8월 신묘일에
沙鹿崩.[5]	사록이 무너졌다.

였다. 『설문해자』에서는 범(氾)과 범(汎)은 다른 자이지만 이따금 통용한다고 하였다.

1 십유사년(十有四年) : 을해년 B.C. 646년으로 주양왕(周襄王) 7년이다. 지난해 윤12월 12일 신축일이 동지로, 건축(建丑)이다.

2 연릉(緣陵) : 지금의 산동성 창락현(昌樂縣) 동남쪽 70리이다.

3 계희(季姬) : 두예는 『세족보(世族譜)』에서는 장공의 딸이라고 하였는데, '공양(公羊)'가(家)의 말에 의하면 희공의 딸이라 하였다. 『전』의 "來寧"이란 말로 보건대 희공의 딸일 것이며, 이는 아마 부모에게 귀녕(歸寧)온 것일 것이다.

증(鄫) : 『곡량전』에는 "증(繒)"으로 되어 있는데, 이 두 자는 고서에서는 많이 통용하여 썼다. 「주어 중」에서는 "기(杞)와 증(繒)은 대사(大姒)에게서 나왔다"라 하였는데 「주어 하」에서는 "기와 증(鄫)이 여전히 있다"라 한 것으로 알 수 있다. 증은 나라 이름으로 사(姒)씨 성이다. 양공 6년 거(莒)나라에게 멸망당하였으며 소공 4년 노나라가 그 땅을 취하였다. 나중에는 또 제나라에 복속되었는데 「오세가(吳世家)」에 보인다. 옛 성은 지금의 산동성 역현(嶧縣) 동쪽 80리 지점에 있다. 『전국책 · 위책(魏策) 4』에서는 "증은 제나라를 믿고 월나라에 맞섰다가 제화자(齊和子)가 난을 일으켜 월나라 사람이 증을 멸망시켰다"라 하였으니 곧 증나라 땅이다. 그러나 이미 전국시대 초기의 일이니 희(姬)씨 성의 증나라는 아닌 것 같다. 세상에 전하는 이기(彝器)를 가지고 고찰해 보면 고대에는 사(姒)씨 성의 증나라도 있었고, 또한 희(姬)씨 성의 증나라도 있었다.

4 신묘(辛卯) : 5일이다.

狄侵鄭.[6] 적이 정나라로 쳐들어갔다.

冬, 겨울에

蔡侯肸卒.[7] 채후 힐이 죽었다.

傳

十四年春, 14년 봄

諸侯城緣陵而遷杞焉,[8] 제후들이 연릉에 성을 쌓고 기나라를 그리 옮겼는데

不書其人, 그 사람을 기록하지 않은 것은

有闕也.[9] 빠진 것이 있기 때문이다.

---

5 사록(沙鹿) : 두예는 사록을 산 이름이라 하였다. 『공양전』에서는 황하 가의 읍이라 하였고, 『곡량전』에서는 사산(沙山)의 기슭이라 하였는데 두예의 설이 사실에 가깝다. 지금의 하북성 대명현(大明縣) 서쪽에 있다.

6 『전』이 없다.

7 일월(日月)이 갖추어지지 않았다. 고동고(顧棟高)의 『대사표 · 궐문(闕文)』편에서는 『춘추』의 뒤의 궐문을 닦은 것이라 하였는데 반드시 그렇지는 않다.

8 연릉(緣陵) : 구설에서는 모두 연릉을 기(杞)나라의 읍이라 하였지만 『관자 · 대광(大匡)』편에서는 "적(狄) 사람이 쳐들어오자 제나라의 수레 천 승이 마침내 먼저 연릉에 이르렀다"라 하였으니 연릉은 본래 제나라 땅이었다. 제나라가 그곳에 성을 쌓고 기(杞)나라를 봉한 것은 초나라가 허(許)나라를 섭(葉)으로 옮기어 경내를 부용(附庸)으로 삼으려 한 것과 같다. 지난해 『전』에서 "회이가 기나라를 괴롭혔다(淮夷病杞)"라 하였으니 기나라를 옮긴 것은 회이가 쳐들어온 것 때문이다. 『관자 · 대광(大匡)』편에서는 "송(宋)나라가 듣지 않아 실로 기나라를 쳤으며 환공이 연릉에 성을 쌓아 봉하고 수레 백 승과 보졸 천 명을 주었다"라고 하였다. 『관자 · 패형(霸形)』편에서는 또한 "송나라가 기나라를 치고 수레 백승과 보졸 천 명을 요구했다"라고 하여 모두 송나라가 기나라를 쳤다고 하였다. 『공양전』에서는 서(徐)나라와 거(莒)나라가 기나라를 협박하여 환공이 옮겼다고 하였다. 결론적으로 연릉에 성을 쌓은 것은 기나라를 옮기기 위함이었음은 사실이며, 기나라가 회이(淮夷)나 서, 거나라의 협박을 받은 것은 말이 각각 다르다.

鄫季姬來寧,	증계희가 귀녕 왔는데
公怒,	공이 노하여
止之,[10]	억류시켰으니
以鄫子之不朝也.	증자가 내조하지 않았기 때문이다.
夏,	여름에
遇于防,	방에서 만났는데
而使來朝.	내조하게 하였다.

秋八月辛卯,	가을 8월 신묘일에
沙鹿崩.	사록이 무너졌다.
晉卜偃曰,	진나라 복언이 말하기를
"朞年將有大咎,	"1년 안에 큰 재앙이 있을 것이며
幾亡國."[11]	거의 나라가 망할 것이다"라 하였다.

---

9 두예는 "궐은 기용(器用)을 갖추어 주지도 않고 성지(城池)를 견고하게 쌓아 주지도 않고 떠나 은혜를 끝까지 베풀지 않은 것이다"라 하였다. 모기령(毛奇齡)은 『춘추전(春秋傳)』에서 궐(闕)은 궐문(闕文)이라 하였으며, 『경』에서는 단지 제후라고만 말하고 여러 나라에 대해서는 말하지 않아 여러 나라 사람의 성씨 등에 대해 상세하게 밝히지 않은 것이라 하였다. 문의로 보건대 모기령의 설이 더 낫다.

10 청나라 엄가균(嚴可均 : 1762~1843)의 『당석경교문(唐石經校文)』〔이하 『교문(校文)』〕에서는 『석경』에는 "公怒之"라고만 되어 있으며, 지금 각본의 "止"자는 연문이라고 하였다. 『곡량전』의 범녕(范寗)의 주〔『춘추곡량전집해(春秋穀梁傳集解)』〕에서 이 글을 인용한 것과 돈황(敦煌) 초당(初唐)의 사본 잔권(殘卷)에 의하면 모두 "止"자가 없다. 다음 해 『경』의 "季姬歸于鄫"이란 말로 추정해 보면 "止"자가 있어야 한다. "지(止)"자는 머무르게 한다는 뜻으로, 머물게 하여 돌아가지 못하게 하는 것이다.

冬,	겨울에
秦饑,	진나라에 기아가 발생하였는데
使乞糴于晉,	진나라에서 곡식을 들여오게 하였으나
晉人弗與.[12]	진나라 사람이 주지 않았다.
慶鄭曰,[13]	경정이 말하기를
"背施,	"은혜를 베풀었는데 저버리면
無親;[14]	친함이 없고,

11 복언(卜偃)의 말은 진혜공(晉惠公)의 한원(韓原)의 전역을 예언한 것이라고 하였는데, 『한서 · 오행지(五行志)』에서는 24년의 진회공(晉懷公)이 고량(高粱)에서 피살된 것을 예언한 것이라고 하였다. 사록이 무너졌는데 복언이 진나라의 길흉을 예언한 것은 재해는 재해가 일어난 곳과 연관되어지므로 두예의 주석에서는 사록산이 진(晉)나라에 있다고 하였다. 청나라 강영(江永)의 『고실(考實)』에서는 이때 진나라의 동쪽 경계는 대명(大名)에 이를 수 없으므로 당연히 위(衛)나라 땅일 것이라고 하였다. 장병린(章炳麟)의 『독(讀)』에서는 명산(名山)은 봉하지 않으므로 사록은 본래 주나라 왕실의 소유였으니 주나라가 쇠퇴해지자 진나라와 위나라에게 빼앗겨 위나라가 많이 가지고 진나라는 적게 가져 진나라 땅이 위나라 땅에 잘못 있게 된 것이라 하였다. 공영달은 두예의 『석례(釋例)』를 인용하여 "하늘과 사람의 사이에는 이상하나 의혹이 없는 것도 있고, 의혹은 있으나 알 수 없는 것도 있다. 사록이 무너지나 1년 내에 큰 재앙이 있을 것이라 하였고, 양산(梁山)이 무너졌을 때는 토양이 썩어서 절로 무너진 것이라 하였다. 이는 모두 성현의 당언(讜言)으로 통달한 사람은 먼저 알게 되는 것이다"라 하였다. 두예는 산이 무너지고 내가 마르는 이치를 밝히지는 못하였으나 고대의 미신의 설에는 의심스런 점이 있는 것 같다 하였고, 공영달의 설은 더욱 통달하였다.

12 「진어(晉語) 3」에서는 이 일을 서술하여 "진(秦)나라에 기아가 들자 공이 하상(河上)에 곡식을 옮기도록 명령했다"라 하였으니, 혜공(惠公)은 본래 주려고 했으나 괵석의 말을 듣고 그만두었다는 것이다. 여기서 "진나라 사람이 주지 않았다(晉人弗與)"라 한 것은 혜공이 본래부터 주려고 하지 않았다는 것 같다. 「진세가」와 「진본기」에도 모두 이 일을 수록하고 있는데 모두 진나라 임금이 뭇 신하들과 의논을 하였다 하였으니, 「진어」와 『좌전』의 양자의 설을 절충한 것 같다.

13 경정(慶鄭) : 진(晉)나라의 대부.

幸災,	남의 재난을 다행스럽게 여기는 것은
不仁;[15]	어질지를 못합니다.
貪愛,	탐하여 아끼는 것은
不祥;[16]	상서롭지 못하며,
怒鄰,	이웃나라를 노하게 하는 것은
不義.[17]	이롭지 못합니다.
四德皆失,	이 네 가지 덕을 모두 잃었으니
何以守國?"	무엇으로 나라를 지키겠습니까?"라 하였다.
虢射曰,[18]	괵석이 말하였다.
"皮之不存,	"가죽이 남아 있지 않은데
毛將安傅?"[19]	털을 어떻게 전하겠습니까?"

14 은혜를 저버리면 자기와 친한 사람을 잃는다는 말이다.

15 타인의 재앙을 자기의 다행으로 삼는 것은 인애(仁愛)의 도가 아니라는 것이다.

16 아끼는 재화를 탐하여 남에게 주지 않으면 화앙(禍殃)이 곧 이르게 된다는 것이다.

17 이웃나라를 분노하게 만드는 것은 도의에 맞지 않는다는 것이다.

18 괵석(虢射) : 진(晉)나라의 대부. 두예는 「진어(晉語) 3」에서 혜공이 구(舅)라 칭한 것을 근거로 "괵석은 혜공의 외삼촌(舅)이다"라 하였는데, 구(舅)가 제후가 이성(異姓) 대부를 일컫는 존칭임을 일컫는 말임을 몰랐다. 혜공은 소융자〔小戎子 : 장공(莊公) 28년의 『전』〕에게서 나왔으므로 괵석은 그의 외삼촌이 될 수 없다.

19 『신서 · 잡사(新序 · 雜事) 2』에 "위문후(魏文侯)가 출유하였는데 길 가는 사람이 가죽옷을 뒤집어 입고 꼴을 지고 가는 것을 보았다. 문후가 말하기를 '어찌하여 가죽옷을 뒤집어 입고 꼴을 매었는고?' 라 하자 대답하기를 '신이 털을 아껴서입니다' 라 하였다. 문후가 말하였다. '너는 안이 다 해지면 털을 믿지 못한다는 것을 모르느냐?'"라는 말이 있는데 바로 이 뜻이다. 가죽은 허락한 진(秦)나라 성이고 털은 곡식을 들이는 것으로, 이미 진(晉)나라가 은혜를 베푼 것을 저버려 원한이 깊어졌으니 곡식을 주려고 해도 털

慶鄭曰,	경정이 말하였다.
“弃信, 背鄰,	“신의를 버리고 이웃을 저버리면
患孰恤之?	근심을 누가 구휼해 주겠습니까?
無信,	신의가 없으면
患作;	근심이 일어나고,
失援,	도움을 잃으면
必斃.	반드시 죽게 됩니다.
是則然矣.”	이는 반드시 그렇게 됩니다.”
虢射曰,	괵석이 말하였다.
“無損於怨,[20]	“원한은 덜지 못하고
而厚於寇,	적만 두텁게 해주는 것이니
不如勿與.”	주지 않음만 못합니다.”
慶鄭曰,	경정이 말하였다.
“背施, 幸災,	“은혜 베풂을 저버리고 재난을 다행스럽게 여기는 것은
民所弃也.	백성들이 버리는 것입니다.
近猶讎之,	가까운 사람도 오히려 이 때문에 원수가 되니

이 가죽에 없어 전하여 입을 것이 없다는 말과 같다.

20 곡식을 줘도 진(秦)나라의 은혜를 저버린 원한을 덜 수 없다는 말이다.

況怨敵乎?"[21] 하물며 원한에 사무친 적이겠습니까?"

弗聽.[22] 그 말을 듣지 않았다.

退曰, 물러나 말하기를

"君其悔是哉!"[23] "임금께서 후회하실 것이다!"라 하였다.

희공 15년

經

十有五年春王正月,[1] 15년 봄 주력으로 정월에

公如齊.[2] 공이 제나라로 갔다.

楚人伐徐.[3] 초나라 사람이 서나라를 쳤다.

---

21 원적(怨敵) : 진(秦)나라를 말한다. 혜공을 진나라에 들였을 때 주기로 약속한 뇌물을 주지 않았으므로 이렇게 말하였다.

22 혜공이 듣지 않은 것이다.

23 「연표(年表)」에서는 "혜공 5년 진(秦)나라에 기아가 들어 곡식을 청하자 진(晉)나라가 그 청을 저버렸다"라 하였다. 「진세가」와 「진본기」에서는 또한 "진(晉)나라가 군사를 일으켜 진(秦)나라를 쳤다"고 하였다. 양옥승(梁玉繩)은 『지의(志疑)』에서 그것은 잘못일 것이라고 의심하였다.

1 십유오년(十有五年) : 병자년 B.C. 645년으로 주양왕(周襄王) 8년이다. 지난해 12월 23일 정미일이 동지로, 건축(建丑)이다. 윤달이 있다.

2 『전』이 없다.

3 서(徐) : 지금의 안휘성 사현(泗縣) 서북쪽 50리 지점에 있다. 나머지는 장공 28년의 『경』

三月, 3월에

公會齊侯, 宋公, 陳侯, 衛侯, 鄭伯, 許男, 曹伯盟于牡丘.[4]
공이 모구에서 제후와 송공, 진후, 위후, 정백, 허남, 조백과 맹약을 맺었는데

遂次于匡.[5] 마침내 광에 머물렀다.

公孫敖帥師及諸侯之大夫救徐.[6] 공손오가 군사를 거느리고 제후의 대부들과 함께 서나라를 구원하였다.

夏五月, 여름 5월에

日有食之.[7] 일식이 있었다.

秋七月, 가을 7월에

과 『전』에 상세하다.

4 모구(牡丘) : 『방여기요(方輿紀要)』에 의하면 곧 『국어 · 제어(齊語)』의 환공이 쌓은 모구로 지금의 산동성 요성현(聊城縣) 동북쪽 7리 지점에 있다.

5 광(匡) : 두예에 의하면 위나라 땅으로 지금의 하남성 장원현(長垣縣) 서남쪽 15리에 있는 광성(匡城)에 있을 것이다. 그러나 강영의 『고실(考實)』에서는 장원의 광은 서나라와 거리가 너무 멀며, 지금의 하남성 휴현(睢縣) 서쪽 30리 지점에 광성이 있는데, 송나라에 예속되어 있으며 사(泗)와 조금 가까우며, 군사가 머무른 곳이 혹 이곳일 것이라고 하였다. 심흠한의 『지명보주(地名補注)』에서는 또한 청나라 강희(康熙) 17년(1678) 전강(錢江) 등이 찬(纂)한 『산동통지(山東通志)』에 의거하여 광성은 지금의 산동성 금향현(金鄉縣) 봉황산(鳳凰山) 북쪽에 있다고 하였다. 강영의 설이 비교적 합리적인 것 같다.

6 공손오(公孫敖) : 경보(慶父)의 아들 맹목백(孟穆伯)이다. 두예는 "제후들이 맹약을 맺고 광에 머무르며 모두 대부를 보내어 병사들을 거느리고 서나라를 구원한 것이다"라 하였다. 원래는 세 조목으로 나뉘었는데 여기서는 하나로 합쳤다.

7 식(食) : 가나자와 문고본(金澤文庫本)에는 "蝕"으로 되어 있다. 나머지는 『전』을 보라.

齊師, 曹師伐厲.[8]	제나라 군사와 조나라 군사가 여나라를 쳤다.
八月螽.[9]	8월에 황충이 발생하였다.
九月,	9월에
公至自會.[10]	공이 회합에서 돌아왔다.
季姬歸于鄫.[11]	계희가 증나라로 돌아갔다.
已卯晦,[12]	기묘 그믐날에
震夷伯之廟.[13]	이백의 묘당에 벼락이 쳤다.

---

8 여(厲) : 나라 이름이다. 혜동(惠棟)의 『보주(補注)』에서는 곧 환공 13년 『전』의 뇌(賴)로, 지금의 호북성 수현(隨縣)의 여산점(厲山店)에 있다고 하였으며, 이는 진(晉) · 송(宋) 이래의 전설이다. 왕부지(王夫之)의 『패소(稗疏)』에서는 또 다른 여(厲)로 곧 지금의 하남성 녹읍현(鹿邑縣) 동쪽 노자(老子)가 태어난 고현(苦縣)의 여향(厲鄕)이라 하였다. 지리상으로 고찰해 보건대 제나라는 서나라를 구원한 군사를 이동시켜 여나라를 쳤으니 『패소』의 설이 비교적 합당하다.

9 『전』이 없다.
종(螽) : "종(蝩)"이라고도 한다. 『설문해자』에서는 "종은 황충이다(螽, 蝗也)"라고 하였다. 장공 29년의 『전』에 의하면 "무릇 재해가 되지 않는 사물은 기록하지 않는다"라 하였으니 이는 재해가 되었기 때문에 기록한 것이다.

10 『전』이 없다.

11 『전』이 없다. 아마 증자(鄫子)가 내조를 하였을 것이다.

12 회(晦) : 회삭(晦朔)의 회(晦)이다. 기묘일은 9월 30일이다. 『공양전』과 『곡량전』에서는 모두 회(晦)를 명(冥)이라 하여 낮인데도 캄캄한 것이라 하였는데 『경』의 뜻이 아니다. 『한서 · 오행지(五行志)』에서는 이 두 『전』의 설을 반박하였다.

13 진(震) : 천둥 벼락이 친 것이다. 이백은 『전』에 의하면 전씨(展氏)의 조상일 것이다. 두예는 이는 시호이고 백은 자라고 하였는데 어쩌면 그럴 것이다. 그러나 백이의 아름이 무엇인지 어느 공(公)의 대부인지는 모른다. 백이의 묘당은 전씨의 조상의 묘당일 것이며, 청초(淸初) 고사기(高士奇)는 『좌전기사본말(左傳紀事本末)』에서 무해(無駭)의 묘당이 아닌가 의심을 하였는데 근거가 없다. 소공 12년의 『전』에 유씨(游氏)의 묘당이 있는데, 두예의 주석에서는 정나라의 대부 자태숙(子太叔)의 조상의 묘당이라고 하였는데 바로 이것과 같다.

冬,	겨울에
宋人伐曹.	송나라 사람이 조나라를 쳤다.
楚人敗徐于婁林.[14]	초나라 사람이 누림에서 서나라를 물리쳤다.
十有一月壬戌,[15]	11월 임술일에
晉侯及秦伯戰于韓.[16]	진후가 한에서 진백과 싸웠다.
獲晉侯.[17]	진후를 사로잡았다.

傳

十五年春,	15년 봄에
楚人伐徐,	초나라 사람이 서나라를 쳤는데
徐卽諸夏故也.[18]	서나라가 중원의 제후와 친했기 때문이었다.

---

14 누림(婁林) : 지금의 안휘성 사현(泗縣) 동북쪽에 있다.

15 임술(壬戌) : 14일이다.

16 옛날에는 한(韓)이 지금의 섬서성 한성현(韓城縣) 서남쪽에 있었다고 하였지만 『전』의 "황하를 건너면 후의 수레가 패할 것이다", "진후가 적이 깊이 들어왔다고 하였다"라 한 것으로 보아 황하의 서쪽에 있지 않음을 알 수 있다. 『방여기요(方輿紀要)』에서는 지금의 산서성 예성현(芮城縣)에 한정(韓亭)이 있는데, 곧 진나라와 진나라가 싸운 곳이라 하였으며, 강영의 『고실(考實)』에서는 하진현(河津縣)과 만영현(萬榮縣) 사이에 있을 것이라고 하였다.

17 『공양전』 소공 23년의 『전』에서는 "임금을 사로잡은 것을 획(獲)이라 하고 대부는 사로잡든 죽은 채로 잡든 모두 획(獲)이라 한다"라 하였다. 『태평어람(太平御覽)』 권 77에서는 『사기』를 인용하여 "[진혜공] 6년 진목공이 황하를 건너 진나라를 쳤다"라 하였고, 또한 『사통 · 감경(史通 · 感經)』편에서는 "혜공이 사로잡혔다"고 하였다.

18 제환공의 부인중에 서영(徐嬴)이 있었으니 서나라는 이때 제나라와 인척의 나라였다. 희

三月,	3월에
盟于牡丘,	모구에서 맹약을 했는데
尋葵丘之盟,[19]	규구의 맹약을 다지고
且救徐也.	아울러 서나라를 구하기 위함이었다.
孟穆伯帥師及諸侯之師救徐,	맹목백이 군사를 거느리고 제후의 군사와 함께 서나라를 구원하였는데
諸侯次于匡以待之.	제후들은 광에서 머무르며 기다렸다.

夏五月,	여름 5월에
日有食之.	일식이 있었다.
不書朔與日,	달과 일을 기록하지 않은 것은
官失之也.[20]	사관이 빠뜨렸기 때문이다.

秋,	가을에
伐厲,	여나라를 쳤는데

공 3년 『경』에서 "서나라 사람이 서를 취하였다(徐人取舒)"라 하였고 『시경 · 노송 · 비궁(魯頌 · 閟宮)』에서도 "형과 서를 징계한다(荊舒是懲)"라 하였으니, 서(舒)는 아마 초나라의 동맹국이었을 것인데 서나라가 중원의 제후국들을 위하여 그것을 취한 것이다.

19 규구지맹(葵丘之盟) : 9년에 있었다.

20 주문흠(朱文鑫 : 1883~1939)의 『천문고고록(天文考古錄)』에 의하면 이달의 일식은 4시 11분에 있었다. 처음 일식에 들어갔을 때는 한밤중이었고, 다시 원래의 모습을 찾았을 때에도 해는 아직 뜨지 않아 일식을 띠지 않았으며 중원에서는 관측할 수가 없었다.

以救徐也. 서나라를 구원하기 위함이었다.

晉侯之入也, 진후가 들어갈 때
秦穆姬屬賈君焉,[21] 진목희는 그에게 가군을 부탁하고
且曰, 또한 말하기를
"盡納羣公子."[22] "여러 공자들을 모두 들여라"고 하였다.
晉侯烝於賈君,[23] 진후는 가군과 간통하고
又不納羣公子, 또한 여러 공자들을 들이지도 않았으므로
是以穆姬怨之. 목희가 원망했다.

---

21 가군(賈君) : 두예는 진헌공(晉獻公)의 두 번째 비라고 하였는데, 장공 28년의 『전』에 의하면 "진나라 헌공이 가나라에서 아내를 맞았는데 아들이 없었다. 제강과 간음하여 진목공의 부인과 신생을 낳았다(晉獻公娶於賈, 無子. 烝於齊姜, 生秦穆夫人及大子申生)"라 하였는데 가나라에서 아내를 맞았다 하였으니 곧 정비(正妃)이다. 그렇다면 가비(賈妃)는 혜공(惠公)의 적모(嫡母)가 되는데 왜 하필 목희(穆姬)가 부탁을 하겠는가? 또한 가비는 이때 연세가 이미 매우 많아서 혜공과는 20 내지 30세의 차이는 났을 텐데 혜공이 또한 왜 하필 그녀와 간통을 하려 했을까? 당고(唐固)는 가군은 태자 신생(申生)의 비라고 하였는데, 희공 10년 『전』의 "이오는 무례하였다(夷吾無禮)"라는 말을 뜯어보면 거의 근접하며, 따라서 혜동(惠棟)과 홍양길(洪亮吉)도 모두 그의 견해를 따랐다.

22 헌공의 아들은 아홉 명인데 신생(申生)과 해제(奚齊), 탁자(卓子)가 이미 죽고 이오(夷吾)가 임금이 된 것을 제외하고도 중이(重耳) 등 다섯 명이 더 있는데 이들이 곧 소위 군공자(羣公子)이다.

23 증(烝) : 아랫사람이 윗사람을 범하는 것인데, 가군은 혜공의 적장자 형수이기 때문에 이렇게 말하였다.

晉侯許賂中大夫,[24]	진후는 중대부들에게 뇌물을 주기로 해놓고도
旣而皆背之.	얼마 후에는 모두 저버렸다.
賂秦伯以河外列城五,	진백에게는 황하 바깥의 성 다섯 개와
東盡虢略,[25]	동으로는 괵략까지
南及華山,[26]	남으로는 화산까지
內及解梁城,[27]	안으로는 해량성까지를 약속하였으나

---

24 「진어 2」에서는 "이오는 물러나 사적으로 공자 집(公子縶)을 찾아보고 말하기를 '중대부 이극(里克)이 나를 지지하여 내가 분양(汾陽)의 땅 백만 무(畝)를 주라고 하였으며, 비정(丕鄭)이 나를 지지하여 내가 부채(負蔡)의 땅 70만 무를 주라고 명하였습니다' 라 하였다" 하였으므로 두예가 중대부를 이극과 비정이라 한 것이다.

25 괵략(虢略) : 지금의 하남성 영보현(靈寶縣) 소재지는 곧 옛날의 괵략진(虢略鎭)이다.

26 화산(華山) : 진(秦)나라와 진(晉)나라의 경계이다.

27 황하의 바깥은 황하의 서쪽과 황하 남쪽을 가리킨다. 황하는 용문(龍門)에서 화음(華陰)까지 북에서 남으로 흐르는데, 진나라는 강(絳)에 도읍을 두었으므로 황하 서쪽과 황하 남쪽을 바깥이라고 하였다. 황하의 바깥 성 다섯 곳은 먼저 그 수를 들고 아래에서 또 그 강역을 말하였는데, 다섯 성의 땅이 동쪽으로는 괵략까지이고 남으로는 화산에 이르러 끝이 나며, 서북쪽에 대해서는 말하지 않은 것은 서북쪽은 진나라 땅이기 때문이다. 「진세가」에서 헌공 말년에 진나라의 강역이 서로는 황하 서쪽까지 차지하여 진나라와 접경을 이룬다 한 것으로 알 수 있다. 안이라 한 것은 황하의 안쪽이다. 안으로 해량성까지라 한 것은 해량성은 다섯 성의 수에 들지 않는데, 나머지 읍을 포함하고 있기 때문일 것이다. 해량성은 곧 지금의 산서성 영제현(永濟縣) 오성호(伍姓湖) 북쪽의 해성(解城)이다. 희공 3년의 『전』에서 정나라 촉지무(燭之武)가 진백을 유세하여 "임금께 초(焦)와 하(瑕)를 약속하고서도 아침에 건너가서 저녁때는 성을 쌓았다"라 하였으니 초(焦)는 실로 다섯 성 가운데 하나이며, 하(瑕)는 황하 동쪽에 있다. 그러므로 「진본기」에서는 이오의 말을 서술하여 "실로 즉위할 수 있다면 진나라의 황하 서쪽의 여덟 성을 잘라서 진나라에 주겠다"고 하여 여덟 성이라 하였으니 이는 황하 바깥의 다섯 성과 황하 안쪽의 해량 및 하를 함께 친 것이고 나머지 읍은 그 이름을 모르겠다. 사마천만이 황하 서쪽의 여덟

旣而不與.[28]	얼마 후에는 주지 않았다.
晉饑,	진나라에 기아가 들자
秦輸之粟;[29]	진나라는 곡식을 보내 주었는데,
秦饑,	진나라에 기아가 들자
晉閉之糴,[30]	진나라는 곡식을 보내지 않았으므로
故秦伯伐晉.[31]	진백이 진나라를 쳤다.

성이라 하였는데, 여덟 성이 모두 황하 서쪽에 있다고 한 것은 잘 살피지 못한 것 같다.

28 「진세가(晉世家)」에서는 혜공 이오 원년 비정(丕鄭)을 진나라에 보내어 사과의 말을 전하였는데, "처음에 이오가 하서 지방을 임금께 드리기로 하여 이제 다행히 나라로 돌아가 왕위에 올랐습니다. 대신들이 말하기를 '토지는 선군의 토지인데 주군께서 국외로 달아나셨다가 무엇을 믿고 마음대로 진나라에게 허락하셨습니까?' 라고 해서 과인은 수차례 논쟁을 하였으나 어쩔 수가 없었습니다"라 하였다.

29 13년에 있었다.

30 14년에 있었다.

31 「진어 3」에서는 "[혜공 6년] 진(秦)나라는 해가 안정되자 군사를 거느리고 진나라를 쳤다"라 하여 역시 진(秦)나라가 진나라를 먼저 친 것이라 하였다. 「진본기」에서만 "[목공(繆公) 14년] 진(秦)나라에 기아가 들자 진나라에 곡식을 보내 줄 것을 청하였다. 진(晉)나라 임금이 신하들과 모의하였다. 괵석이 말하기를 '기아에 허덕일 때 치면 큰 공을 세울 수 있습니다' 라 하여 진나라 임금이 그 말을 따랐다. 15년 군사를 일으켜 진(秦)나라를 공격하였다. 목공이 군사를 일으켜 비표(丕豹)를 장수로 삼아 스스로 가서 그들을 쳤다"라 하였고, 「진세가」에서도 "혜공이 괵석의 계책을 써서 진(秦)나라에게 곡식을 주지 않았으며, 오히려 군사를 일으켜 진(秦)나라를 치니 진나라가 크게 노하여 또한 군사를 일으켜 진(晉)나라를 쳤다"라 하여 마치 진(晉)나라가 먼저 진(秦)나라를 치고 난 후에 진(秦)나라가 진(晉)나라를 친 것 같이 말하였다. 역사적 사실로 볼 때 진나라가 양식을 요청한 것은 지난해 겨울이고, 한(韓)의 전쟁은 올겨울[모두 주력(周曆)]인데 「진어」에서 이른바 "진나라는 해가 안정"된 후에 군사를 일으켰다는 것이 사실에 가까울 것이다. 진(晉)나라가 과연 괵석의 계책을 써서 기아를 틈타 진나라를 쳤다면 필시 둘째 해의 진나라가 할양받은 후까지 기다리지 않았을 것이다. 『태평어람』 권788에서 인용한 『사기』는 실은 진(晉)나라의 『사기』이며, 지금은 『죽서기년(竹書紀年)』이라 하는데 또한 "진목공이 황하를 건너 진나라를 쳤다"라 한 것으로 더욱 잘 알 수 있다.

卜徒父筮之,[32]	복도보가 시초점을 쳤더니
吉,	점괘가 길하여
"涉河,	"황하를 건너면
侯車敗."[33]	공후의 수레는 부서질 것이다"라 하였다.
詰之.[34]	캐물었더니
對曰,	대답하여 말하기를
"乃大吉也.	"크게 길합니다.
三敗,	세 번 물리치고
必獲晉君.	반드시 진나라 임금을 사로잡을 것입니다.
其卦遇蠱☶,[35]	고괘☶를 얻었는데
曰,	말하기를

32 복도보(卜徒父) : 진(秦)나라의 점쟁이로 이름은 도보(徒父)이다. 『주례·춘관·태복(春官·大卜)』에 의하면 삼조(三兆), 삼역(三易), 삼몽(三夢)을 관장하며 또한 복인(卜人)을 관장한다고 하였다.

33 이는 아마 점괘의 말일 것이다. 고염무(顧炎武)는 『보정(補正)』에서 점괘의 말이 아니라 사실이라고 하였으며, 진백(秦伯)의 수레가 부서지는 것이기 때문에 목공(穆公)이 불길하게 생각하여 캐물었을 따름이라고 하였다. 그러나 전문(全文)을 가지고 보건대 그렇지 않은 것 같다. 후거(侯車)는 공후(公侯), 곧 제후의 수레이다. 고동고〔顧棟高 : 『대사표(大事表)』〕와 청나라 장총함〔張聰咸 : 『변증(辨證)』〕, 오개생〔吳闓生 : 『문사견미(文史甄微)』〕은 후를 모두 후로 보아 척후의 수레나 중군에서 기다리는 수레로 보았는데 모두 확실치 않다.

34 무엇이 길한 것인지 꼼꼼히 물은 것이다.

35 손괘(巽卦)가 아래에 있고 간괘(艮卦)가 위에 있는 것이 고괘(蠱卦)이다.

'千乘三去,	'천 승을 세 번 물리칠 것이고
三去之餘,	세 번 물리친 끝에
獲其雄狐.'[36]	숫여우를 사로잡으리라' 하였으니
夫狐蠱,[37]	숫여우는
必其君也.	그 임금이 틀림없을 것입니다.
蠱之貞,	고괘의 내괘는

36 요사(繇辭)인 것 같다. 지금의 『주역』에는 없으므로 두예는 "여기서 말한 것들은 복서의 잡사인 것 같다"라 하였다. 고염무의 『보정(補正)』에서는 성공 16년의 "남방의 나라가 위축될 것이고 그 왕에게 활을 쏘니 화살이 그 눈에 꽂힌다(南國蹙, 射其元王, 中厥目)"라 한 것과 함께 모두 하(夏)와 상(商)의 점인 연산(連山), 귀장(歸藏)의 류와 같은 것이므로 위에서는 다만 "시초점을 쳤다(筮之)"라고만 말하였고 "『주역』으로 시초점을 쳤다(以周易筮之)"라고는 하지 않았다고 하였다.

거(去) : 예로부터 세 가지 뜻이 있어 왔다. 첫째는 거(阹), 또는 거(胠)로 차단하여 막는다는 뜻이다. 곧 "千乘三去"라는 것은 진후의 군대가 세 번 차단된다는 뜻이다. 두 번째는 나누다의 뜻으로 천을 3으로 나누면 나머지 수가 1이 되므로 세 번을 나눈 뒤에 숫여우를 잡는다고 하였다는 것이다. 그러나 이 두 설이 통하지 않은 적은 없었지만 청나라 석온옥(石韞玉)의 『독좌치언(讀左巵言)』에서 말한 "삼거(三去)라는 것은 세 번 쫓아낸다는 말로 다음의 '세 번 패하여 한에 이르렀다'는 말에 호응한다고 하였는데, 아마 진나라 사람이 세 번 패하였으니 진나라 사람이 세 번 쫓은 것이다"라 하였다 한 것만 못하다. 석온옥의 말은 고동고의 말에 근거한 것이다.

고(蠱) : 고괘(蠱卦)의 바깥 괘는 간괘(艮卦)로 『구가역(九家易)』에서는 간괘(艮卦)는 여우라고 하였는데, 이는 그 상이 여우라는 것이다. 주(主)는 5효(爻)이며, 5는 군위(君位)인데 이는 그 상이 숫여우이다. 옛사람들은 숫여우를 임금에 비유하기를 좋아하였는데, 『시경 · 제풍 · 남산(齊風 · 南山)』에서도 숫여우를 제양공에 비유하였다. 양공 10년의 『전』에서 웅(雄)으로 정나라 장수 황이(皇耳)를 비유한 것도 이와 같은 류이다. 날짐승(禽)을 자웅(雌雄)이라 하고, 길짐승(獸)을 빈모(牝牡)라고 하는데 여기서 모호(牡狐)라 하지 않고 웅호(雄狐)라 한 것은 『상서 · 목서(牧誓)』에서 자계(雌雞)라고 해야 할 것을 빈계(牝雞)라 한 것과 같은 경우이다.

37 호고(狐蠱) : 시초점을 쳐서 고괘(蠱卦)를 얻었으며, 호고(狐蠱)는 곧 웅호(雄狐)를 변화시킨 말.

風也;	풍이고,
其悔,	외괘는
山也.[38]	산입니다.
歲云秋矣,[39]	철은 가을이고
我落其實,	우리가 열매를 떨어뜨리고
而取其材,[40]	그 재목을 얻으니
所以克也.	이긴다는 것입니다.
實落, 材亡,	열매가 지고 재목이 없어진다면
不敗,	패하지 않고
何待?"[41]	무엇을 기다리겠습니까?"라 하였다.
三敗乃韓.[42]	진(晉)나라가 세 번 패하여 한에 이르렀다.

38 내괘(內卦)를 정(貞)이라 하고, 외괘(外卦)를 회(悔)라 한다. 회(悔)는 『설문해자』에서는 "역괘(易卦)의 상체(上體)이다"라 하였다. 고괘(蠱卦)는 손괘(巽卦)와 간괘(艮卦)로 구성되어 있으며 손괘가 내괘〔內卦 : 하체(下體)로 풍(風)이고, 간괘(艮卦)는 외괘〔外卦 : 상체(上體)〕로 산(山)이다.

39 아래에서 9월이라고 하였으니 하력(夏曆)으로 9월이다. 운(云)자는 조사로 아무런 뜻이 없다.

40 고괘(蠱卦)는 손괘(巽卦)가 내괘(內卦)인데 진(秦)나라의 입장에서 말하면 본국을 대표하며, 간괘(艮卦)가 외괘(外卦)로 적국을 대표한다. 진(秦)나라는 풍(風)이고, 진(晉)나라는 산(山)인데 바람〔風〕이 산위를 거치므로 열매가 떨어지고 재목을 취하는 상(象)으로 부회한 것이다.

41 "不敗何待"를 전인들은 하나의 구로 보았다.

42 한(韓) : 『경』에 보인다. 진(晉)나라 군대가 세 번을 내리 패하여 진(秦)나라 군사가 한원(韓原)에까지 이른 것이다. 거우(車右)를 점친 것은 한(韓)에 이른 후이니, 진나라가 세 번 패한 것은 변경에서 지키던 군사가 저항한 것이다. 진후는 아직 친히 군사를 이끌

晉侯謂慶鄭曰,	진후가 경정에게 말하였다.
“寇深矣,	“적이 깊이 들어왔으니
若之何?”	어찌하면 좋겠는가?”
對曰,	대답하여 말하기를
“君實深之,[43]	“임금님께서 실로 깊이 끌어들인 것이니
可若何?”	어찌할 수 있겠습니까?”라 하였다.
公曰,	혜공이 말하기를
“不孫!”[44]	“무례하도다!”라 하였다.
卜右,	거우를 점쳤는데
慶鄭吉.	경정이 길하다고 하였으나
弗使.[45]	그를 쓰지 않았다.
步揚御戎,[46]	보양이 융거를 몰고
家僕徒爲右.[47]	가복도가 거우가 되었다.

고 지휘를 하지 않았다.

43 심(深) : 사동용법으로 쓰였다. 적이 깊이 들어오게 하다의 뜻이다.

44 손(孫) : 손(遜)자의 뜻이다. 『설문해자』에는 “愻”으로 되어 있다. 불손(不孫)은 대답이 공경치 못하다는 말이다.

45 불손함을 미워한 것이다.

46 보양(步揚) : 희(姬)씨 성으로 진나라의 공족인 극(郤)씨의 후손이다. 보양은 보(步)에서 식읍을 먹었으므로 마침내 씨로 삼았다. 성공 11년 『경』의 『정의(正義)』에서는 『세본(世本)』을 인용하여 “극표(郤豹)가 의(義)를 낳고 의는 보양을 낳았으며 양은 주(州)를 낳았다”라 하였다. 『정의(正義)』에서는 또 말하기를 “주(州)는 곧 주(犨)이다”라 하였다. 그러므로 이에 대해 두예는 “보양은 극주(郤犨)의 아버지이다”라고 하였다.

乘小駟,[48]	소사의 수레를 탔는데
鄭入也.[49]	정나라에서 바친 것이다.
慶鄭曰,	경정이 말하였다.
"古者大事,[50]	"옛날에 큰일에는
必乘其產.[51]	반드시 그 나라에서 난 것을 탑니다.
生其水土,	그 나라의 물과 흙에서 자랐으며
而知其人心;	그 사람의 마음을 알기 때문입니다.
安其教訓,	그 가르침을 편안히 여기며
而服習其道;[52]	그 길에 익숙합니다.
唯所納之,	무엇이든지 받아들이며
無不如志.	뜻대로 되지 않음이 없습니다.
今乘異產,[53]	지금 다른 나라에서 난 말을 타고

---

47 가복도(家僕徒) : 「진어 3」의 위소(韋昭)의 주에서는 "가복도는 진나라의 대부이다"라 하였다. 우창(于鬯)의 『향초교서(香草校書)』에서는 가복도는 혹 곧 극씨의 가신일 것이라고 하였는데, 문장을 보고 이렇게 말하여 자신조차 그 설에 대하여 자신을 갖지 못했다.

48 소사(小駟) : 두예는 "정나라에서 바친 말의 이름이 소사이다"라 하였다.

49 입(入) : 곧 납(納)자의 뜻으로 바치다, 헌납하다의 뜻.

50 대사(大事) : 전쟁을 가리킴. 성공 13년의 『전』에서는 "나라의 큰 일은 제사와 전쟁에 있다"고 하였다.

51 반드시 본국에서 태어난 말을 가지고 수레를 끌어야 한다는 말이다.

52 복습(服習) : "服"역시 "習"의 뜻이다. 『한서 · 조조전(鼂錯傳)』에서는 복습(服習)이란 말을 자주 썼다. 이 구절의 뜻은 그 도로 사정에 여유가 있고 익숙하다는 말이다. 혹은 도(道)를 말을 모는 기술로 풀이하기도 하였다.

53 이산(異產) : 본국에서 나지 않은 말을 말함.

以從戎事,	전쟁을 하다가
及懼而變,[54]	두려운 상황을 만나면 변하여
將與人易.[55]	모는 사람의 뜻을 어기게 될 것입니다.
亂氣狡憤,[56]	어지러운 기운이 빠르게 움직이고
陰血周作,[57]	몸 안의 피가 두루 솟구치고
張脈僨興,[58]	혈맥이 팽창되어 솟아오르면
外彊中乾.[59]	겉은 강한 것 같으나 뱃속은 마릅니다.
進退不可,	오도 가도 못하게 되고

54 구(懼) : 사람의 마음을 모르면 그 교훈이 불안하고, 그 도로가 익숙하지 않기 때문에 전쟁에 임하면 두려워하는 것이다. 변(變)은 정상적인 상태의 반대라는 말이다.

55 역(易) : 애공 원년『전』의 "자상이 그것을 위배했다(子常易之)"의 역과 같은 뜻이다. 반(反)의 뜻으로, 어자의 뜻과 위반된다는 것을 말한다.

56 난기교분(亂氣狡憤) :『예기 · 악기(樂記)』의 정현의 주석에서는 "혈기교분(血氣狡憤)"으로 인용을 하였다. 유문기(劉文淇)의『구주소증(舊注疏證)』에서는『전』의 문장이 본래 "혈기(血氣)"가 되어야 할 것이라고 의심하였으며, "狡"도 본래 "交"가 되어야 할 것이라고 하여, 혈과 기가 함께 움직이는 것이라고 하였다. 공영달은 "亂氣狡憤"을 말이 기운이 어지럽고 어그러져 성이 난 것이라고 해석하였으며, 이 구절에서는 난기(亂氣)라 하였고, 다음 구절에서는 음혈(陰血)을 말하였다. 공영달의 설이 옳고 유문기의 설은 믿을 수 없다.

57 음혈(陰血) : 피는 몸 안에 있으므로 음혈이라고 하였다. 공영달의 주석〔소(疏)〕에서는 "음혈은 온몸에서 두루 움직인다"라고 하였다.

58 장맥분흥(張脈僨興) : 맥(脈)은 지금이 혈관을 말한다. 장맥(張脈)은 혈관이 팽창되어 오른 것을 말한다. 분(僨)은 분(墳)과 같은 뜻으로, 끓어오르다의 뜻이다. 분흥(僨興)은 같은 뜻의 쌍음사(雙音詞)이다. 음혈(陰血)이 두루 일어나므로 혈맥이 솟아오르는 것이다.

59 이상은 말에 대해 말한 것이다.

周旋不能,	돌지도 못하게 될 것이오니
君必悔之."	임금께서는 후회하실 것입니다."
弗聽.	그 말을 듣지 않았다.
九月,	9월에
晉侯逆秦師,	진후가 진나라 군사를 맞았는데
使韓簡視師,[60]	한간에게 군사를 시찰하게 하였다.
復曰,	와서 복명하기를
"師少於我,	"군사는 우리보다 적은데
鬪士倍我."	투사는 우리의 배가 됩니다"라 하였다.
公曰,	공이 말하였다.
"何故?"	"무슨 까닭인가?"
對曰,	대답하여 말하기를
"出因其資,[61]	"나라를 나올 때는 그들의 물자에 힘입었고

60 『사기 · 한세가(韓世家)』의 『색은(索隱)』에서 『세본(世本)』을 인용하여 "만〔萬 : 한만(韓萬)은 곡옥(曲玉) 환숙(桓叔)의 아들이다〕이 구백(賕伯)을 낳았으며 구백은 정백간(鄭伯簡)을 낳았다"고 하였으므로 두예는 "한간(韓簡)은 진나라 대부 한만의 손자이다"라고 하였다.

61 두예는 "양(粱)나라로 도망가서 진(秦)나라에게 구원을 요청한 것을 말한다"라 하였다. 「진어 2」를 가지고 고찰해 보면 이오는 양나라로 달아났는데, 또한 양나라가 진나라에 가까웠으므로 구원을 할 수가 있었던 까닭이다. 이오가 진나라의 난리에서 도망을 할 수 있었던 것은 진나라의 물질적 도움에 의해서였다.

入用其寵,[62] 들어갈 때는 그들의 총애에 의하였으며

饑食其粟, 굶주렸을 때 그들의 곡식을 먹었고

三施而無報,[63] 세 번 은혜를 입었으나 갚지를 않았으며

是以來也. 이 때문에 온 것입니다.

今又擊之, 지금 또한 그들을 치니

我怠, 秦奮, 우리는 해이하고 진나라는 투지가 넘치는데

倍猶未也." 병사가 배가 된다 하여도 안 될 것입니다"라 하였다.

公曰, 공이 말하였다.

"一夫不可狃, "일개 지아비도 업신여길 수 없거늘

況國乎?"[64] 하물며 나라이겠는가?"

---

62 진나라가 이오를 진(晉)나라로 들여보내 왕위에 앉힌 것을 말한다.

63 시(施): 거성(去聲)이며 명사이다. 은혜라는 뜻이다.

64 「진어 3」에서는 혜공이 한간에게 답하는 말을 서술하여 "공이 말하였다. '그러면 지금 내가 공격하지 않으면 돌아가면 반드시 업신여길 것이오. 한 지아비도 업신여길 수 없는데 하물며 나라를 가진 사람이겠는가?'"라 하였다. 그러니 업신여기는 사람들은 곧 진(晉)나라의 백성들을 가리킨다. 그러므로 두예는 "뉴(狃)는 방자함이다. 진나라를 피하면 그들의 방자함을 불러오게 한다"라 하였다. 이는 곧 한간의 "우리는 해이하고 진나라는 투지가 넘친다"는 말에 대한 답이다. 두예의 말은 토론을 거침직하다. 업신여긴다는 것은 진(秦)나라를 가리킬 것이다. 『옥편(玉篇)』[남북조(南北朝) 시대 고야왕(顧野王: 519~581)이 만든 자전(字典)]에서는 "뉴(狃)는 친압하는 것이다"라 하였다. 혜공은 필부라도 오히려 가벼이 친압하여 모욕할 수 없는데 하물며 나라의 임금이겠느냐?라는 말

遂使請戰,[65]	마침내 싸움을 청하게 하고
曰,	말하기를
"寡人不佞,[66]	"과인이 재주가 없어
能合其衆而不能離也.[67]	무리를 모을 수는 있으나 흩을 수는 없습니다.
君若不還,	임금께서 돌아가지 않으신다면
無所逃命."	명에서 달아나지 않겠습니다"라 하였다.
秦伯使公孫枝對曰,	진백이 공손지에게 대답하게 하여 말하기를
"君之未入,	"임금께서 귀국하지 못하였을 때는
寡人懼之;	과인이 그것을 두려워하였고,
入而未定列,[68]	귀국을 하여 왕위가 안정되지 못하였을 때는

이다. 진(晉)나라 임금이 세 번이나 우리에게 은혜를 베풀었는데 우리가 은혜를 갚지 않은 것이 가벼이 여겨 모욕한 것이라는 말이다. 『국어』의 뜻은 『전』과 딱 부합되지는 않는다.

65 「진어 3」에서는 "공이 한간에게 도전하게 하였다"라 하였는데 이는 전쟁을 약속한 것이다.

66 녕(佞) : 재주라는 말이다.

67 전국시대의 병법서 『오자 · 치병(吳子 · 治兵)』편에서 "무리들을 모을 수는 있어도 흩을 수는 없다"라 하였으니 옛날에는 무리를 잘 모으는 것을 장수의 재능으로 생각하였다.

68 정렬(定列) : 정위(定位)와 같은 말로, 군위가 안정된 것을 말한다.

69 「진어 3」에서는 "목공이 조각한 창을 비껴 잡고 사자를 보고 말하기를 '지난날 임금께서

猶吾憂也.	오히려 내가 근심하였소.
若列定矣,	왕위가 안정되었다면
敢不承命."[69]	감히 명을 받들지 않겠소?"라 하였다.
韓簡退曰,	한간이 물러나 말하였다.
"吾幸而得囚."[70]	"내 포로나 되면 다행이겠다."
壬戌,[71]	임술일에
戰于韓原.	한원에서 싸웠다.
晉戎馬還濘而止.[72]	진혜공의 전차를 모는 말이 진창을 맴돌며 섰다.
公號慶鄭.[73]	공이 경정을 불렀다.
慶鄭曰,	경정이 말했다.

귀국하지 않았을 때는 과인의 근심거리였는데, 임금께서 귀국을 해서 왕위가 안정되지 못했을 때는 과인이 잊을 수가 없었소. 지금 임금께선 왕위도 안정되고 전열도 갖추어졌으니 임금께서 전열을 정비하면 과인이 직접 뵙고 싶소' 라 하였다"라 했다. 「진어」에 의하면 열(列)은 군대의 행렬이라는 뜻이 된다. 그러나 『좌전』의 뜻만을 가지고 보면 정렬(定列)은 왕위의 안정으로 보는 것이 더 원만하여 반드시 억지로 『국어』의 뜻에 맞출 필요는 없을 것이다. 「진어」에서 진목공이 사자를 직접 보는 것 또한 『좌전』과 다르다.

70 이 문장에 의하면 진나라에서 전쟁을 청한 사자는 바로 한간이다. 포로가 되는 것이 다행이라고 생각한 것은 싸우면 반드시 질 것이며 자신이 혹 전사할 지도 모른다는 뜻이다.

71 임술(壬戌) : 14일이다. 『경』에서는 주력(周曆)을 썼으므로 11월 임술일이며, 『전』에서는 진(晉)나라의 사관이 하력(夏曆)을 썼으니 구월이다.

72 환(還) : 맴도는 것이다.
녕(濘) : 진창이다. 소사(小駟)가 길들여지지 않아 진창에 빠져 맴돌며 빠져나가지 못하는 것이다

73 경정에게 큰 소리로 구조를 요청한 것이다.

“愎諫, 違卜,[74] “간언을 버리고 점괘를 어겼으니

固敗是求, 실로 패배를 자초한 것인데

又何逃焉?” 또한 어찌하여 도망치십니까?”

遂去之.[75] 마침내 그곳을 떠났다.

梁由靡御韓簡, 양유미가 한간의 마차를 몰았고

虢射爲右, 괵석이 거우가 되어

輅秦伯,[76] 진백을 맞아 싸워

將止之.[77] 거의 잡게 되었다.

鄭以救公誤之, 경정이 공을 구하라고 하여 그르치고

遂失秦伯. 마침내 진백을 놓쳤다.

秦獲晉侯以歸.[78] 진나라는 진후를 사로잡아서 돌아갔다.

---

74 퍅간(愎諫) : 『일주서 · 시법해(逸周書 · 諡法解)』에서는 간언을 버리는 것을 퍅(愎)이라 한다고 하였다. 여기서는 소사를 쓰지 말라는 간언을 따르지 않은 것을 가리킨다.
위복(違卜) : 자신을 거우로 쓰지 않은 것을 가리킨다.

75 「진어 3」에서는 “목공이 대부를 부르고 수레에 올랐다. 임금이 직접 북을 치며 진격하였다. 진나라 군사는 궤멸되고 융마(戎馬)는 진창에 빠져 멈추어 섰다. 공이 경정을 불러 말하기를 ‘나를 태워라!’ 하니 경정이 말하기를 ‘배은망덕하고 길한 점괘를 버렸으니 어찌 내가 실어 주겠는가? 내 수레에는 욕되이 임금님을 피신시킬 수 없습니다’ 라 하였다” 라 하였다.

76 로(輅) : 맞는다는 뜻이다. 맞아 싸우는 것을 말한다.

77 지(止) : 사로잡는 것이다.

78 「진어 3」의 서술은 『전』과 같다. 「진세가」에서는 “혜공의 말이 무거워 진창에 빠져 나아가지 못하는데 진나라 병사가 다가왔다. 공은 다급해져서 경정을 불러 수레를 몰라고 하였다. 경정이 말하기를 ‘점을 쳐서 나온 말을 쓰지 않았으니 실패해도 당연하지 않겠습

晉大夫反首拔舍從之.[79] 진나라 대부들이 머리를 풀어헤치고 막사를 뜯어 그들을 좇았다.

秦伯使辭焉, 진백이 그들을 거절하게 하며

曰, 말하기를

"二三子何其慼也![80] "그대들은 어찌 그리 슬퍼하는가!

니까?'라 하고는 마침내 그곳을 떠났다. 다시 양유미에게 수레를 몰게 하고 괵석을 거우로 삼아 진목공을 맞아 싸웠다. 목공의 장사가 진나라 군사를 치니 진나라 군사는 패하였고 마침내 진목공을 놓쳤으며 도리어 진혜공을 잡아서 돌아갔다"라 하여『좌전』및『국어』와는 다르다. 이는 대체로『여씨춘추·애사(愛士)』편에 전하여 내려온 말을 썼기 때문이며,『좌전』과『국어』의 말이 더욱 믿을 만하다고 생각한다.「애사」편에서는 "옛날에 진목공이 마차를 타고 가다가 마차가 부서지고 오른쪽 복마(사마 중 안쪽의 두 말)를 잃었는데 농부들이 가져갔다. 목공이 직접 가서 찾았는데 농부들이 기산(岐山)의 남쪽에서 말을 잡아 바야흐로 먹으려는 중이었다. 목공이 탄식하여 말하였다. '준마의 고기를 먹는데 술을 마시지 않으니 너희들을 가슴 아프게 할까 걱정되는구나.' 이에 두루 술을 돌리고 그 자리를 떠났다. 1년 만에 한원(韓原)의 전역이 있었는데 진나라 사람들이 목공의 수레를 에워싸고 있었다. 진나라의 양유미가 이미 목공의 왼쪽 참마(곁말)를 당기고 진혜공의 거우 노석(路石)은 창을 던져 목공의 갑옷을 맞혔으며 한가운데는 이미 여섯 군데나 뚫렸다. 농부들 가운데 기산의 남쪽에서 말을 고기를 먹은 자 3백여 명이 있는 힘을 다하여 목공을 위해 수레 아래서 싸우니 마침내 진나라를 크게 이길 수 있었고 오히려 혜공을 사로잡아 돌아가게 되었다"라 하였다. 이 일은 전한(前漢) 한영(韓嬰)의『한시외전(韓詩外傳)』권10과 전한(前漢) 회남왕(淮南王) 유안(劉安)의『회남자·범론훈(淮南子·氾論訓)』, 전한(前漢) 말 유향(劉向)의『설원·복은(說苑·復恩)』, 남북조 시대 양(梁)나라 원제(元帝) 소역(蕭繹)의『금루자·설번(金樓子·說蕃)』편에도 보인다.

79 진대부(晉大夫) : 아래의 문장에 의하면 아마 극걸(郤乞) 등일 것이다.
반수(反手) : 두예는 "머리를 어지럽게 풀어 아래로 늘어뜨리는 것이다"라 하였다.
발사(拔舍) : 『주례·대사마(周禮·大司馬)』의 발사(茇舍)와 같으며, 또한 곧 양공 28년『전』의 초사(草舍)이다. 또한『주례·천관·장사(天官·掌舍)』에서 이른바 단유궁(壇壝宮)이자,『주례·하관·양인(夏官·量人)』에서 이른바 "군영(軍營) 중의 누사(壘舍)"이다. 곧 행군을 하는 도중에 오래 머무르는 곳으로 요즘의 군용 막사와 같은 것이다. 여기서는 막사를 뽑아서 진(秦)나라 군사들을 따라 서쪽으로 가는 것을 말한다.

80 척(慼) : 척(慽)과 같은 뜻으로, 근심하다, 슬퍼하다의 뜻.

寡人之從晉君而西也,[81]	과인이 진나라 임금을 좇아 서쪽으로 가는 것은
亦晉之妖夢是踐,[82]	다만 진나라의 요사한 꿈이 맞아떨어진 것인데
豈敢以至?"[83]	어찌 감히 이렇게 심하게 하는 것인가?"라 하였다.
晉大夫三拜稽首曰,[84]	진나라 대부들이 세 번 절하고 머리를 조아리며 말하기를
"君履后土而戴皇天,	"임금께서는 후토를 밟고 황천을 이셨으니
皇天后土實聞君之言,	황천과 후토도 실로 임금님의 말을 들었을 것이고
羣臣敢在下風."[85]	신들도 감히 바람이 불어오는 아래에서 들었습니다."

81 『당석경(唐石經)』본에서는 "晉"자를 깎아 없앴다. 청나라 엄가균(嚴可均)은 "여기서 진나라 대부에게 말하는 것은 위의 전쟁을 청하는 것과는 다르며 만약 '晉' 자를 깎아서 없애면 진나라 임금과 맞대고 이야기하는 것 같다. 고쳐서 새긴 것은 잘못이다. 지금 각 판본에는 '晉' 자가 없다"라 하였는데, 옳게 본 것이다.

82 역(亦) : "다만 지"(秖)자의 뜻으로 쓰였다. 다만 진나라의 요사한 꿈을 그대로 따르는 것이라는 말이다. 요몽(妖夢)은 호돌(狐突)이 한낮에 태자 신생을 만난 꿈을 말하며, 앞 10년의 『전』을 보라.

83 이(以)는 태(太)자의 뜻이고, 지(至)는 심(甚)의 뜻이다. 매우.

84 삼배계수(三拜稽首) : 옛날 사람들은 재배계수(再拜稽首)만 하였는데 여기서 삼배계수(三拜稽首)를 한 것은 정공 4년 『전』의 신포소(申包胥)의 구돈수(九頓首) 및 「초어(楚語) 상」의 "초거(椒擧)가 내려가서 삼배(三拜)를 하였다"는 것과 함께 모두 변체(變體)이다. 곧 망하려거나 이미 망한 나라의 사람들이 행하는 예법이다.

85 이는 진목공이 진나라의 대부들에게 너무 심하게 행동을 하지 말라는 말을 듣고 요약한

穆姬聞晉侯將至,[86] 목희가 진후가 곧 이른다는 말을 듣고

以大子罃, 弘與女簡璧登臺而履薪焉.[87] 태자 앵과 홍 및 딸 간벽을 데리고 대에 올라 섶을 밟고 있었다.

使以免服衰絰逆,[88] 문에 상복을 입고 맞게 하고는

且告曰, 또 말하기를

"上天降災, "하늘이 화를 내려

것이다. 『전국책 · 초책(楚策)』 포표(鮑彪 : 송나라)의 주〔『포씨전국책주(鮑氏戰國策注)』〕에서는 "맞아들이려 할 때는 반드시 바람이 부는데 감히 맞서 서 있을 수 없으므로 하풍(下風)이라 한 것이다"라 하였다.

86 「진본기」에서는 "이에 목공(繆公)이 진나라 임금을 포로로 데리고 돌아와 나라에 명을 내리기를 '재계하고 잠자리에 들라. 내 진나라 임금을 제물로 상제께 제사를 드릴 것이다' 라 하였다"라 하였다.

87 앵(罃) : 곧 진강공(秦康公)이다. 『열녀전 · 현명전(賢明傳)』에서는 "진나라가 마침내 군사를 일으켜 진나라와 싸워 진나라 임금을 사로잡아 돌아왔다. 진목공이 말하기를 '선인의 묘당을 소제하라 과인이 진나라 임금을 바치며 뵐 것이다' 라 하였다. 목희가 이 말을 듣고 태자 앵, 공자 굉(公子宏) 및 간벽과 함께 상복을 입고 섶을 밟은 채 맞이하였다"라 하였다.
이신(履薪) : 밑에다 섶을 쌓아 놓고 그것을 밟고 있는 것으로, 여차하면 스스로 불을 지르겠다는 것을 보여주는 것이다.

88 문(免) : 관(冠)을 벗고 머리를 동여매는 상례이다. 한 치 너비의 베로 목에서 앞으로 나아가며 이마에서 교차시킨 후 또 뒤쪽으로 가서 상투를 감싸는 것이다. 상을 당하였을 때의 복장은 처음 죽었을 때는 문(免)을 하며, 성복을 하면 최질(衰絰)을 입는다. 『열녀전』 및 아래에서 인용한 『사기』의 「진본기」 및 「진세가」에서 "진(晉)나라 임금의 누이는 목공의 부인이었는데 최질의 상복을 입고 눈물을 흘렸다"라 한 말에 의하면 최질은 목희가 스스로 입은 것으로 혜공이 패전하여 포로가 되어 함께 죽으려는 것을 말한 것이므로, 그것 때문에 상복을 입은 것이지 『전』에서 말한 것과는 뜻이 다르다. 『전』의 뜻은 사자에게 상복을 지니게 하고 목공을 맞아 자신과 아들딸이 모두 죽으면 목공이 즉시 그 상복을 입으라는 뜻 같다. 두예는 행인들에게 이 상복을 입히고 진백을 맞으라 했다고 하였는데 또한 틀렸다. 최질(衰絰)은 모두 상복으로 33년의 『전』에 상세히 보인다.

使我兩君匪以玉帛相見,[89]	우리 두 임금으로 하여금 옥백으로 만나게 하지 않고
而以興戎.	전쟁을 일으키게 하였습니다.
若晉君朝以入,	진나라 임금이 아침에 들어오면
則婢子夕以死;	저는 저녁에 죽고,
夕以入,	저녁에 들어오면
則朝以死.	아침에 죽을 것입니다.
唯君裁之!"[90]	임금께서는 헤아려 주시기 바랍니다!"라 하였다.

89 공영달의 소(疏)에서는 "우리 두 임금이 서로 만나는데 옥백으로 만나게 하지 않았다(使我兩君相見不以玉帛)"로 인용하였다. 옥은 규장(圭璋) 등속이고, 백(帛)은 속백(束帛)이다. 모두 제후가 회맹이나 조빙을 할 때 쓰는 예물이다.

90 육덕명(陸德明)의 『석문(釋文)』과 공영달의 소(疏)에서는 "가로 왈(曰)"자 이하 여기까지의 42자는 고본(古本)에는 모두 없으며, 곧 후인이 제멋대로 첨가한 것이라고 하였다. 홍양길(洪亮吉)의 『고(詁)』에서는 아예 이것을 산삭해버렸다. 그러나 『열녀전(列女傳)』에서는 이 일을 서술하여 또한 말하기를 "또한 목공에게 알리어 말하게 하기를 '하늘이 재앙을 내려 두 임금으로 하여금 옥백의 예를 갖추어 만나게 하지 못하고 전쟁을 일으키게 하였습니다. 저의 형제들이 서로 구원할 수 없게 하여 임금의 명을 욕되게 하였습니다. 진나라 임금이 아침에 들어오면 저는 저녁에 죽을 것입니다. 임금께서는 그것을 잘 도모하십시오' 라고 하였다." 하였으며, 「진본기」에서도 이 글을 뭉뚱거려서 "이오(夷吾)의 누이는 또한 목공(繆公)의 부인이었는데, 부인이 그 말을 듣고는 곧 최질의 상복을 입고 맨발로 서서 말하기를 '첩의 형제가 서로 구원하지 못하여 임금의 명을 욕되게 하였습니다' 라 하였다." 하였으니 이 42자가 후인들에 의해 첨가된 것이 아님을 알 수 있다. 심흠한(沈欽韓)의 『보주(補注)』에서는 "공영달과 육덕명의 글에서는 어쩌다 탈락된 것일 뿐이다"라 하였다. 『예기·곡례 하』에서는 "부인이 임금 앞에서 자신을 일컬을 때는 소동(小童)이라 하고 세부(世婦) 이하는 비자(婢子)라고 한다"라 하였다. 여기서는 자신을 일컬어 소동이라 해야 하는데 비자라 하였으니, 비자 역시 부인들이 통용하는 겸칭(謙稱)으로 쓰일 수 있었다.

乃舍諸靈臺.[91]	이에 진혜공을 영대에 두었다.
大夫請以入.[92]	대부들이 혜공을 들여올 것을 청하였다.
公曰,	공이 말하였다.
"獲晉侯,	"진후를 사로잡아
以厚歸也;[93]	두터운 수확을 가지고 돌아오는 것이다.
旣而喪歸,	그 일이 상사로 귀결된다면
焉用之?	어디다 쓰겠느냐?
大夫其何有焉?[94]	대부들에게는 무슨 이득이 있겠느냐?
且晉人慼憂以重我,[95]	또한 진나라 사람들이 슬퍼하여 내 마음을 움직였는데
天地以要我.[96]	천지로 나에게 약속을 하였소.

---

91 사저영대(舍諸靈臺) : 이는 목공이 그 부인의 말을 듣고 혜공을 영대에 거처하게 배려한 것이다. 『열녀전(列女傳)』에서도 "공이 두려워하여 이에 영대에 두게 하였다"라 하였다. 영대는 곧 진(秦)나라의 영대이지 서주(西周)의 영대는 아닐 것이다. 당시에는 제후들도 영대를 가지고 있었으니 애공 25년의 『전』에서 "위후(衛侯)가 적포(藉圃)에 영대를 지었다"라 한 것으로 알 수 있다. 이 영대는 진나라 도읍의 교외에 있을 것이다.

92 혜공을 도성으로 들여올 것을 청한 것이다.

93 포로를 풍성하게 잡아 돌아온 것이다.

94 하유(何有) : 두예는 "'하유'는 '하득'과 같다(何有猶何得)"라 하였다.

95 척우(慼憂) : 같은 뜻을 중첩하여 쓴 복음사. 여기서는 위에서 진(晉)나라 대부들이 "反首拔舍"한 일을 가리킨다.
중(重) : 왕인지(王引之)의 『술문(述聞)』에서는 "움직일 동(動)"자가 되어야 할 것이라 하였다. 내 마음을 움직이게 하였다는 것을 말한다.

96 요(要) : 평성(平聲)으로, 약속이란 뜻이다.

不圖晉憂,	진나라의 슬픔을 도모하지 않는다면
重其怒也;[97]	그들의 분노를 가중시키는 것이오.
我食吾言,[98]	내가 한 말을 내가 저버리는 것은
背天地也.	천지를 등지는 것이 되오.
重怒,	분노를 가중시키면
難任;[99]	감당하기가 어렵고,
背天,	하늘을 어기면
不祥,	상서롭지 못하니
必歸晉君."	반드시 진나라 임금을 돌려보내겠소."
公子縶曰,[100]	공자 집이 말하였다.
"不如殺之,	"그를 죽여
無聚慝焉."[101]	사악함을 쌓지 못하게 함만 못합니다."

97 중기노(重其怒) : 그 분노를 가중시키는 것이다.

98 아식오언(我食吾言) : 『상서 · 탕서(湯誓)』에 "짐은 식언을 하지 않는다(朕不食言)"라는 말이 나오는데, 남송(南宋) 채침(蔡沈)의 『집전(集傳)』에서는 "식언은 말을 이미 꺼내 놓고 도리어 삼킨 것이다"라 하였다. 애공 25년의 『전』에서 "맹무백(孟武伯)이 곽중(郭重)을 미워하여 말했다. '어떻게 살이 쪘는가?' 이에 공이 말하기를 '이 사람은 식언을 많이 하였으니 살이 찌지 않을 수 있겠는가?' 라 하였다"라 한 것으로 보아 옛날에 허락한 말을 이행하지 않는 것을 식언이라 하였음을 알 수 있다.

99 임(任) : 당(當), 곧 당해 내다, 감당하다의 뜻이다.

100 공자 집(公子縶) : 「진어(晉語) 2」의 위소(韋昭)의 주석에서는 "집(縶)은 진(秦)나라 공자 자현(子顯)이다"라 하였다.

101 「진어 3」에서는 "목공이 돌아와 왕성에 이르러 대부들을 모아놓고 의논하여 말했다.

子桑曰,	자상이 말하였다.
“歸之而質其大子,	“그를 돌려보내고 그 태자를 인질로 삼으면
必得大成.[102]	크게 유리한 강화를 얻게 될 것입니다.
晉未可滅,	진나라를 멸망시킬 수 없는데
而殺其君,	그 임금을 죽이면
祇以成惡.	관계만 악화될 뿐입니다.
且史佚有言曰,[103]	또한 사일이 말하기를
‘無始禍,[104]	‘화를 이끌지도 말며

‘진나라 임금을 죽이는 것과 쫓아내는 것, 돌려보내는 것, 복위시키는 것 가운데 어느 것이 득이 되겠는가?’ 공자 집이 말하기를 ‘죽이는 것이 이롭습니다. 쫓아내면 어찌 제후들을 얽지 않겠으며, 돌려보내면 나라에 사악함이 많아질 것이고, 복위를 시키면 군신 간에 합작하여 임금님의 근심이 될 것입니다. 차라리 죽이느니만 못합니다’라 하였다”라 하였다.

102 대성(大成) : 크게 유리한 강화.

103 사일(史佚) : 곧 『상서 · 낙고(洛誥)』의 “작책 일(作册逸)”이다. 작책(作册)은 문서 만드는 일을 관장하는 관직 이름이다. 일(佚)과 일(逸)은 옛날에는 통용하였다. 「진어 4」에 “문왕(文王)이 신(莘)과 윤(尹)을 찾았다”는 말이 있는데 주석에서 윤(尹)은 곧 윤일(尹佚)이라 하였다. 『일주서 · 세부해(逸周書 · 世俘解)』에서는 “무왕(武王)이 동쪽에서 내려와 사일(史佚)에게 책을 노래하게 하였다”라 하였으며, 『회남자 · 도응훈(道應訓)』편에서는 “성왕(成王)이 윤일(尹佚)에게 정치에 대해 묻게 하였다”라 하였으니 윤일은 주나라 문왕과 무왕, 성왕의 3대를 두루 섬겼다. 『좌전』에서 사일의 말을 인용한 것은 다섯 차례인데, 성공 4년의 『전』에서는 또한 『사일지지(史佚之志)』를 인용하였으니 사일의 말은 아마 당시 사람들이 모두 이 『사일지지』에 의거하였을 것이다. 『한서 · 예문지(藝文志)』에 「윤일」이 있는데 주석에서 말하기를 “주나라의 신하로 성왕과 강왕 때 있었다”라고 하였으니 이 사일은 인명이다.

104 시화(始禍) : 수화(首禍)와 같은 말이다. 화란(禍亂)을 이끄는 것을 말한다.

無怙亂,[105]	난을 믿지도 말고
無重怒.'	분노를 가중시키지도 말라' 라 하였습니다.
重怒,	분노를 가중시키면
難任;	감당하기가 어려우며,
陵人,	남을 업신여기면
不祥."[106]	상서롭지 못합니다."
乃許晉平.	이에 진나라의 화평을 허락했다.
晉侯使郤乞告瑕呂飴甥,[107]	진후가 극걸을 보내 하려이생에게 알리게 하고
且召之.[108]	또 그를 불렀다.
子金教之言曰,[109]	자금이 그에게 할 말을 가르쳐 주며 말하였다.
"朝國人而以君命賞.	"도성의 사람들을 조정에 모아 임금의 명으로 상을 주십시오.

---

105 호란(怙亂) : 호(怙)는 곧 시(恃)자와 같은 뜻으로, 믿는다는 뜻이다. 남에게 일어난 난을 자기의 이로움으로 삼는다는 뜻이다.

106 「진어 3」에서는 "공손지(公孫枝)가 말하였다. '돌려보내어 진(晉)나라와 강화를 이루고 그 임금을 복위시켜 적자를 인질로 삼아 아들과 아버지로 하여금 대신 진(秦)나라에 처하게 함으로써 나라에 해가 없이하도록 함만 못합니다' "라 하였다.

107 극걸(郤乞) : 진(晉)나라의 대부이다.

108 지(之) : 여생(呂甥)을 가리킨다.

109 자금(子金) : 하려이생(瑕呂飴甥)의 자.
교(教) : 극걸(郤乞)을 가르친다는 것은 혜공(惠公)을 위해 모의하는 것을 말한다.

且告之曰,	또한 알리어 말하기를
'孤雖歸,	'과인이 돌아오기는 하였지만
辱社稷矣,	사직을 욕보였으니
其卜貳圉也.'"[110]	아무래도 어를 대신 세울 것을 점쳐야겠다'라 하십시오."
衆皆哭,[111]	사람들이 모두 통곡을 하니
晉於是乎作爰田.[112]	진나라는 이에 원전을 만들었다.

---

110 『주례 · 대사도(大司徒)』에서는 "나라에 큰 연고가 있으면 만민을 왕문(王門)에 불러 모은다"라 하였다. 같은 책 「소사구(小司寇)」에서는 "외조의 정치를 관장하여 만민을 불러 자문을 구하는데, 첫째는 나라가 위태로운 것을 묻고, 둘째는 국도를 옮길 것을 물으며, 셋째는 임금을 세울 것을 묻는다"라 하였다. 여기서 말한 국인(國人)은 바로 『주례』에서 말한 만민을 불러 모으는 것이다. 이곳의 도성 사람들을 조정에 모아 어(圉)를 임금으로 세울 것을 묻는 것과 18년 『전』에서 형(邢)나라 사람과 적(狄) 사람들이 위나라를 치자 위후(衛侯)가 나라를 조정의 여러 사람들에게 양보하며 "정말로 잘 다스리기만 하면 나는 그를 따르겠다"라 한 것, 정공 8년 『전』의 위령공(衛靈公)이 도성의 사람들을 조정에 모아 반란에 대하여 묻는 것 및 애공 원년 『전』의 진회공(陳懷公)이 조정에 도성 사람들을 모아 초나라와 동맹을 맺을까 오나라와 동맹을 맺을까 묻는 것이 모두 나라의 위태로움에 대해 자문을 구하는 것이다.
복이(卜貳) : 혜공의 아들 어(圉)가 임금으로 즉위할 날을 점치는 것이다. 「진세가」에서는 이 일에 대하여 "진후 또한 여성(呂省) 등으로 하여금 도성의 사람들에게 알리게 하기를 '과인이 비록 귀국을 할 수 있었지만 사직을 뵐 면목이 없으니 길일을 잡아 자어(子圉)를 세우라'고 하였다"라 하였다. 「진어 1」에서는 "태자라고 하는 것은 임금의 계승자이다(君之貳也)"라고 하였다. 『예기 · 방기(坊記)』에서도 "오직 [임금을 대신하여] 점을 치는 날에만 이군이라고 한다(唯卜之日稱貳君)"라 하였다. 「진어 3」에서는 "공이 진나라에 있은 지 3개월이 되었는데 진나라가 곧 강화할 것임을 듣고 이에 극걸로 하여금 여생에게 이 소식을 알리게 하였다. 여생이 극걸에게 가르쳐 주어 궁문 앞에 모인 도성 사람들에게 말하게 하기를 '임금께서 나더러 여러분에게 말하게 하기를 "진나라가 곧 과인을 돌려보내려 하는데 과인이 부족하여 사직을 욕되게 하였으니 그대들은 어로 대신 바꾸어 세울지니라"라 하였습니다'라 하였다"고 하였다. 이른바 "어로 대신 바꾸어 세우는 것"은 진나라 임금을 어로 바꾸는 것이다.

111 극걸이 여생이 가르쳐 준 대로 뭇사람들에게 말하니 사람들이 이에 우는 것이다.

112 원전(爰田) : 「진어 3」에서는 "또한 상을 내려 사람들을 기쁘게 하니 사람들이 울었으며 이에 원전(轅田)을 만들었다"라 하였다. 원전(轅田)은 곧 "爰田"이다. 원전에 대해서는 고금에 해석이 각기 달라 의견이 분분한데 대체로 다음의 몇 가지 설이 있다. 두예는 "국가로 납입할 공전의 조세를 나누어 상줄 사람들에게 주는 것이다"라고 하였다. 곧 나라에 납입할 세금을 사람들에게 상으로 주는 것으로 고치는 것이다. 두예는 세금을 가지고 말하였는데, 이는 원전의 뜻이 아닐 것이다. 「진어 3」의 주석에서는 후한(後漢)의 가규(賈逵)의 말을 인용하여 "원(轅)은 바꾼다는 뜻으로 밭을 바꾸는 법을 만들어 사람들에게 밭을 상으로 주는 것이다. 역(易)은 강계(疆界)로 바꾸는 것이다"라 하였다. 공영달의 소(疏)에서는 후한(後漢)의 복건(服虔)과 진(晋)나라의 공조(孔晁)의 말을 인용하여 "원(爰)은 바꾸는 것이다. 사람들에게 밭을 상으로 주어 경계의 변두리로 바꾸는 것이다"라 하였는데, 이는 가규와 북건, 공조의 견해가 같다. 그러나 이 말의 의미는 그리 분명하지가 않아 후인들은 각각 달리 해석하였다. 이이덕(李貽德)의 『가복주집술(賈服注輯述)』에서는 여기에 대해 "원(爰)과 원(轅)은 모두 가차자로 본래는 원(趄)이 되어야 한다. 『설문해자』에서는 '원(趄)은 원전(趄田)으로 밭을 바꾸는 것이다' 라고 하였다. 『공양전』 선공 15년의 하휴(何休)의 주석에서는 '사공(司空)이 삼가 밭의 고하와 선악을 구별하여 세 품등으로 나누는데 상품의 밭은 1년에 한번 개간하고 중품의 밭은 2년에 한 번, 하품의 밭은 3년에 한 번 개간을 한다. 기름진 땅은 홀로 즐길 수 없고 척박한 땅은 혼자 고생할 수 없으므로 3년에 한 번씩 주인을 바꾸어 살게 하여 재화와 힘이 고르게 들어가게 한다' 라 하였다. 혜공의 앞에서 옛 제도는 이미 없어져 비옥하고 척박한 땅을 서로 바꾸지 않았으며, 지금 상을 받은 후에 민중들은 크게 화합하여 다시 원전 제도를 만들어 3년마다 한 번씩 바꾸어 재화와 힘이 고르게 하도록 하였다. ……" 하였다. 이는 곧 진나라가 원전을 마들어 옛 제도를 회복한 것을 말한다. 옛 제도를 회복하였으니 만들었다고는 할 수 없다. 또한 주나라의 제도가 매년 땅을 바꾸어 옮겨 가며 거처했는가의 여부에 대해서도 옛날 사람들은 이미 의심을 했다. 손이양(孫詒讓)의 『주례 · 대사도』의 『정의(正義)』에서는 이런 것을 일러 "밭과 오두막을 바꾸어 분란과 소요가 끊이지 않았다"라 하였고, 청나라 진립(陳立)은 『공양전』 선공 15년의 『의소(義疏)』에서 "여러 가지를 막아 오랜 계책이 아닌 듯하다"고 하였으니, 이이덕의 설은 『전』의 뜻과는 맞지 않음이 실로 매우 분명하다. 청나라 마종련(馬宗璉)의 『보주(補注)』에서는 "『한서 · 식화지(食貨志)』에서는 '백성들은 상등급의 밭 백 무와 중등급의 밭 2백 무, 하등급의 밭 3백 무를 받는다. 매년 경작을 하는 사람은 상등급의 밭을 바꾸지 않고, 한 해를 휴경한 사람은 중등급의 밭을 한 번 바꾸며, 두 해를 휴경한 사람은 하등급의 밭을 다시 바꾼다. 3년이 지나면 바꾸어 경작을 하며 스스로 그 거처를 바꾼다' 라 하였다. 주나라의 제도는 3년에 밭을 바꾸었고 진(晉)나라는 무공(武公)이 나라를 얻은 이후 원전의 제도가 고르지 않게 되었으며, 어쩌다 상등급의 밭을 바꿀 수 없게 되면 더는 중 하등급의 밭과 서로 바꾸지 못하였다. 지금 진혜공은 도성의 사람들에게 은혜를 베풀고자 하여 혹 평상시의 밭을 바꾸는 외에도 특별히 후하게 하였다"라 하였으니 원전(爰田)을 고작 상으로 주는 밭으로 풀이하였을 따름이다. 엄울(嚴蔚) 또한 말하기를 "원전은 곧 『주관(周官)』(곧 『주례』)의 상으로 주는 밭이다"라 하였

으며, 이아농(李亞農 : 1906~1962)의 『서주와 동주(西周與東周)』 171쪽에서도 이와 같이 말하였다. 그러나 반드시 모두 『전』의 뜻에 부합하는 것은 아니다. 요내(姚鼐)의 『보주(補注)』에서는 "원(爰)은 어(於)의 뜻이다. 대체로 주나라의 제도에는 사전(私田)을 백성들에게 정하여 주어 스스로 그 곳에서 바꾸어 경작하도록 하여 위에서 그 소유한 것을 빼앗지 않았다. 진나라의 제도에는 나라에서 정한 것을 나누어 상으로 주는 밭으로 삼아 신하들로 하여금 그것에서 대대로 거처하면서 지키도록 하여 위에서 또한 그 소유한 것을 빼앗지 못했다. 그러므로 모두 원(爰)이라고 한 것이다"라 하였다. 위에서 그 가진 것을 빼앗지 않는다는 것은 견해가 없다고는 하지 못하겠지만 또한 억측의 말이 많고 실제적인 근거가 부족하다. 「진어 3」의 주(注)에서도 혹자의 설을 인용하여 "원(轅)은 수레로 밭으로 수레의 부세를 내는 것이다"라 하였다. 혜동(惠棟)의 『보주(補注)』에서는 그 뜻을 펴서 "원전(爰田)이라는 것은 애공(哀公)이 전부(田賦)를 쓰는 것과 같다. 사람들에게 상을 주는 것은 일시적인 일이지만 원전은 당일의 전제를 바꾸게 된 시초이므로 특별히 기록을 하였다"라 하였다. 원전을 당일의 전제를 바꾼 시초로 본 것은 확실히 견해가 있다. 그러나 애공이 전부를 쓴 것과 같다고 한 것은 사람들에게 상을 주는 것과는 무관하고 또한 아래 위의 문장이 맞지 않다. 「진어」에서는 분명히 "상을 내리니 사람들이 좋아하여 이에 원전을 지었다"라 하였고, 『전』의 아래의 문장에서도 "뭇 신하들을 근심하였으니 은혜가 지극한 것이다"라 하였으므로 원전을 만든 것이 사람들에게 상을 주는 것과 상관이 있음을 알 수 있으므로 혜동의 설은 취할 수가 없다. 고형(高亨 : 1900~1986)의 『주대지조제도고(周代地租制度考)』에서는 "원전을 지었다는 것은 농노를 해방시킨 것일 수 있으며, 그들을 농민으로 전환시키게 하여 공전(公田)을 취소하고 토지를 모두 농민들에게 주어 노역의 지조(地租)를 폐기하고 실물 지조를 채용하였다. ……"라 하였는데 또한 확증이 없다. 『한서 · 지리지』에서는 "효공(孝公)은 상군(商君)을 등용하여 원전(轅田)을 제정하고 천맥을 개척하여 동쪽에서 제후의 으뜸이 되었다"라 하였다. 상군이 원전을 제정한 것은 곧 진혜공이 원전(爰田)을 만든 것이다. 상군은 원전을 제정하고 난 후에 천맥을 열었으니, 여기서 원전을 만든 것은 또한 반드시 천맥을 열었다는 것을 따라서 알 수 있다. 옛날 사람들이 원전을 고인(古人)들의 휴경(休耕)과 억지로 나란히 붙여놓아 올바르게 해석을 할 수가 없었다. 청나라 장문풍(張文虎)의 『나강일기속편(螺江日記續編)』에서는 "진나라가 원전을 만든 것은 결코 3년에 한번 바꾸는 법이 아니다"라고 하였고, 청말(淸末) 유월(兪樾)의 『다향실경설(茶香室經說)』에서도 "원전(趄田)과 역거(易居)는 곧 옛날의 밭을 3년에 한 번 바꾸는 제도로 『좌전』의 원전(轅田)과는 무관하다"라고 하였는데, 그 말이 모두 옳다. 대체로 진혜공이 이미 대량의 농지를 사람들에게 상으로 나누어 주었는데 스스로 반드시 옛날의 농지소유제를 반드시 바꾸었다는 것이 첫째 이유이고, 상을 내린 사람이 많아 얻은 것은 반드시 강계를 분별해야 하며 또한 천맥을 개척하여 이익이 될 수 없게 한 것이 두 번째 이유이다. 상앙(商鞅)이 "원전(轅田)을 제정하고 천맥을 개척한" 후에 진효공이 "동쪽 제후들의 으뜸"이 되었으니 진나라가 이때 원전을 지은 작용에 대해서도 알 만할 것이다.

呂甥曰, 여생이 말하였다.

"君亡之不恤,[113] "임금께서는 망명 중에도 자신의 일은 걱정을 않고

而羣臣是憂, 뭇 신하들을 근심하셨으니

惠之至也, 은혜가 지극한 것이다.

將若君何?" 임금을 어찌하려는가?"

衆曰, 사람들이 말하였다.

"何爲而可?" "어찌하면 좋겠습니까?"

對曰, 대답하여 말하였다.

"征繕以輔孺子.[114] "세금을 거두고 무기를 수리하여 어린 태자를 보좌하라.

---

113 휼(恤) : 근심한다는 뜻이다.

114 모든 재부(財賦)와 군부(軍賦)는 모두 정(征)이라 할 수 있었으므로 『맹자 · 진심(盡心) 하』에서 "포루(布縷)의 정과 속미(粟米)의 정, 역역(力役)의 정이 있다"라 하였다. 모든 닦고 다스리는 것을 모두 선(繕)이라 할 수 있다. 그러므로 은공 원년의 『전』과 성공 16년의 『전』에서 "갑옷과 병기를 수선하였다(繕甲兵)"라 하였고, 양공 9년의 『전』과 소공 15년의 『전』에서 "지키고 방비하는 것을 수선하였다(繕守備)" 하였으며, 양공 30년의 『전』에서 "성곽을 수선하였다(繕城郭)"라 하였다. 그러나 선(繕) 한 자만 가지고 말하면 대개 갑옷과 병기를 수선하는 것이다. 성공 원년 『전』에서 "장선숙(臧宣叔)이 부역을 닦고 병기를 수선하고 성을 완성하여(繕完) 수비를 갖추게 하였다"라 하였다. 완(完)은 성을 완성하는 것이니 선은 갑옷과 병기를 수선하는 것임에 틀림이 없다. 다음의 "갑옷과 병기가 더욱 많아졌다" 한 것은 곧 이 선(繕)자에 호응한다.
유자(孺子) : 자어(子圉)를 가리키며 곧 즉위하려는 것을 가리킨다. 『경』과 『전』을 고찰해 보면 천자의 아래에서 적장자로 후사를 이을 사람이나 적장자는 아니더라도 왕위를 잇기로 되어 있는 사람이라야 비로소 유자라 칭할 수 있었다. 『예기 · 단궁 하』에서 진목공이 중이를 왕으로 세우고자 하여 또한 그를 유자라 부른 것이 이의 경우이다.

諸侯聞之,	제후들이 그 말을 들으면
喪君有君,	임금을 잃자 새 임금이 즉위하고
羣臣輯睦,[115]	신하들은 화목하고
甲兵益多.	갑병은 더욱 많아졌다고 할 것입니다.
好我者勸,	우리를 좋아하는 사람은 권면할 것이고
惡我者懼,	우리를 미워하는 사람은 두려워할 것이니
庶有益乎!"	유익하게 될 것입니다!"
衆說,	모두들 기뻐하여
晉於是乎作州兵.[116]	진나라는 이에 주병을 만들었다.

115 집(輯) : 화(和)의 뜻이다.

116 작주병(作州兵) : 예로부터 지금까지 여러 가지 해석이 있어 왔다. 두예는 "5당(黨)이 주(州)이고, 주는 3천5백가(家)이다. 이 때문에 또한 주의 장(長)으로 하여금 각기 갑옷과 병기를 수선하게 하였다"라 하였다. 심흠한의 『보주(補注)』에서는 이 뜻을 펴서 "『주관(周官)』에 의하면 병기는 본향의 군사들이 관장하고 주는 빈기〔賓器 : 손님을 맞는 예기(禮器)〕만 함께할 따름이었으며 지금 다시 짓게 한 것이다"라 하였다. 이는 작주병(作州兵)을 갑병을 제조하는 장소로 확대한 것이다. 혜동의 『보주(補注)』에서는 "주병(州兵)은 노나라가 구갑(丘甲)을 지은 것과 같다"라 하였다. 홍양길의 『고(詁)』에서는 "작주병(作州兵)은 아마 또한 병제(兵制)를 바꾼 것일 것이며, 혹 2천5백가(家)로 하여금 대략 병액(兵額)을 더하였으므로 '갑병이 더욱 많아졌다' 하였을 것이며, 다만 병기와 갑병을 수선한 것만은 아닐 따름이다"라 하였다. 지금 사람 몽문통(蒙文通 : 1894~1968)은 『공자와 금문학(孔子和今文學)』에서 『주례』에서 마침내 출병하지 않았다는 말에 의거하여 "제후는 삼교(三郊)와 삼수(三遂)를 둔다고 하였는데 『관자』에서는 주를 통괄하는 사람을 수(遂)라고 하며, 작주병(作州兵)이라는 것은 바로 삼교의 병역 복무의 제한을 취소하여 삼수를 확대해 내는 것이다"고 하였다. 이아농(李亞農)은

初,	처음에
晉獻公筮嫁伯姬於秦,	진헌공이 진나라에서 백희를 맞을 때 점을 치니
遇歸妹䷵之睽䷥.[117]	귀매괘䷵가 규괘䷥로 변하는 점괘를 얻었다.
史蘇占之,[118]	사소가 그것을 점쳐 보고는
曰,	말하였다.
"不吉.	"불길합니다.
其繇曰,	그 요사에서 말하기를
'士刲羊,[119]	'남자가 양을 찌르는 데
亦無衁也;[120]	또한 피가 보이지 않으며,
女承筐,	여자가 바구니를 받드는 데
亦無貺也.[121]	또한 줄 것이 없습니다.

『서주와 동주(西周與東周)』 170쪽에서 "진(晉)나라는 지방의 병단(兵團)을 건립하기 시작하였다"라 하였다. 이상 네 가지 설은 모두 작주병(作州兵)을 병제(兵制)의 개혁이라 하였다. 병제를 개혁하려면 반드시 병기의 제조를 확충하여야 하였으니 이 설은 사실 앞의 설을 포함하고 있으므로 비교적 이치에 합당하다.

117 귀매(歸妹䷵) : 태괘(兌卦)가 밑에 있고 진괘(震卦)가 위에 있는 것이 귀매괘이다.
규(睽䷥) : 태괘가 아래에 있고 이괘(離卦)가 위에 있는 것이 규괘이다.
귀매괘의 상륙〔上六 : 맨 위의 음효(陰爻)가 상구(上九 : 맨 위의 양효(陽爻)〕로 변한 것이다.

118 사소(史蘇) : 진(晉)나라의 점쟁이이다.

119 규(睽) : 『설문해자』에서는 "찌르는 것이다(刺也)"라 하였고, 위(魏)나라 장읍(張揖)의 『광아 · 석언(廣雅 · 釋言)』에서는 "잡는 것이다(屠也)"라 하였다.

120 황(衁) : 피이다.

西鄰責言,	서쪽 이웃이 우리를 책망하는 말을 하는 데
不可償也.[122]	보상할 수가 없습니다.
歸妹之睽,	귀매괘가 규괘로 변하는 것은
猶無相也.'[123]	도움이 없음과 같습니다' 라 하였습니다.
震之離,	진괘가 이괘로 변하는 것은
亦離之震.[124]	또한 이괘가 진괘로 변하는 것입니다.

---

121 황(貺) : 내리는 것, 주는 것이다. 『주역 · 귀매(周易 · 歸妹)』 상륙(上六)의 효사(爻辭)에서는 "여자가 광주리를 받치고 있는데 열매가 없으며, 남자가 양을 잡는데 피가 없다(女承筐, 無實. 士刲羊, 無血)"라 하였다. 광(筐)과 양(羊), 실(實)과 혈(血)은 운자이다. 여기서는 양(羊), 황(衁), 광(筐), 황(貺)이 모두 운자이다. 무황(無貺)은 곧 무실(無實)과 같은데, 열매가 없으니 줄 것이 없다는 말이다. 귀매(歸妹) 괘의 효사는 주로 혼인에 대하여 말하고 있는데 여기서도 또한 혼인을 말하는 것일 것이며, 또한 헌공(獻公)의 이 점 또한 혼인에 대하여 묻는 것이다. 규양(刲羊)과 승광(承筐)은 고대의 혼인 예법 중의 하나인데 양을 잡아도 피가 나지 않고 광주리를 받쳐들고 있는데 과일이 없으므로 불길하다고 한 것이며, 『주역』에서도 또한 "이로운 것이 없다(無攸利)"라고 하였다.

122 위의 구절을 이어서 이야기한 것이다. 진(晉)나라에서 진(秦)나라로 딸을 시집보내는데 두 나라의 관계를 강화시킬 것이 없으며, 도리어 진(秦)나라로 하여금 책망하는 말만 많게 하나 진(晉)나라에서는 대꾸할 말이 없다는 것을 말한다. 서쪽 이웃은 진(秦)나라를 가리킨다.

123 두예는 "귀매(歸妹) 괘는 딸이 시집가는 괘이고, 규괘(睽卦)는 괴리되는 상이기 때문에 도움이 되지 않는다고 하였다. 상은 돕는다는 뜻이다"라 하였다. 이 몇 구의 상(償)과 상(相) 역시 운자이다.

124 이 구절은 사소(史蘇 : 점복 담당 관원)가 해석한 말이며, 아래의 글은 요사(繇辭)로 운자를 쓴 것을 보면 알 수 있다. 요사는 진괘(震卦)에 의해 이괘(離卦)로 변할 뿐만 아니라, 또한 이괘에 의해 진괘로 변하는 것을 말하였으므로 사소가 먼저 이 해석하는 말을 한 것이다.

'爲雷爲火,[125]	'우레가 되고 불이 되니
爲嬴敗姬.[126]	영씨에게 희씨가 패합니다.
車說其輹,[127]	수레가 복토에서 떨어져 나가고
火焚其旗,[128]	불로 그 깃발을 태우니
不利行師,[129]	군사를 내는 데 불리하며
敗于宗丘.[130]	종구에서 패할 것입니다.
歸妹睽孤,	귀매는 시집간 딸이란 뜻이고 규는 외롭다는 뜻이니
寇張之弧.[131]	적이 활을 당길 것입니다.

125 진(震)괘는 우레〔雷〕이며, 이(離) 괘는 불〔火〕이다.

126 영(嬴)은 진(秦)나라의 성이고, 희(姬)는 진(晉)나라의 성이다.

127 진(震)괘는 수레이고, 태(兌) 괘는 부서지는 것으로 설괘(說卦)에 보이므로 "수레가 복토에서 떨어져 나갔다(車脫其輹)"라고 하였다. "說"은 지금은 "脫"이라고 한다.
복(輹) : 수레의 복토(伏兎)이다. 가벼운 수레의 것을 복(轐)이라고 하고 큰 수레의 것을 복(輹)이라고 하는데, 수레 굴대의 좌우 양단에서 차체, 곧 차상(車箱)과 굴대를 연결하는 장치이다. 『주역 · 대장(大壯)』 구사〔九四 : 밑에서 넷째 양효(陽爻)〕의 효사에서 "큰 수레의 복토가 튼튼하다(壯于大輿之輹)"라 한 것으로 알 수 있다. 복(轐)과 복(輹)은 명칭은 다르나 실질은 같아서 모두 수레의 바닥 수레의 뒤턱나무 아래에 있으며 반원형으로 차축과 평형하여 모양이 토끼가 엎드린 것과 같기 때문에 복토(伏兎)라고 부른다. 또한 나막신의 굽과 비슷하게 생겨 또한 구심(鉤心)이라고도 한다. 복토는 차축 위에서 수레를 견고하게 해주는 것이어서 수레에서 복토가 빠져나가면 수레의 쓰임새가 없어지게 된다.

128 이(離)괘는 불이므로 "불로 태운다"고 하였다.

129 행사(行師) : 출병과 같은 말이다. 『주역 · 겸괘(謙卦)』의 상륙(上六)에서 "행군하는 것이 이로우니 나라의 읍을 정벌한다(利用行師征邑國)"라 하였고 「복괘(復卦)」의 상륙에서 "행군을 하나 끝내 대패하리라(用行師終有大敗)"라 한 것으로 알 수 있다.

130 종구(宗丘) : 곧 한원(韓原)의 별칭일 것이다. 두예의 『춘추토지명(春秋土地名)』에서는 "한(韓), 한원(韓原), 종구(宗丘)는 세 명칭으로, 옛 한(韓)나라이다"라 하였다. 희(姬), 기(旗), 구(丘)는 운자로 고음이 모두 옛 해(咍)부에 있었다.

姪其從姑,[132]	조카가 고모를 좇으며
六年其逋,[133]	6년 만에 달아나
逃歸其國,[134]	자기의 나라로 도망쳐 돌아와
而棄其家,[135]	그 아내를 버리고
明年其死於高梁之虛.'"[136]	이듬해에 고향의 언덕에서 죽을 것입니다.'"

---

131 『주역 · 규괘(睽卦)』의 상구(上九)에서는 "규(睽)는 어긋난다는 뜻이니 외롭다. 돼지가 진흙을 등에 진 것과 귀신을 수레에 한가득 실은 것을 본다. 처음에는 활을 당겼으나 나중에는 활을 벗어놓는다(睽孤, 見家負塗, 載鬼一車, 先張之弧, 後說之弧)"라 하였다. 호(弧)는 나무 활이다. 규괘에는 어긋나고 벗어나는 상이 있어서 『주역』에서 "규괘는 외롭다(睽孤)"고 하였다. 귀매(歸妹)는 시집간 여자인데 옛날에는 부녀자를 빼앗는 사람이 있었으므로 "도둑이 활을 당긴다(寇張之弧)"라고 하였다.

132 옛날 사람들은 고(姑)와 질(姪)을 대문(對文 : 훈고학에서 서로 상반되거나 관련되는 말이 서로 대를 이룬 글)으로 여겼다. 『의례 · 상복(喪服)』의 자하(子夏)의 전(傳)에서는 "질(姪)이라는 것은 무엇인가? 나의 고모를 말하며 나는 조카라고 한다"라 하였다. 전국시대 이후 질(姪)은 또한 종자(從子)의 이칭(異稱)이 되었다. 『여씨춘추 · 의사(疑似)』편에서는 "양(梁)나라 북쪽에 여구부(黎丘部)가 있는데 그곳에는 이상한 귀신이 있으며, 사람의 자잘곤제(子姪昆弟)의 형상을 흉내 내기를 좋아한다"라 하였다. 『사기 · 무안후전(武安侯傳)』에서는 "오가며 술시중을 드는데 위기(魏其)가 자질(子姪)처럼 무릎을 꿇었다 섰다 하였다"라 하였다. 조카가 고모를 좇는다(姪其從姑)는 것은 자어(子圉)가 진(秦)나라에 인질로 있는 것을 가리키며, 진(秦)나라는 목희가 있는 나라이고 목희는 자어의 고모이다. 무릇 괘가 변하여 다른 것이 되는 것을 종(從)이라고 하며, 질종기고(姪從其姑) 또한 진(震)괘가 이(離)괘로 변한다는 뜻을 취한 것이다. 진괘는 양효가 주가 되며 양효가 아래에 있고, 이괘는 음효가 주가 되며 음효가 가운데 있는데, 이괘의 음효가 진괘의 양효보다 한 등위가 높으므로 진괘는 남자로 조카가 되며 이괘는 여자로 고모가 되는 것이다. 왕인지(王引之)의 『술문(述聞)』에 상세하다.

133 포(逋) : 도망가는 것이다. 자어는 17년에 진(秦)나라에 인질로 잡혀갔다가 22년에 도망쳐서 돌아갔으니 6년이다.

134 도망쳐서 진(晉)나라로 돌아간 것이다.

135 환공 18년 전에 "여자에게는 남편이 있고 남자에게는 아내가 있다(女有家, 男有室)"고 하였다. 그러나 실(室)과 가(家)는 서로 통하여 쓰며 이곳의 기기가(棄其家)는 아내를 버린다는 말과 같다. 아내는 회영(懷嬴)이다.

及惠公在秦,	혜공이 진나라에 있을 때
曰,	말했다.
“先君若從史蘇之占,	“선군께서 사소의 점을 따랐다면
吾不及此夫!”	내가 이 지경에 이르지는 않았을 것이다!”
韓簡侍,	한간이 모시고 있다가
曰,	말하였다.
“龜,	“거북점은
象也;	상이고,
筮,	시초점은
數也.[137]	수입니다.

136 이곳의 고(孤)·호(弧)·포(逋)·가(家)자는 운자이다.
명년(明年) : 자어(子圉)가 진(秦)나라에서 도망쳐 진(晉)나라로 돌아간 이듬해를 말함. 두예는 “혜공(惠公)이 죽은 이듬해”라고 하였는데 이 문장이 하력(夏曆)을 쓴 것은 알지 못했다. 『전』에 의하면 자어는 22년에 도망쳐 돌아와 24년 2월에 죽어 도망쳐 돌아온 지 3년 만에 죽는 것 같다. 사실 주력 24년 2월은 실제 하력 23년 12월이므로 햇수로 1년의 차이가 난다.
고량(高梁) : 희공 9년의 『전』에 보임.
두예는 “무릇 시초점을 치는 사람들이 『주역』을 쓰게 되면 그 상(象)을 미루어 알 수가 있다. 이것을 쓰지 않고 나아가는 것은 임시로 점을 치는 사람들인데 혹은 상에서 취하기도 하고 기에서 취하기도 하며 혹은 시일의 왕성한 상에서 취하기도 하여 점괘를 이룬다. 이들을 모두 효상(爻象)으로 부회한다면 허구이면서 정도가 아니다”라 하였다. 두예의 말은 미신을 완전히 벗어나지는 못하였지만 그래도 견해가 없지는 않다. 사소(史蘇)가 말한 요사(繇辭)에 의하면 다 『주역』을 쓰지는 않았다. 또한 요사에서 말한 것도 후일에 일어난 일과 딱 맞아떨어지지 않는 것이 없으니 이는 옛날에 친 점괘의 말이 아니며 모두 후인이 부회하여 추술(追述)한 것이다.

137 갑골점은 거북의 등껍질을 써서 불로 지져 징조가 나오면 징조의 상을 보고 길흉을 재

物生而後有象,[138]	물체가 생겨난 후에 상이 생기고
象而後有滋,[139]	상이 있고 난 후에 불어나며
滋而後有數.[140]	불어난 후에 수가 생깁니다.
先君之敗德,	선군께서 덕을 허물어뜨린 것을
及可數乎?[141]	수로 미칠 수 있겠습니까?
史蘇是占,	사소가 점을 쳤다 한들
勿從何益?[142]	무슨 보탬이 되겠습니까?
詩曰,	『시』에서 말하기를
'下民之孼,	"백성에게 내리는 죄는

기 때문에 거북점은 상이라고 하였다. 시초점은 시초를 써서 집어 괘를 만드는데 시책(蓍策)의 수에서 화복을 알아내기 때문에 시초점은 수라고 한 것이다.

138 사물이 생겨난 후에 형상이 생겨났다는 말이다.

139 가나자와 문고본(金澤文庫本)에는 두 "있을 유(有)" 자가 없다. 형상이 생겨난 다음에 생장 번식하여 말할 것이 있다는 말이다.

140 생장하여 번식하고 난 다음에 많고 적은 수가 생겨난다는 말이다.

141 두예는 "선군이 덕을 허물어뜨린 것은 시초점의 수에서 생겨난 것이 아니다" 하였는데 그 뜻을 얻었다. 홍양길(洪亮吉)의 『고(詁)』에서는 "'及可數乎'는 '數可及乎'와 같은데 도치법일 것이다"라 하였다. 고염무(顧炎武)의 『보정(補正)』에서는 "수(數)를 상수(象數)의 수로 해석하였는데 아닐 것이다. 선군이 덕을 허물어뜨린 것이 지금 와서 말한다면 어찌 다 셀 수 있겠느냐라는 말일 것이다"라 하였다. 급(及)을 "지금 와서 말하면(及今言之)"으로 풀이하여 글자를 보태 풀이하였는데 토론을 거침직하다. 그리고 수(數)를 계산으로 풀이하였는데 문리상으로는 통하지만 위의 물(物)이니, 상(象), 자(滋), 수(數)의 뜻과는 조금도 연관이 없게 되어 두 토막으로 갈라지니 『전』에서 말한 뜻이 아닐 것이다.

142 물(勿) : 여기서는 부정사가 아니라 말의 첫머리에 오는 조사로 아무런 뜻이 없다. 왕인지(王引之)의 『경전석사(經傳釋詞)』에서는 "물종(勿從)은 종이라는 뜻이다. 아무리 사소(史蘇)의 말을 따라도 또한 아무런 도움이 되지 않았을 것이라는 말이다"라 하였다.

匪降自天,	하늘에서 내려온 것이 아니라
僔沓背憎,	모이면 합쳐지고 헤어지면 미워함을
職競由人.'"[143]	사람들이 다투어 힘쓰기 때문이라'라 하였습니다."

震夷伯之廟,	이백의 묘당에 벼락이 친 것은
罪之也.	그에게 죄를 내린 것이다.
於是展氏有隱慝焉.[144]	이때 전씨에게는 죄악을 숨긴 일이 있었다.

冬,	겨울에
宋人伐曹,	송나라 사람이 조나라를 친 것은
討舊怨也.[145]	묵은 원한을 성토하기 위함이었다.

143 『시』는 『시경 · 소아 · 시월지교(小雅 · 十月之交)』의 구절이다. "僔"은 지금 통행하는 『시경』에는 "噂"으로 되어 있다. 시의 뜻은 대개 백성에게 내리는 재앙은 하늘에서 내리는 것이 아니라 사람이 서로 모여 얼굴을 맞대고 이야기를 하면 부화뇌동하고 서로 위배되면 비방하고 헐뜯게 되므로 사람에 말미암아 살아가자는 것이다.

144 은특(隱慝) : 두예는 "악을 숨기는 것은 법으로 처벌할 수 없었다. 존귀한 사람에게는 죄를 씌우지 않는다. ……"라 하였는데 확실하지 않다. 은특(隱慝)에는 두 가지 뜻이 있다. 하나는 사람이 알지 못하는 죄악이고, 하나는 남에게 알릴 수 없는 죄악이다. 이는 또한 미신으로 전씨의 묘당에 벼락이 쳤으므로 숨긴 죄악이 있다고 한 것이다.

145 장공 14년 조나라가 제나라, 진(陳)나라와 함께 송나라를 친 일이 있는데 이른바 묵은 원한이라는 것은 이것을 가리킬 것이다.

楚敗徐于婁林,	초나라가 누림에서 서나라를 물리쳤는데
徐恃救也.[146]	서나라가 제후들의 구원을 믿고 있었기 때문이다.

十月,	10월에
晉陰飴甥會秦伯,	진나라의 음이생이 진백을 만나
盟于王城.[147]	왕성에서 맹약을 했다.
秦伯曰,	진백이 말했다.
"晉國和乎?"	"진나라는 화목한가?"
對曰,	대답하여 말했다.
"不和.	"화목하지 못합니다.
小人耻失其君而悼喪其親,[148]	소인들은 임금을 잃은 것을 부끄럽게 여기고 어버이 잃은 것을 슬퍼하며
不憚征繕以立圉也,	징세와 무기 수선하기를 꺼리지 않고 어를 왕으로 세우려 하며

146 시(恃) : 제나라 및 다른 나라들이 구원해줄 것을 믿었기 때문에 패하였다는 것이다.
147 왕성(王城) : 지금의 섬서성 대려현(大荔縣) 동쪽에 있을 것이다.
148 실군(失君) : 혜공이 포로가 된 것을 가리킴.
도상친(悼喪親) : 상친(喪親)은 장사(將士)의 전사를 가리킴. 정현은 『시전(詩箋)』에서 말하기를 "도(悼)는 애상(哀傷)과 같다"라 하였다. 이곳의 도상(悼喪)과 같은 뜻이다.

曰,	말하기를
'必報讎,	'반드시 원수를 갚으리라.
寧事戎狄.'[149]	어찌 융적을 섬기겠는가?' 라 하였습니다.
君子愛其君而知其罪,	군자는 임금을 사랑하나 그 죄를 알기 때문에
不憚征繕以待秦命,	징세와 무기 수선하기를 꺼리지 않고 진나라의 명령을 기다리며
曰,	말하기를
'必報德,	'반드시 은덕을 갚을 것이다.
有死無二.'	죽더라도 두 마음을 품지 않을 것이다' 라 합니다.
以此不和."	이 때문에 화목하지 못합니다."
秦伯曰,	진백이 말하였다.
"國謂君何?"[150]	"나라에서는 임금이 어찌 되리라 그러는가?"
對曰,	대답하여 말했다.
"小人慼,	"소인들은 슬퍼하며
謂之不免;	사면되지 못할 것이라 하고,

149 융적의 나라에게 굴복하여 섬기느니 반드시 진나라에게 원수를 갚겠다는 것을 말한다.
150 혜공의 앞길이 어떻게 될 것인가라는 말이다.

君子恕,	군자들은 관대하게 생각하여
以爲必歸.	미루어 생각하기를 반드시 돌아올 것이라 합니다.
小人曰,	소인들은 말하기를
'我毒秦,	'우리가 진나라에 해를 끼쳤으니
秦豈歸君?'	진나라가 어찌 임금을 돌려보내겠는가?' 하고,
君子曰,	군자들은 말하기를
'我知罪矣.	'우리가 죄를 알고 있으니
秦必歸君.	진나라는 반드시 임금을 돌려보낼 것이다.
貳而執之,	두 마음을 품으면 잡아가고
服而舍之,	복종을 하면 풀어 주는 것은
德莫厚焉,	이보다 더 두터운 덕은 없고
刑莫威焉.	이보다 더 엄한 형벌은 없다.
服者懷德,	복종을 하는 사람은 덕을 품고
貳者畏刑,	두 마음을 품은 사람은 형벌을 두려워할 것이니
此一役也,[151]	이 한 번의 일로

151 차일역(此一役): 한원(韓原)의 전역의 시말을 가리킨다. 진(晉)나라를 친 것과 혜공의

秦可以覇.	진나라는 패자가 될 만하다.
納而不定,[152]	들여보내 안정되게 하지 않고
廢而不立,	폐한 후 세우지 않으면
以德爲怨,	덕을 원한으로 생각하는 것이니
秦不其然.'"[153]	진나라는 그렇게는 하지 않을 것이다' 라고 합니다."
秦伯曰,	진백이 말하였다.
"是吾心也."	"이것이 바로 내 마음이다."
改館晉侯,[154]	진후가 묵는 집을 바꾸어 주고
饋七牢焉.[155]	7뢰를 보내 주었다.
蛾析謂慶鄭曰,[156]	석아가 경정에게 말하기를
"盍行乎?"	"어찌하여 도망가지 않는가?" 라 하니

석방을 가상하여 말한 것이다.

152 혜공을 진나라에 들여보내 주고 왕위를 안정시켜 줄 수 없었던 것이다.

153 「진어 3」에서는 "임금께서는 그러지 않으실 것입니다(君其不然)"로 되어 있다. 양공 26년 『전』의 "진나라는 그러지 않을 것이다(秦其不然)", 『예기 · 단궁 상』의 "아마 그렇지는 않을 것입니다(其不然乎)"와 같은 구법이다.

154 앞서는 영대(靈臺)에 구류시켜 놓았다가 이제 객관으로 옮겨 예우하는 것이다.

155 칠뢰(七牢) : 제후의 예법으로 대우하고 곧 돌려보내려는 것이다. 『예기 · 예기(禮器)』 편에서는 "제후는 일곱 개에 일곱 뢰이다(諸侯七介七牢)"라 하였다. 『주례 · 추관 · 대행인(秋官 · 大行人)』에서는 "제후의 예법은 개(介) 7일을 두며, 예법은 7뢰로 한다"라 하였다. 곧 7뢰가 제후의 예법이라는 말이다. 소, 양, 돼지 각 한 마리씩이 1뢰이다. 곧 소, 양, 돼지를 각각 일곱 마리씩 준 것이다. 아울러 벼와 쌀, 꼴과 땔나무(米禾芻薪)도 함께 준다. 『주례 · 추관 · 장객(秋官 · 掌客)』에 상세히 나와 있다.

156 아석(蛾析) : 아(蛾)는 "개미 의(蟻)"자와 같은 뜻이다. 아석은 진(晉)나라 대부이다.

對曰,	대답하여 말했다.
"陷君於敗,[157]	"임금을 실패에 빠뜨리고
敗而不死,	실패하였는데도 죽지를 않았으며
又使失刑,[158]	또 형벌조차 시행하지 못하게 한다면
非人臣也.	신하가 아니다.
臣而不臣,	신하이면서 신하답지 못하다면
行將焉入?"	도망을 한들 어디로 가겠는가?"
十一月,	11월에
晉侯歸.	진후가 돌아갔다.
丁丑,[159]	정축일에
殺慶鄭而後入.[160]	경정을 죽인 후에 도성으로 들어갔다.
是歲,	이해에
晉又饑,	진나라는 또 기아가 들었는데

157 혜공이 구해 달라고 외쳤는데도 구해 주지 않았으며 또한 한간(韓簡)이 진백을 놓치게 한 것을 이른다.

158 도망을 가면 진나라에서 벌을 내릴 수가 없는데 이것이 형벌을 시행하지 못하는 것이다.

159 정축(丁丑) : 29일이다.

160 「진어 3」에서는 이 일에 대하여 매우 상세히 서술을 해놓았으니 참고해 볼 만하다. 「진세가」에서는 "진후는 도성에 이르자 정경을 죽이고 정교(政敎)를 닦았다"라 하였다.

秦伯又餼之粟,	진백이 또 그들에게 곡식을 보내 주면서
曰,	말하기를
"吾怨其君,	"내 그 임금에게는 원한이 있으나
而矜其民.[161]	그 백성들은 불쌍히 여긴다.
且吾聞唐叔之封也,	또한 내가 듣기에 당숙이 봉해질 때
箕子曰,[162]	기자가 말하기를
'其後必大.'	'그 후손이 반드시 크게 되리라' 하였으니
晉其庸可冀乎?[163]	진나라가 어찌 다할 수 있겠는가?
姑樹德焉,	잠시 덕을 세워
以待能者."	훌륭한 사람을 기다리자"라 하였다.
於是秦始征晉河東,[164]	이때 진나라는 비로소 진나라 하동에서 징세를 하고

161 긍(矜) : 애련(哀憐) : 곧 불쌍히 여기는 것이다. 『논어 · 자장(子張)』편에 "그 마음을 얻는다면 불쌍히 여기되 기뻐하지 말라(如得其情, 則哀矜而勿喜)"라는 말이 있다.

162 기자(箕子) : 주(紂)의 아버지의 형제라고도 하고 주의 서형이라고도 하는데 누구인지 확실치 않다.

163 기용(其庸) : 기(其)와 용(庸) 두 자 모두 용법이 "어찌 기(豈)"자와 같다. 같은 뜻의 허사(虛辭)를 연용한 것이다. 비슷한 용례로 "豈其", "豈渠", "豈鉅" 등이 있다.
기(冀) : 기(幾)와 같은 뜻으로 읽는다. "幾"는 다하다의 뜻이다. 이는 진나라의 후대의 명망이 무궁할 것이라는 말이다.

164 「연표」에는 이 일이 다음 해에 들어 있다. 『전』에서는 끝으로 말한 것 같다.
정(征) : 부세(賦稅).
하동(河東) : 황하의 동쪽. 곧 『전』에서 이른바 "동으로는 괵략까지 남으로는 화산까지

置官司焉. 관원을 두었다.

희공 16년

經

十有六年春王正月戊申朔,[1] 16년 봄 주력으로 정월 무신 삭에

隕石于宋五.[2] 송나라에 운석 다섯 개가 떨어졌다.

是月, 이 달에

六鷁退飛,[3] 익조 여섯 마리가 날다가 밀려

안으로는 해량성까지(東盡虢略, 南及華山, 內及解梁城)"라 한 것이다. 땅은 지금의 산서성 혹은 하남성 두 성의 경내에 있는데 17년에 다시 진나라에 돌려주었다. 성공 11년의 『전』에서는 "진백이 황하를 건너려 하지 않아 왕성(王城)에 머무르고 사과(史顆)로 하여금 하동에서 맹약을 맺게 하였으며, 진나라의 극주(郤犨)는 하서에서 진백과 맹약을 맺었다"라 하였으니 하동과 하서는 황하를 경계로 함을 분명히 알 수 있다. 「진본기」에서는 "이오가 하서의 땅을 바쳤는데 이때 진나라 땅은 동으로는 황하에까지 이르렀다"라 하였다. 혹자는 하동은 곧 "황하 바깥쪽의 다섯 성"이라고도 하니 또한 하서에 있는데 『전』의 뜻은 아닌 것 같다.

1 십유육년(十有六年) : 정축년 B.C. 644년으로 주양왕(周襄王) 9년이다. 동지가 정월 초5일 임자일에 있었으며, 건자(建子)이다.

2 운(隕) : 『공양전』에는 "운(霣)"으로 되어 있고, 『설문해자』에서는 "磒"으로 인용하였다.

3 익(鷁) : 『곡량전』에는 "역(鶂)"으로 되어 있고 가나자와 문고본(金澤文庫本)에도 "鶂"으로 되어 있으며, 완원(阮元)의 『교감기』에서는 『삼전』의 『경』에는 모두 "역(鶂)"으로 되어 있다고 하였으며, 『설문해자』에는 "역(鶃)"으로 되어 있다. 전한(前漢)의 문인 사마상여(司馬相如)의 「자허부(子虛賦)」에 "채색한 익조 떠 있고 깃발과 노 높이 드네(浮文鷁, 揚旌栧)"라는 구절이 있다. 옛날 뱃머리에는 익조를 그려 놓았는데 물새로 높이 날 수 있기 때문이었다.

過宋都.	송나라의 도읍을 지났다.
三月壬申,[4]	3월 임신일에
公子季友卒.[5]	공자 계우가 죽었다.
夏四月丙申,[6]	여름 4월 병신일에
鄫季姬卒.[7]	증계희가 죽었다.
秋七月甲子,[8]	가을 7월 갑자일에
公孫茲卒.[9]	공손자가 죽었다.
冬十有二月,	겨울 12월에

公會齊侯, 宋公, 陳侯, 衛侯, 鄭伯, 許男, 邢侯, 曹伯于淮.[10]

공이 회에서 제후와 송공, 진후, 위후, 정백, 허남, 형후, 조백을 만났다.

---

4 임신(壬申) : 25일이다.

5 『전』이 없다. 계우라고 칭한 데 대하여 두예는 "자(子)라고 칭한 것은 존귀하게 여겨서이다"라고 하였으며, 공영달의 소(疏)에서는 명나라 유현(劉炫)의 설을 인용하여 계(季)는 씨(氏)라고 하며 "계우(季友), 중수(仲遂)는 모두 나면서 족을 받았으며 자가 아니다"라 하였다. 유현의 설은 믿을 수가 없다.

6 병신(丙申)일은 20일이다.

7 『전』이 없다. 증(鄫)은 『곡량전』에는 "증(繒)"으로 되어 있다.

8 갑자(甲子)일은 19일이다.

9 『전』이 없다. 자(玆)는 『공양전』에는 "慈"로 되어 있다. 4년의 『경』과 『전』에 의하면 공손자는 곧 숙손대백(叔孫戴伯)이다.

10 회(淮) : 두예는 "임회군(臨淮郡)의 좌우"에 있다고 하였다. 진나라의 임회군 소재지는 지금의 강소성(江蘇省) 우이현(盱眙縣)에 있다.

傳

十六年春,	16년 봄
隕石于宋五,	송나라에 운석 다섯 개가 떨어졌는데
隕星也.[11]	별이 떨어진 것이다.
六鷁退飛,	익조 여섯 마리가 날다가 밀려
過宋都,	송나라 도읍을 지나갔는데
風也.[12]	바람 때문이었다.
周內史叔興聘于宋,	주나라의 내사 숙흥이 송나라를 방문했는데
宋襄公問焉,[13]	송양공이 거기에 대해서 물어
曰,	말하였다.
"是何祥也?[14]	"이것은 무슨 조짐인가?

11 「연표」에서는 "송양공 7년 다섯 개의 운석이 떨어졌다"라고 하였다. 이는 『춘추』를 썼는데 틀리지 않았다. 그러나 「송세가」에서는 "양공 7년 송나라 땅에 별이 비처럼 떨어졌는데 비와 함께 내렸다"라 하였으니 장공 7년 『전』의 글을 이해에 잘못 채택한 것이다. 『사통 · 감경(史通 · 感經)』편에서는 『죽서기년(竹書紀年)』의 말을 인용하여 또한 "송나라에 운석 다섯 개가 떨어졌다"라 하였다.

12 「송세가」에서는 "여섯 마리의 익조가 밀려 날아왔는데 바람이 빨라서였다(六鶂退蜚, 風疾也)"라 하였다.

13 언(焉) : 지시대명사 "갈 지(之)"자의 뜻으로 쓰였다.

14 두예는 "징조(祥)는 길흉이 먼저 나타나는 것이다"라 하였다. 소공 18년의 『전』에서는 "장차 큰 화재의 징조가 있어(將有大祥) 민심은 크게 동요하고 나라는 거의 망할 것이다"라는 말이 있고, 『서경』의 서문(序文)〔「서서(書序)」〕에 "박에 징조가 있어서(亳有祥) 뽕나무와 곡식이 모두 아침에 났다"라는 말이 있는데 이 상(祥)자는 모두 같은 뜻으로 흉

吉凶焉在?"[15]	길흉이 어디에 있겠는가?"
對曰,	대답하여 말하였다.
"今玆魯多大喪,[16]	"금년에 노나라에는 큰 상이 많았고
明年齊有亂,[17]	내년에는 제나라에 난리가 있을 것인데
君將得諸侯而不終."[18]	임금께서는 제후를 거느릴 수 있겠으나 끝은 보지 못하겠습니다."
退而告人曰,	물러나 사람들에게 알리어 말하였다.
"君失問.	"임금은 잘못 물었다.
是陰陽之事,	이는 음양의 일이지
非吉凶所生也.[19]	길흉이 일어나는 일은 아니다.

조라는 뜻이다. 『중용(中庸)』에 "나라가 흥하려면 반드시 길조가 있게 되고(必有禎祥), 나라가 망하려면 반드시 흉조가 있게 된다"라는 말이 있는데 정상(禎祥)은 길조의 뜻이다. 이곳에서 쓰인 상(祥)자는 길흉을 통괄하여 말한 것이다.

15 위의 구절은 길흉에 주안점을 두고 물었으며, 여기서는 길흉이 있는 곳을 물었다.

16 금자(今玆) : 금년이라는 뜻이다. 자(玆)는 재(載)자를 가차한 것 같다. 『맹자 · 등문공(滕文公) 하』의 "금년에는 능히 할 수 없다(今玆未能)"와 『여씨춘추 · 임지(任地)』편의 "올해는 벼가 잘 되고 내년에는 보리가 잘 되리(今玆美禾, 來玆美麥)"라 한 "玆"자는 모두 이와 같은 뜻이다.

다대상(多大喪) : 이른바 계우(季友)와 대백(戴伯) 등의 죽음을 말한다.

17 제유란(齊有亂) : 환공이 죽고 효공(孝公)이 송나라로 달아나는 일 등을 말한다.

18 부종(不終) : 녹상(鹿上)의 맹약과 여홍(與泓)의 전역 등의 일을 가리킨다.

19 생(生) : "있을 재(在)"자로 되어 있는 판본도 있다. 운석이 떨어진 것이나 익조 여섯 마리가 바람에 밀려 날아온 일 등은 우주의 음양의 기로 말미암은 것이지 인사의 길흉과는 상관이 없다는 말이다. 『순자 · 천론(天論)』편에서도 "대체로 별이 떨어지고 나무가 우는 것은 천지의 변화 음양의 조화이지 사물에는 드물게 이르는 것이다"라 하였다.

吉凶由人.	길흉은 사람에게서 나온다.
吾不敢逆君故也."	내 감히 임금을 거스를 수 없었기 때문이다."

夏,	여름에
齊伐厲,	제나라가 여나라를 쳤는데
不克,	이기지 못하고
救徐而還.[20]	서나라만 구원하고 돌아갔다.

秋,	가을에
狄侵晉,	적이 진나라에 침입하여
取狐, 廚, 受鐸,[21]	호와 주, 수탁을 취하고
涉汾,	분수를 건너

---

20 15년 가을에 여(厲)나라를 치고 서(徐)나라를 구원한 적이 있는데 이번에도 또한 여나라를 치고 서나라를 구원한 것이다. 금년에 초나라가 혹 또한 서나라를 친 것에 대해 『전』에서는 기록을 하지 않았는데 글을 생략하였을 것이다.

21 호주(狐廚)를 두예는 하나의 읍으로 보았다. 이는 『수경 · 분수주(汾水注)』에서 이른바 평수(平水)는 "동으로 호곡정(狐谷亭)의 북쪽을 거치는데 춘추시대 때 적이 진나라를 침략하여 빼앗은 호주(狐廚)이다"라 한 것이다. 홍양길(洪亮吉)의 『고(詁)』에서는 "호(狐)는 호돌(狐突)의 식읍이고 주(廚)는 곧 주무자(廚武子)의 식읍이다"라 하였다. 이는 호와 주를 두 읍으로 본 것이다. 지금의 산서성 양릉(襄陵)의 옛 소재지〔양릉(襄陵)에는 본래 현을 두었으나 지금은 양분현(襄汾縣)으로 통합되었다. 그러나 양분현 소재지는 분수(汾水) 동쪽에 있고 이곳은 분수의 서쪽이다〕 서쪽에 있을 것이다.
수탁(受鐸) : 역시 양릉현 옛 소재지 근처에 있을 것이다.

及昆都,[22]	곤도에까지 이르렀는데
因晉敗也.	진나라가 패하였기 때문이다.
王以戎難告于齊.[23]	천자가 융족으로 인한 곤경을 제나라에 알렸다.
齊徵諸侯而戍周.[24]	제나라가 제후들을 징집하여 주나라를 지켰다.
冬十一月乙卯,[25]	겨울 11월 을묘일에
鄭殺子華.[26]	정나라가 자화를 죽였다.
十二月,	12월에

22 곤도(昆都) : 『방여기요(方輿紀要)』에 의하면 임분현(臨汾縣) 남쪽에 있는데 이곳은 분하(汾河)의 동쪽에 있다.

23 융족은 11년부터 경사를 친 이래 늘 주나라 왕실의 어려움이 되어왔다.

24 금본 『석경(石經)』에는 "이(而)" 자가 없다. 청나라 엄가균(嚴可均)은 『당석경교문(唐石經校文)』에서 "각 판본에는 '후(侯)' 자 아래에 '이(而)' 자가 잘못 첨가되었다"라 하였다. 그러나 『석경』을 고찰해 보면 매 행이 열 자로 되어 있는데 이 구절이 있는 행만 아홉 자밖에 없으며 간격이 드문드문한 것으로 보아 처음 비석에 쓸 때는 본래 "而" 자가 있었던 것 같다. 가나자와 문고본(金澤文庫本)에도 "而" 자가 있다. 「제세가」에서는 "42년 융족이 주나라를 치자 주나라가 제나라에 위급함을 알려 제나라가 제후들에게 군사를 일으켜 주나라를 지키게 했다"라 하였다. 「연표」에서는 주로 『좌전』의 원문을 쓰고 있다.

25 을묘(乙卯)일은 12일이다.

26 가나자와 문고본(金澤文庫本)에는 "鄭伯殺子華"로 되어 있다. 7년의 『전』을 참고하여 보라. 선공 3년의 『전』에 의하면 남리(南里)에서 죽였다.

會于淮,	회에서 만났는데
謀鄫,[27]	증나라의 일을 모의하고
且東略也.[28]	또한 동쪽을 정벌하기 위함이었다.
城鄫,	증나라를 위해 성을 쌓았는데
役人病,[29]	부역하는 사람들이 괴로워하니
有夜登丘而呼曰,[30]	어떤 사람이 언덕에 올라 소리치기를
"齊有亂!"	"제나라에 난리가 났다!"라 하였다.
不果城而還.	성을 다 쌓지 못하고 돌아갔다.

27 증나라가 회이(淮夷)의 침략을 받아 구원할 것을 모의한 것이다.

28 동략(東略) : 9년의 『전』에서 재공이 제환공의 말을 서술하면서 "동쪽을 공략하는 것은 알지 못하겠으나 서쪽은 치지 않을 것이다(東略之不知, 西則否矣)"라 하였는데 이 동략(東略) 두 자는 재공의 말을 밝힌 것이다.

29 병(病) : 곤폐(困弊), 곧 피로에 지친 것을 말한다. 두예는 나쁜 기운〔여기(厲氣)〕를 만난 것이라 하였는데 자세히 살피지 못하였다.

30 유(有) : 부정칭 인칭대명사로 혹(或)이나 유인(有人), 곧 어떤 사람이라는 뜻으로 쓰였다. 정공 9년 『전』의 "양월(陽越)이 활을 쏘았으니 맞히지 못했다. 집 짓는 사람이 문을 닫았다. 어떤 사람이 문 사이의 틈으로 양월을 쏘아(有自門間射陽越) 죽였다"라 한 유(有)자와 같은 뜻이다. 성공 12년 『전』의 "누가 이 맹약을 위반하면(有渝此盟)"은 양공 11년 박(亳)의 맹약을 기록하고 "누가 이 명을 떼어 놓으면(或間玆命)"과 같은 뜻이니 "有"가 곧 "或"자의 뜻임을 알 수 있다. 가나자와 문고본(金澤文庫本)에는 "呼"자의 아래에 "者"자가 있는데 이는 아마 "有"의 용법을 모르고서 함부로 첨가한 것일 것이다.

희공 17년

經

十有七年春,[1]	17년 봄
齊人徐人伐英氏.[2]	제나라 사람과 서나라 사람이 영씨를 쳤다.
夏,	여름에
滅項.[3]	항나라를 멸했다.

---

1 십유칠년(十有七年) : 무인년 B.C. 643년으로 주양왕(周襄王) 10년이다. 정월 15일 정사일이 동지로 건자(建子)이다. 윤달이 있다.

2 영씨(英氏) : 나라 이름으로 언(偃)씨 성이며, 『사기 · 하본기(夏本紀)』에 "고요(皐陶)의 후손을 영(英)에 봉했다"라 한 나라이다. 그 땅에 대해서 홍양길은 『고(詁)』에서 지금의 호북성 영산현(英山縣) 동북쪽에 있거나 지금의 안휘성 금채현(金寨縣) 동남쪽에 있을 것이라고 하였으나 『휘찬(彙纂)』에서는 지금의 육안현(六安縣)에 있다고 생각하였다. 청나라 황생(黃生)의 『의부(義府)』에서는 결국 영(英)은 곧 언(偃)이라고 하였지만 믿을 수 없다. 제나라 사람과 서(徐)나라 사람이 정벌하였다고 하였으니 그 나라가 지금의 안휘성 금채현에 있다는 것이 보다 더 신빙성이 높다. 제나라 군사들은 멀리 영산까지 이르기 힘들다. 「초세가」 및 「연표」에서는 초성왕(楚成王) 26년에 영을 멸하였다고 하였다. 성왕 26년은 노나라 희공 14년이니 영이 이미 3년 전에 멸망당하였다면 이해에 제나라가 어떻게 정벌을 할 수 있었는지 모르겠다. 「초세가(楚世家)」의 『집해(集解)』에서는 서광(徐廣)의 말을 인용하여 영은 어떤 판본에는 황(黃)으로 되어 있다고 하여 「세가」에서 영을 멸하였다고 한 것은 황(黃)을 멸하였다고 한 것의 잘못이라고 하였지만, 「연표」의 각 판본에는 황(黃)으로 되어 있는 것이 없다. 어찌 성왕(成王)이 영을 멸한 후에 또 나라를 회복시켰겠는가? 밝힐 수 없을 것 같다. 그 후에 마침내 초나라 차지가 되었다.

3 항(項) : 나라 이름. 옛 성은 지금의 하남성 항성현(項城縣) 경계에 있다. 『좌전』에서는 노나라가 멸하였다 하였고, 『공양전』과 『곡량전』에서는 제나라가 멸하였다 하였다. 『좌전』이 이 일에 대해 전말을 잘 갖추었으므로 믿을 만한 역사일 것이다. 노나라와 항나라는 서로간의 거리가 천 리나 되는데 무슨 까닭으로 전쟁을 하였는지 모르겠다며 청나라 공경한(龔景瀚)의 『담정재문초 · 멸항설(澹靜齋文鈔 · 滅項說)』에서 의심을 하였다. 고동고의 『대사표(大事表)』에서는 나중에 초나라 땅이 되었다고 하였는데 아마 지세와 국력

秋,	가을에
夫人姜氏會齊侯于卞.[4]	부인 강씨가 변에서 제후를 만났다.
九月,	9월에
公至自會.	공이 회합에서 돌아왔다.
冬十有二月乙亥,[5]	겨울 12월 을해일에
齊侯小白卒.[6]	제후 소백이 죽었다.

傳

十七年春,	17년 봄
齊人爲徐伐英氏,	제나라 사람이 서나라를 위하여 영씨를 쳤는데
以報婁林之役也.[7]	누림의 전역을 보복하기 위함이었다.

으로 보아 반드시 그러했을 것이니 제나라든 노나라든 종내 송나라를 넘어 항나라를 보유할 수는 없었을 것이다.

4 변(卞) : 노나라의 읍으로, 옛 성은 산동성 사수현(泗水縣) 동쪽 50리 지점에 있다.

5 금본『공양전』에는 "겨울 동(冬)" 자가 빠져 있다. 을해일은 8일이다.

6 실은 10월 을해일에 죽었는데 12월에 부고를 하여 그대로 따른 것이다.

7 초나라는 15년에 누림에서 서나라를 패퇴시켰는데 영씨는 아마 초나라의 동맹국이었을 것이며 어쩌면 누림의 전역에 참전했을 것이므로 정벌하여 보복한 것이다. 영씨는 언(偃)씨 성의 나라로 지금의 안휘성 금채현과 곽산현(霍山縣)의 사이에 있을 것이다. 1978년 3월에 곽산현 동쪽 16리 지점에 있는 태사경공사(太沙埂公社)의 황니당(黃泥塘)에서 정(鼎)이며 호(壺), 돈(敦), 반(盤) 등의 청동기가 발견되었는데 바로 춘추시대 영씨의 기물인 것 같다.

夏,	여름에
晉大子圉爲質於秦.	진나라 태자 어가 진나라의 인질이 되었다.
秦歸河東而妻之.[8]	진나라가 하동을 돌려주고 그에게 딸을 시집보냈다.
惠公之在梁也,[9]	혜공이 양나라에 있을 때
梁伯妻之.	양백이 딸을 시집보냈다.
梁嬴孕,[10]	양영이 잉태를 하였는데
過期.[11]	출산일을 넘겼다.
卜招父與其子卜之.[12]	복초보가 그 아들과 함께 점을 쳤다.
其子曰,	그 아들이 말하였다.
"將生一男一女."	"1남 1녀를 낳을 것이다."
招曰,[13]	초가 말하였다.

8 진나라가 하동을 정벌하여 관원을 둔 것은 15년의 일이다.
처(妻) : 거성(去聲)으로 딸을 시집보내는 것이다. 혜공이 양나라로 달아난 것은 희공 6년 봄이었으니 자어가 이 해 겨울에 태어났으며, 이때는 11세에 불과하였을 따름인데 진백이 딸을 시집보냈다.

9 양나라는 환공 9년의 『전』에 보인다.

10 잉(孕) : 아들을 임신한 것.

11 열 달이 지났는데도 낳지를 않은 것이다.

12 복초보(卜招父) : 양나라의 태복(大卜)이다. 「진세가」에서는 양백(梁伯)이 점을 쳤다고 하였는데 틀렸다.

13 초(招) : 5대 10국(五代十國) 시대 후촉(後蜀) 풍계선(馮繼先)의 『춘추명호귀일도(春秋名號歸一圖)』 권하(卷下)에서는 초(招)는 곧 복초보라고 하였는데, 옳다.

"然.	"그렇겠군.
男爲人臣,	아들은 신하가 되고
女爲人妾."[14]	딸은 첩이 되겠는걸."
故名男曰圉,	그래서 아들의 이름은 어라고 하고
女曰妾.[15]	딸은 첩이라고 하였다.
及子圉西質,	자어가 서쪽으로 인질로 갔을 때
妾爲宦女焉.[16]	첩은 진나라의 시녀가 되었다.
師滅項.[17]	군사가 항나라를 멸망시켰다.
淮之會,[18]	회의 회합에서

14 신첩(臣妾)의 본뜻은 노비(奴婢)로 『상서 · 비서(費誓)』의 "노비가 도망을 갔다(臣妾逋逃)"와 『주역 · 둔괘(遯卦)』 구삼(九三)의 "노비를 부양하다(畜臣妾)", 『여씨춘추 · 찰미(察微)』의 "노나라의 법은 노나라 사람이 다른 나라 제후의 노예가 되었을 때(贖人臣妾於諸侯者) 누구라도 그 노예를 돈을 물어주고 데려왔는데 나라의 금고에서 돈을 가져가게 했다", 그리고 『회남자 · 제속훈(齊俗訓)』에도 이 말이 있는데 모두 애초의 뜻으로 쓰였다. 그러므로 정나라 공자 어신(魚臣)은 복노(僕奴)를 자로 삼았다.

15 이는 고대인들의 미신으로 불길함을 누르려는 의도였다.

16 환녀(宦女) : 『국어 · 월어(越語) 상』에서는 "범려와 함께 오나라에 노예로 들어왔다(與范蠡入宦於吳)"라는 말이 있는데, 위소는 "환은 노예이다"라 하였다.

17 노희공이 국외에 있을 때 군사를 거느리고 항나라를 친 사람에 대해 호안국(胡安國)의 『전』에서는 계손(季孫)씨라고 하였는데 틀렸다. 그 당시 계우(溪友)은 이미 죽었을 것이며, 그의 아들 무일(無佚)은 『경』과 『전』에 기록되지 않았으니 권력이 없었을 것이고, 계손행보(季孫行父)는 나이가 어렸다. 그러니 결코 계손씨는 아니다. 고사기(高士奇)는 이때 병권이 공손오(公孫敖)의 손아귀에 있었는데 혹 공손오가 한 일을 희공이 몰랐을 것이라고 생각하였다.

18 지난해 겨울 12월에 있었다.

公有諸侯之事,	공은 제후의 일이 있어
未歸,	돌아오지 못했는데
而取項.	항나라를 취하였다.
齊人以爲討,	제나라 사람이 이를 성토하여
而止公.[19]	공을 억류시켰다.

秋,	가을에
聲姜以公故,[20]	성강이 공 때문에
會齊侯于卞.	변에서 제후를 만났다.
九月,	9월에
公至.	공이 왔다.
書曰"至自會",	"회합에서 돌아왔다"라 기록한 것은
猶有諸侯之事焉,[21]	아직 제후의 일이 있는 것처럼 하고
且諱之也.[22]	또한 꺼려서였다.

齊侯之夫人三,	제후의 부인은 셋으로

19 두예는 "나라에서 임금이 잡힌 것을 꺼려 모두 지(止)라고 하였다"라 하였다.
20 성강(聲姜) : 희공의 부인으로 제나라 여인이다.
21 유유(猶有) : 아직 다 끝나지 않았다는 것이다.
22 잡혔다는 말을 하지 않은 것은 하나는 아직도 제후의 일이 남아 있어서이고 또 그 일을 꺼려서라는 것이다.

王姬, 徐嬴, 蔡姬,[23]	왕희와 서영, 채희인데
皆無子.	모두 아들이 없었다.
齊侯好內,[24]	제후는 여자를 좋아하고
多內寵,[25]	총애하는 여자가 많아서
內嬖如夫人者六人,	부인 같은 첩이 여섯 명이었는데
長衛姬,	장위희는
生武孟;[26]	무맹를 낳았고,
少衛姬,	소위희는
生惠公;[27]	혜공을 낳았으며,

23 왕희(王姬)는 장공 11년에 시집을 왔다. 서영(徐嬴)은 「제세가」에는 서희(西姬)로 잘못 되어 있다. 채희(蔡姬)는 3년의 『전』에 보인다.

24 호내(好內) : 옛날에는 남녀(男女)를 내외(內外)로 바꾸어 부르는 경우가 많았다. 이를테면 『전』에서 외폐(外嬖)와 내폐(內嬖)가 있는 것이 그런 경우이다. 내(內)는 부녀자를 말하며 『공자가어 · 곡례자하문(孔子家語 · 曲禮子夏問)』편에서 "남색을 좋아하면 남자가 그것 때문에 죽고, 여색을 좋아하면 여자가 그것 때문에 죽는다(好內者, 女死之)"라 한 것이 곧 이 호내(好內)의 뜻이다. 『전국책 · 한책(戰國策 · 韓策) 1』에서 "공중이 여색을 좋아하면 한솔(韓率)이 남자를 좋아하라 했다(公仲好內, 率日好士)"라 한 것으로도 알 수 있다.

25 완원(阮元)의 『교감기』에서는 청나라 진수화(陳樹華)의 설을 인용하여, 홍양길(洪亮吉)의 『고(詁)』에서는 『한서 · 오행지』의 주 등에서 인용한 글에 "內"자가 없는 것을 근거로 "內寵"의 "內"는 연문(衍文)이라고 하였다. 그러나 「제세가」에서 이 말을 써서 "多內寵"이라 하였으니 원래 "내"자가 있었음을 알겠다.

26 위희(衛姬)는 두 사람이 있어서 장(長)과 소(少)로 구분을 하였다. 「제세가」에서는 "장위희는 무궤(無詭)를 낳았다"라 하였다. "무궤"는 『전』에서 또한 "무휴(無虧)"라고도 하였다. 무휴는 이름이고 무맹(武孟)은 자이다.

27 「제세가」에서는 "소위희는 혜공(惠公) 원(元)을 낳았다"라 하고 그 아래에 여러 여자들을 서술하였다. 왕위에 오른 선후의 순서에 따른 것 같은데 효(孝), 소(昭), 의(懿)의 순서로 되어 있다. 혜공은 가장 나중에 왕위에 올랐는데 가장 앞에 있는 것은 장 · 소 두 위

鄭姬,	정희는
生孝公;[28]	효공을 낳았고,
葛嬴,	갈영은
生昭公;[29]	소공을 낳았으며,
密姬,	밀희는
生懿公;[30]	의공을 낳았고,
宋華子,	송화자는

희를 문장상 떼어 놓아서는 안 되었기 때문인 것 같다.

28 「제세가」에서는 "정희는 효공 소(昭)를 낳았다"라 하였다.

29 갈(葛)은 환공 15년의 『경』에 보인다. 「제세가」에서는 "갈영은 소공 반(潘)을 낳았다"라 하였다.

30 밀(密)은 원래 상(商)나라 때 길(姞)씨 성의 나라로 『통지·씨족략(通志·氏族略) 2』에서 인용한 『세본(世本)』에 보이며, 『시경·대아·황의(大雅·皇矣)』에서 이른바 "밀나라 사람 불공하여, 감히 큰 나라에 맞서네(密人不恭, 敢拒大邦)"라 한 나라이다. 또한 밀수(密須)라고도 하며 소공 15년의 『전』에서 이른바 "밀수(密須)의 북과 큰 수레는 문왕(文王)께서 대군을 써서 얻은 것이었다"라 한 나라이다. 문왕에 의해 멸망당하여 희(姬)씨 성에 봉하여졌는데, 「주어 상」에서 이른바 "공왕(恭王)이 경수(涇水)의 가에서 노니는데 밀강공(密康公)이 따랐으며 1년 만에 왕이 밀(密)나라를 멸하였다" 한 것이다. 그러므로 위소의 주에서 "강공은 밀나라의 임금이며 희씨 성이다"라고 하였다. 그러나 이 밀나라는 지금의 감숙성 영대현(靈臺縣) 서쪽에 있어서 제나라와는 동서의 거리가 아주 멀며 또한 일찍 서주의 공왕에게 멸망당하였으니 이는 밀희의 나라는 아닌 것 같다. 『노사·국명기(路史·國名紀)』에서는 『사색(史索)』을 인용하여 "밀수는 지금의 하남 밀현으로 안정(安定)의 희씨 성의 밀과는 다르다"라 하였으니 곧 이를 뒷받침하는 뜻이다. 그러나 또한 그 근거는 모른다. 청나라 양이승(梁履繩)의 『좌통보석(左通補釋)』〔이하 『보석(補釋)』〕에서는 이 밀나라는 주나라 왕실의 족경(族卿)의 채읍이니 곧 6년 『전』의 신밀(新密)로 지금의 하남성 밀현에 있는 것이다 하였지만 이때 밀나라는 이미 정(鄭)나라의 속국이었으므로 심흠한(沈欽韓)의 『보주(補注)』에서 "밀희가 온 나라인지 확실치 않다"라고 하였다. 「제세가」에서는 "밀희는 의공(懿公) 상인(商人)을 낳았다"라 하였다.

生公子雍.[31]	공자 옹을 낳았다.
公與管仲屬孝公於宋襄公,	공과 관중은 효공을 송양공에게 부탁하여
以爲大子.[32]	태자로 삼았다.
雍巫有寵於衛恭姬,[33]	옹무가 위공희의 총애를 받아
因寺人貂以薦羞於公,[34]	시인 초를 통하여 공에게 맛난 음식을 바쳐

---

31 성공 15년『전』에 의하면 송(宋)나라의 화씨(華氏)는 송대공(宋戴公)에게서 나왔으며, 따라서 자(子)씨 성이다. 송(宋)은 나라이고, 화(華)는 씨이며, 자(子)는 성이다.

32『한비자 · 난(難) 3』에서는 "어떤 사람이 환공에게 수수께끼를 냈습니다. '1난(難)과 2난, 3난은 무엇입니까?' 환공은 대답을 하지 못하였다. 관중에 대답하여 말하기를 '1난은 광대를 가까이하고 선비를 멀리하는 것이며, 2난은 국도를 떠나 가끔 바닷가로 가는 것이며, 3난은 임금이 늙어 태자를 늦게 두는 것입니다' 라 하였다. 환공이 말하기를 '훌륭하도다' 라 하고 날을 가리지 않고 종묘에서 태자를 책봉하는 예를 올렸다"라 하였다. 심흠한의『보주(補注)』에서는 "아마 이 일일 것이다"라 하였다.

33 옹무(雍巫) : 옹(雍)은 곧『주례 · 천관(天官)』의 내옹(內雍), 외옹(外雍)이라 할 때의 옹(饔)이다. 곧 관직명으로 요리를 주관하며, 무(巫)는 이름이고 역아(易牙)는 자이다.『전』의 이곳에서는 옹무(雍巫) · 시인초(寺人貂)라 하였고 다음에서는 역아(易牙) · 시인초(寺人貂)라 하였으니 옹무(雍巫)와 역아(易牙)가 한 사람임은 분명하다.
위공희(衛共姬) : 당연히 곧 장위희(長衛姬)이다. 장공 11년 환공이 아내로 맞이한 왕희(王姬) 또한 시호가 공희(共姬)이므로 앞에 "위(衛)"자를 붙여서 구별한 것이다.

34 천수(薦羞) : 같은 뜻의 연면사(連綿詞)이다.『주례 · 천관 · 포인(天官 · 庖人)』에 "왕의 음식과 맛있는 요리 같은 것을 바친다(以共王之膳與薦羞之物)"라는 말이 있다. 정현(鄭玄)은 이에 대해 "천(薦) 또한 바치는 것이다. 품물(品物)을 갖추는 것을 천(薦)이라 하고, 맛있는 음식을 바치는 것을 수(羞)라고 한다"라 하였다. 또 같은 책「천관 · 재부(天官 · 宰夫)」에서는 "제사 때 진설하는 기구(器具)와 제수품〔薦羞〕을 관장한다"라 하였고, 정현의 주에서는 "천은 포와 젓갈〔포해(脯醢)〕이다. 수는 여러 가지 맛있는 음식〔서수(庶羞)〕이다"라 하였다. 또「천관 · 변인(天官 · 籩人)」에서는 "무릇 제사에는 제기에 천수(薦羞)를 담아 바친다"라 하였는데 정현의 주에서는 "천수는 모두 바치는 것이다. 아직 먹지 않은 음식을 천(薦)이라 하고, 이미 먹은 음식을 수(羞)라고 한다"라 하였다. 손이양(孫詒讓)의『정의(正義)』에서는 "세 주석이 각기 하나의 각도에서만 해석을 하였는데 뜻은 모두 통한다"라고 하였다.「제세가」에서는 "옹무(雍巫)는 위공희의 총애를

亦有寵.[35]	또한 총애를 받았다.
公許之立武孟.	공이 무맹을 태자로 세우라고 하였다.
管仲卒,[36]	관중이 죽자

받아 환자(宦者) 수도(豎刀)를 통하여 환공에게 많은 예물을 바쳤다(厚獻)"라 하였다. 후헌(厚獻)을 가지고 "薦羞"를 풀이하였는데 꺼리어 뭉뚱그려 함께 말한 것 같다. 옹무는 직책이 요리를 하는 것이었으므로 음식물을 바친 것이지 일반적인 많은 예물은 아니었다.

35 『관자 · 소칭(小稱)』편에서는 "관중이 의관을 잡고 일어서서 말했다. '신은 임금께서 역아(易牙)와 수조(豎刁), 당무(堂巫)와 공자 개방(公子開方)을 멀리하길 바랍니다. 대체로 역아는 음식의 맛을 맞추어서 공을 섬겼습니다. 공께서 어린아이를 삶은 것만 맛을 보지 못했다고 하시자 이에 그 맏아들을 삶아서 공에게 바쳤습니다. 사람의 정이 자식을 사랑하지 않음이 없사온데 자식을 사랑하지 않으니 장차 공을 어떻게 하겠습니까? 공께서는 여색을 좋아하시나 질투가 많아 수조는 제 몸에 형을 내려 공을 위해 여색을 다스렸습니다. 사람의 정이 그 몸을 사랑하지 않는 사람이 없는데 자신의 몸도 사랑하지 않으면 장차 공을 어떻게 하겠습니까? 공자 개방은 공을 15년이나 섬기면서 그 어버이를 보러 돌아가지 않았습니다. 제나라와 위나라는 가는 데 채 며칠도 걸리지도 않습니다. 신이 듣건대 오래가지 않을 것에 힘을 쓰면 대체로 비어서 오래갈 수가 없다고 합니다. 그 생이 오래가지 않은 사람은 죽음도 반드시 좋은 끝이 아닐 것입니다.' 환공이 말하기를 '좋다'라 하였다. 관중이 죽어 이미 장사를 지내자 공은 네 사람을 미워하여 관직을 빼앗았다. 당무를 쫓아내니 심한 병이 생겼고, 역아를 쫓아내니 음식이 올라오지 않았으며, 수조를 쫓아내니 궁중이 어지러워졌고, 공자 개방을 쫓아내니 조정이 다스려지지가 않았다. 환공이 말하기를 '아! 성인도 실로 어그러짐이 있는가?'라 하고는 네 사람을 복귀시켰다"라 하였다. 「제세가」에서는 "관중이 병들자 환공이 묻기를 '여러 신하들 가운데 누가 재상이 될 만한가?'라 하니 관중이 '신하를 아는 데는 임금만한 사람이 없죠'라 하였다. 공이 말하기를 '역아는 어떠한가?' 하니 대답하기를 '자식을 죽여서 임금의 비위를 맞추었으니 사람의 정리가 아니어 불가하옵니다'라 하였다. 공이 말하기를 '개방은 어떠한가?'라 하니 대답하기를 '어버이를 저버리고 임금의 비위를 맞추었으니 사람의 정리가 아니어 가까이하기 어렵습니다'라 하였다. '수도(豎刀)는 어떠한가?'라 하니 대답하였다. '자기의 몸에 궁형의 형벌을 내려 임금을 섬겼으니 사람의 정리가 아니어서 친하기가 어렵습니다.' 관중이 죽자 환공은 관중의 말을 듣지 않고 마침내 세 사람을 가까이 두고 쓰니 세 사람이 권력을 주물렀다"라 하였다.

36 「제세가」에서는 "41년 관중과 습붕(隰朋)이 모두 죽었다"라고 하였다. 환공 41년은 노 희공 15년에 해당하며, 관중이 이해에 죽었음은 『국어』를 파헤치면 믿을 만하다. 「진어

五公子皆求立.[37]	다섯 공자가 모두 태자로 책봉되기를 구하였다.
冬十月乙亥,[38]	겨울 10월 을해일에
齊桓公卒.[39]	제환공이 죽었다.
易牙入,	역아가 들어가
與寺人貂因內寵以殺羣吏,[40]	시인 초와 함께 내총의 도움으로 뭇 관리들을 죽이고

4」에서는 "문공은 적(狄)나라에 12년을 있었는데 호언(狐偃)이 말하기를 '제후는 나이가 많은데 관중이 죽었습니다' 라 하였다." 하였으니, 진문공이 적에 12년 있었다면 노희공 16년에 해당하여 관중이 죽고 난 뒤 해를 넘겼으므로 호언이 "관중이 죽었습니다"라고 하였다.

37 위에서 환공은 아들이 여섯이라고 말하였는데, 효공(孝公)은 이미 태자로 책봉되었으니 여기서 말한 다섯 공자는 효공은 포함되지 않는다. 『관자 · 계(戒)』편에서는 "공이 죽자 여섯 아들이 모두 즉위하기를 구하였다"라 하였으니 효공을 함께 친 것이다.

38 을해(乙亥) : 7일이다.

39 『관자 · 소칭(小稱)』편에서는 또 말하였다. "1년 만에 네 아들이 난을 일으켜 공을 한 방에 가두어 나올 수가 없었다. 한 부인이 구멍으로 들어가 공이 있는 곳에 이르렀다. 공이 말하기를 '내가 배가 고파 음식을 먹고 싶고 목이 말라 물을 마시고 싶은데도 그럴 수가 없으니 어찌된 일이냐?' 라 하였다. 부인이 대답하기를 '역아와 수조, 무당, 공자 개방의 네 사람이 제나라를 나누었고 열흘간 담을 쌓고 발라 통하지가 않습니다' 라고 하였다. 공이 말하였다. '아아! 성인의 말은 뛰어나도다! 죽은 사람은 모르면 그만이다. 안다면 무슨 면목으로 지하에서 중보(仲父)를 본단 말인가?' 이에 흰 비단 띠로 머리를 싸고 죽었다." 환공이 제대로 죽을 수 없었던 일은 전국시대에 잘 전하여졌으므로 『장자 · 서무귀(徐無鬼)』편과 『관자 · 계(戒)』편, 『여씨춘추』「귀공(貴公)」편과 「지접(知接)」편, 『한비자 · 십과(十過)』편에 모두 수록되어 있다. 「제세가」에서는 "환공이 병들자 다섯 공자가 모두 당파를 세워 다투어 섰다"라고 하였는데 이것이 그가 제대로 죽을 수 없었던 까닭이다.

40 내총(內寵) : 복건(服虔)은 곧 "부인과 같은 지위의 여섯 사람"이라 하였고, 두예는 "내관(內官) 가운데 권총(權寵)이 있는 사람"이라고 하였다. 복건의 설이 비교적 정확한 것 같다.
군리(羣吏) : 복건은 "여러 대부이다"라 하였다.

而立公子無虧.	공자 무휴를 태자로 세웠다.
孝公奔宋.	효공은 송나라로 달아났다.
十二月乙亥,[41]	12월 을해일에
赴.	부고를 띄웠다.
辛巳,[42]	신사일
夜殯.[43]	밤에 초빈을 하였다.

희공 18년

經

十有八年春王正月,[1]	18년 봄 주력으로 정월에

41 을해(乙亥) : 8일이다.

42 신사(辛巳) : 14일이다.

43 야빈(夜殯) : 죽은 날부터 빈을 한 날까지가 67일이 된다. 「제세가」에서는 "환공이 죽자 마침내 서로 공격을 하여 이 때문에 궁중이 비어 감히 입관을 하지 못했다. 환공의 시신이 침대에 67일이나 있게 되자 시체에서 구더기가 기어 나왔다. 12월 을해일에 무궤(無詭)가 즉위하자 입관하고 부고를 돌렸다. 신사일 밤에 염을 하고 빈소에 안치하였다"라 하여 『전』과 내용이 일치한다. 『관자 · 계(戒)』편에서 이른바 "공이 죽고 70일 동안 염을 하지 않았다" 한 것과 『설원 · 권모(權謀)』편에서 이른바 "환공은 죽고 60일이 되어 시체에서 구더기가 나와도 거두지 않았다"라 한 등등은 일수를 모두 정확히 살피지 않았다. 심흠한(沈欽韓)의 『보주(補注)』에서는 "예법대로라면 빈은 일출 때 행하는 법인데 밤에 빈을 하였다 하였으니 비상임이 분명하다"라 하였다.

1 십유팔년(十有八年) : 기묘년 B.C. 642년으로 주양왕(周襄王) 11년이다. 동지가 지난해 윤12월 26일 임술일이며, 건축(建丑)이다.

宋公, 曹伯, 衛人, 邾人伐齊.[2]	송공과 조백, 위나라 사람, 주나라 사람이 제나라를 쳤다.
夏,	여름에
師救齊.[3]	군사가 제나라를 구원했다.
五月戊寅,[4]	5월 무인일에
宋師及齊師戰于甗.[5]	송나라 군사가 언에서 제나라 군사와 싸웠다.
齊師敗績.	제나라 군사가 대패하였다.
狄救齊.[6]	적나라가 제나라를 구원하였다.
秋八月丁亥,[7]	가을 8월 정해일에
葬齊桓公.[8]	제환공을 장사 지냈다.
冬,	겨울에
邢人, 狄人伐衛.[9]	형나라 사람과 적나라 사람이 위나라를 쳤다.

---

2 『공양전』에는 "宋公" 아래에 "회(會)"자가 있는데 연문일 것이다. 두예는 "효공(孝公)을 들였다"라고 하였다.

3 『전』이 없다. 사(師)는 노나라 군사이다.

4 무인(戊寅) : 14일이다.

5 언(甗) : 제나라 땅으로 지금의 산동성 제남시(濟南市) 근처에 있을 것이다.

6 『전』이 없다. 두예는 "네 공자의 무리를 구원하였다"라 하였다.

7 정해(丁亥) : 8월에는 정해일이 없다. 착오가 있을 것이다.

8 두예는 "11개월 만에 장례를 올렸는데 난리 때문이다"라 하였다.

9 적인(狄人) : 『경』에서는 적(狄)을 어떨 때는 적(狄)이라고만 말하고 어떤 때는 적인(狄人)이라고 하는데 문장의 형편에 따라 기인하는 것 같다. 이해의 『경』 및 20년의 "제인(齊人)과 적인(狄人)이 형(邢)에서 맹약했다", 희공 24년의 "포인(蒲人)과 적인(狄人)이

傳

十八年春, 18년 봄에

宋襄公以諸侯伐齊. 송양공이 제후의 군사들을 가지고 제나라를 쳤다.

三月, 3월에

齊人殺無虧.[10] 제나라 사람이 무휴를 죽였다.

鄭伯始朝于楚.[11] 정백이 처음으로 초나라에 조현하였다.

楚子賜之金, 초자가 구리를 내려 주었는데

旣而悔之, 얼마 후 후회하면서

與之盟曰, 정백과 맹세하여 말하기를

"無以鑄兵!" "무기를 만들어선 안 된다!"라고 하였다.

나에게 무엇이 있는가?"는 적(狄)을 다른 나라나 다른 읍과 함께 들었는데, 다른 나라를 단독으로 칭하지 않았으면 적 또한 부득불 함께 따랐다. 적뿐이라면 인(人)이라 하지 않았는데 이 해의 "적이 제나라를 구원하였다(狄救齊)"와 21년의 "적이 위나라를 침략하였다(狄侵衛)"라 한 경우이다.

10 「제세가」에서는 "무궤(無詭)는 즉위한 지 석 달 만에 죽어서 시호가 없다"라 하였고 또 "효공 원년 3월에 송양공이 제후들의 병사를 거느리고 제나라 태자 소(昭)를 돌려보내고 제나라를 쳤다. 제나라 사람이 두려워하여 임금인 무궤를 죽였다"라고 하였다. 무궤는 곧 무휴(無虧)이다.

11 시조(始朝) : 이 전에는 조현하지 않은 것이다. 환공이 죽자마자 정나라는 즉시 초나라로 가서 조현하였다.

故以鑄三鐘.[12]	그리하여 그것으로 종 세 개를 만들었다.
齊人將立孝公,	제나라 사람이 효공을 세우려고 하였는데
不勝四公子之徒,[13]	네 공자의 무리를 이기지 못하였으며
遂與宋人戰.[14]	마침내 송나라와 싸웠다.
夏五月,	여름 5월에
宋敗齊師于甗,	송나라가 언에서 제나라 군사를 물리쳤으며
立孝公而還.[15]	효공을 세우고 돌아갔다.
秋八月,	가을 8월에

---

12 주나라 때는 병기를 주조하거나 종(鐘)과 정(鼎) 등의 각종 이기(彝器)를 주조할 때 모두 구리를 사용하였다. 양공 19년 『전』에서 "계무자가 제나라에서 얻은 병기를 가지고 임종(林鐘)을 만들고 거기에 노나라의 공적을 새겼다"라 하였고 체정(䢅鼎)의 명문에도 "노획한 무기를 가지고 보배로운 기물을 만들었다"라 한 것이 이를 말한다. 진시황 26년에 이르러서야 천하의 병기를 거두어들여 함양(咸陽)에 모아 녹여서 편종(編鐘)을 거는 틀을 만들었다.

13 사공자(四公子) : 무휴가 이미 죽었으며 효공을 빼면 소공반(昭公潘), 의공상인(懿公商人), 혜공원(惠公元) 및 공자 옹(公子雍) 밖에 남지 않으므로 이렇게 말하였다.

14 송나라와 싸운 사람들은 네 공자의 무리이다.

15 「제세가」에서는 "제나라 사람들이 태자 소(昭)를 세우려고 하자 네 공자의 무리가 태자를 공격하였다. 태자는 송나라로 도망쳐 송나라가 제나라 네 공자의 사람들과 싸웠다. 5월에 송나라가 네 공자의 군사를 물리치고 태자 소를 세웠다. 이 사람이 제효공(齊孝公)이다. 송나라는 환공과 관중이 그들에게 태자를 맡겼기 때문에 와서 그들을 정벌한 것이다"라 하였다.

葬齊桓公.[16]	제환공을 장사 지냈다.
冬,	겨울에
邢人, 狄人伐衛,	형나라 사람과 적나라 사람이 위나라를 치고
圍菟圃.[17]	토포를 에워쌌다.
衛侯以國讓父兄子弟.	위후는 나라를 부형자제들에게 양보하였다.
及朝衆,[18]	조정에서 사람들에게

16 각 판본에서는 모두 별도의 『전』을 만들었다. 『전』의 예에 따르면 『춘추』의 경문(經文)에 보충할 것이 없고 또한 설명할 것이 없으면 으레 『전』을 만들지 않는다. 지금 별도로 『전』을 만들면 예에 부합하지 않는다. 『전』에는 두 조의 경문을 하나로 합쳐서 만든 예가 있다. 이를테면 장공 23년의 『경』에서 "가을에 환공을 모신 사당의 기둥을 붉게 칠했다(秋, 丹桓宮楹)"라 하였으며, 『전』에서도 "가을에 환공을 모신 사당에 붉은 칠을 했다(秋, 丹桓宮之楹)"라 하여 또한 설명할 것이나 보충할 것이 없는 것 같으나 『전』은 실제 "24년 봄 주력으로 3월에 환공을 모신 사당의 서까래에 조각을 하였다(二十有四年春王三月, 刻桓宮桷)"라 한 『경』과 하나로 합쳤기 때문에 『전』에서는 "24년 봄에 서까래에 조각을 했는데 모두 예의에 맞지 않는 일이었다(二十四年春, 刻其桷, 皆非禮也)"라 하였으니 "皆"자의 아래에서는 기둥을 붉게 칠한 일을 함께 말하고 있음을 알 수 있다. 이 "제환공을 장사 지냈다"는 것은 대체로 "효공을 세우고 돌아갔다"라 한 것과 함께 하나의 『전』이 되며 이로써 효공이 즉위하였으며 제나라의 난리가 안정되고 환공이 그제서야 장사를 지낼 수 있었음을 보여주는 것이다. 지금은 『전』의 예에 의하여 하나로 합쳤다. 제환공의 무덤은 임치현(臨淄縣) 남쪽 우산(牛山)에 있으며 진(晉)나라 영가(永嘉) 연간에 발굴이 되었다. 「제세가」의 『집해(集解)』와 『정의(正義)』에 상세하다.

17 토포(菟圃) : 위나라 땅으로 명나라 고대(高岱)가 『춘추지명고보(春秋地名考補)』에서 혹자의 설을 인용한 것에 따르면 지금의 하남성 장원현(長垣縣) 경계에 있어야 한다.

18 중(衆) : 도성의 사람들이다. 도성 사람들로 하여금 조정에서 함께 의논하는 것을 말한다. 15년 『전』의 "도성의 사람들을 조정에 모아 임금의 명으로 상을 주십시오(朝國人而以君命賞)"에서 상세히 말하였다.

曰,	말하기를
“苟能治之,	“잘 다스릴 수만 있다면
煅請從焉.”[19]	내 청컨대 그를 따를 것이오”라 하였다.
衆不可,	사람들이 안 된다고 하자
而後師于訾婁.[20]	자루에서 군사를 늘어놓으니
狄師還.[21]	적의 군사들이 돌아갔다.

梁伯益其國而不能實也,[22]	양백이 나라를 넓혔으나 채울 수가 없어서

---

19 단(煅) : 전한(前漢) 때 가의(賈誼)의 『신서(新書)』에서는 “위후(衛侯)가 주나라를 조현하였는데 주나라의 행인〔行人 : 조근(朝覲)과 빙문(聘問)을 담당하는 관리〕이 그 이름을 물었다. 대답하기를 ‘위후 벽강(辟疆)이다’ 고 하였다. 주나라 행인이 그를 돌려보내면서 말하기를 ‘계강(啓疆)이니 벽강이니 하는 것은 천자의 호로 제후는 쓸 수가 없습니다’ 라 하였다. 위후가 그 이름을 단(煅)으로 바꾸고 난 뒤에야 받아 주었다”라 하였는데, 이 말이 믿을 수 있다면 위문후의 처음 이름은 벽강이고 단은 고친 이름이다.

20 후(後) : 완각본(阮刻本)에는 “종(從)”자로 되어 있는데 틀렸다. 『당석경』, 가나자와 문고본(金澤文庫本), 송본 등의 판본을 따라 고쳤다.
자루(訾婁) : 지금의 하남성 활현(滑縣) 서남쪽에 있으며, 장원현(長垣縣)과 경계가 맞닿아 있다.

21 적의 군사들이 돌아갔다면 형(邢)나라의 군사들도 반드시 따라서 돌아갔을 것이다. 두예는 “형나라 군사는 남아서 위나라에 맞섰다”라 하였는데 믿을 수 없을 것 같다.

22 익기국(益其國) : 두예는 “성읍을 많이 쌓았다”고 하였는데, 곧 다음 해 전의 “토목공사를 좋아했다(好土功)”와 “자주 성을 쌓았다(亟城)”라 한 것이다.
실(實) : 백성을 옮겨 채우는 것이다. 서진(西晋) 때 진수(陳壽)의 『삼국지(三國志)』 『위지 · 신비전(魏志 · 辛毗傳)』의 “황제는 기주의 사가 10만을 옮겨 하남을 채우려고 하였다(帝欲徙冀州士家十萬實河南)”라 한 “實”과 같은 뜻이다. 다음 해의 『전』에서 “거처하지 않게 했다(弗處)”라 하였으니 채울 수가 없었다. 진(秦)나라 차지가 된 수에 백성들을 살게 하였다.

命曰新里.[23] 신리라 하였는데

秦取之.[24] 진나라가 차지하였다.

희공 19년

經

十有九年春王三月,[1] 19년 봄 주력으로 3월에

宋人執滕子嬰齊.[2] 송나라 사람이 등자 영제를 잡았다.

夏六月, 여름 6월에

宋公, 曹人, 邾人盟于曹南.[3] 송나라 사람, 조나라 사람, 주나라 사람이 조나라 남쪽에서 맹약하였다.

---

23 신리(新里) : 진(秦)나라 신성(新城)으로 지금의 섬서성 징성현(澄城縣) 동북쪽 20리 지점에 있을 것이다.

24 본래는 아래의 "19년 봄 마침내 성을 쌓고 그곳에 거처하였다(十九年春, 遂城而居之)"와 하나의 『전』이었는데 후인에 의해 둘로 나누어졌다.

1 십유구년(十有九年) : 경진년 B.C. 641년으로 주양왕(周襄王) 12년이다. 동지가 정월 초8일 무진일이었으며, 건자(建子)이다. 윤달이 있다.

2 『춘추』에는 임금을 잡아간 경우가 열세 차례 보이는데, 이곳의 등자 영제 및 애공 4년의 "진나라 사람이 융만자 적을 잡아갔다(晉人執戎蠻子赤)"라고 한 곳에서만 이름을 기록하였다. 두예는 "이름을 기록한 것과 기록하지 않은 것은 모두 알려 온 데 따른 것이다"라 하였다.

3 『전』이 없다.
"宋公"은 『공양전』에는 "송인(宋人)"으로 되어 있다. 조나라 남쪽에서 맹약하였다는 것은 양공 11년의 "함께 박성 북쪽에서 맹약하였다(同盟于亳城北)" 한 것과 같은 예이다. 범녕(范寧)의 『곡량전』의 주석〔『춘추곡량전집해(春秋穀梁傳集解)』〕에서는 "조남(曹南)은 조나라의 남쪽 변두리"라고 하였는데 그 뜻을 잘 파악하였다. 『시경 · 조풍 · 후인(曹

鄫子會盟于邾.	증자가 주나라에서 회맹하였다.
己酉,[4]	기유일에
邾人執鄫子,	주나라 사람이 증자를 잡아갔는데
用之.[5]	그를 제물로 썼다.

風 · 候人)』에 "뭉게뭉게 구름 일더니, 남산에 아침 무지개 떴다네(薈兮蔚兮)"라는 구절이 있는데, 모씨(毛氏)의 주석〔전(傳)〕에서는 "남산은 조남산(曹南山)이다"라고 하였다. 조남산은 지금의 산동성 조현(曹縣) 북쪽에 있으며 고동고의 『대사표(大事表)』에서는 곧 이곳이 조나라 남쪽이라고 하였는데 그럴 수도 있겠다. 두예는 "조나라가 맹약을 하기는 하였지만 여전히 불복하여 식물(食物)을 보내지 않았으니 지주의 예가 없었다. 그러므로 나라의 지명을 쓰지 않고 '조나라 남쪽'이라고 하였다. ……"라 하였으니, 이번 맹약이 본래는 조나라의 국도에서 있었으나 조나라가 지주로서 마땅한 예를 행하지 않았기 때문에 조(曹)라고 하지 않고 조나라 남쪽(曹南)이라고 하였다는 것이다.

4 기유(己酉) : 21일이다.

5 증자가 어떻게 주나라에서 회맹하게 되었는가에 대해 『공양전』에서는 "회합에 늦었다(後會)"라 하였고, 두예는 "조나라 남쪽의 맹약에 미치지 못하여 제후들이 이미 흩어져 증나라는 곧 주나라에서 회합하였다"라 하였다. 『곡량전』에서는 "약소한 나라의 임금이 주나라 때문에 맹약에 참가하기를 구하였다. 남이 자기 때문에 맹약에 참가하기를 구하였는데 자기가 맞이하여 그를 잡아갔다"라 하였다.

용지(用之) : 죽여서 사직에서 제사를 지내는 것을 말한다. 소공 11년의 "초나라 군사가 채나라를 멸하고 채나라의 세자 유를 잡아서 돌아가 제물로 썼다(楚師滅蔡, 蔡世子有以歸, 用之)"라 한 것과 같은 용법이다. "用"의 뜻은 "사직에서 희생으로 썼다(用牲於社)"의 "用"과 같다. 『공양전』과 『곡량전』에서는 "用之"를 "코를 잘라서 사직에 피를 바르는 것이다〔扣其鼻以衈社 : 『공양전』에는 "血社"로 되어 있는데 "血"은 "衈"가 뭉개진 글자이다. "衈"는 『주례 · 하관 · 소자(周禮 · 夏官 · 小子)』에는 "珥"로 되어 있으며, 『산해경 · 동산경(山海經 · 東山經)』에는 "聃"로, 같은 책 「중산경(中山經)」에는 "刉"를 말하며 "암양 한 마리를 잘라 피를 바쳤다"라 하였고, 『주례 · 추관 · 사사(周禮 · 秋官 · 士師)』에서는 "刉衈"를 붙여서 연용하고 있다. 『설문해자』에는 "刉"자는 있는데 "衈"자와 "聃"자는 없다〕"라 하였으니 죽이는 것이 주된 목적이 아니고 다만 그 피만 받는 것일 따름이라고 생각하였다. 이 설은 확실하지 않다. 『맹자 · 양혜왕(梁惠王) 상』에서는 "흔종(釁鐘)"에 예에 대하여 말하고 있는데 "내 차마 벌벌 떨면서 사지로 가는 것을 못 보겠다"라 하였으니 곧 죽이는 것임을 알 수 있다. "흔례(釁禮)"조차 희생을 죽이는데 제례(祭禮)에는 단연코 희생을 죽이지 않을 리가 없다. 『주례 · 소자(小子)』에서는 "사직에서 이를 관장한다(掌珥于社稷)" 하였고 이에 대해 후한(後漢)의 정중(鄭衆)은 "이사직(珥社

秋, 가을에

宋人圍曹.[6] 송나라 사람이 조나라를 에워쌌다.

衛人伐邢.[7] 위나라 사람이 형나라를 쳤다.

冬, 겨울에

會陳人, 蔡人, 楚人, 鄭人盟于齊.[8] 진나라, 채나라, 초나라, 정나라 사람과 제나라에서 만났다.

梁亡. 양나라가 망했다.

傳

十九年春, 19년 봄

稷)은 희생의 머리로 제사를 지내는 것이다"라 하였는데 그 뜻을 제대로 파악하였다.

6 각 판본에서는 다음 조의 "衛人伐邢"과 한 절로 붙여 놓았는데, 여기서는 『전』에 의거하여 두 절로 나눈다.

7 『전』에서는 형(邢)을 친 기록이 조나라를 포위한 것 앞에 있는데, 『경』의 기록은 뒤에 있다. 두예는 "고지한 데로 따랐다"라고 하였다.

8 『공양전』에는 "會"자 위에 "公"자가 있다. 『전』의 "환공 때의 우호조약을 닦았다"라 한 것에 의하면 제나라 역시 맹약에 참가하였을 것이다. 두예는 "땅이 제나라에 있으니 제나라도 맹약에 함가하였다"라 하였다. 나라 이름을 지명이라 하였으니 맹약을 한 땅의 나라는 반드시 맹약에 참가하였다는 것 같은데, 반드시 모두 다 그런 것은 아니다. 희공 27년의 『경』에서는 "공이 송(宋)에서 제후들을 만나 맹약하였다"라 하였고, 선공 15년에는 "공손귀보(公孫歸父)가 송에서 초자(楚子)를 만났다"라 하였는데, 모두 나라 이름을 지명으로 하였지만 송나라는 포위 중에 있어서 맹약에 참가할 수가 없었다. 20년의 "제나라 사람, 적(狄)나라 사람이 형(邢)에서 맹약을 하였다"라 한 것과 같은 경우에는 『전』의 "형나라를 위하여 위나라의 어려움을 모의하였다"라 한 것에 근거하여 형은 반드시 맹약에 참여하였음을 알 수 있다. 그러므로 맹약이 이루진 땅의 나라가 맹약에 참여했다거나 참여하지 않았다거나 하는 데 대해서는 정례가 없다고 말할 수 있다.

遂城而居之.[9] 마침내 성을 쌓고 그곳에 거처하였다.

宋人執滕宣公.[10] 송나라 사람이 등선공을 붙잡아 갔다.

夏, 여름에

宋公使邾文公用鄫子于次睢之社,[11] 송공이 주문공으로 하여금 증자를 차휴의 토지신에게 제물로 쓰게 하여

---

9 이 절은 본래 전 해의 『전』 "梁伯益其國而不能實也, 命日新里, 秦取之"와 하나로 이어졌었다.

10 『경』에서는 "등자영제(滕子嬰齊)"라 하고 『전』에서는 "滕宣公"이라 한 것은 등나라의 세계(世系)를 보존하였기 때문이다. 달리 보충할 것과 설명할 것이 없는데 『전』을 지은 것은 다음의 "한번 만나 두 나라 임금을 죽였다(一會而虐二國之君)"라 한 것의 복선이다.

11 주문공(邾文公) : 이름은 이름이 거제(蘧蒢)이며 노문공 13년에 죽었다.
차휴(次睢) : 두예는 "휴수(睢水)는 변수(汴水)를 받아 동으로 진류(陳留), 양(梁), 초(譙), 패(沛), 팽성현(彭城縣)을 거쳐 사수(泗水)로 들어간다. 이 물에는 요사한 신이 머무르고 있기 때문에 동이(東夷)들이 모두 사당을 지어 제사를 지내는데 아마 사람을 죽여 제사를 지낸 것 같다"라 하였다. 두예의 말에 의하면 차휴는 당연히 휴수 곁에 있을 것이지만 『속한서 · 군국지(續漢書 · 郡國志) 3』의 주석에서 인용한 서진(西晉) 때 장화(張華)의 『박물지(博物志)』에서는 임기(臨沂) 동쪽 경계의 차휴에 많은 사당이 있는데 사람들은 식인사(食人社)라고 하니 곧 차휴의 사당이며, 고동고의 『대사표(大事表)』에서는 지금의 산동성 임기현 경계에 있는 것은 휴수가 지나는 곳이 아니라 하여 두예의 말과 맞지 않는다. 지리적으로 고찰을 해보면 지금의 강소성 동산현(銅山縣) 부근에 있을 것이다. 소공 4년의 『전』에서는 "평자(平子)가 거(莒)를 치고 경(郠)을 빼앗아 포로를 바쳐 처음으로 박사(亳社)에서 사람을 제물로 썼다"라 하였다. 박사의 제사만 사람을 썼다고 하였지 사직신에 제사 지낼 때 처음으로 사람을 제물로 썼다고는 하지 않았다. 소공 11년의 『전』에서는 "초자(楚子)가 채(蔡)나라를 멸하고 강산(岡山)에서 은태자(隱太子)

欲以屬東夷.[12]	동이를 복속시키려 하였다.
司馬子魚曰,[13]	사마자어가 말하였다.
"古者六畜不相爲用,[14]	"옛날에는 육축을 서로 돌아가며 쓰지도 않았고
小事不用大牲,[15]	작은 제사에는 큰 희생도 쓰지 않았거늘
而況敢用人乎?	하물며 감히 사람을 쓴단 말입니까?
祭祀以爲人也.	제사는 사람을 위해서 지내는 것입니다.

를 제물로 썼다"라 하였다. 『논어 · 옹야(雍也)』편에서는 "얼룩소의 송아지는 붉은 데다 뿔까지 있으니 비록 쓰고 싶지 않다 한들 산천이 그것을 버려두겠는가?"라 하였으니 사람을 죽여서 제사를 지내거나 희생을 죽여서 제사를 지내거나 간에 모두 용(用)이라 말하였다.

12 속동이(屬東夷) : 동이의 제국(諸國)이 속국으로 와서 붙게 하는 것이다. 다음 문장의 "속제후(屬諸侯)"의 "屬"과 같은 뜻이다. 곧 자어(子魚)가 말한 "패제후 구하는 것(求霸)"이다.

13 자어(子魚) : 곧 목이(目夷)이다. 희공 9년의 『전』에서는 좌사(左師)였는데 이때는 사마(司馬)로 바뀌었다.

14 육축(六畜) : 말, 소, 양, 돼지, 개, 닭이다. 두예는 "육축을 서로 돌아가며 쓰지 않는다는 것은 말의 선조를 제사 지낼 때 말을 쓰지 않는 것과 같은 것이다"라 하였다. 두예의 뜻은 곧 옛날 사람들은 육축의 조상에게 모두 제사를 지냈는데 소의 조상에게 제사를 지낼 때는 소를 쓰지 않았고, 말의 조상을 제사 지낼 때는 말을 쓰지 않았다는 것이다. 그러나 고적(古籍)에서 고찰해 보면 단지 『주례 · 하관 · 교인(夏官 · 校人)』에만 "봄에 말의 조상에게 제사 지냈다"는 글이 있을 뿐 이외에 소나 양 등의 조상에게 제사를 지낸다는 글을 볼 수가 없으니 두예의 설은 꼭 믿을 만한 것이 아니다. 그저 말을 쓰는 제사에는 소 · 양 · 돼지 · 개를 대신 쓰지 않는다는 말일 따름이다. 『맹자 · 양혜왕 상』에서 양왕(梁王)이 양으로 소를 바꾼 것으로 보아 전국시대에는 이미 옛 예법을 그다지 준수하지 않은 것 같다.

15 『예기 · 잡기(雜記) 하』에서는 사당이 완성되면 피를 바르는데 양의 피를 쓰며, 문과 협실(夾室)에는 모두 닭의 피를 쓴다고 하였다. 문에 피를 바를 때 닭만 쓴다는 것이 이른바 작은 제사에는 큰 희생을 쓰지 않는다는 것이다.

民,	백성은
神之主也.	신의 주인입니다.
用人,	사람을 쓰면
其誰饗之?	누가 와서 흠향하겠습니까?
齊桓公存三亡國以屬諸侯,[16]	제환공은 망해 가는 세 나라를 존속시켜 제후를 복속시켰는데도
義士猶曰薄德,[17]	의사들은 오히려 덕이 없다고 하였는데

16 삼망국(三亡國) : 옛날에는 두 가지 설이 있었다. 「제어」에서는 "환공은 천하의 제후들을 걱정하였는데 노(魯)나라에는 부인과 경보(慶父)의 난이 있었고 두 임금이 시해되었으며 나라가 끊기어 후사가 없었다. 환공이 그 말을 듣고 고자(高子)를 보내어 보존될 수 있도록 했다. 적(狄)나라 사람이 형(邢)나라를 공격하자 환공은 이의(夷儀)에 성을 쌓아 봉하였다. 적나라 사람이 위(衛)나라를 공격하여 위나라 사람들이 조(曹)나라로 도망하니 환공이 초구(楚丘)에다 성을 쌓고 봉하였다. 천하의 제후들은 어질다고 칭찬하였으며 이로 인해 제후들이 귀속하였다"라 하였다. 『순자 · 소광(小匡)』편의 글은 대동소이하여 노(魯) · 위(衛) · 형(邢)을 망국으로 보았다. 그러나 「대광(大匡)」편에서는 "송나라가 듣지 않아 드디어 기(杞)나라를 치고 환공은 연릉(緣陵)에 성을 쌓아 봉하였다. 이듬해 적나라 사람이 형(邢)나라를 쳤다. 형나라 임금이 도망쳐 제나라에 이르렀는데 환공이 이의(夷儀)에 성을 쌓아 봉하였다. 이듬해에는 적나라 사람이 위나라를 쳤는데 위나라 임금이 도망가 허에 이르니 환공이 초구(楚丘)에 성을 쌓아 그를 봉하였다"라 하였다. 제(齊)나라의 습붕(隰朋)과 빈서무(賓胥無)는 "세 나라가 망한 것은 작은 적으로 끊겼기 때문이다"고 하였으므로 기(杞) · 형(邢) · 위(衛)를 망해 가는 세 나라로 보았다. 그러나 연릉에 성을 쌓아 기나라를 옮긴 것은 실은 노희공 14년의 일로 초구에 성을 쌓은 뒤의 일인데 「대광편」에서는 앞에 있었다고 하였으니 『춘추』와는 맞지 않으며 잘못된 것 같다. 「진어 2」에서는 규구의 회합에서 재공이 제환공에 대해 한 말을 서술하여 "세 번 제후들을 모았고 망해 가는 나라 셋을 존속시켰다"라 하였다. 규구에서의 회합은 노희공 9년에 있었으니 연릉에 성을 쌓기 전이다. 곧 세 망국에 기나라는 포함시키지 않아야 하며 위소의 『국어』의 주석과 두예의 『좌전』 주석에서는 모두 노(魯) · 위(衛) · 형(邢)을 세 망국으로 보았는데 타당하다.

17 이는 아마 제환공에 대해 전체적으로 논한 것으로 비록 망해 가는 나라 셋을 존속시켰지만 그 덕은 여전히 두텁지 못하다는 것이다. 두예는 "어지러움을 틈타 노나라를 취하려

今一會而虐二國之君,[18]	지금 한 번 회합으로 두 나라 임금을 해치고
又用諸淫昏之鬼,[19]	또 음사 혼란한 귀신에게 제물로 써서
將以求霸,	패제후가 되기를 구하니
不亦難乎?	또한 어렵지 않겠습니까?
得死爲幸."[20]	제때 죽을 수 있다면 다행이겠습니다."

秋,	가을에
衛人伐邢,	위나라 사람이 형나라를 쳤는데
以報菟圃之役.[21]	토포의 전역을 앙갚음하기 위함이었다.
於是衛大旱,	이때 위나라에 큰 가뭄이 들었는데
卜有事於山川,[22]	산천에 제사를 지낼 것을 점쳤더니

했고 형나라와 노나라의 구원을 늦추었다"라 하여 망해 가는 나라 셋만 가지고 이야기하였는데 틀렸다.

18 등선공을 잡아온 것과 증자를 제물로 쓰는 것을 가리킨다.

19 저(諸) : "지어(之於)"의 준말이다.
음혼귀(淫昏鬼) : 차휴(次睢)의 사직신을 가리킨다.

20 득사(得死) : 선종(善終)을 가리킨다. 선종을 하지 못한다면 "不得其死"라고 한다. 송양공이 선종을 하면 다행이라는 말로, 송나라가 망할 것이라는 것이다.

21 적나라를 치지 않고 형나라를 치는 것은 형나라가 바야흐로 무도하기 때문이라는 것이다.

不吉.	점괘가 불길하였다.
甯莊子曰,	영장자가 말하였다.
"昔周饑,	"옛날 주나라에 기아가 들었을 때
克殷而年豐.[23]	은나라를 이기자 해가 풍년이 들었습니다.
今邢方無道,	지금 형나라가 바야흐로 무도하고
諸侯無伯,[24]	제후의 우두머리가 없으니
天其或者欲使衛討邢乎?"	하늘이 혹 위나라로 하여금 형나라를 치게 하려는 것 아닐까요?"
從之.	그 말을 따랐다.
師興而雨.	군사를 일으키자 비가 왔다.

宋人圍曹,	송나라 사람이 조나라를 에워쌌는데
討不服也.[25]	복종하지 않음을 토벌한 것이다.

22 산천에 제사를 지내는 것을 점친 것이다.

23 『시경 · 주송 · 환(周頌 · 桓)』에 "온 세상 평화롭게 하시니, 풍년 거듭되네(綏萬邦, 婁豐年)"라는 구절이 있는데, 공영달(孔穎達)의 『정의(正義)』에서는 『좌전』의 이 말을 인용하여 입증하였다.

24 제환공이 이미 죽어 패주(霸主)가 없다는 것이다.

25 문공 15년의 『전』에서 계문자(季文子)가 제후(齊侯)에게 일러 말하기를 "자신은 무례한데도 예의가 있는 사람을 토벌하면서 '너는 무엇 때문에 예를 행하느냐?'라 하는 것입니다(己則無禮, 而討于有禮者, 曰汝何故行禮)"라 하여 "討"자에는 본래 포폄의 뜻이 없음을 알 수 있다.

子魚言於宋公曰,	자어가 송공에게 말하였다.
"文公聞崇德亂而伐之,[26]	"문공은 숭의 덕이 어지러워졌음을 듣고 쳤는데
軍三旬而不降.[27]	30일을 공격하여도 항복하지 않았습니다.
退修教而復伐之,[28]	물러나 교화를 닦고 다시 쳤더니
因壘而降.[29]	전에 쌓은 누벽을 썼는데도 항복을 하였습니다.

---

26 숭(崇) : 숭후 호(虎)이다. 전한(前漢) 때 복생(伏生)의 『상서대전(尙書大傳)』에서는 "문왕(文王)이 명을 받아 5년에 기(耆)를 치고 6년에 숭(崇)나라를 쳤으며 7년에 돌아가셨다"라고 하였다. 『설원 · 지무(指武)』편에서는 "문왕이 숭나라를 치고자 하여 먼저 선포하여 말하기를 '내가 듣자 하니 숭후 호는 부모를 업신여기고 장로들에게 불경스러우며 송사를 함에 온당치가 못하고 재물을 나눔이 고르지 않아 백성들은 있는 힘을 다하여도 의식(衣食)을 얻을 수 없다 하니 내 장차 정벌하려 함은 오직 백성을 위함이오'라 하고는 곧 숭나라를 쳤다"라 하였다. 숭나라는 지금의 섬서성 호현(戶縣) 동쪽 5리 지점에 있다.

27 군삼순이불항(軍三旬而不降) : 『설원 · 지무(指武)』편에서는 "송나라가 조나라를 포위하였으나 빼앗지 못했다. 사마자어(司馬子魚)가 임금에게 말하기를 '문왕이 숭나라를 쳤는데 숭나라 군사가 성을 지켜 30일이 되도록 항복을 하지 않았습니다'라 하였다"라 하였다. 『전』의 "軍"이 숭나라 군사인 것처럼 풀이를 하였으나 『전』에서 말한 뜻이 아닌 것 같다. "軍三旬而不降"이라는 것은 문왕의 군사가 30일간을 공격하였으나 숭나라 군사가 항복을 하지 않은 것이다. 다음의 "因壘"와 함께 모두 문왕을 가리켜 말한 것이다.

28 가나자와 문고본(金澤文庫本)에는 "退而修教而復伐之"로 되어 있어 "而"자가 첨가되어 있다. 『설원 · 지무(指武)』편에는 "退而修教復伐之"로 되어 있어 "而"자가 "退"자 아래에 있다.

29 인루(因壘) : 문공 12년의 『전』에 "누를 높이고 군대를 굳게 하기를 청했다(請深壘固軍)"는 말이 있는데, 공영달은 "누는 벽(壁)이다. 군영이 있는 곳으로 흙을 쌓아 스스로 지키는 것을 누라고 한다. 심(深)은 높인다는 뜻이다"라고 하였다. 인(因)은 의지하다이다. 인루(因壘)는 전에 쌓은 누에 의지하여 개보수와 증축을 한 적이 없다는 뜻으로 군대를 증강한 적이 없음을 보여주는 동시에 또한 속전속결하였음을 보여주는데, 위의 "30일을 공격하였으나 항복하지 않았다"는 말과 대비되는 것이다. 전인들은 이 구절을 숭나

詩曰,	『시』에서 말하기를
‘刑于寡妻,[30]	‘적실부인에게 본보기가 되면
至于兄弟,	형제에게 미쳐
以御于家邦.’[31]	집안과 나라를 다스린다’ 하였습니다.
今君德無乃猶有所闕,	지금 임금께서는 덕이 없고 오히려 부족한 점이 있는데도
而以伐人,	남을 치니
若之何?	그것을 어찌하렵니까?
盍姑內省德乎![32]	어찌 감히 안에서 덕을 살피지 않으십니까?
無闕而後動.”	부족함이 없이한 후에 움직이십시오.”

라 군사들이 싸우지도 않고 스스로 항복하였다고 풀이하였는데 이는 틀렸다.

30 형(刑) : 형(型)과 같은 뜻으로 시범, 모범의 뜻이다.
과처(寡妻) : 크다는 뜻이다. 적실부인을 지금은 대태태(大太太)라고 하지만 옛날에는 과처(寡妻)라 하였다. 곧 대형(大兄)을 『상서 · 강고(康誥)』에서 과형(寡兄)이라 하고, 대명(大命)을 『상서 · 강왕지고(康王之誥)』에서 과명(寡命)이라 한 것과 같다.

31 『시』는 『시경 · 대아 · 사제(大雅 · 思齊)』의 구절이다. 『국어 · 진어(晉語) 4』에서는 “대사(大姒)에게 모범이 되면 여러 아우들에게 미칩니다. 『시』에서 말하기를 ‘적실부인에게 본보기가 되면, 형제에게 미쳐, 집안과 나라를 다스린다(刑于寡妻, 至于兄弟, 以御于家邦)’ 하였습니다”라 하였다. 과처는 문왕의 비인 태사(大姒)를 가리킨다. 형제는 같은 종실의 여러 아우이다. 어(御)는 다스린다는 뜻이다.

32 성덕(省德) : 『설원 · 지무(指武)』편에서는 “어찌 물러나 덕행을 닦지 않는가?”라 하였다. 성덕(省德)은 그 덕이 어떠한지 스스로 살피는 것이다. 위 구절의 뜻은 문왕이 물러나 교화를 닦은 후에 정벌을 하였다 말한 것이니 이는 곧 송공에게 물러나기를 권한 것이 확실하다.

陳穆公請脩好於諸侯,[33]	진목공이 제후들에게 우호를 닦을 것을 청하여
以無忘齊桓之德.	제환공의 덕을 잊지 말자고 하였다.
冬,	겨울에
盟于齊,	제나라에서 맹약하였는데
脩桓公之好也.[34]	환공의 우호를 닦은 것이다.

梁亡,[35]	양나라가 망하였는데
不書其主,[36]	그 주체자를 이름을 기록하지 않은 것은
自取之也.[37]	멸망을 자초하였기 때문이다.
初,	처음에
梁伯好土功,	양백이 토목공사를 좋아하여

---

33 「진세가(陳世家)」에서는 "선공(宣公)이 죽자 아들 관(款)이 즉위하니 곧 목공(穆公)이다"라 하였다. 목공은 28년에 죽었는데 『경』에서 "진후 관이 죽었다(陳侯款卒)" 한 것이 이것이며, 『전』이 없다.

34 두예는 "송양공이 포학하였기 때문에 제환공을 생각한 것이다"라 하였다. 송나라는 맹약에 참가하지 않았으니 그 말에 일리가 있는 것 같다.

35 양(梁) : 지금의 섬서성 한성현(韓城縣) 남쪽 소량성(少梁城)에 있던 나라이다.

36 멸망시킨 나라를 기록하지 않은 것이다.

37 『순자 · 국부(國富)』편에 "그런 까닭에 신하가 혹 그 임금을 시해하고 아랫사람이 혹 윗사람을 죽이며, 그 성을 팔아먹고 절개를 저버리고도 그 일 때문에 죽지 않는 것은 다른 까닭이 있어서가 아니라 임금이 그 일을 자초하였기 때문이다(人主自取之)"라는 말이 있다.

亟城而弗處.[38]	여러 차례 성을 쌓았으나 그곳에 거처하지 않았다.
民罷而弗堪,	백성들이 피폐해져 견디어 내지를 못하니
則曰,	말하기를
"某寇將至".	"아무개 적이 쳐들어오려 한다"라 하였다.
乃溝公宮,[39]	이에 공궁에 해자를 파고
曰,	말하기를
"秦將襲我."	"진나라가 우리나라를 습격하려 한다"라 하였다.
民懼而潰,	백성들이 두려워하여 흩어지니
秦遂取梁.[40]	진나라가 마침내 양을 빼앗았다.

---

38 기(亟) : 거성이며, 자주라는 뜻이다.

39 공궁의 바깥에 해자를 깊이 파는 것이다.

40 『곡량전』에서는 "양나라가 망한 것은 저절로 망한 것이다. 술에 절고 여색에 빠져 마음은 어둡고 귀와 눈은 꽉 막혀, 위로 바르고 뛰어난 정치가 없으니 대신들은 배반하고 백성들은 도적이 되었다. 양나라가 망한 것은 저절로 망한 것이다. 부역에 힘을 더하려 하였으면 술에 빠지는 것은 말할 것이 없다"라 하였다. 『춘추번로·왕도(春秋繁露·王道)』편에서는 "양나라는 부역을 하느라 백성들이 쉴 날이 없었고 백성들이 견디지를 못했다. 백성들로 하여금 땅을 엮어 오(伍)를 만드니 한 집이 망하면 다섯 집에 형을 받아 죽었다. 그 백성들은 내부에서부터 곪아 망해 갔으며 나라 안은 모두 텅 비게 되었다"라 하여 『좌전』과는 다른 곳이 있다. 「연표」 및 「진세가」는 모두 『좌전』의 기사를 썼는데 다만 양백이 "진나라 적이 곧 이른다(秦寇將至)" 한 거짓말을 백성들이 서로 놀란 말이라고 한 것을 잘못 알았을 따름이다. 「진본기」에서는 진나라가 양나라를 멸한 것은 목공 20년이라 하여 1년의 차이가 난다. 양나라는 전국시대 때 위나라에 복속되었다가 양혜왕이

희공 20년

經

二十年春,[1]	20년 봄에
新作南門.[2]	남문을 새로 만들었다.
夏,	여름에
郜子來朝.[3]	고자가 내조했다.
五月乙巳,[4]	5월 을사일에
西宮災.[5]	서궁에 화재가 발생하였다.

진나라와 싸워 패하여 마침내 다시 진나라에 편입되었다.

1 이십년(二十年) : 신사년 B.C. 640년으로 주양왕(周襄王) 13년이다. 동지가 지난해 윤 12월 29일 계유일이었으며, 건축(建丑)이다.

2 두예는 "노성(魯城)의 남문(南門)이다. 본명은 직문(稷門)으로, 희공이 더 높고 크게 하여 지금껏 다른 여러 문과 같지 않게 되었으며 고문(高門)으로 이름을 고쳤다. 신(新)이라 한 것은 옛것을 바꾸었다는 뜻이고, 작(作)이라 한 것은 일을 일으켰다는 것으로 모두 다시 지었다는 것을 말한 것이다"라 하였다. 『수경 · 사수(水經 · 泗水)』에서는 "기수는 북으로 직문을 마주하고 있다"라 하였고, 역도원의 주에서는 "옛날에 어인(圉人) 낙(犖)은 힘이 세어 이 문을 던져 덮을 수 있었다. 『춘추』에서 남문을 새로 지었다 기록하였는데 그 유지는 지금도 남아 있으며 땅이 한 길여 들어가 있다. 또한 우문(雩門)이라고도 하는데 장공 10년 공자 언(公子偃)이 송나라를 칠 것을 청하여 몰래 우문을 통하여 언덕을 덮으며 나간 문이다"라 하였다. 「공자세가」에서는 말하였다. "여악과 문마(文馬)를 노성 남쪽 고문(高門) 밖에 늘어놓았다." 이 고문(高門)이 곧 직문(稷門)이니 두예의 말을 입증하기에 족하다.

3 『전』이 없다. 은공 10년과 환공 2년의 『경』과 『전』에 의하면 고(郜)나라는 이미 송나라에게 망하였는데 지금 또 고자가 내조하였다고 하였다. 이에 대해 『공양전』에서는 "국토를 잃은 임금이다"라 하였다. 그러나 고나라는 은왕 10년 이전에 망했으며 이해까지는 이미 7, 90년이란 격차가 있으니 그 임금이 아무리 장수를 하였다 하더라고 올 수가 없을 것이다.

4 을사(乙巳)일은 23일이다.

鄭人入滑. 정나라 사람이 활나라로 들어갔다.

秋, 가을에

齊人, 狄人盟于邢. 제나라 사람과 적나라 사람이 형나라에서 맹약했다.

楚人伐隨. 초나라 사람이 수나라를 쳤다.

傳

二十年春, 20년 봄에

新作南門. 남문을 새로 만들었다.

書, 기록한 것은

不時也.[6] 시령에 맞지 않았기 때문이다.

凡啓塞,[7] 무릇 계와 색은

---

5 『전』이 없다. 제후에게는 동궁과 서궁, 북궁이 있다. 장공 20년 『전』에 "태재독(大宰督)을 동궁의 서쪽에서 만났다"라는 말이 있는데 곧 제후의 동궁이다. 애공 17년 『전』에 "위후(衛侯)가 북궁에서 꿈을 꾸었는데 사람들이 곤오지관(昆吾之觀)에 오르는 것을 보았다"라는 말이 있는데 곧 제후의 북궁이다. 여기서 말한 것은 서궁이다. 양공 10년 『전』에 "새벽에 집정대신들을 서궁의 조정에서 몰아쳤다(晨攻執政于西宮之朝)"라는 말이 있으니 서궁 또한 군신들이 정치를 하는 곳이다. 『곡량전』에서는 서궁을 민공(閔公)의 묘당이라 하였는데 믿을 수 없다. 선공 16년의 『전』에서는 "자연적으로 발생한 불을 재라고 한다(天火曰災)"라고 하였다.

6 장공 29년의 『전』에서는 "무릇 토목공사는 창룡성이 나타나 농사일이 끝나면 일할 준비를 한다. 화성이 나타나면 용구를 다 갖추고 수성이 황혼녘에 남방에 보이면 판자를 대며 동지에는 공사를 마친다(凡土功, 龍見而畢務, 戒事也. 火見而致用, 水昏正而栽, 日至而畢)"라 하였다. 이때는 이미 동지를 지나 토목공사를 일으킨 것이므로 시령에 맞지 않다고 한 것이다.

7 계색(啓塞) : 공영달의 소(疏)에서 인용한 복건(服虔)의 주에 의하면 계(啓)는 합선(闔扇)

從時.[8]	시령을 따른다.
滑人叛鄭,	활나라 사람이 정나라를 배반하고
而服於衛.	위나라에 복종하였다.
夏,	여름에
鄭公子士, 洩堵寇帥師入滑.[9]	정나라 공자 사와 설도구가 군사를 거느리고 활나라로 들어갔다.
秋,	가을에
齊, 狄盟于邢,	제나라와 적나라가 형나라에서 맹약을 하였는데

을, 색(塞)은 건폐(鍵閉)를 말한다. 합선은 문을 가리키는데, 나무로 만든 것을 합이라 하고 대나무로 만든 것을 선이라고 한다. 합선은 여는 것이기 때문에 계(啓)라고 하였다. 건폐라는 것은 문에는 두 개의 선(扇)이 있고 각 선에 짧은 나무 하나를 박아 거기에 구멍을 내어 두 선이 닫히면 가로로 된 나무를 두 구멍으로 꿰어 자물쇠로 닫는다. 기실 문선(門扇)의 횡목을 건이라 하고 횡목을 받는 것을 폐라고 한다. 건폐는 닫아서 막는 것이므로 색(塞)이라고 하였다. 건폐는 자물쇠는 아니다.

8 종시(從時) : 『예기 · 월령(月令)』에서 이른바 중춘의 달(2월)에는 합선을 수리하고, 맹동의 달(10월)에는 건폐를 수리하는 것이다.
두예는 문(門)과 호(戶), 길과 다리를 계(啓)라 하며 성과 곽, 담장, 해자를 색이라고 하였다. 부서지면 즉시 보수하는 것을 종시(從時)라고 하였다. 지금 희공은 성문을 새롭게 꾸미려는 것이지 성문을 여닫는 게 시급한 것은 아니다.

9 활(滑) : 나라 이름. 장공 16년의 『경』에 상세하다. 진나라는 희공 33년에 활나라를 멸하였다. 이번에 정나라 군사는 활나라로 들어갔다가 오래지 않아 또 위나라로 갔다. 24년 『전』에 보인다. 활나라는 정나라와 가까워 정나라와 곳곳에서 분쟁을 일으켰다. 두예는 "공자 사는 정문공(鄭文公)의 아들이다. 설도구는 정나라 대부이다"라 하였다.

爲邢謀衛難也.[10]	형나라를 위해 위나라의 난리를 모의하기 위해서였다.
於是衛方病邢.[11]	이때 위나라는 바야흐로 형나라에게 고통을 주었다.

隨以漢東諸侯叛楚.	수나라가 한수 동쪽의 제후들을 거느리고 초나라에 반기를 들었다.
冬,	겨울에
楚鬪穀於菟帥師伐隨,	초나라 투구오토가 군사를 거느리고 수나라를 쳤는데
取成而還.	강화를 이루고 돌아갔다.
君子曰,	군자가 말하였다.
"隨之見伐,	"수나라가 정벌당한 것은
不量力也.	자기의 힘을 헤아리지 못했기 때문이다.
量力而動,	힘을 헤아려 움직였다면
其過鮮矣.	과실이 적었을 것이다.
善敗由己,[12]	성공과 실패는 자기로부터 말미암는 것으로

10 지난해에 위나라가 형나라를 쳤다.
11 이듬해에 적나라가 위나라를 치는데 아마 형나라 때문일 것이다.
12 선패(善敗) : 성패(成敗)와 같은 말이다. 『국어 · 주어(周語) 상』에 "입으로 말을 할 때

而由人乎哉? 남으로부터 말미암겠는가?

詩曰, 『시』에서 말하였다.

'豈不夙夜. '어찌 밤낮으로 가지 않겠는가?

謂行多露.'"[13] 길에 이슬 많으니 어쩌리.'"

宋襄公欲合諸侯. 송양공이 제후들을 모으려고 했다.

臧文仲聞之, 장문중이 그 말을 듣고

曰, 말하였다.

"以欲從人,[14] "욕망을 가지고 남을 따르는 것은

則可; 괜찮으나,

以人從欲,[15] 남을 욕망에 따르게 하는 것은

鮮濟."[16] 성공하기 어렵다."

성패는 이때 일어난다(善敗於是乎興)"는 말이 있다.

13 『시』는 『시경·소남·행로(詩經·召南·行露)』이다. 위(謂)는 내하(奈何), 곧 어찌라는 뜻이다. 행(行)은 길이다. 시의 뜻은 어찌 이른 새벽과 어두운 밤에 길을 가고 싶지 않겠는가만 길에 이슬이 많으니 어쩌겠는가라는 뜻이다. 이슬이 많아 길을 못 간다는 것은 두려운 것이 있으면 움직이지 말고 힘을 헤아린 후에 움직이라는 것을 비유한다.

14 자기가 하고 싶은 것을 미루어 남에게 하고 싶은 것을 함께 얻게끔 하는 것이다.

15 남을 강요하여 자기의 욕심을 채우는 것이다.

16 이 구절은 다음 해의 "宋人爲鹿上之盟"과 하나의 『전』이 되어야 한다.

희공 21년

經

二十有一年春,[1]	21년 봄에
狄侵衛.[2]	적나라가 위나라를 침략하였다.
宋人, 齊人, 楚人盟于鹿上.[3]	송나라 사람, 제나라 사람, 초나라 사람이 녹상에서 맹약했다.
夏,	여름에
大旱.[4]	큰 가뭄이 들었다.

---

1 이십유일년(二十有一年) : 임오년 B.C. 639년으로 주양왕(周襄王) 14년이다. 동지가 지난해 12월 29일 무인일이었으며, 건축(建丑)이다.

2 『전』이 없다. 두예는 "형나라 때문이다"라고 하였다.

3 녹상(鹿上) : 송나라 땅이다. 두예에 의하면 지금의 안휘성 부양시(阜陽市) 남쪽에 있는데 제나라와는 멀고 초나라와는 거의 가깝다. 강영(江永)의 『고실(考實)』에서는 "송나라 사람이 이미 초나라에서 제후들을 구하였는데 반드시 초나라 땅과 가까운 곳으로 갔을 것이다"라 하여 이 설이 옳다고 하였다. 『속한서 · 군국지』에 의하면 산동성 거야현(巨野縣) 서남쪽의 조현 동북쪽에 있으며, 왕부지(王夫之)의 『패소(稗疏)』에서는 『속한서』의 설이 옳다고 하였다. 『방여기요(方輿紀要)』도 마찬가지이다. 지리적으로 볼 때 왕부지의 설이 비교적 옳다.

4 『예기 · 옥조(玉藻)』에서는 "8개월간 비가 내리지 않으면 임금은 거동하지 않는다"라 하였으며, 이에 대해 정현의 주에서는 "『춘추』의 뜻은 주나라의 봄과 여름에는 비가 오지 않아도 재해가 될 수 없다는 것이다. 가을에 이삭이 열매를 맺을 때 비가 오지 않으면 기우제를 지낸다. 기우제를 지내어 비가 내리면 기우제를 지낸 것을 기록하는데, 기우제가 도움이 되었음을 기뻐하는 것이다. 기우제를 지냈는데도 비가 내리지 않으면 가뭄이 들었다고 기록하는데, 재해가 되었음을 밝히는 것이다"라 하였다. 두예는 이 뜻을 써서 "기우제를 지냈는데도 비를 얻지 못하였으므로 가뭄이라고 기록하였다. 여름에서 가을까지 오곡을 모두 거두지 못했다"라 하였다. 여기서 여름에서 가을까지 모두 비가 내리지 않았다 한 것은 『경』의 뜻이 아니니 의심스럽다. 기우제를 지내어 비가 내리면 우(雩)라고 기록하고, 비가 내리지 않으면 가뭄이라고 기록한다는 것은 『곡량전』의 뜻이다. 생각건대 "대우(大

秋,	가을에
宋公, 楚子, 陳侯, 蔡侯, 鄭伯, 許男, 曹伯會于盂.[5]	송공과 초자, 진후, 채후, 정백, 허남, 조백이 우에서 만났다.
執宋公以伐宋.[6]	송공을 잡고 송나라를 쳤다.
冬,	겨울에
公伐邾.[7]	공이 주나라를 쳤다.
楚人使宜申來獻捷.[8]	초나라 사람이 의신을 보내어 노획물을 바치게 했다.
十有二月癸丑,[9]	12월 계축일에

雩)"라고 기록한 것은 환공 5년에서 애공 15년까지 모두 스물한 차례이며 "비가 내리지 않았다(不雨)"라고 기록한 것은 장공 31년, 희공 2년, 문공 2년과 10년, 13년이며 그 뒤로는 보이지 않는다. "큰 가뭄(大旱)"이라고 기록한 것은 이해와 선공 7년뿐이다.

5 우(盂) : 『공양전』에는 곽(霍)으로 되어 있고 『곡량전』에는 우(雩)로 되어 있다. 우는 송나라 땅으로 『일통지(一統志)』에 의하면 지금의 하남성 휴현(睢縣)에 우정(盂亭)이 있는데 곧 이 땅이다. 『경』에서 초나라 임금을 "초자(楚子)"라 부른 것은 이곳이 처음이다. 그 후로 간혹 "초인(楚人)"이라 칭하기도 하지만 선공 9년 이후로는 모두 "초자"라고 칭하였다.

6 『공양전』에서는 "누가 잡아갔는가? 초자가 잡아갔다. 어째서 초자가 잡아갔다고 말하지 않았는가? 이적(夷狄)이 중국의 임금을 잡아간 것을 꺼려서이다"라 하였다. 두예는 "초나라가 송공을 잡아갔다고 말하지 않은 것은 덕이 없는데도 맹주가 되기를 다투어 제후들이 미워하였으므로 여러 임금이 함께 잡아갔다고 말한 것이다"라 하였는데 아래에서 송공을 풀어 주었다 하였으니 또한 제후들을 총괄하여 말한 것으로 어쩌면 『경』의 뜻에 부합하겠다.

7 『전』이 없다.

8 『전』이 없다. 의신은 곧 투의신(鬪宜申)이다. 씨를 기록하지 않은 것은 문공 9년의 『경』에 상세하다. 첩은 송나라를 이기고 그 전리품을 바친 것이다. 송나라라고 말하지 않은 것은 이 일이 해가 달라지지 않아 위의 글과 이어졌다는 것임을 알 수 있다.

9 계축(癸丑)일은 10일이다.

公會諸侯盟于薄,[10]	공이 박에서 제후들을 만났다.
釋宋公.	송공을 풀어 주었다.

傳

二十一年春,	21년 봄에
宋人爲鹿上之盟,	송나라 사람이 녹상의 맹약을 거행하였는데
以求諸侯於楚.[11]	초나라에게 제후의 우두머리가 되기를 구하였다.
楚人許之.	초인이 허락하자
公子目夷曰,	공자이목이 말하였다.
"小國爭盟,	"작은 나라가 맹주를 다투는 것은
禍也.	화이다.
宋其亡乎!	송나라는 망할 것이다!
幸而後敗."[12]	요행이 있어야 패하는 정도로 끝이 날 것이다."

10 우(盂)의 회합에는 노나라가 참여하지 않았고, 박(薄)의 맹약에는 노나라가 참여했다. 제후는 곧 초자, 진후(陳侯) 등이다. 박(薄)은 곧 박(亳)으로 송나라의 읍이며 지금의 하남성 상구시 북쪽에 있다. 상세한 것은 장왕 12년 "공자 어열이 박으로 달아났다(公子御說奔亳)"에 상세히 나와 있다.

11 제환공은 희공 17년에 죽었다. 18년에는 정나라가 처음으로 초나라를 조현하였고, 19년에는 초나라가 또 제나라에서 진나라, 채나라, 정나라와 맹약을 맺었으니 이때 이미 초나라는 제후가 되었다. 그러므로 송나라 양공이 제환공의 패업을 이어받으려면 반드시 초나라에게 구한 후에야 되었다.

夏,	여름에
大旱.	큰 가뭄이 들었다.
公欲焚巫, 尪.[13]	공이 무당과 곱사등이를 불태우려고 했다.
臧文仲曰,	장문중이 말했다.

12 15년 『전』의 "잘하면 죄수가 되겠다(幸而得囚)"와 비슷하다. 한간(韓簡)은 자기가 전사할 것을 두려워하였는데, 여기서는 송나라가 망할 것 같으며 전쟁에서 패해도 망하지나 않으면 다행스런 일이라는 것이다. 「송세가」에서는 "양공 8년 제환공이 죽자 송나라가 맹주가 되려고 하였다. 12년 봄 송양공이 녹토의 맹약을 주관하여 초나라에 제후들이 자기를 따르게 해주기를 구하니 초나라 사람이 허락하였다. 공자 목이가 간하여 말하기를 '작은 나라가 맹주를 다투는 것은 화를 부릅니다' 라 하였는데 듣지를 않았다"라 하여 사마천은 『좌전』을 썼는데 목이의 말을 간언으로 바꾸었다.

13 욕분무왕(欲焚巫尪) : 갑골문에 불 위에 다리를 꼬고 있는 것을 표현한 글자가 자주 보이는 것으로 보아 사람을 불태워 비가 오기를 기구하는 풍속은 그 기원이 매우 일렀던 것 같다. 『예기 · 단궁(檀弓) 하』에서는 "해가 가물어 목공(穆公)이 현자(縣子)를 불러 묻기를 '하늘에서 오래도록 비를 내리지 않아 곱사등이를 하나 불에 쬐일까 하니 그대 생각은 어떠한가?' 라 하였다. 말하기를 '하늘이 오래도록 비를 내리지 않았다고 병자를 불에 쬐어 학대하는 것은 잘못된 일이 아니겠습니까?' 라 하였다. '그렇다면 무당을 불에 쬐고 싶은데 어떻게 생각하는가?' '하늘이 비를 내리지 않는데 어리석은 부인에게 바라니 거기서 비를 바람은 엉성한 일이 아니겠습니까?'"라 하였다. 목공이 무당과 곱사등이를 불에 쬐려 한 것은 희공이 그들을 불태우려 한 것과 마찬가지이다. 왕(尪)은 가슴 · 등 · 어깨 등의 골격이 휘는 증상, 또는 그런 병을 가진 사람으로 『여씨춘추 · 진수(盡數)』편의 주석에서는 "가슴이 돌출하여 얼굴이 위를 향하는 병"이라 하였으며, 정현(鄭玄)의 위 「단궁」의 주석에서는 "왕은 얼굴이 하늘을 향하니 하늘이 불쌍히 여겨 비를 내려 준다"라고 하였다. 두예는 여기에다 그 뜻을 더 늘리어 "곱사병을 앓는 사람은 그 얼굴이 하늘을 향하니 세속에서는 하늘이 그 병을 앓는 사람을 불쌍히 여겨 빗물이 그 코로 들어갈까 걱정하여 그 때문에 가물게 하니 그런 까닭으로 공이 불태우려 한 것이다"라 하였다. 『국어 · 초어(楚語) 하』에서는 "남자를 격(覡)이라 하고 여자를 무(巫)라 한다"라 하였다. 『순자 · 왕제(王制)』편에서는 "길흉과 요상(妖祥)을 아는 것이 무당〔巫〕과 박수무당〔覡〕의 일이다"라 하였고, 『순자 · 정론(正論)』편에서는 "비유컨대 곱사등이 무당과 절름발이 곱사가 크게 스스로 안다고 생각하는 것과 같다"라 하여 다만 무당과 곱사등이가 스스로 앞의 일을 안다고 말하였을 뿐이다.

“非旱備也. “가뭄 대비책이 아닙니다.

脩城郭, 貶食, 省用, 務穡, 勸分,[14] 성곽을 수리하고 음식을 줄이며 일용품을 아껴 쓰고 농사에 힘쓰며 나누어 쓰기를 권하는 것이야말로

此其務也. 힘써야 할 것입니다.

巫, 尫何爲? 무당과 곱사등이가 무슨 쓸모가 있겠습니까?

天欲殺之, 하늘이 그들을 죽이고자 하였다면

---

14 수성곽(脩城郭) : 공영달은 복건의 말을 인용하여 “나라가 흉년이 들면 무도한 나라가 그 틈을 타고 군사를 일으키므로 성곽을 수리하여 방비하여 지키는 것이다”라 하였다. 심흠한의 『보주(補注)』에서는 “백성들이 먹기가 힘이 드니 토목공사를 하여 먹을 것을 조금씩 나누어 주는 것으로 또한 구황책의 일환이다. 『송사(宋史)』에서 조변(趙抃)이 월주(越州)에 영을 내려 성을 수리하게 하여 백성들이 그 힘으로 먹게 하는 것과 같다”라 하였다.

폄식(貶食) : 쓰는 것을 줄이는 것이다. 『예기 · 곡례 하』에서 이른바 “흉년이 들어 곡식이 흉작이 되면 임금은 상에 짐승의 폐나 장을 제사하지 않으며, 말에게 곡식을 먹이지 않고, 임금의 거마가 지나는 길을 소제하지 않으며, 제사를 지낼 때 종경(鐘磬)을 달지 않고, 대부는 기장밥을 먹지 않으며, 사는 술을 마시지 않고 음악을 연주하지 아니한다”는 것을 말한다.

무색(務穡) : 두예는 “색(穡)은 검소한 것이다”라 하였으니 곧 색(嗇)자로 보았고, 『논형 · 명우(論衡 · 明雩)』편 및 이선이 주석을 단 「책위왕구석(策魏王九錫)」의 글에서도 “務嗇”이라 하였다. 그러나 “務嗇”이 “省用”가 같은 뜻이라면 하필 이렇게 중복시켜 놓았겠는가? 『논형(論衡)』과 『문선(文選)』의 주에서 “務嗇”이라 한 것은 곧 “務穡”으로 『상서 · 탕서(湯誓)』의 “우리에게 농사일을 버리게 하다(舍我穡事)”와 『사기 · 은본기(殷本紀)』의 “우리에게 농사일을 버리게 하다(舍我嗇事)”와 같은 뜻이다. “무색”이라는 것은 농사일을 힘쓰는 것으로, 가물더라도 농사일에 힘쓰면 또한 흉년의 화를 채우고 구원할 수 있다는 것이다. 「책위왕구석」의 글에서도 “나누어 주기를 권하고 근본에 힘쓴다(勸分務本)”라 하였으니 “務本”은 곧 이 “務穡”의 뜻임을 알 수 있다.

권분(勸分) : 저장하여 쌓아 놓은 것을 나누어 베풀라는 뜻이다.

則如勿生;[15]	차라리 내지를 않았을 것입니다.
若能爲旱,	저들이 가뭄을 일으킬 수 있다면
焚之滋甚."	태워 죽이면 더 심해질 것입니다."
公從之.	공이 그 말대로 따랐다.
是歲也,	이해에는
饑而不害.[16]	기아가 들었으나 해가 없었다.

秋,	가을에
諸侯會宋公于盂.[17]	제후가 우에서 송공을 만났다.
子魚曰,[18]	자어가 말하였다.
"禍其在此乎!	"화가 여기에 있을 것이다!
君欲已甚,[19]	임금의 욕심이 너무 심하니
其何以堪之?"	어찌 견디어 내겠는가?"
於是楚執宋公以伐宋.	이에 초나라에서 송공을 잡고 송나라를 쳤다.
冬,	겨울에

15 여(如) : 응당(應當)과 같은 뜻.

16 불상(不傷) : 백성에게 상해를 끼치지 않는 것이다. 혹은 장문중이 말한 여러 가지 대책을 취한 까닭에 피해를 입지 않은 것이다.

17 『연표』에서는 "양공 12년 초나라를 맹약에 불렀다"라 하였다.

18 자어(子魚) : 곧 목이(目夷)로 희공 9년의 『전』에 상세하다.

19 이(已) : 너무, 지나치게라는 뜻이다.

會于薄以釋之.	박에서 만나 풀어 줬다.
子魚曰,	자어가 말하였다.
"禍猶未也.	"화는 여기에서 끝나지 않았다.
未足以懲君."[20]	임금을 징벌하기에는 아직 모자란다."

任, 宿, 須句, 顓臾,[21]	임과 숙, 수구, 전유는

20 『공양전』에서는 "송공이 초자와의 회합에 마차를 타고 가겠다고 약속했다. 공자 목이가 간하여 말했다. '초나라는 오랑캐 나라입니다. 강하고 의리가 없으니 청컨대 임금께서는 병거를 타고 회합에 가십시오.' 송공이 말했다. '안 된다. 내 그에게 수레를 타고 회합에 가기로 약속하였는데 내 스스로 그래 놓고 내 스스로 어기게 되는 것이므로 안 되는 것이다.' 마침내 수레를 타고 회합에 갔다. 초나라 사람이 과연 병거를 숨겨 놓고 송공을 잡아가고 송나라를 쳤다. 송공이 공자 목이에게 말했다. '그대는 돌아가 나라를 지키라! 이제 나라는 자네의 나라이다. 내 그대의 말을 듣지 않아 이 지경에 이르렀다.' 공자 목이가 다시 말했다. '임금께서 나라를 이야기하지 않더라도 실로 신의 나라입니다.' 이에 돌아가 성을 지키는 기계를 설치하여 나라를 지켰다. 초나라 사람이 송나라 사람에게 말하기를 '그대가 우리나라와 함께하지 않는다면 그대의 임금을 죽이겠다' 라 하였다. 송나라 사람이 대답하기를 '나는 사직의 신령을 믿으며, 우리나라에는 이미 임금이 있다' 라 하였다. 초나라 사람이 송공을 죽인다 하더라도 송나라를 얻을 수 없을 것 같아 이에 송공을 풀어 주었다. 송공은 잡혔다가 풀려나면서 위나라로 갔다. 공자 목이가 다시 말하였다. '나라를 임금님을 위해서 지켰는데 임금께서는 어찌하여 입국하지 않으십니까?' 그런 다음에 양공을 맞아들였다"라 하였다. 그러나 「송세가」에서는 『좌전』을 그대로 썼다. 「초세가」에서는 "33년 송양공이 맹회를 열고자 하여 초나라를 불렀다. 초나라 왕이 노하여 말하기를 '나를 부르니 내 장차 그를 습격하여 욕보이겠다' 라 하고는 마침내 가서 우에 이르러 마침내 송공을 잡아 욕보이고 얼마 후에 돌려보냈다"라 하였다.

21 임(任) : 옛 성은 지금의 산동성 제령시(濟寧市)에 있다. 청나라 진가모(秦嘉謨)의 『세본집보(世本輯補)』와 뇌학기(雷學淇)의 『죽서기년의증(竹書紀年義證)』에서는 임(任)은 곧 잉(仍)일 것이라고 의심하였다.
숙(宿) : 은공 원년 『경』에 보인다.
수구(須句) : 『공양전』에는 "수구(須朐)"로 되어 있다. 두예는 "수구는 동평(東平) 수창현(須昌縣) 서북쪽에 있다"라 하였으니 지금의 산동성 동평현(東平縣) 동남쪽이다. 『수

風姓也, 풍씨 성으로

實司大皞與有濟之祀,[22] 실로 태호와 유제의 제사를 맡았으며

以服事諸夏.[23] 여러 중원의 나라에 복종하여 섬겼다.

邾人滅須句. 주나라 사람이 수구를 멸했다.

須句子來奔, 수구자가 도망 왔는데

因成風也.[24] 성풍 때문이었다.

成風爲之言於公曰, 성풍이 그것 때문에 공에게 말하였다.

"崇明祀,[25] "밝은 제사를 존숭하고

경·제수(濟水)』의 주에 의하면 지금의 동평현 서북쪽에도 구성(朐城)이 있는데 진(晉)나라 경상번(京相璠)의 말을 인용하여 수구(須朐)는 한 나라에 두 성이 있으며 이는 나중에 천도를 하여서일 것이라고 하였다. 동평현 서북쪽에 있는 것이 이것이다.

전유(顓臾) : 옛 성은 지금의 산동성 비현(費縣) 서북쪽 80리 지점에 있으며 곧 평읍현(平邑縣) 동쪽이다. 『논어·계씨(季氏)』에서 "대체로 전유(顓臾)는 지난날 선왕께서 동몽산(東蒙山)의 제주(祭酒)로 삼으셨고 또한 우리나라 영토 안에 있다"라 하였으므로 고동고(顧棟高)는 노나라의 부용국이라고 하였다.

22 사(司) : 주관하는 것이다.

태호(大皞) : 소공 17년의 『전』에도 보인다. 전하기로는 네 나라가 태호의 후손이므로 그 제사를 주관하는 것이다.

유제(有濟) : 곧 제수(濟水)이다. 유는 의미가 없는 첨가자로 유우(有虞)니 유하(有夏)와 같은 경우로 쌍음절을 만드는 작용을 한다.

23 복사제하(服事諸夏) : 중국, 곧 중원의 제후국에게 복종한다는 뜻이다. 『논어·태백(泰伯)』에 "천하를 셋으로 나누어 그 가운데 둘을 가졌는데도 은나라를 섬겼다(以服事殷)"라는 말이 있는데 이곳의 복(服)자도 같은 뜻이다. 또한 『논어·계씨(季氏)』편에서 전유는 노나라 동몽산의 제사를 주관하였다 한 것에 의하면 노나라의 사직의 신하이다.

24 두예에 의하면 수구(須句)는 곧 성풍(成風)의 어머니 집의 나라이다. 성풍은 장공의 첩이며 희공의 어머니로 민공 2년의 『전』에 보인다.

保小寡,[26]	작고 적은 나라를 보호하는 것이
周禮也;	주나라의 예의입니다.
蠻夷猾夏,[27]	만이가 중원을 어지럽히는 것은
周禍也.	주나라의 화입니다.
若封須句,	수구국을 봉한다면
是崇皞, 濟而脩祀, 紓禍也."[28]	태호와 제수의 제사를 존숭하고 예를 닦으며 화를 늦추는 것입니다."

희공 22년

經

二十有二年春,[1]	22년 봄

25 명사(明祀) : 태호와 제수의 제사이다.

26 소과(小寡) : 곧 『노자』에서 말한 "나라를 작게 하고 백성을 적게 하는 것(小國過民)"이라는 뜻으로, 여기서는 수구(須句)를 가리킨다.

27 활(猾) : 어지럽다는 뜻이다.

28 호제(皞濟) : 호(皞)는 태호이고 제(濟)는 제수이다.
수사(修祀) : "수례(脩禮)"가 되어야 한다. 수례(脩禮)는 위의 "주례(周禮)"를 이어받아 말하였고, 서화(紓禍)는 "周禍"를 이어서 말한 것이다. 예(禮)자의 고자(古字)는 "礼"라 하였기 때문에 사(祀)자와 모양이 비슷하여 착오를 일으켰다. "修祀"라고 하면 "崇皞·濟"와 의미가 중복된다.
서(紓) : 푼다는 뜻이다.
이 구절은 다음 해의 "春伐邾, 取須句"와 이어서 읽어야 한다.

1 이십유이년(二十有二年) : 계미년 B.C. 638년으로 주양왕(周襄王) 15년이다. 이해 정월 초10일 계미일이 동지였으며, 건자(建子)이다.

公伐邾,	공이 주나라를 치고
取須句.[2]	수구를 취하였다.
夏,	여름에
宋公, 衛侯, 許男, 滕子伐鄭.	송공과 위후, 허남 등자가 정나라를 쳤다.
秋八月丁未,[3]	가을 8월 정미일에
及邾人戰于升陘.[4]	주나라 사람과 승형에서 싸웠다.
冬十有一月己巳朔,	겨울 11월 기사일 삭에
宋公及楚人戰于泓,[5]	송공이 홍에서 초나라 사람과 싸워
宋師敗績.[6]	송나라 군사가 대패했다.

傳

二十二年春,	22년 봄
伐邾,	주나라를 치고

2 『공양전』에는 "공이 주루(邾婁)를 치고 수구(須朐)를 취하였다"라 하였다. 주(邾)는 『공양전』에는 으레 "邾婁"로 되어 있다. 수구 역시 으레 "須朐"로 되어 있다.

3 정미(丁未) : 8일이다.

4 승형(升陘) : 노나라 땅으로 어디에 있는지 확실하지 않다.

5 홍(泓) : 하천 이름으로 지금의 하남성 자성현(柘城縣) 북쪽 30리 지점에 있을 것이다. 『명일통지(明一統志)』에서는 환수(渙水)의 지류라 하였다. 환수는 곧 『전국책·초책(楚策)』에서 "휴(睢)와 예(濊) 사이를 취하였다"라 한 예수이며, 본래 회하(澮河)의 상류였으나 지금은 이미 다 말라 버렸다.

6 장공 11년 『전』에서 "크게 무너지면 '패적(대패했다)'이라 한다(大崩曰敗績)"라 하였다.

取須句,	수구를 취하였는데
反其君焉,	그 임금은 돌려보내 주었으니
禮也.[7]	예의에 합당하였다.

三月,	3월에
鄭伯如楚.	정백이 초나라로 갔다.

夏,	여름에
宋公伐鄭.	송공이 정나라를 쳤다.
子魚曰,	자어가 말하였다.
"所謂禍在此矣."[8]	"이른 바 화가 여기에 있습니다."
初,	처음에
平王之東遷也,[9]	평왕이 동쪽으로 천도할 때

---

7 성풍(成風)이 이른바 "밝은 제사를 존숭하고 작고 적은 나라를 보호하는 것이 주나라의 예입니다"라 한 것이다. 두예는 "작은 나라를 구휼하는 예에 맞았다"라 하였으니 여기에 근본을 두고 말한 것이다. 유문기(劉文淇)의 『구주소증(舊注疏證)』에서는 희공 원년의 『전』을 인용하여 "무릇 후백은 환란을 구원하고 재난을 나누며 죄를 성토하는 것이 예이다"라 하여 두예의 말을 반박하였는데 잘못인 것 같다.

8 정나라는 제환공이 죽은 후에 즉시 초나라에 복종하였다. 녹상(鹿上)의 맹약에는 정나라는 참가하지 않았다. 송나라가 초나라에 제후를 구하자 정나라가 비로소 우(盂)의 맹약에 참가하였다. 금년 3월에도 정문공이 여전히 초나라 조정이 이르렀으니 정나라는 시종 초나라를 따랐다. 송나라가 정나라에 싸움을 건 것은 곧 초나라와 싸운 것이다.

9 주평왕이 낙읍(雒邑)으로 동천한 것은 노효공(魯孝公) 25년 B.C. 770년이다. 곧 동주(東周)이다.

辛有適伊川,[10]	신유가 이천으로 가다가
見被髮而祭于野者,[11]	머리를 풀고 들에서 제사 지내는 사람을 보았는데
曰,	말하기를
"不及百年,[12]	"백년이 되지 않아
此其戎乎!	이곳은 융이 될 것이다!
其禮先亡矣."	예의가 먼저 망할 것이다"라 하였다.
秋,	가을에
秦, 晉遷陸渾之戎于伊川.[13]	진나라와 진나라가 육혼지융을 이천으로 옮겼다.

---

10 신유(辛有) : 주나라의 대부이다. 그 차자가 진(晉)나라로 가서 동사(董史)가 되었으며, 소공 15년의 『전』에 보인다.
이천(伊川) : 이하(伊河)가 경유하는 땅으로, 지금의 하남성 숭현(嵩縣) 및 이천현(伊川縣) 경내에 있을 것이다.

11 피(被) : 피(披)자와 같은 뜻이다. 『논어 · 헌문(憲問)』편에 "관중에 아니었더라면 나는 머리를 풀어헤치고 옷깃을 왼쪽으로 여미었을 것이다"라는 말이 있는 것으로 보아 피발(披髮)은 당시에 이른바 이적(夷狄)의 풍속이었음을 알 수 있다.
제우야(祭于野) : 심흠한의 『보주(補注)』에서는 곧 『주례 · 천관 · 대축(天官 · 大祝)』의 연제(衍祭), 남자무당의 망연(望衍)이라고 하였다. 그러나 제가(諸家)의 주석을 꼼꼼히 읽어 보면 연제나 망연은 이 야제(野祭)의 뜻은 아닌 것 같다. 이 "祭于野"는 곧 무덤에 제사를 지내는 것인 것 같다. 후한(後漢) 말기 채옹(蔡邕)과 삼국시대 위(魏)나라 조비(曹丕)가 "옛날에는 묘제(墓祭)를 지내지 않았다"고 하였지만 경(經)과 사(史)를 고찰해 보면 옛날에도 실로 묘제를 지낸 풍속이 있으며, 이에 대해서는 청초(淸初) 염약거(閻若璩)가 『사서석지(四書釋地)』에서 이미 상세하게 말하였다. 아마 옛날의 묘제는 곧 『예기 · 증자문(曾子問)』에서 이른바 "무덤을 바라보며 단을 쌓아 시제(時祭)를 올린다" 한 것일 것이다. 지금 야제를 이른바 이적(夷狄)의 풍속이라 한 것은 혹 이 묘제에 단을 쌓지 않았거나 혹은 곧 머리를 풀어헤치고 무덤에 제사를 지내었기 때문일 따름이다.

12 불급백년(不及百年) : 평왕 원년은 지금으로부터 133년이나 떨어져 있는데 여기에서 백년이 못 되어라고 말한 것은 신유가 이 말을 중엽에 하였기 때문일 것이다.

晉大子圉爲質於秦,[14]	진나라 태자 어가 진나라에 인질로 잡혀 있다가
將逃歸,	도망쳐 돌아가려 하면서
謂嬴氏曰,[15]	영씨에게 일러 말하였다.
“與子歸乎?”[16]	“그대와 함께 감이 어떻겠소?”
對曰,	대답하여 말하기를
“子,	“그대는
晉大子,	진나라의 태자로
而辱於秦.	진나라에서 욕을 보고 있으니
子之欲歸,	그대가 돌아가려 함은
不亦宜乎?	마땅하지 않겠습니까?

---

13 육혼지융(陸渾之戎) : 아마 그 본명일 것으로, 본래는 과주(瓜州)에 거처하였는데 진혜공이 비로소 꾀어서 이천으로 옮기기 시작했다. 소공 9년의 『전』에서 “선왕들은 도올(檮杌)을 사방에 거처하게 하여 이매(螭魅)를 막았기 때문에 윤(允)씨 성을 가진 간사한 무리가 과주에 거처하였소. 백부인 혜공이 진나라에서 돌아와 꾀어와 우리 희(姬)씨들을 괴롭히고 우리 교외까지 쳐들어오게 하였소”라 한 것이다. 희공 11년의 이락지융(伊雒之戎)은 혹 그곳의 토착민이거나 먼저 그곳에 이른 무리들인 것 같은데 그 일이 육혼지융을 옮기기 11년 전에 있었기 때문이다.

14 17년에 있었던 일이다.

15 영씨(嬴氏) : 곧 회영(懷嬴)으로 다음 해의 『전』에도 보인다.

16 『진세가』에서는 “13년에 진혜공이 병들었는데 국내에 많은 아들이 있었다. 태자 어(圉)가 말하기를 ‘내 어머니의 친정은 양(梁)나라에 있는데 양나라는 지금 진(秦)나라가 멸망시켜서 나는 바깥으로는 진나라에 경시당하고 있고, 안으로는 국내에서 도와주는 사람이 없다. 임금께서 일어나지 못하시면 대부들도 나를 깔보고 다시 다른 공자를 세울까 걱정이다’ 라 하였다. 이에 그 처와 함께 같이 도망쳐 돌아갈 것을 모의하였다”라 하였다. 「진본기」의 서술도 같으며 사마천이 혹 다른 근거도 댄 것 같은데 『좌전』에서는 생략하였다.

寡君之使婢子侍執巾櫛,[17]	우리 임금께서 비자로 하여금 수건과 빗을 들고 모시게 함은
以固子也.	그대를 안정시키라는 것입니다.
從子而歸,	그러니 그대를 따라 돌아간다면
弃君命也.	임금님의 명을 버리는 것입니다.
不敢從.	감히 따르지 못하겠습니다.
亦不敢言."	또한 감히 말하지도 않겠습니다"라 하였다.
遂逃歸.[18]	마침내 도망쳐 돌아갔다.

富辰言於王曰,[19]	부진이 왕에게 말하였다.
"請召大叔.[20]	"태숙을 부르십시오.
詩曰,	『시』에서 말하기를
'協比其鄰,	'이웃과 잘 돕고
昏姻孔云.'[21]	인척과도 잘 지낸다'라 하였습니다.

17 비자(婢子) : 『예기 · 곡례(曲禮) 하』에서는 "세부(世婦) 이하를 자칭 비자(婢子)라고 한다"라 하였다. 또 15년의 『전』에도 상세히 나와 있다.
건즐(巾櫛) : 닦는 수건과 빗의 총칭이다. "수건과 빗을 들고 모신다(侍執巾櫛)"는 말은 당시의 겸양어였다.

18 어(圉)가 진(晉)나라로 도망쳐 돌아간 것이다.

19 부진(富辰) : 주나라의 대부이다.

20 태숙(大叔) : 왕자 대(帶)이다. 12년에 제나라로 달아났다.

21 『시』는 『시경 · 소아 · 정월(小雅 · 正月)』의 구절이다. 협비(協比)는 지금 판본에는 "흡

吾兄弟之不協,
우리 형제도 잘 지내지 못하면서

焉能怨諸侯之不睦?"[22]
어찌 제후들이 화목하지 못함을 원망하겠습니까?"

王說.[23]
왕이 기뻐하였다.

王子帶自齊復歸于京師,
왕자대가 제나라에서 경사로 다시 돌아왔는데

王召之也.[24]
왕이 불렀기 때문이었다.

邾人以須句故出師.
주나라 사람이 수구 때문에 출병했다.

公卑邾,[25]
공은 주나라를 깔봤다.

不設備而禦之.[26]
아무런 방비도 없이 막았다.

臧文仲曰,
장문중이 말하였다.

"國無小,
"나라는 작은 것이 없으니

비(洽比)"로 되어 있는데 뜻은 마찬가지이다. 비(比)는 거성(去聲)이며 협비(協比)는 친속과 화협(和協)하는 것이다. 공(孔)은 매우라는 뜻이다. 운(云)은 『모전(毛傳)』에서는 도는 것(旋)이라 하였고, 정현의 전(箋)에서는 "우(友)와 같다"라 하였다. 부진이 시를 인용한 뜻은 먼저 곁의 가까운 사람들과 단결하여 친하게 지내고 난 다음에 혼인한 친척들과 우호를 다질 수 있다는 것이다.

22 불목(不睦): 제나라에 복종하지 않는 것이다.

23 열(說): 열(悅)과 같은 뜻이다.

24 13년 『전』 끝부분의 중손추(仲孫湫)의 말이며, 또한 24년 양왕이 정나라로 도망가 거처하는 것의 복선이기도 하다.

25 비(卑): 경시한다는 뜻이다.

26 어(禦): 가나자와 문고본(金澤文庫本)에는 "御"로 되어 있다.

不可易也.[27]	쉽게 볼 수 없습니다.
無備,	방비를 하지 않으면
雖衆,	아무리 많아도
不可恃也.	믿을 수가 없습니다.
詩曰,	『시』에서 말하기를
'戰戰兢兢,[28]	'조심하고 경계하기를
如臨深淵,	깊은 못에 다가선 듯
如履薄冰.'[29]	살얼음을 밟듯이 하라' 라 하였습니다.
又曰,	또 말하기를
'敬之敬之!	'공경하고 공경할지니라!
天惟顯思,	하늘은 밝아서
命不易哉!'[30]	명을 보존하기가 쉽지 않다' 하였습니다.

27 이(易) : 거성으로 가볍다는 뜻이다.

28 두려워하는 모습을 말한다.

29 『시』는 『시경 · 소아 · 소민(小雅 · 小旻)』의 구절이다. 선공 16년 『전』에서 양설직(羊舌職)도 이 말을 인용하였다. 『여씨춘추 · 신대(愼大)』편에서는 "현명한 임금은 클수록 근심하고 강할수록 두려워한다. 「주서(周書)」에서는 '깊은 못에 다다른 듯, 살얼음을 밟듯(若臨深淵, 若履薄冰)' 이라 하였는데, 일을 신중히 하라는 뜻입니다"라 하였으니, 「주서(周書)」에도 이 말이 있는 것 같다.

30 『시』는 『시경 · 주송 · 경지(周頌 · 敬之)』의 구절이다. 현(顯)은 밝다는 뜻이고, 사(思)는 어기사로 아무런 뜻이 없다. 아래의 "有無不難也"란 글을 보면 문중(文仲)은 "易"를 난이(難易)의 뜻으로 읽었다.

先王之明德,	선왕의 밝은 덕으로도
猶無不難也,[31]	어려워하지 않은 것이 없었고
無不懼也,[32]	두려워하지 않음이 없었는데
況我小國乎!	하물며 작은 나라이겠습니까!
君其無謂邾小.	임금께서는 주나라를 작다고 하지 마십시오.
蠭蠆有毒,[33]	벌과 전갈에도 독이 있거늘
而況國乎!"	하물며 나라이겠습니까?"
弗聽.	그 말을 듣지 않았다.
八月丁未,	8월 정미일에
公及邾師戰于升陘,	공이 주나라 군사와 승형에서 싸웠는데
我師敗績.	우리 군사들이 대패하였다.
邾人獲公冑,[34]	주나라 사람이 공의 투구를 노획하여

31 위의 "명불이재(命不易哉)"에 호응하여 말한 것이다.

32 "전전긍긍(戰戰兢兢)에" 호응하여 말한 것이다. 「소민(小旻)」은 풍자시인데, 문중(文仲)이 "선왕의 밝은 덕"을 말한 것은 옛 사람들이 『시경』을 인용할 때 본의는 살피지 않고 단장취구하였기 때문이다.

33 봉(蠭) : 지금의 봉(蜂)과 같다. 『설문해자』에서는 "봉(蠭)은 나르는 벌레로 사람이 있는 곳에 집을 짓고 산다"라 하였으며, 단옥재(段玉裁)는 대황봉(大黃蜂)이라고 주석을 달았다.

채(蠆) : 전갈이다. 독충으로 꼬리가 긴 것을 채라 하고, 꼬리가 짧은 것은 헐(蠍)이라고 한다.

縣諸魚門.[35] 어문에 걸어 놓았다.

楚人伐宋以救鄭. 초나라 사람이 송나라를 쳐서 정나라를 구원하였다.

宋公將戰, 송공이 싸우려 할 때

大司馬固諫曰,[36] 대사마 고가 간하여 말했다.

"天之弃商久矣,[37] "하늘이 상을 버린 지가 오랜데

君將興之, 임금님께서 일으키려 하시니

弗可赦也已."[38] 용서하려 하지 않을 것입니다."

---

34 주(冑) : 두회(頭盔), 곧 투구이다. 옛날에는 가죽으로 만들었는데 진(秦)·한(漢) 이후에는 철로 만들었으며 두모(兜鍪)라 하였다.

35 어문(魚門) : 주나라의 성문이다. 『예기 · 단궁(檀弓) 상』에서는 "주루(邾婁)가 화살로 죽은 사람의 혼을 부르는 것은 대체로 승형의 싸움에서 비롯되었다"라 하였으며, 정현은 "승형에서 싸운 것은 노희공 22년 가을이다. 이때 싸움에서는 이겼지만 죽거나 다친 사람 또한 많았는데 혼을 부를 수 있는 옷이 없었다"라고 주석을 달았다.

36 대사마고(大司馬固) : 「송세가」의 『정의(正義)』에서는 『세본(世本)』을 인용하여 "송장공(宋莊公)의 손자의 이름은 고(固)인데 대사마가 되었다"라 하였다. 「진어 4」에 의하면 공손고(公孫固)가 대사마가 된 것은 바로 이때로 23년의 『전』에 상세하며, 곧 이 대사마는 공손고임이 확실하다. 희공 19년 『전』에 사마자어(司馬子魚)가 있는데, 사마는 곧 대사마로 뒤의 『전』에 상세하다. 이때 자어는 이미 사마가 아니었다. 「송세가」에서는 이 말을 자어의 말이라고 하였고, 고염무(顧炎武)의 『보정(補正)』에서도 그렇게 주장을 하였는데 확실하지 않은 것 같다. 『한비자 · 외저설좌상(外儲說左上)』에는 "우사마구강(右司馬購强)"으로 되어 있는데, 구강(購强)은 고(固)를 천천히 읽은 것이다. 고(固)는 어부(魚部)에 속한 글자이고, 강(强)은 양부(陽部)에 속한 글자로 고음(古音)은 통한다. 청나라 노문초(盧文弨)는 구강은 고(固)의 자라고 하였는데 상의해 봄직하다.

37 상(商) : 곧 송(宋)이다. 송(宋)이라고 하지 않고 "기상(弃商)"이라고 한 것은 "과인이 비록 망한 나라의 후예(寡人雖亡國之餘)"라고 한 데서 알 수 있다.

38 두예는 "임금이 하늘이 버린 나라를 일으키려 하는 것은 옳지 않으며 초나라를 용서하여 주고 싸우지 않음만 못하다는 말이다"라 하였다. 청나라 초순(焦循)의 『좌전보소(左傳

弗聽.	그 말을 듣지 않았다.
冬十一月己巳朔,	겨울 11월 기사일 삭에
宋公及楚人戰于泓.	송공이 홍에서 초나라 사람과 싸웠다.
宋人旣成列,	송나라 사람들은 이미 진열을 갖추고 있었는데
楚人未旣濟.[39]	초나라 사람들은 미처 다 건너지를 못했다.
司馬曰,[40]	사마가 말하였다.
"彼衆我寡,	"저들은 많고 우리는 적으니

補疏)』〔이하 『보소(補疏)』〕에서는 "『이아(爾雅)』에서 '赦'는 버린다(舍)는 뜻이라고 했다. 두예의 주를 가지고 미루어 보면 '弗可'가 하나의 구를 이루고, '赦也'가 하나의 구를 이루며, 물여전(勿與戰)은 이자(已)를 풀이한 것이다"라 하였다. 유월(兪樾)의 『평의(平議)』에서는 "두예의 해석대로라면 '弗可'에서 구절을 끊어야 하며 '赦也已' 석 자는 문장으로서 뜻을 이루지 못한다. 이 다섯 자는 이어서 읽어야 하며 이는 곧 하늘의 뜻을 어기면 반드시 큰 허물이 있을 것이라는 뜻일 것이다. 하늘은 실로 버렸는데 임금이 일으키려 하는 것은 하늘에 죄를 짓는 것이므로 용서하지 않을 것이다고 한 것일 따름이다"라 하였다. 유월의 설이 옳다.

39 기(旣) : 진(盡), 곧 모두라는 뜻. 홍수(泓水)를 건네는데 일부만 상륙을 하고 나머지는 도하 중에 있음을 말함.

40 사마(司馬) : 대사마(大司馬)의 준말. 은공 3년 『전』에서는 "대사마인 공보를 불러 상공을 부탁하였다(召大司馬孔父而屬殤公焉)"라 하였는데 환공 2년의 『전』에서는 "공보가 가 사마가 되었다(孔父嘉爲司馬)"고 하였으며, 문공 8년 『전』에서는 "대사마 공자 앙을 죽였다(殺大司馬公子卬)"라 하였다가 조금 후에는 "사마가 부절을 잡고 죽었다(司馬握節以死)"라 한 것으로 보아 송나라에 대사마라는 관직이 있었고 줄여서 사마라고 불렀음을 알 수 있다. 두예는 희공 19년 『전』의 "사마자어가 말하길(司馬子魚曰)"이라 한 것에 근거하여 대사마와 사마를 두 사람으로 나누었으며, 이곳의 사마를 자어라 하였는데 확실하지 않다.

及其未旣濟也,	미처 다 건너지 못했을 때
請擊之."	치십시오."
公曰,	공이 말하였다.
"不可."	"안 된다."
旣濟而未成列,	이미 건넜으나 아직 진열을 채 갖추지 못했을 때
又以告.	또 고하였다.
公曰,	공이 말하기를
"未可."	"아직 안 된다"라 하였다.
旣陳而後擊之,	이미 진열을 갖춘 후에 쳤는데
宋師敗績.[41]	송나라 군사가 대패했다.
公傷股.[42]	공은 넓적다리에 부상을 당하였다.
門官殲焉.[43]	문관이 섬멸을 당하였다.

---

41 『공양전』에서는 "송공과 초나라 사람이 홍수의 북쪽에서 싸우기로 했는데 초나라 사람들이 홍수(泓水)를 건너왔다. 유사가 아뢰기를 '미처 다 건너지 못했을 때 치십시오' 라 하자 송공이 말하기를 '안 된다. 내가 듣기에 군자는 사람을 곤경에 빠뜨리지 않는다고 하였다. 내가 비록 망한 나라의 후예지만 과인은 차마 못하겠다' 라 하였다. 다 건넜지만 아직 진열을 다 갖추지 못했다. 유사가 아뢰기를 '진열을 갖추기 전에 치십시오' 라 하였다. 송공이 말하기를 '안 된다. 내가 듣자 하니 군자는 진열을 갖추지 못한 사람을 치지 않는다고 하였다' 라 하였다. 진열을 다 갖추고 난 뒤에 공이 공격신호를 울렸지만 송나라 군사는 대패했다"라 하였다.

42 「초세가」에서는 "송양공을 쏘아 부상을 입혔다"라고 하였다.

43 문관(門官) : 예로부터 여러 가지 해석이 있어왔다. 두예는 "문관은 문을 지키는 사람으로 출병하면 임금의 좌우에 있는다"라 하였다. 『정의(正義)』에서는 "『주례 · 호분씨(虎賁氏)』에서는 '왕의 앞뒤를 맡으며 졸오(卒伍)로 좇는다. 군사를 낼 때나 회동할 때도

國人皆咎公.	백성들이 모두 공을 탓했다.
公曰,	공이 말하였다.
“君子不重傷,[44]	“군자는 거듭 상해를 가하지 않으며
不禽二毛.[45]	반백의 늙은이는 사로잡지 않는다.
古之爲軍也,	옛날 전쟁을 할 때는
不以阻隘也.[46]	험하고 좁은 곳을 쓰지 않았다.

이렇게 한다. 묵으면 왕이 머무는 곳을 지키고, 국도에 있을 때는 왕궁을 지키며, 나라에 큰 유고가 있을 때는 왕문을 지킨다' 라 하였다. 이 문관은 아마 또한 천자의 호분씨와 같은 유인 것 같다"라 하였다. 이것이 첫 번째 뜻이다. 청나라 혜사기(惠士奇)의 『예설(禮說)』에서는 "문관은 군대의 장수이다. 상술(向戌)은 여문합좌사(廬門合坐師)라 일컬어졌으며, 화원(華元) 또한 여문(廬門)에 거처하였다. 이려(二旅)는 모두 경이었으며, 군사의 장수가 되면 문관이라 불렀다"라 하였는데, 또 다른 뜻이다. 심흠한의 『보주(補注)』에서는 "문관은 곧 문자(門子)이다. 경대부의 자제들은 공(公)을 보위하는데 당나라 때의 삼위(三衛)와 같다. 양공 9년 『전』에 대부의 문자(門子)들이 모두 정백을 따랐다는 말이 있다"라 하였는데 이것이 또 하나의 뜻이다. 문관이 호분씨라면 그 지위는 높지 않아서 『전』에 기록할 필요가 없었을 것이므로 두예의 말한 확실치가 않다. 혜사기와 심흠한의 설은 모두 일리가 있으며 심흠한의 설이 더욱 뛰어나다.

섬(殲) : 모두라는 뜻으로 모두 섬멸당하였다는 말이다.

44 중(重) : 평성으로 읽어야 한다. 이미 상해를 입힌 후에는 다시 상해를 입히지 않는 것이다.

45 금(禽) : 곧 금(擒)이다.

이모(二毛) : 백발이 흑발 사이에 섞여 있는 것을 말한다. 『곡량전』 11년의 『전』에서는 "옛날에는 거듭 다치게 하지 않고 반백의 늙은이는 사로잡지 않는다"라고 하였다. 『회남자 · 범론훈(氾論訓)』에서는 "옛날에 나라를 칠 때는 어린애를 죽이지 않으며, 반백의 늙은이를 잡지 않는다. 옛날의 의로움이 지금은 웃음거리가 되었다"고 하였다.

46 조애(阻隘) : 두예는 "좁고 험한 지형을 이용해 승리를 구하지 않는다는 말이다"라 하여 조(阻)와 애(隘)를 같은 뜻으로 보고 나란히 병렬하여 서용하였다고 보았다. 유월(兪樾)은 『평의(平議)』에서 이를 반박하여 조애(阻隘)를 좁은 곳을 막다로 보아 동사-목적어의 구조로 보았다. 조(阻)는 액(扼), 곧 누르다, 움켜쥐다의 뜻이다. 불이조애(不以阻隘)는 좁고 험한 곳에서 적을 압박하지 않는다는 뜻으로 유월의 설이 더 나은 것 같다. 곧 다음에 나오는 "阻而鼓之"로 알 수 있다.

寡人雖亡國之餘,[47]	과인이 망한 나라의 후손이긴 하지만
不鼓不成列."[48]	진열을 갖추지 않은 적에게 진격의 북을 울리지는 않는다."
子魚曰,	자어가 말하였다.
"君未知戰.	"임금께서는 전쟁을 모르십니다.
勍敵之人,[49]	강한 적은
隘而不列,[50]	좁아서 진열을 갖추지 않은 것이
天贊我也;[51]	하늘이 우리를 도와주는 것이며,
阻而鼓之,	험한 곳에 있을 때 공격해야
不亦可乎?	옳지 않겠습니까?
猶有懼焉.[52]	그래도 오히려 두렵습니다.
且今之勍者,	또한 지금의 강자들은
皆吾敵也.	모두가 우리의 적입니다.

47 망국지여(亡國之餘) : 송나라는 곧 은상(殷商)의 후예이며 은상은 주나라에게 멸망당하였다.

48 불고(不鼓) : 불격(不擊)과 같은 말이다. 진열을 갖추지 않은 사람에게는 공격을 감행하지 않는다는 뜻이다.

49 경(勍) : 강(彊)과 같은 뜻이다.

50 불렬(不列) : 가나자와 문고본(金澤文庫本)에는 "不成列"로 되어 있다. "成"자는 연문인 것 같다.

51 천찬아(天贊我) : 찬(贊)은 돕는다는 뜻이다. 초나라가 좁고 험한 지형에 있어서 진열을 펼 수 없는 것은 하늘이 우리를 도와주는 것이라는 말이다.

52 좁고 험한 곳을 이용해서 적을 치더라도 승리하지 못할까 걱정된다는 뜻이다.

雖及胡耇,[53]	나이 든 늙은이라 하더라도
獲則取之,	잡을 수 있으면 잡아야 하는데
何有於二毛?[54]	반백의 늙은이가 어디에 있습니까?
明恥, 教戰,[55]	수치를 밝히고 전술을 가르쳐 줌은
求殺敵也.	적을 죽이게 하는 것입니다.
傷未及死,	부상을 당하여 아직 죽지 않았다면
如何勿重?[56]	어째서 다시 죽이지 않습니까?
若愛重傷,	거듭 부상을 입힘을 가련하게 여긴다면
則如勿傷;	부상을 입히지 않을 것이고,
愛其二毛,[57]	반백의 늙은이를 불쌍히 여긴다면
則如服焉.[58]	차라리 항복을 할 것입니다.
三軍以利用也,[59]	삼군이 이로우면 쓰는 것이고

---

53 호구(胡耇) : 두 글자 모두 수(壽)자의 뜻이다. 『시경 · 주송 · 재삼(周頌 · 載芟)』의 "호고(胡考)"와 같은 뜻이다. 두예는 "원로를 일컫는 것이다"라 하였는데 확실치 않다.

54 하유(何有) : 불고(不顧)과 같은 말로, 돌아보지 않는다는 뜻이다.

55 명치교전(明恥教戰) : 혜동(惠棟)의 『보주(補注)』에서는 "『오자(吳子)』에 '무릇 나라를 다스리고 군대를 다스릴 때는 반드시 예(禮)로 가르치고 의(義)로 면려하여 수치심을 갖도록 해야 한다. 대체로 사람이 수치심이 있으면 크게는 싸울 만하고 작게는 지켜 낼 수가 있다' 는 말이 있다. 「주서(周書)」에는 '수치를 밝혀 가르침을 보여준다' 라는 말이 있다"라 하였으니 "명치"와 "교전"은 각기 별개의 일이다.

56 오히려 나를 해칠 수도 있기 때문이라는 말이다.

57 애(愛) : 두 애(愛)자는 모두 연석(憐惜), 곧 가엽게 여긴다는 뜻이다.

58 여(如) : 두 여(如)자는 모두 응당(應當)이라는 뜻이다.

59 이리용(以利用) : 이로우면 쓴다는 뜻이므로 적이 아직 다 건너지 못하여 진열을 갖추지

金鼓以聲氣也.[60] 징과 북은 용기를 북돋우는 것입니다.

利而用之, 이로울 때 쓴다면

阻隘可也;[61] 험한 곳이 옳고

聲盛致志,[62] 북소리가 성하여 사기가 높아졌으면

鼓儳可也."[63] 어지러울 때 치는 것이 옳은 것입니다."

丙子晨,[64] 병자일 새벽에

鄭文夫人羋氏, 姜氏勞楚子於柯澤.[65] 정문공의 부인 미씨와 강씨가 가택에서 초자를 위로했다.

못하였을 때 그것을 이용하여 공격하고, 우리에게 불리하면 쓰지 않는다는 것이다.

60 장공 10년의 『전』에 "전쟁이라고 하는 것은 용기를 북돋우는 것입니다(夫戰, 勇氣也)"라는 말이 있으니 이 기(氣)는 곧 용기라는 뜻이다. 또한 "한번 북을 치면 기운이 일어난다(一鼓作氣)"고 하였으니 금고(金鼓)는 용기를 북돋우는 것임을 알 수 있다. 징 같은 금속의 악기와 북으로 소리를 내어 기운을 제어하므로 성기(聲氣)라 한 것이다.

61 적이 험하고 좁은 곳에 있을 때 공격한다는 말이다.

62 성성치지(聲盛致志) : 성성(聲盛)은 북을 크게 쳐서 소리가 진동하는 것이며, 치지(致志)는 북을 크게 쳐서 사기가 올라간 것을 말한다. 치지(致志)는 곧 투지를 높이는 것이다.

63 고참(鼓儳) : 『국어 · 주어 중』에 "대체로 융 · 적은 경솔하여 몸가짐을 제멋대로 한다(夫戎 · 狄, 冒沒輕儳)"는 말이 있는데 위소는 "참(儳)은 나아가나 물러서나 아래위로 정렬이 되지 않은 것이다"라 하였다. 진열을 갖추지 못하였을 때 북을 울려 공격을 하는 것이다.

64 병자(丙子) : 11월 8일이다.

65 정문부인(鄭文夫人) : 가나자와 문고본(金澤文庫本)에는 "鄭文公夫人"으로 되어 있다. 미씨(羋氏) : 미(羋)는 초나라 성(姓)이니 미씨는 초나라 여인이다.

楚子使師縉示之俘馘.[66]	초자가 사진으로 하여금 그들에게 포로와 죽인 적의 왼쪽 귀를 보여주게 하였다.
君子曰,	군자가 말하였다.
"非禮也.	"예가 아니다.
婦人送迎不出門,[67]	부인은 배웅이나 마중을 할 때도 문을 넘지 않으며
見兄弟不踰閾,[68]	형제를 볼 때도 문지방을 넘지 않고
戎事不邇女器."[69]	전쟁을 치를 때는 여자의 기물을 가까이하지 않는다."

강씨(姜氏) : 제나라 여인이다.

로(勞) : 거성으로 위로한다는 뜻이다.

가택(柯澤) : 정나라 땅이다.

66 사진(師縉) : 『정의(正義)』에서는 말했다. "서전(書傳)에서 말한 사광(師曠), 사조(師曹), 사견(師蠲) 등은 모두 악사(樂師)이니 이 사진도 역시 악사임을 알 수 있다." 장병린은 『독(讀)』에서 "「대사악(大司樂)」에서는 '왕의 군사의 대헌(大獻 : 종묘에서 승전을 아뢰는 것) 때는 모여서 개악(愷樂)을 연주한다' 라 하였고, 「악사(樂師)」에서는 '군사가 대헌의 예를 올릴 때는 개가(愷歌)를 불러 선창하게 한다' 라 하였다. 전쟁에서 이기고 돌아와 악관이 일을 주관하므로 사진에게 포로와 죽은 자의 귀를 보여주게 하였다"라 하였다.

부괵(俘馘) : 부(俘)는 포로이다. 괵(馘)은 죽인 적군을 가리킨다. 옛날에는 전쟁에서 죽인 적군의 왼쪽 귀를 베어 증명하였는데, 이를 괵이라고 한다. 원래는 "聝"으로 쓰는데 『경』과 『전』에는 "馘"이라고 많이 되어 있다. 선공 2년의 『전』에 "포로가 250명이고, 베어 온 귀가 백 개였다(俘二百五十人, 馘百)"라는 말이 있는데 이것이 곧 부괵을 말하는 것이다. 참고로 다음의 28년 『전』을 보라.

67 문(門) : 침문(寢門)을 가리킨다.

68 역(閾) : 문한(門限), 곧 문지방이라는 뜻이다. 「노어(魯語) 하」에 계강자(季康子)가 종조숙모에게 말하는 장면이 나오는데 모두 문지방을 넘지 않았으며, 공자는 "남녀의 예를 구별한 것"이라 하였다. 곧 남녀가 만날 때 고인들은 모두 문지방을 넘지 않는 것을 예로 생각하였으며 형제를 만날 때만 이렇게 했던 것이 아니다.

丁丑,[70] 정축일에

楚子入饗于鄭,[71] 초자가 정나라로 들어가 향연을 받았는데

九獻, 아홉 번 술을 올리고

庭實旅百,[72] 뜰에는 백 가지의 예물을 벌여 놓았으며

加籩豆六品.[73] 변두 여섯 가지를 더하였다.

---

69 이(邇)는 가까이하다는 뜻이다. 고염무의 『보정(補正)』에서는 명나라 부손(傅遜)의 『좌전속사(左傳屬事)』를 인용하여 "전쟁은 엄격해야 하기 때문에 여자가 가지고 있던 물건을 가까이하지 않는데 하물며 부인을 군중에 오게 해서 또한 포로와 전사자의 귀를 보인단 말인가?"라 하였다.

70 정축(丁丑) : 9일이다.

71 향(饗) : 『석경(石經)』과 송본, 가나자와 문고본(金澤文庫本), 일본의 아시카가본(足利本)에는 모두 "享"으로 되어 있다. 두 자는 옛날에 서로 통용하여 썼다.

72 구헌~여백(九獻~旅百) : 「진어 4」에 "마침내 초나라로 갔는데 초성왕이 임금의 예로 향연을 베풀었으며 뜰에는 백 가지 예물을 벌여 놓았다. ……"라는 말이 있으니 "九獻, 庭實旅百"은 임금들끼리 서로 향연을 베푸는 예법이었다. 구헌(九獻)이라는 것은 주인이 손님에게 술을 따라 바치면 손님이 답례로 주인에게 따르고 이렇게 하기를 아홉 차례 하는 것을 말한다. 정실여백(庭實旅百)은 장공 22년의 『전』에도 보이는데, 그곳에서는 제후가 천자에게 바치는 것이고 여기서는 정백이 초자에게 향연을 베푸는 것이다. 여(旅)는 진(陳), 곧 늘어놓다, 진열하다의 뜻이다. 정실(庭實)은 뜰 가운데 펼쳐 놓은 예물이 모두 백 가지라는 것이다.

73 가(加) : 정해진 예법 이외에 다시 더하는 것을 말한다. 24년 『전』의 "정백이 이 말을 따라 송공에게 향연을 베풀었는데 더함이 있었다(鄭伯從之, 享宋公, 有加)"의 "加"자 또한 바로 이 뜻이다. 소공 6년 『전』에서 "무자(武子)가 물러나자 행인으로 하여금 고하게 하기를 '소국이 대국을 섬길 때는 하사하는 것이 삼헌을 넘을 수가 없습니다. 지금 두(豆)를 더함이 있으니 소신은 감당을 못하겠습니다' 라 하였다"라 하였으니 변(籩)과 두(豆)를 더하는 것은 삼헌과 구헌 외에 있는 일이다. 변과 두를 더할 때는 반드시 관작을 더하여 준다. 『주례 · 천관 · 변인(天官 · 籩人)』에서는 "변에다 더하는 것은 마름(蔆)과 가시연(芡), 밤(栗)과 포(脯)이다"라 하였다. 「천관 · 해인(天官 · 醢人)」에서는 "근저(芹菹)와 토해(兎醢), 심포(深蒲)와 담해(醓醢), 지저(箈菹)와 안해(雁醢), 순저(筍菹)

饗畢,	향연이 끝나자
夜出,	밤에 나섰는데
文芈送于軍.	문미가 군중까지 전송하였다.
取鄭二姬以歸.[74]	정나라의 두 여인을 데리고 돌아갔다.
叔詹曰,[75]	숙첨이 말하였다.
"楚王其不沒乎!	"초나라 왕은 제 명대로 살지 못할 것이다!
爲禮卒於無別.[76]	예를 행함에 남녀의 구별이 없는 것으로 끝을 내었다.
無別不可謂禮.	구별이 없으면 예라고 할 수 없다.
將何以沒?"[77]	어찌 제 명대로 살겠는가?"

와 어해(魚醢)"라고 하였다. 『주례』에서 말한 것은 네 가지뿐인데 여기서는 여섯 가지를 더하였다고 하였다.

74 초성왕이 희(姬)씨 성의 두 여자를 가진 것을 말한다. 정나라는 희씨 성이다.

75 장공 17년 제나라에 붙잡힌 정첨(鄭詹)이 혹 이 사람일지도 모르나 이해와는 40년의 격차가 있다. 첨(詹)은 「송세가」에는 첨(瞻)으로 되어 있으며 『공양전』과 같다.

76 무별(無別) : 남녀 간에 구별이 없었다는 것이다. 포로를 문미와 강씨에게 보여주고, 문미가 군중까지 전송해 준 것이며 두 희씨 여자를 데리고 간 것 등의 일을 가리킨다.

77 숙첨의 말은 여기까지이다. 「송세가」에서는 "초성왕이 이미 정나라를 구원하니 정나라에서 향연을 베풀었다. 떠날 때 정나라의 두 희씨 여인을 데리고 돌아갔다. 숙첨이 말하기를 '성왕은 예법이 없으니 어찌 제때 죽겠는가? 예를 행함에 구별이 없는 것으로 마쳤으니 이로써 패업을 이룰 수 없음을 알겠다' 라고 하였다"라 하여 아래의 서술까지 숙첨이 한 말로 합쳐 놓았으니 태사공이 잘 살피지 못한 것이다. 문공 원년에 초성왕은 아들인 상신(商臣)에게 피살된다.

諸侯是以知其不遂霸也.[78]	제후들은 이로 인해 그가 패업을 이루지 못할 것임을 알았다.

희공 23년

經

二十有三年春,[1]	23년 봄
齊侯伐宋,	제후가 송나라를 치고
圍緡.[2]	민을 에워쌌다.
夏五月庚寅,[3]	여름 5월 경인일에
宋公茲父卒.[4]	송공 자보가 죽었다.

---

78 28년에 초나라는 진(晉)나라에게 성복(城濮)에서 진다. 『주서 · 태자진(太子晉)』편에서는 "주춤주춤 물러나니 패업을 이룰 수가 없었다(其不能遂)"라 하였다. 주석에서는 "수(遂)는 끝내는 것이다"라 하였으며 지금으로 말하면 패업을 완성할 수가 없다는 말이다.

1 이십유삼년(二十有三年) : 갑신년 B.C. 637년으로 주양왕(周襄王) 16년이다. 이해 정월 21일 무자일이 동지였으며, 건자(建子)이다. 윤달이 있다.

2 민(緡) : 『곡량전』에는 "민(閔)"으로 되어 있다. 이 두 글자는 고음이 가까워 서로 통가(通假)할 수 있었다. 민은 원래는 옛 나라 이름으로 소공 4년의 『전』에서 "유민이 반기를 들었다(有緡叛之)" 할 때의 민이 바로 이 나라이다. 지금의 산동성 금향현(金鄕縣) 동북쪽 25리 지점에 있으며 옛 이름이 민성부(緡城阜)이다. 북위(北魏) 때 감인(闞駰)의 『십삼주지(十三州志)』에서는 "추연(鄒衍)이 말하기를 '내 민성에 올라 송나라 도읍을 바라보았다' 라 하였다"라 하였으므로 26년 초나라 사람이 송나라를 칠 때도 또한 민을 에워쌌다.

3 경인(庚寅)일은 25일이다.

4 자보(茲父) : 『공양전』에는 "慈父"로 되어 있고 「송세가」에는 "慈甫"로 되어 있다. "慈"와 "茲", "父"와 "甫"는 음이 같아 가차하여 쓸 수 있다.

秋,	가을에
楚人伐陳.	초나라 사람이 진나라를 쳤다.
冬十有一月,	겨울 11월에
杞子卒.[5]	기자가 죽었다.

傳

二十三年春,	23년 봄
齊侯伐宋,	제후가 송나라를 치고
圍緡,	민을 에워쌌는데
以討其不與盟于齊也.[6]	제나라에서의 맹약에 참가하지 않은 것을 성토한 것이다.

夏五月,	여름 5월에
宋襄公卒,	송양공이 죽었는데
傷於泓故也.[7]	홍수에서 입은 부상 때문이다.

---

5 『춘추』는 기나라에 대해 처음에는 후(侯)라고 불렀으며(환공 2년), 장공 27년에는 또 백(伯)이라고 불렀고, 이후에는 거의 백(伯)으로 불렀다. 어쩌다 자(子)로도 불렀는데 이곳 및 17년, 양공 29년의 경우가 이러하다.

6 19년 진(陳)나라 목공(穆公)이 제후들에게 우호를 증진하고 제환공의 덕을 잊지 말 것을 청하였는데, 송나라는 배제하여 회합에 참가를 못했다. 지금 성토하는 것은 송나라에 홍수(泓水)에서의 패전이 있었기 때문에 여기서 특히 언급한 것이다.

7 『한비자 · 외저설좌상(外儲說左上)』편에서는 "공이 허벅지에 부상을 당하여 사흘 만에 죽었다"라 하였는데 믿을 수 없다. 『사기 · 송세가』와 『사기 · 연표』에서는 모두 『좌전』의 기

秋,	가을에
楚成得臣帥師伐陳,[8]	초나라의 성득신이 군사를 이끌고 진나라를 쳤는데
討其貳於宋也.	송나라에 두 마음을 품었음을 성토하기 위함이었다.
遂取焦, 夷,[9]	마침내 초와 이를 취하고
城頓而還.[10]	돈에 성을 쌓고 돌아갔다.
子文以爲之功,[11]	자문은 그의 공으로 생각하여
使爲令尹.	영윤이 되게 했다.
叔伯曰,	숙백이 말했다.
"子若國何?"[12]	"그대는 나라를 어떻게 할 것인가?"
對曰,	대답하여 말하기를

사를 썼다.

8 성득신(成得臣) : 자는 자옥(子玉)이다.

9 초이(焦夷) : 모두가 진(陳)나라의 읍이다. 초는 지금의 안휘성 박현(亳縣)에 있을 것이고, 이는 박현 동남쪽 70리 지점에 있을 것이다. 두예는 "이는 일명 성보(城父)라고 한다" 하였는데 사실 성보는 이의 한 읍에 지나지 않는다. 소공 9년의 『전』에 상세하다.

10 돈(頓) : 나라 이름으로, 희(姬)씨 성이다. 지금의 하남성 항성현(項城縣) 조금 서쪽이 남돈(南頓)의 옛 성이다. 고동고(顧棟高)의 『대사표(大事表)』에서는 혹자의 설을 인용하여 "돈나라는 본래 지금 현의 북쪽 30리 지점에 있었는데, 돈자(頓子)가 진(陳)의 핍박을 받아 초나라로 달아나고, 돈에서 남쪽으로 옮겼기 때문에 남돈이라고 한다"라 하였는데 확실한지 모르겠다.

11 지(之) : "그 기(其)"자와 같은 뜻으로 쓰였다. 그의 공으로 생각한다는 것이다. 성득신을 말한다.

12 두예는 "숙백(叔伯)은 초나라의 대부 거여신(蘧呂臣)이다. 자옥이 영윤의 직을 맡지 못할 것이라고 생각한 것이다"라 하였다.

"吾以靖國也.	"나는 이렇게 나라를 안정시킬 것이오.
夫有大功而無貴仕,	큰 공을 세웠는데도 높은 벼슬을 주지 않으면
其人能靖者與有幾?"[13]	나라를 안정시킬 수 있는 사람이 몇이나 되겠습니까?"라 하였다.

九月,	9월에
晉惠公卒.[14]	진혜공이 죽었다.
懷公立,[15]	회공이 즉위하였는데
命無從亡人,[16]	명하기를 도망친 사람을 따르지 말 것이며
期,[17]	기한을 정하여

13 큰 공을 세웠는데도 높은 벼슬을 주지 않으면 나라를 안정시킬 수 있는 사람은 많지 않을 것이라는 말이다. 여(與)는 여(歟)자와 같은 뜻으로 쓰였다. 청나라 말기 마건충(馬建忠)의 문법서 『마씨문통(馬氏文通)』에서는 "與"자는 본래 구의 마지막에 와야 하는데 도치되어 앞에 있게 되었다고 하였는데 옳다. 곧 이 구절은 원래 "其人能靖者有幾歟"로 되어야 한다는 것이다.

14 두예는 "『경』에는 이듬해에 있는 것은 부고를 따른 것이다"라 하였는데 이는 잘못된 것으로 명년의 『경』에 상세하다. 『한비자 · 난(難) 2』에서는 혜공이 품행이 어지럽고 난폭하였다……하였는데 지나치게 과장하여 말한 것이다.

15 각판본에는 "설 립(立)"자가 없는데 가나자와 문고본(金澤文庫本)에 의하여 보충해 넣었다. 「진세가」에서는 "14년 9월 혜공이 죽고 태자 어(圉)가 즉위하였으니 곧 회공이다"라 하였다.

16 망인(亡人) : 공자 중이(重耳)를 말한다.

17 중이를 따르는 사람들이 돌아올 것을 정한 기한을 말한다.

期而不至,	기한 내에 이르지 않으면
無赦.	용서하지 않겠다고 하였다.
狐突之子毛及偃從重耳在秦,	호돌의 아들 모와 언은 중이를 따라 진나라에 있었는데
弗召.	그들을 부르지 않았다.
冬,	겨울에
懷公執狐突,	회공이 호돌을 잡아들여
曰,	말했다.
"子來則免."[18]	"아들이 오면 사면해 주겠다."
對曰,	대답하여 말했다.
"子之能仕,	"아들이 벼슬을 할 수 있을 때가 되면
父教之忠,	애비가 충성으로 가르치는 것이
古之制也.	옛날의 제도입니다.
策名, 委質,[19]	이름을 책서에 올리고 예물을 갖다 바쳤는데

18 자(子) : 호모(狐毛)와 호언(狐偃)이다. 아래의 "子"자도 모두 같다.

19 책명(策名) : 이름을 책(策)에다 적는 것을 말한다. 옛날에는 처음 벼슬을 할 때는 반드시 먼저 그 이름을 책에다 적었다.

위질(委質) : 질(質)은 지(贄)와 같다. 장공 24년에 이른바 "남자의 예물은 큰 것은 구슬과 비단을 쓰고 작은 것은 새를 쓴다(男贄, 大者玉帛, 小者禽鳥)" 한 것이다. 위(委)는 혼례의 납채(納采)에서 위안(委雁)의 위(委)자와 같은 뜻으로 둔다(置)는 뜻이다. 『여씨춘추 · 집(執) 1』에 "오늘 예물을 두고 신하가 되었다(今日置質爲臣)"는 말이 있는데,

貳乃辟也.[20] 두 마음을 품는 것은 죄를 짓는 것입니다.

今臣之子, 지금 신의 아이들은

名在重耳, 이름이 중이의 책서에 오른 지가

有年數矣. 여러 해 되었습니다.

若又召之, 또 그들을 부른다면

教之貳也. 두 마음을 품도록 가르치는 것입니다.

父教子貳, 아비가 자식에게 두 마음을 품도록 가르친다면

何以事君? 어떻게 임금을 섬기겠습니까?

이곳의 "置質"이 곧 "委質"과 같은 뜻이다. 무릇 예물은 반드시 서로 주고받게 되어 있는데 신하가 임금에게 바치는 것은 직접 주지를 않으며 뜰에다 두어 감히 임금의 앞으로 보내지 않는다. 양관(楊寬 : 1914~2005)은 "위지(委贄)는 곧 예물을 주인에게 주게끔 맡기는 것으로 다시 돌려받지 못한다"라고 하였는데 또한 견해가 있다. 두예는 "무릎을 꿇는 것(屈膝)"이라 하였는데 틀렸다. 『맹자 · 등문공(滕文公) 하』에서는 맹가(孟軻)가 공자에 대하여 말하면서 "국경을 나갈 때는 반드시 폐백을 싣고 갔다(出疆必載質)"라 하였는데, 이는 폐백이 없으면 신하가 될 수 없었기 때문이다. 전국시대 때도 여전히 이 예를 행하여 『여씨춘추 · 집(執) 1』에서 "예물을 두고 신하가 되었다(置質爲臣)"라 하였고, 「진책(秦策) 4」에서 "양왕(梁王)이 몸에 폐백을 안고 구슬을 지니고 진후(陳侯)의 신하가 될 것을 청했다"라 한 것으로 알 수 있다. 다만 전국시대 때는 폐백을 바쳐도 그 임금을 위해 꼭 죽음으로 충성할 필요는 없었으며 또한 수시로 떠날 수도 있었으니 『여씨춘추 · 집(執) 1』에서 "오늘은 도장을 풀고 관직을 떠난다(今日釋璽辭官)"라 한 것으로 알 수 있다.

20 예물의 폐백을 갖다 바치고 신하가 되었는데 두 마음을 품는다는 것은 죄악이라는 말이다. 벽(辟)은 죄(罪)라는 뜻이다. 「진어 9」에서는 "신이 듣기에 폐백을 바쳐 신하가 되면 두 마음을 가지지 않아야 하며, 폐백을 바치고 죽음으로 책에 올리는 것이 옛날의 법입니다"라 하였다.

刑之不濫,	형벌을 함부로 하지 않음이
君之明也,	임금님의 밝음이고
臣之願也.	신의 바람입니다.
淫刑以逞,[21]	형벌이 넘치어 뜻을 채우려 든다면
誰則無罪?	누가 죄가 없겠습니까?
臣聞命矣."	신은 명을 듣겠습니다."
乃殺之.[22]	이에 곧 죽여 버렸다.
卜偃稱疾不出,	복언이 병을 칭하고 나가지 않으면서
曰,	말하기를
"周書有之,	"「주서」에서 말하기를
'乃大明,[23]	'임금이 크게 밝으면
服.'	신하는 복종한다' 라 하였습니다.
己則不明,[24]	자신은 밝지 못하면서
而殺人以逞,	사람을 죽이는 것으로 뜻을 채운다면
不亦難乎?	또한 어렵지 않겠습니까?

21 음형(淫刑) : 형벌을 남용하는 것을 말한다.

22 「진세가」에도 이 일이 수록되어 있는데 상세한 부분도 있고 소략한 부분도 있다.

23 『상서 · 강고(康誥)』에 나오는 말이다. 임금이 크게 밝으면 신하와 백성은 곧 복종한다는 것이다.

24 즉(則) : 약(若)자와 같은 뜻이다.

民不見德, 백성이 덕행은 보지 못하고

而唯戮是聞,[25] 살육만 듣는다면

其何後之有?"[26] 그 어찌 후손이 있겠습니까?"

十一月, 11월에

杞成公卒.[27] 기성공이 죽었다.

書曰"子", "자"라고 기록한 것은

杞, 기나라는

夷也.[28] 오랑캐였기 때문이다.

不書名, 이름을 쓰지 않은 것은

未同盟也.[29] 동맹을 하지 않았기 때문이다.

---

25 "唯聞殺戮"이라는 말이다. 시(是)자는 술어와 목적어가 도치되었음을 나타내는 관계사이다.

26 두예는 "회공은 진나라에서 후손이 없을 것이라는 말이며, 24년에 회공을 죽이는 것의 복선이다"라고 하였다.

27 기성공(杞成公) : 「기세가(杞世家)」에는 성공(成公) 한 대(代)가 탈루되어 있다. 『집해(集解)』에서는 『세본』을 인용하여 "혜공〔곧 「기세가(杞世家)」의 덕공(德公)〕은 즉위 18년에 성공 및 환공(桓公)을 낳았다. 성공은 18년간 재위하였다"라 하였다. 이대로라면 성공은 노희공 6년에 즉위한 것이 된다.

28 양공 29년 『전』에 "기(杞)나라는 하(夏)나라의 후손으로 곧 동이(東夷)이다"라 하였다. 아마 기나라는 본래 이(夷)가 아니었는데 이족의 예를 썼기 때문에 이(夷)로 본 것 같다. 27년의 『전』에서도 "기환공이 내조하였는데 이족의 예를 쓰므로 자(子)라고 하였다"라 하였다.

29 은공 7년의 『전』에도 "등후가 죽었다. 이름을 기록하지 않은 것은 동맹을 맺지 않았기 때문이다(滕侯卒. 不書名, 未同盟也)"라는 말이 있다.

凡諸侯同盟,	무릇 제후로 함께 맹약을 하였으면
死則赴以名,	죽었을 때 이름으로 부고를 하는 것이
禮也.	예이다.
赴以名,	이름으로 부고를 하면
則亦書之,[30]	『춘추』에도 기록을 하고
不然則否,[31]	그렇지 않으면 기록을 하지 않는데
辟不敏也.[32]	상세하지 못함을 기피하기 위함이다.

晉公子重耳之及於難也,	진나라 공자 중이가 화난을 당하였을 때
晉人伐諸蒲城.[33]	진나라 사람이 포성에서 그를 쳤다.

---

30 동맹을 하지 않은 나라의 경우 그 나라의 임금이 죽으면 부고를 하면 또한 이름을 기록하였다. 『춘추』에는 노나라 바깥의 제후의 죽음이 모두 133회 기록되어 있는데 이름을 기록하지 않은 경우는 열 차례뿐이며, 『경』과 『전』에 동맹하였음이 보이지 않는 것은 52회인데 그래도 이름을 기록한 것은 모두 이름으로 부고를 해왔기 때문이다.

31 또한 동맹을 하지 않은 나라를 말하는데 그 이름으로 부고를 하지 않으면 이름을 기록하지 않은 것이다. 기성공은 노나라 여자를 아내로 취하여 노나라에서 그 이름을 알았을 것이 분명한데도 죽었을 때 이름을 기록하지 않은 것은 이름을 가지고 부고를 하지 않았기 때문이다. 두예는 "동맹을 하였으나 이름을 알려 주지 않아서였다"고 하였는데 틀렸다. 『춘추』에는 동맹을 한 제후의 죽음에 대해서는 모두 이름을 기록하였는데, 심흠한이 『보주(補注)』에서 "이미 동맹을 하였다면 이름을 부고하지 않더라도 책서(策書)에 실로 이미 다 기록하고 있으므로 그 이름을 기록함에 알아내지 못할 근심이 없었다"라 한 것이 이를 알려 준다.

32 두예는 "민은 상세하다는 뜻이다"라 하였으며, 상세하지 않음을 기피한다는 것은 잘못 기록함을 두려워하기 때문이다.

蒲城人欲戰,	포성의 사람들이 싸우려 하자
重耳不可,	중이는 안 된다며
曰,	말하였다.
“保君父之命而享其生祿,[34]	“군부의 명에 의지하여 양생의 녹을 누리고
於是乎得人.	이에 사람들을 얻었다.
有人而校,[35]	사람이 있는데 맞선다면
罪莫大焉.	이보다 더 큰 죄가 없다.
吾其奔也.”	나는 도망갈 것이다.”
遂奔狄.[36]	드디어 적으로 도망갔다.
從者狐偃, 趙衰, 顚頡, 魏武子, 司空季子.[37]	따른 사람은 호언과 조최, 전힐, 위무자, 사공계자였다.

---

33 5년의 『전』에 보인다.

34 보(保) : 의지하다.
생록(生祿) : 양생의 녹이라는 뜻. 청나라 심동(沈彤)의 『소소(小疏)』에서는 생(生)에는 곡(穀)의 뜻이 있다 했는데 확실치 않다.

35 교(校) : 저항하다의 뜻이 있다. 5년의 『전』에 상세하다.

36 분적(奔狄) : 「진어 2」에 이 일이 비교적 상세하게 서술되어 있는데, 적으로 달아나는 것이 호언(狐偃)의 생각이라고 하였다. 「진세가」에서는 “적은 어머니의 나라이다. 이때 중이는 43세였다”라 하였다. 그러나 『국어』와 『좌전』에 의하면 이때 중이는 17세이며, 사마천의 설은 믿을 수가 없다.

37 호언(狐偃) : 호돌(狐突)의 아들로 이미 앞에 보인다. 『전국책 · 진책(秦策) 5』에서는 “문공(文公)이 중산(中山)의 도적을 써서 성복(城濮)에서 이겼다”라 하였으며, 고유(高誘)의 주석에서는 구범〔咎犯 : 곧 호언(狐偃)〕이 중산의 도적이라 하였으나 알려진 바가 없다.
조최(趙衰) : 두예는 “조숙(趙夙)의 동생이다”고 하였다. 그러나 「조세가」 및 『좌전』 선

狄人伐廧咎如,[38]	적나라 사람이 장구여를 쳤는데
獲其二女,	두 여자를 얻었으니
叔隗, 季隗,[39]	숙외와 계외로

공 2년의 『정의(正義)』에서 인용한 『세본』에 의하면 조최는 조숙의 손자이며, 「조세가」의 『색은(索隱)』에서는 『세본』을 인용하여 또한 "숙은 성계최(成季衰)를 낳았다" 하였으니 조숙과 조최는 또한 부자간이 된다. 제가의 설이 이렇게 분분하지만 부자지간이라는 설이 사실에 가까울 것이다.

위무자(魏武子) : 위주(魏犨)이다. 「위세가」에서는 필만(畢萬)이 무자(武子)를 낳았다고 하였으나 『색은(索隱)』에서는 『세본』을 인용하여 "필만은 망계(芒季)를 낳았고, 망계는 무중주〔武仲州 : 곧 무자(武子) 주(犨)〕를 낳았다"라 하였으며, 두예의 『세족보(世族譜)』에서도 위주는 필만의 손자라고 하였으니 「위세가」에서는 한 대(代)를 빠뜨린 것 같다. 「악기(樂記)」의 『정의(正義)』에서는 『세본』을 인용하여 "필만은 망(芒)을 낳고 망은 계(季)를 낳았으며 계는 무중주를 낳았다"라 하여 망과 계를 두 사람 2대로 보았는데 전사(轉寫)할 때의 착오일 것이다. 이상 위씨와 조씨의 세계(世系)는 전사에 착오가 많은데 여기서는 간략하게 언급하겠다.

사공계자(司空季子) : 사공은 관직이고 계자는 자이다. 씨는 서(胥)이며 이름은 신(臣)이다. 구(臼)에 식읍이 있었으므로 서신(胥臣)이라고도 하고 구계(臼季)라고도 한다.

「진세가」에서는 "진나라 문공 중이는 어려서부터 선비를 좋아하여 17세 때 현사(賢士) 5인을 두었는데 조최(趙衰)와, 외삼촌인 호언구범(狐偃咎犯), 가타(賈佗), 선진(先軫), 위무자(魏武子)이다. 수행한 다섯 명의 현사 외에도 이름이 드러나지 않은 사람 수십 명이 적나라에 도착하였다"라 하였다. 이 다섯 명에 전힐과 사공계자를 치지 않고 가타와 선진으로 대신한 것이 『전』과 다르다. 이 다섯 사람은 당시에 명망이 있는 인물들이었다.

38 장구여(廧咎如) : 성공 3년의 『전』에서 장구여를 일러 "적적(赤狄)의 후예"라고 하였으므로 두예는 "장구여는 적적의 별종이다"라고 하였다. 다케조에 고코(竹添光鴻)의 『회전(會箋)』에서는 성공 13년 『전』에서 여상(呂相)이 진나라와의 관계를 끊으며 "백적이 임금과 같은 고을에 살고 있지만 임금의 원수이며 우리와는 혼인한 사이이다"라 한 말에 의거하여 혼인은 계외(季隗)를 가리키며 따라서 장구여는 백적이라 하였는데, 진(晉)나라가 적과 통혼한 것이 다만 이것만이 아님을 알지 못했으므로 이 설은 근거가 부족하다. 청나라 고조우(顧祖禹)의 『독사방여기요(讀史方輿紀要)』 권1에 의하면 장구여는 대략 지금의 산서성 태원시(太原市) 일대에 있는 것 같다. 혹자는 하남성 안양시(安陽市) 서남쪽에 있다고 하는데 후자의 설이 사실에 가까울 것 같다.

39 외(隗) : 장구여는 외(隗)씨 성이다. 무릇 적(狄)의 여인을 외씨(隗氏)라 부르며, 옛 금문에서는 모두 "媿"로 되어 있어 "계집 녀(女)"부를 따랐다.

納諸公子.	공자에게 그들을 바쳤다.
公子取季隗,	공자는 계외를 취하여
生伯儵, 叔劉,[40]	백조와 숙류를 낳았으며
以叔隗妻趙衰,	숙외를 조최에게 시집보내
生盾.[41]	돈을 낳았다.
將適齊,	제나라로 가려 할 즈음
謂季隗曰,	계외에게 말하기를
"待我二十五年,	"나를 25년만 기다리고
不來而後嫁."	돌아오지 않으면 시집을 가시오"라 하였다.
對曰,	대답하기를
"我二十五年矣,	"내 나이가 스물다섯 살인데
又如是而嫁,	또 이만큼 있다가 시집을 가라면
則就木焉.[42]	관에 들어가 있을 것입니다.
請待子."	그대를 기다리게 해주십시오"라 하였다.

40 조(儵) : "빠를 숙(儵)"자로 된 판본도 있다.

41 『전』에 의하면 중이가 동생을 취하였으며 언니는 조최에게 시집을 갔다고 하였는데, 「진세가」에서는 "장녀를 중이에게 시집보내고 동생은 조최에게 시집보냈다"라 하여 『좌전』과 다르다.

42 목(木) : 관곽(棺槨)을 말한다. 『맹자 · 공손추(公孫丑) 하』의 "목관(木棺)이 너무 아름다운 듯하다(木若以美然)"의 목도 같은 뜻이다.

處狄十二年而行.[43]	적나라에서 12년을 살다가 떠났다.
過衛,	위나라에 들렀는데
衛文公不禮焉.[44]	위문공이 예우를 하지 않았다.
出於五鹿,[45]	오록을 나서서
乞食於野人,	농부들에게 음식을 구걸하였는데
野人與之塊.[46]	농부들이 그들에게 흙덩이를 주었다.
公子怒,	공자가 노하여
欲鞭之.	그들을 채찍질하려 했다.
子犯曰,	자범이 말하기를
"天賜也."	"하늘이 주신 것입니다"라 하였다.
稽首受而載之.[47]	머리를 조아리고 받아서 수레에 실었다.

43 중이가 적나라에 머문 것이 모두 12년이라는 것을 말하는데, 중이는 노희공 5년에 적에 이르렀다가 16년에 떠났다. 「진어」 및 「진세가」에 의하면 노희공 16년 제나라로 가려고 생각을 했으니 곧 진혜공 7년이다. 「진어 4」 및 「진세가」의 서술은 이보다 조금 번다하다.

44 「위세가(衛世家)」에서는 문공을 일러 "16년에 진나라 공자 중이가 들렀는데 무례를 범했다"라고 하였다. 위문공 16년은 노희공 16년이며 또한 중이가 적나라를 떠난 해이다.

45 오록(五鹿) : 이 구절은 오록에서 떠나 동쪽으로 간 것을 말한다. 오록은 위나라 땅이다. 오록은 두 군데가 있는데 하나는 지금의 하북성 대명현(大名縣) 동쪽에 있고, 하나는 하남성 복양현(濮陽縣) 남쪽 30리 지점에 있다. 고동고의 『대사표(大事表)』에서는 앞의 설을 주장하였고, 심흠한의 『지명보주(地名補注)』에서는 뒤의 설을 주장하였다. 복양에 있다는 설이 더 믿음직하다.

46 괴(塊) : 흙덩이이다. 「진세가」에서는 "농부가 흙을 그릇에 담아서 바쳤다"라고 하였다. 그릇〔器〕은 공자가 음식을 구걸할 때 쓴 것일 것이다.

47 계수(稽首)는 옛사람들의 가장 정중한 예절이다. 여기서 하늘이 내려 준 것에 절하기 위

及齊,[48]	제나라에 이르니
齊桓公妻之,	제환공이 딸을 주어 시집보내고
有馬二十乘.[49]	말 20승을 주었다.
公子安之.	공자가 편안하게 여겼다.
從者以爲不可.	따르는 사람들은 옳지 않게 여겼다.
將行,	떠날 즈음에
謀於桑下.[50]	뽕나무 아래서 모의를 했다.
蠶妾在其上,[51]	누에 치는 종이 그 위에 있다가
以告姜氏.	강씨에게 일러 주었다.
姜氏殺之,[52]	강씨가 그 종을 죽이고

해 계수를 하였다. 계수를 하기 전에는 절을 하는데 말을 하지 않은 것은 생략을 했기 때문이다. 「진어 4」와 「진세가」에는 모두 이 일을 싣고 있는데 대체로 같으며 사기에서는 자범의 말을 조최(趙衰)가 한 것이라고 한 것이 다를 뿐이다.

48 「진세가」에서는 진혜공이 사람을 시켜 적나라에서 중이를 죽이려고 하였는데 중이가 그 말을 듣고 제나라로 갔다고 하였다. 양옥승(梁玉繩)의 『지의(志疑)』에서는 "제나라로 가서 들어가기를 청한 것은 혜공이 죽이려고 해서가 아니었다"라 하였다. 이 일은 진혜공 7년 곧 노희공 16년에 있었다.

49 승(乘) : 말 네 필을 세는 단위사이다. 20승이면 80필이다. 이 때문에 4라는 뜻이 생겨났는데 『맹자 · 이루(離婁) 하』에서 "화살 네 발을 쏘고 돌아갔다(發乘矢而後反)"라 한 것이 이 뜻으로 쓰인 것이다.

50 「진어 4」에서는 이 일을 『전』에 비해 조금 상세하게 서술하였다.

51 중국의 양잠과 직조술은 매우 일찍부터 발명되었다. 1926년 산서성 하현(夏縣) 서음촌(西陰村)의 신석기 시대 유적지에서 잘려진 누에고치가 발견되었는데, 이 고치가 야생인지 양잠을 한 건지는 단정하기 어렵다. 그러나 절강성 오흥(吳興) 전산양(錢山漾)의 신석기 시대 유적지에서는 직조물이 발견되었고 그중에는 비단 조각과 실이 발견되었으니 지금부터 4천 년 전에 중국에서는 이미 양잠과 직조술이 있었다는 것을 알 수 있다.

52 강씨(姜氏) : 중이의 아내이다. 누에치는 종을 죽여 입을 막은 것은 효공(孝公)이 알게

而謂公子曰,	공자에게 일러 말하였다.
“子有四方之志,	“그대는 온 천하를 경영할 뜻이 있사온데
其聞之者,	그것을 들은 사람을
吾殺之矣.”	제가 죽였사옵니다.”
公子曰,	공자가 말하였다.
“無之.”	“그런 일 없소.”
姜曰,	강씨가 말하였다.
“行也!	“가십시오!
懷與安,	그리워함과 편안함은
實敗名.”[53]	실로 명성을 어그러뜨립니다.”
公子不可.	공자는 안 된다고 하였다.
姜與子犯謀,	강씨는 자범과 모의하여
醉而遣之.	취하게 하여 보냈다.
醒,	술이 깨자
以戈逐子犯.[54]	창을 들고 자범을 쫓았다.

될까 걱정했기 때문이다.

53 회(懷) : 「진어 5」에서는 영영(甯嬴)이 양처보(梁處父)를 따라간 일을 서술하였는데 산에까지 갔다가 돌아왔다. 그 처가 말하기를 “그대는 구하던 것을 얻었는데 따르지 않으니 어찌 그리 그리워하는가?(何其懷也)”라 하였다. 회(懷)는 처자를 그리워하는 뜻으로 쓰였으며 여기서도 이 뜻으로 쓰였다.
안(安) : 안일함이나 도모하는 것을 말함.

及曹.[55]	조나라에 이르자
曹共公聞其騈脅.[56]	조나라 공공이 그의 갈빗대가 통뼈라는 것을 듣고
欲觀其裸.[57]	그 벗은 몸을 보고 싶어 했다.
浴,	목욕을 할 때
薄而觀之.[58]	발을 치고 그를 살펴보았다.
僖負羈之妻曰,	희부기의 처가 말하였다.

54 「진어 4」에서는 이 일에 대해 지나치게 상세히 서술하였다. 『열녀전』에서는 「진어」의 말을 일부분만 취하여 가져다 쓰고 또 말하기를 "진나라 사람들이 회공을 죽이고 공자 중이를 세우니 곧 문공이며 제강(齊姜)을 맞이하여 부인으로 삼았다"라 하였다.

55 「진어 4」에서는 조(曹)나라에 이르기 전에 또 위(衛)나라를 들른 일도 있으며, 또한 "오록에서 걸식"한 일과 "위문공이 무례했던" 일을 두 해의 일로 나누었고, 오록에서 걸식했던 일이 제나라에 간 일의 앞에 있으며 위문공이 무례하게 굴었던 일이 제나라를 떠난 뒤에 있다. 『사기』의 「위세가」에서는 『좌전』의 내용대로 위문공이 무례하게 굴었던 일을 16년에 넣었으나, 「연표」에서는 노희공 23년, 곧 위문공 23년이라 하였고 "중이가 제나라에서 지나갔는데 무례하였다"하였으니 또한 「진어」 때문이다. 중이가 제나라에서 조나라로 가고 아울러 위나라를 거치지 않은 것을 몰랐으니 『국어』는 믿을 수 없다.

56 조공공(曹共公) : 이름은 양(襄)이며 「조세가(曹世家)」에 보인다.
변협(騈脅) : 『설문해자』에는 "骿脅"으로 되어 있으며, 「진어」에도 마찬가지이다. 두 글자는 통용자이다. 변협이라는 것은 늑골이 통으로 딱 붙어 있어 마치 하나의 뼈 같다는 것을 말한다.

57 통갈비는 벗은 몸이 아니면 볼 수 없기 때문이다.

58 중이가 목욕하기를 기다렸다가 발을 쳐서 살펴본 것이다. 박(薄)은 곧 「진어 4」의 미박(微薄)으로, 유박(帷薄) 곧 지금의 발〔簾〕이란 뜻이다. 두예의 주석에 의하면 가까이 다가가서 본 것이라고 하였는데 확실치 않다. 『여씨춘추 · 상덕(上德)』편과 『회남자 · 인간훈(人間訓)』에서는 조공공이 중이에게 윗옷을 벗게 하고 못의 물고기를 잡게 하였다는데 송나라 말기 황진(黃震)의 『황씨일초(黃氏日抄)』에서는 그럴 리가 없을 것이라고 하였다. 『회남자 · 인간훈』에서는 또한 희부기가 조공공이 그렇게 하는 것을 말렸다고 말하여 또한 『좌전』과 다르다. 『사기』에서 서술한 내용은 대체로 여기에 근거한다.

"吾觀晉公子之從者,	"내가 진 공자를 따르는 사람들을 보니
皆足以相國.	모두가 한 나라의 재상감이었습니다.
若以相,	만약에 재상으로 삼는다면
夫子必反其國.[59]	그분께서는 그 나라로 돌아갈 것입니다.
反其國,	그 나라로 돌아가면
必得志於諸侯.	반드시 제후들에게서 뜻을 얻을 것입니다.
得志於諸侯,	제후들에게서 뜻을 얻으면
而誅無禮,	무례한 자들을 죽일 것이며
曹其首也.	조나라가 그 첫 번째가 될 것입니다.
子盍蚤自貳焉!"[60]	그대는 어찌 일찍이 그에게 두 마음을 가지지 않습니까?"
乃饋盤飧,	이에 밥 한 소반을 드리며
寘璧焉.[61]	그 안에 구슬을 두었다.

59 부자(夫子) : 자는 남자의 미칭이며, 부는 지시사로 그, 저의 뜻이다.

60 조(蚤) : 조(早)자와 같다.

이(貳) : 중이에게 두 마음을 가지고 있음을 보여주는 것이다.

61 두예는 "신하는 나라 밖의 사람과 교제를 못하기 때문에 소반을 써서 밥에 구슬을 숨겨 남들이 보이지 않게 하려고 그런 것이다"라 하였다. 손(飧)은 식사이다.

公子受飧反璧.[62]	공자는 밥만 받아먹고 구슬은 돌려주었다.
及宋,	송나라에 이르니
宋襄公贈之以馬二十乘.[63]	송양공이 그에게 말 20승을 내렸다.
及鄭,	정나라에 이르렀는데
鄭文公亦不禮焉.	정문공 역시 무례하게 대했다.
叔詹諫曰,	숙첨이 간하여 말하였다.
“臣聞天之所啓,[64]	“신이 듣건대 하늘이 돕는 것은
人弗及也.	사람이 거기 못 미친다 하옵니다.
晉公子有三焉,	진나라 공자에게는 세 가지가 있사온데

62 「진어 4」에도 이 일을 수록하고 있으며 또한 조백(曹伯)의 말까지 있는데 『좌전』에서는 생략하였다. 「조세가」에서는 “공공 16년, 처음에 진나라 문공 중이가 망명 중에 조나라에 들렀는데 조나라 임금이 무례하게 중이의 통갈비뼈를 보고자 하였다. 이부기(氂負羈 : 곧 희부기)가 간하였으나 듣지 않고 몰래 중이에게 잘해 주었다”라 하였다. 「조세가」에서는 이 일을 공공(共公) 16년에 붙여 두고 또 “처음에(初)”라는 한마디를 붙여서 중이가 조나라를 들른 일이 공공 16년 전에 있었던 것처럼 말하였지만, 「연표」에서는 그대로 이 일을 16년에 넣었으니 곧 노희공 23년이며 중이가 송나라를 지난해를 추정해 보면 노희공 22년이 되어야 한다. 『한비자 · 십과(十過)』편에도 이 일이 실려 있는데 숙첨(叔詹)의 일에 잘못 넣었다. 『열녀전』에서는 희부기의 처에 대한 이야기를 서술하고 있는데 대체로 『전』의 내용과 같다.

63 「진어 4」 및 「진세가」에는 모두 이 일을 비교적 번다하게 서술하고 있다. 「송세가」에서는 “이해(송양공 13년)에 진나라 공자 중이가 송나라에 들렀는데 양공이 초나라와의 전쟁에서 부상을 당하여 진나라의 도움을 얻고자 중이에게 말 20승의 두터운 예물을 내렸다”라 하였다. 중이가 송나라를 들른 것은 노희공 13년이니 곧 송양공 13년으로 「송세가」의 말은 근거가 있다.

64 계(啓) : 연다는 뜻이다. 인신되어 돕는다는 뜻으로 쓰인다.

天其或者將建諸,[65]	하늘이 혹 기를 세우려는 것 같으니
君其禮焉!	임금께서는 그를 예우하십시오!
男女同姓,	남자와 여자가 성이 같으면
其生不蕃.[66]	낳은 자녀가 창성해지지 않습니다.
晉公子,	진나라 공자는
姬出也,[67]	희씨 소생으로
而至於今,	지금까지 이른 것이
一也.	첫 번째입니다.
離外之患,[68]	외국으로 도망 다니는 우환을 만났는데
而天不靖晉國,[69]	하늘이 진나라를 안정시키지 않으니

65 기혹자(其或者) : 기(其)와 혹자(或者)는 모두 불긍정을 나타내는 부사로 쓰였는데 여기서는 그 어기를 강조하기 위해 연용하였다.
제(諸) : 지호(之乎)의 준 말이다.

66 번(蕃) : 선공 3년의 『전』에 "내가 듣기에 희씨와 길씨가 만나 짝을 이루면 그 자손은 필히 번성할 것이다(吾聞姬 · 姞耦, 其子孫必蕃)"는 말이 있다. 번(蕃)은 번식(蕃殖)으로, 자손이 창성하게 된다는 뜻이다. 소공 원년 『전』 자산(子産)의 말에 "내가 또 듣자 하니 '여관은 같은 성을 들여놓지 않는데 그들이 낳은 자식은 창성하지 못한다' 고 합니다(僑又聞之, 內官不及同姓, 其生不殖)"는 말이 있는데 이것과 같은 뜻이다.

67 희출(姬出) : 중이는 대융호희(大戎狐姬)의 아들로 장공 28년의 『전』에 보인다. 희출이라는 말은 희씨 성을 가진 여인의 소생이라는 뜻이다.

68 이외지환(離外之患) : 이(離)는 "걸릴 리(罹)"자와 같은 뜻으로 쓰였으며, 만나다라는 뜻이다. 외(外)는 외국으로 도망 다니는 것을 가리킨다. 이외지환(離外之患)은 외국으로 도망 다니는 우환을 만나다라는 뜻이다.

69 천(天)자 아래에 원래 "아래 하(下)"자가 잘못 첨가되었는데 『교감기』에 따라 뺐다. 정(靖)은 안정시킨다는 뜻이다.

殆將啓之,	아마 그를 도울 것 같은 것이
二也.	두 번째입니다.
有三士,[70]	세 사람은
足以上人,	남의 윗사람이 되기에 충분한데도
而從之,	그를 따르니
三也.	세 번째입니다.
晉, 鄭同儕,[71]	진나라와 정나라는 동등한데
其過子弟固將禮焉,	그 자제가 지나니 실로 예우를 해주어야 할 것인데
況天之所啓乎!"	하물며 하늘이 도와줌이겠습니까!"
弗聽.[72]	그 말을 듣지 않았다.
及楚,	초나라에 이르니
楚子饗之,	초자가 향연을 베풀어 주고
曰,	말하였다.
"公子若反晉國,[73]	"공자께서 진나라로 돌아간다면
則何以報不穀?"	무엇으로 과인에게 보답하겠는가?"

70 삼사(三士) : 「진어 4」에 따르면 호언(狐偃)과 조최(趙衰) 및 가타(賈佗)이다,

71 제(儕) : 두예는 "같을 등(等)" 자와 같은 뜻이라고 하였다.

72 「진어 4」에는 숙첨(叔詹)의 간언이 이 부분에 상세하게 수록되어 있다. 「정세가」 및 「연표」에는 이 일을 모두 정문공 36년에 넣고 있는데 곧 노희공 23년으로 믿을 만하다.

73 반(反) : 반(返) 자와 같은 뜻이다.

對曰,	대답하여 말하기를
"子, 女, 玉, 帛,[74]	"남자와 여자 노예며 옥과 비단은
則君有之;	임금께서 가지고 계시며,
羽, 毛, 齒, 革,	새의 깃, 짐승의 털, 상아, 가죽은
則君地生焉.[75]	임금의 땅에서 생산이 됩니다.
其波及晉國者,[76]	진나라에서 파급된 것들은
君之餘也;	임금께 남는 것들이니
其何以報君?"	어떻게 임금님께 보답 드리겠습니까?"
曰,	말하기를
"雖然,	"그렇다 하더라도
何以報我?"	무엇으로 보답하겠습니까?"라 하니
對曰,	대답하여 말했다.
"若以君之靈,	"임금님 덕택에

74 자녀옥백(子女玉帛) : 네 가지인데 「진어 4」 위소(韋昭)의 주에서는 자녀(子女)를 하나로 보아 "자녀는 미녀(美女)이다"라 하였으니 믿을 수 없다. 자녀는 남녀 노예를 말할 것이다. 이 자녀는 옥백(玉帛)과 병렬 구조로 쓰였다.

75 우모~생언(羽毛~生焉) : 「진어 4」에는 "羽旄齒革"으로 되어 있으며, 위소는 "우는 새 깃으로 비취, 공작 따위이고, 모는 모우(旄牛)이며, 치는 상아(象牙), 혁은 무소 가죽인데 모두 초나라에서 생산된다"라 하였다. 은공 원년 『전』의 "皮革 · 齒牙 · 骨角 · 毛羽"과 거의 같은 뜻이다.

76 파(波) : 파(播)와 같은 뜻으로 쓰였으며, 흩어지다의 뜻이다. 이 구절의 뜻은 진나라까지 흩어져서 미친 것이라는 뜻이다.

得反晉國.	진나라로 돌아갈 수 있다면
晉, 楚治兵,[77]	진나라와 초나라가 군사를 다스려
遇于中原,	중원에서 만난다면
其辟君三舍.[78]	임금님을 피해 90리를 물러나겠소.
若不獲命,[79]	그래도 명을 듣지 못하게 되면
其左執鞭, 弭,[80]	왼손으로 채찍과 활을 잡고
右屬櫜, 鞬,[81]	오른쪽에 전통과 활집을 붙이고
以與君周旋."[82]	임금님과 한번 겨루어 보겠습니다."
子玉請殺之.	자옥이 죽일 것을 청하였다.

77 치병(治兵) : 원래의 의미는 군사훈련이나 무예를 익힌다는 뜻으로 은공 5년의 『전』에 보인다. 여기서는 외교 사령(辭令)이므로 전쟁이라는 직설적인 표현을 회피한 것이다. 「진어」 위소의 주에서는 "정벌"(征伐)이라고 하였는데 전체적인 뜻을 말한 것이다.

78 삼사(三舍) : 옛날에 행군을 할 때 하룻밤 묵는 것을 1사(一舍)라고 하는데, 장공 3년의 『전』에서 말한 "무릇 군대가 하루를 묵는 것을 사(舍)라 한다(凡師一宿爲舍)"가 바로 이를 말한다. 그리고 행군은 매일 30리를 하기 때문에 30리 또한 1사라고 한다. 「진어 4」의 위소의 주에서는 "전진이나 후퇴를 할 때 3사(三舍)를 넘지 않는 것이 예이다"라 하였다.

79 불획명(不獲命) : 역시 당시의 사령(辭令)으로 허락을 얻지 못하다라는 말과 같다. 「진어 4」의 위소의 주에서는 "초나라가 군사를 되돌린다는 명을 얻지 못하다"라 하였고, 두예는 이 부분의 주석에서 "초나라의 전쟁을 중지하라는 명을 얻지 못한 것"이라고 하였는데 모두 뜻을 잘못 파악한 것 같다.

80 편미(鞭弭) : 편은 말채찍이다. 선공 15년 『전』의 "채찍이 아무리 길어도 말의 배까지는 미치지 못한다(雖鞭之長, 不及馬腹)"라는 말로 알 수 있다. 미(弭)는 『이아 · 석기(爾雅 · 釋器)』에서 "가장자리를 싸맨 것을 궁(弓)이라 하고, 싸매지 않은 것을 미(弭)라고 한다"라 하였는데, 여기서는 활을 두루 가리키는 말로 쓰였다.

81 촉고건(屬櫜鞬) : 촉(屬)은 붙인다는 뜻이다. 고(櫜)는 화살을 넣는 통이다. 건(鞬)은 활을 넣는 통이다.

82 주선(周旋) : 응수하다의 뜻. 여기서는 교전(交戰)하다의 뜻으로 인신되어 쓰였다.

楚子曰,	초자가 말하였다.
"晉公子廣而儉,[83]	"진나라 공자는 뜻이 넓고 검소하며
文而有禮.	말에는 문채가 있고 행동은 예의 바르다.
其從者肅而寬,[84]	따르는 무리들은 경건하고 너그러우며
忠而能力.	충성스러운 데다 힘을 바칠 수 있다.
晉侯無親,[85]	진후는 가까운 사람이 없고
外內惡之.	안팎에서 미워하고 있다.
吾聞姬姓唐叔之後,	내가 듣기에 희씨는 당숙의 후손이
其後衰者也,	결국에는 쇠퇴할 것이라고 하는데
其將由晉公子乎![86]	아마 진나라 공자가 진나라를 일으키려 하기 때문일 것이다!
天將興之,	하늘이 흥성케 하려는데
誰能廢之?	누가 그만두게 할 수 있겠는가?
違天,	하늘의 뜻을 어기면
必有大咎."	반드시 큰 화가 따를 것이다."

83 광이검(廣而儉) : 두예는 "뜻은 넓고 몸은 검소한 것이다"라 하였다.
84 숙(肅) : 두예는 "경(敬)의 뜻이다"라 하였다.
85 진후(晉侯) : 혜공을 가리킨다.
86 진나라가 마지막에 쇠망하는 것은 공자 중이가 왕이 되려고 하기 때문이라는 말이다.

乃送諸秦.[87]	이에 그를 진나라로 보내 주었다.
秦伯納女五人,	진백은 다섯 여인을 들여보내 주었는데
懷嬴與焉.[88]	회영이 거기에 들어 있었다.
奉匜沃盥,[89]	주전자를 잡고 대야에 따르는데
旣而揮之.[90]	조금 후 손을 털었다.
怒,[91]	노하여

87 「진어 4」 및 「초세가」에는 약간 차이가 있다. 「초세가」와 「연표」에서는 이 일을 모두 초성왕 35년에 수록하고 있는데 곧 이 해이다.

88 회영(懷嬴) : 진회공의 아내인 영씨(嬴氏)로, 곧 22년의 자어(子圉)가 함께 도망가자고 모의했던 영씨이다. 문공에게 시집간 후 진영(辰嬴)이 되었으며, 문공 6년의 『전』에 보인다.

89 봉이(奉匜) : 봉(奉)은 손으로 잡다. 이(匜)는 옛날 사람들이 세수와 세면을 할 때 쓰던 도구, 물을 따라 채우는 데 쓰인다.
옥관(沃盥) : 옛날 사람들은 세수를 할 때 한 사람이 주전자를 잡고 세수하는 사람의 손에 부어 세수를 하며, 아래에는 대야가 있어 세수한 물을 받는다. 『예기 · 내칙(內則)』편에서는 "세숫물을 올릴 때에는 어린이는 대야를 받들고 나이 많은 자가 물을 부어 세수하기를 청한다(進盥, 少者奉槃, 長者奉水, 請沃盥)"라 하였다. 봉수(奉水)는 곧 위의 봉이(奉匜)이다. 물을 주전자에 담는 것이다. 여기서는 회영이 주전자를 잡고 물을 따르는데, 물을 따르는 것을 옥(沃)이라 하며 중이가 세수를 하는 것이다. 마종련(馬宗璉)의 『보주(補注)』에서는 『의례 · 사혼례(士昏禮)』를 가지고 이 일을 설명하였는데, 「사혼례」에 의하면 신랑이 방으로 들어오면 신부의 종자인 잉(媵)이 신랑에게 세수(沃盥)하기를 청하며, 신랑의 종자인 어(御)는 신부에게 세수하기를 청한다. 이는 진목공이 문영(文嬴)을 문공에게 시집보내는 것으로 회영은 잉이었기 때문에 문공에게 세수를 청한 것이다. 이는 초헌 때의 일이다. 「진어」에 의하면 그럴 수도 있을 것이다.

90 휘지(揮之) : 중이가 손을 털어 손에 남은 물을 떨어내고 손을 말리려는 것이다. 본래는 수건을 가지고 기다리다가 손을 다 씻으면 주어야 하는데 『예기 · 내칙(內則)』편에서 말한 "세수가 끝나면 수건을 준다(盥卒, 授巾)"라 한 것이 이것이다. 중이는 수건을 주는 것을 기다리지 않고 남은 물을 털어내었는데 이는 예의가 아니므로 회영이 화를 낸 것이다. 홍양길(洪亮吉)의 『고(詁)』에서는 "아마 회영이 하고 싶지 않았기 때문에 손으로 이 물을 떨어낸 것일 것이다"라 하였는데, 틀렸다.

曰,	말하기를
"秦, 晉,	"진(秦)나라와 진(晉)나라는
匹也,	대등한 나라인데
何以卑我?"	어째서 나를 무시하십니까?"라 하였다.
公子懼,	공자가 두려워하여
降服而囚.[92]	옷을 벗고 엎드려 죄를 빌었다.
他日,	훗날
公享之.	목공이 연회를 베풀어 주었다.
子犯曰,	자범이 말하기를
"吾不如衰之文也,[93]	"저는 조최의 문사만 못하니
請使衰從."	조최로 하여금 수행케 하십시오"라 하였다.
公子賦河水.[94]	공자는 「하수」의 시를 읊었고,

91 회영이 노한 것이다.

92 두예는 "윗옷을 벗고 스스로 죄수처럼 하여 사죄한 것이다"라 하였다. 이는 회영이 진(秦)나라를 가지고 말한 것으로 "경아(輕我)", 즉 진(秦)나라를 경시한 것을 이른다.

93 문(文) : 문사(文辭)가 있음을 말함.

94 하수(河水) : 두예는 "「하수」는 일시(逸詩)로 하수가 바다를 향해 흘러 모여든다는 뜻을 취하였다. 바다는 진(秦)나라를 가리킨다"라 하였다. 「진어 4」의 위소의 주에서는 "하(河)자는 면(沔)자가 되어야 한다. 글자가 비슷하여 잘못된 것이다. 그 시에서는 '넘쳐 흐르는 물, 바다로 모두 모여드네(沔彼流水, 朝宗于海)'라 하였는데, 자기가 진나라로 돌아가 진(秦)나라에 조현하여 섬기겠다는 말이다"라 하였다(『시』는 『시경·소아·면수(小雅·沔水)』이다). 청나라 강영(江永)의 『군경보의(羣經補義)』에서는 "이 설이 옳다.

公賦六月.[95]	목공은「유월」의 시를 읊었다.
趙衰曰,	조최가 말하였다.
"重耳拜賜!"	"중이는 내려 주심에 절하옵소서!"
公子降,[96]	공자가 내려가
拜,	절을 하고
稽首,[97]	머리를 조아리니
公降階一級而辭焉.[98]	목공이 계단 한 칸을 내려가 사절하였다.

그 뒤의 '아아! 내 형제와, 여러 친구와 백성들은, 나라의 어지러움도 생각지 않으려니, 부모 없는 이가 어디 있는가?(嗟我兄弟, 邦人諸友, 莫肯念亂, 誰無父母)' 란 구절 또한 진백(秦伯)을 감동시켜 난리를 생각하여 자기를 돌려보내주기를 바랐다고 생각한다" 라 하였다. 『좌전』에서 『시경』을 읊은 것을 기록한 것은 여기서 비롯되어 정공 4년 진애공(秦哀公)이「무의(無衣)」를 읊은 것으로 끝난다. 여기에서 비롯된 것은 이 전에는『시경』의 시를 읊은 것이 없는 것이 아니라 기록하기에 부족했다는 것이다. 정공 4년에 끝이 난 것은 그때는『시경』의 시를 읊는 풍조가 점점 쇠퇴하여 나중에는 마침내 아주 끊어지게 되었다는 것이다.

95 「진어 4」 위소의 주에서는 "『시경 · 소아 · 유월(小雅 · 六月)』은 윤길보(尹吉甫)가 선왕이 정벌하는 것을 도와 문무왕의 업적을 회복시킨 것을 말하였다. 그 시에서는 '임금님께서 출정의 명을 내리시어, 우리나라 바로잡으시려 하네(王于出征, 以匡王國)' 라 하였고, 2장(章)은 '이로써 천자 돕는다네(以佐天子)' 라 말하였다. 3장에서는 '삼가 전쟁에 종사하시어, 우리나라 안정시켰다네(共武之服, 以定王國)' 라 하였다. 이는 중이가 임금이 되면 반드시 패제후가 되어 천자를 도와 바로잡겠다는 것을 말한 것이다" 라 하였다.

96 강(降) : 계단을 내려가 당하(堂下)에 이르는 것이다.

97 계수(稽首) : 재배를 한 후에 행하는 것이다. 15년의『전』을 보라.

98 진목공이 계단을 한 칸 내려간 것으로,『의례 · 공식대부례(公食大夫禮)』및『의례 · 빙례(聘禮)』에 의하면 손님과 주인이 지위가 같지 않아 손님이 낮고 주인이 높을 때는 손님은 반드시 내려가 절하고 주인은 반드시 내려가서 사양하여야 한다. 사양한다는 것은 내려가서 절하는 것을 사양하는 것이지 계수하는 것을 사양하는 것이 아니다. 두예는 "공자의 계수를 사양한 것이다" 라 하였는데 잘못 되었다.

衰曰,	조최가 말하였다.
"君稱所以佐天子者命重耳,	"임금께서 천자를 보좌하는 것에 걸맞게 중이에게 명하는데
重耳敢不拜?"[99]	중이가 어찌 감히 절하지 않겠습니까?"

희공 24년

經

二十有四年春王正月.[1]	24년 봄 주력으로 정월.
夏狄伐鄭.	여름에 적나라가 정나라를 쳤다.
秋七月.	가을 7월.
冬,	겨울에
天王出居于鄭.[2]	천자가 나가서 정나라에서 거처하였다.

---

99 "晉公子重耳之及於難也"에서 여기까지는 다음 해의 "二十四年春王正月, 秦伯納之"와 하나의 『전』이 되어야 한다. 그렇지 않으면 "秦伯納之"라는 말은 아무런 근거가 없게 된다. 「진어 4」에서는 이 일을 지나치게 번잡하게 서술하였다. 진나라 중이의 망명은 『국어』와 『사기』 외에도 『한비자』〔「외저설(外儲說)」, 「십과(十過)」편〕, 『여씨춘추』〔「무본(務本)」, 「상덕(上德)」편〕, 『회남자』〔「도응훈(道應訓)」, 「인간훈(人間訓)」〕 같은 데서도 또한 많이 끌어다 서술하였는데 내용이 거의 대동소이하므로 다 인용하지는 않는다.

1 이십유사년(二十有四年) : 을유년 B.C. 636년으로 주양왕(周襄王) 17년이다. 동지가 정월 초3일 갑자일이었으며, 건자(建子)이다.

晉侯夷吾卒.[3] 진후 이오가 죽었다.

傳

二十四年春王正月, 24년 봄 주력으로 정월에

秦伯納之.[4] 진백이 그를 들여보냈다.

不書, 기록하지 않은 것은

不告入也.[5] 들어간 것을 알리지 않았기 때문이다.

及河, 황하에 이르자

子犯以璧授公子,[6] 자범이 벽옥을 공자에게 주면서

曰, 말하기를

---

2 두예는 "양왕이다. 천자는 천하를 집으로 여기기 때문에 머물러 있는 것을 거처한다고 한다." 공영달의 소(疏)에서는 "나가서 거처하였다는 것은 사실은 달아난 것이다. 출(出)은 왕기(王畿)를 벗어난 것이며 거(居)는 거처를 옮긴 것 같다"라 하였다. 『전』에서 "出居"라고 쓴 것은 이번 한 차례뿐이다. 나머지의 경우는 "出"자는 쓰지 않고 "居"자만 썼는데 이는 아마 나간 곳이 왕기에서 멀지 않기 때문일 것이다. 『전』에서 "出居"라고 쓴 것은 모두 네 차례가 보이는데 이런 뜻이 없다. 『전』에서는 양왕이 정나라에서 거처한 것이 가을에 있는데, 여기에서는 "겨울(冬)"이라 기록한 것은 알린 것이 겨울에 있어서일 것이다.

3 『전』이 없다. 진혜공은 지난해 9월에 죽었는데 『경』의 기록이 이해 겨울에 있는 것에 대하여 두예는 "문공이 왕위를 정한 뒤에 알렸다"고 하였는데 이 설은 실로 무리가 있으며 고동고가 『대사표(大事表)』에서 이미 반박을 하였다. 고염무(顧炎武)의 『보정(補正)』에서는 "이는 간독이 뒤섞여서일 것이며, 23년 겨울에 있어야 한다"라 하였는데 옳다.

4 이 문장은 전해의 『전』과 밀접하게 이어져 있으며, 진백이 중이를 들여보낸 것이다.

5 진문공이 진나라로 들어간 것을 알리지 않았기 때문에 노나라 사관이 기록하지 않은 것이다.

6 자범은 호언(狐偃)이다. 「진어 4」에서는 "자범이 공자에게 재벽(載璧)을 주었다"라고 하였으며, 위소의 주에서는 "재(載)는 제사(祀)이다. 수는 돌려주는 것이다"라 하였다.

“臣負羈紲從君巡於天下,[7]	“신이 굴레와 고삐를 지고 임금님을 따라 천하를 순행함에
臣之罪甚多矣,[8]	신의 죄가 매우 많사와
臣猶知之,	신도 그것을 알고 있거늘
而況君乎?	하물며 임금님이겠습니까?
請由此亡.”[9]	청컨대 여기서 사라졌으면 합니다” 라 하였다.
公子曰,	공자가 말하였다.
“所不與舅氏同心者,[10]	“구씨와 마음이 같지 않다면
有如白水!”[11]	하수의 신이 알 것이다!”

---

7 아래의 소리(小吏)인 두수(頭須)도 “떠난 사람은 굴레와 고삐를 잡은 종(行者爲羈紲之僕)”이라고 하였고, 양공 26년의 『전』에서 태숙문자(大叔文子)도 “신이 영민치 못하여 굴레와 고삐를 매고 따라다니며 말을 돌보는 일도 할 수 없었습니다(臣不佞, 不能負羈紲以從扞牧圉)”라 하였으니 “負羈紲”는 수행하는 사람들의 상투어임을 알 수 있다. 기(羈)는 굴레이다. 설(紲)은 “絏” 또는 “緤”이라고도 한다. 사람과 동물을 연결하는 끈은 모두 설(紲)이라고 할 수 있다. 『논어 · 공야장(公冶長)』의 “비록 포승줄에 묶여 있는 가운데에서도(雖在縲絏之中)”의 “絏”은 사람을 연결한 끈이고, 『예기 · 소의(少儀)』의 “개는 고삐를 잡는다(犬則執緤)”는 개를 연결한 끈이다. 여기서는 말고삐를 가리켜 말하였다. 제후들 사이를 떠돌아 망명하였다고 말하지 않고 “천하를 순행했다(巡於天下)”고 말한 것은 존경의 뜻을 나타내는 사령이다.

8 죄심다(罪甚多) : 왕인지(王引之)는 『술문(述聞)』에서 “甚”자는 “其”자의 잘못이라고 하였는데 확실치 않다. 이를테면 제나라를 떠날 모의를 하여 중이가 창을 잡고 자범을 쫓아간 일 등이 있다.

9 『회남자 · 설산훈(說山訓)』에 “문공이 자리를 버린 후 검버섯이 뒤따르자 구범(咎犯)이 돌아갈 것을 청하였다”는 말이 나오는데 고유는 주석에서 전의 이 말을 끌어다 입증하였다.

10 소(所) : 약(若)과 같은 뜻으로, 조건절을 나타내는 접속사이며 주로 맹세하는 말 가운데 많이 쓰인다.

投其璧于河.[12]	그 벽옥을 황하에 던졌다.
濟河,	황하를 건너
圍令狐,[13]	영호를 에워싸고
入桑泉,[14]	상천으로 들어가
取臼衰.[15]	구쇠를 취하였다.
二月甲午,[16]	2월 갑오일에
晉師軍于廬柳.[17]	진나라 군사가 여류에 진을 쳤다.
秦伯使公子縶如晉師.	진백이 공자집을 진나라 군사에게 가게 하였다.

11 유여(有如) : 역시 맹세의 말 가운데 많이 쓰이는 말이다. "유약(有若)"이라고도 한다. 이 구절의 뜻은 황하의 신이 살펴보고 있다는 것을 말한다.

12 「진어 4」에서는 "구슬을 가라앉혀 신의를 보여주었다"라 하였으며, 위소는 "구슬을 가라앉힘으로써 스스로 맹세의 신의로 삼았다"라 하였다. 『한비자 · 외저설 · 좌상(外儲說 · 左上)』에는 이 일에 대한 기록이 지나치게 상세하며, 『설원 · 복은(復恩)』편에서도 『한비자』의 기사를 썼다.

13 영호(令狐) : 지금의 산서성 임의현(臨猗縣) 서쪽에 있다.

14 상천(桑泉) : 지금의 임의현(臨猗縣) 임진진(臨晉鎭) 동북쪽에 있다.

15 구쇠(臼衰) : 산서성 옛 해현(解縣) 소재지인 지금의 해주진(解州鎭) 서북쪽에 있을 것이다. 「진어 4」에는 "공자가 황하를 건너 영호와 구쇠, 상천을 부르니 모두 항복하였다"라고 되어 있다. 위소는 "불렀다는 것은 그 고을의 우두머리를 부른 것이었다"라 하였다.

16 갑오(甲午) : 2월에는 갑오일이 없다. 여기와 다음의 여섯 간지로 기록한 날짜는 왕도(王韜)의 계산에 의하면 모두 1개월의 차이가 난다. 왕도는 또 말하기를 "진나라는 하력을 사용하여 『전』에서 일월을 기록한 것에는 혹 착오도 있을 따름이다"라 하였다.

17 두예는 "회공이 군대를 보내 중이를 막았다"라 하였다. 「진어 4」에 의하면 군대를 이끈 사람은 여생(呂甥)과 극예(郤芮)이다. 『죽서기년』에 의하면 군대를 이끈 사람은 호모(狐毛)와 선진(先軫)이다. 그러나 호모는 이미 중이를 따랐으므로 「진어」의 말이 믿음직하다. 여류(廬柳)는 『방여기요(方輿紀要)』에 의하면 임의현(臨猗縣) 북쪽에 여류성(廬柳城)이 있다.

師退,	군사는 물러나
軍于郇.[18]	순에다 진을 쳤다.
辛丑,	신축일에
狐偃及秦, 晉之大夫盟于郇.[19]	호언이 진나라 및 진나라와 순에서 맹약했다.
壬寅,	임인일에
公子入于晉師.[20]	공자가 진나라 군사로 들어갔다.
丙午,	병오일에
入于曲沃.	곡옥으로 들어갔다.
丁未,	정미일에
朝于武宮.[21]	무궁에 조배했다.

---

18 진(晉)나라 군사가 순으로 군대를 물린 것이다. 순(郇)은 『일통지(一統志)』에 의하면 지금의 산서성 임의현(臨猗縣) 서남쪽에 있다.

19 『수경주 · 하수(河水)』에서는 『죽서기년』을 인용하여 "15년 진목공이 군사를 이끌고 공자 중이를 전송하였다. 하곡(河曲)에서 강을 건넜다"라 하였다. 또한 『수경주 · 속수주(涑水注)』에서는 『죽서기년』을 인용하여 "영호와 상천, 구쇠를 포위하니 모두 진(秦)나라 군사에게 항복하였다. 호모와 선진이 진(秦)나라를 막았는데 여류에 이르러 진목공이 공자집을 보내어 군사에게 말하니 군사가 물러나 순에 머무르며 군중에서 맹약을 했다"라 하였다.

20 「진어 4」에서는 "갑진일에 진백이 돌아갔다"라 하였다.

21 무궁(武宮) : 곡옥무공(曲沃武公)의 묘당이다. 진후는 즉위할 때마다 반드시 이곳을 조배하였다. 선공 2년 『전』에 "조선자(趙宣子)가 조천(趙穿)으로 하여금 공자 흑(公子黑)을 주(周)에서 맞이하게 하여 세웠다. 임신일에 무궁을 조배했다"라 하였다. 성공 18년의 『전』에서도 "진나라의 난서(欒書)가 주자(周子)를 경사로 맞아오게 하여 세웠다. 경오일에 맹약하고 들어왔다. 신사일에 무궁을 조배했다"라 하였다. 무궁은 강(絳)에 있는데 대체로 곡옥이 무공 때 비로소 진후가 되어 강으로 옮겼기 때문에 묘당이 강에 있게 된 것일 것이다. 「진어 4」에는 "정미일에 강으로 들어가 무궁에서 즉위하였다."로 되어

戊申,	무신일에
使殺懷公于高梁.[22]	고량에서 회공을 죽이게 했다.
不書,	기록하지 않은 것은
亦不告也.[23]	또한 알려 오지 않았기 때문이다.
呂, 郤畏偪,	여생과 극예가 박해를 받을까 두려워하여
將焚公宮而弑晉侯.	궁실에 불을 지르고 진후를 해치려 하였다.
寺人披請見.[24]	시인 피가 뵙기를 청하였다.
公使讓之,	공이 그를 꾸짖게 하고
且辭焉,	아울러 거절하면서
曰,	말하였다.
"蒲城之役,[25]	"포성의 싸움에서

있으니 더욱 확실하다. 『전』에서 "강으로 들어갔다"고 말하지 않은 것은 당시 진나라 사관의 기록에 근거해야 했기 때문이며, 진나라의 사관은 당시 사람이 당시의 일을 기록하였기 때문에 이 사실에 대해서 굳이 말을 하지 않아도 알 수 있었다.

22 고량(高梁) : 9년 『전』에 보인다. 「연표」에서는 진문공 원년에 자어(子圉)를 죽였다고 하였다. 영호 등 세 개 읍이 항복하자 회공이 즉시 고량으로 달아난 것이다. 「진어 4」에에 보인다.

23 『춘추』에서 세계(世系)가 있는 제후가 죽었는데도 기록하지 않은 경우는 진회공과 위대공(衛戴公)뿐이다. 이는 아마 연호를 고치지 못하고 죽어 임금이 되지 못했기 때문일 것이다.

24 시인피(寺人披) : 이미 5년의 『전』에 보임.

25 포성지역(蒲城之役) : 역시 5년의 『전』에 보임.

君命一宿,	임금은 하루 뒤에 가라고 했는데
女卽至.	너는 그날 이르렀다.
其後余從狄君以田渭濱,	그 후 내가 적나라 임금을 따라 위수 가에서 사냥을 할 때
女爲惠公來求殺余,	너는 혜공을 위해 와서 나를 죽이기를 구하였는데
命女三宿,	너에게 사흘 뒤에 가라고 했는데
女中宿至.[26]	너는 이틀 후에 이르렀다.
雖有君命,	아무리 임금의 명이라 한들
何其速也?	어찌 그리 빨리 왔느냐?
夫祛猶在.	그 소맷자락이 아직도 있다.
女其行乎!"[27]	너는 떠나는 것이 좋을 것이다!"
對曰,	대답하여 말하기를
"臣謂君之入也,	"신은 임금님이 들어오셨을 때
其知之矣.[28]	임금의 도리를 아실 줄 알았습니다.

---

26 중숙(中宿) : 두 번째 날이 지나고 셋째 날을 말한다. 삼숙은 넷째 날이다. 『한비자 · 잡(雜) 3』에도 이 일이 실려 있는데 "위빈(渭濱)"이 "혜두(惠竇)"로, "여중숙지(女中宿至)"가 "이여일숙(而汝一宿)"으로 되어 있어서 「진어 4」의 "약숙이지(若宿而至)"와 부합한다.

27 「진어 4」와 「진세가」에도 이 일이 실려 있는데, "寺人披"가 "시인발제(寺人勃鞮)"로 되어 있으며 「진어 4」에서는 또 "백초(伯楚)"라 하였는데 위소는 그의 자라고 하였다. 「진어 2」와 『열녀전』에서는 모두 "엄초(閹楚)"로 되어 있다.

28 지(知) : 두예는 "임금의 도를 아는 것이다"라 하였다.

若猶未也,	아직까지 그렇지 못하신 것 같으니
又將及難.	또 난이 이르게 될 것입니다.
君命無二,	임금의 명에는 둘이 없음이
古之制也.	옛날의 제도입니다.
除君之惡,	임금님이 싫어하는 사람을 없앨 때는
唯力是視.[29]	있는 힘을 다할 뿐입니다.
蒲人, 狄人,	포성 사람이나 적나라 사람들이
余何有焉?[30]	나와 무슨 상관이 있겠습니까?
今君卽位,	이제 즉위하심에
其無蒲, 狄乎!	포성과 적나라가 없겠습니까?
齊桓公置射鉤,	제환공은 허리띠의 걸쇠를 쏜 일을 내버려두고
而使管仲相.[31]	관중으로 하여금 재상이 되게 하였습니다.

29 자기의 힘을 다해서 한다는 뜻과 같다.

30 하유(何有) : 옛사람들의 습관적인 어투. 뜻은 쓰이는 곳에 따라 다르지만 여기서는 마음에 두지 않는다는 것을 이른다. 아래의 "포성과 적나라가 (심중에) 없겠습니까(其無蒲狄乎)"는 이의 직접적인 표현법이다. "有"와 "無"는 바로 대조가 된다.

31 『관자 · 소광(小匡)』편에서는 "공이 말하였다, '관이오가 친히 과인의 걸쇠를 쏘아 맞혀 거의 죽을 뻔했는데 지금은 그를 등용하였으니 되겠습니까?'"라 하였다. 『여씨춘추 · 귀졸(貴卒)』편에서는 "공자 규(公子糾)와 공자 소백이 모두 돌아가 함께 이르러 궁궐에 먼저 들어가려고 다투었다. 관중이 공자소백에게 활을 쏘아 혁띠의 걸쇠를 맞혔다"라 하였다. 「제세가」에서는 "소백은 어려서부터 대부 고혜(高傒)를 좋아하였다. 옹림(雍林)의 사람들이 무지(無知)를 죽이고 임금 세우는 일을 의논하게 되자 고혜와 국의중(國懿仲)은 먼저 몰래 소백을 거(莒)나라에서 불렀다. 노나라에서 무지가 죽었다는 말을 듣고 역

君若易之,[32] 임금께서 그것을 바꾸신다면

何辱命焉? 어찌 욕되이 명을 듣겠습니까?

行者甚衆,[33] 떠나는 사람이 많게 될 것이니

豈唯刑臣?"[34] 어찌 이 형을 받은 신하뿐이겠습니까?"

公見之, 공이 그를 만나보자

以難告. 난을 일으키려는 것을 알려 주었다.

시 군사를 일으켜 공자 규를 보내고 관중을 시켜 따로 병사를 거느리고 거나라의 길을 막고 소백을 쏘아 걸쇠를 맞혔다"라 하였는데, 모두 혁띠의 걸쇠를 쏘아 맞힌 일이다. 구(鉤)는 혁띠의 걸쇠이다. 용도는 혁띠를 둘러매는 것으로 곧 요즘의 버클과 같다. 『회남자 · 산림훈(山林訓)』에 "대청 가득 앉은 사람들은 그 걸쇠를 보면 각기 다르지만 혁띠를 둘러서 걸어 잠근다는 점에 있어서는 마찬가지이다"라는 말이 있고 같은 책 「태족(泰族)」편에는 "혁띠는 새것을 싫어하지 않고, 걸쇠는 오래된 것을 싫어하지 않으니 처한 곳이 마땅하기 때문이다"라는 말이 있다.

32 역(易) : 개역(改易), 바꾼다는 뜻으로, 바꾸어 놓고는 곧 되돌리는 것을 말한다. 양공 4년의 『전』에서 한헌자(韓獻子)의 말을 서술하여 "문왕이 은나라를 배반한 나라들을 거느리고 주(紂)를 섬겼던 것은 때를 알았기 때문입니다. 지금 우리가 그것을 바꾼다면(今我易之) 어려울 것입니다!"라 하였고, 애공 11년의 『전』에서는 오자서(伍子胥)의 말을 서술하여 "「반경지고(般庚之誥)」에서 '그대들 가운데 타락하고 공경치 않는 자가 있으면 내가 그 코를 베어 섬멸하고 이 고을로 씨가 옮겨가지 않게 할 것이오' 라 하였는데, 이것이 상나라가 흥한 이유이다. 지금 그대가 그것을 바꾸니(今君易之) 장차 큰 것을 구하려 해도 또한 어렵지 않겠는가?"라 한 등의 "易"자는 모두 이런 뜻이며, 구법도 거의 같다.

33 행자심중(行者甚衆) : 육덕명(陸德明)의 『석문(釋文)』에서는 "어떤 판본에는 '심할 심(甚)' 자가 '그 기(其)' 자로 되어 있다"라 하였다. 왕인지(王引之)의 『술문(述聞)』에서는 "'甚' 자는 '其' 자가 되어야 한다. 임금께서 옛 악행을 생각하신다면 떠나는 자가 아마 많을 것이라는 말이다. '其' 자는 장차 일어날 것을 나타내는 말이다. 이때까지는 당연히 아직 떠난 사람이 없었을 것이므로 '매우 많다(甚衆)' 라고 해서는 안 된다"라 하였는데 옳은 말이다. "행자기중"은 문공이 "너는 떠나는 것이 좋을 것이다(女其行乎)"라 한 말을 염두에 두고 한 말이다.

34 「진어 4」의 이 부분에 대한 서술은 『전』과 같다.

三月,	3월에
晉侯潛會秦伯于王城.[35]	진후가 왕성에서 진백을 몰래 만났다.
己丑晦,	기축 그믐날에
公宮火.	궁실에 불이 났다.
瑕甥, 郤芮不獲公,	하생과 극예는 공을 잡지 못하자
乃如河上,	황하의 가로 갔는데
秦伯誘而殺之.	진백이 그들을 유인하여 죽였다.
晉侯逆夫人嬴氏以歸.[36]	진후는 부인 영씨를 맞아 돌아왔다.
秦伯送衛於晉三千人,	진백은 진나라에 호위병 3천 명을 보내 주었는데
實紀綱之僕.[37]	실로 기강이 잡힌 노복들이었다.
初,	처음에
晉侯之豎頭須,[38]	진후를 모시던 어린아이 두수는

---

35 왕성(王城) : 진나라 땅이다. 15년『전』에 보인다.

36「진어 4」위소의 주석에서는 "가시중(賈侍中)이 말하기를 영(嬴)씨는 진목공의 딸 문영(文嬴)이다. 혹자는 말하기를 부인 진영(辰嬴)이라고도 한다.『전』에서는 '진영은 천해서 지위가 9인에 있다' 라 하였는데 부인이 아니라는 뜻이다. 가시중이 제대로 파악하였다"라 하였다.

37 기강지복(紀綱之僕) : 힘을 얻은 노복이라는 뜻이다.『한비자 · 십과(十過)』편에서는 진목공을 일러 "이에 군사를 일으켰는데 병거가 5백 승(乘)이고 기병이 2천, 보졸이 5만이었는데 중이가 진나라에 들어가는 것을 도와주었다"라 하였는데 지나치게 과장된 것 같다.

38 수두수(豎頭須) : 수(豎)는 성인이 되지 않았으나 일을 맡은 사람을 칭하는 말이며, 나이

守藏者也,[39]	재물을 보관하던 사람이었는데
其出也,	도망을 갈 때
竊藏以逃,	수장하고 있던 물건을 훔쳐서 도망쳐
盡用以求納之.[40]	다 써가며 문공을 들여 줄 것을 청하였다.
及入,	문공이 들어오자
求見.	뵙기를 청하였다.
公辭焉以沐.[41]	공은 그것을 머리를 감는다며 사절하였다.
謂僕人曰,[42]	두수가 복인에게 말하였다.

는 15세 이상 19세 이하여야 한다. 두수(頭須)는 『한시외전』 및 『신서 · 잡사(新序 · 雜事) 5』에는 모두 "이부수(里鳧須)"로 되어 있다.

39 수장(守藏) : 장(藏)은 거성이다. 수장은 재물을 보관한다는 말과 같다.

40 아래의 "居者爲社稷之守"와 "何必罪居者"에 의하면 두수는 아마 도망을 갔다가 돌아온 사람일 것이다. 「진어 4」에서는 "문공이 진나라를 떠날 때 소관이었던 두수는 재물을 보관하던 사람이었는데 따라가지를 않았다"라 하였다. 「진어」에서 말한 "따라가지 않았다(不從)"라는 말로 "거자(居者)"의 뜻을 알 수 있다. 『한시외전』 권10에서는 "진문공 중이가 망명 중에 조나라를 지날 때 이부수(里鳧須)가 따랐는데 중이의 물건을 훔쳐서 도망갔다"라 하였다.

진용(盡用) : 중이를 진나라로 들여보내 주기를 청하는 것으로 두예가 말한 "문공을 들여보내는 것을 청한 것"이다. 이루지를 못하여 진에 남은 것이다.

41 언(焉) : 지시사 "지(之)"자의 뜻으로 쓰였다. 이 구절의 뜻은 머리를 감는다는 것을 핑계 삼아 그를 거절한 것을 말한다.

42 복인(僕人) : 「진어」에는 "알자(謁者)"로 되어 있다. 복인은 지위를 가지고 말한 것이고, 알자는 직책을 가지고 말한 것이다.

"沐則心覆,[43]	"머리를 감으면 심장이 거꾸로 되고
心覆則圖反,[44]	심장이 거꾸로 되면 생각이 바뀌니
宜吾不得見也.	내가 뵙지 못하는 것은 당연하다.
居者爲社稷之守,	남은 사람은 사직을 지켰고
行者爲羈紲之僕,	떠난 사람은 굴레와 고삐를 잡은 종으로
其亦可也,	또한 할 일을 했는데
何必罪居者?	왜 반드시 남은 사람에게 죄를 덮어씌우는가?
國君而讎匹夫,	임금이 필부를 원수로 삼으면
懼者其衆矣."[45]	두려워하는 사람이 많을 것이다."
僕人以告,	복인이 그대로 아뢰었더니
公遽見之.[46]	공이 황급히 그를 만났다.

---

43 복(覆) : 「진어」 위소의 주석에서는 "복은 거꾸로〔反〕라는 뜻이다. 머리를 감으면 머리를 낮추기 때문이 심장이 거꾸로 되었다고 말한 것이다"라고 하였다.

44 도반(圖反) : 도모하는 것이 정상과 반대된다는 것이다. 『한시외전』 권10에서는 "부수(鳧須)가 말하기를 '신이 듣건대 머리를 감는 사람은 심장이 거꾸로 되며 심장이 거꾸로 되면 그 말이 어그러지게 된다' 라 하였다" 하였으니, 문장은 다르나 뜻은 같다.

45 기중(其衆) : 기(其)는 각 판본에는 "甚" 으로 되어 있다. 『석문(釋文)』에서는 " '甚衆' 은 혹 '其衆' 으로도 되어 있다"라 하였다. 왕념손(王念孫)은 "「진어」에는 '懼者衆矣' 로 되어 있는데 '其衆者' 라 하는 것이 옳다"라 하였다. 가나자와 문고본(金澤文庫本)에 따라 고쳤다.

46 두예는 "작은 원한을 버리는 것이 많은 사람을 안정시킬 수 있다는 것을 말한다"라고 하였다. 『한시외전』 권10에서는 또 말하기를 "중이가 진나라로 돌아왔을 때 나라에는 중이에게 귀속하지 않은 사람이 많았다. 이에 이부수가 찾아가서 말하기를 '신이 진나라를

狄人歸季隗于晉,	적나라 사람이 계외를 진나라로 보내고
而請其二子.[47]	그 두 아들을 청하였다.
文公妻趙衰,[48]	문공은 딸을 조최에게 시집보내었는데
生原同, 屛括, 樓嬰.[49]	원동과 병괄, 누영을 낳았다.

안정시킬 수 있습니다' 라 하였다. 문공이 그에게 대답하게 하기를 '그대는 아직도 무슨 면목으로 과인을 찾아와서 진나라를 안정시키려는 것이오?' 라 하니 이부수가 고개를 들고 말하였다. '나라를 떠난 지 오래되어 신하와 백성들이 임금님을 많이 탓하고 있습니다. 나라로 돌아오시니 백성들이 모두 스스로 위태해하고 있습니다. 저는 또한 임금님의 재물을 모두 탕진하고 깊은 산으로 숨이 임금님께서는 이 때문에 굶주리셨습니다. 개자추(介子推)가 허벅지의 살점을 베어 떼어 낸 일은 천하에 모르는 사람이 없습니다. 신이 해를 끼침 또한 커서 죄가 10족에 미쳐도 책임을 다 채울 수가 없습니다. 그러나 임금께서 실로 죄를 용서해 주시고 같이 수레를 타고 천하를 놀러 다니면 백성들이 보고 반드시 옛 원한을 생각지 않는다는 것을 알고는 스스로 편안히 여길 것입니다.' 이에 문공은 크게 기뻐하며 그 계책을 따랐다. 이 때문에 진나라는 크게 평안해졌다"라 하였다. 『신서 · 잡사(新序 · 雜事) 5』의 말도 대동소이하다. 다 믿기는 어렵겠지만 작은 원한을 버려 많은 사람의 마음을 편안하게 하는 방법임을 알 수 있다. 이는 한고조(漢高祖)가 옹치(雍齒)를 봉한 것과 같으며, 『사기 · 유후세가(留侯世家)』에 보인다.

47 이자(二子) : 전 해의 『전』에 의하면 백조(伯儵)와 숙류(叔劉)이다.
청(請) : 적나라에 남겨두기를 청하는 것이다.

48 두예는 문공이 그 딸을 조최에게 시집보낸 것이라 하였다.

49 원동병괄루영(原同屛括樓嬰) : 각각 식읍을 원(原), 병(屛), 루(樓)로 하였기 때문에 『전』에서는 원동, 병괄, 누영이라 한 것이다. 원(原)은 곧 조최가 원대부가 되었을 때의 원이며, 또한 곧 은공 11년 『전』의 주환왕(周桓王)이 정장공(鄭莊公)에게 준 12읍 가운데 하나인 원으로, 지금의 하남성 제원현(齊源縣) 서북쪽이다. 병은 미상이다. 누(樓)는 고사기(高士奇)의 『춘추지명고략(春秋地名考略)』 권4에 의하면 지금의 산서성 영화현(永和縣) 남쪽 10리 지점에 있다. 문공이 딸을 조최에게 시집보낸 일이 어느 해의 일인지는 모르나 이미 아들을 셋이나 낳았으며 또한 귀국하여 조희가 돈(盾)을 청하였으니 이해 이전에 있었던 일이다. 이 여인은 어느 소생인지는 모르나 『전』에서 말한 것은 계외가 낳은 두 아들뿐이다. 제강이 딸을 낳았다고 하더라도 이때는 또한 아직 어려서 시집을 보내기에 충분치 않았을 것이다.

趙姬請逆盾與其母,[50]	조희가 조돈과 그 어머니를 맞을 것을 청하자
子餘辭.[51]	자여가 거절하였다.
姬曰,	조희가 말하였다.
“得寵而忘舊,	“사랑하는 사람을 얻자 옛사람을 잊으면
何以使人?	어떻게 사람을 부리겠습니까?
必逆之!”	반드시 맞아들이십시오!”
固請,	굳이 청하니
許之.	허락하였다.
來,	오자
以盾爲才,	조돈이 재주가 있다고 생각하여
固請于公,	공에게 굳이 청하여
以爲嫡子,	돈을 적자로 삼고
而使其三子下之;	세 아들을 그 밑에 두게 하였다.
以叔隗爲內子,[52]	숙외를 정실로 삼고

50 조희(趙姬) : 문공의 딸로 조최에게 시집보낸 사람. 조돈과 그 어머니는 곧 숙외 및 그가 낳은 아들이다.

51 자여(子餘) : 조최의 자이다.

52 내자(內子) : 『예기 · 증자문(曾子問)』에서는 “대부의 내자는 큰 일이 있으면 또한 군소(君所)에 간다”라 하였는데 정현은 “내자는 대부의 아내이다”라 하였다. 또한 같은 책 「잡기(雜記) 상」에서는 “내자는 흰 바탕에 초록빛 돋는 예복을 사용한다”라 하였는데 정

而己下之.[53] 자기는 그 아래에 들어갔다.

晉侯賞從亡者, 진후가 따라서 망명한 사람들을 포상할 때

介之推不言祿,[54] 개지추는 봉록을 말하지 않았고

현은 "경(卿)의 적처(嫡妻)이다"라 하였다.

53 심흠한의 『보주(補注)』에서는 "돈(盾)을 적자로 삼았기 때문에 실로 그러하다. 숙외를 적처로 삼았다면 희씨의 뜻이 특히 서로 미루려 하여 반드시 그 일을 이루지 못했을 따름이다. 선공 2년에서 조돈이 조희를 군희씨(君姬氏)라 일컬었으니 실로 조씨를 적모(嫡母)로 생각하였다"라 하였다. 두예는 조희가 조돈을 맞아들일 것을 청한 일 등에 대하여 "모두 이해의 일이 아닌데도 아마 적나라 사람이 계외를 진나라로 보낸 일 때문에 마침내 숙외의 일까지 말한 것이다"라 하였다. 「조세가」에서는 "처음에 중이가 진나라에 있을 때 조최의 처 역시 조동(趙同)과 조괄(趙括), 조영제(趙嬰齊)를 낳았다. 조최가 이미 진나라로 돌아오자 진나라에 있던 처가 굳이 적나라의 처를 맞아 올 것을 청하여 그 아들 돈을 적자로 삼으니 진나라에 있던 처의 세 아들은 모두 밑에서 그를 섬겼다"라 하였다. "문공이 딸을 조최에게 시집보낸" 일을 중이가 도망가기 전의 일이라 하였는데 확실하지는 않을 것이다. 조희가 "사랑하는 사람을 얻으면 옛사람을 잊는다"라 하였으니 조최가 자신을 얻은 것이 숙외를 얻고 난 뒤임이 분명하다. 조돈은 노선공 7년과 8년 사이에 죽었으며, 성공 5년 원동(原同)과 병괄(屛括)이 영제(嬰齊)를 쫓아내었고, 성공 8년 진나라가 조동과 조괄을 토벌하였으니 조희의 세 아들은 모두 조돈보다 어린 것 같다. 「진어 4」에서는 중이가 17세 때 망명하였다고 하였는데, 만약 그렇다면 진나라에 있을 때는 시집을 간 여자가 있을 수 없다. 『사기』에서는 중이가 망명하였을 때의 나이가 43세였다고 하였으므로 이런 설이 있게 되었다. 이 일은 『열녀전 · 현명전(賢明傳)』에도 보인다.

54 두예는 아래의 "推曰"을 "之推曰"이라 하지 않았으니 "之"지를 어조사로 생각한 것이다. 문공 10년의 『전』에 문지무외(文之無畏)가 있는데 아래에서는 무외(無畏)라고만 하였고 『회남자』에서는 문무외(文無畏)라고 하였으니 두예의 말도 일리가 없는 것은 아니다. 『논어 · 옹야(雍也)』편에 맹지반(孟之反)이 나오는데, 청나라 유보남(劉寶楠)의 『논어정의(論語正義)』에서는 "옛사람의 이름에는 지(之)자를 어조사로 많이 쓰는데 주지교(舟之僑)며 궁지기(宮之奇), 개지추(介之推), 공망지구(公罔之裘), 유공지사(庾公之斯), 윤공지타(尹公之佗)와 이곳의 맹지반 같은 사람이 모두 그러하다"라 하였다. 개지추(介子推)는 『대대례(大戴禮)』에는 개산지추(介山之推)라 되어 있고, 『사기 · 진세가(晉世家)』에는 개자추(介子推)로 되어 있다. 또한 개자추를 두예는 "문공의 미신(微臣)"이라 하였으며, 허벅지 살을 떼어 문공에게 먹인 일은 『한시외전』과 『한서 · 병길전(丙吉傳)』 등에 보인다.

祿亦弗及.[55]	봉록 또한 그에게 미치지 못하였다.
推曰,	개지추가 말하였다.
"獻公之子九人,	"헌공의 아들 아홉 명 가운데
唯君在矣.	임금만이 살아 계신다.
惠, 懷無親,	혜공과 회공은 친한 사람이 없어
外內弃之.	국내외에서 그들을 버렸다.
天未絶晉,	하늘이 아직 진나라의 대를 끊어 놓지 않아
必將有主.	반드시 군주가 있게 될 것이다.
主晉祀者,	진나라의 제사를 주관할 사람이
非君而誰?	임금이 아니면 누구겠는가?
天實置之,	실로 하늘이 그렇게 하였는데
而二三子以爲己力,	몇몇 사람들은 자기의 공이라 하니
不亦誣乎?	또한 속이는 것이 아닌가?
竊人之財,	남의 재물을 훔치는 것도

55 「진세가」에서는 "문공은 정치를 닦고 백성들에게 은혜를 베풀었다. 망명할 때 수행한 사람 및 공신들에게 상을 내렸는데 공이 큰 사람에게는 읍을 봉하고 작은 사람에게는 작위를 높여 주었다. 행상이 끝나기도 전에 주양왕이 아우 대(帶)가 난을 일으켜 정나라 땅에서 살고 있다고 진나라에 위급함을 알려 왔다. 진나라는 막 안정되어 다른 난리가 일어날 까 두려워 이 때문에 망명 때 수행한 사람에 대한 포상이 은자(隱者) 개자추에게는 이르지 못했다. 개자추 역시 봉록을 말하지 않았으며 봉록 또한 그에게 미치지 못했다"라 하였다.

猶謂之盜, 오히려 도둑이라 하는데

況貪天之功以爲己力乎?[56] 하물며 하늘의 공을 탐내어 자기의 힘이라 함에랴?

下義其罪, 아랫사람은 그 죄를 의롭게 여기고

上賞其姦; 윗사람은 간사한 자에게 상을 내린다.

上下相蒙,[57] 아래위가 서로 속이니

難與處矣."[58] 함께 살지 못하겠구나."

其母曰, 그 어미가 말하였다.

"盍亦求之?[59] "어찌하여 또한 구하지 않느냐?

以死, 그렇게 죽으면

誰懟?"[60] 누구를 원망하겠느냐?"

---

56 후한(後漢) 말 유희(劉熙)의 사서(辭書)『석명 · 석언어(釋名 · 釋言語)』에서는 "탐(貪)은 찾는 것이다. 다른 몫을 찾아 들어가는 것이다"라 하였다.「주어 중」에 "극지(郤至)가 하늘의 공을 훔쳐서 자기의 힘이라 하였다"는 말이 있는데 위소는 "조(佻)는 훔치는 것이다"라 하였다. 말뜻이 모두 이와 같다.

57 몽(蒙) : 속인다는 뜻이다. 소공 원년『전』에 "또 위로 하여금 그 선군을 속이게 했다(又使圍蒙其先君)"라는 말이 있다. 역시 속인다는 뜻으로 쓰였다.

58 공영달의 소(疏)에서는 "아래에 있는 사람은 하늘의 공을 탐내는 것을 임금을 세운 의로 생각하는 것이 아래에서 그 죄를 의롭게 여기는 것이며, 위에 있는 사람은 임금을 세운 공에 상을 주어 하늘을 훔치는 죄를 범하였으니 이것이 간사한 사람에게 상을 주는 것이다. 아래에 있는 사람이 죄를 의롭게 여기는 것은 아래에서 위를 속이는 것이다. 위에 있는 사람이 간사한 사람에게 상을 내리는 것이 위에서 아래를 속이는 것이다. 이렇게 상하가 서로를 속이니 함께 거처해나가기 어려운 것이다"라 하였다.

59 합(盍) : "何不"의 준말. 어찌 ~을 하지 않는가?

60 대(懟) : 원망하다. 이 구절은 스스로 상을 구하지 않고 이 때문에 죽으면 또 누구를 원망

對曰,	대답하여 말하기를
“尤而效之,[61]	“죄가 있는데 그들을 본받는다면
罪又甚焉?	죄가 더 심해지지 않겠습니까?
且出怨言,	또한 원망하는 말을 꺼내었으니
不食其食.”[62]	그 녹을 먹지 않겠습니다”라 하였다.
其母曰,	그 어미가 말하였다.
“亦使知之,	“또한 그 일을 알게 하는 게
若何?”	어떻겠느냐?”
對曰,	대답하여 말하기를
“言,	“말은
身之文也.[63]	몸을 꾸미는 무늬입니다.
身將隱,	몸을 숨길 텐데
焉用文之?—是求顯也.”[64]	어찌 꾸미겠습니까?—이는 현달을 바라는 것입니다”라 하였다.

하겠느냐는 말이다.

61 우(尤) : 『설문해자』에는 “우(訧)”로 되어 있다. 또 “郵”라고도 하며 죄라는 뜻이다. 이는 그것이 잘못임을 분명히 알고서도 또 그것을 본받는다면 죄가 더하여질 것이라는 말이다. 양공 11년 『전』에 “죄가 있는데 본받으면 더 심할 것이다(尤而效之, 其又甚焉)”라는 말이 있다. 「진어 4」에서는 “죄가 있는데 그것을 본받으면 죄가 더욱 심해진다. 죄를 본받는 것은 예가 아니다”라고 하였다. 이는 당시의 상용어였다.

62 기식(其食) : 「진세가」에는 “기록(其祿)”으로 되어 있다. 사마천은 “녹(祿)”자로 “식(食)”자를 풀이하였다. 그 녹을 먹지 않겠다는 것은 곧 위의 “함께 살기 어렵다”는 것을 말한다.

63 말은 몸을 꾸미는 것이라는 말이다.

其母曰,	그 어미가 말하였다.
"能如是乎?	"이렇게 할 수 있겠느냐?
與女偕隱."	너와 함께 숨겠다."
遂隱而死.	마침내 숨어서 죽었다.
晉侯求之不獲.	진후가 그를 구하였으나 얻지를 못하였다.
以緜上爲之田,[65]	이에 면상을 그의 봉지로 삼고

64 「진세가」에서는 "몸을 숨기려 하니 어찌 꾸밀 필요가 있겠습니까? 몸을 꾸미는 것은 현달을 구하는 것입니다"라 하였다. "몸을 꾸미다(文之)"라는 말이 중복되어 있으나 『전』에서는 생략하여 붙였다.

65 면상(緜上) : 진나라에는 두 개의 면상이 있는데, 지금의 산서성 개휴현(介休縣) 동남쪽 40리 지점의 개산(介山) 아래 영석현(靈石縣) 경계와 닿아 있는 것이 개자추가 은거한 곳이다. 지금의 익성현(翼城縣) 서쪽에 있는 것은 양공 13년 진후가 군사를 훈련시킨 곳 및 정공 6년 조간자(趙簡子)가 낙기(樂祁)를 맞은 곳이다. "爲之田"의 "其"자는 "之"자의 뜻으로 쓰였다. 고염무의 『보정(補正)』에서는 "바로 그 아들에게 봉지를 가지고 녹을 내린 것이다"라 하였다. 청나라 무억(武億)의 『군경의증(羣經義證)』에서는 "이곳에서 봉한 것은 꼭 사람에게 줄 필요는 없다. 『외전 · 월어(外傳 · 越語)』〔『외전(外傳)』: 『국어(國語)』〕에서는 회계(會稽)를 두르는 3백 리를 범려(范蠡)의 땅으로 삼았다 하고 말하기를 후손들 가운데 감히 범려의 땅을 침범하는 사람은 월나라에서 선종을 하지 못하게 하리라 하였다. 황천후토와 사향(四鄉)의 지주는 증명할 지어다! 또한 범려가 이미 떠나간 이후에 이곳에 저자를 만들어 이름으로 삼았는데 당시의 진문공 또한 이와 같았다"라 하였는데, 무억의 설이 옳다. 「진세가」에서는 "개자추의 종자가 안타깝게 생각하여 궁문에 글을 써 붙였으니 '용이 하늘로 오르려는데 뱀 다섯 마리가 보좌하였으며, 용이 이미 구름 위로 올라가자 네 마리의 뱀은 그 집으로 들어갔다. 한 마리만이 원망을 하였는데 끝내 거처하는 곳이 보이지 않았다' 라 하였다. 문공이 나와서 그 글을 보고는 '이는 개자추이다. 내 바야흐로 주나라 왕실 일을 근심하느라 그 공을 미처 생각지 못했다' 라 하고 사람을 보내 불렀으나 도망갔다. 마침내 그 있는 곳을 수소문하니 그가 면상의 산속으로 들어갔음을 알고 이에 문공이 면상 산속을 빙 둘러 그에게 봉하고 개추(介推)의 전지로 삼았다. 개산(介山)이라고 불렀다"라 하였다. 이 일은 『여씨춘추 · 개립(介立)』편과 『신서 · 절사(新序 · 節士)』편, 『수경 · 분수부(汾水注)』 등에도 보이는데, 『신서(新序)』에서는 또한 "찾았으나 찾을 수가 없어 그 산에 불을 지르면 나올 것이라고 생각하

曰, 말하기를

"以志吾過,[66] "나의 잘못을 기록하고

且旌善人."[67] 또 훌륭한 사람을 표창하노라."

鄭之入滑也, 정나라가 활나라로 들어가니

滑人聽命.[68] 활나라 사람은 명을 따랐다.

師還, 군사가 돌아간 후에

又卽衛. 또한 위나라에게 갔다.

鄭公子士, 洩堵兪彌帥師伐滑.[69] 정나라 공자 사와 설도유미가 군사를 이끌고 활나라를 쳤다.

였다. 급기야 그 산에 불을 지르게 되었는데 끝내 나오지 못하고 타 죽었다"라 하였다.

66 지(志) : 『진세가』에는 "已記過誤, 此旌善人"으로 되어 있으며, "記"는 곧 지(志)자의 뜻이다. 『주례 · 보장씨(保章氏)』의 정현의 주석에서는 "지(志)는 고문의 지(識)이다. 지는 기록하는 것이다"라 하였다.

67 정(旌) : 두예는 "겉으로 드러내는 것이다"라 하였다. 곧 지금의 표양(表揚)과 같은 뜻이다. 『주어 상』에는 "양왕이 태재(太宰) 문공 및 내사흥(內史興)으로 하여금 진문공에게 책명을 내렸다"는 일이 수록되어 있는데 『좌전』에는 수록되지 않았다. 진혜공이 즉위한 지 2년째 되던 해에 주양왕이 일찍이 책명을 내린 적이 있으니 문공이 즉위 때도 주양왕이 또한 반드시 책명을 내렸을 것이다. 진혜공이 책명 받은 것을 기록한 것은 그가 옥을 받는 것이 게을렀기 때문이다

68 두예는 "활나라에 들어간 것은 20년의 일이다"라 하였다.

69 공자사(公子士) : 이미 20년의 『전』에 보인다.
설도유미(洩堵兪彌) : 곧 설도구(洩堵寇)이다. 홍양길(洪亮吉)은 『고(詁)』에서 설(洩)은 씨이고 도유미는 이름이라고 하였다. 청나라 유정섭(俞正燮)의 『계사존고(癸巳存稿)』와 장병린(章炳麟)의 『독(讀)』에서는 설도는 씨이고, 구 및 유미는 이름이라고 하였는데, 밝힐 수가 없을 것 같다.

王使伯服, 游孫伯如鄭請滑.[70] 천자가 백복과 유손백을 정나라에 보내어 활나라를 청했다.

鄭伯怨惠王之入而不與厲公爵也,[71] 정백은 혜왕이 들어갔을 때 여공에게 술잔을 주지 않은 것을 원망하고 있었고

又怨襄王之與衛滑也.[72] 또한 양왕이 위나라와 활나라를 편드는 것을 원망하였다.

故不聽王命, 그리하여 천자의 명을 듣지 않고

而執二子.[73] 두 아들을 붙잡았다.

王怒, 왕이 노하여

將以狄伐鄭. 적나라를 가지고 정나라를 치려고 하였다.

---

70 백복(伯服) : 「정세가」에는 "백복(伯犕)"으로 되어 있고 「주본기」에는 그대로 "伯服"으로 되어 있다. 두예는 두 사람은 주나라 대부이다라 하였다.
청활(請滑) : 활나라를 살려 줄 것을 청하다, 정나라가 활나라를 치지 않을 것을 권한 것이다.

71 이 일은 장공 21년의 『전』에 보인다. 『전』에 의하면 작은 주기(酒器)이며 일찍이 괵공(虢公)에게 준 것이다. 「정세가」에서는 "정문공은 혜왕이 역읍(櫟邑)에 도망가 있을 때 문공의 아버지인 여공(厲公)이 주나라로 다시 들여보내 주었으나 혜왕이 여공에게 작위와 녹봉을 내리지 않은 것을 원망하였다"라 하여 작록(爵祿)으로 작(爵)을 해석하였는데 『전』의 뜻이 아니다.

72 활나라가 정나라에 붙었다가 위나라로 간 것은 주양왕이 그렇게 시킨 것일 것이다.

73 「주어 중」에서는 "강왕(康王) 13년 정나라 사람이 활나라를 쳤다. 유손백(游孫伯)에게 활나라를 살려달라고 청하자 정나라 사람이 그를 잡았다"라 하였다. 「주어 중」에는 양왕 13년으로 되어 있는데, 이 일은 곧 희공 20년의 일이니 『전』과는 다르다. 또한 『국어』에서는 유손백을 잡았다고 하였는데 「주본기」와 「정세가」에서는 모두 백복을 가두었다고 하였으니 두 책에서는 모두 한 사람만 말하였을 뿐이다.

富辰諫曰,	부진이 간하여 말했다.
"不可.	"안 됩니다.
臣聞之,	신이 듣건대
大上以德撫民,[74]	가장 좋은 것은 덕으로 백성을 어루만지는 것이고
其次親親,	그 다음은 친척을 가까이하여
以相及也.[75]	서로 미치게 하는 것이라 하였습니다.
昔周公弔二叔之不咸,[76]	옛날에 주공이 이숙이 천수를 못 누린 것을 가슴 아파하였으므로
故封建親戚以蕃屛周.[77]	친척들을 봉하여 세워 주나라의 울타리로 삼았습니다.

74 대상(大上) : 양공 24년의 『전』에서는 "가장 좋은 것은 덕을 세우는 것이고(大上有立德) 그 다음은 공을 세우는 것이며 그 다음은 말을 세우는 것이다"라 하였다.

75 친친이상급(親親以相及) : 먼저 그 친한 사람을 가까이하고 난 후에 가까이서 멀리까지 미치는 것으로 이른바 은혜를 미루어 의리를 이루는 것이다.

76 조(弔) : 상(傷)과 같은 뜻이다.
이숙(二叔) : 관숙(管叔)과 채숙(蔡叔)이다. 두예는 마융(馬融)의 설에 의하여 "하은(夏殷)의 숙세〔叔世 : 곧 말세(末世)〕"라고 하였는데 틀렸다.
함(咸) : 종(終)의 뜻이다. 불함(不咸)은 곧 부종(不終), 제때에 죽지 못하는 것을 말한다.

77 봉건(封建) : 봉토를 나누어 나라를 세우는 것이다.
친척(親戚) : 여러 가지 뜻이 있는데 소공 20년의 전에 "친척이 살육당하면 원수를 갚지 않을 수 없다"라 하였고 『대대예기 · 증자질병(大戴禮記 · 曾子疾病)』편에서는 "친척이 이미 죽으면 효도를 하고 싶어도 누구에게 효도를 하겠는가?"라 하였다. 『맹자 · 진심(盡心)』편에서는 "사람에게는 그것(人倫)보다 큰 것이 없거늘 친척과 군신, 상하가 없다(人莫大焉亡親戚君臣上下)"라 하였는데 모두 부모를 이른 것이다. 그러나 『전국책 · 진책』에서는 "부귀해지면 친척도 두려워한다"라 하였는데, 이는 소진(蘇秦)이 그 처와 형수를

管, 蔡, 郕, 霍, 魯, 衛, 毛, 聃, 郜, 雍, 曹, 滕, 畢, 原, 酆, 郇,[78]

관나라와, 채, 성, 곽, 노, 위, 모, 담, 고, 옹, 조, 등, 필, 원, 풍, 순나라는

이른 말이니 일가의 동족을 가리키기도 하였다. 여기서는 백숙의 형제 및 자질들을 가리켜 말한 것이다. 또한 친척이 혼인관계를 나타내기도 하였는데, 이를테면 『예기 · 곡례 상』에서 "형제친척들이 그가 인자함을 일컬었다"라 한 것과 「초어 4」의 친척을 사랑하고 현명하고 어진 것을 밝힌다, 「초어 하」의 "너의 형제의 친척과 나란하다"하는 말이 모두 이런 뜻으로 쓰인 것이다.

번병(蕃屛) : 주나라 왕실을 위하여 울타리가 되는 것이다.

78 16국 모두 문왕의 아들이다.

관(管) : 『사기 · 관채세가(管蔡世家)』에서는 "무왕이 이미 은주(殷紂)를 이기고 천하를 평정하자 공신 형제들을 봉하였다. 이에 숙선(叔鮮)을 관에다 봉하였다"라 하였고 또한 "관숙선은 난을 일으켜 사형당하여 죽었으며 후손이 없다"라 하였다. 그러나 이 『전』의 글에 의하면 관에 봉한 사람은 주공이며, 그때 관채는 제명을 다하지 못한 후손으로 부합하지 않는 것 같다. 관은 지금의 하남성 정주시(鄭州市)에 있는데 춘추 전에 이미 봉읍이 끊겨 회(檜)나라에 예속되었으며 회나라는 망하여 정나라에 귀속되었다. 선공 12년 『전』의 "초자가 관에 머물렀다" 한 곳이 바로 이곳이다.

채(蔡) : 은공 4년의 『경』에 보인다.

성(郕) : 은공 5년의 『경』에 보인다.

곽(霍) : 민공 원년의 『전』에 보인다.

모(毛) : 『상서 · 고명(顧命)』과 『목천자전(穆天子傳)』〔위(魏)나라 무렵에 지어진 작가 미상의 가장 오래된 역사소설〕 권5 및 모백돈(毛伯敦), 모공정(毛公鼎) 같은 고기(古器)에는 모두 모공(毛公)을 일컫고 있으며 『사기 · 주본기(周本紀)』와 『일주서 · 극은해(逸周書 · 克殷解)』에는 모두 문왕의 아들 모숙정(毛叔鄭)이 있는데 모에 처음으로 봉해진 사람일 것이다. 고동고의 『대사표(大事表)』 권5에서는 그 봉지는 지금의 하남성 선양현(宣陽縣) 경계에 있다고 하였다. 모공정에 의하면 서주(西周) 초엽에 모공음(毛公㫟)은 주나라 천자의 경사였으며, 모공정과 모공돈은 모두 부풍(扶風)에서 나왔으니 모공의 채읍이 서주 때는 부풍에 있었는데, 동천한 후에 낙양 부근에 있게 되었음을 추정하여 알 수 있다. 본년의 『전』에 모백(毛伯)이 있는데 그 후손일 것이다. 모는 제후가 아니라 그 채읍이다. 이곳 및 아래에서 말한 스물여섯 곳은 왕기(王畿)의 바깥에 있으면 제후이고 왕기 내에 있으면 채읍일 것이다. 왕기 안에 있어도 봉건에 해당하며 번병이 될 수 있다.

담(聃) : 「관채세가(管蔡世家)」에서는 "무왕이 죽었을 때 성왕(成王)은 어려 주공단(周公旦)이 왕실의 일을 전담하였다. 계재(季載)를 염(冉)에 봉하였다"라 하였는데 이 염(冉)이 곧 담(聃)이다. 문공 14년 『전』에 주나라에 담계(聃啓)가 있다고 하였는데 곧 그의 후예일 것이다. 고동고의 『대사표(大事表)』 권5에서는 계재의 나라는 나처(那處)에

文之昭也.	문왕의 소입니다.
邘, 晉, 應, 韓,	우나라와, 진, 응, 한나라는
武之穆也.[79]	무왕의 목입니다.

있으니 곧 장공 18년『전』의 "권(權)을 나처로 옮겼다"라고 한 나처로, 지금의 호북성 형문현(荊門縣) 동남쪽의 나구(那口)에 있다. 그러나 왕원손(王遠孫 : 1794~1836)의 『국어발정(國語發正)』 권2와 청나라 양옥승의『한서인표고(漢書人表考)』 권3, 청나라 요범(姚範)의『원순당필기(援鶉堂筆記)』 권12에서는 모두 문왕의 소(昭) 16명 중에 계재가 가장 어려 멀리 형초에 봉해지지는 않았을 것이라고 하였다. 강영의『고실(考實)』에서는『국어 · 주어 중』에 의하여 담나라가 망한 것은 정희(鄭姬) 때문이며, 정나라에 담백이 있는데 개봉(開封)의 경계에 있을 것이라고 하였다. 혹 이것일지도 모르겠다. 청나라 심가본(沈家本)의『사기쇄언(史記瑣言)』과 청나라 주서증(朱緖曾)의『개유익재독서속지(開有益齋讀書續志)』에서는 모두 담나라가 망한 것은 노환공과 장공 때라고 하였다.

고(郜) : 환공 2년의『경』에 보인다.

옹(雍) :『통지 · 씨족략(通志 · 氏族略)』 권2에 의하면 문왕의 열셋째 아들 옹백(雍伯)이 봉하여진 나라로 지금의 하남성 수무현(修武縣) 서쪽 심양현(沁陽縣)의 동북쪽에 있다.

필(畢) : 희(姬)씨 성으로 지금의 섬서성 서안시(西安市)와 함양시(咸陽市) 서북쪽에 2, 3백 리에 이어져 위수(渭水) 남북쪽으로 가로 걸쳐 있다. 상세한 것은 민공 원년『전』의 필만(畢萬)을 보라.

원(原) : 장공 18년『전』에 원장공(原莊公)이 있는데 그 후손일 것이다. 지금의 하남성 제원현(濟源縣) 서북쪽에 원향(原鄕)이 있는데 원나라가 처음 봉해진 곳일 것이다. 또한 바로 은공 11년의 원이다.

풍(酆) : 풍(豐)이라고도 한다. 고동고의『대사표(大事表)』 권5에서는 "풍은 원래 상나라 숭후호(崇侯虎)의 땅이다. 문왕이 숭을 멸하고 풍읍을 세웠으며 무왕이 그 아우를 풍후로 삼았다.『죽서기년』에서는 성왕 19년에 풍후를 내쫓았다고 하였는데 이때부터 봉읍이 끊어졌다"라 하였다. 고동고가 인용한 "성왕이 풍후를 내쫓았다"라 한 것은 금본『죽서기년』에 보이니 근거가 없지 않다. 후한(後漢) 최인(崔駰)의「주잠(酒箴)」과 이우(李尤)의 명(銘)에 의하면 풍후는 술을 좋아하여 쫓겨났다. 지금의 섬서성 호현(戶縣) 동쪽 함양시 남쪽에 있다.

순(郇) :『시경 · 조풍 · 하천(曹風 · 下泉)』에 "순백이 위로했다(郇伯勞之)"란 순백은 그 후예일 것이다. 지금의 산서성 임의현(臨猗縣) 서남쪽 멀지 않은 곳에 있다. 위의『전』에서 "순에 주둔했다(軍于郇)"라 하였는데 일찌감치 진나라에게 멸망당하였다. 혹자는 환공 9년 전의 순국(荀國)이라고도 한다.

凡, 蔣, 邢, 茅, 胙, 祭, 周公胤也.[80]	범나라와 장, 형, 모, 조, 채나라는 주공의 후손입니다.

소목(昭穆) : 희공 5년의 『전』에 보인다. 주나라는 후직(后稷)을 태조로 삼아 부줄(不窋) 이하 한 대는 소(昭)이고 한 대는 목(穆)이다. 문왕은 부줄의 14세손이며 세의 다음이 목이므로 그 아들은 소가 된다.

79 네 나라는 모두 무왕(武王)의 아들이다.

우(邘) : 『당서 · 재상세계표(唐書 · 宰相世系表)』 2하(下)에 의하면 주무왕의 둘째 아들 우숙(邘叔)이 봉해진 나라이다. 지금의 하남성 심양현(沁陽縣) 서북쪽 20여 리 지점이 곧 그의 봉지이다. 그러나 왕국유(王國維)는 대소의 두 우정(盂鼎)이 모두 섬서성 미현(郿縣) 예촌의 시내 기슭에서 출토되었는데, 대우정의 명(銘)에 천자가 우(盂)를 파견한 일이 성왕 23년에 있다고 기록하였으며, 소우정에서는 우가 귀방(鬼方)을 토벌하여 포로를 바치고 하사한 일이 성왕 25년에 있었으니 두 정이 출토된 땅이 우가 봉해진 곳이라고 하였다.

응(應) : 동기(銅器)에 응공정(應公鼎)과 응공준(應公尊)이 있다. 『통지 · 씨족략(通志 · 氏族略)』 권2에서는 무왕의 넷째 아들이 봉해진 나라로 옛 성은 지금의 하남성 노산현(魯山縣) 동쪽 30여 리에 있는 응향(應鄕)에 있을 것이다. 응후종(應侯鐘)이 전해 내려온다.

한(韓) : 『시경 · 대아 · 한혁(大雅 · 韓奕)』에서 한후(韓侯)가 제후의 명을 받은 것을 읊고 있는 것으로 보아 선왕(宣王) 때까지만 해도 여전히 강대했음을 알 수 있다. 그 봉지는 본래 지금의 하북성 고안현(固安縣) 동남쪽의 한채영(韓寨營)에 있을 것이다. 뇌학기(雷學淇)의 『죽서기년의증(竹書紀年義證)』에서도 한나라가 처음 봉해진 곳은 연(燕)나라에 가까웠는데, 나중에 한성(韓城)으로 옮겼다고 하였다. 춘추 전에 진(晉)나라에 의해 멸망당하였으며 환공 3년 『전』의 한만(韓萬)의 주에서 상세히 다루었다.

무왕은 세차(世次)가 소(昭)이므로 그 아들은 목(穆)이 된다.

80 윤(胤) : 잇는다는 뜻이다.

범(凡) : 은공 7년의 『경』에 보인다.

장(蔣) : 『통지 · 씨족략(通志 · 氏族略)』 권2에서는 주공의 셋째 아들 백령(伯齡)이 봉해진 나라라고 하였다. 두예에 의하면 지금의 하남성 고시현(固始縣) 동북쪽에 장집(蔣集)이 있는데 곧 그곳이라 하였다. 고사기(高士奇)의 『지명고략(地名考略)』에서는 『태평환우기(太平寰宇記)』에 근거하여 지금의 위씨현(尉氏縣) 서쪽 60리 지점에 장성(蔣城)이 있는데, 장(蔣)나라가 옛날에 봉해진 곳이라고 하였다. 『당서 · 재상세계표(唐書 · 宰相世系表)』 15하(下)에 의하면 지금의 하남 신양(信陽)지구 광산현(光山縣) 서쪽 50리 지점에 있다고 하였다. 첫 번째 설이 믿을 만하다.

형(邢) : 은공 4년의 『전』에 보인다.

모(茅) : 모백(茅伯)이 봉해진 곳으로 옛 성은 지금의 산동성 금향현(金鄕縣) 모향(茅鄕)

召穆公思周德之不類,[81] 소목공은 주나라의 덕이 선하지 못함을 우려하여

故糾合宗族于成周而作詩,[82] 성에다 종족들을 규합하여 시를 짓고

에 있는데 나중에 주(邾)나라에 예속되었으며, 애공 7년『전』의 "성자(成子)가 모(茅)를 가지고 반란을 일으켰다" 한 곳이 이곳이다.

조(胙) : 『청일통지(淸一統志)』에 의하면 옛 성이 하남성 연진현(延津縣) 북쪽 조성(胙城) 동쪽에 있다.

채(祭) : 송나라의 운서(韻書)『광운(廣韻)』에서는 주공의 다섯째 아들이 봉해진 곳이라 하였다. 나머지는 은공 원년의『전』의 "채백이 왔다(祭伯來)"를 보라. 채백(祭伯)의 채(祭)는 정나라 채중(祭仲)의 식읍지인 채(祭)와는 다른 곳으로 이곳의 채는 지금의 정주시(鄭州市) 동북쪽에 있으며, 채중의 채는 중모현(中牟縣)에 있다.

『한서 · 왕망전(王莽傳)』에서 "성왕(成王)이 주공의 서자를 널리 봉하여 여섯 아들이 모두 모토(茅土)를 가졌다"라 한 것으로 보아 이 여섯 사람은 모두 주공의 서자이다. 희(姬)성에게 봉해진 여러 나라는 주로 고황토층이나 충적지대에 있는데 당시의 농업생산 환경을 가지고 말한다면 가장 좋거나 아니면 비교적 좋은 땅이었다.

81 소목공(召穆公) : 소공호(召公虎)로『세본』에 의하면 소강공(召康公)의 16세손이다. 지금의 섬서성 기산현(岐山縣) 서남쪽에 소정(召亭)이 있었는데 이는 왕기(王畿) 내에 있던 채지였을 것이며, 그 후 동천하여 지금의 산서성 원곡현(垣曲縣)에 있는 소정이 이곳에서 말한 것이다.

류(類) : 『시경 · 대아 · 상유(大雅 · 桑柔)』에 "탐욕 많은 이들이 착한 사람 패망시키네(貪人敗類)"라는 구절이 있는데 모씨의 주석〔전(傳)〕에서는 "류(類)는 선(善)한 것이다"라 하였다. 소목공은 주려왕(周厲王)의 덕이 쇠한 때이므로 여기서 불류(不類)라고 하였다.

82 규합(糾合) : 규(糾)는 모은다는 뜻이다. 여기서는 같은 뜻인 규(糾)와 합(合)을 함께 말하였다.

시(詩) : 다음 글에 의하면『시(詩)』는『시경 · 소아 · 상체(小雅 · 常棣)』이다. 그러나「주어 중」의 "주문공의 시에서 말하기를 ……"이라 한 데 의하면 주공 단이 지은 것으로,「주어」와『좌전』이 다르다. 두예는 "소목공이 특히 이 주공의 악가(樂歌)를 지었다"라 하여「주어」와『좌전』의 설을 조화시키려 하였다. 옛사람들이 말하는 시를 읊었다〔부시(賦詩)〕는 것은 두 가지 뜻이 있는데 직접 시를 짓는 것도 부(賦)라고 하고 전인이 지어 놓은 시를 외는 것도 부(賦)라고 할 수 있었다. 시를 지었다라 한다면 직접 지었다라는 뜻만 있으니 두예의 설은 통할 수 없다.『시』에서 "모든 지금 사람들, 형제만 못하네(凡今之人, 莫如兄弟)"라 하였는데 주공은 관(管) · 채(蔡)의 2숙을 죽였으니 이는 주공이 지은 것이 아니다.

曰,	말하였습니다.
‘常棣之華,[83]	‘아가위 꽃
鄂不韡韡.[84]	꽃송이 반짝반짝 빛난다네.
凡今之人,	모든 지금 사람들
莫如兄弟.’[85]	형제만 못하다네.’
其四章曰,	넷째 장에서는
‘兄弟鬩于牆,	‘형제 집안에서는 다투어도
外禦其侮.’[86]	밖에서는 모욕에 함께 대적하네’ 라 하였습니다.

성주(成周) : 서주(西周)에 있으며, 제후를 규합하여 명령을 내린 곳이다. 『일주서』에 「왕회(王會)」편(篇)이 있는데 “성주의 회합”이라고 하였다.

83 상체(常棣) : 아가위라고 하며, 양류과의 낙엽교목으로 높이가 30미터에 달한다. 봄에 먼저 잎이 나고 꽃을 피운다.

화(華) : 지금의 화(花)자이다.

84 악(鄂) : 악(萼) 곧 지금의 꽃받침이다.

부(不) : 부(跗)와 같다. 꽃 밑에 악(萼)이 있고, 악 밑에 부(跗)가 있다. 『관자 · 지원(地員)』편에서 “붉은 꽃받침 노란 열매”라 한 데서 알 수 있다. 부(拊) 또는 부(柎)라고도 한다.

위위(韡韡) : 빛나는 모양.

85 공영달의 소(疏)에서는 “아가위 꽃이 꽃받침과 함께 반짝반짝 매우 밝은 것을 말하였다. 꽃이 꽃받침을 덮으며 꽃받침은 꽃으로 이어지고 꽃과 꽃받침이 서로 덮어 주니 반짝반짝 빛날 수 있는 것이다. 꽃과 꽃받침이 서로 덮어 주어 반짝반짝 빛나는 것이 형제가 서로 따르며 영광을 드러내는 것과 같다. 그러므로 모든 지금 시대의 사람 가운데 은혜와 친하기라 형제만큼 두터운 사람이 없는 것이다”라 하였다.

86 혁(鬩) : 『설문해자』에서는 “항상 다투는 것이다(恒訟也)”라 하였다. 「주어 중」에 “형제가 참소하고 다툰다(兄弟讒鬩)”는 말이 있는데 위소는 “어그러지는 것이다(佷也)”라 하였다. 이 구절은 형제들이 안으로는 불화가 있더라도 밖에서의 수모는 마음을 함께하여 막는다는 것이다.

如是,	이와 같으니
則兄弟雖有小忿,	형제가 작은 원망이 있더라도
不廢懿親.[87]	좋은 친척 관계를 버리지 말아야 합니다.
今天子不忍小忿以棄鄭親,	지금 천자께서 작은 원한을 참지 못하여 정나라 같은 친척을 버리신다면
其若之何?[88]	그것을 어찌하겠습니까?
庸勳, 親親, 暱近, 尊賢,[89]	공로가 있는 사람에게 보답하고 친척과 친하게 지내고 근신을 가까이하며 현명한 사람을 존경하는 것이
德之大者也.	덕행 가운데서도 큰 것입니다.
卽聾, 從昧, 與頑, 用嚚,[90]	귀먹은 사람에게 의지하고 어두운 사람을 따르며 완악한 사람과 함께하고 간악한 사람을 쓰는 것이

87 의친(懿親) : 의(懿)는 두예는 "의는 아름다운 것이다"라 하였다. 장병린은 『독(讀)』에서 의친(懿親)을 인친(因親)이라 하였다.

88 「주어 중」에서는 "이와 같은 것은 다투는 것이 곧 안의 모욕인데 비록 다투더라도 친척을 버리지 않는다. 정나라는 천자에 있어서 형제이다"라 하였다.

89 용훈(庸勳) : 용(庸)은 『상서 · 익직(益稷)』의 "수레와 옷으로 보답한다(車服以庸)"라 할 때의 용(庸)과 같은 뜻이다. 그 공로에 보답하는 것이다. 용훈은 바로 공훈이 있는 사람에게 보답한다는 것을 말한다.

90 은(嚚) : 어리석으면서도 악한 것이다.

姦之大者也.	간사한 것 가운데 큰 것입니다.
弃德, 崇姦,	덕을 버리고 간사함을 높이는 것은
禍之大者也.	화중에서도 큰 것입니다.
鄭有平, 惠之勳,[91]	정나라에는 평왕과 혜왕의 공로가 있고
又有厲, 宣之親,[92]	또한 여왕과 선왕의 친함이 있으며
弃嬖寵而用三良,[93]	총신을 버리고 세 어진 이를 등용하였고
於諸姬爲近,[94]	희씨 성 가운데 가장 가깝고

---

91 두예는 "평왕이 동천할 때 진(晉)나라와 정나라에 의지하였고, 혜왕이 달아났을 때 괵나라와 정나라가 들여보내 주었는데 이것이 그 공훈이다"라 하였다. 「주어 중」에서는 "우리 주나라가 동천한 것은 진나라와 정나라에 의지하였다. 자퇴(子頹)의 난 때는 또한 정나라로 말미암아 안정되었다"라 하였다. 이는 위의 용훈(庸勳)을 가리킨다.

92 두예는 "정나라에 처음 봉하여진 시조 환공(桓公) 우(友)는 주여왕(周厲王)의 아들이며 선왕(宣王)의 모제(母弟)이다"라 하였다. 이는 친친(親親)을 가리킨다. 「정세가」에는 "선왕의 서제(庶弟)"로 되어 있고, 「연표」에는 "모제(母弟)"로 되어 있어 『전』의 뜻과 맞는다.

93 두예는 "7년에 총신 신후(申侯)를 죽였으며, 16년에는 총자(寵子) 자화(子華)를 죽였다. 삼량(三良)은 숙첨(叔詹)과 도숙(堵叔), 사숙(師叔)이다"라 하였다. 고염무(顧炎武)의 『보정(補正)』에서는 "자화(子華)를 죽인 것을 끌어다 풀이한 것은 타당치 않다. 옛사람은 다만 그 대강만을 말했을 따름이다. 이는 정백(鄭伯)의 현명함을 보고 왕이 존경하여 받들어야 한다는 것이다"라 하였다. 폐총(嬖寵)은 하나의 단어인데 두예는 나누어서 말하였으니 온당치 못하다. 나머지는 선공 12년의 『전』에 상세하다.

94 두예는 "길이 가까우니 가까이 지내야 한다"라 하였다. 다케조에 고코(竹添光鴻)의 『회전(會箋)』에서는 "도로가 가까운 것이 네 가지 덕 중의 하나라는 것은 타당치 못하다. 근은 친근하다는 뜻의 근이다. 환공(桓公)이 사도(司徒)가 되고 무공(武公)과 장공(莊公)이 경사(卿士)가 되어 대대로 천자와 가까웠으니 진(晉)나라와 위(衛)나라가 주왕실과 멀었던 것과는 다르다"라 하였다.

四德具矣.	네 덕을 갖추었습니다.
耳不聽五聲之和爲聾,	귀로 오성이 어울리는 소리를 듣지 못하는 것이 귀를 먹은 것이고
目不別五色之章爲昧,	눈으로 오색의 빛남을 구별하지 못하는 것이 어두운 것이며
心不則德義之經爲頑,	마음으로 도덕과 정의의 도를 법칙으로 삼지 못함이 완악함이고
口不道忠信之言爲嚚.	입으로 충성과 신의의 말을 하지 못하는 것이 간악한 것입니다.
狄皆則之,	적나라는 모두 이를 본받았으니
四姦具矣.	네 가지 간악함이 갖추어졌습니다.
周之有懿德也,	주나라에 아름다운 덕행이 있을 때
猶曰 '莫如兄弟',	그래도 '형제만 못하다' 고 말하였으므로
故封建之.	봉하여 세워 주었습니다.
其懷柔天下也,	천하를 회유할 때도
猶懼有外侮;	오히려 바깥에 모욕이 있을까 두려워했으며
扞禦侮者,	모욕하는 것을 막는 데는
莫如親親,	친척을 가까이하는 것만 한 것이 없으므로

故以親屛周.	친척으로 주나라의 울타리로 삼았습니다.
召穆公亦云.	소목공도 또한 말하였습니다.
今周德旣衰,	지금 주나라의 덕은 이미 쇠하였는데
於是乎又渝周召,[95]	이에 주공과 소목공의 법을 바꾸어
以從諸姦,[96]	여러 사악함을 따른다면
無乃不可乎?	안 되지 않겠습니까?
民未忘禍,[97]	백성들이 화를 잊지 않고 있는데
王又興之,	왕이 또 화를 일으킨다면
其若文, 武何?"[98]	문왕과 무왕을 어찌하겠습니까?"
王弗聽,	왕은 그 말을 듣지 않고
使頹叔, 桃子出狄師.[99]	퇴숙과 도자로 하여금 적나라의 군사를 일으키게 하였다.
夏,	여름에
狄伐鄭,	적나라가 정나라를 쳐서
取櫟.[100]	역을 빼앗았다.

95 투(渝) : 바꾸는 것이다.

96 종간(從姦) : 적나라의 군사를 쓰려는 것을 말한다.

97 두예는 "전에는 자퇴(子頹)의 난이 있었고, 중간에 숙대(叔帶)가 적나라를 부른 일이 있으므로 백성들이 아직 화를 잊지 않았다고 한 것이다"라 하였다.

98 두예는 "장차 문왕과 무왕의 공업을 버리려 한다는 말이다"라 하였다.

99 두예는 "두 사람은 주나라의 대부이다"라 하였다.

王德狄人,[101]	천자가 적나라 사람에게 고마워하여
將以其女爲后.	그 딸을 왕후로 삼으려 했다.
富辰諫曰,	부진이 간하여 말하기를
"不可.	"안 됩니다.
臣聞之曰,	신이 듣자 하니
'報者倦矣,	'보답 받은 사람은 지쳤는데
施者未厭.'[102]	베푼 사람은 만족함이 없다'고 하였습니다.
狄固貪惏,[103]	적나라는 본디 탐욕스러운데
王又启之.[104]	천자께서 또 그 길을 터주는 것입니다.
女德無極,	여자의 덕행은 끝이 없고
婦怨無終,	부인의 원한은 끝날 줄 모르니
狄必爲患."	적나라는 반드시 근심이 될 것입니다"라 하였다.

100 역(櫟) : 지금의 하남성 우현(禹縣). 나머지는 환공 15년의 『경』에 상세하다. 「정세가」에서는 "왕이 노하여 적(翟)나라 사람과 함께 정나라를 쳤으나 이기지 못하였다"라 하였다. 『전』의 내용과는 약간의 차이가 있다.

101 덕(德) : 감사하다의 뜻이다.

102 은혜를 베푼 사람의 바람은 너무 거창하여 영원히 만족함이 없는데 은혜를 받은 사람은 보답하기에 이미 지친 것이다.

103 람(惏) : 람(婪)자와 같은 뜻이며, 역시 탐하는 것을 말한다.

104 적나라 여인을 왕후로 삼으면 끝없는 보답을 요구하는 길은 터놓는다는 뜻이다.

王又弗聽.[105]	천자는 또 듣지 않았다.
初,	처음에
甘昭公有寵於惠后,[106]	감소공은 혜후의 총애를 받아
惠后將立之,	혜후가 그를 세우려 했는데
未及而卒.	미처 세우지 못하고 죽었다.
昭公奔齊,[107]	소공은 제나라로 달아났는데
王復之,[108]	주천자가 돌아오게 하고
又通於隗氏.[109]	또한 외씨와 사통하였다.
王替隗氏.[110]	주천자가 외씨를 쫓아내었다.
頹叔, 桃子曰,	퇴숙과 도자가 말하였다.
"我實使狄,	"우리가 실로 적나라에게 시켰는데
狄其怨我."	적나라가 우리를 원망하겠구나."
遂奉大叔以狄師攻王.[111]	마침내 태숙을 받들어 적나라의 군사로 천자를 공격하였다.

105 「주어 중」에도 이 일이 실려 있다.

106 감소공(甘昭公) : 곧 혜왕(惠王)의 아들이자 양왕(襄王)의 아우인 왕자 대(王子帶)로 감(甘)에 봉하여졌으며, 소(昭)는 그 시호이다. 감은 지금의 하남성 낙양시 남쪽에 있다. 나머지는 5년 『전』의 수지(首止)의 주석을 보라.

107 12년의 『전』을 보라.

108 22년의 『전』을 보라.

109 외씨(隗氏) : 곧 왕이 세운 적후(狄后)이다.

110 체(替) : 폐(廢)하는 것이다.

111 왕인지(王引之)의 『술문(述聞)』에서는 "다음 글이 적나라 군사가 주나라를 치는 것으로 시작하니 여기서 주나라 천자를 공격한 것은 '적나라 군사'(狄師)가 아니다. 적사

王御士將禦之,[112]	천자를 모시던 병사들이 막으려 하니
王曰,	왕이 말하기를
"先后其謂我何?[113]	"선후께서는 나를 뭐라 하실까?
寧使諸侯圖之."	차라리 제후들에게 도모하게 하자" 라 하였다.
王遂出,	천자가 마침내 도성을 떠나
及坎欿,[114]	감감에 이르렀는데
國人納之.	백성들이 다시 들여보냈다.
秋,	가을에
頹叔, 桃子奉大叔以狄師伐周,	퇴숙과 도자가 적나라 군사를 가지고 주나라를 쳐서
大敗周師,	주나라 군사를 크게 물리치고

(狄師) 두 자는 아마 다음 글 때문에 들어간 연문(衍文)일 것으로 '마침내 태숙을 받들어 주나라 천자를 쳤다(遂奉大叔而攻王)'가 되어야 한다. 퇴숙과 도자가 먼저 태숙을 받들고 주나라 천자를 쳐서 태숙을 왕으로 바꾸려 한 것일 것이다. 백성들이 주나라 천자를 들여보내 이기지 못하였으므로 이해 가을에 또 적나라 군사를 가지고 주나라를 치고 태숙을 세운 것일 따름이다"라 하였다.

112 어사(御士) : 왕을 모시던 병사들일 것이다. 『좌전』에는 네 번 이 말이 쓰였다. 양공 22년 전에는 초나라 자남(子南)의 아들 기질(弃疾)이 초왕의 어사가 되었다 하였고, 30년 『전』에서는 단(單) 공자건기(公子愆期)가 영왕(靈王)의 어사가 되었다고 하였으니, 어사는 주로 공경대부의 자제가 되는 것이다.

113 선후(先后) : 곧 그 어머니인 혜후(惠后)이다.

114 감감(坎欿) : 지금의 하남성 공현(鞏縣) 서남쪽에 있을 것이다.

獲周公忌父, 原伯, 毛伯, 富辰.[115]	주공기보와 원백, 모백, 부진을 사로잡았다.
王出適鄭,	천자는 도성을 떠나 정나라로 가서
處于氾.[116]	범에서 거처했다.
大叔以隗氏居于溫.[117]	태숙은 외씨를 데리고 온에서 살았다.

鄭子華之弟子臧出奔宋,[118]	정나라 자화의 아들 자장에 송나라로 달아났는데
好聚鷸冠.[119]	도요새 깃털 장식 모자 모으기를 좋아했다.

115 「주어 중」에서는 "17년(원래는 18년으로 되어 있는데 왕인지의 설을 따라 고쳤음) 천자가 적후(狄后)를 쫓아냈다. 적나라 사람이 와서 담백을 죽였다. 부진이 말하기를 '지난번에 제가 누차 왕에게 간하였사오나 왕께서는 듣지 않으시어 이 어려움에 이르게 되었나이다. 내가 나서지 않는다면 왕께서는 나를 원망하실 것 아닙니까?' 라 하고는 그 무리들을 데리고 가서 죽었다"라 하였다.

116 범(氾) : 지금의 하남성 양성현(襄城縣) 남쪽에 있다. 주양왕이 일찍이 이곳으로 도망쳐 와서 살았던 적이 있으므로 양성이라고 부른다.

117 온(溫) : 지금의 하남성 온현(溫縣) 서남쪽. 또 은공 11년의 『전』에 보인다.

118 선공 3년의 『전』에서는 "문공이 정자의 비 진규와 간음하여 자화와 자성을 낳았다. 자장은 죄를 짓고 도망쳤다(文公報鄭子之妃曰陳嬀, 生子華, 子臧. 子臧得罪而出)"라 하였다. 희공 16년 정나라는 자화를 죽였으며 자장이 송나라로 달아난 것 역시 16년의 일이었다.

119 휼관(鷸冠) : 휼(鷸)은 도요새로 『전국책 · 연책(燕策)』의 "휼방지쟁(鷸蚌之爭)"의 그 휼(鷸)이다. 여름에는 북쪽에서 번식을 하고 겨울이면 남쪽으로 날아오며, 『설문해자』에서는 "휼은 하늘이 비를 내리려 하면 아는 새이다"라 하였다. 옛날에는 천문(天文)을 잘 아는 사람이 휼관을 쓴다고 생각하였다. 자장은 천문을 모르는데도 휼관을 모았으므로 어울리지가 않는 것이다. 휼관은 도요새의 깃털을 가지고 장식한 모자이다. 또한 『속한지(續漢志)』 및 『진서 · 여복지(晉書 · 輿服志)』에서는 휼관은 곧 한나라와 진나

鄭伯聞而惡之,[120]	정백이 그 말을 듣고 미워하여
使盜誘之.	몰래 그를 꾀게 하였다.
八月,	8월에
盜殺之于陳, 宋之間.	진나라와 송나라 사이에서 죽였다.
君子曰,	군자가 말하기를
"服之不衷,	"의복이 적합하지 않으면
身之災也.	몸의 재앙이다.
詩曰,	『시』에서 말하기를
'彼己之子,	'저 사람이여,
不稱其服.'[121]	옷 어울리지 않는다네' 라 하였다.
子臧之服,	자장의 복장이
不稱也夫![122]	어울리지 않았구나!

라 때의 건화관(建華冠)이라고 하였다.

120 휼관 모으기를 좋아하였는데 어째서 정백이 미워하였는지는 『전』에서 말을 하지 않았다. 『수서 · 장형전(張衡傳)』에서는 수양제가 "장형이 몸이 야위어 파리함을 미워하였는데 허물로 생각지 않는다고 여겼다"라 하였으니 이에 비추어 보면 정백이 자장을 미워한 것은 아마 죄를 지어 도망간 주제에 스스로 숨기지 않고 이상한 취미나 좋아했기 때문일 것이다.

121 『시경 · 조풍 · 후인(曹風 · 候人)』에 나오는 구절이다. 기(己)는 『예기 · 표기(表記)』에는 "記"로 인용하였고, 지금의 『시경』에는 "其"로 되어 있다. "彼其之子"는 곧 "저 사람(彼子)"이라는 뜻으로, "其"와 "之"는 모두 허사로 구를 채워 주는 역할을 할 뿐 아무런 뜻이 없다. 칭(稱)은 거성이며, "不稱其服"은 앞의 "服之不衷"과 같은 뜻이다.

122 육덕명(陸德明)의 『석문(釋文)』에서는 "'之服'은 어떤 판본에는 '之及'으로 되어 있다"라 하였다. 왕념손(王念孫)은 "'及'이 되는 게 옳다. 급(及)은 '난에 미쳤다(及於難)'는 것을 말하며, 자장이 난에 이른 것은 복색이 어울리지 않은 데서 말미암는다는

詩曰,	『시』에서 말하기를
'自詒伊慼',[123]	'스스로 걱정 끼쳤다네' 라 하였는데
其子臧之謂矣.	자장을 이른 말이로구나.
夏書曰,	「하서」에서 말하기를
'地平天成',[124]	'땅이 평정을 찾으니 하늘이 평안해졌다' 하였는데
稱也."	딱 어울리는 말이다"라고 하였다.

宋及楚平,	송나라가 초나라와 강화를 맺었는데
宋成公如楚.	송성공이 초나라로 갔다.
還,	돌아와서는
入於鄭.	정나라로 들어갔다.
鄭伯將享之,	정백이 연회를 베풀고자 하여
問禮於皇武子.[125]	황무자에게 예를 물어보았다.

것을 말한다. 어울리지 않는다고만 말하고 복색을 말하지 않은 것은 윗글의 '不稱其服'을 받아서 생략했기 때문이다"라 하였는데, 왕념손의 말이 맞다.

123 『시경·소아·소명(小雅·小明)』에 나오는 구절이다. 이(詒)는 주다, 끼치다의 뜻이다. 이(伊)는 이것이라는 뜻이다. 척(慼)은 지금의 『시경』에는 "戚"으로 되어 있으며 근심이라는 뜻이다. 스스로 이 근심을 끼쳤다는 말이다.

124 지평천성(地平天成): 두예는 "「하서(夏書)」는 일서(逸書)이다. 땅은 그 화육(化育)을 공평하게 하고 하늘은 그 베푸는 것을 이루어 상하가 그 타당함에 서로 어울린다는 것이다"라 하였다. 『위고문상서(僞古文尚書)』에는 이 네 자를 『상서·우서·대우모(虞書·大禹謨)』에 넣었다.

對曰,	대답하여 말했다.
"宋,	"송나라는
先代之後也,[126]	선대의 후예이니
於周爲客.	주나라에게는 손님이 됩니다.
天子有事,[127]	천자가 제사를 지내고
膰焉;[128]	제육〔膰肉〕을 내립니다.
有喪,	상사가 있으면
拜焉.[129]	절을 합니다.
豐厚可也."	풍성하고 두터이 함이 옳습니다."
鄭伯從之,	정백이 그 말을 따라

125 황무자(皇武子) : 두예는 "정나라의 경(鄭卿)"이라고 하였다. 양옥승(梁玉繩)의 『보석(補釋)』에서는 선공 12년 『전』의 황술(皇戌)의 시호가 아닌가 하였다.

126 송나라는 은상(殷商)의 후예이다.

127 유사(有事) : 제사를 말한다. 성공 13년의 『전』에 "나라의 큰일은 제사와 전쟁에 있습니다(國之大事, 在祀與戎)"라는 말이 있다. 희공 9년의 『전』에 "천자가 문왕과 무왕에게 제사를 지냈다(天子有事于文 · 武)"는 말이 있다. 곧 문왕과 무왕에 종묘에서 제사를 지냈다는 말이다.

128 번언(膰焉) : 번(膰)은 "燔"이라고도 하며 종묘의 제육(祭肉)을 말하는데, 날것을 신(脤)이라 하고 익힌 것은 번(燔)이라고 한다. 여기서는 동사로 쓰여 제육을 드린다는 뜻이다. 언(焉)은 "그것을 ~에(於之)"라는 뜻으로 쓰였다. 『경』과 『전』을 고찰해 보면 주천자가 조상에게 제사를 지내면 동성의 제후들에게 제육을 나누어 주었고, 하(夏) · 상(商)의 이왕후(二王侯)에게 제육을 나누어 주었으며, 이성의 제후라도 큰 공이 있는 사람들에게는 제육을 나누어 주었는데, 희공 9년에 제환공에게 제육을 나누어 준 것이 이런 경우이다.

129 주왕이 상을 당하면 송나라 임금이 와서 주성을 하고 왕위를 잇는 사람이 그에게 절을 하는 것이 적절한 예라는 것이다. 나머지 제후는 국상에 조문을 해도 절을 하지 않는다.

享宋公,	송공에게 연회를 베풂에
有加,[130]	더하여 주었으니
禮也.	예에 맞았다.

冬,	겨울에
王使來告難,	천자의 사자가 와서 난을 알렸는데
曰,	말하기를
"不穀不德,[131]	"과인이 덕이 없어
得罪于母弟之寵子帶,[132]	모제의 총애하는 아들 대에게 죄를 지어
鄙在鄭地氾,[133]	정나라의 범에서 들판살이를 하고 있어서
敢告叔父."[134]	감히 숙부에게 고하오"라 하였다.
臧文仲對曰,	장문중이 대답하여 말하였다.

130 유가(有加) : 희공 22년 『전』의 "加籩豆六品"의 주석에서 상세히 말하였다.

131 불곡(不穀) : 4년의 『전』에서 상세히 말하였다.

132 모제(母弟) : 희공 5년 『전』의 『정의(正義)』에서 인용한 "모씨(母氏)"를 따라야 하나 가나자와 문고본(金澤文庫本)과 『당석경』에서는 이미 모두 "母弟"로 잘못되었으며, 송본에는 "弟"자가 탈락되어 있는데 곧 뜻이 통하지 않아 산삭해 버린 것일 따름이다.

133 비(鄙) : 야거(野居), 곧 들판에서 사는 것을 말하는데 천자가 왕도를 떠났기 때문에 비거(鄙居)라고 한 것이다.

134 숙부(叔父) : 천자는 동성의 제후를 일컬어 숙부 또는 백부라고 하는데, 희공 9년 『전』의 "백구(伯舅)"의 주에 상세하다.

"天子蒙塵于外,	"천자께서 바깥으로 몽진해 계시는데
敢不奔問官守?"[135]	감히 신하들에게 달려가 위로하지 않겠습니까?"
王使簡師父告于晉,	양왕이 간사보를 진나라로 보내어 알리게 하고
使左鄢父告于秦.[136]	진나라에 좌언보를 보내어 알리게 했다.
天子無出,[137]	천자는 나라를 벗어남이 없는데
書曰"天王出居于鄭",	"천자가 정나라로 나가서 거처하였다"고 기록한 것은
辟母弟之難也.	동생의 난을 피하였기 때문이다.
天子凶服, 降名,[138]	천자가 흉복(凶服)을 입으면 명칭을 낮추는 것이
禮也.	예이다

135 관수(官守) : 왕의 신하들이다. 분문관수(奔問官守)는 좌우에게 달려가 묻는다는 말과 같으며 공경의 말이다.

136 두 사람은 주나라의 대부이다. 유독 진(晉)나라와 진(秦)나라에게만 사자를 파견한 것은 11년에 진나라와 진나라가 융족을 쳐서 주나라를 구원하였으므로 이번에도 구조를 바랐기 때문일 따름이다. 진나라와 진나라에는 특사를 보내었으므로 이름을 기록하였고, 노나라 및 다른 나라에는 일반의 사신을 보내어 위난을 알렸다.

137 『예기 · 곡례(曲禮) 하』에서는 "천자는 도성을 떠났다고 말하지 않는다"라 하였다.

138 흉복항명(凶服降名) : 흉복(凶服)은 『전』에서 말하지 않았고, 항명(降名)은 "불곡(不穀)"이라고 일컬은 것을 가리킨다.

鄭伯與孔將鉏, 石甲父, 侯宣多省視官, 具于氾,[139] 정백이 공장서, 석갑보, 선후다와 함께 범으로 가서 양왕의 신하를 뵙고 드릴 기용 도구를 보고

而後聽其私政, 그런 다음에 자국의 정치를 들었는데

禮也.[140] 예에 맞았다.

衛人將伐邢, 위나라 사람이 형나라를 치려고 하니

禮至曰, 예지가 말하였다.

"不得其守, "정경을 얻지 못하면

國不可得也.[141] 나라를 얻을 수 없습니다.

---

139 세 사람은 정나라의 대부이다. 석갑보는 곧 선공 3년의 석계(石癸)일 것이다.
관(官) : 관사(官司), 곧 주나라 천자의 관원이다.
기(器) : 기용(器用)이다. 이 구절의 뜻은 정백이 세 사람을 거느리고 천자를 위해 관사(官司)를 만나보고 기용도구를 살핀 것이다.

140 『전국책 · 조책(趙策) 3』에서는 "천자가 순수를 하면 제후는 궁실을 피하고 자물쇠를 바치며 좋은 자리를 깔고 좋은 안석을 놓고 대청 아래서 식사하는 것을 살펴본다. 천자가 식사를 끝내면 물러나 조정에서 정사를 듣는다"라 하였다. 가의(賈誼)의 『신서 · 예(新書 · 禮)』편에서는 "예에 천자가 제후의 궁에 가면 제후는 감히 계단을 오르지 않는다. 계단을 오르지 않는다는 것은 주인의 계단을 쓰지 않는다는 것이다. 천자가 제후에게 가면 제후는 감히 궁실을 가지지 않으며 감히 주인 행세를 하지 않는 것이 예이다"라 하였다. 이는 모두 천자가 순수(巡狩)를 할 때 제후의 국도에 이르면 그 궁실에 거처하는 일을 말한 것으로 이곳의 천자가 피난한 것과, 정백이 다른 곳의 다른 궁실에 있는 것과는 다르지만 실질은 거의 같다.

141 수(守) : 『맹자 · 공손추(公孫丑) 하』의 "관수(官守)"와 같은 말로 여기서는 형(邢)나라의 정경(正卿)인 국자(國子)를 가리킨다.

我請昆弟仕焉." 제가 청컨대 우리 형제가 그곳에서 벼슬을 하게 해주십시오."

乃往, 이에 가서

得仕.[142] 벼슬을 얻었다.

희공 25년

經

二十有五年春王正月,[1] 25년 봄 주력으로 정월

丙午,[2] 병오일에

衛侯燬滅邢. 위후 훼가 형나라를 멸했다.

夏四月癸酉,[3] 여름 4월 계유일에

衛侯燬卒.[4] 위후 훼가 죽었다.

宋蕩伯姬來逆婦.[5] 송나라 탕백희가 와서 며느리를 맞이하였다.

---

142 이 구절은 다음 해의 "春衛人伐邢"과 본래 하나의 『전』이었는데 후인에 의하여 둘로 나누어졌다.

1 이십유오년(二十有五年) : 병술년 B.C. 635년으로 주양왕(周襄王) 18년이다. 동지가 정월 13일 기해일이었으며, 건자(建子)이다. 윤달이 있다.

2 병오(丙午) 일은 20일이다.

3 계유(癸酉) 일은 19일이다.

4 『전』이 없다.

5 『전』이 없다. 두예 및 공영달의 주석에 의하면 탕백희는 노나라 여인으로 송나라 대부 탕

宋殺其大夫.[6]	송나라가 그 대부를 죽였다.
秋,	가을에
楚人圍陳,	초나라 사람이 진나라를 에워싸고
納頓子于頓.[7]	돈자를 돈나라로 들여보냈다.
葬衛文公.[8]	위문공을 장사 지냈다.
冬十有二月癸亥,[9]	겨울 12월 계해일에
公會衛子, 莒慶盟于洮.[10]	공이 조에서 위자와 거경을 만나 맹약했다.

씨의 아내가 된 사람이다. 송나라에 탕씨가 있게 된 것은 송환공(宋桓公)이 공자 탕(公子蕩)을 낳고 탕은 공손수(公孫壽)를 낳았으며, 수는 탕의제(蕩意諸)를 낳았고 의제의 후인이 탕을 씨로 삼아서이다. 그러나 엄울(嚴蔚)과 주준성(朱駿聲)은 탕백희는 곧 공자 탕의 아내라고 하였다. 탕백희가 노나라에 온 것은 직접 그 아들의 처를 맞아들이기 위해서이다. 부(婦)는 고(姑)의 대(對)가 되는 말이다.

6 『전』이 없다. 두예는 "그 일에 대해서는 듣지를 못했다"라 하였다. 이는 장공 26년 『경』의 "조나라가 그 대부를 죽였다(曹殺其大夫)"라 한 것과 같다.

7 두예는 "돈자〔각판본에는 '子' 자가 없는데 가나자와 문고본(金澤文庫本)에 의해 덧붙였다〕는 진나라의 압박을 받아 초나라로 달아났기 때문에 초나라가 진나라를 포위하고 돈자를 들여보낸 것이다. 드디어(遂)라고 말하지 않은 것은 (圍와 納이) 한 가지 일임을 밝힌 것이다"라 하였다. 『곡량전』에서는 "포위한 것도 한 가지 일이고 들여보낸 것도 한 가지 일이다. 그런데 드디어 그렇게 말한 것은 돈자를 들여보낸 것이 진나라이기 때문이다"라 하였다. 『공양전』에서도 "어째서 드디어라고 말하지 않았는가? 두 가지 일로 봤기 때문이다"라고 하였다. 이는 분명히 『좌씨』에서 말한 뜻과는 다르다. 그러므로 두예가 "한 가지 일임을 밝힌 것이다"라 한 것이다. 돈은 23년의 『전』에 보인다. 초나라는 23년에 돈에다 성을 쌓았으며 어쩌면 이해에 돈자를 들여보낸 것일 것이다. 고사기(高士奇)의 『지명고략(地名考略)』에서는 돈나라가 남쪽으로 옮긴 것이 이해의 일이라 하였는데 역시 확증이 없다.

8 『전』이 없다.

9 계해(癸亥) : 12일이다.

10 위자(衛子) : 위후(衛侯)를 위자라 칭한 것은 그 부친이 죽고 아직 해를 넘기지 않았기 때문이다. 환공 13년의 『경』과 희공 9년의 『전』을 보라.

傳

二十五年春,	25년 봄
衛人伐邢,	위나라 사람이 형나라를 쳤는데
二禮從國子巡城,[11]	두 예씨가 국자를 따라 성을 순시하였는데
掖以赴外,[12]	팔을 붙잡고 성 밖에 엎드리게 해서
殺之.	죽여 버렸다.
正月丙午,[13]	정월 병오일에
衛侯燬滅邢.	위후 훼가 형나라를 멸하였다.
同姓也,	같은 성씨이기 때문에
故名.[14]	이름을 기록하였다.

거경(莒慶) : 거나라의 대부로, 이미 장공 27년의 『경』에 보인다.
조(洮) : 두예는 "노나라 땅이다"라고 하였다. 강영(江永)의 『고실(考實)』에서는 "이 조는 노나라의 내지이며 동으로 거에 가까우니, 곧 장공 27년 공이 조에서 기백희(杞伯姬)를 만났다 한 그곳이다"라 하였다.

11 이례(二禮) : 예지(禮至)와 그 아우이다. 이 『전』은 원래 전 해 끝부분의 "衛人將伐邢……" 한 것과 하나의 『전』이다.

12 액(掖) : 사람의 팔을 잡는 것이다.
부(赴) : 부(仆)자의 가차(假借)이다. 두 예씨가 국자를 수행하다가 갑자기 좌우에서 팔을 붙들고 성밖에다 그를 엎드리게 했다는 것이다. 부(赴)는 글자 그대로 보아 부외(赴外)를 양쪽에서 팔을 잡고 성밖에 이르렀다고 보아도 뜻이 통한다.

13 병오(丙午)일은 20일이다.

14 『공양전』에서는 "위후 훼는 왜 이름을 썼는가? 끊어서이다. 무엇이 끊었는가? 같은 성씨를 멸절시킨 것이다"라 하였다. 『곡량전』에서는 "훼의 이름을 쓴 것은 어째서인가? 그 근본을 치고 같은 성을 멸절시킨 것을 바르게 보지 않은 것이다"라 하였다. 곧 『경』에서 위후훼(衛侯燬)라고 기록한 것에 대해 세 『전』이 뜻을 같이 한 것이다. 『예기 · 곡례(曲禮) 하』에서도 "제후가 같은 성씨를 멸하면 이름을 쓴다"라 하였다. 그러나 전인들은 이

禮至爲銘曰,[15]	예지가 새겨서 말하기를
"余掖殺國子,	"내가 국자를 끼고 나가 죽였는데
莫余敢止."[16]	감히 나를 막는 사람이 없었다"라 하였다.

秦伯師於河上,	진백이 황하 가에 군사를 주둔시키고
將納王.[17]	천자를 들여보내려 하였다.
狐偃言於晉侯曰,	호언이 진후에게 말하기를
"求諸侯,	"제후들의 지지를 구하려면
莫如勤王.[18]	천자의 일에 힘쓰는 것만 한 것이 없습니다.

를 많이 의심하였는데, 이를테면 송나라 유창(劉敞)은 『춘추권형(春秋權衡)』에서 "진나라는 괵나라를 멸하고 또 우(虞)나라를 멸하였으며, 제나라는 기(夔)나라를 멸하였고, 초나라는 기(紀)나라를 멸하였는데 모두가 동성이었다. 그런데 어찌하여 이름을 부르지 않았는가?"라 하였다. 진나라가 괵나라와 우나라를 멸하였는데 이름을 쓰지 않은 것이 괵나라와 우나라의 허물인지, 제나라가 기나라를 멸한 것과 초나라가 기나라를 멸하였는데 이름을 쓰지 않은 것이 주나라의 동성이 아니기 때문인지 모르겠다. 그러므로 청나라 공광삼(孔廣森)은 『공양통의(公羊通義)』에서 "동성의 제후국을 멸하면 이름을 쓰는 것은 주나라의 동성을 멸하는 것만 이른다. 제나라가 내(萊)에 있어서나, 초나라가 기(夔)나라에서의 경우 같은 것은 자신들에게는 동성이나 왕가로 봐서는 서성(庶姓)이니 죄가 오히려 가볍다"라고 하였다. 남송(南宋)의 주자학자 여정덕(黎靖德)이 편찬한 주희(朱熹)의 『주자어류대전(朱子語類大全)』 권83과 모기령(毛奇齡)의 『춘추전(春秋傳)』에서는 또한 "위후훼"와 "훼"는 잘못된 문장이라고 하였는데 말할 것이 없다.

15 가나자와 문고본(金澤文庫本)에는 "禮至自以爲銘曰"이라고 되어 있어 "自以" 두 글자가 더 많다.

16 자(子)와 지(止) 두 자는 운자이다. 고음은 함께 해부(咍部)에 있었다.

17 「연표(年表)」에서는 "진목공 25년 주나라 왕을 들여보내고자 하여 황하 가에 주둔하였다"라 하였다.

諸侯信之,	그렇게 하면 제후들이 믿을 것이고
且大義也.	또한 대의에 맞습니다.
繼文之業,[19]	문후의 업을 이어
而信宣於諸侯,	제후들에게 신의를 선양하려면
今爲可矣."[20]	지금이 좋습니다"라 하였다.
使卜偃卜之,	복언에게 점을 쳐보게 하였더니
曰,	말하기를
"吉.	"길합니다.
遇黃帝戰于阪泉之兆."[21]	황제가 판천에서 싸웠을 때의 징조를 얻었습니다"라 하였다.

18 근왕(勤王) : 왕의 일을 위해 애쓰는 것이며, 여기서는 주나라 왕을 들여보내는 것을 가리킨다.

19 문(文) : 진문후(晉文侯) 구(仇)를 말함. 평왕(平王)이 동쪽으로 도읍을 옮기자 진문후는 천자를 안정시켰으며 평왕이 제후의 명을 내렸는데, 『상서 · 문후지명(文侯之命)』이 곧 이에 대한 내용이다.

20 『국어 · 진어(晉語) 4』에서는 이에 대한 서술이 비교적 번다하다. 『사기 · 연표』의 진문공 원년에서는 또한 "구범(咎犯)이 말하기를 '패제후가 되기를 구하려면 왕을 들여보내는 일만한 것이 없습니다'라 하였다"라 하였으니 또한 호언(狐偃)의 말이라 하였으며, 다만 1년 전에 말한 것이라 하였을 따름이다.

21 『대대예기 · 오제덕(大戴禮記 · 五帝德)』편에서는 "황제(黃帝)는 적제(赤帝)와 판천의 들판에서 싸웠는데 세 번을 싸워서 그 뜻을 행할 수 있었다"라 하였고, 『일주서 · 상맥(逸周書 · 嘗麥)』편에서는 "치우(蚩尤)는 적제의 신하인데 제를 쫓아내자 황제에게 말하여 치우를 잡았다. ……"라 하였다. 「진어 4」에서는 "옛날에 소전(少典)이 유교씨(有蟜氏)를 아내로 맞아 황제와 염제(炎帝)를 낳았다. 황제는 희수(姬水)에서 자랐고 염제는 강수(姜水)에서 자라 자라면서 덕이 달라졌으므로 황제는 희씨(姬氏)가 되고 염제는 강씨(姜氏)가 되었으며, 두 제는 군사를 써서 서로 구제해 주었다"라 하였다. 『사기 · 오제본기(五帝本紀)』에서는 "염제가 제후들을 침략하려 하자 제후들이 모두 헌원(軒轅)에게 귀의하였으며 헌원은 이에 덕을 닦아 군사를 일으켜 염제와 판천의 들판에서 싸웠다. 세

公曰,	공이 말하였다.
“吾不堪也.”	“나는 감당치 못하겠다.”
對曰,	대답하여 말하였다.
“周禮未改,	“주나라의 예가 고쳐지지 않았으니
今之王,	지금의 왕은
古之帝也.”[22]	옛날의 제입니다.”
公曰,	공이 말하였다.
“筮之!”[23]	“시초점을 치라!”
筮之,	시초점을 쳤더니
遇大有☲之睽☲,	대유괘☲가 규괘☲로 변하는 괘를 얻었는데
曰,	말하기를
“吉.	“길합니다.

번을 싸운 뒤에야 그 뜻을 얻었다”라 하였다. 고서(古書)에서 이 일에 대해 말한 것이 이렇게 의견이 분분하다. 양옥승(梁玉繩)은 『사기지의(史記志疑)』에서 판천에서 세 번 싸운 것은 곧 탁록(涿鹿)의 싸움이라고 하였으며 『일주서』와 『사기』를 들어 입증하였는데 비교적 믿을 만하다. 판천은 지금의 하북성 탁록현 동쪽에 있다.

22 진문공은 자신이 이 점괘의 조짐에 맞다고 생각하여 황제가 자신을 가리킨다고 하였으므로 나는 감당을 하지 못한다고 한 것이다. 복언(卜偃)의 답은 황제가 판천에서 싸운 점괘는 곧 양왕과 자대(子帶)의 싸움을 가리킨다고 하였다〔『국어 · 진어(晉語) 4』에 의하면 황제와 염제는 본래 동복형제로 또한 양왕과 자대가 동복형제인 것과 같다고 하였다〕. 주나라의 덕이 쇠하기는 하였지만 그 명은 고쳐지지 않았으니 그 전장제도 또한 고쳐지지 않았으며, 주나라를 왕이라 칭하는 것은 옛날에 제를 칭하는 것과 같다는 것이다.

23 옛날에는 갑골점을 먼저 본 후에 시초점을 보았다.

遇 '公用享于天子' 之卦.[24] '공이 천자가 베푸는 향연을 받는다' 는 괘를 만났으니

戰克而王饗, 싸움에서 이겨 천자가 향연을 베푸는 것으로

吉孰大焉? 이것보다 길한 점괘가 있겠습니까?

且是卦也, 또한 이 괘는

天爲澤以當日,[25] 하늘이 연못이 되어 햇볕을 받고 있는데

天子降心以逆公,[26] 천자가 마음을 낮추어 공을 맞는 것이니

不亦可乎? 또한 좋지 않겠습니까?

大有去睽而復, 대유괘가 규괘로 변하였다가 원래의 괘상을 회복하는 것

亦其所也."[27] 또한 그 있을 곳을 얻는 것입니다."

---

24 공용향우천자(公用享于天子) : 『주역 · 대유(大有)』 괘의 구삼(九三 : 밑에서 세 번째 양효) 괘의 효사이다. 대유괘가 규괘로 변하는 것은 구삼(九三)이 육삼(六三 : 밑에서 세 번째 음효)으로 변하는 것이다. 향(享)은 지금의 『주역』에는 "형(亨)"으로 되어 있다.

25 천위택(天爲澤) : 대유괘의 밑의 괘는 건괘인데 건은 하늘이며, 변하여 태괘가 되는데 태괘는 못이다.

이당일(以當日) : 이괘(離卦)는 해인데 이괘는 변하지 않고 대유(大有)에서 건괘의 위에 있는 것이며, 규(睽)괘에서는 태괘(兌卦)의 위에 있으므로 이렇게 말하였다.

26 하늘을 나타내는 건괘가 불을 나타내는 이괘의 아래에 있으므로 천자가 마음을 낮추어서 공을 맞아들인다고 하였다.

27 본래의 괘가 다른 괘로 변하였다가 마침내 본래의 괘로 돌아오려는 것이다. 대유가 규괘로 갔으니 곧 대유가 규괘로 변하였으며, 규괘가 마침내 대유괘로 돌아가려는 것이다. 천자는 "부유하여 사해를 소유하니〔富有四海 : 『예기 · 중용(禮記 · 中庸)』〕" "대유(大

晉侯辭秦師而下.[28]	진후는 진나라 군사를 사양하고 내려갔다.
三月甲辰,[29]	3월 갑진일에
次于陽樊,[30]	양번에서 주둔하였는데
右師圍溫,[31]	우사는 온을 에워싸고
左師逆王.[32]	좌사는 천자를 맞았다.
夏四月丁巳,[33]	여름 4월 정사일에
王入于王城.	천자가 왕성으로 들어갔다.
取大叔于溫,	온에서 태숙을 잡아
殺之于隰城.[34]	습성에서 죽였다.

有)"인 것이다. 대유괘로 복귀한다는 것은 곧 천자가 복위하는 것이다. 시초점이 이치상 당연한 것이기 때문에 "또한 그 있는 곳을 얻는다(亦其所也)"라고 하였다.

28 이 구절에 의하면 양왕을 들여보낸 주역에 진나라 군사는 참여하지 않았다. 그러나 「진본기」에서는 "진목공(秦繆公)이 군사를 이끌고 진문공을 도와 양왕이 들어가서 아우 대(帶)를 죽이는 것을 도왔다"라 하였는데 사마천이 이 『전』의 문장을 반박한 것 같다. 「진어 4」에서는 "이에 초중(草中)의 융(戎)족과 여토(麗土)의 적(狄)족에게 뇌물을 써서 동쪽 길을 열게 하였다"라 하였으니 진나라 군사 외에 융과 적도 동원하였다.

29 갑진(甲辰) : 19일이다.

30 양번(陽樊) : 곧 은공 11년 『전』의 소분생(蘇忿生)의 전지인 번(樊)을 양(陽)이라고도 하였으며, 지금의 하남성 제원현(濟源縣) 동남쪽에 있다.

31 태숙(太叔) 및 적후(狄侯)는 온에 거처하였다.

32 청나라 제소남(齊召南)의 『고증(考證)』에서는 "진무공(晉武公)이 처음에 익(翼)을 멸했을 때 왕명으로 일군(一軍)을 주어 제후로 삼았다. 헌공(獻公)에 이르러 비로소 상하 이군(二軍)이 되었으며 혜공(惠公) 때도 그대로 이군이었으나 진(秦)나라와 한(韓)에서 싸울 때 공이 한간(韓簡)에게 그중 하나를 나누어 주었다. 문공 초에도 여전히 이군이었는데 여기서 말한 좌사(左師)와 우사(右師)이다. 27년 피려(被廬)에서 사냥할 때 비로소 삼군(三軍)이 되었다"라 하였다.

33 정사(丁巳)일은 3일이다.

戊午.[35] 무오일에

晉侯朝王. 진후가 천자를 조현하였다.

王享醴, 양왕이 단술을 접대하고

命之宥.[36] 자기에게 따르라고 하였다.

請隧,[37] 수를 청하였으나

---

34 습성(隰城) : 곧 은공 11년 『전』에 나오는 습성(隰郕)이다. 지금의 하남성 무척현(武陟縣) 경계에 있을 것이다. 「진어 4」에서는 "[문공(文公)] 2년 봄 공이 이군(二軍)을 거느리고 내려가 양번(陽樊)에 주둔하였다. 우사가 온에서 소숙(昭叔)을 잡아 습성에서 죽였다. 좌사는 정나라에서 양왕을 맞아들였다. 왕이 성주(成周)에 들어오자 마침내 겹(郟)에서 안정시켰다"라 하였다.

35 무오(戊午)일은 4일이다.

36 향례(享醴)와 명유(命宥)는 모두 장공 18년 『전』에 상세하다.

37 청수(請隧) : 수(隧)에는 두 가지 뜻이 있다. 위소는 「진어 4」의 주석에서 육수(六隧)라고 하였다. 육수(六隧)는 곧 육수(六遂)로 주나라 천자에게는 육향(六鄕)과 육수(六遂)가 있었는데 백 리 내에 육향을 나누어 설치하였으며, 육향의 바깥에 설치한 것을 육수라고 하였다. 그러나 제후에게는 삼수(三遂)가 있었는데, 『상서 · 비서(費誓)』의 "노나라는 삼교(三郊)와 삼수(三遂)를 두었다"는 것이 이것이다. 『좌전』으로 증빙해 보면 양왕 7년 숙중소백(叔仲昭伯)이 수정(遂正)이 되었으니 노나라에도 수가 있었으며, 9년에 수정으로 하여금 교보(郊保)를 들이라 하였으니 송나라에도 수가 있었다. 제후에게도 수가 있는데 어째서 다시 수를 청하였는가? 진문공이 삼수를 가지고 만족하지 않는다면 육수를 청하였을 것이다. 「주어 중」의 "진문공이 이미 양왕을 겹에서 안정시키니 왕이 땅을 주어 노고를 치하하였다. 사절하고 수를 청하였다. 왕이 허락하지 않고 말하기를 '옛날 우리 선왕이 천하를 소유하였을 때 사방 천리를 전복(甸服)으로 삼고 상제와 산천, 백신(百神)의 제사를 바쳤다.……'"한 것을 보면 근거가 있는 것 같다. 곧 육수를 청한 것을 줄여서 수를 청하였다고 한 것이다. 두예는 가규(賈逵)의 뜻을 써서 "땅을 뚫어서 길이 통하게 하는 것을 수(隧)라고 하는데 왕의 장례이다"라 하였다. 한(漢)나라 가의(賈誼)의 서지(書誌) 『가자 · 심미(賈子 · 審微)』편에서는 이 일을 서술하여 "문공이 남양(南陽)을 사절하고 죽으면 수(隧)를 하게 해달라고 하였다"라 하였으니 역시 수(隧)를 장례로 해석한 것이다. 사실 수장(隧葬)과 육수(六遂)는 두 가지의 뜻이 일관된다. 옛날 천자의 장례법으로는 수가 있고 제후 이하는 선도(羨道)가 있었다. 수는 흙을 엎었으니 완전히 땅 밑의 길과 연결되었고, 선도는 흙을 업지 않아 땅의 길이기는 하지만 그래도 지면으로 노출되어 있었다. 수를 청한 것은 진문공이 죽은 후에 천자의 장례법을 행할

弗許, 허락하지 않고

曰, 말하기를

"王章也.[38] "천자의 전장이오.

未有代德,[39] 아직 덕을 대신할 사람이 없는데

而有二王,[40] 두 천자가 있다면

亦叔父之所惡也." 또한 숙부도 미워할 것이오"라 하였다.

與之陽樊, 溫, 原, 欑茅之田.[41] 그러고는 그에게 양번과 온, 원, 찬모의 땅을 주었다.

수 있도록 청한 것일 따름이다. 대개 진문공이 수장(隧葬)을 먼저 청한 것으로 수장의 예를 미리 얻으면 반드시 육수(六遂)를 두어 장례용구를 대게 하는 것이 뒤따르기 때문이다.

38 장(章) : 전장제도(典章制度)의 장(章)이다. 『시경 · 대아 · 가락(大雅 · 假樂)』편의 "모두 옛 전장제도 따르네(率由舊章)"와 애공 3년 전의 옛 "전장제도를 잊을 수가 없다(舊章不可忘也)"의 장(章)자도 모두 이런 뜻이다. 지금은 장정(章程)이라 하는데 또한 이의 인신된 뜻이다.

39 대덕(代德) : 『일주서 · 예량부(芮良夫)』편에 "나의 소신(小臣) 양부(良夫)로 천하의 땅을 가진 임금을 살펴보니 그 덕이 멀지 않아 덕을 대신할 사람이 없었다"는 말이 있는데 이곳의 대덕(代德)과 뜻이 같다. 주나라 왕실을 취하여 천하의 덕을 대신 갖는다는 것을 말한다.

40 이왕(二王) : 제후이면서 천자가 쓰는 장례법을 쓴다면 이는 왕이 두 명 있는 것과 같다는 말이다.

41 원(原)과 찬모(欑茅)는 모두 은공 11년의 『전』에 보인다. 「진어 4」에서는 "공에게 남양의 양번과 온, 주(州), 형(陘), 치(絺), 조(組), 찬모의 전지를 내렸다"라 하였다. 『전』에서는 "주 · 형 · 치 · 조"는 말하지 않았는데, 판본마다 같지 않으며 어떤 데서는 생략하기도 하였다. 『금루자 · 설번(金樓子 · 說蕃)』편에는 "진나라에게 하내(河內)와 양번의 땅을 내렸다"로 되어 있는데 이는 「진세가」에 근거를 둔 것이고, 『신서 · 선모(新序 · 善謀)』편은 『좌전』을 썼다. 『가자 · 심미(賈子 · 審微)』편에서도 "진문공이 군사를 이끌고 적도(賊徒)를 죽여 주나라의 난리를 안정시키고 양왕을 복위시키자, 이에 양왕이 남양의 땅을 상으로 주었다. 문공이 사절하고 죽을 때 수(隧)에 안장될 수 있게 해달라고

晉於是始啓南陽.[42]	진나라가 이에 처음으로 남양의 땅을 열었다.
陽樊不服,	양번이 불복하여
圍之.	에워쌌다.
蒼葛呼曰,	창갈호가 말하였다.
"德以柔中國,	"덕행은 중원의 국가를 회유하고
刑以威四夷,[43]	형벌은 사이를 으르는 것이니
宜吾不敢服也.	우리가 감히 복종하지 않는 것은 당연하다.

하였다. 양왕이 그 말을 들어주지 않고 말하기를 '주나라가 아무리 쇠락하여졌다지만 아직 주나라를 대신할 나라가 없소. 천자가 수를 쓰는데 백부가 수(隧)를 쓴다면 이는 천자가 둘이 되는 것이오. 땅이 적다고 생각한다면 내 청컨대 더 주겠소'라 하니 문공이 물러났다"라 하였다. 『전』과 조금 차이가 있다.

42 계(啓)는 완각본(阮刻本)에는 "기(起)"로 되어 있다. 여기서는 『교감기』를 따라 바로잡았다. 『여씨춘추 · 거사(去私)』편에 "남양에는 임금이 없다(南陽無令)"라는 말이 있는데 고유(高誘)는 "남양은 진산(晉山)의 남쪽 하수(河水)의 북쪽에 있는 고을로 지금의 하내온(河內溫), 양번, 주(州) 등이 모두 이것이다"라 하였다. 『수경 · 청수주(淸水注)』에서는 마융(馬融)의 말을 인용하여 "진(晉)나라 땅은 조가(朝歌) 남쪽에서 지(軹)까지가 남양이다"라 하였다. 조가는 지금의 하남성 기현(淇縣)의 소재지이고, 지는 지금의 제원현(濟源縣) 동남쪽 30리 지점에 있는 지성진(軹城鎭)이니 남양은 대략 곧 하남성 신향(新鄕) 지구를 경계로 하고 또한 양번 제읍(諸邑)의 소재지이기도 하다. 그 땅은 황하 북쪽, 태항산(太行山) 남쪽에 있으므로 진나라에서 남양이라고 하였다. 또한 문공 원년의 『전』에도 보인다. 『후한서 · 군국지(郡國志)』와 『진서 · 지리지(地理志)』에서는 후한 및 진나라의 수무현〔修武縣 : 지금의 획가현(獲嘉縣)〕이 곧 진문공이 개척한 남양이라고 하였는데 믿기 어렵다. 계(啓)는 개(開)와 같은 뜻으로 영토를 넓히고 확장한다는 뜻이다.

43 병(兵)은 형(刑)의 하나이다. 이는 진나라가 양번에게 덕으로 회유를 해야 하며 병력으로 위협을 가하는 것은 옳지 않음을 말하는데, 병형(兵刑)은 곧 사이(四夷)를 위협하는 것이기 때문이다.

此,	이곳에서
誰非王之親姻,[44]	누가 왕의 친인척이 아니기에
其俘之也?"[45]	포로로 잡으려는가?"
乃出其民.[46]	이에 그 백성들을 내보냈다.
秋,	가을에
秦, 晉伐鄀.[47]	진나라와 진나라가 약나라를 쳤다.

---

44 이는 양번을 가리키며 양번에 있는 사람은 모두가 왕의 친인척이라는 것이다. 「진어 4」에서 이른바 "양번 사람들 중에는 하나라와 상나라의 후대와 법전을 가진 사람이 있으며, 주나라 왕실의 군대와 민중이 있고 번중〔樊仲 : 곧 중산보(仲山甫)〕 같은 수관(守官)도 있습니다. 관원이 아니면 모두 왕실의 부형이며 조카, 외숙입니다"라 한 것이다.

45 어찌 포로로 삼을 수 있겠는가라는 뜻이다.

46 출(出) : 쫓아내어 떠나게 하는 것인데, 그 토지를 차지한다는 것을 말한다. 「주어 중」과 「진어 4」에 모두 이 일이 수록되어 있다. 「주어 중」에서는 "진후가 그 말을 듣고 '이는 군자의 말이다' 라 하여 그 백성을 내보냈다"라 하였다. 초장왕에게 번희(樊姬)가 있으니 번은 곧 희(姬)씨이다. 그러므로 누가 왕의 친인척이 아닌가라고 말한 것이다.

47 약(鄀) : 진나라와 초나라의 경계에 있는 작은 나라. 이때까지만 해도 상밀(商密)에 도읍을 두었는데, 그 땅은 지금의 하남성 석천현(淅川縣) 서남쪽일 것이다. 그 후에 도읍을 옮겼는데 지금의 호북성 의성현(宜城縣) 동남쪽 90리 지점에 있다. 옛 기물(器物)의 명문(銘文)으로 고찰해 보면 약은 상약(上鄀)과 하약(下鄀)의 구분이 있다. 상약의 약은 "鄀"이라 하였고 하약의 약은 "蠚" 혹은 "蛬"이라 하여 경계가 분명하였다. 상밀은 하약이며, 의성 동남쪽은 상약이다. 문공 5년 진나라 사람이 약으로 들어갔는데 이때부터 남쪽으로 옮겨 초나라의 부용국이 되었다. 정공 6년 영(郢)을 약으로 옮겼으니 초나라가 이미 멸망시켜 읍으로 만들었다. 청나라 진수화(陳樹華)의 『춘추경전집해고정(春秋經傳集解考正)』〔이하 『고정(考正)』〕과 홍양길(洪亮吉)의 『고(詁)』에서는 모두 말하기를 진문공은 이제 막 남양을 개척하고 번(樊)과 원(原)을 포위하였는데 어느 겨를에 진나라와 만나 멀리 소국을 정벌하였겠는가라고 하였다. 『전』에는 진나라를 언급하는 말이 한마디도 없으므로 이 "진(晉)"자는 연문임을 알 수 있다. 사실 이때 진나라가 병력을 나누어 진을 돕는 것도 안 되는 것은 아니었다. 두예는 "더 이상 진(晉)나라를 언급하지 않은 것은 진(秦)나라가 병력을 주도하였기 때문이다"라 하였는데 통하지 않은 덕이 없었다.

楚鬪克, 屈禦寇以申, 息之師戍商密.[48] 초나라의 투극과 굴어구가 신과 식나라 군대를 가지고 상밀을 지켰다.

秦人過析,[49] 진나라 사람이 석을 지나

隈人而係輿人,[50] 물굽이를 따라 들어가 많은 사람들을 묶어

以圍商密, 상밀을 에워싸고는

昏而傳焉.[51] 날이 저물자 다가갔다.

宵, 밤에

---

48 투극굴어구(鬪克屈禦寇) : 투극은 자는 자의(子儀)이며 당시 초나라의 신공(申公)이었다. 굴어구는 자가 자변(子邊)으로 당시 초나라의 식공(息公)이었다. 초나라의 지방장관들은 모두 공(公)이라 일컬었다. 초나라는 중원을 경영할 때 항상 신, 식의 군사를 썼다. 희공 28년 성복(城濮)의 패배 때 초왕이 자옥(子玉)에게 "신과 식의 부로들은 어찌하겠는가?(其若申, 息之老何?)"라 한 데서 알 수 있다. 26년 신공 숙후(叔侯)가 제나라를 방비하였으며, 선공 12년에는 신공 무신(巫臣)이 소(蕭)나라를 치는데 참여하였다. 성공 6년에는 신, 식의 군사를 가지고 채(蔡)나라를 구원한 것을 봐도 알 수 있다. 성공 7년에서 이른바 "신과 여가 읍이 되어서 부세를 징수하여 북방을 막았습니다(申 · 呂所以邑也, 是以爲賦, 以御北方)"라 한 것이다. 상밀을 지켰다고 한 것이 곧 약을 지킨 것이며, 상밀은 도성을 말한 것이고 약은 나라를 말한 것이다.

49 석(析) : 이때 약(鄀)나라의 별읍이었을 것이다. 『대사표』에 의하면 지금의 내향현(內鄕縣), 석천현(淅川縣)의 서북쪽 경계가 모두 석의 땅이다. 소공 18년에 초나라가 허(許)를 이리로 옮겼다.

50 외(隈) : 물굽이. 아마 진(秦)나라 사람이 석(析)을 지날 때 단수곡(丹水曲)을 따라 군사를 통과시켜 지키던 병사들의 길을 피하였을 것이다.
여인(輿人) : 중인(衆人)과 같은 뜻. 혹은 사병(士兵), 혹은 역졸(役卒)이라고도 한다. 계여인(係輿人)은 진나라 사람이 실은 석을 빼앗지 못했는데 자기 사람들을 포박하여 석에서 잡은 포로처럼 가장한 것이다.

51 부(傅) : 성의 해자에 가까이 가는 것이다. 반드시 날이 저물어서야 간 것은 상밀(商密) 사람들에게 자기들의 위장전술이 간파당하지 않게 하기 위해서였다.

坎血加書,[52]	구덩이를 파고 피를 발라 맹약의 글을 써서 올려놓고
僞與子儀, 子邊盟者.[53]	자의, 자변과 맹약한 것처럼 속였다.
商密人懼,	상밀의 사람이 두려워하여
曰,	말하기를
"秦取析矣!	"진나라가 석을 빼앗았다!
戍人反矣!"	지키던 사람이 배반했다!"라 하고는
乃降秦師.	이에 진나라에 항복했다.
秦師囚申公子儀, 息公子邊以歸.[54]	진나라 군사는 신공 자의와 식공 자변을 포로로 하여 돌아갔다.
楚令尹子玉追秦師,	초나라 영윤 자옥이 진나라 군사를 쫓았으나
弗及.	미치지 못하였다.
遂圍陳,	마침내 진나라를 에워싸고
納頓子于頓.	돈자를 돈으로 들여보냈다.

52 땅을 파서 구덩이를 만들고 그 안에서 희생을 죽여 그 피로 신에게 고하고 입에 피를 바른 후 그 위에서 맹약의 글을 쓴 것이다. 은공 원년의 경에 상세히 보인다.

53 자의와 자변은 이 일을 알지도 못하며 아예 맹약에는 참여를 하지도 않았으므로 밤에 이 일을 행하여 성의 사람들에게 발각되지 않게 한 것이다.

54 각 판본에는 "秦師"라는 글자가 중복되지 않았는데 여기서는 가나자와 문고본(金澤文庫本)과 『당석경』, 송본(宋本), 순희본(淳熙本), 악본(岳本) 등에 의하여 첨가하였다. 『회남자 · 남명(覽冥)』편의 고유의 주석에서는 "초나라는 왕을 참칭하였으므로 현을 지키는 대부를 모두 공(公)이라 불렀다"라 하였다.

冬,	겨울에
晉侯圍原,	진후가 원을 에워쌌는데
命三日之糧.[55]	사흘 치 식량을 휴대할 것을 명했다.
原不降,	원이 항복하지 않자
命去之.	그곳을 떠나라고 명하였다.
諜出,[56]	첩자가 나와서
曰,	말하기를
"原將降矣."[57]	"원이 항복하려 합니다"라 하였다.
軍吏曰,	군리가 말하기를
"請待之."	"기다리소서"라 하였다.
公曰,	공이 말하기를
"信,	"신의는
國之寶也,	나라의 보배이고
民之所庇也.	백성을 비호하는 것이다.
得原失信,	원을 얻고 신의를 잃는다면

55 「진어 4」에도 "사흘 치 식량을 휴대하도록 명했다"라 하였다. 그러나 『한비자 · 외저설 · 좌상(韓非子 · 外儲說 · 左上)』에서는 "열흘 치 식량을 쌌다"라고 하였는데 다르게 전해진 것 때문일 것이다.

56 첩출(諜出) : 첩(諜)은 간첩이다. 출(出)은 포위한 성에서 나온 것이다.

57 「진어 4」에서는 "첩자가 나와서 말하기를 '원은 하루 이틀을 넘기지 못할 것입니다'라 하였다"라고 하였다. 『한비자 · 외저설 · 좌상』에서는 "원에서 나온 무사가 말하기를 '원은 사흘이면 항복할 것입니다'라 하였다" 하였으니 모두 "사흘(三日)"이라고 하였다.

何以庇之?	어떻게 비호하겠느냐?
所亡滋多."	잃는 것이 더 많게 될 것이다"라 하였다.
退一舍而原降.[58]	30리를 물러나니 원이 항복하였다.
遷原伯貫于冀.[59]	원백 관을 기로 옮겼다.
趙衰爲原大夫,	조최가 원의 대부가 되고
狐溱爲溫大夫.[60]	호진이 온의 대부가 되었다.

衛人平莒于我,[61]	위나라 사람이 거나라와 우리나라의 화평을 주선하였다.

---

58 「진어 4」에서는 "맹문(孟門)에 이르렀는데 원이 항복을 청했다"라 하였다. 맹문은 양공 23년 "맹문에 들어가 태항산(大行山)에 올랐다"라 한 맹문으로, 지금의 태항산 동쪽에 있는데 아마 태항산의 좁은 도로 이름일 것으로, 곧 지금의 하남성 휘현(輝縣)의 백형(白陘)이며 원과는 하루 30리의 거리에 그치지 않고 또 진나라 군사들이 돌아가는 길이 아니므로 믿을 수가 없을 것이다. 「위책(魏策) 4」에서는 "원은 진(秦)나라와 적(翟)나라를 믿고 진(晉)나라를 깔보았는데, 진(秦)나라와 적나라에 큰 흉년이 들자 진(晉)나라가 원을 멸망시켰다"라 하였다. 아마 이 일을 가리키는 것 같다.

59 원백관(原伯貫) : 장공 18년 『전』에 원장공(原莊公)이 있는데 곧 21년 『전』의 원백이며, 대대로 원씨의 채읍을 지킨 사람일 것이다. 희공 24년 『전』의 적나라 군사가 사로잡은 원백은 곧 이 원백관의 아버지일 것이다. 원백관은 기(冀)로 옮긴 후에도 원백으로 불렸으며, 그 자손으로 『전』에 보이는 사람은 소공 12년의 원백교(原伯絞)와 18년의 원백로(原伯魯)가 있다.

기(冀) : 지금의 산서성 하진현(河津縣) 동북쪽에 있으며 2년의 『전』에 상세하다.

60 두예는 "호진은 호모(狐毛)의 아들이다"라 하였다. 아래의 『전』에서 "진후가 시인 발제에게 원수(原守)에 대해 물어보았다"라 한 것에 의하면 원의 대부가 곧 원수(原守)이다. 진나라는 현재(賢宰)를 대부라 하였는데, 소공 28년 『전』에 오(鄔)대부, 기(祁)대부 등이 있는 것으로 알 수 있다.

61 원년에 노나라가 거나라를 패퇴시키고 거나(莒挐)를 사로잡은 일이 있은 이래 두 나라는 원한을 가진 지가 이미 오래되어 위나라가 중간에서 강화를 주선한 것이다.

十二月,	12월에
盟于洮,[62]	조에서 맹약하여
修衛文公之好,	위문공의 우호를 다졌다.
且及莒平也.	또한 거나라와 강화를 맺었다.

晉侯問原守於寺人勃鞮,[63]	진후가 시인 발제에게 원수에 대하여 물으니
對曰,	대답하기를
"昔趙衰以壺飧從,	"옛날에 조최가 병에 밥을 담고 따라다니다가
徑,	오솔길로 접어들었는데
餒而弗食."[64]	굶주려도 그것을 먹지 않았습니다"라 하였다.

62 맹우조(盟于洮) : 조에서는 두 번 맹약을 하였는데, 한번은 위성공(衛成公)이 노희공과 위문공(衛文公)의 우호조약을 다진 것이었고, 한번은 노나라와 거나라가 위성공의 주선으로 맹약을 한 것이다. 거나라에서 맹약에 임한 사람은 거경(莒慶)이었다.

63 수(守) : 명사이며, 옛날에는 거성으로 읽었다.
발제(勃鞮) : 곧 시인 피(披)이다.

64 이는 조최가 진문공을 위하여 음식을 지니고 따라 다니다가, 이따금 진문공은 대도로 가고 조최는 소로를 가게 되는 경우가 있을 때 조최가 비록 배가 고파도 또한 그것을 먹지 않았다는 말이다. 『한비자 · 외저설 · 좌상』에서는 "진문공이 망명 생활을 할 때 기정(箕鄭)이 호리병에 음식을 담아가지고 따랐다. 길을 잃어 문공과 헤어져도 배가 고프면 길에서 울며 굶주린 채 잠이 들어 감히 먹지를 않았다"라 하였다. 조최를 기정으로 잘못 알기는 하였지만 이른바 "길을 잃어 문공과 헤어졌다"는 것을 『좌전』에서는 "경(徑)"으로 보았음을 알 수 있다. 경은 한 사람이 지날 수 있는 소로이다.

故使處原.[65] 그래서 거를 원에 처하게 하였다.

희공 26년

經

二十有六年春王正月,[1] 26년 봄 주력으로 정월

己未,[2] 기미일에

公會莒子, 衛甯速盟于向.[3] 공이 거자와 위나라 영속을 상에서 만났다.

齊人侵我西鄙, 제나라 사람이 우리나라 서쪽 변방을 침입함에

公追齊師,[4] 공이 제나라 군사를 추격하여

---

65 "晉侯~處原"의 28자는 원래 "衛人平莒于我"의 위에 놓여 원래는 "狐溱爲溫大夫"와 이어져, 조최가 원대부가 된 까닭을 설명하여야 하는데 간독이 섞여〔錯簡〕 여기에 놓이게 되었다.

1 이십유육년(二十有六年) : 정해년 B.C. 634년으로 주양왕(周襄王) 19년이다. 동지가 지난해 윤12월 24일 갑진일이었으며, 건축(建丑)이다.

2 기미(己未)일은 9일이다.

3 영속(甯速) : 속(速)은 『공양전』에는 "遬"으로 되어 있다. 『설문해자』에 의하면 "遬"은 "速"자의 주문(籒文)의 형태이다. 영속은 위나라의 대부 영장자(甯莊子)이다.
상(向) : 거나라 땅이다. 지금의 산동성 거현(莒縣) 남쪽 70리 지점에 있으며, 또한 은공 2년의 『경』에도 보인다.

4 앞의 구절에서는 제인(齊人)이라 하고 뒤의 구절에서는 제사(齊師)라고 하였는데, 이는 아마 추격한 것이 사(師)이므로 문장에서 맞추어 말한 것이며, 올바른 예가 없다. 환공 11년의 경에서 "제후, 송공, 위후, 연나라 사람과 싸웠다. 제나라와 송나라, 위나라, 연나라

至鄡,[5]	휴에 이르렀으나
弗及.[6]	미치지를 못했다.
夏,	여름에
齊人伐我北鄙.[7]	제나라 사람이 우리나라 북쪽 변방을 쳤다.
衛人伐齊.	위나라 사람이 제나라를 쳤다.
公子遂如楚乞師.[8]	공자 수가 초나라로 가서 군사를 청하였다.

군사가 대패했다"(及齊侯, 宋公, 衛侯, 燕人戰. 齊師, 宋師, 衛師, 燕師敗績)라 하여 남연(南燕)에 대해서도 인(人)과 사(師)의 다른 호칭을 썼는데 대패한 것은 사(師)를 가지고 말하였기 때문에 맞춘 것이다. 희공 28년의 『경』에는 초인(楚人)과 초사(楚師)라는 말이, 또 33년에는 진인(秦人)과 진사(秦師)라는 말이 있어, 진나라와 초나라에도 인(人)과 사(師)라는 이칭이 있는데 그 예 또한 이와 같다. 『곡량전』에서는 "침략하면 인(人)이라 하고, 추격하면 사(師)라 하는데 공이 추격을 해서 미치지 못함을 강조한 것이다. ……" 하였는데 설득력이 떨어진다.

5 휴(鄡) : 『공양전』과 『곡량전』에는 모두 "巂"로 되어 있다. 휴는 제나라 땅으로, 지금의 산동성 동아현(東阿縣) 남쪽의 휴하취(鄡下聚)가 곧 그곳일 것이며, 장공 3년에 나오는 기(紀)나라의 휴(鄡)와는 다른 곳이다.

6 불(弗) : 완본(阮本)에는 "不"로 되어 있으나 틀렸다. 『교감기』에 따라 바로잡는다.

7 『국어 · 제어』 및 『관자 · 소광(小匡)』편에서는 모두 말하기를 제환공이 "봉한 강역을 바로잡아 땅이 남으로 대음(岱陰 : 태산의 북쪽이라는 뜻)에까지 이르렀다"라 하였으니 제나라와 노나라는 남북의 경계를 태산(泰山)으로 삼았다. 여기서 이른바 북쪽 변방은 태산의 남쪽일 것이다.

8 공자수(公子遂) : 『전』에서는 동문양중(東門襄仲)이라 하였고, 또 양중(襄仲), 동문수(東門遂), 중수(仲遂), 동문씨(東門氏)라고도 하였는데 장공의 아들로 노나라의 경(卿)이다. 『예기 · 단궁(檀弓)』의 공영달의 소(疏)에서 인용한 『세본(世本)』에서 "중수(仲遂)는 장공의 아들 동문양중(東門襄仲)이다"라 한 사람이다. 수(遂)는 이름이고, 양(襄)은 시호이며, 중(仲)은 자이다. 동문의 뜻은 『전』의 주석에 상세하다. 제나라가 여러 차례나 침범을 해왔으므로 바깥으로 가서 원병을 청하였다. 『춘추』에는 "乞師"라는 기록이 다섯 번 나오는데, 여기서는 노나라가 국외에 군사를 청한 것이고, 나머지 네 차례는 진(晉)나라

秋,	가을에
楚人滅夔,[9]	초나라 사람이 기나라를 멸하고
以夔子歸.[10]	기자를 데리고 돌아갔다.
冬,	겨울에
楚人伐宋,	초나라 사람이 송나라를 치고
圍緡.[11]	민을 에워쌌다.
公以楚師伐齊,	공이 초나라 군사를 가지고 제나라를 쳐서
取穀.[12]	곡을 취하였다.
公至自伐齊.[13]	공이 제나라를 치고 돌아왔다.

가 노나라에게 군사를 청한 것으로 성공 13년과 16, 17, 18년에 각각 나뉘어 보인다.

9 기(夔) : 『공양전』에는 "외(隗)"로 되어 있는데, 통가자일 것이다. "귀(歸)"라고도 하였다. 삼국시대 촉한(蜀漢) 때 초주(譙周)의 『고사고(古史考)』에서도 또한 "귀나라를 멸하였다(滅歸)"라 하였다. 기는 나라 이름으로 초나라와 동성이다. 지금의 호북성 자귀현(秭歸縣) 동쪽에 기자성(夔子城)이 있으며, 그 지명을 기타(夔沱)라고 하는데 옛 기나라이다. 옛 이기(彝器)의 명문에 의하면 왕(王)이라고 일컬었다. 『예기 · 곡례 하』에서 이른바 "동이, 북적, 서융, 남만에 있으며 커도 자(子)라고 한다. 자칭 왕로(王老)라 하였다"라 한 것이 바로 이를 말한다. 초나라의 영윤 성득신(成得臣)의 이름을 기록하지 않고 인(人)이라고 기록한 것은 희공 이전에는 으레 이렇게 썼다.

10 나라를 멸하고 그 임금을 데리고 돌아갔다는 기록은 여기서 처음 나온다.

11 민(緡) : 『곡량전』에는 "閔"으로 되어 있다. 동음이며, "혼"이라는 음도 있다. 송나라의 읍으로 23년의 『경』에 보인다.

12 곡(穀) : 지금의 산동성 동아현(東阿縣) 옛 소재지. 장공 7년의 『경』에 보인다.

13 『전』이 없다.

傳

二十六年春王正月,　　26년 봄 주력으로 정월

公會莒茲丕公, 甯莊子盟于向,[14]　　공이 거자비공과 영장자를 만나 상에서 맹약을 하였는데

尋洮之盟也.[15]　　조에서의 맹약을 다진 것이다.

齊師侵我西鄙,　　제나라 군사가 우리 남쪽 변방을 침입하였는데

討是二盟也.[16]　　이 두 맹약을 성토하기 위함이었다.

夏,　　여름에

齊孝公伐我北鄙,　　제효공이 우리 북쪽 변방을 치자

衛人伐齊,　　위나라 사람이 제나라를 쳤는데

洮之盟故也.　　조의 맹약 때문이었다.[17]

---

14 자비(茲丕) : 거공(莒公)의 호이다. 거나라의 임금은 시호가 없고 호가 있는데 문공 18년에 거기공(莒紀公)이 있고, 양공 16년 및 30년에는 거이비공(莒犁比公)이, 소공 14년에는 거저구공(莒著丘公)이 있으며, 이외에도 또한 거교공(莒郊公), 거공공(莒共公)이 있는데 모두 호이다.

15 조(洮)에서의 맹약은 지난해에 있었다.

16 이맹(二盟) : 조(洮)와 상(向)에서의 맹약이다. 제효공(齊孝公)은 여전히 패주로 자처하고 있어서 노나라가 다른 나라들과 맹약을 하지 않을 것으로 생각하였기 때문에 마침내 성토한 것이다.

17 노나라와 위나라는 맹약을 하고 서로 구원해 주기로 하였으므로, 위나라가 제나라를 친 것은 노나라를 구원하기 위함이었다.

公使展喜犒師,[18]	공이 전희로 하여금 군사를 호궤하게 하였는데
使受命于展禽.[19]	전희에게 명을 받게 하였다.
齊侯未入竟,[20]	제후가 경계에 아직 들어오지 않았을 때
展喜從之,[21]	전희가 그를 좇아
曰,	말하였다.
"寡君聞君親擧玉趾,	"우리 임금께서는 임금님이 친히 옥지를 옮기시어
將辱於敝邑,	우리나라에 오시려 한다는 말을 듣고
使下臣犒執事."[22]	하신으로 하여금 집사를 호궤하게 하였습니다."

18 호사(犒師) : 술과 음식으로 제나라 군사를 접대하는 것이다.

19 전금(展禽) : 이름은 획(獲)이고 자는 금(禽)이다. 혹자는 식읍을 유하(柳下)에 두었다고 하고 혹자는 유하에 살았다고도 하며, 『열녀전』에 의하면 그의 처가 사시(私謚)를 혜(惠)라고 하였다 하여 유하혜(柳下惠)라고도 부른다. 『장자 · 도척(盜跖)』편 및 『전국책』에서는 유하계(柳下季)라고 부르는데, 계(季)는 그의 배항(排行)으로 오십이 되면 백중(伯仲)으로 부르기 때문이다. 「노어(魯語) 상」에서는 "제나라 효공이 쳐들어오자 장문중이 병을 칭하고 물러나고자 하여 전금에게 물었다. 전금이 을희(乙喜)로 하여금 머리에 기름을 바르고 제나라 군사를 호궤하게 하였다"라 하였다. 을희는 곧 전희이며 전(展)은 씨이고, 을(乙)은 자이며, 희(喜)는 이름이다. 옛날에 이름과 자를 이어서 부를 때는 자를 앞에 이름을 뒤에 두었다. 따라서 진해후(晉解侯)는 자가 장(張)이므로 장후(張侯)라 하였고, 정공자비(鄭公子騑)는 자가 자사(子駟)이기 때문에 「초어」에서 사비(駟騑)라고 하였다.

20 경(竟) : 경(境)자와 같은 자이다.

21 국경을 넘어 제후를 따라간 것이다.

齊侯曰,	제후가 말하기를
“魯人恐乎?”	“노나라 사람들은 두려워하는가?”
對曰,	대답하여 말하기를
“小人恐矣,	“소인들은 두려워하지만
君子則否.”	군자들은 그렇지 않습니다”라 하였다.
齊侯曰,	제후가 말하였다.
“室如縣罄,[23]	“집은 경쇠를 달아 놓은 것 같고
野無靑草,	들에는 파란 풀도 없는데
何恃而不恐?”	무엇을 믿고 두려워하지 않는가?”
對曰,	대답하여 말하였다.
“恃先王之命.	“선왕의 명을 믿고 있습니다.

---

22 「노어 상」에서는 전희의 말을 기록하여 “우리 임금이 영특하지 못하여 변경의 관원을 제대로 섬기지 못함에 임금님을 매우 노하게 하여 이렇게 우리나라의 들판에서 비바람을 맞도록 하였으므로 감히 군사를 호궤하게 하였습니다”라 하였다. 이는 제후가 이미 국경을 넘어왔다는 말로 『전』과는 다르다. 아마 『국어』의 편찬자는 제후는 비록 아직 노나라의 경계로 들어오지 않았지만 제나라 군사는 실로 먼저 경계를 넘은 사실을 몰랐기 때문에 적이 아직 들어오지 않았다고 생각하여 전희가 가서 호궤하는 것이 정리에 맞지 않는 것 같아 이미 들어왔다는 말로 고쳤는데 역사적 사실을 모른 것이다.

23 현경(縣罄) : “縣”은 “懸”, “罄”은 “磬”자의 뜻이다. 다른 판본에서는 또한 “磬”으로 되어 있고 「노어 상」에도 역시 “磬”으로 되어 있다. 경쇠를 거는 악기 틀은 가운데가 높고 양쪽 곁은 낮아 그 사이가 비어서 아무것도 없다. 백성들이 가난하여 집에 있는 것이 없어 집만 덩그러니 솟아 있고 양쪽 처마만 늘어뜨려져서 옛 경쇠가 악기 틀에 걸려 있는 것과 같다는 말이다. 청나라 정요전(程瑤田)의 『통예록(通藝錄)』에서도 “집에 양식이 없으므로 경이 걸린 것 같다고 하였다”라 하였다.

昔周公, 大公股肱周室,	옛날에 주공과 태공이 주나라 왕실을 보좌하면서
夾輔成王.	성왕을 끼고 도왔습니다.
成王勞之,	성왕이 위로하여
而賜之盟,	맹약을 내려 주시며
曰,	말씀하시기를
'世世子孫無相害也!'	'자손 대대로 서로 해치는 일이 없이 하라!' 고 하셨는데
載在盟府,[24]	맹약한 글이 맹부에 있고
大師職之.[25]	태사가 관장하고 있습니다.
桓公是以糾合諸侯,	환공이 이 때문에 제후들을 규합하여
而謀其不協,	불화를 해결할 것을 꾀하였고
彌縫其闕,	그 벌어진 틈을 봉합하여

24 재(載) : 맹약이다. 옛날에는 맹약을 재서(載書)라고 하였고, 또한 줄여서 재(載)라고 하였다.

25 두예는 "태공은 태사로 사맹(司盟)의 관직을 겸하여 맡았다"라 하였다. 그러므로 태사(大師)는 오로지 태공(大公)을 가리킨다. 고염무의 『보정(補正)』에서는 "태사(太師)는 주나라 태사(大師)로 사맹의 관직을 맡았다. 『해(解)』에서는 '태공(太公)은 태사(太師)이다' 라 하였는데 틀렸다"라 하였다. 그러나 고적에서 고찰해 보면 태사(太師)가 맹약을 주관하였다는 기록은 없다. 무억(武億)의 『군경의증(羣經義證)』과 청나라 완지생(阮芝生)의 『두주습유(杜注拾遺)』에서는 태사(大師)는 태사(大史)가 되어야 하며, 태사는 재서를 보관하는 일을 맡는 것이 대체로 주나라의 정해진 법제였다고 하였다. 그 설이 그럴듯하다. 직(職)은 주관한다는 뜻이다.

而匡救其災,[26]	재난을 바로잡아 구하고
昭舊職也.	옛 직분을 밝히려 하였습니다.
及君卽位,	임금께서 즉위하시니
諸侯之望曰,	제후들이 바라며 말하기를
'其率桓之功!'[27]	'환공의 공로를 따르겠구나!' 라 하였고
我敝邑用是不敢保聚,[28]	우리나라에서도 이 때문에 감히 성을 지키고 병사를 모으지도 않고
曰,	말하기를
'豈其嗣世九年,	'어찌 왕위를 이은 지 9년 만에
而弃命廢職?	명을 버리고 직분을 그만두겠는가?
其若先君何?	선군은 어떻게 하겠는가?
君必不然.'	임금께서는 반드시 그러지 않을 것이다' 라 하였습니다.
恃此以不恐."	이것을 믿고 두려워하지 않습니다."
齊侯乃還.[29]	제후가 이에 군사를 돌렸다.

26 성공 18년의 전에 "가난하고 곤궁함을 바로잡고 재해와 환란을 구한다(匡乏困, 救災患)라"는 말이 있는데 두예는 "광(匡) 또한 구(救)한다는 뜻이다"라 하였다.

27 환(桓)은 가나자와 문고본(金澤文庫本)에는 "桓公"으로 되어 있다. 솔(率)은 순(循), 곧 따른다는 뜻이다.

28 가나자와 문고본(金澤文庫本)에는 "用是不敢保聚"로 되어 있으며, 『당석경』에도 "用"자 아래에 "是"자를 더하였다. 보취(保聚)는 성을 지키고 군중을 모으는 것이다.

29 「노어 상」에서는 "제후가 이에 화평을 맺는 것을 허락하고 돌아갔다"라 하였다.

東門襄仲, 臧文仲如楚乞師.[30] 동문양중과 장문중이 초나라로 가서 군사를 청하였다.

臧孫見子玉而道之伐齊, 宋,[31] 장손이 자옥을 보고 제나라와 송나라를 치도록 이끌었는데

以其不臣也.[32] 그 신하로 섬기지 않았기 때문이다.

夔子不祀祝融與鬻熊,[33] 기자가 축융과 육웅에게 제사를 지내지 않으니

---

30 동문양중(東門襄仲) : 곧 공자 수(公子遂)이다. 동문(東門)이라고 일컬은 것은『주례·대사마(大司馬)』에서 "호명하는 것을 구별하기 위해 장수는 문의 이름을 쓴다"라 하였고, 정현이 "군대의 장수는 모두 경(卿)에 임명되었는데, 옛날에 군의 장수들은 도성의 문에서 군을 다스렸기 때문에 노나라에는 동문양중이 있게 되었고, 송나라에는 동문우사〔桐門右師 : 소공(昭公) 25년의『전』〕가 있게 되었다. 이들은 모두 상경(上卿)으로 군의 장수가 된 자들이다"라 하였다. 두예는 "양중은 동문에 거처하였기 때문에 씨로 삼은 것이다"라 하여 정현의 설을 의심하였는데 비교적 옳다.
장문중(臧文仲) : 장손신(臧孫辰)으로 장공 11년의『전』에 보인다. 문중은 부사(副使)이므로『경』에서는 기록을 하지 않았다.

31 자옥(子玉) : 초나라 영윤 성득신(成得臣)이다.
도(道) : 인도(引導)하다. 또는 권하여 유세하다.

32 두예는 "주나라를 신하의 도리로 섬기지 않기 때문에 이 죄를 물어 정벌하여야 함을 말한다"라 하였다. 심흠한은『보주(補注)』에서 "초나라가 이미 왕을 참칭하였으니 어찌 다시 주나라를 높이는 마음이 있겠는가? 여기서 '不臣'이란 말은 제나라와 송나라가 초나라를 섬기지 않으려는 것이다"라 하였다.

33 육(鬻) :「초세가」에서는 "초나라의 선조는 전욱(顓頊) 고양(高陽)에게서 나왔다. 고양은 칭(稱)을 낳았고, 칭은 권장(卷章)을 낳았으며, 권장은 중려(重黎)를 낳았다. 중려는 제곡(帝嚳) 고신(高辛)씨의 화정(火正)으로 있으면서 공을 많이 세웠고 능히 천하를 밝게 비출 수 있었기 때문에 제곡이 축융(祝融)이라 불렀다. 제곡은 중려를 죽이고 그의 아우 오회(吳回)를 중려의 후사로 삼아 다시 화정에 명하고 축융이라 하였다. 오회는 육종(鬻終)을 낳았다. 육종은 아들 여섯 명을 낳았는데 여섯째가 계련(季連)으로 미(芈)씨 성이며 초나라는 그의 후예이다. 주문왕 때 계련의 후손에 육웅(鬻熊)이 있었다. ……"라 하여, 축융과 육웅이 모두 초나라의 선조이며, 기(夔)는 초나라에 따로 봉해졌으니

楚人讓之. 초나라 사람이 그것을 꾸짖었다.

對曰, 대답하여 말하기를

"我先王熊摯有疾, "우리 선왕이신 웅집이 병이 났는데

鬼神弗赦,[34] 귀신이 용서를 해주지 않아

而自竄于夔,[35] 스스로 기나라로 숨었습니다.

고례에 따라 또한 제사를 지내야 한다. 청나라 전조망(全祖望)의 『경사문답(經史問答)』에서는 임(任), 숙(宿), 수구(須句)는 풍(風)성이라고 하였으며, 실은 태호(太皞)의 제사를 드린다고 하였다. 태호는 천자로 임, 숙 등 여러 나라가 부용의 소국으로 제사를 지내니, 축융과 육웅의 두 제사는 기로서는 당연히 지내야 하는 것이다.

34 일찍이 귀신에게 기도하였으나 병이 낫지 않았기 때문에 귀신이 용서하지 않았다고 한 것이다.

35 『당석경』에는 "竄"자가 원래 "우(寓)"자로 되어 있었는데 다시 갈아내고 "竄"자로 고쳤다. 「초세가」에서는 "웅거(熊渠)는 아들 셋을 낳았다. 주이왕(周夷王) 때 왕실의 힘이 약해져 제후들 중에는 내조(來朝)하지 않는 사람도 있었고 서로 쳤다. 웅거가 강수(江水)와 한수(漢水) 사이 백성들의 환심을 크게 얻어 장자인 웅강(熊康)을 구단왕(句亶王)으로, 둘째 아들 웅홍(熊紅)을 악왕(鄂王)으로, 작은 아들 웅집자(熊執疵)를 월장왕(越章王)으로 세웠다. 웅거가 죽자 아들인 웅체홍(熊摯紅)이 즉위하였다. 웅홍이 죽자 그 아우가 웅체홍을 죽이고 대신 즉위하여 웅연(熊延)이라 하였다. ……"라 하였으니 『좌전』의 웅체는 곧 『사기』의 웅체홍인 것 같다. 그러나 체홍이 웅거의 둘째 아들로 일찍이 초나라의 왕위를 이었다가 동생에게 살해당하였다 하였으니 『전』과 다르다. 『색은(索隱)』에서는 초주(譙周)의 『고사고(古史考)』를 인용하여 "웅거가 죽자 아들 웅상(熊翔)이 섰으며, 죽자 장자인 웅체가 병들어 작은 아들 웅연이 섰다"라 하였다. 『정의(正義)』에서는 『낙위(樂緯)』의 송균(宋均)의 주를 인용하여 "웅거의 적사(嫡嗣)는 웅체인데 몹쓸 병에 걸려 후사를 이을 수 없었으므로 따로 기(夔)에 가서 살게 되었으며, 초나라의 부용국이 되어 나중에 왕명으로 기자(夔子)라고 하였다"라 하였다. 웅체가 웅거의 손자이건 적사이건 병으로 후사를 잇지 못한 것은 『전』과 같다. 「정어」에서는 "미(羋)성은 기(夔)와 월(越)로 명할 수 없다"라 하였으며, 위소(韋昭)의 주에서도 "웅역(熊繹)의 6세손 웅체는 몹쓸 병으로 초나라 사람이 폐하고 그 아우 웅연을 세우니 체는 스스로 기로 물러났다. 그 자손이 공이 있어 왕명으로 기자가 되었다"라 하였다. 『사기』에 의하면 웅체는 주여왕(周厲王)과 주선왕(周宣王)의 후손이다.

吾是以失楚,	우리는 이 때문에 초나라를 잃었으니
又何祀焉?”	또한 어떻게 제사를 지내겠습니까?”
秋,	가을에
楚成得臣, 鬪宜申帥師滅夔,[36]	초나라 성득신과 투의신이 군사를 이끌고 기나라를 멸하고
以夔子歸.[37]	기자를 데리고 왔다.
宋以其善於晉侯也,[38]	송나라는 진후에게 잘 해주었다 하여
叛楚卽晉.[39]	초나라를 배반하고 진나라에 붙었다.
冬,	겨울에
楚令尹子玉, 司馬子西帥師伐宋,	영윤 자옥과 사마 자서가 군사를 이끌고 송나라를 쳐서

36 성득신(成得臣) : 영윤 자옥(子玉)이다.
투의신(鬪宜申) : 사마 자서(子西)이다.

37 「초세가」에는 이 일이 성왕(成王) 39년에 실려 있는데, 『전』에 의하면 38년이 되어야 한다.

38 진문공이 망명 다닐 때 송나라를 지나자 송양공은 말 20승(乘)을 주었다. 23년의 『전』에 보인다. 성공 14년의 『전』에서는 “손문자(孫文子)가 진대부에게 매우 잘 대해 주었다”라 하여 이 문장과 같다.

39 24년의 『전』에서는 “송나라가 초나라와 화평을 맺자 송성공(宋成公)이 초나라로 갔다”라 하였는데 아마 송이 초나라를 따른 것은 3년에 가까울 것이다. 「연표」에서는 “송성공 3년 초나라를 배반하고 진나라와 친하였다”라 하였다.

圍緡.	민을 에워쌌다.
公以楚師伐齊,	공이 초나라 군사를 가지고 제나라를 쳐서
取穀.	곡을 취하였다.
凡師,	무릇 군사를
能左右之曰以.[40]	마음대로 좌지우지할 수 있는 것을 "이"라고 한다.
寘桓公子雍於穀,	환공의 아들 옹을 곡에 두고
易牙奉之以爲魯援.[41]	역아에게 모시게 하여 노나라의 원병으로 삼았다.
楚申公叔侯戍之.[42]	초나라 신공 숙후가 그곳을 지켰다.
桓公之子七人,	환공의 일곱 아들이
爲七大夫於楚.[43]	초나라에서 일곱 대부가 되었다.

40 능좌우지(能左右之) : 객군(客軍)을 자기네 군대처럼 지휘하여 부리는 것을 가리킨다. 『공양전』 환공 14년에 "송나라 사람이 제나라 사람, 위나라 사람, 채나라 사람, 진나라 사람을 가지고 정나라를 쳤다(宋人以齊人 · 衛人 · 蔡人 · 陳人伐鄭)"는 말이 있는데 『전』에서 "'以'라는 것은 무엇인가? 그 뜻대로 행하는 것이다"라고 하였는데 또한 여기에서 쓰인 뜻과 같다. 여기서는 제후가 타국 군대의 도움을 빌린 것만 말하며 나머지 "以"만 말하고 "師"에 대해서는 말하지 않은 것은 이 예에 들지 않는다.

41 두예는 "옹은 원래 효공(孝公)과 즉위를 다투었기 때문에 곡(穀)에 거처하며 제나라를 압박하게 하였다"라 하였다. 역아는 17년의 『전』에 보인다.

42 두예는 "28년 초자가 신숙(申叔)을 곡(穀)에 가게 한 복선이다"라 하였다.

43 두예는 "효공이 공족들을 잘 어루만지지 못하였음을 말하였다"라 하였다. 「초세가」에서는 "(성왕) 39년 노희공이 제나라를 칠 군대를 청하여 초나라는 신숙(申叔)으로 하여금 병사를 이끌고 제나라를 치게 하여 곡을 취하고 제환공의 아들 옹을 그곳에 두었다. 제환공의 일곱 아들이 모두 초나라로 달아났는데 초나라는 모두 상대부로 삼았다"라 하였

희공 27년

經

二十有七年春,[1]	27년 봄
杞子來朝.	기자가 내조했다.
夏六月庚寅,[2]	여름 6월 무인일에
齊侯昭卒.[3]	제후 소가 죽었다.
秋八月乙未,[4]	가을 8월 을미일에
葬齊孝公.[5]	제나라 효공을 장사 지냈다.
乙巳,[6]	을사일에
公子遂帥師入杞.[7]	공자수가 군사를 이끌고 기나라로 들어갔다.

다. 초성왕 39년은 노희공 27년인데 사마천이 이 일을 서술하여 넣은 것이 잘못하여 1년 늦어진 것 같다.

1 이십유칠년(二十有七年) : 무자년 B.C. 633년으로 주양왕(周襄王) 20년이다. 동지가 정월 초5일 기유일로 건자(建子)이다.

2 경인(庚寅) : 18일이다.

3 「제세가」에서는 "10년에 효공(孝公)이 죽었다. 효공의 아우 반(潘)은 위공자 개방(開方)을 통하여 효공을 죽이고 반을 세웠는데 곧 소공(昭公)이다. 소공은 환공의 아들이며 어머니는 갈영(葛嬴)이다"라 하였는데, 이 일은 『경』과 『전』에 수록되어 있지 않다.

4 을미(乙未)일은 24일이다.

5 『전』이 없다. 제후는 죽은 지 5개월 만에 장사를 지내는데, 3개월 만에 장사를 지낸 것이다.

6 을사(乙巳)일은 9월 4일이다. 『경』에서 실수로 월을 기록하지 않은 것 같다.

7 두예는 "땅을 차지 않은 것을 입(入)이라고 한다"라 하였다.

冬, 겨울에

楚人, 陳侯, 蔡侯, 鄭伯, 許男圍宋.[8] 초나라 사람과 진후, 채후, 정백, 허남이 송나라를 에워쌌다.

十有二月甲戌,[9] 12월 갑술일에

公會諸侯,[10] 공이 제후들을 만나

盟于宋.[11] 송나라에서 맹약했다.

傳

二十七年春 봄에

杞桓公來朝 기나라 환공이 내조하였는데

用夷禮 오랑캐의 예법을 썼으므로

故曰子.[12] 자라고 하였다.

---

8 『전』에서는 "초자가 제후와 함께 송나라를 에워쌌다"라고 하였고 28년에는 또 말하기를 "자옥으로 하여금 송나라로 가게 했다" 하였으니 이번에는 일찍이 초성왕이 송나라 포위를 주관하고 아울러 제후들과 맹약을 하고 오래지 않아 떠난 것 같다. 자옥이 군사를 주관하였으므로 「연표」에서는 "[성왕] 39년 자옥으로 하여금 송나라를 치게 하였다"라 한 것이다. 이 초나라 사람은 곧 초성왕을 가리킬 것이다. 초자(楚子)라 하지 않고 초나라 사람(楚人)이라고 한 것은 당시의 기록하는 법이 이와 같았기 때문이다. 선공 9년 이후에야 초자를 비로소 더 이상 인(人)이라고 칭하지 않게 되었다.

9 갑술(甲戌)일은 5일이다.

10 제후(諸侯) : 초자와 진후(陳侯), 채후, 정백, 허남이다.

11 『전』이 없다. 진, 채, 정, 허나라는 모두 초나라를 따른 나라이고, 노나라는 지난해에 군사를 청하였고 또한 그 군사를 빌려 제나라를 쳤기 때문에 비로소 함께 우호조약이 통하게 되었다. 이때 송나라는 바야흐로 포위되어 절로 맹약에 참여하지 못했다.

12 기(杞)나라는 오래된 나라로 은공 4년의 『경』에 보인다. 춘추 때는 주로 기백(杞伯)이라고 불렀는데 곧 기환공(杞桓公)을 가지고 말하였으며, 문공 12년과 성공 4, 5, 7, 9, 18

公卑杞, 희공이 기나라를 낮추어 보았는데

杞不共也.[13] 기나라가 공손치 못하였기 때문이다.

夏, 여름에

齊孝公卒. 제나라 효공이 죽었다.

有齊怨,[14] 제나라에 원한이 있는데도

不廢喪紀,[15] 상례를 버려두지 않은 것은

禮也. 예의에 합당하였다.

秋, 가을에

入杞,[16] 기나라로 들어간 것은

責無禮也.[17] 무례함을 꾸짖기 위함이었다.

년에 모두 "기백"이라고 기록하였다. 어쩌다가 "기자(杞子)"라고 기록한 것도 있는데, 희공 23년 기성공(杞成公)을 "기자"라 하였고, 양공 29년 기문공(杞文公)을 "기자"라고 한 것 및 이번의 경우이다. 「곡례 하」에서는 "동이, 북적, 서융, 남만에 있으면 비록 크다고 하여도 자(子)라고 한다"라 하였다.

13 공(共) : 공(恭)과 같다. 기(杞)나라가 오랑캐의 예법을 쓰기 때문에 공손하지 못하다고 보고 천시한 것이다. 사실 5등의 작위는 본래 정해진 칭호가 없다고 앞에서 이미 상세하게 언급하였다. 초, 오, 월 등 왕을 일컬은 세 나라가 뿐만 아니라 문화가 낙후된 소국으로 자칭 왕이라고 한 나라들을 『춘추』에서는 모두 자(子)라고 기록하였다.

14 지난해에 제나라가 두 차례 노나라를 친 일을 말한다.

15 상기(喪紀) : 공영달의 소(疏)에서는 "『주례』에는 「소사도(小司徒)」에 '상기(喪紀)의 금령을 관장한다'라 하였고, 「포인(庖人)」에 '상기(喪紀)의 제수를 관장한다'라 하였고, 「악기(樂記)」편에 '최마의 상복을 입고 곡읍을 하는 것은 상기(喪紀)에 맞다'라 하여 상기를 말한 것이 많다. 상기라는 것은 상사(喪事)의 총칭이다"라 하였다. 제후들 간의 이른바 상기라는 것은 산 사람을 위로하고 죽은 사람을 보내는 일이다.

16 들어가서 그 땅을 갖지 않은 것이다.

楚子將圍宋,	초자가 송나라를 포위하고자 하여
使子文治兵於睽,[18]	자문으로 하여금 규에서 군사훈련을 시켰는데
終朝而畢,[19]	아침이 끝날 무렵에 마쳤으며
不戮一人.[20]	한 사람에게도 형을 내리지 않았다.
子玉復治兵於蔿.[21]	자옥이 다시 위에서 군사훈련을 시켰는데
終日而畢,	종일이 걸려서 끝났으며
鞭七人,	일곱 명에게 매질을 하고
貫三人之耳.[22]	세 명의 귀를 뚫었다.

17 환공 2년의 『전』의 "가을 7월에 기후가 조현하러 왔는데 공경스럽지 못했다. 기후가 돌아가자 기나라를 칠 계책을 논하였다. 9월에 기나라로 들어갔는데 공경스럽지 못함을 성토하기 위해서였다(秋七月, 杞侯來朝, 不敬. 杞侯歸, 乃謀伐之. 九月, 入杞. 討不敬也)"라 한 것과 같다.

18 자문(子文) : 전의 영윤이다.
치병(治兵) : 장공 8년의 『전』에 상세하다.
규(睽) : 초나라의 읍. 소재지는 미상.

19 종조(終朝) : 아침부터 아침밥 먹을 때까지.

20 자문의 성격이 너그럽고 대범한 것을 말한다.

21 위(蔿) : 초나라의 읍으로, 역시 소재지는 미상.

22 관이(貫耳) : 화살로 귀를 꿰뚫는 것이다. 『설문해자』에 "聅"자가 보이는데 음은 철이며, "군법으로 화살로 귀를 꿰는 것이다. 『사마법(司馬法)』에 '소죄는 귀를 꿰고, 중죄는 월형〔刖刑 : 청나라 왕균(王筠)의 『설문구독(說文句讀)』에서는 월(刖)은 이(刵)가 되어야 한다고 하였는데 귀를 자르는 것이다〕을, 대죄는 목을 벤다' 라는 말이 있다"라 하였다. 양한 때까지만 해도 이 형벌이 있었으며 『한서 · 원섭전(原涉傳)』과 『후한서 · 양정전(楊政傳)』에 보인다. 귀를 꿰는 형벌이 채찍질보다 무거운 형벌이다.

國老皆賀子文.[23]	나라의 원로들이 모두 자문을 경하하였다.
子文飮之酒.	자문이 그들에게 술을 내었다.
蔿賈尙幼,[24]	위가는 아직 어렸는데
後至,	나중에 이르렀으며
不賀.	축하를 하지 않았다.
子文問之.	자문이 그 이유를 묻자
對曰,	대답하여 말했다.
"不知所賀.	"축하해야 할 것을 모르겠습니다.
子之傳政於子玉,	그대가 자옥에게 정권을 전해 주면서
曰,	말하기를
'以靖國也.'[25]	'나라를 안정시키기 위함이오' 라 하였습니다.

---

23 국로(國老) : 공영달의 소(疏)에서는 "「왕제(王制)」에서는 '유우씨(有虞氏)는 상상(上庠)에서 국로(國老)를 봉양하고, 하상(下庠)에서는 서로를 봉양하였다' 라 하였다. 그렇다면 국로라는 것은 나라의 경(卿), 대부(大夫), 사(士)로서 벼슬을 그만둔 사람이다"라 하였다. 공자 또한 노나라에서 국로라 불린 적이 있는데, 애공 11년의 『전』에 보인다. 「진어 5」에 조돈(趙盾)이 한궐(韓厥)을 추천하는 대목이 있는데 그 직책을 칭찬하면서 여러 대부들에게 자기를 축하하게 하여 말하기를 "내가 한궐을 추천하여 그가 천거되었으니 내 이제 죄에서 벗어남을 알겠다"라 하였다. 이로써 사람을 추천하여 사람을 얻으면 그것을 경하하는 것이 옛날의 예법임을 알 수 있다.

24 위가(蔿賈) : 자는 백영(伯嬴)으로 손숙오(孫叔敖)의 아버지이다. 또한 문공 16년과 선공 원년 및 4년의 『전』에도 보인다.

25 23년 전에 자옥이 진(陳)을 치는데 공을 세워 자문이 영윤이 되게 하였다. 숙백이 말하기를 "그대는 나라를 어떻게 할 것인가?(子若國何?)"라 하자 자문이 대답하여 말하기를 "나는 이렇게 나라를 안정시킬 것이오(吾以靖國也)"라 하는 말이 있는데, 여기서는 자

靖諸內而敗諸外,	안에서는 안정을 시키고 밖에서는 어그러뜨리면
所獲幾何?	얻는 것이 얼마이겠습니까?
子玉之敗,	자옥이 실패하였기 때문에
子之擧也.	그대가 천거된 것입니다.
擧以敗國,	천거를 받아서 나라를 실패로 몬다면
將何賀焉?	무엇을 축하하겠습니까?
子玉剛而無禮,	자옥은 강직하나 무례하여
不可以治民,[26]	백성을 다스릴 수 없으며
過三百乘,[27]	3백 승이 넘으면
其不能以入矣.[28]	그대로 온전히 돌아올 수 없을 것입니다.
苟入而賀,	실로 돌아오고 난 뒤에 축하를 해도
何後之有?"	어찌 늦음이 있겠습니까?"
冬,	겨울에

문의 말을 들어 반박한 것이다.

26 치민(治民) : 여기서는 치군(治君)을 가리킬 것이다. 아래의 "과삼백승(過三百乘)"으로 알 수 있다. 초나라의 영윤은 군민(軍民)을 함께 다스렸다.

27 삼백승(三百乘) : 두예는 2만 2천5백 명이라고 하였다. 이는 1승을 75명을 계산한 것으로 꼭 그렇지는 않을 것이다.

28 입(入) : 군사를 온전히 해서 들어오는 것을 말한다. 다음 해의 『전』에서는 자옥이 패하여 왕이 그에게 말하게 하기를 "대부가 살아서 들어온다면 신과 식의 부로들은 어찌하겠는가?(大夫若入, 其若申 · 息之老何?)"라 한 말이 나오는데 같은 뜻으로 쓰였다.

楚子及諸侯圍宋.	초자가 제후들과 함께 송나라를 에워쌌다.
宋公孫固如晉告急.[29]	송나라의 공손고가 진나라에 가서 위급함을 알렸다.
先軫曰,[30]	선진이 말하였다.
"報施, 救患,[31]	"은혜 베풂에 보답하고 환난을 구원하며
取威, 定覇,	위엄을 취하고 패업을 정하는 일이
於是乎在矣."[32]	여기에 있습니다."
狐偃曰,	호언이 말하였다.
"楚始得曹,	"초나라는 막 조나라를 얻었고
而新昏於衛,	위나라와 새로 혼인 관계를 맺었으므로
若伐曹, 衛,	조나라와 위나라를 친다면

29 공손고(公孫固) : 송장공(宋莊公)의 손자이다.

30 선진(先軫) : 민공 2년의 『전』에 선단목(先丹木)과 선우(先友)가 있으며, 송나라의 정공열(程公說)은 『춘추분기세보(春秋分紀世譜)』 권2에서 선진을 선단목의 아들이라 하였는데 그렇게 말하는 근거를 모르겠다.

31 시(施) : 송양공이 진문공에게 말을 준 것을 말한다.
환(患) : 지금 송나라가 포위된 것을 말한다.

32 어시호재의(於是乎在矣) : "在於是矣"의 도치. 「진세가」에서는 "선진이 말하기를 '은혜를 베풀어 준 것을 갚고 패업을 정하는 것은 여기에 있다' 고 하였다"라 하여 그 뜻만 취하였고 풀지는 않았다.

楚必救之, 초나라는 반드시 그들을 구원할 것이니

則齊, 宋免矣."[33] 제나라와 송나라는 위험에서 벗어날 것입니다."

於是乎蒐于被廬,[34] 이에 피려에서 군대를 검열하고

作三軍,[35] 3군을 일으켜

謀元帥.[36] 원수에 대해 논의했다.

趙衰曰, 조쇠가 말하기를

"郤縠可. "극가가 괜찮습니다.

臣亟聞其言矣, 신이 여러 차례 그의 말을 들어보니

說禮, 樂而敦詩, 書.[37] 예와 악을 좋아하고 『시』와 『서』를 잘 알았습니다.

---

33 제나라의 일을 겸하여 서술하였다. 지난해에 초나라는 신숙후(申叔侯)로 하여금 곡(穀)을 지키게 하여 제나라를 압박하였는데, 초나라가 조나라와 위나라를 구원한다면 제나라의 근심도 풀 수 있을 것이라는 말이다. 「진세가」에서는 이 일을 서술하면서 다만 "송나라는 벗어날 것이다"라고만 하였는데 이는 사마천이 말을 생략해서일 것이다.

34 피려(被廬) : 진(晉)나라 땅으로 소재지는 미상.

35 삼군(三軍) : 민공 원년 때 진헌공은 2군을 일으켰는데 지금은 1군을 더했다.

36 진나라는 중군(中軍)의 장수를 원수라고 하였다.

37 열(說) : 열(悅)과 같음.

돈(敦) : 『예기 · 악기(樂記)』에 "음악은 화합하는 힘이 풍부하다(樂者敦和)"는 말이 있는데, 정현(鄭玄)의 주에서는 "돈화는 음악이 동화하는데 귀한 것이다(樂貴同也)"라 하여 돈(敦)에 귀하다는 뜻이 있다고 하였다. 대체로 돈(惇)자를 가차해서 쓴 것일 것인데 『설문해자』에서는 "돈은 두텁다는 뜻이다(惇, 厚也)"라 하였으며, 『경』과 『전』에는 주로 돈(敦)으로 되어 있다. 『후한서 · 정흥전(鄭興傳)』의 "두림(杜林)이 그를 천거하면서 말하기를 '하남(河南)의 정흥을 가만히 보아하니 뜻을 잡음이 견고하고 『시』와 『서』를 아주 좋아하였습니다.'(敦悅詩書)라 하였다"라 한 것은 곧 이 뜻을 가져다 쓴 것이다. 유

詩, 書,	『시』와 『서』는
義之府也;	의리가 있는 곳간이고,
禮, 樂,	예와 악은
德之則也;	덕행의 준칙입니다.
德, 義,	덕행과 의리는
利之本也.	이로움의 근본입니다.
夏書曰,	「하서」에서 말하기를
'賦納以言,	'말을 널리 받아들이고
明試以功,	공을 밝게 시험하며
車服以庸.'[38]	수레와 복색을 가지고 써라' 하였습니다.
君其試之!"[39]	임금께서는 시험을 해보소서!"

월(俞樾)의 『평의(平議)』에서는 『시경·노송·비궁(魯頌·閟宮)』의 "상나라 무리들을 잘 다스렸다(敦商之旅)"라 한 구절의 돈(敦)의 뜻으로 읽었는데, 다스린다는 뜻으로 쓰였으며 이 역시 뜻이 통한다.

38 이 세 구절은 지금의 『상서·익직(益稷)』편에 들어 있다.
부(賦) : 지금은 부(敷)로 되어 있으며, 음이 같아서 통가자로 쓰일 수 있다. 부(賦)는 부(敷)의 가차자로 두루라는 뜻이다. 신분의 존비와 거리의 원근을 떠나 말이 훌륭하면 두루 받아들인다는 뜻이다. 두예는 "사람을 취함에 말을 받아들이는 것은 그 뜻을 보는 것이다"라 하였다.
시(試) : 지금은 서(庶)로 되어 있다. 장병린은 "헤아린다는 뜻의 탁(度)으로 읽는다"라고 하였다. 두예는 "공을 밝게 시험하는 것은 그 일을 고찰하는 것이다"라고 하였다.
용(庸) : 공로에 보답하는 것을 말한다. 『춘추번로·제도(春秋繁露·制度)』편에는 "輿服以庸"으로 인용하였다. 뜻은 마찬가지이며 거마와 의복을 가지고 그 공에 보답한다는 것이다. 옛날에는 관계가 다르면 거복(車服) 또한 달랐으니 거복을 내려 준다는 것은 존귀와 총영(寵榮)을 나타낸다.

乃使郤縠將中軍,	이에 극극을 중군 장수로 삼고
郤溱佐之.[40]	극진이 보좌하였다.
使狐偃將上軍,	호언을 상군의 장수로 삼았는데
讓於狐毛,	호모에게 양보하고
而佐之.[41]	그를 보좌하였다.
命趙衰爲卿,	조최를 경으로 임명하니
讓於欒枝, 先軫.[42]	난지와 선진에게 양보하였다.
使欒枝將下軍,[43]	난지에게 하군 장군이 되게 하고
先軫佐之.[44]	선진이 보좌하였다.

---

39 「진어 4」에서는 "문공이 조최에게 원수의 적임자가 누구인지 물어보았다. 대답하여 말하기를 '극극이 좋겠습니다. 나이가 50이 넘었으며 학문을 지킴이 도탑습니다. 대체로 선왕의 법규와 전적은 덕의(德義)의 창고입니다. 덕의라는 것은 백성들의 근본입니다. 도탑게 중시할 수 있는 사람은 백성들이 잊지 않습니다. 청컨대 극극을 써보십시오!' 라 하니 공이 그 말을 따랐다"라 하였다.

40 「진어 4」 위소의 주에서는 "극진은 진나라 대부 극지(郤至)의 선조이다. 혹자는 극진이 극지라고 하는데 틀렸다"라 하였다.

41 호모는 호언의 형으로 23년의 『전』에 보인다. 「진어 4」에서는 "공이 원계(原季)를 경(卿)으로 삼았다. 사양하여 말하기를 '대저 세 가지 덕은 모두 호언(狐偃)에게서 나온 것입니다. 덕으로 백성을 다스리어 그것이 크게 드러났으니 버려둘 수 없습니다' 라 하여 호언을 경으로 삼았다. 호언도 사양하여 말하기를 '호모의 지혜가 저보다 낫고 연치도 더 많으니 호모가 그 자리에 있지 않으면 감히 명을 듣지 않겠습니다' 라 하여 이에 호모를 상장군으로 삼고 호언이 보좌하였다"라 하였다. 「진세가」에서는 "호언을 상군의 장수로 삼고 호모가 보좌하였다"라 하였으니 사마천에게 잘못이 있는 것 같다.

42 난지(欒枝) : 시호는 정자(貞子)이며 환공 2년 『전』에 나온 난빈(欒賓)의 손자이며, 3년 『전』의 난공숙(欒共叔)의 아들이다.

43 난좌군과(欒左軍戈)가 세상에 전해 오고 있는데 완원(阮元)은 좌군(左軍)은 하군(下軍)이라고 하였다. 방준익(方濬益)은 또한 말하기를 "난씨는 대대로 하군 장수의 보좌관이었다"라 하였으니 이 창은 진나라 난씨의 것인 듯하다.

荀林父御戎,[45] 순림보는 융거를 몰고

魏犨爲右.[46] 위주가 거우가 되었다.

晉侯始入而敎其民,[47] 진후는 막 들어와서는 그 백성들을 교화하였고

二年, 2년째에는

欲用之. 그들을 쓰고자 하였다.

子犯曰, 자범이 말했다.

"民未知義, "백성들이 아직 의를 모르고

未安其居." 그 거처를 편안해하지 않습니다."

---

44 「진어 4」에서는 "공이 조최를 경으로 삼았더니 사양하여 말하기를 '난지는 곧고 신중하며 선진은 지모가 있고 서신(胥臣)은 들은 것이 많아 모두 보좌할 수 있으며 신은 그들만 못합니다' 라 하였다. 이에 난지를 하군 장수로 삼고 선진이 보좌하였다"라 하였다. 「진세가」에서는 "조최를 경으로 임명했으며 난지를 하군 장수로 삼고 선진이 보좌하였다"라 하였다.

45 순림보(荀林父) : 「조세가」의 『색은(索隱)』에서는 『세본(世本)』을 인용하여 "진나라 대부 서오(逝遨)가 환백림보(桓伯林父)를 낳았다"라 하였다. 『태평어람』 권462에서는 『쇄어(瑣語)』를 인용하여 "진나라 야씨(冶氏)의 딸 도(徒)가 병이 들어 야씨가 그를 버렸다. 무은(舞嚚)의 마부가 말에게 물을 먹이다 그를 발견하였는데 병이 든 도(徒)가 말하기를 '좋은 꿈을 꾸었다' 고 하였다. 마부가 어떤 '꿈을 꾸었느냐?' 라 하자 '하분(河汾) 같은 물을 타는 꿈을 꾸었는데 말 세 마리가 앞에서 춤을 추었다' 고 하였다. 마부가 무은에게 알렸다. 이제 직접 가서 보고는 말하기를 '살 것이다 내 너를 사겠다' 라 하였다. 대답하기를 '이미 버렸는데 아직 안 죽었소?' 라 하였다. 무은이 말하기를 '아직요' 라 하고는 마침내 도를 샀다. 무은씨네로 와서 병이 차도가 있었는데 순림보를 낳았다"라 하였으니 무은이 곧 서오인 것 같다. 28년 『전』에서는 순림보를 장중항(將中行)으로 칭하였으므로 또한 중항(中行)을 씨로 삼았다. 문공 13년 『전』에서는 이 때문에 중항환자(中行桓子)라 칭하였다.

46 위주(魏犨) : 곧 위무자(魏武子)이다. 23년의 『전』에 보인다. 진문공의 융거를 모는 어자가 되고, 거우가 된 것이다.

47 진문공은 24년에 진나라로 들어갔다.

於是乎出定囊王,[48]	이에 나가서는 양왕을 안정시키고
入務利民,	들어와서는 백성을 이롭게 하는 데 힘을 쓰니
民懷生矣.[49]	백성들이 생계를 편안히 여겼다.
將用之.	백성들을 쓰려고 하니
子犯曰,	자범이 말하였다.
"民未知信,	"백성들이 아직 신용을 모르며
未宣其用."	신용을 펴지 못합니다."
於是乎伐原以示之信.[50]	이에 원을 쳐서 신용을 보여주었다.
民易資者,[51]	백성들 중 교역을 하는 사람들은
不求豐焉,	많은 이윤을 구하지 않았고
明徵其辭.[52]	그 말을 분명한 증거로 삼았다.

48 「진어 4」에서는 "주나라 양왕(襄王)이 소숙(昭叔)의 난을 피하여 정나라의 범(氾)에 거처하였는데 사자가 와서 위난을 알렸다. 자범이 말하기를 '백성들이 임금님과 친근하나 의를 모르니 임금님께서는 어찌 양왕을 들여보내 백성들에게 의를 가르치지 않습니까?'라 하였다"라 하였다.

49 「진어 4」에서는 "부채를 탕감하고 세금을 감면하였으며, 은혜를 베풀고 금령을 버렸으며 가진 것이 적은 사람들에게는 있는 것을 나누어 주었고, 빈곤을 구제하고 재능이 있으나 적체된 사람들을 기용하였으며, 재산이 없는 사람들을 도와주었다. 통관세를 가벼이 하고 길을 닦았으며 통상을 편리하게 하고 농민들의 노역을 너그러이 면해 주었고, 농업에 힘쓰고 분수에 알맞은 일을 권하고 비용을 줄이고 자재를 충족하게 하였다. 기물을 이롭게 사용하였고 덕을 밝혀 민생을 두터이 하였다"라 하였는데, 여러 가지 말한 것이 모두 백성을 이롭게 하는 것이었다. 유월의 『평의(平議)』에서는 "회(懷)는 편안한 것이다. 백성들이 그 삶을 편안히 여기는 것이다"라 하였다.

50 원(原)을 친 일은 25년에 있었다.

51 역자(易資) : 역(易)은 교역의 뜻이며, 역자(易資)는 곧 매매하는 일을 말함.

公曰,	공이 말하기를
“可矣乎?”	“되겠는가?”라 하였다.
子犯曰,	자범이 말하기를
“民未知禮,	“백성들이 아직 예의를 몰라
未生其共.”[53]	공경하는 마음이 생겨나고 있지 않습니다”라 하였다.
於是乎大蒐以示之禮,[54]	이에 크게 열병을 하여 예를 보이고는
作執秩以正其官.[55]	집질의 관직을 두어 그 관직을 바로잡았다.
民聽不惑,[56]	백성들이 듣고도 의혹을 가지지 않은
而後用之.	다음에 그들을 썼다.
出穀戍,	곡의 수비병을 몰아내고
釋宋圍,[57]	송나라의 포위를 풀었으며

---

52 실제의 가격을 명확히 하거나 값을 깎지 않는 것을 말함. 곧 정찰제를 말함.

53 공(共) : 공(恭)과 같은 뜻이며, 가나자와 문고본(金澤文庫本)에는 “恭”으로 되어 있다.

54 대수(大蒐) : 피려(被廬)에서 군사훈련을 행하고 검열한 것을 말함.

55 집질(執秩) : 소공 29년의 『전』에서는 “문공은 이 때문에 집질(執秩)의 관을 설치했는데 피려에서의 법을 행한 것이다”라 하였으니, 집질은 관명이다. 그러나 『후한서 · 형법지(刑法志)』의 주에서는 응소(應劭)의 말을 인용하여 “피려의 땅을 찾아서 집질을 만들어 육관의 법으로 삼았다”라 하였으니 여기서는 또한 법의 이름인 것 같다.

56 불혹(不惑) : 곧 『논어 · 자한(子罕)』편의 “지혜로운 자는 미혹되지 않는다(知者不惑)”의 불혹(不惑)과 같은 뜻이다. 도리를 알기 때문에 미혹되지 않는 것이다.

57 모두 다음 해에 보인다.

一戰而覇,[58]	한번 싸워 패주가 되니
文之敎也.[59]	문공의 교화 때문이다.

희공 28년

經

二十有八年春,[1]	28년 봄
晉侯侵曹,	진후가 조나라를 침습하고
晉侯伐衛.	진후가 위나라를 쳤다.
公子買戍衛,	공자 매가 위나라를 지켰는데
不卒戍,	끝내 지키지 못하여
刺之.[2]	그를 죽였다.

---

58 일전(一戰) : 다음 해에 나오는 성복(城濮)의 전역(戰役)을 말한다.

59 문지교(文之敎) : 공영달은 문덕지교(文德之敎)라고 풀이하였음. 그러나 소공 9년의 『전』에 "문지백(文之伯)"이라는 말이 나오는데 문은 문공을 가리키며, 여기서도 문공을 가리키는 것 같다. 「진어 4」에도 이 말이 나오는데 대동소이하다. 『여씨춘추 · 간선(簡選)』편에서는 "진문공이 오량(五兩)의 병사 5승(乘)과 정예병 천명을 만들어 먼저 적과 맞붙게 하였다. 제후들은 난을 일으킬 수가 없었다. 정나라의 실추를 되돌렸고, 위나라의 밭이랑을 동으로 돌렸으며 형옹(衡雍)에서 천자를 높였다"라 하였다.

1 이십유팔년(二十有八年) : 기축년 B.C. 632년으로 주양왕(周襄王) 21년이다. 동지가 정월 16일 을묘일로 건자(建子)이다.

2 『전』에 의하면 공자 매는 자가 자총(子叢)이다. 부졸수(不卒戍)라는 것은 노나라가 초나라를 향해서라고 해석한 것은 사실이 아니다. 자(刺)는 죽였다는 뜻이다. 「진어 4」의 "고량에서 회공을 찔러 죽였다(刺懷公于高梁)"라 한 말과 「주어 상」에서 "진나라 사람이 회

楚人救衛.	초나라 사람이 위나라를 구원하였다.
三月丙午,[3]	3월 병오일에
晉侯入曹,	진후가 조나라로 들어가
執曹伯.	조백을 붙잡았다.
畀宋人.[4]	송나라 사람에게 주었다.
夏四月己巳,[5]	여름 4월 기사일에
晉侯, 齊師, 宋師, 秦師及楚人戰于城濮,[6]	진후와 제나라 군사, 송나라 군사, 진나라 군사가 성복에서 초나라 사람과 싸웠는데
楚師敗績.	초나라 군사가 대패하였다.
楚殺其大夫得臣.[7]	초나라가 대부 득신을 죽였다.

공을 죽였다(晉人殺懷公)"라 한 것으로 보아 자(刺)와 살(殺)이 같은 뜻으로 쓰였음을 알 수 있다. 그러나 『춘추』에서는 노나라 바깥의 대부에게는 살(殺)이란 말을 썼고 노나라 대부에게만 자(刺)자를 썼다. 여기와 성공 16년의 "공자언을 찔러 죽였다"한 것은 예가 있으며 이 때문에 두예도 국내의 대부를 죽이는 것을 자(刺)라고 기록하였다는 것으로 알 수 있다. 『설문해자』에서는 "임금이 대부를 죽이는 것을 자(刺)라고 하는데, 자는 곧 다친다는 뜻이다"라 하였다. 이것 역시 『춘추』의 뜻을 취하였다.

3 병오(丙午)일은 8일이다.

4 비(畀) : 준다는 뜻이다. 『전』에서 "조백을 붙잡아 조나라와 위나라의 밭을 나누어 송나라 사람에게 주었다(執曹伯, 分曹, 衛之田以畀宋人)"라 하였으니 "조백을 붙잡은(執曹伯)" 일과 "송나라 사람에게 준(畀宋人)" 일은 별개의 일로 두 개의 구절로 읽어야 한다. "畀宋人"은 전지(田地)를 송나라 사람에게 준 것이다. 『공양전』과 『곡량전』 및 두예는 모두 여섯 자를 한 구절로 보고 마침내 조백이 송나라 사람에게 준 것으로 해석하여 『경』의 뜻을 그르쳤다.

5 기사(己巳)일은 2일이다.

6 성복(城濮) : 장공 27년의 『경』에 보인다.

7 득신(得臣) : 족씨(族氏)를 쓰지 않았다. 초나라의 대부들은 성공 2년 이후에야 비로소

衛侯出奔楚.[8]	위후가 초나라로 달아났다.
五月癸丑,[9]	5월 계축일에
公會晉侯, 齊侯, 宋公, 蔡侯, 鄭伯, 衛子, 莒子,	공이 진후와 제후, 송공, 채후, 정백, 위자, 거자를 만나
盟于踐土.[10]	천토에서 맹약했다.
陳侯如會.[11]	진후가 회합에 갔다.

씨족과 이름을 함께 갖추어 기록하는데, 이를테면 공자 영제(公子嬰齊), 공자 측(公子側)과 같은 것이 있다.

8 『예기·제통(祭統)』의 공회(孔悝)의 정명(鼎銘)에서 "그대의 선조인 장숙(莊叔)은 성공을 잘 보좌하여, 성공이 장숙에게 한양(漢陽)으로 피난할 때 수행하도록 하였다"라 한 것은 바로 이 일을 말한 것이다.

9 계축(癸丑)일은 16일이다.

10 정공 4년의 『전』에서는 천토의 맹약을 서술하고 있는데, 그 차례가 진(晉)·노(魯)·위(衛)·채(蔡)·정(鄭)·제(齊)·송(宋)·거(莒)로 희(姬)씨의 동성을 앞에 놓았다. 제(齊)나라와 송(宋)나라는 크긴 해도 이성(異姓)이기 때문에 뒤에 놓았는데, 은공 11년의 『전』에서 이른바 "주나라의 제후가 회맹할 때는 이성의 순서가 나중이 된다(周之宗盟, 異姓爲後)" 한 것 때문이다. 『경』에서 회합의 순서를 기록할 때는 나라의 강약과 대소를 가지고 순서를 삼고 맹약의 순서는 생략하였다.
위나라를 자(子)라고 한 것은 위성공(衛成公)이 이때 밖으로 나가서 거처하고 있었으며 그 아우 숙무(叔武)가 맹약을 받들었는데 아직 임금의 예를 제대로 이루지 못하였기 때문이다.
천토(踐土) : 정나라 땅으로, 지금의 하남성 원양현(原陽縣) 서남쪽, 무척현(武陟縣) 동남쪽에 있다.
두예는 "왕자 호(王子虎)가 맹약에 임했는데 입술에 피를 바르지 않았으므로 기록하지 않았다"라 하였다.

11 『전』이 없다. 진(陳)나라는 원래 초나라와 동맹국인데 초나라가 패하여 두려워서 진(晉)나라를 따라 회합에 갔다. 맹약에 참여하였다는 말을 하지 않은 것은 맹약에는 참여하지 않았기 때문일 것이다. 8년의 『경』에서는 "정백이 맹약을 청하였다(鄭伯乞盟)"라 하였는데 여기서는 맹약을 청하였다는 것도 기록하지 않았으니 진목공이 맹약을 청하지 않았을 것이다. 『경』에는 "회합에 갔다(如會)"라 기록한 것이 세 차례 있는데 이번 및 양공 3

公朝于王所.[12] 공이 양왕이 있는 곳으로 가서 조현하였다.

六月, 6월에

衛侯鄭自楚復歸于衛.[13] 위후 정이 초나라에서 다시 위나라로 돌아왔다.

衛元咺出奔晉.[14] 위나라 원훤이 진나라로 달아났다.

년의 계택(雞澤)의 맹약에서 진후(陳侯)가 원교(袁僑)에게 회합에 가라고 한 것과, 양공 7년의 위(鄬)에서의 회합 때 정백 곤완(髡頑)이 회합에 간 것이다.

12 『전』이 없다. 두예는 "왕이 천토에 있어서 경사(京師)에 있지 않았기 때문에 왕이 있는 곳이라 하였다"라 하였다. 이는 대체로 『공양전』과 『곡량전』의 뜻을 쓴 것으로 『좌전』의 뜻은 아닐 것이다. 은공 7년의 『전』에 "정나라 공자 홀이 주나라 천자가 있는 곳에 있었다(鄭公子忽在王所)"는 말이 있는데, 이때 공자 홀은 주나라에 인질로 있었으며 경사에 있었다. 『시경 · 소아 · 출거(小雅 · 出車)』에서 "천자 계신 곳에서(自天子所)"라 하였고 「길일(吉日)」에서 "천자 계신 곳(天子之所)", 『의례 · 근례(覲禮)』에서 "너는 왕이 계신 곳에서 순명하고(女順命于王所)", 『주례 · 고공기(考工記)』에서 "왕이 있는 곳에 속하지 않았다(不屬于王所)"라 하였으니 천자가 경사에 있든 없든 모두 소(所)라고 할 수 있었다. 『시경 · 정풍 · 태숙우전(鄭風 · 大叔于田)』에서는 "공이 있는 곳에 바쳤다(獻于公所)"라 하였고, 제후(齊侯)의 박종(鎛鐘)에서는 "공이 있는 곳에 바쳤다(有共于公所)"라 하였으니 공소는 제후가 있는 곳이다. 『맹자 · 등문공(滕文公) 하』에서도 "그로 하여금 왕이 있는 곳에 거하게 하였다(使之居于王所)"라 하였다. 무릇 왕과 제후가 있는 곳을 왕소(王所), 공소(公所)라 하였는데 이렇다 할 옳은 예가 없는 것 같다. 『경』에는 노나라에서 주나라 천자에게 조현한 것이 세 번 기록되어 있는데, 이 해에 두 번이고 성공 13년에 경사로 간 것이 있다. 「연표」에서는 "28년 공이 천토로 가서 회맹하고 조현하였다"라 하였다.

13 『전』에서는 "위후가 초나라 군사가 패배하였다는 말을 듣고, 두려워하여 초나라로 달아났다가 마침내 진나라로 갔다(衛侯聞楚師敗, 懼, 出奔楚, 遂適陳)"고 하였으니 진나라에서 다시 돌아온 것이다. 여기에서 "초나라에서(自楚)"라고 한 것은 위의 글 "초나라로 달아났다(出奔楚)"라고 한 것을 이어서 말한 것일 것이다. 성공 18년의 『전』에서는 "무릇 그 나라를 떠났다가 그 왕위를 다시 회복한 것을 귀하고 한다"라 하였다.

14 원훤(元咺) : 당나라 임보(林甫)가 펴낸 성씨(姓氏)에 관한 책 『원화성찬(元和姓纂)』에 의하면 원훤은 그 선조가 원에서 채읍을 받아먹었기 때문에 그것을 씨로 삼았다고 하였다. 원은 지금의 하북성 원씨현(元氏縣)이다.

陳侯款卒.[15] 진후 관이 죽었다.

秋, 가을에

杞伯姬來.[16] 기백희가 왔다.

公子遂如齊.[17] 공자 수가 제나라로 갔다.

冬, 겨울에

公會晉侯, 齊侯, 宋公, 蔡侯, 鄭伯, 陳子, 莒子, 邾子, 秦人于溫.[18] 공이 온에서 진후, 제후, 송공, 채후, 정백, 진자, 거자, 주자, 진나라 사람과 회합했다.

天王狩于河陽.[19] 천자가 하양에서 사냥을 했다.

壬申,[20] 임신일에

---

15 『전』이 없다. 진목공(陳穆公)은 13년에 즉위하였으며, 15년에 목구(牧丘)에서 맹약하였고, 19년에는 제(齊)에서 맹약하였으며, 21년에는 박(薄)에서 맹약하였고, 27년에는 송(宋)에서 맹약하는 등 노나라와 진나라가 함께 맹약에 참여한 것이 모두 네 차례이므로 이름을 가지고 부고를 했다.

16 『전』이 없다. 백희는 장공의 딸이며 기성공(杞成公)의 부인이다. 장공 25년 기나라로 시집을 갔으니 벌써 38년이 지나 이미 늙었다.

17 『전』이 없다.

18 『곡량전』에는 "제후(齊侯)"가 없다. 탈문(脫文)일 것이다. "주자(邾子)"는 완각본(阮刻本)에는 "주인(邾人)"으로 되어 있는데 『당석경』과 가나자와 문고본(金澤文庫本), 악본(岳本) 및 『교감기』에 의거하여 고쳤다. 진공공(陳共公)을 진자(陳子)라고 칭한 것은 진목공이 죽고 아직 해를 넘기지 않았기 때문이다. 진나라가 제후들과 회맹한 것은 여기서 비롯되었으므로 순서를 가장 나중에 붙이고 인(人)이라 칭하였다.

19 수(狩)는 『곡량전』에는 수(守)로 되어 있는데, 두 글자는 서로 통하여 쓴다. 수는 겨울 사냥의 명칭이며 순수(巡守)로 풀이한 것도 있는데 잘못되었다. 하양은 지금의 하남성 맹현(孟縣) 서쪽 35리 지점에 있다.

20 임신(壬申)일은 10월 7일이다. 사관이 월을 기록하는 것을 빠뜨렸거나 아니면 잔궐(殘闕)의 소치일 것이다.

公朝于王所.[21]	공이 왕이 있는 곳으로 조현하였다.
晉人執衛侯歸之于京師.[22]	진나라 사람이 위후를 잡아서 경사로 돌려보냈다.
衛元咺自晉復歸于衛.	위나라 원훤이 진나라에서 위나라로 다시 돌아갔다.
諸侯遂圍許.[23]	제후가 마침내 허나라를 에워쌌다.
曹伯襄復歸于曹,	조백 양이 조나라에서 다시 돌아와
遂會諸侯圍許.	마침내 제후들과 만나 허나라를 에워쌌다.

傳

二十八年春,	28년 봄
晉侯將伐曹,	진후가 조나라를 치려고
假道于衛.[24]	위나라에 길을 빌렸다.

---

21 『전』에서는 "이번 회합은 진후가 양왕을 불러 제후들과 함께 조현하고 아울러 양왕에게 사냥을 하도록 한 것이다(是會也, 晉侯召王, 以諸侯見, 且使王狩)"라 하였으니 양왕을 조현한 사람이 노나라만은 아니었다. 「연표」에서는 제(齊)·진(晉)·위(衛)·진(陳)·채(蔡)나라가 함께 주왕을 조현하였다 하였는데 아마 이것을 가리킬 것이다.

22 성공 15년의 『전』에서는 "무릇 임금이 그 백성에게 무도하여 제후들이 성토하여 잡아간 것을 아무개 사람이 아무개 임금을 잡아갔다고 한다(凡君不道於其民, 諸侯討而執之, 則曰某人執某侯)"라 하였다.

23 초나라를 따르던 여러 나라 가운데 정나라는 자인구(子人九)에서 강화가 이루어져 진(晉)을 따랐고, 위나라는 숙무(叔武)가 맹약을 받아 진나라를 따랐으며, 진(陳)나라는 진후가 회합에 가서 진나라를 따랐는데 허나라만 이르지 않았다. 양왕은 천토(踐土)와 하양(河陽)에 있어 거리가 멀지 않았는데도 조현하지 않았으므로 토벌한 것이다.

衛人弗許.	위나라 사람이 허락하지 않아
還,	돌아가서
自南河濟,[25]	남하로 건너
侵曹, 伐衛.[26]	조나라를 침습하고 위나라를 쳤다.
正月戊申,[27]	정월 무신일에
取五鹿.[28]	오록을 취하였다.
二月,	2월에
晉郤縠卒.	진나라 극곡이 죽었다.
原軫將中軍,[29]	원진이 중군 장수가 되고

24 지난해의 『전』에서 호언(狐偃)이 말한 계책을 쓴 것이다. 조나라의 도읍은 지금의 산동성 정도현(定陶縣)이고, 위나라의 도읍은 초구(楚丘)로 지금의 하남성 활현(滑縣) 동쪽 60여 리 지점이다. 조나라는 위나라의 동쪽에 있기 때문에 진나라가 길을 빌린 것이다.

25 남하(南河)는 완각본에는 "하남(河南)"으로 되어 있는데, 『당석경』과 가나자와 문고본(金澤文庫本)을 따라 고쳤다. 옛 황하는 동북쪽으로 흘러 위나라가 길을 빌려 주려고 한다면 위나라 경계에서 황하를 건너게 되는데 위나라가 길을 비켜 주지 않으려 하므로 군대가 남쪽으로 돌아가서 남하로 건너 다시 동쪽으로 향한 것이다. 남하는 곧 남진(南津)이다. 또한 극진(棘津), 제진(濟津), 석제진(石濟津)이라고도 불리며 하남성 기현(淇縣) 남쪽과 연진현(延津縣) 북쪽에 있는데 강물은 지금은 다 말라버렸다.

26 「위세가」에서는 "성공(成公) 3년 진나라가 위나라에게서 길을 빌려 송나라를 구원하려고 했는데 성공이 허락하지 않았다. 진나라는 다시 남하로 건너 송나라를 구원하였다"라 하였으니, 「진세가」는 『좌전』과 같다.

27 무신(戊申)일은 9일이다.

28 23년 『전』에서 진문공을 말하여 "오록을 나서서 농부들에게 음식을 구걸하였는데 농부들이 그들에게 흙덩이를 주었다(出於五鹿, 乞食於野人, 野人與之塊)"라 하였는데 이제 오록을 취하여 그때 일어날 일에 대한 조짐에 응하였다. 전국시대 진(秦)나라 상앙(商鞅)의 『상군서 · 상형(商君書 · 賞刑)』편과 『여씨춘추 · 간선(簡選)』, 『한비자 · 외저설 · 우상(外儲說 · 右上)』편에서는 모두 문공의 이번 전역을 "동위지무(東衛之畝)"라고 하였는데 『좌전』에는 실려 있지 않다. 나머지는 성공 2년의 『전』에 상세하다.

胥臣佐下軍, 서신이 하군을 보좌하였는데

上德也.[30] 덕 있는 사람을 높인 것이다.

晉侯, 齊侯盟于斂盂.[31] 진후와 제후가 염우에서 맹약하였다.

衛侯請盟, 위후가 맹약을 청하였는데

晉人弗許. 진나라 사람이 허락하지 않았다.

衛侯欲與楚, 위후가 초나라에 붙으려고 하였지만

國人不欲, 백성들이 원하지를 않아

故出其君, 그 임금을 쫓아내어

以說于晉.[32] 진나라를 기쁘게 하였다.

衛侯出居于襄牛.[33] 위후는 양우로 나가서 거처하였다.

---

29 원진은 곧 선진(先軫)이다. 원은 그 식읍이며, 진나라 사람들은 식읍을 씨로 삼은 경우가 많다.

30 선진이 하군(下軍)의 보좌관에서 중군(中軍)의 장수로 등급이 훌쩍 뛰었기 때문에 상덕(尙德)이라고 한 것이다. 상(上)은 곧 상(尙)이다. 서신(胥臣)은 하군을 보좌하여 선진의 빈틈을 채웠다. 「진어 4」에서는 "오록을 취한 것은 선진의 계책이었다. 극곡(郤縠)이 죽자 선진으로 대신하게 하였고 서신이 하군을 보좌하였다"라 하였다.

31 염우(斂盂) : 위나라 땅으로 지금의 복양현(濮陽縣) 동남쪽에 있다.

32 열(說)은 열(悅)과 같다. 비위를 맞춘다는 뜻이다. 설(說)자의 뜻 그대로 보아 변명한다는 뜻으로 보아도 통한다. 「위세가」에서는 진나라가 일찍이 "위나라에서 군사를 징발하려하자 위나라 대부가 허락하려 하였는데 성공은 기꺼워하지 않았다"라 하였다. 이는 『전』에는 없는 내용이다. 길을 빌리려는 것도 허락을 받지 못하였는데 또한 어떻게 군사를 징발할 수 있겠는가? 사마천의 이 설은 믿지 못할 것이다. 「진세가」는 『전』과 같다.

33 출거(出居) : 반드시 국경을 넘지 않고 국도를 떠나기만 하여도 출(出)이라 할 수 있었다. 환공 3년 『전』에서는 예백 만(芮伯萬)이 위(魏)로 나가 거처하였는데, 위는 당시 여전히 예나라 경내에 있었으며, 애공 20년 『전』에서 오나라 공자 경기(公子慶忌)는 애(艾)로 나가 살았는데 애 또한 오나라의 읍인 것으로 알 수 있다.
양우(襄牛) : 위나라 땅이다. 강영의 『고실(考實)』에서 양우는 지금의 산동성 범현(范縣)

公子買戍衛,[34]	공자 매가 위나라를 지켰는데
楚人救衛,	초나라 사람이 위나라를 구원하려다가
不克.	이기지를 못하였다.
公懼於晉,	공은 진나라를 두려워하여
殺子叢以說焉.[35]	자총을 죽여 진나라를 기쁘게 하였다.
謂楚人曰,	초나라 사람에게는
"不卒戍也."[36]	"지키는 일을 다 하지 못했다"고 말했다.

晉侯圍曹,	진후가 조나라를 에워싸고
門焉,[37]	성문을 공격하다가
多死.	많은 사람이 죽었다.

경계에 있다고 한 것에 의하면 위나라의 동쪽 변경이다. 「위세가」에서는 "대부 원훤이 성공을 공격하자 성공은 달아났다"라 하였다. 다음의 "위후가 원헌으로 하여금 숙무를 받들고 맹약을 받게 했다"는 것으로 입증해 보면 원훤은 아마 성공을 공격하는 일을 이루지 못했을 것이다.

34 위나라와 초나라는 인척간이었고 노나라는 초나라와 동맹하였기 때문에 위나라를 지킨 것이다.

35 자총(子叢) : 공자매의 자이다.

36 『석경(石經)』과 가나자와 문고본(金澤文庫本)에는 "曰"자가 없다. 뜻은 통한다. 두예는 "초나라 사람에게 거짓으로 자총이 수비하는 일을 끝내지 않고 돌아갔기 때문에 죽였다고 말하였다"라 하였는데 그가 본 판본에 "曰"자가 있었기 때문인 것 같다.

37 문(門) : 명사인데 동사로 쓰였다. 성문을 공격한다는 뜻이다.

曹人尸諸城上,[38]	조나라 사람이 성위에 시체를 늘어놓으니
晉侯患之.	진후가 근심을 하였다.
聽輿人之謀,	여러 사람의 계책을 들었는데
稱"舍於墓".[39]	"무덤에 주둔하자"고 하여
師遷焉.[40]	군사를 그곳으로 옮겼다.
曹人兇懼,[41]	조나라 사람들이 두려워하여
爲其所得者,	전쟁에서 얻은 사람을
棺而出之.	관에 넣어 내보냈다.

---

38 진나라 군대의 죽은 시체를 성 위에 늘어놓은 것이다.

39 모(謀)는 가나자와 문고본(金澤文庫本)과 돈황에서 발견된 당나라 때 필사본의 잔권에는 모두 "誦"으로 되어 있는데, 공영당의 소(疏)에서 말한 혹본(或本)과 일치하며, 여기서는 공영달의 소를 따라 "謀"로 하였다. "謀"자 아래에는 각본에 "曰"자가 있는데 가나자와 문고본(金澤文庫本) 및 돈황의 잔본에만 없으며 당나라 두우(杜佑)가 편찬한 제도사(制度史) 『통전 · 병(通典 · 兵)』 권155와 『태평어람 · 병부』 권45에서 인용한 것과 합치하는데 옳다. 그것을 따라 없앴다. 칭(稱)은 말하는 것이다. "舍於墓"는 말한 내용이며 또한 곧 계책이다. 사(舍)는 거성이다. 『주례 · 춘관 · 묘대부(墓大夫)』는 직무가 백성들의 가족 장례를 명하게 하는 것이었고 『일주서 · 대취(逸周書 · 大聚)』편에서도 "분묘가 서로 이어져 백성들이 이에 가까워졌다"라 하였다. 옛 사람들은 족장(族葬)을 많이 하였는데, 진나라 군사가 조나라 사람들의 묘지에 숙영을 하려 하니 조나라 사람들의 분묘는 필시 파헤쳐질 것임이 틀림없다. 심흠한의 『보주(補注)』에서는 곧 『주례 · 춘관 · 묘대부(周禮 · 春官 · 墓大夫)』의 방묘(邦墓)로 장사를 지낸 사람은 모두 조나라의 백성과 조나라의 유력자들이므로 유력자들이 그 조상의 무덤이 파헤쳐질까 봐 두려워한 것이라고 하였다.

40 진후가 여러 사람들의 계책을 쫓아 군대를 조나라 사람들이 족장을 지내는 곳으로 옮긴 것이다.

41 흉구(兇懼) : 『설문해자』에서는 "동요하고 두려워하는 것이다(擾恐也)"라 하였다. 곧 흉(兇)과 구(懼)는 동의사를 병렬하여 쓴 것이다. 조나라 사람들은 진나라 군사가 자기네 무덤을 파헤칠까 걱정이 되어 이를 두려워한 것이다.

因其兇也而攻之.[42]	그 두려워하는 틈을 타서 공격하였다.
三月丙午,	3월 병오일에
入曹,[43]	조나라로 들어가
數之以其不用僖負羈,[44]	희부기를 쓰지 않은 것과
而乘軒者三百人也,[45]	헌거를 타는 사람이 3백 명인 것을 따지고

42 진나라 군사들이 조나라 사람들이 두려워하는 기색을 보이자 그 틈을 이용하여 성을 공격한 것이다.

43 『전국책 · 위책(魏策)』에 "옛날에 조(曹)나라가 제나라를 믿고 진(晉)나라를 깔보았는데 제나라가 이(釐; 萊)와 거(莒)를 치자 진나라는 조나라를 멸망시켰다"라 하였는데 이 일을 가리키는 것 같다. 다만 제나라가 내(萊)와 거를 친 일은 『춘추』에서 증거를 찾을 수 없다.

44 수(數) : 죄목을 일일이 따져 가며 헤아린 것이다.
희부기(僖負羈) : 23년의 『전』에 보인다.

45 승헌(乘軒) : 대부 이상이라야 헌거(軒車)를 탄다. 민공 2년의 『전』을 보라. "승헌삼백인"에 대해서 명나라의 학경(郝敬)은 『독좌전일초(讀左傳日鈔)』 권3에서 "조나라는 조그마한 나라로 신하들을 다 합쳐도 3백 명이 되지 않을 텐데 하물며 대부이겠는가? 3백이라고 한 것은 그 많아서 넘쳐 남을 극언한 것이다"라 하였다. 「진세가(晉世家)」에서는 "이부기(釐負羈)를 쓰지 않은 것과 헌거를 타는 미녀가 3백 명이라는 것을 꼼꼼히 따졌다"라 하여 헌거를 탄 사람을 미녀라고 하였는데 사마천이 반박한 글 같다. 그러나 「관채세가(管蔡世家)」의 찬(贊)에서 "나는 조공공이 희부기를 쓰지 않고 헌거를 탄 자가 3백 명이란 것을 생각해 보았다"라 하였으니 또한 『좌전』을 썼음을 알 수 있다. 『시경 · 조풍 · 후인(曹風 · 候人)』에서는 "저 간사한 자들, 대부 행세하는 자가 수백이라네. …… 저 간사한 자들, 그 옷 어울리지 않네(彼其之子, 三百赤芾……彼其之子, 不稱其服)"라 하였으며, 서(序)에서도 "소인을 가까이함을 풍자한 것이다. 공공은 군자를 멀리하고 소인을 가까이하기를 좋아했다"라 하였으니 「후인(候人)」의 시는 이 때문에 지어진 것임을 알 수 있다. 그러나 「진어 4」에 초성왕이 이미 『시』를 인용하여 "저 간사한 자들, 그 은총 어울리지 않네(彼其之子, 不遂其媾)"라 하였으니 이 시가 당시에 이미 멀리 초나라까지 전파되었던 것일까? 아니면 「진어 4」에서 초성왕이 인용한 『시』의 구절이 후인에 의해 덧붙여진 것일까? 아니면 「후인」의 시가 진작부터 있었는데 서(序)를 믿을 수 없단 말인가? 이에 대해서는 밝힐 수 없을 것 같다.

且曰獻狀.[46]	또한 모습을 본 것에 대해서도 말했다.
令無入僖負羈之宮,	희부기의 집에는 들어가지 말라 하고
而免其族,	그 가족들은 용서를 해주었는데
報施也.[47]	은혜를 갚기 위함이었다.
魏犨, 顚頡怒,	위주와 전힐이 노하여
曰,	말하기를
"勞之不圖,	"우리 공로는 생각도 않으셨으니
報於何有?"[48]	무엇으로 보답하셨는가?" 라 하였다.

46 헌상(獻狀) : 예로부터 몇 가지 견해가 있다. 당나라 안사고(顔師古)는『광류정속(匡謬正俗)』에서 "내가 온 것은 통갈비뼈의 모습을 바치려는 것(獻騈脅容狀)일 따름이다" 라 하였는데 이는 아이들의 장난하는 말에 가깝다. 혜동(惠棟)의『보주(補注)』와 우창(于鬯)의『향초교서(香草校書)』에서는 이미 그 잘못을 지적하였다.「진어 4」에서는 "문공이 자기의 모습을 훔쳐본 사람〔조공공(曹共公)〕을 토벌하고 정나라를 쳤다" 라 하였다. 혜동은 이 때문에 "헌상(獻狀)은 모습을 본 것이다. 먼저 그 사람을 쓰는 잘못을 꾸짖고 난 후에 모습을 훔쳐본 죄를 토벌함으로써 악한 보복이 아님을 보여주었다" 라 하였는데 비교적 근거가 있다. 두예는 "덕도 없으면서 대부의 자리에 있는 사람이 많아 그 공적을 적은 문서를 요구한 것이다" 라 하였다. 이렇게 되면 "且曰" 이라는 두 글자와 문의가 통하지가 않으며 심흠한의『보주(補注)』에서 이미 틀렸다고 말한 바 있다.

47 밥상을 차려 주고 구슬을 넣어 준 은혜에 보답한 것이다.『한비자 · 십과(十過)』편에서는 "또 사람을 시켜 이부기(釐負羈)에게 말하게 하였다. '군대가 성에 다가가고 있는데 나는 그대가 어기지 않을 것을 알고 있소. 그대 집 문에 표시를 해두면 과인이 명을 내려 군대가 범하는 일이 없도록 하겠소.' 조나라 사람들이 그 말을 듣고 두 친척까지 이끌고 이부의 마을에서 보호를 받은 사람이 7백여 가구나 되었다" 라 하였다.

48 두 사람은 각기 따라서 망명한 공로가 있는데 희공 23년『전』에 보인다. 그러나 3군을 일으킬 때 호모와 호언, 조최를 제외하면 극곡과 극진, 난지, 선진 등은 모두 따라서 망명한 사람들이 아니었으며, 위주는 겨우 거우이고 전힐은 관직을 말하지 않았으니 위치

爇僖負羈氏.[49]	이에 희부기의 집을 태우다가
魏犨傷於胸.	위주가 가슴에 상처를 입었다.
公欲殺之,	공은 그를 죽이려 하다가도
而愛其材.[50]	그의 재주를 아꼈다.
使問,[51]	위로하게 하고
且視之.[52]	또 그를 살폈다.
病,[53]	병이 심해지면
將殺之.[54]	죽이려고 하였다.
魏犨束胸見使者,	위주는 가슴을 동여매고 사자를 보고는
曰,	말하기를
"以君之靈,[55]	"임금의 은혜로

가 이보다도 더 낮았을 것이다. 이 두 사람은 이 때문에 불평의 분만을 가지고 공로도 생각지 않는다는 발언을 하게 된 것이다. "報於何有"는 "何有於報"의 도치이다.

49 설(爇) : 태우다.
씨(氏) : 가(家)자와 같은 뜻. 소공 27년의 『전』에 "영윤께서 그대의 집에서 술을 마시고 싶어하오(令尹欲飮酒於子氏)"라는 말이 있는데, 『여씨춘추 · 신행(愼行)』편에서는 이 말이 "令尹欲飮酒於子之家"로 되어 있는 것으로 명확히 알 수 있다.

50 애(愛) : 석(惜), 곧 아끼다의 뜻으로 쓰였다. 『맹자 · 양혜왕(梁惠王) 상』에 "제나라가 비록 구석지고 좁으나 내 어찌 소 한 마리를 아끼리오(吾何愛一牛)"라는 말이 있는데 이곳의 애(愛)자와 뜻이 같다.

51 문(問) : 물건을 보내 준 것을 말한다.

52 병의 상태를 살핀 것이다.

53 상처가 심해지는 것을 말한다.

54 상처가 심해지면 그를 죽이려는 것을 말한다.

55 령(靈) : 위령(威靈)이라는 말이다.

不有寧也!"[56]	편안치 않겠는가!"라 하였다.
距躍三百,	위로 몇 번을 뛰고
曲踊三百.[57]	앞으로도 몇 번을 뛰었더니
乃舍之.[58]	이에 놓아주었다.
殺顚頡以徇于師,[59]	전힐을 죽여서 군사들에게 돌리며
立舟之僑以爲戎右.[60]	주지교를 거우로 세웠다.

---

56 두예는 "병 때문에 스스로 편하게 있을 수 없다는 말이다"라고 하였다.

57 쓸모가 있음을 보여주는 것이다.

거약(距躍)과 곡용(曲踊) 모두 뛰기의 명칭이다. 고염무의 『보정(補正)』에서는 명나라의 소보(邵寶)의 설을 인용하여 거약은 곧게 뛰는 것〔直跳〕이고 곡용은 옆으로 뛰는 것〔橫跳〕이라고 하였다. 유문기의 『구주소증(舊注疏證)』에서는 직도는 위로 뛰는 것으로 지금의 높이 뛰기이며. 횡도라는 것은 앞으로 뛰는 것으로 지금의 멀리 뛰기라고 하였다. 그럴 수도 있겠다.

삼백(三百) : 옛사람들은 수를 말한 것이 아니라고 생각하였는데, 위주가 부상을 당하였기 때문에 필시 뛰기를 6백 번이나 했을 리는 없을 것이다. 허수로 생각하여 뛴 횟수가 여러 번이었다고 말한다면 또한 통할 것이다. 두예는 "백(百)은 힘껏(勵)이라는 뜻"이라고 했다. 삼려(三勵)를 공영달의 소(疏)에서는 "뛸 때마다 힘을 다해서 하는 것이다"라고 하였다. 문의로 봐서 통하기가 어려워 믿을 수가 없다. 왕인지의 『술문(述聞)』에서는 "백(百)과 맥(陌)은 옛날에 통하여 썼으며, 맥은 가로질러 앞으로 나가는 것이다"고 했으니 삼백(三百)이란 것은 세 번 사자의 앞을 가로질렀다는 뜻이 된다. 이 밖에도 계복(桂馥), 홍양길(洪亮吉), 유문기(劉文淇) 등이 이 삼백(三百)에 대하여 여러 가지 설을 말하였으니 모두 확실치 않다.

58 놓아주어 죽이지 않은 것이다.

59 장사병(將士兵)들에게 두루 알린 것이다. 『상군서 · 상형(商君書 · 賞刑)』편에서는 "진 문공이 형벌을 밝혀 백성들과 친하고자 하여 제후와 대부들을 시천궁(侍千宮)에 모았다. 전힐이 나중에 이르니 관리가 죄 줄 것을 청하였다. 문공이 말하기를 '본보기를 보이리라' 라 하니 관리가 마침내 전힐의 척추를 잘라 죽였다. 진나라의 선비들이 모두 그것을 보고 크게 놀라 말하기를 '전힐은 총애를 받는 사람이었는데도 척추가 잘려 돌림을 당하는데 하물며 우리 같은 사람이겠는가?' 라 하였다"라 하였다. 『한비자 · 외저설 · 우상』편도 이와 대동소이하여 모두 『전』과는 다르다.

60 주지교(舟之僑) : 민공 2년의 『전』에 보인다. 거우로 세워서 위주를 대신하였다는 것은

宋人使門尹般如晉師告急.[61]	송나라 사람이 문윤반을 진나라 군사에게 가게 해서 위급함을 알렸다.
公曰,	공이 말하기를
“宋人告急,	“송나라 사람이 위급함을 알려 왔으니
舍之則絶,[62]	버려두면 국교가 단절될 것이고
告楚不許.[63]	고하여도 초나라는 허락하지 않는다.
我欲戰矣,	우리가 싸우고자 해도
齊, 秦未可,	제나라와 진나라가 안 된다고 하니

위주가 면직되었다는 것이다.

61 문윤반(門尹般) : 두예는 송나라의 대부라고 하였다. 「진어 4」에는 반(般)이 “班”으로 되어 있다. 두 자는 동음으로 통가자였다. 마종련(馬宗璉)의 『보주(補注)』에서는 “반은 송나라의 경(卿)으로 문윤(門尹)의 직을 맡았는데 이를테면 동문우사(桐門右師)와 같은 유이다. 초나라의 포위가 급박하므로 중신을 진(晉)나라로 보내어 군사를 청하게 하였다”라 하였다. 문윤(門尹)을 동문(桐門)으로 비유한 것은 유가 다르다. 동문은 성문의 이름이고 문윤은 아니기 때문이다. 그러나 문윤반이 송나라의 중신이었다는 것은 정리에 맞다. 애공 26년의 『전』에 송나라에 문윤 득(得)이 있는데 역시 중신이다. 고동고의 『대사표(大事表)』에서는 “『국어』에 ‘적국의 손님이 이르면 관윤(關尹)은 알리고 문윤은 문을 소제한다’고 하였고 『주례 · 지관』에도 사문(司門)이니 사관(司關) 같은 것이 있으며, 정나라의 사농(司農)은 사관을 관윤으로 하였으니, 문윤은 곧 『주례』의 사문이다”라 하였다. 그러나 사문은 관직이 낮다. 이 문윤은 장공 19년 『전』의 초나라 대혼(大閽)에 상당하는 것 같다.

62 버려두고 구원하지 않으면 곧 진나라와는 국교가 단절되고 말 것이라는 것이다.

63 초나라에게 송나라의 포위를 풀라고 청하여도 초나라는 또한 그러지 않을 것이라는 것이다. 「진어 4」에서는 “송나라 사람이 위급함을 알려 왔는데 버려두면 송나라와는 단절될 것이고 초나라에 (포위를 풀라고) 알리면 우리에게 허락을 하지 않을 것이다”라고 하여 문의가 비교적 명확하다.

若之何?"	이를 어찌할 것인가?"라 하였다.
先軫曰,	선진이 말하였다.
"使宋舍我而賂齊, 秦,	"송나라에게 우리를 버리게 하고 제와 진나라에게 뇌물을 주어
藉之告楚.[64]	이 두 나라에 빙자하여 초나라에게 고하는 것입니다.
我執曹君,	우리는 조군을 잡고
而分曹, 衛之田以賜宋人.[65]	조와 위나라의 땅을 나누어 송나라 사람에게 나누어 주는 것입니다.
楚愛曹, 衛,	초나라는 조나라와 위나라가 아까워
必不許也.[66]	반드시 허락을 하지 않을 것입니다.
喜賂, 怒頑,[67]	뇌물을 좋아하고 완고함에 노할 것이니
能無戰乎?"[68]	싸우지 않을 수 있겠습니까?"
公說,	공이 기뻐하며

64 제나라와 진나라를 빌려 그들로 하여금 송나라를 위하여 초나라에게 알리어 초나라로 하여금 송나라의 포위를 풀게 하고자 하는 것이다.

65 조나라와 위나라의 땅을 송나라 사람에게 주는 것은 한편으로는 초나라를 노하게 만들고 한편으로는 송나라가 제나라와 진(秦)나라에게 준 뇌물을 보상하는 것이 된다는 것이다.

66 반드시 제나라와 진나라의 송나라를 위한 청을 허락지 않을 것이라는 말이다.

67 제나라와 진나라는 송나라의 뇌물을 얻는 것을 기뻐할 것이고 초나라의 완고함에 노할 것이라는 말이다. 「진어 4」에서는 "제나라와 진나라가 그 청을 얻지 못하면 반드시 노하게 될 것입니다"라 하였다.

68 이는 곧 제와 진의 두 나라를 격발시켜 전쟁에 참가시키려는 계책을 편 것이다.

執曹伯,	조백을 붙잡아
分曹, 衛之田以畀宋人.[69]	조나라와 위나라의 전지를 나누어 송나라 사람에게 주었다.
楚子入居于申,[70]	초자가 신으로 들어가 거처하면서
使申叔去穀,[71]	신숙에게는 곡을 떠나게 하고
使子玉去宋,	자옥에게는 송을 떠나게 하면서
曰,	말하기를
"無從晉師!	"진나라 군사를 쫓지 마라!
晉侯在外,	진후는 밖에서
十九年矣,[72]	19년을 있었으나

69 「진세가」에서는 "초나라가 송나라를 포위하자 송나라는 다시 진나라에 위급함을 알렸다. 문공이 구원하고자 하면 초나라를 공격해야 하는데, 초나라가 일찍이 덕을 베푼 적이 있어 치고 싶지 않았다. 병사를 풀고자 하니 송나라가 또 일찍이 진나라에게 덕을 베푼지라 근심을 하였다. 선진(先軫)이 말하기를 '조백을 잡고 조나라와 위나라의 땅을 송나라에게 주면 초나라는 조나라와 위나라의 위급함 때문에 형편상 송나라의 포위를 풀 것입니다' 라 하니 이에 문공이 그 의견을 따랐다"라 하여 전과 얼마간 같지 않다. 「위세가」에도 이 일이 수록되어 있는데 비교적 소략하다.

70 신(申) : 방성(方城) 안에 있으며 초자가 송나라를 치려고 방성 안으로 물러나 거처하였기 때문에 들어갔다고 하였다. 신은 또한 은공 원년의 『전』에도 보인다.

71 신숙(申叔) : 곧 신공(申公) 숙후(叔侯)인데 26년에 곡(穀)을 지켰다.

72 진문공은 희공 5년에 진나라에서 달아나 적(狄)나라에서 12년을 있었고, 24년에야 비로소 진나라로 들어갔으니 하력(夏曆)을 가지고 계산하면 딱 19년이 된다. 「진어 4」에서는 "진공자는 난 지 17년에 망명하였다" 하였고, 소공 13년의 『전』에서도 또한 "선군 문공은 난 지 17년 만에 선비 다섯을 두었다" 하였으니 진문공이 망명하였을 때의 나이는 17세이며, 망명 생활 19년 만에 귀국하였을 때는 나이가 36세가 되고, 성복(城濮)의 전역은 즉위한 지 이미 4년이 되었으므로 나이가 40세가 되며, 죽었을 때의 나이는 겨우 44세가 된다. 「진세가」에서는 중이가 달아났을 때의 나이가 43세라고 하였는데 19년 만에 들어갔으니 당시 나이 62세가 된다. 염약거(閻若璩)의 『사서석지 · 삼속(四書釋地 ·

而果得晉國.	결국 진나라를 얻었다.
險阻艱難,	험하고 어려운 일을
備嘗之矣;	두루 맛보았을 것이며,
民之情僞,[73]	백성들의 참과 거짓을
盡知之矣.	모두 알고 있을 것이다.
天假之年,[74]	하늘이 그에게 연수(年壽)를 주었고
而除其害,[75]	해악은 없애주었으니
天之所置,	하늘이 세운 것을
其可廢乎?[76]	어떻게 폐하겠는가?
軍志曰,[77]	『군지』에서는 말하기를
'允當則歸.'[78]	'적당하면 돌아가라' 고 했고
又曰,	또 말하기를

三續)』에서는 사마천의 설이 『좌전』과 『국어』보다 믿을 만하지 못하다고 하였는데 그 말이 옳다. 홍양길은 『고(詁)』에서 『사기』를 믿고 『좌전』은 믿지 않았는데, 그의 근거는 잘못되었다. 『사기』의 설대로라면 중이가 포(蒲)로 달아난 것은 43세가 되며, 바로 그해에 헌공이 괵(虢)나라를 멸하고 정백(井伯)을 잡아서 진목희(秦穆姬)의 잉첩으로 삼았다. 진목희는 신생(申生)의 누이로 중이보다 적어도 몇 살은 많을 것인데 어찌하여 50 내외에 비로소 시집을 갈 수 있겠는가?

73 정실(情實) : 실(實)자의 뜻이다. 정위는 곧 진위(眞僞)와 같은 말이다.

74 지(之) : "그 기(其)"자와 같은 뜻으로 쓰였다. 19년을 밖에서 떠돌며 전전하면서도 살아 있는 사람은 또한 헌공의 아홉 아들 중에 오직 중이밖에 없다는 말이다.

75 혜공이 죽자 회공(懷公) 및 여생(呂甥)과 극예(郤芮)가 피살된 것을 가리킴.

76 기(其) : "어찌 기(豈)"자의 뜻으로 쓰였다.

77 군지(軍志) : 옛 병서이다.

78 적당한 데 이르면 그만두라는 뜻이다.

'知難而退.'[79]	'어려움을 알면 물러나라' 고 하였으며
又曰,	또한 말하기를
'有德不可敵.'	'덕이 있는 사람은 대적할 수 없다' 라 하였다.
此三志者,	이 세 가지 기록은
晉之謂矣."	진나라를 이른 것이다"라 하였다.
子玉使伯棼請戰,[80]	자옥이 백분을 시켜 전쟁을 청하면서
曰,	말하였다.
"非敢必有功也,	"감히 반드시 공을 세우겠다는 것이 아니오라
願以間執讒慝之口."[81]	원컨대 참소하고 사특한 입이나 막고자 합니다."
王怒,	초왕이 노하여

79 『오자 · 요적(吳子 · 料敵)』편에서 이 말을 습용하였다.

80 백분(伯棼) : 초나라 투초(鬪椒)는 자가 백분이며, 또한 자를 자월(子越)이라고도 하는데, 투백비(鬪伯比)의 손자이다.

81 간집(間執) : 막는다는 뜻이다.
참특(讒慝) : 『장자 · 어부(漁夫)』편에서는 "남의 결점을 즐겨 말하는 것을 참(讒)이라고 한다"라 하였다. 『순자 · 수신(修身)』편에서는 "어진 사람을 해치는 것을 참이라고 한다"라 하였다. 『이아 · 석훈(爾雅 · 釋訓)』에 "참특을 더하는 것이다(崇讒慝也)"는 말이 있는데, 『석문(釋文)』에서는 "사악함을 숨기고 그 마음이 그릇된 것으로 꾸미는 것을 말한다"라 하였다. 옛날 사람들이 "讒慝"을 이어서 쓰면 남의 과오를 즐겨 말한다는 뜻이다. 여기서 "참특한 입"은 지난해 위가(蔿賈)의 말을 가리키며 자옥이 3백 승을 넘으면 온전히 돌아올 수 없을 것이라고 한 것을 이른다.

少與之師,	그에게 군사를 조금만 주고
唯西廣, 東宮與若敖之六卒實從之.[82]	서광과 동궁, 그리고 약오의 6졸만 실로 그를 따랐다.
子玉使宛春告於晉師曰,[83]	자옥이 완춘을 보내 진나라 군사에게 알리게 하기를
"請復衛侯而封曹,	"청컨대 위후를 복위시키고 조나라를 봉해 주시면
臣亦釋宋之圍."	신도 송나라의 포위를 풀겠습니다" 라 하였다.
子犯曰,	자범이 말하였다.

---

82 서광(西廣) : 광(廣)은 거성이다. 선공 12년의 『전』에서 초나라에 대해 말하기를 "그 임금의 군대를 2광으로 나누었다(其君之戎分爲二廣)"고 하였는데 서광은 곧 그 2광의 하나일 것이다.

동궁(東宮) : 문공 원년의 『전』에 태자 상신(商臣)이 궁갑(宮甲)으로 성왈(成王)을 포위하는 것이 보이니 동궁에도 병력이 있었으며 이 동궁 또한 필시 태자의 궁갑일 것이다.

약오(若敖) : 초무왕(楚武王)의 조부로 초나라 임금 중 시호가 없는 사람은 모두 "敖"로 부르며 앞에는 묻힌 땅을 적는데, 이를테면 소공 13년의 『전』에서 "자간(子干)을 자(訾)에 장사 지냈으니 이가 곧 자오(訾敖)이다"라 한 것이 있다. 곧 약오는 초나라 임금으로 약(若)에 묻힌 사람으로 실로 또한 자옥(子玉)의 조부이기도 하다. 오(敖)는 곧 호(豪)자와 같은 뜻으로 지금의 추장(酋長)이라는 말과 같다. 약오의 6졸이라는 것은 약오가 처음 만든 종족의 친위병인 것 같다.

육졸(六卒) : 전차의 진법으로 보병의 진법이 아니다. 1졸은 30승이며 6졸은 180승이다. 두예는 1졸이 1백 명이며 6졸은 6백 명이라고 하였는데 틀렸다. 「초어 상」에서는 "성복의 싸움이 이르자 자옥만이 싸우고자 하여 초왕과 마음이 어긋났으므로 동광과 서궁의 병력만 끌고 왔다"라고 하였다. 자옥이 원래 송나라를 포위하려던 병력 외에 여기에 서광과 동궁 및 약오의 6졸을 더하였다.

83 완춘(宛春) : 초나라의 대부. 『여씨춘추 · 분직(分職)』편과 『신서 · 자사(新序 · 刺奢)』편에서 위령공(衛靈公)에게 간언한 완춘은 송나라의 대부로 별개의 인물임.

“子玉無禮哉!	“자옥은 무례합니다!
君取一,	임금은 하나를 취하는데
臣取二,[84]	신하가 둘을 취하니
不可失矣.”[85]	놓칠 수 없습니다.”
先軫曰,	선진이 말하였다.
“子與之![86]	“임금께선 허락하소서!
定人之謂禮,	남을 안정시키는 것을 예라고 합니다.
楚一言而定三國,[87]	초나라는 한마디 말로 세 나라를 안정시키는데
我一言而亡之.	우리나라는 한마디 말로 그들을 망치려 합니다.
我則無禮,	우리가 무례한 것이니
何以戰乎?	어떻게 전쟁을 하겠습니까?
不許楚言,	초나라의 말을 허락지 않는 것은
是棄宋也;	송나라를 버리는 것이며,

84 진문공은 임금으로 송나라의 포위를 풀 것만 요구하였는데, 자옥은 신하로 위나라 임금을 복위시키고 조나라를 봉하라는 두 가지 요구를 낸 것을 말한다.

85 때를 잃을 수 없으며 반드시 싸워야 한다는 말이다.

86 여(與) : 허락하다. 그 청을 들어주는 것을 말한다.

87 정삼국(定三國) : 송나라의 포위가 풀리고 조나라와 위나라 임금이 복위하는 것을 말한다.

救而棄之,	구원하려다가 버린다면
謂諸侯何?[88]	제후들에게 뭐라고 말할 것입니까?
楚有三施,	초나라는 세 나라에 은혜를 베풀었고
我有三怨,[89]	우리는 세 나라와 원한을 맺을 것이니
怨讎已多,[90]	원수가 이렇게 많아서야
將何以戰?	어떻게 전쟁을 하겠습니까?
不如私許復曹, 衛以攜之,[91]	가만히 조나라와 위나라를 회복시켜 그들을 떼어 놓아
執宛春伊怒楚,	완춘을 잡아서 초나라를 노하게 하고
旣戰而後圖之."	전투를 시작한 후에 다시 도모함만 못하나이다."
公說.	공이 기뻐하였다.
乃拘宛春於衛,	이에 완춘을 위나라에 구금시키고
且私許復曹, 衛,	몰래 조나라와 위나라 임금을 복위시키니

---

88 제나라와 진(秦)나라를 대할 면목이 없어진다는 말이다.

89 송 · 조 · 위 세 나라가 우리를 원망할 것이라는 말이다.

90 이(已) : 너무라는 뜻.

91 휴(攜) : 이(離), 곧 떼어 놓다는 뜻. 조나라, 위나라와 초나라의 동맹을 이간시킨다는 것을 말한다. 뒤에서 말한 "曹 · 衛告絕於楚"는 곧 이 일을 말한다. 「진세가」에서는 휴(攜)를 "유(誘)"라고 하였는데 이는 사마천이 임의로 문장을 변형시킨 것이다.

曹, 衛告絶於楚.	조나라와 위나라는 초나라에 국교를 단절한다고 알렸다.
子玉怒,	자옥이 노하여
從晉師.[92]	진나라 군사를 좇았다.
晉師退.	진나라 군사는 물러났다.
軍吏曰,	군리가 말하였다.
“以君辟臣,	“임금이 신하를 피하는 것은
辱也;	수치이며,
且楚師老矣,[93]	또한 초나라 군사는 피로한데
何故退?”	무슨 까닭으로 퇴각하십니까?”
子犯曰,	자범이 말하였다.
“師直爲壯,	“전쟁은 명분이 곧으면 씩씩하고
曲爲老,	명분이 곧지 않으면 피곤하게 되는 것이니
豈在久乎?[94]	어찌 출정이 오래된 데 있겠습니까?

92 종진사(從晉師) : 송나라의 포위를 풀고 진나라 군사를 좇는 것이다. 「진어 4」에서는 “자옥은 송나라 포위를 풀고 진나라 군사를 좇았다”라 하였다. 초성왕(楚成王)은 자옥에게 진나라 군사를 좇지 말라고 했는데 자옥이 반대했다.

93 초나라 군사는 지난해 송나라를 포위하여 이때는 벌써 5, 6개월은 되었으므로 피로할 것이라고 말한 것이다.

94 호(乎)는 완각본에는 “의(矣)”로 되어 있다. 『교감기』를 따라 고쳤다.

微楚之惠不及此,	초나라의 은혜가 없었다면 여기에 이르지 못하였을 것이니
退三舍辟之,	90리를 물러나 피하는 것이
所以報也.[95]	은혜를 갚는 것입니다.
背惠食言,[96]	은혜를 저버리고 약속을 어기어
以亢其讎,[97]	그 원수를 비호해 준다면
我曲楚直,	우리는 곧지 못하고 초나라는 곧은 것이 되며
其衆素飽,[98]	그 무리의 사기는 줄곧 충만하였으니
不可謂老.	피로하다고 할 수 없습니다.
我退而楚還,	우리가 물러나고 초나라 군사가 돌아가면
我將何求?	우리는 장차 무엇을 구하겠습니까?
若其不還,	만약 그들이 돌아가지 않는다면

95 진문공이 초성왕에게 허락한 말을 실천하는 것이다. 23년의 『전』을 보라.

96 식언(食言) : 15년의 『전』을 보라.

97 항(亢) : 덮는다는 뜻이다. 소공 원년 『전』에 "길은 제 몸도 가리지 못하는데 어찌 종족을 가릴 수 있겠습니까?(吉不能亢身, 焉能亢宗)"라는 말이 있는데 이곳의 "亢"자는 모두 같은 뜻으로 쓰였다.
기수(其讎) : 송나라를 가리킨다. 여기서는 초나라가 송나라를 치는데 진나라는 그 송나라를 구원하는 것을 말한다.

98 소(素) : 평소, 줄곧.
포(飽) : 사기가 충만해 있음을 말한다.

君退, 臣犯, 임금이 물러나고 신하가 범하는 것이니

曲在彼矣." 곧지 못함은 저쪽에 있게 되는 것입니다."

退三舍. 이에 90리를 물러났다.

楚衆欲止, 초나라 병사들이 멈추려고 하였으나

子玉不可.[99] 자옥은 안 된다고 하였다.

夏四月戊辰,[100] 여름 4월 무진일에

晉侯, 宋公, 齊國歸父, 崔夭, 秦小子慭次于城濮.[101] 진후와 송공, 제나라의 귀국보와 최요, 진나라의 소자은이 성복에 주둔했다.

楚師背酅而舍,[102] 초나라 군사는 벼랑을 등지고 주둔하여

晉侯患之. 진후가 근심하였다.

聽輿人之誦, 여러 사람들이 노래하는 것을 들어보니

---

99 「진세가」에서는 자범이 한 말을 진문공의 말로 서술하였는데, 『전』 및 「진어 4」와 합치되지 않는다.

100 무진(戊辰)일은 그믐날이다.

101 국귀보 · 최요(國歸父 · 崔夭) : 제나라의 대부이다. 최요는 선공 10년의 『전』에 상세하다.
소자은(小子慭) : 진목공의 아들이다.
성복(城濮) : 위나라 땅으로 이미 장공 27년의 『경』에 보인다.

102 휴(酅) : 구릉이 험하게 막고 있는 곳. 벼랑. 초나라 군사가 험난한 곳에 의지하여 진을 친 것이다.

曰,	말하기를
"原田每每,	"쉬는 밭 풀 무성한데
舍其舊而新是謀."[103]	옛것 버리고 새것 도모하네"라 하였다.
公疑焉.	공이 의심하였다.
子犯曰,	자범이 말하였다.
"戰也!	"싸우소서!
戰而捷,	싸워서 이기면
必得諸侯.	반드시 제후를 얻을 것이며
若其不捷,	이기지 못 하더라도
表裏山河,[104]	안팎이 산과 강이니
必無害也."	손해될 것은 없습니다."
公曰,	공이 말하였다.
"若楚惠何?"	"초나라의 은혜는 어찌하느냐?"

103 매(每)와 모(謀)는 운자로, 고음은 모두 해(咍)부이다.
원전~신시모(原田~新是謀) : 원(原)은 휴경지(休耕地)를 말한다. 『주례 · 대사도(大司徒)』에서 말한 "한번 바꾼 땅(一易之地)"과 "두 번 바꾼 땅(再易之地)"이다. 휴경을 하면 풀이 무성해져서 비료로 삼는데, "매매(每每)"는 풀이 무성하게 난 것을 형용한다. 작년에 이미 경작을 한 것은 올해는 다시 쓰지 않고 앞의 휴경지를 쓰기 때문에 "옛것을 버리고 새것을 도모한다"고 하였다. 두예는 "진나라 군대의 훌륭하고 성함이 마치 휴경지에 무성하게 난 풀과 같아서 새로운 공을 세울 수 있기를 도모할 수 있으니 옛 은혜는 생각할 것도 없다는 것을 비유한 것이다"라 하였다.

104 두예는 "진나라는 밖은 강이고 안은 산이다"라 하였다. 여기서 지더라도 진나라는 천혜의 요새이기 때문에 걱정할 것이 없다는 말이다.

欒貞子曰,[105]	난정자가 말하였다.
"漢陽諸姬,	"한수 북쪽의 여러 희씨들은
楚實盡之.[106]	초나라가 실로 모두 장악하였습니다.
思小惠而忘大耻,[107]	작은 은혜만 생각하고 큰 수치를 잊는 것은
不如戰也."	전쟁을 함만 못합니다."
晉侯夢與楚子搏,[108]	진후가 꿈에 초자와 싸우는데
楚子伏己而盬其腦,[109]	초자가 자기에게 엎드려 골을 파먹는 것이었다.
是以懼.	이에 두려워하였더니
子犯曰,	자범이 말하기를
"吉.	"길합니다.

---

105 난정자(欒貞子) : 난지(欒枝)이다.

106 물의 북쪽을 양(陽)이라 하는데, 주(周)나라와 진(晉)나라와 동성의 국가로 한수의 북쪽에 있는 나라는 초나라가 모두 멸망시켰다. 「초세가」에서는 말하기를 초무왕 35년에 수(隨)나라를 멸하였는데, 이것이 처음으로 복(濮)을 개척하여 얻은 것이다. 문왕 6년에 채(蔡)나라를 멸하였다. 이로써 초나라는 강대해져 장강과 한수 사이의 소국들이 초나라를 두려워하게 되었다. 11년에는 초나라 또한 비로소 커졌는데, 성왕 때 초나라 땅이 천리였다고 하였으니 모두 병탄한 것이다.

107 중이가 초나라로 망명하였을 때 초나라가 후대해 준 것이 작은 은혜이고, 진나라와 동성의 제후국들을 멸한 것은 큰 수치이다.

108 박(搏) : 치고 받고 싸우는 것을 말한다. 격투.

109 "기(己)"자가 "이(已)"자로 되어 있고, "伏"자와 떼어서 "楚子伏, 已而盬其腦"로 구두를 끊은 판본도 있는데 틀렸다. 초자가 진후 자신의 몸에 엎드려 있는 것이다. 고(盬)는 씹는다는 뜻이다.

我得天,[110]	우리는 하늘을 얻은 것이고
楚伏其罪,[111]	초나라는 엎드려 죄를 비는 것이니
吾且柔之矣."[112]	우리가 길들일 수 있습니다"라 하였다.
子玉使鬪勃請戰,[113]	자옥이 투발에게 싸움을 걸게 하고는
曰,	말하였다.
"請與君之士戲,[114]	"임금님의 군사와 겨루어 볼 것을 청하니

110 진후는 하늘을 보고 누워 있기 때문에 위를 향해 있으므로 하늘을 얻었다고 한 것이다.

111 초자는 엎드리어 아래를 향하고 있기 때문에 죄를 빈다고 하였다. 섬서성 서안의 반파 유적지에는 공동묘지가 있는데, 씨족 중에 죽은 자를 매장하였다. 이곳에는 하늘을 보고 누워 있는 장례인 앙신장과 그 반대인 부신장이 있는데, 앙신장에는 순장품이 있으나 부신장에는 없다. 이로써 앙신은 귀족의 장례이고 부신은 천민의 장례임을 알 수 있다. 그러므로 한 군데는 "하늘을 얻었고", 또 한 군데는 "그 죄를 비는 것이다." 자범이 왜 이 말을 했는지를 알 수 있을 것이다.

112 초순(焦循)의 『보소(補疏)』에서는 "『소문 · 오장별론(素問 · 五臟別論)』에서는 '뇌와 골수, 뼈, 맥, 쓸개, 여자의 태보 이 여섯 가지는 땅의 기운에서 생겨나는 것으로 모두 음(陰)에 숨어 있다가 땅으로 형상을 나타내는 것이다'라 하였고 「해정미론(解精微論)」에서는 '뇌라는 것은 음이다'라 하였다. 음이면서 부드러우므로 자범이 우리가 장차 그들을 부드럽게 길들일 수 있다고 말하였다. 저가 와서 나를 먹을 때 이를 써서 먹으니 이는 강한 것이다. 나는 뇌를 가지고 이를 받으니 이것이 그 강한 것을 부드럽게 만드는 것이므로 그들을 부드럽게 길들인다고 하였다." 두예는 "뇌는 부드러운 것이다"고 하였다. 하락사(何樂士)는 25년 『전』의 "덕으로 중국을 부드럽게 하였다(德以柔中國)"라 한 "柔"의 뜻이라고 하였다. 『논형 · 이허(異虛)』편에는 "진문공이 성복에서 초성왕과 싸우려고 하였다. 혜성(彗星)이 초나라에 나타났는데 초나라 쪽이 혜성의 자루를 쥐고 있었다. 구범(咎犯)에게 그것을 물어보았다. 구범이 이렇게 대답하였다. '빗자루〔彗〕를 가지고 싸우면 거꾸로 쥔 사람이 이깁니다'"라는 말이 있는데 『좌전』에는 이런 말이 없으니 왕충(王充)은 아마 다른 책에서 재료를 취한 것 같다.

113 투발(鬪勃) : 초나라의 대부이다.

114 「진어 9」에 "소실주(少室周)는 조간자(趙簡子)의 거우(車右)가 되었으며, 우담(牛談)이 공을 세웠다는 말을 듣고 그에게 한번 겨루어 보기를 청하였는데(請與之戲), 이기지

君馮軾而觀之,[115]	임금님께서는 수레의 가로막대에 기대어 구경하시면
得臣與寓目焉."	득신도 함께 구경하겠습니다."
晉侯使欒枝對曰,	진후는 난지에게 대답하여 말하게 하였다.
"寡君聞命矣.	"우리 임금께선 명령을 잘 들었습니다.
楚君之惠,	초나라 임금님의 은혜를
未之敢忘,	감히 잊지 않아서
是以在此.[116]	여기에 있게 되었습니다.
爲大夫退,[117]	대부는 물러갈 것이다 하였는데
其敢當君乎?[118]	어찌 감히 임금에게 맞섭니까?
旣不獲命矣,[119]	명령을 받지 못하여

못하여 거우의 자리를 그에게 주고 말았다"라는 말이 나오는데 위소는 "희는 힘을 겨루는 것이다(戱, 角力也)"라 하였다. 이곳의 희(戱)자도 바로 이 뜻으로 쓰였다.

115 빙(馮) : "憑"자와 같은 뜻이다. 옛날 사람들은 수레에 타면 주로 서 있었는데 수레의 가로막이 나무에 기대면 비교적 편안하여 오래 서 있을 수 있었다.

116 차(此) : 90리를 퇴각하여 피한 곳을 가리킨다.

117 위(爲) : "이를 위(謂)"자와 같은 뜻으로 쓰였다. 초나라 군이 이미 물러났을 것으로 생각하였다는 말이다.

118 기(其) : "어찌 기(豈)"자와 같은 뜻으로 쓰였다. 자옥은 신하이고 진문공은 임금이니 신하는 감히 임금에게 대항할 수 없으므로 임금이 물러나면 신하도 물러나야 하는 것이기 때문에 대부가 물러갔다고 하였다.

119 초나라 군대가 끝내 물러나지 않고 또한 따라와서 이곳까지 이르렀으므로 명령을 받지 못하였다고 하였다. 23년 전의 진문공이 초성왕에게 답한 말에서도 또한 "임금님을 피해 90리를 물러나겠소. 그래도 명을 듣지 못하게 되면(其辟君三舍, 若不獲命)"이라

敢煩大夫,[120]	감히 대부를 번거롭게 하고자 하니
謂二三子,[121]	그대의 무리들에게 일러
'戎爾車乘,	'너희의 전차를 잘 갖추고
敬爾君事,	너희 임금의 일을 경건히 행하여
詰朝將見.'"[122]	내일 아침 만날 것이라고 하시오'"라 하였다.
晉車七百乘,	진나라 군대 7백 승은
韅, 靷, 鞅, 靽.[123]	뱃대끈과 가슴걸이, 밀치끈 등을 갖추었다.
晉侯登有莘之虛以觀師,[124]	진후가 유신지허에 올라 군사를 보면서

하였다.

120 대부(大夫) : 투발(鬪勃)을 가리킨다.

121 이삼자(二三子) : 자옥(子玉)과 자서(子西) 등을 가리킨다.

122 힐조(詰朝) : 내일 아침이라는 말이다.

123 현(韅) : 마소의 배에 걸쳐 안장이나 길마를 졸라매는 줄.
인(靷) : 근(靳)자의 오자이다. 근은 말의 가슴에 걸어 안장에 매는 가죽이다. 유환(游環)이라고도 한다. 사두마차에서 중간의 두 말을 복마(服馬)라고 하고, 좌우의 양쪽 곁에 있는 말을 참마(驂馬)라고 한다. 참마의 머리는 복마의 가슴에 해당하며 복마의 가슴에 거는 가죽 끈이 근이고 근에는 고리〔環〕가 있으며 이 고리를 근환(靳鐶)이라고 하며 또한 유환(游環)이라고도 하는데, 참마의 바깥쪽 고삐에 꿰어 참마가 밖으로 빠져나가지 못하게 한다. 이 때문에 복마가 가면 참마도 어쩔 수 없이 가게 되는 것이다. 유환은 복마에서 그 뜻을 얻었고, 근환은 참마에서 그 뜻을 얻었다.
앙(鞅) : 수레를 맬 때 말의 목에 있는 가죽 끈이다.
반(靽) : 말의 발을 묶는 끈. 진시황릉의 청동 거마를 가지고 보면 말의 뒤로 건 띠로 배 아래를 거쳐 가슴 앞으로 연결되어 있다.
현·인·앙·반(韅·靷·鞅·靽)은 거마의 장비가 다 갖추어졌다는 말이다.

124 유신지허(有莘之虛) : 신(莘)은 옛 나라의 이름. 『묵자·상현·중(墨子·尙賢·中)』

曰,	말하였다.
"少長有禮,[125]	"병사들이 장유 간에 예가 있으니
其可用也."	쓸 만하겠다."
遂伐其木,	마침내 나무를 베어
以益其兵.[126]	병기를 늘였다.
己巳,	기사일에
晉師陳于莘北,[127]	진나라 군사는 신의 북쪽에 진을 갖추고
胥臣以下軍之佐當陳, 蔡.[128]	서신이 하군의 보좌로 진과 채나라를 맡았다.

편의 "이체(伊摯)는 유신씨(有莘氏)의 신하이다"라 한 신(莘)이다. 『여씨춘추 · 본미(本味)』편에는 유신씨(有侁氏)로 되어 있고 『한서 · 인표(人表)』 및 『한서 · 외척전서(外戚傳敍)』에는 모두 유신씨(有㜪氏)로 되어 있는데 "莘" · "侁" · "㜪" 세 자는 서로 통하여 쓸 수 있었다. 허(虛)는 허(墟)와 같은 뜻이다. 하(夏) · 상(商) · 주(周)의 문헌에 모두 신나라가 등장하는 것으로 보아 3대에 모두 신나라(부락일 것이다)가 있었던 것 같다. 그 위치에 대해서도 『좌전』을 가지고 논해 보면 장공 10년의 『경』에서는 채(蔡)나라 땅이라 하였고, 32년의 『전』에서는 괵(虢)나라 땅, 성공 2년의 『전』에서는 제(齊)나라 땅이라고 하여 각기 일치하지 않으며, 이곳의 신은 또 다른 곳으로 옛 신나라의 폐허이다. 『춘추여도(春秋輿圖)』〔고동고(顧棟高)의 『춘추대사표(春秋大事表)』 권50 수록〕에 의하면 유신씨지허(有莘氏之虛)는 지금의 산동성 조현(曹縣) 서북쪽에 있다.

125 소장(少長) : 군사(軍士)의 장유(長幼)를 말함. 조련할 때 어린 사람은 연장자를 공경하고 연장자는 어린 사람을 가르쳤으므로 예가 있다고 말하였다.

126 병(兵) : 병기로 과(戈)나 모(矛) 같은 것의 자루를 말함. 모두 나무를 베어서 만들어야 하므로 이렇게 말하였음.

127 신북(莘北) : 곧 성복(城濮)일 것이다.

128 진나라는 중군(中軍)으로 초나라의 중군에 맞섰고 상군(上軍)으로 초나라의 좌사에 맞섰을 것이며, 하군 장군의 보좌관은 각기 담당이 있었을 것이니 난지는 하군의 장수로

子玉以若敖之六卒將中軍,	자옥은 약오의 육졸로 중군 장군이 되어
曰,	말하기를
“今日必無晉矣.”	“오늘로서 반드시 진나라는 없어지게 될 것이다”라 하였다.
子西將左,[129]	자서는 좌군을 이끌고
子上將右.[130]	자상은 우군을 이끌었다.
胥臣蒙馬以虎皮,	서신이 말에다 호랑이 가죽을 씌우고
先犯陳, 蔡.	먼저 진나라와 채나라 군사로 쳐들어갔다.
陳, 蔡奔,	진나라와 채나라 군사가 달아나니
楚右師潰.	초나라의 우군이 흩어졌다.
狐毛設二旆而退之.[131]	호모가 두 전군을 설치하여 퇴각시켰다.

자옥을 꾀었고 서신은 하군의 보좌로 진나라와 채나라의 군사를 맡았을 것이다. 진나라와 채나라의 군사는 초나라의 우사에 속했다.

129 자서(子西) : 투의신(鬪宜申)이다.

130 자상(子上) : 투발(鬪勃)이다.

131 청나라 유서년(劉書年)의 『유귀양경설(劉貴陽經說)』에서는 “설이패(設二旆)는 전군(前軍)의 두 부대를 설치한 것이다. 장공 28년 『전』에서는 ‘자원과 투어강, 투오, 경지불비가 전군이 되고 투반, 왕손유, 왕손희는 후군이 되었다(子元 · 鬪御彊 · 鬪梧 · 耿之不比爲旆, 鬪班 · 王孫游 · 王孫喜殿)’라 하였는데, 여기서 패(旆)와 전(殿)은 서로 대(對)가 되는 개념으로 패(旆)는 필시 전군(前軍)일 것이다. 초나라는 전군을 패라 하였는데 진나라는 그렇지 않았다. 애공 2년의 『전』에 진나라 조앙(趙鞅)이 척(戚)에서 정나라 군사를 막으며 말하기를 ‘우리 군은 숫자가 적으니 전차의 선도 전차와 한달(罕達), 사홍(駟弘)의 병거로 먼저 진을 치십시오(吾車少, 以兵車之旆與罕 · 駟兵車先

欒枝使輿曳柴而僞遁,[132] 난지가 수레에 섶을 끌고 거짓으로 달아나는 체하게 하니

楚師馳之,[133] 초나라 군사들이 그들을 쫓고

原軫, 郤溱以中軍公族橫擊之.[134] 원진과 극진이 중군의 공족들을 거느리고 옆에서 그들을 쳤다.

狐毛, 狐偃以上軍夾攻子西,[135] 호모와 호언은 상군을 가지고 자서를 협공하니

陳)'라 하였고 주석에서 '패는 먼저 달려 나가는 전차〔先驅車〕이다. 먼저 달려 나가는 전차로 그 군대를 증강시켜 많게 보이는 것이다'라 하였다. 대체로 병거 가운데 먼저 달려 나가는 것을 1군으로 하였기 때문에 병거지패(兵車之旆)라고 한 것이다. 이로써 진나라의 전군(前軍)을 패(旆)라고 하였다는 것은 확실하다. 또한 양공 18년『전』에서 진(晉)나라가 제나라를 칠 때 '왼쪽에는 실제 사람이 타고 오른쪽은 거짓으로 하여 선발대를 만들어 수레에 섶을 달고 끌어 따르게 하였다(使乘車者左實右僞以旆先, 輿曳柴而從之)'라 하였는데 이 패(旆) 역시 전군(前軍)을 말한다. 장형(張衡)의「동경부(東京賦)」에 '후군은 아직 성궐을 나서지도 않았는데, 전군이 이미 교외의 논두렁으로 돌아왔다(殿未出乎城闕, 旆已廻乎郊畛)'는 구절이 있는데, 설종(薛綜)의 주석에서 '패는 전군이고, 전은 후군이다'라 하였으며, 이는『좌씨』에 근본한 것이다. 전군의 이름을 패(旆)라고 한 것은 그 부대가 깃발을 실었기 때문이다"라 하였다. 패(旆)는 원래 류(旒), 곧 기의 발〔旗脚〕이니 깃발이 있는 기를 패(旆)라고 하였다. 소공 13년『전』의 "建而不旆"의 주석을 참조하여 보라. 유서년의 설이 옳다. 두예는 패를 대기(大旗)라 하였는데 틀렸다.

퇴지(退之) : 지(之)는 초나라의 우사를 가리킨다. 초나라의 우사가 궤멸되어 필시 사방으로 흩어져 숨었을 것이니 호모가 상군을 이끌고 초나라의 좌사를 맡아 따로 전군 2개 부대를 만들어 초나라의 다른 군대가 숨어 들어오는 것을 막은 것이며, 초나라의 우사 가운데 공격을 받은 병사들은 또한 다른 곳으로 숨었을 것이다.

132『회남자 · 병략훈(兵略訓)』에서는 "작은 나뭇가지를 마구 끌고 다니며 먼지를 일으키는 것은 그 눈을 미혹시키는 것으로 속이기가 좋은 것이다"라 하였다.

133 초사(楚師) : 당연히 초나라의 좌군(左軍)일 것이다.

134 중군공족(中軍公族) : 중군에는 공족으로 참가한 사람이 있기 때문에 중군공족이라고 말하였다.

135 협공(夾攻) : 진나라 상군의 장군과 보좌관이 각각 그 부속 군대를 거느리고 양쪽에서 자서를 공격하였기 때문에 협공이라고 하였다.

楚左師潰.	초나라 군사는 무너졌고
楚師敗績.[136]	초나라 군사는 대패했다.
子玉收其卒而止,[137]	자옥은 병사를 거두어 멈추었으므로
故不敗.[138]	패하지 않았다.
晉師三日館, 穀,[139]	진나라 군사는 사흘 동안 머무르고 먹다가
及癸酉而還.[140]	계유일이 되어서 돌아갔다.
甲午,[141]	갑오일에
至于衡雍,[142]	형옹에 다다라

---

136 『여씨춘추 · 귀직(貴直)』편에서는 "성복의 전역에서 초나라 군사를 다섯 차례나 무찔렀고 위나라를 포위하여 조나라를 취하였으며 석사(石社)를 점령하여 천자의 지위를 안정시켰다"라 하였다. 여기서는 석사를 점령한 것과 다섯 번 무찌른 것은 서술하지 않았으며 또한 미상이다.

137 기졸(其卒) : 약오의 육졸일 것이다.

138 「진세가」에서는 "진나라가 초나라의 군대를 태우니 불이 여러 날이나 꺼지지 않았다"라 하였다. 사마천은 『한시외전』 권7을 근거로 삼은 것 같다. 『설원 · 군도(說苑 · 君道)』편에도 이 말이 있다.

139 관곡(館穀) : 관(館)은 머무는 것이다. 곡(穀)은 초나라 군대가 쌓아 놓은 식량을 먹은 것을 말한다. 선공 12년의 『전』에서 "성복의 전역에서 진나라 군사는 사흘을 먹었습니다(城濮之役, 晉師三日穀)라 한 것이 바로 이것이다.

140 계유(癸酉) : 6일이다. 2일에 전투에서 승리하였고 3, 4, 5 사흘은 머물며 먹고 6일에 돌아간 것이다.

141 갑오(甲午)일은 27일이다.

142 형옹(衡雍) : 두예는 정나라 땅이라고 하였다. 선공 12년의 『전』의 필(邲)의 전투에서 초나라가 형옹에서 주둔하였다한 것으로 보아 두예의 설은 믿음직하다. 왕부지(王夫之)는 『패소(稗疏)』에서 왕기(王畿)라고 하였는데 틀렸다. 지금의 하남성 원양현(原陽縣) 서쪽, 천토의 동북쪽일 것이다. 본래는 황하 남쪽에 있었으나 명나라 천순(天順) 연간에 황하가 무척(武陟)에서 옛 원무현(原武縣)으로 옮겨 들어가 마침내 황하 북쪽에 있게 되었다.

作王宮于踐土.[143]	천토에 왕궁을 지었다.
鄉役之三月,[144]	전역 전 3월에
鄭伯如楚致其師.[145]	정백이 초나라로 가서 그 군사를 주었다.
爲楚師旣敗而懼,	초나라 군사가 이미 패하여 두려워하여
使子人九行成于晉.[146]	자인구를 진나라로 보내어 강화를 맺게 했다.
晉欒枝入盟鄭伯.	진나라의 난지가 들어가 정백과 맹약을 맺었다.
五月丙午,[147]	5월 병오일에

143 『의례·근례(覲禮)』에서는 "제후가 천자를 뵐 때는 사방 3백 보의 궁을 짓는데 문이 네 개다"라 하였고, 정현은 이에 대해 "궁은 흙을 쌓아 낮은 담을 만들어 장벽의 형태를 만든다"라 하였다. 두예는 "양왕이 진나라가 전투에서 이겼다는 것을 듣고 친히 가서 위로하였으므로 궁을 지었다"라 하였는데 무슨 근거인지 모르겠다.

144 성복의 전역이 있기 전이었기 때문에 향역(鄉役)이라고 하였다. 3월에는 두 가지 뜻이 있다. 3개월이라는 뜻이라면 성복의 전역이 4월이었으므로 1월이나 2월이 될 것이고, 3개월의 뜻이 아니라면 전역의 전달, 곧 3월을 말할 것이다.

145 치기사(致其師) : 공영달의 소(疏)에서는 "정나라의 군사를 바친 것을 말한다. 초나라 군사를 돕도록 허락한 것이다. 전쟁 때 정나라 군사가 없긴 했지만 요는 초나라를 돕는 것이기 때문에 초나라 군사가 패하자 두려워한 것이다"라 하였다. 「정세가」에서는 "41년 초나라가 진나라를 공격하는 것을 도왔다. 진문공이 망명할 때 무례한 행동을 하였기 때문에 진나라를 등지고 초나라를 도운 것이다"라 하였다. 「진세가」에서는 "처음에 정나라가 초나라를 도왔는데 초나라가 패하자 두려워하여 사람을 보내어 진후에게 맹약을 청하였다"라 하였다. 이는 모두 정나라가 초나라를 돕고 또한 진나라를 공격한 것으로 말을 하였는데, 사마천은 정나라가 실제로 출병을 한 것으로 본 것 같다.

146 자인구(子人九) : 환공 14년 정여공(鄭厲公)의 아우 어(語)의 후손일 것이다. 해당 연도의 『전』에 상세하다.

晉侯及鄭伯盟于衡雍.	진후가 형옹에서 정백과 맹약했다.
丁未,[148]	정미일에
獻楚俘于王,	양왕에게 초나라 포로를 바쳤다.
駟介百乘,[149]	사마에 갑옷을 입힌 전차 백 승과
徒兵千.[150]	보병 천 명이었다.
鄭伯傅王,	정백이 양왕의 상이 되어 예를 행하는 것을 도왔는데
用平禮也.[151]	평왕 때의 예를 썼다.

147 병오(丙午)일은 9일이다.

148 정미(丁未)일은 10일이다.

149 사개(駟介) : 사마(駟馬)에 갑옷을 씌운 것으로 『시경 · 용풍 · 청인(鄘風 · 淸人)』의 "갑옷 입은 말 당당하네(駟介旁旁)"라 한 것이 이것이다. 옛날 사람들은 전쟁을 할 때 반드시 말에다 갑옷을 입혔는데, 성공 2년 안(鞌)에서의 전투에서 제후(齊侯)가 말에 갑옷을 입히지 않고 진나라 군대로 달려간 것이 예외적인 경우여서 기록을 할 정도이다.

150 도병(徒兵) : 보병(步兵).

151 부(傅)는 상(相)이다. 포로를 바치는 예법을 행할 때 정문공이 주양왕의 상상(上相)이 되었는데 또한 주평왕이 진문후 구(仇)를 대할 때 정무공을 상(相)으로 삼은 것과 같다. 지금의 『서경 · 문후지명(文侯之命)』은 「서서(書序)」에서 주평왕이 진문후에게 책명한 것이라 한 것을 따라야 하며, 『사기 · 주본기』와 「진세가」 및 『신서 · 선모(新序 · 善謀)』에서 주양왕이 진문공에게 책명한 것이라고 한 것은 틀렸다. 당시 정무공이 주평왕의 상이 된 것은 당시 무공이 평왕의 경사(卿士)였기 때문이며, 지금 정문공이 양왕의 상(相)이 된 것은 진문공이 "각기 옛 직책에 복귀하도록" 명했기 때문이다. 양공 25년 『전』에서 자산(子產)이 진나라에 답하여 말하기를 "우리 선군이신 무공과 장왕은 평왕과 환왕의 경사였고, 성복의 전역에서는 문공이 명령을 내리기를 '각자 옛 직책에 복귀하시오' 라 하고 우리 문공에게 명하시길 군복차림으로 천자를 돕게 하여 초나라와의 승리에서 얻은 전리품을 바치게 하였습니다"라는 말로 증명할 수 있다. 염약거(閻若璩)는 『사서석지 · 우속(四書釋地 · 又續)』에서 "아마 당시 상의 예를 할 수 있는 사람이 드물었는데 정백이 평소에 예를 안다고 알려졌기 때문에 주천자의 상으로 삼은 것으로 주나라의 제도가 아니었다"라 하였는데 이는 틀렸다.

己酉,[152] 기유일에

王享醴, 왕이 단술을 베풀고

命晉侯宥.[153] 진후에게 수를 따르라 명했다.

王命尹氏及王子虎, 內史叔興父策命晉侯爲侯伯,[154] 왕은 윤씨 및 왕자호, 내사숙흥에게 명하여 진후를 후백에 책명하게 하고,

賜之大輅之服, 戎輅之服,[155] 대로의 복장과 융로의 복장

---

152 기유(己酉)일은 12일이다.

153 향례(享禮)와 명유(命宥)는 장공 18년의 『전』에 상세하다. 유(宥)는 유(侑)와 같다.

154 「주어 상」에서는 "양왕이 태재(太宰) 문공(文公) 및 내사 흥(內史興)으로 하여금 진문공에게 명을 내리게 하였다"라 하였는데, 진문공이 갓 즉위하였을 때의 일이지만 위소의 주에 의하면 태재 문공은 주나라의 경사, 즉 왕자호(王子虎)였으며, 문공 3년의 『전』에서는 또한 왕숙문공(王叔文公)이라고 일컫고 있다. 내사 흥은 곧 숙흥보(叔興父)일 것이며 흥은 이름이고 숙은 자이다. 청나라 완원(阮元)의 『적고재·종정이기관지(積古齋·鐘鼎彝器款識)』 권7에는 격숙흥보궤(鬲叔興父簋)의 명문이 있는데 "격씨(鬲氏)의 세계(世系)는 하나라 제후 유격씨(有鬲氏)에게서 나왔다. 『좌전』에 내사 숙흥보가 있고 『전』의 주에서는 그 성씨가 미상이라 하였는데, 곧 이 사람의 세계나 아닌지 모르겠다"라 하였다.

책명(策命) : 책서(策書)를 주어 명하는 것으로 다음 문장의 "책서를 받아서 나갔다(受策以出)" 한 것이 곧 이를 말한 것이다. 『주례·대종백(大宗伯)』에 "일명은 직(職)을 받고 재명은 옷을 받으며, 삼명은 위(位)를 받고 사명은 기(器)를 받으며, 오명은 칙(則)을 내리고 육명은 관(官)을 내리며, 칠명은 국(國)을 내리고 팔명은 목(牧)을 삼으며 구명은 백(伯)으로 삼는다"라 하였다. 애공 13년의 『전』에서는 "왕이 제후들을 모으니 백(伯)이 후목(侯牧)을 거느리고 왕을 뵈었다"라 하였는데 모두 백은 곧 후백(侯伯)이며 제후의 장이라는 것을 알 수 있다.

155 대로(大輅) : 로(輅)는 "路"라고도 한다. 『예기·악기(樂記)』에서는 "이른바 대로(大輅)라는 것은 천자의 수레로 제후에게 내리는 것이다"라 하였다. 대로는 곧 천자의 수레의 총칭으로 제후에게 내릴 수 있을 뿐만 아니라 국경(國卿)에게도 내릴 수 있다. 『주례·춘관·건거(春官·巾車)』에서는 왕에게는 오로(五路)가 있다고 하였는데, 옥로(玉路)와 금로(金路), 상로(象路), 혁로(革路), 목로(木路)를 말한다. 『상서·고명(顧命)』편의 "대로가 손님들이 오르는 섬돌 가에 있다(大輅在賓階面)"라 한 것은 옥로

彤弓一, 彤矢百,[156] 동궁 하나와 동시 백 개

旅弓矢千,[157] 노궁시 천 개와

이다. 「건거(巾車)」에 의하면 금로는 동성(同姓)에게 봉한다 하였으니 동성의 제후에게 내리는 것 또한 혹 금로일 것이니 이 대로는 정공 4년 축타(祝鮀)가 말한 선왕이 노(魯), 위(衛), 진(晉)에게 나누어 준 대로와 함께 당연히 금로일 것이다. 양공 19년 왕이 정나라 공손채(公孫蠆)에게 추사(追賜)한 대로와 24년 왕이 목숙(穆叔)에게 내린 대로는 양왕 19년 공영달의 소(疏)에서 인용한 두예의 『석례(釋例)』〔청(淸)나라 손성연(孫星衍)이 집교(輯校)한 두예(杜預)의 『춘추석례(春秋釋例)』를 말함〕에서는 혁로 혹은 목로라고 하였는데, 손이양(孫詒讓)의 『주례 · 건거』의 『정의(正義)』에서는 "좌씨의 옛 뜻과 맞지 않는다" 하였다.

융로(戎輅) : 융거(戎車)이다.

이로(二輅)는 각기 거기에 맞는 복식(服飾)이 있어서 내릴 때 함께 내려 주기 때문에 대로지복(大輅之服)과 융로지복이라고 하였다. 「제어」에는 주양왕이 제환공에게 "대로와 용기구류, 거문적기를 상으로 내렸다(賞服大輅龍旗九旒渠門赤旂)"라 하였으니 용기, 구류 등이 대로와 맞는 복색이었다. 심흠한의 『보주(補注)』에서는 "이 대로의 복식은 금로와 곤면(袞冕)이며, 융로는 혁로와 위변복(韋弁服)이다"라 하였는데 그럴 수도 있겠다. 소공 4년의 『전』에서 거복(車服)을 내릴 때 삼관(三官)에게 기록하게 하고 사도(司徒)에게는 이름을 기록하게 하며, 사마(司馬)와 공정(工正)에게는 복(服)을 적게 하고 사공(司空)에게는 공훈을 적게 하였는데 이 또한 당연하다.

156 동(彤) : 『설문해자』에서는 "붉은 장식이다"라고 하였으며, 단옥재(段玉裁)는 주석에서 "단사로 깨끗하게 닦아서 색칠을 하였다."고 하였다. 동궁이니 동시니 하는 것은 아래의 노궁시(玈弓矢)와 함께 모두 칠한 것을 가지고 말하였다.

157 노궁시천(玈弓矢千) : 가나자와 문고본(金澤文庫本)에는 "旅弓十, 旅矢千"으로 되어 있다. "玈"가 "旅"로 되어 있으며 "弓"자 아래 "十旅"의 두 자가 더 많다. 『석경』에는 "弓"자 아래에 역시 "十玈" 두 자가 더 있다. 『후한서 · 원소전(袁紹傳)』의 주석과 『태평어람』 권347에서 인용한 『전』에도 같으며, 위(魏) · 진(晉) 이후의 "구석문(九錫文)"도 같다. 그러나 『시경 · 소아 · 동궁(小雅 · 彤弓)』의 소(疏) 및 복건과 두예의 판본, 당나라 때의 정본(定本), 육덕명(陸德明) 및 공영달이 근거로 한 정본(正本)에는 모두 "十玈" 두 자가 없는데, 정본을 따랐다. 노(玈)의 정자는 "黸"가 되어야 하며 『설문해자』에서는 "제나라에서는 흑(黑)을 노(黸)라 하였다"라 하였다. 단옥재의 주에서는 "『경』과 『전』에서는 노(盧)자를 가차하여 쓰기도 하였고 여(旅)자를 가차하여 쓰기도 하였는데 모두 동음의 가차자였다. 여궁(旅弓)과 여시는 『상서』와 『좌전』에 보이는데 속자를 노(玈)로 고쳤다"라 하였다. 노(盧)와 음이 같다. 옛날에는 활 한 개에 화살이 1백 대였으므로 『상서 · 문후지명(文侯之命)』에서는 "붉은 활 한 개에 붉은 화살 1백 대, 검은 활 한 개에 검은 화살 1백 대(彤弓一彤矢百, 盧弓一盧矢百)"라 하였으며, 여기서

秬鬯一卣,[158]	흑기장주 한 동이,
虎賁三百人,[159]	호랑이 같은 용사 3백 명을 내려 주면서
曰,	말하였다.

노궁시천(旅弓矢千)은 화살이 천 대라고 했으니 활이 열 개인데, 십(十)을 말하지 않았음을 짐작하여 알 수 있다. 그러므로 문장에서 생략한 것이다. 활 한 개에 화살이 50대인 경우도 있는데 『순자 · 의병(議兵)』편에 "위씨(魏氏)의 무졸(武卒)은 일정한 법도로 뽑았는데 세 가지를 이은 갑옷과 12석의 무게가 나가는 강노를 들고 오십 개들이 전통을 지고 다녔다"라 하였다. 『시경 · 노송 · 반수(魯頌 · 泮水)』에서는 "뿔 장식 활 구부정하고, 다발 화살 모아놓았네(角弓其觩, 束矢其搜)"라 하였고, 『모시』에서도 "화살 50개가 한 묶음이다"라 하였다.

158 거창(秬鬯) : 거(秬)는 흑색 기장이다. 창(鬯)은 곧 울창주(鬱鬯酒)로, 검은 기장으로 빚고 향초를 찧어 함께 끓여 만든 술로 향기가 잘 퍼져나가므로 창(鬯)이라고 하였으며 제사에서 강신(降神)을 바랄 때 쓴다.
유(卣) : 술을 담는 기물이다. 『상서 · 문후지명』과 『시경 · 대아 · 강한(大雅 · 江漢)』에서는 모두 거창 한 동이(秬鬯一卣)라 하였고 『상서 · 낙고(洛誥)』에서는 거창 두 동이(秬鬯二卣)라 한 것으로 보아 거창은 유(卣) 단위로 세었음을 알 수 있다. 『예기 · 왕제(王制)』에서는 "규찬(圭瓚)을 내린 연후에 울창주를 만들었다" 하였으니 거창(秬鬯)을 내릴 때는 반드시 규찬(圭瓚)을 내렸다. 그러므로 「진세가」에서는 이 일을 서술하면서 "秬鬯一卣" 아래에 규찬(圭瓚) 두 자가 더 있다. 규찬이라는 것은 옥으로 자루를 만든 울창주를 뜨는 구기〔勺〕이다.

159 호분(虎賁) : "虎奔"으로 되어 있는 판본도 있으며, "賁"과 "奔"은 고대의 통용자로 용맹하기가 호랑이가 달리는 것 같은 병사를 말한다. 「노어 하」에서는 "천자에게는 호분(虎賁)이 있어서 군사훈련을 익힌다"라 하였다. 『주례 · 하관 · 호분씨(夏官 · 虎賁氏)』에서는 "왕의 앞뒤를 맡아 졸(卒 : 1백 명)과 오(伍 : 5명)로 좇아가며 군대가 회동할 때도 역시 그렇게 한다. 주둔할 때는 왕이 있는 곳을 지키고 왕이 도성에 있으면 왕궁을 지키며, 나라에 큰 변고가 있을 때는 왕성의 문을 지킨다. ……"라 하였다. 소공 15년 『전』에 주경왕(周景王)이 진나라 적담(籍談)에게 대답하여 말하기를 "그 후로 양(襄)의 두 길, 척월(鏚鉞)의 도끼, 거창(秬鬯), 동궁(彤弓)과 호분을 문공이 그에게 주니 남양(南陽)의 전지가 있게 되었고 동하를 어루만져 정벌하였다. ……"라 하였으니 내린 물건이 여기서 말한 것 외에도 척월이 있을 것이다. 『예기 · 왕제(王制)』에서는 "제후는 궁시(弓矢)를 내린 후에 정벌을 하고 부월(鈇鉞)을 내린 후에 죽이며, 규찬을 내린 후에 울창주를 빚는다"라고 하였다. 부월은 곧 척월이니 이때 척월도 반드시 함께 내렸을 것이다. 말하지 않은 것은 생략해서이다.

“王謂叔父,[160]	“왕이 숙부에게 이르노니
‘敬服王命,	‘삼가 왕명에 복종하여
以綏四國,[161]	사방의 제후국을 편안히 하고
糾逖王慝.’”[162]	왕의 사특한 자들을 다스리라.’”
晉侯三辭,	진후는 세 번을 사양하고
從命,	명을 따르며
曰,	말하기를
“重耳敢再拜稽首,[163]	“중이는 감히 두 번 절하고 머리를 조아리고
奉揚天子之丕顯休命.”[164]	천자께서 크고 밝게 내려 주신 것과 명을 받들어 선양하겠나이다”라 하고는

160 숙부(叔父) : 진문공을 가리킨다. 나머지는 희공 9년 『전』의 백구에 상세하다.

161 수(綏) : 편안하다.
사국(四國) : 사방의 제후이다.

162 적(逖) : 두예는 “적(逖)은 멀다는 뜻이다. 왕에게 잘못하는 자를 규찰하여 멀리 보내라는 것이다”라 하였다. 혜동(惠棟)의 『보주(補注)』에서는 “「노송(魯頌)」에 ‘저 동남쪽 오랑캐 다스리리(狄彼東南)’ 라는 말이 있는데, 정현은 ‘적(狄)자는 척(剔)자가 되어야 한다. 척은 다스린다는 뜻이다’ 라 하였다. 이 『전』에서는 다스린다는 뜻일 것이다”라 하였다. 곧 규적(糾逖)은 가까운 뜻으로 연용되어 쓰인 것인데, 그 설이 옳다.
특(慝) : 악하다.

163 감(敢) : 경의를 나타내는 말로 아무런 뜻이 없다.

164 봉양(奉揚) : 『시경 · 대아 · 강한(大雅 · 江漢)』의 “드디어 왕의 내려 주신 것을 발양한다(對揚王休)”라는 구절의 대양(對揚)과 뜻이 비슷하다. “답양(答揚)”이라고도 한다. 『상서 · 고명(顧命)』에 “문왕과 무왕의 빛나는 교훈에 보답하여 선양하십시오(用答揚文武之光訓)”라는 말이 있다.
비(丕) : 크다는 뜻이다.
현(顯) : 밝다는 뜻이다.

受策以出.[165] 책명을 받아서 나갔다.

出入三覲.[166] 전후로 세 차례를 뵈었다.

휴(休) : 내려 둔다는 뜻으로 옛날에는 아름답다는 뜻으로 보았는데 틀렸다. 『시경·대아·강한(大雅·江漢)』편에서는 "소호는 엎드려 절한 후 머리 조아리고, 드디어 왕의 내려 주신 것을 발양한다(虎拜稽首, 對揚王休)"라 하였는데 왕이 내려 준 것에 답하여 발양한다는 뜻이다. 이 구절은 곧 천자가 상으로 내려 주신 책명을 받들어 발양한다는 뜻이며, 휴와 명은 명사의 병렬 구조이다.

165 책(策) : 심흠한의 『보주(補注)』에서는 "채옹(蔡邕)의 『독단(獨斷)』에서는 '책은 길이가 두 자이며 아래에 전서로 연월일을 적고 황제에게 칭하여 말하기를 제후 왕 삼공에게 명한다라 한다' 라 하였다. 옛 제도를 살펴보면 대략 이와 같다"라 하였고, 또 말하기를 "「근례(覲禮)」에 '제공(諸公)이 협복(篋服)을 받들고 그 위에 책명의 글을 더하여 서쪽 계단으로 올라가 동쪽을 바라본다. 태사는 오른쪽에 있다. 후씨(侯氏)가 올라가 서쪽을 보고 서면 태사는 명을 말한다. 후씨가 두 계단 사이로 내려와 북쪽을 바라보며 두 번 절하고 머리를 조아린다. 올라가서 절을 한다. 태사는 복(服) 위에 쓰고 후씨가 받는다' 라 하였으니 일반적으로 제후가 천자를 뵙고 천자가 하사하는 데에 모두 책명의 글이 있다. 지금 여기서는 진후를 방백(方伯)으로 명하는 것이니 추가한 책명이 있음을 알 수 있다. 무릇 글은 내사가 읽어 준다"라 하였다.

166 출입(出入) : 두예는 "출입은 거래(去來)와 같으니 올 때부터 갈 때까지 모두 세 번 왕을 알현한 것이다"라 하였다. 곧 출입은 전후(前後)로 라는 말과 같다. 『사기·창공전(倉公傳)』에 "전후로 20일간 약을 복용하게 했다(使服藥出入二十日)"라는 말이 있고, 또한 "5, 6일 전후로 병이 나았다(出入五六日病已)"라 한 것이 모두 이 뜻이다.

삼근(三覲) : 명나라의 소보(邵寶)는 『보주』에서 "처음 와서 알현한 것이 일근(一覲)이며, 단술을 베풀고 다시 책명을 내린 것이 이근(二覲)이고, 떠나면서 인사를 한 것이 삼근(三覲)이다"라 하였다. 단술을 베푼 것과 책명을 받은 것은 동시의 일이 아니니 소보의 설에는 오류가 많다. 심흠한의 『보주(補注)』와 유문기(劉文淇)의 『구주소증(舊注疏證)』에서 모두 그 설을 반박하였는데 옳다. 심흠한은 "초나라의 포로를 바칠 때 근례(覲禮)에 면묵거를 보태 주어 알현케 하였는데 이것이 첫 번째이다. 책명을 받은 후에 왕에게 배명한 것이 두 번째이다. 빙례 때 베푼 음식을 다 먹은 후 조정에서 배례를 행한 것이 세 번째이다. 세 번 향연을 베푼 것은 곧 처음 알현할 때 있었으며 또한 천자가 친히 향연을 베풀었고 뜻이 손님을 대접하는 데 있었지 알현에 주된 목적이 있지 않았으므로 모두 넣지 않았다. 책명은 관에서 받았으며 조정에서 이루어지지 않았다"라고 하였다. 그러나 책명을 관에서 받았다면 『전』에서 "책명을 받아서 나갔다"라 했을 때의 나갔다라는 말은 아무런 의미도 없어지므로 심흠한의 설은 토론을 거쳐야 한다. 아마 초나라의 포로를 바친 것이 일근이고, 왕이 향연을 베푼 것이 이근일 것이고 책명을 받은 것이 삼근일 것이다. 전후로 세 번 알현했다는 것은 처음부터 끝까지를 통괄해서 말

衛侯聞楚師敗,	위후가 초나라 군사가 패배하였다는 말을 듣고
懼,	두려워하여
出奔楚,[167]	초나라로 달아났다가
遂適陳,[168]	마침내 진나라로 가서
使元咺奉叔武以受盟.[169]	원훤으로 하여금 숙무를 받들고 맹약을 받게 했다.
癸亥,[170]	계해일에
王子虎盟諸侯于王庭,	왕자호가 왕성의 뜰에서 제후들과 맹약을 하였는데
要言曰,[171]	약정하여 말하기를
"皆奬王室,[172]	"모두 왕실의 뜻을 이루어
無相害也!	서로 해치는 일이 없도록 하라!

한 것이다.

167 양우(襄牛)에서 달아난 것이다.

168 「위세가」에서는 "진문공 중이가 위나라를 치고 그 땅을 나누어 송나라에 주었는데, 전날의 허물과 무례함 및 송나라의 환난을 구제하지 않은 것을 성토한 것이다. 위성공은 진나라로 달아났다"라 하였다.

169 무숙(武叔)에게 섭정을 하게 한 것이다.

170 계해(癸亥)일은 5월 26일이다.

171 요(要) : 평성으로 약(約)자와 같은 뜻이다.

172 장(奬) : 「주어 중」에 "옛 덕을 닦아서 왕실을 이루라(修舊德以奬王室)"라는 말이 나오는데 위소는 "장은 이룬다는 뜻이다(奬, 成也)"라 하였다. 두예는 "장은 돕는다는 뜻이다"라 하였다. 그러나 정공 4년 『전』의 "하늘의 속마음을 이루라(以奬天衷)"라는 구절에서는 "장은 이룬다는 뜻이다"라 하였으니 여기서도 이룬다는 뜻으로 보는 것이 확실할 것이다.

有渝此盟,[173]	이 맹약을 어기는 자가 있으면
明神殛之,[174]	밝은 신령이 그를 죽일 것이고
俾隊其師,[175]	그 군대를 무너지게 하며
無克祚國,	국가를 지탱할 수 없게 하여
及而玄孫,[176]	너의 현손에 미치도록
無有老幼."[177]	노소가 없이 할 것이다"라 하였다.
君子謂是盟也信,	군자는 이 맹약은 신의가 있었다 하였고
謂晉於是役也,	진나라는 이 전역에서

173 투(渝) : 변하다, 위배하다.

174 명신(明神) : 양공 11년 박(亳)에서 동맹을 맺고 재서(載書)에서 말하기를 "혹 이 맹서를 어긴다면 맹약의 일을 맡고 명산 명천을 주관하는 여러 신이나 여러 나라에서 제사 지내는 선대 천자님, 선대 군주님, 일곱 성(姓) 열 두 나라 선조들의 밝으신 신들이 그를 죽일 것입니다"라 하였는데, 두예는 "이사(二司)는 천신(天神)이다. 군사(羣祀)는 제사의 전례에 있는 것이다"라 하였으니 명신(明神)이 포괄하는 것은 매우 광범위하다. 아래의 위나라 완복(宛濮)의 맹세의 재서(載書)에서는 "명신과 선군이 이를 바로잡고 이를 죽일 것이다"라 하였는데 여기서는 선군(先君)에 대해서는 말하지 않은 것은 명신이 선군을 포괄하기 때문이다. 극(殛)은 죽인다는 뜻이다.

175 추(隊) : 추(墜)자와 같은 뜻이다. 떨어진다는 뜻이다. 가나자와 문고본(金澤文庫本)과 돈황 초당 필사 잔권에는 모두 "墜"로 되어 있다.

176 이(而) : "그 기(其)"자로 되어 있는 판본도 있는데, 틀렸다. 『석경(石經)』과 송본, 가나자와 문고본(金澤文庫本), 돈황 잔권에 의거하여 고쳤다.
현손(玄孫) : 『이아 · 석친(爾雅 · 釋親)』에서는 "증손자의 아들이 현손이다"라 하였다. 증손에는 두 가지 뜻이 있는데 하나는 손자의 아들이고, 하나는 먼 후손의 통칭이다. 현손도 아마 두 가지 뜻이 있을 것인데 하나는 증손자의 아들이고, 하나는 먼 후손을 가리킬 것이다. 여기서는 후자의 뜻으로 쓰였다.

177 노소를 막론하고 모두 죽임을 당할 것이라는 말이다.

能以德攻.[178]

덕행으로 공격할 수 있었다고 하였다.

初,

처음에

楚子玉自爲瓊弁, 玉纓,[179]

초나라 자옥이 옥 장식 말 고깔과 가슴걸이를 직접 만들어

未之服也.

아직 쓰지를 않았다.

先戰,

싸움에 앞서

夢河神謂己曰,

꿈에 하수의 귀신이 자기에게 이렇게 말하는 것이었다.

"畀余!

"나에게 다오!

余賜女孟諸之麋."[180]

내 너에게 맹제지미를 주겠다."

弗致也.

주지 않았다.

大心與子西使榮黃諫,[181]

대심과 자서가 영황에게 간하게 하였지만

---

178 「진어 4」에서는 "과연 전쟁을 하여 초나라 군사가 대패했다. 군자가 말하기를 '덕으로 잘 권면하였다' 라 하였다"라 했다.

179 경변(瓊弁) : 말의 모자로 갈기털 앞쪽에 있는데 경옥(瓊玉)으로 꾸몄기 때문에 이렇게 말하였다.
옥영(玉纓) : 영(纓)은 말의 목에 거는 끈으로 마앙(馬鞅)이라고 한다. 역시 옥으로 장식을 하였기 때문에 이렇게 말하였다. 둘 다 말의 장식이다.

180 맹제(孟諸) : 송나라의 늪지로, 『상서 · 우공(禹貢)』편에는 맹저(孟豬)로 되어 있고 『주례 · 하관 · 직방씨(夏官 · 直方氏)』에는 망제(望諸)로 되어 있다. 지금의 하남성 상구현(商丘縣) 동북쪽에 있으며 우성현(虞城縣)과 경계가 맞닿아 누차 황하의 범람을 당하여 일찌감치 없어졌다.

弗聽.	그 말을 듣지 않았다.
榮季曰,[182]	영계가 말하였다.
"死而利國,[183]	"죽어서 나라를 이롭게 한다면
猶或爲之,	오히려 그렇게라도 하겠는데
況瓊玉乎?	하물며 옥이겠습니까?
是糞土也.[184]	이것은 썩은 흙입니다.
而可以濟師,[185]	군대가 이길 수만 있다면
將何愛焉?"[186]	무엇을 아끼겠습니까?
弗聽.	그 말을 듣지 않았다.
出,	나가서
告二子曰,	두 아들에게 말하기를
"非神敗令尹,[187]	"귀신이 영윤을 패배시키는 것이 아니라

181 대심은 자옥의 아들이다. 자서는 자옥의 일족이다.
182 영계(榮季) : 곧 영황(榮黃)이다. 황은 이름이고 계는 자이다.
183 이(而) : 가정형으로 쓰이는 여(如)자와 같은 뜻이다.
이국(利國) : 가나자와 문고본(金澤文庫本)과 돈황 잔권에는 모두 "國利"로 되어 있는데 잘못 도치된 것일 것이다.
184 분토(糞土) : 『논어 · 공야장(公冶長)』에 "썩은 흙으로 된 담은 바를 수가 없다(糞土之牆, 不可圬也)"라 하였으니 이 말은 고대 중국인들의 상용어였으며, 후토(朽土) 곧 썩은 흙이라는 뜻이다. 서진(西晉) 장화(張華)의 『박물지(博物志)』에서는 세 자 이상 되는 흙을 분(糞)이라 하고 그 이하는 지(地)라 한다 했는데 억설(臆說)일 것이다.
185 이(而) : 여(如)자와 같다. 가정형.
186 (愛) : 석(惜), 곧 아낀다는 뜻.
187 패(敗) : 사동용법으로 쓰였다. 패하게 하다.

令尹其不勤民,[188]	영윤이 백성들에게 힘을 다하지 않으니
實自敗也.”	실로 패배를 자초하는 것이다”라 하였다.
旣敗,	패하고 난 다음에
王使謂之曰,	왕이 그에게 이렇게 말하게 하였다.
“大夫若入,	“대부가 살아서 들어온다면
其若申, 息之老何?”[189]	신과 식의 부로들은 어찌하겠는가?”
子西, 孫伯曰,[190]	자서와 손백이 말하였다.
“得臣將死.	“득신은 죽으려고 하였습니다.
二臣止之,[191]	두 신하가 말렸는데도
曰,	말하기를
‘君其將以爲戮.’”[192]	‘임금께서 장차 형벌을 내릴 것이다’라 하였습니다.”
及連穀而死.[193]	연곡에 이르러 죽었다.

188 불근민(不勤民) : 백성의 일을 중히 여기지 않는 것을 가리킨다.

189 신·식 두 읍의 자제들이 모두 자옥을 따라갔다가 죽었으니 자옥이 어떻게 그 부형들을 보겠는가라는 뜻. 항우가 강동(江東)의 부로들에게 면목이 없게 된 것과 비슷한 경우이다.

190 손백은 곧 대심이다.

191 이신(二臣) : 자서(子西)와 손백(孫伯)이다.

192 자옥이 본래 자살하여 사죄를 하려고 하였으나 자서와 손백 등 두 신하가 말렸다는 뜻이며, 군왕의 형벌을 기다리고 있다는 것을 말한다.

193 연곡(連穀) : 고사기의 『춘추지명고략』에서는 “초자가 신(申)에서 들어와 거처하였는

晉侯聞之而後喜可知也,[194]	진후는 그 말을 듣고 희색을 드러내며
曰,	말하기를
"莫余毒也已.	"나를 해칠 사람은 없을 것이다.
蔿呂臣實爲令尹,[195]	위여신이 실로 영윤이 될 것이니
奉己而已,	자기만 받들 따름이지
不在民矣."[196]	백성은 염두에 두지 않을 것이다"라 하였다.

데, 두예의 주석에서는 '신은 방성(方城) 내에 있으므로 들어갔다고 하였다'라 하였다. 자옥은 패하였으므로 왕이 '대부가 살아서 들어온다면 신과 식의 부로들은 어찌하겠는가?'라 말하게 한 것은 방성으로 들어오지 않게 하려는 것일 것이므로 연곡은 방성 바깥에 있는 땅이다"라 하였다. 연곡은 지금은 어디인지 모른다. 두예는 "연곡에 이르렀는데도 왕이 사면하는 명이 떨어지지 않았으므로 자살한 것이다"라 하였다. 문공 10년의 『전』에서는 "성복의 전역 때 왕은 이 말을 생각하였으므로 사람을 보내 자옥을 말리게 하여 '죽지 말라'고 하였으나 미치지 못하였다. 자서도 말렸으나 자서는 목을 매달았으며 끈이 끊어져 왕의 사자가 마침 이르러 마침내 말렸다(城濮之役, 王思之, 故使止子玉曰, 毋死. 不及. 止子西, 子西縊而縣絕, 王使適至, 遂止之)"라고 하였다. 그렇다면 초성왕이 일찍이 두 차례 사자를 보냈으며 앞에서는 그가 죽기를 바랐고 뒤에는 그가 죽지 않게 해서 자옥을 말렸으나 미치지 못한 것이다. 「초세가」에서는 "성왕이 노하여 자옥을 죽였다"고 하였고 「진세가」에서는 "자옥이 자살하였다"고 하였으니 성왕이 앞에서 내린 명령은 실로 자옥을 죽이려는 것이었으며 자살은 명을 받든 것이다.

194 희가지(喜可知) : 두예는 "기쁨이 안색에 드러난 것이다"라 하였다. 지(知)는 드러낸다〔見〕는 뜻이나. 『여씨춘추 · 사시(自知)』편에 "문후가 기뻐하지 않음이 안색에 드러났다(文侯不說, 知於顏色)"는 말이 있는데 얼굴에 드러나 보이는 것이며, 『회남자 · 수무(修務)』편에는 "술 한 잔을 바쳤는데 얼굴에 드러나지 않았다(奉一爵酒, 不知於色)"는 말이 있다.

195 위여신(蔿呂臣) : 곧 23년 『전』의 숙백(叔伯)이다.

196 두예는 "자신만 지킬 뿐 원대한 뜻이 없음을 말한다"고 하였다. 『한시외전』 및 「진세가」에서는 이 일을 매우 상세하게 서술하고 있다.

或訴元咺於衛侯曰,[197]	어떤 사람이 위후에게 원훤을 참소하여 말하기를
"立叔武矣."	"숙무를 세웠다"라 하였다.
其子角從公,[198]	그 아들 각이 공을 모셨는데
公使殺之.	공이 그를 죽이게 하였다.
咺不廢命,[199]	원훤은 명을 버리지 않고
奉夷叔以入守.[200]	이숙을 받들고 들어가서 지켰다.
六月,	6월에
晉人復衛侯.[201]	진나라 사람이 위후를 복위시켰다.
甯武子與衛人盟于宛濮,[202]	영무자가 위나라 사람과 완복에서 맹약을 맺고
曰,	말하였다.
"天禍衛國,	"하늘이 위나라에 화를 내려

197 소(訴) : 성공 16년의『전』에 "그리고 진후에게 공을 참소하였다(而訴公于晉侯)"는 말이 나오는데 두예는 "소(訴)는 참소하는 것이다"라 하였다.

198 기자각(其子角) : 원훤의 아들 원각(元角)이다.

199 위후의 명을 버리지 않은 것이다.

200 이숙(夷叔) : 숙무(叔武)이며, 이(夷)는 시호이다.

201 위후는 본래 나가서 거처하였는데 또 달아났으며 숙무가 맹약을 받은 후에 진나라 사람이 그 귀국하려는 뜻을 들어주었다.

202 영무자(甯武子) : 무자는 이름이 유(俞)이다.『논어 · 공야장(公冶長)』편에서 공자가 일찍이 그를 칭찬한 적이 있다. 애공 27년의『전』에서는 "영무자와 손장자(孫莊子)는 완복의 맹약으로 임금으로 들어갔다"라 하였다. 완복은 지금의 하남성 장원현(長垣縣) 서남쪽에 있다.

君臣不協,[203]	임금과 신하가 불화하여
以及此憂也.	이런 근심에 미친 것이다.
今天誘其衷,[204]	이제 하늘이 그 속마음을 이끄시어
使皆降心以相從也.[205]	모두들 마음을 낮추고 서로 따르게 하였다.
不有居者,	남아 있었던 사람이 없었으면
誰守社稷?	누가 사직을 지켰겠는가?
不有行者,	떠난 사람이 없었으면
誰扞牧圉?[206]	누가 양과 말을 목축하는 사람을 막았겠는가?

203 두예는 "위후는 초나라에 붙고자 하였고 백성들은 그렇게 하고자 하지 않았으므로 불화가 생긴 것이다"라 하였다. 유월(俞樾)의 『평의(平議)』에서는 "『관자 · 대광(大匡)』편에 '환공이 포숙에게 군신(君臣) 중에 훌륭한 사람을 알아보게 하였다' 라는 말이 있고 『관자 · 문(問)』편에는 '군신(君臣) 중에 관위가 있으면서 전지가 없는 사람이 몇이나 됩니까' 라는 말이 있는데 왕념손(王念孫)은 군신(君臣)은 곧 군신(羣臣)이라 하였으며, 이 『전』의 군신(君臣) 또한 군신(羣臣)이다. 그래서 다음에서 모두 거자(居者)와 행자(行者)를 가지고 말하였으며, 거자와 행자가 곧 이른바 군신이다. 본래의 뜻을 가지고 읽으면 아래의 문장과는 일관성이 없게 된다"라고 하였다. 유월(俞樾)의 설 역시 통한다.

204 천유기충(天誘其衷) : 당시의 관용어였다. 『좌전』에 모두 다섯 번 쓰였으며 나머지 네 차례는 성공 13년과 양공 25년, 정공 4년, 애공 16년의 『전』에 보인다. 『국어 · 오어(吳語)』에서는 "하늘이 마음을 버리어(天舍其衷) 초나라 군내가 내패했나"는 말이 나오는데, 이 "天舍其衷"이 곧 "天誘其衷"이다. 모두 천심(天心)이 나의 뜻에 있는 것이다.

205 항심(降心) : 선입견을 버린다는 말이다.

206 한목어(扞牧圉) : 소를 기르는 것을 목(牧)이라 하고 양을 기르는 것을 어(圉)라고 한다. 한(扞)은 보호하여 막는 것이다. 목어는 우마를 방목하는 노예라는 뜻도 있고, 또한 인신되어 국외로 나간 제후가 가지고 있는 재산을 가리키기도 하였다.

不協之故,	불화했기 때문에
用昭乞盟于爾大神以誘天衷.[207]	그대들 대신 앞에서 하늘이 속마음을 이끌어 밝게 맹약하기를 구하니
自今日以往,	지금부터
旣盟之後,	맹약을 한 후에는
行者無保其力,[208]	떠났던 사람들은 그 힘에 의지하지 말 것이며
居者無懼其罪.	남았던 사람들은 그 죄를 두려워하지 말 것이다.
有渝此盟,	이 맹약을 어기고
以相及也.[209]	서로에게 미치는 사람이 있다면
明神先君,	밝은 신령과 선군이
是糾是殛."[210]	규찰하고 죽일 것이다."

207 정공 4년『전』에 "하늘의 마음을 돕는다(以獎天衷)"라는 말이 나오는데 천충(天衷)은 하늘의 마음이라는 뜻이다. 여기서는 천심이 자기 쪽으로 향하도록 비는 것이다.

208 보기력(保其力) : 희공 23년의『전』에 "군부의 명에 의지하여(保君父之命)"라는 말이 나오는데 두예는 "보(保)는 '믿을 시(恃)' 자와 같은 뜻이다"라 하였다. 력(力)은 공로(功勞)를 이른다. 위성공을 따라 도망갔던 사람들은 수행하며 모신 공이 있는데, 지금 위성공이 귀국하였으니 공을 믿고 교만해져서 남을 깔볼 수가 있다는 뜻이다.

209 상급(相及) : 두예는 "해악이 서로에게 미치는 것이다"라 하였다. 급(及)에는 본래 화해(禍害)에 미친다는 뜻이 있다.

210 규극(糾殛) : 규(糾)는 위의 "糾逖王慝"의 "糾" 자와 같은 뜻이다. 두예는 "규는 바로잡아 다스리는 것이다"라 하였다. 이 규(糾)자와 극(殛)자는 의미가 서로 가깝다. "是糾是殛"는 곧 "糾是殛是"의 도치이다.

國人聞此盟也,	백성들은 이 맹세를 듣고
而後不貳.	이후로 두 마음을 품지 않았다.
衛侯先期入,[211]	위후는 기약한 날보다 먼저 들어갔는데
甯子先,[212]	영자가 앞장을 섰다.
長牂守門,	장장이 문을 지키고 있었는데
以爲使也,	사자라 하여
與之乘而入.[213]	그와 함께 수레를 타고 들어갔다.
公子歂犬, 華仲前驅,[214]	공자 천견과 화중이 전구였는데
叔孫將沐,[215]	숙무가 머리를 감으려다
聞君至,	임금이 이른다는 말을 듣고
喜,	기뻐서
捉髮走出,[216]	머리카락을 잡고 좇아 나갔는데

211 본래 위나라 사람에게 들어갈 날짜를 약속하여 놓았는데, 위후가 약속한 날이 되지 않아 먼저 들어간 것으로 숙무(叔武)를 믿지 못한 것이다.

212 영무자(甯武子)가 또 위후보다 먼저 들어갔는데 아마 위후가 들어갈 길을 틔우기 위함이었을 것이다.

213 영무자와 한 수레를 타고 들어간 것이다. 장장이 성문을 지키지 않았기 때문에 위후가 곧장 들어가 숙무를 죽일 수 있었다.

214 전구(前驅) : 말을 타고 선두에 서서 행렬을 인도함. 또는 그 사람. 선구(先驅). 이 두 사람은 위후의 전구이다.

215 숙손(叔孫) : 곧 숙무(叔武)이다.

216 착발(捉髮) : 착(捉)은 곧 악(握)자와 같은 뜻이다. 「노세가」에 "한번 머리를 감는데 세 번이나 머리를 움켜쥐었다(一沐三捉髮)"라는 말이 있다.

前驅射而殺之.	전구가 활을 쏘아 죽여 버렸다.
公知其無罪也,	공이 그가 죄가 없음을 알고는
枕之股而哭之.[217]	그의 허벅지를 베고 그를 위해 곡을 하였다.
猷犬走出,	천견은 뛰어나갔는데
公使殺之.	공이 그를 죽이게 하였다.
元咺出奔晉.[218]	원훤은 진나라로 달아났다.

城濮之戰,	성복의 싸움에서
晉中軍風于澤,[219]	진나라의 중군이 소택지에서 큰 바람을 만나
亡大旆之左旃.[220]	전군의 대기의 왼쪽 깃발을 잃었다.

217 앞의 지자는 지시대명사로 숙무의 시신을 가리킨다. 숙무의 시신의 허벅지를 베개로 삼은 것이다.

218 공양전에서는 "문공이 위후를 쫓아내고 숙무를 세웠는데 숙무는 즉위를 사양했다. 그러나 다른 사람이 즉위하면 위후가 돌아올 수 없을까 두려워하였다. 이에 스스로 즉위하였으며 그런 다음에 천토(踐土)의 회합에서 다스려 위후를 돌려보냈다. 위후가 돌아오게 되어 말하기를 '숙무가 찬탈하였다' 라 하니 원훤이 논쟁하여 말하기를 '숙무는 죄가 없습니다' 라 하였다. 끝내 숙무를 죽이니 원훤이 달아났다" 라 하여 『좌전』과는 다르다.

219 진나라의 중군이 늪지를 행군하다가 큰 바람을 만난 것이다. 전인들은 "風"을 『상서 · 비서(費誓)』의 "말과 소가 바람을 따라갔다(馬牛其風)" 라 할 때의 "風"자로 보았으며, 두예는 "소와 말이 바람을 따라 내달려 모두 잃었다" 라 하였다. 공영달은 유현(劉炫)의 말을 인용하여 "늪지에 소와 말을 풀어 놓았으며 큰 기의 왼쪽 깃발만 잃고 소와 말은 잃지 않았다" 라 하였다. 두예의 설은 틀렸다.

220 대패지좌전(大旆之左旃) : 청나라 유서년(劉書年)의 『경설(經說)』에서는 "대패의 좌전이라는 것은 전군의 왼쪽 기이다" 라 하였다. 옛사람들은 대패(大旆)를 기의 이름으로

祁瞞奸命,[221]	기만이 군령을 어겨
司馬殺之,[222]	사마가 그를 죽여
以徇于諸侯,	제후에게 돌려 보이고는
使茅茷代之.	모패로 그를 대신하였다.
師還.	군사가 돌아갔다.
壬午,[223]	임오일에
濟河.	황하를 건넜다.
舟之僑先歸,	주지교가 먼저 돌아가
士會攝右.[224]	사회가 임시로 거우를 맡았다.
秋七月丙申,[225]	가을 7월 병신일에

생각하여 각종 오해를 낳았다. 유월은 "之"자를 접속사로 보아 "大旆之左旃"은 곧 "대패(大旆)와 좌전(左旃)"을 말한다고 하였는데, 설은 통하지만 유서년의 설만큼 정확하지 않다. 전(旃)은 큰 적색 비단으로 만든 그림 장식이 없는 깃발이다.

221 간명(奸命) : 간(奸)은 범한다는 뜻이다. 간명은 군령을 어기는 것을 말한다. 왼쪽 기를 잃고 군령을 어긴 것인지 왼쪽 기를 잃은 것이 군령을 어긴 것인지 『좌전』의 뜻이 명확하지 않다.

222 사마(司馬) : 군법을 담당하는 관리. 성공 2년의 『전』을 보라.

223 임오(壬午)일은 6월 16일이다.

224 사회(士會) : 문공 13년의 공영달의 소(疏) 및 「조세가」의 『색은(索隱)』에서는 모두 『세본』을 인용하여 "위(蔿)는 성백결(成伯缺)을 낳았고, 결은 무자회(武子會)를 낳았다"라 하였으니 사회는 사위의 손자이며 성백의 아들, 사계무자(四季武子)이다. 식읍이 수(隨)와 범(范)이었으므로 문공 13년에는 수회(隨會)라 하였고, 소공 20년에는 범회(范會)라 하였다. 계는 자이고 무자는 시호이다. 수는 은공 5년 『전』의 "익후가 수로 달아났다(翼侯奔隨)"고 한 곳이다. 주지교가 본래 거우였는데 먼저 돌아갔으므로 사회가 잠깐 그 직책을 대신 맡은 것이다.

225 병신(丙申) : 왕도(王韜)는 6월 그믐날이라 하여 『전』과는 완전히 합치되지 않는다. 진(晉)나라는 하력을 쓰는데 주력으로 추산해 내지 못한 것 같다.

振旅,[226]	전쟁에서 승리하여
愷以入于晉,[227]	개가를 부르며 진나라로 들어갔다.
獻俘, 授馘,[228]	포로를 바치고 자른 귀를 바쳤으며
飮至, 大賞,[229]	신하들을 불러 술을 마시고 크게 상을 내리고

226 진려(振旅) : 은공 5년의 『전』에 "들어서면 군사를 정돈한다(入而振旅)"는 말이 나오는데, 『공양전』과 『곡량전』의 8년 『전』에서는 모두 "들어서는 것을 진려라 한다(入曰振旅)"라 하였으며, 『이아 · 석천(爾雅 · 釋天)』에서도 "들어서는 것이 진려이다(入爲振旅)"라 하여 모두 군사를 다스리어 돌아오는 것을 진려라고 하였는데, 여기서는 전쟁을 하고 돌아오는 것을 진려라 하였고 아마 무릇 군대가 승리를 한 후에 돌아오는 것을 진려라 하였을 것이다. 반대로 한(韓)에서의 전쟁과 같은 경우 진혜공은 패하였으므로 성공 16년의 『전』에서는 "한의 전쟁에서 혜공은 이기지를 못했다(韓之戰, 惠公不振旅)"라 하였다.

227 개(愷) : 본래 "豈"라 하였으며 『설문해자』에서는 "돌아오는 군사가 군사를 정돈하고 울리는 음악이다"라고 하였다. 『경』과 『전』에는 모두 "愷"로 되어 있으며 일반적으로는 "凱"라고 한다. 『주례 · 대사마(大司馬)』에서는 "군사가 공을 세우면 왼쪽에서는 율(律)을 쥐고 오른쪽에서는 월(鉞)을 잡고 먼저 들어가며 개악(愷樂)을 사당에 바친다"라 하였으며, 주석에서는 「사마법(司馬法)」을 인용하여 "뜻을 얻었으면 개악, 개가(愷歌)를 울려 기쁨을 나타낸다"라고 하였다. 또 『주례 · 춘관 · 대사악(春官 · 大司樂)』에서는 "왕의 군사가 크게 바치면 개악을 연주하게 한다"라 하였다. 이때 역시 싸움에서 이겨 돌아왔으므로 개악, 개가를 울린 것이다.

228 부(俘) : 사로잡은 것이다.
괵(馘) : 사로잡았다는 뜻도 있고 죽여서 잡았다는 뜻도 있다. 『예기 · 왕제(王制)』에서는 "신괵(訊馘)을 가지고 아뢰었다"고 하였는데 주석에서 "신괵은 산채로 귀를 잘라 얻는 것이다"라 하였으니 곧 사로잡은 것이다. 『시경 · 대아 · 황의(大雅 · 皇矣)』에서는 "적의 귀 잘라 유유히 바치네(攸馘安安)"라 하였는데, 『전(傳)』에서 "괵은 얻는 것이다. 불복하는 자는 죽여서 왼쪽 귀를 잘라 바치는데 이를 괵(馘)이라 한다"라 하였으니, 이것은 죽여서 얻은 것이다. 여기서 귀를 잘라 바쳤다는 것은 당연히 죽여서 얻은 것이다. 수(授)는 헌(獻)자와 뜻은 같지 않으나 이곳에서는 뜻이 서로 가깝다. 결론적으로 사로잡은 포로와 죽은 적의 귀를 잘라 묘당에 바친 것이다.

229 음지(飮至) : 은공 5년의 『전』을 보라.
대상(大賞) : 공을 세운 사람에게 두루 상을 내리는 것을 말한다.
음지(飮至)와 대상 역시 묘당에서 행하는 것이다. 「진세가」에서는 "임오일에 진후(晉

徵會, 討貳.[230]	제후들을 불러 모으고 두 마음 먹은 나라를 토벌했다.
殺舟之僑以徇于國,	주지교를 죽여 나라에 돌리니
民於是大服.	백성들이 이에 크게 복종하였다.
君子謂文公"其能刑矣,	군자가 문공을 이르기를 "문공은 형벌을 잘 쓴다.
三罪而民服.[231]	세 사람에게 죄를 내리니 백성들이 복종하였다.
詩云,	『시』에서 이르기를
'惠此中國,	'중원의 제후국에게 은혜 베풀어,
以綏四方',[232]	사방의 제후국 편안하게 하였네' 라 하였다.
不失賞, 刑之謂也".[233]	상벌을 잃지 말 것을 이른 것이다" 라 하였다.

侯)가 황하를 건너 도성으로 돌아왔다. 상을 행하였는데 호언이 으뜸이었다"라 하였다.

230 제후들을 불러들여 겨울에 온(溫)의 회합을 가지려 한다. 두 마음을 가진 사람을 토벌하는 것으로 곧 아래의 위성공을 사로잡은 것과 죄를 꾸짖은 것이다.

231 세 죄인을 죽이니 백성이 복종한 것이다. 세 죄인이란 전힐과 기만, 주지교를 말한다.

232 『시경 · 대아 · 민로(大雅 · 民勞)』의 구절이다.

233 『한비자 · 잡(雜) 1』과 『여씨춘추 · 의상(義賞)』, 『회남자 · 인간훈(人間訓)』, 『사기 · 진세가(晉世家)』, 『설원 · 권모(權謀)』편에도 모두 진문공이 상을 내린 일을 수록하고 있다.

冬,	겨울에
會于溫,	온에서 회합하였는데
討不服也.[234]	불복한 나라들을 성토하기 위함이었다.

衛侯與元咺訟,[235]	위후와 원훤이 쟁송할 때
甯武子爲輔,[236]	영무자가 도와주었으며
鍼莊子爲坐,[237]	침장자가 대신 앉았고
士榮爲大士.[238]	사영은 대사가 되었다.

---

234 두예는 "위(衛)나라와 허(許)나라를 토벌하였다"라 하였다. 위후를 잡고 허나라를 토벌한 일은 모두 다음 『전』에 보인다.

235 원훤이 숙무(叔武)를 죽인 일로 진나라에 소송을 한 것 때문에 위후가 그와 쟁송을 하게 된 것 같다.

236 위후를 도와준 것이다. 공영달의 소(疏)에서는 장자를 도운 것이라 하였는데 따를 수 없다.

237 소공 23년의 『전』에서 주(邾)나라 사람이 진나라에 하소연을 하니 진나라 사람이 손숙야(孫叔婼)와 주나라 대부를 한자리에 앉게 하였는데, 두예의 주에서는 앉아서 곡직을 가리는 것이라고 하였으니 이 좌(坐)자는 거기서는 동사로 쓰이고 여기서는 명사로 쓰였을 따름이다.

238 유월의 『다향실경설(茶香室經說)』에서는 "대사(大士)가 되고 보(輔)가 되고 좌(坐)가 된 것은 일률적으로 모두 당시에 한 일이지 평상시의 관직을 든 것은 아니다. 가만히 생각건대 침장자가 좌가 된 것은 위후를 위하여 대신 쟁송의 자리에 나아가 앉은 것일 따름이며, 변론을 주고받으며 진나라의 옥관과 대질 심리한 것은 모두 사영이 한 것이며 대사라고 한 것은 당시에 이런 명목이 있었기 때문이다. 위후가 이기지 못했으므로 사영의 죄가 가장 무거워졌고 침장자가 쟁송의 자리에 앉은 것이 다음 죄가 되고 영무자가 도운 것이 그 다음 죄가 된 것이다. 아래에서 사영을 죽이고 침장자는 월형에, 영유는 죄를 벗은 것이 바로 이 때문이다"라고 하였다. 유월의 설은 당시의 정리를 잘 헤아렸다. 옛 주석들은 이런 것들을 이해하지 못하였으므로 수록하지 않는다.

衛侯不勝.	위후가 이기지 못하여
殺士榮,	사영을 죽이고
刖鍼莊子,	침장자는 월형에 처하고
謂甯兪忠而免之.	영유는 충성스럽다 하여 형벌을 면해 주었다.
執衛侯,	위후를 잡아
歸之于京師,[239]	경사로 보내어
實諸深室.[240]	깊은 방에 가두었다.
甯子職納橐饘焉.[241]	영무자는 의식을 들여보내는 일을 맡았다.

239 모두 진나라 사람이 한 것이다.

240 심실(深室) : 별도로 감옥을 만들었는데 그 방이 어둡고 깊었으므로 이렇게 말하였다. 『순자 · 왕패(王霸)』편에서는 "공후가 예를 잃으면 깊숙이 가둔다(公侯失禮則幽)"라 하였는데 진문공이 아마 이 예를 쓴 것 같다. 『예기 · 제통(祭統)』편에 실린 공회(孔悝)의 정(鼎)의 명문에서 "주나라 왕궁에 갇혔다(卽宮于宗周)"란 말은 곧 이 일을 가리킨다. 「위세가」에서는 성공(成公)이 갇혔다는 말은 하지 않고 다만 "위성공이 마침내 진나라로 달아났다가 두 해만에 주나라로 갔으며 들어갈 것을 구하여 문공과 만났다. ……"라고만 하여 『전』과는 다르다.

241 탁전(橐饘) : 전(饘)은 빽빽하게 쑨 죽을 말한다. 탁(橐)은 낭(囊)과 함께 물건을 담는 자루로, 탁은 양 끝에 바닥이 있으며 옆에 주둥이가 있어 물건을 담은 후에 중간에서 들면 담은 물건이 양쪽 끝으로 몰리게 되어 맬 수가 있으며 큰 것은 수레에 걸 수도 있는데, 죽을 담을 수는 없다. 선공 2년 『전』에서는 "그를 위해 대그릇에 밥과 고기를 담아 자루에 넣어 그에게 주었다(爲之簞食與肉, 實諸橐以與之)"라 하였으니 음식물은 반드시 대그릇에 먼저 담은 다음에 자루에 넣었으니 자루에는 직접 음식을 담을 수가 없었음을 알 수 있으며, 더구나 죽은 담을 수가 없다. 고염무(顧炎武)의 『보정(補正)』에서 "자루에 음식을 담을 수 있다" 한 것은 잘못일 것이다. 두예는 탁은 옷을 넣는 자루라고 하였으니 탁전(橐饘)은 곧 의식을 대표하는 것이니 무리가 없다. 후인들이 선공 2년의 『전』을 들어 논박하였는데 틀렸다.

元咺歸于衛,	원훤은 위나라로 돌아가
立公子瑕.[242]	공자 하를 세웠다.
是會也,[243]	이번 회합에서
晉侯召王,	진후가 양왕을 불러
以諸侯見,	제후들과 함께 조현하고
且使王狩.[244]	아울러 양왕에게 사냥을 하도록 하였다.
仲尼曰,	중니가 말하였다.
"以臣召君,	"신하가 임금을 부른 것은
不可以訓.	가르침이 될 수 없다.
故書曰 '天王狩于河陽',	그러므로 '천자가 하양에서 사냥을 했다' 라 기록하였는데
言非其地也,	사냥할 땅이 아니었음을 말하였고
且明德也."[245]	또한 덕을 밝힌 것이다."

242 공자 하(公子瑕) : 두예는 "하는 공자 적(公子適)이다"라 하였으며, 「연표」에서는 "위 성공 3년에 공자 하를 세웠다"고 하였다.

243 온(溫)의 회합이다.

244 『이아 · 석천(爾雅 · 釋天)』에서는 "겨울사냥을 수(狩)라고 한다"라 하였다. 명나라 때 소보(邵寶)의 『좌휴(左觿)』에서는 "무릇 천자가 출행하는 것을 모두 수(守)라 하는데, 지금의 행차와 같으며 사냥의 수가 아니다"라 하였는데 틀렸다. 「진세가」에서는 "겨울에 진후가 온(溫)에서 제후들을 만나 제후를 이끌고 주천자를 알현하려고 하였다. 그러나 역량이 충분하지 않았기 때문에 제후들이 반란을 일으킬까 두려워 사람을 보내어 주양왕으로 하여금 하양에 와서 순시하라고 전하게 하였다. 임신일에 제후들을 이끌고 천토(踐土)에 와서 주양왕을 알현하였다"라 하였다.

壬申,	임신일에
公朝于王所.[246]	공이 왕이 있는 곳으로 가서 조현했다.
丁丑,[247]	정축일에
諸侯圍許.[248]	제후들이 허나라를 에워쌌다.

---

245 진문공의 실수를 숨기고 왕의 일에 충성을 다하여 힘쓰는 덕을 밝혔다. 「진세가」에서는 "공자가 역사[『사기(史記)』]를 읽다가 문공에 이르러 말하기를 '제후는 천자를 부르는 법이 없다' 라 하였다. '왕이 하양에서 사냥을 했다' 는 것은 『춘추』에서 꺼린 것이다" 라 하였다. 「주본기」에서는 "진문공이 양왕을 부르니 양왕은 하양과 천토에서 만나 제후들이 모두 알현을 하였는데 꺼려서 '천자가 하양에서 사냥을 하였다' 라고 기록하였다" 라 하였다. 「공자세가」에서는 "천토의 회합은 실은 주천자를 부른 것인데 춘추에서 꺼리어 '천지가 히양에서 사냥을 하였다' 고 하였으니 이런 것을 미루어 당세에 법을 바로잡는 기준으로 삼았다" 라 하였다. 두예는 「후서(後序)」에서 『죽서기년(竹書紀年)』을 인용하여 "주양왕이 하양에서 제후들을 모았다" 라고 하였다. 이는 아마 진(晉)나라 사관이 그 일을 사실 그대로 기록한 것일 것이다.

246 위후를 잡은 일은 『경』에는 공이 왕이 있는 곳으로 가서 조현하였다한 아래에 있는데, 『전』에는 공이 조현하였다 한 위에 있다. 이에 대해 두예는 "잡은 사실을 알린 것이 늦어서이다" 라 하였는데 확실하지 않다. 아마 위후가 잡힌 일은 앞에 있었고 경사로 보낸 일은 제후가 모두 조현을 끝마쳤을 때로 양왕 역시 이미 돌아간 뒤이다. 『전』에서는 위후와 원훤의 일이 먼저 있었을 것이라 하여 부득불 경사로 보낸 것을 끝에 말한 것이며, 『경』에서는 경사에 가둔 것이 뒤의 일이라고 생각하여 나중에 넣었을 것이다.

247 정축(丁丑)은 10월 12일이다.

248 『설원 · 경신(敬愼)』편에서는 "문공이 이에 패자의 공을 세워 탕왕과 무왕의 마음이 일어났는데, 백성들을 잊고 1년에 세 번이나 군사를 일으켜 휴식을 할 수가 없었으므로 마침내 진군하여 허나라를 포위하였지만 병사들이 극도로 피곤해 정복을 할 수가 없었으며, 제후들을 파하여 보내고 돌아왔다" 라 하였는데 정말 그랬다면 허나라를 포위한 전쟁은 아무런 공도 없이 끝이 난 것이다.

晉侯有疾,	진후가 병이 나자
曹伯之豎侯獳貨筮史,[249]	조백을 모시던 어린아이 후누가 점치는 관리에게 뇌물을 주어
使曰以曹爲解,[250]	조나라를 가지고 말하게 하여
"齊桓公爲會而封異姓,[251]	"제환공은 회맹을 만들어 이성 제후들을 봉하였는데
今君爲會而滅同姓.	지금 임금께선 회맹을 만들어 동성의 제후를 멸하였습니다.
曹叔振鐸,	조숙 진탁은
文之昭也;[252]	문왕의 소입니다.
先君唐叔,	선군 당숙은
武之穆也.[253]	무왕의 목입니다.
且合諸侯而滅兄弟,[254]	또한 제후들을 모아 형제를 멸한 것은

249 수(豎) : 24년의 『전』을 보라.
화(貨) : 뇌물이다.
서사(筮史) : 진나라의 복서(卜筮)를 담당하는 관리이다.

250 위해(爲解) : 위사(爲辭)와 같은 말이다. 조백을 가지고 점괘를 풀이하는 말을 하게 하라는 것으로, 조백을 복위하게 하려는 말이다.

251 환공은 형(邢)과 위(衛)나라를 봉하였는데 제나라에게는 이성이다. 완지생(阮芝生)의 『두주습유(杜注拾遺)』에서는 "무릇 동성이니 이성이니 하는 것은 모두 주나라를 가지고 말한 것이다. 제환공이 이성을 봉하였다는 것은 기(杞)나라에 성을 세우고 증(鄫)나라를 구하였으며 서(徐)나라를 구한 것이다"라 하였다.

252 숙진탁(叔振鐸)은 조나라에서 처음으로 임금에 봉하여졌으며 문왕의 아들이다.

253 당숙(唐叔)은 진나라에서 처음으로 임금에 봉하여 졌으며 무왕의 아들이다. 소(昭)와 목(穆)은 5년의 『전』에 상세하다.

非禮也;	예의가 아니며,
與衛偕命,[255]	위나라와 함께 명하였는데
而不與偕復,	함께 회복시키지 않은 것은
非信也;	신의가 아니며,
同罪異罰,[256]	죄상은 같은데 형벌을 다르게 적용한 것은
非刑也.	형법에 맞지 않습니다.
禮以行義,	예의는 의를 행하는 것이고
信以守禮,	신의는 예를 지키는 것이며
刑以正邪.	형벌은 사악함을 바로잡는 것입니다.
舍此三者,	이 세 가지를 버려두고
君將若之何?"[257]	임금께서 어찌하려 하십니까?"라 하였다.
公說,	공이 기뻐하며
復曹伯,	조백을 복위시키고

254 형제의 나라를 멸한 것을 가리킨다.

255 사적으로 조나라와 위나라의 복위를 허락한 것이다.

256 위나라와 같은 죄인데 위나라는 이미 복위를 시켜 주었으나 조나라는 아직 복위를 시켜 주지 않았으므로 벌이 다르다고 한 것이다.

257 이상이 후누가 서사(筮史)로 하여금 조나라를 가지고 점괘를 풀이하여 말하게 한 것으로 서사가 진문공에게 말한 것이다. 「진세가」에는 "조백의 신하 중 누가 진후에게 말하였다"라 하였다.

遂會諸侯于許.[258] 마침내 허나라에서 제후들을 보았다.

晉侯作三行以禦狄.[259] 진후는 3항을 만들어 적나라를 막았다.

荀林父將中行,[260] 손림보는 중항을 거느리고

屠擊將右行, 도격은 우상을 거느렸으며

先蔑將左行.[261] 선말은 좌항을 거느렸다.

---

258 진문공이 제후들을 모은 것을 말한다. 조백은 복위를 하고 먼저 나라로 돌아가지 않고 즉시 허나라에서 제후들을 만났다.

259 소공 원년에서 "저쪽은 보병이고 우리는 전차병인데 모두 보졸을 청하자 이에 전차병을 허물어 항(行)을 만들었다"라 한 것으로 보아 항이 보졸(步卒)임을 알 수 있다. 또한 희공 10년『전』에서 "좌항(左行)은 공화(共華)이고 우항(右行)은 가화(賈華)이다" 한 것으로 보아 문공 이전에도 진나라에는 일찍부터 양항(兩行)이 있었음을 알 수 있는데, 여기서는 3항이라 하였으니 특별히 1항을 더한 것이다. 3항을 만들었다 한 것은 진나라는 본래 1군이었는데 헌공이 증설하여 2군이 되고 문공이 또 증설하여 3군이 되었다는 말과 같다.

260 2항에 좌항과 우항밖에 없는 것은 2군에 상군과 하군밖에 없는 것과 같으며, 문공이 또 1군을 증설하여 비로소 중군이 있게 된 것이다. 1항을 더하여 비로소 중항이 있게 된 것으로 그 뜻은 실상 같다.

261 「진세가」에는 "이에 진나라는 비로소 삼항을 일으켰으며 순림보는 중항을 이끌고 선곡(先縠)은 우항을 이끌었으며 선말이 좌항을 이끌었다"라 하여 도격(屠擊)이 선곡(先縠)으로 되어 있어『전』과는 다르다. 선말은『공양전』문공 17년에는 "선매(先眛)"로 되어 있는데, "蔑"과 "眛"는 옛 음과 뜻이 같다. 출토된『후마맹서(侯馬盟書)』에는 선(先)이 "兟"으로 되어 있다.

희공 29년

經

二十有九年春,[1] — 29년 봄

介葛盧來.[2] — 개나라의 갈로가 왔다.

公至自圍許.[3] — 공이 허나라를 포위하는 일에서 돌아왔다.

夏六月會王人, 晉人, 宋人, 齊人, 陳人, 蔡人, 秦人盟于翟泉.[4]
여름 6월에 적천에서 왕의 사자와 진나라, 송나라, 제나라, 진나라, 채나라, 진나라 사람을 만나 맹약했다.

---

1 이십유구년(二十有九年) : 경인년 B.C. 631년으로 주양왕(周襄王) 22년이다. 정월 27일 경신일이 동지로 건자(建子)이다.

2 개갈로(介葛盧) : 개(介)는 고동고의 『대사표(大事表)』에서 동이(東夷)의 나라라 하였으며, 지금의 산동성 교현(膠縣) 남쪽 70리 지점에 있다고 하였다. 확실하지 않은 것 같다. 교현은 제나라와 가깝고 노나라와는 먼데 어째서 제나라에 조현하지 않고 노나라에 조현하였겠는가? 또한 이듬해 『경』에서 "개나라 사람이 소(蕭)나라를 침략했다" 하였는데 교현은 소와의 거리가 7백 리 이상이나 되니 개나라 같은 일개 작은 나라가 어떻게 이렇게 멀리 원정을 할 수 있겠는가? 개나라는 노나라 남쪽 소나라 북쪽의 모처에 있을 것이다. 갈로는 개나라 임금의 이름이다. 장병린의 『독(讀)』에서는 "『관자 · 지수(地數)』편에서는 '갈로의 산은 처음부터 물이 났으며 다음에는 쇠가 났고 치우(蚩尤)가 다스려 칼과 갑옷, 창과 극을 만들었다' 라 하였으니 개나라 임금은 산을 가지고 이름을 삼았다"라 하였다. 여기서 개갈로라고 한 것은 장공 5년의 예리래(郳犁來)라 기록한 것과 같은 예이다. 왔다(來)라고 기록한 것은 양공 18년 "백적이 왔다(白狄來)"라고 기록한 것과 같은 예이다. 두예는 조현의 예〔朝禮〕를 행할 수 없었기 때문에 조(朝)라고 말하지 않았다고 하였는데, 『전』에서는 분명히 내조(來朝)하였다라고 한 것으로 보아 꼭 그렇지만도 않을 것이다.

3 『전』이 없다.

4 『공양전』과 『곡량전』에는 "會"자 위에 "공(公)"자가 한 자 더 있다. 『좌전』에는 이 글자

秋,	가을에
大雨雹.[5]	큰 우박이 내렸다.
冬,	겨울에
介葛盧來.	개나라의 갈로가 왔다.

傳

二十九年春,	29년 봄에
介葛盧來朝,[6]	개나라 갈로가 내조하였는데
舍于昌衍之上.[7]	창연 위에서 머물렀다.
公在會,[8]	공은 회맹에 가 있어서

가 없는 것에 대하여 청나라 장수공(臧壽恭)의 『춘추좌씨고의(春秋左氏古義)』와 청나라 조탄(趙坦)의 『이문전(異文箋)』에서는 모두 탈문(脫文)이라 하였다. 그러나 두예의 주석을 보면 두예가 근거한 판본에 이미 "公"자가 없었다.

적천(翟泉) : 『공양전』에는 "狄泉"으로 되어 있다. 적천은 주나라 때 본래 왕성(王城) 바깥에 있었으며, 평왕(平王)이 동쪽으로 천도하자 왕성에 살았고 이때 양왕은 여전히 왕성에 살고 있었다. 경왕(敬王)이 즉위하여 동쪽 낙양으로 천도할 때까지 적천은 또한 낙양성 바깥에 있었다. 이후 왕성은 낙양으로 병합되어 들어갔고 낙양은 더욱 확대되어 적천은 낙양성 가운데 있게 되었는데, 두예는 "적천은 지금의 낙양성 안 대창(大倉) 서남쪽의 저수지이다"라 하였다. 소공 23년 "천자가 적천에 살았다(天王居于狄天)"의 『경』의 주석을 참조하여 보라.

5 우(雨) : 거성이며, 동사로 쓰였다.

6 원래는 "개(介)"자가 없었는데 『교감기』에 따라 더하였다.

7 창연(昌衍) : 곧 창평산(昌平山)이다. 지금의 산동성 곡부현(曲阜縣) 동남쪽 50리 지점에 있는 굴산(屈山)의 서쪽에 있으며 추현(鄒縣)의 경계와 접하여 있다. 『일통지(一統志)』에 의하면 곡부 동남쪽 80리 지점에 있다. 「공자세가」의 『정의(正義)』에서는 『괄지지(括地志)』를 인용하여 사수현(泗水縣) 남쪽 60리 지점에 있다고 하였는데, 『괄지지』에서 말한 것과 매우 가깝다.

8 이때 제후들이 허나라를 포위하는 일에 참가하였을 것이며, 『경』의 "공이 허나라를 포위

餼之芻, 米,[9]	꼴과 쌀을 보내 주었는데
禮也.	예의에 맞았다.
夏,	여름에
公會王子虎, 晉狐偃, 宋公孫固, 齊國歸父, 陳轅濤塗, 秦小子憖盟于翟泉,[10]	공이 적천에서 왕자호와 진나라 호언, 송나라 공손고, 제나라 국귀보, 진나라 원도도, 진나라 소자은을 만나 맹약을 맺고
尋踐土之盟,	천토의 맹약을 다지고
且謀伐鄭也.	또한 정나라 칠 일을 모의했다.
卿不書,	경은 기록하지 않았는데
罪之也.[11]	그들을 나무라서이다.

하는 일에서 돌아왔다(公至自圍許)"라 한 것에서 알 수 있다.

9 추미(芻米) : 건초로 가축의 먹이와 땔감으로 쓰일 수 있었다. 공영달의 소(疏)에 의하면 이때 보내준 물품은 꼴 60수레와 쌀 20수레였다고 하는데 그럴 수도 있겠다. 『주례 · 추관 · 장객(秋官 · 掌客)』 및 『의례 · 빙례(聘禮)』에 의하면 손님에게 보내 주는 희생과 쌀, 꼴, 벼에는 모두 일정한 법이 있음을 알 수 있다. 여기서는 특별히 꼴과 쌀을 들었으니 희생과 벼는 그 안에 포함되어 있다. 말하지 않은 것은 생략을 한 것이다.

10 『경』에는 채(蔡)나라 사람도 있는 『전』에는 없다. 이에 대해 두예는 채나라에서 파견한 사람이 미천한 사람이기 때문이라고 하였는데 반드시 그렇지는 않을 것이다.

11 문장의 뜻으로 보건대 경은 당연히 호언(狐偃) 등 여러 사람일 것이다. 회맹을 하는데 "경은 기록하지 않는다"라고 한 것은 여기에서 비롯한다. 이보다 앞에 경을 기록한 것은 장공 22년 제나라의 고혜(高傒), 희공 4년 초나라의 굴완(屈完), 26년 위나라의 영속(甯速)이 있다. 천토 이전에는 경의 이름을 기록하거나 않거나 간에 포폄을 이르는 것이 없었는데, 천토 이후로는 경이 일컫는 사람을 비로소 폄하하게 되었다. 경의 이름을 기

在禮,	예법에
卿不會公侯,[12]	경은 공후의 회합에는 참여하지 않고
會伯子男可也.[13]	백 · 자 · 남의 회합에는 참여할 수 있다.

秋,	가을에
大雨雹,	큰 우박이 내렸는데
爲災也.[14]	재해가 되었다.

冬,	겨울에
介葛盧來,	개나라 갈로가 왔는데
以未見公故,	공을 알현하지 못하였기 때문에
復來朝.	다시 내조한 것이다.
禮之,	예우하여

록하면서 주나라 왕의 관리 또한 부득불 왕인(王人)이라 하였는데 이에는 폄하의 뜻이 없다.

12 왕자호는 제나라의 경사이고 노희공은 친히 갔으니 이들이 공후이다.

13 소왕 23년 『전』에서는 "열국의 경은 소국의 임금에 해당하는 것이 실로 주나라의 제도이다"라 하였으니 백 · 자 · 남은 소국의 임금이며 공후의 경이 회합에 갈 수도 있었다. 이는 『전』에 의하여 『전』을 풀이한 것이다. 역사적 사실로 고찰을 해보건대 공 · 후 · 백 · 자 · 남의 5등급은 사실이 아닐 뿐더러 포폄 역시 헤아리기가 힘들다.

14 재해가 되지 않았으면 기록도 하지 않는다.

加燕好.[15] 연회에 상등의 예물을 더하였다.

介葛盧聞牛鳴, 개나라 갈로가 소 우는 소리를 듣고

曰, 말하기를

"是生三犧,[16] "이 소는 희생 세 마리를 낳았으니

皆用之矣.[17] 모두 제물로 쓰일 것이다.

其音云."[18] 그 우는 소리가 그렇다"라 하였다.

問之而信. 물어보니 사실이었다.

희공 30년

經

三十年春王正月.[1] 30년 봄 주력으로 정월.

夏, 여름에

---

15 두예는 "연은 연례(燕禮)이다. 호는 좋은 재화이다. 한 해 만에 다시 왔으므로 더하여 준 것이다"라 하였다. 연(燕)은 "讌"이라고도 하고 "宴"이라고도 한다. 소공 5년의 『전』에서 "연회에 좋은 재화가 있다(宴有好貨)"라 하였으며 향연의 예에는 예물을 보내는데, 이것이 곧 좋은 재화〔好貨〕이다. 연례와 좋은 재화를 더하여 주는 것은 연례를 베풀 때 보통의 예법보다 풍성하게 해준다.

16 희(犧)는 종묘의 희생이다.

17 용(用) : 죽여서 제사를 지내는 것이다.

18 운(云) : 이와 같다는 뜻이다.

1 삼십년(三十年) : 신묘년 B.C. 630년으로 주양왕(周襄王) 23년이다. 2월 8일 을축일이 동지로 건해(建亥)이다. 윤년이 있다.

狄侵齊.	적나라가 제나라를 침략했다.
秋,	가을에
衛殺其大夫元咺及公子瑕.[2]	위나라에서 대부인 원훤 및 공자 하를 죽였다.
晉人, 秦人圍鄭.	진나라 사람과 진나라 사람이 정나라를 에워쌌다.
介人侵蕭.[3]	개나라 사람이 소를 침입했다.
冬,	겨울에
天王使宰周公來聘.	천자가 재인 주공을 보내와 조빙하게 하였다.
公子遂如京師,	공자수가 경사로 갔다가
遂如晉.[4]	마침내 진나라로 갔다.

傳

三十年春,	30년 봄

2 공자하는 28년 겨울에 즉위하였으며 이 시점이 2년에 가까운데 위성공이 도망갔다가 다시 들어와서 혹 위나라 사람들이 임금으로 여기지 않은 것 같다.

3 『전』이 없다. 소는 송나라의 읍이며, 장공 12년의 『전』을 보라.

4 두예는 "경사로 간 것은 재인 주공의 내빙을 보답하기 위해서이다"라 하였다. 『춘추』의 기록에 의하면 노나라의 경이 경사에 간 것은 일곱 차례이고, 진나라에 간 것은 스물여덟 차례인데 모두 여기에서 비롯되었다. 그러나 『전』에서는 "진나라를 처음으로 방문한 것이다"라고만 하고 처음으로 경사에 갔다는 것은 말하지 않은 것으로 보아 노나라의 경이 경사에 간 것은 일찍부터 있었는데 특별히 기록을 하지 않은 것이다.

晉人侵鄭, 진나라 사람이 정나라를 침입하였는데

以觀其可攻與否. 공격할 수 있는가의 여부를 살피기 위함이었다.

狄間晉之有鄭虞也,[5] 적나라는 진나라가 정나라를 근심하고 있는 틈을 타서

夏, 여름에

狄侵齊.[6] 적나라가 제나라를 쳤다.

晉侯使醫衍酖衛侯.[7] 진후가 의원인 연을 시켜 위후를 독살하게 하였다.

甯俞貨醫, 영유가 의원에게 뇌물을 주어

使薄其酖, 독을 약하게 하도록 하여

不死.[8] 죽지 않았다.

公爲之請, 공이 위후를 위해 청하면서

納玉於王與晉侯, 옥을 주나라 왕과 진후에게 바쳤는데

---

5 간(間) : 승극(乘隙), 곧 틈을 타다라는 뜻. 『석문(釋文)』에서는 "간측지간(間厠之間)의 간이다"라 하였는데 이 말이 옳다.
우(虞) : 근심하다의 뜻이다.

6 제나라는 진나라의 동맹국이다.

7 연(衍) : 의원의 이름이다.

8 「위세가」에서는 "진나라가 사람을 시켜 위성공을 독살하게 하였는데 성공이 몰래 주나라의 독약을 담당하는 사람에게 손을 써서 약하게 하여 죽지 않게 되었다"라 하였다.

皆十瑴,[9]	모두 열 쌍이었으며
王許之.	왕이 이를 허락하였다.
秋,	가을에
乃釋衛侯.[10]	위후를 석방하였다.
衛侯使賂周歂, 冶廑曰,	위후가 주천과 야근에게 뇌물을 주게 하고 말하기를
"苟能納我,	"나를 넣어 줄 수만 있다면
吾使爾爲卿."	내 너희들이 경이 되게 하겠다"라 하였다.
周, 冶殺元咺及子適, 子儀.[11]	주천과 야근이 원훤 및 자적과 자의를 죽였다.
公入,	공이 들어가
祀先君,	선군께 제사를 올릴 때
周, 冶旣服,	주천과 야근은 이미 옷을 갖추어 입고

9 각(瑴) : 쌍옥을 말하며, 『설문해자』에는 "玨"으로 되어 있다.

10 「연표」에서는 "진문공 7년에 주나나가 위성공을 돌려보내는 청을 들어주었다"라 하였다. 「노어 상」에는 이 일을 비교적 상세하게 기록하였으며 또한 장문중(臧文仲)의 말도 있다.

11 자적(子適) : 곧 공자 하(公子瑕)이다.
자의(子儀) : 공자 하의 동생이다. 「위세가」에서는 "얼마 후 주나라는 진나라의 청 때문에 마침내 위나라로 들어가 원훤을 죽이니 위나라 임금 하(瑕)는 달아났다"라 하여 『전』과는 다르다.

將命,[12]	명을 받으려 하였는데
周歂先入,	주천이 먼저 들어가다가
及門,	문에 이르러
遇疾而死.	병에 걸려 죽었다.
冶廑辭卿.[13]	야근은 경을 사양했다.

九月甲午,[14]	9월 갑오일에
晉侯, 秦伯圍鄭,	진후와 진백이 정나라를 에워쌌는데
以其無禮於晉,[15]	진나라에 무례하였고
且貳於楚也.[16]	초나라에 두 마음을 품었기 때문이다.
晉軍函陵,[17]	진나라는 함릉에 진을 쳤고

12 곧 경(卿)의 직위를 받으려는 명령이다. 『예기 · 제통(祭統)』에서는 "옛날에 명군(明君)은 덕이 있는 사람에게는 작위를 내리고 공이 있는 사람에게는 녹봉을 내렸는데, 반드시 작록(爵祿)을 태묘(太廟)에서 내리어 감히 마음대로 할 수 없음을 보여주었다"라 하였으니 이것이 주천과 야근이 반드시 위나라 태묘에서 명을 받게 된 이유이다.

13 두예는 "주천이 죽는 것을 보고 두려워하였다"라 하였다.

14 갑오(甲午)일은 10일이다.

15 중이가 망명을 다닐 때 정나라를 지났는데 정문공이 무례한 행동을 하였다. 23년 『전』에 보인다.

16 「정세가」에서는 "[문공] 41년 초나라를 도와 진나라를 쳤다. 진문공이 지나갈 때 무례하게 굴었기 때문에 진나라를 등지고 초나라를 도왔다. 43년 진문공이 진목공과 함께 정나라를 포위하였는데 초나라를 도와 친 것 및 문공이 지나갈 때 무례하게 군 것을 토벌하는 것이었다"라 하였다.

17 함릉(函陵) : 지금의 하남성 신정현(新鄭縣) 북쪽 13리 지점에 있다.

秦軍氾南.[18]

초나라는 범수 남쪽에 진을 쳤다.

佚之狐言於鄭伯曰,[19]

일지호가 정백에게 말하기를

"國危矣,

"나라가 위태롭습니다.

若使燭之武見秦君,[20]

촉지무로 하여금 진나라 임금을 뵙게 하면

師必退."

군사가 반드시 물러날 것입니다"라 하였다.

公從之.

공이 그 말을 따랐다.

辭曰,

사양하여 말하기를

"臣之壯也,

"신이 한창때도

猶不如人;

남보다 못하였거늘

---

18 범(氾) : 하천 이름으로 여기서는 동범수(東氾水)를 가리킨다. 지금의 중모현(中牟縣) 남쪽에 있는데 진작에 말라붙었다. 범수의 남쪽은 함릉과 거리가 가깝다.

19 일지호(佚之狐) : 정나라의 대부이다.

20 촉지무(燭之武) : 『수경주 · 유수(洧水)』에서 "남쪽으로 촉성(燭城) 서쪽을 지나니 정나라 대부 촉지무의 읍이다"라 한 것에 의하면 채읍(采邑)을 가지고 씨를 삼은 것 같다. 촉읍은 지금의 신정현(新鄭縣) 서남쪽에 있을 것이며, 정나라 땅이다. 그러나 "신이 한창때도 남보다 못했다" 한 것을 가지고 고찰해 보건대 이 이전에는 채읍을 가지지 못했을 것이며, 『수경주』에서 한 말은 어쩌면 견강부회일 수도 있으며 혹 이후에 일찍이 읍을 얻은 것을 가지고 말하였을 것이다. 이보다 뒤에 일찍이 촉읍을 얻었었다면 씨를 촉으로 하였을 것이니 이때까지는 촉을 씨로 하지 않았다는 것이 분명하다. 그러므로 『통지 · 씨족략(通志 · 氏族略) 3』에서는 "촉지무는 씨를 얻을 수 없었고 촉에 살았기 때문에 '촉의(燭之)'라고 하였는데 이는 개지추(介之推), 일지호(佚之狐)와 같다"라 하였다. 홍양길(洪亮吉)은 『고(詁)』에서 "춘추 때 촉을 씨로 삼은 사람은 한 사람이 아니었으며, 제경공 때 촉추(燭雛)라는 사람이 있는 것이 『설원(說苑)』에 보인다. 오나라에는 촉용(燭庸)이, 진나라에는 촉과(燭過)가 있었는데 『자화자(子華子)』에 보인다"라 하였으니 정초(鄭樵)의 말 또한 억측을 면하기 어렵다.

今老矣,	지금은 늙었으니
無能爲也已.”	잘할 수 있는 것이 없습니다”라 하였다.
公曰,	공이 말하였다.
“吾不能早用子,	“내 일찍 그대를 쓸 수 없다가
今急而求子,	이제 급박하여져서 그대를 찾으니
是寡人之過也.	이는 과인의 잘못이다.
然鄭亡,[21]	그러나 정나라가 망하면
子亦有不利焉.”	그대도 이로울 것이 없을 것이다.”
許之.	허락하였다.
夜,	밤중에
縋而出.[22]	줄에 매달려 나갔다.
見秦伯曰,	진백을 보고 말하였다.
“秦, 晉圍鄭,	“진나라와 진나라가 정나라를 포위하였으니
鄭旣知亡矣.	정나라는 망하리라는 것을 이미 압니다.

21 “然”자 위에 『석경』에는 “비록 수(雖)”자가 있다. 그러나 『석경』은 각 행이 모두 10행인데 이 행은 열한 자이니 처음에는 없었으며 복각을 할 때 교감을 하면서 더하여 넣은 것이다. 다른 판본에는 모두 없다.

22 성이 포위되어 있어서 밧줄을 늘어뜨리고 성을 나간 것이다.

若亡鄭而有益於君,	만약 정나라가 멸망시켜 임금에게 도움이 된다면
敢以煩執事.	감히 집사를 번거롭게 하겠습니다.
越國以鄙遠,[23]	나라를 넘어 먼 곳을 변방으로 삼는 것은
君知其難也,	그 어려움을 임금께서 아실 것인데
焉用亡鄭以陪鄰?[24]	어찌하여 정나라를 망하게 하여 이웃에 보태 주려는 것입니까?
鄰之厚,	이웃나라가 두터워지는 것은
君之薄也.[25]	임금님이 얇아지는 것입니다.
若舍鄭以爲東道主,[26]	정나라를 버려두어 동쪽 길의 주인으로 삼아

---

23 비원(鄙遠) : 먼 땅을 변경으로 삼다. "鄙"자의 이런 용법은 일찍이 갑골문에도 보여 곽말약(郭沫若 : 1892~1978)의 『은계수편(殷契粹編)』 801편(片)에 "큰 나라(곧 은나라)가 ㅁ를 쳐서 20읍을 변방으로 삼았다"(大方伐ㅁ, 鄙廿邑)라는 말이 있다. 진(秦)나라가 정나라를 쳐서 변방으로 삼으려면 반드시 진(晉)나라를 넘어 가져야 하는데, 이는 나라를 넘어 먼 나라를 자기의 변경으로 삼는 것이며, 이는 곧 후대에 자기 나라에 속한 남의 땅이 될 것이라는 말이다.

24 완각본에는 배(陪)가 "倍"로 되어 있으며 『당석경』과 가나자와 문고본(金澤文庫本), 송본에는 모두 "陪"로 되어 있다. 두예는 "배는 보탠다는 뜻이다"라 하였다. 또한 "倍"라고도 하며 『교감기』에서는 전대흔(錢大昕)의 말을 인용하여 "언덕 부(阜) 자를 따르는 것이 옳다"라 하였는데 그것을 따른다. 정나라가 망하면 진(秦)나라는 나라를 넘어 가지기 어려우니 결국 정나라가 망하는 것은 진(晉)나라에게 토지만 늘려 주는 것일 따름이며, 진나라와 진나라는 이웃국가이기 때문에 무엇 때문에 정나라를 망하게 하여 이웃나라에 보태 주려는 것이냐고 말하였다.

25 이상은 정나라가 망하는 것이 진나라에 이득과 해악이 되는 관계에 대하여 말하였다.

26 동도주(東道主) : 동쪽 길의 주인. 진나라가 제후들에게 일이 있으면 반드시 동쪽을 가야 하므로 반드시 정나라 국경을 지나야 하고 정나라는 이들을 대접할 책임을 맡을 수 있

行李之往來,[27]	행리가 왕래할 때
共其乏困,[28]	모자란 것을 대주면
君亦無所害.	임금께도 해가 없을 것입니다.
且君嘗爲晉君賜矣,[29]	또한 임금께서는 일찍이 진나라 임금에게 은혜를 내려
許君焦, 瑕,[30]	초와 하를 약속하였으나
朝濟而夕設版焉,[31]	아침에 건너가서는 저녁 때 성을 쌓은 일은
君之所知也.	임금께서도 아시는 대로입니다.

기 때문에 진나라 동쪽 길의 주인이라고 한 것이다. 후세에는 동도만 가지고 주인이라고 하였는데 이는 아마 그 뜻을 잘못 알고 그렇게 썼을 것이다.

27 행리(行李) : 옛날에 전적으로 외교를 담당한 관리로 행인의 관리이다. 행리(行理)라고도 하며 소공 13년의 『전』에서 "행리의 명이 이르지 않는 날이 없다(行理之名無日不至)"란 것이 바로 이 행리이다.

28 공(共) : 가나자와 문고본(金澤文庫本)에는 "供"으로 되어 있고, 『석문(釋文)』에서는 "공(共)은 본래 또한 공(供)이라고도 한다"라 하였다.

29 위진군사(爲晉君賜) : 진(晉)나라 임금에게 내린 것으로 진혜공 이오(夷吾)를 들여보낸 일을 가리킨다. 그러므로 아래에서 "초와 하 땅을 주기로 약속하였다"고 말한 것이다.

30 초(焦) : 본래 봉국(封國)으로 희(姬)씨 성이었으나 다시 진(晉)나라의 읍이 되었으며 지금의 하남성 삼문협(三門峽) 서쪽 교외에 있을 것이다. 15년 『전』에서 말한 "황하 바깥의 여러 성 다섯" 가운데 하나이다.
하(瑕) : 여러 가지 설이 있다. 『중국역사지도집(中國歷史地圖集)』에서는 지금의 산서성 예성현(芮城縣) 남쪽에 있다고 하였다. 강영의 『고실(考實)』에서는 곧 문공 13년 『전』의 진나라 대부 첨가(詹嘉)의 읍이 아닌가 하였으니, 지금의 하남성 섬현(陝縣) 남쪽 40리 지점이다. 전국시대 때는 위(魏)나라에 속하였다. 『전국책』에서 누차 초(焦) · 곡옥(曲沃)을 말하였으니 하(瑕)는 곧 곡옥이며, 영보현(靈寶縣) 동쪽에 옛날에 곡옥진(曲沃鎭)이 있었다.

31 아침에 귀국을 했는데 저녁에는 성을 쌓아 진나라에 대비한 것으로 약속을 저버린 것이 빨랐음을 말한다.

夫晉,	저 진나라가
何厭之有?	어찌 만족함이 있겠습니까?
旣東封鄭,[32]	동으로 정나라에서 땅을 넓히고
又欲肆其西封.[33]	또한 방자하게 서쪽에서도 넓히려 하고 있습니다.
不闕秦,	진나라를 축내지 않는다면
將焉取之?[34]	어디에서 땅을 취하겠습니까?
闕秦以利晉,	진나라를 축내고 진나라를 이롭게 하는 것이니
唯君圖之."[35]	임금께서는 잘 생각해 보시기 바랍니다."
秦伯說,	진백이 기뻐하며
與鄭人盟,	정나라 사람과 맹약을 맺고
使杞子, 逢孫, 楊孫戍之,[36]	기자와 봉손, 양손을 보내어 지키게 하고는

32 동봉정(東封鄭) : 동쪽으로 정나라를 침략했다는 말과 같음. 봉은 동사로 쓰였으며 동으로는 정나라를 향해 그 강토를 넓힌 것을 말한다.

33 사(肆) : 방자하다는 뜻이다. 마음과 힘을 방자하게 써서 서쪽으로 경계를 넓히는 것이다.

34 "不闕秦, 將焉取之"는 완각본에는 "若不闕秦, 將焉取之"로 되어 있고 『석경』본에는 "不闕秦, 焉取之"로 되어 있다. 여기서는 가나자와 문고본(金澤文庫本)을 따랐다. 이는 진(晉)나라가 서쪽으로 개척을 하는데 진(秦)나라에 손해를 끼치지 않으면 그 땅을 어디에서 얻겠느냐는 말이다.

35 다시 큰 해를 끼칠 것이라고 일깨워 준 것이다.

36 기자(杞子) : 32년의 『전』에 상세하다.

乃還.[37]	이에 돌아갔다.
子犯請擊之.	자범이 칠 것을 청하였다.
公曰,	공이 말하였다.
"不可.	"안 된다.
微夫人之力不及此.[38]	부인의 힘이 아니었으면 여기까지 이르지 못했다.

봉손양손(逢孫楊孫) : 『광운(廣韻)』의 손(孫)자 주석에서는 "복성(複姓)으로 『좌전』에 진(秦)나라 대부 봉손씨(逢孫氏)와 진나라 하대부 양손씨(楊孫氏)가 있다"라 하였으니 봉손과 양손은 복성이다. 『열자 · 주목왕(列子 · 周穆王)』편에는 "진나라 사람 봉씨(逢氏)에게 아들이 있는데 어려서부터 지혜로웠으나 장성해서는 정신착란증이 있어서 양씨(楊氏)가 그 아버지에게 알렸다"라는 말이 있다. 『열자(列子)』는 실로 위서(僞書)이지만 진나라에 봉씨와 양씨가 있다 하였고, 어떤 판본에는 봉손와 양손을 봉씨와 이씨로 생각하였는데 역시 통한다.

37 「정세가」에서는 "진(晉)나라가 이에 숙첨을 체포하여 죽이려고 하였다. 정문공은 두려워하여 감히 숙첨에게 말하지 못하였다. 숙첨이 그 말을 듣고 정문공에게 '제가 일찍이 임금께 권고해 드렸으나 왕께서는 제 말을 듣지 않으셨습니다. 진나라는 드디어 정나라의 근심이 되었습니다. 그러나 진나라가 정나라를 포위한 원인은 저에게 있으므로 제가 죽으면 정나라는 용서를 받을 것이니 그렇게 하기를 바랍니다' 라 하고는 자살했다. 정나라 사람이 숙첨의 시체를 진나라에 보냈다. 진문공이 말하기를 '반드시 정나라 임금을 한번 보고 욕을 보인 후에 떠나겠다' 라 하였다. 정나라 사람이 이 일을 가지고 근심하다가 곧 사람을 보내어 몰래 진(秦)나라에 말하기를 '정나라가 무너지면 진나가가 강대해질 것인데 진나라에게 이롭지 못합니다' 라 하니 진나라 군대는 물러났다"라 하였으며, 이 일은 「진세가」에도 보인다. 진나라가 숙첨을 성토한 일은 『좌전』에는 실려 있지 않으며, 「진어 4」에도 있는데 그 결과가 "정나라 사람이 숙첨을 진나라 사람에게 주고 죽이지 말라고 명하니 그를 두터이 예우하여 돌려보내어 정나라에서는 숙첨을 장군으로 삼았다"고 하였다. 이는 『사기』에서 자살하였다고 한 것과 다를 뿐만 아니라 또한 『좌전』 희공 7년에서는 "정나라에는 숙첨과 도숙, 사숙의 세 현인이 정치를 하였다(鄭有叔詹 · 堵叔 · 師叔三良爲政)"라 하였으니 어찌하여 30년 만에 비로소 장군이 되었겠는가? 이는 허구여서 깊이 말할 가치가 없다. 숙첨이 진문공에게 미움을 받은 일은 전국시대 때 자못 많이 알려져 『한비자 · 십과(十過)』편 같은데도 있는데 조나라 사람이라고 잘못 알고 있었을 뿐이다. 이 일이 유행한 것이 믿어지지 않는 것은 조말(曹沫)이 맹약에서 위협한 것과 대충 같다.

因人之力而敝之,[39]	남의 힘에 기대었다가 그를 해치는 것은
不仁;	어질지 못한 것이며,
失其所與,[40]	동맹국을 잃는 것은
不知;	지혜롭지 못하고,
以亂易整,[41]	어지러운 것을 정돈된 것으로 바꾸는 것은
不武.	굳세지를 못한 것이다.
吾其還也."	나는 돌아갈 것이다."
亦去之.	또한 그곳을 떠났다.
初,	처음에
鄭公子蘭出奔晉,[42]	정나라 공자 난이 진나라로 달아났는데

---

38 완각본에는 "之"자가 없는데 잘못하여 탈루된 것이다. 『석경(石經)』과 가나자와 문고본(金澤文庫本), 돈황의 육조 필사본의 잔권에 의하여 고쳐 더하였다. 이 구절의 "及此"는 진나라 임금이 되어 영웅으로 칭하게 된 것을 말한다. 28년『전』의 "초나라의 은혜가 없었다면 여기에 이르지 못하였을 것이다(微楚之惠不及此)"라 한 것과 같은 구법이다. 『신서 · 선모(新序 · 善謀)』편에는 "微夫人之力不能弊鄭"으로 되어 있는데 이는 유향이 임의로 고친 것이다.

39 폐(敝)는 가나자와 문고본(金澤文庫本)과 돈황 육조 필사본에는 모두 "弊"로 되어 있다. 패(敗), 곧 해친다는 뜻이다.

40 소여(所與) : 진(秦)나라를 말한다. 본래 진나라의 동맹국이었다.

41 진(晉)나라가 진(秦)나라를 공격한 것이 어지러운 것이고, 진나라와 진나라가 화평을 맺는 것이 정돈된 것이다.

42 선공 3년『전』에서는 "공이 공자들을 쫓아내어 공자 난은 진나라로 달아났다(公逐羣公子, 公子蘭奔晉)"라 하였다.

從於晉侯伐鄭,	진후가 정나라를 치는 데 따라갔다.
請無與圍鄭.	정나라를 포위하는 일에 끼지 않게 해달라고 청하였다.
許之,	이를 허락하고
使待命于東.[43]	동쪽에서 명을 기다리게 하였다.
鄭石甲父, 侯宣多逆以爲大子,[44]	정나라 석갑보와 후선다가 맞아들여 태자로 삼아
以求成于晉,	정나라에게 화친을 청하니
晉人許之.[45]	진나라 사람이 허락하였다.

---

43 동(東) : 진(晉)나라의 동쪽 경계이다. 『태평어람』 권146에서 복건(服虔)의 주석을 인용하여 "정(鄭)나라 동쪽에서 명을 기다렸다"라 한 것은 틀렸다. 진나라는 정나라의 서쪽에 있으며 진나라 동쪽은 정나라와 경계를 이룬다. 자란(子蘭)이 본국을 포위하는 일에 참여하고 싶지 않아서 스스로 정나라 경계에 들어가지 않은 것이니 어찌 정나라의 동쪽 경계에 이를 수 있단 말인가?

44 석갑보(石甲父) : 선공 3년의 『전』에는 석계(石癸)로 되어 있으니 계(癸)는 이름이고 갑보는 자일 것이다. 선공 3년 『전』에는 또 공장서(孔將鉏)가 그 일에 참여하였다. 문공 17년 정나라 자가(子家)가 조선자(趙宣子)에게 보낸 편지에서 "과군은 즉위한 지 3년이 되었는데 우리나라는 후선다의 난 때문에 후선다를 이겨서 없앴다(寡君卽位三年, 敝邑以侯宣多之難, 克滅侯宣多)"라 하였으니 후선다는 노나라 문공 2년에 피살되었다.

45 「정세가」에서는 "처음에 정문공에게는 부인 셋과 총애하는 아들이 다섯이 있었는데 모두 죄를 지어 일찍 죽었다. 공이 노하여 여러 공자들을 모두 내쫓았다. 자란(子蘭)은 진나라로 달아났는데 진문공을 따라 정나라를 포위하는 데 참여하였다. 당시 난(蘭)은 문공을 섬기면서 그를 매우 공경하였고 진문공도 그를 매우 좋아하였다. 이에 진나라에서 가만히 정나라로 돌아가 태자가 될 것을 구하였다. 진문공이 난을 들여보내 태자로 삼고자 하여 정나라에 알렸다. 정나라 대부 석계(石癸)가 말하기를 '제가 듣자 하니 길성(姞姓)은 후직(后稷)의 원비이고 그 후손은 흥성할 것이라고 하였습니다. 자란의 어머니는 그 후손입니다. 또한 부인의 아들이 모두 이미 죽었으며 서자들 가운데 난만큼 현명한 사람이 없습니다. 지금 포위한 사태는 급박하고 진나라는 청하고 있으니 더 큰 이익은 없습니다!' 라 하였다. 이에 마침내 진나라에게 허락하여 맹약을 맺고 결국 자란을 태자로 세

冬,	겨울에
王使周公閱來聘,	왕이 주공열을 보내와 조빙케 하였는데
饗有昌歜, 白黑, 形鹽.[46]	창포김치, 흰쌀과 검은 기장, 모양 난 소금을 가지고 대접하였다.
辭曰,	사양하여 말하기를
"國君,	"나라의 임금은
文足昭也,	문치는 밝아야 하고
武可畏也,	무공은 사람을 두려워하게 할 만하면
則有備物之饗,	각종 음식물을 갖추어 대접하여
以象其德;	그 덕을 상징하는 것이며,
薦五味,[47]	다섯 가지 맛을 올리고
羞嘉穀,[48]	훌륭한 곡식을 바치며

우자 진나라 군대는 포위를 풀고 떠났다"라 하였다.

46 창촉(昌歜) : 촉(歜)은 『석문(釋文)』에 의하면 음이 촉(觸)이 아니며 잠(蠶)이고 상성(上聲)이라고 하였다. 왕인지(王引之)의 『술문(述聞)』에서는 ■ 자가 되어야 하며 옮겨 적는 과정에서 잘못되었다고 하였는데 그럴 수도 있겠다. 창촉은 곧 『주례 · 천관 · 해인(天官 · 醢人)』과 『의례 · 공식대부례(公食大夫禮)』의 "창본(昌本)"인데, 창포 뿌리를 4촌(寸) 길이로 잘라 절인 채소로 창포저(昌蒲菹)라고도 하였다. 『여씨춘추 · 우합(遇合)』과 『한비자 · 난(難) 4』, 『태평어람』 권999에서 인용한 『설원(說苑)』에서는 모두 문왕이 창포저를 즐겨 먹었다고 하였다.
백흑(白黑) : 백은 오도(敖稻), 곧 볶은 벼이고, 흑은 오서(敖黍), 볶은 기장이다. 심흠한의 『보주(補注)』에서는 벼와 기장을 볶을 뿐만 아니라 기름으로 윤을 낸다고 하였다.
형염(形鹽) : 호랑이 형태와 비슷한 소금.

47 창촉에는 다섯 가지 맛의 조화가 있다.

鹽虎形,	호랑이 형태의 소금은
以獻其功.[49]	그 공로를 상징하게 됩니다.
吾何以堪之?"	제가 어찌 이를 감당하겠습니까?" 라 하였다.

東門襄仲將聘于周,	동문양중이 주나라를 빙문하고자 하여
遂初聘于晉.[50]	마침내 처음으로 진나라를 빙문하였다.

---

48 천·수(薦·羞) : 모두 드린다는 뜻이다.
가곡(嘉穀) : 벼와 기장을 가리킨다.

49 헌(獻) : 장병린은 『독(讀)』에서 "이 헌자는 상(象)자와 같은 뜻이다. 의(儀)자의 뜻으로 읽어야 한다. 『국어·주어(周語)』에서는 '위로는 하늘을 닮지 않고 아래로는 땅을 닮지 않았다(上不象天而下不儀地)' 하여 의(儀)자와 상(象)자를 같은 뜻으로 썼다"라 하였다.

50 두예는 "춘추시대에 들어와 노나라가 처음으로 진나라를 빙문했기 때문에 처음으로라고 하였다"라 하였다. 다케조에 고코(竹添光鴻)의 『회전(會箋)』에서는 "조현(朝見)은 시(始)라 하고 빙문(聘問)은 초(初)라 하며 초빙(初聘)과 시조(始朝)는 모두 임금이 즉위한 것을 가지고 말한 것이다. 선공 10년에 '계문자가 처음으로 제나라를 빙문하였다(季文子初聘于齊)'라 하였는데 이해에 제경공(齊頃公)이 즉위하였고, 양공 20년에는 '제자가 처음으로 제나라를 빙문하였다(齊子初聘于齊)'라 하였는데, 지난해에 제영공(齊靈公)이 죽어 장공이 즉위하였다. 지금 진문공은 즉위한 지 7년이 되었지만 또한 처음으로 빙문하는 것이다. 기백(杞伯)과 등자(滕子)의 내조(來朝)는 모두 문공 12년에 있었는데 『전』에서는 모두 '처음으로 공을 조현했다(始朝公也)'라 하였다. 양공 6년과 7년에 '처음으로 공을 조현하였다(始朝公)'는 말이 세 번 나오는데 두예는 춘추시대에 들어 처음 빙문한 것이라 하였는데 고찰을 잘못한 것일 것이다"라 하였다. 이 설은 실로 일리가 있다. 그러나 노나라가 진나라를 대하는 것은 제나라를 대하는 것과는 달랐으며 춘추에 막 들어왔을 때는 노나라와 진나라가 멀리 떨어져 있었으며, 장공과 민공 이전까지만 해도 『춘추』에는 진나라에 관한 일이 하나도 없었으며 진나라 또한 제후들의 일에 관심을 거의 갖지 않았고, 문공 이전에는 조빙한 일이 없으니 이치적으로 따져 보면 두예가

희공 31년

經

三十有一年春,[1]	31년 봄
取濟西田.[2]	제수 서쪽의 땅을 취하였다.
公子遂如晉.	공자 수가 진나라로 갔다.
夏四月,	여름 4월에
四卜郊,[3]	네 번 교제를 점쳤으나

말한 것이 아마 사실일 것이다.

1 삼십유일년(三十有一年) : 임진년 B.C. 629년으로 주양왕(周襄王) 24년이다. 정월 19일 경오일이 동지로 건자(建子)이다.

2 『공양전』에는 조(曹)나라가 노나라의 옛 전지를 침입하였다고 하였는데 『전』을 가지고 보건데 꼭 그런 것 같지는 않다. 제수의 서쪽 전지는 『경』에 모두 세 번 보인다. 여기서는 조나라로부터 취한 것이고, 선공 원년에는 제나라에게 뇌물로 주었으며, 선공 10년에는 제나라 사람이 다시 노나라에게 돌려준 것이다. 제수의 서쪽은 장공 18년의 『경』과 『전』에 상세하다.

3 복교(卜郊) : 교(郊)의 뜻은 환공 5년의 『전』에 상세하다. 이곳의 복교는 『전』의 "예에 의하면 일상적인 제사는 점을 치지 않는다(禮不卜常祀)", "희생이 이루어졌는데 교제를 점쳤다(牲成而卜郊)"라 한 문장에 의하면 아마 희생과 그 날짜를 점친 것이 아니라 교제의 여부를 점친 것 같다. 그렇지 않으면 『전』에서 운운한 것은 공염불이 되고 만다. 『예기 · 곡례 상』에서는 "복서(卜筮)는 세 번을 넘지 않는다"라 하였고 『공양전』에서는 "세 번 점을 치는 것은 예의에 맞고, 네 번 점치는 것은 예의에 맞지 않는다"라 하였다. 그러나 복사(卜辭)를 고찰해 보면 한 가지 일에 십 수 번이나 점을 친 것도 있다. 주나라 초기에는 혹 세 번으로 한정하였을지도 모르는데 『주서 · 금등(周書 · 金縢)』에서 "이에 거북점을 세 번 쳤다"라 한 것으로 알 수 있다. 그러나 『춘추』에서는 교제를 점친 것이 세 번, 네 번, 심지어는 다섯 번도 쳤으니 양공 7년 여름 4월에 "세 번 교제를 점쳤으나 불길하였다"라 하였고, 이곳 및 양공 11년 여름 4월의 "네 번 교제를 점쳤으나 불길하였다"와 성공 10년 『경』 여름 4월의 "다섯 번 교제를 점쳤으나 불길하였다"라 한 것이 이것이다. 그러니 네 번 점친 것이 예가 아니다는 것은 반드시 춘추시대의 사실과 부합하는 것은 아니다.

不從,	불길하여
乃免牲.[4]	이에 희생을 놓아주었다.
猶三望.[5]	오히려 망제를 세 번 지냈다.
秋七月.	가을 7월.
冬,	겨울에
杞伯姬來求婦.[6]	기백희가 며느리를 구하러 왔다.

---

4 면생(免牲) : 교제를 위해 준비한 희생을 풀어 주고 죽이지 않은 것이다. 『예기 · 교특생(郊特牲)』에서는 "희생에 붉은 소를 사용하는 것은 붉은색을 숭상하기 때문이며, 송아지를 쓰는 것은 성실함을 소중히 여기기 때문이다"라고 하였다. 『곡량전』에서는 "면생(免牲)이라는 것은 검은 상의와 연붉은 하의를 입히고 유사는 검은 테두리를 하고 남쪽 교외에서 잘 보내 주는 것이다. 면우(免牛) 또한 그러하다"라 하였다. 『좌전』에서 말하지 않은 것은 예가 혹 같기 때문일 것이다.

5 삼망(三望) : 『상서 · 순전(舜典)』에 "산천에 망제를 지냈다(望于山川)", "산천에 차례로 망제를 지냈다(望秩于山川)"라 하였고, 애공 6년 『전』의 "하 · 은 · 주 3대에 천자가 제후들에게 제사를 명하였는데 제사는 망제를 넘지 않고 장강(長江), 한수(漢水), 휴수(睢水), 장수(漳水)는 초나라가 망제를 지내는 곳이다"라는 말이 있는 것으로 보아 망제가 산천에 지내는 제사임은 의심의 여지가 없다. 그러므로 『곡량전』 범녕(范寧)의 주[『춘추곡량전집해(春秋穀梁傳集解)』]에서는 "망이라는 것은 산천에 올리는 제사의 이름이다"라고 하였다. 노나라의 삼망(三望)은 정현은 동해(東海)와 태산(泰山) 및 회수(淮水)라고 하였는데 이는 『상서 · 우공(禹貢)』의 "해(海)와 대(岱) 및 회(淮)는 서주(徐州)이다"라고 한 데 의거하며, 노나라는 곧 서주(徐州)에 있으므로 이렇게 말하였으며, 대체로 옳다. 『공양전』에서는 태산과 황하, 바다에 제사 지내는 것이라고 하였다. 종문증(鍾文烝 : 1818~1877)의 『곡량전보주(穀梁傳補注)』에서는 "공양고(公羊高)는 제나라 사람이어서 제나라의 법에 의거하였을 것이며, 제나라는 대산(岱山 : 곧 태산)의 남쪽에 있고 또 동으로는 바다에까지 이르며 서로는 황하에까지 이른다"라고 하였다. 그러니 『공양전』은 제나라의 삼망을 노나라의 삼망으로 보았으므로 믿을 수가 없다. 두예의 주석에서는 "삼망은 분야(分野)의 성(星)과 나라의 산천이다"라 하였지만 망제는 산천에만 제사를 지내며 천신(天神)에게는 올리지 않으니 잘못되었음을 알 수 있다. 그 외에도 망제에 대한 잘못된 설은 많은데 다 수록하지 않는다. 『춘추』에서는 세 번 망제를 올렸다고 하였는데 이해와 선공 3년 및 성공 7년이다.

6 『전』이 없다. 두예는 "직접 그 아들의 혼인을 성사시킨 것이다"라 하였다.

狄圍衛.	적나라가 위나라를 에워쌌다.
十有二月,	12월에
衛遷于帝丘.[7]	위나라가 제구로 옮겨 갔다.

傳

三十一年春,	31년 봄
取濟西田,	제수 서쪽의 전지를 취하였는데
分曹地也.[8]	조나라 땅을 나누어 받은 것이다.
使臧文仲往,	장문중에게 가도록 하였는데
宿於重館.[9]	중의 후관에서 잤다.

7 제구(帝丘) : 지금의 하남성 복양현(濮陽縣) 서남쪽이다. 『명일통지(明一統志)』에는 또한 제구성(帝丘城)이 있는데 활현〔滑縣, 이곳은 옛 소재지로 지금은 이미 그 서쪽인 도구진(道口鎭)으로 소재지를 옮겼다〕 동북쪽 70리 지점인 토산촌(土山村)에 있으며 곧 위성공이 옮긴 곳은 그 경계와 서로 이어져 있다. 곧 위나라가 초구(楚丘)에서 제구로 옮긴 것으로 두 장소는 멀리 떨어져 있지 않다.

8 두예는 "28년 진문공이 조나라를 토벌하고 그 땅을 나누었는데 경계가 아직 나누어지지 않았다가 이때가 되어서야 제후들에게 내린 것이다"라 하였다.

9 중관(重館) : 중(重)은 옛날에는 평성으로 읽었다. 『국어 · 노어 상』의 위소(韋昭)의 주에 의하면 노나라의 지명이며, 『일통지(一統志)』에 의하면 지금의 산동성 어대현(魚臺縣) 서쪽에 있다. 관은 후관(候館)이다. 『주례 · 지관 · 유인(地官 · 遺人)』에서는 "무릇 나라의 들판 길에는 10리에 여(廬)가 있고 여에는 음식이 있다. 30리에 숙(宿)이 있고 숙에는 노실(路室)이 있으며 노실에는 위(委)가 있다. 50리에는 시(市)가 있으며 시에는 후관(候館)이 있고 후관에는 적(積)이 있다"라 하였다. 후관은 또한 그냥 간단히 관(館)이라고 한다. 『의례 · 빙례(聘禮)』의 "관에 이르렀다(及館)"라 한 것은 이를 말한다. 관(館)의 쓰임새는 행인이 편히 쉴 수 있는 방이 있어야 하고, 또한 높고 밝은 누대와 정자가 있어 전망을 살피는〔候〕 것을 제공해야 하기 때문에 이렇게 부른다.

重館人告曰,[10]	중의 숙소에 있는 사람이 알리어 말하기를
"晉新得諸侯;	"진나라가 새로 제후를 얻었으니
必親其共.[11]	반드시 공손한 나라를 가까이할 것이오.
不速行,	빨리 가지 않으면
將無及也."	미치지 못할 것이오"라 하였다.
從之.	그 말을 따랐다.
分曹地,	조나라 땅을 나누었는데
自洮以南,[12]	조수 이남에서
東傅于濟,	동으로 제수에 이르기까지가
盡曹地也.[13]	모두 조나라 땅이었다.

---

10 「노어 상」 위소의 주에서는 "인(人)은 후관을 지키는 노예이다"라 하였는데 그렇게 말한 근거를 모르겠다.

11 공(共) : "恭"과 같다. 「노어 상」에서는 "진문공이 조(曹)나라 땅을 갈라서 제후들에게 나누어 주었는데 희공은 장문중을 보냈다. 중(重)의 후관에 묵었다. 중의 후관에 있는 사람이 말하기를 '진나라가 비로소 후백(侯伯)이 되었으니 죄지은 나라의 땅을 갈라 제후들에게 나누어 주는 것으로 나누어 받아서 진나라와 친하게 되기를 바라지 않는 제후가 없어 모두들 앞을 다투는데, 진나라는 반열을 확정하지 않았으니 또한 반드시 먼저 온 사람을 가까이할 것이오. ……'"라 하였다. 왕념손(王念孫)은 이 때문에 공(共)자를 "당연히 선(先)자의 오자일 것이다"라 하였다. 청나라의 전대흔(錢大昕)은 이에 반박하여 "먼저 이르면 공손하고 나중에 이르면 공손치 못하니, 『국어』에 '선(先)' 자로 되어 있다고 해서 반드시 『내전(內傳)』과 같을 필요는 없다"라 하였는데 전대흔의 설이 매우 타당하다. 가나자와 문고본(金澤文庫本)과 돈황 사본의 잔권에는 모두 "共"자로 되어 있다.

12 조(洮) : 8년의 『경』에 보인다.

襄仲如晉,	양중이 진나라로 갔는데
拜曹田也.	조나라 땅을 내린데 배사하기 위해서였다.
夏四月,	여름 4월에
四卜郊,	교제에 대하여 네 번 점을 쳤는데
不從,	불길하여
乃免牲,[14]	이에 희생을 놓아주었다.
非禮也.[15]	예가 아니었다.
猶三望,	세 번 망제를 지냈는데
亦非禮也.	역시 예가 아니었다.

---

13 고동고의 『대사표(大事表)』에서는 노나라가 얻은 땅은 지금의 산동성 동평(東平), 거야(巨野) 및 옛 수장(壽張)의 여러 땅 사이일 것이라고 하였다. 「노어 상」에서는 "제후(諸侯)에게서 얻은 땅이 많았다. 돌아와서 복명을 하자 청하여 말하기를 '얻은 땅이 많은 것은 중(重)의 후관(候館) 사람의 힘 때문입니다. 신이 듣기에 "훌륭한 일을 하면 빛이 나는데 비록 천하다 하더라도 상을 내리며, 나쁜 짓을 하면 틈이 생기는데 비록 귀하다 하더라도 벌을 내린다" 하였습니다. 이제 한마디 말로써 경계를 넓혔으니 그 빛이 큽니다. 청컨대 상을 내리소서' 라 하였다. 이에 나가서 작위를 내렸다"라 하였다. 『좌전』을 보충할 만하다.

14 면생(免牲) : 희생을 놓아주었으면 교제를 지내지 않은 것이고 교제를 지내지 않았으면 희생이 소용이 없을 것이다.

15 비례(非禮) : 교제는 노나라로서는 일상적으로 지내는 제사이므로 희생으로 바칠 소와 교제를 지낼 날을 점치는 것은 옳으나 점을 칠 것인지의 여부를 묻는 것은 옳지 않으며, 지금 교제를 지낼 것을 놓고 점을 쳐서 불길하다 하여 교제를 지내지 않는 것은 예의가 아니라는 말이다.

禮不卜常祀,[16]	예에 의하면 일상적인 제사는 점을 치지 않으며
而卜其牲, 日.[17]	그 희생과 날짜를 점쳐야 한다.
牛卜日曰牲.[18]	소는 날짜를 점쳐서 잡으면 생이라 하고
牲成而卜郊,	희생이 이루어졌는데 교제를 점치는 것은
上怠, 慢也.[19]	윗사람이 태만해서이다.
望,	망제는
郊之細也.[20]	교제의 작은 부분이니

---

16 청나라 심동(沈彤)의 『소소(小疏)』에서는 "일상적으로 지내는 제사는 반드시 때에 맞추어 제사를 지내야 하며 제사를 지내는 데 대한 길흉을 바꾸지 않는다"라고 하였다. 교는 하늘에 제사 지내는 일상적인 제사이다.

17 먼저 희생에 대한 점을 치고 나중에 날짜에 대한 점을 친다. 희생을 점친다는 것은 이 소를 쓰는 것이 길한지 흉한지를 점치는 것으로, 이를테면 선공 3년에는 "정월에 교제를 지낼 소의 입에 상처가 나서 소를 다시 점쳤다"라 한 것이 이런 것이다. 날짜를 점친다는 것은 『예기 · 교특생』에서 말한 "교제를 지내는 데 신(辛)일을 썼다"는 것인데, 성공 17년 『경』에 "9월 신축(辛丑)일에 교제를 지냈다" 한 것으로 입증할 수 있으므로 믿을 만하다. 또한 "경칩(啓蟄)에 교제를 지낸다" 한 『전』의 글에 의하면 노나라의 교제는 인월(寅月)에 있었으니 축월(丑月)에는 하신(下辛)일에 인월의 상신(上辛)일을 점친 것이다. 이를 따르지 않으면 또한 달의 상순에 점을 쳤다. 이런 것이 잦은데 이것이 노나라의 교제가 또한 인월의 뒤에도 있게 된 까닭이다.

18 두예는 "이미 길일을 얻었으면 소의 이름을 생으로 고쳐 부른다"라 하였다. 공영달은 "이는 희생을 놓아준 것을 말한 것으로 이미 길일을 얻었으면 이때는 희생이 이미 이루어진 것이다. 성공 7년에는 소를 놓아주었는데 이때는 길일을 잡지 못했으므로 희생이 이루지지 못했다"라 하였다.

19 두예에 의하면 태(怠)는 길한 전례에 태만한 것이고, 만(慢)은 거북점과 시초점을 모독한 것이라 하였다. 이는 교제를 점치는 것은 예가 아님을 해석한 것이다.

20 세(細) : 세절(細節), 곧 자잘한 절차라는 말이다. 선공 3년 『전』에 "망제는 교제에 속한

不郊,	교제를 지내지 않으면
亦無望可也.[21]	또한 망제를 지내지 않아도 된다.

秋,	가을에
晉蒐于淸原,[22]	진나라가 청원에서 군대를 검열하고
作五軍以禦狄.[23]	오군을 일으켜 적나라를 막았다.
趙衰爲卿.[24]	조최가 경이 되었다.

冬,	겨울에
狄圍衛,	적나라가 위나라를 에워싸니
衛遷于帝丘,	위나라는 제구로 옮겼는데
卜曰三百年.[25]	점을 쳤더니 3백 년은 갈 것이라고 하였다.

다"는 말이 있다. 세절은 부속적인 절차와 뜻이 같다.

21 이는 망제를 세 번 지낸 것이 예에 맞지 않음을 해석한 것이다.

22 청원(淸原) : 지금의 산서성 직산현(稷山縣) 동남쪽 20여 리에 있으며 『청일통지(淸一統志)』에 의하면 진원(晉原)이라고도 하며 길이가 50여 리이다.

23 두예는 "28년에는 진나라가 삼항(三行)을 일으켰는데 이제 그것을 혁파하고 다시 상하군의 신군(新軍)을 더 만들었다"라 하였다. 이는 아마 삼항의 보병을 고쳐서 전차병으로 만든 것일 것이다.

24 「진어 4」에서는 "조최 때문에 청원에서 군사 검열을 하고 오군을 일으켰다. 조최로 하여금 신상군(新上軍)을 거느리게 하고 기정(箕鄭)이 보좌하였으며, 서영(胥嬰)이 신하군을 거느리게 하고 선도(先都)가 보좌하였다"라 하였다.

25 공영달은 "『사기 · 위세가』 및 「연표」에 의하면 위나라는 이해 이후 19임금을 거쳐 430년이나 지속되었다"라 하였다.

衛成公夢康叔曰,[26]	위성공이 꿈에 강숙을 만났는데 말하기를
"相奪予享."[27]	"상이 나의 제품(祭品)을 빼앗는다"라 하였다.
公命祀相.	공이 상을 제사 지내라고 하니
甯武子不可,	영무자가 옳지 않다고 하며
曰,	말하기를
"鬼神非其族類,	"귀신은 그 동족이 아니면
不歆其祀.[28]	제사를 흠향하지 않습니다.
杞, 鄫何事?[29]	기나라와 증나라는 무슨 일입니까?
相之不享於此久矣,	상이 여기에서 흠향하지 않은 지가 오래되었는데
非衛之罪也,	위나라의 죄가 아닙니다.
不可以閒成王, 周公之命祀,[30]	성왕과 주공을 제사 지내라 한 명을 어길 수 없으니

26 강숙(康叔) : 위나라의 시조이다.

27 상(相) : 하후(夏后) 제계(帝啓)의 손자이며, 제중강(帝中康)의 아들로 그 거처가 제구(帝丘)에 있었을 것이다.

28 희공 10년 『전』에서 호돌(狐突) 역시 "신은 동족이 올리는 제물이 아니면 흠향하지 않고 백성은 겨레가 아니면 제사를 지내지 않는다(神不歆非類, 民不祀非族)"라고 하였다. 족류(族類)는 같은 뜻의 연면사이다.

29 기(杞)나라와 증(鄫)나라는 하나라의 후손으로 상의 제사를 지내야 하는데 지금 무슨 일로 제사를 지내지 않는가 하는 말이다.

30 한(閒) : 간(干)자의 가차자로, 범하다, 위배하다의 뜻이다. 양공 11년 『전』의 "혹 이 명을 어기면(或閒茲命)"이라 한 것과 소공 26년 『전』의 "선(單)과 유(劉)가 몰래 어린 사

請改祀命."[31] 제사의 명을 고쳐 주십시오"라 하였다.

鄭洩駕惡公子瑕,[32] 정나라 설가가 공자 하를 미워하였으며

鄭伯亦惡之, 정백 역시 그를 미워하였으므로

故公子瑕出奔楚.[33] 공자 하가 초나라로 달아났다.

희공 32년

經

三十有二年春王正月.[1] 32년 봄 주력으로 정월.

람을 세워 선왕의 뜻을 범한 것이오(以閒先王)"라 한 것의 한(閒)자는 모두 같은 뜻이다. 「노어 상」에 "주공과 태공이 명한 제사를 없애는 것을 크게 두려워하였다"라는 말이 있는데, 위소의 주석에서는 "가(賈)와 당(唐)의 두 임금이 말하기를 '주공은 태재(太宰)가 되고 태공은 태부(太傅)가 되었는데 모두 제후의 나라에서 맡아야 하는 제사를 관장하였다'라 하였다" 하였으니 아마 제후의 나라에서 맡아야 하는 제사라는 것은 주나라 왕실에서 명하며, 위나라가 맡은 제사는 성왕과 주공으로 명해졌으며, 지금 상(相)을 제사 지내는 것은 제사를 지내라는 명령 외의 것이므로 성왕, 주공을 제사 지내라 한 명을 범하였다고 말한 것이다.

31 두예는 "상(相)을 제사 지내라는 명을 고치는 것이다"라 하였다.

32 설가(洩駕) : 정나라의 대부. 은공 5년에도 설가가 있는데 이해로부터 90년의 시간적 거리가 있으니 다른 사람일 것이다.

33 두예는 "『전』에서 하를 받아들이게 되는 것의 복선이다"라 하였다.

1 삼십유이년(三十有二年) : 계사년 B.C. 628년으로 주양왕(周襄王) 25년이다. 2월 1일

夏四月己丑,[2]	여름 4월 기축일에
鄭伯捷卒.[3]	정백 첩이 죽었다.
衛人侵狄.	위나라 사람이 적을 침략했다.
秋,	가을에
衛人及狄盟.	위나라 사람이 적나라와 맹약을 맺었다.
冬十有二月己卯,[4]	겨울 12월 기묘일에
晉侯重耳卒.	진후 중이가 죽었다.

傳

三十二年春,	32년 봄
楚鬪章請平于晉,	초나라 투장이 진나라에 화평을 청하여
晉陽處父報之,[5]	진나라 양처보가 답방을 하였으니

병자일이 동지로 건해(建亥)이다.

2 기축(己丑)일은 15일이다.

3 『전』이 없다. 첩(捷)은 『공양전』에는 "접(接)"으로 되어 있으며, 『한서 · 고금인표』에서는 『공양전』을 따라 또한 "接"으로 되어 있는데, 이 두 글자는 통하여 쓴다. 「연표」에서는 "45년 문공(文公)이 죽었다"라 하였다.

4 기묘(己卯)일은 9일이다.

5 『청일통지(淸一統志)』에서는 산서성 태곡현(太谷縣) 동쪽 15리 지점에 옛 양성(陽城)이 있는데, 한나라 때 양읍현(陽邑縣)이었으며 진나라 대부 양처보의 읍이라고 하였는데 그 근거를 모르겠다. 문공 16년 『전』에서는 "양처보는 온(溫)에서 왔다"라 하였고, 성공 11년 『전』에서는 "양왕이 문공의 노고를 위로하여 온을 내려 주었으며, 호(狐)씨와 양(陽)씨가 먼저 거처하였다"라 하였으니 양처보의 식읍은 온에 있었다. 강영의 『고실(考實)』에

晉, 楚始通.[6]	진나라와 초나라가 처음으로 통교한 것이다.

夏,	여름에
狄有亂,	적나라에 난리가 발생하여
衛人侵狄,	위나라 사람이 적나라를 침범하니
狄請平焉.	적나라가 화평을 청하였다.
秋,	가을에
衛人及狄盟.	위나라 사람이 적나라와 맹약을 맺었다.

冬,	겨울에
晉文公卒.	진문공이 죽었다.
庚辰,[7]	경진일에
將殯于曲沃.[8]	곡옥에 장사를 지내려 하였다.

서는 양처보의 식읍은 먼저는 양에 있다가 나중에는 온에 있었다고 하였는데, 이 역시 추측하여 짜 맞춘 말일 따름이다.

6 가나자와 문고본(金澤文庫本)과 돈황의 육조 필사본에는 구절의 말미에 "야(也)" 자가 있다. 두예는 "진나라와 초나라가 춘추 이래 처음으로 사신을 교환하여 강화하게 한 것이다"라 하였다.

7 경진(庚辰)일은 12월 10일이다. 『경』에는 기묘일에 죽었다고 하였는데, 경진일은 죽은 다음 날이다.

8 진문공의 조상의 묘당이 곡옥에 있으므로 이곳에 장사를 지내는 것이다. 『좌전』에 의하면

出絳,	강을 나서는데
柩有聲如牛.[9]	널에서 소 울음 같은 소리가 났다.
卜偃使大夫拜,	복언이 대부들에게 절을 시키고는
曰,	말하기를
"君命大事,[10]	"임금께서 큰일을 명하시는 것으로
將有西師過軼我,[11]	장차 서쪽의 군사가 우리 국경을 넘어올 것이며
擊之,	그를 치면
必大捷焉."[12]	반드시 크게 이기리라"라 하였다.
杞子自鄭使告于秦曰,	기자가 정나라에서 사람을 보내 진나라에게 알리게 하기를

춘추시대에는 빈묘(殯廟)의 예를 행하였으며, 이에 대해서는 8년의 『전』에 상세하다. 당나라 이길보(李吉寶)의 『원화군현지(元和郡縣志)』에서는 진문공의 무덤은 강현(絳縣) 동쪽 20리 지점에 있다고 하였는데 그 근거가 확실치 않다.

9 구(柩) : 곡례 『예기 · 곡례 하』에서는 "침상에 있는 것을 시(尸)라 하고, 관에 있는 것을 구라고 한다"라 하였다.

10 대사(大事) : 전쟁을 말한다. 성공 13년 『전』에 "나라의 큰일은 제사와 전쟁에 있다(國之大事, 在祀與戎)"라 하였다.

11 과질(過軼) : 과(過)는 경과(經過), 곧 지나가는 것을 말한다. 질(軼)은 뒤쪽에서 앞쪽으로 질러나가는 것을 말하며, 이는 은공 9년 『전』의 "저들이 갑자기 뒤에서 우리를 습격할까 두렵다(懼其侵軼我也)"의 질(軼)과 같은 뜻이다. 여기서는 진(秦)나라 군사가 정나라를 습격하려면 반드시 진나라의 남쪽 경계를 지나야 하는데 진(秦)나라가 진(晉)나라 국경을 지나면서 길을 빌리지 않는 것을 말한다.

12 두예는 "복언이 진(秦)나라의 비밀 모의를 들었으므로 널의 소리로 인하여 사람들의 마음을 바로잡은 것이다"라 하였다. 설이 실로 일리가 있지만 『좌전』의 복사(卜辭)의 말은 소리가 울리어 반응하는 것 같은 경우가 많이 있는데, 이는 대체로 좌씨(左氏)가 미신을 믿어 그 설을 견강부회한 것으로 억지로 풀이를 할 필요까지는 없다.

"鄭人使我掌其北門之管,[13]	"정나라 사람이 우리에게 북문의 열쇠를 맡게 했으니
若潛師以來,	몰래 군사를 일으켜 오면
國可得也."[14]	나라를 얻을 수 있다"라 하였다.
穆公訪諸蹇叔.[15]	목공이 건숙을 찾아보았다.

---

13 관(管) : 지금의 열쇠이다. 『주례 · 지관 · 사문(地官 · 司門)』은 "열쇠와 자물쇠 주는 것을 관장한다(掌授管鍵)"고 하였으며, 『예기 · 월령(月令)』에서 "자물쇠를 수리하여 닫고 열쇠를 조심해서 다룬다(修鍵閉, 愼管籥)"라고 한 것으로 모두 그 뜻을 알 수 있다. 마형(馬衡 : 1881~1955)의 『중국금석학개요(中國金石學概要) 상』(《凡將齋金石叢考》)에서는 "열쇠와 자물쇠의 규격이 세상에 전해진 것은 극히 적다. 일찍이 하나를 보았는데 머리는 갈고리처럼 굽어 있고 자루에는 마디마디 서로 물려 있어 늘였다 줄였다 할 수 있다. 그 위에는 '옹(雝)의 창고의 자물쇠는 무게가 두 근 한 냥이며 백일(百一)이라고 한다'는 등의 글자가 있는데, 모양과 규격은 지금의 근과는 먼 차이가 있다. 그 쓰임새가 어떠한지는 더욱 알 수가 없다"라 하였다.

14 30년에 진(秦)나라가 기자(杞子) 등 세 사람을 보내어 정나라를 지키게 하였는데, 「정세가」에서 "정나라의 사성(司城) 증하(繒賀)가 정나라의 실정을 팔아먹었다"고 한 것이 바로 이 일이며, 「진세가」에서도 "정나라 사람이 진(秦)나라 사람에게 나라(의 기밀)를 팔아먹었다"고 하였으며, 「진본기」에도 그렇게 되어 있다. 정나라 사람〔鄭人〕이라고 하였으니 기자(杞子)가 이님을 알 수 있는데 『전』과는 다르다.

15 건숙(蹇叔) : 『사기 · 진본기』에서는 말하기를 "백리혜(百里傒)가 사양하여 말하기를 '신은 신의 벗인 건숙에게 미치지 못합니다'라 하였다. 이에 목공이 사람을 시켜 예물을 두터이 하여 건숙을 맞아들여 상대부로 삼았다"고 하였다. 또한 『사기 · 이사열전(李斯列傳)』에는 「간축객서(諫逐客書)」가 실려 있는데 말하기를 "송(宋)나라에서 건숙을 맞았다"라 하였고, 『정의(正義)』에서는 『괄지지(括地志)』를 인용하여 말하기를 "건숙은 기주 사람이며 당시 송나라에서 교유를 하고 있었기 때문에 송나라에서 맞았다고 한 것이다"라 하였다. 『사기 · 진본기』에서는 이로 인해 말하기를 "목공이 건숙과 백리혜에게 물었다"라 하였으며, 『공양전』과 『곡량전』에서는 모두 말하기를 "백리자(百里子)와 건숙자(蹇叔子)가 간언했다"라고 하였다. 『맹자 · 만장(萬章) 상』을 가지고 고찰해 보면 "백리해(百里奚)는 간하지 않았으며 우공(虞公)이 간할 수 없음을 알고 진나라를 떠났는데 나이가 이미 70이었다"라 하였다. 진나라가 우(虞)나라를 멸한 것이 희공 5년의 일인데 이때와는 27년의 시차가 있으니 백리해는 백 살에 가까울 것이며, 혹 일찍 죽었을 수도 있으므로 『좌전』에는 그가 보이지 않는다. 『여씨춘추 · 회과(悔過)』편에는 이 일이 수록되어 있는데 또한 백리해는 언급하지 않았다.

蹇叔曰,	건숙이 말하기를
“勞師以襲遠,	“군사를 수고롭혀 먼 곳을 치는 것을
非所聞也.[16]	들은 일이 없습니다.
師勞力竭,	군사는 피로하고 힘이 다하여
遠主備之,[17]	먼 곳의 임금이 그에 대비를 하고 있을 것이니
無乃不可乎?	안 되지 않겠습니까?
師之所爲,	우리 군대가 하려는 일을
鄭必知之,[18]	정나라가 반드시 알고 있을 것이니
勤而無所,[19]	고생만 하고 쓸 곳이 없다면
必有悖心.[20]	반드시 불만을 갖게 될 것입니다.
且行千里,	게다가 천 리를 가야 하니

16 『여씨춘추 · 회과(悔過)』편에서는 “건숙이 간하여 말하기를 ‘안 됩니다. 신이 듣기에 나라의 도읍을 습격하는 데는 수레로는 백 리를 넘지 않고 사람으로는 30리를 넘지 않는다 하였는데 이런 경우에는 모두 기운이 왕성하고 힘이 넘치는 채로 도착하게 되므로 적을 짓밟는 일에 능히 위세를 떨칠 수 있고 그곳을 벗어나는 일도 신속히 할 수 있습니다. 그런데 이제 수천 리를 행군하는 데다 제후들의 땅을 여러 군데나 통과해서 정나라를 습격해야 하니 신은 이것이 가능한지를 모르겠습니다’”라 하였다.

17 원주(遠主) : 정나라를 가리킴.

18 이 구절은 먼 나라에서 대비할 것이라는 것을 보충 설명하고 있으며 또한 다음 구절을 끌어내고 있다.

19 근(勤) : 수고하는 것을 말한다.
소(所) : 처소(處所)라는 뜻이다. 이는 정나라가 습격해 올 것을 미리 알고 대비를 하고 있으니 무력을 쓸 곳도 없을 것이라는 말이다.

20 사졸(士卒)이 천 리를 행군하였는데 그 힘을 쓸 곳이 없다면 반드시 어그러진 마음을 갖게 될 것이라는 말이다.

其誰不知?"

누가 알지 못하겠습니까?"라 하였다.

公辭焉.[21]

공이 그를 물리쳤다.

召孟明, 西乞, 白乙,[22]

맹명과 서걸, 백을을 불러

使出師于東門之外.

동문 밖에서 출병을 하게 하였다.

蹇叔哭之,

건숙이 통곡을 하면서

曰,

말하였다.

"孟子![23]

"맹자야!

吾見師之出而不見其入也!"

내 군사가 나가는 것은 보아도 들어오는 것은 보지 못할 것이다."

---

21 두예는 "사(辭)는 그 말을 받아들이지 않은 것이다"라 하였다. 다케조에 고코(竹添光鴻)는 "환공 13년의 '초자가 그것을 거절하였다(楚子辭之)'라 한 것과 같은 예이다"라 하였다.

22 맹명 · 서걸 · 백을(孟明 · 西乞 · 白乙) : 맹명(孟明)은 다음 해의 『전』에는 백리맹명시(百里孟明視)로 되어 있으니 백리는 성씨이고, 자가 맹명이며, 이름은 시(視)이다. 「진본기」에서는 "백리혜의 아들 맹명시, 건숙의 아들 서걸술(西乞術) 및 백을병(白乙丙)이 군대를 이끌었다"라 하였다. 맹명시를 백리해의 아들로 보았는데 그럴 수도 있겠다. 서걸(西乞)과 백을(白乙)을 건숙의 아들이라 하였는데 이는 틀렸을 것이다. 『여씨춘추 · 회과(悔過)』편에서는 건숙의 아들이라 하였는데 더욱 틀렸다. 다음의 글에서 "건숙의 아들에 출병하는 군사에 끼었다"라 하였으니 참전만 하였을 뿐 통솔을 하지는 않았다. 『광운』 서(西)자의 주석에서는 "서걸은 복성이며 『좌전』에 진나라 장수 서걸술이 있다"라 하였다. 백(白)자의 주석에서도 "백은 성으로 진나라 장수에 백을병이 있다"라 하였다. 공영달의 소(疏)에서는 "술과 병은 필시 이름일 것이며, 서걸과 백을은 자인지 성씨인지 분명치 않다"라 하였다. 청나라 장문풍(張文虨)의 『나강일기속편(螺江日記續編)』에서도 "진나라의 세 장수는 건숙의 아들이 아니다"는 것을 논제로 삼았다.

23 『당석경』에는 처음에 "맹자(孟子)"로 새겼다가 나중에 갈아 내고 "맹혜(孟兮)"로 고쳤으며, 『석문(釋文)』에서도 "맹자(孟子)는 본래 맹혜(孟兮)로 되어 있었을 것이다"라 하였으니 각본에는 모두 "孟子"로 되어 있으며 "孟兮"로 된 것은 잘못되었다.

公使謂之曰,	공이 그에게 이렇게 말하게 하였다.
“爾何知?	“네가 무엇을 아느냐?
中壽,[24]	중간 정도의 수명만 누렸어도
爾墓之木拱矣.”[25]	네 무덤의 나무가 한 아름은 되었을 것이다.”
蹇叔之子與師,	건숙의 아들이 출병하는 군사에 끼었는데
哭而送之,[26]	소리를 내어 울면서 전송하여

24 중수(中壽) : 약간(若干)의 설이 있는데, 설이 일치하지 않는다. 공영달은 “상수(上壽)는 120세이고 중수는 100세이며 하수는 80세이다”고 했다. 이는 대체로 『양생경(養生經)』에 근거를 두었는데 나이가 너무 많은 것 같다. 『장자 · 도척(盜跖)』편에서는 “사람은 상수는 100세이고 중수는 80세이며 하수는 60세이다”라고 하였다. 『여씨춘추 · 안사(安死)』편에서는 “사람의 수명이 길어도 백 살을 넘지 못하니 중수는 60을 넘지 않는다”라 하였고, 『회남자 · 원도훈(原道訓)』에서는 “무릇 사람은 중수가 70세이다”라 하였으며 『논형 · 정설(正說)』편에서는 “상수가 90세, 중수는 80세, 하수는 70세이다”라고 하였다. 홍양길의 『고(詁)』에서는 “여기서 말한 중수는 80 이하 60 이상일 것이다”라 하였는데 맞을 것 같다.

25 공(拱) : 두 손을 맞잡은 것을 공(拱)이라고 한다. 이 구절은 너로 하여금 중수(中壽) 정도만 살게 하여도 네 무덤의 나무가 이미 한 아름은 되었을 것이라는 것으로, 늙어서 죽지 않아 흐리멍텅해져서 쓸모가 없다는 것을 말한다. 『주역 · 계사(繫辭) 하』에서는 “옛날에 장사 지낸 사람은 봉분도 쌓지 않고 나무도 심지 않았다”라 하였는데 이는 태곳적 이야기이며, 『백호통 · 붕훙(白虎通 · 崩薨)』편에서는 『예위 · 함문가(禮緯 · 含文嘉)』의 말을 인용하여 “천자의 봉분은 세 길이며 소나무를 심고, 제후는 그 절반 높이로 잣나무를 심으며, 대부는 여덟 자에 난(欒)나무를, 사(士)는 넉 자에 나무를 심고, 서인은 분이 없고 수양버들을 심는다”라고 하였다.

26 『공양전』과 『곡량전』 및 「진본기」에는 모두 백리해 및 건숙 두 사람이 그 아들을 곡을 하며 전송하였다고 하였으며, 백리해는 이미 생존해 있지 않았을지도 모른다. 앞에서 이미 말하였다. 『여씨춘추 · 회과(悔過)』편에서는 “건숙에게는 아들이 있는데 신(申)과 시(視)라고 하였으며 군대에 끼어 함께 갔다”라 하여 역시 건숙만 언급하였다.

曰,	말하기를
"晉人禦師必於殽,[27]	"진나라 사람은 반드시 효에서 군사를 막을 것인데
殽有二陵焉.[28]	효에는 언덕이 두 개가 있다.
其南陵,[29]	남쪽 언덕은
夏后皐之墓也;[30]	하후고의 무덤이고,
其北陵,[31]	북쪽 언덕은
文王之所辟風雨也.	문왕이 비바람을 피한 곳이다.
必死是間,	필시 이 사이에서 죽을 것이니
余收爾骨焉!"	내 너의 뼈를 거두리라!"라 하였다.

---

27 효(殽) : 효(崤)로 되어 있는 판본도 있으며, 효산(崤山)은 지금의 하남성 낙령현(洛寧縣) 서북쪽 60리 지점에 있으며 서로는 섬현(陝縣)과 경계를 맞대고 동으로는 민지현(澠池縣)의 경계와 붙어 있다. 『상서 · 진서(秦誓)』편의 소(疏)에서는 "효산은 험난하며 진(晉)나라의 요로이며 관새(關塞)이다. 진(秦)나라에서 정나라로 가려면 남하(南河)의 남쪽에서 진나라의 남쪽 경계를 거쳐 동으로 정나라로 간다. 예법에는 정벌을 하거나 조빙을 할 때 남의 나라를 지나려면 반드시 길을 빌려야 한다. 진(晉)나라는 (秦)나라가 길을 빌리지 않았기 때문에 그들을 친 것이다"라고 하였다.

28 릉(陵) : 『설문해자』에서는 "릉은 큰 언덕(大阜)이다"라 하였다. 사실상 산과 릉은 같은 뜻이다. 두 릉은 동효산(東崤山)과 서효산(西崤山)을 가리킨다. 『원화군현지(元和郡縣志)』에서는 "동효에서 서효까지는 35리이며 동효는 긴 언덕이 수 리에 걸쳐 있고 높은 언덕 깎아지른 시내가 있어 수레가 갈 수 없다. 서효는 모두 돌비탈로 12리이며 험난하기가 동효와 다르지 않다"라 하였다.

29 남릉(南陵) : 서효산이다.

30 하후고(夏后皐) : 「하본기」에서는 "공갑(孔甲)이 죽자 아들인 동고(東皐)가 즉위하였다. 제고(帝皐)가 죽자 아들인 제발(帝發)이 즉위하였다. 제발이 죽자 아들은 제(帝) 이계(履癸)가 즉위하였으니 곧 걸(桀)이다"라 하였으니 하후고는 걸의 조부이다.

31 북릉(北陵) : 동효산이다.

秦師遂東.[32] 진나라는 마침내 동으로 진격했다.

희공 33년

經

三十有三年春王二月,[1] 33년 봄 주력으로 2월에

秦人入滑.[2] 진나라 사람이 활나라로 들어갔다.

齊侯使國歸父來聘. 제후가 귀국보를 보내와 빙문했다.

夏四月辛巳,[3] 여름 4월 신사일에

晉人及姜戎敗秦師于殽.[4] 진나라 사람이 강융과 함께 효에서 진나라 군사를 무찔렀다.

---

32 이 『전』은 다음 해의 『전』과 이어서 읽어야 한다.

1 삼십유삼년(三十有三年) : 갑오년 B.C. 627년으로 주양왕(周襄王) 26년이다. 2월 12일 신사일이 동지로 건해(建亥)이다. 윤달이 있다.

2 활(滑) : 나라 이름이다. 장공 16년과 희공 20년의 『전』에 상세하다. 『전』에서는 활나라를 멸하였다 하였는데 『경』에서는 활나라로 들어갔다 한 것은 진나라가 멸망시켰지만 가질 수는 없었던 것이다. 양송 29년의 『전』에서는 "우나라와 괵나라, 초나라, 활나라, 곽나라, 양나라, 한나라, 위나라는 모두 희(姬) 성입니다. 진나라는 이들 나라 때문에 커진 것입니다. 작은 나라를 침략하지 않았다면 어떻게 땅을 빼앗았을 것입니까?(虞·虢·焦·滑·霍·楊·韓·魏, 皆姬姓也, 晉是以大. 若非侵小, 將何所取?)"라 하였다. 이로 보아 활나라는 멸망된 뒤에 즉시 진(晉)나라로 들어갔음을 알 수 있다.

3 신사(辛巳)일은 13일이다.

4 강융(姜戎) : 강씨 성의 융족이다. 진나라 남쪽의 변방에 거주하였다. 양공 14년 『전』에 그 후대인 융자구지(戎子駒支)가 이 전역(戰役)을 말하기를 "진나라가 그 위를 막고 융은 아래에서 맞섰는데 진(秦)나라 군사는 살아 돌아가지 못하였으니 우리 여러 융족이 그렇게 한 것입니다. 비유컨대 사슴을 잡는다면 진나라 사람은 뿔을 잡고 여러 융족은 다리

癸巳,[5]	계사일에
葬晉文公.[6]	진문공을 장사 지냈다.
狄侵齊.[7]	적나라가 제나라를 침략했다.
公伐邾,	공이 주나라를 치고
取訾婁.[8]	자루를 취하였다.
秋,	가을에
公子遂帥師伐邾.	공자수가 군사를 이끌고 주나라를 쳤다.
晉人敗狄于箕.[9]	진나라 사람이 기에서 적나라를 무찔렀다.

를 끌어 진나라와 함께 거꾸러뜨린 것입니다"라 하였다.

5 계사(癸巳)일은 25일이다.

6 소공(昭公) 3년의 『전』에서 "옛날에 문공과 양공(襄公)이 패자였을 때 군주가 훙거하면 대부가 조문을 하고 경이 장례식의 일에 참가하였다"라 하였으니 이는 노나라의 경이 장례식에 참가한 것이다.

7 「제세가」에서는 "6년에 적(翟)나라가 제나라를 침략하였다. 진문공이 죽었다. 진(秦)나라 군사가 효(殽)에서 패하였다"라 하였다. 이 일을 제나라 소공 6년이라 하였으니 틀리지 않았다. 그러나 진문공이 죽기 이전이니 틀렸으며, 진나라가 패하기 전이라는 것은 『경』 및 『전』과 다르니 사마천이 소홀히 한 것일 것이다.

8 자루(訾婁) : 『곡량전』에는 "訾樓"로 되어 있고, 『공양전』에는 "총(叢)"으로 되어 있다. "婁"와 "樓"는 음이 같다. "叢"은 취(取)의 소리를 따랐으며, 취(取)와 추(緅)는 옛 음이 같으니 총(叢)은 그 합음(合音)이다. 18년 『전』의 위(衛)나라 읍에 자루(訾婁)가 있는데 이 땅이 아니다. 이 자루는 주(邾)나라 땅일 것이다.

9 기(箕) : 『휘찬(彙纂)』에서는 두예의 주석에 의거하여 지금의 산서성 태곡현(太谷縣) 동남쪽 15리 지점에 있다고 하였는데, 고염무는 『보정(補正)』에서 진양공 때 이 기성은 진나라의 경계가 아니었다고 의심하였다. 강영(江永)의 『고실(考實)』에서는 "이해에 적이 진나라를 친 것은 백적(白狄)이다. 백적은 서하(西河)에 있으며 황하를 건너 진나라를 쳤으니 기의 땅은 황하에 가까워야 한다. 성공 13년의 『전』에서 '우리 하현(河縣)에 쳐들어와 우리 기(箕)와 고(郜)를 불태웠다'고 하였으니 황하 가까운 곳에 기가 있다"라 하였다.

冬十月,	겨울 10월에
公如齊.	공이 제나라로 갔다.
十有二月,	12월에
公至自齊.	공이 제나라에서 왔다.
乙巳,[10]	을사일에
公薨于小寢.[11]	공이 소침에서 돌아가셨다.
隕霜不殺草.[12]	서리가 내렸는데 풀을 죽이지 못했다.
李梅實.[13]	오얏과 매실이 익었다.

따라서 기가 지금의 산서성 포현(蒲縣) 동북쪽에 있을 것이라고 고증을 하였으며 옛날에 기성(箕城)이 있었는데 곧 이것이다. 염약거(閻若璩)는 또한 기가 지금의 산서성 유사현(楡社縣)의 기성진(箕城鎭)에 있다고 하였다. 복사(卜辭) 및 주나라 초기의 청동기 명문(銘文)을 가지고 고증을 해보면 유사(楡社) 남쪽의 기성진은 상(商)나라 및 주나라 초기의 기일 것이며 기(㠱)자로 되어 있으니 이곳의 기가 아니다. 강영의 설이 비교적 믿음직하다.

10 을사(乙巳)일은 11일이다.

11 소침(小寢) : 장공 32년『경』에 보인다.

12『전』이 없다.『경』에 "서리가 내렸다(隕霜)"고 기록한 것은 모두 두 차례로 여기 및 정공 원년의 "겨울 10월에 서리가 내려 콩을 죽였다(冬十月隕霜殺菽)"라 한 것이다. 이때는 겨울 12월이었다. 이해는 동지가 2월에 있는 건해(建亥)였으므로 겨울 12월은 하력의 9월로 서리가 내렸는데 풀을 죽이지 못했으며, 정공 원년의 겨울 10월은 하력으로 8월로 서리가 내려서도 안 되며 더욱이 농작물인 콩을 죽여서는 안 되는 것이다.

13 당시 이때가 겨울로 열매가 맺지 않아야 하는데 열매가 맺은 것으로 잘못 알았다.『한비자 · 내저설(內儲說) · 상』에서는 "노애공이 공자에게 묻기를『춘추』의 기록에서 말하기를 '겨울 12월에 서리가 내려 풀을 시들게 하지 못하였는데, 어째서 이를 기록했소?' 라 하였다. 공자가 대답하여 말하였다. '이는 서리가 내리면 풀을 시들게 하여야 하는데 시들지 못함을 말한 것입니다. 시들어야 하는데 시들지 않으면 매실과 오얏이 열매를 맺습니다. 하늘이 그 도를 잃으면 초목도 그것을 범하거늘 하물며 임금이겠습니까?' "라 하였다. 이 일 또한 믿기가 어렵다. 공자는 주력이 사철의 바른 계절과 합치하지 않음을 분명

晉人, 陳人, 鄭人伐許.	진나라 사람과 진나라 사람, 정나라 사람이 허나라를 쳤다.

傳

三十三年春,	33년 봄에
秦師過周北門,[14]	진나라 군사가 주나라의 북문을 지나갔는데
左右免胄而下,[15]	좌우에서 투구를 벗고 내렸다가
超乘者三百乘.[16]	곧 다시 뛰어오른 자가 3백 승이었다.

히 알았기 때문에 『논어 · 위령공』에 "하나라 때의 제도를 행하자"는 주장이 실려 있는데 어째서 "시들게 해야 하는데 시들지 않았다"고 말하였겠는가?

14 완각본에는 "진(秦)"자 아래에 "진(晉)"자가 잘못 들어갔는데 『교감기』에 따라 없앴다. 강영의 『고실(考實)』에서는 "문의 이름은 건찰(乾祭)로 소공 24년에 보인다"라고 하였다.

15 옛날의 병거는 장수가 아니라면 어자(御者)가 중앙에 있고 활을 쏘는 사람이 왼쪽에, 창과 방패를 든 용사가 오른쪽에 있었다. 장수의 수레나 천자, 제후가 친히 장수가 되면 중앙의 북 아래 있고 어자가 왼쪽에 창과 방패를 든 용사가 오른쪽에 있는데 이른바 융우(戎右)라는 것이다. 여기서는 그냥 일반적인 병거를 가리키므로 활 쏘는 사람과 창을 지닌 사람은 모두 수레에서 내리고 어자는 내리지 않고 그대로 수레를 몰고 앞으로 나가는 것이다. 『여씨춘추 · 회과(悔過)』편에서는 왕손만이 "천자의 성을 지나가게 되면 갑옷은 벗어 자루에 넣고 무기는 거두어 묶으며 수레의 좌우에 탄 사람은 모두 내리는 것이 천자에 대한 예법이다"라 하였다. 면주(免胄)는 투구만 벗고 갑옷은 벗지 않고 또한 무기도 거두지 않은 것으로 당시의 예법에 다 들어맞지 않는 것이다.

16 『여씨춘추 · 회과(悔過)』편에는 "5백 승(五百乘)"으로 되어 있으며 『예기 · 상복소기(喪服小記)』의 공영달의 주석에서는 그대로 "3백 승(三百乘)"으로 인용하였다. 『국어 · 주어 중』에서도 "3백 승(三百乘)"이라 하였다.
초승(超乘)이라는 것은 청나라 필원(畢沅)의 『여씨춘추신교정(呂氏春秋新校正)』에서는 "이미 내렸다가 곧 뛰어서 수레에 오르는 것으로 용맹함을 보이려는 것일 것이다"라 하였다. 초(超)는 『설문해자』에서는 "뛴다는 뜻이다(跳也)"라고 하였다. 필원의 설이 믿을

王孫滿尙幼,[17]	왕손만은 아직 어렸는데
觀之,	그 광경을 보고
言於王曰,	주나라 왕에게 말하기를
"秦師輕而無禮,[18]	"진나라 군사는 경솔하고 무례하여
必敗.	반드시 패할 것입니다.
輕則寡謀,	경솔하면 계책이 적고
無禮則脫.[19]	무례하면 생각이 거칩니다.
入險而脫,[20]	험한 곳에 들어가 거칠고
又不能謀,	또한 계책도 능하지 못하면
能無敗乎?"	패하지 않겠습니까?"라 하였다.
及滑,	활나라에 이르니
鄭商人弦高將市於周,[21]	정나라의 상인 현고가 주나라에 장사를 하러 가려다가

만하다. 소공 원년의 『전』에서도 "超乘而出"이라는 말이 있는데 또한 이르기를 자남(子南)이 수레에 뛰어올라 나갔다라 한 것으로 알 수 있다.

17 왕손만(王孫滿) : 『통지 · 씨족략(通志 · 氏族略) 4』에서는 『영현전(英賢傳)』을 인용하여 "주공왕(周共王)은 어(圉)를 낳았으며 어의 증손은 만(滿)이다"라 하였다. 청나라 양이승(梁履繩)의 『보석(補釋)』에서는 "공왕은 목왕(穆王)의 아들이다. 목왕의 이름은 만(滿)인데 그 육세손이 어떻게 또한 이름을 만이라 하겠는가?"라 하였으니 반드시 믿을 만하지는 않다.

18 경(輕) : 초승(超乘)을 가리킨다. 경박하여 장중하지 못함을 말한다.
무례(無禮) : 투구만 벗고 갑옷을 벗어 넣고 무기를 거두어 묶지 않은 것을 가리킨다. 천자의 성문을 지나면서 불경스런 행동을 하는 것을 말한다.

19 탈(脫) : 간이(簡易)함을 말함. 요즘 말로 탈략(脫略), 소략(疏略)이란 말과 같다.

20 험(險) : 효산(殽山)을 가리킨다.

遇之,	그들을 만났는데
以乘韋先,[22]	가죽 네 장으로 먼저 예의를 표하고
牛十二犒師,	소 열두 마리로 군사들을 위로하면서
曰,	말하였다.
"寡君聞吾子將步師出於敝邑,[23]	"우리 임금께서는 그대가 군사를 거느리고 우리나라로 올 것이라는 말을 듣고
敢犒從者.	감히 종자를 위로케 하셨습니다.
不腆敝邑,[24]	변변치 못한 우리나라가

21 『여씨춘추 · 회과(悔過)』편에는 "정나라의 장사치 현고와 해시(奚施)가 서쪽으로 주나라에서 장사를 하려 했다"로 되어 있고, 『회남자 · 인간훈(人間訓)』편에는 "정나라의 현고와 건타(蹇他)가……"라 하여 현고를 제외하고 또한 그 무리가 있다. 「진세가」와 「진본기」에는 『좌전』을 따라 현고밖에 없다.

22 승위(乘韋) : 무두질한 쇠가죽 네 장이다. 공영달의 소(疏)에서는 "수레 한 승(乘)에는 반드시 말 네 마리를 매므로 승(乘)은 4를 가리키게 되었다. 『예』에서 말한 승시(乘矢)는 화살 네 대를 말하며 여기서 말한 승위(乘韋)는 가죽 네 장을 이른다"라 하였다.
선(先) : 옛날에 예물을 보낼 때는 모두 먼저 가벼운 것을 보내 주고 다음에 후한 예물을 보내었는데 양공 19년 『전』의 "순언에게 비단 다섯 필과 구슬, 말 네 필을 보냈는데 먼저 오나라 수몽의 솥을 보냈다(賄荀偃束錦, 加璧, 乘馬, 先吳壽夢之鼎)"라 한 것과 『노자』의 "비록 보석을 두 손으로 받쳐 들고 사두마차를 먼저 보내도(雖有拱璧以先駟馬)"라 한 것이 모두 이를 말하는 것이다.

23 보사(步師) : 보는 간다는 뜻이다. 보사는 행군(行軍)과 같은 뜻이다.

24 부전(不腆) : 전(腆)은 두텁다는 뜻이다. "부전(不腆)" 운운한 것은 당시 객(客)이 쓰는 상투어로 문공 2년 『전』의 "不腆敝器, 不足辭也", "不腆先君之敝器, 使下臣致諸執事, 以爲瑞節"과 성공 2년 『전』의 "不腆敝賦, 詰朝請見", "不腆敝賦, 以犒從者", 양공 14년 『전』의 "我先君惠公有不腆之田, 與女剖分而食之" 등등에 쓰인 전(腆)자가 모두 이와 같은 뜻이다. 전부(田賦) 및 기타 사물을 겸양하여 부전(不腆)이라 할 수 있었을 뿐만 아니라 사람 또한 겸양하여 부전(不腆)이라 할 수 있었으니 소공 3년 『전』의 "못난 선

爲從者之淹,[25]	종자가 오래 머무르는 것을 위하여
居則具一日之積,[26]	머문다면 하루치의 물자를 준비할 것이고
行則備一夕之衛."	떠난다면 하룻저녁을 지켜 드리겠습니다."
且使遽告于鄭.[27]	또한 역마로 정나라에 알리게 하였다.
鄭穆公使視客館,[28]	정목공이 객관을 살피게 하였더니
則束載, 厲兵, 秣馬矣.[29]	짐을 꾸리고 무기를 갈고 말에 먹이를 먹이고 있었다.

군의 적실 딸이 내관이 되어(不腆先君之適以備內官)"라 한 것이 이런 경우이다. 부전(不腆)은 또한 무전(無腆)이라고도 하였는데, 소공 7년 『전』의 "정나라가 비록 못났지만(鄭雖無腆)" 같은 경우를 들 수 있다.

25 엄(淹) : 오래라는 뜻이다. 성공 2년 『전』에 "군사를 임금님의 땅에 오래 머물게 하지 말라 하셨습니다(無令輿師淹於君地)"라는 말이 있다. 따라서 엄(淹)과 구(久)를 연용되기도 하는데 선공 12년 『전』의 "그대들은 오래 머물지 마시오!(二三子無淹久)" 같은 경우가 있다.

26 적(積) : 건초, 쌀 등을 주로 하는 일용 식물(食物)을 가리키며 소와 양 등의 육류 식품을 포괄한다. 두예는 "건초, 쌀, 채소, 땔감 등이다(芻米菜薪)"라 하였다.

27 차(且) : 한편으로는 군사들에게 음식을 보내어 위로하고 한편으로는 정나라에 알리는 것이다.

거(遽) : 두예는 "전거(傳車)"라고 하였다. 전거는 후대의 역마(驛馬)와 같으며, 고대의 긴급한 공문서를 전달하는 방법으로 약 매 천리마다 역참을 설치하여 말을 바꾸어 주게 하여 빠르고 신속함을 도모하려는 것이었다. 그러나 『여씨춘추』에서는 이기에 대해 "급히 해시로 하여금 돌아가 알리게 했다(遽使奚施歸告)"라 하여 이 거자를 급히, 빨리 라는 뜻으로 보았는데 역시 뜻이 통한다.

28 객관(客館) : 기자(杞子)와 봉손(逢孫), 양손(楊孫) 세 사람이 거처하는 곳으로 정나라 사람들은 객의 예로 그들을 대우하였다.

29 재(載) : 수레에 실을 수 있는 물건을 가리킴. 이 구절은 집물(什物)은 모두 이미 묶어 놓았으며 병기는 모두 이미 갈아 놓고 마필 또한 이미 배불리 먹여 진(秦)나라 군사가 오

使皇武子辭焉,[30]	황무자를 보내어 사죄하게 하여
曰,	말하기를
“吾子淹久於敝邑,	“그대들이 우리나라에서 오래 머물러
唯是脯資, 餼牽竭矣,[31]	말린 고기와 양식, 희생과 가축이 고갈되었소.
爲吾子之將行也,	그대들이 곧 떠나려 한다니
鄭之有原圃,	정나라에 원포가 있음이
猶秦之有具囿也,[32]	진나라에 구유가 있는 것과 같으니

기를 기다리며 내응할 준비를 끝냈다는 것을 말한다.

30 사(辭) : 사죄함을 말한다. 실은 이미 그 계책을 알고 있음을 보여주는 것이다.

31 포자(脯資) : 포(脯)는 건육(乾肉), 곧 말린 고기를 말한다. 자(資)는 두예는 식량〔糧〕이라 하였다. 심흠한(沈欽韓)의 『보주(補注)』에서는 “포자(脯資)는 부자(斧資)가 되어야 하며 [『주역』의] 여(旅) 괘의 밑에서 넷째 양효〔九四〕에 ‘여행을 하다가 한 곳에 처하여 있다. 노자와 도끼를 얻었다(旅于處, 得其資斧)’ 라는 말이 있다”라 하여 “포자(脯資)”를 돈과 재물로 풀이하였는데 말이 이치에는 닿지만 다음의 미록(麋鹿)이라는 말을 또한 식품으로 해석하는 것이 옳다.

희견(餼牽) : 희(餼)는 살아 있는 희생이다. 견(牽)은 끌고 갈 수 있는 소와 양 같은 희생으로 쓰는 가축이다. 희견은 같은 뜻의 말이 연용하여 쓰인 것이다. 이 구절의 뜻은 식물(食物)이 고갈되어 다 떨어졌다는 것을 말한다.

32 원포(原圃) : 곧 정나라의 포전택(圃田澤)으로 『수경주 · 증수(濇水)』에서는 “못은 중모현(中牟縣) 서쪽에 있으며 서로는 장성(長城)까지, 동으로는 궁도(宮渡)까지, 북으로는 거수(渠水)까지 뻗어 있으며, 동서로 40여 리이고 남북으로 20여 리인데, 가운데 모래언덕이 있고 아래위로 스물네 개의 개펄이 있으며 나루의 물길이 통하고 못들이 서로 이어져 있다”라고 하였다.

구유(具囿) : 모래언덕과 왕인지(王引之)의 『술문(述聞)』에서는 모두 산정정(山井鼎)의 『칠경고문(七經考文)』에서 인용한 송본(宋本)을 따라 “구포(具圃)”가 되어야 한다고 하였으며, 양수경(楊守敬)의 『수경거수주소(水經渠水注疏)』에서도 “具圃”가 되어야 한다고 하였다. 그러나 육조(六朝)의 권자본(卷子本 : 곧 가나자와 문고본(金澤文庫本)이

吾子取其麋鹿,	그대들이 그곳의 사슴과 고라니를 취하여
以閒敝邑,[33]	우리나라를 한가로이 함이
若何?”	어떻겠소?”라 하였다.
杞子奔齊,	기자는 제나라로 달아나고
逢孫, 楊孫奔宋.[34]	봉손과 양손은 송나라로 달아났다.
孟明曰,	맹명이 말하기를
“鄭有備矣,[35]	“정나라에서 대비하고 있으니
不可冀也.	기약할 수 없다.
攻之不克,	공격하여도 이기지 못하고
圍之不繼,[36]	에워싼다 하여도 계속 지원을 하지 못할 것이니
吾其還也.”	나는 돌아갈 것이다”라 하였다.

의거한 것), 돈황육조사본, 『당석경』 이하 제판본에는 모두 “구유(具囿)”로 되어 있으므로 따르지 않는다. 구유는 곧 『회남자 · 지형(地形)』편의 양우택(陽紆澤), 『이아(爾雅)』의 양우(陽陓)이며, 『산해경』에는 양화지산(陽華之山)으로 되어 있는데, 필원(畢沅)의 주석에서는 “지금 이름은 양화수(楊華藪)이며 섬서 화음현(華陰縣) 동쪽에 있으며 남으로 동관(潼關)에까지 이른다”고 하였다. 심흠한 등은 곧 『주례 · 직방씨(職方氏)』의 현포수(弦蒲藪)라고 하였으며 곧 지금의 섬서성 농현(隴縣) 서쪽에 있다고 하였는데 확실치 않은 것 같다.

33 스스로 직접 취하게 하여 우리를 한가하게 해달라는 말로 뜻을 드러내 보인 말이다.

34 동쪽으로 도망간 것은 진(晉)나라와 정나라가 서쪽의 병사를 막아 자신들이 차단되고 붙잡힐까 두려워해서이다.

35 이는 곧 멀리서 현고가 군사를 위로한 것을 접하고 한 말이다.

36 불계(不繼) : 계속 지원할 병사가 없는 것이다.

滅滑而還.[37]	활나라를 멸하고 돌아갔다.
齊國莊子來聘,	제나라의 국장자가 와서 빙문하였는데
自郊勞至于贈賄,[38]	빙례의 처음인 교로에서 끝인 증회까지
禮成而加之以敏.[39]	예를 갖추었고 아울러 영민함까지 갖추었다.
臧文仲言於公曰,	장문중이 공에게 말하였다.
"國子爲政,	"국자가 집정을 하니
齊猶有禮,	제나라에는 아직도 예가 있습니다.

---

37 『회남자 · 인간훈(人間訓)』에는 "정백은 이에 나라를 존속시킨 공로로 현고(弦高)에게 상을 줬으나 현고가 거절하였다"라는 말이 더 있다. 정나라가 현고에게 상을 주는 것은 가능하나 현고는 동이(東夷)로 옮겼기 때문에 반드시 그렇지는 않을 것이다.

38 교로(郊勞)는 빙례(聘禮)의 처음이고 증회(贈賄)는 빙례의 끝이며, 이 구절은 처음부터 끝까지라는 말과 같다. 교로(郊勞)라는 것은 사자가 조빙을 받는 나라의 근교에 이르러 조빙을 받는 나라의 임금이 경을 보내어 조복(朝服)에 쓰일 비단을 보내어 위로하는 것이다. 『상서 · 목서(牧誓)』의 위공전(僞孔傳)에서는 근교 30리라 하였고 복건(服虔)의 『좌전』 소공 2년의 주에서도 근교 30리라 하였다. 『전국책 · 진책(秦策)』에서는 "근교 30리"라는 것은 교외에서 위로하는 것이 국도에서 약 30리쯤 떨어진 곳이라고 하였다. 증회(贈賄)라는 것은 조빙하는 일이 이미 끝이 나서 손님이 떠나 교외에 머물면 임금이 또 경을 보내어 예물을 주는 것을 말한다.

39 민(敏) : 두예는 "세심하여 사리에 맞는 것이다(審當於事)"라 하였다. 장병린의 『독(讀)』에서는 "『석훈(釋訓)』에서는 '민첩한 모양이 민이다(踖踖, 敏也)'라 하였다. 『시경 · 소아(小雅)』에 '의젓하게 음식 만들어(執爨踖踖)'란 말이 있는데 주석에서 '작은 부엌일을 하는데 의젓한 것이다'라 하였다. 이 민(敏)자는 곧 의젓하다는 뜻이다. 예가 갖추어진 데다가 의젓하기까지 하니 예만 잘 이루어진 것이 아니라 용의(容儀) 또한 훌륭한 것이다"라 하였다. 두 가지 설이 모두 통한다.

君其朝焉!	임금님께서는 제나라를 조빙하십시오!
臣聞之,	신이 듣건대
服於有禮,	예가 있는 나라에 복종하는 것이
社稷之衛也."[40]	사직을 지키는 것이라고 하였습니다."

晉原軫曰,	진나라의 선진이 말하였다.
"秦違蹇叔,	"진나라가 건숙의 말을 어기어
而以貪勤民,	탐내어 백성을 수고롭히니
天奉我也.[41]	하늘이 우리에게 기회를 주는 것입니다.
奉不可失,	받드는데 기회를 잃어서는 안 되고
敵不可縱.	적은 풀어 줄 수 없습니다.
縱敵,	적을 풀어놓으면

40 두예는 "『전』에서 희공이 제나라에 가게 된 까닭을 말하였다"라 하였다. 청나라 오개생(吳闓生)의 『문사견미(文史甄微)』에서는 "진나라 사람이 활(滑)나라에 들어가고 효(殽)에서 싸운 것은 『전』의 문장은 실은 하나이다. 지금 판본에서는 이 『전』을 그 사이에 섞어 버렸으니 전후로 갈라지게 되었다. 이 전은 어쩌면 후인이 이어서 더하였거나 혹은 효에서의 전투 뒤에 있을 것인데 『전』을 나누는 사람이 『경』문의 순서에 따라 효에서의 전투 앞으로 옮겨 놓았다"라 하였는데 뒤의 설이 옳은 것 같다.

41 봉(奉) : 두예는 "봉은 주는 것이다(奉, 與也)"라 하였다. 양이승(梁履繩)의 『보석(補釋)』과 유문기(劉文淇)의 『구주소증(舊注疏證)』에서는 모두 "봉은 돕는 것이다(奉, 助也)"라고 하였는데, 역시 뜻이 통한다.

患生;	근심이 생기고,
違天,	하늘을 어기면
不祥.[42]	상서롭지 못합니다.
必伐秦師!"	반드시 진나라를 쳐야 합니다."
欒枝曰,	난지가 말하였다.
"未報秦施,	"진나라가 베푼 은혜를 아직 갚지 못했는데
而伐其師,	그 군사를 치면
其爲死君乎?"[43]	돌아가신 임금이 있겠습니까?"
先軫曰,	선진이 말하였다.

42 하늘이 기회를 주었는데도 이를 취하지 않으면 하늘의 뜻을 어기는 것이다.

43 사군(死君) : 문공(文公)을 가리킨다. 혜동(惠棟)의 『보주(補注)』에서는 "임금이 초빈 중에 있으므로 돌아가신 임금〔死君〕이라 하였다"라 하였다.
위(爲) : 있다는 뜻이다. 『주역 · 쾌(夬)』 괘의 밑에서 첫째 양효〔初九〕에 "너무 기운차게 전진한다. 가서 이기지 못하면 허물이 된다(壯于前趾, 往不勝爲咎)"는 말이 있는데, 유월(俞樾)은 『평의(平議)』에서 위(爲)를 "있을 유(有)"자의 뜻으로 보았다. 『맹자』에서는 위(爲)자를 "유(有)"자로 많이 보았는데 「등문공(滕文公) 상」의 "대체로 등나라는 국토가 작고 좁으나 장차 군자가 될 만한 사람이 있으며 야인이 될 만한 사람이 있습니다(夫滕, 壤地褊小, 將爲君子焉, 將爲野人焉)"라 한 것과 「진심(盡心) 하」의 "한동안 사용하지 않음이 있으면(爲間不用)" 등의 위(爲)가 모두 같은 뜻으로 쓰였다. 난지는 대체로 문공이 진(秦)나라의 은혜를 입었는데 보답하지 않고 도리어 진나라 군사를 치면 이는 마음속에 선군이 없다는 것을 말한 것이다. 전인들 가운데는 "爲"자의 뜻을 확실히 알지 못한 사람들이 많았는데, 고염무(顧炎武)의 『보정(補正)』과 왕인지(王引之)의 『술문(述聞)』에서는 모두 "사(死)"자를 동사로 풀이하여 "사군(死君)은 선군을 잊는 것을 말한다"고 하였으니 "爲"자를 어디에 둘지 몰랐으므로 믿을 수가 없다. 기(其)는 "어찌 기(豈)"의 뜻으로 쓰였다.

"秦不哀吾喪,	"진나라는 우리의 상사를 애도하지 않고
而伐吾同姓,[44]	우리와 같은 성을 쳤으니
秦則無禮,	진나라야말로 무례한 것입니다.
何施之爲?[45]	무슨 은혜를 베풀었다 하겠습니까?
吾聞之,	내가 듣건대
'一日縱敵,	'하루 적을 풀어 주면
數世之患也.'	몇 세대의 근심이 된다' 하였습니다.
謀及子孫,	계책은 자손에 미치는 것이니
可謂死君乎!"[46]	돌아가신 임금께 이를 말이 있습니다!"
遂發命,[47]	마침내 명을 내려
遽興姜戎.[48]	급히 강융의 군대를 일으켰다.

---

44 동성(同姓) : 활(滑)나라는 진(晉)나라와 동성이다.

45 어찌 족히 은혜를 베풀었느냐는 것을 말한다. 「진세가」에서는 "진(秦)나라가 우리 임금을 모욕하고 우리 동성을 쳤으니 무슨 덕을 갚겠습니까?"라 하였는데, 이와 같은 뜻이다. 왕념손(王念孫)은 "무슨 베푼 은혜가 있느냐는 말이다"라 하였다.

46 진나라를 치는 것은 곧 자손을 위한 계책으로 선군께 대답할 말이 있다는 것이다.

47 병사를 일으키는 영을 내린 것이다.

48 강융(姜戎) : 『국어 · 주어(周語) 상』에서는 주선왕 39년 천무(千畝)에서 싸웠는데, 주나라 군대가 강씨지융(姜氏之戎)에게 대패하였다고 하였으니 곧 이 강융일 것이다. 강융은 여러 곳에 거처함을 알 수 있는데 주나라 왕실 부근에 거처하기도 하고 진(晉)나라 북쪽 국경에 거처하기도 하였는데, 여기서는 진나라 북쪽 국경에 거처한 강씨지융이다. 이 천무와 환공 2년의 "천무의 전쟁 때 났다" 한 천무는 다른 곳이다. 뇌학기(雷學淇)의 『죽서기년의증(竹書紀年義證)』 권26에서는 두 천무를 동일한 곳으로 보았다.

子墨衰絰,[49] 아들은 검은색 최질의 상복을 입었고

梁弘御戎,[50] 양홍이 융거의 어자가 되었으며

萊駒爲右.[51] 내구가 거우가 되었다.

夏四月辛巳,[52] 여름 4월 신사일에

敗秦師于殽,[53] 진나라 군사를 효에서 무찌르고

獲百里孟明視, 西乞術, 白乙丙以歸.[54] 백리맹명시와 서걸술, 백을병을 잡아서 돌아왔다.

---

49 자(子) : 진양공(晉襄公)이다. 그 부친인 문공을 아직 장사 지내지 않았으므로 자(子)라고 일컬었다.
최질(衰絰) : 최질(縗絰)이라고도 한다. 상복으로, 마포(麻布) 곧 삼베로 만든다. 옛날에는 참최(斬衰)와 자최(齊衰)의 구별이 있었다. 참최는 매우 거친 생 삼베로 만들고 옷의 옆과 아래를 꿰매지 않았다. 자최는 누인 삼베로 만든다. 자(齊)는 솔기를 혼다는 뜻이다. 그 가장자리를 호기 때문에 자최라고 한다. 질(絰)은 머리에 쓰는 것은 수질(首絰)이라 하고 허리에 매는 것은 요질(腰絰)이라고 하는데, 모두 베로 만들며 또한 상복이다. 양공은 이때 거상 중으로 상복을 입어야 했으며 상복은 흰색이어서 종군을 하기에 타당치 않았으므로 최질의 상복을 입기는 하였지만 검은색으로 물을 들였으며, 검은색은 실로 융복의 색이다. 묵최질(墨衰絰)이라는 것은 최와 질을 검게 물들인 것이다.

50 양홍(梁弘) : 환공 3년의 『전』에도 양홍이 있는데 이해보다 83년이 이르므로 다른 사람이다.

51 내구(萊駒) : 『통지 · 씨족략(通志 · 氏族略) 2』에서는 "내씨(萊氏)는 나라를 성씨로 삼았으며 진(晉)나라에 대부 내구(萊駒)가 있다"라 하였다. 양홍과 내구가 진양공의 어자와 거우가 된 것이다.

52 신사(辛巳)일은 13일이다.

53 이는 진나라 군사가 돌아가는 길에 효(殽) 땅을 지날 때 차단하여 공격한 것으로 『여씨춘추 · 회과(悔過)』편에서 이른바 "진나라 군사를 효에서 막고 쳤다"라 한 것과 『공양전』에서 이른바 "효에서 맞아 쳤다" 한 것, 「진본기」에서 이른바 "진나라 병사를 효에서 차단하여 쳤다" 한 것이다.

54 세 장수가 포로가 되었으니 진나라 군사는 모두 섬멸되었으며, 『공양전』과 『곡량전』에서는 모두 "말 한 마리 수레 한 대도 돌아가지 못했다"라 하였고, 「진본기」에서는 "한 사람도 벗어난 사람이 없었다" 하였는데 모두 믿을 만하다. 『논형 · 유증(儒增)』편에서는 사실을 과장한 것이라 하였는데 이는 옳지 않다. 이 전역에서 강융의 군대를 일으킨 것은

遂墨以葬文公,[55]	드디어 검은색 상복을 입고 진문공을 장사 지내니
晉於是始墨.[56]	진나라는 이에 비로소 검은색 상복을 입었다.
文嬴請三帥,[57]	문영이 세 장수를 청하여
曰,	말하기를
"彼實構吾二君,[58]	"저들이 실로 우리 두 임금을 이간질하였으니
寡君若得而食之,	우리 임금이 그들을 잡아먹는다고 하여도
不厭,[59]	성에 차지 않을 것인데

또한 양공 14년의 『전』을 참고하여 보라.

55 검은색 상복을 입고 문공을 장사 지낸 것이다.

56 진나라는 이때 이후로 검은색 장사를 지낼 때 최질을 입는 것이 일상화되었다. 양공 23년 『전』에서 "공의 인척 중에 상을 당한 사람이 있었는데 왕부(王鮒)가 선자(宣子)로 하여금 검은색 최질을 입게 했다"라 한 것으로 알 수 있다. 심흠한은 『보주(補注)』에서 "이때부터 상례와 장례 때 병융(兵戎)과 회맹의 일이 있으면 검은색 최질을 입고 종사하여 도왔다"라 하여 전쟁과 회맹이 있을 때만 검은색 최질을 입는 것으로 한정시켰는데 이는 『전』의 뜻이 아닐 것이다.

57 문영(文嬴) : 진문공의 부인으로 진목공(秦穆公)이 시집을 보낸 사람이며 양공(襄公)의 적모(嫡母)이다.

삼수(三帥) : 맹명시(孟明視)와 서걸술(西乞術), 백을병(白乙丙)이다.

58 구(構) : 참언을 하여 이간질을 도발하는 것으로 환공 6년 『전』의 "의강과 공자 삭이 급자를 참소했다(宣姜與公子朔構急子)"라 한 구(構)와 같은 뜻이다. 이곳의 구오이군(舊吾二君)은 또한 『시경 · 소아 · 청승(小雅 · 靑蠅)』의 "우리 두 사람을 서로 떼어 놓네(構我二人)"라는 구절과 구법이 같다. 진(晉)나라와 진(秦)나라 두 임금의 관계를 떼어 놓는 것을 이른다.

59 불염(不厭) : 부족하다는 뜻이다. 그 고기를 먹는다 하더라도 오히려 부족하다는 말로 미

君何辱討焉?	임금께서 어찌 욕되이 그들을 징벌하겠소?
使歸就戮于秦,	그들을 돌려보내 진나라에서 형을 받도록 하여
以逞寡君之志,[60]	우리 임금의 뜻을 채워 드리는 것이
若何?"	어떠할는지요?"라 하였다.
公許之.	공이 허락하였다.
先軫朝,	선진이 조현하고
問秦囚.	진나라의 포로에 대하여 물었다.
公曰,	공이 말하기를
"夫人請之,	"부인께서 그들을 청하여
吾舍之矣."	내 그들을 풀어 줬소이다"라 하였다.
先軫怒,	선진이 노하여
曰,	말하였다.
"武夫力而拘諸原,[61]	"무부들이 힘을 다하여 전장에서 그들을 사로잡았는데

워함의 정도가 심함을 나타낸다. 「진본기」에서는 "목공(繆公)은 이 세 사람을 원망하여 골수에 사무쳤다"라 하였는데 말은 다르나 뜻은 같다.

60 영(逞) : 즐겁게 하다. 영지(逞志)는 쾌의(快意)라는 말과 같다.

61 원(原) : 전장(戰場)을 말함. 이 구절의 뜻은 있는 힘을 다하여 전장에서 잡아 왔다는 것을 말한다.

婦人暫而免諸國,[62]	부인이 잠깐 만에 나라에서 그들을 풀어 주어
墮軍實而長寇讎,[63]	전쟁의 성과를 무너뜨리고 원수들을 키워 주었으니
亡無日矣!”	망할 날이 멀지 않았습니다!”
不顧而唾.[64]	돌아보지도 않고 침을 뱉었다.

---

62 장병린(章炳麟)의 『독(讀)』에서는 “잠(暫)자는 점(漸)자의 뜻을 빌려 쓴 것이다. 『서경·반경(般庚)』에 ‘혼란기에 속여 간악한 짓을 하면(暫遇姦宄)’이라는 말이 있는데, 왕인지(王引之)는 ‘잠(暫)은 점(漸)으로 읽어야 하며 점(漸)은 속이는 것이다. 『장자·거협(胠篋)』편에 “속이는 독을 안다(知詐漸毒)”는 말이 있고, 『순자·불구(不苟)』편에 “소인이 지혜로우면 도둑을 붙잡아 속인다”(小人知則攫盜而漸)는 말이 있고 「의병(議兵)」편에는 “가까이 불러들이고 모아 가려 뽑으며 속이는 것을 성대히 하고 공리를 숭상하는 것이 속이는 것입니다(招近募選, 隆埶詐, 尙功利, 是漸之也)”라 하였고, 「정론(正論)」편에서는 “윗사람이 음험하면 아랫사람은 속이게 된다(上幽險則下漸詐矣)”라는 말이 있는데 여기서는 속이는 것을 점(漸)이라고 하였다.’ 이 잠(暫)자 또한 속인다는 뜻이다. 문영의 말은 모두 속이는 말이다”라 하였다. 면(免)은 용서를 하여 석방하는 것이다.

63 타(墮) : 훼기(毁棄)와 같은 뜻이다.
군실(軍實) : 진나라의 포로를 가리킨다. 정사농(鄭司農)의 『주례·천관·수인(天官·獸人)』의 주석에서는 “이(珥)는 왼쪽 귀를 잘라 공을 드러내는 것으로 머리를 자르거나 목을 베는 것과 같으므로 『춘추전』에서 ‘전쟁의 성과를 헤아린다(以數軍實)’”라 하였으니, 군실(軍實)은 포로의 목을 가리킬 수 있다. 양수달(楊樹達)의 『적미거소학금석논총(積微居小學金石論叢)』에 「좌전군실해(左傳君實解)」가 있는데, 군실에 대하여 “또한 진(晉)나라 군사를 가리켜 말하였다. 선진은 진(晉)나라 사졸들을 다치고 상해 가며 진나라의 포로를 잡았는데, 지금 아무 까닭도 없이 그들을 풀어 주어 원수의 사기를 높여 주었으므로 화가 나서 진나라가 망할 날이 멀지 않았다고 말한 것이다”라 하였다. 하나의 설로 갖추어 둔다.

64 타(唾) : 고대의 예법에 존장(尊長) 앞에서는 감히 가래를 뱉거나 코를 풀지 못하였는데 『예기·내칙(內則)』에서 이른바 “부모와 시부모 앞에서는 감히 가래를 뱉거나 코를 풀지 않는다”라 한 것이 이를 말한 것이다. 타(唾)는 가래를 뱉는 것이고 이(洟)는 코를 푸는 것이다. 선진은 조정에서 가래를 뱉었을 뿐만 아니라 얼굴을 양공에게 향하였으니 가래를 뱉고 얼굴을 돌리지도 않은 것으로 이는 노기를 극언한 것이다.

公使陽處父追之,[65]	공이 양처보를 보내어 그들을 쫓게 하여
及諸河,	황하에 이르니
則在舟中矣.	배 안에 있었다.
釋左驂,[66]	왼쪽 곁말을 풀어
以公命贈孟明.[67]	공의 명으로 맹명에게 주었다.
孟明稽首曰,	맹명이 머리를 조아리고 말하였다.
"君之惠,	"임금님의 은혜로
不以纍臣釁鼓,[68]	신하를 붙잡아 북에다 피를 칠하지 않고
使歸就戮于秦,	돌아가 진나라에서 형을 받게 하였으니
寡君之以爲戮,[69]	우리 임금님께서 죽인다면

---

65 「진세가」에는 "선진이 이에 진나라 장수를 쫓았다"라 하여 선진이 직접 추격한 것으로 생각하였다.

66 좌참(左驂) : 옛날에는 수레 한 대에 말 네 마리를 매는데 양쪽 곁에 있는 것을 참(驂)이라 하고 왼쪽 곁말을 좌참이라고 한다.

67 언덕으로 올라오도록 유인하게끔 주어서 그를 붙잡으려 한 것이다.

68 류(纍) : 갇힌 죄수이다.
흔고(釁鼓) : 옛날에는 중요한 기물이 새로 이루어지면 반드시 희생을 죽여 제사를 지내고 그 피를 바르는데 이를 흔(釁)이라 한다. 옛날에는 포로를 가지고 북에 제사를 지냈는데, 소공 5년의 『전』에서 "오자(吳子)가 그 아우인 궐유(蹶由)에게 군사를 위로하게 하였는데 초나라 사람이 그를 잡아 북에 피를 바르려고 하였다"는 말로 알 수 있다. 이곳의 흔고(釁鼓)는 살육(殺戮)이라는 말과 같으며, 반드시 실제 제사를 지낸 것으로는 보지 않아도 된다. 성공 3년 『전』에 지앵(知罃)이 초왕에게 대답한 말에도 같은 말이 나온다.

69 이는 가설(假設)의 말로 죽이려 한다면이라는 말과 같다.

死且不朽.[70]	죽어서도 썩지 않을 것입니다.
若從君惠而免之,	임금의 은혜로 죽음을 면하게 된다면
三年將拜君賜."[71]	3년 안에 임금께서 베푸신 은혜에 절하겠소."
秦伯素服郊次,[72]	진백이 소복을 입고 교외에 머무르다가
鄉師而哭,[73]	군사들을 향하여 곡을 하면서

---

70 사차불휴(死且不朽) : 당시의 관용어로 성공 3년과 16년, 소공 11년의 『전』에도 보이며 죽어도 죽지 않는다는 말과 같다.

71 맹명이 계책에 걸리지 않은 것이다. 삼년배사(三年拜賜)는 3년 만에 원수를 갚겠다는 말과 같다. 문공 2년 팽아(彭衙)의 전투에서 진(晉)나라 사람들이 진(秦)나라를 대패시켰는데 이 때문에 배사지사(拜賜之師)라고 하였다.

72 소복(素服) : 흉복(凶服), 곧 상복을 가리킨다. 『주례 · 대종백(大宗伯)』 및 주(注)에 의하면 흉례로 나라의 슬픔을 애도하는 경우는 다섯 가지가 있는데, 사망과 흉찰(凶札), 화재(禍災), 위패(圍敗), 구란(寇亂)이다. 해가 풍년이 들지 않으면 천자는 소복을 입고 흰 수레를 타고 먹을 때도 즐거워하지 않는데 이는 흉찰의 복이다. 물과 불이 재해가 되면 임금과 신하는 소복에 흰 관을 쓰는데 이는 화재의 복이다. 여기서 소복을 입은 것은 위패(圍敗), 곧 포위되어 패한 경우에 입는 복이다.

교차(郊次) : 양공 23년 『전』의 관차(官次)와 같은 뜻이다. 무릇 거처하는 것을 모두 차(次)라 하며, 상을 당하였을 때의 거처를 차라고 한다. 『의례 · 사상례(士喪禮)』의 "주인이 들어가 머무른다"는 것이 이를 말한다. 차는 중문 밖의 한구석에 세운 여막인 의려(倚廬)를 말한다. 『여씨춘추 · 회과(悔過)』편에서는 "목공(繆公)이 그 말을 듣고 소복을 입고 묘당(廟堂)에 임하였다" 하여 『전』과는 다르다.

73 향사(鄉師) : 향(鄉)은 향(向)자와 같다. 이는 진나라가 석방한 사람이 맹명 등 세 사람에 그치지 않고 다른 포로 또한 함께 석방되어 세 장수와 함께 돌아온 것을 말하는 것 같다. 그렇지 않다면 『전』에서는 사(師)자로 수(帥)자를 대신한 것일 것이므로 「진본기」에서는 "세 장수가 이르니 목공(繆公)이 소복을 입고 교외에서 맞이하면서 세 사람을 향하여 울면서 말하길 ……"이라 하였다. 아니면 혹 효의 전투에서 진(秦)나라 군사가 섬멸당하지 않고 도망쳐 탈출하여 돌아온 사람이 있을 것이다. 그러나 그랬다고 하더라도 반드시 맹명 등과 함께 돌아왔을 리는 없을 것이므로 진목공이 친히 그들을 맞지는 않았을 것이다.

曰,	말하였다.
"孤違蹇叔,	"내가 건숙이 한 말을 어겨
以辱二三子,	그대들을 욕보였으니
孤之罪也."	나의 죄요."
不替孟明,[74]	맹명을 폐하지 않고
曰,[75]	말하였다.
"孤之過也,	"나의 잘못이니
大夫何罪?	대부들이야 무슨 죄가 있겠는가?
且吾不以一眚掩大德."[76]	또한 나는 한 번의 과실로 큰 덕을 덮어 버리지 않는다."

狄侵齊,	적나라가 제나라를 침략하였는데

74 체(替) : 폐(廢)한다는 뜻이다. 맹명을 폐하지 않았다는 것이 좌씨가 기록한 말이다.

75 각 판본에는 "曰"자가 없으며 왕념손은 『문선 · 서정부(文選 · 西征賦)』의 주석과 『백첩(白帖)』 권59에 의거하여 "맹명의 아래에 '曰' 자가 있는데 금본에는 탈락되었다. 위의 문장에서 목공이 군사들을 향하여 곡을 하고 자신을 나무란 후 남은 나무라지 않았으며, 이에 맹명을 폐하지 않고 다시 기용하면서 말하기를 나의 허물이니 대부에게 무슨 죄가 있겠소 ……라 하였다. 대부 두 자는 전적으로 맹명을 가리켜 말한 것으로 위의 문장에서 이삼자(二三子)라고 통괄하여 말한 것과는 다르다"라 하였는데 매우 옳다. 가나자와문고본(金澤文庫本)과 돈황육조인의 필사본 잔권에는 모두 "曰"자가 있는데 거기에 의거하여 덧붙여 바로잡는다.

76 생(眚) : 잘못, 허물이라는 뜻이다. 『상서 · 진서(秦誓)』의 서에서는 "진목공이 정나라를 쳤는데 진양공이 군사를 거느리고 효에서 무찌르고 돌아와 「진서」를 지었다"라고 하였다. 후인들은 이 때문에 「진서」가 이때 지어진 것이라고 하였지만 「진서」의 본문은 「서서(書序)」에서 말한 것이 아닌 것 같다. 이 일은 『여씨춘추 · 회과(悔過)』편에도 보인다.

因晉喪也.	진나라가 상중이었기 때문이었다.

公伐邾,	공이 주나라를 치고
取訾婁,	자루를 취하여
以報升陘之役.[77]	승형의 전역을 보복하였다.
邾人不設備.	주나라 사람이 방비를 하지 않았다.
秋,	가을에
襄仲復伐邾.	양중이 다시 주나라를 쳤다.

狄伐晉,	적나라가 진나라를 쳐서
及箕.	기에 이르렀다.
八月戊子,[78]	8월 무자일에
晉侯敗狄于箕.	진후가 기에서 적을 물리쳤다.
郤缺獲白狄子.[79]	극결이 백적자를 사로잡았다.

77 승형지역(升陘之役) : 23년에 있었다.

78 무자(戊子)일은 22일이다.

79 백적자(白狄子) : 백적의 수령이다. 백적은 적(狄)의 별종이다. 성공 13년 『전』에서 여상(呂相)이 진(秦)나라와 절교를 하면서 말하기를 "백적은 임금님과 같은 고을입니다(白狄及君同州)"라 하였는데 이는 진나라가 함께 옹주(雍州)에 있다는 것이다. 희공 24년의 『전』에서 진문공이 말하기를 "그 후 내가 적나라 임금을 따라 위수 가에서 사냥을 하였다(其後余從狄君以田渭濱)"라 하였으니 백적의 땅은 남으로 위수에까지 이르렀다. 강영의 『고실(考實)』에서는 "그 땅은 서하(西河)의 서쪽에 있다"고 했는데 옳다. 지금의 섬서성 연안(延安), 안새(安塞), 연천(延川), 연장(延長), 의천(宜川), 황룡(黃龍) 및

先軫曰,	선진이 말하였다.
“匹夫逞志於君,[80]	필부가 임금에게 제 뜻대로 행동을 하였는데도
而無討,	꾸짖지 않으셨으니
敢不自討乎?”	감히 스스로 꾸짖지 않겠는가?”
免冑入狄師,	투구를 벗고 적나라 군사에게 들어가
死焉.[81]	그곳에서 죽었다.
狄人歸其元,[82]	적나라 사람이 그의 머리를 돌려주었는데
面如生.	얼굴이 살아 있는 것 같았다.
初,	처음에
臼季使,[83]	구계가 사신이 되어
過冀,[84]	기를 지나는데

청간(淸澗)의 여러 현이 모두 백적의 경계이다. 『좌전』에 의하면 적은 외(隗)씨 성이다. 『세본』에서는 백적이 이(釐)씨 성이라 하였고 왕부(王符)의 『잠부론(潛夫論)』에서는 백적이 항(姮)씨 성이라 하였는데, 왕국유(王國維)는 진(秦)나라에 외상(隗狀)이 있고 한나라에 외효(隗囂)가 있으며 위나라에는 외희(隗僖)가 있어서 적과 백의 두 적이 모두 외씨 성이라 하였는데 옳다.

80 영지(逞志) : 돌아보지도 않고 침을 뱉은 일을 가리킨다.

81 이는 당연히 백적자를 사로잡기 이전의 일일 것이다.

82 원(元) : 머리이다.

83 구계(臼季) : 곧 서신(胥臣)이다. 구(臼)는 식읍이고 계(季)는 자이다. 고는 24년『전』의 구최(臼衰)이다.

84 기(冀) : 2년의 『전』을 보라.

見冀缺耨,[85]	기결이 김을 매고
其妻饁之,[86]	그의 처가 들밥을 내는데
敬,	공경하여
相待如賓.	서로를 대하기를 손님과 같이하였다.
與之歸,	그와 함께 돌아가
言諸文公曰,	문공에게 말하기를
"敬,	"공경은
德之聚也.[87]	덕이 모인 것입니다.
能敬必有德.	공경할 수 있다면 반드시 덕이 있습니다.
德以治民,	덕은 백성을 다스리는 것이니
君請用之!	임금께서는 청컨대 그를 등용하십시오!
臣聞之,	신이 듣건대
出門如賓,	문을 나서면 손님같이 하고
承事如祭,[88]	일을 받듦을 제사 드리듯 하는 것이

85 누(耨) : 김을 매는 것이다.
86 엽(饁) : 전야에 밥을 내는 것이다.
87 흙이 모여 산이 되므로 『국어 · 주어(周語)』에서는 "산은 흙이 모인 것이다"라 하였으며, 여기서는 덕이 모여 공경을 이루는 것을 말하였다.
88 『논어 · 안연(顏淵)』에 공자가 "문을 나서면 큰 손님을 뵌 듯이 하고 백성을 부릴 때는 큰 제사를 받들듯이 한다"라 한 말이 기록되어 있는데 이와 같은 뜻이다.

仁之則也.”	인의 법칙이라고 하였습니다.”
公曰,	공이 말하였다.
“其父有罪,	“그 아비에게 죄가 있어도
可乎?”[89]	되겠는가?”
對曰,	대답하여 말하기를
“舜之罪也殛鯀,[90]	“순임금이 죄인을 벌할 때 곤을 추방하였는데
其擧也興禹.	인재를 천거할 때 우임금을 기용하였습니다.
管敬仲,	관경중은
桓之賊也,[91]	환공의 적인데
實相以濟.[92]	실로 재상으로 삼아 성공하였습니다.

89 기결의 아버지 기예(冀芮)는 혜공(惠公)의 도당으로 24년에 문공을 해치려다가 진목공에게 유인되어 살해당하였다.

90 곤(鯀) : 우임금의 아버지. 『상서 · 홍범(洪範)』에서는 “곤은 죽을 때까지 유배 생활을 했다(鯀則殛死)”고 하였고, 『사기 · 하본기(夏本紀)』에서는 “이에 요는 사악(四嶽)을 말을 듣고 곤을 등용하여 물을 다스리게 했다. 9년 동안이나 수해가 그치지 않아 성공을 이루지 못하였다. 순은 등용되자 천자를 대신하여 천하를 다스리고 각지를 시찰하였다. 곤의 치수사업이 아무런 공적이 없음을 보고 곤을 우산(羽山)으로 추방하여 그곳에서 죽게 하였다”라 하였다. 극(殛)은 극(極)자를 차용한 것이며 극(極)은 인적이 끊긴 먼 곳으로 추방한다는 뜻이다. 극사(殛死)는 추방하여 죽게 한다는 것이다.

91 관중이 일찍이 제환공에게 활을 쏘아 혁띠의 걸쇠를 맞춘 적이 있는데, 이 일은 24년의 『전』에 보인다.

92 상(相) : 거성으로 재상이 되게 하는 것을 말한다.
제(濟) : 성공하다.

康誥曰,	「강고」에서 말하기를
'父不慈,	'아비가 인자하지 않고
子不祗,[93]	자식이 공경스럽지 않으며,
兄不友,	형이 우애롭지 않고
弟不共,	아우가 공손하지 않아도
不相及也.'[94]	서로에게 미치지 않는다' 하였습니다.
詩曰,	『시』에서 말하기를
'采葑采菲,[95]	'순무 캐고 무 캠은

93 지(祗) : 공경하다.

94 지금의 『상서 · 강고』에는 이 글이 없고 다만 "자식이 그 아비를 공경과 복종으로 섬기지 않아 그 아비의 마음을 크게 상하게 하였다(子弗祗服厥父事, 大傷厥考心)"는 말만 있는데, 공영달의 주석에서는 이 때문에 『전』은 "다만 「강고」의 뜻만을 인용했을 따름이다"라고 하였다. 그러나 「강고」의 본문은 곧 "이에 형벌을 내려 용서하지 말라(刑茲無赦)"는 뜻이지 서로 미치지 않는 사람을 벌준다는 뜻이 아니니 공영달의 설은 토론을 거칠직하다. 혜동(惠棟)의 『보주(補注)』에서는 "이는 「강고」의 탈루된 글이다"라 하였다. 『후한서 · 장제기(章帝紀)』의 원화(元和) 원년의 조칙에서도 "『서』에서 말하기를 '아비가 인자하지 않고 자식이 공경스럽지 않으며, 형이 우애롭지 않고 아우가 공손하지 않아도 서로에게 미치지 않는다' 라 하였다(父不慈, 子不祗, 兄不友, 弟不共, 不相及也)"라 하여 또한 "『서』에서 말하기를"이라고 분명히 말하였다. 소공 20년의 『전』에서는 "「강고」에서 말하기를 아비와 자식 형과 아우는 죄가 있어도 서로 미치지 않는다"라고 하였으니 곧 이 말을 절취한 것이다.

95 채(采) : "採"의 본자이다.

봉(葑) : 『당본초(唐本草)』에서는 만청(蔓菁)이라 하였으며 운대(蕓薹)의 별종이라 하였고, 대두채(大頭菜) 또한 이것의 변종이라 하였다. 당나라 유우석(劉禹錫)의 『가화록(嘉話錄)』에서는 "제갈량(諸葛亮)이 머문 곳에 병사들에게 만청(蔓菁)이란 것을 심게 하였는데 그 껍질을 취하여 먹을 수 있는 것이 첫 번째 이유였고, 잎은 삶아서 먹을 수 있는 것이 두 번째, 오래 거처하면 따라서 번식하는 것이 세 번째, 버리고 떠나도 되는 것이 네 번째, 돌아올 때 쉽게 찾아서 캘 수 있는 것이 다섯 번째, 겨울에는 뿌리를 먹을

無以下體.'[96]	뿌리만을 위함이 아니라네' 라고 하였는데
君取節焉可也."[97]	임금께선 그 장점만 취하심이 옳을 것입니다"라 하였다.
文公以爲下軍大夫.[98]	문공은 그를 하군대부로 삼았다.
反自箕,	기에서 돌아와
襄公以三命命先且居將中軍,[99]	양공은 삼등의 품급으로 선차거를 중군의 장수로 명하고
以再命命先茅之縣賞胥臣,[100]	2등의 품급으로 선모의 현을 서신에게 상으로 준다고 명하고
曰,	말하였다.

수 있는 것이 여섯 번째 이유였다. 여러 가지 채소에 비하여 그 장점이 많았으므로 지금도 촉 땅의 사람들은 그것을 제갈채라 부른다"라 하였다.

비(菲) : 곧 지금의 무다.

96 『시』는 『시경 · 패풍 · 곡풍(邶風 · 谷風)』편이다. 무청(蕪菁)의 뿌리는 먹을 수 있으며, 무는 예로부터 그 뿌리를 식용으로 공급하였으므로 하체(下體)라 하여 버리지를 않았다.

97 취절(取節) : 그 장점만을 취하라는 말과 같으며, 그가 죄인의 아들이라 하여 버리지 말라는 것을 말한다.

98 이 일은 또한 「진어 5」에도 보이는데 대의는 같다.

99 춘추시대 제후의 경(卿)은 "일명(一命)", "재명(再命)", "삼명(三命)"의 구별이 있었다. 명수(命數)의 많음에 따라 존귀하였고 거복(車服)의 제도도 그에 따랐다. 두예는 "차거(且居)는 선진(先軫)의 아들이다. 그 아비가 적과 싸우다가 죽었으므로 그를 승진시킨 것이다"라 하였다. 「진어 4」에 포성백(蒲城伯)이 있는데 위소(韋昭)의 주석에서는 가규(賈逵)의 설을 인용하여 곧 선차거(先且居)라 하였다. 문공 5년의 『전』에 곽백(霍伯)이 있는데 가규와 두예는 모두 또한 선차거라 하였으며 포성과 곽은 모두 그 식읍이며, 백은 자이다.

100 두예는 "선모(先茅)의 후손이 대가 끊겼기 때문에 그 현을 취하여 서신(胥臣)에게 상으로 준 것이다"라 하였다. 이에 의하면 선모 또한 진나라의 대부이다.

“擧郤缺,	“극결을 천거한 것은
子之功也.”	그대의 공이다.”
以一命命郤缺爲卿,	일등의 품급으로 극결을 경에 명하고
復與之冀,	다시 그에게 기를 주었는데
亦未有軍行.[101]	군의 일은 없었다.

冬,	겨울에
公如齊朝,	공이 제나라에 가서 조빙하고
且弔有狄師也.	아울러 적이 군사를 일으킨 일을 조문했다.
反,	돌아와서
薨于小寢,	소침에서 죽었는데
卽安也.[102]	편안히 쉬다가 죽은 것이다.

---

101 두예는 “경의 지위에 오르기는 하였지만 군대의 직분은 주지 않은 것이다”라 하였다. 심흠한의 『보주(補注)』에서는 “오군(五軍)의 장수들이 현재 있었기 때문이다”라고 하였다.

102 두예의 주석에서는 “즉안(卽安)”이란 구절을 잘못 이해하여 소침(小寢)을 부인의 침(寢)이라고 알았는데 옳지 않다. 소침은 제후의 연침(燕寢)으로 장공 32년의 『경』에서 이미 상세히 밝혔다. 『예기 · 옥조(玉藻)』에서는 “임금은 아침에 해가 뜬 뒤에 조정으로 나와 조회를 받고 노침(路寢)으로 물러나 정무를 처리한다. 그리고 사람을 보내어 대부들이 물러갔는지 살피게 하여 대부들이 물러간 다음에 소침으로 가서 조복을 벗는다”라고 하였다. 곧 소침은 제후가 편안히 쉬는 곳이지 부인의 침소가 아닌 것이 명확하다. 임금은 병이 나면 당연히 노침에 거처해야 한다. 노희공은 병이 나서 노침으로 채 옮기

晉, 陳, 鄭伐許,	진나라와 진나라, 정나라가 허나라를 쳤는데
討其貳於楚也.	초나라에 두 마음을 품은 것을 성토한 것이다.

楚令尹子上侵陳, 蔡.	초나라 영윤 자상이 진나라와 채나라를 침략하였다.
陳, 蔡成,	진나라와 채나라는 강화를 맺고
遂伐鄭,	마침내 정나라를 치고
將納公子瑕.[103]	공자 하를 들여보내려고 하였다.
門于桔柣之門,[104]	길질지문을 공격하였는데
瑕覆于周氏之汪,[105]	하의 수레가 주씨지왕에서 전복되어
外僕髡屯禽之以獻.[106]	외복인 곤둔이 그를 사로잡아 바쳤다.
文夫人斂而葬之鄶城之下.[107]	문부인이 그를 염하여 회성의 아래에 장사 지내 주었다.

기도 전에 소침에서 죽었기 때문에 『전』에서 "즉안"이라고 한 것이다.

103 공자 하는 정문공의 미움을 받아 초나라로 달아났으며 31년의 『전』에 보인다.

104 문(門) : 성을 공격하는 것이다. 길질지문은 정나라의 도읍 원교의 성문으로 장공 28년 『전』에 보인다.

105 복(覆) : 수레가 기울어져 전복된 것이다. 왕(汪)은 흐리고 탁한 못이다.

106 곤둔(髡屯) : 인명인 것 같다. 두예는 "공자 하를 죽여서 정백에게 바쳤다"라 하였다. 아래의 회성에 장사 지냈다는 말에 의거하여 말한 것 같다. 그러나 『전』에는 명확히 밝힌 글이 없으며 생포하여 정백이 죽였다 하더라도 안 될 것은 없을 것이다.

晉陽處父侵蔡,	진나라의 양처보가 채나라를 침략하여
楚子上救之,	초나라의 자상이 구원하였는데
與晉師夾泜而軍.[108]	진나라 군사와 치수를 끼고 군진을 쳤다.
陽子患之,	양자가 이를 근심하여
使謂子上曰,	자상에게 말하게 하였다.
“吾聞之,	“내가 듣건대
‘文不犯順,[109]	‘문덕이 있는 사람은 순리를 범하지 않으며

---

107 문부인(文夫人) : 정문공의 부인이다. 선공 3년의『전』에서는 “문공은 정자의 비 진규와 간음하여 자화와 자성을 낳았다. 또 강씨를 맞아들여 공자 사를 낳았으며, 또 소씨를 맞아들여 자하와 자유미를 낳았다(文公報鄭子之妃曰陳嬀, 生子華, 子臧. 又娶于江, 生公子士. 又娶于蘇, 生子瑕 · 子俞彌)”라 하였으니 여기서 이른바 문부인은 자하의 어머니이기 때문에 염을 해서 묻어 주었을 것이다. “회(鄶)”는 또한 “檜”라고도 하는데, 본래는 나라였으며 운(妘)성이다. 「정어」에서 “운성으로는 오(鄔), 회(檜), 노(路), 핍양(偪陽)이 있다”라 한 것으로 알 수 있다. 『수경주 · 유수(水經注 · 洧水)』에서 인용한『죽서기년(竹書紀年)』에 의하면 정환공에게 멸망당하였다. 『한서』의 주석에서 인용한 신찬(臣瓚)의 설 및 금본『죽서기년(竹書紀年)』에 의하면 정무공(鄭武公)에게 멸망당하였다고 하였는데 누가 옳은지 모르겠다. 그 땅은 지금의 하남성 밀현(密縣) 동남쪽 30리, 신정현(新鄭縣) 서북쪽 30리 지점에 있을 것이다.

108 치(泜) : 곧 치수(滍水)로 지금은 사하(沙河)라고 한다. 하남성 노산현(魯山縣) 서쪽 오대령(吳大嶺)에서 발원하여 동으로 현 남쪽을 거치며 또 동으로 보풍(寶豐)과 섭현(葉縣), 무양(舞陽)을 거쳐 북사하(北沙河)로 합류한다. 『후한서 · 광무기(光武紀)』에 “광무제가 왕심(王尋)과 왕읍(王邑)을 쳤는데 치수(滍水)가 크게 넘쳐 왕심과 왕읍이 대패하였다”는 말이 있는데 바로 이곳이다. 이곳의 치수를 끼고 군진을 친 곳은 사하의 하류에 있는 것 같은데, 비로소 채나라의 경계와 근접한다.

109 이는 대체로 고어로 당시 사람들이 즐겨 쓰는 말이었다. 문공 14년의『전』에 “선자(宣子)가 말하기를 ‘말이 순리에 맞는데 따르지 않으면 상서롭지 못하다’라 하였다”는 말

武不違敵.' [110]

무덕이 있는 사람은 적을 피하지 않는다' 하였습니다.

子若欲戰,

그대가 싸우고자 한다면

則吾退舍,

내 30리를 물러날 터이니

子濟而陳,

그대는 건너와서 진을 치되

遲速唯命.

빠르기는 명대로 따르겠소.

不然,

그렇지 않다면

紓我. [111]

나를 위해 고삐를 풀어 주시오.

老師費財, [112]

군대가 오래도록 물자를 많이 쓰는 것도

亦無益也."

또한 도움이 되지 않을 것이오."

乃駕以待. [113]

이에 수레에 말을 매고 기다렸다.

子上欲涉,

자상이 건너려고 하니

大孫伯曰, [114]

대손백이 말하였다.

이 있고, 양공 25년의 『전』에는 "문자(文子)가 말하기를 '그 말이 순리에 맞는데 순리를 범하면 상서롭지 못합니다' 라 하였다"는 말이 있는데 모두 이런 뜻이다. 이렇게 말한 것은 아마 내 말이 매우 순리에 맞으니 너는 반드시 내 말을 따라야 한다는 것이다. 이 순(順)은 곧 『논어 · 자로(子路)』편의 "명분이 바르지 않으면 말이 순리적이지 못하다(名不正則言不順)"라 한 순(順)과 같은 뜻이다.

110 위(違) : 피한다는 뜻이다.

111 서(紓) : 늦춘다는 듯이다. 초군이 30리를 물려 우리로 하여금 강을 건너 진을 치게 해 달라는 말이다.

112 노사(老師) : 두예는 "군대가 출정한 지 오래된 것을 노(老)라고 한다"라 하였다.

113 수레에 말을 매고 초나라 군사의 진퇴를 기다리는 것이다.

"不可.
"안 됩니다.

晉人無信,
진나라 사람은 신용이 없으니

半涉而薄我,[115]
반쯤 건넜을 때 우리를 치면

悔敗何及?[116]
지고 난 다음에 뉘우친들 어찌 되겠습니까?

不如紓之."
고삐를 풀어 주느니만 못합니다."

乃退舍.[117]
이에 30리를 물러났다.

陽子宣言曰,
양자가 선포하여 말하기를

"楚師遁矣."
"초나라 군사가 달아납니다"라 하였다.

遂歸.
마침내 돌아왔다.

楚師亦歸.
초나라 군사도 돌아갔다.

大子商臣譖子上曰,
태자 상신이 자상을 참소하여 말했다.

"受晉賂而辟之,
"진나라의 뇌물을 받고 피하였으니

楚之耻也.
초나라의 수치다.

---

114 대손백(大孫伯) : 곧 28년 전의 대심(大心), 문공 5년과 11년의 성대심(成大心)으로 자옥(子玉)의 아들이다.

115 박(薄) : 곧 박(迫)과 같은 뜻이다. 박아(迫我)는 군대로 우리에게 맞선다는 뜻으로 곧 우리를 친다는 것이다.

116 이미 패한 다음에는 아무리 후회를 해도 소용이 없다는 말이다.

117 진나라 군사가 건너게 하려는 것이다.

罪莫大焉."	이보다 더 큰 죄는 없다."
王殺子上.[118]	왕이 자상을 죽였다.
葬僖公,	희공을 장사 지낸 후
緩作主,[119]	신주 만드는 것이 늦어졌는데
非禮也.	예의가 아니었다.
凡君薨,	무릇 임금이 죽으면
卒哭而祔,[120]	졸곡을 하고 합사를 하며

---

118 초성왕(楚成王)은 상신을 태자로 세우고자 하였으나 영윤 자상이 이를 막았는데, 문공 원년의 『전』을 보면 상신이 이 때문에 그를 미워하여 참소하였다.

119 이 구절은 세 자(字)가 한 구절을 이루는데 두예는 "완(緩)" 한 자(字)를 별도의 구로 생각하고 "문공 원년의 『경』에 4월에 희공을 장사 지냈다고 하였는데, 희공은 이해 11월에 죽었고 윤달까지 치면 7개월 만에 장사를 지낸 것이므로 『전』에서 늦어졌다고 한 것이다"라고 하였는데 이 설은 실로 틀렸다. 희공은 12월 을사일에 죽었으며 『경』과 『전』에서 분명히 기술을 하였는데도 두예는 『장력(長曆)』에 의거하여 을사일을 11월 12일이라 하여 『경』에서 12월이라 한 것이 잘못되었다고 하였으니, 이는 두예가 계산을 잘못한 것이지 『경』의 잘못이 아니다. 12월에 죽어서 이듬해 4월에 장사 지냈으며 그 사이에는 결코 윤달이 없으니(『전』에서는 윤3월이라고 하였는데 실은 틀린 것으로 나중에 상세히 말하겠다) 딱 5개월 만에 장사 지낸 것으로 늦추어진 것이 아니다. 잠시 이를 논하지 않고 만약에 "완(緩)"자를 하나의 구절로 본다면 "작주(作主)" 두 자가 하나의 구절이 되는 것이니 신주를 만든 것이 "예의가 아니게" 되는 것이다. 합사를 하면 신주를 만드는 것이 고례(古禮)인데 어찌하여 이에 "예가 아니다"라고 하는가? 그렇게 되면 이 구절은 이해를 할 수 없게 된다. 지금은 청나라 만사대(萬斯大)의 『학춘추수필(學春秋隨筆)』과 홍양길(洪亮吉)의 『고(詁)』를 따라 "완작주(緩作主)" 세 자(字)를 하나의 구절로 보았다. 예에 의하면 합사를 하면 신주를 만드는데, 희공의 신주는 문공 2년 2월에야 만들어져서 장사를 지낸 지 10개월이나 지났으므로 신주를 만드는 것이 늦어졌다고 말한 것이다.

120 졸곡(卒哭) : 졸(卒)은 마친다, 그친다는 뜻이다. 아무 때나 곡하는 것을 그친다는 뜻이다. 고례에 의하면 부모의 상 때는 죽은 날로부터 졸곡 때까지는 아침에서 저녁까지 슬프면 곡을 하여 곡을 하는데 정해진 때가 없었다. 장사를 지낸 후에 우제(虞祭)를 행하는데 후한(後漢) 말 유희(劉熙)의 『석명 · 석상제(釋名 · 釋喪制)』에서는 "장사를 지내

祔而作主,[121] 합사를 하고 신주를 만들어

特祀於主,[122] 특히 그 신주에만 제사를 지내고 、

고 돌아와 빈궁(殯宮)에서 제사를 지내는 것을 우(虞)라고 하는데 즐겁고 편안하게 신을 이곳으로 돌아오게 하는 것이다"라 하였다. 제후의 경우에는 5개월 만에 장사를 지내며 일곱 차례의 우제를 지내는데 장사 지낸 날 초우를 지내는데 유일〔柔日 : 乙·丁·己·辛·癸의 다섯 우일(偶日)〕에 지내며, 이·삼·사·오·륙의 우제도 유일을 쓰며 칠우는 강일(剛日 : 甲·丙·戊·庚·壬의 奇日)에 지내니 장사를 지낸 후 12일째 되는 날이다. 하루를 띄워서 졸곡의 예를 행하는데 또한 강일을 쓰니 장사를 지낸 후 14일째 되는 날이다. 이때가 되어서는 아침과 저녁으로만 곡을 하고 다른 때는 곡을 하지 않으므로 졸곡이라고 한다. 부(祔)라는 것은 새로 죽은 사람의 신주를 주묘(主廟)에 합사하는 것이다. 『예기·단궁 하』에서도 "주나라는 졸곡을 하면 합사하였다"라고 하였다.

121 『공양전』 문공 2년의 『전』에서는 상례 때의 신주는 두 가지가 있는데 "우주(虞主)는 뽕나무를 쓰고, 연주(練主)는 밤나무를 쓴다"고 하였다. 우주(虞主)는 우제를 지낼 때의 신주인데 뽕나무로 만들고, 연주(練主)는 상을 당한 지 13개월째 만에 지내는 소상의 제사 때 세우는 신주로 밤나무를 가지고 만들며 뽕나무 신주는 땅에 묻고 이 연주를 종묘에 둔다. 그러나 좌씨는 두 신주에 대해서는 말하지 않았으며 또한 우주에 대해서도 말하지 않고 다만 합사를 하고 신주를 만들었다고만 하였으니, 신주를 만든 것은 조상의 묘에 합사한 것으로 다만 하나의 신주만 만들었을 뿐 두 개의 신주가 없었다. 「주어 상」에서 말하기를 "양왕(襄王)이 태재 문공(文公) 및 내사(內史) 흥(興)으로 하여금 진 문공에게 명을 내리게 하고 무궁(武宮)에 명하여 뽕나무 신주를 만들게 하였다" 하였으니 하나의 신주는 뽕나무 신주이고 땅에다 묻지도 않았다. 주나라의 신주는 밤나무로 만들었는데 『논어·팔일(八佾)』편에 보인다.

122 특사(特祀) : 새로 죽은 사람에게만 제사를 지내는 것이다. 졸곡 후에도 소상(小祥)과 대상(大祥 : 25개월 만에 지내는 제사), 담제(禫祭 : 27개월 만에 지내는 상복을 벗는 제사) 등 여러 제사가 있는데 새로 죽은 사람의 신주에만 지내기 때문에 이렇게 말하였다. 『좌전』에 의하면 춘추시대에는 종묘에서 빈(殯)을 치르고 또한 종묘에서 합사를 하였으니 특별히 신주에게 지내는 제사도 종묘에서 행해졌음을 알 수 있다. 한나라 사람이 『경』에 대하여 말하기를 합사를 하는 부제(祔祭)가 끝이 나면 신주는 여전히 또한 침(寢)에다 세운다고 하였는데, 두예는 그 말을 따라 이 특별히 지내는 제사에 대하여 "특별히 상례(喪禮)를 써서 침에서 제사를 지내는 것으로 종묘에서 함께 지내지 않았다"라 하였는데 『경』과 『전』에는 이 글이 없으므로 믿을 수 없을 것 같다.

123 증제(烝祭)와 상제(嘗祭) 및 체제(禘祭) 때가 되어 종묘에서 여러 조상과 함께 제사를 지낸 것을 말한다. 증제와 상제는 환공 5년의 『전』에 보인다. 체제는 희공 8년의 『경』에 보인다. 『전』에서 고찰해 보면 3년 상중에도 증제와 상제, 체제의 여러 제사를 지냈

烝，嘗，禘於廟.[123]

증제와 상제, 체제는 묘당에서 지낸다.

으며 양공 15년의 『경』에 "겨울 11월 계해일에 진후 주(周)가 죽었다", 16년 『전』의 글에서 또한 "봄에 진도공(晉悼公)을 장사 지냈다. 평공(平公)이 즉위하자 곡옥(曲沃)에서 증제를 지냈다"라 한 것이 장사를 지낸 후에 곧 증제를 지낸 것이다. 후인들은 『예기 · 왕제(王制)』의 "상중에는 3년간 제사를 지내지 않는다"는 글에 얽매여 이 증제와 상제, 체제를 삼년상을 마친 후의 제사라 하였는데, 이는 「왕제」가 곧 한대의 유생이 지은 것인 줄 몰랐던 것으로 춘추시대의 체제를 말하기에는 부족하다. 공영달의 소(疏)에서는 두예의 『석례(釋例)』를 인용하여 "『예기』는 후대의 유자가 지은 것으로 『춘추』와 딱 맞지 않는다"라 하였는데 이 말은 매우 견해가 있는 말이다. 희공의 장례는 문공 원년 4월에 있었고, 신주를 만든 일은 문공 2년 2월에 있었는데 희공 편의 말년에 유독 이 글이 나온 것에 대해서 두예는 "모두 차서가 『경』의 '희공을 장사 지냈다' 라 한 아래에 있어야 하는데 여기에 있는 것은 간독의 편집이 거꾸로 섞였기 때문이다"라 하였다. 유문기(劉文淇)의 『구주소증(舊注疏證)』에서는 『독본(讀本)』을 인용하여 "『전』에는 덧붙여 기록한 예가 많은데, 이를테면 민공(閔公) 말년에 성풍(成風)의 일을 말하였으며, 또한 형(邢)나라와 위(衛)나라를 말한 것도 모두 그해의 일이 아니니 이는 곧 덧붙여 기록한 것임을 알 수 있으며 착오가 아니다"라 하였다. 누가 옳은지는 확실치 않다. 두예의 『석례(釋例)』에서는 가규(賈逵)의 설을 인용하여 끝에서 "그러므로 이 글을 위로 희공편에 연결하였다"라 하였는데, 이와 같다면 간독이 뒤섞인 것은 동한(東漢) 때부터 이미 그러했을 것이다.